Manasara Series No.III

Manasara on Architecture and Sculpture

Sanskrit Text with Critical Notes

Manasara Series No. III

Manasara on Architecture and Sculpture

Sanskrit Text with Critical Notes

Prasanna Kumar Acharya

Low Price Publications
2011

First Published 1934

Reprinted in **LPP**
1995, 2011

ISBN 10: 81-86142-71-1
ISBN 13: 978-81-86142-71-4

Published by
Low Price Publications
A-6, Second Floor, Nimri Commercial Centre,
Ashok Vihar Phase-IV, Delhi 110 052 (INDIA)
Tel.: +91 11 27302453 Fax.: +91 11 47061936
E-mail: info@Lppindia.com
Website: www.Lppindia.com

Printed at
IIP Printers
Delhi

PRINTED IN INDIA

"What the learned world demand of us in India is to be quite certain of our data, to place the monumental record before them exactly as it now exists, and to interpret it faithfully and literally."

PREFACE

History of Publication

In 1834, in his Essay on the Architecture of the Hindus, Rām Rāz referred to the contents of the first few chapters of the *Mānasāra* from a fragmentary manuscript he had access to. Since then more manuscripts have been discovered, catalogued, and brought to the notice of the public. But the Sanskrit scholars like Dr. G. Bühler and Sir R. G. Bhandarkar have authentically branded this class of literature as written in "most barbarous Sanskrit."[1] Besides, the technical terms and obsolete expressions of the *Śilpa-śāstra,* practically a lost science, have had no place in any of the existing dictionaries. The texts contain no drawings, diagrams, or sketches. The then buildings, religious, military, especially residential, have mostly been destroyed, partly by time and partly by foreign invaders. Obviously these difficulties stood in the way of the elderly scholars and nobody had made any attempt to deal with this huge text for over 80 years, when, being induced by youthful enthusiasm, the present writer undertook in 1914 the task of giving "rebirth" to this "monumental work."

The unsatisfactory condition, both original and accidental, of the existing manuscripts of the *śilpa-śāstra* generally, and of the *Mānasāra* in particular, aggravated the expedition into this unexplored field of Sanskrit learning. The unknown ways have had to be discovered at great pains and many new things had to be learnt after bitter experience and elaborate experiments. The vast store of literature on the subject and the inscriptions and other archaeological records have had to be ransacked. Extensive tours in company with trained architects and engineers have had to be undertaken, involving great expenditure of time, money, and convenience from Landikotal on the borders of Afghanistan to Rameswaram in the south, from

[1] *Ep. Ind.*, Vol. 1, page 377 ; *Ind. Ant.*, Vol. XII, page 140.

Mahenjadaro in Sindh to Shillong in Assam, in order to examine ancient monuments throughout the country, including the cave temples of Western and Central India, the monuments of the Indian States in Rajputana and in Hyderabad, the hill temples of Kedarnath, Badrinath, Tunganath, etc. An encyclopædic dictionary has had to be compiled wherein for the first time an attempt has been made to settle the meanings of, and explain in English, some three thousand technical terms by illustrative quotations from cognate literature. In addition, some two hundred measured drawings, diagrams, and sketches in line and in colours have had to be prepared at great trouble and expense. Thus the peculiar pain of giving "rebirth" to a once fully grown "barbarous" child of unknown origin has been brought home to the writer. The youthful enthusiasm has been put to a great trial through the continuous struggle for seventeen years. With great diffidence, therefore, this curious child is presented to the learned world. If received with sympathy and kindness even such a child may thrive and bring some solace to everybody responsible for and interested in it. Ultimately it may confer a lasting benefit on the country and the nation, because our architectural policy of the past few hundred years, based as it has been on foreign imitation, and in an entirely different climate and soil, has not proved quite successful in regard to temples and humble dwelling-houses, if not in regard to public edifices also.

Lord Pentland, the then Governor of Madras and in charge of the Education Department, was induced by Sir John Marshall, lately the Director-General of Archaeology in India, to take an interest in the *Mānasāra,* and some preliminary arrangements were made for its publication from Madras. But the unfortunate coincidence of His Excellency's retirement and Sir John's absence from India at the time of my arrival in Madras, forced me to leave the Presidency for Simla, where all the endeavours and the sympathy of Sir (then Mr.) George Anderson, Dr. D. B. Spooner, Sir Henry Sharp and Sir C. Sankaran Nair failed to secure a situation suitable for the "rebirth" of the *Mānasāra.* At last an opportunity arose when the work could be proceeded with in spite of other exacting duties. The Government of

India recommended, and the Government of the United Provinces offered me a post in the Indian Educational Service at Muir Central College, Allahabad. Sir Claude F. de la Fosse, the then Director of Public Instruction and the first Vice-Chancellor of the reorganized Allahabad University, took up the matter with friendly sympathy and scholarly interest and induced the great educationist Governor, Sir Harcourt Butler, to sanction the publication on behalf of the Government of the United Provinces of Agra and Oudh through the Oxford University Press.

Description of the Manuscripts

The manuscripts which have been used in preparing the text of this First Edition of the *Mānasāra* are the following :—

(A) This belongs to the Library of the India Office (B.482). It is written in Devanāgarī script on modern paper $9\frac{3}{4}''$ by $7\frac{1}{2}''$. It contains 100 folios, each page of which has invariably 21 lines, except the last page which has only 1 line. Each line is half a *śloka*. The *ślokas* are inaccurately numbered from the beginning to the end. The writing seems to be by one and the same hand. The name of the writer is not known. The colophons are written in red ink. The manuscript gives up the *Mānasāra* at folio 78b. line 16, the middle of Chapter XVIII (Vimāna-lakshaṇa), without any colophon. The remaining 22 folios, apparently belonging to another work, are retained in Appendix क. This portion has two colophons—folio 93a, *iti Sūkshma-śāstre Kāma-koshṭa-paṭalaḥ* ; folio 95b, *iti Padma-saṁhitāyāṁ Raurava-bhede Kāma-koshṭa-lakshaṇa-vidhiḥ paṭalaḥ*. On page 101 it breaks off abruptly at the middle of line 1.

(B) This has been noticed by Aufrecht in the *Catalogues Catalogorum*, part III, page 97. It belongs to the Oriental Library of the Asiatic Society of Bengal. It is written on paper $12''$ by $8\frac{1}{2}''$. The first part, to folio 88, is a different work called *Nara-pati-vijaya.* The second part, called *Mānasāra-vāstu* and also *Kumāra-vāstu,* contains 163 folios, each page of which has 16 to 24 lines. Each line contains about three-quarters of a *śloka.* The *ślokas* are not numbered; but on the last page the total is given as 5,760 and this figure is not, of course, verified by actual counting. This has been undoubtedly written by more than one hand. But it is recorded on the last page that this work has been written by one Rāmānuj chārya for the *Kumpāni bāhādur* (the East India Company) in the *Śālivāhana Śaka* era 1677. The date of its being recorded is given in English, 14th April, 1823. The last page contains the mark of a seal in three different scripts—Urdu, Nāgarī, and Bengali. It begins with Chapter XV (*Pāda* or *Stambha*), and folio 108b has the colophon of the last chapter. The remaining folios 108 to 163 contain the first fourteen chapters.

(C) This belongs to the Library of the India Office (E. 3141, 3014) and has been noticed by C. P. Brown in *Eggeling's Catalogue,* page 1131. Dr. Goldstücker refers to it in his *Dictionary,* page 284. It is written in Devanāgarī character on paper 11″ by 7″. It contains 472 folios, one page of which is left blank. Each page has 16 to 18 lines, each of which is a half *śloka. Ślokas* are numbered up to folio 100. The colophons are not numbered in the latter part. Most of the chapters are incomplete and described in two places. The first sixteen chapters are altogether lost. The first few pages are quite fragmentary. The fly-leaf contains the following: "This portion of the शिल्पशास्त्र was copied from a very ancient manuscript in the old Tamil character, discovered at Trichinopoly. It was imperfect both at the beginning and at the end. It was written out under the direction of Charles Philip Brown, 1830." But "from various indications it would, however, rather seem that the volume was copied from two different manuscripts, one a Grantha and the other a Telegu manuscript (Grantha manuscript, no. 1987, and Telegu manuscript no. 525 in Taylor's *Catalogue* Rais., I 71 ; II 355)." It seems to have been copied from different sources by different writers, but evidently not from the sources mentioned here.

(D) This belongs to the Library of the India Office (*Mackenzie Collection*, no. III, 187). It is written in Telegu character on palm leaf, 13″ by 2″. It contains 162 folios, each page of which has 9 to 11 lines. Exactly like 'B,' it begins with Chapter XV and after the colophon of the last chapter of the book takes up the first fourteen chapters. The name of the copyist is not known. The date is given as Śaka 1656 (A.D. 1734). The characters are very small and indistinct. After careful collation with 'B,' it seems that both 'B' and 'D' are copies of the same original. 'B' may have been already copied from 'D' when the latter was removed to the India Office.

(E) This belongs to the Library of the India Office (*Mackenzie Collection*, no. III, 190). It is written in Telegu character on palm leaf, 19″ by 1¾″. It contains 68 folios, each page of which has 7 to 8 lines. But there are some pages quite blank. Each verse is followed by its Telegu translation. The pages are numbered 131 198. It begins at page 131. The colophon reads *iti Mayamate Vāstu-śāstre Vimāna-lakshaṇa* (158, 6, 6). As Dr. Rost remarks, "the Sanskrit text is hopelessly corrupt."

(F) This belongs to the Tanjore Palace Estate. It is referred to in Aufrecht, part I, page 452, part III, page 97, and in Burnell, page 62, no. 11081. It is written in

Grantha and Tamil characters on *Cadjan* (palm) leaf, $16\frac{1}{2}''$ by $5''$. The breadth of a single leaf is one inch. It contains 202 leaves, each of which has 4 to 5 lines. It can conveniently be divided into three parts. The first part, in Grantha character, is exactly the same as 'A,' showing their common origin. They are the same line for line; both break off the *Mānasāra* abruptly at the same line. The second part, in Tamil, called *Kāma-koshṭha-bandha,* corresponds to Appendix क and seems to be a commentary on the latter portion of the first part, which does not belong to the *Mānasāra.* The third part contains some chapters belonging to a different work, probably the *Mayamata.* Each verse is accompanied by a Tamil commentary throughout. This part is noticed in Appendix ख. 'F' like 'A' has, therefore, only the first seventeen chapters of the *Mānasāra* and a portion of Chapter XVIII.

(G) This belongs to the Tanjore Palace Estate. It is referred to in Aufrecht, part I, page 452, part III, page 97, and in Burnell, page 62, no. 11080. It is written in Grantha character on *Cadjan* (palm) leaf, $16''$ by $2\frac{1}{2}''$. The breadth of a single leaf is $1\frac{1}{4}''$. It contains 82 leaves, each page of which has 4 to 6 lines. The first two *ślokas* are invocations to the gods Gaṇeśa and Śiva. Then come 9 lines from Chapter XXXIV (Maṇḍapa). The manuscript begins practically with the next Chapter XXXV (Śālā) and runs to Chapter L (Bhūshaṇa).

(H) This belongs to the Deccan College, Poona, Bombay. It is referred to in Aufrecht, part III, page 97, and in Dr. Bhandarkar's Report for the years 1887-91. It is written in Devanāgarī character on foreign bluish paper, with water lines, $9\frac{1}{2}''$ by $7\frac{3}{8}''$. It contains 44 leaves, each page of which has 21 lines. Each line has about 21 letters. The characters are legible, clear and bold, and the writing is fairly correct. The manuscript is in the form of a modern book, with a margin of one inch to three-fourths of an inch with a double line of border in red ink on all sides. The same ink is used to denote the beginning and the end of the different Chapters, as also to show the beginning and the conclusion of the *anushṭubhs*, their *pādas*, and of sentences. No date is given. The author is not known. It begins with a table of contents. Like 'G,' it has only Chapters XXXV to L. The manuscript itself seems to be a modern copy of an older manuscript The page '1*a*' has the words "*Mānava-Śilpa*" as the title of the work, though in Bhandarkar's report the name is given as "*Mānava-sāra-vāstu-śāstra.*"

(I) This belongs to the Government Oriental Library, Madras. It is referred to in Aufrecht, part II, page 104. It is written in cursive Grantha character on European paper and bound in size 13¼″ by 8″. It consists of 495 pages, each of which contains 18 lines. It retains all the chapters of the *Mānasāra* in their proper order with a few exceptions. The copyist gives his name as Lokanātha Śāstrī. The date of transcription is not given.

(J) This belongs to the Government of Madras. It is referred to in Aufrecht, part I, page 452, and in Taylor I, 71, no. 1987. It consists of 12 *Cadjan* (palm) leaves of the size 12¼″ by 1⅜″. Each page contains 8 lines. It is written in Grantha character. Neither the date of the manuscript nor the name of the copyist is given. Many leaves are missing and more are so injured that it is impossible to make out the contents. The last page contains in the middle the colophon of Chapter XLVII. The comparison has to be given up after a few lines of Chapter XLVI (Toraṇa).

(K) These two manuscripts belong to the Palace Library of Trivandrum. They are referred to in Aufrecht part I, page 452, and described in Oppert II, 532, 6125 6976. Of these, 532 and 6976 are not available and seem to have been lost. Of the two Trivandrum manuscripts, one is 6125 and the other is a new one, in the sense that it is not mentioned in any catalogue. Aufrecht thinks (page 452) that one of these three described by Oppert was "quoted by Rām Rāz." But there seems no reason for Aufrecht's supposition. From the description it seems on the contrary that Rām Rāz referred to the one called here 'J.'

Both of the Trivandrum manuscripts are written on palm-leaves in Malayalam character. One of them contains 63 *ślokas* on 25 folios with 9 lines to a page of 7½″ by 1½″ and goes as far as the first 55 verses, with a Malayalam gloss. The other contains 6 folios of 7½″ by 1½″ with 9 lines to a page. This second one is the gloss and omits the verses 5, 9, 10, 14, 24, 28, 38, 40, 45, 48, 52 and 55. They deal with *Śaṅkhu-sthāpana* and the illustration of the *Āyādi-shaḍ-varga*; but comparison and collation are not possible. Apparently they are not copies of the *Mānasāra* and seem to belong to a different work. They are retained in Appendix ग.

Aufrecht, part III, page 97, refers to the *Reports on Sanskrit Manuscripts in Southern India* by E. Hultzch, vol. II, page 37, no. 1103. These manuscripts are the same as Burnell, Tanjore, page 62, nos. 11080 and 11081, and identical with 'F' (11081) and 'G' (11089).

Aufrecht, part III, page 97, refers to Hara Prasad, I and II, Calcutta, 1898, 8, II, no. 161. It is, perhaps, the same fragmentary manuscript, which now belongs to Mr. Nagendra Nath Basu, and appears to be a recent copy of one of the manuscripts described above.

Of all these manuscripts, 'A' is the shortest. The characters are legible, clear and bold, but the language is very corrupt. The corruptions are not due only to the copyist, but are to be ascribed to the sources from which 'A' was copied. It does not differ materially from the first and second parts of 'F.' In fact 'A' and 'F' resemble each other so closely as to suggest a common origin, and may be taken to form one group.

'B' is the most incorrect manuscript; but, such as it is, it does not differ from 'D.' The various corruptions, except those which are obviously copyist's conjectures and *variae lectiones*, are the same. I am inclined to think that 'B' had already been copied from 'D' when the latter was removed to the India Office. At any rate their common origin is apparent. These two will thus form one group.

'C' is also interpolated and stands aloof, although it shows many striking coincidences with such parts of 'J' as do not agree with 'I.' Eggeling says (*Catalogue*, page 1154) "the volume ('C') was copied from two different manuscripts . . . this would account for certain repetitions, as well as for certain orthographic peculiarities (such as *yeka* for *eka*, *vuttara* for *uttara*), pointing to a Telegu source." That the original of 'C' was very damaged is clear from such marginal remarks of the copyist as "*Asmin sthale patrāṇi navāṇi nyūnāni*" (here are lost nine leaves).

'G' and 'H,' each of which has the same fifteen chapters only, are in a fairly good condition. They are copies from the same original, differing just enough to show that they have undergone the usual corruptions, which a long course of copying and re-copying under different circumstances renders unavoidable. They may, therefore, be classed under one group.

'I,' which is the *Codex Archetypus* of the present edition is the most perfect manuscript available of the *Mānasāra*. It is likely that 'I' was copied from 'J' when the latter was in its complete form. This would account for the displacement of some lines in the same chapter, as well as in different chapters, through copyist's blunders or want of revision. The lacuna of 'I' may thus be ascribed to negligence in reading the extremely injured parts of 'J,' since we have such obvious common mistakes as *varṇayet* for *van-nayat*, etc. They may be taken to form one group.

With regard to the provenance of the Manuscripts it is unfortunately impossible to give much definite information. 'A,' 'C,' 'D,' 'E,' belong to the India Office. 'B' comes from Calcutta and 'H' from Bombay. 'F,' 'G,' 'I,' 'J' come from Madras. The Telegu character of 'D' and the Grantha and Tamil characters of 'F' and the Grantha character of 'G,' 'I' and 'J' point to their South Indian origin. 'B' seems to have been written in Bengal and 'H' in Northern India. In spite of their Devanāgarī character, certain orthographic peculiarities, such as *yiśa* for *iśa* and *yeka* for *eka*, 'A,' 'C' seem to be copies of South Indian originals; or more probably, they were transcribed by South Indian copyists.

The critical apparatus furnishes abundant warran for the division of the manuscripts into such groups, and it could easily be supplemented by a number of details, omission or addition, punctuation, particular forms of letters, etc., which are not of sufficiently noteworthy importance. Within each group the manuscripts are in close relationship. This is proved by a number of variants common to each group and especially by long lacunæ.

The relationship of the manuscripts within the above mentioned families ('A,' 'F'; 'B,' 'D'; 'C'; 'G,' 'H'; 'I,' 'J') is a matter of considerable difficulty. The nature of the work renders it probable that the relationship should vary in various particulars, and to some extent this expectation has been justified.

Of the peculiarities of the groups the following may be mentioned: 'A,' 'F' regularly write *Kamṭha, Kamdhara, Kampa-madhyena*; 'B,' 'D,' and 'I,' 'J,' write the same words as *Karṇa, Kamdhara, Kampamardhena*. 'B' and 'C' have sometimes *yeka* for *eka*, *yiśa* for *iśa*, etc. Such peculiarities as are common to almost all the manuscripts will be found treated more elaborately under the Critical Notes.

General method followed in preparing the text

After the brief survey of the present condition of the manuscripts, it remains for me to indicate shortly the lines which I have followed in preparing the text of the first edition from the materials furnished by the codices.

The variations in the manuscripts consisting in spelling, words, phrases, sentences and grammatical concordance have been recorded. Errors in metre, when accidental or results of bad copying, can easily be corrected. But such errors in the *Mānasāra* are too numerous and they can hardly be corrected without tampering with the original. In all sacred works they have been respected by mediæval Indian scholars, and accounted for as peculiarities of holy sages (*ārsha*). The first editor of the *Mānasāra* has no other alternative than to take all these errors as *ārsha*.

I believe I have thus included in the Notes and Appendices more than what has any real bearing on the text. This principle is certainly not economical. But this is, under the circumstances to be noticed below, unavoidable and not altogether useless.

The chief object of critically editing the ancient manuscripts is to prepare an intelligible text. At the same time no one could deny the "mischief done by conjectural criticism of classical scholarship." But with a view to preparing an intelligible text of the *Mānasāra*, the ungrammatical or "barbarous" style of which will be found discussed elsewhere,[1] a certain amount of emendation is indispensable.

When the office of the Editor, Commentator, and Translator is all combined in one, the following principle, which, if not sound, is at least safe under the peculiar circumstances, has been followed in this edition :

"Let an editor give what there is, and let the commentator say what might be and what ought to be."

[1] Critical Notes, pp. 1–310; Appendix to *Indian Architecture*, pp. 199–214.

This method has the merit of satisfying the two divergent schools of critics, namely, scholars who are in favour of an intelligent discrimination between what are different readings and what are mere blunders due to ignorance of authors or negligence of copyists, and those who insist upon a faithful reproduction of even the most obvious and unquestionable mistakes.

Working on this principle, such emendations as have been thought indispensable for the constitution of an intelligible text have been invariably marked as such both in the text, within brackets as is usually done in editing an ancient inscription, and also in the Notes, and the actual readings of all the manuscripts have been carefully recorded. But I have kept in view the risks with which any attempt at emendation is beset in the case of so difficult a text as the *Mānasāra* and have accordingly endeavoured to exercise the utmost caution. For the same reason, I have abstained from suggesting conjectural restorations for all the passages in which the text, as found in the *Codex Archetypus*, showed a lacuna, except where it could be restored from the nature of the context or by reference to related passages with a reasonable degree of certainty.

Under the circumstances pointed out in the description of the existing manuscripts, 'I' is the only possible basis of this edition. From this a departure has been made in favour of 'J' only where the reading of the latter appeared distinctly preferable and to represent a close approach to the original. In every such case the text of 'I' and all other manuscripts has been carefully indicated in the Notes. This has also been done in every instance where the text of 'I' had for the sake of elucidation to be corrected by any other manuscripts. Whenever the readings of 'I' seemed to be superior or equal to the variations of 'J,' and accordingly were retained in the text, the readings of J' have been recorded in the Notes. All words or letters, which J' or any other codex has supplied, where 'I' had a lacuna or otherwise, have been distinctly noted.

The head lines for the pages and the chapters, as also the numbering of the *ślokas*, are not found in the manuscripts; the editor has taken the liberty of adding them.

As regards orthography, the rules laid down in the grammar of Pāṇini have, strictly speaking, no large application in an ungrammatical text like the *Mānasāra*. It is, however, desirable to follow one principle throughout and the following methods have been generally followed in this edition :

(1) *Anusvāra* has not been used in place of 'm' at the end of a sentence or verse, and before vowels.

(2) Nasals have not been replaced by *anusvāra* in the interior of simple words, e.g. अङ्गन पञ्च, अञ्जन, अन्त, स्तम्भ, etc.

(3) *Visarga* has been used instead of doubling of श, ष and स (चतुःशाला not चतुश्शाला, चतुःषड्भागं not चतुष्षड्भागं, अन्तःसालम् not अन्तस्सालम्.)

(4) The usual forms have been used in cases of confusion between kh and gh (e.g. parikhā not parighā), ṭ and ḍ (e.g. maṇḍapa not maṇṭapa), 'ṇ' and 'n', and 'ṣ' and 's.'

(5) The correct forms have also been used in cases like stāna for sthāna, etc.

(6) The rare use of double consonants for single, and *vice versa*, has been corrected.

(7) Of individual words like तृभग for त्रिभाग, अलिन्द्र for अलिन्द, वार for द्वार, etc., the correct forms have been used.

(8) When there are two forms of some words differing only by व and य (e.g. विन्दु बिन्दु, बन्ध्या, वन्ध्या) or श and स (e.g. वसिष्ठ, वशिष्ठ), the one which agrees with the pronunciation current in Northern India has been retained.

(9) The correct form has been given when a short vowel is used for a long one and *vice versa* (e.g., 'a' for 'ā,' 'i' for 'ī,' 'u' for 'ū').

(10) The correct case terminations have been used when they are altogether omitted and are indicated within brackets.

(11) In the instances of wrong cases, mostly the nominative and accusative have been corrected and marked within brackets, and the rest have been rarely corrected.

(12) In cases of wrong numbers, singular for plural or dual, and *vice versa*, and false genders, masculine words treated as if they were neuter or feminine, and *vice versa*, alterations can hardly be suggested without considerably handling the text. Wherever they are found indispensable, they are marked within brackets and noticed in the Notes.

(13) Masculine or neuter forms of accusatives and pronouns used with reference to feminine nouns have been similarly noticed.

(14) Similar alterations have been made of words in *sandhi* and compounds, where the elementary rules of grammar are violated in a large number of instances without following a discoverable fixed principle.

(15) Inappropriate or incorrect verbal derivatives have been, as a rule, treated in the same way, the alterations, whenever suggested, being marked within brackets. These matters are elaborately discussed and fully illustrated in the writer's *Indian Architecture* under "The Language of the *Śilpa-śāstra*" (pages 199-214).

Signs : ( ) indicates a correct form to replace an incorrect one which immediately precedes it ; [ ] indicates an emendation by an addition, omission, or alteration of letters or words.

I feel no hesitation in declaring that a perfect text of the *Mānasāra* written in a chaste language is unattainable. It is unlikely that there still exist manuscripts, which are hitherto undiscovered and which are not derived from any of our manuscripts. I am, therefore, of opinion that the *Mānasāra* was never written in a chaste language and that its imperfections are original.[1]

[1] A few critics questioned if Sanskrit (the refined) language of the *Silpa-śāstra*, the science of *fine arts*, could ever have been 'barbarous'; one such critic is dead and gone, and if there be yet anybody left he will have now an opportunity of examining the text for himself and revising his notion (see Opinions and Reviews at the end of Vol. IV).

Acknowledgments

The publication of these volumes has been made possible through the generosity of the Secretary of State for India, the Government of India, and the Government of the United Provinces of Agra and Oudh, to whom I can only express inadequately my most respectful thanks.

It remains for me briefly to acknowledge aids and encouragement received beyond those mentioned above. From the very conception of the idea in consultation with Mr. E. B. Havell and Dr. L. D. Barnett, M.A., LITT.D. Professor F. W. Thomas, C.I.E., M.A., PH.D., has proved a guardian to the *Mānasāra*. The significant quotation, "rebirth of the monumental work," is his expression. It is his kindness which has largely kept alive my youthful enthusiasm, under very unfavourable circumstances, in London, Holland, Madras, Simla, Patna, Benares, and Calcutta. I am indebted to him for most of the materials and also for valuable guidance and consultation at the earlier stage, and for the final publication of the *Mānaṣāra*. Words fail me to express adequately my debt of gratitude to him.

My grateful acknowledgment is due to another great orientalist, Mahamahopadhyaya Pandit Ganga Nath Jha, M.A., D.LITT., LL.D., until recently Vice-Chancellor of Allahabad University, for his very encouraging and generous review and publicity of the earlier volumes which gave me a new lease of life, and for giving me facilities, with fatherly enthusiasm, to undertake extensive tours (referred to above). For further encouragement I am grateful to Mr. A. H. Mackenzie, M.A., C.I.E., the Director of Public Instruction, who became more and more convinced of the importance of the work when he was officiating as the Commissioner of Education and where he came in closer touch with the Archaeological Department—the Department wherein the plates to illustrate the architectural portion of the *Mānasāra* were prepared.

For his scholarly sympathy and friendly appreciation my grateful acknowledgment is due to Mr. H. R. Harrop, M.A., I.E.S., the Deputy Director of Public Instruction, whose interest increased through his official correspondence concerning the publication during the past ten years with the Oxford University Press, who, incidentally, have been anxious to bring out a second edition of the two earlier volumes since the first year of their publication.

My gratitude is due to Rai Bahadur Dayaram Sahni, M.A., the present Director General of Archaeology, for his scholarly interest in the work and his friendly appreciation during the past ten years; and to Mr. K. N. Dikshit, M.A., the then Deputy Director General of Archaeology, who used to come to my hotel at Simla and spent hours in discussing various obstinate passages that baffled repeated attempts at their interpretation.

For scholarly interest, friendly sympathy, encouraging appreciation and various kinds of assistance from time to time I am grateful to my colleagues Dr. Babu Ram Saksena, M.A., D.LITT., Dr. Umesh Misra, M.A., D.LITT., Pandit Ketresh Chandra Chattopadhyaya, M.A., Pandit Raghubar Mithulal Shastri, M.A., M.O.L., and Miss Mathura Narain Herlekar, M.A.

Not only for general encouragement, but also for valuable suggestions and constructive criticism of the earlier volumes, I am grateful to the reviewers whose opinions are quoted at the end of volume IV.

To Mr. D. W. Crighton, Superintendent, Printing and Stationery, and to his compositors and readers I desire to express my gratitude for the painstaking care and long forbearance and for their ever sympathetic and kind treatment towards me. For his personal interest in the work and for many useful suggestions and improvements I am further indebted to Mr. Crighton who readily took the trouble of revising this Preface.

P. K. ACHARYA.

UNIVERSITY OF ALLAHABAD:
February 6, 1933.

मानसारम्

(वास्तुशास्त्रम्)

एम्० ए० (Calcutta) पि० एच्० डी० (Leyden) डी० लिट् (London) विरुदवता
आई० ई० एस्० पदमलङ्कुर्वता

प्रयागविश्वविद्यालये

डीन्-फ्याकल्टि-आव्-आर्ट्स्-पदभाजा

प्राच्यविभागाध्यक्षेण

संस्कृतप्रधानाध्यापकेन

श्रीप्रसन्नकुमाराचार्येण

प्राचीनहस्तलिखितपुस्तकेभ्य आधुनिकपाश्चात्त्यरीत्या संस्कृत्य सम्पादितम्

विषयसूची

भूमिका

अस्य खलु मानसारस्य ग्रन्थ-तामील-तैलङ्ग-मलयालं-नागरीतिपञ्चप्रकाराभिर्लिपिभिर्लिखितानि प्राचीनहस्तलिखितपुस्तकानि समालोच्य पाश्चात्त्याधुनिकसरणिमवलम्ब्य मया प्रथमसंस्करणं विहितम् । तथा च राजभाषायामनुवादोऽपि कृतः ।

संस्कृतभाषायामेव मानसारं लिखितमिति हि प्रसिद्धिः । परन्तु सा भाषा सर्वथैवासंस्कृता । बूलरादिपाश्चात्त्यपण्डितैस्तथा च भाण्डारकरादिभारतीयविद्वद्धुरन्धरैरेतद् बर्बरजनोचितसंस्कृतमिति वर्जितम् (१) ।

मानसारमाधुनिकैर्दुर्बोध्यमनधिगम्यं चेत्यत्र कारणान्तरमपि वर्त्तते यतोऽदसीयसहस्रत्रयपरिमितपारिभाषिकशब्दानामर्था दृष्टचरसकलभाषाभिधानसाहाय्येनाप्यधिगन्तुं न शक्यन्ते । अतो मया सहस्रपृष्ठात्मकं भारतीयशिल्पशास्त्रविषयकमेकमभिधानं सम्पादितम् । तच्चाधुना प्रकाशितमेव । तत्र तु सर्वेभ्य एव वास्तुशास्त्रेभ्यः सर्वेभ्यश्च शिलालेखेभ्यस्तथा वेदब्राह्मणोपनिषद्भ्यः पुराणागमरामायणमहाभारतेभ्यः काव्यनाटकेतिहासेभ्यो नीतिज्योतिषशास्त्रेभ्यश्च संगृहीतानां चतुःसहस्राधिकशिल्पीयशब्दानां प्रयोगं सोदाहरणं प्रदर्श्य तदर्थानां स्थिरीकरणे यत्नमकार्षम् । एतदभिधानसाहाय्येनैव मानसारस्यार्थोपलब्धिश्चानुवादश्च सम्भाव्येते स्म ।

मानसारे प्रस्तुतानां विषयाणां संक्षेपेण विवेचनमधुना कर्त्तव्यम् । मानसारं खलु गृहादिनिर्म्माणविषयकवास्तुशास्त्रान्तर्गतम् । वास्तुशास्त्रं तु शिल्पशास्त्रान्तर्भूतम् । शिल्पानां बहवो भेदाः सन्ति । तथा च वात्स्यायनीयकामशास्त्रे चतुःषष्टिकलात्मकानि शिल्पानि

(१) एपिग्राफिआ इण्डिका, प्रथमखण्डम्, पृ० ३७७ ।

स्वीकृतानि (१)। तथैव श्रीमद्भागवतटीकाकृता श्रीधरेणाथ जीवगोस्वामिना चाप्येवं विवृतम् (२)। विष्णुपुराणे तथा हरिवंशे (३), बौद्धानां ललितविस्तरे (४), जैनानामुत्तराध्यायनसूत्रे (५), तथा च कल्पसूत्रे (२११), दशकुमारचरिते (२, २१), कादम्बर्याम् (पृ० ७०), क्षेमेन्द्रस्य कलाविलासे, समवायसूत्रे, विदर्भराजस्य रामचन्द्रकृतटीकायाम्, ललितासहस्रनाम्नो नारायणकृतटीकायाम् (६) तथा च भास्कररायटीकायाम् (पृ० ७१) शिल्पानां सुदीर्घा नामावली (७) द्रष्टव्या।

अत्र खलु मानसारे प्रस्तुता विषयाः सप्ततिसंख्याकैः प्रकरणैर्विभक्ताः। तत्र प्रथमेऽनुक्रमणिका। ततः क्रमेण शिल्पिलक्षणपूर्वकं मानोपकरणं, वास्तुप्रकरणं, भूपरीक्षाविधिः, भूसंग्रहः, गृहादीनां दिङ्निर्णयार्थं शङ्कुस्थापनलक्षणं, संगृहीतभूमिषु पदविन्यासः, बलिकर्मविधिश्चेति विषया अष्टस्वध्यायेष्ववतरणिकारूपेण वर्णिताः। अथ सर्वप्रकाराणां ग्रामाणां नगरदुर्गाणां च स्थापनं बाहुल्येन विशदीकृतम्। तत एकादिद्वादशान्ततलयुक्तानां प्रासादानां

(१) १–गीतम्, २–वाद्यम्, ३–नृत्यम् ४–आलेख्यम्, ५–विशेषकच्छेद्यम्, ६–तण्डुलकुसुमवलिविकाराः, ७–पुष्पास्तरणम्, ८–दशनवसनाङ्गरागः ९–मणिभूमिकाकर्म, १०–शयनरचनम्, ११–उदकवाद्यम्, १२–उदकाघातः, १३–चित्रयोगाः, १४–माल्यग्रथनविकल्पाः, १५–शेखरकापीडयोजनम्, १६–नेपथ्यप्रयोगाः, १७–कर्णपत्रभङ्गाः, १८–गन्धयुक्तिः, १९–भूषणयोजनम्, २०–ऐन्द्रजालयोगाः, २१–कौचुमारयोगाः, २२–हस्तलाघवम्, २३–विचित्रशाकयूषभक्ष्यविकारक्रियापानकरसरागासवयोजनम्, २४–सूचीवानकर्माणि, २५–सूत्रक्रीडा २६–वीणाडमरुकवाद्यानि, २७–प्रहेलिका, २८–प्रतिमाला, २९–दुर्वाचकयोगाः, ३०–पुस्तकवाचनम्, ३१–नाटकाख्यायिकादर्शनम्, ३२–काव्यसमस्यापूरणम्, ३३–पट्टिकावेत्रवानविकल्पाः, ३४ तक्षकर्माणि, ३५—तक्षणम्, ३६—वास्तुविद्या ३७—रूप्यरत्नपरीक्षा, ३८—धातुवादः, ३९—मणिरागाकरज्ञानम्, ४०—वृक्षायुर्वेदयोगाः, ४१—मेषकुक्कुटलावकयुद्धविधिः, ४२– शुकसारिकाप्रलापनम्, ४३–उत्सादन-संवाहन-केशमर्दन-कौशलम्, ४४–अक्षरमुष्टिकाकथनम्, ४५–म्लेच्छितविकल्पाः, ४६–देशभाषाविज्ञानम् ४७–पुष्पशकटिका, ४८–निमित्तज्ञानम्, ४९–यन्त्रमातृका, ५०–धारणमातृका, ५१–संपाठ्यम् ५२–मानसी, ५३–काव्यक्रिया, ५४–अभिधानकोषः, ५५–छन्दोज्ञानम्, ५६–क्रियाकल्पः, ५७–छलितकयोगाः, ५८–वस्त्रगोपनानि ५९–द्यूतविशेषाः, ६०–आकर्षक्रीडा, ६१–बालक्रीडनकानि, ६२–वैनयिकीनां विद्यानां ज्ञानम्, ६३–वैजयिकीनां विद्यानां ज्ञानम्, ६४–व्यायामिकीनां विद्यानां ज्ञानम्—चेति। (मुम्बईसंस्करणम्—पृ० ३२—३४, ४३, ९५)

(२) स्कन्ध १०, अध्याय ४५, श्लोक ३६।

(३) मदीयाभिधानम्, पृ० ७३६।

(४) राजेन्द्रलालमित्रस्य संस्करणम् पृ० १७८, १७९, ४१७।

(५) सेक्रेड बुक्स आव् दी ईस्ट सीरीज़, खण्ड ४५, पृ० १०८।

(६) जर्नल आव् द रायल एशियाटिक सोसायिटी, १९१४, पृ० ३५५, ३६७।

(७) वेङ्कटसुब्बियारस्य कलानामकप्रबन्धः, पृ० ३५, ३२।

भूमिलम्बविधान वर्णितम् । प्रसङ्गक्रमेण कतिसंख्यकतलेषु गृहेषु के के वसन्तीत्यंतदपि निर्धारितम् । अनन्तर सर्वप्रकाराणां वास्तूनां गर्भन्यासविधिः, उपपीठलक्षणम्, अधिष्ठान-विधिः, स्तम्भलक्षणम्, प्रस्तरविधिः, सन्धिकर्म च विस्तरेण वर्णितानि । ततो विमान-लक्षणाभिधेऽध्याये सर्वप्रकाराणां गृहाणां कतिचित् साधारणविवरणानि कृतानि । ततो द्वादशसु प्रकरणेष्वेकादिद्वादशान्ततलानि विस्तरेण प्रतिपादितानि । ततः प्राकारनामक-वास्तुविशेषस्य विस्तृतं विवरणम् । परिवारकाख्येऽध्याये मन्दिरस्य प्राङ्गणे कुत्र केषां परिवारदेवानां गृहाणि भवेयुरित्यालोचितम् । ततः षोडशतलान्तानां गोपुराभिधानानां देव-मानवसदनबहिर्द्वारगृहाणां विशद विवरणं कृतम् । तत एकस्मिन् सुदीर्घप्रकरणे मण्डपानाम्, अन्यस्मिंश्च शालानां वर्णनमस्ति । ततो गृहविन्यासो गृहप्रवेशश्चेति द्वे प्रकरणे । एवं क्रमेण सर्वप्रकाराणां हर्म्याणां द्वारमानं द्वारस्थानं चाध्यायद्वयं वर्णितम् । तदनु राजहर्म्यवर्णनानन्तरं राज्याङ्गस्य भूपतीनां च लक्षणानि कृतानि । ततो यानरथादिलक्षणम् । अथ क्रमेण शयनं सिंहासनं तोरणं चाध्यायत्रये विवृतानि । प्राङ्गणस्थमध्यरङ्गनामकस्य वास्तुविशेषस्य वर्णनं तथा तोरणासनमण्डपप्राङ्गणादीनां भूषणार्थं कल्पवृक्षलक्षणमध्यायद्वये ततो लभ्यम् । ऊनपञ्चाशत्तमे प्रकरणे नानाविधराजमुकुटराजाभिषेकवर्णनं कृत्वा सर्वप्रकाराणां गृहाभर-णानां तथाऽङ्गाभरणानां च वर्णनं भूषणनामके पञ्चाशत्तमेऽध्याये कृतम् ।

ततो विंशतावध्यायेषु भास्करीयाणां वर्णनम् । तत्रैकपञ्चाशत्तमेऽध्याये ब्रह्मादित्रिमूर्त्ति-लक्षणम् । शिवलिङ्गस्य तत्पीठस्य च लक्षणमध्यायद्वयं विस्तृतम् । शक्तिनामकेऽध्याये स्त्रीमूर्त्तीनां भेदा लक्षणानि च वर्णितानि । बौद्धदेवानां जैनदेवानां च मूर्त्तिवर्णनं ततः परं दृश्यते । अनन्तरं मुनिलक्षणं यक्षविद्याधरादिलक्षणं च । ततो भक्तलक्षणाह्वेऽध्याये सालोक्यसामीप्यसारूप्यसायुज्यभेदभिन्नानां महापुरुषाणां मूर्त्तिलक्षणं विशदीकृतम् ।

ततो देववाहनानां मूर्त्तिलक्षणम्—तत्राध्यायचतुष्टये हंस-गरुड-वृषभ-सिंहलक्षणानि क्रमेणालोचितानि । परवर्त्तिन्यध्याये प्रतिमाविधानाख्ये सर्वविधप्रतिमानां किञ्चित्साधारणं विवरणं प्रदत्तम् ।

अतःपरं तालमानं विशदीकृतम् । तालमानं तु मूर्त्तीनां पादादिमस्तकान्ताङ्गप्रत्यङ्गानामा-पेक्षिकं षड्विधं मानादिकम् । तथा हि—मानं प्रमाणं परिमाणं लम्बमानमुन्मानमुपमानं चेति । अत्र मानसारे तालमानस्य दश एव भेदाः । परन्तु बिम्बमाने द्वादश भेदाः स्वीकृताः । काश्यपीये अंशुमद्भेदे बृहत्संहितायां ब्रह्माण्डपुराणे मत्स्यपुराणे शिल्परत्ने सुप्रभेदागमे

कारणागमे वैखानसागमे कामिकागमे चेदं तालमानं समुपवर्णितम् (१)। मानसारस्य पञ्चषष्टितमषट्षष्टितमाध्याययोरुत्तमदशताललक्षणमध्यमदशताललक्षणे यथाक्रमं विशेषेणोदाहृते। ततः प्रलम्बलक्षणाभिधेऽध्याये समभङ्ग आभङ्गोऽतिभङ्गस्त्रिभङ्गश्चेति भङ्गस्थानां मूर्त्तीनां कतिभिः शिरसः पार्श्वादिभ्यश्च निर्गताभिः काल्पनिकीभी रेखाभिर्मानादिकं निर्द्धारितम्। ततो मधूच्छिष्टनाम्न्यध्याये मूर्त्तीनां स्वर्णरजतादिनिर्मितानां मधूच्छिष्टादिना शोधनं वर्णितम्। ततो मूर्त्तीनां तथा च गृहादीनां निर्माणदोषपरिहारार्थोऽङ्गदूषणविधाननामकोऽध्यायः। अन्तिमे सप्ततितमे नयनोन्मीलनाध्याये मूर्त्तीनां निर्माणशेषचक्षुरुन्मीलनं वर्णितम्।

अस्य मानसारस्य सप्ततिसंख्यकेष्वध्यायेषु प्रथमाष्टकं प्राथमिकं प्रस्तावनामूलकमानुषङ्गिकविषयात्मकम्। अनन्तरेषु द्विचत्वारिंशत्संख्येष्वध्यायेषु सर्वविधानां वास्तुशिल्पानां तथा ग्रामाणां नगरदुर्गप्राकाराणां शालामण्डपगोपुराट्टालिकाराजहर्म्यादीनां तलस्तम्भपीठोपपीठाधिष्ठानाद्यङ्गप्रत्यङ्गानां सम्पूर्णं विवरणं वैज्ञानिकरीत्या विस्तरेण कृतम्। तत्र तु यानरथशय्यासनपेटिकादीपदण्डादिगृहोपकरणानां तथा च सर्वविधानां हारवलयकङ्कणकेयूरपादुकाशिरोभूषणानां च विस्तृतं विवरणमस्ति। विंशतावध्यायेष्वन्तिमेषु भास्करीयशिल्पानां वर्णनं विद्यते। तत्र देवदेवीनां यक्षविद्याधरगन्धर्वकिन्नराणां स्त्रीपुरुषाणां तथा च मुनीनां महापुरुषाणां पशुपक्षिमत्स्यकीटादीनां च मूर्त्तीनामीदृशं सकलं विवरणमुपलभ्यते येनानायासेनैवाशिक्षितैरपि शिल्पिभिर्निर्दोषाः प्रतिमा निर्मातुं शक्याः।

अस्मादिदं तावदसंशयं ज्ञायते यदत्र मानसारे सर्वेषामेव स्थापत्यभास्करीयशिल्पानां विवरणं कृतमिति। शिल्पकोषनाम्नि प्रबन्धान्तरेऽस्मत्कृताभिधानस्य परिशिष्टे तथा चान्यत्रापि (२) वर्त्तमानानां मुद्रितामुद्रितानां सर्वशिल्पशास्त्राणां संक्षिप्तं विवरणं प्रदर्शितम्। तेषु शतद्वयमितेषु ग्रन्थेषु विवरणप्राचुर्यविषये वा प्रस्तुतविषयविन्यासविषये वोभयात्मके न कोपि मानसारसदृशः। ते तु प्रायेण सर्व एव मानसारमूलका इत्यस्माभिः स्वकृतभारतीयशिल्पशास्त्रे (३) प्रदर्शितम्।

(१) मानसारम्; अध्याय ६० पृ० ६–३५; ५७।१४–६४; ५९।६७—१००; ६५।२ १७९; ६६।२—७८। बिम्बमानम्, श्लो० १७ ७२; ९१—१३८। परिशिष्टम् १०। अंशुमद्भेदः—पटलिङ्क पृ० २५१। बृहत्संहिता—अ० ५८ श्लो० ४। ब्रह्माण्डपुराणम् खण्ड १, अनुषङ्गपाद अ० ७ श्लो० ९७। मत्स्यपुराणम्—अ० २५८ श्लो० १९। अवशिष्टानां प्रमाणानि मदीयभारतीयशिल्पशास्त्रे १२३ तमे पृष्ठे द्रष्टव्यानि।

(२) मदीयभारतीयशिल्पशास्त्रम् पृ० ८९—१०९।

(३) अध्यायः ३, पृ० ११० १३३।

शिल्पशास्त्रेभ्योऽन्यत्रापि शिल्पानां किञ्चिद्विवेचनं दृश्यत एव । तथा ऋगथर्वादिवेदेषु ऐतरेयादिब्राह्मणेषु बौधायनापस्तम्बादीनां सूत्रेषु (१), नानाविधेषु बौद्धशास्त्रेषु (२), तथा मत्स्याग्निगरुडस्कन्दवायुभविष्यनारदीयादिषु पुराणेषु (३), बृहत्संहितायाम् (४) कौटिलीयेऽर्थशास्त्रे (५), शुक्राचार्यस्य नीतिशास्त्रे (६), सूर्यसिद्धान्त-सिद्धान्तशिरोमणि-लीलावती-प्रभृतिषु ज्योतिःशास्त्रेषु (७), विविधकाव्यनाटकेतिहासेषु (८), तथा यास्कीये निरुक्ते (९),

(१) ऋग्वेदः ३।५३।६ ; ४।४९।६ ; ८।१०।१ ; ७।८५।६ ; १११२।७ ; २।४।१५ ; ५।६२।६ ; ७।८८।५ ; अथर्ववेदः ७।८३।१ ; १०।६।४ ; ३।१२ ; ९।३ ; ९।३।४।५ तैत्तिरीयसंहिता—५।४।११ ऐतरेय-ब्राह्मणम् —८।२१ । सूत्राणां प्रमाणानि मदीयभारतीयशिल्पशास्त्रे सप्तमपृष्ठे द्रष्टव्यानि ।

(२) विमानवत्थु (टीका) - पृ० ८२ । दीग्घनिकाय - १९।३६ । जातक १।१९९ ; ६।२६९ । चुल्लवग्ग ६।१७।१ ; ४।८ ; ३।७।१० ; ४।१० ; ३।३ ; ३।५ ; १४ १ ; ४।१० ; ३।१० ; ३।८ ; २।२ ; ३।१ ; ३।८ ; ११।६ ; १३।२ ; १४।१ ; ८।१ ; २।४ ; २।९ ; ५।११।६ ; १०।३ । महसुदस्सनसुत्त १।६० ; १।५९। विनय -- ४।३०८ ; २।६७ ; ४।४७ ३० । महावग्ग—१।३०।४ ; ३।५।६ ; ३।५।९ ; १।२५।१८ ; ५।१०।९ ; ५।१०।२ ।

(३) मत्स्यपु०—अ० २५२, २५५, २५७ २५८ २५९ २६२, २६३ २६९ २७० । अग्निपु०—अ० १०६, ४२, १०४, ५१. ४९, ४३, ४४, ६२, ५० ५१, ५३, ५४, ५५ । गरुडपु०- अ० ४७ ४५ ४८ । स्कन्दपु०- माहेश्वरखण्ड, द्वितीय, अ० २५ । वैष्णवखण्ड, द्वितीय अ० २५ । माहेश्वरखण्ड प्रथम, अ० २४ । वायुपु०—खण्ड १, अ० ३९ । भविष्यपु०—मध्यपर्व, अ० १२ । ब्राह्म०ख. अ० १३०, १३१, १३२ । नारदीयपु० खण्ड १, अ० १३ । लिङ्गपु०- खण्ड २, अ० ४६ ।

(४) बृहत्संहिता अ० ५३ ५६ ५७, ५८, ७९ ।

(५) कौ० अर्थशा०—प्रकरण २२, २३ २४, २५, ६५ ६६ ।

(६) शुक्रनीति० ४।४ ; ४।६ ।

(७) सूर्यसिद्धान्त ३।१।४ । सिद्धान्तशिरोमणिः—अन्तिमखण्ड अ० ७ श्लो० ३६ ४९ । लीलावती-- खण्ड २, अंश ४, अ० २ । गर्गसंहिता—(हस्तलिखिता ट्रिनिटीकालेज-कैम्ब्रिज) पृ० ६७—६८ । लघुशिल्पज्योतिःसारः - श्लो० ३—५ ।

(८) मेघदूतम् - २।१ । विक्रमोर्वशीयम्—अङ्क ३ । उत्तररामचरितम्—अङ्क ३, चत्वारिंशत्तमपद्यस्योपरितनो गद्यसन्दर्भः । मृच्छकटिकम् १।१७ ; २।८३ ; ४।१२९ ; ६ २०९ ; ६।२१२, ३९, ५२ ; ८।२८२ ३८३ ; ९।३४७ ३४९—३५१ ; २।८८, १३६ १०१ ११७, १०७—९ ; ६।२०४ २११ ; ५।१७७ ; ६।२१६ ; ९।२८९ २९१, ३०२, ३०५, ३०७, ३२० ९० । राजतरङ्गिणी—१।१०३, १७० ; ३।३८०, ३८१ ; ४।२००, २०४ ; १।९३, ९४, ९८, १४०—१४४, १४६, १४७ १६९, १९९, २०० ; ३।९, ११, १३, १४, ३५५, ३८०, ४६१, ४७६ ; ४७९, १८४, १८८, २१५, २१६, २६२, ५०७ ; ६।१७१, १७५, ३०३ ; ७।९९६, ११११ ; ८।२४६, २४८, २४०२, २४१०, २४१७, २४२१, २४३३, २५५६ २७०६, ३३५२, ३३५३ । हर्षचरितम्—पृ० २११—२१६, १७६ (मुम्बईसंस्करणम्) । चिन्तामणिविनायकवैद्यकृतमध्ययुगीनभारतवर्षेतिहासस्य पृ० १०३, १३७, १५२, १५३ द्रष्टव्यानि ।

(९) राजेन्द्रलालमित्रस्य इण्डोआरियन्स, खण्ड १, पृ० २५—२६ । निरुक्त—(३।१३) । निघण्टु—(३।४) ।

अमरकोषे (१), पाणिनीये व्याकरणे (२), तथा च कारणकामिकसुप्रभेदांशुमदाद्यागमशास्त्रेषु (३), एवं सर्वत्रैव संस्कृतवाङ्मये स्थापत्यभास्करीयादिशिल्पानां न्यूनाधिकं वर्णनमुपलभ्यते। एषु पौराणिकान्यागमिकानि च विस्तृतानि विवरणानि प्रायेण मानसारमूलकान्येवेत्यपि प्रबन्धान्तरं मया दर्शितम् (४)।

यत्र खलु वित्रुवियासनामधेयः प्राचीनो रोमकशिल्पग्रन्थो लातीनेतालीय-स्पेनीय-फरांस-जर्माणाङ्ग्लादिभाषास्वनूदितः परःशतसंस्करणगतः। मानसारवदत्रापि ग्रन्थे सप्ततिमितानि प्रकरणानि। अत्राप्याद्येषु पञ्चाशन्मितेष्वध्यायेषु स्थापत्यशिल्पान्येव वर्णितानि। अवशिष्टेषु यन्त्रादिनिर्माणविधिरुपवर्णितः। मानसारे त्वेतेषु भास्करीयशिल्पवर्णनमेवास्ति। आद्यानामध्यायानां प्रस्तुतविषयक्रमवर्णनविन्यासादावुभयोर्ग्रन्थयोरसंदिग्धं सादृश्यं प्रबन्धान्तरेऽस्माभिः प्रदर्शितम् (५). नामसंज्ञाविषयेऽप्यनयोरद्भुतं सादृश्यं प्रतीयते।

वित्रुवियास इति कस्यचिद् वास्तुशिल्पिन एव नाम। अस्य शिल्पग्रन्थस्य प्रकृत संज्ञाप्यासीन्न वेत्यपि न ज्ञायते। आसीच्चेत्संदानीं लुप्तैव। मानसारमिति नामापि त्वव्यक्तमस्पष्टं संदिग्धमनेकार्थम्। एतदेवाधुना समासेनालोच्यते।

मानानां स्थापत्यशिल्पानां भास्करीयशिल्पानां च सारो मूलं संकलनं वा यत्र शास्त्रेऽस्ति तन्मानसारमिति ग्रन्थविशेषस्य संज्ञा संभाव्यते। ग्रन्थान्तराणामपीदृश्यः सारान्ताः संज्ञा दृश्यन्ते, यथा वेदान्तसारः, न्यायसारः, ज्योतिःसारः, आचारसारः, लघुशिल्पज्योतिःसार इत्यादयः। प्रस्तुते ग्रन्थे मानसारशब्दस्य द्विविधो व्यवहारः, ग्रन्थकृत्संज्ञारूपेण ग्रन्थसंज्ञारूपेण चेति। ग्रन्थकारपरत्वेऽपि कचिद् व्यक्तिविशेषस्य संज्ञात्वेनान्यत्र तु शिल्पाचार्याणामृषीणां संज्ञात्वेनेति। यथा—"कृतमिति अखिलमुक्तं मानसारपुराणैः।

पितामहेन्द्रप्रमुखैः समस्तैर्देवैरिदं शास्त्रवरं पुरोदितम्।

तस्मात्समुद्धृत्य हि मानसारं शास्त्रं कृतं लोकहितार्थमेतत् ॥"

(अ० ७० । पं० ११४—११८ पृ० ४१८)

(१) अमरकोषः—२।२।१—२० ए०।

(२) पाणिनीय०—इण्डोआरियन्स् ख० १, पृ० १९।

(३) कारणागम—ख० १, पटल ३—१४, १६, १९, २०, ४२, ५६, ५९—६२, ६६, ८८, १३६। ख० २, प० ४—२०, ९८। कामिकागम—प० ११—३८, ४२—७२, ७४, ७५। सुप्रभेदागम—प० २२—४०। अंशुमदागम—प० २८। वैखानसागम—प० २२, २३।

(४) भारतीयशिल्पशास्त्रम्—पृ० १११—१३३।

(५) भारतीयशिल्पशास्त्रम्, पृ० १३४—१५९।

अत्र मानसारपुराणैरित्यनेन शिल्पाचार्यसम्प्रदायसूचनम्, मानसारं शास्त्रमित्यनेन च ग्रन्थसञ्ज्ञाभिधानम। एवमन्यत्रापि, यथा—"मानसार-ऋषीणां कृतं शास्त्रं मानसारमुनिनामकमासीत्" (१।३८ पृ० २) "मानानां सारं संगृह्य शास्त्रं संक्षेपतः क्रमात्" (२३।२ पृ० १६६)। अत्रापि ग्रन्थसंज्ञैव सूच्यते। "मानसारो बहुः श्रुतः" (७८ ११ पृ० ४०८)—अस्माच्छिल्पाचार्यसम्प्रदायस्यैव द्योतनं सम्भवति। "सकलमुनिवरैर्मानसारादिमुख्यैः" (६८।२१८ पृ० २२१)—अस्मात्तु कस्यचिच्छिल्पाचार्यस्य न तु सम्प्रदायस्य प्रतीतिर्जायते।

एतावन्त एवास्मिन मानसारनाम्नि ग्रन्थे मानसार-शब्दस्य प्रयोगा दृश्यन्ते। एभ्योऽस्य शब्दस्य सम्पूर्णार्थोपलब्धिर्नैव सञ्जायते।

शिलालेखद्वयं (१), मानसर्पः नतु मानसारः इति कस्यचिच्छिल्पिनः संज्ञा समुपलभ्यते। अग्निपुराणेऽपीदृशः सन्देहमूलको मानसारस्योल्लेखो दृश्यते—"तदूर्ध्वं तु भवेद् वेदी सकण्ठा मनसारकम्" (२)—इति। अत्र 'मलसारकम्' 'मानसारकम्' चेति पाठद्वयं सम्भाव्यते।

ख्रिष्टसप्तमशताब्दीयाचार्यदण्डिविरचिते दशकुमारचरिते प्रधानकुमारपितू राजहंसस्य प्रतिद्वन्द्वी मालववास्तव्यः कोऽपि मानसाराख्यो राजा पौनःपुन्येन श्रूयते (३), यथा—"मगधनायको मालवेश्वरं प्रत्यग्रसंग्रामघस्मरं समुत्कटमानसारं मानसारं प्रति··· संग्रामाभिलाषेण रोषेण महताविष्टौ निर्ययौ।" इति। "राजहंसो मुनिमभाषत, भगवन् मानसारः प्रबलेन दैवबलेन मां निर्जित्य मद्भोग्यं राज्यमनुभवति।" इति। "अवन्तिसुन्दरी नाम मानसारनन्दिनी····· नगरोपान्तरम्योद्याने विहारोत्कण्ठया मनोभवमर्चयन्ती रेमे।" इति च।

सन्दर्भत्रयेऽप्यत्र मानसार इति राज्ञ एव नाम न तु कस्यचिच्छिल्पिन ऋषेर्वेति ध्रुवम्। ग्रन्थकृदाश्रयदातृराजनाम्नापि कदाचिद् ग्रन्थाभिधानं विधीयते—यथा गुप्तवंश्यस्कन्दगुप्तनाम्नैव स्कन्दपुराणस्य समाख्यासीदिति केचिन्मन्यन्ते। हर्षचरितं तु हर्षनृपनाम्नैवेति च। अत्र खलु मानसारग्रन्थे मालवाधिपाभिधयास्य ग्रन्थस्य नामकरणं न कैरपि लक्षणादिप्रकारैर्निर्धारितम्। परं तु षष्ठशताब्दीयबृहत्संहिताया मानसारं प्राचीनतरं पञ्चमशताब्दीयमत्स्यपुराणस्य समसामयिकं चेति मयान्यत्र प्रदर्शितम् (४)।

(१) मापग्राफी-प्रोग्रेस-रिपोर्ट—१९०१—सं० १०७, २०९—पृ० १३०, टि० ५ ; पृ० १३०, टि० ५ ; पृ० १७११७६, टि० १।

(२) अग्निपुराणम्—अ० ४२ श्लो० ११७।

(३) मोरेश्वररामचन्द्रकालेकृतसंस्करणम्—१९१७—पृ० ४, १, ४३।

(४) अस्मत्कृतभारतीयशिल्पशास्त्रम्—अ० ५—पृ० १६१, १७१, १९७, १९८

अपि च सन्त्यत्र कारणान्तराणि मानसारस्य पञ्चमशताब्दीयत्वसम्भावनायाम् । तत्रेदमन्यतमम् मानसारे गुप्तविशमिति पदं सप्तविंशार्थे प्रयुक्तम्, अतोऽत्र गुप्त-शब्दः सप्तसंख्यावाचक एवेति । तत्र गुप्तवंशे सप्तैव भूपाः प्रधाना आसन्, अतः स्कन्दगुप्तपर्यन्त-सप्तभूपान्तं गुप्तसाम्राज्यमिति । अयमभिप्रायो मानसारप्रणयनकाले सप्त गुप्तनृपा एवं सुप्रसिद्धा अभूवन् यद् गुप्त इति पदं सप्तपर्यायतयैव परिणतमिति ।

ख्रिष्टप्रथमशताब्दोयेन विट्रुवियासनाम्ना ग्रन्थेन सह मानसारस्य विलक्षणं साहश्यमत्र स्मार्यम् । साहश्यस्यास्य द्वावर्थौ सम्भाव्येते, रोमकसिद्धान्तवद् भारतीयमानसारमपि विट्रुवियासमूलकम् अथवा मानसारमेवावलम्ब्य विट्रुवियासग्रन्थः प्रणीत इति । किं चैतावुभावपि कस्माच्चित्तृतीयस्मादनिर्दिष्टाद् ग्रन्थात् परम्परागतादाम्नायवचनात् संप्रदायाद्वा विनिर्गतावित्येतदपि सम्भावयितुं शक्यते ।

कदा केन मानसारं विरचितं केन ग्रन्थेन सहास्य कीदृशः सम्बन्धोऽस्तीत्याद्यनुसन्धित्सा न तावत् फलवती भविष्यति यावद् ग्रन्थकृतोऽनन्यत्वं न निर्धार्यते । मानसारः क आसीत् । किमेष कश्चिदृषिः शिल्पी नरपतिर्वा । कोऽस्य पूर्वपुरुषाः कश्चास्य मातामहवंशः । कस्मिन् देशे काले चासौ प्रादुर्भूतः । आहोस्विन्मानसार इति ग्रन्थस्यैव संज्ञा न तु व्यक्तिविशेषस्य । पक्षेऽस्मिन् किमुपज्ञमस्य रचयितृत्वम्, कथं वा ग्रन्थकारपरिचयः सर्वथैव विलुप्तः । मीमांसास्थानं खल्वेतद्वर्ततेऽधुना विशेषज्ञानाम् ।

इत्यावेदयति

श्रीप्रसन्नकुमाराचार्यः ।

मानसारम्

संग्रहः

उत्पत्तिरक्षणलयान् जगतां प्रकुर्वन् भूवारिवह्निमरुतो गगनं च सूते ।
नानासुरेश्वरकिरीटविलोलमालाभृङ्गावलीढचरणाम्बुरुहं नमामि ॥ १ ॥
गङ्गाशिरःकमलभूकमलेक्षणेन्द्रगीर्वाणनारदमुखैरखिलैर्मुनीन्द्रैः ।
प्रोक्तं समस्ततरवस्त्वपि वास्तुशास्त्रं तन्मानसार-ऋषिणापि हि लक्ष्यते स्म ॥ २ ॥
मानोपकरणं चादौ शिल्प[ल्पि]लक्षणपूर्वकम् ।
अथ वास्तुप्रकरणं भूपरीक्षाविधिं तथा ॥ ३ ॥
भूसंग्रहस्ततः प्रोक्तं शङ्कुस्थापनलक्षणम् ।
देवादीनां स्थापनाय पदविन्यासलक्षणम् ॥ ४ ॥
बलिकर्मविधिं चैव ग्रामादीनां च लक्षणम् ।
नगरीलक्षणं चैव भूमिलम्बविधानकम् ॥ ५ ॥
गर्भन्यासविधिं चैव चोपपीठस्य लक्षणम् ।
अधिष्ठानविधिं चैव पादमानस्य लक्षणम् ॥ ६ ॥
प्रस्तरस्य विधिं चैव सन्धिकर्मस्य(णो) लक्षणम् ।
विमानलक्षणं चैवमेकभूम्याश्च लक्षणम् ॥ ७ ॥
द्वितलस्य विधिं चैव त्रितलस्य विधानकम्
चतुस्तलविधिं चैव पञ्चभूम्याश्च लक्षणम् ॥ ८ ॥
षट्सप्ततलकं चैवमष्टभूनवभूमिकम् ।
दशभूमिविधानं च रुद्रभूमिविधानकम् ॥ ९ ॥
तलं द्वादशकं चैव प्राकाराणां च लक्षणम् ।
परिवारलक्षणं चैव(च) गोपुराणां च लक्षणम् ॥ १० ॥

मण्डपस्य विधानं च शालानां चैव लक्षणम् ।
विन्यासश्च गृहस्याथ गृहप्रवेशलक्षणम् ॥ ११ ॥
द्वारस्थानविधिं चैव द्वारमानस्य लक्षणम् ।
राजहर्म्यविधिं चैव राज्याङ्गस्य तु लक्षणम् ॥ १२ ॥
भूपतिलक्षणं चैव यानादिरथलक्षणम् ।
शयनस्य लक्षणं चैव सिंहासनस्य लक्षणम् ॥ १३ ॥
तोरणं(णस्य) मध्यरङ्गस्य कल्पवृक्षस्य लक्षणम् ।
अभिषेकलक्षणं चैव सर्वभूषणलक्षणम् ॥ १४ ॥
ब्रह्मादीनां त्रिमूर्तेश्च लक्षणं लिङ्गलक्षणम् ।
पीठस्य लक्षणं चैव शक्तीनां लक्षणं तथा ॥ १५ ॥
बौद्धस्य जैनिकानां च लक्षणं मुनिलक्षणम् ।
यक्षविद्याधरादीनां लक्षणं भक्तलक्षणम् ॥ १६ ॥
ब्रह्मादीनां च देवानां तत्तद्वाहनलक्षणम् ।
[लक्षणं प्रतिमानां चोत्तमदशतालस्य च ॥ १७ ॥
स्त्रीमानाय मध्यमस्य दशतालस्य लक्षणम् ।
प्रलम्बलक्षणं चैव मधूच्छिष्टविधानकम् ॥ १८ ॥
तथा च लक्ष्यते सर्वमङ्गदोषविधानकम् ।]
नयनोन्मीलनं चैव लक्षणं वक्ष्यते क्रमात् ॥ १९ ॥
मानसार-ऋषि(षीणां) कृत(तं)शास्त्रं मानसारमुनिनामकमासीत् ।
तत्तु शिल्पिवरदेशिकमुख्यैः स्वीकृतं सकललक्षणपूर्व[क]म् ॥ २० ॥

इति मानसारे वास्तुशास्त्रे संग्रहो नाम प्रथमोऽध्यायः ।

शिल्पिलक्षणपूर्वकं मानोपकरणविधानम्

शिल्पिनां लक्षणं वक्ष्ये मानोपकरण(णं) क्रमात् ।
परःशिवसकाशाद्धि ब्रह्मा इ(चे)न्द्रोऽपि लोककृत् ॥ १ ॥
स महाविश्वकर्मेति ई(त्वी)श्वरेणैव कीर्तितः ।
स एवायं विश्वकर्मा ब्रह्माण्डं सृजते मुहुः ॥ २ ॥
विश्वकर्मा चतुर्वर्ण(र्वक्त्रा) जाति(तो) ब्रह्मादिवर्ण(वक्त्र)वत् ।
पूर्वोक्तवर्ण(पूर्ववक्त्रादीनि) चत्वारि नामं(मानि) वक्ष्ये पृथक् पृथक् ॥ ३ ॥
विश्वभूरिति नामैतत्पूर्ववक्त्रं प्रकीर्तितम् ।
दक्षिणे विश्वविद्वक्त्रं विश्वस्त(स्थ)श्च तथोत्तरे ॥ ४ ॥
पश्चिमे विश्वस्रष्टाख्यं वक्त्रमेवं चतुर्विधम् ।
एतेभ्यः प्रथमो जातो विश्वकर्मा चतुष्टयः ॥ ५ ॥
पूर्वानने विश्वकर्मा जायते दक्षिणे मयः ।
उत्तरस्य मुखे त्वष्टा पश्चिमे तु मनुः स्मृतः ॥ ६ ॥
उपयेमे विश्वकर्मा इ(त्वि)न्द्रस्य तनयां तदा ।
मयः सुरेन्द्रतनयामुपयेमे क्रमात्ततः ॥ ७ ॥
त्वष्टा वैश्रवणसुतामुपयेमे त्वनन्तरम् ।
मनुर्नलस्य तनयामुपयेमे तु तुर्यकम्(कः) ॥ ८ ॥
विश्वकर्माख्यनाम्नोस्य(इत्यस्य) पुत्रः स्थपतिरुच्यते ।
मयस्य तनयः सूत्रग्राहीति परिकीर्तितः ॥ ९ ॥
त्वष्टुर्देव-ऋषेः पुत्रो वर्धकी(किरि)ति प्रकथ्यते ।
मनोः पुत्रस्तक्षकः स्यात्स्थपत्यादि चतुष्टयमूये ॥ १० ॥
स्थपतिस्तु स्वतुर्येभ्यस्त्रिभ्यो गुरुरिति स्मृतः ।
सूत्रग्राही गुरुर्द्वाभ्यां तुर्येभ्योऽग्र इति स्मृतः ॥ ११ ॥
तक्षकस्य गुरुर्नाम(म्ना) वर्धकी(किरि)ति प्रकीर्तितः ।
स्थपतिः सर्वशास्त्रज्ञः सूत्रग्राहीति सूत्रधृत् ॥ १२ ॥
वर्धकी(किर्) मानकर्मज्ञः तक्षणात्तक्षकः स्मृतः ।
स्थपतिः स्थापनायार्हः वेदविच्छास्त्रपारगः ॥ १३ ॥

स्थापनाधिपतिर्यस्मात्तस्मात्स्थपतिरुच्यते ।
स्थपतेश्चाज्ञया सर्वे सूत्रग्राह्यादयः सदा ॥ १४ ॥
कुर्वन्ति शास्त्रदृष्टे(आदेशे)न वास्तुवस्तु प्रयत्नतः ।
स्थपत्यादिचतुर्वर्णः शिल्पिभिः परिकीर्तितः ॥ १५ ॥
आचार्यलक्षणैर्युक्तं(क्तः) स्थपतिर्नाम धीयते ।
श्रुतज्ञः सूत्रग्राही च रेखाज्ञः शास्त्रवित्तमः ॥ १६ ॥
विचारज्ञः श्रुतज्ञश्च चित्रकर्मज्ञ(ज्ञो) वर्धकी(किः) ।
तक्षकः कर्मवित्सभ्यो बलबन्धू(न्धु)दयापरः ॥ १७ ॥
श्रुतिशास्त्र(स्त्रं) प्रकर्तव्य(व्यं) सर्वलक्षणमुच्यते ।
इहैव लोके(कस्य) कृतं विना शिल्पि[ना] विना गुरुम् ॥ १८ ॥
न लभ्यते तु यत्तस्मादेभ्यः(भिः) सह[सहैव] कारयेत् ।
विना कृते तु सफलं भुक्ति(क्तिं) मुक्तिं न विन्दति ॥ १९ ॥
शिल्पी(ल्पि)नां लक्षणं प्रोक्तं मानोपकरणो(णमु)च्यते ।
मुनीनां नयनोद्वीक्ष्य(क्ष्यं) तत्परमाणुरुदाहृतम ॥ २० ॥
ताभिरष्टाभिर्गुणितं रथधूलिरिति स्मृतम् ।
रथधूल्यष्टमिलितं वालाग्र[न्तु]मिति[तु] स्मृतम् ॥ २१ ॥
वालाग्रैरष्टधायुक्तं लिक्षे[ति] परिकीर्तितम् ।
लिक्षे(क्षाभि)श्चाष्टभिरायुक्तं यूकं तमि(दि)ति कथ्यते ॥ २२ ॥
यूकैरष्टाभिः(भिश्च) प्रोक्तं यवमेवं विधीयते ।
यवैरष्टसमायुक्तमङ्गुलं तत्प्रकीर्तितम् ॥ २३ ॥
मानमात्रं त्रिधा प्रोक्तं यववृद्धिविशेषतः ।
षट्सप्ताष्टयवैरेतत्कनिष्ठो(ष्ठ)मध्यमोत्तमम् ॥ २४ ॥
अङ्गुलैर्द्वादशैर्युक्तं वितस्तिः परिकीर्तितम(ता) ।
वितस्तियुग्मं किष्कुः स्यात्प्राजापत्योऽङ्गुलाधिकम[कः] ॥ २५ ॥
षड्विंशत्यङ्गुलो हस्तो धनुर्मुष्टिरिति स्मृतम् ।
सप्तविंशतिकाङ्गुल्यं हस्तमुक्तं धनुर्ग्रहम[हः] ॥ २६ ॥
चतुर्हस्तं धनुर्दण्डं दण्डाष्टं रज्जुमेव च ।
याने च शयने चैव किष्कुहस्तेन मानयेत् ॥ २७ ॥

विमानस्य तु सर्वेषां प्राजापत्येन मानयेत् ।
मानयेद्ग्रास्तु यन्मानं धनुर्मुष्टिकरेण च ॥ २८ ॥
ग्रामादीनां न मानानां (च सर्वेषां) मानयेत्तद्धनुर्ग्रहम् ।
किष्कुहस्तेन यन्मानं मानयेद्विश्वतस्तु वा ॥ २९ ॥
शमी शाकं च चापं च खदिरः कु(रश्च) तमालकः ।
चोरिणी तिन्त्रिणी(तिन्दिनी) चैव हस्तदारु प्रकीर्तितम् ॥ ३० ॥
दारुसंग्रहणं(णात्) पश्चात्त्रिमासान्तं जले क्षिपेत् ।
चालयित्वा परिग्राह्यं तत्त्वकेण विदारयेत् ॥ ३१ ॥
तद्दारितं निकरं दारु तक्षयेच्चतुरश्रतः ।
एकहस्तसमं दीर्घं तदेकाङ्गुलविस्तृतम् ॥ ३२ ॥
घनमध्या(र्धा)ङ्गुलं प्रोक्तं हस्त(स्तं) निश्चित्य योजयेत् ।
न वक्रं[च] न भिन्नं च न रन्ध्रं स्निग्धमेव च ॥ ३३ ॥
क्रमुकं वाऽपि वेणुं च(णुश्च) दण्डदारु प्रकीर्तितम् ।
हस्तदण्डोभयोः प्रोक्तं(क्ता) विष्णुमूर्त्य(र्तिर)धिदेवता ॥ ३४ ॥
नालिकेर(नारिकेल)फलैः शाता(शाणैः) दर्भैर्न्यग्रोधवल्कलैः ।
कार्पासं(स)किंशुकैः(क)सूत्रैस्तालकेतकवल्कलैः ॥ ३५ ॥
यज्ञभेद्वल्कलैर्ग्राह्यं रज्जुं संकल्पवित्तमः ।
पार्श्वादेकाङ्गुलं चैव तत्समं रज्जुनाहकम् ॥ ३६ ॥
देवभूसुरभूपानां त्रिवर्ति(र्ती) ग्रन्थिवर्जितम्(ता) ।
वणिजां शूद्रजातीनां रज्जुरेकद्विवर्जिता(र्ती च) ॥ ३७ ॥
वासुकी रज्जुदेवात्मा मानतद्ज्ञैः(तज्ज्ञः) पितामहाः(हः) ।
तद्धार्य(तद्धृत्वा) हस्तं रज्जुश्च(श्च) मानदण्डं तथैव च ॥ ३८ ॥
स्मृत्वा मा(म)नसितां(तान्) देवां(वान्) मानयेद्वर्धकी(किस्) तथा ।
एवं मान(ने) कृते वास्तुवस्त्वादि च विवर्धयेत् ॥ ३९ ॥
अनुक्तं कुरुते यस्तु स स्थितो रौरवं फलम् ।
तस्मात्परिहरेच्छिल्पी कारयेत्तत्तु विश्वतः ॥ ४० ॥

इति मानसारे वास्तुशास्त्रे मानोपकरणविधानं नाम द्वितीयोऽध्यायः ।

वास्तुप्रकरणम्

तैत(ति)लाश्च नराश्चैव यस्मिन्यस्मिन् परिस्थि(ष्ठि)ताः ।
तद्वस्तु सु(सू)रिभिः प्रोक्तां(क्तं) तथा वै वक्ष्यतेऽधुना ॥ १ ॥
धरा हर्म्यादि यानं च पर्यङ्कादि चतुर्विधम् ।
धरा प्रधानवस्तु स्यात्तत्जातिषु सर्वशः ॥ २ ॥
विमानादीनि वास्तूनि वस्तुतं(तः) वस्तुसंश्रयात् ।
तान्येव वस्तुरे (चै)वेति कथितं वस्तुविद्बुधैः ॥ ३ ॥
प्रासादमण्डपं चैव सभाशालाप्रपां(पास्)तथा ।
[अ]रङ्गमिति चैतानि हर्म्यमुक्तं पुरातनैः ॥ ४ ॥
आदिकं स्यन्दनं शिल्पि[न्] शिबिका च रथं तथा ।
सर्वैर् (सर्व) यानमिति ख्यातं शयनं वक्ष्यते तथा ॥ ५ ॥
पञ्ज(ज)रं मञ्चली मञ्चं काकाष्टं फलकासनम् ।
तथैव बालपर्यङ्कं पर्यङ्कमिति कथ्यते ॥ ६ ॥
प्रोक्तं चतुर्विधं चैवमधिकारं धरादिभिः(दि च) ।
आधारमपि भूतानामादित्याश्च(ज्) जायते मही ॥ ७ ॥
आकारवर्णगन्धैः(न्धान्) च रूपशब्दरसा(स)स्पृशः ।
एतान् परीक्ष्य क्रमशः सा भूमि(र्) माननिश्चया ॥ ८ ॥
यासौ भूमिरसौ(रेभिर्) ग्राह्या द्विजातीनां पृथक् पृथक् ।
तद्वस्तु चतुरश्रं च शुक्लवर्णेन संयुतम् ॥ ९ ॥
उदुम्बरतरोर्यु(रुणा यु)क्तमुत्तरप्रवणं तथा ।
माधुर्यं च कषायं च ब्राह्मणानां शुभप्रदम् ॥ १० ॥
विस्तारो(रा)ष्टसमाधिक्यं रक्तवर्णेन संयुतम् ।
पूर्वप्रवणमातिक्तमश्वत्थद्रुमसंयुतम् ॥ ११ ॥
विस्तीर्णं भूभृतां योग्यं महि(ही) सम्पत्प्रदा भवेत् ।
विस्तारे(रस्य) तु षडंशेन मा(ना)धिकायाम(मं) पीतयुत् ॥ १२ ॥

प्लक्षद्रुमयुतं पूर्व(र्व)प्रवणमम्लरसान्वितम् ।
वर्ण(णि)जानां मही प्रोक्ता सर्वसिद्धिकरं शुभम् ॥ १३ ॥
चतुरंश(शे) विशाले तु चांशमाशा(तथांशा)धिकमायतम् ।
वटवृक्षयुतं कृष्णवर्णं च कटुकारसम् ॥ १४ ॥ 28
वस्तु तत्पूर्वके निम्नं शूद्राणां तु शुभप्रदम् ।
तदुक्तं चोभयं मुख्यं मध्यमं चेति कथ्यते ॥ १५ ॥
मुख्यं(ख्या) भूमिरिति ख्यातं वस्त्वादीनि (स्त्वन्तर) चतुःसमम् ।
वस्तुभेदमिति प्रोक्तं द्विजात्यादिषु वर्णयेत् ॥ १६ ॥ 32
सर्वं योग्यं द्विजातीनां सुराणां च विशेषतः ।
भूपानां तद्विशां शूद्रैः(द्राणां) प्रागुक्तक्रमतो भवेत् ॥ १७ ॥

इति मानसारे वास्तुशास्त्रे वास्तुप्रकरणं नाम तृतीयोऽध्यायः ।

भूमिसंग्रहविधानम्

भूपरीक्षाविधिं(भूमिसंग्रहणं) वक्ष्ये शास्त्रे संक्षिप्यतेऽधुना ।
दक्षिणे पश्चिमे चैव चोन्नतं चतुरश्रकम् ॥ १ ॥
तद्वस्तु जायते वाऽपि देवानां मनुज:(ज)क्रमात् ।
तुरङ्गद्विरदं(द)वेणुं(णु)वीणासाक(ग)रदुन्दुभिः ॥ २ ॥
धेनुभिश्च समायुक्तं(क्ता) किं च पुंनागजातिभिः ।
सरसीरुहधान्यैश्च पाटलीपुष्पगन्धकैः ॥ ३ ॥
संयुक्तं(क्ता) सर्वबीजानां वर्धनं(ना) चैकवर्णयुक् ।
निविडा(ड) स्निग्धसंयुक्ता सुखसंस्पर्शना भवेत् ॥ ४ ॥
श्रीवृक्षनिम्बसे(म्बा)शोकैः संयुक्तं(क्ता) सप्तपर्णकैः ।
सू(चू)तैश्चापि वृ(वि)षवृक्षैः संयुक्ता च समस्थले(ला) ॥ ५ ॥
धवलं रक्तवर्णं च स्वर्णं कृष्णं कपोतकम् ।
षडश्रैश्च समायुक्ता सर्वसम्पत्प्रदा धरा ॥ ६ ॥
दक्षिणावर्तसलिला [प्र]दक्षिणाकारा वर्णनैः ।
मानवाञ्जलिमानेन दृष्टिनीला मनोहरा ॥ ७ ॥
कृमिवल्मीकरहिता निर्मूषी निष्कपालिनी ।
निरस्थि(स्थिः) सूक्तिसिकतारन्ध्रवर्जा शुभावहा ॥ ८ ॥
पृथग्विधैश्च शूलैश्च स्थाणुभिश्च मही धृता ।
सकर्दमितवाराही विलेकं(का) सरसंयुतम्(युता) ॥ ९ ॥
निस्तुषा निर्विभूतिश्च शर्करारहिता अपि(तापि च) ।
सा भूमिः ब्राह्मणादीनां वर्णानां संपदावहा ॥ १० ॥
मधुतैलाज्यगन्धाश्च(च) दग्धदुर्गन्धिनी च या ।
अण्डजमीनगन्धैश्च(न्धा च) शवगन्धैश्च(न्धा च) वर्जिता ॥ ११ ॥
नृपप्रासादसंयुक्ता सभाचैत्यसमीपगा ।
सकण्टकतरोर्(तरुणा) युक्ता द्रुमशाल[य]संकुला ॥ १२ ॥

कूर्मोन्नता वर्तुला च त्रिकोणं(णा) वज्रसन्निभा ।
अञ्जनानां गृहैश्छाया कर्मकारगृहैर्वृता ॥ १३ ॥
चतुष्पथा चैक(च त्रि)पथा द्विपथा पत्तनौ(न)पथा ।
मृदङ्गसदृशं(शा) गर्तखगवन्मुखोपमम(पमा) ॥ १४ ॥
झषतो(झषो)पमं(मा) चतुष्कोणा[सर्वत्र] प्रभावृत्तकम् (का) ।
सालैर्युक्तं(क्ता) चतुष्कोणैः(णेषु) चैत्यपादपसंकुलम(ला) ॥ १५ ।
महासर्पाश्रिता वाऽपि शालस्योद्यानमेव च ।
वराहमर्कटप्रायं(या) रुद्रभूश्या(द्राणामा)श्रमं तथा ॥ १६ ॥
उलूखलं(कानां) काननानि पश्चाकृतिशूर्पणम(सर्पाणां च) ।
पाश्चजन्यं(न्या) खगप्रायविडाला खचरोपमा ॥ १७ ॥
वेश्म गौलि(री)निभिः(भा) चापि क्षुद्रजन्तूष(न्तु तूप)रापि ।
वास्तुशास्त्रविदां विधानं तदेवं स्यादू(द्व)र्जितम् ॥ १८ ॥
बहुद्वारप्रवेशं(शां) च वर्मविद्धं(द्धां) च वर्जयेत् ।
इत्थंभूतेऽपि वास्त्वादौ मोहात्कर्म करोति यः ॥ १९ ॥
तदु(स दु)ष्कृतस्य सिन्धुः स्यात्तस्माद्विजा(वीज)धरा वरा ।
स(सा)हि सोदरवस्तु स्याद्वर्णिनी(द्वर्णा) बहुरसा बहु(हुः) ॥ २० ॥
बीजाभिवर्धिनी मधुव्रतैर्मृगनाभिसुगन्धिनी ।
सकलशिल्पिवरैरपि संस्कृता [सकललक्षणा] ॥ २१ ॥

इति मानसारे वास्तुशास्त्रे भूपरीक्षा(भिसंग्रह)विधानं नाम चतुर्थोऽध्यायः ।

भूपरीक्षाविधानम्

भूमिसंग्रहणं सर्व(भूपरीक्षाविधानं च) शास्त्रे संक्षिप्यतेऽधुना ।
तदुक्ताकारनादादिवर्णैर्युक्तं महीतलम ॥ १ ॥
स्वीकृत्य शिल्पिकुशलो बलिं दत्वा यथाविधि ।
पुण्याहं वाचयेत्पश्चात्तूर्यमङ्गलनिस्वनैः ॥ २ ॥
गच्छन्तु सर्वभूतानि राक्षसा देवता अपि ।
अस्मात्स्थानान्तरं यायात्कुर्यात्पृथ्वीपरिग्रहम् ॥ ३ ॥
जप्त्वा म(पेन्म)न्त्रमिमं पश्चाद्विहिते कुम्भपरिग्रहात् ।
स्थापयेत्सर्वबीजानि गोमयाक्तानि रूषिते ॥ ४ ॥
प्रेक्ष्य सस्यात्पल्लवानि निविडानि निरवग्रहात् ।
तत्र धेनुवृष[भ]नववत्सांश्चाऽपि निवेशयेत् ॥ ५ ॥
पश्चात्पादक्रमैर्वर्गैर्नासाग्राणैः समन्वितम् ।
संघुष्ट(ष्टं) वृषभध्वानै[र्] धवले(ली)भूतलूषितम् ॥ ६ ॥
यवप्रस्थसमेतैश्च पततीवत्सक्रमतः ।
गोमयालेपितं पश्चाद्गोष्ठकैश्च निषेवितम् ॥ ७ ॥
रोमन्थोद्गारपुलकैः शोभितं गोष्पदैरपि ।
स्वच्छोदकसमाक्रान्त(न्तं) गोगन्धैश्च मनोहरम् ॥ ८ ॥
एवं शुभदिनोपेतं तारकाविषयैरपि ।
सुमुहूर्ते सुकरणे सुलग्ने सुपिद्विति क्षितैः(सुविपश्चिद्भिः) ॥ ९ ॥
विप्रैश्च पश्चात्पुण्याहं कारयेत्सर्वमङ्गलम् ।
भूतलं(ल)खननं कुर्याद्व(द्वा)स्तुमध्ये लयावधि ॥ १० ॥
चतुरश्रं तूपहितो(तं) हस्तमात्रं तु निम्नकम् ।
ह(वा)रिचत्वारि परितः समं संक्षिप्य चोक्कृथम्(च्छ्रितम्) ॥ ११ ॥
पूजयित्वा(येत्तु) यथाशास्त्रं प्रणम्य रू[प]पाम्बिकाम् ।
सर्वरत्नजलैश्चैव गन्धपुष्पाक्षतैरपि ॥ १२ ॥

पूजयेत्पायसान्नेन प्रभाते तु ततः सुधीः ।
वापीसमीपे नियतं(तः) समाहितमनाः शुचिः ॥ १३ ॥
प्राचीत्वरिक्(चदिक्) शिरस्ये (ए)तद्दर्भास्तरणभूतले ।
महाक्षोणि विवर्धस्व धान्यैश्च साधनैरपि ॥ १४ ॥
उत्तमं शुष्कमास्थाय मङ्गलं(ल)भवते(त्यै) नमः ।
मन्त्रमेतज्(तं) जपन्पश्चादुपवासमुपक्रमेत् ॥ १५ ॥
प्रभाते तु परीक्ष्येमं(क्षेत) रूपं स्थपतिभिः सुधीः ।
किंचिच्छेषं जलं प्रेक्ष्य गृह्येतं (ह्यतां) मङ्गलाय वै ॥ १६ ॥
शोषितं धनधान्यानां क्षयं क्षिप्रे विनाशितम् ।
परितस्तु मृदा गर्ते पूरिते मध्यमा मही ॥ १७ ॥
मही हीनं(ना) मृदा हीना चोत्तमा च(चापि) चाधिका ।
प्रेक्ष्य कर्तु(कर्ता तु) तन्मध्ये प्रदक्षिणचरोत्तरम्(‹ उत्तमम्) ॥ १८ ॥
कामधेनुसमां क्षोणीं स्वीकुर्यात्तु विभूतये ।
कर्षणार्थं बलीवर्दलक्षणं वक्ष्यतेऽधुना ॥ १९ ॥
श्वेतकं कपिलं चैव रक्तपीतं तथैव च ।
बलीवर्दस्य चै(र्दानामे)तेषामेकैकं तु शुभावहम् ॥ २० ॥
एकस्य(कं च) वर्णसांकर्य वर्जयेद्दण्डलाञ्छनम् ।
अधो(धः)शृङ्गमतिशृङ्ग(ङ्गं) विपरीतं तु [वि]वर्जयेत् ॥ २१ ॥
अतिबालं च वृद्धं तु वर्जयेद्योननं(द्योजनेऽ) मतम् ।
बलि(ली)वर्दं दष्टबिन्दुं दुष्टदृष्टिं च वर्जयेत् ॥ २२ ॥
ह्रस्वपुच्छं चक्रखुरं बलहीनं च वर्जयेत् ।
छिन्नश्रोत्रं भग्नदन्तं पङ्गुपादं च वर्जयेत् ॥ २३ ॥
चतुष्पादाग्रयोः(ग्रे च) शृङ्गं मूल(शृङ्गमूले) मध्यललाटके ।
स्वभावेन श्वेतवर्णमाबद्धतिलकं तथा ॥ २४ ॥
पुष्पनेत्रं च रक्तं च बन्धं चायतेक्षणम् ।
अनस्पान्न(नड्वाहं न) त्यजेद्विद्वान्सूत्रं कुर्याद्विलक्षणम् ॥ २५ ॥
शृङ्गाग्रे खुराग्रे च कुर्यात्स्वर्णेन गोलकम् ।
फा(भा)लपट्टं तथा कर्णं कनकैश्चाप्यलङ्कृतम् ॥ २६ ॥

कर्षणात्पूर्वदिवसे अनस्वाश्चैव(नड्वाहश्च) लाङ्गलम् ।
कौतुक बन्धनं चादौ कर्षणार्थम(णाया)धिवासितम् ॥ २७ ॥
कुर्यात्तदुक्तवद्विद्वान्वक्ष्ये लाङ्गललक्षणम् ।
बन्धुरं खादिरं चैव निम्बं च सरलं तथा ॥ २८ ॥
सरक्तक्षीरिणी चैव लाङ्गलं(ल)वृक्षमि(क्ष इ)ष्यते ।
एकहस्तं तु दीर्घं स्यात्सपादाद्यर्धमेव च ॥ २९ ॥
त्रिचतुष्पञ्चमात्रं वा लाङ्गलं(ल)मूलविस्तृतम् ।
तस्यायामार्धं तन्मध्ये(र्धमध्ये च) किंचिद्वक्रं सकर्णकम् ॥ ३० ॥
मूलमष्टाश्रकं चार्धत्रिपट्टं वेणुपत्रवत् ।
तस्य मूले तदुपरि वेणुशृङ्गं प्रवेशयेत् ॥ ३१ ॥
वेणुदण्डं त्रिहस्तं स्याद्दीर्घतारां(रं) यथाबलम् ।
पुच्छायाम[म]ध्यर्धकरं मूलतारं शराङ्गुलम् ॥ ३२ ॥
अथवा सपादहस्तं च हस्तं वा पुच्छदीर्घकम् ।
पुच्छाग्रं तु द्विमात्रं तु हलमूलावसानकम् ॥ ३३ ॥
एकाद्यर्धाङ्गुलं वाऽपि युक्त्या पुच्छं घनं भवेत् ।
पुच्छमूल(लं) विशेषेण पद्मपत्रेण भूषितम् ॥ ३४ ॥
त्रिचतुष्पञ्चषण्मात्रं पुच्छाग्रे पट्टदीर्घकम् ।
उत्सेधं द्वित्रिमात्रं वा सर्वालङ्कारसंयुतम् ॥ ३५ ॥
अयष्कीलं तत्र कुक्षौ योजयेत्तच्चकेन तु ।
सार्धद्विहस्तमानेन युगायामं प्रकल्पयेत् ॥ ३६ ॥
त्रिचतुष्पञ्चमात्रं वा मध्यपट्टविशालकम् ।
तद्द्वयोरग्रविस्तारं द्वित्रिय(त्र्य)ङ्गुल[क]मेव च ॥ ३७ ॥
एतद्यु(तद्धि यु)गमानं स्यान्मध्याग्रान्तचयं(य)क्रमात् ।
तस्यार्धं च द्वयोश्छिद्रैरनड्वन(द्विच्छिद्रान्तेऽनडुद्) बन्धार्थकं भवेत् ॥ ३८ ॥
युगमध्ये द्वयोर्वाऽपि लाङ्गलं चापि बन्धयेत् ।
सुमुहूर्ते सुलग्ने च कर्षणं तु समारभेत् ॥ ३९ ॥
अनड्वाहौ स्थपतिश्चोभौ(तिश्च) गन्धपुष्पैः स्वलङ्कृतौ(ताः) ।
पञ्चाङ्गभूषण(णः) शिल्पी श्वेतवस्त्रोत्तरीयवान् ॥ ४० ॥

आदित्यचन्द्रौ ध्यायेत्तद्बलीवर्दद्वयं बुधः ।
वाराहं लाङ्गलं ध्यायेच्छिल्पिनं तु पितामहम् ॥ ४१ ॥
ब्राह्मणैश्च यथाशक्ति वाचयेत्स्वस्तिवाचनम् ।
सर्वमङ्गलघोषैश्च स्थपतिः कर्षयेत्तदा ॥ ४२ ॥ 84
त्रिधा प्रदक्षिणं कुर्यात्सर्वं शूद्रैश्च कर्षयेत् ।
शूद्रोऽपि कृषिकाले तु शुद्धो भूत्वा समाहितः ॥ ४३ ॥
अधिकर्षणशेषान्तात्स्थपतिभ्यां(भ्यो) निवेदयेत् ।
सर्वेषामपि वास्तूनामाधारं(रा) भूतलं स्मृतम् ॥ ४४ ॥ 88
तस्मात्प्रागुक्तवत्कुर्याद्भूमिसंग्रहणं बुधः ।
अज्ञानान्तादि संग्राह्य(ह्यं) सर्वसम्पद्विनाशनम् ॥ ४५ ॥
तस्मात्कुर्याद्यथा वास्तुरे(ए)वं लक्षणपूर्वकम् ॥ ४६ ॥

इति मानसारे वास्तुशास्त्रे भूमिसंग्रहो (भूपरीक्षाविधानं) नाम पञ्चमोऽध्यायः ।

शङ्कुस्थापनलक्षणम्

अथातः संप्रवक्ष्यामि शङ्कुस्थापनलक्षणम् ।
आदित्योदयकाले तु शङ्कुस्थापनमारभेत् ॥
उत्तरायणमासे तु दक्षिणायनमे(न ए)व वा ।
शुक्लपक्षे यथा(ऽथवा) कृष्णपक्षे शुभतमे दिने ॥ २ ॥
पौर्णमीं(पूर्णिमां) चाप्यमावास्यां वर्जयेत्सुमुहूर्तके ।
प्रभाते स्थापयेच्छङ्कुमपराह्णात्(ह्णे) ततः स्थितम् ॥ ३ ॥
स्थापनात्पूर्वदिवसे स्थलशुद्धिं प्रकारयेत् ।
आप्तभूमध्यदेशे तु चतुरश्रं समन्ततः ॥ ४ ॥
चतुर्हस्तप्रमाणेन विश्वतः सलिलस्थलम् ।
कृतमाल(लं) शमीशाखा चन्दनं रक्तचन्दनम् ॥ ५ ॥
खदिरं तिन्तु(न्दु)कं चैव शङ्कुदारु प्रकीर्तिता(तम्) ।
श्वेतक्षीरिणि(णी)वृक्षं(क्षो) वा शुभदन्तमथापि[वा] ॥ ६ ॥
शङ्क्वायामं तु हस्तं स्यान्मूलतारं रसाङ्गुलम् ।
अग्रतारं द्विमात्रं स्यान्मूलाग्रान्तं क्षयं क्रमात् ॥ ७ ॥
सुवृत्तं निर्व्रणं चैव छत्राकारं तदग्रकम् ।
एवं तु चोत्तमं शङ्कु मध्यमं तत्प्रवक्ष्यते ॥ ८ ॥
अष्टादशाङ्गुलायामं मूलतारं शराङ्गुलम् ।
अग्रमेकाङ्गुलं तारं शेषं प्रागुक्तवन्नयेत् ॥ ९ ॥
कन्यसं द्वादशाङ्गुल्यं शङ्क्वायामं विशेषतः ।
चतुरङ्गुलविस्तारं मूलमग्रं त्र्याङ्गुलम् ॥ १० ॥
अथवायामसंमूले नाहमग्रे नवाङ्गुलम् ।
शेषं पूर्ववदुद्दिष्टं स्वीकरीकृतभूतले ॥ ११ ॥
तन्मध्ये बिन्दुतत्त्वज्ञो शङ्क्वायामद्वयेन च ।
भ्रामयेन्मण्डलं कुर्यात्तन्मध्ये शङ्कुमर्पयेत् ॥ १२ ॥

पूर्वाह्णे शङ्कुतश्छायां पश्चिमे मण्डलान्तकम् ।
तत्रैव बिन्दुसंज्ञाश्च कुर्यात्तु शिल्पि(ल्प)वित्तमः ॥ १३ ॥
[अ]पराह्णे शङ्कुतश्छायां पूर्वदिङ्मण्डलान्तके ।
पूर्ववद्बिन्दु(न्दुं) संस्थाप्य पश्चाच्छङ्कुं त्यजेत्ततः ॥ १४ ॥
शङ्क्वायामषडाधिक्यनवत्यंशविभाजिते ।
तत्यांशेन अपच्छायां त्यक्त्वा प्राचीं नयेत्ततः ॥ १५ ॥
कन्यावृषभमासौ च अ(सयोर)पच्छाया न विद्यते ।
मेषे च मिथुने चैव तुलासिंहचतुष्टये ॥ १६ ॥
एवं हि द्व्यङ्गुलं न्यस्तं वृश्चिकाषाढमीनयोः(नेषु) ।
चतुरङ्गुलं प्रकर्तव्यं धनुःकुम्भौ(म्भयोः) षडङ्गुलम् ॥ १७ ॥
मकरेऽष्टाङ्गुलं प्रोक्त(क्ता)मव(प्य)च्छायां(या) विशेषतः ।
छायायां बिन्दुवामे [तु] दक्षिणे चोक्ताङ्गुलं न्यसेत ॥ १८ ॥
अङ्गुलान्ते तु यच्छुद्धं प्राचीसूत्रं प्रयोजयेत् ।
मकरादि(दौ) च षण्मासे छाया दक्षिणतो भवेत् ॥ १९ ॥
कुलीरादि(दौ) च षण्मासे छाया चोत्तरतो दिशि ।
छायाया अभिमुखे प्रत्यग्वामे वामं न्यसेद्यते (न्यसेदतः) ॥ २० ॥
पूर्वे च दक्षिणे नीत्वा प्रत्यग्वामाङ्गुलान्न्यसेत् ।
अपच्छायां त्यजेच्छिल्पी प्राक् प्रत्यक् सूत्र(त्रं) विन्यसेत् ॥ २१ ॥
तत्सूत्रात्पूर्वदिग्देशे नीत्वा चोत्तरतो दिशि ।
एवं मीनविवृद्धिः स्यात्पुरतोऽङ्गुलमेव च ॥ २२ ॥
तत्सूत्राद्दक्षिणे सौम्यं(म्ये) तस्य द्वारं प्रकल्पयेत् ।
मत्स्यपुच्छानने न्यस्तं सूत्रं स्याद्दक्षिणोत्तरम् ॥ २३ ॥
मण्डलावधिदेशे तु नीत्वा सूत्रा(त्रम)ङ्गुलं न्यसेत् ।
मासानां पङ्क्तिपङ्क्तेश्च दिवसानां त्रिधा त्रिधा ॥ २४ ॥
विद्यमानाव[प]च्छाया[य]पच्छायां(या) चोच्यते ।
मेषे च प्रथमे पङ्क्ते(ङ्क्तौ) द्व्यङ्गुलं च विसर्जयेत् ॥ २५ ॥

मध्ये दशदिने चैकं चान्त्ये पङ्क्त्या[म]ङ्गुलं विना ।
वृषभे प्रथमदशके दिवसे त्वङ्गुलं नहि ॥ २६ ॥
मध्ये चैकाङ्गुलं प्रोक्तं पङ्क्त्यन्ते द्व्यङ्गुलं त्यजेत् ।
मिथुने प्रथमदशके दिवसे त्व(द्व्य)ङ्गुलं त्यजेत् ॥ २७ ॥
मध्ये दशदिने वह्नि(ह्निं) चान्त्यपङ्क्ति(ङ्क्तौ) चतुस्त्यजेत् ।
कुलीरे प्रथमदशके वेदमात्रं विसर्जयेत् ॥ २८ ॥
मध्ये दशदिने चापि त्र्यङ्गुलं तत्परित्यजेत् ।
द्व्यङ्गुलं चान्त्यदिवसे दशके समुदाहृतम् ॥ २९ ॥
सिंहस्य चादिदशके द्व्यङ्गुलं च परित्यजेत् ।
मध्ये दशदिने चैकवा(म)न्त्यपङ्क्तौ विनाङ्गुलम् ॥ ३० ॥
युवत्यामादिदशके दिवसे नाङ्गुलं भवेत् ।
मध्ये चैकाङ्गुलं त्यक्त्वा(क्तं) चान्त्यपङ्क्तौ द्व्या(द्व्य)ङ्गुलम् ॥ ३१ ॥
तुलारम्भे दशदिने द्व्यङ्गुलं च निषेधयेत् ।
विसृज्य(ज्यं) द्व्य(त्र्य)ङ्गुलं मध्ये चान्त्ये वेदमिति स्मृतम् ॥ ३२ ॥
वृश्चिके प्रथमे पङ्क्ति(ङ्क्तौ) दिवसे चतुरङ्गुलम् ।
मध्ये दशदिने बाणं चान्त्यपङ्क्तौ षडङ्गुलम् ॥ ३३ ॥
धनूराशौ दशदिने प्रथमे तु षडङ्गुलम् ।
मध्ये दशदिने सप्तद्व्य(सप्ता)ङ्गुलं च विवर्जयेत् ॥ ३४ ॥
अन्त्यपङ्क्तिदिने त्याज्यं वसुमात्रमिति स्मृतम् ।
मकरादौ दशदिने त्यजेदष्टाङ्गुलं बुधः ॥ ३५ ॥
मध्ये सप्ताङ्गुलं त्यक्त्वा (त्यक्तं) चान्त्ये त्यक्त्वा(क्तं) षडङ्गुलम ।
कुम्भे चादौ दशदिने विसृजेत्तु षडङ्गुलम् ॥ ३६ ॥
मध्ये पञ्चाङ्गुलं त्यक्त्वा(क्तं) चान्त्ये च चतुरङ्गुलम् ।
मीनराशौ च दशके दिवसे चतुरङ्गुलम् ॥ ३७ ॥

मध्ये च पङ्क्तिदिवसे द्व्य(त्र्य)ङ्गुलं च विसर्जयेत् ।
अन्ते दशदिने चापि वर्जयेद् ग्रहकाङ्गुलम् ॥ ३८ ॥
अपच्छायं(या) तत्र नास्ति यदुक्तं तदिहोच्यते ।
प्रागुक्तरविराश्यां तु कन्यायां वृषभस्थितम् ॥ ३९ ॥
अपरे विंशतिदिने तत्तद्वत्तं भवेद्यदि ।
उक्ताङ्गुलं तत्र नास्ति सूत्रं ज्ञात्वा प्रसारयेत् ॥ ४० ॥
[राश्यां(श्य)युतं रवेर्मासं प्रो(प्रे)क्ष्यापि च परित्यजेत् ।
ऊहापोहाप्यरक्तादि दशा(द्व्या)ङ्गुलं न्यत्र(स्तं) सूरिभिः ॥ ४१ ॥
तद्वशात्ककुभं ग्राह्य(ह्यं) तत्र सूत्रं प्रकारयेत्] ।
शुद्धप्राची भवेत्सम्यगैशान्या प्राच्यथोच्यते ॥ ४२ ॥
प्राच्याङ्गुलकृताद्बिन्दोरुत्तरे चाङ्गुलं न्यसेत् ।
प्रतीचीमात्रतद्बिन्दोरीशप्राची(चीं) प्रसूत्रयेत् ॥ ४३ ॥
मुक्तिकामस्य करणे शुद्धप्राचीं प्रयोजयेत् ।
ऐशान्यप्राची सर्वस्य भोगकामस्य संमताम्(ता) ॥ ४४ ॥
आग्नेये प्राचीसंयुक्तं सर्वदोषकरं भवेत् ।
आग्नेयप्राचिकं वास्तु तस्मात्सर्वं विसर्जयेत् ॥ ४५ ॥
एवं कृते त्वलं वास्तौ(स्तु) सुगाढं सुसमृद्धये ।
दण्डमानसमं सूत्रदीर्घमानं प्रकल्पयेत् ॥ ४६ ॥
आदौ तन्तुं त्रिधा कृत्वा सूत्रग्राहीति योजयेत् ।
वा(द्वि)तावर्तं तु सूत्रं स्यात्तृतीयावर्तदक्षिणम् ॥ ४७ ॥
कार्पासं(स)सूत्रसंयुक्तं [वा] पट्टसूत्रमथापि वा ।
सूत्राल(ल)भ्यते वास्तौ प्रमाणं हीति निश्चितम् ॥ ४८ ॥
मध्यादिन्द्राच्च त(नैर्ऋताच्च)दिक्षु न्यसेन्द्रादि(सेदिन्द्र)शिखान्तकम् ।
इन्द्रादीशानपर्यन्तं चान्तकात्शिवकान्तम् ॥ ४९ ॥
वरुणाद्वायुपर्यन्तं सौम्याद्देर्वायु(यो)र्वान्तकम् ।
सौम्यादीशानपर्यन्तं सूत्रमेवं परिव्रजे(व्राजये)त् ॥ ५० ॥

विमाने त्रिगृहे वाऽपि मण्डपादीनि(दौच) वास्तुके ।
ग्रामादीनां च सर्वेषां मानयेन्मानसूत्रकम् ॥ ५१ ॥
तत्प्रमाणस्य परितो हस्तद्विहस्तमा(म)धिकम् ।
त[त्त]त्सूत्रावसाने च शङ्कुमेवं प्रतिष्ठितम् ॥ ५२ ॥
गर्भसूत्रस्य कर्णौश्च द्विद्विशङ्कु निखानयेत् ।
चतुर्दिक्षु चतुःशङ्कुं जन्मनिष्क्रमणार्थकम् ॥ ५३ ॥
चतुष्कर्णैश्च कर्णैश्च चतुःशङ्कु(ङ्कुं) समायुतम् ।
एवं महार्थकं कुर्याच्छङ्कुदारु प्रवक्ष्यते ॥ ५४ ॥
खदिरं खादिमेदं च मधूकं क्षीरिणी तथा ।
अन्यैश्च सारवृक्षैर्वा खातं(त)शङ्कुरिति स्मृतम् ॥ ५५ ॥
एकविंशाङ्गुलं वाऽपि चैकपञ्च(पञ्चविंश)त्यङ्गुलायतम् ।
खातं शङ्कुमिदं मुष्टिमानं तत्परिणाहकम् ॥ ५६ ॥
मूलं तु सूचिवत्कुर्यान्मूला[द]प्रचयक्रमात् ।
गृहीत्वा वामहस्तेन स्थपतिस्थापकावुभौ ॥ ५७ ॥
शङ्कुं दक्षिणहस्तेन लोष्ट(ष्टं) संगृह्य ताडयेत् ।
प्रत्येकमष्टसंख्या च प्राङ्मुखो वाप्युदङ्मुखः ॥ ५८ ॥
शङ्कुस्थापनकाले तु ब्राह्मणैः(णः) स्वस्तिवाचक(न)म् ।
कुर्यान्मङ्गलघोषैश्च समज्यां(माज्यः) पूजयेत्ततः ॥ ५९ ॥
एवं नैर्ऋतिकोणे तु(णादौ) स्थपत्याद्यश्च तक्षकम्(कः) ।
पश्चान्मङ्गलघोषैश्च सर्वशङ्कुः(ङ्कून्) प्रहारयेत् ॥ ६० ॥

इति मानसारे वास्तुशास्त्रे शङ्कुस्थापनविधानं नाम षष्ठाऽध्यायः ।

पदविन्यासलक्षणम्

अधुना पदविन्यासलक्षणं वक्ष्यते क्रमात् ।
प्रथमं चैकपदं स्यात्सकलं नाममेव(एव) च ॥ १ ॥
द्वितीयं चतुष्पदं चैव नाम पैशाच(पेचक)मेव च ।
तृतीयं नवपदं चैव नाम पीठमिति स्मृतम् ॥ २ ॥
चतुर्थं षोडशपदं महापीठमिति स्मृतम् ।
पञ्चमं पञ्चपञ्चांशमुपपीठमिति स्मृतम् ॥ ३ ॥
षष्ठमं(ष्ठं च) षष्ठषष्ठांशं चोग्रपीठं च कथ्यते ।
सप्तमं सप्तसप्तांशं स्थण्डिलं परिकीर्तितम् ॥ ४ ॥
अष्टमं तु चतुःषष्टिपदं चण्डितमीरितम् ।
कथित(उक्त)मेकाशीतिपदं नवमं परमशाधि(यि)कम् ॥ ५ ॥
दशमं शतपदं स्यान्नाममा(म चा)सनमीरितम् ।
एकादशं तथा प्रोक्तं चैकविंशच्छतं पदम् ॥ ६ ॥
स्थानीयं नाममे(म चै)व तु चाथ द्वादशकं तथा ।
वेदाधिक्यं [स]चत्वारिंशदेव(देश्यं) शताधिकं पदम् ॥ ७ ॥
त्रयोदशं तथा प्रोक्तं नवषष्ट्यधिकं शतम् ।
पदमेवं विधिं ज्ञात्वा नाम चोभयचण्डितम् ॥ ८ ॥
चतुर्दशं तथा प्रोक्तं षण्णवत्यधिकं शतम् ।
नाम तद्भद्रमेवं तु अ(चा)थ पञ्चदशं तथा ॥ ६ ॥
पञ्चविंशपदाधिक्यं शतद्वयपदान्वितम् ।
नामं(म) महासनं प्रोक्तमथ षोडशकं तथा ॥ १० ॥
सप्ताष्टाधिकं द्विशतं पद्मगर्भं पदं भवेत् ।
तथा वै सप्तदशकं नवाशीतिशतद्वयम् ॥ ११ ॥
त्रियुतं पदमेवोक्तं तथाष्टादशमं(कं) तथा ।
चतुर्विंशत्सत्रिशतं चैव कर्णाष्टकं भवेत् ॥ १२ ॥

एकोनविंशति तथा चैव(सैक)षष्टिशतत्रयम् ।
गणितं पदमित्येवं तथा विंशतिकं ततः ॥ १३ ॥
चतुःशतपदं चैव प्रोक्तं कुर्याद्वि(सूर्यवि)शालकम् ।
तथा चैकविंशतिकं चैकपञ्चाष्टमाधिकम् ॥ १४ ॥
चतुःशतपदं युक्तं सुसंहितमितीरितम् ।
तथाऽपि द्वाविंशतिकं वेदाशीतिचतुःशतम् ॥ १५ ॥
पदं सुप्रतिकान्तं स्यात्त्रयोविंशद्विधानके ।
नवविंशत्पञ्चशतं पदमेतद्विशालकम् ॥ १६ ॥
चतुर्विंशद्विधाने तु षडाधिक्यं(क्य)ससप्तति ।
पञ्चशतपदयुतं विप्रगर्भमिति स्मृतम् ॥ १७ ॥
पञ्चविंशद्विधाने तु पञ्चविंशत्सषट्शतम् ।
पदं विवेश(विश्वेशं) संज्ञात्वा(य) नाममे(त्वे)वं प्रकीर्तितम् ॥ १८ ॥
षड्विंशतिविधाने तु षट्सप्ततिकसंयुतम् ।
षट्शतं पद(दं) संज्ञात्वा(य) विपुलं(ल)भोगमिति (गं तु) स्मृतम् ॥ १९ ॥
सप्तविंशद्विधाने तु नवविंशतिसप्तशः ।
शतयुतं पदं चैव विप्रकान्तमिति स्मृतम् ॥ २० ॥
तथाऽपि चाष्टाविंशत्ये वेदाशीतिं च मा(शीत्या तथा)धिकम् ।
सप्तसंख्याशतयुतं विशालाक्षमिति स्मृतम् ॥ २१ ॥
नवविंशद्विधाने तु चत्वारिंशैकमा(कं चा)धिकम् ।
अष्टशतपदं(द)युक्तं विप्रभक्तीति(क्तिस्तु) कीर्तितम् ॥ २२ ॥
तत्र त्रिंशद्विधाने तु पदं नवशतं तथा ।
एवं विश्वेशसारं च चैकत्रिंशद्विधानतः ॥ २३ ॥
एकषष्टिसमाधिक्यं पदं नवशतयुतम् ।
एवमीश्वरकान्तं स्याद्द्वात्रिंशद्विधानके ॥ २४ ॥
चतुर्विंशतिसंयुक्तं सहस्रपदसम्मितम् ।
एवं तु चन्द्रकान्तं स्यादेवमुक्तं पुरातनैः ॥ २५ ॥
चतुःसूत्रंतु(त्रेण) संयुक्तं सकलमेकपदं भवेत्(स्यात्) ।
तत्पूर्वसूत्रमादित्यं दक्षसूत्रं यमाख्यकम् ॥ २६ ॥

प्रत्यक्सूत्रं जलेशं स्यात्सौम्यसूत्रं क्षपाहरम् ।
देवतागुरुपूजार्थं चाग्निकार्यार्थमेव वा ॥ २७॥
यतीनामासना[र्था]यापि भोजनार्थं सनातनम् ।
पैतृकार्थं तु संपूज्य(ज्यं) एवं तु सकलं स्मृतम् ॥ २८॥
पैशाचा(पेचकम)ष्टसूत्रेण संयुक्तं तु चतुष्पदम् ।
पैशाचेश(पेचके ईश)पदे स्थाप्य(प्यं) वह्नेश्च वा(ह्नेश्चा)ऽग्निदे(दै)वतम् ॥ २९॥
पवनं वायुकोणे तु गगनं चैव नैर्ऋते ।
एवं तद्रु(द्रू)हपूजार्थं स्नपनं स्याज्जनार्थकम् ॥ ३० ॥
महापीठपदे मध्ये ब्राह्मणस्य(ब्रह्मणश्च) चतुष्पदम् ।
तद्बहिः सूत्रदेशेशादापवश्चा(त्सा)र्यकं(कौ) तथा ॥ ३१ ॥
सावित्रं च विवस्वां(स्वन्तं) च इ(चे)न्द्रं चैव तु मित्रकम् ।
रुद्रं चैत्र(च) भूधरं चैव ए(त्वे)वं प्रदक्षिणं क्रमात् ॥ ३२ ॥
तद्बहिः परितः सूत्रे चैशं चैव जला[य]न्तकम् ।
आदित्यं विमृशं चैव कृशानुं विततं(थं) तथा ॥ ३३ ॥
यमं च भृङ्गराजं च पितृसुग्रीवकौ तथा ।
[वरुणं] शोषं मारुतं [चैव] मुख्यसोमादित(तीं)स्तथा ॥ ३४ ॥
पञ्चपञ्चामरान् प्रोक्तं(क्तान्) चैशात्तु पूर्ववत्क्रमात् ।
एवं सूत्रस्थितान्देवान्पदस्थांश्चोपपीठके ॥ ३५ ॥
एतेषामु(षु उ)क्तसर्वेषु पदेषु द्वयमुच्यते ।
तन्मण्डूकं पदं चैव यं(यत्) तत्परमशायिकम् ॥ ३६ ॥
युग्मं हि निष्कलं प्रोक्तमयुग्मं सकलं तथा ।
एतत्पदद्वयं सर्व(र्वे)वास्तूनां हि सनातनम् ॥ ३७॥
एतत्पदस्थितं(स्थानां) सर्वदेवानां स्वपमुच्यते ।
त्रिंशत् [तु] सूत्रसंयुक्तं चाष्टाविंशत्तु सन्धिभिः ॥ ३८॥
चतुष्कैश्च षडाधिक्यं त्रिंशत्संयुक्तमेव च ।
षट्कद्वादशसंयुक्तं कर्णे शूलं चतुष्टयम् ॥ ३९ ॥
मध्ये चाष्टकसंयुक्तं सूत्र(त्रं) मण्डूकनामकम् ।
चतुर्दिक्षु चतुःसूत्रं षोडशान्य(शम)त्र सूत्रकम् ॥ ४० ॥

दक्षिणाद्युत्तरान्तं स्यात्पूर्वादिपश्चिमान्तकम् ।
एते (एतत्) विंशतिसूत्रं स्यात्कर्णसूत्रं चतुष्टयम् ॥ ४१ ॥
एतद्बहिस्ततश्चैशाच्चतुष्कर्णे प्रदक्षिणे ।
अपवत्सापवत्स्यश्च(यो.) प्रत्यग(त्येका)र्धार्धभोग्यता ॥ ४२ ॥
सवित्रं चैवं सावित्रं देवार्धार्धपदे स्थितम् ।
इन्द्रं चैवेन्द्रराजं च प्रत्यंकार्धपदे पराः (रं) ॥ ४३ ॥
रुद्रो रुद्रजयं चै(अश्चै)व चार्धार्धपदभोगिनः(नौ) ।
एवं चाष्टामराः प्रोक्तास्तद्बहिश्च समारभेत् ॥ ४४ ॥
ईशानश्चैव पर्जन्यः अ(न्यश्चा)ग्निः पूषाग्निकोणके ।
मृषश्च(पिता) दौवारिकश्चैव कोणे नैर्ऋत्यदेशके ॥ ४५ ॥
रोगं(वायु) नाश(नागा) द्वयो वायुकोणे चार्धार्धपदेश्वरं(रः) ।
बहिश्चतुष्षट्क(ष्कस्)तत्पार्श्वौ चतुष्कोणे समारभेत् ॥ ४६ ॥
जयन्तस्तत्परं सौम्यं [अ]न्तरिक्षे(क्ष ए)कपूर्वकं ।
वितथश्चैकपदे पूर्वे दक्षिणे [ए]कपदे मृगः ॥ ४७ ॥
सुग्रीवो दक्षिणे चैव गोथै(धै)कपद(दे) पश्चिमे ।
प्रत्यक् चैव पदे मुख्यमु(ख्य उ)दितश्चोत्तरेऽपि च ॥ ४८ ॥
पूर्वादिनकं मध्यस्थसूत्रस्य सौम्यदिक्द्विपदे ।
तथोत्तरे महेन्द्रस्य द्विपदं दक्षिणे तथा ॥ ४९ ॥
सत्यस्य द्विपद तस्य दक्षिणे द्वयं भृशम(स्य) ।
दक्षिणे मध्यसूत्रस्य पूर्वे च द्विपदे यमः ॥ ५० ॥
तत्पूर्वे द्विपदे स्थित्वा (स्थाप्यं) राक्षसं चैव पश्चिमं ।
गन्धर्वे (र्व) द्विपदे स्थाप्यं मृश(षस्य) [तद्]द्विपदं भवेत् ॥ ५१ ॥
पश्चिमे मध्यसूत्रस्य दक्षिणे वरुण(णः) स्थितः ।
द्विपदं (दे) पुष्पदन्तस्य द्विपदं चोत्तरे तथा ॥ ५२ ॥
द्विपदे द्विपदे चैव चेश्वरः शोषरोगयोः ।
तत्तद्द्विपदं ज्ञात्वा चतुर्दिक्षु क्रमाद्बुधः ॥ ५३ ॥
चरकीशानबहिः स्थाप्या विदारी पावके विधिः ।
बहिर्नैर्ऋत्यसै(स्य) बाह्ये पूतना च बहिस्तथा ॥ ५४ ॥

वायुकोणप्रदेशे तु बाह्ये वा (च) पापराक्षसी ।
एवं तु चण्डितं प्रोक्तं परमशायिकमुच्यते ॥ ५५ ॥
एकाशीतिपदं कृत्वा मध्ये नवपदं विधिम् ।
पूर्वे रसपदं चैव तदेवमार्यमनः(मर्यम्णः) स्मृतम् ॥ ५६ ॥ 112
दक्षिणे रसपदं चैव विवस्वान्(स्वतः) एव कथ्यते ।
पश्चिमे षट्पदं चैव मित्रस्य मि(स्ये)ति[हि]संस्मृतम् ॥ ५७ ॥
सौम्ये रसपदं चैव भूधरस्य चतुष्टयम् ।
चतुर्दिक्ष्वन्तराले च ई (त्वी) विशादीनि(दि च) चतुष्टयम् ॥ ५८ ॥ 116
तत्तच्चतुष्पदे सर्वे कर्णे चाश्रयमीरितम् ।
भूधरस्य ततः पूर्वे द्विपदा(दे) चापवस्तथा ॥ ५९ ॥
आर्य[क]स्य पदे सौम्ये अ(म्येऽ)पवत्स्या(त्सस्य) द्वयोस्तथा ।
पूर्वे रसपदाद्याद्ये द्विपदे च सवित्रकः ॥ ६० ॥ 120
विवस्वती (तो) द्विपूर्वादिद्व्यंश(द्व्यंशं) साविन्द्र(त्र)मेव च ।
दक्षे रसपदात्प्रत्यक् द्विपदे च तथै(थे)न्द्रकः ॥ ६१ ॥
मित्रकस्य पदे याम्ये द्विपदे इन्द्रजयस्तथा ।
पश्चिमे रसपदात्सौम्ये द्विपदे रुद्रदेवता ॥ ६२ ॥ 124
सौम्ये रसपदात्प्रत्यक् द्व्यंशे रुद्रजयस्तथा ।
एवमन्तर्गते देवांस्तद्बाह्ये देशे राक्षसान् ॥ ६३ ॥
इन्द्रे चैव पदे भानुश्चाग्निश्चैव पदा(दे ऽ)ग्निके ।
यमे चैव पदे चक्रि(क्री) नैर्ऋत्ये [ए]कपदेपितत् (ता) ॥ ६४ ॥ 128
जलेशै(श ए)कपदे प्रत्यक् पवनैकपदे मरुत् ।
सौम्ये चैकपदे चै(च)न्द्रश्चेशस्यैकप[दं] दै(दे)शके ॥ ६५ ॥
पर्जन्ये(न्यस्यै)कपदं चैव चेशकस्य तु दक्षिणे ।
जयन्तस्य पदं चैकं पर्जन्यस्य तु दक्षिणे ॥ ६६ ॥ 132
महेन्द्रस्य पदं चैकं जयन्तस्य तु दक्षिणे ।
सत्यकस्य पदं चैकमादित्यस्य तु दक्षिणे ॥ ६७ ॥
भृशस्यैकपदं प्रोक्तं सत्यकस्य तु दक्षिणे ।
अन्तरिक्षस्यैकपदं वह्निकोणस्य चोत्तरे ॥ ६८ ॥ 136

पूषस्य(ष्णश्च) पदमेकं स्याच्चाग्निकोणस्य पश्चिमे ।
विधात(तथ)स्य पदं चैकं पूषकस्य तु पश्चिमे ॥ ६९ ॥
गृहक्षतस्यैकपदं विधात(तथ)स्य पश्चिमे ।
गन्धर्वस्य पदं चैकं धर्मदेवस्य पश्चिमे ॥ ७० ॥
भृङ्गराजस्यैकपदं गन्धर्वस्य तु पश्चिमे ।
वृष(मृश)स्यैकपदं शस्तं भृङ्गराजस्य पश्चिमे ॥ ७१ ॥
दौवारिकस्यैकपदं गगनस्य तु चोत्तरे ।
सुग्रीवस्य पदं चैकं दौवारिकस्य चोत्तरे ॥ ७२ ॥
पुष्पदन्तस्यैकपदं सुग्रीवस्य तु चोत्तरे ।
असुरस्यैकपदं शस्तं वरुणस्य तु चोत्तरे ॥ ७३ ॥
शोषकस्य पदं चैकं चासुरस्य तु चोत्तरे ।
रोगस्यैकपदं प्रोक्तं शोषकस्यैव चोत्तरे ॥ ७४ ॥
नागस्यैकपदं शस्तं पवनस्य तु पूर्वके ।
मुख्यस्यैकपदं ज्ञात्वा नागस्यैव च पूर्वके ॥ ७५ ॥
भल्लाटस्य पदं चैकं प्रोक्तं मुख्यस्य पूर्वके ।
मृगस्यैकपदं शस्तं सोमदेवस्य पूर्वकम् ॥ ७६ ॥
अदितेस्तु पदं चैकं शस्तं मृगात्तु(गस्य) पूर्वके ।
अदितीशानयोर्मध्ये चोदिते(तै)कपदं भवेत् ॥ ७७ ॥
हेमवर्णं चतुर्हस्तं चतुर्वक्त्राष्टलोचनम् ।
श्वेतवस्त्रजटामौलियज्ञसूत्रोत्तरीयकम् ॥ ७८ ॥
कर्णकुण्डलसंयुक्तमष्टकर्णं चतुर्गलम् ।
कमण्डलुं चाक्षमाला च वामसव्यकरौ(राभ्यां) धृतौ(तम्) ॥ ७९ ॥
अभयं(ये) दक्षिणे पूर्वेऽन्तस्य वा वरदे [इ]तरे ।
सर्वाभरणसंयुक्तं गण्डेन तिलकान्वितम् ॥ ८० ॥
पदे सर्वेषु मध्ये तु सृष्ट्यर्थमिति रूपकम् ।
एवं पितामहं ध्यात्वा(येत्) पद्मसिंहासनोपरि ॥ ८१ ॥
रक्तवर्णं चतुर्हस्तमेकवक्त्रं द्विनेत्रकम् ।
करण्डमकुटोपेतं रक्तवस्त्रोत्तरीयकम् ॥ ८२ ॥

सर्वाभरणसंयुक्तं परहस्तौ चाब्जधारिणौ(धृताब्जकौ) ।
पूर्वे च त्वभयं(यं) सर्वे (र्वौ) वरदं(दौ) वामहस्तकौ ॥ ८३ ॥
एवमार्यदेवस्य [च] ध्यात्वा धेनुश्च पूर्ववत् ।
श्वेतवर्णं चतुर्हस्तं परे पाशाङ्कुशौ धृतौ ॥ ८४ ॥
शेषमा(षं तथा)र्यवत्प्रोक्तं ध्यात्वा देवं विवस्वत(न्त)म् ।
श्यामवर्ण(र्णः) तु मित्रं(त्रः) स्याच्छेषं पूर्ववदाचरेत् ॥ ८५ ॥
भूधरं हेमवर्णं तच्चाब्जपाशापरं (रं) करे ।
शेषं प्रागुक्तवद्ध्यात्वा वास्तुभूतोपरिस्थितम् ॥ ८६ ॥
द्विभुजं च द्विनेत्रं च करण्डमकुटान्वितम् ।
श्वेतवर्णातिरिक्ताचं हेमवर्णांशुकाम्बरम् ॥ ८७ ॥
सर्वाभरणसंयुक्तं वरदं चाङ्कुशोधृतम् (च धृताङ्कुशम्) ।
अपवत्समिति प्रोक्तं चापवत्साश्च(स्यं च) रक्तकम् ॥ ८८ ॥
शेषं प्रागुक्तवद्ध्यात्वा समिन्द्रं (सवित्रं) रक्तवर्णवत् ।
द्विभुजान्तं समुद्धृत्य शेषं तत्पूर्ववद्भवेत् ॥ ८९ ॥
साविन्द्र(त्रं) श्यामवर्णां(र्णं) वा (च) रक्तवस्त्रोत्तरीयकम् ।
इन्द्रस्य रक्तवर्णं च चेन्द्रराजस्य हेमवत् ॥ ९० ॥
सर्वाभरणसंयुक्त(क्तं) रौप्य(रूप)दृष्टिसमन्वितम् ।
शेषं पूर्ववदुद्दिष्टं ध्यात्वा शेषं तु पूर्ववत् ॥ ९१ ॥
रुद्रौ च रक्तवर्णौ च द्विभुजौ च त्रिनेत्रकौ ।
त्रिशूलौ वरदौ चैव चर्माम्बरोत्तरीयकम्(कौ) ॥ ९२ ॥
जटामकुटसंयुक्तौ सर्वाभरणभूषितौ ।
वृषारूढां (ढं) सदेवीं च व्याघ्रचर्माम्बरां (रं) तथा ॥ ९३ ॥
श्वेतवर्णनिभं चैव सर्वाभरणशोभितम् ।
दक्षिणे च करे टङ्कं(टङ्कां) हरिणीं वामके करे ॥ ९४ ॥
अभयं पूर्वकेऽसव्ये वरदं वामहस्तके ।
ईशमूर्तिमिति ध्यात्वा रक्तवर्णं च शीष्पतम्(शचीपतिम्) ॥ ९५ ॥
द्विभुजं च द्विनेत्रं च र(त)थैरावतवाहनम् ।
वराङ्कुशधरं देवं सर्वाभरणभूषितम् ॥ ९६ ॥

नीलाम्बरधरं चैव यज्ञसूत्रोत्तरीयधृत्(तम्) ।
अग्निवर्णं चाग्निदेवं मेषवाहनसंयुतम् ॥ ९७ ॥
द्विभुजं च त्रिनेत्रं च ज्वालासदृशमूर्ध्वजम् ।
स्रुक्स्रुवं पाणियुगले स्वाहादेव्या च संयुतम् ॥ ९८ ॥
सर्वाभरणसंयुक्तं शेषं प्रागुक्तवद्भवेत् ।
महिषारूढं त्रिणे(ने)त्रं च ज्वालासदृशकुन्तलम् ॥ ९९ ॥
त्रिशूलं दक्षिणे हस्ते पाशं वामकरेऽधरे ।
धूम्रवर्णं रक्तवस्त्रं देव्या यम्या च संयुतम् ॥ १०० ॥
यमं ध्यात्वा यथोक्तवत् सर्वाभरणभूषितम् ।
नरारूढं निर्ऋतिं द्विभुजं च द्विनेत्रकम् ॥ १०१ ॥
[अ] सव्यहस्ते गदां चैव वरदं वामहस्तके ।
श्यामवर्णे(र्णमि)न्द्रदेव्यां(व्या) च संयुक्तं रक्तवस्त्रकम ॥ १०२ ॥
करण्डमकुटोपेतं ध्यात्वा शेषं तु पूर्ववत् ।
वरुणं मकरारूढं भरण्या सह सेवितम् ॥ १०३ ॥
द्विभुजं च द्विनेत्रं च करण्डमकुटान्वितम् ।
पाशाङ्कुशधरं चैव धवलं रक्तं(क्त)वाससम् ॥ १०४ ॥
यज्ञसूत्रोत्तरीयं च नानाभरणभूषितम् ।
वायुदेवं मृगारूढं मारुत्या सह सेवितम् ॥ १०५ ॥
द्विभुजं च त्रिनेत्रं च पाशं च वरदं तथा ।
शेषं च पूर्ववद्ध्यात्वा शशिरूपमिहोच्यते ॥ १०६ ॥
द्विभुजं च द्विनेत्रं च पङ्कजद्वयधारिणम् ।
अश्वारूढं चन्द्रिकया संयुक्तं श्वेतवर्णकम् ॥ १०७ ॥
श्वेताम्बरधरं यज्ञसूत्रं च मकुटान्वितम् ।
सर्वाभरणसंयुक्तं सौम्यं ध्यात्वा यथोक्तवत् ॥ १०८ ॥
पर्जन्यं रक्तवर्णं च महा(जय)न्तं श्यामवर्णकम् ।
महेन्द्रं पीतवर्णं च द्विभुजं च द्विनेत्रकम् ॥ १०९ ॥
करण्डमकुटोपेतं सर्वाभरणशोभितम् ।
पाशपद्मावधारौ च (द्मधरौ चैव) रक्तवस्त्रोत्तरीयकौ (कम्) ॥ ११० ॥

सत्यं च श्वेतवर्णं च भृङ्गेशं धूम्रवर्णकम् ।
नीलवर्णं चान्तरिक्षं च द्विभुजं च द्विनेत्रकम् ॥ १११ ॥
दण्डं पाशं च शूलं च वरदं च यथाक्रमम् ।
शेषं च पूर्ववद्ध्यात्वा सर्वाभरणभूषितम् ॥ ११२ ॥
पूषं च (षाणं) रक्तवर्णं च वितथं [च] पीतवर्णकम् ।
गृहक्षतं कृष्णवर्णं [च] वस्त्रकं रक्तपीतकम् ॥ ११३ ॥
गदा(दां) शूलश्च(लं च) शक्तिश्च(क्तं च) त्रयः पाशौ समुद्धृतौ ।
शेषं पूर्ववदुद्दिष्टं करण्डमकुटान्वितम् ॥ ११४ ॥
गन्धर्वं रक्तवर्णं च भृङ्गस्याञ्जनवर्णकम् ।
मृशस्य धूम्रवर्णं च शेषं प्रागुक्तवद्भवेत् ॥ ११५ ॥
दौवारिकः(कं) श्यामवर्णं सुग्रीवं रक्तवर्णकम् ।
पुष्पदन्तं तथा कृष्णं गदापाशोद्धृतं तथा ॥ ११६ ॥
शेषं पूर्ववदुद्दिष्टं वस्त्रं च मकुटद्वयम् ।
असुरं कृष्णवर्णं च शोषस्य धूम्रवर्णकम् ॥ ११७ ॥
रोगं च कृशरूपं स्याद्रक्ताक्षौ(क्षं) श्वेतवर्णकौ(कम्) ।
शूलं कपालं चोद्धृत्य शेषं प्रागुक्तवद्भवेत् ॥ ११८ ॥
भुजङ्गाननं नागस्य पीतवर्णकरद्वयम् ।
मुसलं शूलमुद्धृत्य सर्वाभरणभूषितम् ॥ ११९ ॥
मुख्यं गजमुखं चैव द्विभुजं मकुटान्वितम् ।
रक्तवर्णांशुकोपेतं श्यामवर्णांशशोभितम् ॥ १२० ॥
पाशाङ्कुशोद्धृतौ हस्तौ सर्वाभरणभूषितम् ।
भल्लाटं मेषवक्त्रं च जयं(शेषं) तत्पूर्ववद्भवेत् ॥ १२१ ॥
मृगस्य मृगवक्त्रं च मृगवर्णानि(र्णं च) मौलिका(कम्) ।
शूलं च खेटको(कमु)द्धृत्य अ(चा)दितिं नीलवर्णक(का)म् ॥ १२२ ॥
खड्गं कपालमुद्धृत्य मकुटाभरणान्वित(ता)म् ।
उदितं रक्तवर्णं च सिंहवक्त्रं गदाधरम् ॥ १२३ ॥
शेषं प्रागुक्तवद्ध्यात्वा चैव प्रोक्तं पदेऽमरात् ।
चरकी श्वेतवर्णा च विदारी रक्तवर्णका ॥ १२४ ॥

पूतना श्यामवर्णा च नीला स्यात्पापराक्षसी ।
एवं चतुर्विधाः प्रोक्ताः शूलं कपालमुद्धृतौ ॥ १२५ ॥
रक्तवस्त्रधरास्तासां द्रंष्ट्रा[चो] ग्रविलोचनी(ने) ।
रक्तकेशैर्विकीर्णैश्च चैशादिकर्णयोर्बे(कर्णानां ब) हिः ॥ १२६ ॥
स्थितवास्तुपुरुषोर्ध्वे(र्पे)तब्रह्मादिदे(दै)वतान्स्थितान् ।
तद्वास्तुपुरुषं ज्ञात्वा ब्रह्मांशे मध्यकायं च ॥ १२७ ॥
आर्यस्य च पदे मूर्ध्नि(र्धा) प्रागुदङ्मुखतो विदुः ।
ऐशाने कोणसूत्रे तु सव्यहस्तं प्रसारितम् ॥ १२८ ॥
नैर्ऋत्ये कोणसूत्रे तु सव्यपादं प्रसारितम् ।
अग्निकोणे तु सूत्रे तु [अ]सव्यहस्तं प्रसारितम् ॥ १२९ ॥
वायुकोणे च सूत्रेत्वा(तु वा)मपादं प्रसारितम् ।
विवस्वति पदे चैव दक्षिणं पार्श्वमीरितम् ॥ १३० ॥
भूधरस्य पदे चैव वामपार्श्वं विधीयते ।
मित्रस्य च पदे चैव ज्ञात्वा मेढ्रमुदीरितम् ॥ १३१ ॥
कर्णे मर्मशिरा प्रोक्ता षड्विंशद्(वंशं) हृदये कचम(यमेकम्) ।
पश्चिमे दक्षिणे वंशो मूलं तत्प्रागुदग्रयोः ॥ १३२ ॥
एवं वास्तुपुरुषं कुब्जं च कुटिलि(ल)कं कृशम् ।
वास्तुवस्तु प्रयत्नेन देवानां तु नृणां तथा ॥ १३३ ॥
शुभाशुभविधातारं तस्याङ्गानां(ङ्गानि) न पीडयेत् ।
अज्ञानादङ्गहीनं च(चेत्) कर्ता चैव विनश्यति ॥ १३४ ॥
तस्मात्तु शिल्पिभिः(नः) प्राज्ञैः(ज्ञ) ऊहापोहान् न योजयेत्(युः) ।
देवानामपि सर्वेषां ब्रह्मणां(णो) पश्य(बलिं) ते विदुः ॥ १३५ ॥
तत्तत्पदेऽमरान् सर्वान् स्थितान्भक्ति प्रदक्षिणम् ॥ १३६ ॥

इति मानसारे वास्तुशास्त्रे पदविन्यासलक्षणं नाम सप्तमोऽध्यायः ।

बलिकर्मविधानम्

बलिकर्मविधिं वक्ष्ये शास्त्रे संक्षिप्यतेऽधुना ।
ग्रामादीनां च सर्वेषां विन्यासार्थं बलिं क्षिपेत् ॥ १ ॥
वास्तुशुद्धिं ततः कृत्वा देवतार्थं पदं न्यसेत् ।
मण्डूकपदमेवाऽपि परमशाधिकमेव वा ॥ २ ॥
ब्रह्मादिदेवतानां च राक्षसानां बलिं क्षिपेत् ।
कृतोपवासः स्थपतिः शुद्धदेहः प्रसन्नधीः ॥ ३ ॥
उत्कृष्टवेषो बल्यर्थं रात्रौ द्रव्यान्(णि) समाहरेत् ।
प्रभाते दिवसे द्रव्याने(ण्ये)कैकाने(न्ये)ककन्यकः ॥ ४ ॥
अथवा गणिकाहस्ते पात्रे स्वर्णादिकान्धृता[न्] ।
स्थपतिश्चैकपात्रेण धारयेद्ग्रामके करे ॥ ५ ॥
द्रव्याणि क्षिप्य(प्त्वा) दद्यात्त्वसव्यहस्तेन मन्त्रवित् ।
सकलीकरणं कृत्वा पुण्याहं वाचयेत्ततः ॥ ६ ॥
सर्वमङ्गलघोषैश्च बलिं दत्वा यथाक्रमात्(क्रमम्) ।
तत्तन्नाम्नैश्च (म्ना च) देवानामोङ्कारादिनमोन्तकम् ॥ ७ ॥
मन्त्रमेतत(तम्) समुच्चार्य ब्रह्मादिभ्यो बलिं हरेत् ।
देवालयार्थं सामान्यं ग्रामार्थं तु विशेषकम् ॥ ८ ॥
दध्योदनं च सर्वं तत्सामान्यं च बलिं विदुः ।
ब्रह्मादीनां च देवानां धूपदीपाक्षतैरपि ॥ ९ ॥
अथ वक्ष्ये विशेषाख्यं बलिं शास्त्रोक्तवत्क्रमात् ।
स्रग्गन्धधूपदुग्धं च मध्वाज्यं पायसमो(सौ)दनम् ॥ १० ॥
ब्रह्मणे च बलिं दद्याल्लाजेन सह तन्त्रवित् ।
आर्याय फलभक्ष्यं स्यात्तिलमोदनकं दधि ॥ ११ ॥
पश्चाद्विवस्वते दद्याद्दधिपूर्वा(र्वं) च मर्दं(मित्र) के ।
महीधराय क्षीरं स्यादभ्यन्तरबलिं(लिः) स्मृतम् (तः) ॥ १२ ॥

पर्जन्यस्य तु तत्प्रोक्तं पुष्पं च नवनीतकम् ।
दत्वा ज(द्याज्ज)यन्ताय बलिं पुष्पकोष्ठ(पिष्टं) महेन्द्रके(न्द्राय) ॥ १३ ॥
मधुगन्धो(न्धे) भास्कर:(राय) स्यात्सत्याय मधुरे(ध्वे)व च ।
नवनीतं भृशस्योक्तं गगने(नाय) च ततो बलिम् ॥ १४ ॥
ह्वारिद्रचूर्णमाषान्तं दुग्धाढ्यं(ज्यं) स्वा(त) गरस्य तु
शुद्धक्षीरं तथा चाग्नेः परमान्नं तु पुष्णिके(न्नं पूष्णस्तथा) ॥ १५ ॥
वितथे स्यात्तु (थस्य तु) पक्वान्नं राक्षसस्यं तु मांसकम् ।
श्यामान्नं तु सरं प्रोक्तं बलिं चा(लिश्चा)न्तकरस्य वै ॥ १६ ॥
अगुरुं गन्धकं चैव गन्धर्वस्य बलिं क्षिपेत् ।
पारावारभ्रूष(षो) भृङ्गराजस्य बलिरिष्यते ॥ १७ ॥
दध्योदनं मृशस्योक्तं नैर्ऋत्ये तु (त्यस्य) बलिं त(लिस्त)तः ।
तिलपिण्डौदनं प्रोक्तं बीजं दौवारिके(क)बलि(लिः) ॥ १८ ॥
सुग्रीवे(वस्य) मोदकं प्रोक्तं पुष्पदन्तम(न्ताया)तःपरम् ।
पुष्पतोयं बलिं दत्वा(द्यात) पायसान्नं तु वारुणे(णं) ॥ १९ ॥
असुरस्य बलिं(ली) रक्तं शोषे(षस्य) तिलतण्डुलम् ।
रोगस्य शुष्कमत्स्यं स्याद्धरिद्रौदनं मारुतः ॥ २० ॥
नागस्यैव बलिं लाजं (लिर्लाजा) धान्यचूर्णं हि मुख्यके(मौख्यकः) ।
गुडौदनं च भल्लाटे(भाल्लाटः) क्षीरान्नं तु शलाधराः (शशधरः) ॥ २१ ॥
मृगे(गस्य) शुष्कमांसं तं(तु) मोदकं देवमन्तरे (देवान्तरस्य) ।
तिलपुष्पं बलिं दत्वा उ(दद्यादु)दितस्य फलं भवेत् ॥ २२ ॥
दुग्धौदनमाज्यं चैव भवेन्मत्स्य(त्स्यो) बलिं त(लिस्त)तः ।
सवित्रे वामथा(वाथ धा)न्यं च स(सा)वित्रे कर्त(गुड)तोयकम् ॥ २३ ॥
बन्ध(सर्व)मेतत् स(च) बलिन्द्रै(बलिमिन्द्राय) मुद्गफले(लमि)न्द्रराजके(काय) ।
माषं रुद्रबलिं दत्वा मां(द्यान्मां)सं रुद्रजये(याय) तथा ॥ २४ ॥
शुद्धान्नमापवत्स्याश(स्याय) च कुमुदं मुद्गौदनम् ।
अपवद्बलिमिति प्रोक्तं (लिरित्युक्तो) न पद्मा(दे) बलिं इहो(लिरु)च्यते ॥ २५ ॥
अजशङ्कस्य(ङ्क्योः) मांसं च मृगमांसं तथैव च ।
रक्तमिश्रं बलिं दत्वा(द्यात्तु) पापराक्षसस्ये(स्या इ) ति स्मृतम् ॥ २६ ॥

पूतनायै तिलं पिष्टं विदार्यै लवणाशनम् ।
चरकियै(चरक्यै) मुद्गसारं च ए(ह्ये)वं तु बलिरिष्यते ॥ २७॥
एवं तु पूजयेद्देवान् ग्राम्ययेद्र(ग्रामस्य र)क्षणार्थकम् ।
ब्रह्माद्या(दिरा)द्यावपवश्चेति चतुर्देवपदे स्थितम्(तः) ॥ २८ ॥
अन्याश्च देवताः सर्वे(र्वाः) पदबाह्ये स्थिताः सदा ।
इह ग्रामस्य रक्षार्थं सुप्रसन्ना भवन्तु ते ॥ २९ ॥
इति मन्त्रं समुच्चार्य प्रार्थयेद्बलिदेवताः ।
बलिकर्मविधाने तु स्थपतिः स्वं शिवं स्मरेत् ॥ ३० ॥
किमर्थमेतत्(द)सुराणां(र)भूतप्रेतोपशान्तये ।
अकृत्वा बलिकर्मन्तु(र्म तु) विन्यस्तं समचावयम्(च समुच्चयम्) ॥ ३१ ॥
विन(ना)श्यति(ते) तदा भूमिः राक्षसैरतिदारुणैः ।
तद्दोषापगमार्थं तु बलिकर्म समाचरेत् ॥ ३२ ॥
उक्तमार्गं बलिं(लि)कर्म कुर्वतो ग्रामशम्भुनिलयादिभिः सदा ।
पुष्टि[स्]तुष्टिरपि शान्तिर्मङ्गलं सर्वदा भवति कर्तृभक्तिः ॥ ३३ ॥

इति मानसारे वास्तुशास्त्रे बलिकर्मविधानं नाम अष्टमोऽध्यायः ।

ग्रामलक्षणम्

वक्ष्येऽहं ग्रामविन्यासं शास्त्रे संक्षेपतः क्रमात् ।
दण्डकं सर्वतोभद्रं नन्द्यावर्तं तु पद्मकम् ॥ १ ॥
स्वस्तिकं प्रस्तरं चैव कार्मुकं च चतुर्मुखम् ।
एवं चाष्टविधं ग्रामं तत्तद्रूपेण संज्ञितम् ॥ २ ॥
प्रथमं ग्राममानं च द्वितीयं पद(दं) विन्यसेत् ।
तृतीयं तद्बलिं दत्वा चतुर्थं ग्राम(मं) विन्यसेत् ॥ ३ ॥
पञ्चमं गृह(हं) विन्यस्य तत्र गर्भं विनिक्षिपेत् ।
षष्ठं गृहप्रवेशं च तन्मानमधुनोच्यते ॥ ४ ॥
धनुर्ग्रहैश्च यद्दण्डं तद्दण्डेनार्पयेद्बुधः ।
पञ्चविंशतिदण्डाद्यैः(द्यै) द्विद्विदण्डविवर्धनात् ॥ ५ ॥
एकाधिकशतान्तं स्यान्नवत्रिंशद्विशालकम् ।
एवं तु दण्डकं प्रोक्तं तस्यायाममि(म इ)होच्यते ॥ ६ ॥
विस्ताराद्द्विद्विदण्डेन वर्धयेद्द्विगुणान्तकम् ।
यः(यतः) शुभायादिकर्मार्थं दण्डहीनाधिकं तु वा ॥ ७ ॥
वानप्रस्थमिदं योग्यं क्षुद्रदण्डकमीरितम् ।
एकत्रिंशतिदण्डा(शद्दण्डमा)द्ये द्विद्विदण्डेन वर्धनम् ॥ ८ ॥
सप्ताधिकशतान्तं स्यात्सप्तषष्टिविशालकम् ।
दीर्घं प्रागुक्तवत्कुर्यादेतद्दण्डक(कं) मध्यमम् ॥ ९ ॥
सप्तत्रिंशतिदण्डादि(शद्दण्डमादौ) द्विद्विदण्डविवर्धनात् ।
त्रयोवेददशाधिक्यशतदण्डावसानकम् ॥ १० ॥
दण्डकं चोत्तमं पञ्चचत्वारिंशद्विशालकम् ।
एतत्तु दण्डकं प्रोक्तं भूसुराणां तु योग्यकम् ॥ ११ ॥
पञ्चाशद्दण्डमारभ्य द्विद्विदण्डविवर्धनात् ।
द्विशतं दण्डान्तकं स्यात् षट्सप्ततिविशालकम् ॥ १२ ॥

षष्टे तु (षष्ट्यैकं) दण्डमारभ्य द्विद्विदण्डविवर्धनात् ।
सैकार्कत्रिं(त्रि)शतं दण्डात्(ण्डं) त्रि(शत) सप्तद(विं) शविस्तृतम् ॥ १३ ॥
युग्मायुग्मं तु दण्डेन सर्वतोभद्रमेव च ।
भूसुरामरयोग्यं स्यात्तदायामविशालकम् ॥ १४ ॥
नन्दावर्त (न्दैकत्रि) ग्राम ग्राम (मे) द्विद्विदण्डविवर्धनम् ।
पञ्चषष्ट्यधिकं पञ्चशतदण्डावसानकम् ॥ १५ ॥
एव(वं) पञ्चद्विशतं विशालं परिकीर्तितम् ।
विस्तारायामस्तत्तुल्यो [पादोनोऽर्धाधिकस्तथा] ॥ १६ ॥
(विस्ता) रं द्विद्विदण्डेन वर्धयेद्विगुणान्तकम् ।
नन्द्यावर्तमिदं प्रोक्तं वर्तव्यं (वस्तव्यं) देवभूसुरैः ॥ १७ ॥
[अथातः] पद्मकनामग्रामलक्षणमुच्यते ।
शतदण्ड(ण्डं) समारभ्य द्विद्विदण्डविवर्धनात् ॥ १८ ॥
एकसहस्रदण्डान्तं(न्तो) विस्तारं तत् समं मतम् (रस्तत्समो मतः) ।
परमाधिकपञ्चाशच्चतुःशतविशालकम् ॥ १९ ॥
विप्रयोग्यं तथा पद्ममेवमुक्तं पुरातनैः ।
[एतच्चत्वारि] ग्रामविस्तारप्रमाणलक्षणम् ॥ २० ॥
[अथ] स्वस्तिकविन्यास(विस्तार)मानलक्षणमुच्यते ।
एकद्विशतदण्डादौ विंशदण्डविवर्धनात् ॥ २१ ॥
द्विसहस्रे(स्रै)कदण्डान्तं(न्तो) विस्तारं(रः) परिकीर्तितम् (तः) ।
तस्माद्विंशतिदण्डेन वर्धयेत्तत्समाधिकम् ॥ २२ ॥
तस्यायाममिदं(मो ह्ययं) प्रोक्तं(क्तः) स्वस्तिकं भूपयोग्यकम् ।
[अतःपरं] प्रस्तरविन्यास(विस्तार)लक्षणमुच्यते ॥ २३ ॥
त्रिशतदण्डमारभ्य शतदण्डविवर्धनात् ।
सहस्रद्वयदण्डान्तं प्रस्तरं विस्तृतं भवेत् ॥ २४ ॥
सपञ्चषष्टिदण्डादौ द्विद्विदण्डविवर्धनात् ।
युग्मायुग्मं तथा वाऽपि दण्डं पञ्चशतान्तकम् ॥ २५ ॥
एतत्(एष) कार्मुकविस्तारं त(रस्त)स्यायाममि(म इ)होच्यते
तस्मात्तु शतदण्डेन वर्धनाद्विगुणान्तकम ॥ २६ ॥

एवं तु वैश्यकानां तु योग्यं तत्कार्मुकं भवेत् ।
त्रिंशद्दण्डं समारभ्य त्रित्रि(द्विद्वि)दण्डविवर्धनात् ॥ २७ ॥
शतदण्डावसानं(नः) स्याद्विस्तारं(रः) परिकीर्तितम् (तः) ।
तत्तत्रित्रि(द्वि)द्विदण्डेन वर्धयेत्(द्)गुणान्तकम् ॥ २८ ॥
एवं चतुर्मुखं प्रोक्तं शूद्राणामेव योग्यकम् ।
मुख्यगेहप्रदेशान्तं विस्तारायाम(मं) कल्पयेत् ॥ २९ ॥
तद्बहिः परितः कुर्यात्तस्मात्तु तदनन्तरे ।
दशादिशतदण्डान्तं द्विद्विदण्डेन वर्धनात् ॥ ३० ॥
एवं ग्रामं(म)प्रसारं च तद्बहिर्वप्रसंयुतम् ।
परितः परिखा(खां) बाह्ये कुर्याद्ग्रामेषु सर्वशः ॥ ३१ ॥
एतेषां ग्रामरूपाणामायादिलक्षणं तथा ।
नन्दायामसमूहे वा चायते वाऽथ विस्तरे ॥ ३२ ॥
परिणाहे पदे वाऽपि आ(चा)यादिशुद्धं(द्धिं) च कारयेत ।
केचित्त्वायतने चैवमायं च तद्दिने भवेत् ॥ ३३ ॥
परिणाहे तिथिर्वारं व्ययर्योनिश्च विस्तरे ।
वसुभिर्गुणितं भानु[भि]र्ह्रान्यायमष्टशिष्टकम् ॥ ३४ ॥
अष्टाभिर्वर्धिते ऋक्षं हृत्वा शेषं क्षपिष्यते ।
नवभिर्वर्धयेत्पङ्क्तिः(क्त्या) हृत्वा शेषं व्ययं(यो) भवेत् ॥ ३५ ॥
गुणनागं च योनि(निः) स्याद्वृद्धिहान्या(न्यौ) यथाक्रमम् ।
नन्दवृद्ध्या ऋषिं(षिणा) हृत्वा तच्छेषं वारमेव च ॥ ३६ ॥
नवभिर्गुणिते त्रिंशत्(ता) क्षपेच्छेषं तिथिर्भवेत् ।
एवमायादिषड्वर्गं कुर्यात्तत्र विचक्षणैः(णः) ॥ ३७ ॥
आयं सर्वहरं पूर्णं (पुण्यं) व्ययं सर्वगतेन हि ।
आयाधिक्यं व्ययं हीनं सर्वसम्पत्करं तथा ॥ ३८ ॥
आयहीनं(हानिर्) व्ययाधिक्यं सर्वदोषकरं भवेत् ।
शुभदं पूर्णनक्षत्रमशुभं कर्ण-ऋक्षकम् ॥ ३९ ॥
युग्मायुग्माद्यतुर्यं षडष्टनन्दशुभर्क्षयुक् ।
द्वितीयपर्यायस्यार्थे गणैश्च शुभावहम् ॥ ४० ॥

सितगुरुशशिबुधवारमेवं शुभं भवेत् ।
शुभयोगं(गो) भवेद्य(च्चे)तु वारदोषो न विद्यते ॥ ४१ ॥
सौरवारादिवारेषु वारयुक्तं चतुर्दिने ।
गणैस्तु विशाखादिस्वातिकान्तं क्रमात्ततः ॥ ४२ ॥
गण्डं च मृत्युयोगं च सिद्धियोगमिदं(ति) विदुः ।
अमावस्या[म]ष्टमीं चैव(च) नवमीं च विवर्जयेत् ॥ ४३ ॥
अन्यथा शुभदं सर्वं तिथिरेवं प्रशस्यते ।
अष्टमं(म)राशिवर्जं च अन्ये(तथान्ये) शुभराशयः ॥ ४४ ॥
गणे वा(चाऽऽ)सुरमानुष्यं विना अन्ये(न्यो) गणे(णो) शुभम् (भः) ।
सौरादियदि(शनि)वारान्तं तत्सर्वं त्रिगुण[स]समम् ॥ ४५ ॥
अश्विन्यादिदिनं हृत्वा तच्छेषं नयनं भवेत् ।
प्रथमं चैकनेत्रं च द्वितीयं च द्विनेत्रकम् ॥ ४६ ॥
तृतीयं च इति(तथा) प्रोक्तं नन्दात्षट्क्रमात् सुधी ।
अथ दण्डक[स्य]विन्यासलक्षणं वक्ष्यतेऽधुना ॥ ४७ ॥
चतुरश्रायतं कृत्वा समतारं न विद्यते ।
चतुरश्रायतं वप्रं तद्वप्रायतमेव च ॥ ४८ ॥
एतत्(स्मिन्) त्रितयं वाऽपि पञ्चरथ्यामथापि च ।
तस्य मूलाग्रयोर्वीथीं न कुर्याद्वाऽथ कल्पयेत् ॥ ४९ ॥
तदेव तिर्यङ्मध्ये [ए]कवीथीं कृत्वा विना तथा ।
एकद्वित्रिचतुष्पञ्चदण्डं रथ्याविशालकम् ॥ ५० ॥
मध्यरथ्यावृता वीथी सममेवं विधीयते ।
अन्येषां चान्तरथ्यानां वा तत्समं तु वा ॥ ५१ ॥
मूलाग्रयोर्द्विरथ्या(थ्ये) च पक्षमेकं तथाश्रयम् ।
मुख्या वीथी द्विपक्षं(क्षा) स्याद्गृहतारं त्रिदण्डकम् ॥ ५२ ॥
तच्चतुष्पञ्चदण्डं वा युक्त्या तद्गृहविस्तृतम् ।
विस्तारद्विगुणं वाऽथ त्रिगुणं वा तदायतम् ॥ ५३ ॥
परितः परिखा बाह्ये वप्रयुक्तं तु कारयेत् ।
चतुर्द्वारं च संकल्प्य पूर्वादि(दौ) च चतुर्दिशि ॥ ५४ ॥

उपद्वारो(रमु)कवत्कुर्याद्विष्णुधिष्ण्यं तु पश्चिमे ।
तद्ग्रामस्य बहिर्वाऽपि वरुणे च पदे तथा ॥ ५५ ॥
मित्रे चैव पदे चापि विष्णुमूर्तिं यथेष्टकम् ।
ईशे शङ्कर(रं) संस्थाप्य पर्जन्ये चोदिते तथा ॥ ५६ ॥
अन्तर्वाऽपि बहिर्वाऽपि यथेष्टकं(ष्टं) शिवहर्म्यकम् ।
एतद्दण्डकमित्युक्तं भूसुराणां तु योग्यकम् ॥ ५७ ॥
द्वादशैर्वि(शवि)प्रसंघं वा चतुर्विंशतिभूसुरान् ।
पञ्चाशद्द्विजसंघैश्च अ(ह्य)ष्टोत्तरशतं तु वा ॥ ५८ ॥
त्रिशतद्विजसंघैर्वा द्वादशं चेति मौनिनाम् ।
वनान्तरे पर्वते वा तथा चाश्रममीरितम् ॥ ५९ ॥
चतुर्विंशतिसंघं चेद्यतीनां ग्रामयोग्यकम् ।
एतत्तु नदीतीरे वा पुरमेतत्प्रकथ्यते ॥ ६० ॥
पञ्चाशद्दीक्षितानां तु नगरं तु(तत्) प्रशस्यते ।
अष्टोत्तरं [च] पञ्चाशद्गृहस्थानां तु मङ्गलम् ॥ ६१ ॥
विकरिं(निकर)शतसंघैश्च कोष्ठमेवं प्रकथ्यते ।
अन्येषां विप्रसंघैश्च यथेष्टं नाम [प्र]कल्पयेत् ॥ ६२ ॥
अन्यान्यनुक्तं[क्तानि] सर्वेषां शास्त्रमार्गेण कारयेत् ।
सर्वतोभद्रविन्यासं(स)लक्षणं वक्ष्यतेऽधुना ॥ ६३ ॥
चतुरश्रसमाकारं मण्डूकं(क)पद(दं) विन्यसेत् ।
अथवा स्थण्डिलं वाऽपि मध्ये तद्ब्रह्ममण्डपम् ॥ ६४ ॥
अथवा देवताहर्म्यं विष्णोर्वाऽथ शिवस्य वा ।
तपस्विनां यतीनां च पाषण्डाश्रमिणां तथा ॥ ६५ ॥
ब्रह्मचारी(चारिणां) तथा योगिनां संघैर्यथेच्छया ।
एकद्वित्रिचतुष्पञ्चरथ्या वा परितस्तथा ॥ ६६ ॥
एकपक्षान्तरथ्या च बाह्यरथ्या द्विपक्षयुक् ।
पैशाचान्तपदैः सर्वैस्तेन वीथीं प्रकल्पयेत् ॥ ६७ ॥
पैशाचेशान्तराले महादिक्पाल(लो) बहिरिष्यते ।
तत्तद्वीथी द्विपक्षं(क्षा) स्यान्नन्द्यावर्ताकृतिस्तु वा ॥ ६८ ॥

अथवा कृतकृत्या च कर्णयुक्तम(क्ता चा)थापि च ।
ईशानादिचतुष्कर्णे मठं वा मण्डपं तु वा ॥ ६९ ॥
तत्रैव सत्रशाला वा आ(चाऽऽ)ग्नेये पानीयमण्डपम् ।
अन्यधर्मालयं सर्वं यथेष्टं दिशितो(तु) भवेत् ॥ ७० ॥
अन्तरथ्ये चतुष्कर्णे गुरोरेवं मठं भवेत् ।
रक्षार्थं वप्रसंयुक्तं परितः परिखान्वितम् ॥ ७१ ॥
चतुर्दिक्षु महाद्वारो(रमु)पद्वारमुक्तवद्भवेत्
महारथ्या[या]मालयं कुर्यात्सर्वकर्मोपजीविनाम् ॥ ७२ ॥
दक्षिणे वैश्यशूद्राणामालयं(य)श्रेणिरेव च ।
इन्द्रे(न्द्रश्)चाग्नि(ग्निस्)तयोर्मध्ये गोपालश्रेणिरेव च ॥ ७३ ॥
तद्बहिश्चैव गोशाला रक्षार्थं वप्रसंयुतम् ।
पितृवारुणयोर्मध्ये वस्त्रकर्मकरालयम् ॥ ७४ ॥
तद्बहिः सूचिकहर्म्यं तत्र चर्मकरालयम् ।
वायुवरुणयोर्मध्ये कर्मकरालयं भवेत् ॥ ७५ ॥
तद्बहिश्चालयं कुर्यान्मत्स्यमांसोपजीविनाम् ।
सौम्ये(म्यो) वायु(युस्)तयोर्मध्ये श्रीकराणामालयं भवेत् ॥ ७६ ॥
तत्र वैद्यालयं वाऽपि अ(चा)म्बष्ठकालयमेव च ।
तस्य बाह्यप्रदेशे तु वल्कलैःक(लका)र्मणालयम् ॥ ७७ ॥
तत्र तैलोपजीविनां गृहश्रेणिं प्रकल्पयेत् ।
ग्रामस्य वप्र(प्रं) तद्बाह्ये किञ्चिद्दूरो(रे उ)त्तरे(रस्यां) दिशि ॥ ७८ ॥
वैष्णव्याश्चाथ चामुण्डा[या] आ(चा)लयं कारयेद्बुधः ।
तस्माद्दूरे तु देशे च चण्डालकुटिकान्वितम् ॥ ७९ ॥
जनावासमिदं प्रोक्तं ग्रामाद्बाह्यप्रदेशके ।
दक्षिणे पश्चिमे वाऽपि नैर्ऋत्ये वाऽपि देशके ॥ ८० ॥
स्नानपानादिकं(क)योग्यं तडाकं कल्पयेत्ततः ।
शेषं तु शास्त्रमार्गेण कारयेच्छिल्पि(ल्प)वित्तमः ॥ ८१ ॥
नन्द्यावर्तस्य विन्यासलक्षणं वक्ष्यतेऽधुना ।
पूर्वोक्तदण्डमानेन विस्तारायामकल्पनम् ॥ ८२ ॥

समविस्तारमायाममायाधिकमथापि वा ।
चण्डिताख्यपदं न्यासं [वाऽपि] मण्डूकं परिकल्पयेत् ॥ ८३ ॥
ग्रामे चायतविस्तारौ समे(मौ) चेत्कल्पयेत्सुधीः ।
आयाधिकं यथा ग्रामे नन्दनन्दपदं भवेत् ॥ ८४ ॥
अथवा स्थण्डिलं न्यस्य(सेत्) समायाममित्यपि वा ।
पदं च चण्डित(तं) तन्मध्ये ब्रह्मणश्च चतुष्पदम् ॥ ८५ ॥
तद्बहिः परितो भागे दैवकं च (द्वा)दशांशकम् ।
तद्बाह्ये विंशतिपदं परितो मानुषं भवेत् ॥ ८६ ॥
तद्बहिश्चावृतांशेन पैशाचं चाष्टविंशति(तिः) ।
एवं तु चण्डितं प्रोक्तं परमशायिकमुच्यते ॥ ८७ ॥
मध्ये नवपदं बाह्ये दैवकं षोडशांशकम् ।
तद्बहिर्मानुषं चैव चतुर्विंशपदं भवेत् ॥ ८८ ॥
पैशाचं बाह्यमावर्तं त॒त्रिंशकं पदम् ।
स्थण्डिलं(ल)पदमध्ये च ब्रह्मणस्यै(ण ए)कमात्रकम् ॥ ८९ ॥
दैवकं चाष्टभागं स्यान्मानुषं षोडशांशकम् ।
तद्बहिश्च चतुर्विंशत्पदं पैशाचमेव च ॥ ९० ॥
एषां पदैर्यथायोग्यं विन्यसेच्छिल्पि(ल्प)वित्तमः ।
तत्पैशाचपदं चोक्तं नन्द्यावर्ताकृतिर्भवेत् ॥ ९१ ॥
प्राचीरथ्योत्तरा(रमार)भ्य स्याद्दक्षिणायत(तं) निर्गमम् ।
दक्षिणावीथीपूर्वादिपश्चिमायतनिर्गमम् ॥ ९२ ॥
पश्चिमवीथी(थ्याः) दक्षिण्या(णा)दुत्तरायत(तं) निर्गमम् ।
उदग्वीथी(थ्याः) प्रतीच्यादितत्पूर्वायत(तं) निर्गमम् ॥ ९३ ॥
नन्द्यावर्तावृतावीथीमे(ए)वमूह्यं(ह्या) विचक्षणैः ।
दक्षिणोदग्द्वयोर्वाऽपि प्राक्प्रत्यग्वि(ग्द्वि)तयो[र]पि [वा] ॥ ९४ ॥
अन्तर्वीथीनां मूलाग्रौ(ग्रयोः) चैकपक्षं प्रयोजयेत् ।
पार्श्वयोश्च द्विविधं स्या॒पक्षमुक्तं पुरातनैः ॥ ९५ ॥
एवं बाह्यवीथी स्यादन्तर्वीथिरि(थी त्वि)होच्यते ।
आयते दीर्घरथ्या स्याद्विस्तारे दीर्घमेव च ॥ ९६ ॥

एकत्रिपञ्चसप्तयेा(सप्त)वीथी(थ्य:) पूर्वाद्यक्षयुक् ।
एकद्वित्रिचतुष्पञ्चमार्गं वा परिकल्पयेत् ॥ ९७ ॥
एवं बहिर्गतं मार्गं तत्र पक्षं न कारयेत् ।
पक्षयुक्ता तु वीथी स्यात्पक्षहीनं तु मार्गकम् ॥ ९८ ॥
महामार्गं तु सर्वेषां(र्वासां) वीथीनां कर्करीकृतम् ।
मध्येषां तु[ध्य एषां] यथारज्जुः(ज्जु) क्षुद्रमार्गं प्रयोजयेत् ॥ ९९ ॥
त्रिचतुः(तुष्)पञ्चदण्डं वा वीथीनां विस्तृतिर्भवेत् ।
षट्सप्ताष्टदण्डं वा नन्दपङ्क्तीशभानुषु(नुं वा) ॥ १०० ॥
केचि(काश्चि)द्रथ्या विशालाश्च सर्वेषां तत्समं तु वा ।
महामार्गविशालं [तु] यद्वीथीनन्दसमं तु वा ॥ १०१ ॥
महारथ्या(मार्ग)समं मध्ये वीथीविस्तारमिष्यते ।
मध्ये(वीथी) समं तु मध्ये [च] मार्गमेवं विशालकम् ॥ १०२ ॥
तदष्टांशोनमेवं वा त्रिपादं चार्धमेव वा ।
अन्यासां सर्ववीथीनां यथातत्सममेव वा ॥ १०३ ॥
तत्समं(सर्वासां) वा त्रिपादं वा महामार्ग(र्ग)विशालकम् ।
तत्त्रिपादार्धं तु विस्तारं क्षुद्रमार्गविशालकम् ॥ १०४ ॥
एवं विन्यासमुद्दिष्टं भूसुराणां तु योग्यकम् ।
अथाष्टाधिकं पञ्चाशदष्टोत्तरशतं तु वा ॥ १०५ ॥
त्रिंशतैर्(त्रिशत)वप्रसंख्या(विप्रसंघं) च अ(चाप्य)ष्टोत्तरसहस्रकम् ।
सहस्रत्रयव(वि)प्रं वा सहस्रैश्च चतुष्टयम् ॥ १०६ ॥
दे(दै)वमनु तु(मानुष)पैशाचे भूसुरान(सुरैः) परिपूर्णकम् ।
एवं मङ्गलमाख्यातं यस्तु वास्तुर्(स्तुं) विनिर्दिशेत् ॥ १०७ ॥
नृपवैश्यादिजातीनामेवं चेत् पुरमुच्यते ।
वैश्यशूद्रादीनां योग्यमग्रहारं प्रशस्यते ॥ १०८ ॥
एवं मर्त्यपदेनान्तः भूसुराणां गृहान्वितम् ।
देवमानुषपैशाचे यद्राजगृहमेव च ॥ १०९ ॥
तत्पैशाचपदे वैश्यशूद्रजात्यादिकालयम् ।
पैशाचे [च] द्विरथ्या वा त्रिचतुष्पञ्चषडेव वा ॥ ११० ॥

सप्तकं(काः) वा तथा रथ्या वा [यथा] विशालं तथा न्यसेत् ।
दक्षिणे प्रथमारथ्ये(मरथ्यायां) वैश्यकानां तु वेश्मानि ॥ १११ ॥
वारुणे चक्रवर्ती स्यादेवमालयस्य विधिः ।
अथ मित्रपदे चैव जयन्ते रुद्रजये तथा ॥ ११२ ॥
एवं राजगृहं प्रोक्तं तत्रैवं(व) योधकालयम् ।
नैर्ऋत्ये च पदे देशे श्रीकराणां तु हर्म्यकम् ॥ ११३ ॥
सामन्तप्रमुखादीनामसुरे सोष्ट(शोष)केऽपि च ।
तत्रैवामात्यहर्म्यं स्यात्स्वामिकालयमेव च ॥ ११४ ॥
पुरोहितालयं सुग्रावे पुष्पदन्तपदेऽपि च ।
दौवारिकश्च सुग्रीवे रचका[रा]लयं भवेत् ॥ ११५ ॥
गन्धर्वे रोगशोषे वा वाद्यकाद्यादेरालयम् ।
तत्रैव गणिकादीनां नृत्तयोग्यादिरा(दिका)लयम् ॥ ११६ ॥
वायव्ये वा नरे(नागे) वाऽपि स्थपतीनां तथालयम् ।
नागे चाथवा मुख्ये वा नेत्ररत्नकरालयम् ॥ ११७ ॥
उत्तरे शल्यशालाश्च [तत्र] कञ्चयासका(कञ्चुककारा)लयम्(यं वा) ।
अदितिश्चोदितश्चैव वैद्यकादितथा दीनामा)लयम् ॥ ११८ ॥
ईशे वाऽथ जयन्ते वा ग्रामरचि[त]कालयम् [च] ।
महेन्द्रे वाऽथ सत्ये वा कीर्णकारालयं भवेत् ॥ ११९ ॥
भृशे वा चान्तरिक्षे वा आ(चा)हूयकम(कर्म)हर्म्यकम् ।
एवं प्रथमावरणे द्वितीयावरणमुच्यते ॥ १२० ॥
तैलोपजीविनां वासश्रेणितो(त उ)त्तरवीथिके ।
तत्रैव नानाहर्म्यं स्यात्कुलालालयमेव च ॥ १२१ ॥
मत्स्योपजीविनां वास(सं) मांसव्यापारिकादीनां च ।
पश्चिमे वाऽऽलयंश्रेणिः किरातानां तु दक्षिणे ॥ १२२ ॥
आग्नेये वायवे वाऽपि रजकस्यालयं भवेत् ।
दक्षिणे पूर्वदेशे वा नृत्तकारालयं भवेत् ॥ १२३॥
उत्तरे वा नैर्ऋते वाऽपि सूति(चि)कारालयं भवेत् ।
एवं द्वितीयावरणे तृतीयावरणो(णमु)च्यते ॥ १२४ ॥

दक्षिणे कर्मकारस्य तत्र श्रेण्यालयं भवेत् ।
उत्तरे चाग्निदेशे वा पेटिकारालयं भवेत् ।। १२५ ।।
पश्चिमे पूर्वके वाऽपि शस्त्रकर्मकरालयम् ।
उत्तरे चर्मकारस्य तच्छ्रेण्यालयमेव वा ।। १२६ ।।
अन्यथा(दा)वरणाः(णम्) सर्वमन्य[त्]कर्मोपजीविनाम् ।
एवं नरालयं प्रोक्तं देवानामधुनोच्यते ।। १२७ ।।
आर्यादिषु चतुर्दिक्षु ग्रामस्यापि चतुर्दिशि ।
एवं यथेष्टदिग्देशे विष्णुधिष्ण्यं प्रकल्पयेत् ।। १२८ ।।
अथवा बहिरङ्गे तु चेष्टदिग्विष्णु(ष्णो)रालयम् ।
इन्द्रादिषु चतुर्दिक्षु विष्णुस्थानं तु राक्षसे ।। १२९ ।।
पूर्वके श्रीधरं प्रोक्तं दक्षिणे वामनं तथा ।
पश्चिमे वासुदेवं वा चादिविष्णुं जनार्दनम् ।। १३० ।।
उत्तरे केशवं प्रोक्तं नारायणमथापि वा ।
अन्तः प्रागुत्तरे देशे विष्णुमूर्तिर्(र्ति) यथेष्टकम् ।। १३१ ।।
पितृदेवेशकोणे वा य(त)था नृसिंहालयं भवेत् ।
अग्निकोणे य(त)था रामं गोपालालयमेव वा ।। १३२ ।।
मित्रे च त्रितलं कुर्यात्स्थानकं चादिभूमिके ।
द्वितीयं(ये) चासनं प्रोक्तं तृतीये शयनं भवेत् ।। १३३ ।।
अथवा स्थानकं चोर्ध्वे शयनं मूलकस्थले ।
इष्टदिग्विष्णुहर्म्याणां द्वारं कुर्याद्विचक्षणः ।। १३४ ।।
ग्रामस्याभिमुखं विष्णुं नरसिंहं पराङ्मुखम् ।
लक्ष्मी नृसिंहश्चैवाऽपि ग्रामस्याभिमुखो भवेत् ।। १३५ ।।
रुद्रं रुद्रजये वाऽपि इ(त्वि)न्द्रश्चेन्द्रजयेषु च ।
आपवत्स्या(त्सा)पवत्स्यश्च साविन्द्र(त्र)श्चा(श्च) सान्द्रके(सवित्रके) ।। १३६ ।।
ईशे वाऽथ जयन्ते वा पर्जन्यस्य पदेऽपि वा ।
एवमीशालयं कुर्याद्ग्रामस्य तु पराङ्मुखम् ।। १३७ ।।
पूर्वके पश्चिमे वाऽपि तत्रैवाभिमुखं भवेत् ।
अन्य[त्]सकलरूपाणां हर्म्यद्वारं यथेष्टतः ।। १३८ ।।

स्वकर्णे वाऽपि दौवारि[के] सुब्रह्मण्यालयं भवेत् ।
अथवा जिनालयं स्यात्सुगतालयमेव च ॥ १३९ ॥
चतुर्दिक्षु विदिक्ष्वा(क्ष्व)पि मध्ये वैनायकालयम् ।
गन्धर्व(र्वे) भृङ्गराजे वा भार्गकारालयं भवेत् ॥ १४० ॥
मुख्ये वाऽथ च भल्लाटे सा(स)रस्वत्यालयं भवेत् ।
अदितौ वा मृगे [वापि] लक्ष्मीभवनकं स्मृतम् ॥ १४१ ॥
तत्रैव भुवनादेवीहर्म्यमेवं प्रकल्पयेत् ।
यद्वारस्य बहिरङ्गे रक्षार्थं भैरवालयम् ॥ १४२ ॥
राक्षसे पुष्पदन्ते वा दुर्गायाश्चापि चालयम् ।
तद्ग्रामस्य बहिः सौम्ये कालि(ली)कोष्ठं प्रकल्पयेत् ॥ १४३ ॥
ग्रामात्क्रोशावसानं स्यात्पूर्वे वा चोत्तरेऽपि वा ।
तत्र चण्डालावासः स्याच्चोत्तरे च श्मशानकम् ॥ १४४ ॥
ग्रामस्य चोत्तरे बाह्ये प्रेतभूतांशदण्डकम् ।
ग्रामस्य परितो बाह्ये रक्षार्थं वप्रसंयुतम् ॥ १४५ ॥
तद्बहिः परिखायुक्तं परितो वप्रवेदिकैः ।
चतुर्दिक्षु चतुष्कोणे महाद्वारं प्रकल्पयेत् ॥ १४६ ॥
वृत्तं वा चतुरश्रं वा वास्तुस्वाकृतिवप्रयुक् ।
पूर्वद्वारमथैशाने चाग्निद्वारं तु दक्षिणे ॥ १४७ ॥
पितुर्द्वारं तु तत्प्रत्यग्वायोर्द्वारं तथोत्तरम् ।
पूर्वपश्चिमयोर्द्वारौ तत्(तत्र) सूत्रं तु योजयेत् ॥ १४८ ॥
दक्षिणोत्तरयोर्द्वारौ तत्र देशे विशेषतः ।
दक्षिणोत्तरकं सूत्रं विन्यसेच्छिल्पिवित्तमः ॥ १४९ ॥
तस्य सूत्रान्ततत्पूर्वे हस्तं तद्वार(रं) मध्यमे ।
एवं दक्षिणतो द्वारं तद्धि वा(द्वा)रौ तथोक्तवत् ॥ १५० ॥
उत्तरे द्वार(रं) तत्सूत्रात्प्रत्यग्हस्तावसानकम् ।
चतुर्दिक्षु चतुर्द्वारं युक्तं वा नेष्यते बुधैः ॥ १५१ ॥
पूर्वे पश्चिमके वाऽपि द्वारमेतत्(मेकं) द्वयोर(यम)पि ।
परितश्चतुरश्रमाद्वारं कुर्यात्तु सर्वदा ॥ १५२ ॥

एतत्सर्वं महाद्वारमुपद्वारमिहोच्यते ।
नागे वाऽपि मृगे वाऽ[प्य]थादितिश्चो(तौ चो)दितोऽपि वा ॥ १५३ ॥
पर्जन्ये वाऽन्तरिक्षे वा पूषे(पूष्णि) वा वितथेऽथवा ।
गन्धर्वे भृङ्गराजे वा सुग्रीवे वाऽसुरेऽथवा ॥ १५४ ॥
यथेष्टमेवमुपद्वारं कुर्यात्तल्लक्षणोक्तवत्(र्यादुक्तलक्ष्मवत्) ।
मुख्यके वाऽथ भल्लाटे मृगे चोदितोऽथवा ॥ १५५ ॥
जयन्ते वा महेन्द्रे वा सत्यके वा[ऽथ] मृशेऽथवा ।
एवमेवं जलद्वारं कुर्यात्तत्र विचक्षणः ॥ १५६ ॥
ब्रह्मणे वाऽग्निदेशे वा मित्रे वा मण्डपं भवेत् ।
भूधरे चासुरे वाऽपि सभास्थानं प्रकल्पयेत् ॥ १५७ ॥
नन्द्यावर्तमिति प्रोक्तं तन्त्रविद्भिः पुरातनैः ।
पद्माख्यं(ख्य)वास्तुविन्यासलक्षणं वक्ष्यतेऽधुना ॥ १५८ ॥
दीर्घ(दैर्घ्य)मायसमं कृत्वा बाह्ये वप्रं सुवृत्तकम् ।
चतुरष्टाश्रकं वाऽपि षडश्रं वा विधीयते ॥ १५९ ॥
चण्डितं स्थण्डिलं वाऽपि यथेष्टं पद(दं) विन्यसेत् ।
शूलषड्गाति(धि)राज्ये च नरालयं प्रकारयेत् ॥ १६० ॥
तद्दे(तत्तद्दे)शे स[र्व]दा स्थाप्यं मण्डपं वा सभा भवेत् ।
बहिः(हिश्च) सर्वरथ्येषु(रथ्यासु) पत्रौरावर्तकेषु(कासु) च ॥ १६१ ॥
चतुः(तुष्)पञ्च च षट् सप्त चाष्टकं वाऽथ वीथिका ।
मध्ये वीथिं विना कुर्याच्चतुर्दिग्द्वारकल्पनम् ॥ १६२ ॥
एवं तु पद्मविन्यासं शेषं प्रागुक्तवन्नयेत् ।
स्वस्तिकस्यापि विन्यासलक्षणं वक्ष्यतेऽधुना ॥ १६३ ॥
यत्तदायामविस्तारे न्यसेत्परमशायिकम् ।
तत्पैशाचपदे चैव रथ्या तत्परितस्तथा ॥ १६४ ॥
तस्यान्तः स्वस्तिकाकारं विन्यसेच्छिल्पि(ल्प)वित्तमः ।
प्राक्प्रत्यक् च समायामं वास्तुमध्ये तु वीथिका ॥ १६५ ॥
दक्षिणोत्तरमायामं पूर्वमध्ये तु वीथिका ।
वीथीम् एतद्द्वयं प्रोक्तं तन्मध्ये कर्करीकृतम् ॥ १६६ ॥

उदीच्यां दिशि(मीशे) पर्यन्तं प्राङ्मुखायतवीथिका ।
प्रागादीशा(दि चा) ग्निपर्यन्तं दक्षिणायतवीथिका ॥ १६७ ॥
दक्षिणादिनैर्ऋतान्तं पश्चिमायतवीथिका ।
पश्चिमाद्वायुपर्यन्तमुत्तरायतवीथिका ॥ १६८ ॥
एतत्तु चतु(तू रथ्याग्रादावृता वीथिका ततः ।
एवं तु स्वस्तिकवीथी लाङ्गलाकारवद्भवेत् ॥ १६९ ॥
मध्ये वीथीद्वयो[र]ग्रे [च] तस्य मूलद्वयं बुधैः ।
चतुर्दिक्षु चतुष्कर्णे चतुर्दिक्षु चतुर्मुखम् ॥ १७० ॥
पूर्वोक्तं मध्यरथ्यान्तं चतुष्कर्णावसानकम् ।
इन्द्रादीशानपर्यन्तं मध्यं सोमावसानकम् ॥ १७१ ॥
तत्त(द्) योर्मध्यदेशे तु प्राक्प्रत्यक् दिग्गतायतम् ।
बाह्ये(ब्रह्मे)न्द्रानलयाम्ये[षु] तद्(द्व)योर्मध्यदेशके ॥ १७२ ॥
दक्षिणोत्तरयोर्दीर्घा वीथीरेतत् प्रकल्पयेत् ।
ब्राह्मयां याम्याश्च(म्यां च) नैर्ऋत्यां वारुणान्तःप्रदेशकम् ॥ १७३ ॥
पूर्वपश्चिमदीर्घा(र्घाः)च वीथीरेवं तु कारयेत् ।
वायुवारुणसोमेतु[षु] ब्रह्मणान्तं पदे तथा ॥ १७४ ॥
दक्षिणोत्तररथ्यं तत्तत्संख्या[च] यथेष्टकम् ।
एवं वीथी द्विपक्षं(क्षा) स्यान्मध्यरथ्ये न पक्षकम् ॥ १७५ ॥
तस्य मूलाग्रयो[र्]देशे क्षुद्रमानं प्रकारयेत् ।
बाह्यवीथी द्विपक्षं(क्षा) स्यात्तद्बहिश्चावृतं बुधैः ॥ १७६ ॥
वप्रांशभित्तिरक्षार्थं परितः परिखान्वितम् ।
स्वस्तिकाग्रं चतुर्दिक्षु द्वारं तेषां प्रकल्पयेत् ॥ १७७ ॥
एवं चाष्टमहाद्वारं दिक्षु दिक्षु द्वयं ततः ।
मृगे चैवान्तरिक्षे वा भृङ्गराजमृशे तथा ॥ १७८ ॥
शो षे वाऽपि च रोगे वा चादितिश(तौ) चोदितेऽपि वा ।
एवमेतदुपद्वारं कुर्यात्तत्र विचक्षणः ॥ १७९ ॥
महाद्वारं तु सर्वेषां लाङ्गलाकारसन्निभम् ।
कपाटद्वयसंयुक्तं द्वाराणां तत्पृथक् पृथक् ॥ १८० ॥

अन्तर्वप्र(प्रं) बहिर्भित्तिश्चेष्ट दिगाता चूलिका ।
यक्षरुद्रादिकैः सर्वैर्नटैश्चाद्यभययन्त्रकैः [न्त्रैः] ॥ १८१ ॥
सालान्तं वेदिकोर्ध्वे तु युद्धार्थं कल्पयेत् सुधीः ।
नानाजातिभिराकीर्णं स्वस्तिकं राजयोग्यकम् ॥ १८२ ॥
एवं तु स्वस्तिकं प्रोक्तं स्थानीयादिषु कारयेत् ।
चतुर्दिक्षु विदिक्ष्वेव मध्ये वा राजवेश्मकम् ॥ १८३ ॥
मध्ये ब्रह्मपदं त्यक्त्वा आ(चा)र्यादौ च चतुष्पदे ।
यथेष्टं राजसदनं स्थानीये सर्वभूमिकम् ॥ १८४ ॥
आगते वारुणे वेश्म संग्रामे च यमे पदे ।
विजये सौम्यदेशे च तथे(थैवे)न्द्रजयेऽपि वा ॥ १८५ ॥
स्थानीये चाधिराजस्य मित्रे वारुणे(ण) एव च ।
आगते स्वस्वते चा(विवस्वत्य)पि संग्रामे चापि सौम्यके ॥ १८६ ॥
विजये चार्कभागे वा चेन्द्रस्थाने गृहं भवेत् ।
स्थानीयेऽपि नरेन्द्रस्य वेश्म मित्रपदेऽपि वा ॥ १८७ ॥
विवस्वति पदे वाऽपि तथैवार्यपदेऽपि वा ।
आगते तु नरेन्द्रस्य संग्रामे चेन्द्रराजके ॥ १८८ ॥
विजये रुद्रराजश्च(जयं च) सदनं कल्पयेत्सुधीः ।
पार्ष्णिग्रकादिभूपानां स्थानीयादिचतुष्टयं ॥ १८९ ॥
आर्यादिषु चतुर्दिक्षु नैव कुर्यात्तु विश्वतः ।
एवमेव प्रशस्तव्यं शिल्पि(ल्प)शास्त्रोक्तवत्कुरु ॥ १९० ॥
मित्रे च वारुणे चापि विवस्वे(स्वदि)न्द्रमहेन्द्रके ।
एवं तु विष्णुधिष्ण्यं स्यात्स्थानीयादिचतुष्टये ॥ १९१ ॥
इन्द्रे चेन्द्रजये वाऽपि रुद्रे रुद्रजयेऽपि वा ।
आपवत्सापवत्स(त्स्य)योरपि चै(योश्चै)शे वाऽपि जयन्तके ॥ १९२ ॥
एवमीशालयं प्रोक्तं कुर्याद्देवं बहिर्मुखम् ।
बौद्धं वायुपदे चैव नैर्ऋत्ये तु जिनालयम् ॥ १९३ ॥
भृङ्गराजे [तु] वितथे वा हर्म्यं कुर्यात्तु नागरे(गे वा) ।
चतुर्दिक्षु बहिर्द्वारे पार्श्वे च भैरवालयम् ॥ १९४ ॥

चतुर्दिक्षु विदिक्ष्वपि दुर्गाङ्गं(ङ्ग)गणपालयम्।
सुग्रीवस्य पदं चैव षण्मुखस्यालयं भवेत् ॥ १६५ ॥
अग्निं(ग्नौ) पूषपदे वाऽपि ज्वरदेवालयं भवेत्।
आदित्ये तु पदे वाऽपि भास्करस्यालयं भवेत् ॥ १६६ ॥
सौम्यके वाऽपि मुख्ये वा भुवनेशालयं भवेत्।
तत्तत्पदे [च] मध्ये तु विष्णुरुद्रालयं भवेत् ॥ १६७ ॥
एतानि स्थानानि(स्थानान्येतानि) परितो नराणां सदनं भवेत्।
अन्तर्वीथी चैकपंक्तं(क्ता) बाह्यवीथी द्विपक्तकम्(का) ॥ १६८ ॥
एवमालयवास्तु स्याद्बाह्ये पद्माभिरक्षणात्।
एवमन्तर्गतान्देवान् बहिरङ्गे यथेच्छया ॥ १६९ ॥
शुद्धा चैव प्रतिष्ठा चेल्लिङ्गपाशुपतं तथा।
नगर्यां तत्प्रतिष्ठे(ष्ठा) तु चोक्तवत्स्थापनं भवेत् ॥ २०० ॥
अन्येषां सर्वलिङ्गानां नगराणां बहिरङ्गतः(र्भवेत्)।
वैखानसप्रतिष्ठा चेदन्तस्थापनमिष्यते ॥ २०१ ॥
विष्णुदेवैरि(वस्यं)ति प्रोक्तं पाञ्चरात्रं(त्रो) बहिर्भवेत्।
दुर्गां गणपतिं चैव बौद्धं जैनं(न)गतालयम् ॥ २०२ ॥
अन्येषां षण्मुखादीनां स्थापयेन्नगराद्बहिः।
तत्तद्देवालयं वाऽपि कुर्याद्दोषो न विद्यते ॥ २०३ ॥
अपि सर्वेषु नगरेषु संस्थापनमिष्यते।
नगरस्य बहिश्चोदक्पूर्वे वाऽप्यतिदूरतः ॥ २०४ ॥
चामुण्डालयं [च] कुर्यादुत्तराभिमुखं तथा।
तस्य(तस्माद्) देवालयात्पूर्वं चण्डालकुटिकान्वितम् ॥ २०५ ॥
पूर्वे चोत्तरदेशेऽथ पश्चिमे वाऽथ नैर्ऋते।
नगरात्तु बहिर्देशे तत्सेनालोकनार्थकम् ॥ २०६ ॥
उत्तुङ्गवेदिकाचो(को)र्ध्वे [पि] चोक्तवन्मण्डपं भवेत्।
शेषं प्रागुक्तवत्कुर्याद्युक्त्या च शिलिप(ल्प)वित्तमः ॥ २०७ ॥
प्रस्तरस्य तु विन्यासलक्षणं वक्ष्यतेऽधुना।
आयतं वा समं वाऽपि प्रस्तरस्याकृतिस्तथा ॥ २०८ ॥

नृपाणां वाऽथ वैश्यानां योग्यमुक्तं पुरातनैः ।
नन्दनन्दपदं वाऽपि चण्डितं स्थण्डिलं तु वा ॥ २०९ ॥
तद्यथेष्टपदं शिलिप(ल्पी) ग्रामे च परिकल्पयेत् ।
पैशाचेऽथपदे चैव महारथ्या द्विपक्षयुक् ॥ २१० ॥
एतत्तु परितः कुर्यात्तस्यान्तः प्रवि[दि]ष्टके ।
पेचकं वाऽथ पीठं वा रथ्यायुक्तं तु विन्यसेत् ॥ २११ ॥
अथवा तन्महापीठे तत्र संयुक्तवीथिका ।
पूर्वपश्चिममायामं दक्षिणोत्तरदीर्घकम् ॥ २१२ ॥
तन्मध्यं वैकवीथी स्यात्पैशाचाख्ये पदे बुधः ।
कृत्वा पीठपदे चैक(कां) मध्ये वीथीं न कारयेत् ॥ २१३ ॥
पूर्ववद्दिक्षु चायामं द्विद्विरथ्यां प्रकल्पयेत् ।
महापीठपदे रथ्या दिक्षु दिक्षु त्रयं(यी) तथा ॥ २१४ ॥
तेषामेव महारथ्यास्तस्मिन् विस्तारमुच्यते ।
षट्सप्ताष्टकदण्डं वा नन्दनाटकरुद्रकम् ॥ २१५ ॥
एतत्सर्व (अयं सर्वः) महावीथीविस्तारः परिकीर्तितः ।
यत्पदे तत्पदं ज्ञात्वा तत्तत्प्रत्येक(कं) तत्पदे ॥ २१६ ॥
पुराकृतं पदं न्यस्य रथ्यान्तं परिकल्पयेत् ।
तत्पैशाचपदे देशे वावृता वीथिका भवेत् ॥ २१७ ॥
तद्रथ्यान्तः प्रदेशे तु प्रागुदगायते तथा ।
त्रिपञ्चसप्तरथ्या वा अ(चा)ष्टमं च व(ब)न्धं भवेत् ॥ २१८ ॥
एकद्वित्रिचतुर्वाऽपि तिर्यङ्मार्गं तथैव च ।
चतुष्कोष्ठं तु युक्तं चेच्चतुष्कं चैकाष्टसन्धिभिः ॥ २१९ ॥
नवकोष्ठकयुक्तं चेच्चतुष्कं च चतुष्टयम् ।
सन्ध्या(द्विर)ष्टकसमायुक्तं सन्धिभिर्द्वाद(त्रिद्वा)विंशै)शैर्युतम् ॥ २२० ॥
चतुष्कं नवकं कुर्यादेवमन्तःप्रदेशके ।
तत्तत्प्रकोष्ठके प्रत्यक् प्रत्यग्ग्रामाकृतिस्तथा ॥ २२१ ॥
प्रागुक्तवत्प्रदेशे तु देवतास्थापनं बुधैः ।
मण्डपादि च भूपानां वेश्म कुर्यात्तु पूर्ववत् ॥ २२२ ॥

तत्तद्ग्रामान्तरे देशे वैश्यसंघैस्तदालयम् ।
तत्तत्पैशाचकपदे सर्व(र्व)कार्योपजीविनाम् ॥ २२३ ॥
महारथ्यायताः सर्वे(र्वाः) क्रयस्य विक्रयस्य च ।
तत्रैव[च] द्वय(द्वि)पक्षं स्यान्महाराद(ज)वासं युतम् ॥ २२४ ॥
बाह्ये प्राकारसंयुक्तं परितः परिखान्वितम् ।
महारथ्यावशात्तेषां महाद्वारं प्रकल्पयेत् ॥ २२५ ॥
चतुर्भिस्तु(चतुर)ष्टकं वाऽपि द्वादशद्वारमेव च ।
शेषं तु पूर्ववत्कुर्यात्प्रस्तरेत(रं) तन्त्रवित्तमः ॥ २२६ ॥
ग्रामकार्मुकविन्यासलक्षणं वक्ष्यतेऽधुना ।
विस्तारसममायाममायाधिकमथाऽपि वा ॥ २२७ ॥
पत्तनं वा[ऽथ] खेटकं वा खर्वटं वा प्रकल्पयेत् ।
पत्तनं वैश्यसंघं स्याच्छूद्रसंघं तु खेटकम् ॥ २२८ ॥
प्र(पृ)थुलोमं(लोम्नश्) च संघं स्यात्खर्वटं तत्प्रकीर्तितम् ।
नदीतीरेऽब्धितीरे वा कार्मुकं च(चापि) विन्यसेत् ॥ २२९ ॥
रथ्याद्यैश्चैकसन्धिः स्यात्पश्चिमोन्तर्गतस्त(त्तरगं त)था ।
दक्षिणे पूर्वके रथ्यामुत्तरे पूर्वकेऽपि च ॥ २३० ॥
दक्षिणे पश्चिमे वाऽपि रथ्या क्षेत्रवशाद्बुधः ।
तद्द्व्योर्वीथि(थ्योः) बाह्ये तु कार्मुकाकारवत्पृथक् । २३१ ॥
एकद्वित्रिचतुष्पञ्चवीथिरे(थीमे)वं प्रकल्पयेत् ।
रथ्या सर्वा द्विपक्षं(क्षा) स्यात्तिर्यङ्मार्गं यथेच्छया ॥ २३२ ॥
चतुर्दिक्षु पृथक् प्राज्ञश्चोक्तवत्पद(दं) विन्यसेत् ।
ग्रामाकारवशात्सर्वं कारयेच्छास्त्रवित्तमः ॥ २३३ ॥
स्थापयेदीश्वराद्यैः(दींश्च) देवैः(वान्) प्रागुक्तदेशतः ।
यथेष्टद्वारसंयुक्तं वप्रयुक्तया(क्तं) विनाऽथवा ॥ २३४ ॥
यत्तु रथ्याद्वयोर्(द्वय)मध्ये विष्णुस्थानं प्रकल्पयेत् ।
एतद्ग्रामस्य सन्धिश्चेत्तद्देशे शङ्करालयम् ॥ २३५ ॥
रथ्याविरहितस्थाने विष्णोर्वाऽपि शिवालयम् ।
विष्णु(ष्णो)र्निरीक्षणं वास्तुवा(द्वा)रात्पराङ्मुखे शुभम् ॥ २३६ ॥

एवं तु कार्मुकं प्रोक्तं शेषं प्रागुक्तवद्भवेत् ।
चतुर्मुखं ग्राम(खस्य) विन्यासलक्षणं वक्ष्यतेऽधुना ॥ २३७ ॥
चतुरश्रसमाकारमायामं वा प्रकल्पयत् ।
प्राकारं चतुरश्रं वा प्राक्प्रत्यग्गतायतम् ॥ २३८ ॥
परितस्तु महावीथिर्वीथिरेषा द्विपक्षयुक् ।
अन्तश्चतुष्पदं मध्ये वीथिकाग्रं चतुर्दिशि ॥ २३९ ॥
तच्चतुर्वीथिकाग्रौ च चतुर्द्वारं प्रकल्पयेत् ।
एकतस्तु महाद्वारमुपद्वारं तु पूर्ववत् ॥ २४० ॥
तत्तच्चतुःक्षुद्रवीथिं संकल्प्य च यथेष्टकम् ।
परितस्तु महारथ्ये चालयं सर्वजाति(ती)नाम् ॥ २४१ ॥
अन्तश्च शूद्रसंघः स्यादालयं परिकल्पयेत् ।
अथवा विप्रसंघश्चेत्पद्ममेव प्रकल्पयेत् ॥ २४२ ॥
अथवा वैश्यसंघश्चेत्कोलकोत्म(कं त)मुदीरितम् ।
केचिच्चतुष्पदे सर्वे द्विजानामालयं भवेत् ॥ २४३ ॥
आग्नेये विप्रसंघश्चेन्नैर्ऋते नृपसंकुलम् ।
वायव्ये वैश्यसंघश्चेत्सच्च चे(त् शूद्रः स्या)दीशदि(दे)शके ॥ २४४ ॥
तत्पैशाचपदे चैव सर्वकर्मोपजीविनाम् ।
विष्णुरुद्रादिदेवानां गृहं कुर्यात्पुरोक्तवत् ॥ २४५ ॥
उक्तानुक्तं तु सर्वेषां कुर्यात्प्रागुक्तवद्भवेत् ।
एवं चतुर्मुखं प्रोक्तं ग्रामं तेषां(मेषु च) पुरातनैः ॥ २४६ ॥
रथ्याविरहितस्थाने कुर्याच्चोक्तं नरालयम् ।
रथ्ये नरालयश् (यं) चेत्सर्वसंपद्विनाशनम् ॥ २४७ ॥
तस्मात्परिहरेच्छिल्पी नगरग्रामादि(म)वास्तुके ।
अथ पौराणिके ग्रामे संदिग्धे वास्तु निर्णयेत् ॥ २४८ ॥
रक्षितो ग्रामविन्यासं(सः) शास्त्रे युक्तं विशेषतः ।
पुरातनेषु ग्रामेषु देवता चोत्सवार्थकम् ॥ २४९ ॥
निर्वास्तु यत्र तत्र स्याद्वास्तुनिर्णयमिष्यते ।
पौराण्यां(ण्ये) देवताहर्म्यं सर्वथाऽपि न कारयेत ॥ २५० ॥

तस्मात्तदनुसारेण कुर्यात्तद्वास्तुनिर्णयम् ।
ग्रामप्रदक्षिणकाले चाष्टदिक्पालके पदे ॥ २५१ ॥
सम्यक् प्रदक्षिणं कुर्याद्भूसु(ध)रादिसुरेश्वरैः ।
मार्गाभावेऽथवा वास्तुदिक्पालानां प्रदेशके ॥ २५२ ॥
दिक्पालानां बलिं सम्यक् कुर्याद्ब्रह्म(ह्मादि)कदेशके ।
संप्राप्य दर्शनं कृत्वा ततः पश्चान्निवर्तयेत् ॥ २५३ ॥
यत्र प्रदक्षिणं हीनं तत्र दोषा न विद्यते ।
न बलिस्थान(ने) रथ्ये च कुर्याद्वास्तुप्रदक्षिणम् ॥ २५४ ॥
अज्ञानात्प्रवणं कुर्यात्सर्वदोष(षं)समुद्भवम् (वेत्) ।
ग्रामेष्वपि च सर्वेषु ए(चै)वमुक्तं पुरातनैः ॥ २५५ ॥
यत्र रथ्याग्रमूले वा मध्ये वा चान्तरालके ।
उक्तस्थानेऽथवा कुर्यादथ देवालयं तथा ॥ २५६ ॥
पक्षान्तरेऽथवा कुर्यात्तस्यावृत्त(त)नरालयम् ।
अज्ञानात्पूर्वहर्म्यादीन् त्यक्त्वा(जेच्) चेत्कर्तृनाशनम् ॥ २५७ ॥
तस्मात्पौराणिकं देवसदनं युक्तं [तु] कारयेत् ।
रथ्या सर्वे(र्वा) यथापार्श्वे च(चे)त्रकायाकृतिर्भवेत् ॥ २५८ ॥
गृहाणां दक्षिणावर्तवेशनद्वारकल्पनम् ।
ग्रामे प्रस्तुतानां च(चापि) गृहे द्वारं विशेषतः ॥ २५९ ॥
वीथिपार्श्वे गृहायामे नन्दभागविभाजिते ।
अन्तस्थितिर्बहिः पार्श्वे दक्षिणे पञ्चभागिकम् ॥ २६० ॥
वामे चतुर्गुणांशः स्याच्छेषं तु द्वारकल्पनम् ।
अथवा मध्यसूत्रस्य वामे द्वारं प्रकल्पयेत् ॥ २६१ ॥
पुराणेन पुराणे वा कुर्यात्तत्र विचक्षणः ।
दण्डकादिषु सर्वेषु वास्तुविन्यासयोजनम् ॥ २६२ ॥
पूर्वे चोत्तरे दिक्षु [वा] वृद्धिः स्यात्सम्पदास्पदम् ।
दक्षिणे पश्चिमे दिक्षु ग्रामान्न्यूनं शुभावहम् ॥ २६३ ॥
परितस्तु प्रवृद्धिः स्यात्पूर्वमानं न हीनकम् ।
देशकालाविनिर्देशे पौराण्यमिति कथ्यते ॥ २६४ ॥

वीथीनां पार्श्वयोर्देशे वीथिकाद्यैरलङ्कृतम् ।
एकाद्यर्कतलं स्थलं स्यात्कारयेत्तद्यथेच्छया ॥ २६५ ॥
निम्नोन्नतं तु तत्सर्वं हर्म्यमेवं समोन्नतम् ।
प्रभूतालयसर्वेषां चाधिकोन्नतमेव च ॥ २६६ ॥ 532
क्षीणजात्यालयं सर्वं चैकभौमावसानकम् ।
एवं तु चोक्तवत्कुर्यात्सर्वसम्पत्करं शुभम् ॥ २६७ ॥
कन्यकादिधनरत्नसंग्रहं शालिभूमिगृहदासि(सी)वाहनम् ।
शिल्पिनां च गुरवे निवेदयेत्कर्तृ(र्ता) भक्तिवरदहस्ततोवभृत् ॥ २६८ ॥ 536
लाभात्कुर्यादुक्तसंमान(नं) हीनं कर्ता यावद्भूमिचन्द्रं पतेत्स ।
तस्मात्कर्ता चोक्तसंमानजालं सर्वैश्वर्यं काम्यसिद्धिः लभ्यं(भे)त ॥ २६९ ॥

इति मानसारे वास्तुशास्त्रे ग्रामलक्षणविधानं नाम नवमोऽध्यायः ।

नगरविधानम्

भूपतीनां च(चापि) सर्वेषामस्त्रग्राह्यादय:(दि)क्रमात् ।
वक्ष्ये संक्षिप्य तन्त्रेभ्यो नगरस्य तु लक्षणम् ॥ १ ॥
शतदण्डं समारभ्य शतदण्डविवर्धनात् ।
शतत्रयावसानं स्याद्विशतदण्डं स(ण्ड)मारभेत् ॥ २ ॥
चतु:शतकदण्डान्तं शतत्रय(यं) समारभेत् ।
पञ्चा(ञ्च)शतावसानं स्यात्कन्यसादुत्तमान्तकम् ॥ ३ ॥
सहस्र(स्रं) द्विशताधिक्यं दण्डान्तं परिकल्पितम् ।
एकविंशद्विशालं स्यात्प्रत्येकं त्रिविधं भवेत् ॥ ४ ॥
अस्त्रग्राह्याख्यभूपस्य नगरस्य विशालकम्(लता) ।
दण्डं चतु:शता(शतमा)रभ्य शतपञ्चस(ञ्च)मारभेत् ॥ ५ ॥
षट्शतं दण्डमारभ्य शतदण्डविवर्धनात् ।
सहस्र(स्रं) द्विशताधिक्यं दण्डान्तं पूर्ववद्भवेत् ॥ ६ ॥
एवं नगरविस्तारं प्राहारकस्य भूपते: ।
सप्ताष्टनवशताद्यै: शतदण्डविवर्धनात् ॥ ७ ॥
सहस्रत्रयदण्डान्तं पूर्ववद्विस्तृतं भवेत् ।
पट्टभाग्भूपतेश्चैवमष्टाष्टैकोनसंख्यया ॥ ८ ॥
सहस्रं च शताधिक्यं सहस्र(स्रं) द्विशताधिकम् ।
सहस्र(स्रं) त्रिशताधिक्यं शतदण्डविवर्धनात् ॥ ९ ॥
सहस्रत्रिशतं नन्दं शत(न्दसप्तं)दण्डावसानकम् ।
पूर्ववत्प्रोक्तविस्तारं विस्तारं मण्डलेशके ॥ १० ॥
चतु:सहस्राष्टशतदण्डान्तं पूर्ववत्सुधी: ।
एतत्पट्टधरो(र)योग्यं(ग्य)नगरस्य विशालता ॥ ११ ॥
तथा पञ्चशताधिक्यं दण्डं पञ्चसहस्रकम् ।
दण्डान्तं पूर्ववद्वृद्ध्या पार्ष्णी(र्ष्णि)कस्य च नगरे ॥ १२ ॥

षट्शतं षट्सहस्रं च दण्डान्तं पूर्ववद्भवेत् ।
नरेन्द्रस्यापि नगरं त्रिचतुष्टयस्य संख्यया ॥ १३ ॥
षट्सहस्रं नवशतं दण्डान्तं पूर्ववद्भवेत् ।
महाराजस्य नगरमेवं प्रोक्तं तु पूर्ववत् ॥ १४ ॥
शतद्वयसमायुक्तं दण्डान्तं सप्तसहस्र[क]म् ।
चक्रवर्तेस्तु नगरं(र) विशालं पूर्ववद्भवेत् ॥ १५ ॥
अथवाऽयुतदण्डान्तं महती नगरी भवेत् ।
विस्ताराधाधिकं वाऽथ पादू(दो) नद्विगुणं तु वा ॥ १६ ॥
द्विगुणान्तं तदायामं नगरस्य तु विस्तृतम् ।
अथवा दण्डमानेन दण्डदण्डविवर्धनात् ॥ १७ ॥
तद्विस्तारसमाधिक्यमायामं प्रविधीयते ।
खेटकखर्वटकादीनां(दि)मानं ग्रामोक्तवद्भवेत् ॥ १८ ॥
सर्वेषां नगरादीनां भेदं(दो)लक्षणमुच्यते ।
नगरं राजधानीयं केवलं नगरं तथा ॥ १६ ॥
पुरं च नगरी चैव खेट(टं) खर्वटमेव च ।
कुब्जकं पत्तनं चैव शिविरं वाहिनीमुखम् ॥ २० ॥
स्थानीयं द्रोणकं चैव संविद्धं कोलकं ततः ।
निगमं स्कन्धावारं च दुर्गं चाष्टविधं भवेत् ॥ २१ ॥
नगरादीनि(दि) संग्रामं [च] प्रोक्तदुर्गं च सप्तमम् ।
राष्ट्रमध्ये नदीतीरे बहुपुण्यजनावृतम् ॥ २२ ॥
मध्ये राजयुतं चैव नगरं कृतमिष्यते ।
तत्रागते नगर्यन्तं यदि विष्ण्वालयं भवेत् ॥ २३ ॥
राजधानीति तन्नाम विद्वद्भिर्वर्ण्यते सदा ।
चतुर्दिक्षु चतुर्द्वारं गोपुरैश्च समन्वितम् ॥ २४ ॥
रक्षागृहैः समाकीर्णं विष्वक्सेनालयान्वितम् ।
वणिग्भिश्च समाकीर्णमापणैश्च समावृतम् ॥ २५ ॥
अन्तर्बहिर्जनैः पूर्णा(र्णं) नानादेवालयैरपि ।
केवलं नगरं प्रोक्तं यदेतं(तत्) तन्त्रपारगैः ॥ २६ ॥

काननोद्यानसंयुक्तं नानाजनगृहान्वितम् ।
क्रयविक्रयविद्भिश्च वैश्यरवेणसंमि(संयु)तम् ॥ २७ ॥
देवसद्मसमायुक्तं पुरमेतत्प्रकथ्यते ।
अस्यान्ते राजनिलय नगरीति तमि(दि)ष्यते ॥ २८ ॥
नदीपर्वत[त]प्रान्ते [च] शूद्रालयसमन्वितम् ।
महाप्रावृतसंयुक्तं खेटमुक्तं पुरातनैः ॥ २९ ॥
परितः पर्वतैर्युक्तं नानाजातिगृहैर्वृतम् ।
सर्वप्रचारसंयुक्तमेतत्खर्वटमीरितम् ॥ ३० ॥
खेटखर्वटयोर्मध्ये सर्वमध्या(र्त्या)लयान्वितम् ।
वप्राभावस्वते(त्वे तु) तत्तु कुब्जकमुदाहृतम् ॥ ३१ ॥
अब्धितीरप्रदेशे तु नानाजातिगृहैर्वृतम् ।
वणिग्जातिभिराकीर्णं क्रयविक्रयपूरितम् ॥ ३२ ॥
रत्नैर्द्वीपान्तरैर्नित्यैः(रानीतैः) क्षौमैः कर्पूरकादिभिः ।
एतत्पत्तनमाख्यातं वप्रायतसमन्वितम् ॥ ३३ ॥
अन्यभूपालभूम्यन्ते युद्धारम्भक्रियान्वितम् ।
सेनानामयुतानां च पृतनाभिः समन्वितम् ॥ ३४ ॥
तदेतच्छिबिरं प्रोक्तं तन्त्रविद्भिः पुरातनैः ।
नानाजनैश्च संपूर्णं भूपहर्म्येण संयुतम् ॥ ३५ ॥
बहुरक्षसमोपेतमेतत्सेनामुखं भवेत् ।
नदीपार्श्वाद्रिसंयुक्तं भूपालालयसंमि(संयु)तम ॥ ३६ ॥
बहुरक्षसमायुक्तं नित्यं सन्नृपसंयुतम् ।
स्थानीयं सर्वविद्वद्भिः प्रोक्तं बहुसुखावम् ॥ ३७ ॥
समुद्रा(द्र)तटिनीयुक्तं तटिन्या दक्षिणोत्तरे ।
वणिग्भिः सह नानाभिर्जनैर्युक्तं जनास्पदम् ॥ ३८ ॥
नगरस्य प्रतितटे ग्राहकैश्च समावृतम् ।
क्रयविक्रयसंयुक्तं द्रोणान्तरमुदाहृतम् ॥ ३९ ॥
महाग्रामसमीपे तु क्षुल्लकग्रामसंयुतम् ।
तद्ग्रामोत्तरनास्वादम(तन्नगरं स्यादाश्रयाद)प्रहारोपजीविनाम् ॥ ४० ॥

तस्मात्तु तत्र विद्वद्भिः संविद्धं तदुदीरितम् ।
महाराष्ट्र(ज)स्य मध्ये तु गृहं तत्कोलकात्मकम् ॥ ४१ ॥
द्विजातिचतुर्वर्णैर्वर्णान्तरजनैर्वृतम् ।
बहुकर्मकरैर्युक्तं निगमं तदुदाहृतम् ॥ ४२ ॥
नद्यादिकाननोपेतं बहुतीरजनालयम् ।
राजमन्दिरसंयुक्तं स्कन्धावारमुदाहृतम् ॥ ४३ ॥
पार्श्वे चान्यद्विजातीनां गृहं तश्चेरिको(कम)दितः(क्तम्) ।
शत्रुभूपालहित्यर्थं नृपरक्षणदुर्गकम् ॥ ४४ ॥
वक्ष्ये यथाक्रमं सर्वा[न]नि दुर्गाणि दुर्गकम् (कं च) ।
गिरिदुर्गं वनदुर्गं सलिलं पङ्कदुर्गकम् ॥ ४५ ॥
रथा(थ)दुर्गं देवदुर्गं मिश्रदुर्गं तथैव च ।
पर्वतावृत[तन्]मध्ये(च) पर्वतस्य समीपके ॥ ४६ ॥
पर्वताग्रप्रदेशे तु गिरिदुर्गमिति त्रिधा ।
तलपर्जन्यान्तरो(र)युक्तं गगनं च प्रवेशनम् ॥ ४७ ॥
एतत्तु वनदुर्गं स्याज्जलदुर्गमिहोच्यते ।
समुद्रैश्च नदीभिश्च संवृतं जलदुर्गकम् ॥ ४८ ॥
पर्वतं(त)कन्दरैर्युक्तं दुष्प्रवेशं च शत्रुभिः ।
दुर्गं तु कृत्वा नृपतिस्तिष्ठेत्तत्पङ्कदुर्गकम् ॥ ४९ ॥
वनाभावे जलाभावे सर्वशून्यादिदूषकम् ।
चोरैश्च सङ्कुलस्थानं नि[र्]ग्रामं रथदुर्गकम् ॥ ५० ॥
ब्रह्मराक्षसवेतालं(ल)भूतप्रेतादिभैरवैः(वाः) ।
शिलावर्षं प्रवर्षन्तीरा(न्त्या)लोक्य वेशनिर्गमे ॥ ५१ ॥
मन्त्रतन्त्रादिसामर्थ्यैः कृतान्तं देवदुर्गकम् ।
अनेकपर्वतोपेतं नानावनसमिश्रकम् ॥ ५२ ॥
तत्रास्थितं तु तद्दुर्गं मिश्रदुर्गमिति स्मृतम् ।
सर्वेषामपि दुर्गाणां वप्रैश्च परिघै(खाभि)र्वृतम् ॥ ५३ ॥
प्रवेशनिर्गमस्थाने द्वारैरपि समन्वितम् ।
इष्टकादिकृतं वप्रं हस्तद्वादशकोच्छ्रितम् ॥ ५४ ॥

तदर्धभित्तिमूले तु संचारैः सह विस्तृतम् ।
नगराणां तु सर्वेषां वक्ष्ये विन्यासलक्षणम् ॥ ५५ ॥
प्राक् प्रत्यग्गतमायामं दक्षिणोत्तरसमन्वि(संयु)तम् ।
एकरथ्यां समारभ्य ए(चै)कैकं(क)वीथिवर्धनात ॥ ५६ ॥ 112
वीथिद्वादशपर्यन्तं युग्मायुग्मं प्रकल्पयेत् ।
अन्या(न्योऽ)न्यानुक्तविन्यासं ग्रामे पूर्वोक्तवत्कुरु ॥ ५७ ॥
वस्तुवानियं(वास्तुविन्यासमिति) ज्ञात्वोहापोहेन योजयेत् ।
एवं तु नगरं प्रोक्तं शिल्पिनां(ना) कारयेत्क्रमात् ॥ ५८ ॥ 116

इति मानसारे वास्तुशास्त्रे नगरविधानं नाम दशमोऽध्यायः ।

भूमिलम्बविधानम्

भूमिलम्बविधिं वक्ष्ये शास्त्रे संक्षेपतः क्रमात् ॥ १ ॥

चतुरश्रमायताश्रं वर्तुलमायतं (लं च तथैव) तत् ।
अष्टाश्रमायतं(श्रं षडश्रं) वा द्व्यश्रवृत्तं तथैवोत्तरम् ॥ २ ॥

एवद्विन्यासभेदं वा चयवृद्धिविधानकम् ।
उक्तं हि भूमिलम्बं [तु] स्यादेकान्त(कं)भूमिकम् ॥ ३ ॥

द्विकरं त्रिकरं चादौ द्विद्विकरेण वृद्धिः क्रमेण ।
दशनव(शैकादश)हस्तान्तं स्यात्पञ्चचतुर्वि(ञ्चधा वि)स्तारमेकतले ॥ ४ ॥

एतेषु क्षुद्रमानं मध्यमं पञ्चषड्ढ(चतुष्पञ्चह)स्तमारभ्य ।
एकादशा(द्वादशैका)र्कहस्तान्तं द्विद्विहस्तेन वृद्धिः कथिता ॥ ५ ॥

एतत्तु पञ्चविपुलं युग्मायुग्मेन चोत्तमं वक्ष्ये ।
षट्सप्तकरं चादौ द्विसप्तपञ्चत्रयकरान्तं च ॥ ६ ॥

एते पञ्चधा विपुलं श्रेष्ठान्तमेकतलं कथितम् ।
विशालद्व्योत्तुङ्गं सोपानादिस्तूपिकान्तं स्यात् ॥ ७ ॥

एव कनिष्ठहर्म्ये तन्त्रविद्भिः पुरातनैः कथितम् ।
विशाले चतुरंशं [स्यात्] त्रियं(त्र्यं)शाधिकमुत्सेधम् ॥ ८ ॥

पूर्वमध्यमहर्म्ये चैकभूमिकमिदमुक्तं [तु] ।
विशालार्धाधिकमुत्सेधमुत्कृष्टहर्म्येमेकतले ॥ ९ ॥

अथवा तत्र मौन्यं(चतुरं)शे त्र्यं(चां)शाधिकमुत्कृष्टमुत्सेधम् ।
क्षुद्रोत्सेधस्य माने तु हीनाधिकं वाधितं (तत्समाधिकायामं) स्यात् ॥ १० ॥

पञ्चधोत्सेधमुत्कृष्टं मानात्पञ्चविधं नाम ।
शान्तिकं पौष्टिकं श्रेष्ठं पार्ष्णिकं (जयदं) मध्यमाने तु ॥ ११ ॥

हीनं तु यत्तद्द्विगुणं चाद्भुतं कथितम् ।
करा(समा)धिकोदयहर्म्ये सर्वकामिकमुदीरितम् ॥ १२ ॥

पञ्चषट्करमारभ्य द्विद्विहस्तेन वर्धयेत् ।
त्रि(त्रयो)दशकरान्तं च चतुर्दशकरान्तं पञ्चधा विपुलम् ॥ १३ ॥

द्वितलं हर्म्यं स्यादेतत्क्षुद्रमानमिदमुदितम् ।
रसमुनिकरमादौ वर्धनाद्द्विद्विहस्तेन ॥ १४ ॥

मनुपञ्चा(ञ्च)दशहस्तान्तं पञ्चधाविपुलं मध्यमं चेति ।
मुनिवसुकरमारभ्य तिथिकरषोडशकरालयं(रान्तं) स्यात् ॥ १५ ॥

द्वितलहर्म्ये मुख्यैरेतत्कथितम् [पुरातनैः] ।
पञ्चधा विपुलं शान्तिकं पौष्टिकात्मजम् (कं जयदम्) ॥ १६ ॥

पञ्चात्मिकाद्भुतं सार्वकामिकं क्रमतः ।
उत्सेधं पञ्चधा विपुलात्प्रागुक्तांशेनैव कुर्यात् ॥ १७ ॥

वसुनवकरमारभ्य वर्धयेद्द्विद्विहस्तेन ।
षोडशसप्तदशान्तं विस्तारमेतत्पञ्चधा कथितम् ॥ १८ ॥

नवदशकरमारभ्य सप्ताष्टाधिकदशकरान्तं स्यात् ।
द्विहस्तेन वर्धयेत्प्रोक्तं पञ्चधाविपुलमेतत् ॥ १९ ॥

दशमं(शै)कादशकरमादौ च वर्धनाद्द्विद्विहस्तेन ।
एतत्तु पञ्चधाविपुलं त्रितले(ल)हर्म्ये त्रिविधाः कथिताः ॥ २० ॥

क्षुद्रं मध्यममुत्कृष्टं क्रमतस्तुङ्गं पूर्ववत्कुर्यात् ।
नवरुद्रत्रयोदशतिथिसप्तदशपञ्चधा विपुलम् ॥ २१ ॥

क्षुद्रं चतुस्तलमुक्तं द्विगुणं त्रिविधं विपुलात् ।
दशरविमनुहस्तं षोडशमष्टादश[शार्ध]हस्तं तत् ॥ २२ ॥

पञ्चधाविपुलं हस्तयुग्मे युगतलं पूर्ववदुत्सेधम् ।
एकादशरविहस्तं त्रयोदशमनुतिथिहस्तम् ॥ २३ ॥

षोडशसप्तदशहस्तं चाष्टादशैकोनविंशतिश्च ।
युग्मायुग्महस्तेन पञ्चधा विपुलं मध्यमं चेति ॥ २४ ॥

पौष्टिकमुत्सेधमुदितं विपुलादेवं चतुस्तले प्रोक्तम् ।
अर्कत्रयोदशहस्तं मनुतिथिषोडशहस्तं च ॥ २५ ॥

सप्तदशाष्टादशतः नवपङ्क्तिर्विंशत्येकविंशश्च ।
द्वाविंशत्त्रयोविंशश्चतुर्विंशत्पञ्चषड्विंशहस्तं च ॥ २६ ॥

एवं तु पञ्चधाविपुलं चतुस्तले चोत्कृष्ट(ष्टे) शान्तिकोत्सेधम् ।
एकादशकरमादावेकहस्तेन वर्धयेद्युक्त्या ॥ २७॥

षडा(पञ्चा)धिकं तु पञ्चा(विं)शद्धस्तान्तं पञ्चधा विपुलम् ।
एवं क्षुद्रपञ्चतलोत्सेधं जयान्तिकं(यदं) त्रितल(य)म् ॥ २८ ॥

द्वादशकरमारभ्य हस्तैकेन पूर्ववद्वृध्यात् ।
एक(अथ) षष्टि(ट्)करसंयुक्तं शत(विंश)हस्तान्तं पञ्चधा विपुलम् ॥ २९ ॥

एवं मध्यमं पञ्चतले पौष्टिकमुत्सेधमिदमुदितम् ।
सैकार्ककरमादावे[कै]कसप्तति(द्वाविं)शत(ति) हस्तं च ॥ ३० ॥

एतद्धर्म्यविस्तारमुत्कृष्टं(ष्ट)पञ्चतले कथितम् ।
इदं शान्तिकमुदयमथवा पौष्टिकमुत्सेधमिति ॥ ३१ ॥

मनुहस्तं त्वेकवृद्धेनैकाशी(नाष्टाविंश)ति [शत]हस्तान्तमेवतत् ।
षड्भूमिहर्म्यके क्षुद्रं विपुलं तत्पञ्चधा कथितम् ॥ ३२ ॥

उत्सेधं सर्वकाम्यो(मिकमु)क्तमथवा द्विगुणमुदितम् ।
पञ्चा(ञ्च)दशकरमादौ चैककं हस्तमाधिक्यम् ॥ ३३ ॥

चतुर्विंशतिहस्तान्तं विपुलं पञ्चकमिति कथितम् ।
समभवनजय (षड्भूमिक)मुदित(त्सेधं) मुदितं (मध्यमं) जयता(द)मुदितम् ॥ ३४ ॥

षोडशकरमारभ्य चैकैकं हस्तमाधिक्यम् ।
पञ्चविंशतिपर्यन्तं हस्तं पञ्चधा विपुलमिति ॥ ३५ ॥

षट्तलमथमि(थे)दमुदितं चोक्तवद्धर्म्यं शान्तिकोत्सेधम् ।
अथवा पौष्टिमुत्सेधं प्रोक्तं [कुर्यात्] शिल्पविद्भिः ॥ ३६ ॥

सप्तदशकरमादौ षड्विंशश्चान्तं पूर्ववद्वृध्यात् ।
अष्टादशकरमादौ पूर्ववद्वृध्यात् त्रि[ट्]नवहस्तान्तम् ॥ ३७ ॥

एकोनविंशद्धस्तादौ चाष्टविंशद्धस्तपर्यन्तम् ।
एतत्तु पञ्चविपुलं क्षुद्रं मध्यममुत्कृष्टं सप्ततले ॥ ३८ ॥

शान्तिकं पौष्टिकं जयदं चाद्भुतमुत्तुङ्गं सार्वकामिकम् ।
तेषां चोत्तममादीनां प्रत्येकं विपुलवशात्क्रमतः ॥ ३९ ॥

नवविंशत्करमादौ त्रयस्त्रिंशत्करपर्यन्तम् ।
त्रिंशतिहस्तं चादौ चतुस्त्रिंशतिहस्तपर्यन्तम् ॥ ४० ॥

एकत्रिंशतिहस्तादौ पञ्चत्रिंशतिहस्तपर्यन्तम् ।
पञ्च पञ्च विपुलं कनीयसादि त्रिविधमुत्सेधम्(मुदितम्) ॥ ४१ ॥

एतदष्टतलमुदितं चोदयं शान्तिकादि पूर्ववत् संयुक्तम् ।
द्वात्रिंशत्करमारभ्य षट्त्रिंशत्करान्तकम् [च] ॥ ४२ ॥

पूर्ववद्वृध्या त्रयस्त्रिंशत्करमारभ्य सप्तत्रिंशकरपर्यन्तम् ।
चतुस्त्रिंशद्धस्तादौ चाष्टत्रिंशान्तं चैककरैर्वृध्यात् ॥ ४३ ॥

नवतले त्रिपञ्चविधं वै(वि)पुलं कन्यसादिश्रेष्ठं प्रवक्ष्यते ।
पूर्ववत्तुङ्गमुदितं शान्तिकादिशरभेदमेतत् ॥ ४४ ॥

त्रयत्रिंशत्करमादौ चत्वारिंशद्द्वयाधिकम् ।
चतुस्त्रिंशतिहस्तादि(दौ) त्रिचत्वारिंशद्धस्तपर्यन्तम् ॥ ४५ ॥

पञ्चत्रिंशद्धस्तादौ चतुश्चत्वारिंशद्धस्तपर्यन्तम् ।
एवं दशतलहर्म्यं पञ्चा(ञ्च)दशविपुलं प्रोक्तम् ॥ ४६ ॥

शान्तिकाद्युक्तं क्रमतः कन्यसादुत्तमान्तं कथितम् ।
चतुस्त्रिंशद्धस्तादौ त्रिचत्वारिंशद्धस्तपर्यन्तम् ॥ ४७ ॥

पञ्चत्रिंशत्करमारभ्य चतुश्चत्वारिंशत्करपर्यन्तम् ।
षट्त्रिंशत्करविपुलात्पञ्चचत्वारिंशद्धस्तपर्यन्तम् ॥ ४८ ॥

एकादशतलं(ल)हर्म्ये क्षुद्रादिपञ्चदशविपुलं स्यात् ।
पूर्ववत्पञ्चधोत्सेधं जन्मादिस्तूपिकान्तं स्यात् ॥ ४९ ॥

भूतस्त्रिं(त्रिं)शद्धस्तादि(दौ) वेदाधिक्यं(क)चत्वारिंशद्धस्तान्तम् ।
षट्षड्ढस्तमारभ्य पञ्चचत्वारिंशद्धस्तपर्यन्तम् ॥ ५० ॥

सप्तत्रिंशतिहस्तादि(दी) षडधिकाष्टापञ्चहस्तान्तम् ।
पञ्चदशविपुलं प्रोक्तं क्रमात्पूर्ववत्पञ्चधोत्सेधम् ॥ ५१ ॥

क्षुद्रं मध्यममुत्कृष्टं रवितलमेतत्तन्त्रविल्कुर्यात् ।
एतज्जातिवशात्प्रोक्तं छन्दादीनां शान्तिकोत्सेधम् ॥ ५२ ॥

क्रमतस्त्रिपादमर्धकरं पादं चेदं संकल्पमाभासमिदम् ।
क्षुद्रमध्यमादुत्कृष्टं क्रमात्पूर्ववद्धस्तसंख्येन(संख्यया) ॥ ५३ ॥

एवं त्रिविधमानेन हर्म्य(र्म्यं) संकल्प्य तन्त्रविधिज्ञैः ।
उत्तुङ्गपूर्वकादि पूर्ववत्क्रमतः [कथ्यते] ॥ ५४ ॥

द्विगुणपादमाधिक्यमथवार्धाधिक्यमुत्तुङ्गम् ।
शान्तिकायशक (दिशर)मुत्तुङ्ग(ङ्गं) त्रिपादमाधिक्यमुछ्रयं वापि ॥ ५५ ॥

पौष्टिकोत्तुङ्गमानं विभजेदष्टभागमेवं स्यात् ।
तस्मात्त्र्यंशमाधिक्यं द्वित्र्यंशादधिकं वाथ ॥ ५६ ॥

एतेषां सर्वमुत्तुङ्गं जात्यादेहर्म्यमिदमुदितम् ।
देवतालयानां नृपाणां शालागोपुरे (ए)वमुत्तुङ्गम् ॥ ५७ ॥

शान्तिकादिशरभेदं विस्तृतोत्सेधं गण्यं क्रमतः ।
एतद्विपरीतं चेत्कर्ता(र्तुः) च मरणं भवति ॥ ५८ ॥

तस्माद्धर्म्यतुङ्गान् [न] परिहृत्य शिल्पिभिस्तन्त्रैः ।
नृणां शालानां तु सर्वेषां तदुत्सेधम् [कथ्यते] ॥ ५९ ॥

गोपुराणां तु सर्वेषां शिरोन्तं [वा] शिखान्तकं [वापि] ।
द्वारशालासममुत्तुङ्गं द्वितीयं चान्तं शिखान्तं वा ॥ ६० ॥

द्वारशोभ(भा)समुत्सेधमन्योत्तरान्तं वा शिखान्तं चैव ।
शान्तिकात्पौष्टिकादेतं(वं) विधं गोपुरोत्तुङ्गं स्यात् ॥ ६१ ॥

अथवा हर्म्यमानेन विष्वग्भूमानं वक्ष्यते क्रमतः ।
षट्पञ्चहस्तमारभ्य वृद्ध्या द्वित्रिहस्तेन [च] ॥ ६२ ॥

सत्रिचतुर्नवत्यन्तं कन्यसादित्रयं त्रयं मानम् ।
एवद्द्वादशभूम्यन्तं जन्मादिपूर्वंहकान्तं(स्तूपिकान्तं) स्यात् ॥ ६३ ॥

जन्मादिहस्तमेवोक्तं शान्तिकाद्यंशके(दिशर)भेदमुत्तुङ्गम् ।
एकादिद्विभूम्यन्तं कल्पग्रामस्य हर्म्यके भवति ॥ ६४ ॥

एकादित्रिभूम्यन्तं प्राहारकस्य चालयं प्रोक्तम् ।
एकादिचतुस्तलान्तं पट्टभाकू(भाजः) चालयमिति कथितम् ॥ ६५ ॥

त्रितलाद्यष्टतलान्तं नरेन्द्रस्य चालयं प्रोक्तम् ।
त्रितलादिनवतलान्तं महाराजस्य भवनमुदितम् ॥ ६६ ॥

पञ्चतलाद्यर्कान्तं चक्रवर्तिहर्म्यं स्यात् ।
एकादित्रितलान्तं युवराजस्य चालयं प्रोक्तम् ॥ ६७ ॥

सामन्तप्रमुखानां चैकादित्रितलपर्यन्तं स्यात् ।
क्षुद्रभूपस्य सर्वेषामेकादित्रितलभूमिपर्यन्तम् ॥ ६८ ॥

स्थपतिस्थापकानां तु गभस्तिकादिकं(दीनां) तु यूबकानां च ।
द्विजातिशराणां तु ए(चै)कद्वित्रितलपर्यन्तम् ॥ ६९ ॥

चमैवजयिनां(प्रजातीनां) चैव शालैकद्वित्रितलपर्यन्तम् ।
गजाश्वादिशालानां तलमेकं कर्तव्यं प्रोक्तम् ॥ ७० ॥

देवानामपि सर्वेषां हर्म्यैकाद्यन्तं भूपतीनां चैव ।
अन्य[त्]सर्वजातीनां नवतलं कुर्यात्तदालयं प्रोक्तम् ॥ ७१ ॥

क्षुद्रालयमेवोक्तं क्षुद्रात्क्षुद्रमानसंयुक्तम् ।
क्षुद्रदेवालयं सर्वं पूर्ववज्जानादिकमिदमुदितम् ॥ ७२ ॥

मण्डपं नवतलं कुर्याद्भवनमन्य(नं मध्य)रङ्गं वाधिमण्डपाकारम् ।
एतत्तु भूमिलम्बं पुराणैः सर्वैस्तन्त्रवित्(द्भिः) प्रोक्तम् ॥ ७३ ॥

इति मानसारे वास्तुशास्त्रे भूमिलम्बविधानं नाम एकादशोऽध्यायः ।

गर्भविन्यासविधानम्

देवानामालयादीनां द्विजातीनां च वक्ष्यते ।
गृहग्रामादि सर्वेषां गर्भविन्यासमुच्यते ॥ १ ॥

नानाद्रव्यसुसंपूर्ण गर्भ सर्वशुभप्रदम् ।
हीनद्रव्यमनैश्वर्यं गर्भ तदशुभप्रदम् ॥ २ ॥

गर्भन्यासं तु तस्मात्तु निक्षिपेत्सम्यगुक्तवत् ।
गर्भावटस्थ निम्नं स्यादधिष्ठानसमोन्नतम् ॥ ३ ॥

इष्टकैरपि पाषाणैश्चतुरश्रं समं भवेत् ।
जलं संपूर्य(सृत्य) तन्मूले तस्यान्तं सर्वमृत् क्षिपेत् ॥ ४ ॥

नद्यद्रिमृत्तिका चैवं वल्मीकस्य तु मृत्तिका ।
कर्कटावटमृद्भिश्च स्थलितलमिति स्थित(तम्) ॥ ५ ॥

समुद्रतीरमृद्भिश्च वृषशृङ्गस्य मृत्तिका ।
गोखुराग्रमृच्चैव चैवं तु दश(सप्त)मृत्तिका ॥ ६ ॥

तदूर्ध्वे मध्यदेशे तु पीनकं तं (पद्मकन्दं) विनिक्षिपेत् ।
इन्द्रे चोत्पलकन्दंतु याम्ये कौमुदकन्दकम् ॥ ७ ॥

पश्चिमे न्यस्य सौगन्धिं काकोली(कलीं) तु चोत्तरे ।
तस्योपरि विन्यसेदष्टधान्यं यथाक्रमम् ॥ ८ ॥

शालिमीशानके न्यस्य व्रीहिं प्राग्दिशि विन्यसेत् ।
कोद्रवं चाग्निकोणे तु कङ्गु याम्ये तु विन्यसेत् ॥ ९ ॥

मुद्गं नैर्ऋत्यकोणे तु मा प्रत्यग्विनिक्षिपेत् ।
कुलु(ल)त्थं वाम(यु)कोणे तु तिलं विन्यस्य चोत्तरे ॥ १० ॥

तस्य चोपरि निक्षिप्य मञ्जूषान्तं विनिर्मितम् ।
तन्मानं चैकभूमादिद्वादशाद्यं(न्तं) तलानि(नां) वै ॥ ११ ॥

हर्म्याणां तद्वशात्कुर्यात्तत्तदाकारवद्भवेत् ।
त्रिचतुर्मात्रमारभ्य द्विद्व्यङ्गुलविवर्धनात् ॥ १२ ॥

पञ्चषड्विंशमात्रान्तं द्वादशं विपुलं भवेत् ।
तद्विस्तारसमं वापि तदष्टांशोनमेव च ॥ १३ ॥

पञ्चांशोन(शेनोन)मेवं वा गर्भभाजनमु(स्यो)च्छ्र्यम् ।
एवं चतुर्विधं(रंशोनं) प्रोक्तं (स्याद्) दण्डमानेन वक्ष्यते ॥ १४ ॥

हर्म्यपादस्य विष्कम्भसमं मञ्जूषविस्तृतिः ।
तदष्टांशैकहीनं वा तत्रिपादं प्रकल्पयेत् ॥ १५ ॥

तुङ्गं प्रागुक्तवत्कुर्याद्भित्ति(त्ते)रातिमिहोच्यते ।
एकद्वित्रि(त्र)यमेवापि सर्वभित्तिविशालकम् ॥ १६ ॥

तद्भित्तिभागमेकं वापि विधानं तदुच्छ्रयम् ।
मञ्जूषोच्छ्रं(च्छ्र्य)चतुर्भागं तत्तदेका(कमा)सनं भवेत् ॥ १७ ॥

तद्द्वयं चाङ्घ्रितुङ्गं तु स्यादेकांशं प्रस्तरान्वितम् ।
त्रिवर्गमण्डपाकारमद्भिःस्वा(प्स्व)न्तं प्रविष्टके ॥ १८ ॥

पञ्चविंशतिकोष्ठं वा नवकोष्ठै(नव)कमेव च ।
एकांशं कोष्ठभित्युच्छ्रं घनं प्रागुक्तवन्नयेत् ॥ १९ ॥

उपपीठपदे देवान् कोष्ठं(ष्ठे) चोक्तक्रमं न्यसेत् ।
पूर्वान्हं च तदा ज्ञात्वा कारयेदधिवासनम् ॥ २० ॥

गन्धाक्षतैश्च पुष्पैश्च धूपदीपेन चार्चयेत् ।
सकलीकरणं कुर्यात्पुण्याहं वाचयेत्ततः ॥ २१ ॥

स्थिरवास्तु ततो गच्छेत्प्रस्तरे तु पदैः सह ।

(मन्त्रः)

हे वास्तो त्विह गर्भस्य वृद्धिं कुरु नमाम्यहम् ॥ २२ ॥

ब्रह्मादिदेवतानां च ओ(त्वो)ङ्कारादिनमोऽन्तकम् ।
तत्तत्स्वनाममन्त्रेण अ(चा)र्चयेद्वास्तुदेवताः ॥ २३ ॥

चालयंत्पञ्चगव्यैस्तु गर्भमञ्जूषिकां बुधः ।
सूत्रैरावेष्टनं कुर्यात्तस्य चोपरि विन्यसेत् ॥ २४ ॥

तदेव गन्धजलैः पूर्णकुम्भं विनिक्षिपेत् ।
परितस्तु चतुर्विंशत्कलशान् जलपूरितान् ॥ २५ ॥

निक्षिप्य सूत्रैरावेष्ट्य वस्त्रं पल्लवकूर्चकैः ।
अलङ्कृत्य स्थपति(श्च) वरवेषोत्तरीयवान् ॥ २६ ॥

गन्धपुष्पैः समभ्यर्च्य भुवनाधिपतिं जपेत् ।
तस्य [प्र]दक्षिणपार्श्वे [तु] ऽक्षतैः स्थण्डिलं न्यसन् ॥ २७ ॥

ब्रह्मादिदेवतानां च सामान्यं हि बलिं क्षिपेत् ।
तत्प्राचि देशे सौम्ये तु, जुहुयाद्ब्रास्तुहोमकम् ॥ २८ ॥

प्रत्येकं पञ्चविंशैस्तत्समिदा(धा)ज्यं तिलं चरुम् ।
ब्रह्मार्यविवस्वांश्च मित्रभूधरदेवताः ॥ २९ ॥

एतेभ्यो नामविस्तारमादिमन्त्रं समुच्चरेत् ।
[स्वाध्यायवेदघोषैस्तु] सह मङ्गलघोषणैः ॥ ३० ॥

पश्चात्तु स्थण्डिलं कुर्याच्छस्तशालिभिरक्षतैः ।
आदव(अक्षतं) न्यस्य मण्डूकमथवा परमासनम्(शालि कम्) ॥ ३१ ॥

दर्भं प्रस्तरणं कृत्वा दर्भैरास्तीर्य चोपरि ।
सकलाख्यं पदं कृत्वा [दर्भैरास्तीर्य] जलपुष्पकेण बुधः ॥ ३२ ॥

व्याहृत्यन्तो यदा वह्निं होमस्थानं विसर्जयेत् ।
शालिभिस्तिलकं कृत्वा पश्चाद्ग्रामस्य चोत्तरे ॥ ३३ ॥

पीत्वा शुद्धं पयोऽब्धेस्तु (रात्रौ) शयीत अच्छि(यीत शि)ल्पतन्त्रवित् ।
सूत्रग्राही तक्षकश्च वर्धकी द्रव्यसंयुतम् ॥ ३४ ॥

तत्रस्थं स्थपतिं श्रेष्ठं सेवां कुर्यात्तु जाग्रतः ।
स्वाध्यायं मन्त्रघोषैश्च ब्राह्मणैश्च युतस्ततः ॥ ३५ ॥

पश्चात्स्नात्वा तु वाचम्य विश्वत[स्तु] प्रविशयेत् ।
सकलीकरणं कृत्वा स्थपतिर्वरवेषवान् ॥ ३६ ॥

सुमुहूर्ते सुलग्ने च तद्द्रव्यभाजनात्ततः ।
निक्षिपय चोक्तवत्पश्चात्सर्वमङ्गलघोषयैः ॥ ३७ ॥

स्वस्तिं वृषभं चैव लक्ष्मीं दर्पणमेव च ।
स्वर्णेन स्वस्तिकं(स्तिं च) कुर्याद्वृषभं चायसेन तु ॥ ३८ ॥

लक्ष्मीं ताम्रेण कुर्यात्तु दर्पणं रजतेन तु ।
स्वस्तिकं चेन्द्रकोष्ठे तु चतुः(त्वारं) विन्यस्य क्रमात् ॥ ३९ ॥

जयन्ते कोष्ठके चैव जातिहिङ्गुल्य(लं) निक्षिपेत् ।
हरितालं भृशे वासे वितथे च मनःशिला(लाम्) ॥ ४० ॥

विन्यसेद्भृङ्गराजस्य कोष्ठके माक्षिं निक्षिपेत् ।
सुग्रीवस्य तु कोष्ठे तु राजावर्त्तं(र्तं) तु निक्षिपेत् ॥ ४१ ॥

शोषे गैरिकं न्यस्य मुख्यके चास्य(ऽञ्जनं) निक्षिपेत् ।
अदिते(तौ) गन्धकं न्यस्य मधु(पद्म)रागं तु मध्यमे ॥ ४२ ॥

ततश्चाप्य(र्ये) प्रवालं तु साविन्द्रे(त्रे) पुष्परागकम् ।
विवस्वते(ति) च वैसू(दु)र्यं वज्रमिन्द्रस्य कोष्ठके ॥ ४३ ॥

मित्रकस्येन्द्रनीलं स्यात्तथा रुद्रस्य कोष्ठके ।
महानीलं विनिक्षिप्य मरतकं(कतं) तु भूधरे ॥ ४४ ॥

मुक्ता[म]पवत्स्यवासेषु विन्यसेत्तु यथाक्रमम् ।
विष्णुकान्ताग्नि(चक्रमीश)कोष्ठे तु त्रिशूलं चेन्द्रकोष्ठके ॥ ४५ ॥

श्रीदेव्या(वीम)ग्निकोष्ठे तु श्रयन्ते(न्तं) निह(यम)कोष्ठके ।
दूर्वां नैर्ऋत्यकोष्ठे तु भृङ्गीं वारुणकोष्ठके ॥ ४६ ॥

अपा(प)मार्गं च वायव्ये चैकपत्राम्बुजो(जमु)त्तरे ।
विन्यसेशोषधिं चाष्टौ मृणाल(महेन्द्र)मेवं क्रमात्ततः ॥ ४७ ॥

जयन्ते(पर्जन्ये) चन्दनं क्षिप्य चान्तरिक्षेऽगुरुं तथा ।
विथते(पूष्णि तु) क्षिप्य कर्पूरं मृगे(शे) शैलं विनिक्षिपेत् ॥ ४८ ॥

सुग्रीवे च (दौवारिके) लवङ्गं स्याद्रोगे लयायतं(एलालतां) क्षिपेत् ।
मुख्ये (नागे) जातिफलं क्षिप्य उ(चो)दिते कोलकं न्यसेत् ॥ ४९ ॥

कपालं च त्रिशूलं च खट्वांङ्गं खण्डमेव (परशुं) च ।
वृषभं चैव साम्बं(पिनाकं) च हरिणं शार्ङ्गमेव च ॥ ५० ॥
एवं चाष्टविधं रूपं सौ(सा)वर्णेन प्रकल्पयेत् ।
इन्द्रादिकोष्ठेषु कपालादि(दिं) न्यसेत्क्रमात् ॥ ५१ ॥
गर्भभाजनमाच्छाद्य विधानेन तु निष्फलम् ।
तद्भाजनं च ताम्रे[ण] प(व)रवेष(षो) गुरोः(रुणा) सह ॥ ५२ ॥
वास्तुप्रदक्षिणं कुर्यात्स्थापयेत्स्थपतिर्बुधः ।
घटादि कलशं चैव [तेषां] तज्जलेनाभिषेचयेत् ॥ ५३ ॥
स्वाध्यायवेदघोषैश्च सर्वमङ्गलघोषणैः ।
भाजनान्तं(जनं तं) समान्तश्च श्चा(चा)शैलादि विवस्वतः ॥ ५४ ॥
ध्यात्वानन्तस्य मूर्त्तिं [तदूर्ध्वे] धरातलं तु (स)सागरम् ।
पर्वताष्टमहानागैर(गम)ष्टदिक्पालकैः(कान्) क्रमात् ॥ ५५ ॥
तत्तत्स्वनाममन्त्रेण पूजयेच्च विशेषतः ।
सृष्टिं(स्रष्टारं) विश्वकर्माणं ध्यानं कृत्वा तु वार्चयेत् ॥ ५६ ॥
सृष्टिस्थितिलयाधारं भुवनाधिपतिं मनाक् ।
गन्धपुष्पादिधूपैश्च नैवेद्यादिभिरर्चयेत् ॥ ५७ ॥
सारदारु शिला(लां) वापि चेन्द्रनी(की)लं प्रकल्पयेत् ।
त्रिचतुष्पञ्चमात्रं वा स्वस्तिकं तद्द्विधायतम् ॥ ५८ ॥
चतुरश्रं तु तन्मूले वृत्तं वाथ तदग्रकम् ॥ ५९ ॥
एवं द्विन्यङ्गुलं वापि लोहजैः(ज)प्रतिमोदयम् ।
चतुर्भुजं त्रिनेत्रं च जटामकुटभूषितम् ॥ ६० ॥
वरदाभयसंयुक्तं कृष्णापरशुधारिणम् ।
स्थानकं चासनं वापि एतत्तु प्रतिमं भवेत् ॥ ६१ ॥
कीलतारसममध्यर्धं द्विगुणं वा ग(फ)लका भवेत् ।
चतुरश्रं समं कृत्वा सारदारुजला(णा चा)श्मना ॥ ६२ ॥

फलका भाजनोर्ध्वे तु तदूर्ध्वं चेन्द्रकीलकम् ।
ततः प्रतिमसंयुक्तं स्थापयेत्स्थपतिर्बुधः ॥ ६३ ॥

परितस्त्विष्टकाभिः सहस्रैरौषधैः सह ।
दृढीकृत्यमथ ज्ञात्वा पुष्पवस्त्रैश्च शोभितम् ॥ ६४ ॥

हर्म्यादिद्वारसर्वेषां पादमूले वा दक्षिणे ।
तत्पादमूले(ल)देशे वा तथोपानप्रदेशके ॥ ६५ ॥

कुमुदाग्रे गले वापि विस्तरे प्रकरैः(प्राकारे) बुधः ।
कुड्यस्तम्भे गृहस्तम्भे हर्म्यगर्भं विनिक्षिपेत् ॥ ६६ ॥

तान्य(तदन्यो)त्सेधं तथाभाति भवेत्सर्वविपत्करम् ।
एवं रुद्रालये गर्भमन्यगर्भमिहोच्यते ॥ ६७ ॥

विष्णुधिष्ण्यस्य गर्भान्तं रुद्रचिह्नं विवर्जयेत् ।
प्रागुक्तं द्रव्यसंयुक्तं विष्णुचिह्नानि योजयेत् ॥ ६८ ॥

मध्यं चक्रं तु भौ(है)मेन भाजनान्तं विनिक्षिपेत् ।
रौप्येण शङ्खं ताम्रेण चापं चैव तु वामके ॥ ६९ ॥

त्रतासीसेन खड्गं च वायव्येन तु दक्षिणे ।
प्राङ्मुखे तार्क्ष्यरूपं च हेमजेन प्रकारयेत् ॥ ७० ॥

एवं च विष्णुगर्भं स्याद्ब्रह्मगर्भमिहोच्यते ।

(ब्रह्मगर्भम्)

यत्र वस्तूनि वास्तूनि ब्रह्मस्थाने विशेषतः ॥ ७१ ॥

ब्रह्मगर्भं क्षिपेत्काले तस्य चिह्नं च योजयेत् ।
ओङ्कारं निर्मितं हेमं(म्ना) मध्यकोष्ठे तु विन्यसेन ॥ ७२ ॥

हेमजं यज्ञसूत्रं स्यादोङ्कारस्योपरि न्यसेन ।
स्वस्तिकादीनि व(स्व)र्णेन चतुर्दिक्षु विनिक्षिपेत् ॥ ७३ ॥

मण्डलं (कमण्डलुं) वा ततो(त्र) निर्मितं ताम्रमे(य्यै)व च ।
अक्षमालां च ताम्रेण कृष्णवर्णं च वामके ॥ ७४ ॥

ब्रह्मगर्भमिति प्रोक्तं प्रतिमं तत्स्वरूपकम् । 148
अन्य[था] देवदेवीनां सर्वेषा(र्वासा)मालयादिभिः(पु) ॥ ७५ ॥

तत्तच्चिन्हानि रूपं च स्वर्णलोहेन निर्मितः(तम्) ।
पूर्वद्रव्येण संयुक्तं गर्भमेवं विनिक्षिपेत् ॥ ७६ ॥

(नरगर्भम्)

देवगर्भमिति प्रोक्तं नरगर्भमिहोच्यते । 152
द्विजातीनां च वर्णानां गृहगर्भं यथाक्रमम् ॥ ७७ ॥

पूर्वद्रव्यं तु सर्वेषु तत्तच्चिन्हं च संयुतम् ।
चक्रं च कण्डलं (कमण्डलुं) दण्डं यज्ञसूत्रं च हेमकम् ॥ ७८ ॥

ओङ्कार(रं) निर्मितं हेमं(म्ना) तच्चतुर्दिशि मध्यमे । 156
एवं ब्राह्मणगर्भं स्याद्भूपतीनां च वक्ष्यते ॥ ७९ ॥

ख(ग)जं खड्गं च छत्रं च चामरं च चतुष्टयम् ।
हेमनिर्मितसर्वं च चतुर्दिक्षु विनिक्षिपेत् ॥ ८० ॥

तुलां हेमेन(हेम्ना च) निर्माय मध्यकोष्ठे तु विन्यसेत् । 160
एवं तु वैश्यगर्भं स्यादनुक्तं शास्त्रमार्गवत् ॥ ८१ ॥

लाङ्गलं च युगं [चैव] स्वर्णेन मध्यमं (शूद्रे च) न्यसेत्
ब्रह्मरूपं द्विजातीनां भूपानां चेन्द्ररूपकम् ॥ ८२ ॥

विशां वैश्रवणं रूपं शूद्राणां नररूपकम् । 164
एवं तु प्रतिमं प्रोक्तमेतद्गर्भोपरि न्यसेत् ॥ ८३ ॥

गृहगर्भमिति प्रोक्तं ग्रामगर्भमिहोच्यते ।

(ग्रामगर्भम्)

ग्रामादीनां नगरादीनां पुरपत्तनखर्वटे ॥ ८४ ॥

कोष्ठकोलादि सर्वेषां गर्भस्थानमिहोच्यते । 168
स्थिरवास्तुकुक्षिदेशे [तु] चरवास्तु(स्तोस्) तथापि च ॥ ८५ ॥

ग्रामद्वारस्य योगे वा गर्भश्वभ्रं प्रकल्पयेत् ।
पुरुषाञ्जलिमात्रं तु श्वभ्रव्यासं तु निम्नकम् ॥ ८६ ॥

मृत्कन्दजलधान्यादीन्(नि) पूर्वोक्तानि च विन्यसेत् ।
पश्चा[ष्टा]ङ्गुलमारभ्य द्विद्व्यङ्गुल विवर्धनात् ॥ ८७ ॥

सैकार्काङ्गुलान्तं च भाजने पञ्चधा तति(तिः) ।
पञ्चविंशतिकोष्ठे(ष्ठं) वा (नव)नवकोष्ठमथापि वा ॥ ८८ ॥

शेषं तु पूर्ववत्कुर्याद्द्रव्यादीनां(नि) तु पूर्ववत् ।
इन्द्रे राजतदन्ती(न्तिनं) वाग्नौ मेषं च वायसा ॥ ८९ ॥

मृत्पुरुषा(ष)महिषं याम्ये नर(रं) वै(सै)कत(तं) नैर्ऋते ।
पश्चिमे राजतं ग्राह्यं(हं) वायव्ये मृगं चायसम् ॥ ९० ॥

इतस्ततस्तु (ऐरावतं तु) सौम्ये तु राजता(तं) वृषभे(भमी)शके ।
एवं प्रक्षिप्य वेश्मस्य(नः) पूर्वोक्तैर्द्रव्यकैः सह ॥ ९१ ॥

ग्रामगर्भमिति प्रोक्तं जलगर्भमिहोच्यते ।

(जलगर्भम्)

वापीकूपतटाकेषु [वा] मध्ये गर्भं नराञ्जलिम् ॥ ९२ ॥

मण्डूकं पाञ्चजन्यं च मत्स्यं कूर्मं च राजतम् ।
इन्द्रादिषु चतुर्दिक्षु विन्यसेत्तु यथाक्रमम् ॥ ९३ ॥

मध्ये सुवर्णकुलीरं शेषं प्रागुक्तवन्नयेत् ।
एकद्वादशभूम्यन्तं चेष्टके[न] द्वादशान्ततः ॥ ९४ ॥

हर्म्यं निर्माणतो वक्ष्ये प्रथमे(ममि)ष्टकलक्षणम् ।
सप्ताङ्गुल्यं समारभ्य द्विद्व्यङ्गुलविवर्धनात् ॥ ९५ ॥

एकोनविं(त्रिं)शदङ्गुल्यं त्रिंशदङ्गुलान्तकम् [वा] ।
विस्तारात्पादमाधिक्यमर्धपादोनमाधिकम् ॥ ९६ ॥

तत्समं चाधिकं वापि चेष्टकायाममिष्यते ।
विस्तारार्धं घनं कुर्यात्समं तु चतुरष्ट(श्र)कम् ॥ ९७ ॥

शैलजं शिला चैव चेष्टके पे(चे)ष्टकां तथा ।
स्त्रीपुंनपुंसकं ज्ञात्वा शिला वा चेष्टकैस्तथा ॥ ९८ ॥

गर्भेण सहितं स्थाप्य पूर्वके तु प्रदेशके ।
अथवा पाश्वन्त(पश्चसु) पूर्वे तु हितकाले विनिक्षिपेत् ॥ ९९ ॥
ईशाने वाथ नैर्ऋत्ये वायव्ये वाथ दक्षिणे ।
एवं सर्वेषु(षां) हर्म्याणां शिवसद्मः(द्मनः) विशेषतः ॥ १०० ॥
पूर्वोक्तस्थानदेशे वा मध्ये वा प्रथमेष्टके (कम्) ।
जन्मान्तं वाथवा प्रान्तं कुमुदान्तं वा गलान्तकम् ॥ १०१ ॥
पट्टिकान्तं क्षिपेच्चापि विन्यसेत्प्रथमेष्टकम् ।
पूर्ववच्चौषधिरत्नं(कन्दं) निक्षिपेदिष्टकैः सह ॥ १०२ ॥
इष्टश्चाविधि(इष्टविधिना) वासादौ स्थापयेत्प्रथमेष्टकम् ।
प्रागिष्टके सकारं तु दक्षिणे तु षकारकम् ॥ १०३ ॥
पश्चिमे तु सकारं स्याच्चोत्तरे तु व(ह)कारकम् ।
मध्ये तु प्रणवं प्रोक्तं विन्यसेच्चाक्षरं क्रमात् ॥ १०४ ॥
प्रागिष्टकं दक्षिणं दीर्घं दक्षिणे पश्चिमायतम् ।
पश्चिमं चोत्तरायामं चोत्तरं चेन्द्रकायतम् ॥ १०५ ॥
मध्ये चौषधिरत्नानि विन्यसेच्चोक्तवद्बुधः ।
स्थपतिः स्थापकश्चोभौ कुर्यात्(तां) कर्ममि(इ)दं क्रमात् ॥ १०६ ॥
शिलेष्टकास्त्रिलिङ्गा[दि] ज्ञात्वा संग्राह्य शिल्पिराट् ।
पुरुषं(ष)देवविमानस्य(ने) स्थापयेत्पुरुषेष्टकम् ॥ १०७ ॥
गर्भन्यासं च रात्रौ च दिवाकाले [इ]ष्टका भवेत् ।
गृहगर्भमन्तर्मुखं स्याद्ग्रामगर्भं बहिर्मुखम् ॥ १०८ ॥
गर्भन्यासविधिं सम्यक् प्रोक्तं तत्प्रथमेष्टकम् ।
अनुक्तं कर्म यद्यस्तु स्वगृहे त्वास(ग)मोक्तवत् ॥ १०९ ॥

इति मानसारे वास्तुशास्त्रे गर्भविन्यासविधानं नाम द्वादशोऽध्यायः ।

उपपीठविधानम्

उपपीठविधिं वक्ष्ये शास्त्रे संक्षिप्यतेऽधुना ।
अधिष्ठानोन्नते देशे चोपपीठं हि संश्रितम् ॥ १ ॥
एते(तम्) तत्त्वमधिष्ठानं तुङ्गं तच्चतुरंशकतम् ।
विभजेत्त्वादिमांशेन ए(चै)कैकांशं(श)विवर्धनात् ॥ २ ॥
तदष्टांशावसानं स्याज्जन्मादिपट्टिकान्ति(न्त)कम् ।
एवं हि चोपपीठोच्चं नवभिर्भेदमीरितम् ॥ ३ ॥
अथवा द्वादशान्तं वा मध्यभूम्यन्तिकं क्रमात् ।
अथवा क्षुद्रहर्म्ये तु चतुर्भागांशमु(गसमो)न्नतम् ॥४ ॥
द्विभागं वा त्रिभागं वा चतुर्भागमथापि वा ।
पञ्चा(ञ्च)दशोदयं वापि रिन्ति(शान्ति)कादिशरांन्नतम् ॥ ५ ।
अथवा मध्यहर्म्ये तु द्विभागं वा त्रिभागिकम् ।
चतुर्भागं पञ्चभागं षड्भागावसानकम् ॥ ६ ॥
शान्तिकं सर्वभूम्य(काम्या)न्तं पञ्चधोत्तुङ्गमीरितम् ।
अथवा मुख्यहर्म्ये तु त्रयं वा चतुरंशकम् ॥ ७॥
पञ्चांशं वा षडंशं वा सप्तांशं वावसानकम् ।
एवं पञ्चविधं प्रोक्तं शान्तिकादिशरोन्नतम् ॥ ८ ॥
क्षुद्रोत्सेधं वापि पादाधिकमेव च(चार्धाधिकम्) ।
पादोनद्विगुणं वापि द्विगुणं चा(च) विशेषतः ॥ ९ ॥
मूलहर्म्यस्य पादं(दे) तु वप्रजन्म तु(नो) बाह्यतः ।
उपपीठनिर्गमं स्याद्भागमानेन वक्ष्यते ॥ १० ॥
सप्ताष्टनवभागं वा दशमेकादशास्(शम्) तथा ।
द्वादशैकार्कभागं वा चतुर्दशांशकमेव वा ॥ ११ ॥
पञ्चा(ञ्च)दशांशकं वापि विभजेत्तु विशेषतः ।
तत्तद्भागैकभागं वा द्विभागं वा त्रिभागिकम् ॥ १२ ॥

चतुर्भागं पञ्चभागं वा षट्सप्ताष्टकमेव च ।
पूर्ववन्निर्गमं प्रोक्तं यन्मानेारम्य(म्यं) मानतः ॥ १३ ॥
अथवा हस्तमानेन निर्गमं तत्प्रवक्ष्यते ।
एकहस्तं समारभ्य चतुर्थांशेन वर्धनात् ॥ १४ ॥
तत्त्रिहस्तावसानं स्यान्निर्गमं नवधा भवेत् ।
अथवा दण्डमानेन चोपपीठस्य निर्गमम् ॥ १५ ॥
दण्डं सार्धं द्विदण्डं वा सार्धद्विदण्डमेव च ।
त्रिदण्डं चार्धमाधिक्यं चतुर्दण्डमथापि वा ॥ १६ ॥
पञ्चषट्सप्तदण्डं वा दण्डाष्टनवदण्डकम् ।
निर्गमं चोपपीठं(ठस्य) स्यात्पादबाह्यावसानकम् ॥ १७ ॥
एतत्तु निर्गमं प्रोक्तं गण्यमानमिहोच्यते ।
उत्सेधे तु चतुर्विंशत्पञ्चांशो(शभु)पानमीरितम् ॥ १८ ॥
एकेन कम्पमित्युक्तं ग्रीवोच्चं द्वादशान्तिकम् ।
कम्पमेकं तु वेदांशं वाजनं कम्पमंशकम् ॥ १९ ॥
वेदिभद्रमिति प्रोक्तमथवा द्वादशांशकम् ।
जन्म द्व्यंशमंशकं पद्मं कम्पमर्धेन कारयेत् ॥ २० ॥
पञ्चांशं कण्ठमर्धेन चोपणं पद्ममंशकम् ।
तद(ध्य)र्धं पट्टिकोत्सेधं कम्पमर्धेन कारयेत् ॥ २१ ॥
अथवा भागमानेन सार्धांशं पादुकोदयम् ।
तदूर्ध्वे तत्समा(मम)ब्जं कम्पमर्धेन कारयेत् ॥ २२ ॥
सार्धपञ्चांशकं ग्रावं चोपणं चार्धभागिकम् ।
तदूर्ध्वे पद्ममंशेन वाजनं चैकभागिकम् ॥ २३ ॥
तदूर्ध्वे सार्धकम्पं स्याद्योजयेत्तु विचक्षणः ।
तदेवांशेन युग्मेन सोपानाम्बुजमेव वा ॥ २४ ॥
कम्पमर्धं तथा कर्णं तदूर्ध्वेऽशेन पट्टिका ।
पञ्चांश(शं) कन्धरं प्रोक्तं कम्पमर्धेन कारयेत् ॥ २५ ॥
द्व्यंशं तद्वाजनोत्तुङ्गं कम्पमर्धेन कारयेत् ।
सर्वहर्म्येषु योग्यं स्याद्वेदिभद्रं चतुर्विधम् ॥ २६ ॥

(प्रतिभद्रं चतुर्विधम्)

विंशत्यंशं षडाधिक्यं चोपपीठोदयं भवेत् ।
तदंशेन त्र्यंशकं च जन्म कम्पं शिवांशकम् ॥ २७ ॥
तदूर्ध्वे चाक्षमब्जं स्यात्कम्पमेकेन कारयेत् ।
ग्रीवमेकादशांशं स्यात्तदूर्ध्वे कम्पमंशकम् ॥ २८ ॥
तद्द्वयं चाम्बुजं चोर्ध्वे कपोताच्चं गुणांशकम् ।
तदूर्ध्वेऽन्तरितं चांशं तत्समं प्रतिवाजनम् ॥ २९ ॥
केचिच्चोपपीठोच्चं स्याद्द्वात्रिंशतिकं भवेत् ।
जन्मोच्च(च्चं) द्व्यंशकं चैव चेपणं चार्धभागिकम् ॥ ३० ॥
सार्धद्व्यंशेन पद्मं स्यात्क्षुद्राब्जं चार्धकं भवेत् ।
तत्समं चोर्ध्वकम्पं स्याद्व्यशं चोपरि कन्धरम् ॥ ३१ ॥
कम्पमर्धं तथाब्जं स्याद्व्यंशं चोपरि पट्टिका ।
तदूर्ध्वे सा(चा)र्ध(र्धं) पद्मा(द्ममर्धं) कम्प(म्पं) कन्धरं दशांशकम् ॥ ३२ ॥
अर्धांशं कम्पमर्धे(मंशे)न चाधोपद्मं च कारयेत् ।
तदूर्ध्वे कम्पमर्धांशमंशं चोपरि कन्धरम् ॥ ३३ ॥
उत्तरं चांशकं चोर्ध्वे चेपणार्धा(मर्धम)र्धका(कम)म्बुजम् ।
कपोताच्चं त्रियं(त्र्यां)शं स्यादालिङ्गं चार्धभागिकम् ॥ ३४ ॥
एकं चान्तरितं चोर्ध्वे सार्धां(शिवां)शं प्रतिवाजनम् ।
अथवा चोपपीठोच्चं तदेकांशाधिकं तथा ॥ ३५ ॥
सार्धदग्जन्ममु(न्मो)त्सेधं कम्पमर्धं तदूर्ध्वके ।
पद्मतुङ्गं तु वन्यं(द्व्यं)शं कम्पमर्धेन कारयेत् ॥ ३६ ॥
तत्समं कन्धरं प्रोक्तं कम्पमर्धं तथाम्बुजम् ।
तदूर्ध्वे च द्विभागेन वज्रकुम्भं प्रकारयेत् ॥ ३७ ॥
दलमध्या(ध्य)र्धकं पञ्चद्विसप्तांशं गलोदयम् ।
उत्तरं चार्धकम्पं स्यात्तदूर्ध्वे च सरोरुहम् ॥ ३८ ॥
कपोताच्च(च्चं) त्रि(त्र)यांशं [स्याच्] चालिङ्गं चार्धकं भवेत् ।
अंशेनान्तरितं चोर्ध्वे सार्धा(शिवां)शं प्रतिवाजनम् ॥ ३९ ॥

तदंशेनांशमाधिक्यं जन्म सार्धद्वयांशकम् ।
तदूर्ध्वे कम्पमर्धेन पद्मोत्सेधं गुणांशकम् ॥ ४० ॥
कम्पमर्धं तथा कर्णं कम्पमर्धं तथाम्बुजम् ।
द्विभागं रत्नपट्टं स्यादब्ला(लम)र्धं चेपणा(णम)र्धकम् ॥ ४१ ॥
कर्णमंशं तदूर्ध्वेऽर्धं चेपणं चैकमम्बुजम् ।
तदूर्ध्वे चेपणं सार्धं कर्णमेकादशांशकम् ॥ ४२ ॥
अंशो(शमु)त्तरा(रम)र्धं कम्पा(म्पम)र्धमम्बुजैः(जम)चमूर्ध्वके ।
कपोतं सार्धमालिङ्गं सार्धा(र्धमं)शा(शम)न्तरितं तथा ॥ ४३ ॥
एकभागं प्रतिं चैव सार्धांशं चोर्ध्ववाजनम् ।
प्रतिभद्रमिति प्रोक्तं पादतस्तु चतुर्विधम् ॥ ४४ ॥
देवभूसुरभूपानां हर्म्याणामासनान्वितम् ।

(मञ्चभद्रं चतुर्विधम्)

तुङ्गे त्रिंशतिभागेन जन्मतुङ्गं गुणांशकम् ॥ ४५ ॥
अर्धेन कम्पमूर्ध्वे तु गुणांशेन महाम्बुजम् ।
अर्धेन कम्प(म्पं) कण्ठं दक् चार्धं कम्पं तथाम्बुजम् ॥ ४६ ॥
कपोतं सार्ध(र्धं) युग्मांशं प्रतिवाजन(नं) संमितम् ।
तदूर्ध्वे कम्प(ण्ठ)मष्टांशमुत्तरं चैकभागिकम् ॥ ४७ ॥
तदूर्ध्वं च चेपणं स्यात्सार्धं पद्मं गोपानकस्त्रिभिः ।
शेषमालिङ्गा(ङ्गम)न्तरितं प्रतिवाजन(नं) संयुतम् ॥ ४८ ॥
तदेव भागांशमाधिक्यं त्रि(त्र)यं चोपानमीरितम् ।
अर्धेनोपरि कम्पं स्यात्सार्धत्र्यंशं सरोरुहम् ॥ ४९ ॥
चेपणं सा(चा)र्धमर्धांशं कम्प(म्पं) कर्णं तथाम्बुजम् ।
सार्धद्वयं तु गोपानं त्रिं(त्र्यं)शं तत्प्रतिवाजनम् ॥ ५० ॥
तदूर्ध्वे गलमष्टांशमुत्तरं चैकभागिकम् ।
कम्पमर्धं तथाब्जं स्यात्कपोतोच्चं त्रियं(त्रयां)शकम् ॥ ५१ ॥
अर्धमर्धांशकं चैवमध्यर्धं यथाक्रमम् ।
आलिङ्गा(ङ्गम)न्तरितं चैव प्रतिवाजन(नं) संमितम् ॥ ५२ ॥

स(सैक)द्वात्रिंशतिक तुङ्गं त्र्यंशेनोपानमीरितम् ।
कम्पमर्धेन तस्योर्ध्वे सार्धत्र्यंशं महाम्बुजम् ॥ ५३ ॥
क्षुद्राब्जं सार्ध(र्ध) कम्पा(म्पम)र्ध त्र्यंशेनान्तरितो(तमु)परि ।
कम्पमर्ध तथा पद्मं पट्टिकोर्ध्वं तथांशकम् ॥ ५४ ॥
पद्ममर्ध तथा कम्पं पञ्चभागेन तद्गलम् ।
एकांशं चोत्तरं चोर्ध्वे कम्पमर्ध तथाम्बुजम् ॥ ५५ ॥
कपोता(तम)ध्यर्धभागं स्यात्तत्समं प्रतिवाजनम् ।
तदूर्ध्वेऽन्तरितं कर्ण च त्रियं(त्र्यां)शं चोत्तरांशकम् ॥ ५६ ॥
कम्पमर्ध तथा पद्मं कपोतोर्ध्वं गुणांशकम् ।
शेषमालिङ्गान्तरितं गलमंशेनोत्तरम् ॥ ५७ ॥
चतुस्त्रिंशतिकं भागं कृत्वा तत्तुङ्गमानतः ।
जन्मतुङ्ग(ङ्गं) गुणांश(शं) स्यात्कम्पमर्धेन कारयेत् ॥ ५८ ॥
सार्धवह्न्यंशमब्जं च क्षुद्रपद्मं तदूर्ध्वके ।
कम्पमर्ध तु सप्तांशं गलमंशेन चान्तरम् ॥ ५९ ॥
अर्धेन कम्पमर्धेन पद्मं सार्धद्वियां(द्वयमं)शुकम् ।
मोतं सार्ध(र्ध) चन्द्रांशमालिङ्गादिप्रतिष्ठितम् ॥ ६० ॥
पडंशं चान्तरे कर्णे चोत्तरांशं तदूर्ध्वके ।
अर्धेनार्धेन कम्पा(म्पम)ब्जं गोपानोर्ध्वं गुणांशकम् ॥ ६१ ॥
तदूर्ध्वे त्र्यंशकेनैवालिङ्गादिवाजनं [भवेत्] ।
मञ्चभद्रमिदं नाम्ना चतुर्भेदमितीरितम् ॥ ६२ ॥

(निर्गमम्)

उमापतिविष्णुहर्म्याणां चक्रवर्ति[न]स्तथालये ।
यत्तदेवमुक्तानि(क्तम्) तन्त्रविद्भिः पुरातनैः ॥ ६३ ॥
तत्तद्देवादिसर्वेषां निर्गमानि यथोच्यते ।
तत्तदङ्गानि सर्वेषामुपानादि यथाक्रमम् ॥ ६४ ॥
तत्समं निर्गमं वापि तत्पादाधिकमेव च ।
तदर्धाधिकभागं वा तत्रि(त्त्रि)भागाधिकं ततः ॥ ६५ ॥

तत्समाधिकमेवं वा पादाद्दो(दु)पाननिर्गमम् ।
अथवा पादविष्कम्भं(म्भाद्) दण्डमानेन मानयेत् ॥ ६६ ॥
एकदण्डसमं वापि तत्पादाधिकमेव च ।
तदर्धाधिकमेवं वा तत्त्रिपादाधिकं तु वा ॥ ६७ ॥
द्विदण्डं वा त्रिदण्डं वा जन्मनिर्गममीरितम् ।
अथवा हस्तमानेन पादहस्तं समारभेत् ॥ ६८ ॥
तत्समं वर्धयेत्तस्मात्सार्धहस्तावसानकम् ।
जन्मनिर्गममेवोक्तं पद्मनिर्गममिष्यते ॥ ६९ ॥
तुङ्गं तत्सममेवं वा पादाधिक्या(क्यम)र्धाधिकम् ।
पादोनद्विगुणं वापि पद्ममेवं तु निर्गमम् ॥ ७० ॥
अथवा हस्तमानेन पूर्ववद्विधि(धिर्)वक्ष्यते ।
उपमान(पीठ)स्य मानेन युक्त्या पद्मं(द्मस्य) तु निर्गमम् ॥ ७१ ॥
क्षुद्रपद्मानि(नां) कम्पानि(नां) तत्समं वाथ निर्गमम् ।
पट्टिकादीनि(नां) सर्वाणि(र्वेषां) तत्समं निर्गमं भवेत् ॥ ७२ ॥
भागपादादिसर्वेषामुद्धी(वमूर्ध्वं) वास्तुवशान्न्यसेत् ।
पादानामपि सर्वेषां पत्रजात्यै(तिभि)रलङ्कृतम् ॥ ७३ ॥
अन्तरे नाटकैर्युक्तं पद्मानां तु दलैर्युतम् ।
चतुरश्राकृतिं चैव प्रथमादीन् कम्पवाजनैः ॥ ७४ ॥
अथवा रक्त(त्न)पुष्पैश्च पत्राद्यैरलङ्कृतम् [स्यात्] ।
अन्यैर्युक्तं स्वलङ्कृत्य प्रतिवाजनदेशके ॥ ७५ ।
प्रतिवाजनं तेषां कृतेः(ते) कर्करीकृतम् ।
अन्येन वान्तरं चैव व्यालसिंहादिरूपकैः ॥ ७६ ॥
लङ्गव श्रो(श्रे)णिसंयुक्तं वृत्ताश्रं पुष्पकैर्युतम् ।
अन्या(न्यम)नुक्तं च सर्वेषां युक्त्या तत्रैव योजयेत् ॥ ७७ ॥

इति मानसारे वास्तुशास्त्रे उपपीठविधानं नाम त्रयोदशोऽध्यायः ।

अधिष्ठानविधानम्

अधिष्ठानविधिं वक्ष्ये शास्त्रे संक्षिप्यतेऽधुना ।
त्रिंशदङ्गुलमारभ्य षट्षडङ्गुलवर्धनात् ॥ १ ॥
चतुर्हस्तावसानं स्यात्कुट्टिमद्वादशोन्नतम् ।
एकद्वादशभूम्यन्तं हर्म्याणां तु क्रमान्न्यसेत् ॥ २ ॥
विप्राणां तु चतुर्हस्तं भूपतीनां त्रिहस्तकम् ।
सार्धद्विहस्तमुत्सेधं युवराजस्य हर्म्यके ॥ ३ ॥
द्विहस्तं तु विशां प्रोक्तमेकहस्तं तु शूद्रके ।
हर्म्यतुङ्गवशात्प्रोक्तं तस्य मासुरकोन्नतम् ॥ ४ ॥
जन्मादिवाजनान्तं स्यात्कुट्टिमोदयमीरितम् ।
तदुत्सेधं चतुर्विंशत्कृत्वाष्टांशं तु वप्रकम् ॥ ५ ॥
कुमुदोत्सेध(धं) सप्तांशं कम्पमेकेन कारयेत् ।
कर्णतुङ्ग(ङ्गं) त्रिय(त्र्यं)शं स्यात्तदूर्ध्वे कम्प(म्पं) शिवांशकम् ॥ ६ ॥
पट्टिकोच्चं गुणांशं स्यात्कम्पमंशेन योजयेत् ।
एकोनत्रिंशदंशं तु तुङ्गं कृत्वा विशेषतः ॥ ७ ॥
द्विभागं जन्मतुङ्गं स्यात्पद्मोच्चं तत्समं भवेत् ।
कम्पमेकेन कर्तव्यं शेषं प्रागुक्तवन्नयेत् ॥ ८ ॥
अथवा त्रिंशवांशोच्चं जन्म चैकेन कारयेत् ।
शेषं पूर्ववदुद्दिष्टं कुर्यात्तुङ्गे विशेषतः ॥ ९ ॥
अष्टाविंशांशकं कृत्वा जन्म द्व्यंशेन कारयेत् ।
तदूर्ध्वे कम्पमेकांशं वप्रस्योपरिकांशकम् ॥ १० ॥
युक्त(क्त्या तु) कन्धरं प्रोक्तं शेषं पूर्वोक्तवद्विदुः ।
एतच्चतुर्विधं प्रोक्त पादबन्धमसूरकम् ॥ ११ ॥

(उरगबन्धं चतुर्विधम्)

अधिष्ठानस्य तुङ्गं तु साष्टांशदशांशकं कृते ।
सप्तांशं वप्रतुङ्गं तु कुमुदोच्चं रसांशकम् ॥ १२ ॥

कम्पमेकेन कर्तव्यं कन्धरं तत्समं भवेत् ।
पट्टं च पट्टिकैर्द्व्यंशं कम्पमेकेन कारयेत् ॥ १३ ॥
अथवा द्व्यंशमाधिक्यं तुङ्गं कृत्वा विशेषतः ।
वाजनं चैकभागं स्यात्तस्याधा(धः) कन्धर(रं) द्वयम् ॥ १४ ॥
तस्याधो वाजनं चांशं शेषं प्रागुक्तवन्नयेत् ।
तदेव द्व्यंशमाधिक्यं कुम्भस्योर्ध्वे विशेषतः ॥ १५ ॥
कम्पमेकं तथा कर्णं कम्पं तस्योर्ध्वमंशकम् ।
द्व्यंशं गोपानकं चोर्ध्वे शेषं तत्प्रतिवाजनम् ॥ १६ ॥
अथवा तच्चतुर्विंशद्भागं कृत्वा यथोच्छ्रयम् ।
सप्तांशं वप्रतुङ्गं स्यात्कुमुदोच्चं षडंशकम् ॥ १७ ॥
तदूर्ध्वे कम्पमेकांशं कन्धरं तत्समं भवेत् ।
तदूर्ध्वे वाजनं चांशं कन्धरोच्चं गुणांशकम् ॥ १८ ॥
तत्प्रदेशं विशेषोऽस्ति मकरादिविभूषितम् ।
तदूर्ध्वे वाजनं चांशं कम्पनं चैकभागिकम् ॥ १९ ॥
तदूर्ध्वे कम्पमेकांशं शेषं तत्प्रतिवाजनम् ।
एतच्चतुर्विधं ज्ञात्वोरगबन्धमिति स्मृतम् ॥ २० ॥
सर्व(र्प)वक्त्राकृतिं कुर्यात्तदूर्ध्वे तत्प्रतिद्वयम् ।
एतच्चतुर्विधाकारं वृत्तं कुम्भं प्रकारयेत् ॥ २१ ॥
देवभूसुरभूपानां हर्म्याणां तत्प्रकल्पयेत् ।

(प्रतिक्रमं चतुर्विधम्)

एकविंशांशकं तुङ्गे जुत्रोपानं शिवांशकम् ॥ २२ ॥
सार्धद्व्यंशं तु पद्मं स्यात्तदूर्ध्वे सार्ध(र्ध) कम्पकम् ।
ऊर्ध्वे वप्रं तु सप्तांशं धाराकुम्भं रसांशकम् ॥ २३ ॥
आलिङ्गमंशकं चैव तत्समा(मम)न्तरितं तथा ।
एकैकपद्मकम्पं वा पट्टं वाथ द्व्यंशकम् ॥ २४ ॥
गजैरश्वैश्च सिंहैश्च भूषितैः(तं) मकरादिभिः ।
द्वाविंशांशकं कुम्भे(म्भं) कुमुदा(दमू)र्ध्वे विशेषतः ॥ २५ ॥

आलिङ्गमंशकं चोर्ध्वे चैकांशं वाजनं भवेत् ।
द्विभागं कन्धरं चैव पट्टिकं वाजनां(नमं)शकम् ॥ २६ ॥
तद्देशे पूर्ववद्रूपैः सर्वालङ्कारसंयुतम् ।
शेषं तु पूर्ववत्कुर्यात्तदेकांशाधिकं तदा ॥ २७ ॥
कुम्भान्तं(म्भांशं) पूर्ववच्चोर्ध्वे कम्पमेकेन कारयेत् ।
कन्धरं चैकभागं स्यात्तदूर्ध्वे कम्पमंशकम् ॥ २८ ॥
द्व्यंशेन कर्णमूर्ध्वे तु वाजनं चैकभागिकम् ।
पूर्ववत्समलङ्कृत्य तत्तुङ्गैकांशमाधिकम् ॥ २९ ॥
पूर्वोत्तरप्रदेशे तु कम्पनं सा(चा)न्तरां(रमं)शकम् ।
द्व्यंशकं च त्रिपट्टं स्यात्तदूर्ध्वे चान्तरं भवेत् ॥ ३० ॥
प्रतिमं चैवांशमंशं च वाजनं चैव कारयेत् ।
पूर्ववत्समलङ्कृत्य शेषं प्रागुक्तवन्नयेत् ॥ ३१ ॥
तैतिलानां च द्विजातीनामालयेषु न्यसेत्क्रमात् ।
एतत् प्रतिक्रमं नाम्ना तं चतुर्विधमीरितम् ॥ ३२ ॥

(कुमुदबन्धम्)

जन्मादिवाजनान्तं च सप्तविंशांशमुच्छ्रयेत् ।
द्विभागं जन्मतुङ्गं स्यात्तत्समं चाम्बुजोदयम् ॥ ३३ ॥
अंशमेकेन(कं च) कम्पं स्याद्व्रप्रतुङ्गं षडंशकम् ।
अंश(शं) पद्मं च कर्णं च चांशु(शं) पद्मं तथांशकम् ॥ ३४ ॥
कुमुदोच्चं त्रियं(त्रयां)शं स्यात्पद्मतुङ्गं शिवांशकम् ।
अंशकं पद्मं कर्णान्तं कम्पमब्जां(ब्जमं)शकं [भवेत्] ॥ ३५ ॥
द्विं(द्व्यं)शं पट्टा(ट्टम)ब्जमंशं च कम्पमंशेन योजयेत् ।
पूर्वोत्तुङ्गस्य मानेन पट्टिके तु विशेषतः ॥ ३६ ॥
द्विं(द्व्यं)शं गोपानसंयुक्तं चोर्ध्वे युक्त्या स्वलङ्कृतम् ।
केचित्कुमुदकाङ्गे तु त्रिपट्टाश्रममेव वा ॥ ३७ ॥
मध्ये पट्टैर्विशेषं तु पुष्परत्नैश्च शोभितम् ।
कटकावृतमेवं वा शुद्धवृत्तमथापि वा ॥ ३८ ॥

त्रिय(त्रया)श्रं कुमुदं वापि षडश्राकृतिर्(ति) एव वा ।
एवमष्टविधं(ष्टाश्रकं)·कुर्यात्पद्मकंसरमीरितम् ।। ३९ ।।
सर्वहर्म्येषु योग्यं स्यात्कारयेच्छिल्पि(ल्प)वित्तमः ।
नवाधिकविंशांशं तत्तथाधिकतुङ्गकं [स्यात्] ।। ४० ।।
जन्मतुङ्गं तद्द्विभागं [वा] वेदांशं वप्रतुङ्गकम् ।
अर्धांश(शं) पद्मतुङ्गं तु कन्धरं तत्समं भवेत् ।। ४१ ।।
तत्समं चोर्ध्वपद्मं स्यादेकांशं कुमुदोदयम् ।
पद्ममध्यर्ध तथा कम्पं कर्णतुङ्गं द्व्यंशकम् ।। ४२ ।।
कम्पमर्धं तथा पद्म पट्टिकोच्चं द्व्यंशकम् ।
तदूर्ध्वे पद्ममेकांशं चोर्ध्वकम्पं तु तत्समम् ।। ४३ ।।
अर्धा(ध्य)र्धं वाथ जन्मोच्चं कम्पमूर्ध्वेऽर्धमेव वा ।
शेषं प्रागुक्तवत्कुर्यात्तत्तदेतद्विशेषतः ।। ४४ ।।
एकांशं जन्मतुङ्गं स्यादर्धांशं पद्ममेव च ।
शेषं तु पूर्ववत्कुर्यात्किञ्चिदेवं विशेषतः ।। ४५ ।।
पट्टिके तत्कपोतं वा शेषं युक्त्या प्रयोजयेत् ।
एतच्चतुर्विधं प्रोक्तं पुष्पपुष्कलनामकम् ।। ४६ ।।
क्षुद्रमध्ये तु मुख्ये तु प्रथमाद्यं तु भूमिकम् ।
तेन(षु) हर्म्येषु योग्यं स्यात्कल्पयेच्छिल्पि(ल्प)वित्तमः ।। ४७ ।।
जन्मादिवाजनान्तं स्याद्द्वात्रिंशद्विभाजिते ।
द्विभागं जन्मतुङ्गं स्यादेकांशे(श)केन वाजनम् ।। ४८ ।।
सप्तांशेन महापद्मं कर्णमंशं तथाम्बुजम् ।
ऊर्ध्वे कुम्भं तु वेदांशं पद्ममेकेन कारयेत् ।। ४९ ।।
तदूर्ध्वं कम्पमेकांशं त्र्यंशकैर्गलमुन्नतम् ।
कम्पमंशं गलं चांशं गोपानं चतुरंशकम् ।। ५० ।।
आलिङ्गमंशकं चोर्ध्वे अं(चां)शेनान्तरितं तथा ।
प्रतिमुखं तद्वि(द्द्वि)भागं स्यादूर्ध्वे वाजनमंशकम् ।। ५१ ।।
अथैकांशेन समाधिक्यं महाशो(म्बुजा)परि पद्मकम् ।
जन्मस्यो(न उ)परि पद्मं वा शिवांशेनांशमाधिकम् ।। ५२ ।।

एतन्महाम्बुजस्याधो कम्पमेकेन कारयेत् ।
रसांशं तन्महाब्जं स्याच्छेषं प्रागुक्तवन्नयेत् ॥ ५३ ॥
एवञ्चतुर्विधं प्रोक्तं श्रीबन्धमिति नामकम् ।
चक्रवर्तेश्च विष्णोश्च शिवस्यापि च योग्यकम् ॥ ५४ ॥

(श्रीबन्धं चतुर्विधम्)

षड्विंशद्भागमुत्तुङ्गे जन्ममे(चै)कांशमीरितम् ।
वप्रोच्चं तु षडंशं स्यात्कुमुदोच्चं षडंशकम् ॥ ५५ ॥
कर्णमेकेन बन्धां(न्ध्वं)शं कर्ण(र्ण) कम्पं शिवांशकम् ।
पद्ममंशं तदूर्ध्वे तु त्र्यंशं गोपानकोदयम् ॥ ५६ ॥
आलिङ्गमंशकं चोर्ध्वे चांशमन्तरितं तथा ।
प्रतिवक्त्रं तु युग्मांशं वाजनं चैकभागिकम् ॥ ५७ ॥
अथवा जन्म युग्मांशं तदेव प्रतिकांशकम् ।
शेषं तु पूर्ववत्कुर्याज्जन्मोर्ध्वे चोपणांशकम् ॥ ५८ ॥
गोपानोपरि चाध्येनौ(र्धेना)लिङ्ग(ङ्गम)न्तरितां(तमं)शकम् ।
अंशं तत्प्रतिवक्त्रं स्यादर्धांशश्चार्ध(मर्ध) वाजनम् ॥ ५९ ॥
अथवा जन्म मे(ए)कांशं तत्समं चाब्जकं तथा ।
तदूर्ध्वे कम्पमेकांशं शेषं प्रागुक्तवन्नयेत् ॥ ६० ॥
एवञ्चतुर्विधं प्रोक्तं मञ्चबन्धमुदीरितम् ।
देवानां भूपतीनां च हर्म्याणां तत्प्रकल्पयेत् ॥ ६१ ॥

(मञ्चबन्धं चतुर्विधम्)

जन्मादिवाजनान्तं च कृत्वा विंशत्षडाधिकम् ।
जन्मतुङ्गं तु सार्धांशं युगलं पद्मतुङ्गकम् ॥ ६२ ॥
एवं कम्पं च वप्रो(प्राग्)क्तं षडंशं कुम्भ(म्भं) युगांशकम् ।
तस्योर्ध्वे कम्पमेकांशं कन्धरश्च(रं च) द्विभागिकम् ॥ ६३ ॥
एकांश(शं) कम्पकं चाद्यां (द्वाभ्यां) पट्टं तत्स्नेपणां(णमं)शकम् ।
आलिङ्गं चा(सा)र्धकं चोर्ध्वे कम्पमेकेन कारयेत् ॥ ६४ ॥
अध्यर्धांशं प्रतिं चैव सार्धांशं वाजनं भवेत् ।
व्यालरूपादिसिंहैश्च मकराद्यै(दिभि)र्विभूषितम् ॥ ६५ ॥

द्विभागं जन्मतुङ्गं स्यात्तत्सममम्बुजं भवेत् ।
एकांशं चेपणं चैव वप्रतुङ्गं रसांशकम् ॥ ६६ ॥
कुमुदोर्ध्वं युगांशं स्यात्कम्पमेकेन कारयेत् ।
कन्धरं च द्विभागं स्यात्कम्पमंशेन योजयेत् ॥ ६७ ॥
पट्टिकोर्ध्वं द्विभागं स्यात्कम्पमंशं तदूर्ध्वके ।
कर्णमेकेन कर्तव्यं वाजनं चैकभागिकम् ॥ ६८ ॥
प्रतिमं चैकांशकं स्याद्वाजनं चैकभागिकम् ।
त्रिपट्टं कुमुदं वापि प्रतिरे(मे)वं त्रिपट्टकम् ॥ ६९ ॥
शेषं तु पूर्ववत्कुर्यात्प्रत्यलङ्कार(रं) पूर्ववत् ।
तदेव पट्टिकं चोर्ध्वे कन्धरं चैकभागिकम् ॥ ७० ॥
शेषं पूर्ववदुद्दिष्टं युक्त्यालङ्कार(र) योजयेत् ।
एवं चतुर्विधं प्रोक्तं श्रेणीबन्धमिति स्मृतम् ॥ ७१ ॥
देवानामपि सर्वेषां हर्म्याणां कल्पयेद्बुधः ।

(श्रेणीबन्धं चतुर्विधम्)

अष्टादशांशकं तुङ्गे जन्ममर्धा(न्माध्य)र्धभागिकम् ॥ ७२ ॥
अर्धांशं क्षुद्रकम्पं तु भूतांशं तन्महाम्बुजम् ।
एकांशं कन्धरं चांशं चाब्जं कुम्भं गुणांशकम् ॥ ७३ ॥
तदूर्ध्वे पद्ममंशं स्याद्वालिङ्गां(ङ्गमं)शं तदूर्ध्वके ।
एकांशं वाजनं चोर्ध्वे प्रतिं द्व्यंशमंशं वाजनम् ॥ ७४ ॥
द्वाविंशांशकं कृत्वा पञ्चांशं जन्मतुङ्गकम् ।
क्षुद्रं क्षेपणमर्धांशं सार्धवेदांशका(कम)म्बुजम् ॥ ७५ ॥
एकांशं कन्धरं चोर्ध्वे तत्समं चाब्जकं भवेत् ।
कुम्भं(म्भ)तुङ्गं गुणांशं च पद्मतुङ्गं शिवांशकम् ॥ ७६ ॥
कम्पमेकं तदूर्ध्वे तु कन्धरं चाक्षभागिकम् ।
क्षेपणं चैकभागं तु पद्मं चैकेन कारयेत् ॥ ७७ ॥
द्विभागं पट्टिकोत्तुङ्गं पद्ममंशमंशं वाजनम् ।
तस्मादेकांशमाधिक्यं सार्धयुग्मं तु पादुकम् ॥ ७८ ॥

तदूर्ध्वे कम्पमर्धेन पञ्चांशेन महाम्बुजम् ।
कन्धरं चैकभागेन पद्ममंशेन योजयेत् ॥ ७६ ॥
कुमुदोच्चं गुणांशं स्यात्पद्ममंशं तदूर्ध्वके ।
कम्पमंशेन संयुक्तं कन्धरं तत्समं भवेत् ॥ ८० ॥
तत्समं वाजनं चोर्ध्वे वन्ह्यंशा(शम)न्तरितं तथा ।
द्व्यंशं तत्प्रतिं संयुक्तं वाजनं चैकभागिकम् ॥ ८१ ॥
तस्मादाधिक्यमेकांशं जन्मतुङ्गं कलांशकम् ।
एकांशं क्षुद्रपद्मोच्चं तदूर्ध्वमंशेन वाजनम् ॥ ८२ ॥
भूतांशेन महापद्मं तदूर्ध्वांशे[न] दलान्वितम् ।
शेषं प्रागुक्तवच्चोर्ध्वे गृ(ग्रा)हसिंहादिभूषितम् ॥ ८३ ॥
एतच्चतुर्विधं ज्ञात्वा पद्मबन्धमुदीरितम् ।
देवानामपि सर्वेषां देवीनां शम्भोरालये ॥ ८४ ॥
कारयेत्सर्वसंसिद्ध्यै श्रीसौभाग्यप्रदायकम् ।

(पद्मबन्धं चतुर्विधम्)

एकविंशांशकोत्सेधं जन्मतुङ्ग(ङ्गं) कलांशकम् ॥ ८५ ॥
एकांशं पद्मतुङ्गं तु कम्पमेकेन कारयेत् ।
भूतांशं कुम्भतुङ्गं स्यादेकांशं चेपणं भवेत् ॥ ८६ ॥
त्रियं(त्रयां)शं स्यादधोपद्ममूर्ध्वे कर्णं शिवांशकम् ।
तत्समं कम्पमूर्ध्वे तु द्विभागं पट्टिकोदयम् ॥ ८७ ॥
तदूर्ध्वे कम्पमेकांशं कन्धरं चैकभागिकम् ।
तदूर्ध्वे द्व्यंशकं पट्टं युक्त्या तत्रैव योजयेत् ॥ ८८ ॥
तदेव तुङ्गभागेन वह्नि(ह्निं) सोपानमीरितम् ।
एकांश(शं) पद्मतुङ्गं स्यात्पञ्चांशं कुमुदोदयम् ॥ ८९ ॥
कम्पमेकं तदूर्ध्वे स्याद्गन्धां(न्ध्वं)शं पद्मतुङ्गकम् ।
तदूर्ध्वे कम्पमेते(के)न तदूर्ध्वे द्व्यंशकैः(कं) गलम् ॥ ९० ॥
चेपणं चैकभागं स्यात्पद्ममेकेन कारयेत् ।
कपोतोच्च(च्चं) द्विभागं स्यात्कम्पमेकं तदूर्ध्वके ॥ ९१ ॥

तदेवाब्जं प्रदेशे तु कम्पमेकेन पूर्ववत् ।
तदूर्ध्वे द्विंश(द्व्यंशं) कर्णं स्यात्कम्पमेकं तदूर्ध्वके ॥ ९२ ॥
द्विं(द्व्यं)शं चान्तरितं चोर्ध्वे प्रतिं चैकांशमेव च ।
तदूर्ध्वे वाजनं चांशं शेषं प्रागुक्तवन्नयेत् ॥ ९३ ॥
जन्मोच्चं त्र्यंशकं स्यात्पद्ममेकेन कारयेत् ।
कन्धरं चैकभागं स्यादूर्ध्वे पद्मं शिवांशकम् ॥ ९४ ॥
कुम्भतुङ्गं शरांशं स्यात्पद्ममेकेन कारयेत् ।
तदूर्ध्वे कम्पमेकेन कर्णमंशं तदूर्ध्वके ॥ ९५ ॥
पद्ममेकं तदूर्ध्वे तु कपोतोच्चं कलांशकम् ।
आलिङ्गमंशकंचैवमेकांशा(शम)न्तरितं तथा ॥ ९६ ॥
प्रतिवाजनमेकेन कुम्भबन्धं चतुर्विधम् ।
गृहसिंहादिसर्वेषां(र्वैः) युक्त्या देशैः(शम)लङ्कृतम् ॥ ९७ ॥

(कुम्भबन्धं चतुर्विधम्)

उत्सेधे तु चतुर्विंशद्भागं कुर्याद्विशेषतः ।
जन्मोच्चं तु द्विभागं स्यात्तत्समं पद्मतुङ्गकम् ॥ ९८ ॥
कम्पमेकं तदूर्ध्वे तु कर्णतुङ्गं गुणांशकम् ।
तदूर्ध्वे कम्पमेकांशं पट्टिकोच्चं कलांशम् ॥ ९९ ॥
तदूर्ध्वे कम्पमंशेन चाधो(धः) पद्मं कलांशकम् ।
कर्णमेकांशकं चोर्ध्वे पद्ममेकांश(शं) कारयेत् ॥ १०० ॥
तदूर्ध्वे कुम्भ(म्भं) त्र्यंशं स्यात्पद्ममेकांशमेव च ।
तदूर्ध्वे निम्नमंशं स्यात्तस्योर्ध्वे कम्पमंशकम् ॥ १०१ ॥
तदूर्ध्वे तत्समं निम्नमूर्ध्वे पतिमेकांशमेव च ।
तदेव पूर्ववदुत्सेधं पद्मकर्णे विशेषतः ॥ १०२ ॥
मध्ये कुम्भं कलांशं स्यात्तस्योर्ध्वे एकाश(शं) निम्नकम् ।
शेषं प्रागुक्तवत्कुर्यात्तद्भागेन विशेषतः ॥ १०३ ॥
द्विभागं जन्मतुङ्गं स्यात्पद्मतुङ्गं तु तत्समम् ।
निम्नमेकं तदूर्ध्वे तु कुम्भतुङ्गं कलांशकम् ॥ १०४ ॥

कम्पमेकं तदूर्ध्वे तु कन्धरं चैकभागिकम् ।
कम्पमेकं तदूर्ध्वे स्यात्तत्समं चोर्ध्वकम्पकम् ॥ १०५ ॥
कपोतोच्चं कलांशं स्याद्वाजनं चैकभागिकम् ।
तदूर्ध्वे सार्ध(र्ध) पद्मं स्यान्निम्नमेकेन कारयेत् ॥ १०६ ॥
तदूर्ध्वे सार्ध(र्ध) पद्मं तु कुम्भतुङ्गं कलांशकम् ।
तदूर्ध्वे सार्ध(र्ध) पद्मं स्यान्निम्नमेकेन कारयेत् ॥ १०७ ॥
तस्योर्ध्वे चोपणां(ग्मं)शं [तं] तत्समं निम्नमेव च ।
तस्योर्ध्वे एकं प्रतिं चैव कारयेल्लक्षणान्वितम् ॥ १०८ ॥
अथवा द्व्यंशकं जन्म तत्समं पद्मस्योच्छ्रयम् ।
एकांशं कन्धरं प्रोक्तं कुम्भतुङ्गं कलांशकम् ॥ १०९ ॥
एकांशमूर्ध्वेऽकं निम्नं च क्षुद्रपट्टा(ट्टम)ब्जमंशकम् ।
कपोतं चोर्ध्वके युग्मं तदूर्ध्वे चोपणां(ग्मं)शकम् ॥ ११० ॥
तदूर्ध्वे चार्धपद्मां(द्मम)शं तत्समं कन्धरं भवेत् ।
तत्समं चोर्ध्वपद्मं स्यात्कुम्भतुङ्गं गुणांशकम् ॥ १११ ॥
अधो(धः) पद्मं शिवांशं स्यात्तदूर्ध्वांशेन कन्धरम् ।
कम्पमेकेन(कं) भागं स्यात्क्षुद्राब्जं चार्धकं भवेत् ॥ ११२ ॥
अध्यर्धांशं कपोता(तमू)र्ध्वं शेषं तत्प्रतिवाजनम् ।
जन्मादिवाजनान्तं च तुङ्ग(ङ्गे) षड्विंशदंशके ॥ ११३ ॥
द्विभागं जन्मतुङ्गं स्यात्तत्समं पद्मतुङ्गकम् ।
कम्पमेकं तदूर्ध्वे तु कन्धरं तद्द्विभागिकम् ॥ ११४ ॥
तदूर्ध्वे कम्पमेकांशं पद्ममेकेन योजयेत् ।
पट्टिकोच्च(च्चं) द्विभागं स्यात्तदूर्ध्वे पद्ममंशकम् ॥ ११५ ॥
आलिङ्गमंशकं चोर्ध्वे ऊ(चो)र्ध्वे पद्मं शिवांशकम् ।
कुम्भतुङ्गं त्रिभागं स्यात्तदूर्ध्वे पद्ममंशकम् ॥ ११६ ॥
पद्ममेकं तदूर्ध्वे तु कन्धरं च द्विभागिकम् ।
एकेन कम्पमंशा(शम)ब्जं कपोतोच्चं कलांशकम् ॥ ११७ ॥
शिवांशं चोर्ध्वके कम्पं शेषं युक्त्या प्रयोजयेत् ।
आहादिचित्र(त्रं) सर्वेषां क्षुद्रनासादिभूषितम् ॥ ११८ ॥

एतत्पञ्चवि(चतुर्वि)धं प्रोक्तं कुम्भदेशे विशेषतः ।
वृत्तं विधिं त्रिपट्टं वाधाराय कटकान्वितम् ॥ ११९ ॥
एतत्कलशबन्धाख्यं देवभूपत्योरालये(षु) ।

(वप्रबन्धम्)

वप्रबन्धमधिष्ठानमेकत्रिंशांशतुङ्गके ॥ १२० ॥
जन्मं(न्म) तु द्व्यंशकं तुङ्गे कम्पमर्धेन कारयेत् ।
पद्मं सार्ध(र्धं) शिवांशं स्यात्तदूर्ध्वार्धेन वाजनम् ॥ १२१ ॥
वप्रोच्चं सार्धवह्न्यंशं पद्ममर्धमर्धं कम्प[क]म् ।
कन्धरोच्चं द्विभागं स्यादर्धा(र्धम)र्धकम्प(म्पं) पद्मकम् ॥ १२२ ॥
पट्टिकोच्चं कलांशं स्यात्पद्ममर्धा(र्धम)र्ध(र्धं) वाजनम् ।
युगांशं कर्णतुङ्गं स्यात्त्वेपद्मांश(द्मंशम)म्बुजा(जम)र्धकम् ॥ १२३ ॥
कपोतोच्चं द्विभागं स्यादेकांशं प्रतिवाजनम् ।
वप्रबन्धमिति प्रोक्तं वज्रबन्धमिहोच्यते ॥ १२४ ॥

(वज्रबन्धम्)

तदेव तुङ्गभागेन जन्मतुङ्गं कलांशकम् ।
तदूर्ध्वेऽर्धेन कम्पं स्यात्सार्धार्धं पद्मतुङ्गकम् ॥ १२५ ॥
अर्धेन कम्पकं चोर्ध्वे कन्धरं तत्समं भवेत् ।
कम्पमर्धेन तस्योर्ध्वे पद्ममर्धेन कारयेत् ॥ १२६ ॥
वज्रकुम्भं द्व्यांशं स्यात्तदूर्ध्वेऽर्धं सरोरुहम् ।
कम्पमर्धेन तस्योर्ध्वे कर्णतुङ्गं कलांशकम् ॥ १२७ ॥
तदूर्ध्वं कम्पमर्धेन तत्समं चाम्बुजं भवेत् ।
कपोतं द्विभागं स्यादेकांशं प्रतिवाजनम् ॥ १२८ ॥
कन्धरं चाश्विनीभागं चांशेन कम्प(म्पं) पद्मकम् ।
वज्रपट्टं द्विभागं स्यात्पद्म(द्मं) कम्पं शिवांशकम् ॥ १२९ ॥
वज्रबन्धमिति प्रोक्तं श्रीभोगं तमिहोच्यते ।

(श्रीभोगम्)

तुङ्गे तु सप्तविंशांशं सार्धद्व्यंशेन जन्मसु(च) ॥ १३० ॥

क्षुद्रकम्पा(म्पम)र्धभागेन अ(चा)म्बुजोच्चं गुणांशकम् ।
अर्धेन क्षुद्रपद्मं स्यात्कम्पमर्धेन योजयेत् ॥ १३१ ॥
तदूर्ध्वे कर्णमंशं स्यात्कम्पमर्धेन योजयेत् ।
क्षुद्राब्जं तत्समं चैव कुमुदोच्चं गुणांशकम् ॥ १३२ ॥
तदूर्ध्वे पद्ममर्धेन तत्समं क्षेपणं भवेत् ।
कर्णतुङ्गं कलांशं स्यात्कम्पमर्धेन कारयेत् ॥ १३३ ॥
तत्समं पद्मतुङ्गं स्यात्पट्टिकोच्चं कलांशकम् ।
पद्ममर्धेन कम्पा(म्पम)र्धं कन्धरं द्व्यंशमिष्यते ॥ १३४ ॥
कम्प(म्पं) पद्मं शिवांशं तु सार्धार्धांशं कपोतकम् ।
तदूर्ध्वे द्व्यंशकेनैवमालिङ्गा(ङ्गम)न्तादि योजयेत् ॥ १३५ ॥
अथवा जन्म युग्मांशं क्षुद्रोपानं शिवांशकम् ।
महाम्बुजं शिवांशं स्यादर्धेन क्षुद्रपङ्कजम् ॥ १३६ ॥
अर्धेन कम्प(म्पं) कर्णं दृक्कम्प(म्पं) पद्मं शिवांशकम् ।
कपोतं चाश्विनीभागमम्बरांशं गलोदयम् ॥ १३७ ॥
प्रतिवाजनमेकांशं द्विभागांशं(गं च) गलोदयम् ।
व्योमांशं पद्म(द्मं) कम्पं च द्व्यंशकं पट्टिकोदयम् ॥ १३८ ॥
अध्यर्धांशं गलोत्तुङ्गं वाजनं कम्पमूर्ध्वके ।
तत्समं पद्मतुङ्गं स्यात्सार्धद्व्यंशं कपोतकम् ॥ १३९ ॥
द्व्यंशेन प्रतिमं चैव सप्तविंशतिकोदयम् ।
श्रीभोगं स्याद्द्विधा(विधं) प्रोक्तं सर्वालङ्कारसंयुतम् ॥ १४० ॥

(रत्नबन्धम्)

रत्नबन्धमधिष्ठानं षड्विंशत्यंशकं भवेत् ।
अध्यर्धांशं तु जन्म स्यादर्धांशं क्षुद्रवाजनम् ॥ १४१ ॥
वप्रयो(मं)शं तु पद्मं स्यात्तदूर्ध्वेऽर्धेनासनम् ।
रत्नवप्रं तु बन्धां(न्ध्वं)शमर्धेन(र्धमब्जं) कारयेत् समम् ॥ १४२ ॥
तत्समं चोर्ध्वकम्पं स्यान्निम्नमर्धेन कारयेत् ।
तदूर्ध्वा(र्ध्वम)र्धेन कम्पं स्यादर्धेनाब्जं तदूर्ध्वके ॥ १४३ ॥

रत्नकम्प(म्पं) द्विभागं स्यात्तदूर्ध्वेऽर्धेन कम्प(चाम्बु)जम् ।
तदूर्ध्वा(र्ध्वम)र्धेन कम्पं स्यात्कन्धरं च द्विभागिकम् ॥ १४४ ॥
कम्पपद्मं शिवांशं स्याद्रत्नपट्टं कलांशकम् ।
तदूर्ध्वे पद्मकम्पं च व्योमांशेनैव योजयेत् ॥ १४५ ॥
सार्धांशं तु कर्णं स्यादर्धांशं चोर्ध्ववाजनम् ।
अर्धेनाब्जं तदूर्ध्वे तु द्व्यांशकं कपोतकम् ॥ १४६ ॥
आलिङ्गं चार्धभागेन शेषं तत्प्रतिवाजनम् ।
तद्देश(शं) व्यालरूपादिमकरादिविभूषितम् ॥ १४७ ॥
अन्यत्सर्वाङ्गकै रत्नैः पङ्कजैश्च विभूषितम् ।
शिवविष्णवालयं(ये) कुर्याद्रत्नबन्धमुदीरितम् ॥ १४८ ॥

(पट्टबन्धम्)

जन्मादिवाजनान्तस्य तुङ्गे तदंशकं भवेत् ।
जन्मतुङ्गं द्विभागं स्यात्तदूर्ध्वेऽर्धेन वाजनम् ॥ १४९ ॥
महाब्जं सार्धयुग्मं स्यात्पद्मकम्पं शिवांशकम् ।
निम्नकम्पं तथैकांशं तदूर्ध्वेकेन पद्मकम् ॥ १५० ॥
महापट्ट(ट्टं) द्विभागं स्यात्पद्मकम्पं शिवांशकम् ।
कन्धरं चैकभागं स्यात्त्वेपद्माब्जं शरांशकम् ॥ १५१ ॥
कपोतोष्ठं द्विभागं स्याच्छेषं तत्प्रतिवाजनम् ।
एतत्तु पट्टबन्धं स्यात्सर्वालङ्कारसंयुतम् ॥ १५२ ॥

(कुक्षिबन्धं चतुर्विधम्)

त्रिषडंशं तदुत्सेधं द्व्यंशकं जन्मतो(तः) वप्रयम् ।
कम्पमर्धं तदूर्ध्वे तु सार्धद्व्यंशं महाम्बुजम् ॥ १५३ ॥
पद्मकम्पं तथैकेन निम्नगन्तरितां(तमं)शकम् ।
अध्यर्धांशं प्रतिं चैव वाजनं चैकभागिकम् ॥ १५४ ॥
कन्धरं चैकभागं स्यात्कम्पपद्मं शिवांशकम् ।
वृत्तकुम्भं द्विभागं स्यात्पद्मत्वेपणमंशकम् ॥ १५५ ॥
कर्णमेकेन तस्योर्ध्वे कम्पपद्मं शिवांशकम् ।
कपोतं सार्धभागं स्यात्तदूर्ध्वा(र्ध्वम)र्धेन वाजनम् ॥ १५६ ॥

सर्वालङ्कारसंयुक्तं व्यालग्राहादिभूषितम् ।
तदेव तुङ्गां(ङ्गमं)शमा(शा)धिक्यं जन्मतुङ्गं कलांशकम् ॥ १५७ ॥
तदूर्ध्वेऽर्धेन पद्मं स्यात्कम्पमर्धेन कारयेत् ।
द्व्यंशं महाम्बुजं चोर्ध्वे पद्मनिम्नं शिवांशकम् ॥ १५८ ॥
अर्धेनाब्जं तदूर्ध्वे तु सार्धांशं कुमुदोदयम् ।
अर्धेनाब्जं तथा कर्णं अ(चा)र्धेनाब्जं तदूर्ध्वके ॥ १५९ ॥
सार्धांशं पट्टिकोत्तुङ्गं पद्मकम्पं शिवांशकम ।
अर्धेन निम्नकं चोर्ध्वे तत्समा(मम)न्तरितं तथा ॥ १६० ॥
एकांशेन प्रतिं चोर्ध्वे वाजनं चार्धभागिकम् ।
एकांशं कन्धरं प्रोक्तं कम्पमर्धेन योजयेत् ॥ १६१ ॥
पद्ममर्धेन सार्धांशं कपोतां(तमं)शेन वाजनम् ।
एकं तत्प्रतिबन्धं स्याद्द्विविधं तत्प्रकीर्तितम् ॥ १६२ ॥
शेषं तु पूर्ववत्कुर्यात्सर्वालङ्कारसंयुतम् ।
तुङ्गे षड्विंशदंशेन(शे च) जन्मतुङ्गं कलांशकम् ॥ १६३ ॥
क्षुद्रोपानं शिवांशं स्यात्पद्मतुङ्गं कलांशकम् ।
एकेन कम्पकं चोर्ध्वे कन्धरं च द्विभागिकम् ॥ १६४ ॥
तदूर्ध्वे कम्पमेकांशं पद्ममेकेन कारयेत् ।
पर्य(त्यं)शं कुमुदोच्चं स्यात्पद्ममेकेन कारयेत् ॥ १६५ ॥
कम्पमेकं तदूर्ध्वं च द्व्यंशकैर्गलमेव च ।
तदूर्ध्वे कम्पमेकांशं पद्ममेकेन कारयेत् ॥ १६६ ॥
कपोतोच्चं द्विभागं स्याच्छेषं तत्प्रतिवाजनम् ।
वृत्तं वा पट्टकम्पं वा कपोते(तं) वापि पट्टिकौ ॥ १६७ ॥
अध(धः) कर्णद्वयोर्देशे व्यालरूपादिभूषितम् ।
चतुर्विंशांशकं(के) तुङ्गे जन्मोत्सेधं गुणांशकम् ॥ १६८ ॥
कम्पमीशं तदूर्ध्वे तु निम्नमंशेन कारयेत् ।
एतदूर्ध्वं पञ्चभागेनैकैकं भद्रसंयुतम् ॥ १६९ ॥
तदूर्ध्वे कम्पमेकेन तत्समं निम्नकं भवेत् ।
तत्समा(मम)न्तरितं चोर्ध्वे भागेन प्रतिसंयुतम् ॥ १७० ॥

तदूर्ध्वे चांश(शं) कम्पं च तत्समं चोर्ध्वकन्धरम् ।
कम्पमेकं तदूर्ध्वे तु पद्ममेकेन कारयेत् ॥ १७१ ॥
कपोतोच्चं त्रियं(त्र्यां)शं स्यादेकांशं कन्धरं भवेत् ।
तत्समो(ममू)र्ध्वे प्रतिं चैव कुम्भमष्टांशमेव च ॥ १७२ ॥
कपोते भद्रपट्टं स्यात्पत्रपट्टकमेव च ।
एतच्चतुर्विधं प्रोक्तं कम्पबन्धं प्रकीर्तितम् ॥ १७३ ॥

(कम्पबन्धम्)

षट्षड्भागकृते तुङ्गे जन्मादी(दि)वाजनान्तकम् ।
चतुर्भागेन जन्म स्यात्क्षुद्रोपानं शिवांशकम् ॥ १७४ ॥
महाब्जं पञ्चभागं स्यात्क्षुद्राब्जं तु शिवांशकम् ।
तदूर्ध्वे कम्पमेकेन निम्नमंशेन योजयेत् ॥ १७५ ॥
तदूर्ध्वे वाजनां(नमं)शं तत्समं चोर्ध्वे पद्मकम् ।
महाब्जोच्चसमं कुम्भं तदूर्ध्वे चाब्जमंशकम् ॥ १७६ ॥
कम्पमेकं तदूर्ध्वे तु चालिङ्गोपरि चांशकम् ।
तदूर्ध्वेऽन्तरितं चांशं प्रति(तिं) द्व्यंशेन योजयेत् ॥ १७७ ॥
तस्योर्ध्वे वाजनं चांशं चोपणं चैकभागिकम् ।
तस्योर्ध्वे कन्धरं चांशं कम्पमेकेन कारयेत् ॥ १७८ ॥
पद्ममंशं तदूर्ध्वे तु कपोतोच्चं त्रियं(त्र्यां)शकम् ।
आलिङ्गमंशकं चोर्ध्वे प्रतिमेकेन कारयेत् ॥ १७९ ॥

(श्रीकान्तम्)

वृत्तं वा तत्र पट्टं वा कुम्भं(म्भ)देशे विशेषतः ।
श्रीकान्तं चतुर्विधं(तथाविधं) प्रोक्तं सर्वालङ्कारशोभितम् ॥ १८० ॥
तत्रैव (अष्टत्रिंशत्) तुङ्गभागे[न] त्र्यंशं चोपानतुङ्गकम् ।
क्षुद्रोपानं तथैकांशं चाष्टांशं महाम्बुजम् ॥ १८१ ॥
क्षुद्राब्जं चैकभागेन कन्धरं तत्समं भवेत् ।
पद्ममेकं तदूर्ध्वे तु पट्टिकोच्चं गुणांशकम् ॥ १८२ ॥
क्षुद्रकम्पं शिवांशं स्यात्पद्मतुङ्गं युगांशकम् ।
क्षुद्राब्जं(ब्ज)तुङ्गरांशं च निम्नं चोर्ध्वैकभागिकम् ॥ १८३ ॥

तत्समं चोर्ध्वपद्मं स्यादूर्ध्वे कुम्भ(म्भं) गुणांशकम् ।
तदूर्ध्वे कम्पमेकांशं तत्समं चेपणा(णम)न्वितम् ॥ १८४ ॥
कन्धरं च द्विभागं स्यात्कम्पमेकेन कारयेत् ।
पद्मतुङ्गं तु तत्तुल्यं कपोतोच्चं कलांशकम् ॥ १८५ ॥
तदूर्ध्वमालिङ्गमंशं च प्रतिमेकेन कारयेत् ।
त्त(एत)त्तु श्रीकान्तं स्याच्छिवविष्ण्वालयं(येषु) भवेत् ॥ १८६ ॥

(अधिष्ठाननिर्गमम्)

जन्मादिवाजनान्तं चाङ्गानां तद्विशेषतः ।
तत्तद्द्रव्येण संज्ञात्वा(य) वृद्धिहान्यांशकं भवेत् ॥ १८७ ॥
तुङ्गे हीनाधिकं चैतत्(चेत्) सर्वं दोषं समुद्भवेत् ।
तत्समं निर्गमं वापि त्रिपादमर्धा(र्धम)र्धार्धमेव च ॥ १८८ ॥
तदेव चेपणं सर्वे(र्वं) यथाशोभं तु कारयेत् ।
उपानतुङ्गसमं वापि तत्पादोनविवर्धनात् ॥ १८९ ॥
तुङ्गेन त्रिविधानां च त्रिपादं निर्गमं भवेत् ।
वप्रोच्चं तु समं वापि यावत्कुमुदनिर्गमम् ॥ १९० ॥
कुमुदोच्चं वप्रपट्टान्तं पट्टिकानिर्गमं भवेत् ।
तत्समं निर्गमं वापि पट्टं(ट्ट)गोपाननिर्गमम् ॥ १९१ ॥
क्षुद्रपङ्कजसर्वेषां तत्समं निर्गमं भवेत् ।
यथाशोभं बलात्सर्वमङ्गानां सहितो न्यसेत् ॥ १९२ ॥

(दण्डमाननिर्गमम्)

अथवा दण्डमानेन निर्गमं वक्ष्यतेऽधुना ।
दण्डं वा सार्धदण्डं वा द्विदण्डकं वा त्रिदण्डकम् ॥ १९३ ॥
सार्धत्रिदण्डकं वापि चतुर्दण्डमथापि वा ।
सार्धचतुर्दण्डकं वा पञ्चदण्डमथापि वा ॥ १९४ ॥
एवं चोपानानिष्क्रान्तमथवा हस्तमानतः ।
अर्धहस्तं समारभ्य त्रित्र्यङ्गुलविवर्धनात् ॥ १९५ ॥
सार्धहस्तावसानं स्यान्निर्गमं त्रित्रिभेदकम् ।
क्षुद्रमध्यं च(ध्यम)मुख्यानां हर्म्याणां निर्गमं च तत् ॥ १९६ ॥

एवं चतुःषष्टिमसूरकाणि
शास्त्रोक्तमानेन विभाजितानि ।
ज्ञात्वा प्रकुर्वन्निह शिल्पिवर्य
स्तद्वास्तुभर्तुः प्रददाति संपत् ॥ १९७ ॥

विमानशालेषु च मण्डपेषु
निधानसद्मेष्वपि गोपुरेष्वपि ।
एतेष्वधोदेशतलोपपीठे
वस्यांपरिष्ठात्कृतकुट्टिमानि ॥ १९८ ॥

किं चोपपीठेन सहैव कुर्यात्
पीठोपपीठात्समसूत्रकानि ।
एवं तु सत्यकृतेव भक्तौ
सिञ्चन्ति लक्ष्म्या सह मुक्तिभुक्तिम् ॥ १९९ ॥

समस्तहर्म्यादि च धातुसर्वं
कृतं विमान(नं) मसूरेण सह यदि [न] स्यात् ।
लोकेत्वनावृष्ट्य(ष्टिर)पि कर्तृनाशं तु
अश्रीकरं स्यात्खलु सर्वहानिः ॥ २०० ॥

तस्मान्मसूरेण सहैव सर्वं
कृतं विमानेषु च भूषणानि ।
अनूनलक्ष्मीरिह भुक्तिमुक्तिम्
आयुष्यमारोग्यकरं सुखं च ॥ २०१ ॥

इति मानसारे वास्तुशास्त्रे अधिष्ठानविधानं नाम चतुर्दशोऽध्यायः ।

स्तम्भलक्षणम्

पादानामपि सर्वेषां लक्षणं वक्ष्यतेऽधुना ।
आयामं च विशालं च आ(चा)यादि भूषणादिकम् ॥ १ ॥
दारुसंग्रहणं पादस्थापनं च यथाक्रमम् ।
जङ्घा च चरणं चैव स्तली स्तम्भमङ्घ्रिकम् ॥ २ ॥
स्थाणु स्थूणं च पादं च क(स्क)म्भमारणि भारकम् ।
धारणं द्वादशं नाम पर्यायोक्तं पुरातनैः ॥ ३ ॥
अधिष्ठानोपरिष्टात्तु चोत्तराधोऽवसानकम् ।
उपपीठोपरिष्टात्तु जन्मादौ चोत्तरान्तकम् ॥ ४ ॥
पादायामावसानं[तु] च अ(चा)धिष्ठानोदयेन च ।
द्विगुणं वा सपादार्धं पादोनद्विगुणं तु वा ॥ ५ ॥
द्विगुणान्ता(न्तम)ङ्घ्रिकायामं हस्तमानवशो(शमु)च्यते ।
सार्धद्विहस्तमारभ्य षट्षडङ्गुलवर्धनात् ॥ ६ ॥
अष्टहस्तावसानं स्याच्चतुर्थांश(द्द्वादशम)ङ्घ्रितुङ्गकम् ।
त्रिचतुष्पञ्चषण्मात्रं कुडयस्तम्भविशालकम् ॥ ७ ॥
तत्तद्द्विगुणितं वापि त्रिगुणं वा चतुर्गुणम् ।
एतत्कम्प(स्कम्भ)विशालं स्यादथवा तुङ्गमानतः ॥ ८ ॥
आदित्यरुद्रपत्यं(ङ्क्त्यं)शरन्ध्रं चाष्टांशकं भवेत् ।
एकैकं पादविस्तारं तत्तत्पादोनमग्रतः ॥ ९ ॥
एतत्पादविशालं स्यात्तथा(दा)कारमिहोच्यते ।
चतुरश्रं ब्रह्मकान्तं स्यादष्टाश्रं विष्णुकान्तकम् ॥ १० ॥
षोडशाश्रं तु वृत्तं वा रुद्रकान्तमिति स्मृतम् ।
पञ्चाश्रं शिवकान्तं स्यात्षडश्रं स्कन्दकान्तकम् ॥ ११ ॥
मूलादि चाग्रपर्यन्तमेवमाकारमीरितम् ।
एवमाकारपादानां मूले वेदाश्रमेव च ॥ १२ ॥

मूलं मध्यं चाग्रं च चतुरश्रमथापि वा ।
अग्रतारसमा(मम)ग्रे तत्कर्ण(कण्ठ)माना(नम)ग्रमन्तकम् ॥ १३ ॥
तत्समं मध्यमाश्रा(ग्रा)न्तं मध्यमाश्रं समाश्रकम् ।
मध्यमाग्रस्य द्वयोः पादमग्रा(ग्र)स्य च मा(समा)न्तकम् ॥ १४ ॥
शेषं तत्पादमूले तु चतुरश्राकृतिं न्यसेत् ।
चित्रकर्ण(ण्ठ)मिति प्रोक्तं तत्र(त्) सर्वालयं(ये) भवेत् ॥ १५ ॥
तन्मूले चासनं कुर्यात्पादुकं वा सहाम्बुजम्(जेन) ।
मूलाग्रे चित्रसंयुक्तमग्रान्ते मुकुलान्वितम् ॥ १६ ॥
तन्मूले पालिकाहं(का हि) स्याद्यथाशोभं तु कारयेत् ।
अन्तरे चित्रपट्टं स्यात्परितो ह्यङ्गुलेन च ॥ १७ ॥
पत्रादिरत्नपुष्पैश्च एतत्पट्टैश्च भूषितम् ।
मध्याग्रे पद्मपत्रादि ऊर्ध्वा(मूला)धोऽग्रं(ग्रे) तु कुड्मलम् ॥ १८ ॥
मूलवच्चाग्रमग्रे तु चाग्राधः कुड्मलान्वितम् ।
सर्वालङ्कारसंयुक्तं पद्मकान्तमिति स्मृतम् ॥ १९ ॥
मूले विनासनस्तम्भं चित्रक(स्क)म्भमुदीरितम् ।
अङ्घ्रिकायाममानेन बोधिकादीनि विन्यसेत् ॥ २० ॥
तत्तत्पादप्रदेशे तु तद्विशालेन मानयेत् ।
विस्तारं च(रस्य) समु(ममु)त्सेधं त्रिपादं वार्धमेव वा ॥ २१ ॥
अथ पादांशकं चैव यन्मानोरम्यमानकम् ।
दण्डके बोधिका वापि पालिका वाथ चोन्नतम् ॥ २२ ॥
द्विदण्डं वा त्रिदण्डं वा चतुः(तुष्)पञ्चकमेव वा ।
एतदायामविस्तारमुन्नतस्य समं भवेत् ॥ २३ ॥
दण्डं सपाददण्डं वा बोधिकाविस्तृतं(तिः) भवेत् ।
एतद्(एक)दण्डं(ण्ड)समं वापि त्रिपादार्धकमेव वा ॥ २४ ॥
एवं तु वीरकण्ठोच्चं बिस्तारार्धं विशालकम् ।
फलकोच्चे(च्चमे)कदण्डं वा त्रिपादं वा तथोन्नतम् ॥ २५ ॥
द्विदण्डं वा त्रिदण्डं वा फलकायाममिष्यते ।
पादतारं चतुर्थांशं तत्समं निम्नकं भवेत् ॥ २६ ॥

दण्डार्धं कुम्भतुङ्गं स्यादध्यर्धं वा द्विदण्डकम् ।
कुम्भायामं तथोत्कण्ठमूर्ध्वे कण्ठसमं भवेत् ॥ २७ ॥
तत्समं ताटिकास्यं स्यादुन्नतं तद्विशेषतः ।
सपाद(दं) सार्धदण्डं वा तस्यायामं तथोदितम् ॥ २८ ॥
तत्तुङ्गस्य समं चाधो पद्मतुङ्गं प्रकल्पयेत् ।
सपाददण्डमायामं तत्तुङ्गार्धं तु हारिकम् ॥ २९ ॥
तद्दण्डं तु तदायाममधोदेशे विशेषतः ।
दण्डं तत्समविस्तारमुत्सेधं ताटिकोदयम् ॥ ३० ॥
कलशाकारवत्कुर्यादधो वीरावसानकम् ।
आधि(दै) सुरपुष्पाभं यथाशोभं तु कारयेत् ॥ ३१ ॥
तस्याधो(धः) सार्धदण्डेन मूलबन्धं सहाम्बुजैः ।
तस्याधोऽपि विशेषेण मुक्तादामविभूषितम् ॥ ३२ ॥
एवं तु चोर्ध्वालङ्कारमधोऽलङ्कारमुच्यते ।
एतद्(एक)दण्डेन मूले तु द्विदण्डेनोन्नतायतम् ॥ ३३ ॥
एवं पद्मासनं कुर्याद्भूतसिंहादि रूपकम् ।
अधः कुम्भं विनिक्षिप्य दण्डं वाथ द्विदण्डकम् ॥ ३४ ॥
सिंहस्योपरि पट्टं वा पद्मं गोपानमेव वा ।
पालिकाकृतिवद्वापि शेषं युक्त्या प्रयोजयेत् ॥ ३५ ॥
अथवा तन्मूले वा पालिकादीनि विन्यसेत् ।
एवं तु पालिकास्तम्भं कुम्भस्तम्भमिहोच्यते ॥ ३६ ॥
पादमूलै(ले ए)कदण्डेन पालिकोन्नतमिष्यते ।
तद्विस्तारं द्विदण्डेन कुम्भतुङ्गं द्विदण्डकम् ॥ ३७ ॥
तद्विविस्तारं त्रिदण्डं स्यात्तदर्धं वास्य तुङ्गकम् ।
तत्पादस्याग्रके कुर्यान्नासिकापञ्जरान्वितम् ॥ ३८ ॥
शक्तिध्वजै(जमे)कदण्डं स्यान्नासितुङ्गं द्विदण्डकम् ।
तत्समं विहृतं चैव चैकदण्डं गलोदयम् ॥ ३९ ॥
विशालं तद्द्वयं चाधो(धः) पञ्जरोदयमीरितम् ।
त्रिशालं द्विदण्डं स्यादेतद्दं(कैक) दण्डमेव च ॥ ४० ॥

यथाशोभं ततः(था) कुर्यात्तस्याधो वीरकर्ण(ण्ठ)कम् ।
पादतारसमोत्सेधं विस्तारं तत्समं भवेत् ॥ ४१ ॥
तस्याधो फलकादीनां(नि) पूर्ववत्कारयेत्क्रमात् ।
कुम्भस्तम्भमिति प्रोक्तं कोष्ठस्तम्भादि वक्ष्यते ॥ ४२ ॥
कोष्ठकं तद्द्विपार्श्वे तु ऋजु पादाकृति स्त(त)था ।
पञ्जरस्यो(मु)त्तरादींश्च कोष्ठत्रासाकृति(ती)स्तथा ॥ ४३ ॥
तदेव कोष्ठपादे च तदूर्ध्वे पञ्जरादिकम् ।
मूलपादविशालेन पञ्जरादीनि कारयेत् ॥ ४४ ॥
पञ्जरं च द्विदण्डेन तदर्धं चोर्ध्वकैः(के) गलम् ।
तदूर्ध्वे च द्विदण्डेन नासिकाशिखरान्वितम् ॥ ४५ ॥
तदर्धं स्तूपिकोत्तुङ्गे(ङ्गं) तन्मा(न्म)हानासिकाश्रये ।
अथवा मूलपादोच्चं पङ्क्तिरन्ध्राष्टभाजिते ॥ ४६ ॥
तत्तद्भागे गुणांशेन कोष्ठोर्ध्वे भूषणोदयम् ।
तत्तुङ्गं पञ्चधा कृत्वा चैकांशं पञ्जरोदयम् ॥ ४७ ॥
तत्समं ग्रीवतुङ्गं स्यात्तद्द्वयं नासितुङ्गकम् ।
स्तूपितुङ्गं तदर्धं स्यान्नासिकाग्रं च तत्समम् ॥ ४८ ॥
द्विदण्डाद्दण्डवृध्या च दशदण्डावसानकम् ।
पञ्जरादिविशालं यच्छेषं चोर्ध्वेऽङ्घ्रिकम् ॥ ४९ ॥
एकोनविंशदंशं स्यात्पञ्जरोच्चं विभाजिते ।
द्विभागं चोत्तरोत्तुङ्गमेकांशं वाजनोदयम् ॥ ५० ॥
तदूर्ध्वपद्मं द्विभागं स्याद्वाजनं चैकभागिकम् ।
अष्टांशेन कपोतोच्चं तदूर्ध्वे आ(चा)लिङ्गमंशकम् ॥ ५१ ॥
तत्सममन्तरितं चोर्ध्वे द्व्यंशं तत्प्रतिकोन्नतम् ।
तदूर्ध्वे वाजनं चांशं शेषं युक्त्या प्रयोजयेत् ॥ ५२ ॥
ग्रीवतुङ्गं त्रिधा भज्यमेकांशं वेदिकोन्नतम् ।
ग्रीवतुङ्गं सपादांशं शेषांशं ग्रीवभूषणम् ॥ ५३ ॥
वेदिकोर्ध्वे तु सप्तांशं सार्धबन्धं(न्धु) गलोदयम् ।
तदूर्ध्वे कम्पमेकांशं सार्धांशं पद्मतुङ्गकम् ॥ ५४ ॥

तदूर्ध्वे वाजनं चांशमायामं वा त्रिभागिकम् ।
एकांशं मध्यभद्रं तु मध्ये युक्त्या प्रकोष्ठकम् ॥ ५५ ॥
ग्रीवभूषणतुङ्गे च विभजेत्तु षडंशकम् ।
द्विभागं चोत्तरोत्सेधं तदर्धं वाजनं भवेत् ॥ ५६ ॥
द्विभागं [च] गलभि(लो)त्सेधं वाजनं चैकभागिकम् ।
मध्यकोष्ठोत्तरं तत्स्यात्क्षुद्रपादौ स(सु)भूषितम्(तौ) ॥ ५७ ॥
पञ्जरे प्रतिकायामे चाष्टभाग(गे) विभाजिते ।
सप्तांशे वेदिकायामे पद्मवाजनकान्त(कमंश)कम् ॥ ५८ ॥
वेदितारं चतुर्भागं त्रिभागं ग्रीवविस्तृतम् ।
वेदितारसमं नासी(सि) शालायामं प्रकल्पयेत् ॥ ५९ ॥
तद्वायामे त्रिभागैकं मध्यनासी(सि)विशालकम् ।
विशालार्धं त्रिपादं वा मध्यनास्योदयं भवेत् ॥ ६० ॥
पार्श्वयोर्बहुनास्योश्च शिखरस्य समोन्नतम् ।
तच्छिखं चोत्तरान्तं स्यात्क(किम्)वरीवक्रसंयुतम् ॥ ६१ ॥
नासिकापत्रसंयुक्तं मध्य(ध्ये) क्षुद्रं च निम्नकम् ।
शिरस्यो(स्यू)र्ध्वे पट्टिकानां च मध्यनासी(सि) शिखान्तकम् ॥ ६२ ॥
शिरोलम्बोत्तरान्तं वा वलभा(भी)वति(ती)मेव वा ।
शिखरस्योर्ध्वे पट्टोच्चमुत्तरोच्चं समं भवेत् ॥ ६३ ॥
तदूर्ध्वे वाजनं पद्मं निम्नं कुम्भं सदण्डकम् ।
पद्म(द्मं) वाजन(नं) पद्मं च तदग्रे कुड्मलान्वितम् ॥ ६४ ॥
एतत्स्तूपित्रयं प्रोक्तं भागं युक्त्या प्रयोजयेत् ।
तच्छिरे(रः) समलङ्कृत्य पत्रवल्ल्यादिशोभितम् ॥ ६५ ॥
एतत्पञ्जरशालां च पद्ममेकं शिखात्रयम् ।
सर्वालङ्कारसंयुक्तं कुर्याद्वै तच्चकेष(कः स) तु ॥ ६६ ॥
अथवा तोरणं कृत्वा स्तम्भस्योपरि वाजनम् ।
मूले(ल)पादविशाले तु चैकदण्डं तथोन्नतम् ॥ ६७ ॥
पूर्ववद्भागमानेन चोत्तरादिक्रियान्वितम् ।
तदूर्ध्वे तोरणस्यान्ते मकरा(र)पत्रसंयुतम् ॥ ६८ ॥

तदूर्ध्वे तोरणान्तं स्यादेकदण्डं तु तच्छिरः ।
मकरीवक्त्रसंयुक्तं सर्वालङ्कारशोभितम् ॥ ६९ ॥
कोष्ठं(ष्ठस्य)च पार्श्वयोश्चैव क्षुद्रपादसमन्वितम् ।
मूलपादविशालं स्यात्त्रिपाद(दं) क्षुद्राङ्घ्रितारकम् ॥ ७० ॥
तस्यपादविशालेन पादभूषण(णं) मानयेत् ।
फलकाद्यन्तकाद्यं च वीरकर्णं(ण्ठमे)कदण्डकम् ॥ ७१ ॥
बोधिकादि(दिं) विनायुक्तं फलकादिक्रिया(यां) न्यसेत् ।
फलकायाम(मं) द्विदण्डं चाध्यर्धदण्डकं तत्कुम्भविस्तृतम् ॥ ७२ ॥
ताटिवक्त्रं सपादं स्यात्तुङ्गं प्रागुक्तवन्नयेत् ।
सर्वालङ्कारसंयुक्तं युक्त्या तत्रैव योजयेत् ॥ ७३ ॥
बोधिकान्तं ललाटे च स्यादुत्सेधं चोर्ध्वे वाजनम् ।
तद्वाजनं तु पादान्तं पार्श्वयोस्तन्मुखावृतम् ॥ ७४ ॥
अधोभागे त्रिभागैकं मध्यभद्राकृतिं न्यसेत् ।
तद्वि(द्द्वि)पार्श्वे तु चैकैकं कर्ण(ण्ठ)छेदम(न)मिष्यते ॥ ७५ ॥
पार्श्वयोर्वाजनस्याधो वक्त्रं वज्राकृति तथा ।
ऊर्ध्ववाजन(नं) तद्युक्त्या कुर्यात्क्षुद्रादि वाजनम् ॥ ७६ ॥
पार्श्वयोः स्तम्भ[स्त]स्योर्ध्वे मध्यभद्रादिभूषितम् ।
द्वाभ्यां तत्कर्ण(ण्ठ)दण्डान्तं मध्ये पार्श्वे च निम्नकम् ॥ ७७ ॥
बोधिके च तरङ्गं स्यात्सर्वालङ्कारसंयुतम् ।
तदेव तुङ्गमाने तु द्वादशांशे विभाजिते ॥ ७८ ॥
अधोभागे त्रिभागेन तरङ्गाकृतिं विन्यसेत् ।
तदूर्ध्वे बोधिकोत्सेधं षडंशेन विशेषतः ॥ ७९ ॥
प्रफुल्लानन(नं) सर्व(र्पा)भं पुष्पसंप(पद्)वदाननम् ।
एतदूर्ध्वे शिरस्यो(स ऊ)र्ध्वे चांशेन हरिता(हारिका) भवेत् ॥ ८० ।
एकदण्ड(ण्डं) त्रिपादं वा वाजनान्तं शिर उन्नतम् ।
तस्मात्तदायते दीर्घे निर्गमस्यम(चा)धोमुखम् ॥ ८१ ॥
कन्द(द)लीसूनदण्डाभमग्रिमूर्ध्वे निरोपमम् ।
अग्रे सनगलं चैव तरङ्गं तत्समाधिकम् ॥ ८२ ॥

ललाटे चित्र(त्रं) भागैकमधो मूर्ध्नि विशालकम् ।
तस्योर्ध्वे कर्ण(ण्ठ)भागेन कर्णकम्पाब्जवाजनम् ॥ ८३ ॥
पत्रवल्यादिरत्नैश्च पत्रचित्राभिभूषितम् ।
सर्वालङ्कारसंयुक्तं पुष्पबोध(धि)कमीरितम् ॥ ८४ ॥
उपपीठवदाकारं दण्डकादीनि विन्यसेत् ।
क्षुद्रकम्पं च(म्पैश्च) पद्मैश्च पुष्परत्नैश्च भूषितम् ॥ ८५ ॥
तरङ्गा(ङ्गं) दण्डकां(का) चैव बोधिकादीनि पालिका ।
एकवक्त्रं द्विवक्त्रं वा त्रिवक्त्रं चतुराननम् ॥ ८६ ॥
पञ्चषट् सप्ताष्टं वा यथा शक्तिवशान्न्यसेत् ।
तस्याधो वीरकर्णे(ण्ठे) तु फलका बोधिकान्तरम् ॥ ८७ ॥
आधारार्थं तु शोभार्थं सिंहचित्रादिमण्डितम् ।
वीरकर्ण(ण्ठ)स्योदयं ज्ञात्वा नवभाग(गे) विभाजिते ॥ ८८ ॥
एकांशं पादुकं कुर्यात्पञ्चभागं तु संग्रहम् ।
तदूर्ध्वे क(हा)रिकांसं(कमंशं) स्यादब्जमंशेन कारयेत् ॥ ८९ ॥
तदूर्ध्वे वाजनं चांशं संग्रहं च द्विवक्त्रयुक् ।
पद्माग्राकृतिरग्रादीन् रेखा मूलवती न्यसेत् ॥ ९० ॥
रत्नवल्यादि[ना] संभूष्य शेषं युक्त्या प्रयोजयेत् ।
संग्रहं(ह)रूपमित्युक्तं वीरकर्णे(ण्ठे) पुरान्वितम् ॥ ९१ ॥
पद(दा)ङ्गाद्वदनं कृत्वा पश्चादुद्धृतहस्तवत् ।
तदेव सिंहादिरूपैर्वा नाटकाद्यैरलङ्कृतम् ॥ ९२ ॥
एतत्तु मुष्टिबन्धं स्यात्फलकोर्ध्वं त्रिभागिकम् ।
एकांशो(शमु)त्सन्धितुङ्गं स्यात्तदधो चेपर्णा(णमं)शकम् ॥ ९३ ॥
तदधोऽब्जां(ब्जमं)शं पद्मं च द्व्यंशेनाब्जमथापि वा ।
कुम्भोर्ध्वं चाष्टभागेन चांशेन पद्मकम्पकम् ॥ ९४ ॥
कुम्भाधो(धश्) चोर्ध्वदेशे तु वटपत्रादिशोभितम् ।
निम्नं च ताटिकादीनि युक्त्या प्रागुक्तवन्नयेत् ॥ ९५ ॥
कुम्भस्तम्भप्रतिस्तम्भे कोष्ठकादीनि का(चा)ङ्घ्रिके ।
कुम्भस्तम्भानि सर्वेषामेवमुक्तं पुरातनैः ॥ ९६ ॥

भुवो(व उ)परिष्टान्मुनिभागतुङ्गके
त्रिभाग(गं) मञ्चं गलमंश(शं) चोर्ध्वके ।
फलं(लकं) वि(द्वि)भागं शाला शिरा(रः) कुम्भमंशकम्
क्रमात्प्रकुर्वन्त्विति पञ्जरादिकम् ॥ ९७ ॥
पञ्चभाग(गं) पुरतो(त उ)क्ततुङ्गके
द्व्यंशकं त्रिप(पा)दं सार्धकं त्रिपात्(धा) ।
पञ्चांशं गलनासिकानन[म्]
कुम्भयुक्तचरणाग्रभूषणम् ॥ ९८ ॥

(कुम्भालङ्कारम्)

अथवक्ष्ये विशेषेण कुम्भालङ्कारमुच्यते ।
तन्मूलपालिकोत्सेधे विभजेत्तु षडंशकम् ॥ ९९ ॥
एकांशं पादुकं चैव पद्मतुङ्गं तु तत्समम् ।
कम्पमर्धं तदूर्ध्वे तु कन्धरं च द्विभागिकम् ॥ १०० ॥
कम्पमर्धेन तस्योर्ध्वे पद्ममंशेन योजयेत् ।
अथवा चोर्ध्वके कम्पं तस्याधो(धः) पद्ममंशकम् ॥ १०१ ॥
कण्ठमेकांशकं कुर्याच्छेषं प्रागुक्तवद्भवेत् ।
तदेवोर्ध्वेऽर्ध पद्मं च तस्योर्ध्वै(र्ध्वे ए)कं कपोतकम् ॥ १०२ ॥
अर्धेन वाजनं चोर्ध्वे यथाशोभं तु कारयेत् ।
तदूर्ध्वे कुम्भमूले तु पाल्यां(ल्यमं)शेनाश(शं) पद्मकम् ॥ १०३ ॥
तदूर्ध्वे कम्पमर्धेन शेषं युक्त्या यथाकृति(म्) ।
तदूर्ध्वे वक्त्रतुङ्गं स्यान्नवभाग(गे) विभाजिते ॥ १०४ ॥
कुम्भो(म्भा)र्धांशेन जन्म स्याद्वाजनं चार्धभागिकम् ।
पद्ममंशेन संयुक्तं कम्पमर्धेन कारयेत् ॥ १०५ ॥
सार्धद्व्यंशं गलोत्तुङ्गं कम्पमर्धेन कारयेत् ।
तत्समं पद्मतुङ्गं स्यात्सार्धांशं तु कपोतकम् ॥ १०६ ॥
एकांशं प्रतिसंयुक्तं सर्वालङ्कारसंयुतम् ।
कर्ण(ण्ठ)तुङ्ग(ङ्गं) द्विभागं पद्ममध्यर्धमेव वा ॥ १०७ ॥

अथवा वक्रतुङ्गं स्यादेकदण्डेन कारयेत् ।
पालिकस्यो(कमु)क्तवत्कुर्याद्यथाशोभं तु कारयेत् ॥ १०८ ॥
अस्योर्ध्वेऽर्धन दण्डेन कुड्मलाकृति(तिं) न्यसेत् ।
तदा स्यान्निर्गमं भावं कुम्भान्तं लंभ(लम्ब)येत् पुनः ॥ १०९ ॥
कुम्भमध्ये रत्नबन्धं वस्त्रनिप्यं च विन्यसेत् ।
सर्वालङ्कारसंयुक्तं पादमूले तु विन्यसेत् ॥ ११० ॥
तदास्यं निर्गमं भावं कुम्भान्तं नासिकं भवेत् ।
अथवा नासिकां त्यक्त्वा पञ्जरस्योपरि न्यसेत् ॥ १११ ॥
पादस्योर्ध्वे पाल्यन्तं पद्मवल्यादिभूषितम् ।
मूलपादविशालं वा तत्त्रिपादविशालकम् ॥ ११२ ॥
एतत् कुम्भाङ्घ्रिकं प्रोक्तं चान्तरालं च योजयेत् ।
कुर्याद्बहिःप्रदेशे तु मध्ये वा चान्तरालके ॥ ११३ ॥
भित्तिमध्ये च कूटे च शिरोदेशे विशेषतः ।
विशालपञ्जराद्यैश्च योजयेच्छिल्पि(ल्प)वित्तमः ॥ ११४ ॥

(स्तम्भलक्षणम्)

तत्स्तम्भलक्षणं वक्ष्ये तुङ्गादींश्चोक्तवन्नयेत् ।
मूलस्तम्भविशालेन त्रिपादं वार्धमेव वा ॥ ११५ ॥
संयोगस्तम्भविस्तारं यन्मानोरम्य(म्यं) मानयेत् ।
बोधिका(कां) फलकान्तं च मूलदण्डेन मानयेत् ॥ ११६ ॥
पालिकाद्यङ्गं सर्वेषामुपदण्डेन मानयेत् ।
बोधिकादीनि सर्वाङ्गं(नि) पूर्ववत्परिकल्पयेत् ॥ ११७ ॥
उपपादानि सर्वेषां पूर्वपादे तु योजयेत् ।
उपपादां(दं) मूलपादान्तमुपदण्डसमन्तकम् ॥ ११८ ॥
तद्दण्डस्य त्रिपादं वा दण्डार्धं वाथवांशकम् ।
एकोपपादसंयुक्तं द्वित्र्युपपादेन सयुतम् ॥ ११९ ॥
एवं क्रममिति प्रोक्तं मूले पद्मासनान्वितम् ।
वेदोपपादसंयुक्तं ब्रह्मकान्तमी(मिती)रितम् ॥ १२० ॥

पञ्चोपपादसंयुक्तं शिवकान्तमितीरितम् ।
षडो(डु)पपादसंयुक्तं स्कन्दकान्तमिति स्मृतम् ॥ १२१ ॥
अष्टोपपादसंयुक्तं विष्णुकान्तमुदीरितम् ।
सर्वेषां पादमूले तु पालिकां चोपपीठवत् ॥ १२२ ॥ 248
कुर्यातिसिंहस्य रूपं वा पादं पत्रादिभूषितम् ।
शिले(लया) दारुजे(णा) वापि कारयेदुक्तवद्बुधः ॥ १२३ ॥

(दारुसंग्रहणम्)

दारुसंग्रहणं वक्ष्ये पश्चाद्दारोश्च लक्षणम् ।
दक्षिणायनकाले तु चोत्तरायणमे(णे ए)व वा ॥ १२४ ॥ 252
माघादौ च चतुर्मासे कुर्याद्दारोश्च संग्रहम् ।
कृष्णपक्षे शुभदिने सुमुहूर्ते सुलग्नके ॥ १२५ ॥
दारुसंग्रहणं कुर्यात्स्थपतिः स्थापकैः सह ।
कुठारखट्ठ(ट)खड्गादीन्(दे) रक्षासूत्रेण बन्धनम् ॥ १२६ ॥ 256
पीत्वा शुद्धं पयो रात्रावुपोष्याधिवसेद्बुधः ।
प्रभाते तु समुत्थाय कर्ता स्वानुचरैः सह ॥ १२७ ॥
वनप्रयाणमार्गे तु पश्येत्तु शकुनानि वै ।
संमुखे तु सुराभाण्डं मांसं वृषभं तु वा ॥ १२८ ॥ 260
पूर्णकुम्भं गजं वेश्या(श्यां) द्विजानां सङ्घमेव च ।
दर्पणं पुष्पमालां च राजानं चक्र(छत्र)मेव च ॥ १२९ ॥
आन्दोलिका(कां) बलिं पूर्णघटं च शिबिरं तथा ।
वस्त्रधूम्रजकं चैव कामधेनुं सुमङ्गलाम् ॥ १३० ॥ 264
धनधान्यसमृद्धिं च दृष्ट्वा सर्वमेतच्छुभावहम् ।
मुक्तकेशं नासिहीनं तैलभाण्डं तथैव च ॥ १३१ ॥
एक(कं) द्विजं यतिं चैव कपालारक्तवाससान(सः) ।
क्षयरोगं चा(गिनम)ङ्गहीनं नव्यङ्गगदिगं(त्वलङ्गादिकं) तथा ॥ १३२ ॥ 268
मार्गे[तु] संमुखं दृष्ट्वा त्वमङ्गलमिति स्मृतम् ।
भरद्वाजं दिवाभीतं नर्तकं व्यानकं तथा ॥ १३३ ॥

वरदासीस्वरं वामे शुभदं दक्षिणेऽशुभम् ।
वायसं च मयूरं च दीर्घपुच्छं तथैव च ॥ १३४ ॥
कृष्णपक्षद्वयं चैव श्वेताक्षं कृकलासकम् ।
रक्तबोधं च फणिनं सारङ्गं व्याघ्रमेव च ॥ १३५ ॥
जम्बुकं च तथा वामं(माद्) दक्षिणे गमनं शुभम् ।
दक्षिणं वामतो गच्छेदशुभं भवति ध्रुवम् ॥ १३६ ॥
अन्धकं शकुनं चैवारण्ये श्वेतलोचनम् ।
हरिणं च शशं चैव मार्गकीटं तथैव च ॥ १३७ ॥
बहुवर्णं च गृध्रं च रक्तश्वानं च सूकरम् ।
दक्षिणाद्वामगमनं मङ्गलं भवति ध्रुवम् ॥ १३८ ॥
वामतो दक्षिणे गच्छेदशुभं प्राप्यते ध्रुवम् ।
परिहा(प्रतिका)रं च वक्ष्यामि ग्रामसीम्नि शुभं तु चेत् ॥ १३९ ॥
स्थित्वा भुक्त्वा द्विजान् पश्चाद्दृष्ट्वा गच्छेत्ततः सुधीः ।
ग्रामसीम्नस्तु परितो दुर्निमित्ते पशुं क्षिपेत् ॥ १४० ॥
विपिनस्य समीपे तु चोक्तान्येका(ता)नि सर्वशः ।
दक्षिणं वामतो गच्छेद्वामतो दक्षिणे तथा ॥ १४१ ॥
मध्ये तदिष्टकार्याणि मङ्गलं भवति ध्रुवम् ।
वनं संप्राप्य सुच्छायं सुशीतलतरुं तथा ॥ १४२ ॥
दृष्ट्वा निज्येर्येते(निषीदेत)च्छायां(छायायां) शृणुयाच्छाकुनस्वरान् ।
व्यालं भारद्वाजं च श्वेताक्षिं च बृहत्खगम् ॥ १४३ ॥
सुस्वरं तु शुभं प्रोक्तं दुःस्वरेऽथ पशु(शुं) क्षिपेत् ।
काकस्वरं दक्षिणे श्रेष्ठं प्राचि चैव मध्यमम् ॥ १४४ ॥
प्राक्(तत्) स्वरं चाधमं प्रोक्तं तस्य तूत्तर[तः] स्वरम् ।
यदि श्रुतं चेत्तत्काष्ठे त्रीण्यजानि बलिं क्षिपेत् ॥ १४५ ॥
होमार्थं तत्र कुर्यात्प्रयत्नं चोक्तवद्बुधः ।
असुरं राक्षसं चैव भूतपैशाचमेव च ॥ १४६ ॥
चरगं(गीं) पूतन(ना)विदारौ(यौं) पापराक्षस(सी)मेव च ।
महांश्चाष्टगणाख्यानिन्द्रानीशानकान्तकम् ॥ १४७ ॥

रक्तेन मिलितं चान्तं स्तुतिं चैव सदा जपेत् ।
मुख्यं चापि मृगं चैव चादितिमुदितिं(तं) तथा ॥ १४८ ॥
वितथं चान्तरि(री)क्षं च भृशं पूषणमेव च ।
एतेभ्यो राक्षसेभ्यश्च मांसमन्नं बलिं क्षिपेत् ॥ १४६ ॥
फलानि क्षीरमन्नं च स्थपतिस्तु वनस्पतेः(तये) ।
बलिं दद्यात्स्वनाम्नै(मभि)श्चान्येषां च स्वनामभिः ॥ १५० ॥
शुद्धिं कृत्वा ततः पश्चात्पुण्याहं वाचयेत्ततः ।
स्वस्तिवाचनकं कुर्यात्पश्चाद्ब्राह्मणभोजनम् ॥ १५१ ॥
दारुच्छेदनकाले तु बहिर्गच्छेद्वनस्पतेः(तिः) ।

(मन्त्रः)

(ओं) राक्षसैः सह भूतैश्च कर्तारं रक्षते(त्रे) नमः ॥ १५२ ॥
पश्चात्तु स्थापकेनैव ब्रह्मार्थं निक्षिपेद्बलिम् ।
कुर्याद्धोमं स्थापकस्तु पूजयित्वा वनदेवताः ॥ १५३ ॥
प्रोक्षयेत्परशुं तत्र प्राङ्मुखश्चोत्तरेऽपि वा ।
परशुं तक्षकं श्रेष्ठं स्थपतिः स्थापककरात् ॥ १५४ ॥
स्वीकृत्य दारु विच्छिद्य चान्यैरनुचरैः सह ।
स्थूलमूलं कृशाग्रं च नि(निः)शृङ्गं स्निग्धरूपकम् ॥ १५५ ॥
जन(अन्तः)शाखासंकीर्णं [च] छत्रवन्निश्चथं यदि ।
सुशीतलं तु सुच्छायं छायावृक्षमिति स्मृतम् ॥ १५६ ॥
वृक्षस्य मूलमध्ये तु वृक्षाग्रे समनाहकम् ।
निःशाखः स पुमान्प्रोक्तं स्निग्धरूपं च शीतलम् ॥ १५७ ॥
अग्रस्थूलं कृशो(शं) मूले नानाविटपशाख(खा)युक् ।
दुर्भरं भिन्नसुषिरं चोष्णं विवृतशाखकम् ॥ १५८ ॥
दृष्टान्तं मनुजा(ज)योग्यं छायायामं(वन्तं) नपुंसकम् ।
स्त्रीपुमान्वृक्षकश्छेद्यः सुमुहूर्ते सुलग्नके ॥ १५६ ॥
वृक्षच्छेदनकाले तु उ(चो)त्पद्य न पतेद्यदि ।
पतन्ति चोत्तरे वा प्राग्दिग्भागे न चामङ्गलम् ॥ १६० ॥

याम्ये वा पश्चिमे वापि देशे [नि]पतन्ति मङ्गलम् ।
ईशं(शे) नैरृ(र्ऋ)तिकोणे वा सर्वसंपत्करं भवेत् ॥ १६१ ॥
अनलानिलकोणे वा चान्यथा चान्तरालके ।
उद्गतमिति तत्र स्यात्सकलानीत्यमङ्गलम् ॥ १६२ ॥
छिन्नवृक्षस्य पतने वृषभं(भ)हयकुञ्जरम्(राणाम्) ।
निन(ना)दं भवति श्रेष्ठं बाह्यत्वां(ता)ने त्वमङ्गलम् ॥ १६३ ॥
समीपे(प)स्थितवृक्षा(क्षां)श्च हत्वा यदि पतेत्तरुः ।
अशुभं तत्समुद्दिष्टो(ष्टं) पतन्ति मनुजोपरि ॥ १६४ ॥
पूर्वे वा चोत्तरे वापि वृक्षास्तत्र पतन्ति चेत् ।
तत्रादे(दौ) तत्क्रमं नास्ति चान्ये(न्य)दिक्षु त्वमङ्गलम् ॥ १६५ ॥
सर्वदोषं समुद्दिश्य शान्तिं कुर्याद्विचक्षणः ।
पशुप्रहारहोमं च ब्राह्मणान्भोजयेत्ततः ॥ १६६ ॥
एवं शान्तौ कृतायां तु दोषं नश्यति नान्यथा ।
नराणां मरणं स्याच्चेत्तत्त[त्] शान्तिर्न विद्यते ॥ १६७ ॥
तस्मात्परिहरेद्विद्वान् कुर्याद्दारु(रोश्च) संग्रहम् ।
शयनस्थितदारूणि स्थूपि(ल)कीलादिकं सर्वशः ॥ १६८ ॥
भूमौ पदं [स्थाप्य] नितक्ष(नतक्ष)क्रमिति विरचितम् ।
स्थितः(त)शयनदारूणि रथमारोपयेत्तदा ॥ १६९ ॥
नववस्त्रेण संवेष्ट्य सर्वमङ्गलघोषणैः ।
अनड्वाहौ वाहयित्वा महिषं कुञ्जरं तु वा ॥ १७० ॥
कर्षयेत्तु नरैर्वापि सुमुहूर्ते सुलग्नके ।
शिल्पशालां प्रवेश्याथ रथात्तदवतारयेत् ॥ १७१ ॥
दारुसंग्रहणं प्रोक्तं दारुलक्षणमुच्यते ।
धूमकं क्षीरणं(रिणी) चैव खादिरं खदिरं तथा ॥ १७२ ॥
शाकं च निम्बवृक्षं च शमी शाखं तथा मृगम् ।
एतेषु धारणं वृक्षं श(शा)तवृक्षमिहोच्यते ॥ १७३ ॥
कत(खदि)रं कृतमालं च व्याघ्रकारछादना मृगम् ।
द्राक्षा शाखा च रुद्राणि जम्बूकं शयितेष्वपि ॥ १७४ ॥

नालिकेरं च तालं च वेणु मौनी च किंशुकम् ।
पूगं च पुष्कलं चैव चामलकं च किंशिरि ॥ १७५ ॥
हरितं च सप्तपर्णं चोर्ध्ववृक्षमुदीरितम् ।
तेषां(तैश्च) देवालयं कुर्यान्नृणां सर्वैः(र्वा) विशेषतः ॥ १७६ ॥
व्याघ्र(घ्रं) चन्दनरक्त च चन्दनं तिन्त्रिणी तथा ।
अन्यानि दारुसर्वाणि द्विजातीनां गृहे न्यसेत् ॥ १७७ ॥
तत्तज्जातिद्रुमाभावे ए(त्वे)कजात्या च सर्वशः ।
वृक्षस्य मूलं शतश्चा(मूले चा)ग्रे चाग्रं तथैव च ॥ १७८ ॥
भूमिस्पर्शमुखं ज्ञात्वा तदूर्ध्वं परभागतः ।

(स्तम्भस्थापनम्)

देवालयादिसर्वेषां स्तम्भस्थापनमुच्यते ॥ १७९ ॥
यथाभागावसाने तु स्थापयेदखिलाङ्घ्रिकम् ।
स्तम्भान्ते स्तम्भयुक्तं चेद्वास्तुवस्तु विनाशनम् ॥ १८० ॥
यद्वास्त्वन्तर्बहिः सूत्रं स्थापयेदृजुसूत्रकम् ।
स्तम्भमध्यात्तु बाह्यान्तं यथापादं तथाश्रयम् ॥ १८१ ॥
यत्रदेश(शे) विशालार्धं तत्र दोषो न विद्यते ।
पुष्य(ष्यं) माघं च चैत्रं च वैशाखं चोत्तरायणे ॥ १८२ ॥
आषाढं श्रावणाश्वी च कार्तिकं दक्षिणायने ।
सुमुहूर्ते सुलग्ने च शुक्लपक्षे शुभदिने ॥ १८३ ॥
स्तम्भमावाहनं कुर्याच्छेषमासे च(चा)भावके ।
अङ्कुरार्पणकर्मादौ स्थापनान्तं यथाक्रमम् ॥ १८४ ॥
जलाधिवासनं स्थानं कुर्यात्त्वपि सर्वशः ।
ईशाने नैर्ऋतिकाणे तु मध्ये चाङ्घ्रिकमेव च ॥ १८५ ॥
पादस्थानस्य यद्देशे वस्तुन(स्तो)श्च बलं यथा ।
तदूर्ध्वं धारपट्टं स्याद्दण्डाध्यर्धं द्विदण्डकम् ॥ १८६ ॥
घनं च विस्तृतं चैव चायामं तद्यथेष्टकम् ।
शिलास्तम्भे शिलाधारं दारुस्तम्भे द्रुमस्(मं) तथा ॥ १८७ ॥

अथवा चाश्मनं सर्वमाधारं चतुरश्रकम् ।
एकहस्तं द्विहस्तं वा त्रिहस्तं विपुलं भवेत् ॥ १८८ ॥
आधारस्य तु मध्ये स्याद्रत्नस्थापनतोऽवटम् ।
प्रासादाभिमुखे चैव मण्डपं परिकल्पयेत् ॥ १८९ ॥
मण्डपान्तं प्रदेशे तु स्तम्भं संग्राह्य वेशयेत् ।
स्थण्डिले चण्डितं कृत्वा बीजं व्रीह्यादि विन्यसेत् ॥ १९० ॥
तत्र स्तम्भं च विन्यस्य पूर्वे वाप्युदगग्रकम् ।
नववस्त्रेण संवेष्टय कुम्भं कुर्यादभिभूषणम् ॥ १९१ ॥
कर्पटं तु शिरीषादिधान्यं कार्पासबीजकम् ।
सूत्रेण बध्वा पश्चात्तु स्तम्भकर्णे च बन्धनम् ॥ १९२ ॥
तदग्रे स्थण्डिलं कृत्वा शुद्धशालै(लिभि)श्च लाजकैः ।
दर्भैरास्तीर्य तत्रैव प्रागुदक् स्यात्तदग्रकम् ॥ १९३ ॥
पीठं वा चोपपीठं वा चोक्तवत्पद(दं) कल्पयेत् ।
जलसंपूर्णकुम्भादि तत्र चावाहयेद्बुधः ॥ १९४ ॥
सूत्रपल्लवकूर्च्याद्यान्(दीन्) नववस्त्रेण वेष्टयेत् ।
तदग्रे स्थण्डिलं कृत्वा रत्नलोहादि चावहेत् ॥ १९५ ॥
पादप्रक्षालनं कुर्यादाचम्य स्थपतिर्बुधः ।
भस्मं वा चन्दनं वापि धारयेत्तु त्रिपुण्ड्रकम् ॥ १९६ ॥
सकलीकरणं कृत्वा पुण्याहं वाचयेत्ततः ।
ब्रह्मादिदेवताः सर्वाः पादस्थाने समर्चयेत् ॥ १९७ ॥
हृल्लेखामध्यकुम्भान्तं पूजयेत्तु विशेषतः ।
देव्याव[क]रणं सर्वेषां परितः कलशोदके ॥ १९८ ॥
आवाह्य पश्चादभ्यर्च्य गन्धपुष्पाक्षतादिभिः ।
रत्नाधिवासनं कुर्यात्तत्तद्देवत(स्य) नामभिः ॥ १९९ ॥
गन्धपुष्पादिधूपैश्च नैवेद्यान्तं समर्चयेत् ।
तदग्रे पूर्वदिग्देशे होमं कुर्याद्द्विचक्षणः ॥ २०० ॥
पश्चात्तु शिल्पी संप्राप्य संस्पृशेत्स्तम्भमूलकम् ।
गैरिकार्पितसूत्रैश्च चतुःसूत्राणि विन्यसेत् ॥ २०१ ॥

स्वर्णसूत्र(त्रीं) सदर्भाश्(र्भां) च घृतक्षीरेण योजयेत् ।
धूपदीपं ददे(द्या)त् पश्चाद्गन्धपुष्पैः समर्चयेत् ॥ २०२ ॥
हिमाद्रिरूपं तत्स्तम्भं ध्यात्वा हस्तेन संस्पृशेत् ।
ततोऽधिवासनं कुर्यात्स्तम्भं तद्देशिकोत्तमः ॥ २०३ ॥
पश्चात्तक्षकमुख्यैस्तु स्तम्भमुद्धृत्य हस्ततः ।
वास्तुप्रदक्षिणं कुर्यात्स्वकीयानुचरैः सह ॥ २०४ ॥
सर्वमङ्गलघोषैश्च स्तम्भस्थापनदेशकम् ।
संप्राप्य हस्ततः स्तम्भमवरोह्य च पश्चिमे ॥ २०५ ॥
तत्स्तम्भं पूर्ववदनं(नमा)धारं प्रोक्ष्य संस्थितम् ।
अधिवासितरत्नानि व्याहृत्यावटतः क्षिपेत् ॥ २०६ ॥
मध्ये तु हेमं(म) निक्षिप्य चैन्द्रे ताम्रं विनिक्षिपेत् ।
याम्ये तु चायसं स्थाप्य कांस्यं वा वारुणे न्यसेत् ॥ २०७ ॥
सौम्ये तु रजतं स्थाप्य पुष्प(पद्म)रागं तु मध्यमे ।
पुष्परागमिन्द्रकोष्ठे गोमेधं चाग्निकोणके ॥ २०८ ॥
महानीलं च याम्ये तु मरतकं नैर्ऋते न्यसेत् ।
स्फटिकं वारुणे(ण)कोष्ठे तु प्रवालं वायुकोष्ठके ॥ २०९ ॥
सौम्ये तु मौक्तिकं न्यस्य चेन्द्रनीलं तथेशके ।
तत्स्तम्भं तत्र निक्षिप्य स्थपतिः कर्तृभिः सह ॥ २१० ॥
सर्वमङ्गलघोषैश्च ब्राह्मणैः स्वस्तिवाचनम् ।
अधिवासितकुम्भानि सर्वाण्यादाय शिल्पिकः ॥ २११ ॥
वास्तुप्रदक्षिणं कृत्वा स्तम्भं मन्त्राभिषेचयेत् ।
धूपदीपं दधेत्(द्यात्) पश्चाद्वस्त्रमाल्यैर्विभूषितम् ॥ २१२ ॥
गन्धपुष्पैः समभ्यर्च्य नैवेद्यं च निवेदयेत् ।

(मन्त्रः)

[ओं] स्तम्भ महामेरो वास्तु यथायश(् ध्यात्यावच्)चन्द्रदिवारम्(रौ) ॥ २१३ ॥
अन्यैः(न्यान्) स्तम्भै(म्भां)श्च मूर्ध्ना ते धृत्वा रक्षतु चोन्नतम् ।
एतन्मन्त्रं पठित्वा तु कुर्यादनुनयं बुधः ॥ २१४ ॥

प्रासादे मण्डपे वापि प्राकारे गोपुरे तथा ।
द्विजातीनां च वर्णानां सद्ममासपकादि(न्यार्षकादी)नाम् ॥ २१५ ॥
स्तम्भप्रतिष्ठां सर्वत्र चैवं कुर्याद्विचक्षणः ।
पुरातनैश्च ऋषिभिः ब्रह्माद्यै(दिभि)श्च सुरैरपि ॥ २१६ ॥ 436
स्तम्भप्रतिष्ठा चोक्ता स्याद्विनाचेदशुभं भवेत् ।
तस्मात्स्तम्भप्रतिष्ठां तु कारयेच्छिल्पि(ल्प)वित्तमः ॥ २१७ ॥
स्थपतिः(तिं) स्थापकं विप्र(प्रं) स्थापनं(न)कर्मणे(णि) वृतान् ।
पूजयेद्विधिवदुक्तमार्गतः स्वस्वात्मशिबिरानन्तः प्रतिष्ठा चोक्ता स्यात् ॥ २१८ ॥ 440

इति मानसारे वास्तुशास्त्रे स्तम्भलक्षणं नाम पञ्चदशोऽध्यायः

प्रस्तरविधानम्

प्रस्तरस्य विधिं वक्ष्ये शास्त्रे संक्षिप्यतेऽधुना ।
अधिष्ठानत्रिपादं वा समं वा पादमधिकम् ॥ १ ॥
अर्धत्रिपादमाधिक्यं तत्समाधिकमेव वा ।
षड्विधं कुट्टिमोत्तुङ्गं प्रस्तरोदयमीरितम् ॥ २ ॥
अथवा हस्तमानेन देवजातिवशो(शाद्)च्यते ।
सप्तहस्तं समारभ्य सार्धवेदकरान्तकम् ॥ ३ ॥
अर्धारत्निकहान्येन षड्विधं प्रस्तरोदयम् ।
देवानां भूसुराणां च भूपतीनां(ति)युवराजयोः ॥ ४ ॥
वैश्यानां शूद्रजातीनां सद्म(द्मानि) जातिवशात्क्रमात् ।
अथवा पादतुङ्गार्धं तत्समं वा विशेषतः ॥ ५ ॥
चतुर्भागैकहीनं वा तत्पादाधिकमेव च ।
अर्धाधिकं त्रिपादं वा तत्समाधिकमेव वा ॥ ६ ॥
एतत्तु षड्विधं प्रोक्तं युक्त्या तत्प्रस्तरोदयम् ।
अथवा पादोदये चाष्टभागं कुर्याद्विचक्षणः ॥ ७ ॥
सप्तषट्पञ्चभागाब्धित्रिभागत्र्यंशमेव च ।
एवं तु षड्विधं प्रोक्तं प्रस्तरोच्चं मुनीश्वरैः ॥ ८ ॥
उत्तरादिप्रदेशान्तं सर्वेषां प्रस्तरोदयम् ।
कपोतं प्रस्तरं चैव मञ्चं प्रच्छादनं तथा ॥ ९ ॥
गोपानं च कितानं च वलभी मत्तवारणम् ।
विधानं च लुपं चैवमेते पर्यायवाचकाः ॥ १० ॥
प्रस्तरोच्चादि सर्वेषामङ्गैः सर्वमिहोच्यते ।
तत्सेधं चैकत्रिंशं तु भागं कुर्याद्विचक्षणः ॥ ११ ॥
चोत्तरं सार्धवह्न्यंशमंशं तद्वाजनं भवेत् ।
वलभी(भ्यु)त्सेधं बन्ध्वंशं सार्धांशं वाजनं भवेत् ॥ १२ ॥

उत्तरोर्ध्वं त्र्यांशं वा वाजनं चैकभागिकम् ।
तत्समं क्षुद्रपद्मं स्यात्त्र्यं चोर्ध्वे महाम्बुजं ॥ १३ ॥
तदूर्ध्वे वाजनं चैकं धातुभागं कपोतकम् ।
आलिङ्गमंशकं चैवमेकार्धमन्तरितं तथा ॥ १४ ॥
द्व्यंशकं प्रस्तरं चैव सार्धांशं वाजनं भवेत् ।
उत्तरोर्ध(र्ध्वं) चतुष्पञ्चषट्सप्ताष्टकं भवेत् ॥ १५ ॥
तत्तदेकांशमानेन हर्म्यपादं तु बाह्यके ।
यन्मानोरम्यमानेन चोत्तरं(र)निर्गमं भवेत् ॥ १६ ॥
उत्तराद्वाजनं चैव तत्समं निर्गमं भवेत् ।
वलभी [तत्]समं वापि त्रिपादं निर्गमं भवेत् ॥ १७ ॥
तदूर्ध्वे वाजनं युक्त्या तच्चतुर्थांश(शं) निर्गमम् ।
कपोतं तत्समं वापि वाजनं(निर्गमं) तु बहिर्भवेत् ॥ १८ ॥
अथ त्रिपादमर्धं वा पादं वा निर्गमं न्यसेत् ।
आलिङ्गपादबाह्यस्य निम्न(र्ग)मेवं तु कारयेत् ॥ १९ ॥
तस्मादन्तरितं चोर्ध्वे तत्समं निर्गमं तु वा ।
त्रिपादं चार्धमेवं वा प्रति(तिं) तत्समं(म)निर्गमम् ॥ २० ॥
ऊर्ध्वे वाजनमुच्च तु निर्गमं पादबाह्यतः ।
प्रतिं च प्रस्तरं चैव प्रतिवाजनमेव च ॥ २१ ॥
अन्वन्तं चावसानं च विधानं च विधानकम् ।
एतत्सर्वमिति प्रोक्तं पर्यायाख्यानि पण्डितैः ॥ २२ ॥
प्रतिरूपं दलाकारं वाजनं च द्व्यांशकम् ।
वाजनं चेपणं वेत्रं पट्टमुत्तर(रं) पट्टिका ॥ २३ ॥
कम्पं टकं (त्रिकं) च मन्दादि चान्तरितं पर्यायमेव च ।
तुलादण्डं जयन्ती [च] फलका पर्यायवाचकम् ॥ २४ ॥
कपोतं वक्रहस्तं च लुपा गोपानकं तथा ।
चन्द्रमेतत्तु सर्वाणि(र्वं) प्रोक्तं पर्यायवाचकाः(कम्) ॥ २५ ॥
संग्रहं मुष्टिबन्धं च मदलो(लमु)द्धृतहस्तकम् ।
वलभी धारणं चैवमेते पर्यायवाचकाः ॥ २६ ॥

तदूर्ध्वे तत्क्रियाः सर्वे(र्वा) नाटकान्तमृणालिका ।
वल्लिका पत्रवल्ली च चित्राङ्गं कुलिकाङ्घ्रिकम् ॥ २७ ॥
एतत्पर्यायवाक्यानि पुरातनमुनीश्वरैः ।
उत्तरं वाजनमाधारमाधेयं शयनं तथा ॥ २८ ॥
उद्धृतं च मूर्धकं चैव महातौलि स्ववंशकम् ।
प्रच्छादनस्यमा(स्य चा)धारमेतत्पर्यायमीरितम् ॥ २९ ॥
पूर्वभागिकमानेन चोत्तरोच्चं गुणांशकम् ।
तदूर्ध्वे कम्पमेकेन वलभीतत्समोदयम् ॥ ३० ॥
नन्दकरमब्जवत्कुर्यात्तदूर्ध्वेऽर्धेन वाजनम् ।
द्व्यंशार्धं मुष्टिबन्धं चांशेनोर्ध्वेऽर्धेन वाजनम् ॥ ३१ ॥
द्व्यंशं मृणालकोत्तुङ्गमेकांशेनोर्ध्वकन्धरम् ।
तदूर्ध्वे चेपणं कुर्यात्पद्मं तु तत्समं भवेत् ॥ ३२ ॥
तदूर्ध्वे वाजनं चांशं पत्रवल्यादिभूषितम् ।
कदलीस्तम्भसंजाता पुष्पवती मृणालिका ॥ ३३ ॥
तदूर्ध्वे द्व्यंशमाधारं पट्टं चार्धेन वाजनम् ।
अध्यर्धं मुष्टिबन्धं च वाजनं चैकभागिकम् ॥ ३४ ॥
तदूर्ध्वे च द्विभागेन महावाजनमीरितम् ।
तदर्धेनाब्जं तस्याधो शोभयेत्समलङ्कृतम् ॥ ३५ ॥
तदेव तुङ्गार्धमानेन चैतत्क्रियाङ्गमेव च ।
तदूर्ध्वे पादमूलोच्च(च्चं) तत्तद्भागेन विन्यसेत् ॥ ३६ ॥
तदूर्ध्वे द्व्यंशभागेन चालिङ्गोदयमेव च ।
तदूर्ध्वे वाजनं चांशं त्रियंशा(त्र्यांशम)न्तरितं तथा ॥ ३७ ॥
एकांशं चोर्ध्वकम्पं स्यात्प्रति(तिं) द्व्यंशेन कारयेत् ।
तदूर्ध्वे वाजनं चांशं षट्षट्भागोदयं भवेत् ॥ ३८ ॥
अथवा प्रस्तरोत्सेधं त्रिंशद्भाग(गे) विभाजिते ।
उत्तरोच्च(च्चं) त्रिभागं स्यात्कम्पमेकेन कारयेत् ॥ ३९ ॥
ऊर्ध्वे वलभि(भी) युग्मांशं वाजनं चैकभागिकम् ।
कपोतं पञ्चभागं तु अं(चां)शमालिङ्गमेव च ॥ ४० ॥

द्विभागा(गम)न्तरितं चैव निम्नमर्धेन कारयेत् ।
तदूर्ध्वेऽध्यर्धभागेन प्रतिवाजन(नं) कारयेत् ॥ ४१ ॥
तदूर्ध्वे कन्धरं द्व्यंशं वाजनं चैकभागिकम् ।
तदूर्ध्वे गृहं(ग्रीवं) युग्मांशमेकभागेन वाजनम् ॥ ४२ ॥
वेदांशं तत्कपोतोच्चमर्धेनालिङ्गमेव च ।
अंशमन्तरितं चोर्ध्वे निम्नमर्धेन योजयेत् ॥ ४३ ॥
अंशेन प्रस्तरं चैव सर्वालङ्कारसंयुतम् ।
तदेव मूत्र(लं) गोपानमूर्ध्वे द्व्यंशेन वाजनम् ॥ ४४ ॥
तदूर्ध्वे पञ्चभागेन कूलिकाङ्घ्रिकतुङ्गकम् ।
तत्प्रदेशो विशेषोऽस्ति नाटकाभि(कै)र[प्य]लङ्कृतम् ॥ ४५ ॥
कपोतक्षुद्रनास्यङ्गैः पत्रवल्यादिभूषितम् ।
प्रस्तरे सर्वदेशे तु मकरादिविभूषितम् ॥ ४६ ॥
मकरैर्भ्रमरैर्युक्तं शेषं प्रागुक्तवन्नयेत् ।
एकदण्डं द्विदण्डं वा चार्धदण्डमथापि वा ॥ ४७ ॥
क्षुद्रनासं विशालं स्यात्तुङ्गं गोपानसीमकम् ।
अधःपादवशा[न्]न्यस्य(स्यं) सर्वेषां क्षुद्रनासिकम् ॥ ४८ ॥
कर्णपादवशात्क्षुद्रनासि(सं) स्तम्भाग्रमर्धकम् ।
षडधिकं तु त्रिंशांशं भागं तु प्रस्तरोदयम् ॥ ४९ ॥
त्रिभागं चोत्तरोत्तुङ्गमूर्ध्वे अं(चां)शेन वाजनम् ।
तदूर्ध्वे पद्मतुङ्गं(द्व्यमंशं) स्याद्वाजनं चैकभागिकम् ॥ ५० ॥
मुष्टिबन्धं त्रिभागं स्यादंशेन वाजनं भवेत् ।
त्र्यंशं मृणालिकोत्तुङ्गं चांशेन वाजनं भवेत् ॥ ५१ ॥
युगांशं पट्टिकोत्तुङ्गं वाजनं चैकभागिकम् ।
अर्धेन कम्पमंशेन पद्ममर्धन वाजनम् ॥ ५२ ॥
कपोतं बन्ध(न्धु)भागं स्यादर्धेनालिङ्गमेव च ।
वाजनं तत्समं तु स्यादंशेनान्तरितं तथा ॥ ५३ ॥
तदूर्ध्वे चैकभागेन प्रतिवाजन(नं) संयुतम् ।
नाटके तत्सपादैश्चाधो(धः)पाद(दं) समन्वितम् ॥ ५४ ॥

तदूर्ध्वेऽर्ध च सर्वेषां तत्पादं बहिर्निर्गमम् ।
एकदण्डं द्विदण्डं वा त्रिदण्डं वाथ निर्गमम् ॥ ५५ ॥
भूतरूपगणैश्चैव यक्षविद्याधरं(रैस्) तथा ।
नरैर्वा नाटकाङ्गे तु कुर्याद्देवालयादि(दी)नाम् ॥ ५६ ॥
यक्षविद्याधरादीनां भूपहर्म्ये तु योजयेत् ।
हर्म्यान्तरालयाः सर्वे(र्वाः) नृणां नाटकसंयुतम् ॥ ५७ ॥
सर्वेषां मुष्टिबन्धानां कुर्यात्पादै(दान) ऋजुस् (जून्) तथा ।
शेषं प्रागुक्तवत्कुर्यात्सर्वालङ्कारसंयुतम् ॥ ५८ ॥
एतत्तु प्रस्तरस्योर्ध्वे नाटकस्योर्ध्वश:(स्यां)शवत् ।
कुर्यादेतत्कपोतं स्यादष्टभागाधिकं तथा ॥ ५ ॥
शेषं तु पूर्ववत्कुर्यात्प्रस्तरं चाष्टभेदकम् ।
प्रस्तरोत्तममिति प्रोक्तं प्रच्छादनमिहोच्यते ॥ ६० ॥
प्रासादादीनि(नां) सर्वेषां प्रच्छादनादिलक्षणम् ।
उत्तरान्तत्रिकान्तं वा वलभी चोर्ध्वमेव वा ॥ ६१ ॥
कपोतान्तकमेवं स्यात्तस्योर्ध्वं प्रस्तरांशकम् ।
एतत्प्रच्छादनात्(न)स्थाने दण्डं चोपरि शाययेत् ॥ ६२ ॥
एतद्द्वारवशाद्दीर्घं तस्योपरि जयन्तिकाम् ।
दारुदण्डं शिला वापि इ(चे)ष्टकेन जयन्तिकाम् ॥ ६३ ॥
अथवा दारुजयन्तिश्च शिला चेत्स[ह] दण्डकम् ।
विनादण्डं तथा कुर्यात्पाषाणं फलका(कां) न्यसेत् ॥ ६४ ॥
एतत्सर्वालये कुर्याद्देवहर्म्ये विशेषतः ।
शुद्धं मिश्रं च संकीर्णं त्रिविधं तद्वशान्न्यसेत् ॥ ६५ ॥
एकद्रव्यं तु शुद्धं स्याद् द्विद्रव्यं मिश्रकं भवेत् ।
त्रिद्रव्यैस्तु संकीर्णं तज्ज्ञात्वा कारयेद्बुधः ॥ ६६ ॥
केवलं चेष्टकाहर्म्ये दारुप्रच्छादनम(ना)न्वितम् ।
शिलाहर्म्ये शिलातौलिं कुर्यात्तत्तद्विशेषतः ॥ ६७ ॥
कर्णं च पट्टिकायुक्तं मध्यं मध्यावसानकम् ।
चतुरश्रा(श्रमा)यताश्रं वा यथा कर्मानुकूलतः ॥ ६८ ॥

एकपट्टं द्विपट्टं वा त्रिपट्टो(ट्टमू)र्ध्वं तथोन्नयेत् ।
तन्मध्ये फलकं वापि शिला तैला(लि)जया(य)न्तिकम् ॥ ६९ ॥
लुपाकारं तु [पूर्व]वत्कुर्याद्दलस्याकृतिः(तिम्) एव वा ।
एवं गेहे प्रोक्तं मम दृष्टमर्थं तु कारयेत् ॥ ७० ॥
कुर्याद्दिशि तुलां वापि पट्टस्योपरितस्तु वा ।
तन्मध्ये(ध्य)देश(शे) दारुणा[च] दण्डं कृत्वा प्रयोजयेत् ॥ ७१ ॥
एतत्प्रच्छादनं गेहे प्रोक्तं मम(मं) मुनीश्वरैः ।
अन्य[द्]वास्तुनि(स्तूनां) सर्वेषां प्रच्छादनमिहोच्यते ॥ ७२ ॥
मध्ये प्रागुक्तवत्कुर्यात्तदूर्ध्वे प्रस्तरमेव च ।
बाह्ये प्रागुक्तवत्सङ्गं प्रस्तरं तु यथोन्नयम् ॥ ७३ ॥
कुर्यादधःप्रदेशे स्यान्मध्ये वृत्तमुत्तरोपरि ।
महाभारं तुलां वापि क्षुद्रदण्डमथापि वा ॥ ७४ ॥
आधारपट्टसंयुक्तं सतुलं तु जयन्तिकम् ।
प्रस्तरावृतमध्योर्ध्वे तुला(ल)या छादयेत्ततः ॥ ७५ ॥
तद्विधानस्य(स्या)धोदेशे क्षुद्रपट्टैर्म(र्न) लचकम् ।
अथवा चतुरश्रैश्च कुर्यात्तत्र विशेषतः ॥ ७६ ॥
तत्र पट्टैश्चतुष्कानां सन्धिर्मध्ये तु कुद्म(ड्म)लम् ।
पादेषु कुड्मपद्मं च कुर्याद्युक्त्या च शोभितम् ॥ ७७ ॥
मध्यरङ्गं तदुद्दिश्य चोर्ध्वेऽलङ्कार(रं) वक्ष्यते ।
उत्तरस्याधोदेशे तु पूर्वोक्तचरणाग्रके ॥ ७८ ॥
बोधिकाकृति(तिं) विज्ञात्वा(य) स्तम्भस्यार्धाग्रदेशतः ।
पीनकर्णोपरि प्रान्ते पालिकाकृति(तिं) विन्यसेत् ॥ ७९ ॥
तदूर्ध्वे नाटकाङ्गैश्च पालिका द्विगुणोन्नतम्(ता) ।
तदूर्ध्वे मृणालिकोत्तुङ्गं नाटकोन्नत [तत्] समम् ॥ ८० ॥
महाबोधिकसंयुक्तं मृणालोपरि विन्यसेत्
तन्महाबोधिकाचो(को)र्ध्वे[च] महातौलिं न्यसेद्बुधः ॥ ८१ ॥
बोधिका(या) पूर्ववत्तुङ्गं तत्समं तौलिकोन्नतम् ।
महातौलिं विना कुर्यादाधारार्थ(र्धं) तु पट्टिका ॥ ८२ ॥

पूर्वोक्तप्रस्तराङ्गैश्च यन्मानोरम्यवर्गकम् ।
आधारस्योपरि प्रान्ते कुर्यात्तु शिल्पि(ल्प)वित्तमः ॥ ८३ ॥
ऊर्ध्वे प्रच्छादनं कुर्यादथवाधारचो(स्यो)र्ध्वके ।
एतत्प्रच्छादनं कुर्यात्पूर्ववत्तत्समलङ्कृतम् ॥ ८४ ॥
एवं तु चोर्ध्वालङ्कारं मध्यरङ्गे तु विन्यसेत् ।
तत्तुङ्गं पूर्ववत्कुर्याच्छेषं युक्त्या प्रयोजयेत् ॥ ८५ ॥
तद्बहिः प्रान्तभक्तीनां प्रच्छादनमिहोच्यते ।
प्रागुक्तमूलपादानां स्तम्भे च प्रतिपादके ॥ ८६ ॥
तदूर्ध्वे चोत्तरं न्यस्य(सेद्) वाजनं मुष्टिबन्धनम् ।
मृणाल(लं) वाजनं वापि चोत्तरादि यथोर्ध्वके ॥ ८७
कुर्यात्तु तस्य चोर्ध्वे तु दण्डैस्तत्क्रोशिकां न्यसेत् ।
त्रिचतुष्पञ्चषण्मात्रं दण्डान्तरविशालकम् ॥ ८८ ॥
तत्तद्द्विगुणदण्डं स्याद्युक्त्या बलवशान्न्यसेत् ।
चतुरश्रं चतुः(तुष्)पट्टं तुलानामाकृतिस्तथा ॥ ८९ ॥
पत्रवल्यादियुक्तं वा यथाशोभं तु कारयेत् ।
तदूर्ध्वे जयन्तिकं स्यादन्तराले तु विन्यसेत् ॥ ९० ॥
अथवा चोत्तरा सर्वे(र्वा) सान्तःप्रान्तरोत्त(रान्त)रम् ।
यत्तद्भक्तिवशात्सर्वं प्रस्तरं स्यात्तदन्तरम् ॥ ९१ ॥
बाह्यके चोत्तरं सर्वं युक्त्या काष्ठवशान्न्यसेत् ।
तस्यान्तः पादमध्यान्तः प्रस्तीर्यात्तु यथोत्तरम् ॥ ९२ ॥
एतत्तु सर्वतोभद्रमलत्वाकृतिरिहोच्यते ।
तदेव कर्णवशाद्दृशं प्रस्तीर्यात्तु सर्वशः ॥ ९३ ॥
उत्तरैः प्रागुक्ताङ्घ्रिः स्यात्तद्वशात्परितो न्यसेत् ।
तदेवान्तमलत्वं च कर्णयोश्चोत्तरं विना ॥ ९४ ॥
इन्द्रादियाम्यपर्यन्तं याम्यादिवरुणान्तकम् ।
वरुणात्सौम्यपर्यन्तं सौम्यादिपूर्वकान्तकम् ॥ ९५ ॥
बाह्यान्तरान्तरं च युक्त्या वंशे तु योजयेत् ।
शेषं प्रागुक्तवत्तुल्ये(त्कुर्याद्) बहिस्तद्वशान्न्यसेत् ॥ ९६ ॥

बहिश्चावृतवा(द्वा)रादि(दीनि) चोत्तरादीनि कारयेत् ।
उत्तराद्युत्तरान्तं तु तलैर्विन्यासमीरितम् ॥ ९७ ॥
बाह्ये स्तम्भावभक्तिश्चेद्दण्डिकोर्ध्वे लुपै(पाभिः)स्थिरम् ।
पूर्वोक्तमध्यतुङ्गैर्वा यथाशोभं तु योजयेत् ॥ ९८ ॥
शिलायां दारुके वापि चेष्टके वाथ कारयेत् ।
यथाबलं यथाभारं तथा वंशादि योजयेत् ॥ ९९ ॥
अन्तर्बहिश्च तत्सर्वे चोत्तरैः समता(तां) न्यसेत् ।
अन्यथाङ्गानि सर्वेषां का(क्रि)यां कुर्याद् [तद्]वशां(शं) नयेत ॥ १०० ॥
उत्तरं वैपरीत्यं चेत्कर्तुः तद्वास्तुनाशनम् ।
देवानां भूपतीनां च चोर्ध्वे मध्ये तरङ्गकम् ॥ १०१ ॥
मलकादिविधानं च कुर्यात्तु सम्पदा(दास्)पदम् ।
तैव(ति)लानां द्विजातीनामन्यत्सर्वं शुभावहम् ॥ १०२ ॥

इति मानसारे वास्तुशास्त्रे प्रस्तरविधानं नाम षोडशोऽध्यायः ।

सन्धिकर्मविधानम्

सन्धिकर्मविधानं च लक्षणं वक्ष्यतेऽधुना ।
हर्म्याणां दारुसंयोगं(गः) सन्धिकर्ममु(र्म उ)दीरितम् ॥ १ ॥
वृक्षमूले बलं युक्तं वृक्षाग्रे बलहीनकम् ।
तस्मात्तु बन्धयेत्सर्वं दारुसंमूलात्सु(लतः सु)धीः ॥ २ ॥
उक्तवद्दारु संग्राह्य योजयेत्त(त्यं हि त)क्षकेण तु ।
न वक्रं च न भिन्नं च न सुषिरं दारु सर्वशः ॥ ३ ॥
मल्लसंबद्ध(न्ध)सन्धिं च ब्रह्मराज(जं) द्वयं तथा ।
वेणुपर्वाख्यसन्धिं च पूगपर्वं च सन्धिकम् ॥ ४ ॥
देवसन्धिस्तथर्षिमे(र्षी)षुपर्वसन्धिं(न्धी च) दण्ड(ण्डि)कम् ।
एतद(ते चा)ष्टविधं(धाः) प्रोक्तं(क्ता) दारुयोगेन सन्धिभिः(न्धयः) ॥ ५ ॥
दारुद्वयै(येनै)कसन्धिः स्यान्मल्लबन्धमिति स्मृतम् ।
त्रिचतुर्दारुयोगेन द्वित्रिसन्धिर्यथाक्रमम् ॥ ६ ॥
ब्रह्मराजमिति प्रोक्तं तन्त्रविद्भिः पुरातनैः ।
पञ्चदारु चतुःसन्धि(न्धिर्) वेणुपर्वकमीरितम् ॥ ७ ॥
षड्दारु पञ्चसन्धिः स्यात्पूगपर्वं प्रशस्यते ।
सप्तदारुभिः षट्सन्धि(न्धिः) [स्याद्] देवसन्धिमि(रि)ति स्मृतम् ॥ ८ ॥
अष्टदारु[भिर्] ऋषिसन्धिमं(न्धिरि)षुपर्वाख्यसन्धिकम् ।
तस्योपरि बहुसन्धि(न्धिः) बहुद्रव्यैश्च दण्डिकम् ॥ ९ ॥
पादानामुत्तराणां च कुड्यस्योत्तरदारुणाम् ।
सन्धिकर्मक्रमं सम्यगेक[क]वस्तुन्य(ह्य)नेककम् ॥ १० ॥
अन्तर्बहिश्च यश्चो(यामू)र्ध्वे तत्तत्सन्धिमि(रि)होच्यते ।
मल्लबन्धादि स्यादष्टसन्धिः सर्वेषु धामसु ॥ ११ ॥
दीर्घं ह्रस्वं समं दारु योजयेदुक्तवत्क्रमात् ।
पुंदारूणां तु पुंदा न(रूणा) स्त्रीदारुं(रु) स्त्रिया सह ॥ १२ ॥
युञ्जीत या(यत्) स्त्रिया सार्धं पुंदारु पतिना सह ।
नपुंसकं न युञ्जीत सर्वेष्वपि गृहादिषु ॥ १३ ॥

चतुर्दिक्षु बहिर्दारु र(चा)नन्तं प्रेक्ष्य संस्थितम् ।
ज्ञात्वा धीमान्मुहुर्देवान्(र्लिङ्गान्) दिनयेद्वा(नीत्वा च वा)मदक्षिणम् ॥ १४ ॥
अन्तश्चतुर्दिशां दारु बहिः पश्येत् तन्मुखम् ।
ज्ञात्वा तु शिल्पिनां श्रेष्ठं(ष्ठो) दिव्यं दक्षिणवामकम् ॥ १५ ॥
दीर्घादिसर्वदारूणि(णां) विन्यासं वक्ष्यतेऽधुना ।
दक्षिणे विन्यसेद्दीर्घं कुब्जदारु तु दक्षिणे ॥ १६ ॥
अथवा मध्यमे दीर्घं वाम(मा)वामे तु कुब्जकम् ।
त्रिदारुयोगसंपाते सममेतत्त्वथापि वा ॥ १७ ॥
दक्षिणं(णे) मध्यमं(मे) दीर्घं वामे दारु त्वदीर्घकम् ।
दारुमूलं तथाग्रं च संयोगं दारुसर्वशः ॥ १८ ॥
दक्षिणोत्तरमायामं दारुमूलं च दक्षिणे ।
पूर्वपश्चिमयोर्दीर्घं दारुमूलं च पश्चिमे ॥ १९ ॥
प्रत्यग्दक्षिणयोर्दारु मूलसंयोग(गं) नैर्ऋते ।
पूर्वे चोत्तरतो दारु अग्रं(चाग्र)संयोगमीशके ॥ २० ॥
अनलानिलकोणे तु चाग्रमूलं तु योजयेत् ।
कल्प्योत्तरं तु संयोगं मूलं तच्च षडश्रकम् ॥ २१ ॥
अज्ञानाद्व्यन्तराग्रं चेत्स्वामिनो मरणं ध्रुवम् ।
उत्तराद्दारुसंयोगमालिम्बो(ङ्गो)दययोर्मुखम् ॥ २२ ॥
तन्मूलस्योपरि स्थाप्य चाग्रमेतदधोमुखम् ।
पादैरपि च सर्वेषां गृहं(हान्तं) संप्राप्य वश्य(संप्रशस्य)ते ॥ २३ ॥
आधारं प्राक्शयं दारु मूलाग्रं चोर्ध्व(र्ध्वे) तच्चयेत् ।
वैवस्वतं दिशं चैवं चान्तं चोपरि विन्यसेत् ॥ २४ ॥
मूलमूर्ध्वे संच्छेद्य प्रत्यग्दारोश्च मूलतः ।
अधश्छेद्यं दक्षिणतः चोर्ध्वे दारुमि(रु चे)दं न्यसेत् ॥ २५ ॥
प्रत्यग्दारोश्च चाग्राधश्चोत्तरं दारुमूलकम् ।
प्राग्दार्वाग्रमूर्ध्वे तु सौम्यदार्वाग्र(ग्रं) निक्षिपेत् ॥ २६ ॥
एवन्तु सर्वतोभद्रं प्रागादिदारु योजयेत् ।
तदेव दारुयोगं च नन्द्यावर्तमिहोच्यते ॥ २७ ॥

पूर्वे च शयितं दारु दक्षिणे निर्गमं भवेत् ।
दक्षिणे शयितं दारु पश्चिमे निर्गमं भवेत् ॥ २८ ॥
पश्चिमे शयितं दारु निर्गमं चोत्तरे तथा ।
उत्तरे शयितं दारु प्राग्दिशि निर्गमं भवेत् ॥ २९ ॥
आधाराधेययोगेन पूर्ववत्परिकल्पयेत् ।
नन्द्यावर्तमिति प्रोक्तं स्वस्तिकं वक्ष्यतेऽधुना ॥ ३० ॥
प्राक्शयितं दारु सर्वेषां दक्षमूलोत्तराग्रकम् ।
दक्षिणे शयितं दारु प्रत्यङ्मूलाग्रपूर्वके ॥ ३१ ॥
तद्द्वयोर्मूलमग्रं च चाग्निकोणे च बन्धनम् ।
प्रत्यग्दिक्शयितदारोर्मूलं याम्येऽग्रमुत्तरे ॥ ३२ ॥
सौम्ये शयितदारूणां प्रत्यङ्मूलाग्रपूर्वके ।
वायुकोणे दिशं(शि) बन्धं त्रीणि दार्वा(र्व)ग्राणि एव वा ॥ ३३ ॥
दक्षिणे पश्चिमे सौम्ये दारु तत्प्रागुदग्रकम् ।
नैर्ऋते वायुकोणे च बन्धयेत्तद् द्विसन्धिकम् ॥ ३४ ॥
पूर्वे च दक्षिणे प्रत्यग्दारु प्रागुत्तराग्रकम् ।
वह्निनैर्ऋत्यकोणे च दारु संबन्धयेत्सुधीः ॥ ३५ ॥
एतत्सन्धिविशेषोऽस्ति चाधाराधेयपूर्ववत् ।
दारुमूलं तु सच्छिद्रं दार्वा(र्व)ग्रं सशिखान्वितम् ॥ ३६ ॥
दक्षिणे दारुमूले च छिद्रं प्रत्यक् शिखान्वितम् ।
एतन्नैर्ऋतिकोणे तु युक्त्या दारुं(रु) सं(च) योजयेत् ॥ ३७ ॥
एवं तु चाग्निकोणे तु युक्त्या दारु सुयोजयेत् ।
सौम्ये च दारुमूले तु छिद्रं प्रत्यक्छि(शि)खान्वितम् ॥ ३८ ॥
एवं तु वायुकोणे तु कारयेत्तक्षकोत्तमः ।
एवं तु स्वस्तिकं प्रोक्तं युक्ताग्रे चैशकोणयुक् ॥ ३९ ॥
प्राच्ये दार्वा(रुणा) च सच्छिद्रं सौम्याग्रं च शिखान्वितम् ।
छिद्रयुक्तं तदाधारमग्रमिदं सशिखान्वितम् ॥ ४० ॥
वास्तुमध्ये ग(ऽङ्ग)णं युक्तं तद्बाह्ये वृतदारुणा ।
यथेष्टदिग्भद्रसंयुक्तं युक्ताद(त्वा)न्यैस्तु योगतः ॥ ४१ ॥

आधाराधेयमार्गैश्च सर्वं प्रागुक्तवन्नयेत् ।
वर्धमानमिति प्रोक्तं वर्धमाने तु विन्यसेत् ॥ ४२ ॥
अधोभूदारुयोगं च तथोर्ध्वोर्ध्वं तथा न्यसेत् ।
अज्ञानाद्वैपरीत्यं चेत्सर्वसंपद्विनाशनम् ॥ ४३ ॥
तस्मात्परिहरेच्छिल्पी सर्वदारु [च] योगतः ।
दारुयोगक्रमं प्रोक्तं दारुसन्धिरिहोच्यते ॥ ४४ ॥
यथारहितसन्धक्यं(यः) तथा योग्यं विचक्षणैः ।
स्तम्भानां दारुयोगेन चोक्तवच्चैव सन्धयः ॥ ४५ ॥
स्तम्भदारु त्रिभागैकं तन्मध्ये तु शिखां(खा) भवेत् ।
तुङ्गतारसमं कुर्यादूर्ध्वे कर्णं शिखान्वितम् ॥ ४६ ॥
अधः कर्णं मध्ये छिद्रं मेषयुद्धं हि योजयेत् ।
विस्तारे सप्तभागेन त्रिभागाधिकमायतम् ॥ ४७ ॥
अथवा सार्धमायामं विस्तारद्विगुणं तु वा ।
अथवा कर्णमानं वा सन्धिरेतत्(ष) फणायतम्(तः) ॥ ४८ ॥
सर्वेषामपि दारूणां सन्धेः प्रान्ते तु योजयेत् ।
यथेष्टफणसंग्राह्यं चोदयेद्विस्तृतार्धकम् ॥ ४९ ॥
मूलाग्रे कीलकं युक्तं अ(चः)र्धप्राणमि(पाणिरि)ति स्मृतम् ।
तदेव द्विललाटे च विस्तारार्धार्धचन्द्रवत् ॥ ५० ॥
मध्ये च दन्तसंयुक्तमग्रमूले तु योजयेत् ।
शेषं तु पूर्ववत्कुर्यान्महावृत्तमिति स्मृतम् ॥ ५१ ॥
एतत्स्व(तेषु) वृत्तपादानां त्रिकर्णं वक्ष्यतेऽधुना ।
तदेवं(व) च त्रिकर्णं स्यात्तत्रिचूलिकमेव च ॥ ५२ ॥
स्वस्त्याकृतिं(ति) समायुक्तं बलात्कीलकसंयुतम् ।
त्रिकर्णाभमिति प्रोक्तं शेषं प्रागुक्तवन्नयेत् ॥ ५३ ॥
मेषयुद्धे चतुर्दिक्षु चतुःशूलं तु संयुतम् ।
चतुरश्राङ्घ्रिमध्ये तु पट्टयुक्तं सपट्टवत् ॥ ५४ ॥
दन्तसंयुक्तं सन्धिश्च सर्वतोभद्रमीरितम् ।
एतत्सन्धिविधिश्चाङ्घ्रिं यथाशक्ति यथाबलम् ॥ ५५ ॥

स्तम्भमध्या(ध्ये) यथोत्सेधं कुर्यादूर्ध्वे विशेषतः ।
यथालङ्कारया प्रान्ते युक्त्या तत्रैव सन्धयः ॥ ५६ ॥
शिलास्तम्भं(म्भानां) तु सर्वेषां मेषयुद्धं प्रकल्पयेत् ।
पादायामविशालैश्च पूर्ववत्परिकल्पयेत् ॥ ५७ ॥
पादमूलविशाले तु षट्सप्तांश(शं) विभाजिते ।
एकैकमा(म)धिकं वापि पादमूलविशालकम् ॥ ५८ ॥
कुर्याद्विं(द्वं)शविशालं स्याद्दारुवंशोन्मन(न्नत)स्तथा ।
समं वाथ त्रिपादं वा चार्धं वा कुड्यचो(बो)त्तरे [च] ॥ ५६ ।
विस्तारं तद्यथा कुर्यात्तुङ्गं प्रागुक्तवन्नयेत् ।
कुड्यवंश(शं) प्रति(ते)र्वंशं तुङ्गं यत्तु समं भवेत् ॥ ६० ॥
तुङ्गस्याधिकहीनं चेद्विपङ्क्ति(त्ति) नित्यमावहेत् ।
पूर्वोक्तसन्धिदीर्घेषु यन्मानोरम्यसंग्रहम् ॥ ६१ ॥
कुड्यस्योत्तरसन्धीनां प्रतिवंशविशालके ।
सन्ध्यायामं तु संग्राह्यं कुर्यात्प्रागुक्तवत्सुधीः ॥ ६२ ॥
शङ्कु(ङ्को)रा(र)ग्रिं च शल्यं च कीलं तु पर्याय(यं) च ।
वृ(वि)द्धं शूलं च दन्तं च शिखापर्यायवाचकाः ॥ ६३ ॥
सन्ध्या पादविष्कम्भं वसुसप्तषडंशकम् ।
तदे(ए)कांश(शं) कि(की)लविस्तारं शूलं तारं च मानयेत् ॥ ६४ ॥
शूलकीलद्वयोस्तेषां समतारमुदाहृतम् ।
दीर्घतारमिदं तं [च] समताराग्रकीलकम् ॥ ६५ ॥
शल्यायामं तु सर्वेषां यथायुक्तं(क्ति) यथाबलम् ।
कुर्यात्तु सन्धिमध्यस्य कीलपार्श्वं तु कीलयेत् ॥ ६६ ॥
फणायामं तु तन्मध्ये पश्चात्कीलं प्रयोजयेत् ।
कीलात्फणामूलान्तं कीलतारं समेन च ॥ ६७ ॥
ऊर्ध्वं तत्फणाप्रान्ते छेदयेत्तत्रकोत्तमः ।
कीलतारसमं कुर्यात्कीलं तु तत्फणाग्रके ॥ ६८ ॥
दन्तत्रयसमायुक्तं मूलान्तं तत्फणाग्रयोः ।
अधोदन्तस्य यं(यच्) छेद्यं चोर्ध्वदन्तस्य चोर्ध्वके ॥ ६९ ॥

छंदयंद्रेशनं(न)मूलौ(ले) तच्छिखे(खायां) तत्प्रकीर्तितम् ।
विस्तारात्तुङ्गदेशे वा तत्तदर्धांश(शं) तत्त्वयात्(त्त्वयेत्) ॥ ७० ॥
पूर्ववच्छिख(खा)संयुक्तं मध्यकीलकं(लं तु) योजयेत् ।
ईषुदन्तमिति प्रोक्तं यथाशक्तिबलं न्यसेत् ॥ ७१ ॥
कर्कटाङ्घ्रिवत्कृत्वा पोत्रनासाङ्घ्रिं वेशयेत् ।
मध्यकीलं तु संयोज्यं युक्त्या बलवशान्न्यसेत् ॥ ७२ ॥
सूकरं(र)घ्राणमित्युक्तं वंशदण्डाग्रमूलयोः ।
संकीर्णकीलकं वक्ष्ये यथायुक्ति यथाबलम् ॥ ७३ ॥
नानाशूलैश्च कीलैश्च संयुक्तं खलु दारुषु ।
एतत्संकीर्णसन्धि(न्धिः) स्यात्सर्वहर्म्येषु योग्यकम् ॥ ७४ ॥
वक्रा(क्रा)कृतिषु शूलं स्याद् ब्रह्मस्तकसन्धिकम् ।
एतत्पञ्चविधः सन्धिः सर्वेषां साधि(शयि)तेष्वपि ॥ ७५ ॥
कुर्यात्कुड्यस्य चैतेषु चाग्रदन्तं बहिर्भवेत् ।
मूलदन्तोपदन्तं स्यादाधाराधेय(यं) योजयेत् ॥ ७६ ॥
पार्श्वयोर्योजितं दारु कुलीराग्रोपरि न्यसेत् ।
पार्श्वे दार्वा(र्वे)र्थमन्तश्चेद्ब्राह्ममूलं च मङ्गलम् ॥ ७७ ॥
दारुशैले यथामूलं पादमूलं तथा भवेत् ।
एकरूपा च पङ्क्ति च(ङ्क्तिश्च) सन्धिः स्यादेकरूपकम् ॥ ७८ ॥
ऊर्ध्वाधेषु तलेष्वेवं सर्वं कुर्याद्विचक्षणः ।
तत्तदङ्गानि सर्वाणि परितेऽपि (विपरीते) विनश्यति ॥ ७९ ॥
स्तम्भानामपि सर्वेषां दीर्घस्योर्ध्वशिखान्वितम् ।
म(मा)नसान्तः शिखै(खाभि)र्युक्तं पुत्रपौत्रविनाशनम् ॥ ८० ॥
स्तम्भमध्ये शिखायुक्तं मध्यपार्श्वशिखं तु चेत् ।
कर्तॄणां शोकवृद्धिं(द्धिः) स्यात्सन्ध्यङ्घ्रिबाह्यकं चेत् ॥ ८१ ॥
तथा सन्ध्यङ्घ्रिमध्यं चेत्सर्वसंपद्विनाशनम् ।
तस्मात्तत्स्तम्भमध्यं तु त्यक्त्वा तत्सन्धिमध्यमं(मम्) ॥ ८२ ॥
रेखामात्राङ्घ्रि तन्मध्यं त्यक्त्वा कीलं प्रदक्षिणे ।
दण्डि(ण्डा)कारदार्वो(र्वे)ङ्गं सन्धिरूपा(प) प्रकथ्यते ॥ ८३ ॥

यत्कर्णदारुयोगेषु सन्धिस्तेषां तु नामतः ।
आदित्यो धर्मराजश्च जलेशश्च निशाधिपः ॥ ८४ ॥
एतच्चतुष्टयं दिक्षु विदिक्षु च तथोच्यते ।
वह्निर्नैर्ऋतिर्वायुश्च चै(चे)शश्चेशो(श्चैते) पृथक् तथा ॥ ८५ ॥
दारुसन्धो(न्धिमु)क्तसर्वेषां न(तु) कुर्याच्छित्पि(ल्प)वित्तमः ।
गृहक्षतपदे चैव पुष्पदन्तस्य पदे तथा ॥ ८६ ॥
भल्लाटस्य पदे चैव महेन्द्रस्य पदे तथा ।
एतेषां तु गृहद्वारं कुर्यात्सन्धिं न कारयेत् ॥ ८७ ॥
तद्दण्डिते(के) तद्विधाने तु विस्तारायामतो गृहे ।
मध्यकर्णद्वयोर्मध्ये वस्तु यन्मध्यमे तथा ॥ ८८ ॥
दन्तकीलं च संयुक्तं सन्धिरेतन्न कारयेत् ।
अन्य[त्]सर्वेषु सन्धीनां(न्धीन्) वास्तुमध्ये न कारयेत् ॥ ८९ ॥
प्रतिवंशं दारुवक्त्रं ज्ञात्वा सव्यापसव्यकम् ।
सव्यमूले शिखं(खां) कुर्याद्वामे चाग्रशिखान्वितम् ॥ ९० ॥
तच्छिखं मध्ययुक्तं चेत्सर्वसंपद्विपत्करम् ।
दारुमूलाग्रयोः सर्वं सन्धौ युक्ततरं भवेत् ॥ ९१ ॥
मूलेन वे(भे)दनं दन्ते धर्मकामार्थनाशनम् ।
परितो दारुसन्धौ च(चेद्) युक्तं सन्धिं न विद्यते ॥ ९२ ॥
गृहान्तं चैकदारुं(रु) चेत्सन्धिभेदोऽपि नास्ति चेत् ।
वास्तुप्रदक्षिणं दारुकीलं चापि तथा न्यसेत् ॥ ९३ ॥
बाह्यावृतदारूणि युद्धायुद्धं विचार्यते ।
युद्धभावं विदित्वाथ चान्तदारु भवन्ति(ति) च ॥ ९४ ॥
तच्चतुर्दिशि दारूणि तत्तत्सन्धौ च शल्यकम् ।
प्राक् प्रत्यक् च युद्धं चेत्स्वामिनो मरणं ध्रुवम् ॥ ९५ ॥
दक्षिणोत्तरयोर्युद्धं पूर्व(परं) तद्दोषमावहेत् ।
नूतनानि च दारूणि नूतनैरेव संयुजेत् ॥ ९६ ॥
पुराणानि च दारूणि पुराणैरेव संयुजेत् ।
नूतनं च पुराणेन पुराणं नूतनेन च ॥ ९७ ॥

न युज्यं च कृतेश्(ते) चेत्तु राष्ट्रो(ष्ट्रे) दुर्भिक्षमावहेत् ।
मध्योर्ध्वे दारुमध्यात्तु दण्डा(न्ता)दीनि त्रयान्तकम् ॥ ९८ ॥
दण्ड(न्त)पादेन वृद्धिः स्यात्स्थापयेत्कुलयादि(कीलकादी)नाम् ।
कु(की)लादिमूलद्रव्येषु यथाशक्ति यथारुचि ॥ ९९ ॥
कुर्यात्तु चोक्तवत्सन्धिं विना(चेति) चोक्तं पुरातनैः ।
शैलजैः शयितैः सर्वैर्निशिखमेषयुद्धकम् ॥ १०० ॥
अथवा शक्तिरूपं स्यादर्धादर्धमथापि वा ।
सर्वतोभद्रः सन्धिः स्याद्भद्रवद्युक्तितो न्यसेत् ॥ १०१ ॥
शिलाहर्म्यादिसर्वेषां प्रथमे वास्त(स्तु)मेव च ।
प्रत्यगूर्ध्वे ततः प्रान्ते नन्द्यावर्ताकृति(तिं) न्यसेत् ॥ १०२ ॥

वस्तुमध्यचरणस्य मध्यमे
सन्धिकीलयुत(तं) कर्तृनाशनम ।
भक्तिपादबहिष्कीलमूलकम्
चार्थनाशजनवेदना[व]हकम् ॥ १०३ ॥
उपरि संस्थितदारुसमस्तकैः
अथवा तत्रस्थितवाजनमाद्यकैः ।
सशिखरैरशिखोऽपि सर्वत
स्त्वपि च युक्तिवशादिभिर्योजयेत् ॥ १०४ ॥
अपि च युक्तिवशादपि योजयेत्
त्वपि च युक्तिरनुक्तिरनर्थकम् ।
न च दररहितं शिखया तु चेत्
क्रमविहीनं हि लक्षणमन्यथा ॥ १०५ ॥
कृतधनक्षयकर्तृविनाशनम्
तस्मात्सर्वं चोक्तवत्सन्धिराद्यैः ।
दारो(रोर्)मूलं चाग्रयो(यु)क्तानन च
पार्श्वे चैतच्छिल्पिभिर्ज्ञाप्य कुर्यात् ॥ १०६ ॥
एवं संपदामास्पदं स्यात ॥ १०७ ॥

इति मानसारे वास्तुशास्त्रे सन्धिकर्मविधानं नाम सप्तदशोऽध्यायः ।

विमानलक्षणम्

विमानलक्षणं चैव संक्षेपाद्वक्ष्यतेऽधुना ।
तैतिलानां द्विजातीनां वर्णानां वासयोग्यकम ॥ १ ॥
एकभूमिविमानादिरविभूम्यवसानकम् ।
भक्तिसंख्या(ख्यां) तदाकारं स्थू(स्तू)पिकाद्यैश्(दि) च लक्षणम ॥ २ ॥
लुपमानकमं सर्वं स्तूपिकास्थापनं क्रमात् ।
खानयेद्भूतलं श्रेष्ठं पुरुषाञ्जलिमात्रकम् ॥ ३ ॥
जलान्तं वा शिलान्तं वा पूरयेद्वालुकैर्जलैः ।
हस्तिपादाकृतिं(ति) दारुस्तम्भेन[च] प्रहारयेत् ॥ ४ ॥
एवं दृढकरं(कृतं) चोर्ध्वे यथाशास्त्रं(हर्म्य) तु कारयेत् ।
एकभूमिविमाने तु चोक्तवत्करसंग्रहम् ॥ ५ ॥
एकभक्त्या द्विभक्त्या वा त्रिचतुष्पञ्चभागिकम् ।
षड्भागं षड्विधं प्रोक्तं क्षुद्रमेकतलं भवेत् ॥ ६ ॥
पञ्चषट्सप्तभागं स्यान्मध्यममेकतलं भवेत् ।
षट्सप्ताष्टविभागं स्यात् श्रेष्ठमेकतलं भवेत् ॥ ७ ॥
पञ्चषट्सप्तभक्त्या च क्षुद्रं च द्वितलं भवेत् ।
षट्सप्ताष्टभक्त्या च मध्यमं द्वितलेन(लमेव) च ॥ ८ ॥
सप्ताष्टनवभागं स्यादुत्तमं द्वितलं न्यसेत् ।
सप्ताष्टभक्तिकं कुर्यात्क्षुद्रं च त्रितलं भवेत् ॥ ९ ॥
नन्दपङ्क्त्यंश(शं) तेनैव मध्यमं त्रितलं भवेत् ।
एकपङ्क्त्यर्कभागेन चोत्तमं त्रितलं भवेत् ॥ १० ॥
अष्टनन्ददशांशं स्यात्क्षुद्रमाने चतुस्तले ।
नन्दपङ्क्तिरुद्रभागं स्यान्मध्यमे च चतुस्तले ॥ ११ ॥
पङ्क्तिरे(ङ्क्ते)कादशार्कं स्याद्भागं श्रेष्ठे चतुस्तले ।
नन्दपङ्क्त्येकादशार्कभागं मध्यविशालकम् ॥ १२ ॥

कुर्यात्तु शिल्पविद्द्भिः क्षुद्रपञ्चतले न्यसेत् ।
पङ्क्त्येकपङ्क्ति(ङ्क्त्यै)कांशः(श)द्वा(त्रयो)दशांशे विशालके ॥ १३ ॥
एतत्तु मध्यमं पञ्चतलं हर्म्ये (ए)व कारयेत् ।
ईशद्वादशकैकार्क मनुभागं तथैव च ॥ १४ ॥
एतद्भागविशाले तु श्रेष्ठं पञ्चतलं भवेत् ।
अर्कसैकार्कभागं तु मनुपञ्चा(ञ्च)दशांशकम् ॥ १५ ॥
एतद्वै पूषके कुर्यात्क्षुद्रषट्तलहर्म्यकम् ।
सैकार्कांशं मुनिं चांशं तिथिषोडशभागिकम् ॥ १६ ॥
षट्तलं मध्यमं प्रोक्तं कुर्याद्धर्म्यविशालके ।
त्रिचतुः(तुष्)पञ्चषट्सप्तैकाधिकं दशभागिकम् ॥ १७ ॥
श्रेष्ठं षट्तलमित्युक्तं यथा कुर्याद्विचक्षणः ।
चतुर्दशांशकं पञ्चदशांशं षोडशांशकम् ॥ १८ ॥
सप्तदशाष्टपङ्क्त्यंशं क्षुद्रसप्ततलं तु वा ।
पञ्चा(ञ्च)दशांशकं चैव षोडशांशकमेव वा ॥ १९ ॥
सप्ता(प्त)दशांशकं भागं चाष्टपङ्क्त्यंशभागिकम् ।
एतन्मध्यममाने तु कुर्यात्तु सप्तभूमिके ॥ २० ॥
विस्ताराष्टद्विभागं च तत्सप्तदशभागिकम् ।
तदष्टादशभागं स्यान्नन्दपङ्क्त्यंशमेव वा ॥ २१ ॥
श्रेष्ठं सप्ततलं प्रोक्तं कुर्यात्तत्र विचक्षणः ।
सप्ता(प्त)दशांशकं चैव विस्तारा(रम)ष्टादशांशकम् ॥ २२ ॥
नवपङ्क्त्यंशकं चैव विशाले द्विदशांशकम् ।
क्षुद्रमष्टतलं ह्येवं हर्म्ये कुर्यात्तु भागतः ॥ २३ ॥
नवमेव द्विभागं स्यान्नन्दपङ्क्त्यंशकं तथा ।
विंशत्यां(त्यं)शक(शमेक)माधिक्यं भागं हर्म्यविशालके ॥ २४ ॥
मध्यमाष्टतलं कुर्याद्भागमानविमानके ।
नवाधिकदशांशं स्याद्विंशतिश्चैकविंशतिः ॥ २५ ॥
द्वाविंशतिश्च भागं च श्रेष्ठमष्टतलं तथा ।
विंशत्यंशं विशाले तु चैक(सैकं) हस्तं तथैव च ॥ २६ ॥

द्वाविंशतिं च भागं च त्रयोविंशतिभागिकम् ।
क्षुद्रं नवतलं ह्येवं कुर्याद्भागं विमानके ।। २७ ।।
एकविंशतिभागं च तद्द्वाविंशतिभागिकम् ।
त्रयोविंशतिभागं स्याच्चतुर्विंशतिभागिकम् ।। २८ ।।
मध्यमं(ध्यं) नवतलं कुर्यान्मध्यमे तद्विशालके ।
द्वाविंशतिं(तिश्) च भागं स्यात्त्रयोविंशतिभागिकम् ।। २९ ।।
चतुर्विंशतिकं च(चापि) पञ्चविंशतिकांशकम् ।
श्रेष्ठं नवतलं प्रोक्तं कुर्यात्तु शिल्प(ल्प)वित्तमः ।। ३० ।।
त्रयोविंशतिभागं स्याच्चतुर्विंशतिभागिकम् ।
पञ्चविंशतिभागं च षड्विंशतिभागिकम् ।। ३१ ।।
क्षुद्रं दशतलं कुर्याद्भागं सम(मध्य)विशालके ।
चतुर्विंशतिकं चैव पञ्चविंशतिक तथा ।। ३२ ।।
षड्विंशतिश्च भागं च सप्तविंशतिभागिकम् ।
मध्यमं(ध्यं) दशतलं कुर्याद्विमानस्य विशालकम्(कं) ।। ३३ ।।
पञ्चविंशतिभागं स्यात्षडविंशतिभागिकम् ।
सप्तविंशतिभागं स्यादष्टाविंशतिभागिकम् ।। ३४ ।।
श्रेष्ठं पङ्क्तितलं कुर्याद्भागं हर्म्यविशालके ।
षड्विंशतिश्च भागं स्यात्सप्तविंशतिभागिकम् ।। ३५ ।।
अष्टाविंशतिभागं स्यान्नवविंशतिभागिकम् ।
क्षुद्रमेकादशतलं भागमानविशालके ।। ३६ ।।
सप्तविंशतिभागं च अ(तु चा)ष्टाविंशतिभागिकम् ।
नवविंशतिकं चैव त्रिंशद्भागविशालकम् ।। ३७ ।।
एकादशतलं प्रोक्तं मध्यमं तद्विमानके ।
अष्टाविंशतिभागं स्यान्नवविंशतिभागिकम् ।। ३८ ।।
तत्त्रिंशतिकं चैव चैकत्रिंशांशकं तथा ।
एकादशतलं श्रेष्ठं हर्म्यमूलविशालकं ।। ३९ ।।
नवविंशतिभागं स्यात्त्रिंशदंशविशालकं(कम्) ।
एकत्रिंशद्विभागं स्याद्द्वात्रिंशां(शदं)शकं भवेत् ।। ४० ।।

क्षुद्रद्वादशभूमिः स्याद्भागमेवं प्रकल्पयेत् ।
विशाले त्रिंशदंशं स्यादेकत्रिंशं च भागिकम् ॥ ४१ ॥
द्वात्रिंशद्विभागं चैव त्रयस्त्रिंशद्विभागिकम् ।
मध्यमं द्वादशभूमिं(म्या) [च] भागमानं विशालके ॥ ४२ ॥
द्वात्रिंशतिभागं स्यात्त्रयस्त्रिंशच्च भागिकम् ।
चतुस्त्रिंशतिभागं च पञ्चत्रिंशद्विशालके ॥ ४३ ॥
श्रेष्ठद्वादशभूम्याश्च भागं कुर्याद्विचक्षणः ।
कर्णपादस्य बाह्ये तु मध्यपादस्य मध्यमे ॥ ४४ ॥
एवं भागावसानं स्याद्युक्तियुक्तं प्रयोजयेत् ।
मूलादिस्तूपिपर्यन्तं वेदाश्रं चायताश्रकम् ॥ ४५ ॥
द्व्यश्रं वृत्ताकृतिं वाथ ग्रीवादिशिखराकृतिः ।
स्तूपिकात्रयसंयुक्तं द्वयं वा चैकमेव वा ॥ ४६ ॥
चतुरश्राकृतिं(ति) यस्(यत्) तु नागरं तत्प्रकीर्तितम् ।
मूलाग्रं वृत्तमाकारं तद्वृत्तायतमेव वा ॥ ४७ ॥
ग्रीवादिस्तूपिपर्यन्तं युक्ताथो(त्त्वाथ) तद्युगाश्रकम् ।
वृत्तस्याग्रे द्व्यश्रकं तद्वेसरी(र)नामकं भवेत् ॥ ४८ ॥
मूलाग्रात्स्तूपिपर्यन्तं श्र(चा)ष्टाश्रकं वा षडश्रकम् ।
तदग्रं चायतं वापि ग्रीवस्याधो युगाश्रकम् ॥ ४९ ॥
पूर्ववच्चोर्ध्वदेशं स्याद्द्राविडं परिकीर्तितम् ।
समाश्रकशिखायुक्तं चायामे तच्छिखात्रयम् ॥ ५० ॥
द्व्यश्रवृत्तोपरि स्तूपि वृत्तं वा चतुरश्रकम् ।
पद्मादिकुड्मलान्तं स्यादुक्तवद्वाकृति(तिं) न्यसेत् ॥ ५१ ॥
सपादरत्निमारभ्य षडङ्गुलिविवर्धनात् ।
चतुर्हस्तावसानं स्यात्प्रत्येकं तु चतुर्विधम् ॥ ५२ ॥
कन्यसादुत्तमान्त(न्तं) स्यादेकाद्यर्कतलान्तकम् ।
एतेषां स्तूपिकोत्तुङ्गमथजाती(ति)वशो(शादु)च्यते ॥ ५३ ॥
शूद्राणां चैकहस्तं स्याद्द्विहस्तं वैश्यजाति(ती)नाम् ।
सार्धद्विहस्तमानेन युवराजस्य योग्यकम् ॥ ५४ ॥

त्रिहस्तं भूपतीनां च सार्धत्रि[हस्तं] तु भूसुरा[णा]म् ।
तैत(ति)लानां चतुर्हस्तं स्तूपितुङ्गं प्रकल्पयेत् ॥ ५५ ॥
षोडशैकांशकं कृत्वा पालिकाकुड्मलं कृतम् (लान्तकम्) ।
सार्धांशं पालिकोच्चं स्यादर्धांशं वाजनं भवेत् ॥ ५६ ॥
पद्मतुङ्गं त्रिभागं च कन्धरं चैकभागिकम् ।
अर्धेन कम्पपद्मं स्यात्कुम्भतुङ्गं द्व्यंशकम् ॥ ५७ ॥
ऊर्ध्वे च सार्धभागेन दलं(दलिक)पद्मं प्रकल्पयेत् ।
तदूर्ध्वे च त्रिभागेन तद्दण्डोदयमीरितम् ॥ ५८ ॥
अर्धांशं कम्पपद्मं स्याद्वाजनं चोप(चार्ध)भागिकम् ।
तदूर्ध्वे कम्पपद्मं च सार्धभागेन योजयेत् ॥ ५९ ॥
द्विभागं कुड्मलोत्तुङ्गं दण्डतुङ्गस्य मध्यमे ।
यथालङ्कारयुक्तं चेत्पद्मकेसरमावृतम् ॥ ६० ॥
अथवा स्तूपिकोत्तुङ्गं दण्डमानेन कारयेत् ।
पालिकोत्तुङ्ग(ङ्गं) दण्डेन पद्मतुङ्गं त्रिदण्डकम् ॥ ६१ ॥
कन्धरं चैकदण्डं स्यात्कुम्भोच्या(च्चम)र्धद्विदण्डकम् ।
एकदण्डो(ण्डमू)र्ध्वपट्टं स्याद्द्विदण्डं कुड्मलोदयम् ॥ ६२ ॥
शेषं तन्मध्यदण्डं स्यात्पूर्ववत्समलङ्कृतम् ।
शिर(रस्) तारे(रं) तु भूतांशं वह्न्यंशं पालिकायतम् ॥ ६३ ॥
तद्विशाले तु भूतांशं सार्धवेदांश(शं) विस्तृतम् ।
अब्जतारं त्रिभागैकं(गं च) तत्त्रिभागैकभागिकम् ॥ ६४ ॥
पद्मस्योपरि कर्णा स्यात्तत्त्रिधा कुम्भविस्तृतम् ।
कुम्भतारं नवांशैकं(शं च) भाग(गं) दण्डविशालकम् ॥ ६५ ॥
दण्डतारं त्रिधा पालि तत्र(था) भागैक(कं) कुड्मलम् ।
महाब्जा(ब्जम)ष्टदलं कुर्याच्छ्लेषं युक्त्या प्रयोजयेत् ॥ ६६ ॥
तद्द्वयो(द्द्वयं) विहितं चाधस्तदर्धा(र्धमा)धारपट्टिका ।
तदर्धं च तथा पट्टं स्यात्तद्द्वयं पद्मं तस्याथ(धः) ॥ ६७ ॥
शेषं तु कुड्मलं कुर्याद्विस्तारं युक्तितो न्यसेत् ।
शिला(लां) वा चेष्टकं दारु लोहं चैव प्रकल्पयेत् ॥ ६८ ॥

शुद्धं मिश्रं च संकीर्णं विमानं त्रिविधं भवेत् ।
एकद्रव्यं तु शुद्धं स्याद्द्विद्रव्यं मिश्रहर्म्यकम् ॥ ६९ ॥
त्रिद्रव्यं हर्म्य(र्म्यं) संकीर्णं शिलांचे(ले)ष्टकदारुणा(णा)म् ।
एकद्रव्येण युक्तं च कुर्याच्छिल्पि(ल्प)वित्तमः ॥ ७० ॥

स्तूपिकीलम्

स्तूपिकीलायतं तारं लक्षणं वक्ष्यतेऽधुना ।
ऊर्ध्वभूम्या यथापादं तस्यायाम(मं) समं तु वा ॥ ७१ ॥
गलोच्चाध्यर्धतुङ्गं वा स्तूपिकीलायतं तथा ।
तद्विष्कम्भसम(मं) व्यासं स्तूपिकीलस्य मूलके ॥ ७२ ॥
अथवाङ्गुलमानेन कीलमूलविशालकम् ।
त्रिचतुर्विंशाङ्गुलं लोहे दारुकीलं तु(वा) पूर्ववत् ॥ ७३ ॥
कीलायामं त्रिभागैकं मूले वेदाश्रमीरितम् ।
मध्ये चाष्टाश्रसंयुक्तं चाग्र(ग्रे) वृत्ताकृतिस्तथा ॥ ७४ ॥
एकाङ्गुलाग्रविस्तारं मूलाग्रान्तं क्षयं(य)क्रमात् ।
अथवा शिखराकारं कीलं मध्याकृतिस्तथा ॥ ७५ ॥
स्तूपिकीलविधृता(स्तृतिः)त्रिगुणा स्यात्
बहिश्चरणादैर्घ्यमुक्तम् ।
कीलाधारविस्तृतार्ध(र्धं) तद्घनं
तत्कीलमूलमथ तत्र योज्यम् ॥ ७६ ॥
ताम्रजं चायसं दारु[जं] लभेत कीलं प्रकल्पयेत् ।
खदिरं खादिरं चैव तिन्त्रिणी खारमेव च ॥ ७७ ॥
उक्तवदारु संगृह्य स्थपतिः स्थापकैः सह ।
तत्काले ज्ञापयेद्विद्वान् स्तूपिकीलस्य वक्त्रकम् ॥ ७८ ॥
ऋज्वङ्गं च न भिन्नानि(न्नं च) तक्षणात्तक्षकेण तु ।
स्तूपिकीलमिदं प्रोक्तं तदूर्ध्वेष्टकलक्षणम् ॥ ७९ ॥
मानं प्रागुक्तवत्कुर्यात्पुंस्त्री चेष्टकां विदुः ।
मूलाग्रं च समतारं तु चेष्टका(कं) पुरुष(षं) स्मृतम् ॥ ८० ॥

आनुपूर्व्यं कृशं तारं वनिता चेष्टका तथा ।
शिलाहर्म्ये शिलायुक्तं चेष्टके चेष्टका तथा ॥ ८१ ॥
पुंविमानाख्य(ने च) पुरुषं वनिता[यां] वनितां क्षिपेत् ।
शिलासंग्रहकाले तु ज्ञापयेत्पुंस्त्रियं तथा ॥ ८२ ॥
एषा मूर्ध्नीष्टका प्रोक्ता लुपालक्षणमुच्यते ।

लुपालक्षणम्

स्तूपितुङ्गद्वयं वाथ विमानं च (नस्य) वशो(शादु)दयम् ॥ ८३ ॥
एतत्तु शिखरोत्तुङ्गं तदर्धं गलतुङ्गकम् ।
लुपारूपं शिखरं स्याद्ग्रीवान्तं तल्पवासनम् ॥ ८४ ॥
उत्तरादिमृणालान्तं प्रस्तरस्योक्तवद्दले(लम्) ।
तदूर्ध्वे दण्डकं कुर्याल्लुपमानमिहोच्यते ॥ ८५ ॥
देवानां मानुषाणां च लुपमानं यथाक्रमम् ।
अम्बरं च व्ययं(वियत्)ज्योतिर्गगनं च विहायसि(यश्च) ॥ ८६ ॥
अनन्तं चान्तरीक्षं च पुष्कलं चाष्टधालुपाः ।
देवानां हर्म्यके कुर्यादुक्तमेवं पुरातनैः ॥ ८७ ॥
मही ज्या काश्यपी क्षौणी चोर्वी गोत्रा वसुंधरा ।
वसुधा चाष्टधा प्रोक्ता कारयेन्मानुषालये ॥ ८८ ॥
सर्वेषां देवतायोग्यं नराणां चोक्तयोग्यकम् ।
सुराणामुक्तमानं यन्मर्त्यैस्तन्नेष्य(ष्यं) यत्नतः ॥ ८९ ॥
शिखरोदयतत्तुल्यं विस्तारोन्नतमम्बरम् ।
अष्टांशं चैकहीनं तु विस्तारोन्नतो(तं) वियत् ॥ ९० ॥
सप्तभागैकहीनं तु विस्तृतं ज्योतिर्मानतः ।
षट्(ड्)भागैकहीनं तु विस्तारं गगनस्य(नं च) स्मृतम् ॥ ९१ ॥
पञ्चभागैकहीनं तु विस्तारं तद्विहायसि ।
चतुर्भागैकहीनं तु चानन्ते तद्विशालकम् ॥ ९२ ॥
उत्तुङ्गं त्रित्रिभागैकहीनं तारा(रमा)न्तरिक्षकम् ।
तुङ्गे द्व्यंशैकहीनं स्याद्वा(द्व्या)सं पुष्कलमीरितम् ॥ ९३ ॥

तुङ्गद्वयान्तं यत्कर्णं मानं हस्तायतं तथा ।
अथवा शिखरोत्तुङ्गमष्टभाग(गं) विभाजिते ॥ ९४ ॥
एकांशाधिकविस्तारमुक्तमेतन्मही बुधैः ।
तुङ्गे सप्ताङ्ग(ङ्गं) चाष्टभागाद्यं ज्या चेति स्मृतम् ॥ ९५ ॥
तुङ्गे षड्भागविस्तारे सप्तांशं काश्यपी तथा ।
तुङ्गे पञ्चांश(शं) षड्भागं व्यास(सं) क्षौणिरिति स्मृतम् ॥ ९६ ॥
तुङ्गे वेदांशकं व्यासं पञ्चांशं चोर्वी कथ्यते ।
तुङ्गे गुणांश(शं) वेदांशं विस्तारं गोत्रमीरितम् ॥ ९७ ॥
तुङ्गे द्व्यंशं च विस्तारं त्र्यंशमेव वसुधरा ।
तुङ्गमेकांशकं व्यासं द्विभागं वसुधा भवेत् ॥ ९८ ॥
पूर्ववत्कर्णमानेन(नं च) हस्तदीर्घमुदीरितम् ।
शिखरे चावृते पारे सभामण्डपगोपुरे ॥ ९९ ॥
शाला च(यां) नासिकाभद्रे कूटनीढैस्तु(ढे तु) तोरणैः(णे) ।
कपोतो(ते) पञ्जरं(रे) चैव मुष्टिबन्धादि(दौ) सर्वशः ॥ १०० ॥
हस्तिहस्तादिमानानां मानयेच्छिल्पि(ल्प)वित्तमः ।
एतत्तु मध्यदेशे तु तस्मात्कर्णावसानकम् ॥ १०१ ॥
क्रमात्सोपानवत्कुर्यात्तन्मानं वक्ष्यतेऽधुना ।
मध्यकर्णद्वयोर्मध्यं विकल्पं कल्पयेत्सुधीः ॥ १०२ ॥
एकद्वित्रिचतुष्पञ्चषट्सप्ताष्टकरत्निकम् ।
दशमेकादशं चैव द्वादशं च लुपान्वितम् ॥ १०३ ॥
केचित्त्वेकेन वृद्ध्या तु एक(त्रिक)पञ्चलुपान्तकम् ।
यत्सोपानक्रमं कुर्यादेतच्छाया(च्छन्द)लुपादिकम् ॥ १०४ ॥
देवानां चक्रवर्ती(र्तिं)नां विकल्प(ल्पं) योग्य(युग्मं) सावरः(रम्) ।
तस्माद्विद्वान् लुपेनै(पयै)व हीनं शूद्रतः क्रमात् ॥ १०५ ॥
मुख्यं हर्म्यमिदं कुर्यात्क्षुद्रहर्म्ये विशेषतः ।
एकादशविकल्पान्तं भूसुराणां तु योग्यकम् ॥ १०६ ॥
नवान्तं भूपतीनां चैकाद्विकल्पमीरितम् ।
एकाद्यष्टविकल्पान्तं युवराजस्य योग्यकम् ॥ १०७ ॥

एका(कस्मा)त्सप्तविकल्पान्तं वैश्यानां च प्रकीर्तितम् ।
एका(कस्मा)त्पञ्चविकल्पान्तं शूद्राणां तु योग्यकम् ॥ १०८ ॥

अन्यदि(न्ये)तरजातीनां [च] विकल्पत्रय(यं) पूर्ववत् ।
एवमुक्तं लुपाश्रेणीं कुर्यात्तु शिल्पि(ल्प)वित्तमः ॥ १०९ ॥

मध्ये लुपायतं मानं कर्णविस्तारमिष्यते ।
मध्यादि चान्यथा सर्वं विकल्पं तद्विभाजितम् ॥ ११० ॥

तत्तत्कर्णस्य मानेन विशालं स्यात्पूर्ववत् ।
तत्तत्कर्णस्य मानेन लुपादीर्घ(दैर्घ्य)मुदीरितम् ॥ १११ ॥

तत्समं वा सपादं वा सार्धार्धकमेव वा ।
दीर्घत्वमालम्बनं लम्ब्य विस्तारस्य तु (च) निर्गमम् ॥ ११२ ॥

तस्य मानं यथाभागं युक्त्या तत्रैव योजयेत् ।
त्रिचतुष्पञ्चषण्मात्रं लुपामूलविशालकम् ॥ ११३ ॥

समं वाथ त्रिपादं वा चार्ध(र्धं) वालम्बनान्तकम् ।
एकद्वित्र्यङ्गुलं वापि घनं सर्वाङ्गसंमतम् ॥ ११४ ॥

अन्यत्सर्वाङ्गविस्तारं यथायुक्तिवशान्न्यसेत् ।
एकद्वित्र्यवसानान्तं स्तम्भस्योपरि विन्यसेत् ॥ ११५ ॥

लुपां(पायाः) प्रागुक्तविस्तारं तत्तद्वंशाङ्घ्रिकान्तकम् ।
अधः पादस्य लुपाद्यैश्च तत्र दोषो न विद्यते ॥ ११६ ॥

कर्णात्कन्या(र्णा)वसानं स्यान्नवसूत्रं प्रसारयेत् ।
तत्सूत्रादधोदेशे कुक्षिं ज्ञात्वा पुरोर्ध्व(र्वार्ध)कं ॥ ११७ ॥

लुपाकुक्षिप्रदेशे तु चत्वा(तुः)सूत्रावसानकम् ।
अर्धचन्द्रवदाकारं युक्त्या चन्द्रं यथेष्टकम् ॥ ११८ ॥

मूलादिवास(ज)नान्तं स्याच्छिद्रमेकं द्वयं तु वा ।
चन्द्रान्ते क्षेपणं युक्तं छिद्रं सूत्रादधो न्यसेत ॥ ११९ ॥

तच्छिद्रे वेत्रसंयुक्तं लुपाधारात्तु [शिल्प]वित्तमः ।
श्रेण्यां मध्यलुपाः सर्वे(र्वा) लुपासंख्या यथेष्टका ॥ १२० ॥

करवीरबहुवर्णा(र्ण)संपुटाभं विकल्पयेत् ।
एककुड्मलयुग्ये(योगे)न कर्णायां(र्णयोश्)च लुपान्वितम् ॥ १२१ ॥

अग्रं विकासिताभं स्यान्मूलं च निविडा(डा)न्वितम् ।
कर्णे चैकलुपा पार्श्वे लुपाबहुल(लं) योजयेत् ॥ १२२ ॥

ह्रस्वदीर्घायतः(त)सर्वं नालिकेरदलान्वितम् ।
बहुवाहुलुपाकर्णेषु बहुकुड्मल(लं) योजयेत् ॥ १२३ ॥

एवं च लक्षणं प्रोक्तं कटकाकारं तु योजयेत् ।
दण्डिकोर्ध्वे वाजनं स्याल्लुपान्तस्योपरि न्यसेत् ॥ १२४ ॥

क्षेपणेन(णं च) रू(रू)षाकारं वामावामं तु योजयेत् ।
एतत्तु ममला(मामकं) वृत्तं देवानां हर्म्यके न्यसेत् ॥ १२५ ॥

वृत्तं वाथ षडश्रं वा अ(चा)ष्टाश्रं वा तदायते(तम्) ।
कुर्यात्तत्तल्लुपामानं पूर्ववत्परिकल्पयेत् ॥ १२६ ॥

अहमेतं चैकपञ्चांशं लुपा वर्णयथाक्रमम् ।
तस्मा[द्] द्विहस्तहीनेन(संख्यायोगेन) सत्रि चत्वारिकान्तकम् ॥ १२७ ॥

देवानां मानुषाणां च शूद्रजात्यावसानकम् ।
मध्यकर्णलुपान्येतत्सर्वं सोपानवत्कुरु ॥ १२८ ॥

शङ्खतुण्डवदाकारं शङ्खावर्तविकल्पकम् ।
प्रागुक्तदक्षिणावर्तं कुर्यात्तु बहुवाजनम् ॥ १२९ ॥

शङ्खावर्तमिदं प्रोक्तं देवहर्म्ये तु योजयेत् ।
सर्वेषां(र्वासां) च लुपानां च ऋजुवक्रं तु वा पुनः ॥ १३० ॥

बहुचित्रं बहुच्छिद्रं बहुवेत्रं यथाबलम् ।
यथाशोभं तथा कुर्याच्छेषं युक्त्या प्रयोजयेत् ॥ १३१ ॥

एवमुक्तं लुपा चोर्ध्वं शिखरं वाम्बरेऽपि वा ।
फलकाक्षेपणं वापि ताम्रं(म्रेण) वायसा कीलयेत् ॥ १३२ ॥

हेमजेन करोटी(टीं) वा मृत्करोटी(टीं) विधानयेत् ।
गुडोदकसुधायुक्तं युक्त्या च लेपयेत्सुधीः ॥ १३३ ॥

अन्तर्वापि बहिर्वापि चोर्ध्वे च प्रतिसंयुत[म्] ।
प्रस्तरस्योक्तवत्कुर्याच्चोपपीठमि(स्ये)ति त्त(त)था ॥ १३४ ॥

कुर्यात्तु लुप(पा)मूले(लं) तु यत्तद्बलार्थ(र्थं) शोभितम् ।
उक्तादनुक्तमानं चेद्विपत्तो(त्त्य)हित्यमावहेत् ॥ १३५ ॥

तस्माद्दा(त्तु) चोक्तवत्सर्वं कुर्यात्तु संपदास्पदम् ।
कम्पवृत्तं च लुपामूले शोभार्थं तु बलार्थकम् ॥ १३६ ॥

(मुखभद्रम)

सर्वेषां मुखभद्रं स्यात्लक्षणं वक्ष्यतेऽधुना ।
शिखरालम्बनं चादौ तत्पालिकावसानकम् ॥ १३७ ॥

अथवा प्रस्तरोर्ध्वादौ चोत्तरावनि(नी)तं तदा ।
मुखभद्रोदयमेवं चोक्तवद्विस्तृतं भवेत् ॥ १३८ ॥

सप्तदशांशकं तुङ्गं द्विभागं प्रस्तरोदयम् ।
एकांशं वेदिकोत्तुङ्गं गलतुङ्गं गुणांशकम् ॥ १३९ ॥

तद्द्वयं तलतुङ्गं स्यात्तस्मादूर्ध्वे शिखान्तकम् ।
वेदांशं तच्छिखांशेन गल(ला) वक्रं गुणांशकम् ॥ १४० ॥

शेषं तु मौलिकान्तं च पञ्चदशांशमेव च ।
प्रस्तरस्य कुर्यादन्यच्छेषं प्रागुक्तवन्नयेत् ॥ १४१ ॥

नासिकं लम्बनं चैकं लम्बनं तद्द्वयं तु वा ।
पञ्चांशद्विं(द्वं)शतारं स्यात्तदर्धं कुक्षिविस्तृतम् ॥ १४२ ॥

कुड्यन्तस्(न्तैः) सद्मसंयुक्तं वातायनमथापि वा ।
गवाक्षाकारपत्रं वा पट्टिकास्पदपत्रयुत् ॥ १४३ ॥

अथवा चित्रसंयुक्तं सर्वालङ्कारसंयुतम् ।
नासिकावृतबाह्ये तु गवाक्षाकारं तु पत्रयुक् ॥ १४४ ॥

तस्मादन्तर्गता(तै)श्चादिदेवभूतादिरूपकैः ।
व्यालसिंहादिहंसाद्यैर्द्रुमवल्यादिभूषितम् ॥ १४५ ॥

तदूर्ध्वे कीर्तिवक्त्रं तु निर्गमाकृतिं भावयेत् ।
तमोड(ढ)लम्बनं(न)पार्श्वे तद्वक्षस्थलपार्श्वयोः ॥ १४६ ॥
विद्याधरादिसंयुक्तं ग्र(ग्रा)हप(चि)त्रैर्विभूषितम् ।
दीर्घनेत्र(त्रं) विशालं स्याद्वृत्त(त्तं) गण्डस्थलं तथा ॥ १४७ ॥
गजश्रोत्राकृति श्रोत्रं गण्डं चा(न्ते) तरङ्गवत् ।
आस्याग्रे तद्द्विदन्तं स्याद्वेदपादं मृगाङ्घ्रिवत् ॥ १४८ ॥
नेत्राधो वशगादूर्ध्वे चोर्ध्वमेवं त्रिवक्त्रकम् ।
अब्जमत्स्याननाकारं क्षुद्रदन्ते च जिह्वयुक् ॥ १४९ ॥
वक्त्रपार्श्वादि(पुच्छादि)सर्वाङ्गं पत्रवल्यादिभूषितम् ।
मानं युक्त्या प्रकुर्वीत ग्राहमेवमुदीरितम् ॥ १५० ॥
कीर्तिवक्त्रं हरिर्व(व)क्त्रं चोक्तवत्कारयेत्सुधीः ।
कर्णमूले कपोलाग्रे स्तूपिके शृङ्गदेशके ॥ १५१ ॥
वक्त्रयुङ्नेत्रयोर्मध्याच्छिखि(खा)मूलं तु विन्यसेत् ।
मन्दस्मिताननाकारं सर्वं हृष्टा(ष्टा)कृतिं दृशि ॥ १५२ ॥
वराहश्रोत्रवत्कर्णौ शृङ्गौ मेषस्य शृङ्गवत् ।
दन्तैक(कं) करालदन्ताभाद्(भं) दंष्ट्रादथ तदन्तयुत् ॥ १५३ ॥
पार्श्वके सस्मृ(स्मि)ते गण्डं श्र(चा)ग्रयोर्ऋजुगायतम् ।
वेगादूनं च कुर्यात्तु उ(चो)ग्रदृष्टिं पुटोज्ज्वलम् ॥ १५४ ॥
श्यामवर्णं मुखं सर्वं किंबरीमकराननम् ।
दन्तौष्ठ(ष्ठं) धवलवर्णं स्याद्धास्येचो(दास्यमीच)श्रोत्रमत्र(द्वय)युक् ॥ १५५ ॥
मकरस्य तु निष्क्रम्य भुजपुच्छादि सर्वशः ।
ग्रामश्यामा(श्वाना)कृतिव्यालैः स्तूपिशृङ्गयुतो(तमु)क्तवत् ॥ १५६ ॥
ग्रीवे च लम्बकेशं स्याच्चतुर्थ्यां दीर्घपुच्छकम् ।
श्यामवर्णनिभं सर्वं हंससिंहो(हौ चो)क्तवत कुरु ॥ १५७ ॥
गजमश्वादिसर्वेषां(र्वान्) शिल्पिर्यु(ल्पी यु)क्त्या प्रयोजयेत् ।
देवभूतादिरूपैस्तु यक्षविद्याधर(रै)स्तथा ॥ १५८ ॥

उक्तवत्कारयेद्देवीं भूपतीनां च हर्म्यके ।
अन्येषां चालयं(ये) सर्वे(र्वस्मिन्) देवैर्भूतैर्विना न्यसेत् ॥ १५९ ॥

सरस्वत्या[श्] च लक्ष्म्या[श्] च सर्वहर्म्येषु कारयेत् ।
प्रासादे मण्डपे सर्वे गोपुरे द्वारके तथा ॥ १६० ॥

देवानां भूसुरादीनां वर्णानां सर्वहर्म्यके ।
कुर्यात्तन्मुखभद्रं स्यात्सर्वालङ्कारसंयुतम् ॥ १६१ ॥

नीडस्य चाधो ग्रीवे(वं) वातायनं कारयेद्बुधः ।
मध्ये च द्वारसंयुक्तं वातायनं कवाटयुक् ॥ १६२ ॥

प्रधानोर्ध्वतले वापि शिखरे वाथ कल्पयेत् ।
मध्ये तु चाग्रके वापि चान्तरालैरलङ्कृतम् ॥ १६३ ॥

लुपाकारादि जडानां मानयेन्मानवित्तमः ।
अम्बराद्यष्टधामानि नीढानां लुप(पं) मानयेत् ॥ १६४ ॥

विना कर्ण(र्ण) लुपायुक्तं युक्त्या संख्यामजा(ब) लुपा ।
यत्र हर्म्येषु संकल्प्य तत्र दोषो न विद्यते ॥ १६५ ॥

शालाकु(कू)टे च नीढे च शिखरे चोर्ध्वकूटके ।
लुपायुक्तभ्रमाकारे तत्तदुष्णीषदेशि(श)के ॥ १६६ ॥
स्थूलवस्तु(स्तौ) तदग्रार्धं स्तूपिकावाहनं भवेत् ॥ १६७ ॥

विंशो(श)त्सैकं तैत(ति)लानां सर्वेषां
भूपालानां वैश्यकानां परेषाम् ।
सैकाका(कां)न्तं युग्मयुक्तं त्यजेत्
तद्धर्म्योर्ध्वके कल्पकं तद्विकल्पकम् ॥ १६८ ॥

(स्तूपिकीलम्)

स्तूपिकीलप्रतिष्ठा(ष्ठां) च लक्षणं(विधिना) वक्ष्यतेऽधुना ।
प्रासादाभिमुखो(खे) वापि चोत्तरे चैशके वापि ॥ १६९ ॥

यागमण्डप(पं) संकल्प्य चोक्तवल्लक्षणान्वितम् ।
अङ्कुरार्पणमादौ च कारयेदधिवासनम् ॥ १७० ॥

मण्डपे स्थण्डिलं कृत्वा शालिभिश्च स्थलं न्यसेत्
पञ्चविंशत्पदं न्यस्य शुद्धतण्डुलरेखया ॥ १७१ ॥

दर्भैरास्तीर्य तत्पश्चात्पादप्रक्षालनं कुरु ।
ततश्चाचमनं कुर्यात्सकलीकरणं कुरु ॥ १७२ ॥

पुण्याहं वाचयित्वा तु स्थपतिर्ब्राह्मणैः सह ।
ब्रह्मादिदेवतानां च गन्धपुष्पादिधूपकैः ॥ १७३ ॥

स्तूपिकीलं समुद्धृत्य स्थण्डिलोपरि विन्यसेत् ।
कीलस्य परितो देशे निक्षिपेच्चतुरिष्टका(काम्) ॥ १७४ ॥

तद्बहिः परितः शुद्धतोयपूर्णान्घटान्न्यसेत् ।
ईशस्यान्तः प्रदेशे तु मूलकुम्भं विनिक्षिपेत् ॥ १७५ ॥

ससूत्राङ्ग(ङ्गान्) सवस्त्रं(स्त्रान्) च सकूर्चान् रुद्रपल्लवान् ।
सविधानफलं(ल)युक्तं(क्तान्) परितोऽष्टघटान्न्यसेत् ॥ १७६ ॥

कीलस्य पूर्वदिग्देशे रत्नलोहैश्(हं) च निक्षिपेत् ।
नववस्त्रे[ण] सकूर्चं च आ(चा)च्छाद्य रत्नपात्रकम् ॥ १७७ ॥

स्तूपिकीलं च संछाद्य नववस्त्रेण कूर्चकम् ।
आराध्य मूलकुम्भे तु भुवनाधिपतिं जपेत् ॥ १७८ ॥

गन्धपुष्पैः समभ्यर्च्य नैवेद्यानि निवेदयेत् ।
धूपदीपं दद्ये(द्या)त्पश्चान्नृत्तगीतादिघोषणैः ॥ १७९ ॥

इन्द्रादि चाष्टकुम्भानामष्टशक्तीः प्रपूजयेत् ।
प्रणवादि नमोऽन्तेन तत्तन्नाम्ना प्रपूजयेत् ॥ १८० ॥

स्तूपिकीलं समभ्यर्च्य गन्धपुष्पैश्च धूपकैः ।
कुण्डे वा स्थण्डिले वापि होमं कुर्यात्तदग्रके ॥ १८१ ॥

समिदा(धादि) चरुं(रु)लाजान्प्रत्येकं पञ्चविंशति(तिः) ।
हृल्लेखाबीजमुच्चार्य प्रणवादिनमोऽन्तकम् ॥ १८२ ॥

व्याहृत्या(त्य)न्ते ततः शिल्पी स्थण्डिले प्रान्तमाश्रयेत् ।
यथादेवालयं कीलं ध्यात्वा तत्पररूपकम् ॥ ८३ ॥

तत्तन्मन्त्रं समुच्चार्य चार्चयेत्स्तूपिकीलकम् ।
तत्तद्देवासनं ध्यात्वा चतुर्मूर्ध्ने(र्धें)ष्टकान् सुधीः ॥ १८४ ॥

नववस्त्रेण गोप्या(प्त्वा)द्गुमिष्टकैरत्तरं लिखेत् ।
प्रागाद्य सह[क]कारादि(दीन्) शस्त्रेण रेखयेत् ॥ १८५ ॥

स्तूपिकीलं(ल)चतुर्दिक्षु सूत्रं प्रागादि लेखयेत् ।
श्रीवत्साकारमग्रे तु वक्रं धृत्वा लिखेद्बुधः ॥ १८६ ॥

स्वस्तिवाचक(न)घोषेण जयशब्दादिमङ्गलैः ।
गैरिकं वै मधुच्चोरं स्वर्णतूलिकया लिखेत् ॥ १८७ ॥

वस्त्रमा(विसृज्या)च्छादनं तत्र वत्सगोकन्यकैः सह ।
मधुसर्पिर्धान्यराशिं दर्शयेच्छिल्पि(ल्प)वित्तमः ॥ १८८ ॥

आराध्य गन्धपुष्पैश्च सर्वमङ्गलघोषणैः ।
नानावस्त्रेण संवेष्ट्य पुष्पमाल्यैरलङ्कृतम् ॥ १८९ ॥

लम्बकूर्चं समभ्यर्च्य ग्रामादीनां प्रदक्षिणम् ।
स्तूपिकीलं समादाय आ(चा)रुरोह विमानकम् ॥ १९० ॥

पालिकोपरि तत्प्रान्ते नासिकोपरि प्रान्ते च ।
रत्नगर्तं तु संकल्प्य कीलं प्राग्दर्शनं न्यसेत् ॥ १९१ ॥

नवरत्नानि(त्नैश्च) लोहैश्च तत्तन्मन्त्रेण चार्चयेत् ।
त्रित्रिकोष्ठे तु तद्गर्भे तन्मध्ये स्वर्णं विनिक्षिपेत् ॥ १९२ ॥

इन्द्रे ताम्रं विनिक्षिप्य याम्ये निक्षिप्य चायसम् ।
पश्चिमेऽत्र प्रविप्रवालं न्यस्य चोत्तरे रजतं क्षिपेत् ॥ १९३ ॥

मध्ये तु पद्मरागं तु वज्रं चैवेन्द्रकोष्ठके ।
विद्रुमं चाग्निकोणे तु याम्ये नीलं तु विन्यसेत् ॥ १९४ ॥

नैर्ऋत्ये पुष्परागं तु प्रत्यङ्मरतकं(कतं) क्षिपेत् ।
गोमेदकं न्यसेद्वायौ सौम्ये मौक्तिक(कं) विन्यसेत् ॥ १९५ ॥

ईशे स्फाटिक(कं) निक्षिप्य तत्तद्देवान्स्वनामतः ।
प्रणवादिनमोऽन्तेन चोच्चरन् रत्नं विन्यसेत् ॥ १९६ ॥

स्थपतिर्वरवेषाढ्यः प्राप्तपञ्चाङ्गभूषणः ।
सुमुहूर्ते सुलग्ने च जयशब्दादिमङ्गलैः ॥ १९७ ॥

ब्राह्मणैश्च यथाशक्त्या(क्ति) वाचयेत्स्वस्तिवाचनम् ।
स्तूपिकीलं समुद्धृत्य स्थपतिः स्थापकैः सह ॥ १९८ ॥

एतद्गर्तोपरि स्थाप्य मूलमन्त्रं समुच्चरन् ।
स्तूपिकीलस्य परितः स्थापयेच्चतुरिष्टकम् ॥ १९९ ॥

पूर्वादि(दौ) च शकारादीनन्यावर्त(नीशानान्तं) क्रमान्न्यसेत् ।
प्राक् मूलकुम्भमुद्धृत्य चालयद्भिः(यन्) प्रदक्षिणम् ॥ २०० ॥

स्थपतिः स्तूपिमूर्धाग्रे तज्जलेनाभिषेचयेत् ।
इन्द्रादिकुम्भतोयेन पूजयेच्चतुरिष्टकान् ॥ २०१ ॥

शुद्धतोयेन संपूर्य गन्धपुष्पैः समर्चयेत् ।
पूर्ववत्समलङ्कृत्य नैवेद्यादि(दीन्) निवेदयेत् ॥ २०२ ॥

षोडशोपचारांश्च कुर्याद्गन्धाक्षतैः सह ।
स्तूपिहर्म्ये मूर्ध्न[न]स्तु हंसपादः स्थितो भवेत् ॥ २०३ ॥

नमस्ते कर्तृराज्यादि ग्रामं रक्षतु सर्वदा ।
सुधागुलोदकं(कैः) चापि इ(चे)ष्टकैर्बहुभिस्ततः ॥ २०४ ॥

स्तूपिकीलं दृढीकृत्य पश्चात्प्रागुक्तवत्कुरु ।
ब्रह्माविष्णुमहेश्वरस्य(राणां) स्तूपिप्रतिष्ठां कुरु ॥ २०५ ॥

कुर्वन्तद्यजमानगृहे नृपालये भुक्तिं मुक्तिमावहेत् ।
यस्मादकुर्वन्नारद(नारी)नरनृपतयोः कर्ता(र्तु)श्च पीड़ा भवेत् ॥ २०६ ॥

तस्मात्सर्वसुखप्रदं नृपगृहे कुर्यात्स(च) देवालये ।
विप्रवाहनयुतं च सद्गुरुं शिल्पिनान्दि(कादि)गजवाजनस्(जिनं) तथा ॥ २०७ ॥

नृत्तगीत(तं) सह सर्वघोषणैः सेवितानि स्वगृहं प्रवेशयेत् ॥ २०८ ॥

इति मानसारे वास्तुशास्त्रे विमानविधानं नाम अष्टादशोऽध्यायः ।

एकतलविधानम्

एकभूमिविधिं वक्ष्ये (धानं च) लक्षणं वक्ष्यतेऽधुना ।
जातिश्छन्दं विकल्पं तु चाभासं तु चतुर्विधम् ॥ १ ॥
पूर्वहस्तेन संयुक्तं हर्म्यं जातिरिति स्मृतम् ।
छन्दं त्रिपादहस्तेन विकल्पं स्यात्तदर्धकम् ॥ २ ॥
आभासं चार्धहस्तेन हर्म्यादीनां तु मानयेत् ।
एतदायादिशुद्ध्यर्थं स्थानकादि त्रिधा भवेत् ॥ ३ ॥
उत्सेधे मान(नं) गृ(ग्रा)ह्यं चेत्स्थानकं तत्प्रकथ्यते ।
विस्तारे मान(नं) संकल्प्य चासनं तदुदीरितम् ॥ ४ ॥
परिणाहे पदे वापि मानं शयनमीरितम् ।
आसनं संचितं प्रोक्तं स्थानकं स्यात्त्वसंचितम् ॥ ५ ॥
अपसंचित(तं) शयनं चे(स्या)त्तत्त्रिविधहर्म्यकं ।
स्थानकादि यस्य मूलं बिम्बहर्म्यं यथाक्रमम् ॥ ६ ॥
कुर्यात्तत्द्विमानं(द्बिम्बं तु) स्याद्विपरीतं विनाशनम् ।
समाश्रं समवृत्तं यत्पुरुषं चेति कथ्यते ॥ ७ ॥
आयताकारधिष्ण्यं वा वनितेति प्रकीर्तितम् ।
पुंविमाने पुरुषं [च] वनितायां(ते) वनितां क्षिपेत् ॥ ८ ॥
शक्तीनां वनितं(तां) वापि पुरु वापि कल्पयेत् ।
विस्तारोत्सेधभक्तिश्च पूर्ववच्चोक्तवत्क्रमात् ॥ ९ ॥
कुर्यात्तदेकभौमस्य कन्यसादीनि तुङ्गकम्(कानि) ।
आगम्य(हत्य)म(चा)ष्टधा हर्म्यं गण्यमानमिहोच्यते ॥ १० ॥
उत्सेधे चाष्टभागे तु चैकांशेन मसूरकम् ।
द्विभागं चाङ्घ्रिकोत्तुङ्गं मञ्चमेकेन कारयेत् ॥ ११ ॥

कन्धरं तत्समं कुर्यात्तद्द्वयं शिखरोदयम्(यः) ।
तदर्धं स्तूपिकोत्तुङ्गं वक्रं षड्विधमीरितम् ॥ १२ ॥
हर्म्यतारात्ष्टभागैकं हीनं वेदिविशालकम् ।
तच्चतुर्भागमेकांशं हीनं ग्रीवविशालकम् ॥ १३ ॥
शिखरालम्बनान्तं च वेदितारसमन्वितम् ।
लम्बनं [च] त्रिभागै(गमे)कं मध्यनासिविशालकम् ॥ १४ ॥
तत्समं च त्रिपादं वा चार्धं वा निर्गमं भवेत् ।
मध्यनासिविशाले तु चतुस्त्रिंशद्विभाजिते ॥ १५ ॥
तत्त्रिभागं तु तुङ्गं स्यात्पञ्चांशं त्र्यंशमेव वा ।
स्थितस्य लुपमूलं तु तदूर्ध्वे नासिकन्धरम् ॥ १६ ॥
तदर्धं च त्रिभागं च कन्धरं मूर्ध्नि तत्समम् ।
तत्तुल्यं मौलितुङ्गं स्याद्युक्त्या तत्पालिकान्तकम् ॥ १७ ॥
मध्यनास्यर्धमानेन सान्तरं नासिमानकम् ।
नासिकाग्राननं सर्वं किम्बरीसमलङ्कृतम् ॥ १८ ॥
नासितारं(र)त्रिभागैकं कुक्षितारमिति स्मृतम् ।
भूतादिचित्रसंयुक्तं सर्वालङ्कारसंयुतम् ॥ १९ ॥
लम्बनोर्ध्वे दलं ब[न्]ध्वा सर्वालङ्कारसंयुतम् ।
आघ्राणं(अग्राङ्गं) पत्रसंयुक्तं भूष्यै(षणैः) पट्टैरलङ्कृतम् ॥ २० ॥
करोटीवदलङ्कृत्य लम्बने पत्रसंयुतम् ।
पालिके लम्बनं तत्र श्रेण्या दर्पणवृत्तवत् ॥ २१ ॥
युक्त्यालङ्कारसंयुक्तं शेषं प्रागुक्तवन्नयेत्
ग्रीवोच्चं [तु] त्रिभागै(गमे)कं वेदिकोदयमीरितम् ॥ २२ ॥
तत्समं तु गलाग्रे तु चोत्तरादीनि वर्गकम् ।
तदेवालम्बनं तत्र गोपानादिक्रियान्वितम् ॥ २३ ॥
वेदितुङ्गसमं कुर्यात्क्षुद्रनासिविभूषितम् ।
अथवा तुङ्गमाने तु दशभागं विभाजिते ॥ २४ ॥
सपादांशमधिष्ठानं तद्द्वयं पादतुङ्गकम् ।
तदर्धं प्रस्तरोच्चं तु चाश्विन्यंशे[न] गलोदयम् ॥ २५ ॥

तत्समं शिखरोत्तुङ्गं तदर्धं तच्छिखोदयम ।
प्रस्तरोपरि चैकांशं(शेन) कर्णहर्म्यं प्रकल्पयेत् ॥ २६ ॥
तदूर्ध्वे पूर्ववद्ग्रीवं युक्त्या चांशेन योजयेत् ।
कर्णहर्म्यस्य विस्तारं षड्भागं(गे) तु विभाजिते ॥ २७ ॥
एकांशं कर्णकूटं स्यान्मध्ये शाला द्वयांशकम् ।
एकं वा द्वित्रिदण्डेन निर्गमं भद्रमेव वा ॥ २८ ॥
शालाकूटद्वयोर्मध्ये चैकहारा सपञ्जरम्(रा) ।
तत्तुङ्ग(ङ्गं) सप्तभागं स्यादेकांशं वेदिकोदयम् ॥ २९ ॥
तदूर्ध्वेऽध्यर्धभागेन गलं त्र्यंशकं मस्तकम् ।
तदर्धं स्तूपिकोत्तुङ्गं कर्णहर्म्यमिति स्मृतम् ॥ ३० ॥
तदेवाधिष्ठानसंयुक्तं कर्णहर्म्यं विना तथा ।
तदूर्ध्वे वेदिकांशेन कर्णकम्पाब्जकम्पयुक् ॥ ३१ ॥
अथवा वेदिकोत्तुङ्ग(ङ्गं) शेषं भागमिहोच्यते ।
तदेव वेदिकाशेन नवभाग(गे) विभाजिते ॥ ३२ ॥
द्विभागं वाजनं मूले चोर्ध्वे कर्णं गुणांशकम् ।
तदूर्ध्वे कम्पमेकांशं दल(लं) द्व्यंशेन वाजनम् ॥ ३३ ॥
वेदितारं चतुर्भागं मध्यकोष्ठं शिवांशकम् ।
नासिकायुक्तकोष्ठं वा नासिकापञ्जरान्वितम् ॥ ३४ ॥
शेषं प्रागुक्तवत्कुर्यात्सर्वालङ्कारसंयुतम् ।
अथवा हर्म्यतुङ्गे तु द्वादशांशं विभाजिते ॥ ३५ ॥
सार्धतुङ्गमधिष्ठानं पाददीर्घ(दैर्घ्यं) गुणांशकम् ।
तदर्धं प्रस्तरोत्सेधं ग्रीवोच्चं तु गुणांशकम् ॥ ३६ ॥
शिखरोच्चं द्विभागं स्यात्स्तूपिकोच्चं शिवांशकम् ।
प्रस्तरोर्ध्वे द्विभागेन चान्तरं प्रस्तरान्वितम् ॥ ३७ ॥
उत्सेधदशभागे तु वेदितुङ्गं शिवांशकम् ।
पादतुङ्गं गुणांशं स्यात्त्रिपादांशक(कं) मञ्च(स्त)कम् ॥ ३८ ॥
वेदिकोच्चं तु (स)पादांशं कन्धरोच्चं शिवांशकम् ।
शिरस्तुङ्गा(ङ्गम)श्विनीभागे चोर्ध्वे कुम्भं शिवांशकम् ॥ ३९ ॥

तदूर्ध्वे ग्रीवमंशेन पूर्ववत्समलङ्कृतम् ।
अथवा मनुभागं तु हर्म्यतुङ्गं(ङ्गे) विभाजते ॥ ४० ॥
सत्रिपादमधिष्ठानं तदूद्वयं चाङघ्रि भाजिते(तम्) ।
तदर्ध प्रस्तरोत्सेधं युगांशांघ्रि(शं ग्रीव)तुङ्गकम् ॥ ४१ ॥
तदर्ध शिखरोत्तुङ्गं तदूर्ध्वे स्तुपिकमंशकम् ।
ग्रीवमञ्चोर्ध्वमंशेन यथेष्टाधिष्ठानसंयुतम् ॥ ४२ ॥
तदूर्ध्वे च द्विभागेन कर्णहर्म्यादिमण्डितम् ।
शेषं च कन्धरं प्रोक्तं पूर्ववत्समलङ्कृतम् ॥ ४३ ॥
अथवा हर्म्यतुङ्गे तु षोडशांशं विभाजिते ।
अधिष्ठानं द्विभागं स्यात्पादतुङ्गं युगांशकम् ॥ ४४ ॥
प्रस्तरं चाश्विनीभागं चोर्ध्वे भागं विशेषतः ।
मनु(मञ्च)भागं(गो) युगांशं स्यात्प्रस्तरं च द्विभागिकम् ॥ ४५ ॥
तत्समं ग्रीवतुङ्गं स्याद्युगांशं शे(शि)खरोदयम् ।
तदर्धं स्तूपिकोत्तुङ्गं चाष्टवर्गमिति(मतः) स्मृतम् ॥ ४६ ॥
मूलहर्म्यविशाले तु चाष्टभागं विभाजिते ।
षड्भागमूर्ध्वतले कुर्यात्तद्विस्तारमिति स्मृतम् ॥ ४७ ॥
ऊर्ध्वाङ्गं पूर्व(हर्म्य)वत्कुर्यात्सर्वालङ्कारसंयुतम् ।
तदेवाष्टांशकं चोर्ध्वे पादतुङ्गं द्वयांशकम् ॥ ४८ ॥
तदर्धं मञ्चतुङ्गं स्यात्तत्समं कन्धरोदयः ।
द्व्यर्धांशं शिखरोत्तुङ्गं चाध्यर्धांशं शिरो(र उ)दयः ॥ ४९ ॥
ऊर्ध्वे पादोदये बन्धुभागमेकांश(शं) वेदिकम् ।
शेषं पूर्ववत्कुर्यादष्टवर्गविदो विदुः ॥ ५० ॥
वेदवृद्ध्याष्टभागं स्याज्जन्मादिस्तूपिकान्तकम् ।
अधिष्ठान(नं) युगांशं स्यात्पादा(दम)धिक(कं) पाल(लि)कांशकम् ॥ ५१ ॥
प्रस्तरोर्ध्वं युगांशं स्यादूर्ध्वे पादं शरांशकम् ।
तदूर्ध्वे द्व्यंश(शं) मञ्चं स्याद्वेदिकोर्ध्वं शिवांशकम् ॥ ५२ ॥
ग्रीवतुङ्गं द्विभागं स्याच्छिखरोर्ध्वं वेदभागिकम् ।
स्तूपिकोर्ध्वं द्विभागं स्यात्कर्णहर्म्यादिमण्डितम् ॥ ५३ ॥

एतदष्टविधं प्रोक्तमेकभूमिविधानके ।
विमानं सम[ल]यं हर्म्यं चालयं वा चाधिष्ण्यकम् ॥ ५४ ॥
प्रासादं भवनं चेत्रं मन्दिरा(रमा)यतनं तथा ।
वेश्म च गृहमावासं चयं धाम सनातनम् ॥ ५५ ॥
वासं गेहमागारं वा सदनं वसितं गृहम् ।
निलयं तल(लं) कोष्ठं च स्थानं पर्यायवाचकम् ॥ ५६ ॥
विमानस्य तु विस्तारे त्रिभागं चांशकं गृहम् ।
हर्म्यतारे तु भूतांशं त्रियं(त्र्यां)शं गर्भगेहकम् ॥ ५७ ॥
गेहतारे तु सप्तांशं नालीतारं युगांशकम् ।
नालीतारं युगांशं स्याच्छरांशं गृहविस्तृतम् ॥ ५८ ॥
चयं(य)व्यासं च रुद्रांशं षड्भागं कोष्ठविस्तृतम् ।
सैकार्कभागविस्तारे सप्तांशे नालिके गृहम् ॥ ५९ ॥
पञ्चादशांशकं तारे साष्टांशं गर्भगेहकम् ।
विस्तारे च द्विभागे तु चैकांशं तुङ्गविस्मृतम् ॥ ६० ॥
शेषं कुट्य(ड्य)विशालं स्याद्गर्भगेहावृतं तथा ।
अदातल(भाद्वादश)भूरपि कोस्तास(कोष्ठं) वितलान्तं मूलगृहम् ॥ ६१ ॥
अत्र(न्तः)गृह(हं) विमानविधिमाशाप(मशेषं) गृहं नालिकाविक(दिम्) ।
विमानमिदमुक्त(क्तं) स्याद् यमागतारानां(यागतं) गृहतारम् ॥ ६२ ॥
यत्तत्कुट्य(ड्य)विशालं तु द्वादशांश(शे) विभाजिते ।
पञ्चांशं तु बहिःकुर्यात् सा(चा)न्त(न्तः) सप्तांशकं त्यजेत् ॥ ६३ ॥
तद्द्वयोर्मध्यदेशे तु (च) वारया(द्वारपाद)स्य मध्यमे ।
एतद्बहि(हिः) स्थितस्तम्भं तदुबान्तरितो(तमु)च्यते ॥ ६४ ॥
तत्पादमध्यमोष्यान्तमङ्गुला(न्तं क्षुद्रा)दङ्घ्रिमध्यमम् ।
एवं तु मध्यमं श्रेष्ठं हर्म्ये द्वारस्य योगतः(योग्यकम्) ॥ ६५ ॥
क्षुद्रहर्म्ये तु युक्त्या च कुर्यात्तु शिल्पि(ल्प)वित्तमः ।
अन्तस्तम्भ(म्भं) विना वापि कुर्याद्वाह्यस्तु पादकम् ॥ ६६ ॥
विभजेत्पञ्चषष्टाष्ट(ष्ट)हर्म्यपादोदयं तथा ।
तत्तदेकांशहीनं स्याच्छुद्धद्वारोदयं भवेत् ॥ ६७ ॥

तदर्धं द्वारविस्तारं देवानां हर्म्यमध्यमे ।
नागनन्दाङ्गुला(लमा)रभ्य द्व्यङ्गुलविवर्धनात् ॥ ६८ ॥
एकहस्तावसानान्तं कन्यसादि त्रयं त्रयम्
द्वारपादस्य विस्तारं क्षुद्रहर्म्येषु योग्यकम् ॥ ६९ ॥
चतुर्विंशाङ्गुलं पञ्चविंशत्यङ्गुलमारभेत् ।
द्व्यङ्गुलेन वृद्धिः स्यात्कन्यसादीनि पूर्ववत् ॥ ७० ॥
चत्वारिंशाङ्गुलं चैकचत्वारिंशाङ्गुलान्तकम् ।
मध्यमं मानहर्म्ये तु द्वारपादस्य विस्तृतम् ॥ ७१ ॥
द्विहस्तं तु समारभ्य त्रित्र्यंङ्गुलविवर्धनात् ।
तत्त्रिहस्तावि(व)धिर्यावदधमादि त्रयं त्रयम् ॥ ७२ ॥
एवं तु द्वारपादं स्याद्विस्तारं चोत्तमालयं ।
केचित्तु द्वारपादोच्चवशाद्द्वाराङ्घ्रिविस्तृतम् ॥ ७३ ॥
द्विहस्तं तु विशालं स्यात्समं वा बहु(ह)लं भवेत् ।
तदर्धं वा त्रयांशैकं द्वारपादस्य तत्तथा ॥ ७४ ॥
द्वारायामसमं(म)पादौ चोर्ध्वयो(योः) पट्टिकाघनौ ।
तथैव विस्तृतं दीर्घं पादयुक्त्या प्रयोजयेत् ॥ ७५ ॥
देवभूसुरभूपानां सामन्तप्रमुखादीनाम् ।
योन्यं(ग्यं) कवाटयुग्मं च श्रेष्ठं मध्यं च हर्म्यके ॥ ७६ ॥
अन्तर्वापि बहिर्वापि घाटनं कीलसंयुतम् ।
द्वारपादं च बाह्ये तु सर्वालङ्कारसंयुतम् ॥ ७७ ॥
द्वारोर्ध्वे द्वारपार्श्वे तु कुर्यात्तु द्वारदेवताम् ।
कवाटद्वारदेवानां स्पृष्टदोषं समावहेत् ॥ ७८ ॥
तस्मात्परिहरेच्छिल्पी चान्तस्तम्भं प्रयोजयेत् ।
जन्मादि पट्टिकान्तं च पञ्चांशं तु यथाविधि ॥ ७९ ॥
देवतास्थापनं कुर्याद्बाह्ये नालं प्रयोजयेत् ।
मसूराणां स्थानं स्यादन(न्व)र्थं विप्रनालिका ॥ ८० ॥
विस्तारायाममुत्सेधं लम्बनं वक्ष्यतेऽधुना ।
अष्ट(ष्टं) पङ्क्तिस्तथा भानुर्मनु(नुः) षोडशकाङ्गुलम् ॥ ८१ ॥

पञ्चधा रु(र)चितं नालं विस्तारं परिकीर्तितम् ।
वितस्त्याः स्तूपि(सार्धद्वि)हस्तान्तं पञ्चधायाममीरितम् ॥ ८२ ॥
एतत्क्षुद्रा(द्र)विमाने तु मध्यदेशस्य वामके ।
पूर्वदिक्चोत्तरे वापि युक्त्या नालं प्रयोजयेत् ॥ ८३ ॥
यथापूर्वोक्तमाने तु तदूर्ध्वे च गुणांशकम् ।
मध्यमे चोत्तमे हर्म्ये दन्तनालं प्रमाणकम् ॥ ८४ ॥
यथाधिष्ठानतुङ्गं तत्समं नालोदयं भवेत् ।
उत्सेधे च त्रिभागैकं तस्याधो चाग्रलम्बनम् ॥ ८५ ॥
नालमूलविशाले तु भूतभागं विभाजिते ।
त्र्यांशं चाग्रविस्तारं लम्बनं पञ्चभागिकम् ॥ ८६ ॥
कुड्मलोद्द(चं) त्रिभागं स्यात्पद्ममेकेन कारयेत् ।
तदूर्ध्वे वाजनं चांशं युक्त्या च समलङ्कृतम् ॥ ८७ ॥
धराय(द्वारं वा) वाथ वृत्तं वा भद्रता(द्वा)रं स्वलङ्कृतम् ।
एकद्वित्र्यङ्गुलं वापि चतुष्पञ्चाङ्गुलेन वा ॥ ८८ ॥
मूलविस्तारमुत्सेधं युक्त्याच्छिद्रं प्रकल्पयेत् ।
मूलपादत्र्यंशेन चाग्रे छिद्रं(द्र)विशालकम् ॥ ८९ ॥
मूले तुङ्गं स(सिंह)वक्त्रं स्यात्तदा स्यान्निर्गमोदयम् ।
रम्भानालं प्रसूनाभं कुर्यात्तच्छिल्पि(ल्प)वित्तमः ॥ ९० ॥
शीर्षं च शिखा ग्रीवं वृत्तं स्याद्वैजयन्तिकम् ।
तदेव कर्णकूटं चेद्वा भोगमिति कीर्तितम् ॥ ९१ ॥
तन्मध्ये भद्रसंयुक्तं श्रीविशालमिति स्मृतम् ।
तदष्टाश्रं शीर्षं स्यात्स्वस्तिबन्धमिति स्मृतम् ॥ ९२ ॥
तदयं चतुरश्रं चेच्छिखरं श्रीकरं भवेत् ।
तद्द्व्यश्रवृत्तसंयुक्तं हस्तिपृष्ठमुदाहृतम् ॥ ९३ ॥
शिरो ग्रीवे षडश्रं स्यात्स्कन्धतारमिहोच्यते ।
मध्ये भद्र(द्रं) विशालं स्यात्कर्णकूटोपसंयुतम् ॥ ९४ ॥
तच्छालाभद्रनास्यङ्गं शिरो ग्रीवं तु वृत्तकम् ।
अथवा चतुरश्रं स्यात्केसरं तत्प्रकथ्यते ॥ ९५ ॥

तदेवाकारमायामं तत्तन्नाम्ना प्रकीर्तितम् ॥ ९६ ॥
एवं प्रोक्तं हर्म्यके मध्यभद्रं
शालाकोष्ठं दिग्विदिक् कूटयुक्ता(क्तम्) ।
हारा श्रान्ता नासिका पञ्जराढ्यं
कुर्यात्सर्वं वेदिकाभद्रयुक्तम् ॥ ९७ ॥
हर्म्यतारसमं चतुरंशकं तत्रिपादमर्धमथापि च
कुड्यतारसमादि यथाक्रमम् ।
कन्यसं त्रिविधं मुखमण्डपम्
तन्मुखमण्डप(पं) मुख्यविमाने ॥ ९८ ॥
मध्यविमानस(स्य) मण्डपपार्श्वे
अम्बरं दण्डमथ द्वयदण्डम् ।
हर्म्यवशादुपवेशनयुक्तम्
यत्तत्क्षुद्रविमाने तन्मुखे मण्डपं स्यात् ॥ ९९ ॥
तद्द्वयोर्मध्यदेशो चैकाद्य(ध्य)र्धं हस्तविस्तारम् ।
अथवा त्रिपादहस्तं स्यात्प्रासादार्ध(र्धे)मथ कथितम् ॥ १०० ॥
एकद्वित्रिदण्डं वा चान्तरालस्य वेशनं स्यात् ।
कुम्भे स्तम्भसहितनासिका पञ्जरयुक्तमेव वा ॥ १०१ ॥
शालापञ्जरयुक्तं तोरणैः समलङ्कृत्य युक्त्या ।
एकद्वित्रिचतुर्हस्त्या स्तम्भयुक्तमिति कथितम् ॥ १०२ ॥
अथवा द्वारयुतं पूर्ववद्द्वारमानेन कुर्यात् ।
तद्द्वारमुखसोपानं हस्तिहस्तेन भूषितं सम्यक् ॥ १०३ ॥
युग्ममण्डपदेशो तत्सममूलेव(एव)मलङ्कृत्य ।
अन्यमण्डपदेशो यन्मानेारम्यमलङ्कृत्य(तम्) ॥ १०४ ॥
मण्डपे प्रस्तरस्योर्ध्वे कर्णहर्म्यादिमण्डितम् ।
यत्तन्नामान्तरालं चोर्ध्वे नासिकाजालपञ्जरं वापि ॥ १०५ ॥
तत्तन्मण्डपमध्ये प्रासादवशाद्द्वारं संकल्प्यम् ।
पूर्ववत्कवाटयुक्तं मण्डपस्यान्तः सकीलयुक्तम् ॥ १०६ ॥

तत्तद्बहिर्द्वारदेवा[न्] न्यसेदेतद्द्वारपार्श्वयोश्चैव ।
नन्दिमहाकालादौ चोक्तवद् द्वारदेवा[न्] न्यसेत् ॥ १०७ ॥

मण्डपे(पस्य) दक्षिणे कोष्ठे नृत्तयुक्तै(क्त मे)व विनायकमुक्तम् ।
मण्डपसौम्यकोष्ठे स्थानदुर्गयुक् स्थापयेत्तत्स्थम् ॥ १०८ ॥

प्रासाददक्षिणे मध्यकोष्ठे व्यानदक्षिणामूर्तिम् ।
तदूर्ध्वे ग्रीवकोष्ठे गेयमूर्तिं वीरभद्रं वापि ॥ १०९ ॥

पश्चिममूलतले मध्ये कोष्ठे लिङ्गमुद्भूतम् ।
अथवार्धनारीश्वर(रं) स्थानकं विष्णुं स्थापयेद्वापि ॥ ११० ॥

तदूर्ध्वे ग्रीवकोष्ठे तु केशवनृसिंहाच्युता[ना]सीनम्(नान्) ।
सौम्यके मूलतले कोष्ठे स्थानकं चतुर्मुखं स्यात् ॥ १११ ॥

तदूर्ध्वे ग्रीवकोष्ठेऽथ नदं(नारदं) कमलं(लजं) वापि ।
पूर्वे गलदेशे मध्यकोष्ठे गुहं गजारूढम् ॥ ११२ ॥

निशापतिं वाथ सर्वेषा तत्तद्देव्या सहासन[स्थ]मुक्तम् ।
इन्द्रस्य दक्षिणद्वारात्परितः षोडशविग्रहं कुर्यात् ॥ ११३ ॥

प्रस्तरोपरि[तं] देशे कोणे कोणे स्थापयेद्वृषभम् ।
कर्णैकमेकमूर्ध्व च द्वयं वाथ वृषभसंयुक्तम् ॥ ११४ ॥

एकानेकतलं सर्वमेतद्देवान्पुराणसंयुक्तम् ।
एवं शिवहर्म्याणां योग्यं विनोदमन्यदेवानाम् ॥ ११५ ॥

तत्तद्द्वारमुक्तं ए(चै)कानेकतलोपेतं सर्वम् ।
अथवा विष्णुविमाने[ति] देवस्थापनं वक्ष्यामः ॥ ११६ ॥

द्वारे चण्डप्रचण्डौ च मण्डपयाम्ये वनित(ता)म् ।
प्रागुक्तवत्सौम्यदेशे विमाने पूर्ववद्देवतां वापि ॥ ११७ ॥

हरिं वा गरुडं वा कुर्यात्पुरतो(पूर्वो)क्तचतुष्कोणे ।
शयनं वासनं सिंहं तार्क्ष्यं कृताञ्जल्यासनयुक्तम् ॥ ११८ ॥

पोत्री नृसिंहमथ केशवमश्वरथं(स्थं) कर्णात्पूर्वादिदिक्षु चतुर्षु ।
पूर्वकान्त(प्रोक्त)हर्म्ये(र्म्यै)कभूमिगलदेशमिति प्रतिष्ठां कुर्यात् ॥ ११९ ॥

दुर्गम(उत्तरा)भिमथासनमच्युतं वा
प्राच्यां दिशि द्वितलहर्म्ये गलप्रदेशे ।
श्रीमाधवं नरहरिं कृत(तं) दक्षिणे च
नारायणं चाथ पश्चिमदिक् प्रदेशे ॥ १२० ॥

क्रो(क्रो)डं चोत्तर(रे) जनार्दन(नं) हर्म्यके तत् ।
त्रितले पूर्वदिग्देशे ग्रीवे तत्क्रोधरं न्यसेत् ॥ १२१ ॥

उत्तरे वासुदेवं चाथवान्यसंकर्षणं स्मृतम् ।
अनिरुद्धं पश्चिमदेशे चोर्ध्वे वा तदधो(दूर्ध्व)तले ॥ १२२ ॥

एवं तु चोक्तवत्कृत्वा बौद्धादिजिनकालयम् ।
तत्तद्विमानयो(स्यो)र्ध्वे तु तत्तद्देवान्न्यसेत्क्रमात् ॥ १२३ ॥

अन्येषां देवदेवीनां विमाने तत्तद्विधानतः ।
सर्वेषां हर्म्यके कुर्यात्तत्तद्वाहनमीरितम् ॥ १२४ ॥

शयनं वासनं वापि प्रस्तरस्योपरि न्यसेत् ।
एवं तत्प्रोक्तवत्कुर्याद्धर्म्यं तत्सम्पदां(दास्)पदम् ॥ १२५ ॥

एकभूमिं कुर्यादधिकं चोपपीठ(ठं) रुचिरार्थं संयुतम् ।
सोपपीठभवनैर्युतं तु वा कारयेत्तु कथितं पुरातनैः ॥ १२६ ॥

एवं सर्वहर्म्यालङ्कारयुक्त्या
नानापादैर्वेदिकाता(धा)रमच्छम् ॥
हीनाधिक्यं चेद्विनाशनं तस्मात्
कुर्यात्सर्वं चोक्तवत्सम्पदा(द)र्थम् ॥ १२७ ॥

इति मानसारे वास्तुशास्त्रे एकभूमिविधानं नाम एकोनविंशोऽध्यायः ॥

द्वितलविधानम्

द्वितलानामलङ्कारं वक्ष्ये संक्षिप्यतेऽधुना ।
विस्तारोत्सेध(धौ) हर्म्ये वा पूर्ववत्परिकल्पयेत् ॥ १ ॥

उपानादिस्तूपिपर्यन्तं अ(चा)ष्टाविंशद्विभाजिते ।
अ(आ)धारोच्चं गुणांशं स्यात्पादतुङ्गं षडंशकम् ॥ २ ॥

बन्धवशं प्रस्तरोत्सेधं चोर्ध्वे पादं शरांशकम् ।
तदूर्ध्वे पादमष्वोर्ध्वे शिवांशं वेदिकोदयम् ॥ ३ ॥

तद्द्वयं कन्धरोत्सेधं वेदांशं शिखरोदयम् ।
तदूर्ध्वे स्तूपियुग्मां(त्र्यां)शं तुङ्गं तु परिकल्पयेत् ॥ ४ ॥

एकत्रिंशांशकं तुङ्गं सार्धबन्ध(न्धु) मसूरकम् ।
सप्तांशं पादतुङ्गं स्यात्तदर्धं प्रस्तरोदयम् ॥ ५ ॥

तदूर्ध्वेऽर्धमधिष्ठानं द्व्यंश(शं) वेदाङ्घ्रितुङ्गकम् ।
तदर्धं प्रस्तरोत्सेधं तदर्धं वेदिकोदयम् ॥ ६ ॥

तद्द्वयं वेदितुङ्गं स्याच्छिखरोच्चं युगांशकम् ।
स्तूपितुङ्गं द्व्यंशं स्याद्द्वितले तद्द्वितीयकम् ॥ ७ ॥

तदेवोर्ध्वमधिष्ठानं विमानांशे कवितस्तिकम् ।
तदूर्ध्वेऽङ्घ्रि शरांशं स्यात्कर्णहर्म्यादिमण्डितम् ॥ ८ ॥

शेषं तु पूर्ववत्कुर्यात्तृतीयद्वितलं भवेत् ।
तुङ्गे द्विरष्टभागं स्यादध्यर्धांशं मसूरकम् ॥ ९ ॥

गुणांशं चाङ्घ्रितुङ्गं स्यात्प्रस्तरं सार्धभागिकम्
तदूर्ध्वमंशमधिष्ठानं तदूर्ध्वे द्व्यंशका(कम)ङ्घ्रिकम् ॥ १० ॥

शिवांशं प्रस्तरोत्तुङ्गं त्रिपादं वे(चो)र्ध्वमसूरकम् ।
पादांशं वेदिकोत्तुङ्गं सपादांशं गलोदयम् ॥ ११ ॥

अर्धांशं शिरतु(स्तु)ङ्गं स्यात् (स)पादांशं शिखरोदयम् ।
चतुर्थं द्वितलं प्रोक्तं तदेव शिखरं विदुः ॥ १२ ॥

लम्बनं सार्धभागेन गोपानादि क्रियान्वितम् ।
शेषं प्रागुक्तवत्कुर्यात्पञ्चधा द्वितलं विदुः ॥ १३ ॥

एकादशांशकं तुङ्गमेकांशेन मसूरकम् ।
अग्निका(कम)ङ्घ्रितुङ्गं स्याच्छिवांशं प्रस्तरोदयम् ॥ १४ ॥

तदूर्ध्वे चोपपीठं स्यात्तत्समं च मसूरकम् ।
तद्द्वयं पादतुङ्गं स्यात्तदर्धं प्रस्तरोदयम् ॥ १५ ॥

तत्समं वेदितुङ्गं स्याच्छिवांशं गलतुङ्गकम् ।
शिखरोच्चं द्विभागं स्यादेकांशं स्तूपिकोदयम् ॥ १६ ॥

षष्ठमं(कं) द्वितलं प्रोक्तं सप्तमं वक्ष्यतेऽधुना ।
एकादशांशकं तुङ्गे चैकांशेन मसूरकम् ॥ १७ ॥

द्विभागं पादतुङ्गं स्यात्प्रस्तरं चाम्बरांशकम् ।
कुर्यात्तत्र व(घ)नं चोर्ध्वे त्रिपादांश(शं) मसूरकम् ॥ १८ ॥

तद्द्वयं पादतुङ्गं स्यात्तदर्धं प्रस्तरोदयम् ।
तदूर्ध्वेऽङ्घ्रि सपादांशं एकां(चार्धां)शं प्रस्तरोदयम् ॥ १९ ॥

पादांशं वेदिकोत्तुङ्गं तद्द्वयं गलतुङ्गकम् ।
शिखरोच्चं शिवांशं स्यात्तदर्धं तच्छिखोदयम् ॥ २० ॥

द्वितले सप्तकं प्रोक्तं त्रयाङ्घ्रिकर्णहर्म्यकम् ।
तदेवांशाधिकं तुङ्गे तन्मूले प्रस्तरोर्ध्वके ॥ २१ ॥

अंशेन चोपपीठं स्यादधिकं द्वितलं स्मृतम् ।
एवं दण्डवशात्कुर्यान्निर्गमं तदिहोच्यते ॥ २२ ॥

प्रागुक्तविस्तृतं बाह्ये निर्गमं परितस्तथा ।
एकदण्डं द्विदण्डं वा त्रिदण्डं निर्गमं स्मृतम् ॥ २३ ॥

एकहस्तं द्विहस्तं वा त्रिहस्तं वाथ निर्गमम् ।
त्रिचतुर्हस्तमारभ्य द्विद्विहस्तविवर्धनात् ॥ २४ ॥

एकादशार्कहस्तान्तं पञ्चधा निर्गमं भवेत् ।
पञ्चषट्करमारभ्य द्विद्विहस्तविवर्धनात् ॥ २५ ॥

सैकार्कमनुहस्तान्तं निर्गमं पञ्चधा भवेत् ।
क्षुद्राल्पमध्यमुख्यानां युक्त्या तत्रैव योजयेत् ॥ २६ ॥

अथ हर्म्यविशालार्धं तत्समं निर्गमं तु वा ।
यत्तद्भक्तिविशाले तु कूटमेकैकभागिकम् ॥ २७ ॥

एकं वाथ द्विपादं वा तस्य द्वारा विशालकम् ।
द्विभागं वा त्रिभागं वा मध्यशालाविशालता ॥ २८ ॥

हर्म्ये चोर्ध्वतले पादं बाह्यकूटादि विन्यसेत् ।
कर्णहर्म्याकृतिं वाथ चान्तरं प्रस्तरं तु वा ॥ २९ ॥

त्रिचतुः(तुष्)पञ्चाङ्गुलं वापि द्वितलेऽङ्घ्रि विशालकम् ।
तच्चतुः(तुष)पञ्चषट्सप्तसाष्टांशाङ्घ्रिविशालके ॥ ३० ॥

तत्तदेकांशहीनं स्यादूर्ध्वे पादविशालकम् ।
शाला कूटश्च पादौ च बाह्ये मध्यान्तरालकम् ॥ ३१ ॥

नासिकापञ्जरैः शालाकुम्भपादादिभूषितम् ।
तोरणैर्नीडभद्रादि[भिः] मूले चोर्ध्वे च भूषितम् ॥ ३२ ॥

नानाधिष्ठानसंयुक्तं नानापादैरलङ्कृतम् ।
नानागोपानसंयुक्तं क्षुद्रनास्यैर्विभूषितम् ॥ ३३ ॥

अर्धशालाविशेषोऽस्ति चोर्ध्वशालासमन्वितम् ।
तदूर्ध्वे प्रस्तरान्तः स्यान्नासिकाभिरलङ्कृतम् ॥ ३४ ॥

कूटानां चतुरश्रं स्यान्मध्ये मध्यं तु नासिका ।
एकद्वित्रिचतुर्दण्डं मध्यभद्रैस्(द्रस्य) तु निर्गमम् ॥ ३५ ॥

चतुःशाला चतुः(तुष्)कूटं चाष्टभा(हा)रं सपञ्जरम् ।
एकदण्डा(ण्डम)र्धदण्डं वा चोर्ध्वकूटादिवेशनम् ॥ ३६ ॥

मध्यकोष्ठे द्विपार्श्वे तु चार्धशालासमन्वितम् ।
तदूर्ध्वं मध्यमे नासि तत्पार्श्वं वक्त्रनासिकम् ॥ ३७ ॥

तत्पार्श्वं शालयोः पार्श्वे क्षुद्रनास्यैर्विभूषितम् ।
कूटकोष्ठादिसर्वाङ्गं युक्त्या तु समलङ्कृतम् ॥ ३८ ॥

शेषं तु पूर्ववत्कुर्यात्कर्णहर्म्यादि चोक्तवत् ।
सप्ताष्टक(कं) द्विभूम्ये तु [वि]शेषाश्च(षेश्च) वक्ष्यतेऽधुना ॥ ३९ ॥

विस्तारार्धद्विगुणं वा त्रिगुणं वा तदुच्छ्रयम् ।
तन्मुखे मण्डपाग्रे तु कुर्यादधिकमण्डपम् ॥ ४० ॥

तत्पुरे मध्यमे द्वारं गवाक्षं वाथ कल्पयेत् ।
दक्षिणे मध्यमे द्वारं स्यादग्रे मध्यमण्डपम् ॥ ४१ ॥

चतुर्द्वारसमायुक्तं पूर्वे सोपानसंयुतम् ।
तदूधनं तलसर्वाङ्गं कूटकोष्ठादिभूषितम् ॥ ४२ ॥

सोपपीठमधिष्ठानं सोपपीठ(ठं) मसूरकम् ।
तदूर्ध्वे पादमध्वं च संयुक्तं तन्निवर्ह(र्ग)कम् ॥ ४३ ॥

पूर्ववन्मानयुक्त्या च विमानान्तस्य निर्गमम् ।
कुर्यात्तत्पादतुङ्गेषु षड्भागांशविहीनकम् ॥ ४४ ॥

प्रस्तरस्योपरि न्यस्य चान्तर्मण्डलकुट्य(ड्य)कम् ।
कर्णहर्म्यादिसंयुक्तं सर्वालङ्कारसंयुतम् ॥ ४५ ॥

आरोप्यं प्रदक्षिणं सौम्यमेवं प्रकल्पयेत् ।
शेषं तु पूर्ववत्कुर्यात्सर्वदेवांश्च सप्तके ॥ ४६ ॥

श्रीकरं विजयं सिद्धं पौष्टि[कं] कान्तकं प्रभूतकम् ।
स्वस्तिकं पुष्कलं नाम प्रथमाद्यष्टसप्तके ॥ ४७ ॥

पूर्ववच्चोक्तदेवानां सर्वहर्म्येषु योजयेत् ।
अथवा विष्णुहर्म्ये तु गले पूर्वे जनार्दनम् ॥ ४८ ॥

दक्षिणे दक्षिणामूर्तिं नारसिंहमथापि वा ।
पश्चिमे केशवं प्रोक्तं चोत्तरे श्रीधरं भवेत् ॥ ४९ ॥

अथवा पितामहं स्यान्नागरादौ च हर्म्यके ।
द्वारदेवादि सर्वेषां(र्वान्) पूर्ववत्कल्पयेत्सुधीः ॥ ५० ॥

तदेव शिवहर्म्यं तु मण्डपे तु विशेषतः ।
सौम्ये तु कालरूपं वा प्रोक्तवांस्तत्रदैवतम् ॥ ५१ ॥

स्थापयेत्क्षेत्रपालानां(न्) षण्मुखं चापि कल्पयेत् ।
आरोग्यं(प्यं) हर्म्यमूले तु कर्णहर्म्यात्प्रवेशयेत् ॥ ५२ ॥ 104

सर्वेषां देवताहर्म्ये पूर्ववद्देवता न्यसेत् ।
उक्तवच्छास्त्रमार्गेण ऊ(चो)हापोहेन योजयेत् ॥ ५३ ॥

वेदाश्रान्तं वर्तुलाभं गजाश्रं
वृत्ताश्राभं द्व्यश्रवृत्तं तमे(थै)व च । 108

तद्दीर्घं तच्छिरोग्रीवयुक्तम्
उक्तं प्रागवद्भूषणादि द्विभूमौ ॥ ५४ ॥

हाराप्रान्ते द्व्यंशकैकांशमलिन्द्रम्
मध्यस्योर्ध्वं चावृत प्रस्तरं च । 112

आरभ्य सार्धहर्म्यमूलं यद्
युक्त्या भक्त्या यन्मानोरम्यं कुर्यात् ॥ ५५ ॥

इति मानसारे वास्तुशास्त्रे द्वितलविधानं नाम विंशोऽध्यायः ॥

त्रितलविधानम्

त्रितलस्य विधानं च लक्षणं वक्ष्यतेऽधुना ।
विमानतुङ्गं(ङ्गे)षडंशे तु सार्धांशेन मसूरकम् ॥ १ ॥
तद्द्वयं पादतुङ्गं स्यात्तदर्धं प्रस्तरोदयम् ।
मूलपादोदयेऽष्टांशमधिकं (चांशाद्धोनं) चोर्ध्वाङ्घ्रितुङ्गकम् ॥ २ ॥
तदर्धं प्रस्तरोच्चं तु पादमूलद्विगुणाङ्घ्रिकम् ।
तदर्धं चोर्ध्वको[प]पादं तस्यार्धं वेदिकोन्नतम् ॥ ३ ॥
तद्द्वयं चोर्ध्वकम्पं स्याद्ग्रीवतुङ्गं द्वयांशकम् ।
शेषं चोर्ध्वे शिखोत्तुङ्गं सर्वालङ्कारसंयुतम् ॥ ४ ॥
प्रच्छादनोपरि स्तम्भं कर्णहर्म्यादिमण्डितम् ।
विस्तारोत्सेधभक्तमेषां यत्तत्प्रागुक्तवन्नयेत् ॥ ५ ॥
श्रीकान्तं हर्म्यकं प्रोक्तं क्षुद्रं त्रितले विदुः ।
अथवा सप्तसप्तांशं विभजेत्त्रितलोदये ॥ ६ ॥
चतुर्भागमधिष्ठानं तद्द्वयं पादतुङ्गकम् ।
अधिष्ठानसमं मञ्चं मञ्चोर्ध्वेऽर्धेन वप्रयुक् ॥ ७ ॥
सत्रिपादषडंशेन चोर्ध्वं पादोदयं भवेत् ।
तदूर्ध्वं प्रस्तरोत्तुङ्गं सत्रिपादं त्रिपादकम् ॥ ८ ॥
तदूर्ध्वेऽर्धेन वप्रं स्यात्तदूर्ध्वेऽङ्घ्रि षडंशकम्
सार्धद्विभाग(गं) मञ्चं स्यादर्धांशमूर्ध्वपट्टिकम् ॥ ९ ॥
एकांशं वेदिकोत्तुङ्गं ग्रीवतुङ्गं गुणांशकम् ।
तद्द्वयं शिखरतुङ्गं स्याद्गुणांशं तच्छिखोदयम् ॥ १० ॥
शेषं प्रागुक्तवत्कुर्यादासनं परिकीर्तितम् ।
अथवा त्रितलोत्तुङ्गं(ङ्गे) द्वादशांशं विभाजिते ॥ ११ ॥

तदेकांशमधिष्ठानं द्विभागं पाददीर्घ(दैर्घ्य)कम् ।
तदर्धं प्रस्तरोत्सेधं त्रिपादं चोर्ध्वपीठकम् ॥ १२ ॥
तत्समो(ममू)र्ध्वे त्वधिष्ठानं तद्द्वयं पाददीर्घ(दैर्घ्य)कम् ।
तदर्धं प्रस्तरं चोर्ध्वे सार्धांशेन मसूरकम् ॥ १३ ॥
एकांशं पाददीर्घ(दैर्घ्य) स्यादर्धांशं मञ्चतुङ्गकम् ।
तदर्धं वेदिकोत्तुङ्गं तद्द्वयं ग्रीवतुङ्गकम् ॥ १४ ॥
ग्रीवतुङ्गद्वयं चोर्ध्वे मस्तकमर्धं शिखोदयम् ।
एवं सुखालयं प्रोक्तं शेषं पूर्ववदाचरेत् ॥ १५ ॥
तस्योपपीठदेशेतु चोद्धृता हरितान्वितम् ।
एतत्तु केसरं प्रोक्तं कमलाङ्गमिहोच्यते ॥ १६ ॥
चतुर्विंशांशकं(क)तुङ्गे श्रीकान्तस्याकृतिस्तथा ।
सर्वाङ्गकं गवाक्षं स्यात्कर्णहर्म्यं विना तथा ॥ १७ ॥
नानावेदिकया युक्तं नानास्तम्भैरलङ्कृतम् ।
चतुर्दिग्वारणं कुर्यात्संकीर्णं द्रव्यसंयुतम् ॥ १८ ॥
आदिभूतं तु कुड्यं(ड्यं) स्यात्तदूर्ध्वेत्यङ्घ्रिसंयुतम् ।
सर्वालङ्कारसंयुक्तं कमलाङ्गमुदीरितम् ॥ १९ ॥
तदेव कर्णहर्म्यादियुक्तं वेद्यादिभूषितम् ।
सर्वालङ्कारसंयुक्तं ब्रह्मकान्तमिति स्मृतम् ॥ २० ॥
अथवा तुङ्गमाने तु त्रिंशदंशं विभाजिते ।
अधिष्ठानं द्विभागं स्यात्तद्द्वयं पादतुङ्गकम् ॥ २१ ॥
तदर्धं प्रस्तरोत्तुङ्गं चोर्ध्वमञ्चं तु तत्समम् ।
सार्धवह्न्यंशकं चोर्ध्वे पादं सार्धांश(शं) मञ्चकम् ॥ २२ ॥
तत्समं चोर्ध्वमञ्चं स्यादूर्ध्वे पादं गुणांशकम् ।
सपादांशं प्रस्तरं स्यात्तत्समं चोर्ध्वमञ्चकम् ॥ २३ ॥
तदर्धं वेदिकोत्तुङ्गं तत्समं कन्धरोदयम् ।
ग्रीवद्वयं शिरो(र उ)त्तुङ्गं शेषं तु स्तूपितुङ्गकम् ॥ २४ ॥
कर्णहर्म्यादिसंयुक्तं मेरुकान्तमिति स्मृतम् ।
तदेवैकांशमाधिक्यं मूले वह्न्यंशमासनम् ॥ २५ ॥

तदूर्ध्वं पाददीर्घ(दैर्घ्य) स्यात्तदर्धं प्रस्तरोदयम् ।
ऊर्ध्वाङ्गं पूर्ववत्कुर्यादेतत्कैलासमीरितम् ॥ २६ ॥
आरुह्य प्रदक्षिणं कुर्याद्धर्म्यमेवं तु पूर्ववत् ।
एतदष्टविधं प्रोक्तं त्रितले चोत्तमं मतम् ॥ २७ ॥
विशाले तु यथाभागं कूटानां चैकभागिकम् ।
मध्ये द्वित्रिचतुर्भागं शालाकोष्ठं प्रकल्पयेत् ॥ २८ ॥
एकद्वित्र्यंशकेनैव हारां सपञ्जरान्वित(ता)म् ।
परितश्चैकभागेन कूटशालादिभूषितम् ॥ २६ ॥
तस्यान्तश्चावृतांशेन चोर्ध्वदेशे जलस्थलम् ।
एकं वा द्वित्रिदण्डेन भद्रनिर्गममीरितम् ॥ ३० ॥
हारा च तत्रिभागैकं मध्यशालाविभूषितम् ।
अष्टकूटसमायुक्तं कोष्टकं चाष्टसंयुतम् ॥ ३१ ॥
षोडशाहार(शहारा) संयुक्तं सर्वालङ्कारसंयुतम् ।
नानाधिष्ठानसंयुक्तं नानापादैरलङ्कृतम् ॥ ३२ ॥
नानातोरणैर्नीडैर्नानावेद्यै(दिभि)रलङ्कृतम् ।
त्रितले कूटकोष्ठादि हारादीन् गलदेशके ॥ ३३ ॥
मूलपादप्रदेशे तु कुर्यात्तु सर्वदेवताः ।
देवादीनां पुराणैश्च देवतानां च विग्रहम् ॥ ३४ ॥
युक्त्या सर्वप्रयत्नेन विन्यसेल्लक्षणोक्तवत् ।
ग्रीवादिसचिवा(शिखा)न्तश्च पूर्वोक्तानां च संमतम् ॥ ३५ ॥
ग्रीवमस्तकशिखाप्रदेशके
नागरादिसमलङ्कृतोक्तवत् ।
देवता दिशि चाष्टता न्यसेद्
विष्णु(ष्णो)रीश्वरजिनादि(दे)रालये ॥ ३६ ॥

इति मानसारे वास्तुशास्त्रे त्रितलविधानं नाम एकोविंशोऽध्यायः ॥

चतुस्तलविधानम्

चतुस्तलविधानस्य(नं च) लक्षणं वक्ष्यतेऽधुना ।
विस्तारोत्सेधभित्तो(भक्ति)श्च पूर्ववत्परिकल्पयेत् ॥ १ ॥
तुङ्गे चैकोनविंशांशमत्य(ध्य)र्धांश(शं) मसूरकम् ।
तद्‌द्वयं पादतुङ्गं स्यात्तदर्धं प्रस्तरोदयम् ॥ २ ॥
सत्रिपादं च (द्वि)भागं वा तदू(चो)र्ध्वे पादोदयं भवेत् ।
प्रस्तरोच्चं शिवांशं स्यात्सत्रिपादांशमङ्घ्रिकम् ॥ ३ ॥
ऊर्ध्वमञ्च(ञ्चं) त्रिपादं स्यात्तद्‌द्वयं चोर्ध्वपादकम् ।
तदर्धं प्रस्तरोत्सेधं वेदिका(म)र्धेन योजयेत् ॥ ४ ॥
अंशेन गलतुङ्गं स्यात्तद्‌द्वयं शिर(रस्)तुङ्गकम् ।
तदर्धं स्तूपिकोत्तुङ्गं मूलतः परिकल्पयेत् ॥ ५ ॥
विष्णुकान्तमिति प्रोक्तं कर्णहर्म्यादिभूषितम् ।
चत्वारिंशद्व(द्द्व)याधिक्यं भाग(गं) तुङ्गे विभाजिते ॥ ६ ॥
अधिष्ठानं त्रिभागं स्यात्तद्‌द्वयं पादतुङ्गकम् ।
प्रस्तरोच्चं गुणांशं स्यादूर्ध्वे पादं रसांशकम् ॥ ७ ॥
सार्धद्विभागमञ्चं स्यात्सार्धवेदाङ्घ्रितुङ्गकम् ।
तदर्धं प्रस्तरोत्सेधं पादोनं चतुरङ्घ्रिकम् ॥ ८ ॥
प्रस्तरं च त्रिभागं स्यात्तदर्धं वेदिकोन्नतम् ।
गलोच्चं तद्‌द्विभागं स्याद्युगांशं मस्तकोदयम् ॥ ९ ॥
द्वयांशं स्तूपिकोत्तुङ्गं तस्य मूले विशेषतः ।
विस्तारे भागिकांशेन चावृतालिन्दमेव च ॥ १० ॥
तद्बहिश्चैकभागेन मूलपादाग्रकान्तकम् ।
अधिष्ठानादिवर्गाढ्यं कर्णहर्म्यादिमण्डितम् ॥ ११ ॥

एतच्चतुर्मुखं प्रोक्तं सर्वालङ्कारसंयुतम् ।
पञ्चषट्त्रिंशदंशं स्यात्तुङ्गार्धांश(शं) मसूरकम् ॥ १२ ॥
पञ्चांशं पादतुङ्गं स्यात्तदर्धं प्रस्तरोदयम् ।
ऊर्ध्वे वेदांशकं पादं प्रस्तरं च द्विभागिकम् ॥ १३ ॥
सार्धबन्धां(न्ध्वं)शपादोर्ध्वे तदर्धं प्रस्तरोदयम् ।
तदूर्ध्वाङ्घ्रि गुणांशं स्यादत्य(ध्य)र्धं चोर्ध्वमञ्चकम् ॥ १४ ॥
वेदिकोर्ध्वं शिवांशं स्यात्तद्द्वयं ग्रीवतुङ्गकम् ।
शिरीषं(खरं) च युगांशं स्याच्छेषांशं तच्छिखोदयम् ॥ १५ ॥
मूले तु पूर्ववत्कुर्याच्चतुर्द्वारसमन्वितम् ।
एवं सदाशिवं प्रोक्तं सर्वालङ्कारसंयुतम् ॥ १६ ॥
भागेन चतुरष्टांशं हर्म्यतुङ्गं विभाजिते ।
द्विभागाधिष्ठानतुङ्गं [स्यात्] तद्द्वयं पादतुङ्गकम् ॥ १७ ॥
युगांशं मञ्चतुङ्गं स्यादंशं चोर्ध्वमसूरकम् ।
तदूर्ध्वे पाद(दं) बन्धां(न्ध्वं)शं गोपानोर्ध्वं तदर्धकम् ॥ १८ ॥
तदूर्ध्वे कुट्टिमं चांशं सार्धपञ्चाङ्घ्रितुङ्गकम् ।
सपादांशं(दं) प्रस्तरोत्तुङ्गं त्रिपादूर्ध्वे मसूरकम् ॥ १९ ॥
सपादद्वि(द्व्यं)शकं चाङ्घ्रि चांशेन प्रस्तरोदयम् ।
तदर्धं वेदिकोत्तुङ्गं सार्धभागं गलोदयम् ॥ २० ॥
शिखरोर्ध्वं गुणांशं स्यात्तदर्धं तच्छिरा(र उ)दयम् ।
रुद्रकान्तमिति प्रोक्तं कर्णहर्म्यादिभूषितम् ॥ २१ ॥
तदेव(वं) हर्म्यमूले तु पूर्ववत्परिकल्पयेत् ।
तच्चतुर्द्वारसंयुक्तं चांशेन भद्रसंयुतम् ॥ २२ ॥
एवमीश्वरकान्तं स्यादधिष्ठानादि(नं) क्रमान्नयेत् ।
तुङ्गे पञ्चदशांशं स्याद्द्व्यंशक(कं) मसूरकम् ॥ २३ ॥
पादतुङ्गं षडंशं स्यात्प्रस्तरोर्ध्वं गुणांशकम् ।
तत्समं चोर्ध्वमञ्चं स्यात्तदूर्ध्वे पञ्जरांशकम् ॥ २४ ॥
तदर्धं प्रस्तरोत्सेधमूर्ध्वमञ्चं द्विभागिकम् ।
वेदिकोर्ध्वं शिवांशं स्यात्सार्धद्वि(द्व्यं)शं गलोदयम् ॥ २५ ॥

युगांशं चोर्ध्वपादं च द्व्यंशेन प्रस्तरोदयम् ।
तदूर्ध्वे त्वर्धमब्जं स्यात्सार्धबन्धां(न्ध्वं)शकाङ्घ्रिकम् ॥ २६ ॥
तदर्धं प्रस्तरोत्सेधं पादभागोर्ध्वमब्जकम् ।
वेदिकोच्चं शिवांशं स्यात्सार्धद्विं(द्व्यं)शं गलोदयम् ॥ २७ ॥
मस्तकोच्चं शरांशं स्याच्छेषं कुम्भोदयं भवेत् ।
मञ्चकान्तमिति प्रोक्तं कर्णहर्म्यादिमण्डितम् ॥ २८ ॥
तदूर्ध्वे च विमानं च वेदिका वेदिकं तथा (कान्तकम्) ।
सर्वालङ्कारसंयुक्तं शेषं पूर्ववदाचरेत् ॥ २९ ॥
तुङ्गे षड्विंशमंशेन चात्य(ध्य)र्धांशमसूरकम् ।
रुद्रात्(द्रेण) पादतुङ्गं स्यात्तदर्धं प्रस्तरोदयम् ॥ ३० ॥
सपादांशमधिष्ठानं द्व्यर्धांशमङ्घ्रितुङ्गकम् ।
तदर्धं प्रस्तरोत्सेधं तदूर्ध्वेऽशं मसूरकम् ॥ ३१ ॥
पादतुङ्गं द्विभागं स्यान्मञ्चतुङ्गं शिवांशकम् ।
पादोनद्विं(द्व्यं)शपादं स्यात्तदर्धं प्रस्तरोदयम् ॥ ३२ ॥
सपादांशाङ्घ्रितुङ्गं स्यात्तदर्धं प्रस्तरोदयम् ।
तदूर्ध्वे पादमेकांशं सा(चा)र्धांशं प्रस्तरोदयम् ॥ ३३ ॥
तत्समं वेदितुङ्गं स्याद्ग्रीवतुङ्गं शिवांशकम् ।
शिखराब्ब(ब्बं) द्विभागं स्याच्छेषं तत्स्तूपिकोदयम् ॥ ३४ ॥
मूले च मध्यमे चाग्रे देवतास्थापनं भवेत् ।
तदूर्ध्वे शिखराकारं कल्पयेत्तु चतुस्स्थ(स्त)ले ॥ ३५ ॥
युक्तं विस्तार(रं) तत्(द्)बाह्ये वेदांशावृत(तं) मूलके ।
विस्तृतार्धं समं वापि यथायुक्तिवशान्न्यसेत् ॥ ३६ ॥
अधिष्ठानं च पादं च प्रस्तरं च त्रिवर्गि(र्ग)कम् ।
शालाकूटं च हारं च युक्त्या तत्रैव योजयेत् ॥ ३७ ॥
सर्वालङ्कारसंयुक्तं मूले प्रासादतो न्यसेत् ।
तदूर्ध्वे द्व्यंशमाश्रित्य कर्णहर्म्यादिमण्डितम् ॥ ३८ ॥
अथवा विस्तृतार्धेन प्राकाराकृतिरा(त्या चा)वृतम् ।
एकेन कर्णहर्म्यादि तस्यान्तर्जलवत्(स्थ) स्थलम् ॥ ३९ ॥

अथवा द्विं(द्व्यं)शमाश्रित्य लिङ्गं (त्वालिन्दं) कुर्याद्विचक्षणः ।
तदूर्ध्वे विस्तृता(तं) बाह्ये द्विं(द्व्यं)शेनावृत(तं) पूर्ववत् ॥ ४० ॥
तस्यान्तश्चोक्तवत्कुर्याद्भागमेवर(म)लङ्कृतम् ।
एकेन कर्णहर्म्यादिमण्डितं चावृतं न्यसेत् ॥ ४१ ॥
भागेन परितोऽलिन्दं चोर्ध्वे तद्व(त्त)ज्जलस्थलम् ।
तत्तद्बाह्येऽपि सर्वाङ्गं कर्णहर्म्यादिमण्डितम् ॥ ४२ ॥
द्विभागेन तु मध्ये तु शालायामं तु विन्यसेत् ।
कूटानामेकभागेन शेषं हार(रं) सपञ्जरम् ॥ ४३ ॥
इन्द्रकान्तमिति प्रोक्तं क्षुद्र(द्रे) मध्यं च मुख्यके ।
तन्मुखे मण्डपं युक्तं तद्दक्षिणे मण्डपं स्यात् ॥ ४४ ॥
प्राग्दिशि सोपानमध्यानामूर्ध्ववासनराननम् ।
सालामूलस्य तन्मध्ये चोर्ध्वं तत्र समायुतम् ॥ ४५ ॥
शेषं पूर्ववदुद्दिष्टं चाष्टधा विधमीरितम् ।
क्षुद्रं मध्यं मुखं(ख्यं) च कुर्याद्धर्म्यं सर्वदेवता(वा)नाम् ॥ ४६ ॥
अन्येषामुक्तमानं युक्त्या कुर्यात्पुरातनैः कथितम् ।
नानाधिष्ठानपादैश्च वलभिश्च बहुविधैः [युक्तम्] ॥ ४७ ॥
कूटनीडैश्च शालै(लाभि)श्च भद्रैर्दा(र)ष्टपादगर्भबहुतारैः ।
क्षुद्रैश्च नासागणैर्नानापञ्जरवेदितोरणमहानासैश्च वातायनैः ॥ ४८ ॥
कोष्ठैर्विद्याधराद्यैर्गर्भाधिपतिसुरान्भूषणं कुर्व(रु)ते स्म ॥ ४९ ॥
क्षुद्रमन्यमथ मुख्य(ख्यं) भौमके
रुद्रविष्णुजिनकादिहर्म्यके ।
दक्षिणामूर्तिनरसिंहमूर्तितत्त्वादि
मूर्तिपुरतोक्तदेवानाम् ॥ ५० ।
एवं मूर्ति दक्षिणादिक्रमेण
एकानेकभौमतलस्थलादीन् ।
कुर्यात्सर्वं ग्रीवदेशे पतित्वाद्
युक्त्या धीमान् देवतां विन्यसेत्तत् ॥ ५१ ॥

इति मानसारे वास्तुशास्त्रे चतुस्तलविधानं नाम द्वाविंशोऽध्यायः ॥

पञ्चतलविधानम्

पञ्चभूमिविधानस्य(नं च) लक्षणं वक्ष्यतेऽधुना ।
क्षुद्र(द्रं) मध्यं च मुख्यं च विशालं भागमुच्छ्रयम् ॥ १ ॥
प्रागुक्तवत्प्रगृह्यं(ह्य) तु कुर्यात्पञ्चतलं बुधः ।
चतुर्विंशांशकं तुङ्गे सात्य(चाध्य)र्धांशमसूरके(कम्) ॥ २ ॥
बन्धां(न्ध्वं)शं पादतुङ्गं स्यादत्य(ध्य)र्धं प्रस्तरोदयम् ।
सपादद्विं(द्व्यं)शकं पादं मञ्चोर्ध्वं सशिवांशकम् ॥ ३ ॥
तदूर्ध्वेऽङ्घ्रि द्विभागं स्यात्प्रस्तरोच्चं शिवांशकम् ।
सत्रिपादांशकं पादं प्रस्तरोच्चं शिवांशकम् ॥ ४ ॥
तदर्धं वेदिकोत्तुङ्गं चन्द्रांशं च गलोदयम् ।
मस्तकं चा(द्व्य)र्धभागं स्याच्छेषं तु तच्छिरो(खो)दयम् ॥ ५ ॥
कर्णहर्म्यादिसंयुक्तं सर्वालङ्कारसंयुतम् ।
ऐरावतमिति प्रोक्तं गन्ध(तत्) स्कन्धोच्चसंवृतम्(तं च) ॥ ६ ॥
तदेव विस्तृतार्धेन चतुर्दिक्षु समन्वितम् ।
निर्गमं तु यथायुक्तं चतुर्दिक्षु(दिकृत्रि)तलं भवेत् ॥ ७ ॥
एतत्तु भूतकान्तं स्यात्पञ्चभौमविदो विदुः ।
विशालेन त्रिपादेन पूर्ववद्भद्रसंयुतम् ॥ ८ ॥
चतुर्दिक्षु तल कुर्यात्कर्णहर्म्यादिमण्डितम् ।
विश्वकान्तमिति प्रोक्तमेवं पञ्चतलं विदुः ॥ ९ ॥
अथवा विस्तृतं तुल्यं चतुर्दिक्ष्वालयं स्मृतम् ।
तस्मात्त्रिभूलहर्म्यान्तं तद्द्वयोर्मूलदेशके ॥ १० ॥
अन्तरालं प्रकुर्वीत पार्श्वे सोपानसंयुतम् ।
सर्वं प्रदक्षिणं कुर्याद्युक्त्या द्वारं प्रकल्पयेत् ॥ ११ ॥

मध्ये पञ्चचतुस्तद्द्वितलं पञ्चतलं भवेत् ।
मूर्तिकान्तमिति प्रोक्तं पूर्ववत्परिकल्पयेत् ॥ १२ ॥
तदेव हर्म्ये विदिक्ष्वेच(क्ष्वेव च) तत्तन्मौलालयं भवेत् ।
गृहकान्तमिति प्रोक्तं पूर्ववत्परिकल्पयेत् ॥ १३ ॥
तद्बहिः परितो देशे कुर्यात्षोडशालयम् ।
गृहकान्तादिहर्म्येषु चतुर्दिक्षु समालयम् ॥ १४ ॥
पञ्चविंशत्युपपीठं प्रोक्तं यमकान्तमेव प्रकथ्यते ।
तदेवं परितो बाह्ये चतुर्विंशतिरालयम् ॥ १५ ॥
गृहकान्तादिहर्म्येषु चतुर्दिक्षु समालयम् ।
महाकान्तमिति प्रोक्तमेतत्पञ्चतलं भवेत् ॥ १६ ॥
गृहकान्तादिहर्म्येषु चतुर्दिक्षु समालयम् ।
कुर्यात्तत्कल्याणमेतदिदं पञ्चतलान्वितम् ॥ १७ ॥
प्रासादार्धं समं वापि त्रिपादं वा समं तु वा ।
अन्तरालं विशालं स्यादथवा हस्तमानतः ॥ १८ ॥
त्रिचतुर्हस्तमारभ्य द्विद्विहस्तविवर्धनात् ।
नवपङ्क्तिकरान्त(न्तं) स्यादन्तरालविशालकम् ॥ १९ ॥
अन्तराले यथायुक्त्या मण्डपाकार(रं) विन्यसेत् ।
अथवा त्रिकूटयुक्तं वा मूलस्य मुखपार्श्वयोः ॥ २० ॥
यज्ञकान्तमिति प्रोक्तमेकानेकतलान्वितम् ।
पञ्चषट्स्वेकभूमि(मिः) स्याद्द्वितलं त्रितलं तु वा ॥ २१ ॥
पञ्चब्रह्मामि(इ)ति प्रोक्तं सर्वालङ्कारसंयुतम् ।
एतदष्टविधं प्रोक्तं शेषं प्रागुक्तवन्नयेत् ॥ २२ ॥
शिखरादि यथाकारं चैकाकारं तु योजयेत् ।
सर्वेषां देवतानां च हर्म्यमेवं प्रकल्पयेत् ॥ २३ ॥
एतत्सर्वं हर्म्यके दिक्षु कूटम्
शालानासिकापञ्जराढ्यम् ।
नानारङ्गान्वितालिन्दयुक्तम्
पूर्वोक्तानां युक्तितः कारयेत्तत् ॥ २४ ॥

इति मानसारे वास्तुशास्त्रे पञ्चतलविधानं नाम त्रयोविंशोऽध्यायः ॥

षट्तलविधानम्

अधुना (विधानं) षट्तलं सम्यग्लक्षणं वक्ष्यतेऽधुना ।
विस्तारं च वि(रोत्सेधं)भागं च पूर्ववत्परिकल्पयेत् ॥ १ ॥
सप्ताधिकं तु पञ्चाशद्भागं कुर्यात्तदुच्छ्रये ।
सार्धबन्धम(न्ध्व)धिष्ठानं सप्तांशं पाददीर्घकम् ॥ २ ॥
तदर्ध प्रस्तरोत्सेधमूर्ध्वपादं षडंशकम् ।
तदूर्ध्व मञ्च(ञ्चं) त्रियं(त्रयां)शं स्यादूर्ध्वपादं शरांशकम् ॥ ३ ॥
तदर्ध प्रस्तरोत्सेधं सार्धवेदांशकाङ्घ्रिकम् ।
प्रस्तरं च द्विभागं स्यात्सार्धबन्धां(न्ध्वं)शमङ्घ्रिकम् ॥ ४ ॥
प्रस्तरं सार्धभाग स्याद्वेदिकां(कामं)शेन योजयेत् ।
ग्रीवतुङ्ग(ङ्गं) युगांशं स्याच्छिखरो युगांशकम् ॥ ५ ॥
शेषं तु स्तूपिकातुङ्गं युक्त्या तत्रैव योजयेत् ।
एतत्तु पद्मकान्तं स्यात्सर्वालङ्कारसंयुतम् ॥ ६ ॥
तदेवाधिष्ठानमंशेन तले तले विशेषतः ।
एतत्कान्तारमित्युक्तं कर्णहर्म्यादिमण्डितम् ॥ ७ ॥
अथ वापि च दिक्कुर्यात् सुन्दरं चेति कीर्तितम् ।
अथवा चोपपीठं स्यादुपकान्तमिति स्मृतम् ॥ ८ ॥
अथवा चोर्ध्वतलं सर्वे(गर्वेस्मिन) वेदिं कुर्यात्समञ्चकम् ।
कमलाख्य(च)मिति प्रोक्तमन्तरप्रस्तरान्वितम् ॥ ९ ॥
तृतीयं मञ्चसंयुक्तं रत्नकान्तमिहोच्यते ।
चतुर्थं प्रस्तरैर्युक्तं विपुलाङ्कमिति स्मृतम् ॥ १० ॥
पञ्चमं मञ्चयुक्तं स्याज्ज्योति(तिष्)कान्तमिति स्मृतम् ।
तदेव भद्रसंयुक्तमेतत्प्रोक्तं सरोरुहम् ॥ ११ ॥

तद्ग्रीवादि शिखान्तं च विपुलाकृतिकं भवेत् ।
तदेव शिखरा(रं व)स्वश्रं स्वस्तिकान्तमिति स्मृतम् ॥ १२ ॥
तदेव चतुरश्रं स्यान्नन्द्यावर्तमिहोच्यते ।
तदेव गल(लं) वस्वश्रमिन्दुकान्तमिति स्मृतम् ॥ १३ ॥
एवं त्रयोदशं नाम्ना प्रोक्तं षट्तलहर्म्यके ।
त्रिचतुष्पञ्चषट्सप्त(प्तं) मध्यकोष्ठं विशालकम् ॥ १४ ॥
एकद्वित्रिचतुष्पञ्चभागं हारं सपञ्जरम् ।
एकं वाथ द्विभागं वा कर्णकूटविशालकम् ॥ १५ ॥
तले तले कर्णकूटं कोष्ठहारादिभूषितम् ।
एकद्वित्रिविभागं च हारमध्ये तु भद्रकम् ॥ १६ ॥
एकद्वित्रिचतुष्पञ्च(ञ्चं) कोष्ठमध्ये तु भद्रकम् ।
कर्णकूटविशाले तु त्रिभागैकं मध्यभद्रकम् ॥ १७ ॥
भद्रशाला महानासी चार्धशालाद्यलङ्कृतम् ।
आदिभूमिक्रियायुक्त्या(क्ता) चोर्ध्वोर्ध्वतला(लानि) न्यसेत् ॥ १८ ॥
वि(द्वि)तलात्षट्तलान्तं स्यादेवं युक्त्या समलङ्कृतम् ।
नानाधिष्ठानसंयुक्तं नानापादैरलङ्कृतम् ॥ १९ ॥
नानापञ्जरशालानां(भिः) नासिकापञ्जरान्वितम् ।
प्रस्तरादिकपोतान्तं क्षुद्रनास्या विभूषितम् ॥ २० ॥
शिखरे च मध्यनास्यैः क्षुद्रकपोतनासिकाः ।
वि(सर्व)शनासिकायुक्तं सर्वालङ्कारसंयुतम् ॥ २१ ॥
ग्रीवे च क्षुद्रपादानां युक्त्या च समलङ्कृतम् ।
कर्णहर्म्यादिसंयुक्तं यत्तलोपरिदेशके ॥ २२ ॥
एकभाग(गं) द्विभागं वा मूलव्यावृतालिन्दकम् ।
ऊर्ध्वोर्ध्वतलानां तु चैकभागेन(ना)लिन्दकम् ॥ २३ ॥
एतत्षट्तलं प्रोक्तं शेषं युक्त्या (कुर्याच्) च पूर्ववत् ।
पूर्वोक्तसकलानामपि देवानां तत्राखिलसौधकोष्ठकेषु ॥ २४ ॥
ब्रह्म(ह्मा)विष्णुशिवा(व)नारदैः सह सङ्कुलैः कुरुते शिल्पिवित्तमः ॥ २५ ॥

इति मानसारे वास्तुशास्त्रे षट्तलविधानं नाम चतुर्विंशोऽध्यायः ॥

सप्ततलविधानम्

सप्तभूमिविधानस्य(नं च) लक्षणं वक्ष्यतेऽधुना ।
विस्तारोत्सेधमानं(भागं) च पूर्ववत्परिकल्पयेत ॥ १ ॥
जन्मादिस्तूपिपर्यन्तं समानानि विभाजिते ।
भागोनषट्षडंशं स्याद्द्विं(द्व्यं)शाधिष्ठानोच्छ्रयम् ॥ २ ॥
तद्द्वयं पादतुङ्गं स्यात्प्रस्तरोच्चं कलांशकम् ।
तदूर्ध्वे[ऽङ्घ्रि] सार्धबन्धां(न्ध्वं)शं तदर्धं प्रस्तरोदयम् ॥ ३ ॥
गुणांशं पादतुङ्गं स्यात्सार्धभागोर्ध्वमञ्चकम् ।
सार्धयुग्मांशपादोच्चं(र्ध्वं) सपादांशं प्रस्तरोदयम् ॥ ४ ॥
वेदिकोच्चा(च्चम)र्धभागं स्यात्सपादांशं गलोदयम् ।
चरणोर्ध्वं त्रिभागं स्यान्मञ्चोर्ध्वमम्बरांशकम् ॥ ५ ॥
पादोनद्वि(द्व्यं)शपादोच्चं शिवांशं प्रस्तरोदयम् ।
अत्य(ध्य)र्धं पादतुङ्गं स्यान्मञ्चोर्ध्वं तु तदर्धकम् ॥ ६ ॥
वेदिकोच्चा(च्चम)र्धभागं स्यात्सपादांशं गलोदयम् ।
तद्द्वयं शिर(रस्)तुङ्गं स्याच्छेषं तु तच्छिखोदयम् ॥ ७ ॥
पूर्ववद्भक्तिमानेन विस्तारे(रं) तत्प्रकल्पयेत् ।
क्षुद्रे च मध्य(ध्ये) मुख्ये च कूटशालादिभागता ॥ ८ ॥
एकं वाथ द्विभागं [वा] कर्णकूटविशालकम् ।
षट्सप्ताष्टनवांशं वा शालायामं तु मध्यमे ॥ ९ ॥
शालाकूटद्वयोर्मध्ये शेषांशं चान्तरालकम् ।
तन्मध्ये द्वित्रिभागैकं क्षुद्रशालाविशालता ॥ १० ॥
तत्तत्पार्श्वद्वयोर्हारे शेषभागं विधीयते ।
तदूर्ध्वे चैकभागेन कुर्यादावृतालिन्दकम् ॥ ११ ॥

तले तले च पादौ च कर्णहर्म्यादिमण्डितम् ।
पुण्डरीकमिदं प्रोक्तं सर्वालङ्कारसंयुतम् ॥ १२ ॥
मध्ये तु भद्रशालं च श्रीकान्तमिति स्मृतम् ।
ऊर्ध्वशाला च(लया) संयुक्तं श्रीभोगमिति कथ्यते ॥ १३ ॥
शालापार्श्वे तु कूटं स्याद्धारणं तत्प्रकथ्यते ।
गलकूटसमायुक्तं पञ्जराख्यमुदीरितम् ॥ १४ ॥
तले तले भद्रकोष्ठा(ष्ठमा)श्रमागारं परिकीर्तितम् ।
मञ्चयुग्मं तु(ग्मेन) संयुक्तं हर्म्यकान्तमिति स्मृतम् ॥ १५ ॥
ऊर्ध्वकूटसमायुक्तं हिमकान्तमिति स्मृतम् ।
एतदष्टविधं प्रोक्तं सप्तभूमिविधानके ॥ १६ ॥
तले तले तु कोष्ठं स्यात्कर्णकूटाद्यलिन्दकम् ।
क्षुद्रशालादिसर्वेषां वेदिकाभिरलङ्कृतम् ॥ १७ ॥
तोरणैर्नासिकैर्युक्तं क्षुद्रनास्यैश्च भूषितम् ।
नानाधिष्ठानसंयुक्तं नानापादैरलङ्कृतम् ॥ १८ ॥
नानाप्रस्तरसंयुक्तं जालकाभिरलङ्कृतम् ।
एकाङ्गं च त्रयाङ्गं वा पञ्चसप्ताङ्गमेव वा ॥ १९ ॥
एवं सप्ततलं प्रोक्तं शे ं प्रागुक्तवन्नयेत् ।
देवानां पूर्ववत्कुर्यात्तले तले विमानके ॥ २० ॥

इति मानसारे वास्तुशास्त्रे सप्ततलविधानं नाम पञ्चविंशोऽध्यायः ॥

अष्टतलविधानम्

अष्टतलविमानस्य(नं च) लक्षणं वक्ष्यतेऽधुना ।
पूर्ववत्तुङ्गमानेन कुड्यमाद्यङ्गं मानयेत् ॥ १ ॥
पूर्ववद्भक्तिमानेन कूटशालादि मानयेत् ।
भूकान्तं भूपकान्तं च स्वर्गकान्तं तथैव च ॥ २ ॥
महाकान्तं जनकान्तं च तप(पस्)कान्तं सत्यकान्तकम् ।
देवकान्तमिति प्रोक्तमष्टधा नाममे(ए)व च ॥ ३ ॥
षोडशांशकमाधिक्यं भागं हर्म्यविशालकम् ।
एकांशं कर्णकूटं स्याद्धारान्तर(रं) शिवांशकम् ॥ ४ ॥
वि(द्वि)भागेनानुशाला च तदर्धं चान्तरालकम् ।
सप्तांशेन महाशाला हर्म्यमेतत्तु विन्यसेत् ॥ ५ ॥
चतुष्कोणे चतुष्कूटं कोष्ठे हारादिरष्टधा ।
क्षुद्रशालाष्टधा प्रोक्तं कोष्ठशाला चतुष्टयम् ॥ ६ ॥
मध्यशालात्रिभागेन भद्रशाला च मध्यमे ।
तत्तत्पार्श्वद्वयो[रेव] द्विद्विभागार्ध(र्धं) शालयेत् ॥ ७ ॥
एव(वं) मूलतलाद्यैश्च चोर्ध्वेऽध्र्व(र्ध)तला(लं) न्यसेत् ।
अथवाष्टादशांशे तु कूटहारा च पूर्ववत् ॥ ८ ॥
षड्भागेन महाशाला चतुःशाला त्रिभागिकम्(का) ।
मध्यशालैर्(ला)युगांशेन भद्रशाला च मध्यमे ॥ ९ ॥
अनुशाला च मध्ये च ए(त्वे)कभागेन भद्रकम् ।
शेषं पूर्ववत्कुर्याद् भूकान्तमुदीरितम् ॥ १० ॥
एकोनविंशदंशेन चाष्टभूमिविशालके ।
एकैक(कं) कूटविस्तारं महाशाला शरांशकम् ॥ ११ ॥

अनुशाला त्रिभागा वा भा(हा)रान्तर(रं) द्विभागिकम् ।
महाशाला त्रिभागेन भद्रशालाविशालता ॥ १२ ॥
शेषं प्रागुक्तवत्कुर्याद्देव(देवं) भागाधिकं ततः ।
मध्यशालाशरांशेन युक्त्या तन्मध्यभद्रकम् ॥ १३ ॥
शेषं तु पूर्ववत्कुर्याद्भूपकान्तमिति स्मृतम् ।
एवं चाष्टतले क्षुद्रहर्म्यमेवं प्रकल्पयेत् ॥ १४ ॥
एकविंशांशकं चाष्टतलहर्म्ये विशालके ।
मध्ये सप्ताष्ट(प्तांश)कं चैव महाशाला(लां) प्रकल्पयेत् ॥ १५ ॥
तन्मध्ये भूतभागेन मध्यशाला सभद्रकम्(का) ।
तद्बहिश्च त्रिभागेन भद्रशालाविभूषितम् ॥ १६ ॥
शेषं प्रागुक्तवत्कुर्यात्स्वर्गकान्तमिति स्मृतम् ।
एवमष्टतलं कुर्यान्मध्यमालयमेव च ॥ १७ ॥
द्वाविंशांशकं तारे च श्रेष्ठमष्टतलं भवेत् ।
तन्मध्यं चाष्टभागेन महाशालाविशालकम् ॥ १८ ॥
तन्मध्यं वेदभागेन कोष्ठशाला सभद्रकम्(का) ।
महाकान्तमिति प्रोक्तं तन्मध्ये च द्विभागतः ॥ १९ ॥
भद्रशालासमायुक्तं जनकान्तमिति स्मृतम् ।
तच्छालाया द्विपार्श्वे तु नेत्रशाला सभद्रकम्(का) ॥ २० ॥
एतत्तु तप(पत्)कान्तं स्याच्छेषं प्रागुक्तवन्नयेत ।
तदेव मध्यशाले तु तत्पार्श्वे च विशेषतः ॥ २१ ॥
एकैकं कूटविस्तारं तत्समं हारसंयुतम् ।
एतत्तु सत्यकान्तं स्याच्छेषं पूर्ववदाचरेत् । २२ ॥
तदेवमनुशाला च कुर्यान्मध्य(ध्यं) सभद्रकम् ।
देवकान्तमिति प्रोक्तं चोर्ध्वोर्ध्वतलं न्यसेत् ॥ २३ ॥
एवं श्रेष्ठं त्वष्टतले सर्वालङ्कारसंयुतम् ।
जन्मादिस्तूपिपर्यन्तं चाङ्गमानमिहोच्यते ॥ २४ ॥
सैकाष्टपञ्चसैकांशं हर्म्ये तुङ्गं विभाजिते ।
आधारं चाष्टभागेन वेदांशं चरणायु(य)तम् ॥ २५ ॥

तदर्धं वलभ्युत्सेधं सार्धवह्न्यंशमङ्घ्रिकम् ।
सत्रिपादांशकं मञ्चमूर्ध्वे पादं गुणांशकम् ॥ २६ ॥
तदर्धं चोर्ध्वमञ्चं स्यात्त्रिपादांशाङ्घ्रितुङ्गकम् ।
सपादांशं प्रस्तरोत्तुङ्गं द्व्यर्धांशं चरणायु(य)तम् ॥ २७ ॥
तदर्धं प्रस्तरोत्सेधं जङ्घायामं च सार्धकम् ।
प्रस्तरं चैकभागेन द्व्यंशपादाधिकमङ्घ्रिकम् ॥ २८ ॥
ऊर्ध्वमञ्च(ञ्चं) त्रिपादं स्यात्सभागं पादतुङ्गकम् ।
एकांशं प्रस्तरोत्सेधं तदूर्ध्वे च त्रिभागिकम् ॥ २९ ॥
तत्रिभागैकवेदिं स्याद्द्विभागं गलतुङ्गकम् ।
सपादं चांशकं चोर्ध्वे शिर शेषं शिखोदयम् ॥ ३० ॥
केचित्तदेव तुङ्गे तु सप्तभागाधिकं तथा ।
ऊर्ध्वोर्ध्वपादमूले तु युक्त्यांशेन मसूरकम् ॥ ३१ ॥
तलानां चैकभागेन कर्णहर्म्या(र्म्यमा)वृता(तं) न्यसेत् ।
अन्तर(रं) प्रस्तरोपेतं सर्वालङ्कारसंयुतम् ॥ ३२ ॥
तस्यान्तस्यैकभागेन कुर्यादावृतालिन्दकम् ।
मूले भागे पदांशेन चोर्ध्वोर्ध्वतलांशकम् ॥ ३३ ॥
नेत्रशालार्धशाला च भद्रशालादिभूषितम् ।
तोरणैस्तल(नीड)शालादिनासिकाभिरलङ्कृतम् ॥ ३४ ॥
कोष्टे(ष्ठ)शाला च मध्ये च चोर्ध्वशाला च मण्डितम् ।
नासिकापञ्जराढ्यं च भद्रनास्यैरलङ्कृतम् ॥ ३५ ॥
क्षुद्रशालाप्रदेशे तु सर्वालङ्कारसंयुतम् ।
कर्णकूटाङ्गमध्ये तु नासिकापञ्जरान्वितम् ॥ ३६ ॥
सर्वाङ्गं क्षुद्रनास्याङ्गं प्रस्तरालङ्कृतिक्रिया ।
नानाधिष्ठानसंयुक्तं नानापादैरलङ्कृतम् ॥ ३७ ॥
नागरद्राविडादीनां वेसरादीन(नां) शिखान्वितम् ।
सर्वालङ्कारसंयुक्तं पूर्ववत्परिकल्पयेत् ॥ ३८ ॥

इति मानसारे वास्तुशास्त्रे अष्टतलविधानं नाम षड्विंशोऽध्यायः ॥

नवतलविधानम्

नवभूमिविधानस्य(नं च) लक्षणं वक्ष्यतेऽधुना ।
विस्तारोत्सेधमाना(भागा)दिसर्वं प्रागुक्तवन्नयेत् ॥ १ ॥
सौरं च रौरवं चैव चण्डितं भूषणं तथा ।
विवृतं सुप्रतीकान्तं विश्वकान्तं यथाक्रमम् ॥ २ ॥
विस्तारो(रे) विंशदंशेन(षु) कूटमेकैकभागिकम् ।
मध्यशाला षडंशं स्यात्तत्समं चान्तरालकम् ॥ ३ ॥
तन्मध्ये च वि(द्वि)भागेन क्षुद्रशालैर्विभूषितम् ।
तत्पार्श्वे हारसंयुक्तं द्विद्विभागेन कारयेत् ॥ ४ ॥
सौरकान्तमिति प्रोक्तं शेषं प्रागुक्तवन्नयेत् ।
महाशालैश्चतुर्भागं मध्ये भद्रं तु रौरवम् ॥ ५ ॥
तदेव भद्रशालैश्च वेदभागविशालकम् ।
द्विभागं भद्रसंयुक्तं चण्डितं परिकीर्तितम् ॥ ६ ॥
तदेव मध्यशाले तु द्विं(द्व्यं)शेन भद्रकोष्ठकम् ।
भूषणं च मेति(चेति) प्रोक्तं [तु] सर्वालङ्कारसंयुतम् ॥ ७ ॥
एतच्चतुर्विधं प्रोक्तं नवभूम्यल्पहर्म्यके ।
अथवा चाल्पहर्म्ये तु मध्यकोष्ठं गुणांशकम् ॥ ८ ॥
अथवा चतुरंशेन मध्यभद्रविशालकम् ।
अथवा पञ्चभागं स्यात्पूर्ववन्नाममी(ई)रितम् ॥ ९ ॥
चतुर्विंशति विस्तारं कूटानां पूर्ववन्नयेत् ।
महाशालानुशाला च साष्टांशकगुणांशकम् ॥ १० ॥
महाशालायते मध्ये वेदभागैर्(गेन) भद्रकम् ।
सर्वालङ्कारसंयुक्तं विवृतं चेति कथ्यते ॥ ११ ॥

पञ्चविंशतिभागेन मध्यभद्रं शरांशकम् ।
तत्पार्श्वे कर्णकूटौ च नराणां चैकभागिकम् ॥ १२ ॥
अनुशाला त्रिभागैकं मध्यभद्रं तु संयुतम् ।
सुप्रवीकान्तनामाख्यं(म च) शेषं प्रागुक्तवन्नयेत् ॥ १३ ॥
षड्विंशतिविभागेन मध्यमं तु युगांशकम् ।
मध्यमं(म)हर्म्यके कुर्यात्सर्वालङ्कारसंयुतम् ॥ १४ ॥
श्रेष्ठं नवतलं हर्म्ये सप्तविंशतिभागिकम् ।
शालापार्श्वे द्विभागैकं हारकूटसपञ्जरम् ॥ १५ ॥
कूटशालैश्च सप्तांशं मध्यभद्रं शरांशकम् ।
भद्रकोष्ठं त्रियं(त्रयां)शं स्याच्छेषं पूर्ववदाचरेत् ॥ १६ ॥
श्रेष्ठं नवतलं प्रोक्तं विश्वकान्तमुदीरितम् ।
तदूर्ध्वे द्विं(द्वयं)शमानेन वक्ष्यं चोर्ध्वे जलस्थलम् ॥ १७ ॥
जन्मादिस्तूपिपर्यन्तं गण्यमानमिहोच्यते ।
हर्म्यमष्टतले तुङ्गे साष्टभागाधिकं तथा ॥ १८ ॥
सार्धद्व्यंशमधिष्ठानं तद्द्वयं पादतुङ्गकम् ।
तदर्धं प्रस्तरोत्सेधं शेषमष्टतलोक्तवत् ॥ १९ ॥
एवं नवतलोत्सेधं सर्वालङ्कारसंयुतम् ।
नानाधिष्ठानसंयुक्तं नानापादैरलङ्कृतम् ॥ २० ॥
कर्णहर्म्यादिसंयुक्तं द्वारं तत्प्रस्तरान्वितम् ।
भद्रकूटादिशालानां(भिर्) नासिकापञ्जरान्वितम् ॥ २१ ॥
युक्त्या हारादि यथा सर्वे(र्वा) चानुकूलानुनासिका ।
तोरणाद्यङ्गनीडैश्च जालकादिविभूषितम् ॥ २२ ॥
शेषं तु पूर्ववत्कुर्याद्दिक्षु देवान्यसेत्क्रमात् ।
तले तले विमाने तु चोक्तवत्कारयेद्बुधः ॥ २३ ॥
एवं नवतलं प्रोक्तं शेषं युक्त्या प्रयोजयेत् ॥ २४ ॥

इति मानसारे वास्तुशास्त्रे नवतलविधानं नाम सप्तविंशोऽध्यायः ॥

दशतलविधानम्

दशभूमिविधानं च लक्षणं वक्ष्यतेऽधुना ।
विशालोत्सेधभक्तिश्च दशभूम्यास्तु पूर्ववत् ॥ १ ॥
भूकान्तं चन्द्रकान्तं च भवनं चान्तरिक्षत:(कम्) ।
मेघकान्ता(न्तम)ब्जकान्तं च ए(चै)वं षड्विधमीरितम् ॥ २ ॥
एवं नामवशाद्धर्म्यविस्तारं परिकल्पयेत् ।
भूकान्तं चन्द्रकान्तं दशतलहर्म्ये भागमानेन ॥ ३ ॥
नवतलहर्म्यवशात्पुरोक्तवत्कूटशालादीन् ।
क्षुद्रमध्यममेवं युक्त्या दशतले सङ्कल्प्य ॥ ४ ॥
उक्तहर्म्यविशाले अ(त्व)ष्टाविंशत्यंशकं कृत्वा ।
एकैकं कूटविस्तारं मध्ये द्वादशकं तु शाल(ला)भम् ॥ ५ ॥
अनुशाला गुणांशेन तत्पार्श्वे द्विद्विभागेन ह(हा)रा: ।
महाशाला मध्यदेशे [तु] षड्भागेन भद्रसंयुतम् ॥ ६ ॥
एवं तु भवनं(न)कान्तं श्रेष्ठं हर्म्य(र्म्यं) दशतले कुर्यात् ।
तदेव सौष्ठिकविस्तारं हारानुशाला(लां) द्विद्विभागेन कुर्यात् ॥ ७ ॥
पूर्ववच्छेषं चान्तरिक्षकान्तमिदमुदितम् ।
तदेव शालापार्श्वे चैकं चैकेन(द्व्येकं) सौष्ठिकहारा: ॥ ८ ॥
षड्भागेन महाशाला चैतन्नाम्ना मेघकान्तं स्यात् ।
तन्मध्ये चतुरंशेन शालाभद्रयुक्तमब्जकान्तकम् ॥ ॥
शेषं पूर्ववदुद्दिष्टं कुर्याद्दशतलहर्म्यविस्तारे ।
जन्मादिस्तूपिपर्यन्तं तुङ्गे गण्यं चाधुना वक्ष्याम: ॥ १० ॥
तुङ्गे त्र्यंशषष्ठ्यंशं गुणांश(शं) मसूरकोत्तुङ्गम् ।
तद्द्वयं पादतुङ्गं तदर्ध(र्धं) प्रस्तरा(रमू)र्ध्वदेशे तु ॥ ११ ॥

तदूर्ध्वं पादतुङ्गं भूतं तदर्धं प्रस्तरात्सेधं ।
सार्धवेदांशकं पादमूर्ध्वमञ्चं द्वं(द्व्यं)शकं कुर्यात् ॥ १२ ॥
वेदांशं चाङ्घ्रितुङ्गं चार्धं प्रस्तरोत्सेधम् ।
तद्द्वयमायिक(मधिकं) पादं सार्धांशं प्रस्तमु(रो)त्तुङ्गम् ॥ १३ ॥
तदूर्ध्वाङ्घ्रि गुणांशं तदर्धमूर्ध्वमञ्चोच्चम् ।
द्व्यर्धांशं(शं) पादतुङ्गं सपादांशं प्रस्तरोत्तुङ्गम् ॥ १४ ॥
पादं द्वयमप्युच्च(च्चं) शिवांशं प्रस्तरमु(रो)त्सेधम् ।
तद्द्वयं चोर्ध्वपादं तदर्धमूर्ध्वमञ्चतुङ्गं स्यात् ॥ १५ ॥
द्विभागं चोर्ध्वपादं चैकांशं चोपरि मञ्चं स्यात् ।
तत्समं वेदिकोत्सेधं ग्रीवतुङ्गं कलांशकं स्यात् ॥ १६ ॥
वेदांशं शिखरात्तुङ्गं शेषांशं शिखरा(खो)दयं कथितम् ।
ऊर्ध्वे चोर्ध्वतले सर्वे कर्णहर्म्यादिमण्डितम् ॥ १७ ॥
एकभाग(गं) द्विभागं वा चान्तश्चावृतालिन्दकम् ।
अधिष्ठानोपपीठे वा महावेद्यादिमेव वा ॥ १८ ॥
ऊर्ध्वे चोर्ध्वतले कुर्यात्सर्वालङ्कारसंयुतम् ।
नानालङ्कारसर्वाङ्गं युक्त्या प्रागुक्तवन्नयेत् ॥ १९ ॥
पञ्जरं शिखरं पादं मसूरं प्रस्तरं वलभीतोरणनीडं कल्पयेत् ।
दशतलाख्यविमाने चित्रक(म)ल्पमत्र महदल्पनासिकम् ॥ २० ॥

इति मानसारे वास्तुशास्त्रे दशतलविधानं नाम अष्टाविंशोऽध्यायः ॥

एकादशतलविधानम्

एकादशतलं सम्यग्(विधिं) लक्षणं वक्ष्यतेऽधुना ।
शम्भुकमीशकान्तं च चक्राख्यं यमकान्तकम् ॥ १ ॥
वज्रकान्ता(न्तम)र्ककान्तं च [चक्र]क(क्र)माद्धर्म्यनामकम्(कं स्यात्) ।
रुद्रहर्म्ये तले तारे चैकोनविंशदंशकम् ॥ २ ॥
कूटानां च द्विभागं स्यान्महाशाला नवांशकम्(का) ।
अनुशाला युगांशं स्याद्धारा च द्विद्विभागिकम् ॥ ३ ॥
महाशाला च(या) मध्ये तु भद्रशालैः(ला) शरांशकम् ।
शम्भुकान्तमिति प्रोक्तं सर्वालङ्कारसंयुतम् ॥ ४ ॥
तदेव नासिकामध्ये तु द्विभागं भद्रसंयुतम् ।
ईशकान्तमिति प्रोक्तं क्षुद्रहर्म्यादिमी(चे)रितम् ॥ ५ ॥
मध्यमेकादशतले त्रिंशद्भागविशालकम् ।
महाशाला दशांशं स्यान्मध्यभद्रं शरांशकम् ॥ ६ ॥
तत्पार्श्वे एकैकभागेन कूटं हारा सपञ्जरम् ।
तदेव वेदभागेन भद्रशाला च मध्यमे ॥ ७ ॥
शेषं प्रागुक्तवत्कुर्याच्चन्द्रकान्तमिति स्मृतम् ।
तदेव कूटै(टमे)कभागं स्यादनुशाला पञ्चभागिकम् ॥ ८ ॥
त्रिपादं भद्रसंयुक्तं तत्त्रिभागैकभागिकम् ।
यमकान्तमिति प्रोक्तं सर्वालङ्कारसयुतम् ॥ ९ ॥
श्रेष्ठहर्म्यविशालेतु चैकविंशति भाजिते ।
द्विद्विभागेन कूटं स्याद्धारं च द्विद्विभागतः ॥ १० ॥
हारा च तद्द्वयोर्मध्ये चानुशाला शरांशकम् ।
तन्मध्ये कूर्म(तत्त्रि)भागेन भद्रं कुर्याद्विचक्षणः ॥ ११ ॥

महाशालानवांशेन मध्ये भद्रं शरांशकम् ।
तन्मध्ये भद्रशाला च बन्ध(न्धु)भागेन योजयेत् ॥ १२ ॥
एवं तु वज्रकान्तं स्यादर्ककान्तमिहोच्यते ।
तदेव शालाप्रान्ते तु पार्श्वे चैकेन सौष्ठिकम् ॥ १३ ॥
तद्द्वयोरन्तरे देशे तत्समं क्षुद्रहारयोः ।
पूर्ववत्कूटविस्तारं शेषं हारं सपञ्जरम् ॥ १४ ॥
तन्मध्ये तु त्रिभागेन क्षुद्रशालाविशालतः(ता) ।
तत्पार्श्वे त्रित्रिभागेन हारमध्ये सभद्रकम् ॥ १५ ॥
क्षुद्रशालात्रिभागेन मध्यभद्रं समन्वितम् ।
क्षुद्रहारा च सर्वेषां नासिकापञ्जरान्वितम्(ता) ॥ १६ ॥
मध्ये मध्यं महानासि नेत्रशाला च पार्श्वयोः ।
सर्वालङ्कारसंयुक्तं षड्विधं परिकीर्तितम् ॥ १७ ॥
शेषभागं तु सर्वेषां युक्त्या तत्रैव योजयेत् ।
एवं विस्तारगण्यं स्यात्तुङ्गगण्यमिहोच्यते ॥ १८ ॥
जन्मादिस्तूपिपर्यन्तं (चो)क्तवत्संग्रहं विदुः ।
एकादशांशभागेन दशतलोदयाधिकम् ॥ १९ ॥
तदेव सार्धबन्धां(न्ध्वं)शं मसूरकोत्तुङ्गमिष्यते ।
सप्तांशं पाददीर्घ(दैर्घ्यं) स्यात्तदर्धं प्रस्तरोदयम् ॥ २० ॥
शेषं प्रागुक्तवद्गण्यमेकादशतलोदये ।
तलोर्ध्वोर्ध्वतले सर्वे(र्वं) कर्णहर्म्यादिमण्डितम् ॥ २१ ॥
एकभाग(गं) द्विभागं वा परितोऽलिन्दमिष्यते ।
नानाधिष्ठानसंयुक्तं नानापादैरलङ्कृतम् ॥ २२ ॥
शालाकूटैश्च हारैश्च उ(चो)क्तवत्तागलङ्कृतम् ।
हारान्तरे तु कूटशाला च ग्रीवदेशोक्तदेवतान् ॥ २३ ॥
अनुशालाष्टदिक्पालांस्तत्तद्वाहनसंयुतम् ।
यक्षविद्याधरादीनां गरुडादीनि विन्यसेत् ॥ २४ ॥
गणाधिपगणैश्चैव सर्वहर्म्येषु निक्षिपेत् ॥ २५ ॥

इति मानसारे वास्तुशास्त्रे एकादशतलविधानं नाम नवत्रिंशोऽध्यायः ॥

द्वादशतलविधानम्

अन्यभूमिविधानस्य(नं च) लक्षणं वक्ष्यतेऽधुना ।
भूमिलम्बविधाने तु विस्तारांत्सेधमुक्तवत् ॥ १ ॥
क्षुद्राल्पमध्यमुख्ये तु यन्मानारम्य(म्यं) मानयेत् ।
विमानस्य विमा(धा)ने तु चोक्तवद्भक्तिसंग्रहम् ॥ २ ॥
पाञ्चालं द्राविडं चैव मध्यकान्तं कलिङ्गकम् ।
व(वि)राटं केरलं चैव वंशकं मागधं तथा ॥ ३ ॥
जनकं स्फू(गु)र्जकं चैव दशकान्तं प्रकीर्तितम् ।
रविभूमिविशालं तु चाष्टविंशांशकं भवेत् ॥ ४ ॥
महाशाला दशांशं स्याच्छेषं पूर्ववदाचरेत् ।
पाञ्चालं द्राविडं चैव रविभूम्यल्पहर्म्यके ॥ ५ ॥
मध्यमालयविस्तारे त्रयस्त्रिंशद्विभाजिते ।
त्रिभागं कूटविस्तारं मध्यभद्रै(द्रमे)कभागिकम् ॥ ६ ॥
महाशाला नवांशं स्याच्छेषं पूर्ववदाचरेत् ।
मध्यकान्तमिति प्रोक्तं तस्य कूट(टं) द्विभागिकम् ॥ ७ ॥
अनुशाला षडंगं(शं) स्यात्तस्याङ्गं पूर्ववद्भवेत् ।
एवं कालिङ्गकान्तं स्यान्नानालङ्कारसंयुतम् ॥ ८ ॥
चतुरा(र)धिकत्रिदशभागं हर्म्यविशालके ।
अष्टांशेन महाशाला पार्श्वे शाला शिवांशकम् ॥ ९ ॥
द्व्यंशानुपञ्जरशाला तदर्धं चान्तरालकम् ।
अनुशाला त्रिभागं स्यादेकांशमन्तरालकम् ॥ १० ॥
द्वि(द्व्यं)शं पञ्जरशाला च पार्श्वे हारं शिवांशकम् ।
कूटानां च द्विभागं स्यात्सर्वं युक्त्यं(क्त्या) मभद्रकम् ॥ ११ ॥

महाशाला युगांशेन मध्यमत्र(भद्रं) प्रकारयेत् ।
तले तले विमाने तु शालापञ्जरषोडशम् ॥ १२ ॥
क्षुद्रशाला द्विहारा च तन्मध्यं चाष्टकं भवेत् ।
चतुर्दिक्षु महाशाला चतुष्कूट(टं) तले तले ॥ १३ ॥
एवं व(वि)राटकान्तं स्याच्छेषं भागं तु पूर्ववत् ।
तदेव भूतभागेन क्षुद्रशालाविशालकम् ॥ १४ ॥
हारा च तन्त्रिभागेन युक्त्या च समलङ्कृतम् ।
शेषं प्रागुक्तवत्कुर्यात्तदेव केरलकान्तकम् ॥ १५ ॥
तदेव हारां तन्मध्ये चैकभागेन सौष्ठिकम् ।
वंश[क]कान्तमिति प्रोक्तं शेषं पूर्ववदाचरेत् ॥ १६ ॥
तदेवानुशालामध्ये भद्रशालैकभागिकम् ।
एवं मागधकान्तं स्यात्कर्णकूट(टं) सभद्रकम् ॥ १७ ॥
तदेव महाशाला तु(या) द्विभागं मध्यभद्रकम् ।
जन[क]कान्तमिति प्रोक्तं श्रेष्ठां रवितलान्वितः(तम्) ॥ १८ ॥
एकादशतलात्तुङ्गे त्रयोदशाशमा(म)धिकम् ।
तद्भागेन युगांशं तु कुट्टिमोदयमीरितम् ॥ १९ ॥
अष्टांशं पादतुङ्गं स्यात्तदर्धं प्रस्तरोदयम् ।
अर्धांशं तु शिखोपेतं शेषांशं प्राग्वदुच्छ्रयम् ॥ २० ॥
एवं द्वादशतलं स्यात्तुङ्गं युक्त्या समाचरेत् ।
एकेन परितोऽलिन्दं तदूर्ध्वोर्ध्वतलानि च ॥ २१ ॥
एकानेकतलान्ते च चादिभूमिवशाद्द्विदुः ।
अनादृत्यं(तां)शकं कृत्वा तदूर्ध्वोर्ध्वतला(लानि) न्यसेत् ॥ २२ ॥
एकद्वित्रित्रिदण्डं वा मध्यशालाच(लाया) निर्गमम् ।
अर्धमेक(कं) द्विदण्डं वा क्षुद्रशालादिनिर्गमम् ॥ २३ ॥
एकांशात्य(शमध्य)र्धदण्डं वा सर्वेषां भद्रनिर्गमम् ।
तले तले च पादादि बहुकूटं चालिन्दकम् ॥ २४ ॥

सर्वाङ्गं कर्णहर्म्यादि सान्तरप्रस्तरान्वितम् ।
विनाभद्रं महाशाला चैकशाला समन्वितम् ॥ २५ ॥

एकभद्रोर्ध्वशाला च मध्यकोष्ठसमन्वितम् ।
द्विभद्रं(द्रा) चेन्महाशाला मूर्ध्निशाला(लां) प्रकल्पयेत् ॥ २६ ॥

सभद्र(द्रा च) महाशाला भद्रशाला समन्वितम्(ता) ।
ऊर्ध्वशाला सभद्राढ्यं प्रस्ता(स्त)रं समलङ्कृतम् ॥ २७ ॥

निर्गमाङ्गं महाशाला क्षुद्रशाला सवेशनम् ।
यत्तत्प्रासादमध्ये तु महाशाला(लां) प्रकल्पयेत् ॥ २८ ॥

सर्वेषां हारमध्ये तु क्षुद्रशाला(लां) प्रकल्पयेत ।
यथा हर्म्ये [तु] द्विश्चे (विदिक्षु) च कर्णकूटं विनिक्षिपेत् ॥ २९ ॥

क्षुद्रशालां तु(लायां) हारा च वेशनं युक्तितो न्यसेत् ।
नासिकापञ्जरादीनां तोरणाद्यं तु पञ्जरम् ॥ ३० ॥

सर्वेषां हर्म्यके हारं चोक्तवत्समलङ्कृतम् ।
एकद्वित्रिद्विभागं वा प्रासादनिर्गमं भवेत् ॥ ३१ ॥

अथवा हस्तमानेन चैकानेकेन वर्धयेत् ।
द्विभूम्यान्ततलान्तं चैकादशकरान्तकम् ॥ ३२ ॥

क्रमात्तु निर्गमं कुर्याद्युक्त्या तत्रैव शिल्पिभिः ।
अनाख्यातानि चाङ्गानि यस्मिन् हर्म्येषु चोक्तवत् ॥ ३३ ॥

तत्तदङ्गानि सर्वाणि सर्वहर्म्येषु योजयेत् ।
नानाधिष्ठानसंयुक्तं नानापादैरलङ्कृतम् ॥ ३४ ॥

नानापञ्जरादीनां नानावर्णै(शालै)श्च तोरणम् ।
नानानासिकाकूटं नानाहारैरलङ्कृतम् ॥ ३५ ॥

नानाप्रस्तरसंयुक्तं नानागलविभूषितम् ।
नानावेदिका कुर्यान्नानालङ्कारभूषितम् ॥ ३६ ॥

नानापालिकादीनां नानाङ्गै(ङ्गेषु) स्तूपिकान्वितम् ।
नानाकारं तु पद्मं स्यान्नाना [च] पालिकादिभिः ॥ ३७ ॥

कुर्यात्तु सर्वहर्म्याणां शिल्पिभिः समलङ्कृतम् ।
तले तले विमानादि(नस्य) दिक्षु दिक्त्रादिकोष्ठके ॥ ३८ ॥
तत्तद्देवालये देवांस्तत्तत्प्रागुक्तवन्नयेत् ।
यक्षविद्याधरादीनां गणभूतादिराक्षसान् ॥ ३९ ॥
जन्मादिसप्तमात्रं(मातरश्) च रोहिण्या चापरस्त्रियः ।
विश्वकर्माद्यगस्त्यादिनारद[यः]श्रुतिघोषकान् ॥ ४० ॥
सालाक्यादिपदैः सर्वभक्तांश्च लक्षणोक्तवत् ।
असंख्यातत्रयस्त्रिंशद् ब्रह्मादीनां च सर्वशः ॥ ४१ ॥
हर्म्यमूले तले चोर्ध्वे सर्वत्र परिकल्पयेत् ।
अन्यान्यनुक्तमानानां चाङ्गं युक्त्या प्रयोजयेत् ॥ ४२ ॥

(सोपानलक्षणम्)

देवानां मानुषाणां च हर्म्यादीनां च सर्वशः ।
आरोहावरोहार्थं च सोपानलक्षणं तथा ॥ ४३ ॥
हर्म्यादिमण्डपादीनां प्राकारादि(दौ) च गोपुरे ।
तथा पर्वतदेशे तु वापीकूपतटाकके ॥ ४४ ॥
नगरग्रामादिसर्वेषां कल्पयेच्छिल्पि(ल्प)वित्तमः ।
अचलं च चलं चैव द्विधा सोपानमीरितम् ॥ ४५ ॥
शिलाभिश्चेष्टकैर्वापि दारुभिः सचलं मतम् ।
सर्वैश्चैवाचलं प्रोक्तं क्षुद्रसोपानसंयुतम् ॥ ४६ ॥
सर्वेषां मुखभद्राणां पार्श्वे सोपानसंयुतम् ।
पार्श्वयोर्द्वारदेशे तु मुखसोपानमेव वा ॥ ४७ ॥
आरोह(हार्थं) सर्वहर्म्ये [तु] दक्षिणद्वारभद्रके ।
तत्पार्श्वे पूर्वदिग्देशे सोपानं कारयेच्छुभम् ॥ ४८ ॥
गुह्यान्तद्वारदेशे तु वामे सोपानसंयुतम् ।
आराध्यदेवदेवस्य प्रदर्शनमगर्हितम् ॥ ४९ ॥
तस्मात्तु मुखभद्रे तु पार्श्वे सोपान(नं) कारयेत् ।
पार्श्वयोः पृष्ठदेशे तु तत्पूर्वे पक्षपार्श्वके ॥ ५० ॥

यत्र देशे तु सोपानं तत्र दोषो न विद्यते ।
प्रमुखे मुखसोपानं न कुर्याच्छिल्पि(ल्प)वित्तमः ॥ ५१ ॥
अपरं पार्श्वयोर्द्वारि भद्रहीनत्रयं तु चेत् ।
तत्पूर्वके तु सोपानं कुर्यात्सम्पत्प्रदायकम् ॥ ५२ ॥
प्रपाङ्गे प्रमुखे भद्रे सोपानं पूर्वपार्श्वयोः ।
कुर्यात्तु तन्त्रविच्छिल्पी चोक्तमेवं पुरातनैः ॥ ५३ ॥
तैत(ति)लानामिति प्रोक्तं कुर्यात्सोपानमुद्यताम् ।
नराणां सर्वहर्म्येषु वक्ष्ये सोपानलक्षणम् ॥ ५४ ॥
तपस्व्यादिद्विजातीनां वर्णानां च विशेषतः ।
देवानामुक्तवत्कुर्याद्गृहं सर्वेषु योजयेत् ॥ ५५ ॥
द्विजानां भूपतीनां च सर्वेषां भद्रदेशकं ।
पार्श्वे सोपानसंयुक्तं तत्पूर्वे वाथ प्रकल्पयेत् ॥ ५६ ॥
अलिन्दयुक्तं तद्द्वारं वामं सोपानसंयुतम् ।
विनालिन्दप्रदेशे तु प्रमुखे सोपानमेव च ॥ ५७ ॥
वैश्यानां शूद्रजातीनां सोपानं वक्ष्यतेऽधुना ।
यत्तद्द्वारादिभद्राणां युक्त्या सोपानसंयुतम् ॥ ५८ ॥
गोपुराणां तु तत्पार्श्वे सोपानं लक्षणान्वितम् ।
अद्रिदेशे समारोह्य(ह्य) यत्र तत्रैव कारयेत् ॥ ५९ ॥
वापीकूपतटाके वा परितः सोपानसंयुतम् ।
चतुर्दिक्षु चतुष्कोणे चान्तरालेऽथवा पुनः ॥ ६० ॥
एवमेवं यथादेशे भद्रसोपानमेव वा ।
तत्रैव श्रेष्ठदिग्देशे कुलद्वारं प्रकल्पयेत् ॥ ६१ ॥
तत्पूर्वे च द्विपार्श्वे [च] कुर्यात्सोपानमुक्तवत् ।
अचलं च इ(त्वे)ति प्रोक्तं चलं स्थाप्यं यथेष्टकम् ॥ ६२ ॥
द्वादशाङ्गुलमारभ्य त्रित्र्यङ्गुलविवर्धनात् ।
सार्धहस्तावसानं स्यान्नवधा विस्मृ(स्त)तं भवेत् ॥ ६३ ॥

सार्धद्विहस्तमारभ्य षट्षडङ्गुलवर्धनात् ।
सार्धवेदकरान्तं च फ(च)लमेकं तदायति(तिः) ॥ ६४ ॥

एकहस्तं समारभ्य षट्षडङ्गुलवर्धनात् ।
तत्त्रिहस्तावसानं स्याच्च(दच)लसोपानविस्तृतम् ॥ ६५ ॥

द्विहस्तं तु समारभ्य चतुर्हस्तावसानकम् ।
त्रिहस्तादिपञ्चहस्तान्तं षट्षडङ्गुलवर्धनात् ॥ ६६ ॥

एतदचलसोपानं विस्तारं नवधा भवेत् ।
जन्मादिस्तूपिपर्यन्तं कुर्यात्तुङ्गं हि योजयेत् ॥ ६७ ॥

लुपमानो(नमु)क्तवत्कुर्यात्सोपानायाममुन्नताम् ।
अद्रिसोपानदेशे तु दीर्घ(दैर्घ्य)मानं यथेष्टकम् ॥ ६८ ॥

विस्तारं पूर्ववत्कुर्यादचलं चोक्तवद्भवेत् ।
परितः सोपानविस्तारं तटाकाद्याकारतत्(रं) तथा ॥ ६९ ॥

परितः सर्वसोपानं कुर्यात्प्रागुक्तवन्नयेत् ।
पट्टिकात्रयमारभ्य वर्धयेद्द्विद्विपट्टिका(काम्) ॥ ७० ॥

त्रयोविंशच्छतान्त(न्तं) स्याद्देवानामिति कथ्यते ।
पट्टमद्रिमार्गपर्यन्तं तिर्यक् चोर्ध्वोर्ध्व(र्ध्वं) चोक्तवत् ॥ ७१ ॥

मानुषाणां तु सोपानं पट्टिकायुग्मसंयुतम् ।
त्रिचतुष्पञ्चषण्मात्रं चलं सोपानपादके ॥ ७२ ॥

तद्घनं च विशाले तु समं वा पादमाधिकम् ।
अर्धाधिकं तु पादोनद्विगुणस्(णं) त्रिगुणं ततः ॥ ७३ ॥

दण्डद्वयसमायुक्तं चित्र(छिद्र)युक्तं(क्ता) तु पट्टिकाः ।
एकद्वित्र्यङ्गुलं वापि पट्टिकाघनमेव च ॥ ७४ ॥

द्वित्रिवेदशराङ्गुल्यं षट्सप्ताङ्गुलमेव वा ।
अष्टनन्ददशाङ्गुल्यं पट्टिकाविस्तृतं भवेत् ॥ ७५ ॥

एवं तु चलसोपानमचलं तत्प्रवक्ष्यते ।
पञ्चषडङ्गुला(लमा)रभ्य द्विद्व्यङ्गुलविवर्धनात् ॥ ७६ ॥

द्वादशैकार्कमात्रान्तं पट्टिकोत्सेधविस्तृतम् ।
आधिक्याङ्गुलविस्तीर्णं हीनमानोदयं भवेत् ॥ ७७ ॥

सोपानपार्श्वयोर्देशे हस्तिहस्तविभूषितम् ।
हस्तमूलविशाले तु चोक्ताङ्गुलीन(न्) मानयेत् ॥ ७८ ॥

मूलेन(लस्य) तत्त्रिभागैकं हस्ताग्रान्तं क्षयं क्रमात् ।
हस्तिहस्तवदाकारं द्वारयुक्तं मनोहरम् ॥ ७९ ॥

त्रिचतुष्पञ्चवक्त्रं वा मूलेन सिंहाननैर्युतम् ।
अग्राधो धारपट्टं स्यात्पट्टिका(कं) चोक्तमानकम् ॥ ८० ॥

अग्राधारं पालिकाकारं पट्टिका वेदिकाकृतिः ।
सर्वालङ्कारसंयुक्तं सोपानं लक्षणान्वितम् ॥ ८१ ॥

अद्रिसोपानपार्श्वे तु न कुर्यात्पार्श्वयो(र्श्वा)ङ्घ्रिकम् ॥ ८२ ॥

अनेकहर्म्यस्य विशालदेशके
सभूषणोन्मानं यथा प्रविश्यते ।
कुर्वन्ति दोषं किल भर्तृकर्तृणाम्
उक्ते(क्तं) मानं कुरुते तु सम्पत् ॥ ८३ ॥

जातिहर्म्यादि [लक्षणम्]

वक्ष्येऽहं जातिहर्म्याणामायादिलक्षणं क्रमात् ।
पूर्वोक्तानां विमानानां विस्तरादिवशात् हि(द्धि स्यात्) ॥ ८४ ॥

आय(यं) व्ययं च योनि(निः) च नक्षत्रं वारमंशकम् ।
तिथिर्वाथ षडेतानि तथायादिविदो विदुः ॥ ८५ ॥

सञ्चितासञ्चितानां च अं(त्वं)शैरायादिभिर्युतम् ।
अपसञ्चितहर्म्याणां तिथ्यन्तं षड्महीष्यते ॥ ८६ ॥

एक(कं) त्रिपादमर्धं च पादहस्तं यथाक्रमम् ।
जातिश्छन्द(न्दं) विकल्पं च आ(त्वा)भासं च चतुर्विधम् ॥ ८७ ॥

एतत्तदेव संयुक्तं हर्म्याणां मानकल्पनम् ।
षट्सप्ताष्टकवृद्धिः स्याद्द्वादशान्तं(शं न) क्षयं नयेत् ॥ ८८ ॥

शेषं तदायमित्युक्तं सञ्चितादि यथाक्रमम् ।
सप्ताष्टनववृध्या(द्ध्या) तु हरेत्पङ्क्त्या व्ययं भवेत् ॥ ८६ ॥
एकाद्वित्रयवृध्या(द्ध्या) तु क्षपयेत्वष्टा(ष्टाभिश्) च योनिकम् ।
षट्सप्ताष्टवृद्ध्या तु सप्तविंशत्क्षयो भवेत् ॥ ९० ॥
तच्छेषं चापि नक्षत्रं गणयेदश्विनीक्रमात् ।
षडष्टनन्दवृद्ध्या तु सप्तभिः क्षपयेत्ततः ॥ ९१ ॥
शेषं तद्वारेमित्युक्तं अ(क्रम)र्कवारादिवारयुक् ।
त्रिभिर्वेदा(दै)स्तु वृद्धिः स्यान्नन्दहानि(निः) नवांशकम् ॥ ९२ ॥
तिथि(थिः) रन्ध्रो(न्ध्रे)ण वृद्धिः स्यात्त्रिंशता क्षयो भवेत् ।
सिध्या(द्ध्या)दि द्वादशायः स्याच्छिखरादिव्ययं दश ॥ ९३ ॥
ध्वजादिम(ग)ष्टयोनिः स्यात्तस्करादिनवांशकम् ।
प्रथमादितिथिरित्येवं चोक्तवद्गणयेत्सुधीः ॥ ९४ ॥
एवमायादिषड्वर्ग(र्ग) शुद्धिं ग्राह्यां(विना) शुभं त्यजेत् ॥ ९५ ॥
आयादि षड्वर्ग(र्ग) सुरैर्वि(रवि)मानं
चायादि(धि)कं क्षीणव्ययं शुभं स्यात् ।
ग्रामादिकर्तृनृपतिकक्र(क्रि)यानाम्
सर्वं शुभं तत्कुरुते तु विद्वान् ॥ ९६ ॥

इति मानसारे वास्तुशास्त्रे द्वादशतलविधानं नाम त्रिंशोऽध्यायः ॥

प्राकारविधानम्

बला(ल्य)र्थं परिवारार्थं शोभार्थं रक्षणार्थकम् ।
पञ्चप्राकारहर्म्याणामधुना वक्ष्यते क्रमात् ॥ १ ॥
जात्यादिभेदहर्म्याणां तन्मानेन तु विन्यसेत् ।
जातिप्राकारसर्वेषां हस्तमानेन योजयेत् ॥ २ ॥
छन्दा(जात्या)दि सर्वशा(सा)लानां प्रासादांशेन मानयेत् ।
जातीनां जातिसालानां र्म्यतारं विभाजिते ॥ ३ ॥
तदूर्ध्वे वेदिकादीनां ग्रीवमूर्ध्नि शिखान्तकम् ।
समकन्धरवृद्धिः स्यात्पञ्चसालावसानकम् ॥ ४ ॥
छन्दादिपञ्चसाला(लां) च छन्दाद्यंशेन मानयेत्
जातिप्रासादविस्तारे विन्यसेत्सकलं पदम् ॥ ५ ॥
आदिशालां ततः कुर्यादन्तर्मण्डलमीरितम् ।
द्वितीयमन्तहारा च मध्यहारा तृतीयकम् ॥ ६ ॥
प्राकारं तच्चतुर्थं च कथितं तन्मयाधि(दि)कम् ।
ततः पञ्चमशा(सा)ला च महामर्याद(दा)मीरितम् ॥ ७ ॥
पञ्चशालामिति प्रोक्तं तन्त्रविद्भिः पुरातनैः ।
तत्पीठपा(प)दविन्यास(सश्)चादिशालविशालके ॥ ८ ॥
तथा द्वितीयशाले तु स्थण्डिलं(ल) पदं विन्यसेत् ।
तत्तत्कुर्यात्तु शालायां तृतीये चोभयचण्डितम् ॥ ९ ॥
सुसंहितपदं मध्ये मर्यादाया विशालकं ।
महामर्यादाविस्तारे पदमीश्वरकान्तकम् ॥ १० ॥
एवं तु जातिशाला(लां) च कुर्याद्धर्म्यवशात्सुधीः ।
वे(पे)चकं मूलहर्म्ये तु छन्दादीनां प्रवक्ष्यते ॥ ११ ॥

प्रथमं तु महापीठं द्वितीयं चण्डितं पदम् ।
तृतीयं भद्रसंयुक्तं ततः शालाबहिस्तथा ॥ १२ ॥
चतुर्थं सुप्रतीकान्तं पञ्चमं चे(च)न्द्रकान्तकम् ।
एतच्छन्दं प्रकर्तव्यं विकल्पं तदिहोच्यते ॥ १३ ॥
छन्दप्राकारविस्तारे सार्धार्धेन कराधिकम् ।
प्रथमात्पञ्चमानं स्यात्सार्धं युग्मकरान्तकम् ॥ १४ ॥
एवं विकल्पमानं स्यात्पञ्चशाला प्रकीर्तिताः ।
तदेव पञ्चशालानां षडङ्गुलविवर्धनात् ॥ १५ ॥
सप्तहस्ता(पादा)वसानं स्यात्प्रथमात्पञ्चमानकम् ।
एवमाभास(सं) कर्तव्यं हर्म्यपादं तु वर्धनात् ॥ १६ ॥
केचिच्छन्दकमाने तु त्रित्रिहस्तविवर्धनात् ।
प्रथमात्पञ्चमानं स्यात्पञ्चा(ञ्च)दशकरान्तकम् ॥ १७ ॥
एतत्क्षुद्रविमाने तु सा(शा)लाच्छन्दविमानकम् ।
केवलहस्तमानेन जातिप्राकार(रं) मानयेत् ॥ १८ ॥
त्रिहस्तेनादिसालादि द्विद्विहस्तविवर्धनात् ।
प्रत्येकं पञ्चशालानां पञ्चपञ्चप्रमाणकम् ॥ १९ ॥
क्षुद्राल्पमध्यमुख्यानां जातिसा(शा)लां प्रकल्पयेत् ।
प्रासादार्धविशालेन मध्यमुख्यांश(ख्याल्प)मानके ॥ २० ॥
सा(शा)लानां पञ्चधाद्यन्तं मानयेत्पूर्ववद्भवेत् ।
हर्म्यपादस्य बाह्यात्तु सालं(शाला)कुड्यावसानकम् ॥ २१ ॥
अन्तर्वापि बहिर्वापि कुड्य(ड्य)मध्यावसानकम् ।
उपपीठं चाङ्घ्रिकं वा[पि] हर्म्यपादं तु(दस्य) निर्गमम् ॥ २२ ॥
तत्कुड्यवेदिकान्तर्वा सालं प्रागुक्तमानकम् ।
हर्म्यसा(स्या)र्धवृधा(र्धावृत)मानं यद्वास्त(स्त्वा)य(या)मतत्समम् ॥ २३ ॥
तच्चतुर्भागिकैकेन वर्धयेत्तन्मुखायतम् ।
विस्तारात्पञ्चधायामं पञ्चधा विस्तृता(विपुला)न्तकम् ॥ २४
पञ्चसा(शा)लामुखायामं प्रत्येकं पञ्चधा ततः ।
एकैकं विंशदायामं पञ्चविंश(शाला)मुखायतम् ॥ २५ ॥

षडङ्गुलं समारभ्य षट्षडङ्गुलवर्धनात् ।
रसहस्तावसानं स्यात्प्रथमात्पञ्चमान्तकम् ॥ २६ ॥
सालानां कुड्यविस्तारं प्रत्येकं पञ्चधा मतम् ।
विशालांशसमं वापि तच्चतुर्थांशवर्धनात् ॥ २७ ॥
प्रत्येकं पञ्चसा(शा)लानां कुड्यानां पञ्चधोदयम् ।
अथवाधिष्ठानमानेन कुड्यतुङ्गमिहोच्यते ॥ २८ ॥
कुट्टिमोच्चं समारभ्य पञ्चविंशोदयान्तकम् ।
अन्तर्मण्डलमारभ्य महामर्यादिकान्तकम् ॥ २९ ॥
पञ्चकुड्यस्य चोत्सेधं प्रत्येकं पञ्चधा भवेत् ।
जन्मादि चोत्तरान्तं वा प्रस्तरान्तं तथोदयम् ॥ ३० ॥
कुड्यस्यान्तप्रदेशे तु युक्त्या चावृतमालिकम् ।
वेदिका चो(कया)पपीठ च(ठेन) पादप्रस्तरभूषितम् ॥ ३१ ।
यथेष्टभागपदेन युग्मायुग्ममथापि च ।
तस्या(कुड्या)न्तः परिवारार्थं भद्रं सोपानसंयुतम् ॥ ३२ ॥
मालिकोपरि वप्र(प्रं) स्यादधिष्ठानं समोदयम् ।
अथवा द्विगुणोत्तुङ्गं त्रिगुणं वा यथेष्टकम् ॥ ३३ ॥
वप्राकृति(श्) च वप्राग्रं छत्रकारमथापि वा ।
उत्तरं वाजनं चैव मुष्टिबन्धं त्रिधान्वितम् ॥ ३४ ॥
अधिष्ठानादि वर्गाढ्यमथवा रज्जुभित्तिकम् ।
प्रस्तरस्योपरिदेशे कर्णहर्म्यादिमण्डितम् ॥ ३५ ॥
शैले वा चेष्टके वापि दार्वे(रौ) वाथ प्रकल्पयेत् ।
शुद्धं संकीर्णं मिश्रं वा यथाशोभं यथाबलम् ॥ ३६ ॥
युक्त्या च प्रच्छादनं कुर्यात्सुधेष्टकादिगुलोदकैः ।
परिवारं(र)विमानानां मानं तद्वक्ष्यतेऽधुना ॥ ३७ ॥
मूलहर्म्ये(र्म्य)समं वापि त्रिपादं वार्धमेव वा ।
एकभूमि द्विभूमिं(मि) वा मूलहर्म्याकृति(स्) तु वा ॥ ३८ ॥
मूलस्थलसमं वापि तन्निम्नोन्नतमेव वा ।
चतुर्दिक्षु चतुर्द्वारैमुपद्वारमद्वारा(रम)न्तरालकं ॥ ३९ ॥

देवानां चक्रवर्तिनां मध्ये द्वारं प्रकल्पयेत् ।
महद्द्वारमिति प्रोक्तमुपद्वारं तु चोक्तवत् ॥ ४० ॥
भूसुरादिनराणां च मध्ये द्वारं न योजयेत् ।
मध्यसूत्रंतु(त्रस्य) वामे तु महाद्वारं प्रकल्पयेत् ॥ ४१ ॥
तद्बहिः परितो देशे(षट्) सप्तसा(शा)लां प्रकल्पयेत् ।
नारावासार्थ(र्थं) रथ्या च प्राकारद्वयमण्डितम् ॥ ४२ ॥
तत्तद्विस्तारमानानि दण्डमानेन मानयेत् ।
त्रिचतुर्दण्डमारभ्य द्विद्विदण्डविवर्धनात् ॥ ४३ ॥
नवपङ्क्तिदण्डपर्यन्तं सान्तरादिमहान्तकम् ।
प्रत्येकं तद्विधा मानं सप्तप्राकारमीरितम् ॥ ४४ ॥
शेषं प्रागुक्तवत्कुर्यात्सर्वालङ्कार संयुतम् ।
चतुर्द्वारसमायुक्तं महागोपुरमायतम् ॥ ४५ ॥
दै(दे)वानां मानुषाणां च गृहप्राकारमीरितम् ।
एकद्वित्रिचतुष्पञ्च सा(शा)लं कुर्यात्सभित्तिकम् ॥ ४६ ॥
संकुलं चेत्तु सा(शा)लानां सान्तरं भित्तिकं न्यसेत् ।
एतानि सालमानानि हीनाधिक्यं न कारयेत् ॥ ४७ ॥
द्वि(द्व्य)ङ्गुलं च समारभ्य चैकाङ्गुलविवर्धनात् ।
षडङ्गुलावमानं स्यात्क्रमात्सर्वे जलस्थले ॥ ४८ ॥
कंचित्त्वङ्गुलमारभ्य ए(चै)काङ्गुल[वि]वर्धनात् ।
षडङ्गुलावसानं स्याद्गोपुरापानतत्समम् ॥ ४९ ॥
प्रासादादन्यशालान्तं जलस्रावार्थनिर्गमम् ।
कुर्यात्तु भित्तिमूले तु जलद्वारं यथेष्टदिक् ॥ ५० ॥
जातिप्रासादाद्बहिरथ परितः सालमानं कराभ्याम् ।
तस्मिन् विस्तारमानं प्रथम(मं)करयुगादेकमेकेन वृद्धया[त] ॥ ५१ ॥
चत्वारिंशत्करान्तं महतिरि(ती)ति तत्पञ्च पञ्चप्रमाणम् ।
कुर्यात्तुङ्गं क्रमात्तत्कथितमिति बुधैर्भित्तिरत्या(त्यन्ता)वसानम् ॥ ५२ ॥

इति मानसारे वास्तुशास्त्रे प्राकारविधानं नाम एकत्रिंशोऽध्यायः ॥

परिवारविधानम्

सर्वेषामपि देवानां प्राकारान्तं(न्तः) प्रविष्टके ।
परितः परिवाराणां लक्षणं वक्ष्यतेऽधुना ॥ १ ॥
इन्द्रादिसा(दौ चा)ष्टदिग्देशे सा(चा)न्तर्मण्डलसालके ।
परितो भूतबल्यर्थं क्षुद्रपीठं विनिक्षिपेत् ॥ २ ॥
अ(तत्रा)ष्टकं परिवाराणां कृत्वा चान्तरि(नि)हारके ।
द्वितीये च तृतीये च षोडशपरिवारकम् ॥ ३ ॥
द्वात्रिंशच्च तृतीये वा कल्पयेत्परिवारकम् ।
तृतीयात्पञ्चसा(शा)लान्तं विनियोगाख्यमण्डपम् ॥ ४ ॥
कुर्यात् (क्रियेत) शिल्पिभिः प्राज्ञैः परिवारमिहोच्यते ।
इन्द्रे च वृषभं स्थाप्य आ(चा)ग्नेये चार्यकस्(कं) तथा ॥ ५ ॥
याम्ये तु सप्तमात्र(तरं) च नैर्ऋत्ये तु गणेश्वरम् ।
पश्चिमे सुब्रह्मण्यं च ज्येष्ठादेवीं च वायवे ॥ ६ ॥
सौम्ये तु केशवं स्थाप्य ई(ऐ)शान्ये भास्करं तथा ।
एवञ्चाष्टपरीवारं पूर्वद्वारालयं भवेत् ॥ ७ ॥
पश्चिमद्वारहर्म्येषु पश्चिमे तु गुहं क्षिपेत् ।
अथवा विनायकं प्रोक्तं नैर्ऋत्ये स्थापयेत्सुधीः ॥ ८ ॥
सोमई(मे)शानयोर्मध्ये दिवि(वष्)पञ्च विनिक्षिपेत् ।
वह्न्यन्तकद्वयोर्मध्ये सुब्रह्मण्यालयं भवेत् ॥ ९ ॥
याम्ये कात्यायनी(नीं) वाथ द्वारं(रे) वाथ प्रकल्पयेत् ।
याम्ये(म्य)नैर्ऋत्ययोर्मध्ये वीरभद्रालयं भवेत् ॥ १० ॥
नैर्ऋत्ये तु गजमुखं पश्चिमे तु पितामहम् ।
प्रत्यङ्नैर्ऋत्ययोर्मध्ये चैकपादेश्वरालयम् ॥ ११ ॥

पश्चिमोत्तरतः स्थाप्यं चाश्विनीदेवतालयम् ।
वायुकोणे प्रदेशे तु सरस्वत्यालयं भवेत् ॥ १२ ॥
वायुचन्द्रद्वयोर्मध्ये ममो(न उ)न्मस्यालयं भवेत् ।
चन्द्रस्थाने धनेशस्य चालयं कल्पयेद्बुधः ॥ १३ ॥
सोमई(मे)शानयोर्मध्यं जनार्दनालयं भवेत् ।
ईशे च चेत्रपालं च वटुकं वा प्रतिष्ठयेत् ॥ १४ ॥
ब्रह्मा-ईशानयोर्मध्ये भास्करस्यालयं भवेत् ।
अथवा वायुकोणे तु षण्मुखालयं भवेत् ॥ १५ ॥
परिवारं षोडशकमेवं प्रोक्तं मुनीश्वरैः ।
द्वात्रिंशत्परिवारस्य लक्षणं वक्ष्यतेऽधुना ॥ १६ ॥
इन्द्रे च वृषभं स्थाप्य सत्यके नन्दिकेश्वरम् ।
भृङ्गेशं(ङ्गे चेशं) भुवनेशं च कुर्यादन्तरिक्षके ॥ १७ ॥
आग्नेयं च धनस्थानं पूषा(प)स्थाने तु चेन्दिराम् ।
विदधे(तथे) चैकदन्तं स्यात् मुने(जले)शं स्याद्गृहक्षते ॥ १८ ॥
याम्ये चामुण्डिकां स्थाप्य गन्धर्वे पुष्पमण्डल(प)म् ।
भृङ्गराजपदे चैव नैवेद्यार्पणवेश्मकम् ॥ १९ ॥
मृषे(शे) च वस्त्रालयं स्यान्नैर्ऋत्ये तु विनायकम् ।
दौवारिकपदे चैव मूर्तिशूलं समर्चयेत् ॥ २० ॥
सुग्रीवे च त्रिमूर्तिं स्यात्स्थापयेदेकहर्म्यके ।
पुष्पदन्तपदे चैव पुष्पबन्धनमण्डपम् ॥ २१ ॥
वरुणस्य पदे स्थाप्य(प्यं) चार्धनारीश्वरालयम् ।
असुरस्यपदे चैव कुर्यात्तु रत्नमण्डपम् ॥ २२ ॥
देवानां भूषणावासं स्थापयेच्छेषभागिके ।
पुस्तकावासनं कुर्याद् रोगस्य च पदे तथा ॥ २३ ॥
षण्मुखस्यालयं कुर्याद्वायुकोणे विचक्षणः ।
नागस्य च पदे चैव कुर्यात्तु रत्नमण्डपम् ॥ २४ ॥
देवानां भूषणावासं स्थाप्यं च मुख्यदेशके ।
अथवा पार्वती स्थाप्या भल्लाटस्यपदेऽपि च ॥ २५ ॥

सोमे च विष्णुं संस्थाप्य मनोजस्यालयं तु वा ।
मृगे च स्थापनार्थं च गन्धद्रव्यादिमण्डपम् ।। २६ ।।
अदिते दक्षिणामूर्तिमुदिते चान्तदानक(व)म् ।
ईशे च स्थापयेदेकं रुद्रमूर्तेस्तथालयम् ।। २७ ।।
अथवा यज्ञशालां च स्थापयेद् भोगमण्डपम् ।
पर्जन्ये मज्जनार्थाय जलपूरितमण्डपम् ।। २८ ।।
अथवा रुद्रदेवस्य यागमण्डपमेव च ।
जयन्ते भास्करं स्थाप्य चेशे पाशुपतं तथा ।। २९ ।।
अथवा कामकोष्ठं स्यादालयं कल्पयेत्सुधीः ।
द्वात्रिंशन्मूर्तिरेवं स्यात्कुर्यात्तु परिवारकम् ।। ३० ।।
तृतीये सौम्यभागे तु पानीयस्य जलं क्षिपेत् ।
भृशे वाथ महेन्द्रे वा भक्तरूपं प्रतिष्ठयेत् ।। ३१ ।।
छत्रं च चामराकारं जयन्तस्य पदे तथा ।
तण्डुलं(ल)मण्डपं याम्ये पावके पचनालयम् ।। ३२ ।।
गृहक्षते धान्यशाला ई(चे)शे च यागमण्डपम् ।
गन्धर्वे भृङ्गराजे च स्थापकान्वया(नामाल)यम् [स्यात्] ।। ३३ ।।
पूषे च वितथे चैवमालये परिवारकान् ।
सोमे भल्लाट(टे) मुख्ये च कल्पयेत्कोशमण्डपम् ।। ३४ ।।
पुष्पदन्ते सूकरौ च(मृगे चैव) शस्त्रमण्डपसंयुतम् ।
वरुणे वासुरे वापि वस्तुनिक्षेपमण्डपम् ।। ३५ ।।
नागे वापि मृगे वापि देवभूषणमण्डपम् ।
आ(अ)दितौ चोदितौ वापि शयनार्थं च मण्डपम् ।। ३६ ।।
आस्थानमण्डपं चैव चतुर्दिक्षु विदिक्षु च ।
स्नापनार्थमण्डपं चापि स्नानमण्डपमेव च ।। ३७ ।।
गृहक्षते यमे वापि वाहनस्थानमण्डपम् ।
मर्यादि(दा)भित्तिकस्यान्तं मण्डपं वा नरालयम् ।। ३८ ।।
अङ्कालिङ्गं तथा स्थाप्य यथा दिक्षु विदिक्षु च ।
मनस्तानिलकोणे वा स्थापत्यालयमेव च ।। ३९ ।।

सत्यके वा चान्तरिक्षे वाद्यकरालयं भवेत् ।
पूषे(ष्णि) च वितथे चापि नाट्या(ट्य)कारालयं भवेत् ॥ ४० ॥
गृहक्षते मृष(श)श्चा(स्या)न्तं गणिकादीनां तथालयम् ।
नैऋ(र्ऋ)त्यादावरुणान्तं च गणिकस्यालयं भवेत् ॥ ४१ ॥
वरुणाद्वायुपर्यन्तमारामकारकालयम् ।
वायुकोणादिसोमान्तं नित्यकर्मकरालयम् ॥ ४२ ॥
सोमादीशानपर्यन्तं गान्धर्वालयमेव च ।
ईशादेरिन्द्रपर्यन्तं संदि(संगी)तार्थं च मण्डपम् ॥ ४३ ॥
तद्बाह्ये तत्प्रदेशे वा गोशालां परिकल्पयेत् ।
ईशस्थाने तु कूपं स्यात्तटाकं वा प्रकल्पयेत् ॥ ४४ ॥
चतुष्कोणे तपस्वी(स्वि)नां सत्रावासमठं भवेत् ।
समीपे वीरभद्राणां गृहश्रेणीं च कल्पयेत् ॥ ४५ ॥
महामर्यादि(दा)देशे तु वर्णानां वासयोग्यकम् ।
पश्चिमे विप्रसङ्ग(ङ्घः) स्याद्दक्षिणे क्षत्रियस्य च ॥ ४६ ॥
उत्तरे वैश्यसङ्गः(ङ्घः) स्यात्पूर्वे तु शूद्रसद्मकम् ।
तद्बाह्ये सर्वजातीनामालयं कल्पयेत्सुधीः ॥ ४७ ॥
द्वारस्य वामभागे तु गजाश्वादेस्तथालयम् ।
उदिते चेशकोणे तु कल्पयेद्धर्ममण्डपम् ॥ ४८ ॥
वायुकोणे तु बाह्ये वा पुष्पोद्यानं तु कल्पयेत् ।
प्राकारद्वार(रे) सर्वेषां कल्पयेद् वृषभालयम् ॥ ४९ ॥
वृषभस्योपरि भागे तु कल्पयेद् बलिपीठकम् ।
गोपुरस्य बहिर्वापि स्थापयेद् बलिपीठकम् ॥ ५० ॥
प्रासाद(दाद्)दण्डमानेन चैकं वा द्वित्रिदण्डकम् ।
गोपुराद् बलिपीठान्तं सान्तरं मानयेत्सुधीः ॥ ५१ ॥
एकद्वित्रिचतुष्पञ्चहस्तं पीठविशालकम् ।
प्रासादार्धं त्रिभागैकं पञ्चभागत्रिभागिकम् ॥ ५२ ॥
अथवा द्वित्रिभागं स्यात्पीठविस्तारमेव च ।
पीठतारसमोच्चं वा पादार्धाधिकमेव च ॥ ५३ ॥

उपानादिपट्टिकान्तं स्यात्पीठतुङ्गमुदीरितम् ।
पीठतुङ्गोदयार्धेन पद्मतुङ्गं प्रकल्पयेत् ॥ ५४ ॥
वप्रे वा पट्टिके वापि विस्तारं (निर्गमं) परिकल्पयेत् ।
विस्तारे पञ्चभागे तु वेदार्धं पद्मविस्तृतम् ॥ ५५ ॥
पद्मतारत्रिभागैकं कर्णिकाविस्तृतं भवेत् ।
विस्तारसममुत्सेधं वृत्तं वा पट्टमेव वा ॥ ५६ ॥
भद्रं वा पद्मसंयुक्तं तुङ्गं प्रागुक्तवन्नयेत् ।
वृत्तं वा चतुरश्रं वा मूलप्रासादवद् भवेत् ॥ ५७ ॥
अधिष्ठानाकारवत्पीठं हर्म्याधिष्ठानवद् भवेत् ।
द्वादशाङ्गुलविस्तारमुत्सेधं क्षुद्रविस्तरम् ॥ ५८ ॥
उपाब्जं करिकर्णयुक्तं कुर्यात्तत्क्षुद्रपीठकम् ।
वृषभस्यालयं(य)मानं पूर्ववत्परिकल्पयेत् ॥ ५९ ॥
मण्डपाकारवत्कुर्याद्यन्मानोरम्यमानकम् ॥ ६० ॥

विष्ण्वालयपरिवारम्

विष्ण्वालयपरिवारलक्षणं वक्ष्यतेऽधुना ।
पञ्चसालमहाद्वारे द्वारदेवान्प्रकल्पयेत् ॥ ६१ ॥
द्वारस्य दक्षिणे स्थाप्य चण्डराक्षसरूपकम् ।
वामे प्रचण्डसंयुक्तं रूपं राक्षसमेव च ॥ ६२ ॥
दक्षिणे चक्रसंयुक्तं वामे तत्पाञ्चजन्यकम् ।
दक्षिणे च गणेशं च वामे कात्यायनीं तथा ॥ ६३ ॥
दक्षिणे भास्करं चैव वामभागे निशापतिम् ।
दक्षिणे च भुजङ्गं च(शं) द्वारवामे दिवः(वस्)पतिम् ॥ ६४ ॥
प्रथमादिपञ्चमान्तं स्यात्स्थापयेद् द्वारपञ्चके ।
एवं तु दशधा देवान्द्वाराणामुदितं(तान्) क्रमान् ॥ ६५ ॥
प्रमुखे वैनतेयः स्यात्सालासालान्तरा भवेत् ।
प्रमुखे चोत्तरे देशे विष्वक्सेनालयं भवेत् ॥ ६६ ॥
अन्तर्मण्डलदेशे तु पूर्ववद् बलिपीठकम् ।
द्वारस्य दक्षिणे पार्श्वे हर्म्यं कुर्याद्दिवस्पतेः ॥ ६७ ॥

यथैवाग्निकोणे तु मृगैः(गाणामा)लयमेव च ।
याम्ये कात्यायनी प्रोक्तं नैर्ऋत्ये तु विनायकम् ॥ ६८ ॥
पश्चिमे दिव्यनन्तं स्याद्वायौ वासिष्टकालयम् ।
उत्तरे धनदं चैव ई(त्वी)शान्ये भास्करं तथा ॥ ६९ ॥
कात्यायनी(नीं) विना याम्ये कुर्याद्वाथ पितामहः(हम्) ।
धनदं च विना सौम्ये शङ्करस्यालयं तु वा ॥ ७० ॥
एवं चाष्टपरीवारं षोडशं परिवारकम् ।
पूर्वोक्तदेवतासङ्घैः किञ्चित्किञ्चिद्विशिष्यते ॥ ७१ ॥
आग्नेये च गणेशं स्यान्नैर्ऋत्यं तु गुहं क्षिपेत् ।
वायव्ये तु महाल्लक्ष्मीं चैशान्ये च सुदर्शनम् ॥ ७२ ॥
सोमई(मे)शानयोर्मध्ये शङ्करालयमेव च ।
वायुसोमोभयोर्मध्यं विष्णुदुर्गं तथालयम् ॥ ७३ ॥
प्रत्यङ्नैर्ऋत्ययोर्मध्ये चक्रमूर्तेस्तथालयम् ।
याम्ये च बलभद्रं स्यादनन्तं च जयन्तके ॥ ७४ ॥
नैर्ऋत्ये तु बौद्धं स्याज्जयन्ते पौत्रिकालयम् ।
शेषं प्रागुक्तवत्स्थाप्य षोडशं परिवारकम् ॥ ७५ ॥
द्वात्रिंशत्परिवारस्य लक्षणं वक्ष्यतेऽधुना ।
चतुर्विंशतिमूर्तीनां दिक्पालक(कैः) सहैव च ॥ ७६ ॥
एकानावरणैः स्थाप्य चावतारान्दशा[न]पि ।
मत्स्यः(त्स्यं) कूर्म(र्मं) विना कुर्यात्तत्क(दिक्पा)लानां(न्) विना तथा ॥ ७७ ॥
पूर्वोक्तमण्डपानां च (चो)क्तदेवान् यथेष्टवत् ।
कुर्याद्विष्णुपरीवारं शेषं प्रागुक्तवन्नयेत् ॥ ७८ ॥
बौद्धं च जिनकं चैव तत्तच्छास्त्रोक्तमार्गवत् ।
तत्तद्वाहनं स्थाप्यं बलिपीठं च पूर्ववत् ॥ ७९ ॥
यक्ष(क्षो) यक्षीश्च(च) तीर्थानि कुर्यात्तत्परिवारकम् ।
अन्याश्च(न्येषां च) क्षुद्रदेवाना देवीनां परिवारकम् ॥ ८० ॥
तत्तद्वाहनपूर्वा(र्वं) च भूतपैशाचकं तथा ।
गणेशां(णानि) क्षेत्रपालादीन् कुर्यात्तत्परिवारकम् ॥ ८१ ॥

अन्तर्बहिश्च बल्यर्थं कुर्यात्पीठं तु पूर्ववत् ।
चामुण्डालय(यें) शङ्करालय(यें) महाविष्णोस्तथालये ॥ ८२ ॥
बौद्धस्यालये तज्जिनालयम(येऽ)पि क्षुद्रालये सर्वशः । 164
शाक्तस्यालयतोरणे कथितं तत्परिवारक कुर्वीत ॥ ८३ ॥
श्रममनु ते क(के)पि विना कृत्वा तु संपद् भवेत् ॥ ८४ ॥
यन्मूलहर्म्ये वृषभादि विष्णुरा(ण्वा)दि
मण्डपादि गरुडादि [च] गोपुरादीन् । 168
तन्मूलहर्म्यपरितः स्थित(तान्) प(दृ)श्यते श्र(चा)स्मिन्
कुर्यात्तु सर्वपरिवारमिदं प्रशस्तम् ॥ ८५ ॥

इति मानसारे वास्तुशास्त्रे परिवारविधानं नाम द्वात्रिंशोऽध्यायः ॥

गोपुरविधानम्

नैत(ति)लानां नृपाणां च गोपुराणां च लक्षणम् ।
मानानां सार(रं) संगृह्य शास्त्रे संक्षेपतः क्रमात् ॥ १ ॥
तैत(ति)लस्योक्तमानं यन्मानुषाणां न कारयेत् ।
नराणां योग्यमानं यत्तैत(ति)लानां तु योग्यकम् ॥ २ ॥
क्षुद्रे [च] क्षुद्रमानो(नमु)क्तं मुख्ये मुख्यं तु मानकम् ।
अज्ञानाद्विपरीतं चेत्स्थाननाशं धनक्षयम् ॥ ३ ॥
तस्मात्तु गोपुरैर्मा(रमा)नं परिहृत्यो(गृह्यो)क्तवत्कुरु ।
आद्यके द्वारशोभं तु द्वारशाला द्वितीयके ॥ ४ ॥
द्वारप्रासाद(दो) मध्ये च द्वारहर्म्यं मयाधिके ।
महामर्यादि(दादि)कुड्ये [च] महागोपुरमीरितम् ॥ ५ ॥
एवं तु कारयेच्छिल्पी सालानां द्वारके तथा ।
त्रिपञ्चसप्तकरान्तादेकादशकरं तु वा ॥ ६ ॥
एवं तु द्वारशोभस्य विशालं पञ्चधा मृस्तम् ।
पञ्चारत्नि समारभ्य त्रयोदशकरान्तकम् ॥ ७ ॥
द्वारशालाविशालं च पञ्चधा परिकीर्तितम् ।
सप्तहस्तं समारभ्य पञ्चत्रिधाकरान्तकम् ॥ ८ ॥
द्वारप्रासादविस्तारं पञ्चभेदविदो विदुः ।
नवहस्तं समारभ्य द्विद्विहस्तविवर्धनात् ॥ ९ ॥
सप्ता(प्त)दशकरान्तं स्याद् द्वारहर्म्यविशालता ।
एकादशकरा(रमा)रभ्य नवपङ्क्तिकरान्तकम् ॥ १० ॥
पञ्चधा विपुलं प्रोक्तं महागोपुरमेव च ।
पादाधिकम(कं) तदाध(दर्धं च) पादोनं तत्समाधिकम् ॥ ११ ॥

विस्तारा[दा]यामा ते सर्वे गोपुराणां विशेषतः ।
अथवा द्विहस्तवृद्धिं(द्धिः) स्याच्चत्वारिंशत्करान्तकम् ॥ १२ ॥
त्रिगुणोपरिहस्तान्तं विंशदायाम(मः) शोभके ।
शालाविशालतामारभ्य द्विद्विहस्तविर्धनात् ॥ १३ ॥
पञ्चाशत्करसीमान्तं पञ्चविंशतिमायतम् ।
द्वारप्रासादविस्तारात्पूर्ववद्वर्धयेत्क्रमात् ॥ १४ ॥
षष्टिहस्तावसानं स्यात्त्रिंशदायाम(मः) पूर्ववत् ।
द्विद्विहस्तविवृद्धेन(वर्धनेन) हस्तसप्ततिकान्तकम् ॥ १५ ॥
द्वारहर्म्यविशालोर्ध्वे पञ्चत्रिंशदायतम् ।
महागोपुरविस्तारं द्विद्विहस्तविवर्धनात् ॥ १६ ॥
अशीतिहस्तावसानं [च] चत्वारिंशत्तदायतम् ।
अथवारत्निमानेन वर्धमानायतं मतम् ॥ १७ ॥
विस्तारद्विगुणान्तं च ए(चै)कभागेनवर्धनात् ।
शोभादिगोपुरान्तस्य तारो भित्ति(भक्ति)वशो(शाद्)च्यते ॥ १८ ॥
द्वित्रिवेदशरांशं च षड्भागं शोभविस्तृते(स्तारे) ।
पञ्चषट्सप्तभागं च अ(तु चा)ष्टनन्द(न्दं) विभाजिते ॥ १९ ॥
एवं तु द्वारशाले तु विस्तारे तत्प्रकल्पयेत् ।
सप्ताष्टनवभागं च पङ्क्तिरेकादशस्तथा ॥ २० ॥
द्वारप्रासादविस्तारे भागमेवं प्रकल्पयेत् ।
अष्टनन्दां(न्दद)शकांशं तु ए(चै)कादशार्कभागिकम् ॥ २१ ॥
एतेषां द्वारहर्म्ये तु विस्तारो(रं) युक्तितो न्यसेत् ।
नवपङ्क्तिसभागं तु सैकार्कमनुभागिकम् ॥ २२ ॥
महागोपुरविस्तारे भागमेवं प्रकल्पयेत् ।
तद्विस्तारार्धमुत्सेधं त्रिपादं तत्समं तु वा ॥ २३ ॥
एवं तु द्वारपादोच्चं जन्मपादाग्रसीमकम् ।
तदर्धं द्वारविस्तारं तद्विशालं तथोदय(थाष्टक)म् ॥ २४ ॥
सपादसार्धभागोन द्विगुणानां तु (पादूनं द्विगुणं) मानुषे ।
सर्वेषां द्वारतुङ्गे च विस्तारे च विशेषतः ॥ २५ ॥

विस्तारात्पादहीनेन(दाधिकेन) विस्तारार्धावसानकम् ।
पञ्चषट्सप्तभागे तु द्विगुणं सार्धयुग्मकम् ॥ २६ ॥
द्विं(द्व्यं)शार्धार्ध गुणांशं वा द्वारं सर्वोदयं भवेत् ।
तत्तद्भागविशालं स्यात्तत्तत्तुङ्गवशेन हि ॥ २७ ॥
तदुत्सेधार्धविस्तारं द्वारगोपुर(रं) विन्यसेत् ।
अथवा चोप(र्ध्व)पीठं स्यान्मानं त्यक्त्वा तथोच्छ्रयम् ॥ २८ ॥
शान्तिकात्(दि) पञ्चधोत्तुङ्गं चा(म)धुना वक्ष्यते क्रमात् ।
गोपुरस्य विशालार्धं तत्तत्पादाधिकोदयम् ॥ २९ ॥
तदर्धाधिकमुत्सेधं तत्त्रिभागाधिकोन्नतम् ।
तत्समं चाधिकोत्तुङ्गं द्विगुणात्पादाधिकोन्नतम् ॥ ३० ॥
एवं तु पञ्चधा द्वारं(र)तुङ्गं सर्वेषु गोपुरे(रेषु) ।
अथवा हस्तमानेन द्वारमानं प्रवक्ष्यते ॥ ३१ ॥
एकहस्तं समारभ्य षट्षडङ्गुलवर्धनात् ।
द्विहस्तान्तं द्वारविस्तारं द्वारशोभं तु पञ्चधा ॥ ३२ ॥
द्विहस्तादित्रिहस्तान्तं पञ्चधा द्वारविस्तृतम् ।
एवं तु द्वारशाले तु हस्तत्रय(यं) समारभेत् ॥ ३३ ॥
षट्षडङ्गुलवृद्ध्येन(द्ध्या च) चतुर्हस्तावसानकम् ।
पञ्चधा द्वारविस्तारं द्वारप्रासादमध्यमे ॥ ३४ ॥
चतुर्हस्तं समारभ्य पञ्चहस्तावसानकम् ।
द्वारहर्म्ये प्रदेशे तु द्वारतारं तु पञ्चधा ॥ ३५ ॥
पञ्चहस्तं समारभ्य हस्तषट्कावसानकम् ।
गोपुरे द्वारविस्तारं पञ्चधा परिकीर्तितम् ॥ ३६ ॥
अथवा द्वारशोभादिगोपुरान्तं यथाक्रमम् ।
एकद्वित्रिचतुष्पञ्चहस्तादौ [अ]रत्निवर्धनात् ॥ ३७ ॥
पञ्चषट्सप्तहस्तं च सा(चा)ष्टहस्तं नवान्तकम् ।
एतेभ्यो(षां) द्वारसर्वेषां विस्तारद्विगुणोन्नतम् ॥ ३८ ॥
देवानां द्वारमेवोक्तं मानुषाणां विशेषतः ।
द्विगुणाष्टांशहीनं वा सप्तांशं चैकहीनकम् ॥ ३९ ॥

षडंशांशैकहीनं वा पञ्चांशं चैकहीनकम् ।
चतुर्भागैकहीनं वा द्वारतुङ्गं प्रकल्पयेत् ॥ ४० ॥
उत्तराधो(धः) प्रदेशान्तं जन्मोर्ध्वं द्वारमारभेत् ।
द्वारोत्सेधमिदं कुर्यात्तस्यां तद्द्वारपट्टिका ॥ ४१ ॥
शेषं युक्त्या प्रयुञ्जीयात्(ञ्जीत) द्वारमेवं तु सर्वशः ।
मूलहर्म्यवशाद्द्वये गोपुराणां च मानकम् ॥ ४२ ॥
मूलप्रासादविस्तारं(र)समं वा पादमधिकम् ।
अथवात्य(ध्य)र्धविस्तारं पादोनद्विगुणं तु वा ॥ ४३ ॥
द्विगुणं वा प्रकर्तव्यं द्वारशोभादिविस्तारम् ।
प्रत्येकं पञ्चधा मानमायामं पूर्ववद्भवेत् ॥ ४४ ॥
मूलाधिष्ठानपादस्य समाधिष्ठानपादकम् ।
अथवाधिष्ठानपादोच(चं) वेदभूतषडंशकम् ॥ ४५ ॥
सप्तकाष्टांशकं कृत्वा तत्तदेकैकहीनकम् ।
शेषं तद्द्वारशोभादीन(नां) पादाधिष्ठानतुङ्गकम् ॥ ४६ ॥
उपपीठं विना कुर्याद् द्वारतुङ्गमिति स्मृतम् ।
शोभे(भके) चैकभूमिं(मिः) स्याद् द्वितीये द्वितलं भवेत् ॥ ४७ ॥
द्वारप्रासाददेशे तु त्रितलं चैव कारयेत् ।
हर्म्ये चतुस्तलं कुर्यात्तलं(ल)पञ्चक(कं) गोपुरम् ॥ ४८ ॥
अन्येषां महता(ति) देशे षोडशान्तं तलान्वितम् ।
एकत्रिपञ्चभूमादौ द्विद्विभूमिविवर्धनात् ॥ ४९ ॥
त्रिविधं चैकभूमौ च प(त्वे)कार्कतलसीमकम् ।
द्वित्रिवेदतलादौ च चतुर्दशतलान्तकम् ॥ ५० ॥
द्वितले च त्रिविधं प्रोक्तं द्विद्विभूमिविवर्धनात् ।
त्रितलात् पञ्चत्रयान्तं त्रितलं त्रिविधं प्रोक्तम् ॥ ५१ ॥
चतुःषडष्टभूमादौ षोडशान्तं तलसीमकम् ।
कन्यसं त्रिविधं प्रोक्तं कुर्यादेवं चतुस्तले ॥ २ ॥
पञ्चसप्ततलं(ल)नन्दतलादौ द्विद्विवर्धनात् ।
सप्ता(प्त)दशतलान्तं स्यात्त्रिविधं पञ्चभूमिके ॥ ५३ ॥

देवानां मूलहर्म्यं स्यादधिकं च (र्म्यस्य हीनाधिक्यं) समोन्नतम् ।
शोभादिगोपुरं सर्वे(र्वस्मिन्) चैवमुक्तं पुरातनैः ॥ ५४ ॥
नराणां मूलहर्म्यस्य समं हीनोन्नतं तु वा ।
मूलस्याधिकभूमिं चेद्राजराष्ट्रं विनश्यति ॥ ५५ ॥
एवं तु द्वारशोभे च चोक्तवत्कारयेत्सुधीः ।
अन्यथा द्वारदेशे तु यथाचोक्तवदाचरेत् ॥ ५६ ॥
द्वारपादोदयं(ये) वेदभागं कुर्याद्विचक्षणः ।
एकांशं चोपपीठोच्चं तत्समं च मसूरकम् ॥ ५७ ॥
द्विभागं पादतुङ्गं स्यात्कारयेल्लक्षणान्वितम् ।
द्वारपादोदये धातुपङ्क्तिभागं विभाजिते ॥ ५८ ॥
उपपीठं शरांशं च वेदभागं मसूरकम् ।
अधिष्ठानं(न) द्विगुणाङ्घ्रितुङ्गमेवं प्रकल्पयेत् ॥ ५९ ॥
द्वारपादोदये नन्दभागं कुर्याद्विचक्षणः(त्रिभागिकम्) ।
उपपीठोदयं चाक्षिभागमेव(वं) मसूरकम् ॥ ६० ॥
तद्द्वयं पादतुङ्गे च कुर्यादेकोनविंशतिम् ।
भागं तद्द्वारपादोच्चे सप्तभागोपपीठकम् ॥ ६१ ॥
वेदभङ्ग(भाग)मधिष्ठानमष्टभागाङ्घ्रितुङ्गकम् ।
द्वारपादोदये चैव षड्भागमेवं विभाजिते ॥ ६२ ॥
उपपीठोदयं त्विप्रं भागमंश(शं) मसूरकम् ।
तस्मात्तु(योस्तु) पादतुङ्गं च द्विभागं(गुणं) चैव कारयेत् ॥ ६३ ॥
द्वारपादोदयं(ये) चैव(क)विंशद् भागं विभाजिते ।
उपपीठोदयं चैव नवभागं प्रकल्पयेत् ॥ ६४ ॥
अधिष्ठानं वेदभागं तु वसुभागा(गम)ङ्घ्रितुङ्गकम् ।
एकादशविभागे तु द्वारपादोदयं भवेत् ॥ ६५ ॥
पञ्चांशं चोपपीठोच्चं त्र्यंशा(शम)धिष्ठान(नं) मानतः ।
पादतुङ्गं चतुर्भागमथवा द्वारपादके ॥ ६६ ॥
तुङ्गे च त्रयोविंशद् भागमेवं विभाजिते [तु] ।
एकादशो(शमु)पपीठं च चतुर्भागं मसूरकम् ॥ ६७ ॥

वसुभागा(गम)ङ्घ्रितुङ्गं स्यात्षड्भागं तु विभाजिते ।
त्रिभागं चोपपीठं तु शिवभाग(गं) मसूरकम् ॥ ६८ ॥
द्विभागं पादतुङ्गं स्यात्तदूर्ध्वे प्रस्तरादिकम् ।
शिखान्तं चोर्ध्वमाने तु तलानामधुनोच्यते ॥ ६९ ॥
अधिष्ठानसमं मञ्च(ञ्चं) तत्समं गलतुङ्गकम् ।
गलोच्चद्विगुणं प्रोक्तं शिखरस्योदयं न्यसेत् ॥ ७० ॥
शिखरोर्ध्व(रार्ध) शिखोत्तुङ्गं स्तूपित्रयसमे(ममे)वच ।
एवमेकतलं प्रोक्तं द्वितलादितले(लमे)व च ॥ ७१ ॥
क्षुद्रमध्यं च मुख्यानां गोपुरे तु विशेषतः ।
प्रस्तरादिशिखान्तं स्याद् गण्यमानं प्रवक्ष्यते ॥ ७२ ॥
यस्याधिष्ठानमानं च तस्यमानवशो(शादु)च्यते ।
मसूरोच्चसमं वापि तदष्टांशोनमेव वा ॥ ७३ ॥
पञ्चषट्सप्तहीनं वा प्रस्तरोदयमेव च ।
ऊर्ध्वभूमाङ्घ्रिकोत्तुङ्गमधः पादवशो(शादु)च्यते ॥ ७४ ॥
अष्टसप्तकषट्पञ्चभागमेकोनमेव वा ।
तत्तद्भागोनमानं तु ऊ(चो)र्ध्वोर्ध्वचरणोदयम् ॥ ७५ ॥
तले तले प्रस्तराणां तु कारयेदेव मानतः ।
क्षुद्रगोपुरमेवं तु कारयेद् गण्यमानकम् ॥ ७६ ॥
नवमेकादशैकार्कमधिष्ठानोदयं भवेत् ।
तत्तद्भागार्धभागेन शेषं तत्प्रस्तरोदयम् ॥ ७७ ॥
अथ(धः)पादोदयं तत्तद्भागोनं चोर्ध्वपादकम् ।
प्रस्तरं(रस्य) चैव मानं तु कारयेत्तु तले तले ॥ ७८ ॥
यस्य मानावस्था(सा)नान्तं चोत्तरान्तं विधीयते ।
तदूर्ध्वे प्रस्तरं युक्तं तस्यार्ध(र्धा) चोर्ध्ववेदिका ॥ ७९ ॥
तद्द्वयं गलतुङ्गं स्यात्प्रस्तरोच्चद्वयं शिरः ।
शिखरार्ध शिखोत्तुङ्गं तेषां गोपुरमेव व ॥ ८० ॥
एवं तु मध्यमानं तु गोपुराणां तु गण्यकम् ।
मुख्यगोपुरगण्यं तु वक्ष्यते विधिनाधुना ॥ ८१ ॥

पूर्ववद्वैकभूमो(ममु)क्तं द्वितलादि विशेषतः ।
द्वारपादोदयं चैव द्वारविस्तारमानकम् ॥ ८२ ॥
उपपीठोदयं मानं मसूरकाङ्घ्रितुङ्गकम् ।
शेषं प्रागुक्तवत्कुर्यादूर्ध्वमानं प्रवक्ष्यते ॥ ८३ ॥
अधिष्ठानत्रिपादं [तु] च ऊ(चो)र्ध्वपादं च(दस्य) तुङ्गकम् ।
अधो(धः)पादत्रिपादं [तु] च ऊ(चो)र्ध्वपादोदयं भवेत् ॥ ८४ ॥
अधोमञ्चत्रिपादं [तु] च उ(चो)परि प्रस्तरं भवेत् ।
अथवा भूतषट्सप्तकाष्टनन्ददशांशकम् ॥ ८५ ॥
तत्तदेकैकहीनं वा चोर्ध्वपादाधिकोदयम् ।
तदर्धं वेदिकोत्तुङ्गं तद्द्वयं ग्रीवतुङ्गकम् ॥ ८६ ॥
ग्रीवतुङ्गद्वयं चैव शिखरस्योदयं भवेत् ।
तदर्धं तच्छिखोत्तुङ्गं द्वितले पञ्चकं शिखम् ॥ ८७ ॥
प्रस्तरं पूर्ववन्मानमादिपादादि पूर्ववत् ।
प्रस्तरोदयमानं यत्तदर्धं वेदिकोदयम् ॥ ८८ ॥
वेदिकाश्चो(चो)र्ध्वकान्तं(न्ता) स्यात्पूर्ववत्परिकल्पयेत् ।
द्वितुङ्गे त्रिद्विनेत्रं वा सप्तनेत्रं समन्वितम् ॥ ८९ ॥
एवं त्रितलमाख्यातं चतुर्भूम्यादि(दी)होच्यते ।
अर्धाधिष्ठानमानं यत्षड्भागं च विभाजिते ॥ ९० ॥
समं वा पादशरांशं वा प्रस्तरोदयमीरितम् ।
भूतषड्विंशकं वापि चोर्ध्वपादोदयं तथा ॥ ९१ ॥
आदिप्रस्तरमानं तु त्रिपादं चोर्ध्वमञ्चकम् ।
वेद(दं) सार्ध(र्धं) शरांशं तु चोर्ध्वपादोदयं भवेत् ॥ ९२ ॥
सत्रिभागं द्विभागं स्याच्चोर्ध्वपादोर्ध्वमञ्चकम् ।
गुणसार्धं चतुर्भागमूर्ध्वपादमथापि वा ॥ ९३ ॥
सार्धद्विभागं मञ्चं च वेदिकोवा(चम)र्धभागिकम् ।
तद्द्वयं गलतुङ्गं स्यात् शि(च्छि)र(रा)भागं गलस्(लं) तथा ॥ ९४ ॥
शिर(रस्)तुङ्गार्धभागं तु स्तूपितुङ्गं प्रकल्पयेत् ।
नवसंख्या शिखा प्रोक्तं(क्ता) द्वितलं तु च पूर्ववत् ॥ ९५ ॥

अथवा चतुरश्रं च स्तूपिरे(मे)कं चतुर्मुखम् ।
एवं चतुःस्थ(स्त)लं प्रोक्तं पञ्चभूम्या(मम)धुनोच्यते ॥ ९६ ॥
पूर्ववद् भागमानेन प्रस्तरं पूर्ववद् भवेत् ।
सार्धभूतांशकं चैवमुपरिश्चा(चा)ङ्घ्रितुङ्गकम् ॥ ९७ ॥
द्वितीयं प्रस्तरोत्तुङ्गं सत्रिभागं द्विभागिकम् ।
ऊर्ध्वपाद(दं) शरांशं तु तृतीयं प्रस्तरोदयम् ॥ ९८ ॥
सार्धद्विभागमानेन ऊ(चो)र्ध्वपाद(दं) युगांशकम् ।
चतुर्थं प्रस्तरोत्सेधं सपादद्व्यंशकं भवेत् ॥ ९९ ॥
तदूर्ध्वाङ्घ्रियुगांशं तु पञ्चभाग(प्रस्तरं च) द्विभागिकम् ।
वेदिकोच्चं शिवांशं स्याद् ग्रीवोच्चं तु द्विभागिकम् ॥ १०० ॥
द्विभागं शिखरतुङ्गं स्यात् शि(च्छि)खरार्धं तच्छिखोदयम् ।
द्विललाटे महानासि चैकादशशिखान्वितम् ॥ १०१ ॥
अन्येषां च तलानां च प्रस्तरादि च पूर्ववत् ।
पादानामपि सर्वेषां प्रस्तराणां तले तले ॥ १०२ ॥
एवं मानं प्रकुर्वीत वेदिकादिगलान्वितम् ।
शिखरादि शिखामानं पूर्ववद्युक्तितो न्यसेत् ॥ १०३ ॥
अथवा द्वारशोभादि गोपुराणां विशेषतः ।
विस्ताराद्द्विगुणोत्सेधं जन्मादिस्तूपिकान्तकम् ॥ १०४ ॥
द्विगुणार्धं च हीनं वा चाधिक्यं च त्रिधोन्नतम् ।
सार्धं तु द्विगुणोत्सेधं पादोनं द्विगुणोन्नतम् ॥ १०५ ॥
क्षुद्रगोपुरमेवं तु मध्यमं तत्प्रवक्ष्यते ।
क्षुद्रात्तु पादहीनं वा सा(चा)र्धहीनोदयं तु वा ॥ १०६ ॥
एवं तु मध्यमं प्रोक्तं मध्यमात्पादहीनकम् ।
विस्तारादर्धमुत्सेधं मुख्यगोपुरमेव च ॥ १०७ ॥
पूर्ववत्प्रस्तराद्यन्तं चोर्ध्वे स्तूपिकान्तकम् ।
गण्यमानं च सर्वेषां भागमानं(न)वशो(शादु)च्यते ॥ १०८ ॥
तच्चतुर्भागिकं कृत्वा ए(चै)कभागं गलोदयम् ।
शिखरोच्च(च्चं) द्विभागं कुर्यादेकांशं तच्छिखोदयम् ॥ १०९ ॥

एवमेकतलं प्रोक्तं द्वितले भागमुच्यते ।
कृत्वा द्विरष्टभागं यद्भूतांशं चोर्ध्वपादकम् ॥ ११० ॥
द्विभागं प्रस्तरात्तुङ्गमेकांशं वेदितुङ्गकम् ।
कोलकं गलतुङ्गं स्याद्वेदांशं मस्तकोदयम् ॥ १११ ॥
तदर्धं स्तूपिकोत्सेधं शेषं तु पूर्ववद् भवेत् ।
तदुद्धे(र्ध्वे) पञ्चविंशांशं कृत्वा च त्रितलं विदुः ॥ ११२ ॥
द्वितीयाङ्घ्योच्चं षड्भागं सार्धद्व्यांशकं प्रति ।
तदूर्ध्वे सार्धपञ्चांशं पादायामं तृतीयकम् ॥ ११३ ॥
अन्तिमं च द्विभागं स्याद् वेदिकोदयमीरितम् ।
ग्रीवतुङ्गंकलाभागं शिखरोच्चं युगांशकम् ॥ ११४ ॥
स्तूपितुङ्ग(ङ्गं) द्वयं प्रोक्तं प्रत्यूर्ध्वादिशिखान्तकम् ।
नवाधिक्यं दशांशं तद्विभजेत्तु चतुस्थ(स्त)ले ॥ ११५ ॥
तदंशे सार्धबन्धां(न्ध्वं)शं पादोच्चं तद्वि(द्द्वि)तीयकम् ।
अर्धाधिकशिवांशान्तं तदूर्ध्वे प्रस्तरमानकम् ॥ ११६ ॥
सार्धद्विभाग(गं) पादोच्चं सपादांश(शं) कपोतकम् ।
सत्रिपादद्वया(यम)ङ्घ्रिश्च(च) प्रस्तरोच्चं शिवांशकम् ॥ ११७ ॥
वेदिकोच्चं तदर्धं स्याद् ग्रीवोच्चं सार्धभागिकम् ।
तद्द्वयं शिखरात्तुङ्गं तदर्धं तच्छिखोदयम् ॥ ११८ ॥
प्रस्तरस्योपरिष्टात्तु स्तूपिकान्तोदयं तथा ।
षट्पञ्चभागिकं कृत्वा भूतांशं पादतुङ्गकम् ॥ ११९ ॥
नेत्रांशं प्रस्तरोत्तुङ्गं सार्धवेदा(दम)ङ्घ्रितुङ्गकम् ।
त्रिपादोपेतमेकांशं प्रस्तरोदयमीरितम् ॥ १२० ॥
सपादवेदा(दम)ङ्घ्रितुङ्गं स्यात्सार्धभागो(गमू)र्ध्वमञ्चकम् ।
सार्धबन्ध्वा(न्ध्व)ङ्घ्रितुङ्गं च (स)पादांशं प्रस्तरोदयम् ॥ १२१ ॥
तदूर्ध्वे वेदि तुङ्गार्धं कन्धरं सार्धभागिकम् ।
तद्द्वयं शिखरतुङ्गं स्यात्पादांशं तच्छिखोदयम् ॥ १२२ ॥
एवं पञ्चतलं प्रोक्तं शेषं प्रागुक्तवद् भवेत् ।
अथवा द्वारशोभादि पादुकान्तं शिखान्तकम् ॥ १२३ ॥

भागमानवशाद् गण्यमानं यत्प्रोच्यते बुधैः ।
पूर्वैस्तु तुङ्गमानं तद्दशभागाद्विभाजिते ॥ १२४ ॥
द्विभागं चोपपीठोच्चं तस्मादेकांश(शं) कुट्टिमम् ।
तद्द्वयं पादतुङ्गं स्यात्तदर्धं प्रस्तरोदयम् ॥ १२५ ॥
तत्समं ग्रीवतुङ्गं स्यात्तद्द्वयं शिखरोदयम् ।
एकांशं तच्छिखोदयं शेषमानं तु पूर्ववत् ॥ १२६ ॥
एवमेकतलं प्रोक्तं द्वितलं(ल)भागमुच्यते ।
जन्मादिपूर्वपर्यन्तं नवपङ्क्त्यंशकं भवेत् ॥ १२७ ॥
त्र्यंशं चोपपीठोच्चं कुट्टिमं च द्विभागिकम् ।
पाददीर्घ(दैर्घ्यं) युगांशं स्यात्सत्रिपादांश(शं) मञ्चकम् ॥ १२८ ॥
सत्रिपादद्वयांशं च मूलपादोदयं तथा ।
कपोतप्रतिरेकांशं वेदितुङ्गं तदर्धकम् ॥ १२९ ॥
ग्रीवोच्चमेकभागं स्याच्छिखरोच्चं कलांशकम् ।
तदर्धं स्तूपिकोत्तुङ्गं शेषं प्रागुक्तवन्नयेत् ॥ १३० ॥
त्रितले पूर्ववत्तुङ्गं त्रिस्(त्रि)सप्तांश(शं) विभाजिते ।
चतुर्भागो(गमु)पपीठोच्चं सार्धांशं मसूरकम् ॥ १३१ ॥
गुणांशं पादतुङ्गं स्यात्कपोतं सार्धभागिकम् ।
सार्धद्वयांशं पादोच्चं प्रस्तरोच्चं शिवांशकम् ॥ १३२ ॥
सपादद्व्यंशका जङ्घा मञ्चायामं त्रिपादकम् ।
तदूर्ध्वेऽर्धांशं वेद्युच्चं चोर्ध्वेग्रीव(वं) शिवांशकम् ॥ १३३ ॥
ग्रीवद्वयसमं मूर्ध्नि ग्रीवतुल्यं शिखोदयम् ।
शेषं प्रागुक्तवदुद्दिष्टं चतुस्तलमिहोच्यते ॥ १३४ ॥
जन्मादि स्तूपिपर्यन्तं कृत्वैकं(क)त्रिंशदंशकम् ।
षड्भागं चोपपीठोच्चं द्व्यंशा(शम)धिष्ठानमानकम् ॥ १३५ ॥
तद्द्वयं पाददीर्घ(दैर्घ्यं) तु सत्रिपादांश(शं) मञ्चकम् ।
सपादत्रिं(त्र्यं)शकं पादं मञ्चतुङ्गं शिवांशकम् ॥ १३६ ॥
पादायामं गुणांशं स्यात्सपादांशं कपोतकम् ।
पादोनत्रिं(त्र्यं)शकं चोर्ध्वे पादायामं प्रकल्पयेत् ॥ १३७ ॥

प्रस्तरं चैकभागं स्यात्तदर्धं वेदिकोदयम् ।
तद्द्वयं ग्रीवतुङ्गं स्याद् ग्रीवतुङ्गद्वयं शिरः ॥ १३८ ॥
एकांशं स्तूपिकात्तुङ्गं शेषं पूर्ववदाचरेत् ।
जन्मादिस्तूपिकान्तं च चत्वारिंशा(शद)ष्टभागिकम् ॥ १३६ ॥
तद्भागोपानमर्धांशं ग्रीव(सत्रि)पादाष्टकांशकम् ।
उपपीठमधिष्ठानं तुङ्गं सार्धद्व्यांशकम् ॥ १४० ॥
तद्द्वयं पादतुङ्गं स्यात्तदर्धं प्रस्तरोदयम् ।
सार्धवेदा(दम)ङ्घ्रितुङ्गं स्यात्सपादद्व्यंश(श) मञ्चकम् ॥ १४१ ॥
पादाधिक्यं चतुर्भागं पाद(दं) मञ्च(ञ्चं) द्विभागिकम् ।
वेदांशं पादतुङ्गं च सत्रिपादांश(शं) मञ्चकम् ॥ १४२ ॥
तदूर्ध्वे चरणोत्तुङ्गं सत्रिपादगुणांशकम् ।
प्रस्तरा(रम)त्य(ध्य)र्धभागं तु वेदितुङ्गं त्रिपादकम् ॥ १४३ ॥
तद्द्वयं गलतुङ्गं स्याद् गुणांशं शिखरोदयम् ।
सार्धभागं शिखोत्तुङ्गं(ङ्ग)मेवं पञ्चतलं विदुः ॥ १४४ ॥
शेषं च पूर्ववत्कुर्याद् द्वारशोभादि पञ्चधा ।
घनं चाप्यघनं चैव विन्यासमथ वक्ष्यते ॥ १४५ ॥
विस्तारायाम(मं) शोभादि(दौ) पूर्ववद् गोपुरान्तकम् ।
यन्मानं बहिरन्येन चूलिकामानसंमि(यु)तम् ॥ १४६ ॥
एकं हस्तं समारभ्य षड्षडङ्गुलवर्धनात् ।
शोभादिगोपुरान्तायनिर्गमं(मः) पञ्चधा भवेत् ॥ १४७ ॥
अथवा भित्तिपादं(दान्) स्याद् दण्डमानेन संयुतम् ।
एकदण्डं समारभ्य दशदण्डावसानकम् ॥ १४८ ॥
यथा विमानसंयुक्तं तत्र दोषो न विद्यते ।
अज्ञान(नान्) मानविच्छेद्यं सर्वदोषकरं भवेत् ॥ १४६ ॥
तस्मात्परिहरेद्विद्वान्माननिर्गममेव च ।
यथातारे तु धातां(त्वं)शं गर्भगेहं गुणांशकम् ॥ १५० ॥
एकमा(का)वृतभित्ति(त्तिः) स्यादेवमेकतलं भवेत् ।
द्वितले तार(रं) सप्तांशं वेदांशं गर्भगेहकम् ॥ १५१ ॥

परितस्(तः) सार्धभागेन भित्तिविष्कम्भमानकम् ।
वदंशे(दर्धांशं) कूटशाला[दि]मण्डितं भित्तितो न्यसेत् ॥ १५२ ॥
तत्समं चान्तरालं स्यान्मध्यकोष्ठं गुणांशकम् ।
तस्मात्तु कूटयोर्मध्यं चान्तरालं प्रकल्पयेत् ॥ १५३ ॥
अन्तरालं विशेषेण पञ्जरादिविभूषितम् ।
एवं तु द्वितलं प्रोक्तं कारयेद् द्वारशालके ॥ १५४ ॥
त्रितले ताररन्ध्रांशे गर्भगेहं गुणांशकम् ।
आवृतभित्तिरेकांशं तत्समांशेनालिन्दकम् ॥ १५५ ॥
तद्बहिश्चावृतांशेन कूटकोष्ठादि पूर्ववत् ।
द्वारप्रासादमेवं तु द्वारहर्म्यो(र्म्यम)धुनोच्यते ॥ १५६ ॥
विस्तारे दशभागे तु गर्भगेहं त्रियं(त्रयां)शकम् ।
तद्बाह्ये(ऽऽ)वृतभित्तिश्च अं(स्तु चां)शेनावृतालिन्द्र(तालिन्द)कम् ॥ १५७ ॥
अंशेन कर्णहर्म्यादि परितांऽशेन कूटकम् ।
मुख(ख्य)शालैस्तु(लं तु) भूतांश शेषं [तु] चान्तरालकम् ॥ १५८ ॥
एवं चतुस्तलं प्रोक्तं पञ्चभूमिरिहोच्यते ।
विस्तारै(रमे)कदशांशं तु नालिगेहं गुणांशकम् ॥ १५९ ॥
तद्बहिर्ध्यंशमेकेन वृधा(द्व्या) कुड्यविशालकम् ।
तत्तद्बाह्यावृतांशेन कुर्यादालिन्द्र(दलिन्द)कं भवेत् ॥ १६० ॥
एकांशं कूटशालादि कर्णहर्म्यावृतं तथा ।
एकांशं कूटविस्तारं महाशाला त्रयां(पञ्चां)शकम्(का) ॥ १६१ ॥
एकैकं चान्तरालं स्यात्क्षुद्रशालैकभागिकम् ।
विस्तारद्विगुणान्येव भागमेकेन वर्धनात् ॥ १६२ ॥
यथेष्टा(ष्टमा)यततार(रं) सर्वे कूटकोष्ठादि विन्यसेत् ।
पादान्यान् भद्रसंयुक्तं देशेषु पद(पादं) विन्यसेत् ॥ १६३ ॥
प्रधाने चोर्ध्वदेशे वा कुर्याद् दोषो न विद्यते ।
एकदण्डं द्विदण्डं वा त्रिदण्डं भद्रनिर्गमम् ॥ १६४ ॥
अन्येषां हर्म्यमानेन युक्त्या तत्रैव योजयेत् ।
एवं तद्धनमानो(नमु)क्तमघनं वक्ष्यतेऽधुना ॥ १६५ ॥

विस्तारायामभक्ति(क्तिः) स्यादुक्तवद्युक्तितो न्यसेत् ।
द्वित्रिभाग(गं) विशाले(लं) तु श्रा(चा)यतं तत्प्रकल्पयेत् ॥ १६६ ॥
भक्तित्रिभागमेकांशं भित्तिविस्तारमेव च ।
शेषं तद्गर्भगेहं तु मध्यभागे तु वेशनम् ॥ १६७ ॥
अथवा चायतं वेदभागं कुर्याद् विचक्षणः ।
हर्म्यार्धं भित्तिविस्तारं शेषं तु गर्भगेहके ॥ १६८ ॥
भित्त्यर्धं परितोलिन्द्र(न्दस्य) द्वारदेशे त्रिशालता ।
त्रिभागं भद्रविस्तारं सार्धभागं तु निर्गमम् ॥ १६९ ॥
नवपङ्क्त्यंशकं चापि रुद्रभागांशमेव च ।
एवं तु मध्यकोष्ठं च निर्गमं च द्विभागिकम् ॥ १७० ॥
तस्य मध्ये तु भद्रं वा पञ्चषड्भागमेव वा ।
अथवा सप्तभागं तु वसुभागं तथैव च ॥ १७१॥
एकांशं निर्गमं कुर्यात्षट्सप्तांशमथापि वा ।
एवं तु चान्तरालं स्यान्मध्ये मध्यशालयुक् ॥ १७२ ॥
द्विभागं वा त्रिभागं वा विस्तारं निर्गमांशकम् ।
तद्द्वयोरन्तरं कुर्याद्युक्त्या तत्रैव भूषितम् ॥ १७३ ॥
एकं वा कर्णकूटं तु तथैवान्तर्विशेषतः ।
भित्तिबाह्यावृतांशेन कर्णकूटाद्बहिस्तथा ॥ १७४ ॥
एवं जलस्थलं प्रोक्तमूर्ध्वाधोभूमि(मिं) विन्यसेत् ।
शेषं तु पूर्ववत्कुर्यादेवं तु त्रितलं मतम् ॥ १७५ ॥
मध्यकोष्ठविशाले तु पूर्ववत्स्वांशमाधिकम् ।
शेषं प्रागुक्तवत्कुर्यात्सर्वं युक्त्या प्रयोजयेत् ॥ १७६ ॥
द्वारप्रासादमेवं तु त्रितलेष्वेव कारयेत् ।
गोपुरे तु चतुर्भूमिविन्यासं च मयाधुना ॥ १७७ ॥
विस्तारे रुद्रभागं तु पूर्ववदायतं मतम् ।
अष्टांशाद्येकभागान्तं पञ्चधा विपुलं भवेत् ॥ १७८ ॥
तत्तद्वि(द्द्वि)गुणसीमान्तं भाग(पाद)मेकेन वर्धनात् ।
एवं चायमिदं प्रोक्तं भित्तिगेहमिहोच्यते ॥ १७९ ॥

त्रिचतुष्पञ्चषड्भागं सप्तांशं कुड्यविस्तारम् ।
शेषं तु नालगेहं तु पञ्चधा परिकीर्तितम् ॥ १८० ॥
भित्तिबाह्यांशकांशेन द्विभागं च तले तले ।
ललाटे भद्रमेकांशं विस्तारं निर्गमार्धकम् ॥ १८१ ॥
अन्तस्त्वलिन्द्र(न्द)कं वापि भित्तिकं वाङ्घ्रिकान्वितम् ।
तद्भुवालिन्द्र(न्द)कं(के) युक्त्या जालकाना(कम)ङ्घ्रिकान्तरे ॥ १८२ ॥
घनं वाप्यघनं वापि भित्तिं कुर्याद् विचक्षणः ।
आयामे मध्यमे द्वारं भित्तिदेशे द्वयं न्यसेत् ॥ १८३ ॥
गेहे तद्बहिर्ललाटे च उ (तु चो)पपीठाकृतिस्(ति)तलम् ।
अथवा वप्रवद्युक्त्या यथेष्टमुत्सेध(धं) मानयेत् ॥ १८४ ॥
स्तम्भयुग्गोपुरं ज्ञात्वा विस्तारे चोत्तरान्तकम् ।
तत्त्रिभागद्विभागं वा भित्तिरं(मे)केन कारयेत् ॥ १८५ ॥
स्थापयेद् भागमेकं चेत्तत्सूत्राद्बहिराश्रितम् ।
अखेा(न्तो)त्तरायते न्यस्य तिर्यक् तौलिं प्रकल्पयेत् ॥ १८६ ॥
पादं वायते तौलिं कुर्याद्युक्त्या विचक्षणः ।
तदूर्ध्वे जयन्तिकं कुर्यात्तत्प्रच्छादनान्वितम् ॥ १८७ ॥
अथवा त्रिचतुर्भागं विस्तारायामकं तथा ।
भित्तितारार्धभागं तु शेषं तद्गेहमानकम् ॥ १८८ ॥
तत्समं परितोलिन्द्रं(न्दं) शेषं तत्पूर्ववद्भवेत् ।
अथवा चायतं मानमेकभागाधिकं तथा ॥ १८९ ॥
पूर्ववद् भित्तिविस्तारमेकांशावृतालिन्द्र(न्द)कम् ।
त्रिभाग(गं) मध्यभद्रं च शेषं पूर्ववदाचरेत् ॥ १९० ॥
चतुर्भागविशाले तु पञ्चभागायतं तथा ।
भागार्धं भित्तिविस्तारं शेषं गर्भगेहं भवेत् ॥ १९१ ॥
एकं च परितोद्वारं मध्यभद्रं त्रिभागिकम् ।
निर्गमं चैकभागेन तत्तद्भद्र(द्रं) द्विभागिकम् ॥ १९२ ॥
एकांशं निर्गमोपेतं युक्त्या शेषं तु पूर्ववत् ।
चतुःषड्भागविस्तारमायामं प्रविधीयते ॥ १९३ ॥

एकभागेन कुड्यं स्यान्नालिगेहं तु शेषकम् ।
एकभागावृतालिन्द्रं(न्दं) मध्यभद्रं युगांशकम् ॥ १९४ ॥
तदर्धं नेत्रभद्रं स्यात्तदर्धं भद्रनिर्गमम् ।
अष्टभागं तथायामं मध्ये भद्रं षडंशकम् ॥ १९५ ॥
शेषं तत्पूर्ववत्प्रोक्तं कुर्यात्तच्छिल्पि(ल्प)वित्तमः ।
पञ्चषड्भागविस्तारे चायामं तद्विभाजिते ॥ १९६ ॥
नेत्रभद्र(द्रं) द्विभागं तत् शे(च्छे)षांशं पूर्ववद् भवेत् ।
पञ्चभागविशाले तु सप्तभागं तथायते ॥ १९७ ॥
मध्यभद्रं तु भूतांशे(शं) विस्तारं चैकनिर्गमम् ।
अन्येषां पूर्ववत्कुर्यादथवांशाधिकायतम् ॥ १९८ ॥
षड्भागं भद्रविस्तारमेकभागेन निर्गमम् ।
शेषं पूर्ववदुद्दिष्टं तदर्धांशाधिकायतम् ॥ १९९ ॥
पञ्चांशं भद्रविस्तारं निर्गमं चैकभागिकम् ।
शेषं प्रागुक्तवत्कुर्यात्पङ्क्तिभागदयं(गायतं) तथा ॥ २०० ॥
षड्भागं मध्यभद्रं च अ(तु चा)न्येषां पूर्ववद् भवेत् ।
षडंशं भागमाधिक्यं विस्तारायामकं तथा ॥ २०१ ॥
एकांशं भित्तिविस्तारं परितः शेषं तु गेहकम् ।
एकभागावृतालिन्द्रं(न्दं) पञ्चांशं मध्यभद्रकम् ॥ २०२ ॥
नेत्रभद्रं चतुर्भागमेकांशं भद्रनिर्गमम् ।
एकभागाधिकायामं मध्यभद्रं षडंशकम् ॥ २०३ ॥
तस्मदाधिक्यभागं तु भूतांशं भद्रमीरितम् ।
आयामे दशभागे तु भद्रतारं षडंशकम् ॥ २०४ ॥
आयामे रुद्रभागं तु सप्तांशं भद्रविस्त(स्ता)रम् ।
द्वादशांशं तथायामे मध्यभद्रे गजांशकम् ॥ २०५ ॥
निर्गमं चैकभागं स्याच्छेषं प्रागुक्तवर्ण(ज्ञ)येत् ।
एवं तद्द्वारशोभं स्यादेकभूमिरिति स्मृता ॥ २०६ ॥
विस्तारे पञ्चभागे तु ए(चै)कभागाधिकायतम् ।
त्रिचतुर्भागनालं स्याच्छेषं भित्तिविशालकम् ॥ २०७ ॥

तद्बहिः परितोंऽशेन कूटकोष्ठविशालकम् ।
एकांशं कर्णकूटं च हारतारै(रमे)कभागिकम् ॥ २०८ ॥
मध्यकोष्ठं त्रिभागं च युक्त्या तत्रैव योजयेत् ।
एवं ललाटयोश्चैव दीर्घ(दैर्घ्य) विन्यासमुच्यते ॥ २०९ ॥
कर्णकूटद्वयं चैव तद्भागद्वयमीरितम् ।
अन्तरालद्वयं पञ्चं भागं कुर्याद् विचक्षणः ॥ २१० ॥
मध्यकोष्ठं चतुर्भागं निर्गमं च द्विभागिकम् ।
अथवात्य(ध्य)र्धभागं च सपादांशैकमेव च ॥ २११ ॥
मध्यकोष्ठमिदं प्रोक्तं नेत्रदीर्घ द्वयं तथा ।
मध्यकोष्ठं चतुर्थं च कर्णकूटं चतुष्टयम् ॥ २१२ ॥
हारान्तराष्ट(ल)देशे तु तोरणाद्यैर्विभूषितम् ।
अथवांशाधिकायामं पूर्ववद् भित्तिविस्तृतम् ॥ २१३ ॥
मध्यभद्रोपभद्रं च त्रिभागं विस्तृतं भवेत् ।
निर्गमं चैकभागं स्याल्ललाटांशे तु पूर्ववत् ॥ २१४ ॥
तस्मादधिकांशायामं पूर्ववद् विस्तृतं भवेत् ।
मध्यभद्र(द्रं) युगांशं स्या(द्धा)रान्तर(रं) द्विभागिकम् ॥ २१५ ॥
मध्यकोष्ठं युगांशं स्यात्कुर्याच्छेषं तु पूर्ववत् ।
नवभागं तथायामे मध्यकोष्ठं शरांशकम् ॥ २१६ ॥
अथवा वेदभागं च आ(तु चा)यामे तत्प्रकल्पयेत् ।
मध्यकोष्ठं तु षड्भागं मध्यभद्रं द्विभागिकम् ॥ २१७ ॥
तदर्धं निर्गमं प्रोक्तमन्तरालं द्विभागिकम् ।
शेषं पूर्ववदुद्दिष्टमथवा रसभागिकम् ॥ २१८ ॥
विस्तारं सप्तभागं स्यादायामं च विशेषतः ।
एकांशं तद्वृतं भित्तितारं शेषं च नालिका ॥ २१९ ॥
तद्बाह्ये परितश्चांशं कर्णकूटादिमानकम् ।
मध्यकोष्ठं द्विभागं स्यात्त्रिभागं चान्तरालकम् ॥ २२० ॥
आयामे मध्यकोष्ठं(भद्रं) च त्र्यंशं हारं द्विभागिकम् ।
अष्टांशं च तथायामं मध्यकोष्ठं युगांशकम् ॥ २२१ ॥

नवभागं तथायामे कोष्ठायामं शरांशकम् ।
त्रिभागं वास्यभद्रं स्यान्निर्गमं चैकभागिकम् ॥ २२२ ॥
दशभागं तथायामे पूर्ववत्परिकल्पयेत् ।
एकादशांशकं कुर्यात्पञ्चांशं मध्यकोष्ठकम् ॥ २२३ ॥
द्वादशांशं तथायामे शालायामं षडंशकम् ।
मध्यं द्विभाग(गं) भद्रं स्यान्निर्गमं चैकभागिकम् ॥ २२४ ॥
हारस्य मध्यदेशे तु अ(चा)नुशाला विशालकम् ।
तत्पार्श्वद्वययो।(योर्)हारं नासिकापञ्जरान्वितम् ॥ २२५ ॥
शेषं तु पूर्ववत्कुर्यात्तद्युक्त्या तत्रैव योजयेत् ।
विस्तारं सप्तभागं तु वसुभागं तथायतम् ॥ २२६ ॥
भित्तिविस्तारमेकांश परितः शेषा(षम)न्तरालि(ल)कम् ।
तत्तद्बाह्यावृतांशेन शेषमूह्यं विचक्षणैः ॥ २२७ ॥
नवभागं तथायामे दशभागमथापिवा ।
एकादशांशकं वापि विन्यसेच्चैव पूर्ववत् ॥ २२८ ॥
त्रयोदशांशमायामे मध्यशाला विशालयुक् ।
त्रिभागं चान्तरालं स्याच्चतुर्दशायतं तथा ॥ २२९ ॥
मध्यकोष्ठं तदष्टांशं शेषं प्रागुक्तवन्नयेत् ।
अथवा चाष्टभागं तु विस्तारं तु नवायतम् ॥ २३० ॥
द्विभागं भित्तिविस्तारं शेषं नालिगृहं मतम् ।
तद्बाह्ये परितश्चांशं कर्णकूटाद्यमानकम् ॥ २३१ ॥
अथवा दशभागं स्यात्तदेकादशभागिकम् ।
द्वादशांशायतं वाथ त्रयोदशायतं ततः ॥ २३२ ॥
चतुर्दशायतं वापि पञ्चा(ञ्च)दशांशदीर्घकम् ।
मध्यकोष्ठं शरांशं स्यात्तत्समं चान्तरालकम् ॥ २३३ ॥
तस्य मध्यं विशेषेण त्रिभागं चानुशालकम् ।
एकं चाध्यर्धभागं वा मध्यकोष्ठन्तु(स्य) निर्गमम् ॥ २३४ ॥
ह्यष्टभागं तथायामे मध्यकोष्ठं रसांशकम् ।
शेषं पूर्ववदुद्दिष्टं नवभागमथापि वा ॥ २३५ ॥

विस्तारं चायतं पङ्क्तिभागं कुर्याद् विचक्षणः ।
भित्तितारं कलांशं स्यात्तद्बहिः परितोंशकम् ॥ २३६ ॥
एवं तु कूटशालाद्यैर्मा(दि मा)नं कुर्याद् विशेषतः ।
अथवांशाधिकायामं द्वादशांशायतं तु वा ॥ २३७ ॥
त्रयोदशांशकं वापि द्विसप्तभागमेव च ।
पञ्चादशांशकं वापि षोडशांशं तदायतम् ॥ २३८ ॥
विन्यासं पूर्ववत्कुर्यात्सप्तदशांशमायतम् ।
मध्यकोष्ठं नवांशं स्यात्तन्मध्यं भूतभागिकम् ॥ २३९ ॥
विस्तारे मध्यभद्रं तु निर्गमं चैकभागिकम् ।
अन्तरालं चतुर्भागं तन्मध्ये त्र्यंश(शं) भद्रकम् ॥ २४० ॥
अथवाष्टादशांशं तु आ(चा)यामं तत्प्रकल्पयेत् ।
दशांशं मध्यकोष्ठं च षडंशं मध्यभद्रकम् ॥ २४१ ॥
घनं वाप्यघनं वापि भित्तिं कुर्याद् विचक्षणः ।
ऊर्ध्वभाग(गं) विशेषेण कर्णहर्म्यादिमण्डितम् ॥ २४२ ॥
तत्रैवाभ्यन्तरं चाथ भागमेवं(कं) जलस्थलम् ।
तद्बाह्ये चोर्ध्वभागं तु भित्तिरेवं तथैव च ॥ २४३ ॥
अथवा दण्डमानेन वेशनं निर्गमं तथा ।
एतेषां द्वारशाले तु द्वितलं कारयेद् बुधः ॥ २४४ ॥
गोपुरं(र)त्रितलं(ल)न्यासं लक्षणं वक्ष्यतेऽधुना ।
सप्तांशं च द्विसप्तांशं भागं चैकैकवर्धनात् ॥ २४५ ॥
एवमायमिदं प्रोक्तं शिल्पिभिः प्रवरैः कृतम् ।
द्विभागं भित्तिविस्तारं परितः शेषं तु गेहकम् ॥ २४६ ॥
तस्य बाह्यावृतं ज्ञात्वा भागं कुर्याज्जलास्थले ।
तद्बहिः परितोंऽशेन कर्णहर्म्यादिमण्डितम् ॥ २४७ ॥
तत्तस्मादावृतांशेन आ(चा)दिदेशे जलस्थलम् ।
तत्समं तद्बहिः कुर्यात्कूटशालाद्यमानकम् ॥ २४८ ॥
मध्यशालाष्टभक्तिः(क्तिक) प्रोक्तं कर्णकूटाष्टकं तथा ।
द्वाराषोडश संयुक्तं शेषं प्रागुक्तवन्न्यसेत् ॥ २४९ ॥

अष्टभागं तु विस्तारमायामं तेन वर्धनात् ।
षोडशांशं यथा न्याय्यं पूर्ववद्विधिना चरेत् ॥ २५० ॥
नवांशं विस्तृता(तमा)रभ्य वसुपङ्क्त्यवसानकम् ।
आयाममिति हि प्रोक्तं विन्यासं पूर्ववद् भवेत् ॥ २५१ ॥
विशालं दशभागं द्वाविंश[द्]भागावसानकम् ।
नवपङ्क्त्यंशे(शमे)कविंशांशं दीर्घविन्यासमुच्यते ॥ २५२ ॥
नन्दपङ्क्त्यंश(शं) विभजेच्चतुस्तले तु त्रिवर्गकम् ।
षट्सप्ताष्टभागं वा नवार्धं वार्धरुद्रकम् ॥ २५३ ॥
भानु सैकार्कभागं तु मध्यकोष्ठविशालकम् ।
शेषं चान्तरालं च द्विभागं कर्णकूटकम् ॥ २५४ ॥
मध्यशाला विशेषेण पञ्च षट् सप्तकं भवेत् ।
द्विभागं वा त्रिभागं वा शालामध्ये तु भद्रकम् ॥ २५५ ॥
एकं वा द्विभागं वा त्रिभागं निर्गमं तु वा ।
अथवा हारदेशे तु ए(चै)कद्वित्रियुगांशकम् ॥ २५६ ॥
मध्यकेत्वनुशालाश्च निर्गमं चैकभागिकम् ।
शेषं तु चान्तरालानां नासिकापञ्जरान्वितम् ॥ २५७ ॥
अधोभूमिश्चान्तराले कुम्भकुम्भतलान्वितम् ।
भद्रं वापि विभद्रं वा कर्णहर्म्यादिमण्डितम् ॥ २५८ ॥
हारं च कर्णकूटं च उ(चो)त्तरान्तं [च] शिखान्तकम् ।
मध्यकोष्ठस्य शाले तु भद्रशाला विशेषतः ॥ २५९ ॥
पञ्चशालान्वितं वाथ ऊ(चो)र्ध्वशालान्वितं तुवा ।
नीडाकारयुक्तं वापि चार्धशालान्वितं भवेत् ॥ २६० ॥
उत्तरान्तं कपोतान्तं प्रतिकान्तमथापि वा ।
एवं च मध्यकोष्ठे तु शालानामुक्तं मतम् ॥ २६१ ॥
शालातटे(ललाटे च) भद्रकोष्ठं वासकोष्ठं वा[पि] कल्पयेत् ।
एवमेतद्दशांशेन [च] शेषं तु युक्तितो न्यसेत् ॥ २६२ ॥
एवं चतुस्थ(स्त)लं प्रोक्तं नवांशारम्भं पूर्ववत् ।
तस्मादायते सर्वे(र्वस्मिन्) द्विगुणान्तांश(शं) पूर्ववत् ॥ २६३ ॥

वेदभूतरसांशेन सप्तभागाष्टभागिकम् ।
एवं तु भित्तिमानं तु शेषं तन्नालिकं भवेत् ॥ २६४ ॥
भित्तिबाह्ये तु वृद्धिः स्यात्परितश्चैकभक्तितः ।
अष्टभागावसानं स्याद् बाह्यमानं तु पूर्ववत् ॥ २६५ ॥
कर्णहर्म्यादिविन्यासं तच्चतुर्वर्गकान्तकम् ।
मध्यकोष्ठविशालं तु पूर्ववत्परिकल्पयेत् ॥ २६६ ॥
शेषं तु चान्तरालं स्यात्कूटानां विन्यसेद् बुधः ।
अन्यान्यनुक्तमानानां चतुर्भूम्युक्तवत्कुरु ॥ २६७ ॥
निर्गमं च प्रवेशं चालङ्कारं वक्ष्यतेऽधुना ।
विस्तारे वसुभागं स्याद् विभजेत् पृथु(प्रति)रेव च ॥ २६८ ॥
तदर्धांशावृतं बाह्ये सालं शेषं विदघ्नि(च वेदि)कम् ।
वेदितारं चतुर्भागं त्र्यंशं तद्ग्रीवविस्तरम् ॥ २६९ ॥
वेदितुल्यं शिरो(रस्)तारं शेषं प्रासादवद् भवेत् ।
द्विललाटे महानासि त[द्]द्वयोर्मध्यनासिकम् ॥ २७० ॥
तच्छालानासिकं वापि कर्तव्याकृतिनासिका ।
अन्यान्तरप्रदेशे तु क्षुद्रनासों(सि) प्रभूष्यते ॥ २७१ ॥
नेत्रनासीविशाले तु रसतारसमं भवेत् ।
त्रिकभाग(गं) द्विभागं वा पञ्चभागं त्रिभागिकम् ॥ २७२ ॥
चतुर्भागं त्रिभागं वा मध्यनासीविशालकम्(ता) ।
वत्रिभागैकभागं तु पञ्चभागद्विभागिकम् ॥ २७३ ॥
चतुर्भागद्विभागं वा क्षुद्रनासीविशालकम् ।
पादाधिक(कं) समं वापि पादहीनं तथोच्छ्रयम् ॥ २७४ ॥
महानासिमौलितुङ्गं स्तूपिकाग्रावसानकम् ।
मध्यनासि तथामौलिं चाग्रं तत् ब(फ)लि(ल)कान्तकम् ॥ २७५ ॥
युक्त्या तत्क्षुद्रनासीनां कारयेच्छिल्पि(ल्प)वित्तमः ।
शालाकारं शिखाकारं स्थू(स्तू)पिकानावृतं तथा (नां सुवृत्तकम्) ॥ २७६ ॥
गलकूटोपसंयुक्तं क्षुद्रनासिचतुष्टयम् ।
श्रीभोगाख्यमिदं प्रोक्तमष्टनासी जयान्त(ख्य)कम् ॥ २७७ ॥

क्षुद्रनास्यर्कसंयुक्तं श्रीविशालं तथैव च ।
षोडशक्षुद्रनास्यङ्गं विष्णुकान्तमिहोच्यते ॥ २७८ ॥
क्षुद्रनास्या तथा विंशत् इ(दि)न्द्रकान्तं प्रकथ्यते ।
क्षुद्रनासी(सीं) विना कुर्याद् ब्रह्मकान्तमिति स्मृतम् ॥ २७९ ॥
गलकूटं विनाकुर्यात् स्कन्दकान्तं विशिष्यते ।
मध्यनास्युन्नतं तत्र नासिका पञ्जरान्वितम् ॥ २८० ॥
एवं तु शिखरं(श्रीकरं) प्रोक्तं कर्करीनासिकाकृतम् ।
शालाकोष्ठ(ष्ठं) विशेषेण स्तूपिकान्तं प्रकल्पयेत् ॥ २८१ ॥
भद्रशालां तु तत्कुर्यात्सौम्यकान्तमुदीरितम् ।
एतानि दश(नव)भेदः स्याच्छिरो(रः) सर्वेषु योजयेत् ॥ २८२ ॥
गोपुराघनसर्वेषु यत्तलाद्यैर्विशेषतः ।
सर्वावि(र्वस्ये)न्द्रस्य बाह्ये तत्पादं त्यक्त्वा प्रकल्पयेत् ॥ २८३ ॥
अनुक्तमन्यतो ग्राह्यमग्राह्यमवसीदति ।

(वातायनलक्षणम्)

वक्ष्ये वातायनानां च लक्षणं विधिनाधुना ॥ २८४ ॥
सर्वेषामपि हर्म्याणां मण्डपादीनि वस्तु(वास्तू)नि ।
तथा वातायनस्थानं तथा वै चोक्तवर्ण(र्न)येत् ॥ २८५ ॥
तैत(ति)लानां तु तं तं तु नराणां हे(ही)ष्यते बुधैः ।
नराणां जालकं सर्वं देवानामपि योग्यकम् ॥ २८६ ॥
तद्विस्तारोदयं सर्वं प्राचीनोक्तं विचारयेत्(क्तवदाचरेत्) ।
पादपालिकया युक्तं पत्रपुष्पैरलङ्कृतम् ॥ २८७ ॥
देवानां जालकानां च मध्यरन्ध्रसमन्वितम् ।
द्विजानां भूपतीनां च मध्यस्तम्भं विसर्जयेत् ॥ २८८ ॥
मध्यमं पट्टिकायुक्तं कुर्याच्छिल्पविचक्षणः ।
वैश्यानां शूद्रजातीनां मध्ये स्तम्भं प्रयोजयेत् ॥ २८९ ॥
न कुर्यात् पट्टिकमध्ये चैकं मध्वं शुभावहम् ।
उक्तलक्षणहीनं तु नहि कुर्याद्यथेच्छया ॥ २९० ॥

अर्थनाशं श्रवाहीनं भविष्यति न संशयः ।
नागबन्धं तथा वल्ली गवाक्षं कुञ्जराक्षकम् ॥ २९१ ॥
स्वस्तिकं सर्वतोभद्रं नन्द्यावर्ताकृतिस्तथा ।
पुष्पबन्धं सचित्राङ्गं रत्नसङ्घैरलङ्कृतम् ॥ २९२ ॥
एवां(वं) वातायनरूपं नागवल्यादि दैवतम् ।
उक्तवद्विस्तृतायामे नन्दनन्दपदं भवेत् ॥ २९३ ॥
भुजङ्गद्वयमेकं स्यादेकादशपदे त्रिधा ।
नाग(चतुर्)वेदाष्टभागं वा कुर्याद् वातायनं बुधः ॥ २९४ ॥
सप्तसप्तपदं कृत्वा पत्रवल्यादिमण्डितम् ।
युग्मायुग्मपदैर्वाथा(थ) चान्य[द्]वातायनेपि च ॥ २९५ ॥
एकद्वित्रिचतुः(तुष्)पञ्चमात्रैरङ्घ्रिकपट्टिका ।
तद्विस्तारघनं सर्वं कुर्याद् वै शिलिप(ल्प)वित्तमः ॥ २९६ ॥
गोपुरे कूटकोष्टादिग्रीवे पादान्तरे तथा ।
घने वाप्यघने वापि यथा वातायनैर्युतम् ॥ २९७ ॥
अन्यैस्तु(न्येषां) वास्तुसर्वेषां यथाचोक्तवदे(द्दे)शके ।
कुर्याद् वातायनं सर्वं श्रीसंपत्प्रदायिकम् ॥ २९८ ॥
प्रथमात्तु सार्धकर(रं) षट्षड्(ण्)मात्रवृद्ध्या ।
तत्पञ्चबाहुमवधि त्रिविशालमेके (मिति भवेत्) ॥ २९९ ॥
शोभादिपञ्चदश [च] पञ्चविधप्रमाणम् [स्यात्] ।
द्वारेषु चैव विदितं द्विगुणोदयं स्यात् (कथ्यते) ॥ ३०० ॥

इति मानसारे वास्तुशास्त्रे गोपुरविधानं नाम त्रयस्त्रिंशोऽध्यायः ॥

मण्डपविधानम्

सर्वेषां मण्डपानां तु लक्षणं वक्ष्यतेऽधुना ।
तैत(ति)लानां द्विजातीनां वर्णानां वासयोग्यकम् ॥ १ ॥
भक्तिमानं तथा भित्तिविस्तारं चाप्यलिन्द्र(न्द)कम् ।
प्रपाङ्गं मण्डपाकारं पञ्चभेदं(दः) क्रमो(मेणो)च्यते ॥ २ ॥
अत्यर्धहस्तमारभ्य षट्षडङ्गुलवर्धनात् ।
पञ्चहस्तान्तकं भित्तिपञ्चा(ञ्च)दशविशालकम् ॥ ३ ॥
विस्तारस्य समं दीर्घ(दैर्घ्य)मधिकं चैकमेव वा ।
विस्तारद्विगुणान्तं च ए(तु चै)कैकाङ्गुलवर्धनात् ॥ ४ ॥
विस्ताराष्टांशकांशेन वर्धनाद् द्विगुणान्तकम् ।
एवं भक्त्यायतं प्रोक्तं भक्तितारमिहोच्यते ॥ ५ ॥
एकं हस्तं समारभ्य षट्षडङ्गुलवर्धनात् ।
भक्तितारं द्विहस्तान्तं पञ्चधा परिकीर्तितम् ॥ ६ ॥
एकभक्ति(भित्ति) द्विभक्तिं(भित्ति) वालिन्द्र(न्द)विस्तारमेव च ।
अधिष्ठानं विना कुर्याजन्मादिप्रस्तरान्तकम् ॥ ७ ॥
अथवा पादवंशं च संयुक्तं तत्प्रपाङ्गकम् ।
खदिरं खादिरं चैव घात(पूति)पादस्य(प) दारुभिः ॥ ८ ॥
अन्यैः सारद्रुमैः प्रोक्तं होमान्तं(हेम)पाद[प] दारु च ।
मधुकं चोरिणी साले(लं) रन्यैः(न्यत्) श्रेष्ठद्रुमोत्तमम् ॥ ९ ॥
अथवा शिलासंयुक्तं प्रपासर्वाङ्गमेव च ।
शुद्ध(द्धं) मिश्रं च संकीर्णं यथाशोभं बलं तु यत् ॥ १० ॥
यथालाभं द्रुमैः स्तम्भैः वंशे त्वक्सारवृत्तकम् ।
क्रमुकं स्तम्भयुक्तं वा घातयेत्स्थापयेत्सुधीः ॥ ११ ॥

क्रमुकैर्वंशयुक्तं वा वेणुभिश्चोर्ध्ववंशकम् ।
दीर्घं च तिर्यग्वंशं चोर्ध्वे तद् दीर्घवंशकम् ॥ १२ ॥
नालिकेरदलाभि(लै)श्च बध्वा त्वाच्छादनं भवेत् ।
अन्यैरपि दलास्(लैः) सर्वे य(वैर्य)थालाभं वितानयेत् ॥ १३ ॥
वातेन त्वचलं तत्र कुर्यादच्छिणिका प्रपा ।
प्रपाङ्गं च प्रपाश्चैतत्कुर्यात्तत्तद्विचक्षणः ॥ १४ ॥
देवालये गृहे वापि मण्डपे पृथगेववा ।
अन्तर्वापि बहिर्वापि परितस्तु यथा प्रपा ॥ १५ ॥
यत्र देशे प्रपां कुर्यात्तत्र दोषो न विद्यते ।
इति प्रपाङ्गमुक्तं तं(तु) मण्डपं वक्ष्यतेऽधुना ॥ १६ ॥
देवालयेषु सर्वेषु संमुखे बहुमण्डपम् ।
पुण्यक्षेत्रे तथारामे ग्रामादौ वास्तुमध्यमे ॥ १७ ॥
चतुर्दिक्षु विदिक्षु वापि बाह्याभ्यन्तरतोऽथवा ।
नराणां गृहमध्ये च संमुखे मण्डपं तु वा ॥ १८ ॥
सर्वेषां वासयोग्यार्थ(ग्यं च) मण्डपं यागमण्डपम् ।
नृपाणामभिषेकार्थं मण्डपं नृत्तमण्डपम् ॥ १९ ॥
पाणिपीडनसिद्ध्यर्थं तथा मैत्रं च मण्डपम् ।
उपनयनमण्डपं चैव तथा च स्नानमण्डपम् ॥ २० ॥
अर्भकानां मुखालोकं(क)मण्डपं सतीमण्डपम् ।
चौरार्थं मण्डपं चैव चाग्निकार्यार्थमण्डपम् ॥ २१ ॥
सुखान्वितार्थं कल्पेत मण्डपं विधिवत्क्रमात् ।
मण्डपानां च सर्वेषां स्थानमुक्तं पुरातनैः ॥ २२ ॥
प्रासादाभिमुखे सप्तमण्डपं कल्पयेत्क्रमात् ।
आदौ [च] स्नपनार्थं च द्वितीया(यम)ध्ययनमण्डपम् ॥ २३ ॥
विशेषं स्नपनार्थं च मण्डपं च तृतीयकम् ।
चतुर्थं प्रतिमागारं पञ्चमं स्थापनमण्डपम् ॥ २४ ॥
षष्ठं चापि ततः कुर्यात्तत्तीर्थमण्डपम् ।
सप्तमं नृत्तगीतार्थमागार तत्साधकार्थकम् ॥ २५ ॥

अथवा तन्मुखे कुर्यादेकद्वित्रि च मण्डपम् ।
स्नपनं प्रतिमाङ्गानां गीतनृत्तार्थमण्डपम् ॥ २६ ॥
मण्डपं द्वितीयं चैतत् अ(द)ग्रमण्डप(पं) तन्मुखे [च] ।
आदौ चाध्ययनार्थं स्यात्प्रतिमामण्डपं तथा ॥ २७ ॥
तत्रैव मण्डपं कुर्यात्प्रतिमामण्डपं बुधः ।
त्रिचतुः(तुष्)पञ्चषट्सप्तचाष्टरन्ध्रं वि(द्वि)भित्तिकम् ॥ २८ ॥
प्रथमात्सप्तमान्तं च भित्तिरे(मे)कं(कां) प्रकल्पयेत् ।
तस्मात्तथैकपङ्क्त्यन्तमेकभागैर्विवर्धनात् ॥ २९ ॥
मण्डपानां च सप्तानां प्रत्येकं पञ्चधा भवेत् ।
एवं तु चतुरश्रं स्यात्तस्मादेकेन वर्धनात् ॥ ३० ॥
तत्सभाधिकायामं समं वा चायतं तु वा ।
युग्मभित्तिश(म्) च यः(यां) कुर्यान्मध्यस्तम्भान्परित्यजेत् ॥ ३१ ॥
तत्त्वधिष्ठान(नं) पादं च प्रस्तरं च त्रिवर्गकम् ।
तदूर्ध्वे मण्डपानां(न्तं) च चूलिकाकर्णहर्म्यकम् ॥ ३२ ॥
अन्तर(रं) प्रस्तरोपेतं कुर्यात्तु समलङ्कृतम् ।
सोपपीठमधिष्ठानं केवलं वा मसूरकम् ॥ ३३ ॥
हर्म्योपपीठयुक्तं चेत्सोपपीठादिमण्डपम् ।
पीनोपपीठहर्म्यं चेन्मण्डपं च त्रिवर्गकम् ॥ ३४ ॥
हर्म्यं च (र्म्यस्य) विपरीतं चेत्स्वामिनो मरणं ध्रुवम् ।
प्रस्तरं तत्र यत्तत्र प्रासादवदलङ्कृतम् ॥ ३५ ॥
प्रासादवदलङ्कृत्य चाधिकालङ्कृतं तु वा ।
बाह्यं चालयवद् भूष्यं मण्डपान्तमितीष्यते ॥ ३६ ॥
तेषां क्रमेण विन्यासं(स)लक्षणं वक्ष्यतेऽधुना ।
चतुरश्रसमाकारं सममानं त्रिभित्ति(भक्ति)कम् ॥ ३७ ॥
षोडशस्तम्भसंयुक्तं चतुर्द्वारसमन्वितम् ।
चतुर्दिक्(ग्) भद्रविस्तारमेकभागेन निर्गमम् ॥ ३८ ॥
चतुरश्रं चतुर्भक्तिः षोडशस्तम्भसंयुतम् ।
चतुर्दिक्षु चतुर्द्वारमेकभागेन भद्रकम् ॥ ३९ ॥

द्वात्रिंशत्क्षुद्रनास्यङ्गं शेषं प्रागुक्तवन्नयेत् ।
षड्भागं चतुरश्रं स्यात् षट्त्रिंशत्पादसंयुतम् ॥ ४० ॥
चतुर्दिक्षु चतुर्द्वारं मध्यपादान्परित्यजेत् ।
द्विभक्त्यै(क्त्या) भक्त(भित्ति)विस्तारमेकभागेन निर्गमम ॥ ४१ ॥
द्वात्रिंशत्क्षुद्रनास्यङ्गं सर्वालङ्कारसंयुतम् ।
चतुःषष्ट्यङ्घ्रिसंयुक्तं सप्तसप्तद्वि(वि)भागिकम् ॥ ४२ ॥
चतुष्पादं त्यजेन्मध्ये चतुर्द्वारं चतुर्दिशि ।
त्रिभक्तिविस्तृतं भद्रमेकभागेन निर्गमम् ॥ ४३ ॥
षष्ठ्यङ्घ्रिकयुक्तं वापि तन्मध्ये चोर्ध्वकूटकम् ।
चत्वारिंशत्तु नास्यङ्गं शेषं पूर्ववदाचरेत ॥ ४४ ॥
चतुरष्टाष्टभित्ति(भक्ति)श्च चतुःषष्ट्यङ्घ्रिसंयुतम् ।
चतुर्दिक्षु चतुर्द्वारं मध्यपादान्परित्यजेत् ॥ ४५ ॥
चतुर्भागेन भद्रं स्यादेकभागेन निर्गमम् ।
पूर्ववत्क्षुद्रनास्यङ्गं युक्त्या तत्रैव योजयेत् ॥ ४६ ॥
नन्दनन्दविभागेन विस्तारायामत(मस्त)त्समम् ।
कल्पयेन्नवरङ्गं स्यात्षट्षट्पादान्परित्यजेत् ॥ ४७ ॥
नन्दाष्टभागसंयुक्तं त्रिभागैकेन भद्रकम् ।
चतुर्दिक्षु चतुर्द्वारं तत्तद्मे सभद्रकम् ॥ ४८ ॥
सर्वालङ्कारसंयुक्तं षडष्टे वाल्पनासिका ।
तन्मध्ये चोर्ध्वतुङ्गं(कूटं) स्याच्चत्वारिंशाष्टनासिकम् ॥ ४९ ॥
तदेवषोडशस्तम्भं त्यजेत्कर्णचतुष्टये ।
चतुर्दिक्षु चतुर्भागं(द्वारं) वेदभागैकभद्रकम् ॥ ५० ॥
सर्वालङ्कारसंयुक्तं शेषं युक्त्या प्रयोजयेत् ।
एकादशभागेन [च] मण्डपं चतुरश्रकम् ॥ ५१ ॥
सालिन्द्रं(न्दं) नवरङ्गं स्यादष्टोत्तरशताङ्घ्रिकम् ।
तद्बहिःपरितोलिन्द्र(न्द)मेकभागेन कारयेत् ॥ ५२ ॥
चतुर्दिक् पञ्चभागेन भद्रं चांशेन निर्गमम् ।
चतुर्दिक्षु चतुर्द्वार चतुःषष्ट्यल्पनासिकम् ॥ ५३ ॥

नभो(वो)र्ध्वे कूटसंयुक्तं सर्वालङ्कारसंयुतम् ।
एवं तु चतुरश्रं स्यात्तदायाममिहोच्यते ॥ ५४ ॥
त्रिभक्ति विस्तृतं चैव षड्भक्त्यायाम(मं) कल्पयेत् ।
मूलाग्रे द्वारसंयुक्तं पार्श्वे द्वारं न योजयेत् ॥ ५५ ॥
अथवा हीनाधिकांशेन दीर्घ(दैर्घ्य)मध्ये प्रवेशनम् ।
अंशेनावृतालिन्दं स्यात् शे(च्छे)षं प्रागुक्तवन्नयेत् ॥ ५६ ॥
चतुर्भाग(गं) विशाले तु चाष्टभागा(गमा)यतं तथा ।
द्व्यंशषड्भाग(गं) विस्तारं दीर्घ(दैर्घ्य) मध्ये च मण्डपम् ॥ ५७ ॥
परितस्तस्य बाह्ये तु भागेनालिन्द्र(न्द)मिष्यते ।
यथेष्टद्वारसंयुक्तं शेषं प्रागुक्तवन्नयेत् ॥ ५८ ॥
भूतभागेन विस्तारं दशभागं तथायतम् ।
तन्मध्ये त्र्यंशविस्तारं चाष्टांशायाममण्डपम् ॥ ५९ ॥
तद्बहिः परितो वा(द्वा)रमेकभागेन कारयेत् ।
शेषं प्रागुक्तवत्कुर्यात्सर्वालङ्कारसंयुतम् ॥ ६० ॥
षड्भागेन विशालं स्यात्तत्समेनाधिकायतम् ।
द्विभागं मध्यरङ्गं स्यात्परितो द्व्यंशेन मण्डपम् ॥ ६१ ॥
शेषं प्रागुक्तवत्कुर्यात्सर्वालङ्कारसंयुतम् ।
विस्तारं चाष्टभागं स्यादायामं षोडशांशकम् ॥ ६२ ॥
तन्मध्ये वेदभागेन द्वादशांशेन मण्डपम् ।
परितः द्व्यंशेनालिन्द्रं(न्दं) स्याच्छेषं पूर्ववदाचरेत् ॥ ६३ ॥
नवभागेन विस्तारं चाष्टदशांशमायतम् ।
त्रिभागे द्वादशांशेन मध्यरङ्गं प्रकल्पयेत् ॥ ६४ ॥
तद्बाह्येऽलिन्द्र(न्द)मंशेन परितो द्विं(द्व्यं)शेन मण्डपम् ।
अथवा चैकभागे तु चान्तर्बाह्येत्वलिन्द्र(न्द)कम् ॥ ६५ ॥
चतुष्कर्णे चतुर्मा(र्वा)सं चेष्टदिग्गतभित्तिकम् ।
उक्तवद् द्वारसंयुक्तं सर्वालङ्कारसंयुतम् ॥ ६६ ॥
विशाले दशभागे तु विंशत्यंशं तथायतम् ।
परितोऽलिन्द्र(न्दं) भागं स्याद्विस्तारं द्विगुणायतम् ॥ ६७ ॥

मध्यत्रिभागविस्तारं तस्यान्त(न्तो) र्द्वि(द्व्यं)शमण्डपम् ।
तस्यान्तश्चैकभागेन चावृतालिन्द्र(न्द)मिष्यते ॥ ६८ ॥
मध्ये च द्विं(द्व्यं)शविस्तारं द्वादशायतनं तथा ।
एवं तु मण्डपाकारं शेषं प्रागुक्तवन्नयेत् ॥ ६९ ॥
विस्तारे(रं) रुद्रभागं स्याद्विस्तारं द्वि(राद्द्वि)गुणायतम् ।
मध्ये त्रिभागविस्तारं मनुभागायतं तथा ॥ ७० ॥
कुर्यान्मण्डप(पं) बाह्ये तु सर्वं प्रागुक्तवन्नयेत् ।
विस्तारं रुद्रभागं स्याद्विस्ताराद् द्विगुणायतम् ॥ ७१ ॥
यथामध्येऽङ्क(ङ्ग)णं कुर्यात्पञ्चभागेन विस्तृतम् ।
परितोंऽशेनलिङ्गं(मण्डपं) स्याद् द्व्यंशेनावृतालिङ्ग(न्द)कम् ॥ ७२ ॥
अथवा सप्ताङ्गविस्तारं द्विर्नवांशं कर्णायतम् ।
तद्बाह्ये तु द्विभागेन मण्डपं परितस्तथा ॥ ७३ ॥
तदेवांशाधिकं स्याद् दीर्घ(दैर्घ्ये) द्वित्रिमण्डपम् ।
प्रत्येकं पञ्चभागेन सभा कूटं च मण्डपम् ॥ ७४ ॥
अथवा मण्डपाकारं युक्त्या तत्रैव योजयेत् ।
चतुर्दिक्षु चतुर्द्वारं कुर्याद् भद्रैरलङ्कृतम् ॥ ७५ ॥
एवं तु मण्डपं प्रोक्तं तन्नाममि(म इ)होच्यते ।
प्रथमं हिमजं चैव ततो निषदजं भवेत् ॥ ७६ ॥
तृतीयं विजयं(न्ध्यजं) चैव चतुर्थं माल्यजं तथा ।
पञ्चमं पारियात्रं च षष्ठं स्याद् गन्धमादनम् ॥ ७७ ॥
सप्तमं हेमकूटं स्यान्मण्डपाख्यानि सप्तकम् ।
एवं हर्म्यमुखे कुर्यादन्यत्सर्वमिहोच्यते ॥ ७८ ॥
एकादश चतुरंशं स्यात् आ(दा)यताश्रकमेव च ।
अंशेनावृतवा(द्वा)रं स्याच्चतुर्द्वारं चतुर्दिशि ॥ ७९ ॥
एकभागेन भद्रं स्यात्सर्वालङ्कारसंयुतम् ।
एवं तु मेरुजं प्रोक्तं पुस्तकार्जनयोग्यकम् ॥ ८० ॥
द्विभक्तिचतुरंशेन भद्रस्यावृतलिन्द्र(तालिन्द)कम् ।
एवं तु विजयं प्रोक्तं विवाहार्थं हि मण्डपम् ॥ ८१ ॥

देवतार्थं समुद्दिश्य पानीयाय मण्डपम् ।
पूर्वोक्तविजयं नाम मण्डपं तत्र कारयेत् ॥ ८२ ॥
त्रिभागं चतुरश्रं स्याच्चतुर्द्वारसमन्वितम् ।
द्विरष्टरविपादं स्यात् सिद्धयागादि सर्वशः (योगाख्यमुच्यते) ॥ ८३ ॥
चतुरश्रं चतुर्भागं मध्यस्तम्भान्परित्यजेत् ।
मध्ये तु चाङ्गणं कुर्यात् श्रं(दं)शेनावृतमण्डपम् ॥ ८४ ॥
एकद्वित्रिचतुर्द्वा̇ं कल्पयेत्तु यथेष्टकम् ।
एकांशमावृतद्वारं पार्श्वे वारं प्रकल्पयेत् ॥ ८५ ॥
एकद्विभागविस्तारं निर्गमं भद्रसंयुतम् ।
तत्पार्श्वे च मुखे वापि सोपानं तत्प्रकल्पयेत् ॥ ८६ ॥
एव तु पञ्चकं प्रोक्तं देवानां पचनालयम् ।
सिचाख्यमण्डपं चापि पचनालयमेव च ॥ ८७ ॥
विस्तारे(रं) वेदभागेन पञ्चभागं तदायतम् ।
द्वित्रिभागाङ्क(ङ्ग)णं मध्ये चांशेनावृतमण्डपम् ॥ ८८ ॥
तद्बहिः परितो देशे चांशेनालिन्द्र(न्द)मिष्यते ।
त्र्यंशं तद्भद्रविस्तारं निर्गमांशेन योजयेत् ॥ ८९ ॥
वातायनसमायुक्तमेकद्वारं प्रकल्पयेत् ।
अङ्गणे च प्रपायुक्तं पद्मा(पुष्पा)ख्यं पुष्पमण्डपम् ॥ ९० ॥
पञ्चांशं चतुरश्रं स्यात्त्रिभागाङ्गणं भवेत् ।
तद्बहिः परितोंऽशेन मण्डपं परिकल्पयेत् ॥ १ ॥
वातायनसमायुक्तं भद्र(द्रं) शेषं तु पूर्ववत् ।
जलसंपूरितार्थाय(र्थं च) भद्रमण्डपमीरितम् ॥ ९२ ॥
तदेकभागाधिकं वापि द्विभागाधिकमायतम् ।
तद्वि द्वित्रिभागं वा (विस्)तारं पञ्चांशमायतम् ॥ ९३ ॥
विस्तारे मण्डपं कुर्यात् इ(दि)ष्टदिग्गतभित्तिकम् ।
अग्रे च द्वारमेकं स्याद्युक्त्या चाङ्गणसंयुतम् ॥ ९४ ॥
तद्बहिः परितोंऽशेन द्वारं कुर्याद्विचक्षणः ।
मण्डपं भद्रसंयुक्तं धान्यनिक्षेपयोग्यकम् ॥ ९५ ॥

षड्भागेन विशाले तु चायामं चाष्टभागिकम् ।
वेदभागेन विस्तारं षड्भागायामतोऽङ्गणम् ॥ ९६ ॥
तत्तद्बाह्यावृतांशेन वसपं(मण्डपं) परिकल्पयेत् ।
आयामे मध्यसूत्रात्तु वामे द्वारं तु योजयेत् ॥ ९७ ॥
कूटाङ्गं मण्डपं कुर्यात्प्रच्छादनमथापि वा ।
शिवाख्यमण्डपं प्रोक्तं धान्यकर्षन(र्षण)योग्यकम् ॥ ९८ ॥
पञ्चसप्तांशविस्तारं तस्याद् द्विं(द्व्यं)शाधिकायतम् ।
मण्डपं तत्तदंशेन समाश्रं वायतं तु वा ॥ ९९ ॥
तत्त्रिभागाङ्गणं मध्ये चैकद्व्यंशेन मण्डपम् ।
वातायनसमायुक्तं इ(चे)ष्टदिग्वा(द्वा)रसंयुतम् ॥ १०० ॥
मध्ये प्रच्छादनं कुर्यात्प्रपाङ्गं वाधिकल्पयेत् ।
एकभागेन वाह्ये तु परितो भूप(भ्रमा)लिन्दकम् ॥ १०१ ॥
तत्तद्भागेन संयुक्तं मे(मा)नं प्रागुक्तवन्नयेत् ।
एवं तु(नृत्ताख्य)मण्डपं प्रोक्तं नृत्तश्रवणयोग्यकम् ॥ १०२ ॥
तदेव चेष्टदिग्वासं कुर्यादेवं तु जालकम् ।
वस्त्राभरणशास्त्रादीन(दि)रत्नकोशादियोग्यकम् ॥ १०३ ॥
विस्तारं सप्तभागं स्याद्यथेष्टांशं तथायतम् ।
समाश्रं वाथ वेदाश्रं कुर्यादास्थानमण्डपम् ॥ १०४ ॥
विस्तारं(र)द्विगुणं वापि त्रिगुणं वा तदायतम् ।
समाश्रं सप्तसप्तांशे त्रित्रिमध्यमरङ्गकम् ॥ १०५ ॥
परितो (तश्चै)कैकभागं द्व्यंशैकं मण्डपं तु वा ।
पृष्ठे तत्पार्श्वयोर्मध्ये मुखे पादसमन्वितम् ॥ १०६ ॥
पार्श्वयोः पृष्ठतः द्वारं (तस्तु वा) द्वारं तु प्रस्तरं तु वा ।
पार्श्वैकद्वारसंयुक्तं युक्त्या सोपानसंयुतम् ॥ १०७ ॥
चतुर्दिक्षु द्विभागैकं विस्तारं भद्रनिर्गमम् ।
अथवा मुखभद्रे तु निर्गमं तद्द्विभागिकम् ॥ १०८ ॥
तदग्रे वाथ पार्श्वे च कुर्यात्सोपानभूषणम् ।
तस्य मध्ये च रङ्गे तु मौक्तिकेन प्रपान्वितम् ॥ १०९ ॥

तन्मध्य(ध्यां)शासनादीनां तोरणं कल्पवृक्षकम् ।
तन्मानं चोक्तवत्कुर्यात्सर्वालङ्कारसंयुतम् ॥ ११० ॥
मण्डपे द्वे(द्वि)विमानं स्यादेकं वा द्वितलं तु वा ।
मण्डपाग्रे प्रपाङ्गं स्याद्यथेष्टायामं कल्पयेत् ॥ १११ ॥
तस्य मध्ये त्रिभागेन विस्तारमायामं चोक्तवद् भवेत् ।
नाटकादि प्रच्छादनं शेषभागावृतं प्रपा ॥ ११२ ॥
प्रपाग्रैकद्विभागं वा कर्णे लाङ्गलभित्तिकम्
तन्मुखे त्र्यंश(शं) विस्तारं भद्रमंशेन निर्गमम् ॥ ११३ ॥
विस्तारसमभद्रं वा सोपानं मुखभद्र(पार्श्व)योः ।
शेषं प्रागुक्तवत्कुर्यात्सर्वालङ्कारसंयुतम् ॥ ११४ ॥
अथवा मण्डपदेवाख्ये द्वित्रिभागेन पूर्ववत् ।
अथवा मण्डपाख्ये(द्ये) तत्प्रपासंयुक्तं बाह्यके ॥ ११५ ॥
एकभाग(गं) द्विभाग वा परितोऽलिन्द्र(न्द)मिष्यते ।
शेषं प्रागुक्तवत्कुर्यात्सर्वालङ्कारसंयुतम् ॥ ११६ ॥
अथवा मण्डपो[प]देशे सप्तसप्तांश(शं) हस्तिकम् ।
त्रिपञ्चांशेन विस्तारमायामं मध्यरङ्गकम् ॥ २१७ ॥
तद्बाह्ये चैकभागेन मण्डपं परितस्तथा ।
तन्मुखे च (द्वि)त्रिभागेन भद्रं शेषं तु पूर्ववत् ॥ ११८ ॥
अथवा मण्डपाद्ये तत्प्रपासंयुक्तं बाह्यके ।
एकभाग(गं) द्विभागं वा परितोऽलिन्द्र(न्द)मिष्यते ॥ ११९ ॥
शेषं प्रागुक्तवत्कुर्यात्सर्वालङ्कारसंयुतम् ।
शतपादयुतं वाथ सहस्राङ्घ्रिक(कं) मण्डपम् ॥ १२० ॥
युक्त्या तद्भित्तिमध्येन यथेष्टायतविस्तृतम् ।
देवानां भूपतीनां च कुर्यादास्थानमण्डपम् ॥ १२१ ॥
अष्टांशं चतुरश्रं वा नवांशं चतुरश्रकम् ।
तत्तदायाममेवं च भूपतीनां च योग्यकम् ॥ १२२ ॥
मण्डपं पूर्ववत्कुर्याद्देवता(वस्य:) चोत्सवार्थकम् ।
सालाख्या त कूताख्या स्यात्कुट्याभो रङ्गके सुधीः ॥ १२३ ॥

दशांशं चतुरश्रं स्यात्षट्षडशं तु मध्यमे ।
ऊर्ध्वकूटसमायुक्तं परितो ह्यंशेन मण्डपम् ॥ १२४ ॥
मध्ये द्वारं द्विभागं स्याद् द्विषड्भागेन चाग्रतः ।
तद्भागेन द्विभागेन द्वारे(र)पार्श्वे तु वदिकम् ॥ १२५ ॥
परितोऽलिन्द्र(न्द)भागेन वारण मुखभद्रकम् ।
अथवा नेत्रभद्रं स्यात् शे(च्छे)षं युक्त्या प्रयोजयेत् ॥ १२६ ॥
दर्भाख्यं मण्डपं प्रोक्तं कुञ्जरस्यालयं तथा ।
एकादशांशविस्तारमायतं विंशदंशकम् ॥ १२७ ॥
एकभाग(गं) द्विभागं वा मण्डपं परितस्तथा ।
शेषं तु चाङ्गणं मध्ये चेष्टदिग्द्वारसंयुतम् ॥ १२८ ॥
अष्टमेकैकपङ्क्तिः स्यादश्वानां निलयान्वितम् ।
कौशिकं मण्डपं प्रोक्तं शेषं युक्त्या प्रयोजयेत् ॥ १२९ ॥
द्वादशांशं तु विस्तारमायामं तद्द्वयं भवेत् ।
अष्टांशं चाङ्गणं मध्ये परितः ह्यंशेन मण्डपम् ॥ १३० ॥
इष्टदिग्वा(ग्द्वा)रसंयुक्तमिष्टदिग्गतभित्तिकम् ।
कूलधारणमित्युक्तं गोसङ्घैर्वा(ङ्घ्वा)सयोग्यकम् ॥ १३१ ॥
त्रयोदशांशविस्तारं समाश्रं वायताश्रकम् ।
विस्तारं च यदायामं युक्त्या तत्रैव योजयेत् ॥ १३२ ॥
सप्तांशं विस्तृतं मध्ये कल्पयेदङ्गणं भवेत् ।
तस्य बाह्यावृतांशेन कारयेत्तन्मसूरकम् ॥ १३३ ॥
विस्तारद्वयमायामशेषं युक्त्या प्रयोजयेत् ।
तद्बाह्ये मण्डपं कुर्याद् द्विं(ह्यं)शेनावृतमेव च ॥ १३४ ॥
चतुर्दिक्षु चतुर्द्वारमिष्टदिग्गतभित्तिकम् ।
तत्तद्बाह्यावृतांशेन कुर्यात्तत्समलिन्द्र(मालिन्द)कम् ॥ १३५ ॥
पञ्चांशं चन्द्र(ह्यंशं) विस्तारं निर्गमं भद्रसंयुम् ।
मुखाङ्गाख्यमिति प्रोक्तं सत्रयोग्यं तु मण्डपम् ॥ १३६ ॥
मन्वंशसमविस्तारम(रं तत्समा)धिका(कमा)यतम् ।
दक्षिणे पश्चिमे वापि चतुर्दशांशमायतम् ॥ १३७ ॥

तदंशेनावृतालिन्दं त्र्यंश(शं) मध्ये तु मण्डपम् ।
मध्यस्तम्भं तु सर्वेषां युक्त्या द्वारं प्रयोजयेत् ॥ १३८ ॥
तन्मुखे द्व्यंशमावृत्य(तं) द्वा शेषं तथाङ्गणम् ।
परितश्चैकभागेन तद्बाह्ये भ्रम(मा)लिन्द्र(न्द)कम् ॥ १३९ ॥
एवं तु सौख्यकं प्रोक्तं शे प्रागुक्तवन्नयेत् ।
नदीतीरे तटाके वा सिन्धुतीरे प्रकल्पयेत् ॥ १४० ॥
सर्वेषां(र्वासां) देवतानां च तीर्थयोग्यं प्रकीर्तितम् ।
पञ्चदशांशविस्तारमेकत्रिंशायतं तथा ॥ १४१ ॥
अथवा चतुरश्रं स्याच्चतुर्द्वारसमन्वितम् ।
तन्मध्ये पञ्चभागेन सप्तभागाङ्गणं तथा ॥ १४२ ॥
तद्बाह्ये परितोंऽशेन कुर्यादन्तर(रा)लिन्दकम् ।
खलूरिकापि तद्बाह्ये त्रित्रिभागेन मण्डपम् ॥ १४३ ॥
तद्बाह्यावृतालिन्दमेकभागेन कारयेत् ।
तद्बहिश्चावृतांशेन कारयेद् भ्रमालिन्दकम् ॥ १४४ ॥
पञ्चाशं द्विं(द्व्यं)शविस्तारं निर्गमं भद्रसंयुतम् ।
मण्डपस्य बहिर्देशे प्रपां परितस्तु कारयेत् ॥ १४५ ॥
मण्डपे चोर्ध्वकूटं स्यान्मालिकाकृति(तिं) विन्यसेत् ।
अथवा रुद्र(तत्तद्वारण)संयुक्तं वातायनसमन्वितम् ॥ १४६ ॥
कर्णे(र्णे)कक्कर (कर्करी)भद्रं स्याद्युक्त्या तत्रैव योजयेत् ।
सर्वालङ्कारसंयुक्तं मालिकाख्यं तु मण्डपम् ॥ १४७ ॥
मध्यं(ध्य)कर्णे जलं पूर्य(र्ण) जलं पुष्पैरलङ्कृतम् ।
एवं वसन्तयोग्यं स्याद् देवानां क्षत्रियादि(दी)नाम् ॥ १४८ ॥
षोडशांशेन विस्तारं द्वात्रिंशायामकं तथा ।
पूर्ववच्चतुरश्रं स्यान्मध्यस्तम्भान्परित्यजेत् ॥ १४९ ॥
मध्याङ्गणं तु षड्भागं शेषं प्रागुक्तवन्नयेत् ।
तदेव षोडशांशे तु मध्यरङ्गात्(ङ्गं) षडंशकम् ॥ १५० ॥
तद्बाह्यावृतांशेन चान्तर(रा)लिन्दमिष्यते ।
तद्बहिश्च त्रियं(त्र्य)शेन मण्डपं परितस्तथा ॥ १५१ ॥

तद्बाह्यावृतांशेन(ना)लिन्द्रं(न्दं) कुर्याद् विचक्षणः ।
तत्पुरे पृष्ठपार्श्वे तु भ्रम(मा)लिन्द्रै(न्दमे)कभागतः ॥ १५२ ॥
तच्चतुष्कर्णदेशे तु कर्करी(रीं) चाष्टभद्रक(का)म् ।
ऊर्ध्वकूटसमायुक्तं द्वारभद्रैस्तु संयुतम् ॥ १५३ ॥
तन्मुखे पुरतः पार्श्वे द्वारसंयुक्तभद्रकम् ।
तत्कर्णे च द्वयोर्भद्रं चतुर्थं कर्करीकृतम् ॥ १५४ ॥
कर्करीभद्रसंयुक्तं मण्डपस्य विशालकम् ।
एकद्वित्र्यै(त्र्यं)कभागं स्यात्कर्करीभद्रनिर्गमम् ॥ १५५ ॥
मध्ये भद्रे तु विस्तारं पञ्चषड्भागमेव वा ।
तत्समं निर्गमं वापि द्वित्रिवेदांशमेव वा ॥ १५६ ॥
भद्रैस्त(द्रं त)त्पुरपार्श्वे तु कुर्याद् द्वारं तदंशक(दायत)म् ।
एकद्वित्रितलं मध्ये मण्डपे चोर्ध्वकूटकम् ॥ १५७ ॥
एवं तु मालिकाकारं शेषं प्रागुक्तवन्नयेत् ।
सर्वालङ्कारसंयुक्तं माल्याकृत(लाकृति)मितीरितम् ॥ १५८ ॥
देवतालोकनयोग्यं देवदेवस्य मण्डपम् ।
एवं तु मण्डपं प्रोक्तं देवभूसुरभूपतेः ॥ १५९ ॥
विस्तारे चैकभक्त्ये(क्त्या) वा यथेष्टायामवर्धनात् ।
सर्वेषां मण्डपानां तु पूर्वोक्तानां तदायतम् ॥ १६० ॥
द्विभक्तिविस्तृतं तस्मात् ए(दे)कभागाधिकायतम् ।
मध्येकभक्तिवासं स्यात्पुर(रः) पार्श्वे च मण्डपम् ॥ १६१ ॥
आत्मार्थं विप्रसद्मे तु यजनार्थमुदीरितम् ।
तदेव द्विगुणायामं मध्यरङ्ग(ङ्गं) द्विभागतः ॥ १६२ ॥
तत्पार्श्वे चैकभागेन वासं कुर्याद् विचक्षणः ।
तत्पुरेऽलिन्दमेकांशमथवा निर्वासमण्डपम् ॥ १६३ ॥
अथवा वंशमूले तु चैकद्विं(द्व्यं)शेन वासकम् ।
एवं तु विप्रयोग्यं स्याद्धनदाख्यं तु मण्डपम् ॥ १६४ ॥
त्रिभक्ति विस्तृतं तस्मात् ए(दे)कभागाधिकायतम् ।
तदर्धेन द्विभागेन मण्डपं चोन्नतासनम् ॥ १६५ ॥

पृष्ठे च पार्श्वयोः कुड्यं पुरतो पादसंमि(यु)तम् ।
तन्मुखं द्वित्रिभागेन निर्गमं चासनसंयुतम् ॥ १६६ ॥
कर्णे लाङ्गलभित्तिः स्याद् भ्रमरावृतबाह्यके ।
एकांशेनाङ्घ्रिसंयुक्तं पुर(रः) पार्श्वे तु (च) भद्रकम् ॥ १६७ ॥
धनाधिपमण्डपं स्याद् देवभूसुरयोग्यकम् ।
तदेव मध्याङ्गणसंयुक्तं चौरार्थं द्विजभूपतेः ॥ १६८ ॥
तदेव भागाधिकायाममिष्टदिग्गतभित्तिकम् ।
भूपतीनां च वैश्यानां कोशरत्नादियोग्यकम् ॥ १६९ ॥
तदेवाधिकमायामं मध्यभागाङ्गणं भवेत् ।
एकभागावृतावासमिष्टदिग्गतभित्तिकम् ॥ १७० ॥
आयाममध्यसूत्रं तु(त्रस्य) वामे द्वारं प्रकल्पयेत् ।
कर्णे(र्णे ए)ककर्करीभद्रं स्याद् भ्रमरांशेन पूर्ववत् ॥ १७१ ॥
शूद्राणां च इ(चे)ति प्रोक्तं धान्यागारमथ नामकम् ।
चतुरंशं विस्तारं स्यात् ए(दे)कभागाधिकायतम् ॥ १७२ ॥
पश्चांश द्व्यंशकेनैव मण्डपं परिकल्पयेत् ।
तन्मुखेव(खैक)त्रिभागन निर्गमं भद्रविस्तृतम् ॥ १७३ ॥
तत्पुरं तु द्विपार्श्वे वा प्रपां चैकेन कारयेत् ।
भद्रान्तं कुड्यसंयुक्त मण्डपं पृष्ठपार्श्वयोः ॥ १७४ ॥
देवतानां च मौनार्थं भूषणाख्यं तु मण्डपम् ।
तदेकभागाधिकायामं विस्तारं पूर्ववद् भवेत् ॥ १७५ ॥
षड्भागद्विभागेन विस्तारं मण्डपं भवेत् ।
द्वित्रिभागाङ्गणं पूर्वे ए(चै)कभागं खलूरकम् ॥ १७६ ॥
मण्डपं तु (पस्य) विमा दीर्घे(दैर्घ्ये) द्वारं कुर्याद् विचक्षणः ।
भूषणाख्यं च विप्राणां योग्यं पुंसवनार्थकम् ॥ १७७ ॥
तदेव भागाधिकायामं विस्तारं पूर्ववद् भवेत् ।
त्रिचतुर्भागमायामं मण्डपं परितो भवेत् ॥ १७८ ॥
एवं सुभूषणाख्यं स्याच्छेषं पूर्वोक्तवन्नयेत् ।
भूसुरादित्रयाना चोपनयनादियोग्यकम् ॥ १७९ ॥

वेदाष्टांशविस्तारमायामं [च] मण्डपं भवेत् ।
वंशे मूलाग्रयोः सन्धिर्द्वि(न्धिं द्वि)चतुर्भागेन कारयेत् ॥ १८० ॥
एकद्विवासयोर्मध्यं द्विचतुर्भागाङ्गणं भवेत् ।
एतत्पार्श्वे द्वयोश्चै(यं चै)कं चा(च)तुर्भागेन द्वारकम् ॥ १८१ ॥
दीर्घे(दैर्घ्ये) च मध्य सूत्रं तु(त्रस्य) वामे द्वारं प्रकल्पयेत् ।
अथवा तस्य मध्ये तु कुड्यवा(व्या)सं विभाजिते ॥ १८२ ॥
कुलाभ(ह)द्वारसंयुक्तं शेषं युक्त्या प्रयोजयेत् ।
एवं तु भूषनाख्यं स्यात् शू(च्छू)द्राणां पचनालयम् ॥ १८३ ॥
तद् द्विभागेन विस्तारे तस्माद् द्विं(द्व्यं)शाधिकायतम् ।
पञ्चांशेन द्विभागेन पूर्ववद् द्वारसंयुतम् ॥ १८४ ॥
वासमेतद्(क)द्वयोर्मध्यं त्रित्रिभागाङ्गणं भवेत् ।
एकांशेन त्रिभागेन पार्श्वे द्वारं प्रयोजयेत् ॥ १८५ ॥
तद्बाह्ये परितोऽलिन्दमेकभागेन कारयेत् ।
दीर्घे(दैर्घ्ये) मध्यमभागे तु द्वारं संकल्पयेत्सुधीः ॥ १८६ ॥
एकद्वित्रिभागेन निर्गमं भद्रविस्तृतम् ।
एवं तु मण्डपं हर्म्यं देवभूसुरभूपतेः ॥ १८७ ॥
पचनार्थमिति प्रोक्तं नानातलद्वारैरपि ।
तस्माद् द्व्यधिकायामं विस्तारं पूर्ववद् भवेत् ॥ १८८ ॥
तन्मध्ये चाङ्गणां(णमं)शेन परितो द्वि(द्व्यं)शेन मण्डपम् ।
तस्यान्तं चैकभागेन परितस्तु खलूरिका ॥ १८९ ॥
तद्दीर्घ(दैर्घ्ये) मध्यसूत्रात्तु(त्रस्य) वामे द्वारं प्रकल्पयेत् ।
शेषं तु पूर्ववत्कुर्यान्मण्डपं हर्म्यमीरितम् ॥ १९० ॥
सर्वेषामपि वर्णानां बालालोकनयोग्यकम् ।
षड्भागविस्तृत चैव सप्तभागायतं तथा ॥ १९१ ॥
तद्भागेन द्वित्रिभागेन मध्यरङ्गं प्रकल्पयेत् ।
मध्यस्तम्भान्परित्यज्य परितः द्व्यंशेन मण्डपम् ॥ १९२ ॥
तद्बाह्ये चावृतांशेन भूवृतालिन्दसंयुतम् ।
चतुर्दिक्षु चतुर्द्वारं कर्यं लाङ्गलभित्तिकम् ॥ १९३ ॥

चतुर्दिग्भद्रसंयुक्तमेकद्वित्रिकभागिकम् ।
देवानां च विलासार्थं शृङ्गाराख्यं तु मण्डपम् ॥ १९४ ॥
आयामं चाष्टभागेन विस्तारं पूर्ववद् भवेत् ।
तद्भागे द्विचतुर्भागं तन्मध्ये चाङ्गणं भवेत् ॥ १९५ ॥
तद्बहिश्चावृतांशेन कुर्यात्तत्तदलिन्द्र(न्द)कम् ।
तद्बहिश्चावृतांशेन मण्डपं द्विं(द्व्यं)शमेव वा ॥ १९६ ॥
चतुर्वासं चतुष्कर्णे द्विद्विभागेन योजयेत् ।
तद्बहिश्चैकभागेन परितो वारमिष्यते ॥ १९७ ॥
तद्दीर्घे(दैर्घ्ये) मध्यसूत्रं तु(त्रस्य) वामे द्वारं तु पूर्ववत् ।
वंशमूलाग्रयोः सर्वे(र्वं) कर्करीकृतनेत्रकम् ॥ १९८ ॥
द्व्यंशैकं तत्र विस्तारं निर्गमं भद्रसंयुतम् ।
सर्वेषामपि वर्णानां सू(सु)गतं सर्वदेशिकम् ॥ १९९ ॥
चतुर्भागाधिकायामं विस्तारं पूर्ववद् भवेत् ।
ललाटे द्व्यंशविस्तारं रसभागं तदायतम् ॥ २०० ॥
पुरतः पृष्ठवाम्रे(भागे) तु ए(चै)कभागेनलिन्द्र(नालिन्द)कम् ।
वंशमूले तु वासं स्यात्कुर्यात्तु द्वित्रिभागतः ॥ २०१ ॥
शेषं प्रागुक्तवत्सर्वं युक्त्या तत्रैव योजयेत् ।
तदेवाग्रे चतुर्भागं चोक्तवन्मण्डपं तु वा ॥ २०२ ॥
केचित्षडष्टभागेन विस्तारायाम(मं) कल्पयेत् ।
ललाटे द्विं(द्व्यं)शषड्भागं विस्तारायाम(मं) मण्डपम् ॥ २०३ ॥
एकांशे तत्पुरेऽलिन्द्रं(न्दं) द्वित्रिभागाङ्गणं भवेत् ।
तत्पुरे पार्श्वयोः शेषं महावा(द्वा)रं तु कल्पयेत् ॥ २०४ ॥
ललाटे द्विं(द्व्यं)शविस्तारमा(रा)यामं मण्डपं भवेत् ।
एवं तु प्रागतं प्रोक्तं सर्वकर्मसुखावहम् ॥ २०५ ॥
सप्तांशं तु(क्रम)विस्तारं नवभागं तदायतम् ।
त्रिभागं(गेन) पञ्चभागेन चाङ्गणं विस्तृतायतम् ॥ २०६ ॥
तद्बहिश्च द्विभागेन परितो मण्डप भवेत् ।
अथवा तत्त्रिभागेन ललाटे मण्डपं भवेत् ॥ २०७ ॥

तत्पुरे च द्विभागेन युक्त्या मध्ये तु चाङ्गणम् ।
तत्पुरे च द्विपार्श्वे च ए(तु चै)कभागेनलिन्द्र(नालिन्द)कम् ॥ २०८ ॥
तद्बहिश्चावृतांशेन मण्डपानां तु अ(त्व)लिन्दकम् ।
मध्ये च(द्वा)रं तु संकल्प्य विस्तारे चाथ दैवतम् ॥ २०९ ॥
तद्द्वित्रिभागेन विस्तारं निर्गमं भद्रसंयुतम् ।
एकं वाथ द्वयं वापि द्वारं च त्रयमेव च ॥ २१० ॥
तद्बहिश्चावृतांशेन कुर्यादावृतालिन्दकम् ।
सर्वालङ्कारसंयुक्तं कर्णहर्म्यादिमण्डितम् ॥ २११ ॥
द्रोणाख्यं मण्डपं प्रोक्तं देवारामं प्रकल्पयेत् ।
अथवा भूपतीनां च आ(तु चा)त्मार्थं यजनार्थकम् ॥ २१२ ॥
विप्राणां शुभकर्मार्थं सन्ध्यायोग्यकमण्डपम् ।
अथवा तपस्विनीनां च मठं वा नाटकाहक(हित)म् ॥ २१३ ॥
एकभागाधिकायामं विस्तारं पूर्ववत्क्रमात् ।
षट्त्रिभागाङ्गणं मध्ये परितद्विं(तो द्व्यं)शेन मण्डपम् ॥ २१४ ॥
ललाटे मण्डपे पूर्वे चैकभागेनलिन्द्र(नालिन्द)कम् ।
एवं तु भूपहर्म्ये तु मल्लयोग्यं तु कारयेत् ॥ २१५ ॥
तस्मा[द्] द्व्यंशाधिकायामं विस्तारं सप्तभागिकम् ।
पञ्चांशं चैकपङ्क्त्यंशं तन्मध्ये चाङ्गणं भवेत् ॥ २१६ ॥
तद्बाह्ये परितः कुर्यादेकभागेन वेदिकाम् ।
एतद् द्रोणं च भूपानामायुधाभ्यासमण्डपम् ॥ २१७ ॥
पञ्चदशांशकं दीर्घ(दैर्घ्यं) नेत्रत्रिभागमण्डपम् ।
तत्पुरेऽलिन्द्र(न्द)मेकांशं नवांशेन युताङ्गणम् ॥ २१८ ॥
तत्पार्श्वे पुरतश्चैव युगांशेन खलूरिकाः ।
द्रोणाख्यमण्डपं चैव मेषयुद्धार्थयोग्यकम् ॥ २१९ ॥
अष्टाष्टांशविस्तारमायामं [च] तत्र कल्पयेत् ।
तन्मध्ये द्विद्विभागेन कल्पयेद् विवृताङ्गणम् ॥ २२० ॥
तद्बहिश्चावृतांशेन कुर्याच्चैका खलूरिका ।
तद्बहिश्च द्व्यांशेन मण्डप परितस्तथा ॥ २२१ ॥

कर्णे च द्विद्विभागेन कुर्याद् वासं चतुष्टयम् ।
तद्बहिश्चावृतांशेन संयुक्तं भद्रालिन्दकम् ॥ २२२ ॥
मध्यसूत्रात(त्रस्य) तु वामे तु द्वारं कुर्याद् विचक्षणः ।
तद्बहिश्चावृतांशेन कुर्याच्चैव(कं) खलूरिकम् ॥ २२३ ॥
चतुष्कर्णोऽष्टनेत्रं स्याद् भद्रयुक् कर्करीकृतम् ।
अथवा वेदभागेन मध्यकोष्ठं समाश्रकम् ॥ २२४ ॥
तद्बहिश्चावृतांशेन जलपादं च निम्नकम् ।
तद्बहिः परितो भागे कुर्याच्चैव(का) खलूरिकाः(का) ॥ २२५ ॥
तन्मध्ये मण्डपं कुर्यात्कर्णे लाङ्गलभित्तिकम् ।
मध्यस्तम्भं त्यजेत् श(च्छ)स्तं दिक्षु स्तम्भं त्यजेत्तुवा ॥ २२६ ॥
ऊर्ध्वकूटं(ट)समायुक्तं सर्वालङ्कारसंयुतम् ।
तद्बहिः परितो देशे यथेष्टांशप्रपाङ्गकम् ॥ २२७ ॥
नृपाणां भोजनार्थं स्यात्खर्वटाख्यं तु मण्डपम् ।
तदेव भागैकवेदांशं मध्यरङ्गं तमिष्यते ॥ २२८ ॥
तद्बाह्ये त[द्]द्विभागेन मण्डपावृतमिष्यते ।
तद्बहिश्चावृतांशेन कुर्यात्तद्भ्रमालिन्दकम् ॥ २२९ ॥
तच्चतुर्दिक्षु मध्ये च स्तम्भं सर्वोपरि त्यजेत् ।
द्विभागैकं नेत्रविस्ता निर्गमं भद्रसंयुतम् ॥ २३० ॥
मध्यभद्रं तु(द्रस्य) विस्तारं निर्गमं च(मस्य) द्विभागिकम् ।
चतुर्दिक्षु चतुर्द्वारं कर्णे च कर्करीकृतम् ॥ २३१ ॥
ऊर्ध्वकूटं समायुक्तं सर्वालङ्कारसंयुतम् ।
तन्मुखे तत्समांशेन विस्तारायामं कारयेत् ॥ २३२ ॥
चतुःषड्भागविस्तारायामं मण्डपाङ्गणम्(णं स्यात्) ।
पुरश्च पार्श्वयोश्चैव ह्यंशेन मुखमण्डपम् ॥ २३३ ॥
द्वारं तन्मुखभद्रं स्यात्कर्णेषु कर्करीकृतम् ।
मण्डपे चाङ्गणं ज्ञात्वा विधानं विविधाननम् ॥ २३४ ॥
सर्वालङ्कारसंयुक्तं वातायनसमायुतम् ।
एवं तु खर्वटं प्रोक्तमभिषेकार्थमण्डपम् ॥ २३५ ॥

नवभागं तु विस्तारं तत्समांशमुखायतम् ।
मध्यरङ्गं त्रिभागं स्यादंशेनावृत(ता)लिन्द्र(न्द)कम् ॥ २३६ ॥
तद्बहिश्च द्विभागेन मण्डपावृतमेव च ।
तस्मात्त्रिभागषड्भागं विस्तारायामरङ्गकम् ॥ २३७ ॥
कुर्यात्तु शिल्पि(ल्प)विद्बुद्भिर्मुखमण्डप(पं) मध्यमे ।
तत्पुरे पार्श्वयोश्चैव ए(चै)कभागेन(ना)लिन्द्र(न्द)कम् ॥ २३८ ॥
तद्बहिस्तद्वशात्कुर्यान्मण्डपं तद्द्वयांशकम् ।
शेषं प्रागुक्तवत्कुर्यात् श्री(च्छ्रो)रूपाख्यं च मण्डपम् ॥ २३९ ॥
एवं देवालये कुर्याद् भूपा[भिषे]कयोग्यकम् ।
दशभागविशालं स्याद्विंशत्यंशं तदायतम् ॥ २४० ॥
मध्यरङ्गं युगांशं स्यात्मध्यस्तम्भान् परित्यजेत् ।
तद्बदिश्चावृतांशेन(ना)लिन्द्रं(न्दं) द्व्यंशेन मण्डपम् ॥ २४१ ॥
तद्बहिश्चावृतांशेन चोर्ध्वे तु जलस्थलम् ।
तस्मात्तु तन्मुखे रङ्गं द्व्यंशं षड्भागमेव च ॥ २४२ ॥
तन्मुखे पार्श्वयोश्चैव मण्डपाकारं योजयेत् ।
मङ्गलाख्यमिति प्रोक्तं शेषं तु पुरतो(त उ)क्तवत् ॥ २४३ ॥
एवं तु नृपहर्म्ये तु तुलाभारार्थयोग्यकम् ।
भूपानां च यथास्थानं(न)मण्डपं वक्ष्यते क्रमात् ॥ २४४ ॥
एकादशविभागेन मूलविस्तारदीर्घ(दैर्घ्य)कम् ।
तत्समांशेन विस्तारमेकद्वित्रिमुखायतम् ॥ २४५ ॥
विस्तारसमसूत्रं स्यात्कुर्यादास्थानमण्डपम् ।
मूलमण्डपमध्ये तु पञ्चपञ्चांशरङ्गकम् ॥ २४६ ॥
तद्बाह्ये द्वित्रिभागेन परितो मण्डपं भवेत् ।
चतुर्दिक्षु चतुर्द्वारं कर्णे लाङ्गलभित्तिकम् ॥ २४७ ॥
बाह्ये च द्वित्रिभागेन भूवृतालिन्दकम्[कं भवेत्] ।
चतुर्दिक्षु [द्वि]त्रिभागेन भद्रद्वारयसंयुतम् ॥ २४८ ॥
पार्श्वे सोपानसंयुक्तं हस्तिहस्तविभूषितम् ।
सोपपीठमधिष्ठानं स्तम्भादीन्प्रस्तरान्वितम्(तान्) ॥ २४९ ॥

प्रस्तरोर्ध्वे विशेषोऽस्ति चूलो(लि)हर्म्यादिमण्डितम् ।
मध्यरङ्गोर्ध्वकूटं स्यात् ए(चै)कद्वित्रितलं तु वा ॥ २५० ॥
रत्नप्रासादरङ्गं तु प्रागुक्तवदलङ्कृतम् ।
तन्मुखे च प्रपां कुर्याद् युक्त्यायामं तु कल्पयेत् ॥ २५१ ॥
नाटका(क)विस्तरं पञ्चपञ्चभागेन योजयेत् ।
पार्श्वे चैव त्रिभागेन बहुपादसमन्वितम् ॥ २५२ ॥
सोपपीठाङ्घ्रिसंयुक्तं प्रस्तरं च प्रपाङ्गकम् ।
प्रमुखे भद्रसोपानं कर्णे लाङ्गलभित्तिकम् ॥ २५३ ॥
शिले वा दारुजे वापि मिश्रद्रव्येण कारयेत् ।
शेषं तु देवतास्थानं मण्डपोक्तवदाचरेत् ॥ २५४ ॥
एवमास्थानयोग्यं स्यात्तत्स्वराजयोग्यकम् ।
चतुःषड्भागविस्तारमा(रा)यामं [च] तत्प्रकल्पयेत् ॥ २५५ ॥
द्विचतुर्भागविस्तारमा(रा)यामं [च] मण्डपं भवेत् ।
विस्ताराद् द्विभागेन वंशमूले तु वासकम् ॥ २५६ ॥
तदग्रे द्वित्रिभागेन कुड्यपादसमन्वितम् ।
तद्बहिश्चावृतांशेन वारं कान्ताख्यमण्डपम् ॥ २५७ ॥
एवं तु युवराजस्य लीलालोकनमण्डपम् ।
सर्वालङ्कारसंयुक्तं चोर्ध्वकूटसमन्वितम् ॥ २५८ ॥
षडष्टांशेन विस्तारमा(रा)यामं [च] मण्डपं भवेत् ।
द्वित्रिभागेन वासं स्यात्त्रिचतुर्भागमण्डपम् ॥ २५९ ॥
वंशमूलाग्रयोर्वासं तन्मध्ये मण्डपं भवेत् ।
तत्पुरेऽलिन्द्र(न्द)मेकांशं चेष्टदिग्गतभित्तिकम् ॥ २६० ॥
मुखेऽष्टांशमायामं विस्तारं मुखवा(द्वा)रकम् ।
द्वित्रिभागेन वासं स्यात् अ(द)ग्रे मूले नियोजयेत् ॥ २६१ ॥
अथवा मूलवासैश्च द्वित्रिभागेन योजयेत् ।
द्विचतुर्भागविस्तारायामं मूलमण्डपम्(पं स्यात्) ॥ २६२ ॥
तत्पुरे पृष्ठदेशे तु चैकैकांशेनालिन्द्र(न्द)कम् ।
परितः कुड्यसंयुक्तं तद्बहिर्वारमेव च ॥ २६३ ॥

तस्मादेव द्विभागेन निर्गमं भद्रविस्तृतम् ।
मण्डपे वंशमूलाग्रे त्रिभागं भद्रविशालकम् ॥ २६४ ॥
निर्गमं च द्विभागं स्याद् भद्रावृतवारकम् ।
मण्डपे चोर्ध्वकूटं स्यात् शा(च्छा)लाकारं तु योजयेत् ॥ २६५ ॥
अष्टवक्त्रसमायुक्तं कर्णेषु कर्करीकृतम् ।
मध्यसूत्रं तु(त्रस्य) वामे तु द्वारं कुर्याद् विचक्षणः ॥ २६६ ॥
श्रीविशालमिति प्रोक्तं महिष्यावासमण्डपम् ।
चतुःषड्भागविस्तारं आ(रा)याम [च] मण्डपं भवेत् ॥ २६७ ॥
द्विद्विभागेन संयुक्तं तन्मध्ये चाङ्गणं भवेत् ।
द्विचतुर्भागविस्तारं वासमायाममीरितम् ॥ २६८ ॥
तत्पुरे पृष्ठभागान्तं चैकद्व्यंशेन कारयेत् ।
तद्बहिर्वारमेकेन परितः कूटाकृतिस्तथा ॥ २६९ ॥
वंशमूलाग्रयोर्वासं त[द्]द्वारं वासमध्यमे ।
मण्डपे सूत्रमध्यं तु (मध्यसूत्रस्य) वामे द्वारं तथायते ॥ २७० ॥
एवं सोमार्कनामस्य(स्यात्) वैश्यानां च (ब्राह्मणानां) पचनालयम् ।
तदेव(तच्च) विस्तारदीर्घे(दैर्घ्ये)षु द्विद्विभागेन वर्धनात् ॥ २७१ ॥
अन्यत् क्षत्रियसर्वेषां युगभागेन मण्डपम् ।
विस्तारं द्विगुणान्तं स्याद् द्विद्विभागेन वर्धनात् ॥ २७२ ॥
यथा तद्विनियोगार्थं मण्डपं वैश्यशूद्रयोः ।
तत्तच्चित्तवशात्सर्वमष्टदिग्भागभित्तिकम् ॥ २७३ ॥
देवानां भूसुराणां च मण्डपं जातिरूपकम् ।
भूपानां मण्डपे(पं) सर्वे(र्वं) छन्दरूपमितीरितम् ॥ २७४ ॥
वैश्यकानां तु सर्वेषां विकल्पं चेति कथ्यते ।
शूद्राणां मण्डपं सर्वमाभासमिति कीर्तितम् ॥ २७५ ॥
केचिद् भद्रविशेषेण जातिरुक्ता पुरातनैः ।
द्विवक्त्रं दण्डकं प्रोक्तं त्रिवक्त्रं स्वस्तिकं तथा ॥ २७६ ॥
त्रिवक्त्रं लाङ्गलाकारं नन्द्यावर्तं चतुर्मुखम् ।
षण्मुखं मौलिकं प्रोक्तं मण्डपं चाष्टवक्त्रयुक् ॥ २७७ ॥

एवं तु सर्वतोभद्रं सर्वालङ्कारसंयुतम् ।
वक्ष्यते विधिना सम्यक् सर्वग्रामार्थमण्डपम् ॥ २७८ ॥

समाश्रं वायतायामं युग्मं वायुग्मभित्तिकम् ।
लुपां वा प्रस्तराङ्गं वा तप्र(ल्पा)च्छादनमेव च ॥ २७६ ॥

लुपायुक्तं तु सर्वाङ्गं सभा चेति प्रकीर्तितम्(ता) ।
परितः प्रस्तरं मध्ये चोर्ध्वे कूटं तु मण्डपम् ॥ २८० ॥

प्रस्तराङ्गं तु सर्वाङ्गं मण्डपं चेति कथ्यते ।
मण्डपं वा सभां वापि ग्रामयोग्यं यथादिशि ॥ २८१ ॥

नगरे च यथाकारं द्विगुणाध्यर्धकायतम् ।
पादूनं द्विगुणं वापि द्विगुणं पत्तने न्यसेत् ॥ २८२ ॥

विस्तारद्विगुणायामं शूद्रखर्बटयोग्यकम् ।
अधिष्ठानाद्यलङ्कारं सर्वं प्रागुक्तवन्नयेत् ॥ २८३ ॥

यात्रामार्गेषु सर्वेषां कारयेन्मण्डपं सुधीः ।
प्रपाङ्गं मण्डपं वापि यथायुक्त्या प्रयोजयेत् ॥ २८४ ॥

ब्रह्मक्षत्रियवैश्यशूद्रचतुर्वर्णे यदुक्तं तु तद्
देवानां भवति त्वनन्तरान्तरं शूद्रैर्विशा(शैः) क्षत्रियैः ।
तद्विप्रैर्भवति त्वनन्तरान्तरं क्षत्रैर्विशा(शैः) शूद्रकम्(कैः)
राजानो(ज्ञः)भवति त्वनन्तरान्तरं शूद्रैर्विशां(शा) वंश्यकैः(क्षत्रियैः) ॥२८५॥

शूद्रैर्युक्तं मण्डपं शूद्रकाणाम्
अन्येषां तज्जातियोग्यं तु कुर्यात् ।
चोक्त(चेत्त)द्विप्रजात्यादि चोक्तम्
कर्ता भर्ता सर्वथा नाशमीयात् ॥ २८६ ॥

इति मानसारे वास्तुशास्त्रे मण्डपविधान नाम चतुस्त्रिंशोऽध्यायः ॥

शालाविधानम्

सुराणां भूसुराणां(पतीनां) च वर्णानां वासयोग्यकम् ।
सर्वासामपि शालानां लक्षणं वक्ष्यतेऽधुना ॥ १ ॥
दण्डकं स्वस्तिकं चैव मौलिकं च चतुर्मुखम् ।
सर्वतोभद्रकं चैव वर्धमानं च षड्विधम् ॥ २ ॥
त्रिहस्तं तु समारभ्य द्विद्विहस्तविवर्धनात् ।
त्रयोविंश[त्] करान्तं स्यादेकादशविशालकम् ॥ ३ ॥
युग्महस्तविधानेन चतुर्हस्तं समारभेत् ।
चतुर्विंश[त्] करान्तं स्याद् द्विद्विहस्तविवर्धनात् ॥ ४ ॥
एवमेकादशं प्रोक्त चैकशालाविशालता ।
सप्तहस्तं समारभ्य द्विद्विहस्तविवर्धनात् ॥ ५ ॥
नवपङ्क्तिकरान्तं स्यात्सप्तधा विस्तृतं भवेत् ।
अष्टहस्तं समारभ्य विंशद्धस्तावसानकम् ॥ ६ ॥
द्विद्विहस्तप्रवृद्धेन कारयेत् शि(च्छि)ल्पिकोत्तमः ।
विस्तृतं सप्तधा चैव स्वस्तिकं मौलिकं तथा ॥ ७ ॥
विस्तार(रं) द्विद्विहस्तेन वर्धनाद् द्विगुणान्तकम् ।
देवानां च तपस्वो(स्वि)नां शालादीर्घ(दैर्घ्य) प्रकीर्तितम् ॥ ८ ॥
द्विगुणं वा(णान्ता)यतः शाला भूसुरादेचतुष्टये ।
शालाविशालता[मा]रभ्य पादाद्यर्ध त्रिपादकम् ॥ ९ ॥
तत्समं वाधिकायामं तस्मात्पादाधिकं तु वा ।
त्रिपादं वा समाधिक्यं शालायामं प्रकल्पयेत् ॥ १० ॥
तद्विस्तारसमोत्तुङ्गं सपादार्धं तु तुङ्गकम् ।
त्रिपादाधिकमुत्सेधं विस्तारं(र)द्विगुणोदयम् ॥ ११ ॥

प्रथमं शान्तिकोत्सेधं द्वितीयं पौष्टिकोदयम् ।
तृतीयं जयदोत्तुङ्गं चतुर्थं धनदोदयम् ॥ १२ ॥
पञ्चमं चाद्भूतोत्सेधं जन्मादिस्तूपिकान्तकम् ।
अन्यैस्तु सर्वशालानां भित्ति(भक्ति)मानेन विस्तृ(चोन्न)तम् ॥ १३ ॥
आदिभूमे(म्या)श्च पादादिषट्सप्ताष्टनवांशकम् ।
दशांशेन विहीनं स्यादूर्ध्वं चोर्ध्वतलोदयम् ॥ १४ ॥
अध्यर्धं प्रस्तरोत्सेधं चार्धेनैवोर्ध्ववेदिका ।
तद्द्वयं ग्रीवतुङ्गं स्याद् ग्रीवतुङ्गद्वयं शिरः ॥ १५ ॥
मस्तकार्धं शिखोत्तुङ्गमुत्सेधमिति कथ्यते ।
देवानां भूसुराणां च भूपानां वैश्यशूद्रयोः ॥ १६ ॥
तपस्विनामाश्रमिणां च हस्त्यश्वरथयोधिनाम् ।
वौद्धानां यागहोमादिशिल्पिनां गणिकादि(दी)नाम् ॥ १७ ॥
एकशाला(लं) द्विशाला(लं) च त्रिशालाश्च(लं च) चतुर्मुखम् ।
पूर्वोक्ततैत(ति)लानां च द्विजात्यादिषु योग्यकम् ॥ १८ ॥
एकानेकतलान्तं स्याच्चूलिहर्म्यादिमण्डितम् ।
प्रासादवदलङ्कृत्य देवभूसुरभूपतेः ॥ १९ ॥
चूलिहर्म्यं विना कुर्याद् वैश्यशूद्रादिजन्मनाम् ।
शालायाः परितोऽलिन्द्रं(न्दं) पृष्ठतो भद्रसंयुतम् ॥ २० ॥
पुरतो मण्डपोपेतं सर्वालङ्कारसंयुतम् ।
एवं तु मानुषाणां च तैत(ति)लानां च कारयेत् ॥ २१ ॥
शालामध्ये च देवानां वासं कुर्याद् विचक्षणः ।
शालायाः पार्श्वतो वासं द्विजात्यादिषु सर्वशः ॥ २२ ॥
शालायामे तु वासं च वंशमूले तु योजयेत् ।
गृहिणीनां तु शालायां सव्यवासं प्रकल्पयेत् ॥ २३ ॥
उक्तानां सर्वजातीनां दण्डकं तु चतुर्दिशि ।
पूर्वे वा दक्षिणे वापि पश्चिमे दण्डकं न्यसेत् ॥ २४ ॥
एवं चामात्ययोग्यं स्यात्सोदग्द्वारं महीभृताम् ।
दक्षिणे पश्चिमे शालायुक्तं स्वस्तिकमेव च ॥ २५ ॥

तदेवान्यासु सर्वेषु(र्वासु) दिक्षु शालां विना न्यसेत् ।
पूर्वे वा दक्षिणे वापि पूर्वे वा चोत्तरेऽपिवा ॥ २६ ॥
पश्चिमे चोत्तरे वापि स्वस्तिकं च विनाशकम् ।
पूर्वे च दक्षिणे स्यच्च(चैव) याम्ये प्रत्यक् तथोत्तरे ॥ २७ ॥
शालासंयोगमेवं स्यान्मौलिकं तदुदीरितम् ।
पूर्वैश्च(र्वे) चोत्तरे प्रत्यगुदक् पूर्वे च दक्षिणे ॥ २८ ॥
अज्ञानेन त्रिशालेषु योगं चेत्सर्वदोषदम् ।
सर्वेषां गणिकादीनां शाला स्वस्तिकमेव च ॥ २९ ॥
अध्यक्षाणां तु सर्वेषां कल्पयेन्मौलिकाख्यकम् ।
सर्वेषा(र्वासा)मपि शालानां दण्डकादित्रयान्तकम् ॥ ३० ॥
शालानां प्रमुखे कुर्याद् द्वारं कुड्यादि चोक्तवत् ।
चतुर्दिक्षु चतुःशाला संयुक्तं तच्चतुर्मुखम् ॥ ३१ ॥
तदेव पुरतो देशे मौल्यन्तरालसंयुतम् ।
तदेव बहुभद्रं स्यात्सर्वतोभद्रमीरितम् ॥ ३२ ॥
दण्डकादि चतुःशाला संयोग्यं वर्धमानकम् ।
दण्डकं च पृथक्शाला चैकशालापर्याख्यकम् ॥ ३३ ॥
लाङ्गलं स्वास्तिकं चैव द्विशाला च(लाया) पर्याख्यकम् ।
मौलिकं दीप(शूर्प)कं चैव त्रिशाला च परिकीर्तिता ॥ ३४ ॥
चतुर्मुखं चतुःशाला चैवमुक्तानि पण्डितैः ।
सप्तशाला विशेषेण सर्वतोभद्रमीरितम् ॥ ३५ ॥
दशशाला च सर्वेषां वर्धमानमुदीरितम् ।
एकशालानसन्धिश्च द्विशाला चैकसन्धिकम्(का) ॥ ३६ ॥
त्रिशाला च द्विसन्धिः स्यात् चतुः(त्रयः)सन्धि चतुर्मुख(तुःशाल)म् ।
षट्सन्धिः सप्तशाला च बहुसन्धिदशशालय(क)म् ॥ ३७ ॥
चतुःशाल(लं) वर्धमानान्तं कुर्यात्तु सर्वभूमिकम् ।
अधिराजनरेन्द्राणां सर्वतोभद्रकान्तकम् ॥ ३८ ॥
पार्ष्णिकादिश्च(दीनां) भूपानां दण्डकादिचतुष्टयम् ।
दण्डकादि त्रिशालान्तं कुर्यात्पट्टधरे तथा ॥ ३९ ॥

मण्डलेशादिभूपानां दण्डकादिस्वस्तिकान्तकम् ।
केचित्त्रिविधमौलीनां सर्वशाला च योग्यकम्(का) ॥ ४० ॥
दण्डकादिक्रमात् शा(च्छा)लाविन्यासं वक्ष्यतेऽधुना ।
पूर्वे च पश्चिमे शाला प्रत्यक् प्रागालयं तु वा ॥ ४१ ॥
उत्तरे याम्यशालायां सौम्यशालां(म्यालयं) च दक्षिणे ।
अतश्चाथ चतुर्दिक्षु तत्तच्छालां प्रकारयेत् ॥ ४२ ॥
पूर्वशाला च ए(तु चै)कं च तद्द्वारं पश्चिमे भवेत् ।
दण्डकं दक्षिणे शाला तद्द्वारं चोत्तरे(रस्यां) दिशि ॥ ४३ ॥
एकशाला यथाप्रत्यक् तद्द्वारं प्राग्दिशस्(दिशि) तथा ।
उदक् दण्डकशालानां कुर्याद् द्वारं तु दक्षिणे ॥ ४४ ॥
विस्तारमेकभागं वा चेष्टभागा(गमा)यते(तं) तथा ।
यथेष्टदेशे तत्कुर्यात् शा(च्छा)लालिन्द्र(न्द)मुदीरितम् ॥ ४५ ॥
इष्टदीर्घितपादं स्यात्कुड्य(ड्यं) पादसमन्वितम् ।
पुरतः पादयुक्तं वा पृष्ठे कुड्यं प्रकारयेत् ॥ ४६ ॥
प्राकारान्तर्बहिर्वापि वेदिकाद्यै(दिभि)रलङ्कृतम् ।
एतत्तु दण्डकं प्रोक्तं प्राकारादिवमाय(समायु)तम् ॥ ४७ ॥
विस्तारे चैकभागेन द्विभक्त्यायाममीरितम् ।
ललाटे द्वितय(ल)स्योर्ध्वे दण्डखण्डितवद् भवेत् ॥ ४८ ॥
पण्डिशालाख्यकं प्रोक्तमेतत्सर्वजनार्हकम् ।
तत्पुरे(रोऽ)लिन्द्र(न्द)संयुक्तं भिन्दशाला प्रकीर्तितम्(ता) ॥ ४९ ॥
विस्तारे द्व्यंशकं कृत्वायामे चैवं त्रिभागिकम् ।
मूले शाला विशालं(ला) स्यात्पुरतो वारमंशकम् ॥ ५० ॥
मुखशालावि(द्वि)नेत्रे (त्रा) च वासमेकैकभागिकम् ।
परितो वारमेकांशं द्विललाटं तु पूर्ववत् ॥ ५१ ॥
मध्ये द्वारं तु संयुक्तं मुखे चैकतलान्वितम् ।
एवं तु देवतायोग्यं दण्डकान्तमुदीरितम ॥ ५२ ॥
द्विचतुर्भागविस्तारमा(रा)यामं तत्प्रकल्पयेत् ।
शालाविशालतांशेन तत्पूर्वेऽलिन्द्र(न्द)मंशकम् ॥ ५३ ॥

एकद्विं(द्व्यं)शेन वासं स्याद्यथामूलं तु योजयेत् ।
अथवा द्विद्विभागेन वासं तद्वंशमूलकं ॥ ५४ ॥
वंशाग्रे रङ्गसंयुक्तं तत्पुरे(रोऽ)लिन्दं भागतः ।
अथवा मध्ये प्रतिष्ठाने त्य(तू)क्तवासद्वयं न्यसेत् ॥ ५५ ॥
अन्तर्वासं बहिर्वासं द्वार(रं) मध्यं(ध्ये) तु वामके ।
अथवा चायतार्धेन मध्ये कुड्यं च कल्पयेत् ॥ ५६ ॥
द्वारं तत्कुड्यपार्श्वे तु वासमेत(कं) द्वयं भवेत् ।
एतत्तु दण्डकं प्रोक्तं शे प्रागुक्तवन्नयेत् ॥ ५७ ॥
सर्वेषा(र्वासा)मपि जातीनां सर्वकामार्थयोग्यकम् ।
द्विचतुर्भागविस्तारमा(रा)यामं [च] तत्प्रकल्पयेत् ॥ ५८ ॥
मुखशाला विशाला च चतुर्भागं तथायतम् ।
पुरतोऽलिन्द्र(न्द)मेकांशं भित्तिं कुर्यात्समन्ततः ॥ ५९ ॥
मूलाग्रे द्विद्विभागेन वासरङ्गं च कल्पयेत् ।
अथवा चैकद्विभागेन वास(सं) वंशाग्रमूलयोः ॥ ६० ॥
कुर्यात्तु मध्यमे रङ्गं पृष्ठे पार्श्वे च भित्तिकम् ।
पूर्वे च स्तम्भसंयुक्तं मध्ये स्तम्भान्परित्यजेत् ॥ ६१ ॥
परितो द्वारमेकांशं दण्डकं परिकीर्तितम् ।
शेषं प्रागुक्तवत्कुर्यात्सर्वजात्यार्हकं भवेत् ॥ ६२ ॥
चतुःषड्भागविस्तारं आ(रा)यामं [च] तत्प्रकल्पयेत् ।
मध्यं च द्विचतुर्भागं शाला[या]विस्तारमायतम् ॥ ६३ ॥
एकद्विद्विविभागं वा(द्वि)वासं वा चैकवासयुक् ।
वंशमूलाग्रयोर्वासं वंशमूलैकवासकम् ॥ ६४ ॥
तद्बहिः पुरतोऽलिन्दमेकभागेन कारयेत् ।
तद्बहिः परितः कुड्यं युक्तं वाङ्घ्रियुतं तु वा ॥ ६५ ॥
तद्बहिर्भित्तियुक्तं चेत्परितोंऽशेनालिन्दकम् ।
एकद्विं(द्व्यं)शेन भद्रं स्यान्निर्गमं विस्तृतं भवेत् ॥ ६६ ॥
चतुर्दिक्(क्षु) भद्रसंयुक्तं द्विललाटं तु पूर्ववत् ।
द्वितलं कर्णहर्म्यादि प्रासादवदलङ्कृतम् ॥ ६७ ॥

अथवा शाल(ला)कूटादीन् विनालिन्देन भूषितम् ।
मध्यसूत्रं तु(त्रस्य) वामे तु द्वारं कुर्याद्विचक्षणः ॥ ६८ ॥
केचिच्छाला वि(द्वि)भागं स्यात्पुरतोऽलिन्द भागतः ।
यथेष्टदिग्वासयुक्तं शेषं प्रागुक्तवन्नयेत् ॥ ६९ ॥
एतत्तु दण्डकं प्रोक्तं देवभूसुरभूपतेः ।
तदेव परितोऽलिन्दं विना सर्वं जनार्हकम् ॥ ७० ॥
तस्माद् द्विं(द्व्यं)शाधिकायामं विस्तारं पूर्ववद् भवेत् ।
वंशमूलाग्रयोर्वासं चतुर्भागेन कारयेत् ॥ ७१ ॥
तद्द्वयोर्मध्यरङ्गं स्याच्चतुर्भागेन योजयेत् ।
पुरतः पृष्ठतोऽलिन्दं ततश्चैकद्विभागिकम् ॥ ७२ ॥
शेषं तु पूर्ववत्कुर्याद् दण्डकं सर्वजाति(ती)नाम् ।
पञ्चसप्तांशविस्तारमा(रा)यामं [च] तत्प्रकल्पयेत् ॥ ७३ ॥
मध्ये पञ्चांशकं वापि पार्श्वयोर्द्विद्विभागतः ।
कुर्यान्मण्डपं शेषं च पुरतः पृष्ठ[तोऽ]लिन्दकम् ॥ ७४ ॥
तत्तद्बाह्यावृतांशेन द्वारं भद्रं द्विभागिकम् ।
कूटकोष्ठादिसर्वाङ्गं प्रासादवदलङ्कृतम् ॥ ७५ ॥
एवं तु दण्डकं प्रोक्तं देवानां वासयोग्यकम् ।
षड्भक्तिविस्तृतायाममष्टभागेन योजयेत् ॥ ७६ ॥
त्रिचतुर्भ्यंशकं वापि मध्ये रङ्गं प्रकल्पयेत् ।
पृष्ठतोऽलिन्दकं कुर्यादेकद्व्यंशेन मे(चै)व वा ॥ ७७ ॥
पुरतोऽलिन्द्र(न्दं) भागं स्याद्वासयुग्म(ग्मं) युगांशकम् ।
वंशमूलाग्रयोर्वासं मध्ये रङ्गं न्यसेद् बुधः ॥ ७८ ॥
अथवा तच्चतुष्कर्णे वासं तं तं द्विभागतः ।
अथवा द्विललाटे च निवासत्रयमेव च ॥ ७९ ॥
परितो द्वा(वा)रमेकांशं कुर्याद् द्व्यंशेन मे(चै)व च ।
मध्यसूत्रात् तु(त्रस्य) वामे तु द्वारं कुर्याद् विचक्षणः ॥ ८० ॥
एकानेकतलोपेतं प्रासादवदलङ्कृतम् ।
एतत्तु दण्डकं प्रोक्तं सर्वजात्यर्हकं भवेत् ॥ ८१ ॥

दण्डकानां च सर्वेषां प्रमुखे मण्डपं न्यसेत् ।
विस्तारं तत्समं वापि द्विगुणं त्रिगुणं तु वा ॥ ८२ ॥
यथेष्टांशेन परितो मण्डपं मध्यमाङ्गणम् ।
मुखे वासविशालं स्यात्तत्समं पृष्ठभद्रकम् ॥ ८३ ॥
तदर्धं निर्गमं वापि भद्र(द्रं) वासवशान्न्यसेत् ।
मण्डपस्य वशाद् भद्रं तन्मुखे कर्करीकृतम् ॥ ८४ ॥
शालाया दण्डकायामे नवभाग(गे) विभाजिते ।
गृहस्य दक्षिणे पञ्चभागं वामे गुणांशकम् ॥ ८५ ॥
तद्द्वयोर्मध्यदेशे तु द्वारं कुर्याद् विचक्षणः ।
सर्वेषामपि शालाश्च(च) कर्तु(र्तृ) राश्या(शिम)नुवर्जे(र्त)येत् ॥ ८६ ॥
प्रहणं दण्डकाः(का)शाला गृहिणी चा(ण्या)नुकूलकम् ।
मेषस्य मीनकुम्भस्य पूर्वस्य(र्वे च) दक्षिणे शुभम् ॥ ८७ ॥
कुलीराच्चमिथुनस्य दक्षिणे पश्चिमालयम् ।
तौलि(तुला)सिंहस्य(योः) कन्यायाः पश्चिमे चोत्तरे शुभम् ॥ ८८ ॥
ग्राहवृश्चिकचापस्य प्रागुदग्दिशि रा(चा)लयम् ।
न कुर्यादेकशालाश्च शुभमन्यैः पुरोक्तवत् ॥ ८९ ॥
एवं राशिवशाच्छाला दण्डकं तदुदीरितम् ।
एकशालाश्चतुर्दिक्षु गृहारम्भमिहोच्यते ॥ ९० ॥
कुम्भे च मकरे पूर्वे मेषे च वृषभे यमे ।
सिंहकर्कटके प्रत्यक् वृश्चिके तौलि(तुले) चोत्तरे ॥ ९१ ॥
गृहारम्भमिति प्रोक्तं सुमुहूर्ते सुलग्नके ।
अन्यथा सर्वशालाश्च यथामासे समारभेत् ॥ ९२ ॥
अन्यानुक्तचतुर्मासे सर्वहर्म्यान्न कारयेत् ।
चतुर्दिक्षु वास्तुपुरुषं चतुर्भागेन योजयेत् ॥ ९३ ॥
यन्माने सर्वहर्म्यं च कारयेत्तु शुभावहम् ।
विदिग् वास्तपुरुषं चेत्सर्वहर्म्यं न कारयेत् ॥ ९४ ।
वास्तुभूतयथाहर्म्ये विपरीते विपत्करम् ।
तस्मात्तु वास्तुशयनं ज्ञापयेद् वक्ष्यतेऽधुना ॥ ९५ ॥

यथादिक्षु स्थितादित्यो(त्यस्) तद्दिक्षु चरणायतम् ।
तत्पृथ्वीशिरः क्षिप्यं चाधो वामकं तथा ॥ ९६ ॥
तद्दक्षिणभुजं चोर्ध्वे पुरुषं शयनं स्मृतम् ।
गृहायामे तथारामे(च विस्तारे) गृहवाराह(तारं वि)शालकम् ॥ ९७ ॥
गृहायामेषु भागे तु पादाद् वेदांश(शं) चोर्ध्वके [च] ।
एकांशं कुक्षिदेशं स्याद् वेदान्तं मध्यदेशके ॥ ९८ ॥
मेढ्रादि तलसीमान्तं वेदांशं पाददीर्घ(दैर्घ्य)कम् ।
मेढ्रादूर्ध्वे च वेदान्तमेकांशं तत् शि(च्छि)रायतम ॥ ९९ ॥
मूर्धाद(र्ध्नो)धः(धश्च) शिवांशे तु हृदयस्थानमीरितम् ।
हृदयात्कुक्षियो(क्ष्यो)र्मध्ये [च] मध्यकायं प्रकथ्यते ॥ १०० ॥
विस्तारमध्यसूत्रं तु मुखद्वारवशाद् विदुः ।
ज्ञापयेद् वास्तुपुरुषं विन्यसेत् सर्वहर्म्यके ॥ १०१ ॥
एतत्तु दण्डकं प्रोक्तं स्वस्तिकं वक्ष्यतेऽधुना ।
विस्तारे वसुभागे तु दशभागायतं भवेत् ॥ १०२ ॥
पूर्वोक्तालङ्कृतं ज्ञात्वा भागमानेन विन्यसेत् ।
पञ्चसप्तांश(शं) विस्तारमा(रा)यामं [च] पुरतोऽङ्गणम् ॥ १०३ ॥
तत्पार्श्वेऽलिन्द्र(न्द)मंशेन स्वस्तिकाकारसंयुतम् ।
तद्द्विपार्श्वे द्विशालाश्च द्विभागेन विशालता ॥ १०४ ॥
तद्द्वयोर्मध्यके वासं द्विद्विभागेन नैर्ऋते ।
वंशानां चाग्रयोर्देशे द्विद्विभागेन कोष्ठकम् ॥ १०५ ॥
तद्बहिश्चावृतांशेन कुर्याद् भूवृतालिन्दकम् ।
एकद्विं(द्व्यं)शेन भद्रं स्यात्कर्णेषु कर्करीकृतम् ॥ १०६ ॥
द्विशालाग्रे तु वक्त्रं स्यादेकद्विं(द्व्यं)शेन निर्गमम् ।
अङ्गणे प्रतिपार्श्वे तु कुड्यद्वारं तु संयुतम् ॥ १०७ ॥
शालायामे विशाले वा द्वारं कुर्यात्पू(त्पू)र्ववत् ।
एकानेकतलोपेतं नैर्ऋत्ये तु विचक्षणः ॥ १०८ ॥
एवं तु स्वस्तिकं प्रोक्तं पूर्वोक्तानां तु योग्यकम् ।
दशभागं विशाले तु चायामं द्वादशांशकम् ॥ १०९ ॥

द्विशालाविस्तृतं चैव त्रिभागेनैव कारयेत् ।
पूर्ववत्पुरतोऽलिन्दं त्रिभागेनैव विशालता ॥ ११० ॥
वासनात्(सं च) त्रित्रिभागं स्यात् शे(च्छे)षं प्रागुक्तवन्नयेत् ।
एवं तु स्वस्तिकं प्रोक्तं मौलिकं वक्ष्यतेऽधुना ॥ १११ ॥
दशभागविशाले तु द्विभागायाममधिकम् ।
त्रिशालामध्यदेशे तु वेदांशं विस्तृताङ्गणम् ॥ ११२ ॥
आयामं चाष्टभागं स्यादंशेनावृतालिन्दकम् ।
तत्पृष्ठपार्श्वयोश्चैव द्विं(द्व्यं)शं शालाविशालकम् ॥ ११३ ॥
द्विद्विभागेन वासं स्यात्कर्णयोश्च द्वयं त्रिकम् ।
तद्बहिः परितोऽलिन्दमेकद्विं(द्व्यं)शेन मे(चै)व वा ॥ ११४ ॥
षड्वक्त्रं च समं तारं चैकद्व्यंशेन निर्गमम् ।
एकानेक तलोपेतमङ्गणे नैर्ऋत्यवायवे ॥ ११५ ॥
एवं तु मौलिकं कुर्यात्पूर्वोक्तानां तु योग्यकम् ।
द्वादशांश(शं) विशाले तु तस्माद् द्व्यंशाधिकायतम् ॥ ११६ ॥
पुरतः पृष्ठभागे तु कुर्यादंशेनालिन्दकम् ।
शालाकारं त्रिभागं वा पुरतो द्वारदण्डकम् ॥ ११७ ॥
शेषं प्रागुक्तवत्कुर्यात्सर्वालङ्कारसंयुतम् ।
सैकार्कभागविस्तारमध्यर्धा(धिका)शेनायतं तथा ॥ ११८ ॥
पञ्चभागदशांशेन विस्तारायामतोऽङ्गणम् ।
तद्बहिः परितोंऽशेन वारं शालाद्वयांशकम् ॥ ११९ ॥
तत्पृष्ठपार्श्वयोरलिन्दं चैकभागेन कारयेत् ।
शालाकारं त्रिभागं वा त्रित्रिभागेन मण्डपम् ॥ १२० ॥
शालानां मध्यमे वासं तत्त्रिभागेन कारयेत् ।
सन्ध्ययो(न्ध्यो)श्चाग्रयोश्चैव [तु] मण्डपं स्याच्चतुर्विधम् ॥ १२१ ॥
वासं च(सस्य) त्रयसंयुक्तं बहिर्वार(रा)वृतांशकम् ।
मध्ये द्वारं प्रकर्तव्यं पञ्चद्विं(द्व्यं)शेन भद्रकम् ॥ १२२ ॥
पृष्ठे च पार्श्वयोर्मध्ये युक्त्या भद्रं तु योजयेत् ।
कर्णैकभद्रं स्यात् शा(च्छा)लाग्रे नेत्रभद्रकम् ॥ १२३ ॥

कर्णहर्म्यादिसंयुक्तं प्रासादवदलङ्कृतम् ।
एकानेकतलोपेतं वास वासोपरि न्यसेत् ॥ १२४ ॥
एतत्तु मौलिकं प्रोक्तं देवतानां च योग्यकम् ।
तदेव कोणे चाग्रे तु वामभध्ये तु मण्डपम् ॥ १२५ ॥
एवं तु चक्रवर्त्री(र्ति)नां कुर्यादालयं विदुः ।
एवं तु मौलिकं प्रोक्तं वक्ष्यते चतुरालयम् ॥ १२६ ॥
विस्तारे दशभागे(गं) तु चायामे द्वादशांशकम् ।
द्विचतुर्भाग(गं) तन्मध्ये विस्तारायामतोऽङ्गणम् ॥ १२७ ॥
तद्बहिश्चावृतांशेन नन्द्यावर्तं चालिन्दकम् ।
तद्बहिश्च चतुःसाला तत्पूर्वादिक्रमान्न्यसेत् ॥ १२८ ॥
प्रागुदक्दक्षिणायाम दक्षिणे च ललाटकम् ।
याम्ये प्राक्प्रत्यगायामं पश्चिमे तु ललाटकम् ॥ १२९ ॥
पश्चिमे याम्यु(म्यो)दक्दीर्घं तद्वक्त्रं च तथोत्तरे ।
उदक् प्राक् पश्चिमे दीर्घं तस्य नेत्रं तु पूर्वके ॥ १३० ॥
तत्तच्छालाविशाले तु तदंशेन गुणांशकम् ।
पूर्वे च पश्चिमे शाला तत्तद्दीर्घ(दैर्घ्य) षडंशकम् ॥ १३१ ॥
दक्षिणे चोत्तरे शाला चाष्टांशं च तथा(स्या)यतम् ।
एवमेतच्चतुःशाला दण्डकाकृतिसंयुतम् ॥ १३२ ॥
तद्बहिः परितो वारं चैकव्यंशेन मे(चै)त्र च ।
एकद्वित्रिद्वियोगं वा नेत्रविस्तारनिर्गमम् ॥ १३३ ॥
तत्तच्छाला द्विनेत्रं(त्रा) स्याद्बहिर्नेत्रैकनिर्गमम् ।
चतुर्नेत्रं बहिः पश्येत्तस्मादेवं चतुर्मुखम् ॥ १३४ ॥
अधिष्ठानादिवर्गाढ्यं प्रासादवदलङ्कृतम् ।
एकानेकतलोपेतं सर्वालङ्कारसंयुतम् ॥ १३५ ॥
एवं चतुर्मुखं प्रोक्तं नन्द्यावर्ताकृतिर्भवेत् ।
द्वादशांश(यं) विशाले तु मनुभागं तथायतम् ॥ १३६ ॥
चतुःषड्भागविस्तारमा(रा)यामं [च] मध्यमाङ्गणम् ।
तद्बाह्यश्चावृतांशेन पूर्ववत्तदलिन्दकम् ॥ १३७ ॥

दीर्घशाला दशांशं(शा) स्याद्ध्रस्वशाला यमांशकम्(का) ।
विस्तारं पूर्ववत्कुर्यादथवा त्र्यंशालिन्दकम् ॥ १३८ ॥
शेषं प्रागुक्तवत्कुर्याद् देवानां तु चतुर्मुखम् ।
तद्विस्तारायते भागं तस्माद् द्व्यंशाधिकं बुधः ॥ १३९ ॥
द्व्यंशेनालिन्दविस्तारं सर्वं कुर्यात्पूर्ववत् ।
यथेष्टावास(सं) संकल्प्य चेष्टदिक् चान्तरालके ॥ १४० ।
अन्तःशाला यथाद्वारं दण्डकस्योक्तवत्कुरु ।
एतच्चतुर्मुखं प्रोक्तं पूर्वोक्तानां तु संमतम् ॥ १४१ ॥
सर्वतोभद्रविन्यासं(स)लक्षणं वक्ष्यतेऽधुना ।
समाश्रं सर्वतोभद्रं चाष्टभागं विभाजिते ॥ १४२ ॥
मध्याङ्गणं चतुर्भागं चांशेनावृतालिन्दकम् ।
परितो द्व्यंशेन शाला च चतुर्वाससमन्वितम् ॥ १४३ ॥
द्विचतुर्भागविस्तारमा(रा)यामं [च] वा समीरितम् ।
चतुष्कोणे चतुर्भक्ति मण्डपं तु चतुष्टयम् ॥ १४४ ॥
तत्तद्वाह्यावृतांशेन कुर्याद् भ्रमालिन्दकम् ।
चतुर्दिक्षु चतुर्द्वारं युक्तं भद्रं चतुष्टयम् ॥ १४५ ॥
वेदद्व्यंशेन विस्तारं निर्गमं चापि भद्रकम् ।
ऊर्ध्वभूमिं समारुह्य कर्णे सोपानमंशके(कम्) ॥ १४६ ॥
प्रच्छादनाङ्गणं कुर्यान्न [तु] प्रच्छादनमेव वा ।
एकानेकतलोपेतं पूर्ववत्समलङ्कृतम् ॥ १४७ ॥
कर्णहर्म्यादिसंयुक्तं प्रासादवदलङ्कृतम् ।
एतत्तु सर्वतोभद्रं पूर्वोक्तानां तु संमतम् ॥ १४८ ॥
पूर्ववद्विस्तृतायामे दशभाग(गं) विभाजिते ।
वेदवेदांशकं मध्ये विवृतं संवृता(तम)ङ्गणम् ॥ १४९ ॥
तद्बहिश्चावृतांशेन कर्करीसमलङ्कृतम् ।
शेषं तु पूर्ववत्कुर्यात्सर्वतोभद्रमीरितम् ॥ १५० ॥
शाला च वर्धमानं च लक्षणं वक्ष्यतेऽधुना ।
नवपङ्क्तिकरा(रमा)रभ्य द्विद्विहस्तविवर्धनात् ॥ १५१ ॥

सनन्दविंशत्र्यंशं च हस्तान्तं रुद्रसंख्यया ।
एतत्तु विस्तृतं प्रोक्तं द्विगुणान्तं पूर्ववदिति ॥ १५२ ॥
आयाममिति तत्प्रोक्तमुत्सेधं पूर्ववद् भवेत् ।
विस्तारे दशभागे(गं) तु द्वादशांशं तदायतम् ॥ १५३ ॥
द्विचतुर्भागविस्तारमा(रा)यामं [च] मध्यमाङ्गणम् ।
तद्बाह्ये परितोऽलिन्दं द्व्यर्द्धांशेन मे(वै)व वा ॥ १५४ ॥
तद्बाह्ये परितः शालाविस्तारं तद्वि(द्वि)भागिकम् ।
तत्समेनावृतालिन्दं तद्बहिः परिकल्पयेत् ॥ १५५ ॥
ईशे चैकतलं कुर्यादाग्नेये द्वितलं भवेत् ।
वायव्ये त्रितलं कुर्यान्नैर्ऋत्ये पञ्चभूमिकम् ॥ १५६ ॥
याम्ये च पश्चिमे चैव दण्डकं च चतुःस्थ(स्त)लम् ।
पूर्वे च चोत्तरे मध्ये दण्डकं चैकभूमिकम् ॥ १५७ ॥
चतुष्कोणे द्विभागेन गृहविस्तारदीर्घ(दैर्घ्य)कम् ।
पूर्वे च द्विद्विभागेन मुखमण्डपमीरितम् ॥ १५८ ॥
पश्चिमे तत्समं कुर्यान्मण्डपं तत्प्रकल्पयेत् ।
दक्षिणे चोत्तरे मध्ये द्विचतुर्भागेन मण्डपम् ॥ १५९ ॥
शेषं तु चावृतालिन्दं कुर्यात्तत्पञ्जरान्वितम् ।
द्विचतुर्भागविस्तारं पार्श्वयोर्भद्रसंयुतम् ॥ १६० ॥
पृष्ठे च द्वै(द्व्ये)कभागेन भद्रं कुर्याद् विचक्षणः ।
पूर्वे च द्विचतुर्भागं मुखद्वारं तु संयुतम् ॥ १६१ ॥
सर्वेषां भद्रपार्श्वे तु पूर्वे चैकेनालिन्दकम् ।
सोपपीठमधिष्ठानं पादादीन(दि)प्रस्तरान्वितम् ॥ १६२ ॥
कर्णहर्म्यादिवर्गाढ्यं चान्तरं प्रस्तरान्वितम् ।
कूटकोष्ठादिसर्वाङ्गं नासिकापञ्जरान्वितम् ॥ १६३ ॥
कुम्भकुम्भतलै(लतै)र्युक्तं तोरणादिविभूषितम् ।
सर्वेषां मकरालाना(ननैः) सर्वालङ्कारसंयुतम् ॥ १६४ ॥
शिरोग्रीवशिखायुक्तं नासिकावेदिकान्वितम् ।
एवं तु वर्धमानं स्यात् क्षत्रियाणां तु योग्यकम् ॥ १६५ ॥

विशाले द्वादशांशं स्यात्तस्माद् द्व्यंशाधिकायतम् ।
चतुःषड्भाग(गं) विस्तारमा(रा)यामं [च] दक्षिणोत्तरे ॥ १६६ ॥
एकशालाकृतिं कुर्यात्पञ्चभूमि त्रिभूमिकम् ।
अनलानिलकोणे तु कुर्यात्तु त्रिभूमिकम् ॥ १६७ ॥
पश्चिमे द्विचतुर्भागशालापञ्चतलान्वितम्
पूर्वे च द्विचतुर्भागं मण्डपं चैकभूमिकम् ॥ १६८ ॥
ईशाने चैकभूमिं(मिः) स्यात्प्रासादवदलङ्कृतम् ।
नैर्ऋत्ये सप्तभूमि(मिः) स्यात्कूटकोष्ठादि पूर्ववत् ॥ १६९ ॥
तन्मध्ये भद्रसंयुक्तं भागैकायामनिर्गमम् ।
एकेन कर्णकूटं स्याच्चतुष्कोणे तु मण्डितम् ॥ १७० ॥
कूटे च भद्रयोर्मध्ये हारांशं मध्यमेन तु ।
अधिष्ठानादिवर्गाढ्यं कर्णहर्म्यादिमण्डितम् ॥ १७१ ॥
प्रासादवदलङ्कृत्य शेषं प्रागुक्तवन्नयेत् ।
एकशाला द्विपार्श्वे च भद्रांशैर्वेदभागिकम् ॥ १७२ ॥
पृष्ठे च द्विचतुर्भागं भद्रं कुर्याद्विचक्षणः ।
अथवा चाष्टभागेन भद्रं युक्त्या प्रयोजयेत् ॥ १७३ ॥
षड्भागद्व्यंशमेवं वा शालाकारं तु पृष्ठतः ।
चतुःषड्भागविस्तारमा(रा)यामं [च] मुखवा(द्वा)रणम् ॥ १७४ ॥
पुरतः पार्श्वयोश्चैव चैकभागेनालिन्दकम् ।
द्विचतुर्भाग(गं) तन्मध्ये मण्डपाकार(रं) कल्पयेत् ॥ १७५ ॥
मुखे सोपानसंयुतं सर्वालङ्कारसंयुतम् ।
युक्त्या भद्रं तु सर्वाङ्गं चोर्ध्वे चोर्ध्वतलान्वितम् ॥ १७६ ॥
पादोर्ध्वे पादसंयुक्तं भित्त्यूर्ध्वे भित्तिसंयुतम् ।
पादोर्ध्वे भित्तियुक्तं चेत्सर्वदोषं समुद्भवेत् ॥ १७७ ॥
कुड्यस्योपरि पादैश्च कृत्वा सर्वं शुभावहम् ।
सर्वावयवसंयुक्तं सर्वालङ्कारसंयुतम् ॥ १७८ ॥
एवं सप्ततलं वर्धमानं शेषं तु पूर्ववत् ।
विस्तारे मनुभागे(गं) तु षोडशांशं तदायतम् ॥ १७९ ॥

पूर्ववद्वाङ्गणं शाला तदंशाधिकं भद्रकम् ।
नैर्ऋत्ये नवभूमिः स्यादुक्त्वा चान्यानि योजयेत् ॥ १८० ॥
सर्वालङ्कारसंयुक्तं प्रासादवदलङ्कृतम् ।
मध्यसूत्रात् तु(त्रस्य) वामे तु मध्ये वा द्वारसंयुतम् ॥ १८१ ॥
पूर्वद्वारं यथा वर्धमानं शाला(लां) प्रकल्पयेत् ।
एवं नवतलं वर्धमानं कुर्यात्तु भूपतेः ॥ १८२ ॥
षोडशांशे(शं) विशाले तु विभजेद् द्व्यंशाधिकायतम् ।
तद्भागेन द्विभागं स्याच्छाला शेषं तु पूर्ववत् ॥ १८३ ॥
नैर्ऋत्ये रुद्रभूमिः स्यात्त्रितलं चैशकोणके ।
पावके वायवे चैव कुर्यात्तु पञ्चभूमिकम् ॥ १८४ ॥
दक्षिणे सप्तभूमिः स्यादुत्तरे पञ्चभूमिकम् ।
पश्चिमे सप्तभूमिः स्यात्पूर्वे च द्वितलं भवेत् ॥ १८५ ॥
एवमेकादशतलं वर्धमानमिति स्मृतम् ।
शेषं तु पूर्ववत्कुर्यात्सर्वालङ्कारसंयुतम् ॥ १८६ ॥
तदेव विस्तृतायामे(मं) चैकभागाधिकं तथा ।
पञ्चसप्तांशं विस्तारमा(रा)यामं [च] मध्यमाङ्गणम् ॥ १८७ ॥
शेषं तु पूर्ववत्कुर्यान्नैर्ऋत्ये रविभूमिकम् ।
ईशे पञ्चतलं कुर्यात्पावके सप्तभूमिकम् ॥ १८८ ॥
वायव्ये चाष्टभूमिः स्यात्सप्तभूमिम्(र)थापि वा ।
दक्षिणे पश्चिमे मध्ये कुर्यान्नवतलं तथा ॥ १८९ ॥
वर्धमानं तु सर्वेषां प्राक्प्रत्यक्गतायतम् ।
पार्श्वे दण्डकमा(का)कारं [च] कुर्याद् भूमि(मिं) तले तले ॥ १९० ॥
आदिभूमि यथाकार वास(सं) वासोपरि न्यसेत् ।
द्वार(रं) द्वारोपरि न्यस्तं तस्माद् द्वारं समं तथा ॥ १९१ ॥
द्वारस्योपरि कुड्यं चेत्सर्वसंपद्विनाशनम् ।
स्तम्भकुड्यं च रङ्गं स्यात्स्तम्भयुक्तं चालन्दकम् ॥ १९२ ॥
वासगर्भगृहं चैव मध्यस्तम्भान्परित्यजेत् ।
कुड्यसंयुक्तमेवान्तं मानं प्रागुक्तवन्नयेत् ॥ १९३ ॥

तले तले च ग्रासं चेत्प्रस्तरस्योपरि न्यसेत् ।
गृह(कूट)कोष्ठादिमानानां ज(त)लस्थालिन्दमानकम् ॥ १९४ ॥ 388
महाद्वारा(रं) महाभद्रं मण्डपाकृति(तिं) विन्यसेत् ।
कुर्यात्तदुक्तवद्युक्त्या चोपद्वारं तु योजयेत् ॥ १९५ ॥
विविधं च यथेष्टदिग्देशे चेष्टदिग्गतभित्तिकम् ।
तले तले तु सोपानमारुह्य(रोहणा)र्थं प्रयोजयेत् ॥ १९६ ॥ 392
अन्यान्यनुक्तं(क्तानि) सर्वेषां शास्त्रयुक्त्या समाचरेत् ।
एवं रवितलं वर्धमानमुक्तं पुरातनैः ॥ १९७ ॥
एवं प्रोक्तं तु शालानामायादि वे(व)क्ष्यतेऽधुना ।
दीर्घे(दैर्घ्ये) चायं व्ययं ऋक्षं योनिः स्यात्तु विशालके ॥ १९८ ॥ 396
परिणाह(हे) तिथिर्वारं गृहशेषं तु पूर्ववत् ।
कुर्याद्धर्म्यविधानोक्तं चयवृद्ध्यङ्ग(ङ्गं) सर्वशः ॥ १९९ ॥
सर्वे(र्व)शाला नासिकातोरणाद्यैः
पत्रैश्चित्रैः किम्बरीवक्त्रयुक्तम् । 400
कुर्यान्नानालङ्कृतं नैकभूमौ
श्रीसौभाग्यारोग्यभोग्यप्रदायि ॥ २०० ॥

इति मानसारे वास्तुशास्त्रे शालाविधानं नाम पञ्चत्रिंशोऽध्यायः ॥

गृहमानस्थानविधानम्

द्विजातीनां च सर्वेषां वर्णानां वासयोग्यकम् ।
गृहाणां मानविन्यासं स्थानं च वक्ष्यतेऽधुना ॥ १ ॥
ग्रामे च नगरे वापि पत्तने खेटकेऽपिवा ।
वने वा चाश्रमे वापि नद्यद्रे(द्र्यो)श्च पार्श्वके ॥ २ ॥
तेषां तु वेश्मनः स्थानं कल्पयेच्छिल्पि(ल्प)वित्तमः ।
द्वित्रिदण्डं समारभ्य द्विद्विदण्डविवर्धनात् ॥ ३ ॥
पङ्क्त्यैकपङ्क्तिदण्डान्तं पञ्चधा विपुलं भवेत् ।
पादाधिकमथाध्यर्धं पादोनं द्विगुणं तु वा ॥ ४ ॥
द्विगुणान्तं गृहायामं गृहचा(स्य)न्तरम(ताराद)धिकम् ।
दीर्घ(दैर्घ्यं) पादाधिकं दीर्घमन्त(चार्धाधिकं)पादत्रयान्तकम् ॥ ५ ॥
गृहायामसमं(त्रयं) वापि तस्मात्पादाधिकं तु वा ।
अर्धाधिक(कं) त्रिपादं चाधिक्यं वा त्रि(चतुर्)गुणान्तकम् ॥ ६ ॥
गृहतारायतं ह्येवं विस्तारं गृहतारकम् ।
गृहायामविशाले तु परमशायिकपदं न्यसेत् ॥ ७ ॥
ब्रह्मस्थानं विनान्येषां सर्वेषां वासयोग्यकम् ।
आर्यो विवस्वान् मित्रं [च] भूधरश्च चतुष्टये ॥ ८ ॥
द्विजानां मुख्यहर्म्यं स्यात्कल्पयेत्तक्रियावहम् ।
विवश्वि(स्व)ति पदे चैव मित्रके भूधरे तथा ॥ ९ ॥
भूपानां मुख्यवासं स्यादन्यजातेरयोग्यकम् ।
आपाद्यष्टामरदेशे वर्णानां वासयोग्यकम् ॥ १० ॥
इन्द्रादिषु चतुर्दिक्षु द्विजानां वासयोग्यकम् ।
यमे च वारुणे चैव भूपाना मुख्यवासकम् ॥ ११ ॥

वरुणे च शशस्थाने वैश्यानां वासयोग्यकम ।
नैर्ऋत्ये सोमे ई(चे)शे च शूद्राणां वासयोग्यकम् ॥ १२ ॥
अनिलानलदेशं च सर्वेषां वासयोग्यकम्
उत्तरेशानपर्जन्ये सर्वेषां पचनालयम् ॥ १३ ॥
अन्तरिक्षाग्निपूषा(ष्णि) च वर्णानां कूपयोग्यकम् ।
याम्ये च नैर्ऋते वापि सर्वेषां भोजनालयम् ॥ १४ ॥
वायव्ये विप्रजातीनां देवताभोजनालयम्
अदिते(तौ) चेशकोणे वा पितृ(त्रया)णां देवतार्चनम् ॥ १५ ॥
भल्लाटे च मृगे चैव द्विजानां गृहिणीगृहम् ।
गन्धर्वे भृङ्गराजे वा मृगे चैवान्तरिक्षके ॥ १६ ॥
सर्वेषां भूपतीनां च महिष्यावासयोग्यकम् ।
पुष्पदन्ते स्वकर्णे वा चायुधानां च मण्डप(योग्यक)म् ॥ १७ ॥
वरुणे चासुरे नागे मुख्ये पर्जन्यसोमके ।
वैश्यानां तु परेषां तु गृहिण्यावासयोग्यकम् ॥ १८ ॥
सत्यके चान्तरिक्षे वा सर्वेषां शयनालयम् ।
शोषे चैवासुरे चैव वरुणे वासनालयम् ॥ १९ ॥
सोमे मृगपदे चैव हेमरत्नस्य वासकम् ।
नागे चैव द्विजानां च हुत(होम)कर्मालयं भवत् ॥ २० ॥
अदिते(तौ) सर्वजातीनां स्नपनार्थालयं भवेत
तत्रैव सन्धिकार्यार्थं तद्बाह्ये चरणालयम् ॥ २१ ॥
यमे च नैर्ऋते वापि सूतकारालयं भवेत् ।
इन्द्रे चैव महेन्द्रे वा दासानामालयं तथा ॥ २२ ॥
ततश्चेशानबाह्ये तु चतुर्था(चानुच)रालयं भवेत् ।
पूषे(ष्णि) च वितते(थे) चैव धेनोरालयमेव च ॥ २३ ॥
द्वारस्य वामपार्श्वे तु वाहनानां तदालयम् ।
आपश्चैवापवत्सा(त्स्ये) च बालालोकनमण्डपम् ॥ २४ ॥
ब्रह्मस्थानसमीपे तु विवाहाद्यर्थमण्डपम् ।
इन्द्रे च इन्द्रराजे च वस्त्राच्छादनमण्डपम् ॥ २५ ॥

रुद्ररुद्रजये वापि कन्यकारालयं भवेत् ।
सावित्रे च सवित्रे वा पुत्राणां चैव वासकम् ॥ २६ ॥
मृगे च सर्वजातीनां विद्याभ्यासार्थमण्डपम् ।
तस्य बाह्यप्रदेशे तु तैलाभ्यङ्गार्थमण्डपम् ॥ २७ ॥
अन्त्ये चावरणे चैशे वास्थानमण्डपं भवेत् ।
सोमे चैव विशाला(लासा)र्थं मण्डपं कल्पयेत्ततः ॥ २८ ॥
मृगे वा मुख्यके वापि विलासी(सि)नां तदालयम् ।
पावके पूषके वाथ सत्यके वा महेन्द्रके ॥ २९ ॥
सखीनां च गृहं कुर्यात्तत्रैवानुचरालयम् ।
द्वारस्य दक्षिणे पार्श्वे रत्नकारालयं भवेत् ॥ ३० ॥
तत्रैव परिवारार्थं योधकानां तथालयम् ।
गृहक्षते यमे चैव महिषा(ष्या)द्यालयं भवेत् ॥ ३१ ॥
गन्धर्वे भृङ्गराजे चन्द्रदष्टानास्यत्(नां च) तदालयम् ।
वृषे वा नैर्ऋते वापि दिनादीनां गृहं भवेत् ॥ ३२ ॥
वरुणे पुष्पदन्ते वा युवराजगृहं भवेत् ।
महेन्द्रे पुष्पदन्ते वा मुख्ये वाथ गृहक्षते ॥ ३३ ॥
सर्वेषामपि वर्णानां द्वारं कुर्याद् विशेषतः ।
भूपानां मुख्यके द्वार विना चोक्तं पुरातनैः ॥ ३४ ॥
पावके वानिले वापि धान्यकर्षणमण्डपम् ।
नागे वा मुख्यके वापि धान्यागारं तु कल्पयेत् ॥ ३५ ॥
शोषे वा चासुरे वापि पुष्पमण्डपं संस्थितम् ।
चतुर्दिक्षु चतुष्कोणे सोपाया(न)स्थानमीरितम् ॥ ३६ ॥
वायवे चाथ भल्लाटे नागे वा सर्वहर्म्यके ।
कुर्यान्नृत्ताङ्गनानां च नृत्तयोग्यं तु मण्डपम् ॥ ३७ ॥
रोगस्य च पदे चैव कुक्कुटावासयोग्यकम् ।
दौवारिके च सुग्रीवे मेषवासं च कारयेत् ॥ ३८ ॥
एकं वाथ द्विसालं वा त्रिसालं वार्ध(तुर्य)भित्तिकम् ।
भूपानां पञ्चसालान्तं द्वित्रिसालमथापि वा ॥ ३९ ॥

अन्तःसालपदे रोगे नित्यान्त(र्चेन)मण्डपं न्यसेत् ।
मुख्ये(ख्यं) वासं तु सर्वेषां चोक्तवत्कारयेत्सुधीः ॥ ४० ॥
सर्वेषामपि वर्णानां स्था(स्ना)नयोग्यं द्विजन्मनाम् ।
क्षत्रियादित्रयाणां च उ(तु चो)क्तरीत्या प्रयोजयेत् ॥ ४१ ॥
सर्वेषां देवतास्थानं मुख्यं वा कल्पयेत्सुधीः ।
प्रधाने(नं) सो(चो)पवासं च धनार्थाय भवेदिह ॥ ४२ ॥
कर्तुश्चित्तवशाद्वापि सर्वेषां तु प्रधानकम् ।
अन्यत्सालं तु सर्वेषां चैकपक्षालयक्रमात् ॥ ४३ ॥
अन्यत्सालं तु सर्वेषामालयार्थं द्विपक्षकम् ।
भित्तिमानं तु सर्वेषां प्राकारस्योक्तवत्कुरु ॥ ४४ ॥
द्वारे च द्वारशालादिगोपुरान्तः क्रमान्न्यसेत् ।
वैश्यशूद्रगृहे द्वारं चैकादित्रितलान्तकम् ॥ ४५ ॥
कुर्यात्तु शूद्रजातीनां द्वारं शालावसानकम् ।
मुख्यादि चो(सो)पवासैश्च सर्वं प्रागुक्तवन्नयेत् ॥ ४६ ॥
यत्रैव कर्तुर्धिष्ण्यावशतो विमानम्
सद्मादिकं सकलसीमविहारकुड्यम् ।
कोशादिनीतिहयमन्दिरदन्तिशाला
कुर्यात्ततोऽन्यदखिलं नगरं च शास्त्रात् ॥ ४७ ॥

इति मानसारे वास्तुशास्त्रे गृहमानस्थानविधानं नाम षट्त्रिंशोऽध्यायः ॥

गृहप्रवेशविधानम्

अथ वक्ष्ये नराणां च गृहवेशस्य लक्षणम् ।
सर्वेषां जातिहर्म्याणां चोक्तवत् क्रियान्वितम् ॥ १ ॥
उत्तरायणमासे तु दक्षिणायन मे(ने चै)व वा ।
मिथुनं धनुः कन्यां च मीनं चैव विवर्जयेत् ॥ २ ॥
प्रशस्तपक्षनक्षत्रे सुमुहूर्ते सुलग्नके ।
उभयोः स्थिरराशौ च शुक्लपक्षे प्रवेशयेत् ॥ ३ ॥
स्थपतिः स्थापकश्चोभौ गृहवेशं समारभेत् ।
गृहाग्रे मण्डपं कृत्वा प्रपां वा कूटमेव वा ॥ ४ ॥
पञ्चसप्तकरं तत्र गेहता ं समाग्रकम् ।
षोडशस्तम्भयुक्तं वा द्वादशस्तम्भमेव वा ॥ ५ ॥
विविधानां विधानानां नानावस्त्रैरलङ्कृतम् ।
गोमयालेपनं कृत्वा चोक्तवत्कृतसद्मकम् ॥ ६ ॥
गृहं वा मध्यरङ्गे [वा] पार्श्वे वा चैशकोणके ।
कुर्यादुक्तवच्छिल्पी सा(चा)ङ्कुरार्पणमेव वा ॥ ७ ॥
वास्तुमध्यो(ध्ये उ)क्तवच्छिल्पी साधारणबलिं दिशेत्(क्षिपेत्) ।
आपादाष्टारणां च(पाद्यष्टामरांश्चैव) पूजयेत्स्थपतिः प्रभुः ॥ ८ ॥
आर्यादीनां चतुर्थानां(र्णां च) स्थापकेन बलिं(लिः) ददेत्(दीयेत) ।
ब्रह्मादिदेवताश्चैव पूजयेद् विधिवत्(धिना) सह ॥ ९ ॥
वास्तुहोमं ततः कृत्वा तृप्त्यर्थं वास्तुदेवताः ।
शुद्धिं कृत्वा ततः पश्चात्पर्यग्निकरणं गृहम् ॥ १० ॥
जलसंप्रोक्षणं कुर्यात्पुण्याहं वाचयेत्ततः ।
पञ्चगव्येन संप्रोक्ष्य स्थपतिः स्थापकैः सह ॥ ११ ॥

पश्चात्तां प्रत्यकुर्वीत पादप्रक्षालनक्रिया[म्] ।
विधिवदाचमनं कृत्वा मण्डपान्तः प्रविश्यतु(शेत्ततः) ॥ १२ ॥
स्थण्डिले मण्डलं कृत्वा प्रस्तरे शुद्धशालिभिः ।
नवेन वारिकुम्भानि शुद्धतोयेन पूरयेत् ॥ १३ ॥
सूत्रेण नववस्त्रेण कुम्भानां(नि) परिवेष्टयेत् ।
नालिकेरफलद्यै(लादिभि)श्च युक्तं कूर्चैश्च पल्लवैः ॥ १४ ॥
पञ्चविंशपदं न्यस्य शुद्धतण्डुल(लेन) कारयेत् ।
कुशदर्भान्परिस्तीर्य तण्डुले चोक्तवत्क्रमात् ॥ १५ ॥
ब्रह्मादिनवकुम्भाश्(नि) च तण्डुलोपरि विन्यसेत् ।
स्वर्णेन प्रतिमां कृत्वा देवतानां विशेषतः ॥ १६ ॥
तत्तद्वस्त्रेषु संवेष्ट्य तत्तन्मंत्रेण पूजयेत् ।
उपवासमुपक्रम्य कर्ता स्वगृहिणी(ण्या) सह ॥ १७ ॥
पीत्वा शुद्धं पयो रात्रावुपोष्य दिवसे पुनः ।
गृहिणीभर्तृहस्तौ च गृहस्तम्भ(म्भं) स्वयं करे ॥ १८ ॥
रक्षाबन्धं ततः कुर्याद् वाचयेत्स्वस्तिवाचकम् ।
तत्तद्वाहनादीनां च यत्प्रधानायुतापि च ॥ १९ ॥
दिवा वा रात्रिकाले वा कुर्यात्तदधिवासनम् ।
साङ्कुराः पालिकाः सर्वाः स्थण्डिलोपरि विन्यसेत् ॥ २० ॥
ब्रह्मादिदेवतानां च(ताश्चैव) पूजयेत्स्थपतिर्बुधः ।
तत्तत्स्वनाममन्त्रेण प्रणवादिनमोऽन्तकम् ॥ २१ ॥
हृल्लेखां मध्यकुम्भे तु पूजयेद् विधिवद् बुधः ।
गन्धपुष्पैः समभ्यर्च्य धूपदीपं ददेत्(त) पुनः ॥ २२ ॥
पायसो(सौ)दनशस्यादीन् ताम्बुलादि(दिं) निवेदयेत् ।
नृत्तगीतादिवाद्यादिजयशब्दादिमङ्गलैः ॥ २३ ॥
अग्निकार्यं ततः कुर्यात्स्थण्डिलं(ल)प्राग्दिशि तथा ।
कुण्डे वा स्थण्डिले वापि समिदाज्यचरुं तिलम् ॥ २४ ॥
लाजकैश्चैव पञ्चैते प्रत्येकाष्टादशाहुतीः ।
प्रणवादिस्वाहान्तं स्यात् श(च्छ)क्तिबीजं समुच्चरेत् ॥ २५ ॥

शक्तिगागत्रिमन्त्रेण पूर्णाहुतिं समाचरेत् ।
अधिवासितकुम्भस्थजलेनैवाभिषेचयेत् ॥ २६ ॥
वेश्मद्वारन्तदी(रान्तादि)वेश्मकं गृहं प्रति गृहं प्रति
वाहनादीनि संप्रोच्य स्थपतिस्थापकावुभौ ॥ २७ ॥
सर्वमङ्गलघोषैश्च स्वस्तिवाचनपूर्वकम् ।
पश्चाद् गृहमङ्गलं कुर्यान्नानावस्त्रैश्च शोभितम् ॥ २८ ॥
वितानध्वजसंयुक्तं पुष्पमाल्यैरलङ्कृतम् ।
स्थपतिर्वरवेषाढ्यः प्राप्तपञ्चाङ्गभूषणः ॥ २९ ॥
श्वेतानुलेपनं स्थाप्य(प्यं) स्वर्णयज्ञोपवीतवान् ।
नवशुक्लांशुकोपेतः श्वेतांशुकोत्तरीयवान् ॥ ३० ॥
पादप्रक्षालनं कुर्यात्सकलीकरणं कृतम् ।
धूपदीपं ददेत्(त) पश्चाद् गन्धपुष्पाक्षतैः सह ॥ ३१ ॥
ब्राह्मणैश्च यथाशक्ति वाचयेत्स्वस्तिवाचनम् ।
यजमानस्य प्रीत्या च अ(त्यैस्तु चा)न्यैरनुचरैः सह ॥ ३२ ॥
गृहप्रदक्षिणं कुर्याज्जयशब्दादिमङ्गलैः ।
गृहद्वारस्य पुरतः स्थित्वायान्तं च वाचरेत् ॥ ३३ ॥
लक्ष्मीशं ततो नमस्कृत्य याचयेद्धि(दि)ष्टमानकम् ।

मन्त्रम्

हे लक्ष्मि गृहकर्तारं पुत्रपौत्रधनादिभिः ॥ ३४ ॥
संपूर्णं कुरु चायुष्यं प्रार्थयामि नमोस्तुते ।
एतन्मन्त्रं समुच्चार्य स्थपतिस्थापकावुभौ ॥ ३५ ॥
यजमानाय पश्चात्तु दद्यान्नैवेद्यशेषकम् ।
स्थपतिः(तये) स्थापकानां च(केभ्यो) विप्राणां च(प्रेभ्यश्च) विशेषतः ॥ ३६ ॥
दद्याद् दक्षिण(णां) ताम्बुलं तत्र सद्मप्रवेशने ।
तेभ्यः सह स्वपत्न्या चान्नक्षीरोदकादिभिः ॥ ३७ ॥
नानाभूषणैर्दिव्यैः गन्धमाल्याम्बरादिभिः ।
द्विजानां वेदघोषैश्च गीतनृत्तादिवाद्यकैः ॥ ३८ ॥

छत्रचामरसंपूर्णकलशैर्दक्षिणादिभिः ।
आरुह्य हयदिव्यादीन् यजमानस्य बन्धुभिः ॥ ३९ ॥
अन्यैरनुचरैः सार्धं कुर्याद् ग्रामप्रदक्षिणम् ।
ततः प्रवेशयेत्सर्वं सर्वमङ्गलघोषकैः ॥ ४० ॥
पश्चाद् बन्धुजनैः सार्धं कुर्याद् ब्राह्मणभोजनम् ।
एवं गृहं तु संवेश्य पश्चात्तु स्थापकादिभिः(भ्यः) ॥ ४१ ॥
वस्त्रभूषणवाहादीन्दद्यात्कर्ता स्वहस्ततः ।
स्थपतिः स्थापकान्यं(कैर)त्य युष्मभ्यः(त्वमेवं) प्राप्तवान् गृहम् ॥ ४२ ॥
इत्युक्त्वा यजमानाय पश्चात्तं च विवर्जयेत् ।
आरुह्य ब्रह्मवाहं शुभमथ तच्छिल्पिसङ्घान् ग(ङ्घैर्ग)जाद्यैः ॥ ४३ ॥
अश्वैरुष्ट्रा(ष्ट्रा)दिनानापरिकरसहितं दु(तैर्दु)न्दुभिभेरनादैः ।
कर्ता नानानृसेनारथम(थैर)पि विविधैश्चामरैः पु(प)त्रसङ्घैः ॥ ४४ ॥
यावद् गच्छन्ति(ति) तावत्स्वपुरिपरिसरं स ज्ज(ज)येद्रि(दि)ष्टकाद्यैः ॥ ४५ ॥

इति मानसारे वास्तुशास्त्रे गृहप्रवेशविधानं नाम सप्तत्रिंशोऽध्यायः ॥

द्वारस्थानविधानम्

द्वारस्थानस्य विन्यासं लक्षणं वक्ष्यतेऽधुना ।
देवानां भूसुरादीनां वर्णानां च गृहे गृहे ॥ १ ॥

देवा(भूपा)नां हर्म्यके सर्वे(र्वस्मिन्) प्राकारे मण्डपे तथा ।
चतुर्दिक्षु चतुर्द्वारं चोपद्वारं यथेष्टकम् ॥ २ ॥

यथान्तरालदेशे तु मध्ये द्वारं प्रकल्पयेत् ।
भित्तिमध्ये यथाकुर्यात्तत्र दोषो न विद्यते ॥ ३ ॥

प्रच्छादनं यथाहर्म्ये द्वारं कुर्यात्तथैशके ।
जलद्वारं यथासारं(लं) निम्नदेशे प्रकल्पयेत् ॥ ४ ॥

दक्षिणे च कवाटे तु द्वारं कुर्यात्तु मुख्यके ।
तिर्यङ्मध्ये तु सूत्रः(त्रं) स्यादधोदेशे प्रकल्पयेत् ॥ ५ ॥

देवानां च मनुष्याणां महाद्वारं कवाटके ।
द्वाराणां तु यथामुख्ये युक्त्या सोपानसंयुतम् ॥ ६ ॥

एवं तु देवहर्म्यादिद्वारं कुर्याद् विचक्षणः ।
नराणां च गृहे सर्वे द्वारस्थानं तु वक्ष्यते ॥ ७ ॥

गृहायामे विशाले तु नन्दनन्दपदं भवेत् ।
पूर्वद्वारं च हर्म्याणां महाद्वारं महेन्द्रके ॥ ८ ॥

अथवा मध्यसूत्रस्य वामे द्वारं प्रकल्पयेत् ।
ईशे वाथ पर्जन्ये चादिते(तौ) चोदिते तथा ॥ ६ ॥

जयन्ते वा मृगे वापि चोपद्वारं तु जालकम् ।
दक्षिणे द्वारशा(सा)ले तु महाद्वारं गृहक्षते ॥ १० ॥
अथवा मध्यसूत्रस्य वामे द्वारं प्रकल्पयेत् ।
वितते(थे) च पदे पूर्वे(ष्णि) पावकं चान्तरिक्षके ॥ ११ ॥
मृगे वा सत्यके चैव चोपद्वारादि पूर्ववत् ।
पश्चिमे द्वारहर्म्ये तु पुष्पदन्तपदे तथा ॥ १२ ॥
मध्यसूत्रस्य वामे तु महाद्वारं प्रकल्पयेत् ।
सुग्रीवस्य पदे वापि दौवारिकपदेऽपि वा ॥ १३ ॥
नैर्ऋत्ये वा मृगे वापि भृङ्गराजपदेऽपि वा ।
गन्धर्वे[चे]शेत्यु(तू)पद्वारं तद् वदायतन(वातायन)मेव च ॥ १४ ॥
उत्तरे द्वारशाले तु भल्लाटस्य पदे तथा ।
आयामे मध्यसूत्रात्तु वामे द्वारं प्रधानकम् ॥ १५ ॥
मुखे(ख्ये) नागपदे वापि चानिले वाथ रोगके ।
शेषे वापि(प्य)सुरे वापि चोपद्वारं तु योजयेत् ॥ १६ ॥
ईशानादिचतुर्द्वारं कुर्याद् दिक्षु यथेष्टकम् ।
पचनालयसर्वेषां मुखे द्वारं तु मध्यमे ॥ १७ ॥
कंचित्तन्मध्यसूत्रात्तु वामे द्वारं प्रकल्पयेत् ।
तदूर्ध्वगमनार्थाय क्षुद्रजालकसंयुतम् ॥ १८ ॥
द्विचतुर्वा षडष्टापि दशद्वादशमेव वा ।
एवं तु जालकं कुर्यादुत्तराधो(धः) प्रदेशके ॥ १९ ॥
मध्ये द्वारं(जालकं) तु कुर्यान्मध्यसूत्रात्तु वामके ।
कुर्याज्ज(ज्जा)लद्वारं तु श्रेणितद्वारं कल्पयेत् ॥ २० ॥
देवानां पचनार्थं तु कुर्याद् वै युग्मजालकम् ।
कुर्यादारुह्य(रोहणार्थं) यद् द्वारं नैर्ऋत्ये वापि चेशके ॥ २१ ॥
गृहे सर्वे(र्वस्मिन्) यथाग्ङ्गे पृष्ठे तु जालकं [तु] वा ।
मध्ये न जालकं कुर्यान्मध्यसूत्रात्तु वामके ॥ २२ ॥

कुर्यात्तु ज(जा)न्नद्वारमुपद्वारांक्तवत्सुधीः ॥ २३ ॥

पश्चांशं दक्षिणे तस्य वामे
बन्धां(न्ध्वं)शं स्यात्तत्तयोर्मध्यदेशके ।
हर्म्यायामे नन्दभागैकभागं
द्वारं कुर्यान्मानुषाणां निवासे ॥ २४ ॥

हर्म्यायामे मध्यसूत्रस्य वामे
कुर्याद् द्वारं भूसुराणां नृपाणाम् ।
एवं द्वारं शेषकाणां तु कुर्यात्
कुर्याद् द्वारं हर्म्यमध्ये सुराणाम् ॥ २५ ॥

इति मानसारे वास्तुशास्त्रे द्वारस्थानविधानं नाम अष्टत्रिंशोऽध्यायः ॥

द्वारमानविधानम्

द्वारमानविधिं वक्ष्ये लक्षणं वक्ष्यतेऽधुना ।
भूसुराणां सुरादीनां वर्णानां चालयादिकम् (दिषु) ॥ १ ॥
वासं(से) वातायनादीनां कुड्यगोपुरमण्डपे ।
द्वारस्तम्भयुतं(र्गम) सर्वद्वारमानाद् बहिर्भवेत् ॥ २ ॥
सार्धहस्तं समारभ्य षट्षडङ्गुलवर्धनात् ।
त्रयोविंशत्तदुत्सेधं द्वारं सप्तकरान्तकम् ॥ ३ ॥
महद्(हा)द्वारमिति प्रोक्तमुपद्वारमिहोच्यते ।
एकहस्तं समारभ्य त्रित्र्यङ्गुलविवर्धनात् ॥ ४ ॥
उपद्वार(रं) त्रिहस्तान्तं सप्ता(प्त)दशविधोदयम् ।
द्वादशाङ्गुलमारभ्य त्रित्रिमात्रविवर्धनात् ॥ ५ ॥
वातायन(नं) द्विहस्तान्त(न्तं) त्रयोदशविधोदयम् ।
क्षुद्रद्वारोदयं ह्येवं तद्विस्तारमिहोच्यते ॥ ६ ॥
सर्वेषां द्वारतुङ्गार्धं क्षुद्रद्वारं(र)विशालकम् ।
अथवा द्वारमुख्यानां हर्म्यपादमिहो(वशादु)च्यते ॥ ७ ॥
तत्तत्पादोदये वाथ वसुनन्ददशांशकैः ।
तत्तदेकांशहीनं स्याद् द्वारतुङ्गमिति स्मृतम् ॥ ८ ॥
तदर्धं विस्तृतं प्रोक्तमथ हर्म्यवशो(शादु)च्यते ।
सत्रिपादकरा(रमा)रभ्य षट्षडङ्गुलवर्धनात् ॥ ९ ॥
सत्रिपादत्रिहस्तान्तं कन्यसादि नवोदयम् ।
एवं तु क्षुद्रहर्म्ये तु मुख्ये(ख्य)द्वारं प्रकल्पयेत् ॥ १० ॥
द्विहस्तं तु समारभ्य षट्षडङ्गुलवर्धनात् ।
चतुर्हस्तावसानं स्यात्कन्यसादि त्रयं त्रयम् ॥ ११ ॥

एवं तु मध्यहर्म्ये तु मुख्ये(ख्य)द्वारोदयं भवेत् ।
सार्धद्विहस्तमारभ्य षट्षडङ्गुलवर्धनात् ॥ १२ ॥
सार्धवेदकरान्तं स्यात्कन्यसादि नवोदयम् ।
मुख्यद्वारमिति प्रोक्तं मुख्यहर्म्ये तु योजयेत् ॥ १३ ॥
सप्तविंशोदयं ह्येवं तदर्धं विस्तृतं भवेत् ।
एवं जातिवशात्प्रोक्तं छन्दादीनां प्रवक्ष्यते ॥ १४ ॥
पञ्चविंशाङ्गुला(लम)रभ्य द्विद्व्यङ्गुलविवर्धनात् ।
त्रयोविंशशतान्तं स्याच्छन्दद्वारविशालकम् ॥ १५ ॥
एकविंशाङ्गुला(लमा)रभ्य द्विद्व्यङ्गुलविवर्धनात् ।
एकविंशं शतान्तं स्याद्विकल्पद्वारविस्तृतम् ॥ १६ ॥
नवपङ्क्त्यङ्गुला(लमा)रभ्य द्विद्व्यङ्गुलविवर्धनात् ।
एकपङ्क्त्यङ्गुलाधिक्यं शतान्तमाभासविस्तृतम् ॥ १७ ॥
विस्ताराद् द्विगुणोत्सेधं सामान्यमिति कथ्यते ।
द्विगुणात्पादमाधिक्यमर्धाधिकमथापि वा ॥ १८ ॥
तदुत्सेधं नवांशं स्यात्पञ्चाशद्(ञ्चांशं) द्वारविस्तृतम् ।
आयादिकर्मषड्वर्गप्रवाहं(हो) वक्ष्यतेऽधुना ॥ १९ ॥
जातिद्वारोदये सर्वेषा(र्वस्मिना)यादिसंग्रहं भवेत् ।
छन्दादीनां तु सर्वेषां तारे चायादिसंग्रहम् ॥ २० ॥
वृद्धिहान्यादिसर्वेषां प्रासादस्योक्तवद् भवेत् ।
कन्यसे कन्यसा मानं मध्यमे मध्यमं तथा ॥ २१ ॥
मुख्ये मुख्यं तु मानं स्यात्कुर्याद् द्वारं शुभावहम् ।
हीनाधिकमानं चेत् श्रे(च्छ्रे)ष्ठकन्यसमानकम् ॥ २२ ॥
तद्द्वयोर्मध्यमं चोक्तं मध्यमे तद्द्वयं तु वा ।
सर्वेषामपि वर्णानां सर्वसंपद्विनाशनम् ॥ २३ ॥
शान्तिकादि यथाहर्म्यं द्वारं तच्छान्तिकादिकम् ।
कुर्यादारोग्यमायुष्यं भुक्तिमुक्तिफलप्रदम् ॥ २४ ॥
विपरीते नृपादीनां विपत्यं(त्तिं) नित्यमावहेत् ।
द्वारमानमिति प्रोक्तं पादादीन्वक्ष्यतेऽधुना ॥ २५ ॥

शुद्धद्वारस्य परितः पादोदर्क(य)द्वार[सं]युतम् ।
भौमान्तं ख्या(खा)तपादं वा चोत्तरान्तमथापि वा ॥ २६ ॥
द्वारयोगस्य मूलाग्रे छिद्रं कुर्याद् द्वयोर्द्वयम् ।
पट्टिकाद्वयमूलाग्रे शिखायुक्ता(क्त)द्वारं योजयेत् ॥ २७ ॥
दारुद्वारमिति प्रोक्तं शिलाभग्नं तु योजयेत् ।
कुड्यद्वारा(रम)र्कभागं स्यात्तद्बाह्ये पञ्चभागिकम् ॥ २८ ॥
अन्तःसप्तांशयोर्मध्ये द्वारयोगस्य मध्यमे(मम) ।
तदंश(शे) त्रिचतुर्भागं पञ्चषट्सप्तभागिकम् ॥ २९ ॥
अष्टांशं योगविस्तारं तदर्धं बहलं भवेत् ।
विस्तारस्य समं वापि त्रिपादं वाथ कल्पयेत् ॥ ३० ॥
पट्टिकोच्चायतं तारं घनं द्वारस्य योग्यकम् ।
द्वारयोगद्वयं चैव पट्टिकाद्वयमेव वा ॥ ३१ ॥
चतुरश्रं समाश्रं वा भूषणालङ्कृतं तु वा ।
योगादिघनमानं च कृत्वा बाह्ये नवांशकम् ॥ ३२ ॥
कुड्यान्ते पट्ट(ट्टं) बन्धां(न्धं)शं तस्माद् द्व्यंशेन बन्धनम् ।
एकेन कम्पपट्टं स्याद्बन्धभागेन योजयेत् ॥ ३३ ॥
अथवांशेन पट्टं स्यात्पद्म(द्मं) मध्येऽर्धभागिकम् ।
अर्धेन कम्पसंयुक्तं कर्णबन्धांशमीरितम् ॥ ३४ ॥
कम्पमर्धेन(पद्ममध्येन) संयुक्तं चान्त्यं चेदलं भवेत् ।
एकांशं बाह्यपट्टं स्याद् द्व्यंशं भुवाङ्गकम् ॥ ३५ ॥
पद्म(द्मं) द्व्यंशकं चैव कम्पमेकेन कारयेत् ।
मध्यभुवाङ्गं युग्मांशं बाह्यपद्मं द्व्यंशकम् ॥ ३६ ॥
पट्टिकायोगबाह्ये तु द्वारांशं परितोऽन्वितम् ।
अथवा भूषणं तु स्यात्कुर्यात्त्वथ पट्टिका[म्] ॥ ३७ ॥
द्वारयोगविशाले तु कर्णं वा द्विगुणं तु वा ।
योगमूलाग्रतुङ्गं स्यात् अ(द)ग्रे विन्यास(न्यसेत्) कुड्मलम् ॥ ३८ ॥
सर्वालङ्कारसंयुक्तं पत्रवल्ल्यादिभूषितम् ।
द्वारोर्ध्वे मध्यदेशे तु अ(चा)धिराजो(जन्तु)परि न्यसेत् ॥ ३९ ॥

तत्पार्श्वे चाम्बरादन्त(नुचरान्ते) द्विपयुग्मं तु कारयेत् ।
दक्षिणे तु गणेशं स्याद्वामभागे सरस्वतीम् ॥ ४० ॥
छत्रचामरसंयुक्तं तोरणादिविभूषितम् ।
तस्याधो(धः) पूर्णकुम्भाद्यैः दर्पणाद्यैर्विभूषितम् ॥ ४१ ॥
कुर्यादेवं तु रक्षार्थं सम्पदामास्पदं सदा ।
अथवा द्वारयोगस्य विशालं वक्ष्यतेऽधुना ॥ ४२ ॥
त्रिचतुष्पञ्चषण्मात्रं तस्मात्तु द्व्यङ्गुलाधिकम् ।
पञ्चविंशाङ्गुलान्तश्च(न्तं च) चतुर्विंशाङ्गुलान्तकम् ॥ ४३ ॥
एकविंशाङ्गुलान्तं स्याद् द्वाविंशाङ्गुल(ला)न्तकम् ।
त्रयोविंशाङ्गुलान्तं स्याद् द्वारयोगस्य विस्तृतम् ॥ ४४ ॥
अथवा हस्तमारभ्य त्र्यङ्गुलविवर्धनात् ।
तत्रिहस्तावसानं स्यात्कन्यसादुत्तमान्तकम् ॥ ४५ ॥
दारुके तु शिला(ले) वापि कुर्याद् द्वारं विचक्षणः ।
क्षुद्रविस्तार(रं) सर्वेषां द्वारयोगविशालकम् ॥ ४६ ॥
द्वारमानं तु सर्वेषां वर्णानां हर्म्यके न्यसेत् ।
देवानां हर्म्यके कुर्यात्तत्र दोषो न विद्यते ॥ ४७ ॥
द्वारभूषणसार्धं स्याद् द्वारमानेन कल्पयेत् ।
तद्विशालायततुल्यं कवाटायामविस्तृतम् ॥ ४८ ॥
एकद्वित्रिचतुष्पञ्च कवाटस्य घनं भवेत् ।
एकं वा द्विकवाटं वा युक्त्या तत्रैव योजयेत् ॥ ४९ ॥
युग्मदारु न योग्यं स्यादयुग्मं चैव योजयेत् ।
युगलं तत्कवाटं स्याद् दारुयुग्मं प्रयोजयेत् ॥ ५० ॥
दक्षिणस्य कवाटं तु विशालाधिकमायतम् ।
एकद्वित्र्यङ्गुलं वामकवाटं स्याद् द्विहस्त(विहीन)कम् ॥ ५१ ॥
तत्सममं शिखं तारं तद्द्वयं तस्य तुङ्गकम् ।
वृत्ताकारं(रा) शिखा सर्वा मूलोद्भवरुचा(कुचं) भवेत् ॥ ५२ ॥
मध्ये तु क्षेपणं वामे(थ) शुद्धद्वारावसानकम् ।
त्रिचतुष्पञ्चषण्मात्रं मध्ये क्षेपणविस्तृतम् ॥ ५३ ॥

युग्मवेदकुमाराष्टपङ्क्त्यंशं द्वादशांशकम् ।
कुर्यात्कवाटदीर्घं(दैर्घ्ये) त्तेपणं विस्तृतो(स्तारोऽ)धिकम् ॥ ५४ ॥
त्रिचतुष्पञ्चा(ञ्चषड)ङ्गुलं वा[पि] तस्य विस्तार(रं) मानयेत् ।
शुद्धद्वारसमायामे विस्तारे परिकल्पयेत् ॥ ५५ ॥
आयदण्ड(ण्डं) त्रिधापञ्चसप्तकाकृतमेव च ।
दीर्घं ह्रस्वं च सर्वेषामिदं युक्त्या प्रयोजयेत् ॥ ५६ ॥
सन्धिमध्ये तु वेदाश्रं पट्टिकानां तु पादयुक् ।
पद्मपत्रादि सर्वेषां युक्त्या च समलङ्कृतम् ॥ ५७ ॥
प्राकारे च महाद्वारं क्षुद्रद्वारं कवाटके ।
सप्ताङ्गुलं समारभ्य द्विद्व्यङ्गुलविवर्धनात् ॥ ५८ ॥
पञ्चविंशाङ्गुलायामं त्रिचतुर्था(र)ङ्गुलं ततिः ।
तदर्धं तद्घनं कुर्यात्त्रिचतुष्पञ्चाङ्गुलोन्नतम् ॥ ५९ ॥
कीलभाजनमित्युक्तं कीलनं तु प्रवक्ष्यते ।
भाजनायामवत्कुर्यात्कीलायामं यथोक्तवत् ॥ ६० ॥
एकद्वित्र्यङ्गुलं वापि कीलतारं यथेष्टकम् ।
कवाटयुक्तं(ग्मं) तथैकं चेद् द्वारदक्षिणपार्श्वके ॥ ६१ ॥
द्वारपादे पदे(यथा) वापि योजयेत्कीलभाजनम् ।
पर्वयुक्कीलमूलाग्रे भाजने छिद्रं योजयेत् ॥ ६२ ॥
अयस्कीलं च पट्टं च पद्मपत्रादिशोभितम् ।
कुर्यात्तत्तत्कवाटानां युक्त्या तत्कीलशूलके ॥ ६३ ॥
यथाबलं यथाशोभं तथा युञ्जीत बुद्धिमान् ।
द्वारोर्ध्वे भूपुरार्धं च कुर्यात्तच्छिद्रपट्टिका[म्] ॥ ६४ ॥
कवाटस्योर्ध्वशूलं च तत्तच्छिद्रे प्रवेशयेत् ।
अन्तरद्वारं(राणां) तु(चैव) कवाटं चैव योजयेत् ॥ ६५ ॥
कीलं च भाजनं चैव कवाटयुग्मं तु योजयेत् ।
कवाटायामविस्तारे मध्ये छिद्रं तु युग्मतः ॥ ६६ ॥
छिद्रयोर्मध्यं [च] तस्योर्ध्वतः कीलं तदन्योऽन्यं निवेशयेत् ।
एवं युक्त्या कवाटं च सव्यासव्यं तु योजयेत् ॥ ६७ ॥

देवानां मूलहर्म्ये तु कवाटाधिक्यवामके ।
सर्वेषामालये चान्तं यथेष्टं स्थापयेत्सुधीः ॥ ६८ ॥
उक्तवत्स्थापयेद् द्वारं स्थपतिः स्थापकैः सह ।
देवानां हर्म्यके सर्वं मध्यद्वारं तु जालकम् ॥ ६९ ॥
द्विजातीनां च वर्णानां गृहे वातायनं बुधः ।
मध्यस्तम्भं यथायुक्त्याकारं यत्तु यथेष्टकम् ॥ ७० ॥
देवानां भूसुरादीनां वर्णानां च गृहे गृहे ।
द्वारपट्टिकाया मानं लक्षणं वक्ष्यतेऽधुना ॥ ७१ ॥
द्वारस्य पुरतो देशे द्वारमध्ये सभद्रकम् ।
एकभाग(गं) द्विभागं वा निर्गमं पट्टिका भवेत् ॥ ७२ ॥
एकत्रिपञ्चभागेन पट्टिकाविस्तृतं भवेत् ।
विस्तारं(र)द्विगुणं वापि पादोनं द्विगुणं तु वा ॥ ७३ ॥
विस्तारार्धाधिकं वापि तद्द्वारं(र)पट्टिकोदयम् ।
तुङ्गे चाष्टांशकं कृत्वा चैकभागं मसूरकम् ॥ ७४ ॥
तद्द्वयं पादतुङ्गं स्यात्तदर्धं प्रस्तरोदयम् ।
तत्समं ग्रीवतुङ्गं स्यात् शि(च्छि)रतु(स्तु)ङ्गं द्व्यांशकम् ॥ ७५ ॥
तदर्धं स्तूपितुङ्गं स्यात् शा(च्छा)लाकारं शिरो भवेत् ।
अथवा नासिकाकारं कुर्याद् भित्ति(त्या) सहैव च ॥ ७६ ॥
षड्वर्गमिति प्रोक्तं च चतुर्वर्गमिहोच्यते ।
तुङ्गे षडंशके(कं) कृत्वा ए(चै)का[द्वौ]द्व्येकवेदिका ॥ ७७ ॥
पादं शिरः शिखा प्रोक्तं शेषं प्रागुक्तवन्नयेत् ।
सर्वालङ्कारसंयुक्तमेवमुक्तं पुरातनैः ॥ ७८ ॥
अज्ञानाद् विपरीतं चेत्सर्वसम्पद्विनाशनम् ॥ ७९ ॥
एवं द्वारं तैत(ति)लानां द्विजानाम्
भूपानां चैव वैश्यकानां परेषाम् ।
मानं यत्तत्प्रोक्तवद्धर्म्यदेशे
कुर्यात्सर्वसम्पदास्पदं स्यात् ॥ ८० ॥

इति मानसारे वास्तुशास्त्रे द्वारमानविधानं नाम एकोनचत्वारिंशोऽध्यायः ॥

राजहर्म्यविधानम्

भूपतीनां च हर्म्याणां लक्षणं वक्ष्यतेऽधुना ।
एकाशीतिकमाधिक्यं शतदण्डं समारभेत् ॥ १ ॥
सैकद्विशतदण्डान्तं द्विद्विदण्डविवर्धनात् ।
सर्वभूपस्य हर्म्ये तु कन्यसादि त्रयं त्रयम् ॥ २ ॥
तद्विस्तारमिति प्रोक्तमायाममिति वक्ष्यते ।
विस्तारात्पादमाधिक्यमर्धाधिक्यमथापि वा ॥ ३ ॥
त्रिपादाधिक्यमेवं वा तत्समाधिक्यमेव वा ।
पञ्चाधिकचतुःषष्टिशतदण्डं समारभेत् ॥ ४ ॥
एकाशीतिशतान्तं स्याद् द्विद्विदण्डेन वर्धनात् ।
एवं तु चोत्तमान्तं स्यात्कन्यसादि त्रयं त्रयम् ॥ ५ ॥
महाराजस्य हर्म्ये तु विशालं परिकीर्तितम् ।
विस्तारादायते(यामं) सर्वे यथा प्रागुक्तवन्नयेत् ॥ ६ ॥
त्रयाधिक्यं च पञ्चांशं(च्चाशत्) शतदण्डं समारभेत् ।
नन्दषष्टा(ष्ट्य)धिकं दण्डं शतदण्डावसानकम् ॥ ७ ॥
कन्यसा नवधा प्रोक्तं द्विद्विदण्डेन वर्धनात् ।
नरेन्द्रस्या(न्द्रा)लये सर्वे(र्वं) विस्तारं परिकीर्तितम् ॥ ८ ॥
नवत्रिंशाधिकं दण्डं शतदण्डं समारभेत् ।
पञ्चाशच्छतपर्यन्तं कन्यसादि त्रयं त्रयम् ॥ ९ ॥
पार्ष्णिकस्य तु हर्म्यस्य विस्तारं परिकीर्तितम् ।
पूर्ववच्चायते सर्वे(र्वं) विस्तारं वर्धयेत्क्रमात् ॥ १० ॥
त्रयोविंशच्छतमारभ्य द्विद्विदण्डेन वर्धनात् ।
नवत्रिंशच्छतान्तं स्यात्पूर्ववन्नवभेदकम् ॥ ११ ॥

हर्म्य(र्म्ये) पट्टधरोत्सेधे(रस्य च) विस्तारायाम(मं) पूर्ववत् ।
सप्तशतदण्डादौ द्विद्विदण्डेन वर्धनात् ॥ १२ ॥
त्रयोविंशच्छतान्तं स्यात्कन्यसादि त्रयं त्रयम् ।
मण्डलेशालयतारं दीर्घ(दैर्घ्य) प्रागुक्तवन्नयेत् ॥ १३ ॥
एकाधिक्यं तु नवतिदण्डं चैव समारभेत् ।
हस्ता(सप्ता)धिकशतान्तं च विस्तारं नवधा भवेत् ॥ १४ ॥
एवं तु पट्टभाक्(ग्)हर्म्ये चायामं पूर्ववद् भवेत् ।
सत्रिर्न(न)वाष्टदण्डादौ द्विद्विदण्डेन वर्धनात् ॥ १५ ॥
एकाधिकनवत्यन्त(न्तं) नवधा चोक्तमानकम् ।
प्राहारकस्य हर्म्ये तु कन्यसादि विशालकम् ॥ १६ ॥
आयामं पूर्ववत्कुर्याद्वर्धयेद् द्विगुणान्तकम् ।
नवाधिकं तु पञ्चाशद् दण्डं चैव समारभेत् ॥ १७ ॥
सपञ्चसप्ततिश्चान्तं द्विद्विदण्डेन वर्धनात् ।
एवं तु नवधा प्रोक्तं कन्यसादि त्रयं त्रयम् ॥ १८ ॥
अस्त्रग्राहस्य हर्म्ये तु चैवायामं तु पूर्ववत् ।
एकादि सप्तसालान्तं चक्रवर्तिनो हर्म्यके ॥ १९ ॥
षट्प्राकारं तु संकल्प चाधिराजस्य हर्म्यके ।
एकादिपञ्चसालान्तं नरेन्द्रस्यापि हर्म्यके ॥ २० ॥
चतुःशा(सा)लावसानान्तं पार्ष्णिकस्य तु हर्म्यके ।
एकादिकं त्रिसालान्तं पट्टधरादिभिस्त्रिभिः(दित्रयाणाम्) ॥ २१ ॥
प्राहारकास्त्रग्राहाभ्यां(हयोः) कुड्यमेकं द्वयान्तकम् ।
अधः(न्तः)सालं तथैकांशं द्वितीयं च त्रयांशकम् ॥ २२ ॥
तृतीयं सप्तभागं स्यात्मैकार्कांशं त्व(तु)र्यकम् ।
पञ्चमं चैकविंशांशमेकत्रिंशांशं षष्टकम् ॥ २३ ॥
सप्तमं च त्रयाधिक्यं चत्वारिंशांशमेव वा ।
कुर्यादेवं तु विस्तारं तत्तदायामं पूर्ववत् ॥ २४ ॥
पूर्वोक्तदण्डमानं चेच्चान्तःसाले प्रकल्पयेत् ।
तस्मात्तु चोक्तवद् वृद्ध्या सप्तसालावसानकम् ॥ २५ ॥

तन्माने तु सालानां विनाभित्ति(त्तिं) सभित्तिकम् ।
अन्तर्भित्तिस्तु चैवं स्याद्बहिर्भित्तिस्तु सर्वदा ॥ २६ ॥
कुर्यात्पश्चात्तु भित्तिश्चेत्(त्तिं च) मानं वक्ष्ये यथाक्रमम् ।
उक्तप्रमाणबाह्ये तु कुड्यं कुर्यात्समन्ततः ॥ २७ ॥
एकदण्डं समारभ्य सा(चा)र्धदण्डेन वर्धनात् ।
एकसालादि सप्तान्तं चतुर्दण्डावसानकम् ॥ २८ ॥
भित्तिविस्तारमित्युक्तं केचिद्धस्तविवर्धनात् ।
सार्धद्विदण्डपर्यन्तं सप्तमान्तं विशालकम् ॥ २९ ॥
विस्तारं तु(रस्य) समुत्सेधं तत्पादाधिकमेव वा ।
अर्धाधिकमथोत्सेधं पादोनद्विगुणं तु वा ॥ ३० ॥
विस्तारं(र)द्विगुणं वापि बाह्ये वप्रं तथोन्नतम् ।
मूलतारे तु सप्तसाष्टांशैकैक[वि]हीनकम् ॥ ३१ ॥
भित्तिगृहस्य विशालं स्यान्मूलाग्रान्तं चयं(य)क्रमात् ।
प्राकारशीर्षसर्व [च] हस्तेनदन्तरोन्नतम्(नान्तरान्ततः) ॥ ३२ ॥
वृत्तं वा चतुरश्रं वा वक्त्राकारं तथैव च ।
षण्मात्रं चाष्टमात्रं च द्वादशाङ्गुलमेव च ॥ ३३ ॥
कुर्याद्दन्तान्तरं शेषं शेषं युक्त्या प्रयोजयेत् ।
शिलाचे(ले)ष्टकयोर्वापि [च] मृण्मयैर्भित्तिकल्पनम् ॥ ३४ ॥
एकं वेदकभित्तिं वा कुड्यान्तं मण्डपाकारकम् ।
एवं कल्पं तु कामार्थमनुचरादिवासकम् ॥ ३५ ॥
एवं(योग्यं) तु गृहमानं स्याद् विस्ता ं चाथ वक्ष्यते ।
सालानामपि सर्वेषां परमशाधि(यि)कपदं न्यसेत् ॥ ३६ ॥
मध्ये ब्रह्मपदं त्यक्त्वा परितस्तु नृपादिभिः(दीनाम्) ।
कुर्यात्सर्वत्र सर्वेषामभीष्टादिजनालयम् ॥ ३७ ॥
इन्द्रे च वारुणे वापि सार्वभौमस्य हर्म्यकम् ।
अथवार्यपदे चैव चतुर्दिक्षु विदिक्ष्वपि ॥ ३८ ॥
यमे विवस्वते(ति) चापि चाधिराजस्य हर्म्यकम् ।
भूधरे च कुबेरे च नरेन्द्रस्यालयं भवेत् ॥ ३९ ॥

इन्द्रे इ(चे)न्द्रजयस्यांशे पार्ष्णिकस्य गृहं भवेत् ।
अथवा पुष्पदन्तस्य पदे वासं प्रकल्पयेत् ॥ ४० ॥
रुद्रे रुद्रजये वापि चासुरस्य पदेऽथवा ।
पट्टधृगालयं कुर्याच्छोषकस्य पदेऽपि वा ॥ ४१ ॥
गृहक्षते च सवित्रे सावित्रस्य पदेऽपि वा ।
मण्डलेशस्य हर्म्यं स्यात्पट्टभाक्(जश्)चालयं तु वा ॥ ४२ ॥
आपवत् सा(अपवत्सस्या)पवत्स(त्स्य)स्य मृगे वा मुख्यकेऽपि वा ।
प्राहारकास्त्रग्राहयोश्चालयं परिकल्पयेत् ॥ ४३ ॥
सर्वेषामपि भूपानां स्वनिर्यानि(स्थानीयादि)चतुष्टये ।
गृहमेवं तु शा(सा)लायां चोक्तमेवं पुरातनैः ॥ ४४ ॥
सर्वेषां मूलहर्म्याणां पूर्वद्वारं प्रकल्पयेत् ।
तत्तन्मूलस्य हर्म्यस्य दक्षिणे चोत्तरेऽपि वा ॥ ४५ ॥
नैर्ऋत्ये वायवे चापि तत्तन्महिषि(षी)कागृहम् ।
मूलहर्म्यस्य याम्ये तु सा(चा)भिषेकादिमण्डपम् ॥ ४६ ॥
सुग्रीवे पुष्पदन्ते वा चायुधस्यालयं भवेत् ।
असुरे शोषके वापि वस्तुनिक्षेपमण्डपम् ॥ ४७ ॥
वरुणे नैर्ऋते वापि मुहुर्वस्त्रधनालयम् ।
सोमे च मुख्यके वापि रत्नहेमादिकालयम् ॥ ४८ ॥
गन्धर्वे भृङ्गराजे वा भूषणालयमेव च ।
दक्षिणे नैर्ऋते वापि भोजनार्थं तु मण्डपम् ॥ ४९ ॥
तथेशानपदे वापि पचनालयमेव च ।
अनिले चाग्निके वापि पुष्करिण्या(णीश्) च कल्पयेत् ॥ ५० ॥
महिष्यावाससौम्ये कञ्चुकीरा(किनश्)श्चा(त्रा)लयं भवेत् ।
वायव्येन धनाङ्गांशे पुष्पमण्डपं योजयेत् ॥ ५१ ॥
अदिते(तौ) चोदिते वापि मञ्ज(ज्ज)नालयमेव च ।
तत्तद्बाह्यप्रदेशे तु कायशुद्ध्यर्थमण्डपम् ॥ ५२ ॥
वायव्ये नैर्ऋते वापि सूतिकामण्डपं भवेत् ।
पूषे(ष्णि) वा वितथे चैव दासदास्यालयं भवेत् ॥ ५३ ॥

गृहक्षतपदे चैव शयनालयमेव च ।
मुख्ये वा अ(चैवा)थ भल्लाटे विलासिनीनां चालयम् ॥ ५४ ॥
दौवारिकपदे चैव राजकन्यक(र्णिका)रालयम् ।
द्वारस्य वामपार्श्वे तु गजाश्वादिकालयम् ॥ ५५ ॥
द्वारस्य दक्षिणे पार्श्वे रजकावासमेव च ।
सत्यके चान्तरिक्षे च चौर(रि)कालयमेव च ॥ ५६ ॥
भृशे यानालयं कुर्याच्छे प्रागुक्तवद् भवेत् ।
अन्तःसालमिति प्रोक्तं बाह्यशा(सा)लमिहोच्यते ॥ ५७ ॥
वरुणे युवराजस्य चालयं तत्प्रकल्पयेत् ।
तत्पूर्वे चोत्तरे वापि तस्यैवानुचरालयम् ॥ ५८ ॥
याम्ये च सोमदिग(शि) वापि वायव्ये वाथ नैर्ऋते ।
आस्थानमण्डपं कुर्यात्पुष्करिण्यां(ण्याश्)च वायवे ॥ ५९ ॥
नागस्य वामके याम्ये कुर्यादारामदेशकम् ।
पुष्पोद्यानं ततः कुर्यान्मुख्य(ख्ये) भल्लाटकेऽपि च ॥ ६० ॥
नृत्तागारं ततः कुर्यान्नानानृत्ताङ्गनानि च ।
आत्मार्थं यजमानार्थं देवताहर्म्यमीशके ॥ ६१ ॥
द्वितीये हर्म्ये(र्म्य)याम्ये तु पुरोहितालयमेव च ।
रोगे वा मुख्यके वापि स्वामिकारा(ध्यायका)लयमेव च ॥ ६२ ॥
द्वितीयः(य)सालबाह्ये तु द्वारं तस्य तु दक्षिणे ।
महाशस्त्रालयं कुर्याद् भैरवं तु बहिर्बहिः ॥ ६३ ॥
ईशे तु धेनुशालाश्च द्वारं कुर्यान्महेन्द्रके ।
पार्श्वके मेषशालाश्च सत्यके वानरालयम् ॥ ६४ ॥
सोमादीशानपर्यन्तं वाजिशाला प्रकल्पयेत् ।
याम्यादिपावकान्तं स्याद गजशाला प्रकल्पयेत ॥ ६५ ॥
तस्मात्तु नैर्ऋत्यान्तं कुन(क)कुटालयमेव च ।
वायुकोणादिमुख्यान्तं मृगाणां(ग)हरिणा[नामा]लयम् ॥ ६६ ॥
सुग्रीवे पुष्पदन्ते च कल्पयेन्मल्ल(तपश्चि)मण्डपम् ।
उत्तरे बाह्यके वापि चोत्तरे वायवे तथा ॥ ६७ ॥

तद्देशे चोर्ध्ववेदिः स्याद्विपदार्थाङ्क(ङ्ग)यान्वितम् ।
परितः शूलकम्पं स्याद् द्वारं तद्दक्षिणोत्तरे ॥ ६८ ॥
तत्तत्पश्चिमदेशे तु युद्धालोकनमण्डपम् ।
आरुह्यावलोकनार्थं [स्यात्] कुर्याद्युक्त्या च मण्डपम् ॥ ६९ ॥
वरुणे पुष्पदन्ते वा मेषयुद्धार्थमण्डपम् ।
मृगे च भृङ्गराजे वा कुक्कुटायुद्धमण्डपम् ॥ ७० ॥
मण्डपाङ्गणमध्यं तु परितो मेखलैर्यु(लायु)तम् ।
एकद्वित्रिचतुष्पञ्चहस्तमूलाग्रविस्तृतम् ॥ ७१ ॥
सार्धद्विहस्तनिम्नं स्यात्सार्धपरिघान्वितम् ।
द्वौ(दौ)वारिकपदे चैव मयूरालयमेव च ॥ ७२ ॥
द्वारस्य दक्षिणे बाह्ये व्याघ्रकालयमेव च ।
तद्बाह्ये तत्र देवार्दीन(नां) किरातालयमेव च ॥ ७३ ॥
तृतीये वितथे तस्यांशे रहस्यावासमण्डपम् ।
चतुर्थे यमदिग्भागे सन्धिविग्रहमण्डपम् ॥ ७४ ॥
षट्सप्तावरणे वापि दक्षिणे पश्चिमेऽपि च (वा) ।
उत्तरे पूर्वके वापि गजम(जा)श्वादिवाहनम्(नानि) ॥ ७५ ॥
आरुह्यालोकनार्थं च मण्डपं परिकल्पयेत् ।
ईशे वा वितथे चैव रङ्गमण्डपमेव च ॥ ७६ ॥
भृशे वा सा(चा)न्तरीक्षे वा कारागृहमेव च (तथा)
प्राकारस्य चतुर्दिक्षु द्वारगोपुरकान्वितम् ॥ ७७ ॥
शेषं प्रागुक्तवत्कुर्यान्नृपचित्तवशात्तु यत् ।
अनुक्तं मण्डपं युक्त्या कुर्यात्षोडशान्वितम् ॥ ७८ ॥
ब्रह्मांशे महापीठं स्यात्कुर्यादावृतमण्डपम् ॥ ७९ ॥
हस्तेन भूतमुनिरन्ध्रेण करेण कृत्वा
विस्तारभित्तिं चतुरश्रं त्रिर्य(धं)कवे(के)न ।
ग्रामस्य मध्यमथ भूपतिमध्यहर्म्ये
नित्यं त्रिकाल(म्) इव पूजित(तं) ब्रह्मपीठम् ॥ ८० ॥

इति मानसारे वास्तुशास्त्रे राजहर्म्यविधानं नाम चत्वारिंशोऽध्यायः ॥

राजाङ्गविधानम्

भूपतीनां च सर्वेषां सर्वाङ्गं वक्ष्यतेऽधुना ।
अधीत्याम्नायचतुरं तत्षडङ्गं पदक्रमात् ॥ १ ॥
शस्त्रास्त्रमन्त्रसर्वादीन्सर्वशास्त्राब्धिपारगः ।
षड्दर्शनं समं चैव दीक्षया च प्रवर्तकः ॥ २ ॥
धीरोद्धतो धीरललितो धीरोदात्तस्तथैव च ।
रम्या(अर्था)नुपाज्य(र्ज्य)राज्यात्(ज्यं तु) स्वयं ज्ञात्वा स्वयन्त्रितः ॥ ३ ॥
शूरः प्राज्ञश्च कोशार्थ(ढ्यो) धर्मज्ञो नीतिपारगः ।
समस्तभूभृतां चैते गुणाः प्रोक्ता विशेषतः ॥ ४ ॥
एतानि गुणरत्नानि राज्ञो यस्य च (ज्ञां सर्वेषां) सन्ति वै ।
शतपञ्चतुरङ्गानि(णि) पञ्चकुञ्जरमेव च ॥ ५ ॥
लक्षार्धतन्त्राधिपतिः शतपञ्चवराङ्गनाः ।
एका स्यात्पट्टमहिषी अ(सोऽ)स्त्रग्राहो(हः) प्रकीर्तिता(तः) ॥ ६ ॥
षट्शतं(त)मरीशकोट्यानि निषद(द)न्तावलमेव च ।
लक्षतन्त्राधिपतिश्च सप्ता(प्त)शतवराङ्गनाः ॥ ७ ॥
स्यातां महिष्यौ(ष्यौ) द्वितीय(द्वे चैव) प्राहारक इति स्मृतम् ।
शताष्टहयरत्नानि सप्तद्विरदमेव च ॥ ८ ॥
सार्धलक्षतन्त्रं स्यात्रि(त्तु) सहस्रं(स्र)वराङ्गनाः ।
महिषीत्रयमेवं च पट्टभाक् इति(चेत्येव) स्मृतम् ॥ ९ ॥
सहस्राश्वं दशभु(ग)जं पञ्चाशतसहस्रकम् ।
वराङ्गनाभिरासेव्यो महिष्यश्च चतुष्टयम् ॥ १० ॥
लक्षद्वयं च तन्त्रं स्यान्मण्डलेशस्य भूपतेः ।
पञ्चा(ञ्च)शतसहस्राश्वाः द्वादशं कुञ्जरं तथा ॥ ११ ॥
लक्षद्वयं च तन्त्रं स्याद् द्विसहस्रवराङ्गनाः ।
महिष्यः पञ्च पट्टाभाः पट्टधृक्(ग्) भूपतिर्विदुः ॥ १२ ॥

द्विशताश्व(सहस्र)हयाः प्रोक्ताः पञ्चां(ञ्च)दशगजास्तथा ।
चानु(चतु)र्लक्षं च तन्त्रं स्यात्रिसहस्रवराङ्गनाः ॥ १३ ॥
षण्महिष्यस्तथा प्रोक्ताः पार्ष्णिकाख्यस्य भूपतेः ।
पार्ष्णिकः स्यात्पट्टधरो मण्डलेशश्च पट्टभाक् ॥ १४ ॥
एभ्यो(षाम्) नवद्वि(द्वी)पादाब्ज(प्तास्) तत्तत्तन्त्राधिपास्तथा ।
अयुतादिबहूनश्वाशत(सहस्र)कुञ्जरमेव च ॥ १५ ॥
तन्त्रं च शतलक्षं स्यान्महिष्यश्च दशास्त(त)था ।
लक्षार्धं वा(व)रवनिता चै(श्चै)वमुक्तं नरेन्द्रके ॥ १६ ॥
नरेन्द्रे च द्विपादाब्ज(द्वीपादाप्ता)श्चैककोटितुरङ्गवान् ।
अयुतं द्विरदं प्रोक्तं दशकोटिश्च(च) तन्त्रकम् ॥ १७ ॥
दशलक्षं मरण्यं(ण्याश्) च महिष्य(ष्या)श्च सहस्रकम् ।
अधिराजाख्यनृपतेश्चोक्ततन्त्रं पुरातनैः(न्त्राधिपास्तथा) ॥ १८ ॥
अधः(धो) वा पट्टमहिषे(ष्याम्) चेन्द्रस्य सदृशः प्रभुः ।
समभूमिपपालेभ्यो नमस्कृत्य पदाम्बुजम् ॥ १९ ॥
दन्तावलतुरङ्गाश्च तन्द्रा(न्त्रा)दि च वराङ्गनाः ।
अर्बुदं न्यर्बुदं चैव महाशङ्कुं(ङ्कं) च पद्मकम् ॥ २० ॥
गणिकान्तं परार्धाख्यं च सर्वे तन्त्राः(न्त्राधिपा) प्रकीर्तिताः ।
सप्तद्वि(प्ताब्धि)मेखलाभूमि(मेश्) चैकच्छत्रेण पालकम् ॥ २१ ॥
तस्मात्तु सार्वभूमाय(भौमाय) चक्रवर्तिरि(र्ती)ति स्मृतम् ॥ २२ ॥
आम्नायांश्चतुरोऽधीत्य विधिवत्षड्दर्शनानां समम्
  स(सा)मशास्त्रादिसर्वशास्त्रकुशलः स्थिरो धर्मवान् ।
धीरोदात्तगुणो महावितरणैश्वर्यधनाढ्यः प्रभुः
  नीतिज्ञो जनरक्षको जनपदार्थानुपाज्यार्थवान् ॥ २३ ॥
सर्वज्ञो नर(द्विज)पालको शक्र(गुरु)पदाम्भोजद्विरेफः सुरैः(सुखी)
  शान्तो कीर्तिपरायणश्च रसिको गन्धर्वशास्त्राधिपः ।
एते सर्वगुणाः समस्तनृपतेः राम्यादि चोक्तं बुधैः
  एषां चोक्तगुणानि(णाः) नृपतेः सच्छुद्रभूभृताम् ॥ २४ ॥

इति मानसारे वास्तुशास्त्रे राजाङ्गविधाने नाम एकचत्वारिंशोऽध्यायः ॥

राजलक्षणम्

अथ वक्ष्ये विशेषेण भूपानां लक्षणं परम ।
चक्रवर्ती महाराजो नरेन्द्रः पार्ष्णिकस्तथा ॥ १ ॥

अथ पट्टधरश्चापि मण्डलेशस्तथैव च ।
अथैव पट्टभाक् चैव ततः प्राहारकस्तथा ॥ २ ॥

अथाप्राहस्ततश्चैते नव भूपा यथाक्रमात्(मम्) ।
चतुःसागरपर्यन्तां महीं स्वीकृत्य बलवान् ॥ ३ ॥

जित्वा द्वारस्य पुरतो बन्ध(घंटा)माबध्य संस्थितः ।
न्यायान्यायविचारार्थं किञ्चिन्मध्यप्रतापवान् ॥ ४ ॥

कीर्तिमान् श्रीमतां श्रेष्ठः कृपया लोकरक्षकः ।
सर्वावनीन्द्रवन्द्योऽसौ चक्रवर्तीति कीर्तितः ॥ ५ ॥

शक्तित्रयेदक्षिणीं(त्रयेण) स्वीकृत्य सप्रराज्यस्य चेश्वरः ।
षड्गुणैः षड्बलैर्युक्तो नीतिज्ञः सूर्यवंशवान् ॥ ६ ॥

चन्द्रवंशोदितो वाथ चाधिराज इति स्मृतः ।
शक्तित्रयेण त्रितयराज्यं स्वीकृत्य दुर्बलान(न्) ॥ ७ ॥

पार्ष्णिकः पट्टधरो मण्डलेशोऽपि पट्टभाक् ।
एतैर्वन्द्यपदद्वन्द्वो नीतिनेत्रः अ(आ)रिन्दमः ॥ ८ ॥

सुकृती चोत्सवरतो नरेन्द्रः परिकीर्तितः ।
एकराज्यस्याधिपतिश्चैकदुर्गमधिष्ठितः ॥ ९ ॥

षड्बलाधिपतिर्ज्ञानी कालज्ञोऽथ प्रयोगवान् ।
एवं परेभ्यश्चाभिहितो पार्ष्णिक इ(श्चे)ति स्मृतः ॥ १० ॥

चतुष्टयगुणाधीशश्चार्धराज्यस्य चेश्वरः ।
एकदुर्गस्याधिपतिः स्वाम्यमात्यैरपीश्वरः ॥ ११ ॥

मण्डलाधिपतिः(ति)पट्टभाक्भीमेऽ(गन्यैर)पि वर्जितम्(तः) ।
एवं गुणविशिष्टोऽसौ प्रोक्तः पट्टधराख्यया ॥ १२ ॥

अर्धमण्डलस्याधिपतिरेकमण्डलसंश्रितः ।
पट्टभागादिवन्द्योऽसौ मण्डलेश इति स्मृतः ॥ १३ ॥

मण्डलाधिपतिः(र्धाधिपः) श्रीमानेकदुर्गमधिष्ठितः ।
सज्जनानां धनाढ्यानामधिपः पट्टभाक् स्मृतः ॥ १४ ॥

ब्राह्मणक्षत्रियवैश्यशूद्रैः(द्राणाम्) ए(चै)ककुलोद्भवः ।
एकदुर्गस्याधिपतिर्नानाजनपदाधिपः ॥ १५ ॥

सज्जनाधिपतिः सर्वरक्षादिन(नि)करेश्वरः ।
एतल्लक्षणयुक्तोऽसौ राजा प्राहारकः स्मृतः ॥ १६ ॥

नानाजनपदाधीशो नगरीनायकः प्रभुः ।
एकदुर्गमधिष्ठा(स्था)प्य नानाजनपदैकराट् ॥ १७ ॥

आदाय दुर्बलानां तु सोऽस्त्रग्राही प्रकीर्तितः ।
चक्रवर्ती अ(चा)धिराजश्च नरेन्द्रश्चाविचारकः(कम्) ॥ १८ ॥

पार्ष्णिकश्च शिरस्त्रं स्यात्पट्टधृक् पट्टबन्धनम् ।
मण्डलेशस्य पट्टं स्यात्पट्टभाक् पट्टबन्धनम् ॥ १९ ॥

प्राहारकश्चास्त्रग्राही चोभौ मालाधरौ स्मृतौ ।
चक्रवर्ती महाराजो नरेन्द्रश्चैव मौलिनः ॥ २० ॥

सिंहासन सनिर्यूहं कल्पवृक्षसतोरणम् ।
पार्ष्णिकश्च पट्टधरः पट्टभाक् तृतीयस्य तु ॥ २१ ॥

विना कल्पतरोः(रुं) सर्वमुक्तं सिंहासनादिकम् ।
प्राहारकस्य नृपतेः सिंहासनामिति स्मृतम् ॥ २२ ॥

अस्त्रग्राहस्य भूपस्य केवलं चासनं भवेत् ।
चक्रव[illegible]दि(देर्)निर्बाधं भूपालाद्यो(दे)र्विशेषतः ॥ २३ ॥

चामरे धवलच्छत्रं बहुमालाधर(रा) स्मृतम् ।
आसनानां तु सर्वेषां षट्पादं परिकीर्तितम् ॥ २४ ॥

चक्रवर्ती विशेषेण नवमालाधरः सुखी ।
चामरैकं ।वेनाच्छत्रं चतुष्पादसमन्वितम् ॥ २५ ॥

क्षुद्रस्य परिपालेभ्यो मध्यश्रेष्ठस्य योग्यकम् ।
बहुमाला च संप्रोक्तमन्यैः क्षुद्रैस्तु वर्धिते(वक्ष्यते) ॥ २६ ॥

वृत्ता(त्या) सज्जननिर्यूहं(हो) मुक्ता च(क्तया) स्रग्विभूषणम् ।
क्षुद्र(मध्य)श्रेष्ठस्य नृपतेश्चोभे जनपदे स्मृतौ(ते) ॥ २७ ॥

अन्येभ्यो(भ्यः) क्षुद्रराजेभ्यस्त्वेकजानपदं परम् ।
एते तु क्षुद्रभूपालो(ला) भूपालानां तु सेवकाः ॥ २८ ॥

चक्रवर्त्याख्यराजोऽसौ दुर्जनानां तु नाशकः ।
कृपालुः कृपया लोकं संरक्षति मुहुर्मुहुः ॥ २९ ॥

अथ [च] दशकैकांशं करं स्वीकृत्य तिष्ठति ।
महाराजः षडंशे तु करं चैकं परिग्रहे(गृह्णीया)त् ॥ ३० ॥

दुर्जनानां जनं ज्ञात्वा दिशि धर्मस्य पालका:(कः) ।
नरेन्द्रस्य(श्च) तु पञ्चांशं करं स्वीकृत्य राज्यति ॥ ३१ ॥

अर्थिभ्योऽतिदरिद्रेभ्यो दाता धनवतां गृह्णीयात् ।
अथ पार्ष्णिकाख्यनृपतिः करमद्य(पादं) प्रतिगृही(ह्णी)यात् ॥ ३२ ॥

पट्टधरस्य समये चोक्तवत् त्रिः(त्र्यंशं) प्रतिगृही(ह्णीया)त् ।
ददाति विदुषां भूयः अ(श्चा)न्येभ्यः किञ्चिदेव हि ॥ ३३ ॥

पट्टभाक् राज्यं(ज्यस्य) तत्सर्वं करं स्वीकृत्य तिष्ठति ।
देवेभ्यो ब्राह्मणेभ्योऽपि नित्य(त्यं) मान्यं करोत्यसौ ॥ ३४ ॥

प्र(प्रा)हारकस्य(श्च) देशस्य करं स्वीकृत्य तिष्ठति ।
नीतिशास्त्रोक्तवन्न्यायमन्यायं करोत्यपि ॥ ३५ ॥

धर्मज्ञश्चोपकारज्ञो वामभिः(ग्भिश्च) कर्मभिः दृढः ।
अस्त्रग्राहः स्वराज्यस्य न्यायाज्जग्राह(द्गृह्णाति) तत्करम् ॥ ३६ ॥

यथापराधदण्डं च हिंसां नाभिकरोति च ।
तापसान् ब्राह्मणान्देवान् सदा पूजां करोत्यपि ॥ ३७ ॥

एवं क्षुद्राश्च भूपालाः स्वे स्वे जनपदे करान् ।
स्वीकृत्य चक्रवर्त्यादिराजानां च करोत्यपि ॥ ३८ ॥

इत्युक्तन्यायमार्गस्य भागं कुर्वन्ति ते नृपाः ।
अक्षत्रियास्तु ते सर्वे प्रोक्तं(क्ता) विद्वान(द्वद्भिः) पुरातनैः ॥ ३६ ॥

इतिविरचितमेवं भूपतीनां चरित्रम्
श्रुतिसकलपुराणैः सर्वशास्त्राय(स्त्रैर्) मानम् :
परिपत(ठ)ति यदे(य ए)तल्लक्षणं चार्थयुक्तम्
स तु निखिलविबुधेभ्यो वन्द्यपादारविन्दः ॥ ४० ॥

इति मानसारे वातुशास्त्रे राजलक्षणविधानं नाम द्विचत्वारिंशोऽध्यायः ॥

रथलक्षणम्

देवभूसुरभूपानामारोहार्थं तु(हणाय) योग्यकम् ।
रथमानं क्रमाद् वक्ष्ये लक्षणं विधिना सह ॥ १ ॥
चक्रं चैव रथाकारं रथमानं च भूषणम् ।
त्रिवितस्तिं समारभ्य षट्षडङ्गुलवर्धनात् ॥ २ ॥
पञ्चहस्तावसानं स्यात्पञ्चा(ञ्च)दशविशालकम् ।
वितस्तिद्वयमारभ्य वितस्त्येके(स्त्यर्धे)न वर्धनात् ॥ ३ ॥
सार्धवेदकरान्तं स्यात्पूर्ववत्संख्यया चेति ।
एवं तु चक्रविस्तारं देवभूसुरभूपतेः ॥ ४ ॥
अङ्गुलद्वयमारभ्य ए(चै)कैकाङ्गुलवर्धनात् ।
सप्ता(प्त)दशाङ्गुलान्तं स्याद् घनं पञ्चा(ञ्च)दशस्त (त)था ॥ ५ ॥
चक्रं वृत्ताकृतिं कुर्याद्युक्त्याथ पट्ट(ट्टं) योजितम् ।
विस्तारं च त्रिधा कृत्वा मध्ये कुक्ष्यंशकेन तु ॥ ६ ॥
तन्मध्ये तु त्रिमात्रादौ सप्ता(प्त)दशांङ्गुलान्तकम् ।
पञ्चा(ञ्च)दशं च विपुलं नाभिकुक्षस्य(क्षेर्) वेशनम् ॥ ७ ॥
छिद्रं वृत्ताकृतिं ह्येव वृत्ताश्रं वाथ कुक्षिकम् ।
त्रिमात्रं पूर्ववद्वृद्ध्या सप्ता(प्त)दशाङ्गुलान्तकम् ॥ ८ ॥
पञ्चा(ञ्च)दशविधि(धिः) प्रोक्तमे(मुचै)वं कुक्षिविनिर्गतम् ।
अन्तर्बहिश्च कुक्षिः स्यात्सर्वालङ्कारसंयुतम् ॥ ९ ॥
वितस्तित्रयमारभ्य षट्षडङ्गुलवर्धनात् ।
पञ्चहस्तावसानं स्यात्सशिखाचायतं तथा ॥ १० ॥
शिखां विनायतं वापि चैकमेकादशायतम् ।
पञ्चाङ्गुलं समारभ्य द्विद्व्यङ्गुलविवर्धनात् ॥ ११ ॥

एकविंशाङ्गुलान्तं स्यान्नवधा चाक्षविस्तृतम् ।
सप्ताङ्गुलं समारभ्य द्विद्व्यङ्गुलविवर्धनात् ॥ १२ ॥
त्रयोविंशाङ्गुलान्तं स्याच्चाक्षोत्सेधं तु पूर्ववत् ।
शिखाश्च(च)क्रतारं(क्राकारं) तुल्यं तारं युक्त्यायतं तथा ॥ १३ ॥
शालजम्बूकसारं च सरलं वकुलार्जुनम् ।
मधुकं तिन्त्रिणी चैव वर्व(बर्बु)रद्रुममंद च ॥ १४ ॥
व्याघ्री च चीरिणी चैव खादिरं कुकरं शमी ।
एवं चक्रादिदारुभ्यां(भिः) युक्त्या बलवशान्न्यसेत् ॥ १५ ॥
दन्ततारे चतुष्पञ्चभागैकं शल्यविस्तृतम् ।
समं वाध्य(ध्य)र्धमेवं वा द्वयं तिर्यग्गतायतम् ॥ १६ ॥
दन्तधा(ता)रसमाधिक्यं कीलायाममुदीरितम् ।
कुर्याद् दन्ताग्रके छिद्रं युक्त्या कीलं प्रयोजयेत् ॥ १७ ॥
अत्रोपरि तथाता(धा)रं मानं चाप्यथ वक्ष्यते ।
सार्धहस्तं समारभ्य षट्षडङ्गुलवर्धनात् ॥ १८ ॥
पञ्चहस्तान्तविस्तारं भा ं पञ्चा(ञ्च)दशं भवेत् ।
विस्तारद्विगुणान्तं च तत्पादांशेन वर्धनात् ॥ १९ ॥
पुरं पृष्ठायतं ह्येवं नवमानमुदीरितम् ।
त्रिचतुष्पञ्चषट्सप्तसा(प्ता)ष्टनन्ददशाङ्गुलम् ॥ २० ॥
एतत्तु भारयुक्तं स्यात्क्षुद्रे तु द्वयमेव च ।
मुखे पृष्ठे पट्टके स्यात्कुर्यादुक्तविशालवत् ॥ २१ ॥
सर्वेषां च रथाधारं दारुविस्तारमेव च ।
तत्पञ्चांशेनवृद्धिः स्याद् द्विगुणान्तं तथोदयम् ॥ २२ ॥
रथाधारोदये देशे चोपधारं प्रयोजयेत् ।
भारायामे चतुष्पञ्चषट्सप्तांशविभाजिते ॥ २३ ॥
एकैकांशविहीनं स्यात् शे(च्छे)षांशेनायतं तथा ।
रथाधारसमुत्सेधं विस्तारस्याधिकं तथा ॥ २४ ॥
पादमर्धं त्रिपादं च तत्समं चाधिकोदयम् ।
दारुतारसमं कुर्यात्सर्वालङ्कारसंयुतम् ॥ २५ ॥

तस्याधः कर्णनं कुर्यादच्चोत्सेधार्धमेव च ।
तत्तद्देशे तु छिद्रं स्यादच्चभारे रथान्तकम् ॥ २६ ॥
छिद्रे प्रवेशयंत्कीलं युक्त्यायपट्टं योजितम् ।
उपाधाराग्रपृष्ठे तु पट्टिकान्तं प्रयोजयेत् ॥ २७ ॥
रथाधारोपरिदेशे चोपपीठं समं तथा ।
भारोत्सेधसमं वापि द्विगुणं त्रिगुणं तथा ॥ २८ ॥
सर्वालङ्कारसंयुक्तं चोपपीठो(ठमु)क्तवद् भवेत् ।
तदूर्ध्वे प्रस्तराकारमुत्तरादिक्रियान्वितम् ॥ २९ ॥
हरिकरिमकररूपैः पत्रचित्रादिसर्वैः
परिकरं तु युगानां नाटकैर्भूतयचैः ।
रसिकरफणिकास्ते(कैस्तु) तोरणैः क्षुद्रपादैः
कृतमथ करिकर्णैर्नासिकाभूषणाढ्यम् ॥ ३० ॥
कुर्याद्युक्त्या च शोभार्थं युक्त्यास्त्वधो विना रथम् ।
रथाधारो(रमु)पर्युक्तं च रथमानमिहोच्यते ॥ ३१ ॥
त्रिभिर्वेदवितस्त्यादौ पट्षडङ्गुलवर्धनात् ।
पञ्चसार्धकरं पञ्चहस्तान्तं विस्तृतं भवेत् ॥ ३२ ॥
ऊर्ध्वे चान्तस्थले च दशधा परिकीर्तितम् ।
तस्मादेकवितस्त्यादौ षट्षडङ्गुलवर्धनात् ॥ ३३ ॥
सपाद्द्विकरान्तं स्यादष्टधा निर्गमं भवेत् ।
एकद्वित्रिचतुष्पञ्चषट्सप्ताष्टनवांश(वान्त)कम् ॥ ३४ ॥
एवं युक्त्या तलं कुर्याद् मूलादग्रावसानकम् ।
वितस्त्येकं समारभ्य त्र्यङ्गुलविवर्धनात् ॥ ३५ ॥
एकहस्तावसानं स्यात् एकादश(पञ्चधा च) शिखोन्नतम् ।
पञ्चदशाङ्गुला(ञ्चाङ्गुलं समा)रभ्य त्र्यङ्गुलविवर्धनात् ॥ ३६ ॥
सप्ता(प्त)दशाङ्गुलान्तं स्यात्तृ(द् द्वि)तीये तु शिखोन्नतम् ।
वितस्त्येकं समारभ्य पादाधिककरान्तकम् ॥ ३७ ॥
तृतीये पञ्चधोत्सेधं त्र्यङ्गुलविवर्धनात् ।
एकहस्तं समारभ्य त्रिवितस्त्यन्तमुच्चकम् ॥ ३८ ॥

चतुर्थे पञ्चधा प्रोक्तं पूर्ववद् वर्धयेत्क्रमात् ।
त्रिमात्राधिकहस्तादौ त्रयस्त्रिं(नवत्रिं)शाङ्गुलान्तकम् ॥ ३९ ॥
कुर्यात्पञ्चविधं प्रोक्तं पञ्चधामतलोन्नतम् ।
पादाधिक्यं तु हस्तादौ सत्रिपादकरान्तकम् ॥ ४० ॥
एवं तु षट्तलं प्रोक्तं पञ्चधा चोच्छ्रयं भवेत् ।
पादोनत्रिवितस्त्यादौ त्रित्र्यङ्गुलविवर्धनात् ॥ ४१ ॥
त्रिपादस्त्रि(त्रि)वितस्त्यान्तं सप्तान्ते पञ्चधोदयम् ।
त्रिवितस्ति(स्तिं) समारभ्य त्रित्रिमात्रविवर्धनात् ॥ ४२ ॥
द्विहस्ता(स्तान्तम)ष्टतलोपञ्च(ञ्चं) पञ्चधायमिति स्मृतम् ।
सपादत्रिवितस्त्यादौ त्रित्रिमात्रविवर्धनात् ॥ ४३ ॥
[स]पादयुगवितस्त्यन्तं नवतले [तु] शिरो(खो)दयम् ।
अधश्चैकवितस्त्यादि द्विद्व्यङ्गुलविवर्धनात् ॥ ४४ ॥
अष्टविंशाङ्गुलोत्सेधं चैकादिनवान्तकम् ।
वितस्त्येकं समारभ्य ए(चै)कैकाङ्गुलवर्धनात् ॥ ४५ ॥
मूलादग्रावसानं स्याद् युक्त्या युग्मदशात्(ं) न्यसेत् ।
चतुर्विंशाङ्गुलान्तं च पञ्चविंशाङ्गुलान्तकम् ॥ ४६ ॥
प्रत्येकं तु तलानां तु ऊ(तू)र्ध्वभूमो(मेर)धिकोन्नतम् ।
तलानामपि सर्वेषां कुट्टिमं तत्प्रकल्पयेत् ॥ ४७ ॥
तदधिष्ठानमाने तु चोक्तमानेन पूर्वके ।
सोपपीठमधिष्ठानं केवलं वा मसूरकम् ॥ ४८ ॥
उपपीठस्य मानं तत्त्यक्त्वाधिष्ठानमेव च ।
यथाधिष्ठानगण्ये तु कुर्यात्(द्) गण्या(कर्णा)धिकोन्नतम् ॥ ४९ ॥
सर्वेषां देवतारूपं कुर्यात्सर्वं विचक्षणः ।
रथाः सर्वे समाश्राः स्युर्भद्रयुक्तम्(क्ताः) अथापि वा ॥ ५० ॥
वितस्त्येकं समारभ्य त्रित्रिमात्रविवर्धनात् ।
त्रिवितस्त्यन्तं भद्राणां निर्गमं परिकल्पयेत् ॥ ५१ ॥
रथाधारे त्रिभागैकं चतुर्भागत्रिभागिकम् ।
पञ्चभागं त्रिभागं वा विस्तारस्यार्धमेव वा ॥ ५२ ॥

चतुर्दिक्षु चतुर्भद्रं स्यात् त्रिद्व्येकहरिं तु वा ।
भद्रमध्ये तु भद्रं स्याद्योक्तवत्कारयेत्सुधीः ॥ ५३ ॥
युक्त्या च भद्रं सर्वेषां नासिकायुक्तमेव वा ।
पक्षे च कुड्मलं युक्तं वक्रानां(नि) तु सुयोजयेत् ॥ ५४ ॥
पूर्वोक्तरथनामानि चाधुना [तु] प्रवक्ष्यते ।
नभस्वान्भद्रकं चैव भद्रं स्यात्प्रभञ्जनम् ॥ ५५ ॥
निवाताख्यं भद्रकं चैव पवनाख्यं च भद्रकम् ।
पृषद(तं) चेन्द्रकं चैवमनिलाख्यं च भद्रकम् ॥ ५६ ॥
एतानि रथनामानि चाश्रयुक्तं रथे विदुः ।
नभस्वान्भद्रं वेदाश्रं प्रभञ्जनं षडश्रकम् ॥ ५७ ॥
वाताख्यं द्विभद्रं स्यात्पवनाख्यं त्रिभद्रकम् ।
पृषतं चेन्द्रकाख्यं स्याद् दशाश्रं भद्रसंयुतम् ॥ ५८ ॥
द्वादशं(श)भद्रसंयुक्तमनिलाख्यमुदीरितम् ।
केचित्तु युक्तमेवं वा पट्टाश्रं रथमेव वा ॥ ५९ ॥
वृत्तं वा चायतं वृत्तं वा पट्टाश्रे चायतं तु वा ।
अष्टाश्रं वा षडश्रं वा द्व्यश्रवृत्तमथापि वा ॥ ६० ॥
वेदाश्रं नागरं प्रोक्तं वस्वश्रं द्राविडं भवेत् ।
सुवृत्तं वेसरं प्रोक्तं र(चा)न्ध्रं स्यात्तु षडश्रकम् ॥ ६१ ॥
द्व्यश्रवृत्तं समाकारं आ(का)लिङ्गं परिकल्पयेत् ।
पूर्वोक्ताकारायामे तद्देवाख्यं विदुर्बुधाः ॥ ६२ ॥
पूर्वोक्तभद्रसर्वेषां नानादिन(विध)रथे भवेत ।
रथताराङ्घ्रिकांशेन वर्धनं द्विगुणायतम् ॥ ६३ ॥
पूर्वोक्तक्षुद्रमानेन देवभूसुरभूपतेः ।
युद्धार्थं च मखा(चा)र्थं स्यान्मध्यनित्योत्सवार्थकम् ॥ ६४ ॥
देवानां भूपतीनां च महामाने महोत्सवैः ।
युद्धयोग्यं यथासर्वें(र्वं) चक्रत्रयसमन्वितम् ॥ ६५ ॥
मखा(चा)र्थमर्धरथं(ध्वनार्थं) यथासर्वें(र्वं) वेदपादसमन्वितम् ।
नित्योत्सवं यथासर्वें(र्वं) पञ्चचक्रसमन्वितम् ॥ ६६ ॥

महोत्सवरथाना च सर्वेषां चक्र(क्रं) वर्तते ।
षट्सप्ताष्टनवं वाथ दशचक्रं क्रमाद् विदुः ॥ ६७ ॥
युद्धयोग्यं त्रिकं वेदि मखा(त्रा)र्थं द्वयमेव वा ।
नित्योत्सवरथाश्वे(थस्यै)कद्वित्रिवेदि प्रकल्पयेत् ॥ ६८ ॥
महोत्सवरथे वेदि त्रितयादि नवान्तकम् ।
कल्पयेत्सार्वभौमस्य चैव नवश्चे (चे)ति वेदिका ॥ ६९ ॥
महाराजे(जस्य) सप्तकान्तमेकादि [च] प्रकल्पयेत् ।
नरेन्द्राख्यनृपतेः(तेश्चैव) पञ्चकादि योजयेत् ॥ ७० ॥
पार्ष्णिकाख्यस्य भूपानामेकादि चतुरान्तकम् ।
विष्णोस्त्र्यम्बकस्यापि चैकाद्ये(दि) नववेदिकाः ॥ ७१ ॥
बौद्धादिजिनकान्तानां सप्तान्तं चैकादितः(कम्) ।
अन्येषामपि देवानां वेदी(देवी)नां वेदसंख्यकम् ॥ ७२ ॥
एकादिपञ्चसंख्यान्तं कुर्याच्छिल्पिवरैर(वरोऽ)पि ।
रथानामूर्ध्वदेशस्य चालङ्कारं प्रवक्ष्यते ॥ ७३ ॥
मानं यथायुक्तिवशादेकद्वित्रितलं तु वा ।
कुर्याद् देवरथानां तु शेषमागमतो(मो)क्तवत् ॥ ७४ ॥
अ(र)थाधो गुरुपादसरोरुहम्
गुरुवं च षण्मुखं सरस्वतीम् ।
गणपतिं त्वथ शङ्करवल्लभाम्
विविधवाहनवस्त्रविभूषितान् ॥ ७५ ॥
अथ रथाभरणं परिकथ्यते
शिखिशिखण्डकचामरतोरणम् ।
विविधकिङ्किणीनिर्मलदर्पणम्
व्यजनकेतकमाल्यमनोहरम् ॥ ७६ ॥
आदौ रथस्य तलतोऽपि भुर्वरवेश्या
लास्याङ्गना सकलभावन(ना) सम्यक् वि(गि)वत्राम् ।
अत्युग्रमर्दलनिस्वन(नं) धार्य
चोर्ध्वेऽर्थमल्पमरुतं मग्ने(गगनं) दधानाम् ॥ ७७ ॥

वीणावेणुमृदङ्गपानि(णि)बहुशो विद्वत्सभापण्डितैः
सामन्तादिनृपालपुत्रसचिवैः पुरोहितैर्ब्राह्मणैः ।
किञ्चित्(द)ध्यापकनृत्तनाथनिवहान् संवेष्ट्य तच्छिल्पिभिः
युक्तं विष्णुमहेश्वरानपि तथा भक्तैश्च संवेष्टितान् ॥ ७८ ॥

द्वारपालकसयक्षकिन्नरान्
नागकन्यकगरुडनिध्यपि ।
कल्पवृक्षयुतचक्रवर्तिभिः
मण्डितं कुरु सर्ववेदिभिः ॥ ७९ ॥

इति मानसारे वास्तुशास्त्रे रथलक्षणविधानं नाम त्रिचत्वारिंशोऽध्यायः ॥

शयनविधानम्

देवानां च द्विजातीनां वर्णानां शयनार्थकम् ।
योग्यकं(क)पर्यङ्कस्य लक्षणं वक्ष्यतेऽधुना ॥ १ ॥
एकादशाङ्गुलमारभ्य द्विद्व्यङ्गुलविवर्धनात् ।
पञ्चविंशाङ्गुलान्तं स्याद्बालपर्यङ्कविस्तृतम् ॥ २ ॥
एवं चाष्टविधं प्रोक्तं बालानां सर्वजाति(ती)नाम् ।
तदर्धं च त्रिपादं च तत्समाधिकमायतम् ॥ ३ ॥
विस्तारार्धं त्रिपादं च परितो वातायनोदयम् ।
तद्विस्तारसमं वापि त्रिपादं पादोदयं भवे(स्या)त् ॥ ४ ॥
त्रिचतुष्पञ्चाङ्गुलं वापि पादविस्तारमेव च ।
चतुष्पादसमायुक्तं पादाग्रे चक्रसंयुतम् ॥ ५ ॥
पादतारसमं चक्रं(क्र)विस्तारं परिकीर्तितम् ।
अर्धैकद्व्यङ्गुलं वापि घनं युक्त्या प्रयोजयेत् ॥ ६ ॥
पादाग्रे सान्तरालं स्यात्कुर्यात्तिर्यक् च यन्त्रकम् ।
द्विमात्रं च त्रिमात्रं वा पर्यङ्कं(ङ्क)पट्टिकोदयम् ॥ ७ ॥
तद्द्वयं विस्तृतं चैव चाग्रं वामा(पादा)ग्रकर्णयुक् ।
परितः पट्टिकामध्ये परितः छिद्रं योजयेत् ॥ ८ ॥
कार्पासं रज्जु वेणुं च तालं च शणवल्कलैः ।
पट्टिकाश्च त(कर्योर्द्व)योर्मध्ये दीर्घदीर्घं तु योजयेत् ॥ ९ ॥
पट्टिकां परितो बाह्ये वृत्तकं परिकल्पयेत् ।
एकं वाथ द्वयं वापि चेपणं बहुधान्वितम् ॥ १० ॥
वृत्ताकृतीष्टपादानां युक्त्या वर्णेन लेपयेत् ।
गवाक्षाकारं युक्त्या च पट्टिकोर्ध्वे समन्ततः ॥ ११ ॥

कुञ्जराद्यमलचं वा पत्रपुष्पाद्यलङ्कृतम् ।
क्षुद्रक्षेपणसंकीर्णं क्षुद्रनानाङ्घ्रिसंयुतम् ॥ १२ ॥
बहुपादश्रेणियुक्तमधिष्ठा[ना]ङ्गक्रियान्वितम् ।
एवं तु बालपर्यङ्कं सर्वालङ्कारसंयुतम् ॥ १३ ॥
एकविंशाङ्गुलमारभ्य द्विद्व्यङ्गुलविवर्धनात् ।
सप्तत्रिंशाङ्गुलान्तं स्यात्पर्यङ्कस्य विशालता ॥ १४ ॥
कन्यसादुत्तमान्तं स्यादङ्घ्रिकान्तरमेव च ।
एवं तु मानुषाणां च देवानां च विशेषतः ॥ १५ ॥
पाद(दं) बाह्यावसानं स्याद्विस्तारायामं मानयेत् ।
देवानां च द्विजातानां विस्तारं(र)द्विगुणा(णमा)यतम् ॥ १६ ॥
विशाले तु गुणांशं वा त्र्यंशाधिकायतं तथा ।
तस्माद्धीनाधिकं चैतत्सर्वदोषसमुद्भवम् ॥ १७ ॥
त्रिचतुष्पञ्चषट्सप्ताष्टनन्ददशाङ्गुलम् ।
एकादशाङ्गुलान्तं च नवभेदमुदीरितम् ॥ १८ ॥
कन्यसादुत्तमान्तं स्यात्पट्टिकाविस्तृतं भवेत् ।
विस्तारार्धं तदुत्सेधं परितः पट्टिका भवेत् ॥ १९ ॥
वेदाश्रायतं सर्वं [तु] पर्यङ्कमिति कथ्यते ।
षडङ्गायादिसर्वेषां विस्तारे परिकल्पयेत् ॥ २० ॥
परितः पट्टिका बाह्ये वृत्तवेत्रादिमण्डितम् ।
अधिष्ठानोपपीठं यत्कुर्याद्वै पट्टिकोन्नतम् ॥ २१ ॥
श्रीबन्धं कुट्टिमं कुर्याद् देवभूसुरभूपतेः ।
पादबन्धमधिष्ठानं सर्वजात्यार्हकं भवेत् ॥ २२ ॥
प्रतिभद्रोपपीठं स्याद् भूसुरसुरभूपतेः ।
वेदिभद्रोपपीठं स्याद्वैश्यशूद्रस्य(द्रयोः) योग्यकम् ॥ २३ ॥
उपपीठमधिष्ठानं नाटकाद्यादिनावृतम् ।
देवानां देवतारूपं मानुषाणां च मानवम् ॥ २४ ॥
देवानां सर्वरूपं स्यान्मानुषस्योक्तवद् भवेत् ।
पद्मपत्रादिचित्रैश्च सर्वालङ्कारसंयुतम् ॥ २५ ॥

दन्तं वा दारुजं वापि क्षुद्रवेद्यादि कुद्म(ड्म)लैः ।
षण्णवार्काङ्गुलं चैव त्रिविधं पादतुङ्गकम् ॥ २६ ॥
उत्सेधं च(धस्य) समं तारं त्रिपादं वार्धमेव वा ।
मूलतारं(र)शरांशे तु त्रयांशं चाग्रविस्तृतम् ॥ २७ ॥
तदुत्सेधं तु नवांशं स्याज्जन्मनो(न उ)र्ध्वं शिवांशकम् ।
पद्मतुङ्गं द्विभागं स्यात्कर्णोऽधमम्बरांशकम् ॥ २८ ॥
कुम्भमेकेन कर्तव्यं कन्धरं च द्विभागिकम् ।
सार्धांशं चोर्ध्वपत्रं स्यादर्धांशं वाजनं भवेत् ॥ २९ ॥
कुम्भपादमिति प्रोक्तं तस्मादुक्तं प्रवेशनम् ।
तदेव हरिकाकर्णं सर्वाङ्गं पद्मवाजनम् ॥ ३० ॥
वज्रपादमिति प्रोक्तं युक्त्या कुर्यान्मनोहरम् ।
अथवा मध्यकर्णादौ चोर्ध्वादौ पद्मवाजनम् ॥ ३१ ॥
पद्मपादमिति प्रोक्तं सर्वालङ्कारसंयुतम् ।
चतुःषट्पादयुक्तं वा देवानां च द्विजातीनाम् ॥ ३२ ॥
देवानां भूतसिंहं वा पादमध्ये प्रयोजयेत् ।
नृपाणां सिंहपादं स्यात् शे(च्छे)षाणां पूर्ववद् भवेत् ॥ ३३ ॥
सर्वालङ्कारसंयुक्तं शेषं युक्त्या प्रयोजयेत् ।
अयष्कीलेन पादानां मध्ये रन्ध्रं प्रयोजयेत् ॥ ३४ ॥
तदूर्ध्वे पट्टिकां न्यस्य कीलाग्रे च कबन्धनम् ।
चतुर्भिः शृङ्खलायुक्तमान्दोलं चैकतो(त उ)परि ॥ ३५ ॥
देवभूसुरभूपानामन्येषां शयनार्थकम् ।
वकुलं चाशि(श्वि)नीपुत्रं द्राचारक्तं च चन्दनम् ॥ ३६ ॥
निम्बं च चन्दनं चैव चापशाखः शमी तथा ।
एवं तु शयनादीनामासनानां च दारुभिः(रुचि) ॥ ३७ ॥
दन्तं वै क्षीरिणी चैव तिन्दुकं बिरलं तथा ।
शाकं च सर्वपादानां वृत्तमे(श्चै)वमुदीरितम् ॥ ३८ ॥
अन्यानि स्निग्धसर्वैश्च(र्वाणि) यथालाभेन संग्रहम् ॥ ४० ॥

विस्तारदीर्घचरणानि विभूषणं च
युक्तं विधाय कुरुते त्वथ शिल्पिनोक्तम् ।
पर्यङ्कोपरि नयनं प्रकुर्वन् (आन्दोले)
पुत्रं(त्रस्य) चायुरपि हानिः ध(धं)नक्षयं च (यश्च) ॥ ४१ ॥
मञ्चस्य लक्षणं सपट्टिकपादकादीन्
सर्वाङ्गमपि केसरीभूतपादम् ।
शास्त्रोक्तलक्षणवशात्कुरुते तु सर्वम्
सम्पत्सुखं च लभतेऽप्यथ भुक्तिमुक्तीः ॥ ४२ ॥

इति मानसारे वास्तुशास्त्रे शयनविधानं नाम चतुश्चत्वारिंशोऽध्यायः ॥

सिंहासनलक्षणम्

देवानां चक्रवर्त्यादिनृपाला(नामा)सनयोग्यकम् ।
सिंहासनस्य मानं च लक्षणं वक्ष्यतेऽधुना ॥ १ ॥
प्रथमाभिषेकयोग्यं स्यात्प्रथमासनमेव च ।
मङ्गलाख्याभिषेकस्य मङ्गलासनमीरितम् ॥ २ ॥
वीराख्या[त्व]भिषेकस्य [च] वीरासनमुदीरितम् ।
विजयाख्यस्याभिषेकस्य विजयासनमीरितम् ॥ ३ ॥
एवं चतुर्विधं प्रोक्तं भूपानामासनं भवेत् ।
नित्यार्चनासनं चैव नित्योत्सवासनमीरितम् ॥ ४ ॥
विशेषाख्यार्चनार्थाय विशेषाख्य(महोत्सवा)र्चनासनम् ।
चतुर्विधात्मनं प्रोक्तं देवानामपि योग्यकम् ॥ ५ ॥
आदौ पद्मासनं प्रोक्तं द्वितीयं पद्मकेसरम् ।
तृतीयं पद्मभद्रं स्याच्छ्रीभद्रं स्याच्चतुर्थकम् ॥ ६ ॥
पञ्चमं श्रीविशालं स्यात्षष्ठं श्रीबद्ध(न्ध)मेव च ।
सप्तमं श्रीमुखं चैव भद्रासनं तु चाष्टकम् ॥ ७ ॥
नवमं पद्मं च भद्रं स्याद् दशमं पादबन्धकम् ।
आसनानि(नां) तु चैतानि(नां) नामानि कथितानि वै ॥ ८ ॥
अत्रोक्तमा(क्तानामा)सनानां च सर्वेषां मानमुच्यते ।
सप्ताङ्गुलं समारभ्य द्विद्व्यङ्गुलविवर्धनात् ॥ ९ ॥
सप्तविंशाङ्गुलान्तं च विस्तारं नवधा भवेत् ।
परार्थं यज[मा]नार्थं चासनायामं पूर्ववत् ॥ १० ॥
पञ्चादशाङ्गुला(लमा)रभ्य द्विद्व्यङ्गुलविवर्धनात् ।
एकत्रिंशाङ्गुलान्तं स्यात्कन्यसादि त्रयं त्रयम् ॥ ११ ॥

विस्तारं च तथा प्रोक्तं नित्योत्सवस्य चासने ।
आयामं पूर्ववत्कुर्याद् द्विगुणान्त यथाक्रमम् ॥ १२ ॥
नवपङ्क्त्यङ्ग्ला(लमा)रभ्य द्व्यङ्गलविवर्धनात् ।
पञ्चत्रिंशाङ्गलान्तं स्याद्विस्तारं परिकीर्तितम् ॥ १३ ॥
महोत्सवे चासनं ह्येवं कन्यसादि त्रयं त्रयम् ।
विस्तारं(र)द्विगुणायामं पादोनद्विगुणं तु वा ॥ १४ ॥
विस्तारार्धायतं वापि पादाभ्यन्तरमानकम् ।
पादबाह्यावसानं स्यात्पादमध्यावसानकम् ॥ १५ ॥
विस्तारे चायते कुर्यान्मानमेवं तु सर्वतः ।
एवं तु देवतानां च महीपानां च वक्ष्यते ॥ १६ ॥
पञ्चा(ञ्च)दशाङ्गुला(लमा)रभ्य द्व्यङ्गुलविवर्धनात् ।
सैकत्रिंशाङ्गुलान्तं स्यात्प्रथमासनमेव च ॥ १७ ॥
विस्तारं नवधा प्रोक्तं कन्यसादि त्रयं त्रयम् ।
तस्मादर्धाधिकं वापि त्रिपादाधिकमेव वा ॥ १८ ॥
तत्समेना(मं वा)धिकं वापि त्रिविधं चायतं तथा ।
सप्तदशाङ्गुला(लमा)दौ स्याद् द्व्यङ्गलविवर्धनात् ॥ १९ ॥
पञ्चत्रिंशतिमात्रान्तं नवतारं तु पूर्ववत् ।
वीरासनमिति प्रोक्तं दीर्घ(दैर्घ्य) प्रागुक्तवन्नयेत् ॥ २० ॥
एकविंशाङ्गुलमारभ्य द्व्यङ्गुलविवर्धनात् ।
सप्तत्रिंशाङ्गुलान्तं स्याद्विजयासनं विस्मृतम् ॥ २१ ॥
नवभेदमिति प्रोक्तं दीर्घ(दैर्घ्य) पूर्ववदाचरेत् ।
विस्तारमायतं प्रोक्तं तत्तुङ्गमिहोच्यते ॥ २२ ॥
एकाङ्गुलं समारभ्य चैकाङ्गुलविवर्धनात् ।
नवाङ्गुलान्तमुत्सेधं कन्यसादि त्रयं त्रयम् ॥ २३ ॥
आत्मनश्चासनोत्तुङ्गं तद्विस्तारवशात्क्रमात् ।
वन्ह्यङ्गुलं समारभ्य द्व्यङ्गुलविवर्धनात् ॥ २४ ॥
नन्दपङ्क्त्यङ्गुलान्तं स्यान्नित्यार्चनासनोदयम् ।
एवं नवविधं प्रोक्तं विस्तारस्य वसा(शान्) न्यसेत् ॥ २५ ॥

पञ्चाङ्गुलं समारभ्य द्विद्व्यङ्गुलविवर्धनात् ।
एकविंशाङ्गुलान्तं स्यान्नित्योत्सवासनोदयम् ॥ २६ ॥
एवं नवविधं प्रोक्तं कन्यसादीनि पूर्ववत् ।
सप्ताङ्गुलं समारभ्य द्विद्व्यङ्गुलविवर्धनात् ॥ २७ ॥
त्रयोविंशाङ्गुलान्तं स्याद्विशेषाख्यार्चनोदयम् ।
क्षुद्रादि त्रित्रिमानं स्यात्कुर्यात्तु पूर्ववत् क्रमात् ॥ २८ ॥
नवाङ्गुलं समारभ्य द्विद्व्यङ्गुलविवर्धनात् ।
पञ्चत्रिं(विं)शाङ्गुलान्तं स्यात्कन्यसादिनवोदयम् ॥ २९ ॥
महोत्सवासनं त्वेवं यथाक्रमेण पूर्ववत् ।
त्रिचतुष्पञ्चषण्मात्रं सप्ताष्टकनवाङ्गुलम् ॥ ३० ॥
दशैकादशमात्रान्तं नवभेदमुदीरितम् ।
कन्यसादुत्तमान्तं स्याच्छिखरोदयमेव च ॥ ३१ ॥
नवाङ्गुलं समारभ्य चैकैकाङ्गुलवर्धनात् ।
सप्तादशाङ्गुलान्तं स्यात्प्रथमासनतुङ्गकम् ॥ ३२ ॥
एकादशाङ्गुला(लमा)रभ्य नवपङ्क्त्यङ्गुलान्तकम् ।
मङ्गलासनमु(नो)तुङ्गं नवभेदमुदीरितम् ॥ ३३ ॥
त्रयोदशाङ्गुला(लमा)रभ्य चैकविंशाङ्गुलान्तकम् !
वीरासनमिति प्रोक्तं नवधा तुङ्गमेव च ॥ ३४ ॥
पञ्चा(ञ्च)दशाङ्गुला(लमा)रभ्य त्रयोविंशाङ्गुलान्तकम् ।
नवभेदमिति प्रोक्तं विजयासनतुङ्गकम् ॥ ३५ ॥
विस्तारे चतुरङ्गे वा षट्गुणायादि कारयेत् ।
त्रिचतुष्पञ्चषड्वृध्या चाष्टहानिश्च योनयः ॥ ३६ ॥
षट्सप्ताष्टकवृद्ध्या तु द्वादश[भिः] क्षपयेद् बुधः ।
शेषमायमिति प्रोक्तं सप्ताष्टनववर्धनात् ॥ ३७ ॥
दशभिः क्षपयेच्छेषमेवं व्ययमुदीरितम् ।
अष्टनन्ददशे(श)वृद्ध्या सप्तविंशे(श)क्षयो भवेत् ॥ ३८ ॥
शेषं दिनमिति प्रोक्तं वृद्ध्याष्टनन्दनाधिका ।
सप्तके चन्द्रगे(हृतके) शेषं वारमेवमुदीरितम् ॥ ३९ ॥

त्रिचतुष्पञ्चवृद्ध्या तु क्षपयेत्तु नवांशकम् ।
गजयोनिं विनाकुर्यात्सिंहासनान्(नि) यथाशुभम् ॥ ४० ॥
आयाधिक्यं व्ययहीनं सर्वसंपच्छुभावहम् ।
आयहीनं व्ययाधिक्यं सर्वसम्पद्विनाशनम् ॥ ४१ ॥
धूमयोनिश्च काकाश्च गर्दभान् श्वानं वर्जयेत् ।
अन्ययोनिः शुभं(भा) सर्वे(र्वां) शुभयोनिमिह योजयेत् ॥ ४२ ॥
सर्वेषां मानमित्युक्तं गण्यमानमिहोच्यते ।
सोपपीठमधिष्ठानं केवलं वा मसूरकम् ॥ ४३ ॥
केवलं चोपपीठं वा कुर्यात् सिंहासनं बुधः ॥ ४४ ॥
द्व्यंशं जन्म शशिसार्धं पद्म(पाद)कम्
कम्पकर्ण शरमर्ध कम्पकम् ।
त्र्यंशमब्जं शशि वाजनो(नमु)परि
चोपद्ममर्धं रविभागतुङ्गके ॥ ४५ ॥
वेदिभद्र(द्रं) विविधा(ध)कपोतधृक्
चोर्ध्वयोगभुव(र्गलं वि)ना कपोतकौ ।
देवभूपति यत्योर्यथा तथासने
योग्यमेव कृतय(म)स्तु मूलके ॥ ४६ ॥
आसनस्योदयार्धं वा त्रिभागैकोनमेव वा ।
उपपीठोदयं ह्येव चोक्ततुङ्गेऽधिकं तु वा ॥ ४७ ॥
शेषं मसूरकं वापि समाधिष्ठानतुङ्गकम् ।
उत्सेधरविभागे तु जन्मतुङ्गं शिवांशकम् ॥ ४८ ॥
तदूर्ध्वे चार्धकम्पं स्यात्पाद(दं) भागेन योजयेत् ।
त्रिपादाधिकमंशेन महापद्मं प्रयोजयेत् ॥ ४९ ॥
तदूर्ध्वे सार्धभागेन कर्णवृत्तं च पद्मकम् ।
कन्धरं चार्धभागेन तत्समं चोपरिस्त(त)था ॥ ५० ॥
कम्पवृत्तदलं कुर्यात्तदूर्ध्वेऽर्धेन पद्मकम् ।
एकांशं कुम्भवृत्तं स्यात्तदूर्ध्वेऽर्धेन पद्मकम् ॥ ५१ ॥

तत्समे[न] निम्नवृत्तं च कम्पं कुर्यात्तदूर्ध्वके ।
द्व्यंशेन गलकं चोर्ध्वे चांशेन कम्पवृत्तकम् ॥ ५२ ॥
निम्नं च कम्पमर्धेन चैकांशेन कपोतकम् ।
तदूर्ध्वे चैकभागे तु चतुर्भाग(गं) विभाजिते ॥ ५३ ॥
आलिङ्गान्तरितं चोर्ध्वे प्रतिवाद(ज)नमुच्यते ।
युक्त्या च वृत्तकम्पं स्यात्सर्वालङ्कारसंयुतम् ॥ ५४ ॥
व्यालादिपत्रपुष्पैश्च कर्णैश्च मकरद्वयम् ।
कपोते नासिकोपेतं किम्बरीवक्त्रसंयुतम् ॥ ५५ ॥
चतुष्कर्णे च युक्त्या च कुर्याद् व(त् प)ल्लवपत्रकम् ।
मध्ये तत्पत्रमलङ्कृत्य सर्वालङ्कारसंयुतम् ॥ ५६ ॥
गले च नाटकैर्युक्तं यक्षविद्याधरादिभिः ।
वृत्तकुम्भं च पट्टं वा क(ना)टकादि(दिभि)रलङ्कृतैः(तम्) ॥ ५७ ॥
पद्माकारं तु सर्वेषां केसरादिदलान्वितम् ।
यथेष्टमंशं गलतुङ्गं स्यान्नानापट्टैरलङ्कृतम् ॥ ५८ ॥
एतत्पद्मासनं प्रोक्तं शिवविष्ण्वासनं भवेत् ।
तदेव सोपपीठं स्यात्पद्मकेसरमीरितम् ॥ ५९ ॥
उपपीठे क्षुद्रकम्पानां वृत्तकम्पाश्रकम्पयुक् ।
निम्नानि मौक्तिकोपेतं(तानि) सर्वाङ्गं रत्नभूषितम् ॥ ६० ॥
उपपीठगले सर्वे नाटकाभिरलङ्कृतम् ।
कोकिलैः क्षुद्रशालैश्च पद्मरैस्तोरणान्वितम् ॥ ६१ ॥
नासिकाकुम्भपादैश्च नासिकापञ्जरान्वितम् ।
सर्वालङ्कारसंयुक्तं पद्मचित्रादिशोभितम् ॥ ६२ ॥
देवानां चक्रवर्ती(र्तिनां) सर्वेषामासनान्वितम् ।
एकविंशांशकं(क)तुङ्गे जन्मतुङ्गै(ङ्गमे)कभागिकम् ॥ ६३ ॥
पादांशं चोपणं चैव सत्रिपादांशमम्बुजम् ।
तदूर्ध्वे चैकभागे तु तत्त्रिभागं विभाजिते ॥ ६४ ॥
एकांशं निम्नकं प्रोक्तं चै(द्वै)कांशं वृत्तकम्पकम् ।
तदूर्ध्वे अं(चां)शेन कम्पं स्यात्पञ्चांशं वप्रतुङ्गकम् ॥ ६५ ॥

तदूर्ध्वे अं(चां)शं त्रिधा भज्य वृत्तं पद्मं च वृत्तकम् ।
तदूर्ध्वे वृत्तसमं पद्मं पद्मतुल्यं च वृत्त म् ॥ ६६ ॥
तच्छेषं तु द्विभागे तु कुमुदं वृत्ताकृतिस्तथा ।
तदूर्ध्वांशं त्रिधा भज्य वृत्त(त्तं) पद्मं च कम्पकम् ॥ ६७ ॥
ऊर्ध्वे कर्णं त्रिभागं स्यात्तदूर्ध्वेऽशं त्रिधा भवेत् ।
कम्पं पद्मं च वृत्तं च द्विभागेन कपोतकम् ॥ ६८ ॥
तदूर्ध्वे चैकभागेन आ(चा)लिङ्गान्तरितं तथा ।
प्रत्यूर्ध्वे वाजनं कम्पं सर्वालङ्कारसंयुतम् ॥ ६६ ॥
एवं तु पद्मभद्रं स्यादधिराजस्य योग्यकम् ।
तुङ्गे द्विरष्टभागं स्याज्जन्ममे (चै)केन कारयेत् ॥ ७० ॥
अर्धेन वाजनं चैव पादांशं क्षुद्रवेत्रकम्(वेशनम्) ।
पादाधिकत्रयांशं च तदूर्ध्वे तु महाम्बुजम् ॥ ७१ ॥
तदूर्ध्वे निम्नमर्धेन तत्समं पद्ममेव च ।
द्विभागं कुमुदोत्तुङ्गं तदूर्ध्वेऽर्धेन चाम्बुजम् ॥ ७२ ॥
तत्समं चोर्ध्वकम्पं स्यात्त्रिभागेन गलोदयम् ।
अंशेन कम्पपद्मं स्याद् द्व्यंशेन कपोतकम् ॥ ७३ ॥
अंशेन(ना)लिङ्गान्तरितं प्रतिवाजनमुच्यते ।
श्रीभद्रकमिति प्रोक्तं सर्वालङ्कारसंयुतम ॥ ७४ ॥
अधिराजनरेन्द्रस्य(योः) सर्वासन(नं) योग्यकम् ।
द्वाविंशाशकं(क)तुङ्गे च जन्म द्व्यंशेन विन्यसेत् ॥ ७५ ॥
तदेव त्रिवृत्त(त्तं) शोभार्थं यथासोपानवत्क्रमम् ।
तदूर्ध्वे पद्ममेकांशं चार्धेनावृतवेत्रक(वेशन)म् ॥ ७६ ॥
अर्धेनाम्रकम्पं स्यात्तदूर्ध्वेऽर्धेन वृत्तकम् ।
त्रि(त्र)यांशं वप्रदेशे तु नानापुष्पैश्च शोभितम् ॥ ७७ ॥
तदूर्ध्वेऽर्धेन वृत्तं स्यात्तत्समो ममु)परि पङ्कजम् ।
अर्धेन वृत्तकं चोर्ध्वे तत्समं चोर्ध्वपद्मकम् ॥ ७८ ॥
तदूर्ध्वेऽर्धेन वृत्तं स्यात्तत्तुल्यं तदूदलं भवेत् ।
एकेन मध्यवृत्तं स्यात्कुमुदाकारं तु निर्गमम् ॥ ७६ ॥

तदूर्ध्वेऽर्धेन पद्मं स्यादर्धेनावृतवेत्रकम् ।
तदूर्ध्वे चाग्र(र्ध) पट्टं स्यात्त्र्य'(त्र्यं)शेन गलोदयम् ॥ ८० ॥
नानापादादिसिंहादिपत्रवल्लै(ल्लीभि)र्विभूषितम् ।
तदूर्ध्वे चाग्रपट्टं स्यात्तदूर्ध्वे वृत्तवेत्रकम् ॥ ८१ ॥
तत्समं चोर्ध्वपद्मं स्याद्वाजनं चैकभागिकम् ।
अग्निन्यंशं कपोतं स्यात्तदूर्ध्वेऽशेन वाजनम् ॥ ८२ ॥
तदूर्ध्वे चांशं वृत्तं स्यान्मध्ये व्यालादिभूषितम् ।
सर्वालङ्कारसंयुक्तं शेषं युक्त्या प्रयोजयेत् ॥ ८३ ॥
श्रीविशालमिति प्रोक्तं पार्ष्णिक[स्य]नरेन्द्रयोः(योश्च) ।
कारयेद्विजयान्तं स्यात्प्रथमाच्चतुरासने ॥ ८४ ॥
तदेव वप्रमध्ये तु द्व्यंशेन वृत्तनिर्गमम् ।
शेषं तु पूर्ववच्चित्रं श्रीबन्धमिति हि स्मृतम् ॥ ८५ ॥
पार्ष्णिकः(क)पट्टधरोत्सेधं(योग्यं) पूर्वोक्तानां च योग्यकम् ।
तदेव मध्यकुम्भे तु चैकांशेनाश्र(प्र)पट्टिका ॥ ८६ ॥
एवं तु श्रीमुखं प्रोक्तं मण्डलेशस्य योग्यकम् ।
तदेव मूलभागेन चाग्रवृत्तं विनाम्बुजम् ॥ ८७ ॥
भद्रासनमिति प्रोक्तं पट्टभागासनं भवेत् ।
तदेव ज(तज्ज)न्मन उपरिदेशे द्व्यंशकेनाम्बुजं भवेत् ॥ ८८ ॥
शेषं प्रागुक्तवत्कुर्यात्पद्मबन्धमिति स्मृतम् ।
प्राहारकस्य योग्यं स्यात्सर्वेषामासनान्वितम् ॥ ८९ ॥
तुङ्गे त्रिंशतिभागेन जन्म द्व्यंशेन योजयेत् ।
पद्मतुङ्गं गुणांशं स्यात्कम्पमंशेन योजयेत् ॥ ९० ॥
षडंशं वप्रतुङ्गं स्यात्तदूर्ध्वे सप्तांशकं घटम् ।
पद्ममंशेन बन्धां(न्ध्वं)शं कर्णं कम्पं शिवांशकम् ॥ ९१ ॥
कपोताब्जं त्रिभागं स्यादालिङ्गादि द्वयांशकम् ।
व्यालसिंहादिपुष्पैश्च कर्णे ग्राहादिभूषितम् ॥ ९२ ॥
सर्वाङ्गवृत्तवेत्रं स्यान्नवरत्नैरलङ्कृतम् ।
एवं तु पादबन्धं स्यादष्टग्राहस्य योग्यकम् ॥ ९३ ॥

अस्त्रग्राहस्य नृपतेः सिंहपादं न कारयेत् ।
क्षुद्रभूपविशां शूद्रैःउ(द्राणामु)पपीठादि योजयेत् ॥ ९४ ॥

चतुरश्र(स्र)समायुक्तं सर्वेषां सर्वमासनम् ।
देवानां मौलिनामुक्तं युक्तं सर्वेषु योग्यकम् ॥ ९५ ॥

प्रथमासनादि सर्वेषां भूपानां तान्युदीरितम् ।
षट्पादेन समायुक्तं सिंहरूपं प्रकल्पयेत् ॥ ९६ ॥

तत्सर्वं प्राङ्मुखं कुर्याद्विपरीतं चेद्विनाशनम् ।
देवानामासनानां तु चतुर्दिक्षु निरीक्षणम् ॥ ९७ ॥

त्रिय(त्रया)ङ्गुलं समारभ्य द्विद्व्यङ्गुलविवर्धनात् ।
नवपङ्क्त्यङ्गुलान्तं स्यात्सर्वेषां पादतुङ्गकम् ॥ ९८ ॥

एवं च विविधं प्रोक्तं यन्मानोरम्यं मानयेत् ।
पादोत्सेधं नवांशं स्यात्सिंहतुङ्गं युगांशकम् ॥ ९९ ॥

शेषं तु पूर्ववत्कुर्याद्युक्त्या तत्रैव योजयेत् ॥ १०० ॥

आदितो(त उ)क्तमुपचक्रवर्तये
सिंहमुद्रितमनोहरासनम् ।
अष्टभूमिपतिभिश्च केसरी
लाञ्छितं त्वथ मनोहरासनम् ॥ १०१ ॥

प्रथमासनं मङ्गलासनम्
अथ वीरविजयाख्यासनम् ।
नवभूपतिविशेषतत्त्वम्
अथ सामान्यमुदीरितं बुधैः ॥ १०२ ॥

विष्णुरुद्रजिनकेन्द्र(बौद्ध)मुख्यकैः(कानां) सर्वदेवगणचक्रवर्तिने ।
आसनानि कथितानि तानि वै चोत्सवाश्च(वानि) कथितानि सु(सू)रिभिः ॥ १०३ ॥

इति मानसारे वास्तुशास्त्रे सिंहासनलक्षणविधानं नाम पञ्चचत्वारिंशोऽध्यायः ॥

तोरणविधानम्

देवानां भूपतीनां च भूषणार्थ(?गृहादीनां) च तोरणम् ।
तल्लक्षणं विधानं च यथा सम्यक् प्रवक्ष्यते ॥ १ ॥
आसनोपरि विन्यस्य(सेत्) सर्वेषामपि तोरणम् ।
विस्तारे मध्यसूत्रस्य चापर तोरणा[नि] न्यसेत् ॥ २ ॥
पीठतारार्धभागे तु मध्ये चाङ्घ्रिकमध्यमम् ।
अथवा तत्त्रिभागैकद्व्यंशं चापरपूर्वके ॥ ३ ॥
तन्मध्ये तोरणस्तम्भं मध्यं वा सर्वतो न्यसेत् ।
पीठायामं त्रिभागैकं द्व्यंशायामार्धमेव वा(च) ॥ ४ ॥
पीठायामे चतुर्भागे त्रियं(त्र्यं)शं चाग्र(ङ्घ्रि)कान्त[र]म् ।
अथवा पञ्चषट्सप्तसाष्टभागैकहीनकम् ॥ ५ ॥
स्तम्भमध्ये तु बाह्ये वा पूर्ववच्चान्तरं तु वा ।
पीठतारसमोच्चं वा सपादाधिकमेव वा ॥ ६ ॥
त्रिपादादधिकोत्सेधं तत्समं वाधिकोन्नतम् ।
आयामसदृशोत्सेधं तत्पादाधिकमेव वा ॥ ७ ॥
अर्धं त्रिपादं तत्तुल्याधिकं वा तोरणोदयम् ।
तेन मानोदयं सर्वं शुद्धतोरणमानकम् ॥ ८ ॥
त्रिचतुष्पञ्चषट्सप्तचा(प्ता)ष्टनन्ददशाङ्गुलम् ।
एकादशाङ्गुलं वापि नवधा तोरणोदयम् ॥ ९ ॥
त्रिचतुष्पञ्चषण्मात्रं पादविष्कम्भमिष्यते ।
तत्समं च त्रिपादं च सा(चा)र्धं वा बहलं भवेत् ॥ १० ॥
ादं सतोरणं कुर्यात्तोरणाङ्घ्रि परिन्यसेत् ।
पादाग्रे पट्टिकोपेतं तन्मानं वक्ष्यतेऽधुना ॥ ११ ॥

पादतारसमं वापि द्विगुणं वाजनोदयम् ।
तद्दीर्घं फलकान्तं वा चतुष्पञ्चाङ्गुलान्ति(न्त)कम् ॥ १२ ॥
वाजनादितोरणो(णं) ह्येवं केवलं वाथ तोरणम् ।
तोरणस्योक्ततुङ्गे तु चाष्टभागं विभाजिते ॥ १३ ॥
तदेवं पञ्चभागाङ्घ्रितुङ्गं बन्धा(त्र्यं)शतोरणम् ।
अथवा नवांशकं(के) तुङ्गे षड्भागं चाग्र(ङ्घ्रि)तुङ्गकम् ॥ १४ ॥
दशभागे सप्तभागे तु पादं शेषांशतोरणम् ।
देवानां भूपतीनां च स्थानकस्यासनस्य च ॥ १५ ॥
वृत्तं वाथ त्रियुग्मं वा चार्धचन्द्राकृतिस्त(त)था ।
जना(त्रिधा) चाप(पा)कृतिर्वा(वा)पि यथेष्टाकारं तोरणम् ॥ १६ ॥
मध्यात्तु भ्रामयेच्छिल्पी वृत्ताकारं च तोरणम् ।
तदर्धे नासिकादौ तद् भ्रामयेदर्धचन्द्रकम् ॥ १७ ॥
तदर्धेन द्विपार्श्वे तु भ्रामयेद्धनुराकृतिम् ।
त्रिभुजं तत्समं नीत्वा तोरणं युक्तितो न्यसेत् ॥ १८ ॥
पत्रं पुष्पं च रत्नं च चित्रतोरणमेव च ।
एवं चतुर्विधं प्रोक्तं देवानां च त्रिमौलिनाम् ॥ १९ ॥
अन्येषां भूपतीनां च पुष्पं रत्नं च तोरणम् ।
पत्रवल्यादि[भिः] संभूष्य पत्रतोरणमीरितम् ॥ २० ॥
नानापुष्पैरलङ्कृत्य पुष्पतोरणमेव च ।
सर्वरत्नैरलङ्कृत्य कर्तव्यं रत्नतोरणम् ॥ २१ ॥
नानालङ्कारसंयुक्तं यक्षविद्याधरादिभिः ।
तच्चित्रतोरणं प्रोक्तं पूर्वोक्तानां तु संमतम् ॥ २२ ॥
सर्वेषां तोरणमध्ये चोर्ध्वे तुम्बु(म्ब)रुनारदम् ।
तत्प्रदेशे द्विपार्श्वे तु मकरादिविभूषितम् ॥ २३ ॥
तोरणस्याग्रमूले तु गृहा(ग्राह)पत्रैश्च भूषितम् ।
तोरणाधं तु पत्रादिभूतवल्यासनान्वितम् ॥ २४ ॥
पादानां च द्विपार्श्वे तु व्याल(लं) तोरणधारिणम् ।
पत्रतोरणमित्युक्तं शेषं युक्त्या प्रयोजयेत् ॥ २५ ॥

तदेव रत्नपुष्पैश्च नानालङ्कारसंयुतम् ।
यच्चविद्याधराद्यैश्च युक्तं स्याच्चित्रतोरणम् ॥ २६ ॥
ग्राहकिम्ब(न्न)रीसंयुक्तं चित्रपद्मादिभिर्विना ।
सर्वाङ्गं पुष्पसंयुक्तं सर्वालङ्कारसंयुतम् ॥ २७ ॥
पुष्पतोरणमित्युक्तं मकरन्दैश्च पुष्पकम् ।
सर्वाङ्गं नवरत्नैश्च ग्राहकिन्नरभूषितम् ॥ २८ ॥
ग्राहपुच्छादिसर्वेषां सर्वरत्नेन बन्धयेत् ।
रत्नतारागणैर्युक्तं कुचि रा(चा)धृतलाम्बितम् ॥ २६ ॥
तोरणस्योपरि देशे तु भुजङ्गपादद्वयोरपि ।
ग्राहान्तं सर्वरत्नैश्च पूरितं श्रेणिसंयुतम् ॥ ३० ॥
रत्नतोरणमित्युक्तं सर्वालङ्कारसंयुतम् ।
वाजनपाद(दा)लङ्कारं सर्वं प्रागुक्तवन्नयेत् ॥ ३१ ॥
[तोरणस्य] कृतं मध्ये कमलां(लं) कुर्यात् [तु] वारणम् ।
तन्मध्ये कल्पयेल्लक्ष्मीं नानालङ्कारभूषित(ता)म् ॥ ३२ ॥
ना(ता)टिकाफलकामुष्टिबन्धनं पत्रवाल्लिकम् ।
मकरं किम्ब(न्न)रीवक्त्रं नाटकादि(दै) भुजङ्गवत् ॥ ३३ ॥
केसरिमण्डनं भवति चित्रतोरणनाटकैः ॥ ३४ ॥

पत्रपुष्पमयरत्नतोरणैः
　　चित्रहीनमित्युच्चभूषणैः ।
कल्पयेत्त्वपि च रत्नतोरणैः
　　चित्रहीनमित्युच्चभूषणैः ॥ ३५ ॥
कल्पयेत्त्वपि च तोरणैः
　　पुष्पहीनमथ पत्रहीनकम् ।
रत्नहीनमथ पत्रतोरणैः
　　पद्मयुक्तमथ पुष्पतोरणैः ॥ ३६ ॥
पत्रपुष्पनहि(हीनं) चान्यभूषणम् ।
　　कल्पयेत्त्वपि शिल्पिभिर्वरैः ॥ ३७ ॥

इति मानसारे वास्तुशास्त्रे तोरणविधानं नाम षट्चत्वारिंशोऽध्यायः ॥

मध्यरङ्गविधानम्

देवानां च नृपाणां च स्थानकासनयोग्यकम् ।
मुक्ता(क्त)प्रपाङ्गमानं च लक्षणं वक्ष्यतेऽधुना ॥ १ ॥

यद्युक्तमध्यरङ्गे तु चतुस्त्रिंशद्विभाजिते ।
एकैकं भागहीनं स्यात्प्रपाविस्तारमिष्यते ॥ २ ॥

तच्चतुर्भागिकैकेन तन्मसूरकतुङ्गकम् ।
तद्द्वयं पादतुङ्गं स्यात्तदर्धं प्रस्तरोदयम् ॥ ३ ॥

अथवाष्टांशकं तुङ्गे विभजेत्तद्विशेषतः ।
अर्धा(ध्य)र्धांशेन वेदिः स्यात्पञ्चांशं चाङ्घ्रितुङ्गकम् ॥ ४ ॥

प्रपा(प्रस्तर)तुङ्गं शिवांशं(र्धं) स्यादथवा षड्विभाजिते ।
एकांशं वेदिकोत्तुङ्गं चतुर्भागा(गम)ङ्घ्रितुङ्गकम् ॥ ५ ॥

एकांशं मञ्चतुङ्गं स्यात्सर्वालङ्कारसंयुतम् ।
एकत्रिभक्तिकं वापि चतुरर्धाङ्घ्रिसंयुतम् ॥ ६ ॥

सर्वेषां पादविस्तारं त्रिचतुष्पञ्चाङ्गुलं भवेत् ।
धान्य(दारु)स्तम्भमिति प्रोक्तं शिलास्तम्भं विशेषतः ॥ ७ ॥

षट्सप्ताष्टाङ्गुलं वापि शिलास्तम्भं(म्भ)विशालकम् ।
वृत्तं वा चतुरश्रं वा अ(चा)ष्टाश्रं षोडशाश्रकम् ॥ ८ ॥

पादतुङ्गेऽष्टभागे तु त्र्यांशेनोर्ध्वमलङ्कृतम् ।
बोधिकं मुष्टिबन्धं च फलका ना(ता)टिका घटम् ॥ ९ ॥

सर्वालङ्कारसंयुक्तं मूले पद्मसमन्वितम् ।
चतुर्दिक्षु चतुर्भद्रं केचिद् भद्रं तु कारयेत् ॥ १० ॥

कुट्टिमं चोपपीठं वा सोपपीठमसूरकम् ।
अथवा चिन्हवेदिः स्यात्प्रपालङ्कारमुच्यते ॥ ११ ॥
उत्तरं वाजनं चैव मुष्टिबन्धलुपादिभिः ।
परितः क्षुद्रनासिभ्योऽष्टषोडशमेव च ॥ १२ ॥
तदूर्ध्वे व्यालरूपादिमकरादि विभूषितम् ।
तत्र मध्ये सभामध्ये न्यसेत्सिंहासनादिभिः ॥ १३ ॥
नित्यनैमित्तिकाख्यादिकाम्यैरपि च सर्वभिः ।
चक्रवर्त्यादिभूतै(पते)श्च देवसिंहासनोपरि ॥ १४ ॥
स्वशक्तिभिरधिष्ठित्य(स्थाप्य) संस्थिता जनसेविता ॥ १५ ॥

सिंहासनं मकरतोरणकल्पवृक्षम्
मुक्ता(क्त)प्रपाङ्गमपि दारुशिलेष्टकाद्यैः ।
रत्नैरनेकबहुलोहविशेषकैश्च
कुर्यान्मनोहरतरं चाथ सालभक्त्या ॥ १६ ॥
मुक्ता(क्त)प्रपाङ्गार्थमुदीरितानि
पादाद्यधिष्ठानानि तथोत्तराभिः(भि) ।
मानानि हीनान्यधिकानि चेत्
राजराष्ट्रस्य निकृन्तनानि ॥ १७ ॥

इति मानसारे वास्तुशास्त्रे मध्यरङ्गविधानं नाम सप्तचत्वारिंशोऽध्यायः ॥

कल्पवृक्षविधानम्

देवानां चक्रवर्त्यादिभूपालानां च योग्यकम् ।
कल्पवृक्षादिन(दे)स्तारं मानं लक्षणमुच्यते ॥ १ ॥
तोरणोदयपादं तु पादार्धाधिकोदयम् ।
एवं वृक्षस्य तुङ्गस्य आ(ङ्गानि चा)सनस्योपरि न्यसेत् ॥ २ ॥
आसनायाममध्ये तु तोरणस्योपरि न्यसेत् ।
षट्सप्ताष्टाङ्गुलं वापि मानदेवा(हा)ङ्गुलेन वा ॥ ३ ॥
कल्पवृक्षस्य मूले तु विशालं परिकीर्तितम् ।
तत्तदेकाङ्गुलार्धहीनं वृक्षस्याग्रविशालकम् ॥ ४ ॥
वृक्षपादमिति प्रोक्तं चक्र(पत्र)वल्ल्यादिभूषितम् ।
अथवा ऋज्वाङ्ग(ज्वङ्गं) तं कुर्यान्मूलादग्रविशालकम् ॥ ५ ॥
भुजङ्गेनावृतं पादं मूर्ध्नि पञ्चफणान्वितम् ।
उल्लासनफणं सर्वं स्फुरज्जिह्वेक्षणान्वितम् ॥ ६ ॥
षट्सप्ताष्टनवाङ्गुल्य(लानि) दशमेकादशाङ्गुलम् ।
द्वादशाङ्गुलमेवं वा सैकार्काङ्गुलमेव वा ॥ ७ ॥
चतुर्दशाङ्गुलान्तं स्यान्नवभेदफणान्वितम् ।
तत्समं मध्यविस्तारं किञ्चिद्धीनाग्रविस्तृतम् ॥ ८ ॥
तदर्धं मूलविस्तारं पुच्छाग्राङ्गुलकं ततः ।
आमूलाग्रं क्षयं कुर्याद्युक्त्या च सर्वरूपकम् ॥ ९ ॥
वक्रं व्यालान्तरं भावे शेषं युक्त्या प्रयोजयत् ।
तदूर्ध्वे वृक्षशाखाश्च नवपङ्क्तीश्च शाखयुक् ॥ १० ॥
एकादश च शाखाश्च त्रयोविंशाश्च संख्यया ।
तन्नवविधं प्रोक्तं कन्यसादि त्रयं त्रयम् ॥ ११ ॥

नरेन्द्रस्याधिराजस्य सार्वभौमस्य योजयेत् ।
नवशाखां समारभ्य द्विद्विशाखाविवर्धनात् ॥ १२ ॥
पञ्चविंशतिशाखान्तं देवानां नवधा भवेत् ।
एकादशाङ्गुला(लमा)रभ्य द्विद्व्यङ्गुलविवर्धनात् ॥ १३ ॥
नवविंशाङ्गुलान्तं स्यात्कन्यसादि त्रयं त्रयम् ।
शाखायामं नव(वं) प्रोक्तं भूपतीनां च संमतम् ॥ १४ ॥
त्रयोदशाङ्गुला(लमा)रभ्य द्विद्व्यङ्गुलविवर्धनात् ।
एकत्रिंशाङ्गुलान्तं स्यात्कन्यसादुत्तमाङ्ग(न्त)कम् ॥ १५ ॥
एवं नवविधं प्रोक्तमायामं देवं(वे) प्रयोजयेत् ।
त्रिचतुष्पञ्चषट्सप्ताष्टनन्ददशाङ्गुलम् ॥ १६ ॥
एकादशाङ्गुलान्तं स्यात्कन्यसादीनि पूर्ववत् ।
शाखाविशालता प्रोक्तं(क्ता) भूपानां च यथाक्रमम् ॥ १७ ॥
पञ्चाङ्गुलं समारभ्य ए(चै)कैकाङ्गुलवर्धनात् ।
त्रयोदशाङ्गुलान्तं स्यात्तथा शाखाविशालता ॥ १८ ॥
एवं नवविधं प्रोक्तं देवतानां च योग्यकम् ।
तत्समं चार्धमेवं वा वच्छाखाबहु(ह)लं भवेत् ॥ १९ ॥
पादाग्रोपरि शाखाच(याः) सर्वमूलं तु योजयेत् ।
वृक्षमूलविशालं स्यात्समं ह्यर्धाङ्गुलाधिकम् ॥ २० ॥
त्रिपादाधिकमेवं तत्तत्समाधिकमेव वा ।
शाखामूलविशालं स्याद्युक्त्या तत्रैव योजयेत् ॥ २२ ॥
शाखामूले तु शाला(खा)नां मूलवल्ल्यादिपत्रयुक् ।
महावल्लीचूलनं स्याच्छिन्नवल्ल्यादि पार्श्वयोः ॥ २३ ॥
चक्राकारं यथाशाखा भ्रमपूलनमण्डल(न)म् ।
पत्रपुच्छा(ष्पा)ग्रचूलं स्यात्समग्रं चाग्रवल्लिका ॥ २४ ॥
एकानेकस्य शाखानां चान्तराले सपुष्पकैः ।
पत्रैर्मूलादिवल्ल्यै(ल्लीभि)श्च वल्लीमूलं च वल्लिके ॥ २५ ॥
बहुवल्ल्यादिपत्रैश्च पुष्पैश्च फलकैरपि ।
कुर्यात्तु पत्रशाखायां फलहीनाञ्च(नव)नानि च ॥ २६ ॥

बालवल्ल्यादिपत्रैश्च सुरपुष्पसूनुकाकृवम् ।
सर्वेषामपि वल्ल्या(ल्ली) च श्यामवर्णनिभं भवेत् ॥ २७ ॥
वल्ल्यग्रं तु सर्वेषां रक्तवर्णेन शोभितम् ।
सर्वेषां पत्रचिन्हं स्याद्धेमवर्णेन शोभितम् ॥ २८ ॥
पत्राग्रं क्षुद्रवल्ल्या च सर्वं श्यामनिभं भवेत् ।
भ्रमरैरभिसंयुक्तं सर्वशाखानिरे(के)तने ॥ २९ ॥
नानापत्रैश्च पुष्पैश्च नानावल्यै(ल्लीभि)श्च संयुतम् ।
नानारत्नैश्च दामं(मभिश्) च नानापङ्क्य(क्ति)भिरामयेत् ॥ ३० ॥
नाना[पि] वानरैर्युक्तं [च] नानादेवा(वी)भिरामयेत् ।
सिद्धविद्याधराद्यैश्च(दिभिः) शाखैः शाखान्तरालकैः ॥ ३१ ॥
अन्तर्बहिश्च सर्वेषां सर्वत्र परिकल्पयेत् ।
वृक्षमूलादिचा(या)प्रान्तं [च] युक्त्या पत्रादिशोभितम् ॥ ३२ ॥
सर्वाङ्गं(ङ्गे) क्षुद्रपर्व(र्वे) स्यात्पत्रवल्ल्यादिनिर्गमम् ।
शाखामूलस्य पर्वे तु (र्वणि) मौलिमुण्डं च योजयेत् ॥ ३३ ॥
पत्रवल्ल्यैश्चा(ल्लीभिश्चा)ग्रैश्च भ्रमशीर्षादिसंयुतम् ।
भ्रमराकृति सर्वत्र पत्रवल्ल्यादिभिस्तथा ॥ ३४ ॥
एवं तु कल्पवृक्षं(क्षः) स्यात् शे(च्छे) युक्त्या प्रयोजयेत् ॥ ३५ ॥

मुक्ता(क्त)प्रयाङ्गम(स्या)थ मण्डपमध्यदेशे
सिंहासनं(न)मकरचिह्नतोरणार्थम् ।
कल्पद्रुमल्य(स्तु) पुरतो बहिरङ्क(ङ्ग)णं स्यात्
चक्रेश्वरस्तु परिरभ्य बिराजते स्म ॥ ३६ ॥
सम्पूर्णचन्द्रवदनामहाराजपुत्रा
राजाङ्गनानगरवारविलासिनीभिः
विद्वद्भिरन्यद(न्यैर)पि वन्दिकुमारमुख्यैः
संसेव्यमानचरणाम्बुरुहा(है)स्त(स्तैः) राजभिः ॥ ३७ ॥

इति मानसारे वास्तुशास्त्रे कल्पवृक्षविधानं नाम अष्टाचत्वारिंशोऽध्यायः ॥

मौलिलक्षणम्

कन्यकादिधनरत्नसंग्रहा
शालिभूमिगृहदासवाहनम् ।
शिल्पिनां च गुरवे निवेदयेत्
कर्तृपत्र(वर्यो) वरहस्ततो बहुः ॥ १ ॥
योगात्कुर्यायुक्तसंमानहीनम्
कर्ता यावद् भूमिचन्द्रं पतेत्सः ।
तस्मात्कर्ता चोक्तसंमानं राजा
सर्वैश्च काम्यसिद्धिं लभेत ॥ २ ॥
शिल्पिचित्तं प्रसन्नं चेद्यजमानेष्टदं फलम् ।
शिल्पिनस्त्वप्रसन्नं चेत्सर्वसम्पद्विनाशनम् ॥ ३ ॥
तस्मात्सर्वथा कर्ता शिल्पाचार्यमुपाचरेत् ।
देवानां भूपतीनां च मौलिलक्षणमुच्यते ॥ ४ ॥
जटामौलिकिरीटं च करण्डं च शिरस्त्रकम् ।
कुन्तलं केशबन्धं च धम्मिल्लालकचूल(ड)कम् ॥ ५ ॥
मकुटं च(ट)मिति [च] ख्यातं तत्तदाधा(का)रमानतः ।
पत्र(त्र)पट्टं रत्नपट्टं पुष्पपट्टं त्रिधा मतम् ॥ ६ ॥
पितामहस्य रुद्रस्य जटामकुटं योग्यकम् ।
किरीटमकुटं चैव नारायणस्य योग्यकम् ॥ ६ ॥
कन्यसा देवतानां च करण्डमकुटा(टम)न्वितम् ।
जटामौलि मनोन्मन्या मण्डला(मकुटं) कुण्डलं तथा ॥ १० ॥
सरस्वत्याश्च सावित्र्याः केशबन्धं च कुण्ड(न्त)लम् ।
अथवा सर्वशक्तीनां करण्डमकुटा(टम)न्वितम् ॥ ११ ॥

किरीटं सार्वभौमस्य चाधिराजस्य योग्यकम् ।
नरेन्द्रस्य करण्डं स्यात्पार्ष्णिकस्य शिरस्त्रकम् ॥ १२ ॥
चक्रवर्त्यादिभूपस्य करण्डमकुटं तु वा ।
पत्रपट्टं पट्टधरो(रे) रत्नपट्टं च पार्ष्णिके ॥ १३ ॥
पट्टभाक्(जः) पुष्पपट्टं च चोक्तमेवं पुरातनैः ।
प्राहारकास्त्रग्राहो च(हयोः) पुष्पमाल्यं प्रकीर्तितम् ॥ १४ ॥
चक्रवर्तिमहिष्याश्च कुड्म(न्त)लं मकुटं भवेत् ।
अधिराज(जस्य) नरेन्द्रस्य महिष्याः केशबन्धनम् ॥ १५ ॥
पार्ष्णिकं(क)[च]पट्टधरोम(रयोर्म)ण्डलेशस्य पट्टभाक्(जः) ।
एतेषां महिषीभ्यां(णां) च धम्मिल्लमकुटा(टमा)हृतम् ॥ १६ ॥
प्राहारकास्त्रग्राहाभ्यां(णां) महिष्या(षीणाम)लकचूडकम् ।
वक्त्रायामत्रिधायामं द्वयं वा मकुटोदयम् ॥ १७ ॥
पितामहस्य रुद्रस्य पादोनद्वयमेव च ।
अन्यथा देवतानां च चाल(चार्ध)पादोनमेव च ॥ १८ ॥
किन्नरयक्षकाणां च अ(तु चा)ध्यर्धं वा समन्तकम् ।
सर्वेषा(र्वासा)मपि शक्तीनां मुखायामद्वयं भवेत् ॥ १९ ॥
केशान्तात्कुड्म(ण्ड)लान्तं स्यात्सर्वेषां मकुटायतम् ।
मुखायामसमं मूलविस्तारं भूषणान्यपि ॥ २० ॥
तदष्टांशेन हीनं वा षोडशांशोनमेव वा ।
मकुटाग्रविशालं स्याच्छिखायाममध्यादिदेशिकम् ॥ २१ ॥
मूलताराधभागं वा त्रिभागैकांशमेव च ।
एवं करण्डमौल्या(ल्य)ग्रे विस्तारं परिकीर्तितम् ॥ २२ ॥
सर्वेषां मकुटानां तु चामूलाग्रक्षयं क्रमात् ।
भूपा(भौमा)नां च शिरोबाहुतुल्यं तन्मकुटोदयम् ॥ २३ ॥
तत्तुङ्गे षोडशांशं स्यान्महाराजस्य हीनकम् ।
तत्तुङ्गे द्व्यंशहीनोच्चं नरेन्द्राख्यस्य भूपतेः ॥ २४ ॥
अर्धं पार्ष्णिकभूपस्य शिरस्त्रोदयमीरितम् ।
शिरोनाहसमं दीर्घे(दैर्घ्ये) तत्त्रिभागं द्विभागिकम् ॥ २५ ॥

चक्रवर्त्यादि(र्त्यधि)राजस्य(योर्) महिषीमकुटोदयम् ।
अन्यत्सर्व (अन्यसर्व)महिषीणां मुखायामसमं बुधैः ॥ २६ ॥
पादोनं च तदर्धं वा धम्मिल्ला[ल]कादिको(यो)दयम् ।
शेषं प्रागुक्तवन्मानं कुर्यात्तत्र विचक्षणः ॥ २७ ॥
शिरोनाहं त्रिभागैकं पट्टस्या(स्यो)दयमेव च ।
एवं पट्टधरं(रस्य) प्रोक्तं पट्टमेवं शिरोवृतम् ॥ २८ ॥
चतुर्भागैकपट्टं स्यात्तुङ्गानां मण्डलेश्वरम्(स्य) ।
पट्टमेवं शिरोनाहे षड्भागे चैकभागिकम् ॥ २९ ॥
पट्टभागाख्यभूपस्य पट्टतुङ्गमथैव च ।
सर्वानां(र्वेषां) चेति प्रोक्तमलङ्कारमिहोच्यते ॥ ३० ॥
दशपर्णैश्च हे(हे)मादिभिर्माल्यादीनां प्रकल्पयेत् ।
पञ्चशत(तं) सहस्रं च निष्कं च द्विसहस्रकम् ॥ ३१ ॥
अथवा पञ्चशताधिक्यं निष्कान्तं द्विसहस्रकम् ।
कन्यस्यादुत्तमान्तं स्यात्स्वर्णसंख्यात्रयोदिते ॥ ३२ ॥
प्राप्तं च मङ्गलं चैव वीरं च विजयं तथा ।
चतुर्विधाभिषेकस्य चक्रवर्तेश्च कथ्यते ॥ ३३ ॥
तदर्धं चावरोधस्य हिरण्य(ण्यं) मकुटस्य वा ।
द्विसहस्रान्त[तन्]मुक्तादित्रयसमं तथा [चैव] ॥ ३४ ॥
अधिराजस्य मकुटे स्वर्णसंख्याप्रकीर्तितम्(ता) ।
पञ्चशतनिष्कमारभ्य पञ्चशतविवर्धनात् ॥ ३५ ॥
पञ्चाशतसहस्रादि(न्तं) कन्यसादुत्तमान्तकम् ।
पट्टयुक्तं तथावेरे भूपानां च विशेषतः ॥ ३६ ॥
एवं नरेन्द्रभूपस्य हेम स्यान्मकुटस्य च ।
चतुःशतनिष्कमादौ चतुःशतविवर्धनात् ॥ ३७ ॥
शतद्वादशनिष्कान्तं कन्यसादि त्रयं त्रयम् ।
पार्ष्णिकस्य शिरस्त्रस्य हेमं(म) तत्परिकीर्तितम् ॥ ३८ ॥
त्रिशतनिष्कमारभ्य त्रिशतनिष्कविवर्धनात् ।
निष्कं नवशतान्तं स्यात्कन्यसादुत्तमान्तकम् ॥ ३९ ॥

पट्टधृक्(ग्)भूपतेश्चैव हेम पट्टस्य कीर्तितम् ।
द्विशतं निष्कमारभ्य निष्कद्विशतवर्धनात् ॥ ४० ॥
सप्त(षट्)शतनिष्कान्तं स्यादुत्तमान्तं त्रयो(यमु)दितम् ।
मण्डलेशस्य पट्टस्य हेमसंख्या प्रकथ्यते ॥ ४१ ॥
स्वर्णनिष्कशतमारभ्य शतनिष्कविवर्धनात् ।
त्रिशतनिष्कपर्यन्तं कन्यसादुत्तमान्तकम् ॥ ४२ ॥
पट्टभाक्(ग्)भूपपट्टस्य संयुक्तं हेममे(ए)व च ।
भूपानां मकुटामान्तं केशान्तं मकुटोदयम् ॥ ४३ ॥
तदूर्ध्वे चाधिकं कुर्यात्तच्छिखामणितुङ्गकम् ।
जटामकुटकेशबन्धं च धवला(कुन्तलं) त्रिपुषा(टा)कृतिः(ति) ॥ ४४ ॥
किरीटं वेणु(मौलि)कर्णाभं करण्डं [तु] शिखितुण्डवत् ।
शिरस्त्रं बुद्बुदाकारं धम्मिल्लं वल्लिकाकृतिः(ति) ॥ ४५ ॥
केशान्तादलकाचूडं कुर्यात्तु मकुटानि वै ।
भूपानां मकुटोत्सेधं षड्विंशं तु विभाजिते ॥ ४६ ॥
फालपट्टोदयं पञ्चभागं चूडं तदर्ध(तु दश)कम् ।
पुरमुत्सेधं पञ्चांशं मूलतारं षडंशकम् ॥ ४७ ॥
देवानां मकुटोच्चं तु नव(चैक)विंशति भाजिते ।
पार्श्वपूरितं नन्दांशं तुङ्ग(ण्ड)तारं षडंशकम् ॥ ४८ ॥
अध्यर्धांशा(शम)प्रपट्टं स्यात्त्रिपादांशेन वेत्रकम् ।
पट्टार्धे(र्ध) चोर्ध्वदेशे तत्पादांशेन त्रिवेत्रकम् ॥ ४९ ॥
तदूर्ध्वे पद्ममेकेन द्व्यंशेन कुड्मलोदयम् ।
मकुटान्तात्पट्टिकान्तं स्यात्तदूर्ध्वे तु शिखामणिः ॥ ५० ॥
वेत्रादिकुड्मलान्तं स्याच्छिखामण्युदयमीरितम् ।
अधोवेत्रोदयदेशे रत्नदामावृतांशकम् ॥ ५१ ॥
वृत्ताकारं तु सर्वाङ्गं युक्त्या तत्रैव योजयेत् ।
अन्यत्र सर्वदेशे तु तरङ्गाकृति योजयेत् ॥ ५२ ॥
तरङ्गाकारमध्ये तु पुष्परत्नैश्च विभूषितम् ।
पूरितं च द्विभागं च मकरैश्च विभूषितम् ॥ ५३ ॥

तन्मध्ये रत्नबन्धं स्यात्तस्यावृतसपत्रयुक् ।
अग्रे च रत्नबन्धं स्याद्बाह्ये तु वल्लिकावृतम् ॥ ५४ ॥
मकरस्यास्य देशे तु वल्लिदामं(म) च निर्गमम् ।
पुरतः पृष्ठतश्चैव मकरान्मकरान्तकम् ॥ ५५ ॥
मौलिबन्धेन वल्ल्येव मुक्तादामै(मभि)रलङ्कृतम् ।
ललाटपट्टतुङ्गं तच्चतुर्भाग(गे) विभाजिते ॥ ५६ ॥
एकांशं पट्टबन्धं स्यात्सर्वरत्नैरलङ्कृतम् ।
तस्याधो रत्नदामैश्चल(मभिर्ल)लाटोर्ध्वेऽर्धचन्द्रवत् ॥ ५७ ॥
कर्णपत्रसमायुक्तं श्रोत्रोर्ध्वे कर्णपुष्पयुक् ।
तस्मात्तु लम्बनं दाम सर्वरत्नैरलङ्कृतम् ॥ ५८ ॥
पूरिमध्यादधोदेशे चूल(ड)रत्नानि विन्यसेत ।
चतुष्पूरी [च] संयुक्तं कर्णोर्ध्वे पार्श्वपूरितम् ॥ ५९ ॥
शिरःपृष्ठोर्ध्वदेशे तु पृष्ठपूरि[रिं च] संयुतम् ।
पृष्टस्याधश्च मध्ये तु शिरःश(श्च)क्रं तु संयुतम् ॥ ६० ॥
शिरोनाहत्रिभागैकं शिरःश(श्च)क्रविशालकम् ।
चक्राकारं तु संयुक्तं सर्वरत्नानि विन्यसेत् ॥ ६१ ॥
एतत्किरीट(टं) मकुटं सर्वालङ्कारसंयुतम् ।
जटाचूडोर्ध्वबन्धं स्यादग्रे पट्टादिकान्वितम् ॥ ६२ ॥
मध्ये शिखामणिं कुर्यात्तत्पार्श्वे दामलम्बनम् ।
जटान्तरालैः पुष्पैश्च शेषं पूर्ववदाचरेत् ॥ ६३ ॥
तदेव केशबन्धं स्यान्मौलिमध्ये सुबन्धनम् ।
तदूर्ध्वे चालकापङ्क्तिः कुर्यात्तद्भ्रमराकृतिः ॥ ६४ ॥
शेषं तु पूर्ववत्कुर्यात्सर्वालङ्कारसंयुतम् ।
तदेव कुन्तलं कुर्यान्मध्यबन्धेन योजयेत् ॥ ६५ ॥
सर्वाङ्गे भ्रमरं कुर्यात्तद्विशेषं तु पूर्ववत् ।
शिरस्यो(स ऊ)र्ध्वे शिखारत्नं तन्मध्ये कुड्मलोदयम् ॥ ६६ ॥
अग्रतारत्रिभागैकं सर्वकुड्मलविस्तृतम् ।
विना(पिनाका)कृतिना सर्वं तच्छेषं पूर्ववद् भवेत् ॥ ६७ ॥

त्रिचतुष्पञ्चवलयं च तारे(चान्तरे) वेत्रपञ्चयुक् ।
उक्तवच्चाग्रदेशे तु कुड्मला(लं) स्यान्न दामकम् ॥ ६८ ॥
शेषं प्रागुक्तवत्प्रोक्तं करण्डमकुटान्वित(०डं च शिरस्त्रक)म् ।
शिरोनाहत्रिभागैकं धम्मिल्लाग्रविशालकम् ॥ ६९ ॥
पञ्चत्रिंशेन तन्मूलं तत्र संविस्तृतं भवेत् ।
कुर्यात्त्रिवलयोपेतं न कुर्यात्तु शिखामणिम् ॥ ७० ॥
सर्वरत्नानि विन्यस्य(सेद्) विना च कर्णपूरकम् ।
शिरश्चूलं तु संयुक्तं शेषं तत्पूर्ववद् भवेत् ॥ ७१ ॥
तदेवकल(वालक)चूडं तु मूले तु रत्नबन्धनम् ।
मूलमग्रसमं तारं मध्ये चोक्तविशालकम् ॥ ७२ ॥
तद्विस्तारत्रिभागैकं तदूर्ध्वोदयविस्तृतम् ।
नवरत्नैश्च संयुक्तं शेषं पूर्ववदाचरेत् ॥ ७३ ॥
फालपट्टाभवत्कुर्यात्पट्टैः सर्वाकृतिस्तथा ।
पत्ररत्नादिसंयुक्तं पत्रपट्टमिति स्मृतम् ॥ ७४ ॥
नवरत्नैश्च संयुक्तं कुर्यात्तद्रत्नपट्टकम् ।
नानापुष्पैश्च संयुक्तं पुष्पपट्टमिति स्मृतम् ॥ ७५ ॥
सर्वेषां मौलिदेशे तु चाष्टमङ्गलसंयुतम् ।
श्रीवत्सं मध्यम कुर्यात्तस्याधः पूर्णकुम्भकम् ॥ ७६ ॥
तत्पार्श्वे चामरं दीपं चोर्ध्वे च छत्रसंयुतम् ।
दक्षिणे दर्पणं वामे स्वस्तिकं शङ्खमेव च ॥ ७७ ॥
एवं तु नृपमध्ये तु गलपट्टोपरि न्यसेत् ।
सर्वेषां भूपतीनां च महिषीणां च योग्यकम् ॥ ७८ ॥
सर्वेषां मकुटानां च सर्वालङ्कारसंयुतम् ।
सर्वेषां पुष्पमकुटं शिरोनासह(हस)मोदयम् ॥ ७९ ॥
त्रिपादं चार्धमेवं वा सर्वपुष्पैरलङ्कृतम् ।
चतुरश्रं चतुर्दिक्षु चाथवा वृत्तमेव च ॥ ८० ॥
मकुटाकारसंयुक्तं करण्डं वा किरीटकम् ।
वेमं(एवम्) विना तु कुसुमैर्मकुटं कुर्याद्यथाविधि ॥ ८१ ॥

पट्टबन्धस्य नृपतेः पुष्पपट्टं तदर्धकैः ।
अन्येषां भूपतीनां च मूर्ध्नि मालां च बन्धयेत् ॥ ८२ ॥
प्राप्तं च मङ्गलं चैव वीरं च विजयं तथा
चतुर्विधाभिषेकस्य(कश्च) चक्रवर्तेश्च कथ्यते ॥ ८३ ॥
मौलिनां च त्रिपुत्राणामाद्याभिषेकपूर्वकैः ।
उक्तवच्छास्त्रमार्गे तु कुर्यात्पुष्पाभिषेककम् ॥ ८४ ॥
भूपानां चाभिषेकाख्यं(ख्य)कर्मकाले विशेषतः ।
स्थपतिः(ति)स्थापकैर्विप्रैः स्थापित(तं) स्वङ्कुरार्पणम् ॥ ८५ ॥
अधिवासादिपर्यन्तं कर्मकुर्याद्बुधैः सह ।
उक्ताधिवासात्कुम्भानां(न्) जलपूर्णान्समारभेत् ॥ ८६ ॥
पागमण्डपसौम्ये तु सिंहासनस्य चोपरि ।
नृपालस्तत्र संकल्प्य अ(चा)भिषेकं समारभेत् ॥ ८७ ॥
सरित्समुद्रसलिलं(ल)कुम्भैः पूर्णा(र्णै) दधिमयैः ।
अथर्वसामगीतैश्च चान्यैश्चागममन्त्रकैः ॥ ८८ ॥
जलाभिषेक(कं) संपूर्णं कुर्यात्(तां)स्थपतिर्गुरौ(रुः) ।
पश्चात्तु होमशिष्टा(शेषस्य) च दर्भं द(धृ)त्वा त्रिपुण्ड्रकम् ॥ ८९ ॥
ललाटे धारणं कुर्याद् भूपतेस्तु यथाविधि ।
हंसश्चि(चि)ह्नदुकूलं च धारयेत्तदनन्तरम् ॥ ९० ॥
श्रीचन्दनं च कस्तूरीकुङ्कुमं चानुलेपयेत् ।
यज्ञसूत्रोत्तरीयं च सर्वाभरणभूषितम् ॥ ९१ ॥
सर्वालङ्कारसंयुक्तमभिषेकाख्यमण्डपम् ।
आनयेन्मकुटं सिंहं पीठं च स्थपतिर्गुरुः ॥ ९२ ॥
प्रोक्षयेत्पञ्चगव्यादि मध्यरङ्गे तु विन्यसेत् ।
पुरोहितपुरगाश्च मकुटं धारयेत्ततः ॥ ९३ ॥
पश्चात्सिंहासनाद्यैश्च कल्पवृक्षं च तोरणम् ।
नेर्यूहाद्यैरलङ्कृत्य नृपालं तत्र वेशयेत् ॥ ९४ ॥
सिंहोपवेशने कुर्यान्महिषीं(षी)सव्यपार्श्वके ।
सुमुहूर्ते सुलग्ने च स्थपतिस्थापकावुभौ ॥ ९५ ॥

रत्नसंबद्धमकुटं मूर्ध्नि राजो(ज्ञ उ)पयोजयेत् ।
सर्वमङ्गलघोषैश्च स्वस्तिवाचनपूर्वकम् ॥ ९६ ॥ 192
दूर्वां मधूकमालाश्च दधिविन्दु ललाटके ।
वक्षस्थले चाहुमाला नयनाञ्जनरञ्जन: ॥ ९७ ॥
दू(धू)पदीपं दधेत्(त) पश्चात्परमाङ्गं(ङ्गं) प्रदर्शयेत् ।
यवाङ्कुरं च दूर्वां च प्लक्षत्वक् भाजनोपरि ॥ ९८ ॥ 196
ज्ञानवृद्धैरमात्यैश्च कुर्यान्(क्रियेत) नीराञ्जला(जना)विधैः(धिः) ।
वृद्धैः सुमङ्गलीभिस्तैराशीर्वचनपूर्वकम् ॥ ९९ ॥
आर्द्रा(र्द्र)हरिद्रासंमिलितान् साक्षतान्प्रोक्षयेद् द्विजैः(जः) ।
कुर्यादारोहणं पश्चाद्राजा त्वैरावतोपरि ॥ १०० ॥ 200

ऐरावतारूढनृपाल मौलि
मुक्तान्यकान्वा(न्या)दयदीप्यमान(नः) ।
ललाटपट्टस्य मुखेन्दुकान्त्य
दिङ्मण्डलं भास्व[र]स्य श्च(च)तस्तम्(स्तः) ॥ १०१ ॥ 204
इतस्ततश्चामरवीज्यमाने
रूपाङ्गनाभिः परितो निषेव्यः ।
सपल्लवैश्छत्रचतुष्टयैश्च
विराजमानं(नः) मणिदर्पणादिभिः ॥ १०२ ॥ 208
कलशं च सुवर्णनिर्मितम्
ध्वजसंपातपताकयावृतम् ।
नगरस्य ततः प्रदक्षिणम्
कुरुतां नृत्तसंगीतवाद्यकैः ॥ १०३ ॥ 212

नगरं(र)प्रदक्षिणं कुर्यात्सर्वमङ्गलघोषणैः ।
गृहप्रवेशसमये नेत्रबन्धं च कारयेत् ॥ १०४ ॥
धान्यादिपायसक्षीरसवस्त्रादिधराविकम् ।
मङ्गलद्रव्यमा[म]ङ्गल्यमखिलं निक्षिपेद्बुधः ॥ १०५ ॥ 216
स्वयमागत्य तद्द्रव्यं राजा हस्तेनोपस्पृशेत् ।
दुर्भिक्षं च सुभिक्षं च विद्वान् पश्चाद् विनिर्दिशेत् ॥ १०६ ॥

वीर्यं च विजयं चापि कीर्तिं लक्ष्मीं च निर्दिशेत् ।
पायसाद्यन्नसंस्पर्शे चान्नवृद्धिः सदा भवेत् ॥ १०७ ॥
धान्यराशिं(शेः) करेणैव स्पर्शद्रव्या(र्शश्चेत्) सुभिक्षकम् ।
स्वर्णादिलौहरत्नं च प्रजानां श्रीकरं भवेत् ॥ १०८ ॥
खड्गाद्यस्त्रं स्पृशेद्वापि शौर्यं तस्य विनिर्दिशेत् ।
दुर्द्रव्यस्पर्शनान्तस्य राज्यस्य स्यात्त्वमङ्गलम् ॥ १०९ ॥
द्रव्यादीनां [च] तत्सर्व(र्वेषां) रौप्यादिस्पर्शने(नं) भवेत् ।
प्राप्तं च मङ्गलं चैव वीरं च विजयं तथा ॥ ११० ॥
एते चतुर्विधाः प्रोक्ता चाभिषेका यथोक्तवत् ॥ १११ ॥
उक्ताः सर्वाभिषेकाः सकलनृपतिभिः(तीनां) काम्यनित्याख्यकं च ।
अन्यैर्नैमित्तिकाद्यैरपि च यदुचितं तत्तदेवाभिषेकः ।
इत्थं वेदैः पुराणैः सकलमुनिवरैर्मानसारादिमुख्यैः
विद्वद्भिः शिल्प(ल्प)शास्त्रै(स्त्रेष्व)पि च यदुदितं शास्त्रतन्त्रं प्रकुर्यात् ॥ ११२ ॥

इति मानसारे वास्तुशास्त्रे अ(मौल्य)भिषेकलक्षणविधानं नाम एकोनपञ्चाशदध्यायः ॥

भूषणलक्षणम्

देवानां भूपतीनां च भूषणानां तु लक्षणम् ।
क्रमात्तद्विधिना सम्यक् संक्षेपाद्वक्ष्यतेऽधुना ॥ १ ॥
पत्रकल्पं चित्रकल्पं रत्नकल्पं च मिश्रितम् ।
एषां च(तच्च)दुर्विधं प्रोक्तं कुर्यादाभरणं बुधः ॥ २ ॥
देवानामपि सर्वेषां कल्पैः(ल्पं) सर्वं तु योग्यकम् ।
पत्रकल्पं विना सर्वं सार्वभौमस्य योग्यकम् ॥ ३ ॥
रत्नं मिश्रं च योग्यं स्यादधिराजनरेन्द्रयोः ।
अन्येषां भूपतीनां च मिश्रकल्पं च योग्यकम् ॥ ४ ॥
पत्रवल्लीर(ल्लीभिर)लङ्कृत्य पत्रकल्पमिति स्मृतम् ।
पुष्पवल्ली च(ल्लीभिश्च) चित्रैश्च सर्वरत्नैरलङ्कृतम् ॥ ५ ॥
एतत्तु चित्रकल्पं तु नाटकाभिरलङ्कृतम् ।
पुष्परत्नैरलङ्कृत्य भूषणं रत्नकल्पकम् ॥ ६ ॥
पत्ररत्नैश्च संभूष्य मिश्रकल्पमिति स्मृतम् ।
हारोपग्रीवकेयूरकटकैश्च सुपूरिमम् ॥ ७ ॥
बाहुवलयदामं(म) च स्कन्धो(न्ध)मालावलम्बनम् ।
प्रकोष्ठे वलयं चैव मणिबन्धकलापकम् ॥ ८ ॥
रत्नाङ्गुलीयकैश्चैव विना मध्याङ्गुलीयकम् ।
मध्ये चोदरबन्धं स्यात्तस्योर्ध्वे स्तनसूत्रकम् ॥ ९ ॥
यज्ञसूत्रादिपार्श्वेक सूत्रं स्यात्तु स्तनावृतम् ।
पुरसूत्रलम्बनं पूर्वे यज्ञसूत्रं तु बन्धनम् ॥ १० ॥
कटिसूत्रावसानं स्यात्पुरसूत्रमिति स्मृतम् ।
वक्षस्थले च हारं स्यादुपग्रीवहृदयान्तकम् ॥ ११ ॥

बाहुमूले तु वलयं दाम कक्षावसानकम् ।
बाहुमा(मू)लावलम्बं स्यात्केयूरकटकान्वितम् ॥ १२ ॥
बाह्वायामस्य मध्ये तु केयूरकटकान्वितम् ।
तदूर्ध्वे पूरिमं कुर्यात्कर्णे मकरभूषणम् ॥ १३ ॥
कटिसूत्रं तु संयुक्तं कटिप्रस्थ(प्रान्ते) सपट्टिका ।
मेढ्रान्तं पट्टिकान्तं स्यात्तन्मध्ये सिंहवक्त्रवत् ॥ १४ ॥
अथवा रत्नबन्धं स्यात्स्यादामेढ्र विनिर्गमम् ।
निर्व्य(नीलं) च पञ्चपार्श्वे तु मध्ये दामचलान्वितम् ॥ १५ ॥
पीताम्बरदुकूलं च नलकान्तप्रलम्बनम् ।
अथवा जानुपर्यन्तं चर्मचीरं च वाससम् ॥ १६ ॥
जङ्घादिवलयोपेतं पादजालादिभूषणम् ।
विहाय तर्जनीं सर्वैर(र्वेष्व)ङ्गुलैर(लेष्व)ङ्गुलीयकम् ॥ १७ ॥
ऊर्ध्वकाये च हारादि पार्श्वयोर्वात (तु)लम्बनम् ।
मध्ये दामं(म) च लम्बं(म्बितं) स्याच्छन्नवीरमिति स्मृतम् ॥ १८ ॥
इत्युक्तं भूषणं देवैश्च(वानां च)क्रवर्तेरि(न इ)ति स्मृतम् ।
चक्रव(र्तिन)स्तदा विष्णोर्वनमाला विभूषित(षण)म् ॥ १९ ॥
अधिराजनरेन्द्राभ्यां(न्द्रयोः) विनासूत्रोपरिस्तनौ ।
अन्येषां सर्वभूपानां केयूरकटकं विना ॥ २० ॥
सर्वेषामपि देवानां गुल्फस्योपरिदेशके ।
भुजङ्गकटकोपेतं पादनूपुरसंयुतम् ॥ २१ ॥
कर्णे विभूषणं कुर्यान्मकराङ्कितकुण्डलम् ।
अथवा स्वर्णताटङ्कौ शेषं तु पूर्ववद्भवेत् ॥ २२ ॥
अङ्गभूषणमित्युक्तं बहिर्भूषणमुच्यते ।
दीपदण्डं व्यजनं च दर्पणं चैव लक्षणम् ॥ २३ ॥
पर्णमञ्जूषकादीनां दोलाया लक्षणं तथा ।
भूपानां च तुलाभारतुलालक्षणमुच्यते ॥ २४ ॥
वत्सरारम्भलेखार्थं पत्रं च कर्णलक्षणम् ।
मृगनाभिबिडालस्य शुकस्यापि च पञ्जरम् ॥ २५ ॥

चातकस्य चकोरस्य मरालस्य च पञ्जरम् ।
पारावतस्य नीडं च नीलकण्ठस्य पञ्जरम् ॥ २६ ॥
तित्तिरस्य कुलायं च कन्दु(खञ्ज)रीय(ट)स्य पञ्जरम् ।
कुक्कुटस्य कुलायं च नकुलस्यापि पञ्जरम् ॥ २७ ॥
चटकस्य गोधारस्य पञ्जरं व्याघ्रपञ्जरम् ।
सर्वेषां लक्षणं वक्ष्ये विधिना संक्षेपतः क्रमात् ॥ २८ ॥
द्वादशाङ्गुलमारभ्य ए(चै)कादशाङ्गुलं भवेत् ।
अष्टसप्ताङ्गुलोपेतं त्रिंशत्यङ्गुलकान्तकम् ॥ २९ ॥
नवधा दीपदण्डोच्चं द्व्यङ्गुलविवर्धनात् ।
अथवा हस्तमानेन दीपदण्डोदयं क्रमात् ॥ ३० ॥
एकहस्तं समारभ्य त्रित्र्यङ्गुलविवर्धनात् ।
द्विकरान्तं तथोत्सेधं तथा हस्तेन वर्धयेत् ॥ ३१ ॥
नवहस्तावसानं स्यात्कन्यसादि त्रयं त्रयम् ।
केचित्पुरतो(रस्तु)दीपदण्डं हर्म्यवशोदयम् ॥ ३२ ॥
प्रस्तरं वेदिकान्तं च ग्रीवान्तं दण्डकान्तकम् ।
नासिकान्तं फलि(ल)कान्तं पद्मान्तं तद्घटान्तकम् ॥ ३३ ॥
स्तूपिकाग्रावसानं स्यात्कन्यसादि त्रयं त्रयम् ।
एकद्व्यङ्गुलमारभ्य द्व्यङ्गुलविवर्धनात् ॥ ३४ ॥
अथवार्धाङ्गुलैर्वृध्यात्पञ्चषडङ्गुलान्तकम् ।
मात्राङ्गुलोनमे(ले नै)वोक्तं [च] दीपदण्डविशालकम् ॥ ३५ ॥
एवं तु दारुजैः कुर्याल्लोहजेतु(न) विशेषतः ।
एकाङ्गुलं समारभ्य चार्धार्धाङ्गुलवर्धनात् ॥ ३६ ॥
पञ्चाङ्गुलावसानं स्यात्कन्यसादि त्रयं त्रयम् ।
फलकादण्डकमिति प्रोक्तं विस्तारं दण्डमूलके ॥ ३७ ॥
त्रिचतुष्पञ्चषट्सप्तसाष्टभाग(गे) विभाजिते ।
तत्तदेकांशहीनं स्याच्छेषदण्डाग्रविस्तृतम् ॥ ३८ ॥
चित्रपाण्यग्रवद् दण्डं मूले पद्मासनान्वितम् ।
अग्रे च फलकान्तं च ताटिकाद्यैर्विभूषितम् ॥ ३९ ॥

अथवाङ्घ्रिकवारिं(रि) स्यादूर्ध्वे च कुड्मलान्वितम् ।
दण्डविस्तारमानेन दण्डद्वित्रयमेव वा ॥ ४० ॥
चतुर्दण्डं पञ्चषट्दण्डं पद्मविस्तारमेव च ।
फलका च त्रिदण्डं स्यादथवा पङ्कजोक्तवत् ॥ ४१ ॥
दण्डमध्ये तु ते सर्वे युग्मा चाङ्घ्रिकवारिका ।
चतुरश्रं वा तदष्टाश्रं वृत्तं वा चलदण्डकम् ॥ ४२ ॥
स्थिरदण्डविशाले तु मानाङ्गुलवशान्नयेत् ।
त्रिचतुर्मात्रमारभ्य द्विद्व्यङ्गुलविवर्धनात् ॥ ४३ ॥
एकोनविंशत्यङ्गुल्या विंशत्यङ्गुलकान्तकम् ।
एवं नवविधं प्रोक्तं स्थिरदण्डविशालकम् ॥ ४४ ॥
लोहजैर्दारुजैर्वापि शैले वाथ प्रकल्पयेत् ।
पुरोक्तदण्डतुङ्गे तु त्रिचतुष्पञ्चषडंशके ॥ ४५ ॥
एकैकं चाधिकं युक्तं दण्डस्य घात(घन)मानकम् ।
मूले च वेदिकां कुर्यात्पद्मोपपीठमेव वा ॥ ४६ ॥
फलकादिभूषणं वापि मञ्जु(ऋजु)दण्डमथापि वा ।
मूले च चतुरश्रं स्यादष्टांशं वा सुवृत्तकम् ॥ ४७ ॥
ऊर्ध्वे चोक्तवच्चाग्रे चामूलाग्रक्षयं तरिम्(क्रमात्) ।
युक्त्योपर्युक्तवन्माने कुर्यादूर्ध्वे तु दण्डकम् ॥ ४८ ॥
व्यजनदण्डमानस्य लक्षणं वक्ष्यतेऽधुना ।
यत्तदङ्गुलमानेन षट्सप्ताङ्गुलमारभेत् ॥ ४९ ॥
द्वादशैकाङ्गुलान्तं स्यान्मूलदण्डायतं भवेत् ।
एकं वाथ द्व्याङ्गुलं यथा संपरिकीर्तितम् ॥ ० ॥
इत्युक्त(क्तं) मूलमग्रं च मध्ये किञ्चित्कृशान्वितम् ।
वृत्ताकारं च दण्डं स्यादग्रे च ह(हा)रितान्वितम् ॥ ५१ ॥
मूले च कुड्मलाकारं किञ्चित्पद्मासनान्वितम् ।
तदूर्ध्वे भ्रमदण्डं स्यान्मूलदण्डायतं भवेत् ॥ ५२ ॥
विस्तारैकत्रिभागैकं चतुर्भागविशालकम् ।
तदग्रे हरिता(त)पद्मं किञ्चित्कुड्मलसंयुतम् ॥ ५३ ॥

एवं व्यजनदण्डं स्याद् दारुजं लोहजमथवा ।
व्यजनं चर्मकारेणचर्म कुर्यात्तु(कृत्वा तु)योजयेत् ॥ ५४ ॥
व्यजनद्वयबहिर्देशे श्रीरूपाद्यैरलङ्कृतम् ।
वर्णैश्च लोहद्रव्येण लेखयेच्चोक्तवद् बुधः ॥ ५५ ॥
एवं तु व्यजनं प्रोक्तं दर्पणं वक्ष्यतेऽधुना ।
पञ्चषडङ्गुलमारभ्य द्विद्व्यङ्गुलविवर्धनात् ॥ ५६ ॥
एकविंशाङ्गुलान्तं च द्वाविंशत्यङ्गुलान्तकम् ।
एवं नवविधं प्रोक्तं दर्पणस्य विशालकम् ॥ ५७ ॥
यवतारैकमारभ्य यवतारेण वर्धनात् ।
यवतारं नवान्तं स्याद् दर्पणं बहु(ह)लं भवेत् ॥ ५८ ॥
दर्पणं सुवृत्तं स्यादंशरु किञ्चिदुन्नतम् ।
निर्मलं दर्पणं मध्ये बाह्ये रेखाभिरावृतम् ॥ ५९ ॥
अपरे च लक्ष्मीमा(त्या)द्यैर्वल्ये(ल्ली भि)श्च विन्यसेत् ।
दर्पणस्य त्रिभागैकं मूले कीलायतं तथा ॥ ६० ॥
आयामं सदृशान्तरं चार्धं पद्मान्तमेव हि ।
शेषं कीलायतं कुर्यात्तत्रिभागैकविस्तृतम् ॥ ६१ ॥
तन्मूलं षोडशांशं तु कीलकं तु विशालकम् ।
यथाफलं(लकं) यथायुक्त्या दर्पणं(ण)दण्डवत्क्रमात् ॥ ६२ ॥
दर्पणाङ्कस्य कोणे तु कारयेत्कांसकारकैः ।
दारुजे लौहजे वापि तद्दण्डं कारयेत्सुधीः ॥ ६३ ॥
दर्पणस्य समं दीर्घं तत्पादाधिकमेव वा ।
अर्धं त्रिपादमाधिक्यं तत्समाधिकमेव च ॥ ६४ ॥
दर्पणस्य विशाले तु चतुर्भागैकविस्तृतम् ।
मूले पद्मासनैर्युक्तं चाग्रे च फलकादिभिः ॥ ६५ ॥
कुर्यात्तु शिल्पिनः(ल्पी च) प्राज्ञः सर्वालङ्कारसंयुतम्
एवं तु दर्पणं प्रोक्तं वर्णज्ञादुपलक्षणम् ॥ ६६ ॥
त्रिचतुर्मात्रमारभ्य द्विद्व्यङ्गुलविवर्धनात्
नवपङ्क्त्यङ्गुलान्तं च विंशमात्रावसानकम् ॥ ६७ ॥

पर्णमञ्जूषविस्तारं कन्यसादि त्रयं त्रयम् ।
पादाधिकमथाध्यर्धं पादोनद्विगुणान्तकम् ॥ ६८ ॥
तद्विस्तारसमोत्सेधं कुर्यात्तु चतुरश्रकम् ।
वृत्तं वृत्तायतं वापि यथा कांसैश्च लोहजैः ॥ ६९ ॥
पादमर्धाङ्गुलं वापि दारुजस्य मानं भवेत् ।
तदुत्सेधे त्रिचतुर्भागमेकांशेन वरन्न(विधान)कम् ॥ ७० ॥
एककोष्ठं द्विकोष्ठं वा त्रिकोष्ठं वाथ कल्पयेत् ।
यथाबलं यथायुक्त्या तथाबन्धायसेन च ॥ ७१ ॥
तदेव मञ्जूषोत्सेधे पादाधिकमेव वा ।
अर्धाधिकमेवं वा तैलमञ्जूषिकोन्नतम् ॥ ७२ ॥
शेषं तु पूर्ववत्कुर्याद्वर्णाकारविधानकम् ।
सर्वाभरणमञ्जूषं कुर्यादेवं तु वि[द्व]त्तमः ॥ ७३ ॥
एकहस्तं समारभ्य त्रित्र्यङ्गुलविवर्धनात् ।
तद् द्विहस्तावसानं स्याद्वस्त्रमञ्जूषविस्तृतम् ॥ ७४ ॥
अथवा तद्वदन्तेन मानयेन्मानवित्तमः ।
तद्विस्तारसमोत्सेधं चतुराकार(रं) पूर्ववत् ॥ ७५ ॥
शेषं युक्त्या प्रकुर्वीत वस्त्रमञ्जूषकादि वै ।
देवानां मानुषाणां च डो(दो)लाया लक्षणं तत् ॥ ७६ ॥
त्रिकं च(करं) समारभ्य षट्षडङ्गुलवर्धनात् ।
एकविंशद्विधो(धं) पादं तुङ्गमष्टकरान्तकम् ॥ ७७ ॥
पञ्चषडङ्गुलमारभ्य ए[चै]कैकाङ्गुलवर्धनात् ।
सैकार्कमनुमात्रान्तं पादविस्तारमिष्यते ॥ ७८ ॥
पादानामुक्तवत्सर्वं यथाकारैरलङ्कृतम् ।
उक्तवद्भित्तिमानेन ए(चै)कभित्तिद्विभित्तियुक् ॥ ७९ ॥
तदूर्ध्वे वाजनं कुर्यात् पादपादं यथाबलम् ।
वाजने च द्विवलयं स्याद्भा(दा)यसेन बलाबलम् ॥ ८० ॥
वितस्त्येकं समारभ्य ए(चै)कैकेन विवर्धनात् ।
एकविंशाङ्गुलान्तं स्यात् ब(फ)लकं विस्तृतं भवेत् ॥ ८१ ॥

तत्पादाधिकमेवं च पादोनं द्विगुणायतम् ।
द्विगुणान्तं तदायामं घनं युक्त्या च योजयेत् ॥ ८२ ॥
पुरतः पृष्ठतो मध्ये पर्व(दर्प)णं भद्रसंयुतम् ।
पार्श्वयोर्वारणं(द्वारं) कुर्यात्(च) तस्याधोऽत्तं ससंयुतम् ॥ ८३ ॥
तस्याधो फलकैर्युक्तं सर्वालङ्कारसंयुतम् ।
आयसे नि(चा)र्गलं कुर्याद्योजयेद्रज्जुमेव वा ॥ ८४ ॥
वस्त्रो(वास्तू)र्ध्वे चैकहस्तान्तं डो(दो)लाया फलकान्तकम् ।
तदूर्ध्वे वाजनान्तं स्यान्नि(द)र्गलायाममीरितम् ॥ ८५ ॥
नि(अ)र्गलाग्रे द्वयाग्रं स्यात्फलकावलयान्वितम् ।
दोलाया लक्षणं प्रोक्तं तुलालक्षणमुच्यते ॥ ८६ ॥
हस्तद्वयं समारभ्य त्रित्र्यङ्गुलविवर्धनात् ।
त्रिहस्तान्तं तुलायामं कन्यसादुत्तमान्तकम् ॥ ८७ ॥
अल्पग्राहाद् भूपादीन्सार्वभौमावसानकम्(कान्) ।
क्रमात्तु नवधा प्रोक्तं त्रिचतुर्मात्रविस्तृतम् ॥ ८८ ॥
मध्ये चाग्रविशाले तु तत्तदंशेन हीनकम् ।
आमध्याग्रं चयं कुर्यादग्रयोर्वलयान्वितम् ॥ ८९ ॥
दण्डायामं च मानेन मध्यजावा(जिह्वा)यतं तथा ।
दण्डतारं त्रिभागैकं जिह्वामूलविशालकम् ॥ ९० ॥
तदष्टांशैकभागं वा षोडशांशोनमेव वा ।
तत्तदर्धं प्रमाणं वा तत्तज्जो(ज्जि)ह्वाग्रविशालकम् ॥ ९१ ॥
अथवा सूचिनिभं कुर्यात्तन्मूलाग्रचयं(य)क्रमात् ।
तदर्धं बहु(वह)लं कुर्यात्तन्मूले छिद्रसंयुतम् ॥ ९२ ॥
तत्पुरे(रः) पृष्ठ(पार्श्व)देशे तु कीलयेत्तोरणाङ्घ्रिकम् ।
तस्मात्तत्तोरणोत्सेधं जिह्वापादाधिकं भवेत् ॥ ९३ ॥
तोरणाग्रे तु(णमध्ये) वलयं लम्बनार्थं तु योजयेत् ।
जिह्वायामं(म)समं पत्रं(त्र)विस्तारं परिकीर्तितम् ॥ ९४ ॥
किञ्चिन्निम्न(म्नं) तलं कुर्यात्सुवृत्ताधाङ्गुलं घनम् ।
तत्समं चास्य चाष्टं वा तत्पत्रैर(चतुश्छिद्रौ)ष्टकोत्तरे ॥ ९५ ॥

पत्रद्वयसमायुक्तं चायसेनैव कारयेत् ।
दार्विके चायसे वापि तुला(लां) युक्त्या च कारयेत् ॥ ९६ ॥
जिह्वां च तोरणं वापि सर्वथा लोहजं भवेत् ।
बन्धयेन्नि(द)र्गलैः पत्रैः(त्रे) द्विदण्डे चोभयाग्रकौ ॥ ९७ ॥
तुलालक्ष्य(क्षण)मिदं प्रोक्तं शेषं युक्त्या प्रयोजयेत् ।
भूपानां दक्षिणे हस्ते मध्यमालक्ष्यमुच्यते ॥ ९८ ॥
पत्रतुल्यं(ङ्गं) युगाङ्गुल्यं पीठे तुङ्गद्वयाङ्गुलम् ।
नालं द्वादशमात्रं स्यादायाममिति कथ्यते ॥ ९९ ॥
पत्रतारं द्व्याङ्गुल्यं पीठतारं तथैव च ।
पत्रपृष्ठं(पीठं) तदर्धांशं वक्रतुङ्गं तु निश्चितम् ॥ १०० ॥
नालतारा(रम)र्धमात्रं स्यात्पीठयुक्तं तुलां(नलं) घनम् ।
मूलं तु सूक्ष्मसूचिवत्कुर्यात्तद्विचक्षणः ॥ १०१ ॥
मूले च त्रित्रिमात्रे तु नालताराधं विस्तृतम् ।
तदूर्ध्वे च त्रिमात्रे तु त्रिधा विस्तृतं भवेत् ॥ १०२ ॥
सुवृत्त(त्तं) नालदेशे तु पत्रमूले तु कर्णयुक् ।
स्निग्धं च पुलकैर्युक्तं हेमरेखैः(खाभिः) स्वलङ्कृतम् ॥ १०३ ॥
पत्रे तु ब्रह्मदैवत्यं(तं) पीठे तु विष्णुदैवतम् ।
नाले तु रुद्रदैवत्यं(तं) सूक्ष्मं(कर्णे) चैव सरस्वती ॥ १०४ ॥
एवं तु चाधिदैवत्यं(तं) कर्णमेवं प्रकल्पयेत् ।
सर्वेषामपि नीलं(डं) च चलं वाप्यचलं भवेत् ॥ १०५ ॥
एकहस्तं समारभ्य त्रित्र्यङ्गुलविवर्धनात् ।
साष्टाष्टपञ्चमात्रान्तं कन्यसादि त्रयं त्रयम् ॥ १०६ ॥
मृगनाभिबिलाडस्य पञ्जरस्य विशालकम् ।
तदर्धं च त्रिपादं च तत्समं पादमा(म)धिकम् ॥ १०७ ॥
अत्यर्धे[को]न [च] तस्यैव शान्तिकादिशरांशकम् ।
हो(भौ)मात्प्रस्तरान्तं वा मस्तकान्तं शिखान्तकम् ॥ १०८ ॥
नवाङ्गुलं समारभ्य द्विद्व्यङ्गुलविवर्धनात् ।
त्रयोविंशाङ्गुलान्तं स्यात्कन्यसादि त्रयं त्रयम् ॥ १०९ ॥

शुकपञ्जरविस्तारं नवधा परिकीर्तितम् ।
उत्सेधं पूर्ववत्कुर्यात्समग्रं चापि विस्तृतम् ।। ११० ।।
सप्ताङ्गुलं समारभ्य द्विद्व्यङ्गुलविवर्धनात् ।
त्रयोविंशाङ्गुलान्तं स्यान्नवधा कन्यसादिभिः ।। १११ ।।
चातकस्य चकोरस्य पञ्जरस्य विशालकम् ।
विस्तारं द्विगुणं वापि त्रिगुणं वा चतुर्गुणम् ।। ११२ ।।
आयाममिति हि प्रोक्तमुत्सेधं पूर्ववद् भवेत् ।
एतत्तु दण्डकाकारं मरालस्यापि योग्यकम् ।। ११३ ।।
तदेव चतुरश्रं स्यान्नीडं पारावतस्य च ।
पञ्चविंशाङ्गुलमारभ्य षट्षडङ्गुलवर्धनात् ।। ११४ ।।
सैकाष्टकनन्दमात्रान्तं कन्यसादि त्रयं त्रयम् ।
पञ्जरं नीलकण्ठस्य नवधा विस्तृतं भवेत् ।। ११५ ।।
सममेवं विशालं स्यादुत्सेधं पूर्ववद् भवेत् ।
पञ्चाङ्गुलं समारभ्य द्विद्व्यङ्गुलविवर्धनात् ।। ११६ ।।
एकविंशाङ्गुलान्तं स्यात्कन्यसादि त्रयं त्रयम् ।
कुञ्जरीयकुलालस्य नवधा विस्तृतं भवेत् ।। ११७ ।।
उत्सेधं पूर्ववत्कुर्यात्समतारं समाश्रकम् ।
सप्ताङ्गुलं समारभ्य द्विद्व्यङ्गुलविवर्धनात् ।। ११८ ।।
त्रयोविंशाङ्गुलान्तं स्यात्कन्यसादीनि पूर्ववत् ।
विशालं नवधा प्रोक्तं खञ्जरीटस्य पञ्जरम् ।। ११९ ।।
समाश्रं चतुरश्रं स्यादुत्सेधं पूर्ववद् भवेत् ।
पञ्चदशाङ्गुलमारभ्य द्विद्व्यङ्गुलविवर्धनात् ।। १२० ।।
एकाद(कत्रिं)शाङ्गुलान्तं स्यान्नवधा कन्यसादिभिः ।
कुक्कुटस्य कुलालस्य विशालं तुङ्गं पूर्ववत् ।। १२१ ।।
एकादशाङ्गुलमारभ्य द्विद्व्यङ्गुलविवर्धनात् ।
सप्तविंशाङ्गुलान्तं च कन्यसादि त्रयं त्रयम् ।। १२२ ।।
विशालं पूर्ववत्तं तु नकुलस्यापि पञ्जरम् ।
चटकस्य पञ्जरस्य तित्तिरीवोक्तवत्कुरु ।। १२३ ।।

नवाङ्गुलं समारभ्य पञ्चविंशाङ्गुलान्तकम् ।
पूर्ववन्नवधा प्रोक्तं विशालं तुङ्गं पूर्ववत् ॥ १२४ ॥
विस्तारं तु समाश्रं स्याद् गोधारैः(रस्य) पञ्जरान्वितम् ।
सार्धहस्तं समारभ्य षट्षडङ्गुलवर्धनात् ॥ १२५ ॥
अर्धाधिकं त्रिहस्तान्तं कन्यसादि त्र त्रयम् ।
नवधा व्याघ्रनीडं स्याद्विस्ता परिकीर्तितम् ॥ १२६ ॥
उत्सेधं पूर्ववत्कुर्यात्समाश्रं तद्विशालकम् ।
चतुरश्रैकभित्तिः स्याच्चतुःस्तम्भसमन्वितम् ॥ १२७ ॥
मध्यद्वारं तु संकल्प्य कवाटं चैकमेव च ।
उत्सेधे तु षडंशं स्यात्पादुकं चैकभागिकम् ॥ १२८ ॥
पादोच्चं तु युगांशं स्यादेकांशं चोर्ध्वपट्टिका ।
अथवाष्टांशतुङ्गे तु चैकांशं पादुकोदयम् ॥ १२९ ॥
षड्भागं पादतुङ्गं स्यादेकांशमूर्ध्वपट्टिका ।
चतुष्कं च चतुर्दारु पादुकं चोर्ध्वपट्टिका ॥ १३० ॥
कुर्यात्कर्करि(रिं) कोणे तु पादमूलाग्र(ग्रे) योजयेत् ।
ऊर्ध्वाधो निर्गमं शूले त्रिर्यकीलं प्रयोजयेत् ॥ १३१ ॥
एकद्वित्रिचतुर्मात्रं पादविष्कम्भमिष्यते ।
द्वित्रिवेदचतुष्पञ्चषट्सप्ताङ्गुलकं तथा ॥ १३२ ॥
पट्टिकोपानविस्तारं यथायुक्त्या प्रयोजयेत् ।
ऊर्ध्वाधश्च चतुर्दिक्षु वातायनं समुद्भवेत् ॥ १३३ ॥
तरङ्गे(तुङ्गे च) वेत्रसंयुक्तं कुञ्जराद्यैरलङ्कृतम् ।
पादानां चतुरश्रं वा चोक्तवत्समलङ्कृतम् ॥ १३४ ॥
तदेव चोर्ध्वदेशे तु कृत्वा चक्राकृतिस्तथा ।
सर्वालङ्कारसंयुक्तं कुर्यात्तु सर्वनीडकम् ॥ १३५ ॥
चातकस्य चकोरस्य दण्डकाकृतिवद् भवेत् ।
द्वितृतीये(तय)चतुष्पञ्च वासं कुर्यात्तु दीर्घके ॥ १३६ ॥
शेषं प्रागुक्तवत्कुर्यात्सर्वालङ्कारसंयुतम् ।
शुकस्य पञ्जरे तुङ्गे चाष्टभाग(गं) विभाजिते ॥ १३७ ॥

एकांशं पादुकं चैव वेदांशं पादतुङ्गकम् ।
एकांशं पट्टिकोत्सेधं द्विभागं चोर्ध्वचूलिका ॥ १३८ ॥
शेषं तु पूर्ववत्कुर्यात्सर्वालङ्कारसंयुतम् ।
तदेव मुखभद्रं स्यात्तत्समार्धं त्रिपादकम् ॥ १३९ ॥
पूर्वं च द्वित्रिपादं स्यान्मत्तवारणसंयुतम् ।
नीवितारे चतुर्भागमेकेनावृतलिन्द्र(तालिन्द)कम् ॥ १४० ॥
परितस्तु लुपायुक्तं खण्डहर्म्यादिमण्डितम् ।
तदेव चोर्ध्वकूटं वा पञ्चांशाधिकोदयम् ॥ १४१ ॥
द्विभागेन शिखातुङ्गं त्रिभागं शिखरोदयम् ।
चतुर्दिक्षु चतुर्नासि सर्वालङ्कारसंयुतम् ॥ १४२ ॥
चतुर्दिक्षु सभद्रं वा चैकद्व्यंशेन निम्नकम् ।
नीडतारं त्रिभागैकं चतुर्भागत्रिभागिकम् ॥ २४३ ॥
पञ्चभागत्रिभागं वा भद्रविस्तारमेव च ।
सर्वालङ्कारसंयुक्तं शेषं प्रागुक्तवन्नयेत् ॥ १४४ ॥
एवं तु शुकनीडं स्यादथवा तत्पुरोक्तवत् ।
देवभूसुरभूपानां वैश्यशूद्रस्य योग्यकम् ॥ २४५ ॥

पादनूपुरकिरीटमल्लि(मुद्रि)का
कुण्डलं च वलयं च मेखलम्(ला) ।
हारकङ्कणशिरोविभूषणम्
किङ्किणीवलयकर्णभूषणम् ॥ २४६ ॥
केयूरताटङ्कविशेषकं च
कर्णा(र्णौ) च चूडामणिबालपट्टम् ।
नक्षत्रमालाम(ला)पि चार्धहारम्
सुवर्णसूत्रं परितः स्तनाभ्याम् ॥ २४७ ॥
रत्नमालिकदुकूलवी(वी)रयुक्
स्वर्णकञ्चुकहिरण्यमालिका ।
लम्बहारमपि चूलिकादिभिः
पूरिमादिमपि केशकूटकम् ॥ २४८ ॥

ब्रह्माविष्णुमहेशशक्रसकलैः दिक्पालकैः किन्नरैः
गन्धर्वैरपि सर्वदेवनिकरैः दुर्गाशचीगौरीभिः । 304
चामुण्डादि(दैः) सरस्वतीगणपतेः षाण्मातुरस्यापि तत्
संख्यातं सकलं विभूषणगणा[नि] नित्यादिनैमित्तिकैः ॥ २४९ ॥
राजाधिराजैरपि राजसर्वैः
वर्णैश्च तस्तै(त्रिभि)रपि देवदेव्याः । 308
विहङ्गमैः(मानां) पञ्जरमेवमुक्तम्
कृतं श्रियेत्यन्यदलक्षि(क्ष्मी)हेतुः ॥ २५० ॥

इति मानसारे वास्तुशास्त्रे भूषणलक्षणविधानं नाम पञ्चाशदध्यायः ॥

त्रिमूर्तिलक्षणम्

ब्रह्माविष्णुमहेशानां लक्षणं वक्ष्यतेऽधुना ।
हिरण्यरजतेनैव ताम्रेणैव शिले वापि(लया वा) ॥ १ ॥
दारुजे[न] सुधे वापि[धया च] शर्कराभासमृत्तिका(द्भिश्च) ।
एतैस्तु नवधाद्रव्यैः चो(श्चो)त्तमादि त्रयं त्रयम् ॥ २ ॥
चलं चाप्यचलं चापि नवद्रव्यैस्तु निर्मितः ।
लोहजैर्मृत्(श्च) सुधा चै(धयै)व शर्कराभासमृत्तिका(द्भिश्च) ॥ ३ ॥
चलद्रव्यमिति प्रोक्तमन्येषां च(चा)चलं विदुः ।
चित्राङ्गमर्धचित्राङ्गमाभासाङ्गं त्रिधोच्यते ॥ ४ ॥
सर्वाङ्गं द्रव्य(दृश्य)मानं यच्चित्रमेवं प्रकथ्यते ।
अर्धाङ्गद्रव्य(दृश्य)मानं च तदर्धचित्रमिति स्मृतम् ॥ ५ ॥
सर्वार्धदर्शनं(दृश्य)मानमाभासमिति कथ्यते ।
आभासं पञ्चवर्णेन पट्टविस्त्येव(भित्त्यै वा) कल्पयेत् ॥ ६ ॥
चित्रं यथोत्तमं प्रोक्तमर्धचित्रं तु मध्यमम् ।
आभासमधमं प्रोक्तं कुर्यादेवं तु सर्वदा ॥ ७ ॥
उत्तमं सर्वसिद्धिः(द्धि) स्यान्मध्यमं भोगमोक्षकम् ।
अधमं भोगसिद्धिः(द्धि) स्यादीश्वरेणैव कीर्तितम् ॥ ८ ॥
स्थावरं जङ्गमं चैव विविधं बेरमुच्यते ।
जङ्गमं चोत्सवं भवेत्सर्व(र्वं) स्थावरमिष्यते ॥ ९ ॥
उत्तमं लोहजं बिम्बं पीठाभासं तु चोत्स(त्त)मम् ।
स्थानकं चासना(नं) शयनं वैशाखं वैष्णवं तथा ॥ १० ॥
मृत्तादिसर्वबेराणां द्रव्यमुक्तं सनातनम् ।
तत्तद्द्रव्यैस्तु बिम्बानां भिन्नपीठं प्रकल्पयेत् ॥ ११ ॥

लम्बासने च शयने शिलापीठं तु भिन्नकम् ।
एककाले कृतं सर्वं सुधामृत्कटशर्करैः ॥ १२ ॥
बेराणां द्रव्यमित्युक्तं मूर्त्तिध्यानं प्रवक्ष्यते ।
चतुर्भुजं चतुर्वक्त्रं द्विपादं चाष्टलोचनम् ॥ १३ ॥
अष्टकर्णसमायुक्तं तनुश्चैकाकृतिस्तथा ।
उत्तमं दशतालेन मानयेत्खङ्गमानकम् ॥ १४ ॥
स्थानकं चासनं वापि चीरवे(राम्ब)रधरं तथा ।
वरदाभयहस्तं च जटामकुटमण्डितम् ॥ १५ ॥
कुण्डिका चाक्षमाला च वामे वामे करे क्रमात् ।
स्रुक्स्रुवधारणं वापि प्राग्वरदाभयान्वितम् ॥ १६ ॥
मकरलाञ्छितं पुष्पं कुण्डलं वाथ कर्णयोः ।
यज्ञसूत्रोत्तरीयादि मात्रादोदरबन्धनम् ॥ १७ ॥
हारोपग्रीवसंयुक्तं बाहुमालाविभूषितम् ।
केयूरकटकाद्यैश्च कुर्यात्तु मणिबन्धनम् ॥ १८ ॥
कटकत्रयसंयुक्तं नलका(क)कटकान्वितम् ।
कटिसूत्रादिपट्टं स्यान्नीव्यं चलनसंयुतम् ॥ १९ ॥
रत्नाङ्गुलीयकौ हस्तौ पादं जालसरत्नकम् ।
ललाटे वृत्ततिलकं स्याच्चन्दनागरुमेव च ॥ २० ॥
सर्वाङ्गं हेमवर्णं स्यान्नलकान्तं तु चीरयुक् ।
पार्श्वयोः शक्तिकोपेतं दक्षिणे तु सरस्वती ॥ २१ ॥
वामपार्श्वे तु सावित्री सर्वाभरणभूषितम् ।
एवं पितामहं प्रोक्तं कुर्याच्छास्त्रविद्बुधः ॥ २२ ॥
चतुर्भुजं द्विनेत्रं च किरीटमकुटान्वितम् ।
पीताम्बरधरं युक्तं श्यामवर्णाङ्गशोभितम् ॥ २३ ॥
सर्वे(र्व)वक्षःस्थले कुर्यात्तदूर्ध्वे श्रीवत्सलाञ्छनम् ।
उत्तमं(म)दशतालेन चाङ्गमानं च मानयेत् ॥ २४ ॥
कटकं वा गदाधा(ध)रं चोर्व्यामाश्रितमेव वा ।
अथवा वरदहस्तं स्यात्पुरतो वामहस्तके ॥ २५ ॥

दक्षिणे त्वभयं पूर्वं सव्ये चापर(रे) चक्रयुक् ।
अपरे वामहस्ते तु पाञ्चजन्यावधारणम् ॥ २६ ॥
तत्समं कर्णपत्रं स्यात्कुर्यान्मकरकुण्डलम् ।
प्रसन्नवदनं तुङ्गं नासि दीर्घाक्षिशोभितम् ॥ २७ ॥
हारोपग्रीवसंयुक्तं यज्ञसूत्रोत्तरीयकम् ।
रत्नोदरबन्धं स्याद् बाहुमालाविभूषितम् ॥ २८ ॥
कटकं कटिसूत्रं च केयूरं रत्नपूरितम् ।
रत्नाङ्गुलीयकैर्युक्तं पादजालविभूषितम् ॥ २९ ॥
नलकान्तं चलान्तं स्यात्पीताम्बरविलम्बनम् ।
शिरश्चक्रं शिरःपृष्ठे युक्तं सर्वाङ्गभूषणम् ॥ ३० ॥
द्वयोर्जङ्घावसानं स्याद् वनमालामनोहरम् ।
एवं तु विष्णुमूर्तिः स्याच्छक्तियुक्तं(क्ता) तु पार्श्वयोः ॥ ३१ ॥
त्रि(श्री)भूमिं दक्षिणे वामे स्थावरे जङ्गमेऽपि वा ।
कुर्यादासनं वापि स्थानकं चापिमे (ए)व च ॥ ३२ ॥
चतुर्भुजं त्रिणे(ने)त्रं च जटामकुटमण्डितम् ।
व्याघ्रचर्माम्बरं जानु चो(नोरू)र्ध्वे च समलङ्कृतम् ॥ ३३ ॥
नीव्याञ्चलं च संयुक्तं रक्तवर्णाङ्गशोभितम् ।
हारोपग्रीववक्षस्तु साल(कपाल)मालावलम्बनम् ॥ ३४ ॥
करोटि(रट)रत्नबन्धं स्याद् रुद्रबन्धमथापि वा ।
पत्रोदरं च बन्धं वा रत्नोदरनिबन्धनम् ॥ ३५ ॥
कटकं कटिसूत्रं स्यात्केयूरं पूरिमान्वितम् ।
बाहुमूला(लम)भिदामैश्च सर्वाभरणभूषितम् ॥ ३६ ॥
वामे तु लम्बपत्रं स्यादवामे [म]करकुण्डलम् ।
प्राचभयहस्तं सव्ये वरदं वामहस्तके ॥ ३७ ॥
अपरे वामसव्ये तु हरिणट्टङ्कधारणम् ।
मकुटं वामपार्श्वे तु चन्द्ररेखासमन्वितम् ॥ ३८ ॥
दक्षिणे चार्कपुष्पैश्च नागं गङ्गा जटान्तरे ।
दूर्वाभिः सुवर्णसिन्दुरं पुष्करं स्यान्मकुटान्तरे ॥ ३९ ॥

मध्ये चान्वितवक्त्रं स्याल्ललाटे चैकनेत्रयुक् ।
ग्रीवस्य वामपार्श्वे तु कालकूटसमन्वितम् ॥ ४० ॥
यज्ञसूत्रोत्तरीयं च सर्वरत्ना(त्नम)ङ्गुलीयके ।
स्थानकं चासनं वापि पाद(दं) नूपुरशोभितम् ॥ ४१ ॥
एवं तु रुद्रमूर्तिः स्याद् वामभागे तु पार्वती ।
उत्तमं(म)दशतालेन मानयेत्त्वङ्गमानकम् ॥ ४२ ॥
देवीनामपि सर्वेषां मध्यमं दशतालकम् ।
पद्मपीठं महापीठं त्रिमूर्तीनां च योजयेत् ॥ ४३ ॥
प्रभाव(पा च) तोरणं वापि कल्पवृक्षं च संयुतम् ।
एवं तु रुद्रविष्णूनां(ष्णोः) कुर्यात्तत्तु विधिवत्ततः ॥ ४४ ॥
सर्वालङ्कारसंयुक्तं देवं ध्यात्वा त्रिमूर्तिनम् ।
अन्यान्य(न्यम)नुक्तं सर्वेषां शास्त्रमार्गेण योजयेत् ॥ ४५ ॥
उत्तमं(म)दशतालवशात्तु यत्
ब्रह्माविष्णुशिवसकलाङ्ककैः ।
स्थावरे च जङ्गमके [यदुक्तं]
शिल्पिभिः कुरु तात्क(चोक्तं) मुनिवरैः ॥ ४६ ॥

इति मानसारे वास्तुशास्त्रे त्रिमूर्तिलक्षणविधानं नाम एकपञ्चाशदध्यायः ॥

लिङ्गविधानम्

लिङ्गमानविधिं(धिः) सम्यगलक्षणं वक्ष्यतेऽधुना ।
शैवं पाशुपतं चैव काला(ल)मुखं महावृ(व्र)तम् ॥ १ ॥
वामं च भैरवं चैव लिङ्गवा(स्य) मान(नाम) षड्विधम् ।
समकर्णं वर्धमानं शिवाङ्कं स्वस्तिकं तथा ॥ २ ॥
एतच्चतुर्विधं लिङ्गं विप्रादीनां च योग्यकम् ।
समकर्णं भूसुराणां भूपानां वर्धमानकम् ॥ ३ ॥
वैश्यानां च शिवाधिक्यं(वाङ्कं च) परेषां स्वस्तिकं भवेत् ।
विप्राणां सर्वलिङ्गं च कुर्याद्दोषो न विद्यते ॥ ४ ॥
शिवाधिकं(वाङ्कं च) स्वस्तिकं प्रोक्तं लिङ्गं भूपस्य योग्यकम् ।
स्वस्तिकं च शिवाधिक्य(वाङ्कं च) वैश्यानामपि योग्यकम् ॥ ५ ॥
शुद्धगर्भगृहे द्वारे प्रासादस्य विशालकम्
अधिष्ठानोदये पादं तुङ्गमानं तथैव च ॥ ६ ॥
हस्तमानाङ्गुलेनैव यजमानोदयेन च ।
एतत्तत्त्रिविधि(धिः) प्रोक्तं प्रत्येकं बहुधा भवेत् ॥ ७ ॥
श्रेष्ठादीनि कनिष्ठान्तं प्रत्येकं त्रित्रिमानकम् ।
गर्भे नन्दविभागे तु ए(चै)कैकं लिङ्गतुङ्गकम् ॥ ८ ॥
केचित्तदेकभागे तु नवभाग(गं) विभाजिते ।
तदेकाशीति लिङ्गस्य(ङ्गं स्यात्) कन्यसादुत्तमान्तकम् ॥ ९ ॥
प्रत्येकं तत्त्रिधामानमेकैकं लिङ्गतुङ्गकम् ।
कन्यसा गर्भतारार्थ(र्ध) त्रिपादं मध्यमं भवेत् ॥ १० ॥
गर्भतारसमं श्रेष्ठं त्रिविधं लिङ्गतुङ्गकम् ।
गर्भगेहे तु मानं स्याल्लिङ्गतुङ्गं प्रकल्पयेत् ॥ ११ ॥

शुद्धद्वारोदयं नन्दभागं कृत्वा विशालकम् ।
एकैकं लिङ्गतुङ्गं स्यात्कन्यसादीनि पूर्ववत् ।। १२ ।।
प्रत्येकं तु त्रिधा मानं साष्टादश(चैकाशीति) च लिङ्गकम् ।
प्रासादस्य विशाले तु गर्भगेहो(हमु)क्तवद्भवेत् ।। १३ ।।
अधिष्ठानसमं श्रेष्ठं त्रिपादं मध्यमं भवेत् ।
तदर्धं कन्यसं प्रोक्तं त्रिविधं लिङ्गमीरितम् ।। १४ ।।
अथवा नवभागं स्यान्नवलिङ्गमुदाहृतम् ।
कन्यसादुत्तमान्तं स्यात्प्रत्येकं पूर्ववद् भवेत् ।। १५ ।।
पादोदयं नवांशं नवधा लिङ्गमानकम् ।
तदेवं चैकभागे तु चतुर्भाग(गं) विभाजिते ।। १६ ।।
एकैकं लिङ्गतुङ्गं स्यात्षट्त्रिंशं लिङ्गतुङ्गकम् ।
कन्यसादुत्तमान्तं स्यात्सर्वं प्रागुक्तवन्नयेत् ।। १७ ।।
हर्म्यतुङ्गं दे(न)वांशं स्यात्कन्यसादि त्रयं त्रयम् ।
एवं तु नवलिङ्गं स्यान्नवभेदोदयं भवेत् ।। १८ ।।
केचिद्विमानतुङ्गं तु नन्दनन्दांशकं भवेत् ।
एकैकं लिङ्गतुङ्गं स्यान्नन्दनन्दोदयं भवेत् ।। १९ ।।
कन्यसादुत्तमान्तं स्यात्पूर्ववल्लिङ्गमिष्यते ।
एकहस्तं समारभ्य हस्तैकेन प्रवर्धयेत् ।। २० ।।
एकैकं लिङ्गतुङ्गं स्यान्नवहस्तावसानकम् ।
एवं तु नवतुङ्गं स्यात्कन्यसादि त्रयं त्रयम् ।। २१ ।।
करं(र)त्रिपादमारभ्य तत्समेन विवर्धनात् ।
पादोनसप्तहस्तान्तं पूर्ववन्नवलिङ्गकम् ।। २२ ।।
अथवा हस्तमारभ्य सा(चा)र्धहस्तेन वर्धनात् ।
सार्धवेदकराष्टं(न्तं) स्यान्नवलिङ्गोदयं भवेत् ।। २३ ।।
पादहस्तं समारभ्य पादहस्तेन वर्धनात् ।
पादाधिकद्विहस्तान्तं नवलिङ्गं तु पूर्ववत् ।। २४ ।।
जातिच्छन्दं विकल्पं च आ(तु चा)भासं तु चतुर्विधम् ।
एकहस्तवशात्सर्वं कन्यसादि त्रयं त्रयम् ।। २५ ।।

कन्दादीनां तु मानं स्यात्षट्त्रिंशल्लिङ्गतुङ्गकम् ।
एकादशाङ्गुलमारभ्य द्विद्व्यङ्गुलविवर्धनात् ॥ २६ ॥
सप्तविंशाङ्गुलान्तं स्यान्नवधा लिङ्गतुङ्गकम् ।
द्वादशाङ्गुलमारभ्य षट्षडङ्गुलवर्धनात् ॥ २७ ॥
षष्टयङ्गुलावसानं स्यान्नवधा लिङ्गमानकम् ।
पञ्चविंशाङ्गुलमारभ्य षट्षडङ्गुलवर्धनात ॥ २८ ॥
त्रिसप्ततित्रिमात्रान्तं नवधा लिङ्गतुङ्गकम् ।
सर्वेषां कन्यसं श्रेष्ठं पर्यन्ता(न्तम)ङ्गुलमानकम् ॥ २९ ॥
यजमानस्य मेढ्रान्तं नाभ्यन्तं हृदयान्तकम् ।
स्तनान्तं बाहुसीमान्तं हन्वन्तं नासिकान्तकम् ॥ ३० ॥
नेत्रान्तं समतुङ्गं स्यान्नवलिङ्गोदयं भवेत् ।
अथवा तुङ्गमाने तु नवभाग(गं) विभाजिते ॥ ३१ ॥
एकैकं लिङ्गतुङ्गं स्यात्कन्यसादि त्रयं त्रयम् ।
नवत्यंशविधं लिङ्गं यस्स(ज)मानवशाद्विदुः ॥ ३२ ॥
बहुधा स्थाप्यलिङ्गं वा नवलिङ्गं परिसंख्यया ।
अथ हस्ताद्य(दि)मानं [च]सर्वलिङ्गेषु कल्पयेत् ॥ ३३ ॥
पञ्चादशाङ्गुलं मानं यन्मानं नवलिङ्गके ।
सप्ता(प्त)दशाङ्गुलान्तं च पञ्चा(ञ्च)दशाङ्गुलमारभेत् ॥ ३४ ॥
स्थापयेत्पञ्चलिङ्गे तु इ(चे)त्यूर्ध्वेन तु कारयेत् ।
तत्त्रिपादकरादुर्ध्वं चाधिकं सर्वतुङ्गके ॥ ३५ ॥
सर्वेषां चैकहर्म्यं तु ए(चै)कैकलिङ्गं तु संमतम् ।
बहुधा सर्वलिङ्गेषु तत्त्रिकर्णं न कारयेत् ॥ ३६ ॥
द्विकर्णं बहुलिङ्गे तु त्रिकर्णं चैकलिङ्गके ।
लिङ्गतुङ्गमिति प्रोक्तं तद्विशालमिहोच्यते ॥ ३७ ॥
त्रिचतुष्पञ्चाङ्गुलान्तं स्याद्बहुलिङ्गे तु विस्तृतम् ।
अथवा तुङ्गमाने त्रिचतुष्पञ्चभागिकम् ॥ ३८ ॥
तत्तदेकांशविस्तारं बहुलिङ्गविशालकम् ।
नागरं द्राविडं चैव वेसरं च त्रिधा मतम् ॥ ३९ ॥

षट्सप्ताष्टाङ्गुलं चैकलिङ्गतारमिति स्मृतम् ।
नवपङ्क्तिरुद्रमात्रं स्यात् समलिङ्गविशालकम् ॥ ४० ॥
भानुए(सै)काङ्गुलं चैव चतुर्दशाङ्गुलमेव च ।
एवं तु चैकलिङ्गं स्याद्वि(ङ्गस्य वि)स्तारं परिकीर्तितम् ॥ ४१ ॥
पञ्चा(ञ्च)दशाङ्गुलं चैव षोडशाङ्गुलमेव च ।
विस्तार(ं) दशाङ्गुलं चैव लिङ्गानामिति विस्तृतम् ॥ ४२ ॥
अष्टादशाङ्गुलं चैव नवपङ्क्त्यङ्गुलान्तकम् ।
विंशत्यङ्गुलं चैव लिङ्गतारं त्रिधा मतम् ॥ ४३ ॥
एकविंशत्यङ्गुलं चैव द्वाविंशतिकाङ्गुलम् ।
त्रयोविंशाङ्गुलं चैव त्रिधा लिङ्गविशालकम् ॥ ४४ ॥
चतुर्विंशाङ्गुलं चैव पञ्चविंशाङ्गुलं तथा ।
षड्विंशाङ्गुलं चैव विशालं त्रिविधं मतम् ॥ ४५ ॥
सप्तविंशाङ्गुलं चैव अ(चा)ष्टविंशाङ्गुलं तथा ।
नवविंशतिमात्रं स्याल्लिङ्गतारमिति स्मृतम् ॥ ४६ ॥
अथवा त्रिंशदङ्गुल्यमेकत्रिंशतिमात्रकम् ।
द्वात्रिंशाङ्गुलं चैव लिङ्गतारमिति स्मृतम् ॥ ४७ ॥
कन्यसाद्युत्तमान्तं स्यात्प्रत्येकं त्रित्रिमानकम् ।
एवं तु नवधा लिङ्गं प्रत्येकं नागरादिभिः ॥ ४८ ॥
अथवा तुङ्गमानं तु चतुष्पञ्चषडंशकम् ।
तत्तदंशैकभागेन चैकलिङ्गविशालकम् ॥ ४९ ॥
नागरं द्राविडं चैव वेसरं च त्रिधा मतम् ॥ ५० ॥
वृत्ताकारे त्र्यंशसत्रिंशदंशम्
कृत्वा क्रमादधिकं षडंशकम् ।
विस्तारं तत्कन्यसादि त्रिधा
गुण्या धीमान् वेसरादीनि कुर्यात् ॥ ५१ ॥
बहुलिङ्गोदये सर्वे(र्वस्मिन्) ब्रह्मभागं विनोदयम् ।
द्विभागं समकन्यंस्याद्वि(न्यसे वि)ष्णुरुद्रांशं तत्समम् ॥ ५२ ॥

अथवा तुङ्गनवमं स्याद्वेद(दं) नारायणोदयम् ।
पञ्चांशं शिवेोदयं स्याद् वर्धमानमिति स्मृतम् ॥ ५३ ॥
अष्टादशांशकं तुङ्गे वैष्णवं चाष्टभागिकम् ।
दशांशं शिवेोदयं स्याच्छिवाधिकं(वाङ्कं) लिङ्गमीरितम् ॥ ५४ ॥
उत्सेधे दशभागे तु विष्णुतुङ्गं षडंशकम् ।
वेदांशं शिवांशं स्यात्स्वस्तिकं बहुलिङ्गके ॥ ५५ ॥
कमलजहरिहरांशं तत्समं चैकलिङ्गे
मनु(मुनि)वसुनवभागैस्तुङ्गमष्टत्रि(त्र)याङ्गकम् ।
कमलजहरिहरांशं सर्वतोभद्रलिङ्गम्
द्विजकुलनृपतिपूज्यं वर्धमाना(नमपि) चैव ॥ ५६ ॥
पञ्चपञ्चषडंशकोन्नतम्
ब्रह्माविष्णुशिवभाग(गं) तत्क्रमात् ।
तुङ्गमिष्टयुगांशके कृते
तच्छिवाधिक(कं)[वैश्य]योग्यकम् ॥ ५७ ॥
स्वस्तिकस्य शतषट्(ष्टि) शिरो(वो)न्नतम्
षोडशांशविधि(धिर्) वैष्णवं तथा ।
भ(रु)द्रभागविधिवत्समाचरेत्
संपदा(द)र्थमिव शूद्रयोग्यकम् ॥ ५८ ॥
वेदाश्राभं ब्रह्मभागे च मूले
चाष्टाश्राभं मध्यमे विष्णुभागे ।
वृत्ताकारमग्रके तच्छिवांशम्
कुर्यात्तु सर्वं चतुर्लि(चैकलि)ङ्गमेतत् ॥ ५९ ॥
वेदाश्रं वस्वश्रकं [वा] वृत्तं चैवम्
प्रोक्तानेकलिङ्गाग्र(श्र) मूले [मध्ये] ।
वृत्ताकारं चाग्रके रुद्रभागे
कुर्यादेवं शिल्पिविद्भिरेव ॥ ६० ॥
एकानेकं चोक्तलिङ्गे शिवांशे
कुर्याद्धारा(रां) षोडशादिद्वयेन ।

धृद्ध्या धारायत्(यां) सहस्रावधा(सा)नम्
धारालिङ्गे चैवमुक्तं तन्त्रैः ॥ ६१ ॥

पञ्चषड्मुनिर(न्य)ष्टविस्तृते [च]
द्विद्विभाग(गं) शिर(रो)मानतुङ्गकम्।।
तत्तदङ्गकृततच्छिरो(र उ)दये
द्व्यंशयुग्मधि(धा)रोपमानकम् ॥ ६२ ॥

वर्तिकस्त(स्थ)मिव तच्छिखं बुधैः
युदार्ध(कुर्यात्तु) त्रिपुरुषा(रधा)कृतिस्तथा ।
अर्धचन्द्रमिति चित्रवद् भवेत्
शिल्पिभिः प्रवर(रैः) व(क)र्णतः क्रमात् ॥ ६३ ॥

पूजांशे तत्तुङ्गमष्टद्व्यांशम्
कृत्वांशेन द्वित्रिवेदान्विसृज्य ।
तस्याधस्तल्लक्षणोद्धारशेषम्
शिल्पिः(ल्पी) कुर्यान्नागरादिः(दीन्) त्रिधैव ॥ ६४ ॥

तत्तथैकार्धभागं मध्यभागम्(गे)
विस्तारं स्याल्लक्षणोद्धारणे च ।
अग्रे चैकद्व्यंशत्रि(त्र्यं)शेन तुङ्गम्
तस्मात्पार्श्वे भूमयेत्पृष्ठकान्तम् ॥ ६५ ॥

कुर्यादेकां पिण्डिकां तंतु(तस्य) पार्श्वे
चैकद्वित्र्यंशकं चान्तरं च ।
पृष्ठे युक्त्या कारयेद् विष्णुकान्तम्
एवं युक्त्या नागरादिक्रमं स्यात् ॥ ६६ ॥

एकानेकलिङ्ग[स्य] धारणांशे
कुर्याल्लिङ्गे मूर्ध्निवत्कुड्मलं वा ।
छत्राकारं वाथ मूर्ध्निप्रदेशे
युक्त्या धीमानुद्धरेद्व(द)धस्तात् ॥ ६७ ॥

लिङ्गादीनां(न्) स्थापयेत्सर्वहर्म्ये प्रागुक्तवत्क्रमात् ॥ ६८ ॥

क्षुद्रगर्भगृहे मध्ये सप्तभाग(गं) विभाजिते ।
मध्ये ब्रह्मपदं चैव परितश्चाष्टदिवौकसः ॥ ६९ ॥
मानुषांशं तु तद्बाह्ये परितः षोडशांशकम् ।
चतुर्विंशांशकं बाह्ये परितः पैशाचमेव च ॥ ७० ॥
मध्ये ब्रह्मपदे सप्तसप्तभाग(गं) विभाजिते ।
ब्रह्मांशे मध्यमे ब्रह्मसूत्रं तत्परिकल्पयेत् ॥ ७१ ॥
तद्वामे विष्णुसूत्रं स्यात्तद्बाह्ये परिकल्पयेत् ।
तत्सूत्रात्(त्र)द्वयोर्मध्ये शिवसूत्रं प्रकल्पयेत् ॥ ७२ ॥
ब्रह्म[स्व]विष्णुसूत्रं [च] स्यान्मध्ये च शिवसूत्रकम् ।
एवं तु चैकलिङ्गं स्यात्स्थापयेच्छिल्पि(ल्प)वित्तमः ॥ ७३ ॥
बहुलिङ्गप्रतिष्ठा चेत्तत्तदेका(क)पदोक्तवत् ।
कुर्यादेव पदे विष्णुं(ष्णो) ब(बे)हुधा चैकमेव वा ॥ ७४ ॥
गर्भगेहस्थले धारनील(णीय)मध्ये समं भवेत् ।
अज्ञानादधिकं चेन्निम्नं चेत्सर्वदोषदम् ॥ ७५ ॥
तस्मात्परिहरेत्सर्वदेवतास्थापनं बुधः ।
बेरस्यैकशिला प्रोक्तं(क्ता) लिङ्गानां तच्चतुःशिला ॥ ७६ ॥
नन्द्यावर्त(र्ता)कृतिः(तिं) स्थाप्य(पयित्वा) तथा चैकाश्मना भवेत् ।
अथो(थ) पाषाणकूर्माख्यं चोर्ध्व(र्ध्वा)धारमिति स्मृतम् ॥ ७७ ॥
इत ऊर्ध्वं शिलादौ [तु] पीठके वापि चोदयम् ।
उक्तवत्कल्पयेच्छिल्पी हीनाधिक्यं न कारयेत् ॥ ७८ ॥
स्थापयेल्लिङ्गबेरै(रां)श्च स्थपतिः स्थापकैः सह ।
लिङ्गानां पीठकानां च देवदेव्याश्च हर्म्यके ॥ ७९ ॥
शिलासंग्रहणं(णस्य) सम्यग्लक्षणं वक्ष्यतेऽधुना ।
पर्वते वा वने वापि स्थपतिः स्थापकैः सह ॥ ८० ॥
प्रभाते तु समुत्थाय कर्ता चानुचरैः सह ।
मार्गके चोक्तवत्सर्वं पार्श्वे तु शकुनानि वै ॥ ८१ ॥
सुमुहूर्ते सुलग्ने च शिलासंग्रहणं भवेत् ।
उक्तवच्च रथा(थमा)रोप्य शिल्पशालां प्रविश्य(शे)ति ॥ ८२ ॥

पत्रावलीढकाश्मं च अ(चा)नलावटे कदाश्मना ।
आतपेनावलीढं चेद् वर्जयेत्सा शिला भवेत् ॥ ८३ ॥
यत्पूर्वोत्तराग्रं ज्ञात्वा मूलं दक्षिणपश्चिमे ।
अधोभागा(गं) मुखं ज्ञात्वा शयने चापरोर्ध्वकम् ॥ ८४ ॥
पूर्वाश्रं(प्राश्) च शिला(लाः) सर्वे(र्वा) दक्षिणे सव्यपार्श्वके ।
उत्तरे वामभागं स्यादुत्तराग्रशिले(लायां) विदुः ॥ ८५ ॥
पूर्वे तु दक्षिणं पार्श्वं पश्चिमे वामपार्श्वकम् ।
ईशानाग्रशिलानां तु मूले(लं) नैर्ऋत्यदेशके ॥ ८६ ॥
अन्यकोणेषु सर्वेषु मूलमग्रं न विद्यते ।
दिक्षु दीर्घशिला सर्वाः पुंशिलानां(श्च) प्रकीर्तितम्(ताः) ॥ ८७ ॥
चतुष्कोणेषु दीर्घं स्याच्छिलाषण्डः प्रकीर्तितः ।
प्रभूतं च स्थिता(तं) सर्वं पृथिव्याकाशायतं तथा ॥ ८८ ॥
ऊर्ध्वाग्रमध्यो मूलं [च] प्रागुक्तदिक् तथैशके ।
तत्तदुन्नतवक्त्रं च यदि स्थापनं भवेत् ॥ ८६ ॥
तत्पार्श्वं पूर्ववज्ज्ञात्वा तस्याकारमिहोच्यते ।
मूलमग्रं च मध्यं च समाकारं तु पुंशिला ॥ ९० ॥
स्थूलमूलं कृशाग्रं स्यात्स्त्रीशिला तु प्रकाशिता ।
स्थूलाग्रं च कृशं मध्ये स्थूलं नपुंसकं शिला ॥ ९१ ॥
चतुरश्रं पुंशिला प्रोक्तं वृत्तं स्याद् वनिता शिला ।
बहुधा गृह्य(चाग्र)शृङ्गं स्यान्नपुंसकं तमु(दु)दाहृतम् ॥ ९२ ॥
कांसकाध्वनिनादं स्यात्स्त्रीशिला तु प्रकीर्तिता ।
रत्नभाण्डध्वनिनादं शिला च पुरुषं स्मृतम् ॥ ९३ ॥
निर्ध्वनि च शिला सर्वं नस्त्री नपुमान् विदुः ।
तालध्वनिनादं स्याच्छिला वल्याः(ल्लो) प्रकीर्तितम्(ता) ॥ ९४ ॥
महिषध्वनिसंयुक्ता शिला वृत्ताः प्रकीर्तिता ।
पूर्वोक्तवध्वनी(कार्धानि)नादं यावना च शिला भवेत् ॥ ९५ ॥
शिलासर्वेषु वृत्तं च शिलाञ्छा[लों] विवर्धयेत् ।
पुंशिलेन(लया) पुमान(मांसं) लिङ्गं कुर्यादृरेखां विवर्जयेत् ॥ ९६ ॥

शक्तीनां पीठकानां च स्त्रीशिलासंग्रहं(हो) भवेत् ।
प्रासादादीनि(नां) सर्वेषां नपुंसकशिला भवेत् ॥ ९७ ॥
श्वेतरक्तं च पीतं च शिला कृष्णं यथाक्रमात् ।
द्विजातीनां च वर्णानां कुर्याल्लिङ्गादिना(दीन्) बुधः ॥ ९८ ॥
सर्वेषामपि वर्णानां सा शिला कृष्णमेव वा ।
सर्वेषां वर्णपाषाणे कृष्णरेखां विसर्जयेत् ॥ ९९ ॥
श्वेतं च स्वर्णरेखं च सर्वसंपत्करं शुभम् ।
शिलासंग्रहणं प्रोक्तं शेषमर्हमागमोक्तवत् स्मृतम् ॥ १०० ॥
स्वयम्भुलिङ्गसर्वेषां लक्षणं वक्ष्यतेऽधुना ।
उद्भूतं दैवकं चैव मानुषं गाणवं तथा ॥ १०१ ॥
एवं चतुर्विधं लिङ्गं स्वयम्भुरिति कीर्तितम् ।
तत्स्थाप्य(प्यं) स्वयमुद्भूतं स्वयम्भुरिति कीर्तितः ॥ १०२ ॥
देवैश्च स्थापितं लिङ्गं दैविकं लिङ्गमुच्यते ।
मानुषैः रचितं लिङ्गं मानुषं चेति कथ्यते ॥ १०३ ॥
अन्यंषु(न्यैः)रचितं लिङ्गं चार्षश्चैव कथ्यते ।
गणैश्च पूजितं लिङ्गं गणं चेति प्रकथ्यते ॥ १०४ ॥
उद्भूतं श्वेतवर्णं चे(कुर्या)द् दैविकं रक्तवर्णकम् ।
मानुषं पीतवर्णाभं कृष्णवर्णं च गाणक(व)म् ॥ १०५ ॥
आर्षं युक्तसूत्रं स्यात्स्वस्तिकाकृतिरे(मे)व वा ।
उद्भूतं शङ्कराकारं रुद्राक्षरं [च] दैविकम् ॥ १०६ ॥
नगर्दभं(गोपमं) गाणवं स्याल्लिङ्गाकारमिहोच्यते ।
उद्भूतस्ता(तं स्थू)लमूलं स्यात्कृशाग्रं वा समाधिकम् ॥ १०७ ॥
अन्यथा सर्वलिङ्गानां स्थूलाग्रं कृशमूलकम् ।
दैविकं डिण्डिमाकारं मानुषार्द्रपुषा(षं स्रुक्स्रुवा)कृतिः(तिम्) ॥ १०८ ॥
उद्भूतं पर्वताकारं कूश्मा(कुष्मा)ण्डाकार(रं) गाणवम् ।
पुण्यनद्यद्रिदेशे तु लिङ्गसंग्रहणं भवेत् ॥ १०९ ॥
एवं परार्थं लिङ्गं स्याच्छेषमागमतो(मो)क्तवत् [स्यात्] ।
आत्मार्थं लिङ्गपीठस्य लक्षणं पठ्यतेऽधुना ॥ ११० ॥

पीठतुङ्गं समं वाथ त्रिपादं चार्धमेव वा ।
लिङ्गायाममिति प्रोक्तं नाभं(हं) पीठविशालवत् ॥ १११ ॥
नदीपर्वतदेशे तु लिङ्ग(पीठ)संग्रहणं भवेत् ।
श्वेतरक्तं च पीतं च कृष्णवर्णं चतुष्टयम् ॥ ११२ ॥ 248
भूसुरादिचतुर्णां तु वर्णानां लिङ्गतः क्रमात् ।
अथवा कृष्णवर्णं च तत्सर्वं चार्षकं भवेत् ॥ ११३ ॥
अतिकर्ष(र्षि)तलिङ्गं यद्‌नूदेव्यं च शम्भुरुच्यते ।
तत्र स्वयम्भुलिङ्गे तु विरूपं च विशेषतः ॥ ११४ ॥ 252
सम्यक् सूत्रे च संकुर्याद्यात्रलक्षणमुच्यते ।
तल्लिङ्गं मानुषं प्रोक्तं तत्पर्वतलिन्द्र(तालिन्द)के [च] ॥ ११५ ॥
रेखाबिन्दुकलङ्काङ्कं वर्जयेत्तद् विशेषतः ।
सौवर्णबिन्दुरेखाढ्यं सर्वसंपच्छुभायतम् ॥ ११६ ॥ 256
ईषत्तदुन्नतं लिङ्गं हर्म्यैतत्स्वयंभुलिङ्गकम् ।
वृत्तं वायतवृत्तं वा नाभे(भेः) चरणा[भा]यते ॥ ११७ ॥
किञ्चित्तदुन्नतं वर्त(र्त्म) निम्नं ततपृष्ठ(पीठ)मिष्यते ।
स्थूलाग्रं यत्कृशं मूले लिङ्गं सर्वं निशा(जा)कृति ॥ ११८ ॥ 260
स्वभावदन्तोष्ठयुक्तं चेल्लिङ्गं तन्मानुषं भवेत् ।
सिकतारोपणं ज्ञात्वा चैवं स्वयम्भुलिङ्गकम् ॥ ११९ ॥
विनारक्तं विनाकृष्णं सैकते लिङ्गमिष्यते ।
सर्व(र्वे)स्वयम्भुलिङ्गेषु आ(चा)त्मार्थं च परार्थके ॥ १२० ॥ 264
नसंज्ञे(घे)षु च रक्तेषु लिङ्गस्योक्ते(क्ता)र्चनं भवेत् ।
उक्तलिङ्गप्रकारेण शेषमागमतो(मो)क्तवत् [च] ॥ १२१ ॥
आत्मार्थार्चनलिङ्गस्य वक्ष्यते पीठलक्षणम् ।
कर्तृनाशं परित्यज्य किञ्चिच्चैव शिला भवेत् ॥ १२२ ॥ 268
जलानलातपवातस्पृष्टाश्मानि विवर्जयेत् ।
पृथ्वीगर्भस्थितं स्निग्धं बिन्दुरेखां(खं) विवर्जयेत् ॥ १२३ ॥
कलिसं चैकभागं स्यात्स्त्रीशिला तु प्रकीर्तितम्(ता) ।
नपूरं(पुंसं) सूक्ष्मदष्टं च [नपुंसकं] शिला भवेत् ॥ १२४ ॥ 272

सम्यक्कृष्णनीलाः प्रोक्ताः वर्णमन्यं विवर्जयेत् ।
कर्षपाषाणवत्स्वर्णरेखारोपणमिष्यते ॥ १२५ ॥
एवं परि(री)क्षिते पश्चात् शि(च्छि)लासंग्रहणं भवेत् ।
एवं लक्षणयुक्तस्य शिलापीठं प्रकुर्वते ॥ १२६ ॥
कर्तुर्दक्षिणहस्तस्य मध्यमाङ्गुलमध्यमे ।
पर्वता(र्वा)यतनस्ता(ना)हमङ्गुली त्रिविधं भवेत् ॥ १२७ ॥
यवेन कल्पिते वापि चाङ्गुलेवा(ना)पि कल्पयेत् ।
कर्तृनक्षत्रमित्रं(श्रं) हि मानं युक्त्या प्रयोजयेत् ॥ १२८ ॥
परार्थे वा स्वयम्भूनां मानाङ्गुलवशेन वा ।
आयाममिति षड्वर्गमित्थं पीठोदयं भवेत् ॥ १२९ ॥
लिङ्गमानं वियुक्तं चेत्कुर्यात्तु मानुवादीनाम् ।
तत्त्रिभिर्यवं समारभ्य द्विद्व्यङ्गुलविवर्धनात् ॥ १३० ॥
पञ्चविंशाङ्गुलान्तं स्यात्पीठविस्तारमेव च ।
अङ्गुलत्रयमारभ्य द्विद्व्यङ्गुलविवर्धनात् ॥ १३१ ॥
पञ्चविंशाङ्गुलान्तं स्यात्पीठविस्तारं विधीयते ।
षड्वर्गा[या]दिशुभं कुर्याद्यथाभागादि संभवम् ॥ १३२ ॥
तन्मानं पीठविस्तारं कृत्वा तु चतुरंशकम् ।
एकांशं लिङ्गमानं स्याच्छेषं तत्पीठतुङ्गकम् ॥ १३३ ॥
अथवा पञ्चभागांशं तल्लिङ्गोदयमीरितम् ।
शेषं तु पूर्ववत्पीठं तुङ्गं कुर्याद् विचक्षणः ॥ १३४ ॥
पीठतारसमं लिङ्गं मध्यनालाग्रकान्तकम् ।
पीठतारं द्वयं कृत्वा ए(चै)कांशं नालविस्तृतम् ॥ १३५ ॥
तच्चतुर्भागिकैकांशं(श)हीनं नालाग्रतारकम् ।
केचिद् द्वित्र्यंशमेवं स्यान्मूलाग्रान्तद्वयं क्रमात् ॥ १३६ ॥
तद्विशालत्रिभागैकं प्रणाले विस्तारमेव वा ।
पीठतारचतुर्थांशं त्रिपं(त्र्यं)शं वृत्तवारिका ॥ १३७ ॥
पीठतारसमं चैव लिङ्गं तन(ङ्गस्य) परिणाहकम् ।
ध्वजमात्मार्थलिङ्गेषु स्वयम्भुवं परार्थके ॥ १३८ ॥

कुर्यादनेकलिङ्गेषु चैकलिङ्गं न कारयेत् ।
पीठतुङ्गं त्रिधा कृत्वा ए(चै)कांशं गलतुङ्गकम् ॥ १३९ ॥
अथवा पञ्चद्वयांशं वा गलतुङ्गं विशेषतः ।
शेषं तु चोर्ध्वाधो बन्धं पट्टजन्मसरोरुहम् ॥ १४० ॥
एकांशं जन्मतुङ्गं तु ए(चै)कभागैकं वेत्रकम् ।
तत्समं पङ्कजाग्रं स्यात्पद्मकुक्षिर्द्वयांशकम् ॥ १४१ ॥
तदष्टांशैकवेत्रं स्यात्तत्समं चोर्ध्ववेत्रकम् ।
पूर्ववत्कर्णसंयुक्तमूर्ध्वखण्डमथ त्वतः ॥ १४२ ॥
सपादांशाधिकं हीनं वा यन्मानोर्ध्वं मानयोः ।
पीठतारादयं नालं दीर्घं प्रागुक्तवत्र्ययेत् ॥ १४३ ॥
वृत्ताकारं तु पीठं स्यादन्यथाकृति वर्जयेत् ।
पीठतुङ्गं तु गन्धं(रन्ध्रं) स्याल्लिङ्गनाहस्य सादृशम् ॥ १४४ ॥
लिङ्गतुङ्गविशेषं स्याद्वेशनं तत्त्रयं तु धः ।
मानयेद्बहुलिङ्गे तु चैकानेकादि[लिङ्ग]कैः ॥ १४५ ॥
एतत्तु सर्वलिङ्गेषु चात्मार्थं च परार्थकं ।
रन्ध्रमध्ये स्थापयलिङ्गमादौ रत्नानि विन्यसेत् ॥ १४६ ॥
लिङ्गस्य परितो रन्ध्रे स्वर्णवज्रादिबन्धनम् ।
अभावे रजतेनैव ताम्रं वायसमेव च ॥ १४७ ॥
कारयेच्छिल्पिना सम्यग् लिङ्गपीठादिकैः(कैः) सह ।
एकानेकलिङ्गानां परार्थे त्वष्टबन्धनम् ॥ १४८ ॥
केचिन्निबन्धनं कुर्याद् द्रव्यैश्च गुग्गुलादिभिः ।
रत्नलिङ्गैश्च सर्वेषां न(स्व)र्णपीठं प्रकल्पयेत् ॥ १४९ ॥
अथवा रत्नपीठं वा रत्न(त्न)लिङ्गे पूर्ववत् ।
यद्यद्द्रव्येण लिङ्गं तत्तद्द्रव्येण पीठकम् ॥ १५० ॥
नवरत्नैश्च संयुक्तं स्वर्णपीठं प्रकल्पयेत् ।
एतद्रत्नैश्च सलिङ्गे तत्तत्राप्येव [illegible] ॥ १५१ ॥
पीठं(ठे) तु लिङ्गके [illegible] ।
एककं चैकलिङ्गं बहुभिश्चैकलिङ्गकम् ॥ १५२ ॥

वज्रलिङ्गमिति प्रोक्तं रत्नानि मि(इ)ति कथ्यते ।
एकं वा बहुरत्नं वा नवरत्नैश्च संयुतम् ॥ १५३ ॥
लिङ्गं यदुक्तं स्वर्णेन पीठे रत्नानि योजयेत् ।
अथवा केवलं स्वर्णं पीठं वा कारयेद् बुधः ॥ १५४ ॥
स्वर्णलिङ्गमिति प्रोक्तं लक्षणं पूर्ववद् भवेत् ।
आचार्यहस्तेन वा लिङ्गं शिष्यस्तु(स्य) नाहलिङ्ग(हाङ्गुल)वत् ॥ १५५ ॥
पश्चात्पूजां तथा कुर्यादाचार्योक्तोपदेशवत् ।
अथोक्तलिङ्गपूजायां(या) फलं वक्ष्ये यथाविधि ॥ १५६ ॥
नदीपर्वतलिङ्गानां कैलासारोहणं भवेत् ।
इहलोकस्य पूज्यत्वं भुक्तिमुक्तिफलप्रदम् ॥ १५७ ॥
रत्नलिङ्गस्य पूजायां फलं मुक्तिप्रदायकम् ।
स्वर्णलिङ्गार्चनमे(स्यै)वं फलं स्वर्गापवर्गकम् ॥ १५८ ॥
स्वर्णपीठं तु तल्लिङ्गं मुक्तावलिघ(ध)नमथापि वा विदुः ।
कर्तृमानसवशात्कल्पयेत्प्रशस्तमिह दोषवर्जितम् ॥ १५९ ॥
तोये वा मण्डले(ण्डूरे) वापि पुष्पे वा व(चो)त्पन्नेऽपि वा ।
सिकते वाथ हस्ते वा चाक्षतैर्वा गुलैस्तथा ॥ १६० ॥
मोदके वाथ पिष्टे वा गोमये वा यथेष्टकम् ।
सद्यः पूज्यं रचेल्लिङ्गं प्रोक्तं तत्क्षणिकं भवेत् ॥ १६१ ॥
तानि लिङ्गानि सर्वेषां यथालिङ्गाकृतिर्भवेत् ।
ध्यात्वा दक्षिणका(कं) लिङ्गं मानं सर्वं न कारयेत् ॥ १६२ ॥
दीर्घे(दैर्घ्ये) लिङ्गमा(स्या)यादिषड्वर्गशुद्धिं कुर्यात्सर्वथोक्तवत् ।
मानलिङ्गे चान्यस्वायम्भुवादिमानं च युक्तं तथायादीनि सर्वं न कुर्यात् ॥ १६३ ॥
वन्धाष्टनन्दवसुनन्दगुणैन वृद्ध्या
चाष्टार्कपङ्क्तितुरगैर्मुनिभिर्वि(र्नन्द)हन्यात् ।
योन्य(नय)श्च वृद्धि[च्यि]भ[व्य]यं च तु वारमंशम्
लिङ्गैकेन कुर्यात्तु परार्थतुङ्गे ॥ १६४ ॥
ध्वजधूमसिंहशुनकवृषगर्दभाश्च
दन्ती च काकश्च वसुयानिः य(यो)थाक्रमेण ।

ध्वजसिंहहस्तिवृषयोनिः शुभं प्रशस्तम्
　　अन्येषु योनिरशुभमुदितं पुराद्यैः ॥ १६५ ॥
शश(र्ष) वृद्धिर्म(र्भ)रशं शुभावहम्
　　चतुर्वृद्धिरूपं सुमङ्गलम् ।
श्रीकरं च सुखदं सुवृद्धिदम्
　　पुष्कलाय रवि(विः) तत्फलं क्रमात् ॥ १६६ ॥
भुक्तिमुक्तिशुभदं समृद्धिदम्
　　सम्पदर्थं धनमृद्धिः द्विज ।
भुक्तिनाशकलहं च मैत्रकम्
　　चोक्तमेव दशधा फलं भवेत् ॥ १६७ ॥
आयाधिक्यं चान्यथा हीनमुक्तम्
　　आयं हीनं चान्यथा चेत्त्वधिकम् ।
मृत्युदारिद्रावहं नाशहेतुः
　　आयाधिक्यं संपदर्थं समं वा ॥ १६८ ॥
जमाद्रश्चे(जन्मद्दग्वे)दषड्भिस्त्वष्टनन्दाशुभाद्याभौमम् ।
शौरि(शनि)त्वारं विसृज्य कृतिभ्यंभुक्शक्ति-ऋद्धिदं च ॥ १६९ ॥
भूषं शुद्धं धीरं चाधनं(चन्दनं) वेष्मे(श्मै)त्र च
　　[शक्तिश्च] भुबन्धन्य(नं)वीरं चैव भुक्तिमुक्तिशुभांशम् ।
अन्य[त] सर्वं तस्कराद्या(द्यं) यथांशम्
　　युक्त चेत्सर्वसंम्यद्धिनाशनम् ॥ १७० ॥

इति मानसारे वास्तुशास्त्रे लिङ्गविधानं नाम द्विपञ्चाशदध्यायः ॥

पीठलक्षणम्

सर्वेषामपि लिङ्गानां वक्ष्यते पीठलक्षणम् ।
लिङ्गतारं त्रिधापीठं(ठ)तारं स्वयम्भुलिङ्गके ॥ १ ॥

अथवा लिङ्गनाहे तु स्थूलदेशे समं भवेत् ।
लिङ्गतुङ्गसमं वापि तत्पादाधिकमेव वा ॥ २ ॥

अध्यार्धं वा त्रिपादोनं द्विगुणं त्रिगुणं तु वा ।
स्वयम्भुलिङ्गपीठस्य चोत्सेधमिति कथ्यते ॥ ३ ॥

एवं पूजां(लिङ्गां)शमानेन पीठं तन्मानयेद् बुधः ।
पूर्वोक्तमानलिङ्गानामधुना पीठलक्षणम् ॥ ४ ॥

लिङ्गस्य ब्रह्मदेशे तु लिङ्गदारं समन्ततः ।
यल्लिङ्गपरिणाहस्य समं वा पीठविस्तृतम् ॥ ५ ॥

वैष्णवांशे समोत्सेधं पीठं स्वास्तिकलिङ्गके ।
अथवा पादांशमाधिक्यं ब्रह्मांशे संभवं(ग्रहं) भवेत् ॥ ६ ॥

अन्यैस्तु सर्वलिङ्गानां ब्रह्मांशोदयं बुधैः ।
कुर्यात्तन्मान(नै) संग्राह्य द्वित्रिवेदगतांशकम् ॥ ७ ॥

तदेकांशाधिकं विष्णुमाने पीठोदये तथा ।
पीठांशसार्धयोर्दे(र्धोदे)शे वैष्णवांशं नवधास्र(श्रि)तम् ॥ ८ ॥

पीठं तु पीठतुङ्गस्य विस्तारं तु त्रिभागिकम् ।
एकांशं नालदैर्घ्यं(दैर्घ्यं) स्यान्मूलविस्तारं तत्समम् ॥ ९ ॥

चतुर्भागैकांशहीनं स्यात् षो(चडे)षाग्रविस्तृतम् ।
अथवा पञ्चत्र्यंशेन चाम्लाग्रं(ल)विशमङ्कम् ॥ १० ॥

तदेकांशाधिकं वापि पूर्वोक्तं नालदीर्घके ।
ग्रीवोर्ध्वं चोक्तमानं यन्नालस्य बहु(ह)लं भवेत् ॥ ११ ॥

नालतारं(र)त्रिभागैकं जलधारविशालकम् ।
पीठस्योर्ध्वे विशाले तु चतुष्पञ्चषडंशके ॥ १२ ॥

एकांशेन शेषं तु(स्याद्) घृतवारिविशालकम् ।
घृ(घृ)तवारिविशाले तु तत्तदश(शं) विभाजिते ॥ १३ ॥

एकांशं निम्नविस्तारं पट्टिकान्तसमन्वितम् ।
नन्द्यावर्तशिला चोर्ध्वे तस्मान्नारायणान्तकम् ॥ १४ ॥

पीठतुङ्गमिति प्रोक्तं गण्यमानमिहोच्यते ।
उत्सेधे षोडशांशे तु प्रथमोर्ध्वं द्विभागिकम् ॥ १५ ॥

पद्मोर्ध्वं तु त्रिभागं स्यात्तदूर्ध्वं चैपणांशकम् ।
कन्धरं च त्रिभागं स्यात्तदूर्ध्वं कम्पमंशकम् ॥ १६ ॥

ऊर्ध्वपद्मं त्रि(त्रयां)शं स्याद् वाजनं च त्रिभागिकम् ।
एकांशं घृ(घृ)तवारि स्याद् भद्रपीठमिति स्मृतम् ॥ १७ ॥

तदेव गलदेशे तु कुमुदं(द)निर्गमं भवेत् ।
त्रियमं(त्रयांशं) वृत्तकुम्भं वा श्रीभद्रमिति कीर्तितम् ॥ १८ ॥

कुम्भस्योपरि तस्याधश्चार्धार्धेन पद्मयुक् ।
तस्याधोऽर्धन(नै)कार्धेन कुर्यात्तत्तद्विचक्षणः ॥ १९ ॥

शेषं तु पूर्ववत्पीठं श्रीविशालमिति स्मृतम् ।
अथवा कुम्भं दिग्भागं पद्मतुङ्गं युगांशकम् ॥ २० ॥

शेषं प्रागुक्तवत्कुर्यादुपपीठं प्रकल्पयेत् ।
अथवाधिष्ठानवद् गुह्यं कुर्यात्तत्सर्वलिङ्गके ॥ २१ ॥

यत्तुङ्गस्य वशात्तेशं पीठकर्णावसानकम् ।
उक्ततारादिहीनं स्यात्सर्वदोषसमुद्भवम् ॥ २२ ॥

तस्मात्तु निर्गमं कुर्याद् विस्तारं तत्प्रकल्पयेत् ।
कुर्यात्तु नागरे लिङ्गे पीठं नागरमेव च ॥ २३ ॥

द्राविडे द्राविडं प्रोक्तं वेसरे वेसरं तथा ।
धारा(मन्ध्र)लिङ्गं तु (ङ्गानां) सर्वेषां धारा(षामन्ध्र)पीठं प्रकल्पयेत् ॥ २४ ॥

यत्तदाकारलिङ्गानां तत्तदाकारलिङ्गके ।
तत्तच्छिखराकारं [तु] कुर्यादेवं विचक्षणः ॥ २५ ॥

विपरीते भूसुरादीनां विपरय(त्ति) हि समावहेत् ।
तस्मात्तु पीठलिङ्गादि हर्म्यादि परिहृद्यते ॥ २६ ॥

नागरं चतुरश्रं स्यादष्टाश्रं द्राविडं तथा ।
वृत्तं च वेसरं प्रोक्तमेतत्पीठाकृतिस्तथा ॥ २७ ॥

धारा(मन्ध्र)लिङ्गं तु पीठानां सर्व धारा(र्वमन्धा)कृतिस्तथा ।
कुर्यात्तु(क्रियेत) शिल्पिभिः सर्वैः सर्वसंपत्करं सदा ॥ २८ ॥

स्वयम्भुलिङ्गविस्तृतित्रिगुणं च पीठे ।
पीठस्य तारत्रिविधं परिशुद्धगेहम् ॥ २९ ॥

गेहत्रिधैकं परितो बहिष्कुर्यात् तारम् ।
केचित्तदायामसमं पीठविशालमेतत् ॥ ३० ॥

इति मानसारे वास्तुशास्त्रे पीठलक्षणविधानं नाम त्रिपञ्चाशदध्यायः ॥

शक्तिलक्षणम्

शक्तीनां चित्र(ह्व)वर्णादिलक्षणं वक्ष्यतेऽधुना ।
सरस्वती च सावित्री लक्ष्मीश्च मही तथा ॥ १ ॥
मनोन्म(न उन्मादि)नी सप्तमातृश्च दुर्गा चैव यथाक्रमम् ।
पूर्वोक्तद्रव्यसर्वेषां(र्वैश्च) सर्वशक्ति प्रकारयेत् ॥ २ ॥
पद्मपीठोपरि स्थाप्य(पयित्वा) देवीं पद्मासनासनाम् ।
शुद्धस्फटिकसंकाशां मुक्ताभरणभूषणम् ॥ ३ ॥
चतुर्बाहुं द्विनेत्रं(त्रां) च केशबन्धं(न्धां) च मौलिनीम् ।
शुद्धश्वेताङ्गुलोपेतां ग्राहकुण्डलभूषणाम् ॥ ४ ॥
ललाटे भ्रमरकं स्यान्मौक्तिका(क)पट्टमेव वा ।
कर्णपुष्पैश्च मौक्त्येन कर्णदामै(मभि)रलङ्कृतम् ॥ ५ ॥
हारोपग्रीवसंयुक्तं(क्तां) मुक्तारत्नावली(लीं) तथा ।
कुचबन्धनसंयुक्ता बाहुमालाविभूषणी ॥ ६ ॥
केयूरकटकैर्युक्तं(क्तां) प्रकोष्ठवलयं(यां) तथा ।
मणिबन्धकटकं(कां) वा मौक्तिका(क)पौर(पूर)मेव च ॥ ७ ॥
मध्याङ्गुलं विना सर्वे मौलिक(मूलतो) रत्नाङ्गुलीयकैः ।
नीवीं च लम्बनं चैव मौक्तिका(क)पट्टयुक्तिका ॥ ८ ॥
पादजालां भुजङ्गानां गुल्फस्योपरि भूषणीम् ।
पादनूपुरसंयुक्तं(क्तां) पादरत्नाङ्गुलीयकैः ॥ ९ ॥
मौक्तिकोत्तरीयसंयुक्तां सर्वालङ्कारभूषण(णी)म् ।
पुरतः सव्य(व्ये) संदर्श पुस्तकं वामहस्तके ॥ १० ॥
दक्षिणे परहस्ते तु चाक्षमालावधारिणीम् ।
कुण्डिका वामहस्तौ(स्ते) च धारयेत्तु सरस्वती ॥ ११ ॥
अथवा द्विभुजं कुर्यात्कुन्तलं मकुटं भवेत् ।
दक्षिणं वरदं हस्तं वामहस्ते च पद्मकम् ॥ १२ ॥

करण्डमकुटं वापि हेमवर्णाङ्गशोभितम् ।
पीताम्बरं यथारत्नं मुक्ताभरणमेव च ॥ १३ ॥
कर्णयोः स्वर्णताटङ्कं सूत्रयुक्तं(क्तां) सुमङ्गलाम् ।
द्विनेत्रां प्रसन्नवदनां सर्वाभरणभूषणीम् ॥ १४ ॥
पितामहस्य पार्श्वे तु स्थानकं चासनं तु वा ।
वामभागे तु सावित्रीं श्वेतरक्त(क्ता)मथापि वा ॥ १५ ॥
श्यामाङ्गवर्णमेवं वा द्विभुजं च द्विनेत्रकम् ।
स्थानकं चासनं वापि करण्डमकुटान्वितम् ॥ १६ ॥
अथवा केशबन्धं वा कर्णे मकरकुण्डलम् ।
दुकूलाम्बरधरं वापि पीताम्बरमथापि वा ॥ १७ ॥
सर्वाभरणसंयुक्तां वरदं वामहस्तके ।
दक्षिणे चोत्पलं कुर्याच्छेषं प्रागुक्तवन्नयेत् ॥ १८ ॥
सरस्वतीं च सावित्रीं दशतालेन कारयेत् ।
रक्ताब्जं पीठतश्चोर्ध्वे देवी पद्मासना भवेत् ॥ १९ ॥
चतुर्भुजं त्रिनेत्रं च मकुटं कुन्तलं भवेत् ।
प्रसन्नवदनां देवीं शुद्धकाञ्चनसन्निभाम् ॥ २० ॥
पीताम्बरधरां रक्तां[मं]शुकर्पताम्(भरणीम्) ।
विशालाक्षमायतं कुर्यादपाङ्गकोणे स्मिताननाम् ॥ २१ ॥
दक्षिणं त्वभयं पूर्वे डिण्डिमं वामहस्तके ।
अपरे दक्षिणे पद्मं चाक्षमालामथापि वा ॥ २२ ॥
वामे नीलोत्पलं वापि रक्तपद्मो(द्मामु)द्धृतं तु वा ।
पीनोन्नतस्तनतटां फाले भ्रमरकान्विताम् ॥ २३ ॥
अथवा रत्नपट्टं स्यात्स्वर्णताटङ्कं कर्णयोः ।
मकरं कुण्डलं वापि कर्णयोः स्वर्णदामयुक् ॥ २४ ॥
हारोपग्रीवसंयुक्तां ससूत्रैश्च सुमङ्गलीम् ।
कुचतटैश्च केकै(रत्नै)श्च हेमपट्टविभूषिणीम् ॥ २५ ॥
रमानि चन्द्र(छन्न)वीरं स्यात्स्वर्णरत्नोत्तरीययुक् ।
केयूरकटकस्वर्णरत्नपूरिमसंयुत(ता)म् ॥ २६ ॥

प्रकोष्ठवलयं रत्नैः कटकं मणिबन्धकैः ।
रत्नेन कटिसूत्रं स्याद्रत्नदामादिभूषिणीम् ॥ २७ ॥
रत्नहेमं(म्ना) च वस्त्रेण कुर्यान्नीव्यं च लम्बयेत् ।
नलकान्तं त्रि(त्रि)लम्बं स्यात्सर्वरत्नानि(त्न)शोभिताम् ॥ २८ ॥
भुजङ्गाङ्गवलयं पादौ(दयोश्)चोर्ध्वाधो रत्नबन्धनम् ।
पादनूपुरसंयुक्ताङ्गुलीरत्नाङ्गुलीयक(का)म् ॥ २९ ॥
बाहुमूलादि संभूष्य सर्वाभरणभूषिणीम् ।
अथवा द्विभुजं चैव वामहस्ते च सन्धिमत(डिण्डिमम्) ॥ ३० ॥
दक्षिणे रत्नपद्मं स्याच्छेपं प्रागुक्तवन्नयेत् ।
एवं प्रोक्तं(क्तां) महालक्ष्मीं स्थापयेत्सर्वहर्म्यके ॥ ३१ ॥
सामान्यं(न्यां) लक्ष्मीं कुर्याद् द्विभुजं(जां) च द्विनेत्रके(काम्) ।
रक्तपद्मोद्धृतं(तौ) हस्तौ सर्वाभरणभूषिणीम् ॥ ३२ ॥
शेषं तु पूर्ववत्कुर्याद् देवीं(वी)पार्श्वे विशेषतः ।
ऐरावतद्वयोश्(यं) चैव कुर्यादाराद(ध)येत्सुधीः ॥ ३३ ॥
सर्वास(र्वेषा)मालये द्वारे मध्यरङ्गे तु पूजयेत् ।
अथवा विष्णुपार्श्वे तु लक्ष्मीलक्षणमुच्यते ॥ ३४ ॥
द्विभुजां च द्विनेत्रां च करण्डमकुटान्विताम् ।
अथवा केशबन्धं स्याद्वामहस्तोद्धृताब्जकम् ॥ ३५ ॥
दक्षिणं हस्तं वरदं च अ(वा)थवा लम्बनं भवेत् ।
स्थानकं चासनं वापि स्थापयेद् विष्णुदक्षिणे ॥ ३६ ॥
कुर्यात्तु सर्वलक्ष्मीनां मध्यमं(म)दशतालकं ।
सर्वाभरणसंयुक्तां हेमवर्णाङ्गशोभिताम् ॥ ३७ ॥
एतेषाम्(एषाः) इ(ने)न्दिराः प्रोक्ताः(क्तास्तु) महि(ही)शक्तिमि(रि)होच्यते ।
द्विभुजं(जां) च द्विनेत्रं(त्रां) च करण्डमकुटान्वित(ता)म् ॥ ३८ ॥
दुकूलवसनोपेतां मकुटं कुन्तलं तु वा ।
स्थानकं चासनं वापि विष्णुमूर्त्या(र्तेर)पसव्यके ॥ ३ ॥
दक्षिणे चोत्पलं धृत्वा वामभागं तु लम्बनम् ।
अथवा वरदं वामे श्यामवर्णाङ्गशोभिताम् ॥ ४० ॥

मानयेद् दशतालेन सर्वं शेषं तु पूर्ववत् ।
मकरकुण्डलसंयुक्तां सर्वाभरणभूषिणीम् ॥ ४१ ॥
भूशक्तिलक्षणं प्रोक्तं गौरीलक्षणमुच्यते ।
द्विभुजं(जां) च द्विनेत्रं(त्रां) च कुर्यादासनं(ने) स्थानकं(के) तु वा ॥ ४२ ॥
करण्डं केशबन्धं वा कुन्तलं मकुटं भवेत् ।
दक्षिणे चोत्पलं वामे वरदं स्थानमेव वा ॥ ४३ ॥
अथवा लम्बहस्तं स्याद् गोबालाकारवद् भवेत् ।
दुकूलवसनोपेतां पीताम्बरधरामेव वा ॥ ४४ ॥
दीर्घबाहुं विशालाक्षीं श्यामवर्णां महोदराम् ।
स्तनतटोत्तुङ्ग(ङ्गा) विस्तीर्णश्रोनि(णि)देशोद्भवा भवेत् ॥ ४५ ॥
कटि चोरु विशालं स्यान्मध्यकृश्चोनलम्बवत् ।
विशालास्य(लमास्यं) सुग्रीवं तुङ्गतुण्डं स्मिताननम् ॥ ४६ ॥
चन्द्ररेखावतंसं स्याद् भ्रमरावृतमालिकम् ।
अथवा फालपट्टं स्यात्कर्णयोर्ग्राहकुण्डलौ ॥ ४७ ॥
कर्णपुष्पैश्च दामं(म) स्याद्धेमसूत्रं सुमङ्गली ।
हारोपग्रीवसंयुक्तां बाहुमालाविभूषिणीम् ॥ ४८ ॥
कटकं कटिसूत्रं स्यात्केयूरपुरिमान्वितम् ।
रक्तांशुकोत्तरीयं स्यान्मौक्तिकोत्तरीयमेव च ॥ ४९ ॥
प्रकोष्ठवलयं चैव वलयैर्मणिबन्धकैः ।
भुजङ्गकटकाङ्घ्रिकौ पादनूपुरसंयुतम् ॥ ५० ॥
सर्वाङ्गुलौ(लमु)क्तवज्ज्ञात्वा कुर्याद्रक्ताङ्गुलीयकैः ।
दक्षिणे कुञ्चितं पादं वामपादं तु लम्बितम् ॥ ५१ ॥
पुष्पं च वरदं स्थाने हस्तं वामेऽथ चासने ।
दक्षिणं स्वस्तिकं पादं वामादन्तकरान्तकम् ॥ ५२ ॥
कुञ्चितं वामपादं स्याद् दक्षिणं कुञ्चितं तु वा ।
पुष्पधृक् लम्बहस्तं स्यात्स्थानकं च त्रिभागिकम् ॥ ५३ ॥
मानयेदङ्गमानं च मध्यमं दशतालके ।
लिङ्गस्य वामपार्श्वे तु विग्रहाणां तु वामके ॥ ५४ ॥

स्थापयेत्स्थावरे गौरीं तथा जङ्गममेव च ।
गौरीं च पार्वतीं चैव मनोमन्या(न उन्मादिनी)मथ वक्ष्यते ॥ ५५ ॥
चतुर्भुजां त्रिनेत्रां च जटामकुटमण्डिताम् ।
समपदस्थानकं(कां) देवीं दशतालेन मानयेत् ॥ ५६ ॥
दक्षिणे चाभयं पूर्वे वरदं वामहस्तके ।
अपरे दक्षिणे चाब्जं वामहस्ते तु चोत्पलम् ॥ ५७ ॥
श्वेतरक्तं च वर्णं वा श्यामवर्णाङ्गशोभित(ता)म् ।
केचित्तु कुन्तलनिभं तुङ्गं मकुटं कुन्तलं तु वा ॥ ५८ ॥
वामे बालशशिं(शिनं) कुर्यादवामे तुरगा(गम)न्वितम् ।
दुकूलवसनोपेतं(तां) सर्वाभरणभूपित(ता)म् ॥ ५९ ॥
तदेव वृषमाश्रित्य पृष्ठे देवी त्रिभागिकम् ।
दक्षिणं स्वस्तिकं पादं वामपादं च कुञ्चितम् ॥ ६० ॥
पुरतो वामहस्ताच्चं(ग्रे) शिरस्यो(स उ)परि विन्यसेत् ।
शेषं तु पूर्व[वद्]देवीं च चोत्पलं वासनाभयम् ॥ ६१ ॥
तदेव परहस्तौ च वामे रक्ताब्जधारिणीम् ।
दक्षिणे चाक्षमाला(लां) च कुर्यात्प्रोक्तं पुरातनैः ॥ ६२ ॥
एवं मनो(न उ)न्मनीं शक्त्या(क्तिं) स्थापयेच्छिवहर्म्यके ।
वाराही चैव कौमारी चामुण्डी भैरवी तथा ॥ ६३ ॥
माहेन्द्री वैष्णवी चैव ब्रह्माणी सप्तमातरः ।
एतेषां(तासां) सर्वशक्तीनां नवतालेन कारयेत् ॥ ६४ ॥
भद्रपीठोपरि स्थाप्यमा(प्या चा)सने सप्तमातरः ।
शयने दक्षिणे पादान् वामपादान्प्रलम्बयेत् ॥ ६५ ॥
चतुर्भुजं(जां) त्रिनेत्रैश्च सर्वाभरणभूषिणीम् ।
चामुण्डी चैव रुद्राणी तानि(सा च) शक्तिः त्रि(त्रि)लोचनी ॥ ६६ ॥
ब्रह्माणी चैव रुद्राणी जटामकुटमण्डितौ(ते) ।
वाराही पोत्रवक्त्री स्यात् किरीटमकुटान्वित(ता)म् ॥ ६७ ॥
कौमारी करण्डमौली च किरीटी(टिनी) वैष्णवी तथा(च) ।
चामुण्डी ज्वाल(जटा)मौली च भैरवी पिबरालका[म्] ॥ ६८ ॥

शूलं मरु[द्]गणं चैव पूर्वं चापरदक्षिणे ।
कपालं पूर्वहस्ते च पाशं चापरहस्तकौ(के) ॥ ६९ ॥
एवं तु वान(म)मुद्धृत्य चामुण्डी भैरवी उ(चो)भौ(भे) ।
चामुण्डी श्यामवर्णाभा भैरवी रक्तवर्णिनी ॥ ७० ॥
केचित्तु भैरवी पूर्वे वरदाभयहस्तकौ ।
शूलं डमरुकं चैव सव्यवामकेऽपरे [तु] ॥ ७१ ॥
रक्ताम्बरप(ध)रा पार्श्वे कुचाभौ रक्तकञ्चुलौ ।
चामुण्डी च शिरोमाला सर्वाभरणभूषिणी ॥ ७२ ॥
कृष्णाम्बरधरी(रा) कृष्णलम्बकूर्चांसभैरवी ।
वैष्णवी चैव वाराही श्यामवर्णा विशोभिनी ॥ ७३ ॥
चक्रं च दक्षिणे हस्ते शङ्खं वामकरेऽपरे ।
पूर्वे च वरदं वामे दक्षिणे त्वभयमुभौ ॥ ७४ ॥
पीताम्बरं च संरक्तां सर्वाभरणभूषिणीम् ।
एवं तु वैष्णवी प्रोक्ता वाराही दक्षिणे हलम् ॥ ७५ ॥
वामहस्तोपरि(स्ते परे) पाशं दक्षिणेत्वभ करे ।
वरदं वामहस्ते तु सर्वाभरणभूषिणीम् ॥ ७६ ॥
पीताम्बरधरं(रा) चैव कौमारी रक्तवर्णिनी ।
वरदं चाभयं पूर्वे वामे तु द्वारहस्तकौ ॥ ७७ ॥
दक्षिणे च [कपालं] स्यात् श(च्छ)क्तिं च वामहस्तकौ ।
श्यामवर्णाम्बरं(रा) चैव सर्वाभरणभूषिणीम् ॥ ७८ ॥
कौमारीलक्षणं प्रोक्तं ब्रह्माणी च चतुर्मुखी ।
वरदाभयहस्तौ च कुण्डिकासाक्षमालाधृक् ॥ ७९ ॥
वामेत्ववामपूर्वे तु चा[क्षमाला] यथाक्रमम् ।
शुद्धवस्त्रा(रक्ता)म्बरयुक्तां सर्वाभरणभूषिणीम ॥ ८० ॥
एवमुक्तं(क्ता) तथा ब्राह्मी रुद्राणी श्वेतवर्णिनी ।
वरदाभयहस्तौ च पूर्वे च वामदक्षिणे ॥ ८१ ॥
वामे च हरिणं सव्ये परशुं परहस्तके ।
चर्माम्बरधरायुक्ता सर्वाभरणभूषिणी ॥ ८२ ॥

वामे तु शङ्खपत्रं स्याद्वामे कर(र्ण)कुण्डलम् ।
रुद्राणीलक्षणं प्रोक्तं चामुण्डी वामकर्णके ॥ ८३ ॥
शङ्खपत्रं च(चा)वामे तु शङ्खकुण्डलसंयुत(ता)म् ।
अन्यथा(न्यासां) सर्वशक्तीनां ग्राहकुण्डलभूषिणी(षणा)म् ॥ ८४ ॥
हारोपग्रीवसंयुक्तां केयूरकटकान्विताम् ।
मणिबन्धनवलयादिसर्वरत्नाङ्गुलीयकैः ॥ ८५ ॥
बाहुमाल्यादिसंभूष्य(ष्यां) साकं चुलकान्विताम् ।
उक्तानां सर्वशक्तीनां सर्वाभरणभूषितैः(षणम्) ॥ ८६ ॥
भद्रपीठोपरि देशे महिष्य(षो) हतः(त)शिरः (राः) ।
तदूर्ध्वे तारकां देवीं स्थानकां ऋजुं भावयेत् ॥ ८७ ॥
चतुर्भुजं(जां) द्विनेत्रं(त्रां) च श्यामवर्णाङ्गशोभिताम् ।
किरीटमकुटोपेतां सर्वाभरणभूषिणीम् ॥ ८८ ॥
पूर्वेऽभयं करे सव्यं चक्रं चापरदक्षिणे ।
ऊरुमूलाश्रितं वामवरदं वा करपूर्वके ॥ ८९ ॥
वामे चान्यकरं शङ्खं पीताम्बरधरं भवेत् ।
एवं कात्यायनीं(नी) प्रोक्तं(क्ता) शेषं प्रागुक्तवन्नयेत् ॥ ९० ॥
मूर्ध्नि च मध्ये ललाटमध्ये
नासाग्रमध्ये चन्द्रदेशनाभेः ।
ऊर्ध्वाधो(धः) पादद्वयमध्यगुल्फे
कुर्यात्तु सूत्रं तु सुखासने च ॥ ९१ ॥
तदेव सूत्रं त्वथ कायदेशे
चोरुद्वयोर्मध्यमकं च सूत्रम् ।
जानुद्वयोर्मध्यमपादयोस्तम्
मध्यं च सूत्रमृजुस्थानके तत् ॥ ९२ ॥
भङ्गद्वयो मूर्ध्नि ललाटसव्ये
नासापुटे सव्यकचक्षुर्मध्ये ।
नाभेश्च सव्ये स्थितपादवामे
सूत्रं हि तिष्ठेत्तु कुरु(र्या)दासने च ॥ ९३ ॥

इति मानसारे वास्तुशास्त्रे शक्तिलक्षणविधानं नाम चतुष्पञ्चाशदध्यायः ॥

जैनलक्षणम्

सुगतजैनकादीनां लक्षणं मानपूर्वकम् ।
संक्षिप्य लक्ष्यतेऽधुना मानसारस्य संग्रहम् ॥ १ ॥
मानं चापि प्रमाणं च परिमाणं लम्बमानकम् ।
उन्मानमुपमानं च मानं पञ्चं समीरितम् ॥ २ ॥
पादाङ्गुष्टिससीमान्तं मानं चापि प्रकथ्यते ।
प्रमाणं विस्तृतं प्रोक्तं परितः परिमाणकम् ॥ ३ ॥
तत्सूत्राल्लम्बमानं स्यान्निन्नमुन्मानमुच्यते ।
अन्तरे उ(चो)पमानं स्याद्बिम्बोदयादि सर्वशः ॥ ४ ॥
मानमेवं तु षट्भेदं मानेनाङ्गानि मानयेत् ।
आदिमानविधिं(धिः) सम्यग्लक्षनं च इ(णं तु चे)होच्यते ॥ ५ ॥
हर्म्यतारवशान्मानं गर्भगेहवशोदयम् ।
द्वारमानवशात्तुङ्गमधिष्ठानवशोदयम् ॥ ६ ॥
हस्तमानवशान्मानं तालमानवशोदयम् ।
अङ्गुलेनाभि(न तु) चोत्तुङ्गं यजमानवशोदयम् ॥ ७ ॥
मूलबेरवशान्मानमुत्तमादि त्रयं त्रयम् ।
एवं तु नवदेशो च महामानं तु संग्रहम् ॥ ८ ॥
हर्म्यमानं चतुर्मानं भोगमोक्षार्थकादि(मि)नाम् ।
हस्ततालवशान्मानं भोगमोक्षप्रदायकम् ॥ ९ ॥
अङ्गुलानां तु यन्मानं कुर्यात्तु मोक्षकादि(मि)नाम् ।
कर्तृबिम्बवशान्मानं सर्वसिद्धो(द्धो)दयं विदुः ॥ १० ॥
कर्तरी(रि) चानुवर्तन्ते(ते) कायत्वादिमानकम् ।
तस्मादेवं तु प्रत्येकं नवमानमिहोच्यते ॥ ११ ॥

हर्म्यतारं(र)नवांशेन चैकैकं बेरतुङ्गकम् ।
स्थावरं जङ्गमं चैव कन्यसादि त्रयं त्रयम् ॥ १२ ॥
गर्भगेहसमं श्रेष्ठं नवांशैकांशं कन्यसम् ।
द्वारतुङ्गविशाले तु नवमानं तु पूर्ववत् ॥ १३ ॥
अधिष्ठानसमं श्रेष्ठं कन्यसान्तं नवोदयम् ।
हस्तादि नवहस्तान्तं कन्यसादि त्रयं त्रयम् ॥ १४ ॥
एकतालं समारभ्य नवतालावसानकम् ।
कन्यसादुत्तमान्तं स्याद्यजमानोदयं परम् ॥ १५ ॥
केशान्तं नासिकाग्रान्तं हन्वन्तं बाहुसीमकम् ।
स्तनान्तं हृदयान्तं च नाभ्यन्तं मेढ्रसीमकम् ॥ १६ ॥
नवधा कन्यसान्तं स्यात्स्थावरं(र)जङ्गमोदयम् ।
मूलबेरवशं मानमुत्सवोदयमीरितम् ॥ १७ ॥
मूलबेरोदयं श्रेष्ठं त्रिपादं मध्यमं भवेत् ।
तुङ्गार्धं कन्यसं प्रोक्तं त्रिविधं चोत्सवोदयम् ॥ १८ ॥
अथवा तेन मानेन षोडशांशं(शे) विभाजिते ।
एकैकांशकं तस्मात्पञ्चविंशांशकान्तकम् ॥ १९ ॥
कन्यसादुत्तमान्तं स्यान्नवमानमुत्सवोदयम् ।
अथवा मूलबेरस्य केशान्तं तु भ्रुवान्तकम् ॥ २० ॥
नेत्रान्तं नासिकाग्रान्तं हन्वन्तं बाहुसीमकम् ।
स्तनान्तं हृदयान्तं च नाभ्यन्तं च नवोदयम् ॥ २१ ॥
कन्यसादुत्तमान्तं स्यान्नव तदुत्सवोदयम् ।
उत्सवे चा(त्सवस्या)र्धमानेन कौतुकोदयमीरितम् ॥ २२ ॥
तन्मानं चाष्ट(नव)भागैकं नवभागावसानकम् ।
कन्यसादुत्तमान्तं स्यान्नवमानं कौतुकोदयम् ॥ २३ ॥
हर्म्यादि चाष्ट(नव)धा मानमायाद्यर्थांशं कारयेत् ।
यथासंग्रहमानैश्च शतभागं(गे) विभाजिते ॥ २४ ॥
एकैकांशाधिकं त्रिंशच्छतभागावसानकम् ।
स्थावरजङ्गमादीनां शुभमायादिसंभवम् ॥ २५ ॥

तदूर्ध्वे जात्यं(त्यं)शसंयुक्तं [कुर्याद्] विधिवद् बुधः ।
मूलबेराङ्गुलं चैव मानाङ्गुलमेव वा ॥ २६ ॥
मात्राङ्गुलं ततः प्रोक्तमङ्गुलं त्रिविधं भवेत् ।
चतुर्विंशच्चतुर्भागं मूलबेरादयं भवेत् ॥ २७ ॥
मूलबेराङ्गुलं(लेन) चैव(च) मानयेदुत्सवोदयम् ।
यवताराष्टमात्रं स्यान्मानाङ्गुलमिति स्मृतम् ॥ २८ ॥
कर्तुर्दक्षिणहस्तस्य मध्यमाङ्गुलमध्यमं ।
पर्वदीर्घं तत(त्त)ज्ञाहं मात्राङ्गुलमुदीरितम् ॥ २९ ॥
एवं त्रिविधमुत्कृष्टं मध्यमष्टांशहीनकम् ।
त्रिपादं कन्यसं प्रोक्तं नवभेदाङ्गुलं भवेत् ॥ ३० ॥
स्थावरं जङ्गमं मानं मानाङ्गुलेन मानयेत् ।
मात्राङ्गुलेन चात्मार्थं बेरमानं प्रकल्पयेत् ॥ ३१ ॥
एकादशाङ्गुलमारभ्य द्विद्व्यङ्गुलविवर्धनात् ।
त्रयोस्त्रिंशच्छतान्तं स्याद् देहलब्धाङ्गुलेन वा ॥ ३२ ॥
नवाङ्गुलं समारभ्य द्विद्व्यङ्गुलविवर्धनात् ।
त्रयोविंशच्छतान्तं स्यान्मानाङ्गुलेन मानयेत् ॥ ३३ ॥
सप्ताङ्गुलं समारभ्य द्विद्व्यङ्गुलविवर्धनात् ।
त्रयोदशशतान्तं स्यान्माना(त्रा)ङ्गुलेन मानयेत् ॥ ३४ ॥
अङ्गुलानां तु सर्वेषां जात्यंशकं विवर्जयेत् ।
कुर्यादायादिषड्वर्गमुक्तवच्छिल्पिव(ल्पवि)त्तमः ॥ ३५ ॥
स्थावरं जङ्गमं चैव लक्षणं वक्ष्यतेऽधुना ।
त्रिभुजं च द्विनेत्रं च मुकुटाग्रं च शीर्षकम् ॥ ३६ ॥
ऋजुस्थानकसंयुक्तं तथा चासनमेव च ।
समाङ्घ्रि ऋजु(ज्वा)कारं स्याल्लम्बहस्तद्वयं तथा ॥ ३७ ॥
आसनं च द्विपादौ च पद्मासने तु संयुतम् ।
ऋजुकं च ऋजु(जु)भावं यत् तत्तत्प्रशस्त(स्त)कम् ॥ ३८ ॥
सव्यापसव्यहस्तं च मूलाग्राभिमुखं तथा ।
स्थानकं चासनं वापि सिंहासनेऽपि त्वायोजयेत् ॥ ३९ ॥

अ(उ)परे तु निर्यूहं कुर्यान्मकरतोरणं [भवेत्] ।
तदूर्ध्वं कल्पवृक्षं(क्षः) स्यात्सह(ग)जेन्द्रस्वरैः(परैः) सह ॥ ४० ॥
नारदादि(दीन्) ऋषीन्देवान्देवाङ्गनाभिः सह सेवितान् ।
यक्षविद्याधराद्यैश्च चक्रमन्यत्र भूपतिम्(तीन्) ॥ ४१ ॥
न(ना)गेन्द्रादि(दीन्) च दिक्पालान्यक्षैश्च सहसेवितान् ।
यक्षयक्षेश्वरौ पार्श्वे चामरोद्धृतसंवितान् ॥ ४२ ॥
चतुत्रि(त्रै)यान्तरि(री)क्षे तु तस्याधो जिनदेवतान् ।
स्फटिकश्वेतरक्तं च पीतश्याममनिभ तथा ॥ ४३ ॥
सिद्धादिश्च सुगन्धश्च ज(जि)नं चाह(र्ह) तुपार्श्वकम् ।
एतत्पञ्चपरमेष्ठी(वर्णा) पञ्चबेरं यथाक्रमम् ॥ ४४ ॥
उत्तमं(म)दशतालेन देवाङ्गैः सह मानयंत् ।
चतुर्विंशतितीर्थानां(न्) दशतालेन कारयंत् ॥ ४५ ॥
निराभरणसर्वाङ्गं निर्वस्त्राङ्गं मनोहरम् ।
सम(र्व)वक्षःस्थले हेमवर्णा श्रीवत्सलाञ्छनम् ॥ ४६ ॥
द्वारे चण्ड(ण्डं) महाचण्डं कुर्यात्सव्यापसव्यके ।
एवं तु जिनमित्युक्तं शेषमागमतो(त उ)क्तवत् ॥ ४७ ॥

इति मानसारे वास्तुशास्त्रे जैनलक्षणविधानं नाम पञ्चपञ्चाशदध्यायः ॥

बौद्धलक्षणम्

बौद्धस्य लक्षणं वक्ष्ये सम्यक् च विधिनाधुना ।
ज(जि)नदेवा(वम)त्स्थिरं युक्तं बौद्धस्य च विशेषतः ॥ १ ॥
स्थानकं चासनं वापि सिंहासनादिसंयुतम् ।
अश्वत्थवृक्षसंयुक्तं कल्पवृक्षं तथा न्यसेत् ॥ २ ॥
शुद्धश्वेतवर्णं स्याद् विशालाननसंयुतम् ।
लम्बकर्णा(र्णमा)यताक्षं स्यात्तुङ्गको(घो)णं स्मिताननम् ॥ ३ ॥
दीर्घबाहु विशाला(लं) च वक्षःस्थलं च सुन्दरम् ।
मांसलाङ्गं सुसंपूर्णं लम्बोदरपूर्णकृत ॥ ४ ॥
समपादस्थानकं कुर्यात्लम्बहस्तं सुखासनम् ।
द्विभुजं च द्विनेत्रं च चोष्णीषोज्ज्वलमौलिकम् ॥ ५ ॥
एवं तु स्थानकं कुर्यादासनादि यथाक्रमम् ।
पीताम्बरधरं कुर्यात्स्थानके चासनेऽपि च ॥ ६ ॥
पीतं वामभुजोर्ध्वे तु चार्धकं तु सदना(साधना) ।
स्थावरं जङ्गमं वापि दारु शैलं च लोहजम् ॥ ७ ॥
चित्रं वा चार्धचित्रं च चित्राभासमथापि वा ।
पट्टे वा भित्तिके वापि कुर्यान्मृत्तिकाशर्करा[भ्याम्] ॥ ८ ॥
उत्तमं(म)दशतालेन कारयेत्त्वङ्गमानकम् ।
शेषं प्रागुक्तवत्कुर्यात्तत्तदागमवद् बुधः ॥ ९ ॥

इति मानसारे वास्तुशास्त्रे बौद्धलक्षणविधानं नाम षट्पञ्चाशदध्यायः ॥

मुनिलक्षणम्

ऋषीणां लक्षणं वक्ष्ये शास्त्रे संक्षिप्यतेऽधुना ।
अगस्त्यः काश्यपश्चैव भृगुर्वा(र्व)सिष्ठो भार्गवः ॥ १ ॥
विश्वामित्रस्तथा भारद्वाजः सप्तर्षयः क्रमात् ।
अगस्त्यं सप्ततालेन मानयेत्त्वङ्गमानकम् ॥ २ ॥
काश्यपं चाष्टतालेन मानयेदपि च भृगुम् ।
अन्यथा ऋषिसर्वेषां(र्वान्) नवतालेन कारयेत् ॥ ३ ॥
श्यामवर्णमगस्त्यं च काश्यपं पीतवर्णकम् ।
भृगुं [च] कृष्णवर्णं स्या(कुर्या)द् वसिष्ठं रक्तवर्णकम् ॥ ४ ॥
भार्गवं पिङ्गलाभं स्याद् विश्वामित्रं च रक्तकम् ।
भरद्वाजं च हारिद्रं वर्णमेवं क्रमाद् विदुः ॥ ५ ॥
द्विभुजं च द्विनेत्रं च जटाजूटेन मण्डितम् ।
पीताम्बरधरं चैव सर्वेषामपि मुनीनाम् ॥ ६ ॥
कुब्जाकारं बृहत्कुक्षि कषायं पूर्णशोभितम् ।
अगस्त्यं चमि(चैवे)ति प्रोक्तमन्यं चमि(चैवे)ति पौरुषम् ॥ ७ ॥
सर्वेषामपि मुनीनां यज्ञसूत्रोत्तरीयकैः ।
दण्डं च सव्यहस्तेन वामहस्तेन पुस्तकम् ॥ ८ ॥
अथवा यष्टिं विना सव्ये हस्तौ सदृश(शौ) मुनीनाम् ।
अथवाराध्यवत्कुर्यादासनानान्तु(नं स्थान)कं तु वा ॥ ९ ॥
वेदाशिक्यं(त्यं)शकं(के) तुङ्गे मूर्ध्नितुङ्गं गुणांशकम् ।
दशांशं वक्त्रतुङ्गं स्याद् गुणांशं ग्रीवतुङ्गकम् ॥ १० ॥
दशांशं हृदयान्तं स्यान्नाभ्यन्तं च दशाङ्गुलम् ।
भूतांशं मेढ्रसीमान्तं पीठांशं श्रुर(श्रोणि)गायतम् ॥ ११ ॥

जानुतुङ्गं गुणांशं स्याज्जानुदीर्घोरुतुङ्गकम् ।
पादं जानुसमोर्ध्वं स्यात्सप्तलामिति स्मृतम् ॥ १२ ॥
विंशांशं बाहुदीर्घं स्यात्कूर्परं चार्धमात्रकम् ।
प्रोकोष्ठं षोडशांशं स्यात्तलमष्टांशमायतम् ॥ १३ ॥
पादायामं च रुद्रांशं मुखतारं सप्तमात्रकम् ।
ग्रोवतारं शरांशं स्यात्तत्समं बाहुमूलके ॥ १४ ॥
कक्षान्तं मनुमात्रं स्याद् वक्षःस्थलविशालकम् ।
हृदयान्तं विशालं च द्वादशाङ्गुलमीरितम् ॥ १५ ॥
मध्योदरं विशालं स्यात्षोडशांशेन कारयेत् ।
कटितारं भास्करांशं स्यादष्टांशं चोरुविस्तृतम् ॥ १६ ॥
जानुतारं शरांशं स्याज्जङ्घातारं युगांशकम् ।
नलकान्तं त्रिमात्रं स्यात्तलतारं युगाङ्गुलम् ॥ १७ ॥
बाहोरग्रविशालं स्याद् युगमात्रं प्रशस्यते ।
प्रकोष्ठतारा(रम)र्धबन्धां(न्ध्वं) मणिबन्धं कलां(गुणां)शकम् ॥ १८ ॥
त्र्यर्धांशं तलविस्तारं तलदीर्घ(दैर्घ्यं) युगाङ्गुलम् ।
अङ्गुल्या(लिर)ङ्गुलदीर्घं स्यादगस्त्यं च(स्त्यश्च) समीरितम्(तः) ॥ १९ ॥
षण्णवत्यधिकांशं स्यादष्टतालोदयं भवेत् ।
उष्णीषं(षात्) तु केशां(शमं)शं मूर्ध्नितुङ्गं गुणांशकम् ॥ २० ॥
तस्मात्तु सार्धपङ्क्त्यंशं हन्वन्तं तन्मुखायतम् ।
तस्मात्कर्ण(ण्ठं) गुणांशं स्यात्तस्मात्तु हृदयान्तकम् ॥ २१ ॥
सार्धदशांशं तस्मात्स(त्त स)मं नाभिकरान्तकम् ।
मध्योदरं च ए(तु चै)तस्मान्मेढ्रांशं तु तत्समम् ॥ २२ ॥
तस्याधश्चैकविंशान्तमूरुदीर्घ(दैर्घ्यं) गुणांशकम् ।
जानुजङ्घोरुतुल्यं स्यात्पादजानुसमोच्छ्रयम् ॥ २३ ॥
मनुमात्रं पादायामं मुखतारं नवाङ्गुलम् ।
ग्रीवतारं षडङ्गुल्यं बाहुपर्यन्तविस्तृतम् ॥ २४ ॥
त्र्यंशं त्र्यर्धमात्रं स्याद् बाहुमूलं रसांशकम् ।
बाहुदीर्घ(दैर्घ्यमे)कविंशांशं कूर्परं सार्धमात्रकम् ॥ २५ ॥

प्रकोष्ठायर्धवक्त्रं स्याद् वक्त्रायामसमं तलम् ।
अष्टतालमितिप्रोक्तं शेषं प्रागुक्तवन्नयेत् ॥ २६ ॥
नवतालोदयेत्वष्टभागाधिक्यं शतांशकम् ।
शिरस्तुङ्गं गलं जानु पादतुङ्गं गुणांशकम् ॥ २७ ॥
मुखं वक्षश्च कुक्षिश्च कटिदीर्घ(दैर्घ्यं) द्वादशांशकम् ।
ऊरुजङ्घायतं बाहुदीर्घ(दैर्घ्यं) षट्चतुरंशकम् ॥ २८ ॥
प्रकोष्ठमष्टदशांशं स्यात्तस्मान्मध्याङ्गुलान्तकम् ।
मुखायामसमं कुर्यादङ्गुष्ठं पार्ष्णिकान्तकम् ॥ २९ ॥
पश्चा(श्च)दशाङ्गुलं पाददीर्घ(दैर्घ्यं) प्रागुक्तवन्नयेत् ।
मुनीनां लक्षणं प्रोक्तं शेषं युक्त्या प्रयोजयेत् ॥ ३० ॥

इति मानसारे वास्तुशास्त्रे मुनिलक्षणविधानं नाम सप्तपञ्चाशदध्यायः ॥

यक्षविद्याधरादिलक्षणम्

यक्षविद्याधरादीनां लक्षणं वक्ष्यतेऽधुना ।
द्विभुजं च द्विनेत्रं च करण्डमकुटान्वितम् ॥ १ ॥
वरणाम्बरसंयुक्तं राक्षसाकारवद् भवेत् ।
श्यामवर्णं च पीतं च यक्षाणां वर्णमेव च ॥ २ ॥
श्यामरक्तं च पीतं च वर्णं विद्याधरं(रस्य) तथा ।
यक्षविद्याधरादीनां नवतालेन कारयेत् ॥ ३ ॥
देवस्यानुचरैः(रा) यक्षा विद्याधराश्च पा(भा)रगाः ।
गान(नादि)योग्या[दि] गन्धर्वा देवाङ्गुल्याम(वगुल्मान)नार्थकम् ॥ ४ ॥
निग्रहा राक्षसा प्रोक्ताः चै(श्चै)व यक्षे तु भेदकम् ।
यक्षैश्च चामराद्यैश्च सुराणां चिह्नधारिणः ॥ ५ ॥
स्थानकं चासनं चैव यक्षविद्याधरादिभिः(दीनाम्) ।
दक्षिणा(णं) स्वस्तिकं पादं वामपादं तु कुञ्चितम् ॥ ६ ॥
चामराद्यैर्धृतं हस्तं तं चोर्वा(र्व्या)श्रितमेव वा ।
एवं तु यक्षरूपं स्याद् विद्याधरा(रमा)ननान्वितम् ॥ ७ ॥
पुरतः पृष्ठपादौ च लाङ्गलाकारमे(रौ ए)व च ।
जान्वाश्रितौ हस्तौ गोपुरोद्धृतहस्तकौ ॥ ८ ॥
एवं विद्याधराः प्रोक्ताः सर्वाभरणभूषिताः ।
नृत्तं वा वैष्ण(ण)वं वापि वैशाख(खं) स्थानकं तु वा ॥ ९ ॥
गीतवीणाविधानैश्च गन्धर्वमि(र्वाश्चे)ति कथ्यते ।
चरण(णं) पशुसमानं चोर्ध्वकायं [तु] नराभम् ॥ १० ॥
वदनं गरुडभावं बाहुकौ [च] पक्षयुक्तौ ।
मकुट(टं) कमलयुक्तं पुष्पसच्छाय(यं) वर्णम् ॥ ११ ॥
परित(तः) करुणवीणं किन्नरस्य [तु] स्वरूपम् ॥ १२ ॥

इति मानसारे वास्तुशास्त्रे यक्षविद्याधरविधानं नाम अष्टपञ्चाशदध्यायः ॥

भक्तलक्षणम्

अधुना वक्ष्यते सर्वभक्तानां लक्षणं क्रमात् ।
पादं चतुर्विधं प्रोक्तं तद्वशान्मानं गृह्यते ॥ १ ॥
प्रथमं सालोक्यमथ द्वितीयं सामीप्यमुच्यते ।
सारूप्यं च तृतीयं स्यात्सायुज्यं तु चतुर्थकम् ॥ २ ॥
भक्तिज्ञानं च वैराग्यं(ग्य)युक्तं सालोक्यमीरितम् ।
ज्ञानं वैराग्यसंयुक्तं सामीप्यमिति कथ्यते ॥ ३ ॥
केवलं ध्यानसंयुक्तं सारूप्यमिति निश्चयम् ।
शुद्धज्ञानसमायुक्तं सायुज्यं परमार्थतत् ॥ ४ ॥
उत्तमं(म)नवतालेन सालोक्याङ्गं प्रमीयते ।
अधमं(म)दशतालेन सामीप्याङ्गस्य(ङ्गं च) निर्मितम् ॥ ५ ॥
मध्यमं(म)दशतालेन सारूप्यं मानयेत्सुधीः ।
उत्तमं(म)दशतालेन सायुज्यं कथितं बुधैः ॥ ६ ॥
एवं क्रमेण भक्तानां तालमानं प्रवक्ष्यते ।
उष्णीषात्पादपर्यन्तं भावोत्तरशतांशकम् ॥ ७ ॥
उष्णीषं तु चतुर्मात्रं नेत्रान्तं तु युगाङ्गुलम् ।
पुटान्तं वेदमात्रं स्यात्तत्समं हनुसीमकम् ॥ ८ ॥
कर्णो(ण्ठो)र्ध्वं वेदमात्रं स्याद् भद्रकाद्धृदयान्तकम् ।
हृदयं(यान्)नाभिसीमान्तं नाभेर्मेढ्रं तु सीमकम् ॥ ९ ॥
तत्समं भानुभागं स्यादोरुदीर्घ(दैर्घ्यं) मुखद्वयम् ।
जानु कर्ण(ण्ठ)समं कुर्याज्जङ्घा चोरुतुल्यकम् ॥ १० ॥
पादं जानुसमोर्ध्वं स्यादेवमुत्तुङ्गं मापयेत् ।
अङ्गुष्ठात्पार्ष्णिपर्यन्तं तलं षोडशमात्रकम् ॥ ११ ॥

चतुर्विंशतिमात्रं स्याद्बाहुदीर्घ(दैर्घ्य) प्रशस्यतं ।
कूर्परं च द्विमात्रं स्यात्प्रकोष्ठा(ष्ठम)ष्टादशाङ्गुलम् ॥ १२ ॥
मध्याङ्गुल्यग्रसीमान्तं तलं द्वादशमात्रकम् ।
रुद्रांशं मुखतारं स्याद् गलतारं युगद्वयम् ॥ १३ ॥
तत्समं बाहुमूलं स्याज्जानुविस्तारं तत्समम् ।
बाहुप र्न्तविस्तारं षट्त्रिंशाङ्गुलकं तथा ॥ १४ ॥
कक्षयोरन्तरं तारं विंशमात्रं प्रशस्यतं ।
मध्योदरतारं च पञ्चा(ञ्च)दशाङ्गुलं भवेत् ॥ १५ ॥
श्रोणिदेशविशालं स्यात्सप्ता(प्त)दशाङ्गुलं भवेत् ।
नवाधिक्यं दशाङ्गुल्यं कटिदेशविशालकम् ॥ १६ ॥
ऊरुमूलविशालं तु सार्ध(र्ध)द्वादशाङ्गुलं भवेत् ।
जङ्घामूलविशालं तु सार्धसप्ताङ्गुलं तथा ॥ १७ ॥
जङ्घामध्यं षडङ्गुल्यं विस्तारं तु युगाङ्गुलम् ।
नलकागुल्फविस्तारं सत्रिपादाङ्घ्रिमात्रकम् ॥ १८ ॥
सार्धवेदाङ्गुलं पार्ष्णिविस्तारं परिकीर्तितम् ।
षड्भागिकं च पञ्चांशं प्रपदं विस्तृतं भवेत् ॥ १९ ॥
तला(ल)तारं शराङ्गुल्यं वेदांशमङ्गुष्ठदीर्घकम् ।
द्विमात्रं तत्रविस्तारं तारार्धं नखविस्तृतम् ॥ २० ॥
तर्जन्या(न्य)ङ्गुष्ठतत्तुल्यं दीर्घ(दैर्घ्य) विस्तारमंशकम् ।
त्र्यङ्गुलं सार्धपञ्चांशं द्व्यङ्गुलं च क्रमेण वै ॥ २१ ॥
मध्यमादि कनिष्ठान्तं दीर्घ(दैर्घ्य)मेवं प्रशस्यते ।
विस्तारं सप्तषट्पञ्चयवमानमुदीरितम् ॥ २२ ॥
तदर्धं च तदर्धं च नखविस्तारमुच्यतं ।
बाहुमध्यविशालं तु सप्तांशं कूर्परं तथा ॥ २३ ॥
वेदाङ्गुलं प्रकोष्ठं च मणिबन्धं त्रिय(त्रया)ङ्गुलम् ।
षडंशं तलमूलं चाग्रं तारं युगाङ्गुलम् ॥ २४ ॥
तलदीर्घ(दैर्घ्य) षडङ्गुल्यं शेषांशं मध्यमाङ्गुलम् ।
सार्धपञ्चाङ्गुलं दीर्घं तर्जन्यनामिकाद्वयम् ॥ २५ ॥

सार्धवह्न्यङ्गुलं दीर्घ(दैर्घ्य) कनिष्ठाङ्गुष्ठयोस्तथा ।
अंशकं षड्यवं सप्त षड्यवं [च]तुर्यवं भवेत् ॥ २६ ॥
अङ्गुष्ठादिकनिष्ठान्तं विस्तारं परिकीर्तितम् ।
स्थूलमूल(लं) कृशाग्रं तु उ(चो)क्तमानेन योजयेत् ॥ २७ ॥
अग्रे च त्रित्रिभागेन नखतारं प्रशस्यते ।
त्रिचतुर्भागमाधिक्यं नखायाममुदाहृतम् ॥ २८ ॥
एकद्वित्रियवं वापि नखाग्रं कारयेत्सुधीः ।
अङ्गुष्ठे च द्विपर्व(र्वं) स्यात्त्रिपर्व(र्वं) चान्यथाङ्गुलैः(लेषु) ॥ २९ ॥
ज्ञानरेखादिरेखै(खा)श्च कुर्यात्तु तलमध्यमे ।
केशान्तं(न्ता)दक्षसूत्रान्तं द्वयोर्मध्ये भ्रुवः स्थितिः ॥ ३० ॥
अक्षायाम(मं) द्वयाङ्गुल्यं तदर्धं तस्यविस्तृतम् ।
कर्णायामं युगाङ्गुल्यं कर्णनालं तु तत्समम् ॥ ३१ ॥
विस्तारं त्र्यङ्गुलं प्रोक्तं शेषमूह्यं विचक्षणः ।
नवतालोत्तमं प्रोक्तं शेषं च दशतालवत् ॥ ३२ ॥
सद्विर(द्विगुणा)ष्टशतं भागं द्वितीये च पदं तथा ।
पादादुष्णीषसीमान्तं कन्यसपङ्क्तितालवत् ॥ ३३ ॥
उष्णीषात्केशपर्यन्तमुत्तुङ्गं वेदमात्रकम् ।
तस्मान्नेत्रं तु सूत्रान्तं सार्धवेदाङ्गुलं भवेत् ॥ ३४ ॥
तस्मात्तु पुटसीमान्तं वेदमात्रं प्रशस्यते ।
पुटान्ताद्धनुसीमान्तं सार्धवह्न्यङ्गुलं भवेत् ॥ ३५ ॥
गलमध्यर्धमात्रं स्याद् गलतुङ्गं युगाङ्गुलम् ।
कर्णा(ण्ठा)द्धृदयमानं हृदयं(यान्)नाभिसीमकम् ॥ ३६ ॥
नाभ्यन्तं मेढ्रसीमान्तं समं वा युगत्रयम् ।
मेढ्रमू(मेढ्रादू)रुदीर्घ(दैर्घ्य) स्यात्पञ्चविंशाङ्गुलं भवेत् ॥ ३७ ॥
जानुपादतलं वेदमात्रं जङ्घोरुतुल्यकम् ।
पार्ष्ण्यङ्ग(र्ष्णोर)ङ्गुष्ठसीमान्तं सार्धषोडशमात्रकम् ॥ ३८ ॥
हिक्कासूत्रादधो बाहुदीर्घ(दैर्घ्य) पञ्चशराङ्गुलम् ।
कूर्परं च द्विमात्रं स्यात्प्रकोष्ठमेकोनविंशतिः ॥ ३९ ॥

मध्याङ्गुल्यग्रसीमान्तं सार्धभान्वंशकं तलम् ।
सार्धरुद्रांशं वक्त्रं च(त्रस्य) विस्तारं परिकीर्तितम् ॥ ४० ॥
गलतारं सार्धमष्टांशं बाहुजानु च तत्समम् ।
षट्षट्सार्धैकभागं स्याद्वाहुपर्यन्तविस्तृतम् ॥ ४१ ॥
सार्धविंशतिमात्रं स्यात्कक्षान्तरमुदाहृतम् ।
सार्धपञ्चा(ञ्च)दशाङ्गुल्य(लं) मध्योदरविशालकम् ॥ ४२ ॥
सार्धमष्टादशाङ्गुल्यं(लं) श्रोणिदेष(श) विशालकम् ।
एकोनविंशतिभागं कटिविस्तारमिष्यते ॥ ४३ ॥
सार्धद्वादशमात्रं स्यादूरुमूलविशालकम् ।
जङ्घामध्ये तु विस्तारं सार्धषड्ङ्ग्यङ्गुलं भवेत् ॥ ४४ ॥
नलकान्तर(कतारं) युगाङ्गुलं गुल्फतारं शराङ्गुलम् ।
प्रपदं तु षडङ्गुल्यं(लं) वेदांशमङ्गुष्ठदीर्घकम् ॥ ४५ ॥
तत्समं तर्जनीदीर्घ(दैर्घ्य)मर्धाङ्गुलविहीनकम् ।
अन्याङ्गुली च(नां) दीर्घ(दैर्घ्यं) स्याद् विस्तारं तत्समूह्यताम् ॥ ४६ ॥
कूर्परस्य तु विस्तारं सार्धषट्ङ्ग्यङ्गुलं भवेत् ।
प्रकोष्ठतारं शराङ्गुल्यं मणिबन्धं युगाङ्गुलम् ॥ ४७ ॥
तलतारं शराङ्गुल्यं तलदीर्घ(दैर्घ्यं) सप्तमात्रकम् ।
मध्याङ्गुलायतं सार्धपञ्चमात्रं प्रशस्यते ॥ ४८ ॥
तर्जन्यायामदीर्घ(दैर्घ्यं) स्याद्वाणांशं तत्प्रकल्पयेत् ।
सार्धवह्य(ह्न्य)ङ्गुलं दीर्घ(दैर्घ्यं) कनिष्ठाङ्गुष्ठयोस्तथा ॥ ४९ ॥
श्रोत्रदीर्घ(दैर्घ्यं) युगाङ्गुल्यं नालालम्बनं तत्समम् ।
अन्यान्यनुक्तसर्वाङ्गम(ङ्गान्यु)त्तमं(म)दशतालवत् ॥ ५० ॥
कारयेच्छिल्पिभिः कुर्यात्तत्र दोषो न विद्यते ॥ ५१ ॥

इति मानसारे वास्तुशास्त्रे भक्तलक्षणविधानं नाम एकोनषष्टितमोऽध्यायः ॥

सलक्षणम्

अथ वक्ष्ये त्रिमूर्तीनां वाहनानां तु लक्षणम् ।
हंसस्य लक्षणं चैव गरुडस्य तु लक्षणम् ॥ १ ॥
वृषस्य लक्षणं चैव सिंहरूपस्य लक्षणम् ।
पितामहोदयं वापि द्वित्रयांशैकमेव वा ॥ २ ॥
उत्तमादि त्रिधा प्रोक्तं हंसोदयमिति स्मृतम् ।
द्वितालोत्तममानेन भागं हंसोदयं भवेत् ॥ ३ ॥
वेदांशं शिरसो तु(स्तु)ङ्गमष्टांशेन गलोदयम् ।
रुद्रांशो(शं) हृदयतुङ्गं स्यात्तस्याधोऽधो(ध ऊ)रुदीर्घ(दैर्घ्य)कम् ॥ ४ ॥
सत्रिपादांशकं जानुतुङ्गमेकांशमीरितम् ।
ऊरुतुङ्गसमं जङ्घायामं पादोदयांशकम् ॥ ५ ॥
मुखायामं त्रियं(त्र्यं)शं स्याच्छिरःपृष्ठे द्व्यंशकम् ।
मुखतारं युगांशं स्यान्मूलग्रावं शिवांशकम् ॥ ६ ॥
अग्रमूलाग्रत्रयं तारं ग्रीवस्य(वं स्याद्) द्विवक्त्रयुक् ।
कुक्षितारा(रम)ष्टमात्रं स्यादुर(रः)स्थानं तु तत्समम् ॥ ७ ॥
तदुत्तरात्पुच्छमूलादायामं षोडशांशकम् ।
अक्षतारं शराङ्गुल्यं पक्षायामा(मम)ष्टमात्रकम् ॥ ८ ॥
विस्तारं च द्विमात्रं स्यादग्रमेकाङ्गुलं भवेत् ।
घनमेकाङ्गुलं चैव बाहुदीर्घा(दैर्घ्यम)ष्टमात्रकम् ॥ ९ ॥
अंशेन कूर्परं स्यात्कराग्रायामं षडङ्गुलम् ।
लाङ्गलाकारहस्तौ च पक्षस्यान्तं प्रविष्टके ॥ १० ॥
ऊरुमूलविशालं स्यात्सार्धद्व्यंशं सुवृत्तकम् ।
अध्यर्धांशा(शम)ग्रविस्तारं पादांशं जानुविस्तृतम् ॥ ११ ॥

जङ्घायामं शिवांशं स्यात्तलतारं द्विमात्रकम् ।
वरदो(पुरतो) मध्यमाङ्गुल्य[मा]यामं तु युगांशकम् ॥ १२ ॥
तत्पार्श्वे द्विद्विमात्रं स्याद् द्विमात्रायां(यामं) प्रशस्यते ।
पृष्ठे मूलाङ्गुलायामं द्विमात्रं तत्प्रशस्यते ॥ १३ ॥
पुरतो मात्रविस्तारं पृष्ठे च तत्सबन्धनम्(त्समं भवेत्) ।
अध्यर्धमङ्गुलतारं तदर्धमन्याङ्गुलानि च ॥ १४ ।
आस्यायामं त्रिमात्रं स्याद् विस्तारं चैकमात्रकम् ।
अक्षायाममर्धमात्रं स्याद् विस्तारं युक्तितो न्यसेत् ॥ १५ ॥
मुखायामे तु तन्मध्ये चाक्षं कुर्याद् विचक्षणः ।
द्वियवं कर्णसूत्रं स्यादक्षायाममन्तरं भवेत् ॥ १६ ॥
शिरो(र ऊ)र्ध्वं स्तूपितुङ्गं स्याद् ह्यङ्गुलैकाङ्गुलं घनम् ।
तदायामं षडङ्गुल्यं शिरःपृष्ठावसानकम् ॥ १७ ॥
विस्तारं तु युगाङ्गुल्यं शे युक्त्या प्रयोजयेत् ।
सर्वाङ्गं धवलाकारं पादौ च रक्तवर्णयुक् ॥ १८ ॥
तदास्यं हेमवर्णाभं कुर्यात्तु ब्रह्मवाहनम् ।
सर्वेषामपि मूर्तीनां दोलयानं च कल्पयेत् ॥ १९ ॥
एवं हंसे पुच्छके पत्रयुक्तम्
पृष्ठे ग्रीवे स्तूपिकापत्रवल्या ।
लम्बं कुक्षिरावृत्त(तः) पत्रैः
सर्वैर्वर्णैरभिरामं संभूष(ष्य)म् ॥ २० ॥
देवानां भूतैतिलानां नृपाणाम्
हर्म्ये देशे प्रस्तरे चोत्तरोर्ध्वे ।
कूटैर्नीडैः सर्वतो ग्रीवदेशे
युक्त्या कुर्यात् श्रे(च्छ्रे)णिकाहंसं भूष्यम् ॥ २१ ॥

इति मानसारे वास्तुशास्त्रे वाहनविधाने हंसलक्षणं नाम षष्टितमोऽध्यायः ॥

गरुडलक्षणम्

विहङ्गराजमाने च लक्षणं वक्ष्यतेऽधुना ।
मूलबेरसेमो(ममु)त्तुङ्गं [तत्]त्रिपादमर्धमेव वा ॥ १ ॥
उत्सवोच्चं समं वापि द्विगुणं त्रिगुणमेव वा ।
त्रिगुणार्धाधिकं वापि तच्चतुर्गुणमेव वा ॥ २ ॥
एवं नवोदयं प्रोक्तमुत्तमादि त्रयं त्रयम् ।
तत्त्रिंशतिकं कृत्वा ए(चै)कैकांशविवर्धनात् ॥ ३ ॥
पञ्चविंशच्छतान्तं स्याद्यच्छुभायादिसंभवम् ।
अथवाङ्गुलमानेन कल्पयेद् गरुडोदयम् ॥ ४ ॥
एकाङ्गुलं समारभ्य द्विद्व्यङ्गुलविवर्धनात् ।
त्रयोविंशच्छतान्तं स्यान्मानायादिं कारयेत् ॥ ५ ॥
द्विजराजायं वापि मानयेद् गरुडोदयम् ।
पीठतारसमा(मम)ध्यर्ध पादोनं द्विगुणं तु वा ॥ ६ ॥
द्विगुणात्पादमाधिक्यं द्विगुणार्धाधिकं तु वा ।
पादोनत्रिगुणं वापि त्रिगुणं पादमधिकम् ॥ ७ ॥
एवं नवविधं मानं कन्यसादीनि कारयेत् ।
तदायामसमं वापि त्रिपादं चार्धमेव वा ॥ ८ ॥
उत्तमादि त्रयं प्रोक्तं गरुडस्योदयं विदुः ।
न कुर्यात्षट्शुभायादि कुर्यात्तदंशमानतः ॥ ९ ॥
स्थानकं चासनं चैव गमनं च यथाविधि ।
उष्णीषात्पादपर्यन्तं गृह्णितोत्तुङ्गं मानतः ॥ १० ॥
तत्तन्मानवशात्केचिन्मूलबेरवशान्न्यसेत् ।
उत्सवे चोत्सवं प्रोक्तमङ्गुलं मानविश्वतः ॥ ११ ॥

एवं मानं तु संप्राप्य यावत्प्रागुक्तवद् भवेत् ।
चलं वाप्यचलं वापि कारयेच्छिल्पवित्तमः ॥ १२ ॥
षड्वर्गायादिषु सुलक्षणं वक्ष्यतेऽधुना ।
सर्वेषां वाहनानां चायादांश्च यथा तथा ॥ १३ ॥
यथावाहनतुङ्गे तु वृद्धिहान्या यथाक्रमम् ।
गरुडं चैव हंसं च वृषभं चैव सिंहके ॥ २४ ॥
आयमष्टाभिर्वृद्धिः स्याद् द्वादशा(शभिः)त्क्षयमेव च ।
पञ्चवेदैश्च वृद्धिः स्याद् व्ययं हत्वा दशमे(भिरे)व वा ॥ १५ ॥
योनिश्च त्रय(त्रिभिर्) वृद्धिः स्याद् धृदे(धेयात्) चाष्टकमे(कैरे)व च ।
तद्वाऽष्टकवृद्धिः स्याद् गुप्तविंशत्क्षयो भवेत् ॥ १६ ॥
वारं ग्रहेण वृद्धिः स्यात्सप्तमी(भिश्)च क्षयो भवेत् ।
अंशं च चतुर्वृद्धिः(द्धिश्)च नवमी च(भिश्च) क्षयो भवेत् ॥ १७ ॥
तच्छेषं सर्वमायादि षड्वर्गं चैव कारयेत् ।
आयाधिक्यं व्ययं हीनं चोत्तरं तु व्ययाधिकम् ॥ १८ ॥
ध्वजो सिंहो वृषो हस्तो शुभयोनिरिति स्मृतम् ।
सिंहे च गजयोनिश्चेत् शु(च्छु)भं तस्माद्विना गजम् ॥ १९ ॥
विवत्प्रत्यरगोहस्ति(स्ता)हीनान्यान(न्य)दिनं शुभम् ।
सौर्यार्काङ्गारवारं च वर्जयेच्छुभमन्यथा ॥ २० ॥
तस्करादि न षण्डं च प्रेष्यांशानि विवर्जयेत् ।
एवमायादिकं कुर्यादङ्गमानं प्रवक्ष्यते ॥ २१ ॥
ज्वार(ऋजु)चरणरविबन्धैः(न्धु)द्वादशार्कार्कभानु
द्वयरसगुणचतुष्कं बन्ध(बन्धु)केशाननं च ।
गलधरमधरगुह्ये स्थाणुजान्वक्षि(कृग्निग्नि)कं तत्
पदमिति गरुडतुङ्गं नन्दतालं(ल)क्रमेण ॥ २२ ॥
अथ सिंहपदतलानां पञ्चा(ञ्च)दशादशांशम् ॥ २३ ॥
वदनं द्विगुणं बाह्वायतं कूर्पराच्चं प्रमुखकरैर्याष्टिपदम् ।
तलावलं तत्कथितमिति पुराणैः सुरिभिस्तत्र तन्त्रज्ञैः ॥ २४ ॥

वन(नव)विपुलतालं कर्णमष्टांशतारम्
विस्तृतं शरयुगांशं कक्षयोरन्तरस्थ(स्थ)म् ।
हृदयविस्तृतं चैकाधिक्यमष्टद्वयांशम्
उदरतति युग(गा)ष्टं श्रोणितुल्यं च तारम् ॥ २५ ॥
तस्याधः कटिविशालं सप्त(प्तं)पङ्क्त्यंशं चोरुः
वृत्तं तत्समविशालं मूलपिण्डाष्टभागम् ।
तत्र जैनन(नं) जङ्घामूलविस्तारमध्ये
विस्तृतचर[णं] युगांशं गुल्फविस्तारमेव ॥ २६ ॥
पदमिति विपुल(लं) भूता(तम)ङ्गुष्ठदीर्घ(दैर्घ्य) गुणांशम्
तदपि च सम(मं) विमूह्यातर्जनीदीर्घ(दैर्घ्य)मुक्तम् ।
नवपदसदृशमन्यैरङ्गुली चान्यतुर्यम्
नराभिमानं(न)शिल्पिविद्भिरेव ॥ २७ ॥
मुनिरसशरयुगांशं बाहुसन्धिप्रदेशे
प्रमुखरविविशालैर्मध्यमाप्रक्रमेण ।
अनलमणिविशालां तत्तदायामषड्भिः
प्रसृतरसयुगांशं मध्यमात्रा(मा)यतं च ॥ २८ ॥
शरयुगयवाधिकांशानामिका तर्जनीयौ
गुणम[न]लं कनिष्ठदीर्घाङ्गुष्ठकायाममेतत् ।
त्रयकृतमुखविधिज्ञैः स्मायते चाचिकान्तम्
स्फुटमिति मतिः वे(वं)न्द्रैश्च सदृक् तारम् ॥ २९ ॥
भ्रुवयुत(ग्म)नयनकेशान्त[भ्र]योर्मध्यदेशे
गुणयुतनयनमेवं तत्पुटान्त[स्य]योस्तत् ।
युग(गं) यवविहृतदीर्घ तद्गोजिमूलात्तु नाभि
तदुदयविपरीतमंशं विहृतस्याग्रमंशम् ॥ ३० ॥
विशालाधिकगोजिकाग्र चो(मु)त्तरमष्टार्धमात्रम्
विस्तृतमिव तदुक्तं वेदमात्रायतं च ।
अधरविहृतपादत्रितुङ्गश्रा(श्चा)यतान्तम्
विस्तृतदीर्घशेषमन्यं(न्यं) तु युक्त्या ॥ ३१ ॥

वक्त्रायामं तत्समं नासिकाग्रम्

युक्त्यां मानं कर्णरन्ध्रावसानम् ।

हन्वंशं तं श्रोत्रतुङ्गं तदर्धम्

तदर्धं विस्तारं नालमेवं तथैव ॥ ३२ ॥

एवं प्रोक्ता(क्तम)नुक्तमानं तु सर्वम्

मानं कुर्यात्पङ्क्तितालोक्तवत् ।

ह्रावं(वं) यावत्कूर्परबन्धकान्तम्

बाहुपक्षौ चाङ्गुलं कञ्चुकेन ॥ ३३ ॥

नासिका शुकतुण्डं पदाग्रे

हंसकास्यदंष्ट्रवत्कुर्यात् ।

श्वेतवर्णनखैरपि वक्त्रयुक्

श्यामवर्णमतितुण्डाग्रके ॥ ३४ ॥

अष्टनागविभूषणपक्षिवत्पक्षयुक्

उग्रदृक् मकुटं सकरण्डकम् ।

वर्णनीलसमरत्नमण्डलं कृतम्

तप्तहेमनिभं गरुडं भवेत् ॥ ३५ ॥

पञ्चवर्णसमन्त्रि(न्वि)तपक्षयुक्

मद्गुरवत्कर्णशिरावृतम् ।

कुञ्चितः सहितगमनेऽपि च

सञ्चितस्थितभावमिति स्मृतम् ॥ ३६ ॥

मूर्ध्नि शङ्खं चोरवर्णावृतं च

वामे कर्णे पद्मवर्णाभपद्मा(द्मम्) ।

सव्ये कर्णे तन्महापद्ममेव

धुम्रवर्णं हारकार्कोटकं च ॥ ३७ ॥

गुलि(ड)कस्कन्धौ लम्बयेत्कृष्णवर्ण(सर्प)म्

व्याधृ(चासृ)कृवर्णं वा सङ्गिवक्त्रसूत्रम् ।

अन्त(त्य)न्तं शुक्लवर्णाभं वामप्रकोष्ठे

हिरण्यवर्णं तार्क्ष्यकस्य कटकम् ॥ ३८ ॥

केचित्तच्छ्रु(च्छ्रि)यार्थं तु तार्क्ष्ये वर्णं विशेषतः ।
केशान्तात्कर्णसीमान्तं श्यामनीलाग्रसीमकम् ॥ ३९ ॥
भित्तिकाद्धृदयान्तं च तद्द्वयां(यं) कूर्परान्तकौ(कम्) ।
पञ्चवर्णसमं श्रितपञ्चकांशुककञ्चुकी ॥ ४० ॥
हृदयात्कटिसूत्रान्तं प्रकोष्ठादिकराग्रयोः ।
पीतवर्णमिति प्रोक्तं तस्माद् [योर्] जानुकान्तकम् ॥ ४१ ॥
रक्तवर्णं तु पादान्तं श्वेतवर्णनिभं भवेत् ।
द्विभुजाग्रं च वक्रं च द्विपादौ कुञ्चितौ भवेत्(ताम्) ॥ ४२ ॥
स्थानकं चासनं वापि विष्णुं ध्यात्वा(येत्) कृताञ्जलिः ।
सर्वालङ्कारसंयुक्तं ग्रामे स्थाप्यं स्वतन्त्रकम् ॥ ४३ ॥
एवमैश्वर्यसिद्धिः स्यात्तन्मात्रैरर्चयेत्सुधीः ।
अभिचारादिकाम्य(म्या)र्थं तार्क्ष्यरूपं विशेषतः ॥ ४४ ॥
पाद(दं) स्थानकं कुर्याद् वक्रं चासनं भागतः ।
सर्वाङ्गं स्वर्णवर्णं स्यात्पञ्चकञ्चुकिपूर्वकम् ॥ ४५ ॥
वपुषं तु निर्वाणमधोहस्तौ कृताञ्जलिम् ।
शीर्षं च सिंहपत्रैश्च(वक्रं च) संयुक्तं पञ्चवर्णयुक् ॥ ४६ ॥
नाभिषेकं शिरो(र ऊ)र्ध्वे तु कुक्कुटस्य शिरोऽग्रवत् ।
रक्तवर्णं तु पुच्छाग्रं पञ्चमान्तं(त्रं) तदायतम् ॥ ४७ ॥
घनं चोर्ध्ववक्रं च न प्रच्छादनमास्यकम् ।
सम्राट्पूर्ववत्स्याद्वर्णवैपर्यं विश्वतः ॥ ४८ ॥
सौ(सु)ग्रामे क्षेत्रसीमान्ते चान्यग्र(त्र) निरीक्षणम् ।
क्षणिकालयं संस्थाप्य पूजयेत्तन्त्रवित्तमः ॥ ४९ ॥
त्रिनाडि त्रिदिने वापि त्रिपक्षे वा त्रिमासके ।
नित्यं त्रिकालं संपूज्य शत्रुनाशं न संशयः ॥ ५० ॥
रिपुसंग्रहणार्थं चेद्धस्तौ रात्रौ च कारयेत् ।
युद्धकाले रिपुसंभं(भव)स्तम्भं हस्तौ च बन्धनम् ॥ ५१ ॥
शिलामृण्मये वापि दारुजे कटि(ट)शर्करा(रया) ।
एतेषां(तैः) वैनतेयं च वर्णसंस्का[क]रमेव च ॥ ५२ ॥

त्रिंशत्यंशमग्रपद्मम्
तस्मादूर्ध्वे(धः) पद्मकैकांशहीनम् ।
तद्वदग्रे मूलतारं शरांशम्
पद्मैः सर्वैश्चाग्रतारं यथेष्टम् ॥ ५३ ॥

बाह्याबाह्ये पद्मसंयुक्तमेतत्
बाह्योऽग्रा(ह्ये चा)ग्रे संयुक्तं चाग्रपत्रम् ।
मानं कृत्वा पञ्चपद्मैः प्रधानम्
मानानुक्तं कन्यसा शोभनार्थम् ॥ ५४ ॥

पीतं श्वेतं श्यामरक्तं च कृष्णम्
मूलाग्रान्तं पञ्चवर्णं क्रमेण ॥ ५५ ॥

मालावर्धांश(ह्रांस)वत् कर्णसंयुक्तम्
श्रोण्यां च पद्मैः पङ्क्तितः पञ्चधा स्यात् ।
वक्रं तुङ्गं विस्तृतं विहीनके
कर्तुर्मरणं न संशयः ॥ ५६ ॥

यत्र मानं विधिवत्प्रकारयेत्पुत्रवृद्धिः ॥ ५७ ॥

इति मानसारे वास्तुशास्त्रे गरुडमानविधानं नाम पञ्चषष्टितमोऽध्यायः ॥

वृषभलक्षणम्

वृषभस्य लक्षणं सम्यग्वक्ष्यते विधिनाधुना ।
वायोरभिमुखं स्थाप्य(पयंत) पीठे वाथोत्सवेपि(पपीठे) वा ॥ १ ॥
विमाने मण्डपे वापि चारोपरि परिन्यसेत् ।
द्वारतुङ्गसमं श्रेष्ठं त्रिभागं मध्यमं भवेत् ॥ २ ॥
कन्यसं द्विभागं स्यात्त्रिविधं वृषभोदयम् ।
एकहस्तं समारभ्य ए(चै)कहस्तेन वर्धनात् ॥ ३ ॥
नवहस्तान्तमुत्सेधं कन्यसादि त्रयं त्रयम् ।
पञ्चविंशाङ्गुलमारभ्य द्विद्व्यङ्गुलविवर्धनात् ॥ ४ ॥
एकत्रिंशति मात्रान्तं यः(यत्) शुभायादिसंभवम् ।
बेरोत्सेधसमं श्रेष्ठं कर्णान्तं मध्यमं भवेत् ॥ ५ ॥
बाह्वन्तं कन्यसं प्रोक्तमुत्सवं वृषभोदयम् ।
पीठायामे त्रिभागैकं पीठतारसमं तु वा ॥ ६ ॥
पीठतारं त्रिपादं स्यात्त्रिविधं वृषभोदयम् ।
पादादुष्णीषसीमान्तं स्थानकं मानसंग्रहम् ॥ ७ ॥
स्थानकं शयनं वापि लोहजे वा शिलेऽथवा ।
दार्वाभासरत्नेन सुधामृत्कटशर्करा(भिः) ॥ ८ ॥
घनं वाप्यघनं वापि कुर्यात्तु शिल्पि(ल्प)वित्तमः ।
एवं तु वृषभोत्सेधं पञ्चादशाङ्गुलं भवेत् ॥ ९ ॥
उष्णीषात्तु गलाग्रान्तं दशमात्रं प्रशस्यते ।
तस्याधो वसुभागं स्याद् ग्रीवतुङ्गमिति स्मृतम् ॥ १० ॥
तस्याधो चो(धश्चो)रुमूलान्तं षोडशाङ्गुलमेव च ।
षडङ्गुलं चोरुदीर्घ(दैर्घ्य) द्विमात्रं जानुतुङ्गकम् ॥ ११ ॥

जङ्घा चो(ह्वाया क)रुसमं दीर्घ(दैर्घ्यं) च्चुरोत्सेधं द्विमात्रकम् ।
ग्रीवान्तु पुच्छमूलान्तं चत्वारिंशाङ्गुलायतम् ॥ १२ ॥
शृङ्गायामं युगाङ्गुल्यं शृङ्गतारं त्रिमात्रकम् ।
तदष्टांशैकभागं स्यात् शृ(च्छृ)ङ्गाग्रस्य विशालकम् ॥ १३ ॥
फा(भा)लतारं नवाङ्गुल्यं मुखतारं शराङ्गुलम् ।
तत्समं चोच्छ्रयं कुर्यान्नेत्रायामं द्वयाङ्गुलम् ॥ २८ ॥
मत्य(ध्य)र्धाङ्गुलमुत्सेधं निर्गतं सा(चा)र्धमात्रकम् ।
नेत्रमध्ये मुखायाममष्टाङ्गुलमिति स्मृतम् ॥ १५ ॥
तस्मात्करक(काटि)कान्तं स्यात्षण्मात्रं तदुदाहृतम् ।
शृग(शृङ्ग)मध्यं युगाङ्गुल्यं भालतुङ्गं तथैव च ॥ १६ ॥
नेत्रान्मू(न्तावेव मू)लान्तं वेदमात्रान्तरं भवेत् ।
शरांशं श्रोत्रदीर्घ(र्घ्यं)स्याच्छ्रोत्रमूलं द्विमात्रकम् ॥ १७ ॥
तत्समं विस्तृतं चैव मध्यतारं युगाङ्गुलम् ।
शिवाङ्गुला(लम)प्रविस्तारं यथाह(ना)लमर्धाङ्गुलम् ॥ १८ ॥
मत्य(ध्य)र्धाङ्गुलं संप्रोक्तं नासिकायाममेव च ।
अङ्गुलं सु[षि]रविस्तारं तत्समं नासिकाग्रकम् ॥ १६ ॥
पञ्चाङ्गुल(लमा)स्यायतं स्यादुत्तरोष्ठं त्रिमात्रकम् ।
अधरोष्ठं त्रिमात्रं स्याज्जिह्वायामं गुणांशकम् ॥ २० ॥
तद्विस्तारं द्विमात्रं स्यात्तदर्धं तद् घनं भवेत् ।
ग्रीवतारं तु पञ्चांशं मूलतारं त्रिमात्रकम् ॥ २१ ॥
पृष्ठग्रीवस्य मूले तु घनमष्टाङ्गुलं भवेत् ।
अग्रं षडङ्गुलं चैव कुर्याद् वासं षडङ्गुलम् ॥ २२ ॥
तदुत्सेधं चतुर्मात्रं ग्रीवात्वे(र्या) लम्बनं बुधः ।
मूलमध्याग्रविस्तारं वेदबद्ध(न्धु)कलाङ्गुलम् ॥ २३ ॥
घनमष्टाङ्गुलसंयुक्तं कुर्यात्तत्रैव योजयेत् ।
ग्रीवस्य(वाया)पुरतो बिम्बं मूलन्यास(सं) द्वयाङ्गुलम् ॥ २४ ॥
हृदयात्लिङ्गपर्यन्तं तत्रो(दु)र्ध्वं द्विर्न(द्विन)वाङ्गुलम् ।
पृष्ठोर्ध्वं मनुमात्रं स्यात्पृष्ठतारं चतुस्त्रयम् ॥ २५ ॥

पृष्ठोरुमूलविस्तारं दशमात्रं प्रशस्यते ।
मध्यमं चाष्टमात्रं स्यादग्रं तु चतुरङ्गुलम् ॥ २६ ॥
शराङ्गुलं चोरुदीर्घ(दैर्घ्य) स्याज्जानुतुङ्गं कलाङ्गुलम् ।
जङ्घायामं शराङ्गुल्यं खुरतुङ्गं द्विमात्रकम् ॥ २७ ॥
सार्धवह्न्यङ्गुलं जानुविस्तारं परिकीर्तितम् ।
खुरायामं द्विमात्रं स्यात्पुच्छमूलं द्विमात्रकम् ॥ २८ ॥
अपरोरुद्वयोर्मध्ये मुष्कशेफोदरान्वितम् ।
स्कन्धतारं षडङ्गुल्यं तस्याधो(ध ऊ)रुविशालकम् ॥ २९ ॥
मूलं वेदाङ्गुलं प्रोक्तमग्रस्या(ग्रं स्याद)र्धगुणाङ्गुलम् ।
जानुतारं गुणाङ्गुल्यं तथो(था) जङ्घाविशालकम् ॥ ३० ॥
सार्ध(चार्ध) द्व्यङ्गुलयोर्मध्ये तत्समं तत्खुरं भवेत् ।
शेषं युक्त्या च संयुक्तं श्वेतवर्णै[न] शोभितम् ॥ ३१ ॥
श्वेतवर्णनिभं भद्रमग्रं हि कृष्णनधूमवत् ॥ ३२ ॥
वेदपादखुरैरपि कर्णयोः

श्वेतरक्तसमग्रमनोहरम् ।

शङ्खशल्यैः श्यामरक्तं च माला

कर्णबन्धैः कर्णरुद्राक्षमाला ॥ ३३ ॥

अन्यैर्युक्तं किंशुकपुष्पमालैः(लाभिः)

अंसस्योर्ध्वे स्याद्व्याघ्रचर्माभिरामम् ।

भृङ्गकोलकललाटपट्टभूरु

पत्रवल्लि(ल्ली)बहुरत्नशोभितम् ॥ ३४ ॥

कर्णयोर्वपुर(पुः)पार्श्वचामरैः

पादनूपुरसभूषणान्वितम् ॥ ३५ ॥

इति मानसारे वास्तुशास्त्रे वृषभलक्षणविधानं नाम द्विषष्टितमोऽध्यायः ॥

सिंहलक्षणम्

देवानां वाहनं सिंहं लक्षणं वक्ष्यतेऽधुना ।
उष्णीषात्खुरपर्यन्तं तुङ्गं पञ्चशराङ्गुलम् ॥ १ ॥
उष्णीषं द्व्यङ्गुलं तुङ्गं सप्ताङ्गुलं मुखायतम् ।
उत्तरोष्ठं दशाङ्गुल्यं तस्मात्पाद(दं) रसाङ्गुलम् ॥ २ ॥
उत्तरान्तात्पुच्छमूलान्तमायामं पञ्चदशाङ्गुलम् ।
पृष्ठपादं शराङ्गुल्यं दीर्घ(दैर्घ्यं) युक्त्या प्रयोजयेत् ॥ ३ ॥
मुखतारं कपोलान्तं नवमानं(त्रं) प्रशस्यते ।
कर्णमूलद्वयोरुक्तं मुखतारं विशालकम् ॥ ४ ॥
तत्तुल्यं व्या(भा)लविस्तारं मुखतारं शराङ्गुलम् ।
ललाटोच्चं शिवाङ्गुल्यं भ्रुवो(व उ)च्चं तत्समं भवेत् ॥ ५
अक्षितारोच्चमेकांशं नासिकामूल(लं) शिवांशकम् ।
विस्तारं तत्समं स्यात्पुटमत्य(ध्य)र्धाङ्गुलं भवेत् ॥ ६ ॥
नेत्रसूत्रादधो हृत्वा द्व्यङ्गुलं तत्प्रकीर्तितम् ।
कुर्या[दा]यामं शरांशं स्यादुत्सेधं सा(चा)र्धमात्रकम् ॥ ७ ॥
अधरोष्ठमर्धमात्रं स्यात्तदूर्ध्वे अं(चां)शमवसानकम् ।
अक्षिसूत्रादधो(धोंऽ)शरन्तमुत्तरोष्ठं प्रकल्पयेत् ॥ ८ ॥
कपोलं च द्विमात्रं स्यात्कर्णायामं शिवाङ्गुलम् ।
कर्णतारमर्धमात्रं स्यात्कर्णमूले तु तत्समम् ॥ ९ ॥
दन्तदीर्घ(दैर्घ्यं) शिवांशं स्यात्तदर्धं मूलविस्तृतम् ।
अर्धचन्द्रार्धवद् दन्तं संख्यया षट् कारयेत् ॥ १० ॥
[तथा] पुरमिति प्रोक्तमसृक् वातायनं भवेत् ।
जिह्वायामं त्रिमात्रं स्यात्तद्विशालं शिवांशकं ॥ ११ ॥

विशालार्धं घनं प्रोक्तं नासिकाघनं तत्समम् ।
नेत्रयोर्मध्यविस्तारं शिवाङ्गुलं तत्कथ्यते ॥ १२ ॥
नासिमूलं युगाग्रे च कर्णमूलं कपालके ।
पत्रवल्ल्यादिसंयुक्तं सिंहवक्त्रमिति स्मृतम् ॥ १३ ॥
वक्त्रस्य प्रदेशे तु भ्रमरं कुर्यात्सुधीर्बुधः ।
लम्बकेशावृतं चैव स्तनयोरर्धांशदंशकं ॥ १४ ॥
नवाङ्गुलं तु वक्षस्य(सो) विस्तारं परिकीर्तितम् ।
त्रिमात्रं पादविस्तारं तलायामं शराङ्गुलम् ॥ १५ ॥
[तल]तारं त्रिमात्रं स्या(पा)दायाममर्धाङ्गुलायतम् ।
व्याघ्रपादवदाकारं कुर्यात्पादचतुष्टयम् ॥ १६ ॥
पृष्ठतारं दशांशं स्यात्पृष्ठात्संधं षडङ्गुलम् ।
शराङ्गुलं चोरुविस्तारं चोरुदीर्घ(दैर्घ्यं) दशाङ्गुलम् ॥ १७ ॥
पञ्चांशं कुक्षिविस्तारं तत्समं घनमेव च ।
सिंहात्स्कंधसमं पुच्छं दीर्घ(दैर्घ्यं) तारं शिवाङ्गुलम् ॥ १८ ॥
मूलाग्रा(ग्रम)र्धमात्रं स्यान्मूलाग्र(ग्रान्त)त्रयं क्रमात् ।
पुच्छाग्रे व(बा)लसंयुक्तमुच्चा(च्छ्रा)यामं त्रिमात्रकम् ॥ १९ ॥
मूलतारं शिवाङ्गुल्यमग्रतारं त्रिमात्रकम् ।
लिङ्गायामं त्रिमात्रं स्यादर्धांशं लिङ्गविस्तृतम् ॥ २० ॥
श्वेतवर्णनिभं सिंहं रक्तवर्णं च केस(श)रम् ।
अन्तस्थलं तथैवास्यं कर्ण(र्णा)न्तं शिथि(स्थित)रक्तयुक् ॥ २१ ॥
बालचन्द्रवदाकारं नख(खं) दन्ताकृति[म्]तथा ॥ २२ ॥
एवं प्रोक्तं सिंहरूपं जनानाम्
देवानां [देवीनां च] कल्पयेद् वाहनं स्यात (च) ।
मानं सर्वं चोक्तवद् गृ(ग्रा)ह्यमेवम्
शयनं वा स्थानकं चासनं वा [कल्पयेत्] ॥ २३ ॥

इति मानसारे वास्तुशास्त्रे सिंहलक्षणविधानं नाम त्रिषष्टितमोऽध्यायः ॥

प्रतिमाविधानम्

षोडशप्रतिमादीतां विष्णुविभवसर्वतः ।
उष्णीषात्पादपर्यन्तं मानं संक्षिप्यतेऽधुना ॥ १ ॥
लिङ्गमानवशाद् विष्णुमूलबेरवशात्क्रमात् ।
उत्तमं मध्यमं सा(चा)धर्मगर्भगेहविशालकं ॥ २ ॥
हर्म्यतारवशाद् द्वारं वंशा(रवशाद)धिष्ठानपादुकं ।
हस्तमानवशाद् गृ(ग्रा)ह्यं तालमाना(नन)वतालकं ॥ ३ ॥
यजमानवशान्मूलबेरलिङ्गाङ्गुलं तथा ।
मानाङ्गुलवशान्मानं मानद्वादशभेदकम् ॥ ४ ॥
लिङ्गमानादिषण्मानं भोगमानं(मोक्षार्थ)सिद्धि(धर्म)दम ।
हस्तादिवशान्मानं भोगमानं(नं) प्रशंसितम् ॥ ५ ॥
अङ्गुलं मुक्तिकामस्य कर्तुरिच्छावशान्नयेत् ।
तस्मात्तन्मूललिङ्गादिमानं मानधृतमुच्यते ॥ ६ ॥
लिङ्गे स्वयंभुवे ज्ञात्वा मानुषं च द्विधा भवेत् ।
स्वयंभुलिङ्गे तु शिरोमानं च संग्रहम् ॥ ७ ॥
परिणाहे यथा स्थूलं(ल)देशे विस्तारं मानयेत ।
मानुषं(ष)लिङ्गतुङ्गे तु तच्छिरोमानकं त्यजेत ॥ ८ ॥
विस्तारं परिणाहं तु यदिच्छेद् इहं गृह्यते ।
एवं लिङ्गद्वयोत्तुङ्गे पीठमानं त्यजेद् बुधः(धः) ॥ ९ ॥
लिङ्गशुद्धादयं वाथ तत्तन्नाहसमं भवेत ।
केचित्तन्नयमानं तु षोडशांश(शे) विभाजितं ॥ १० ॥
तत्तदंशेन वृद्धिः स्याद्धानं वा देशकान्त(ल)कम् ।
अथवा तत्तदंशेन लोकभूततलांशकम् ॥ ११ ॥

नवमंकादशं चैव ह्याधिक्यं वाथ हीनकम् ।
एवं लिङ्गवशात्प्रोक्तं विष्णुबेरवशो(शाद्)च्यते ॥ १२ ॥
मूलबेरसमं वापि नेत्रान्तं वा पुटान्तकम् ।
हन्वन्तं बाहुसीमान्तं स्तनान्तं हृदयान्तकम ॥ १३ ॥
नाभ्यन्तं मेढ्सीमान्तं नवमानं चोत्सवोदयम् ।
तदर्धं कौतुकोत्सेधं कन्यसादि त्रयं त्रयम् ॥ १४ ॥
शुद्धगर्भगृहं कृत्वा नन्दनन्दादयं भवेत् ।
तदेवं नवमानं स्यान्नवतिविधमानकम् ॥ १५ ॥
एवं गर्भगृहमानवशान्मानं प्रकल्पयेत ।
प्रासादविधृ(स्तृ)तं मानं गर्भगेहप्रमाणवत् ॥ १६ ॥
शुद्धद्वारोदयं वाथ विस्तारं ··· [चाया]मं [ए]व वा ।
तत्पादाधिकहीनं वा तत्त(त्र)योर्मध्यमानके ॥ १७ ॥
समं वा पादमाधिक्यं द्वारमानं दशो(नवो)दयम् ।
अधिष्ठानोदयं चैव पादतुङ्ग(ङ्गं) द्वयं ततः ॥ १८ ॥
प्रत्येकं नवधा कृत्वा नवमानमुदीरितम् ।
हस्तादिनवहस्तान्तं हस्तमानवशोदयम् ॥ १९ ॥
तालादिनवतालान्तं नवतालादिमानकम् ।
मुष्ट्यादि नवमुष्ट्यन्तं मुष्टिमाननवोदयम् ॥ २० ॥
कर्तृतुङ्गसमं वापि नेत्रान्तं च पुटान्तकम् ।
हन्वन्तं स्कन्धसीमान्तं स्तनान्तं हृदयान्तकम् ॥ २१ ॥
नाभिमेढ्विधानं स्यात्कर्तृमानं नवोदयम् ।
एतेषां चाष्टमानं तज्ज्ञात्यंशैस्तु नियोजयेत् ॥ २२ ॥
तन्मानं शिल्पिभिः प्राज्ञा(ज्ञैः) षड्शुभायादि कारयेत् ।
षड्शुभायादिकं चोक्तं त्रिंशद्भाग(गे) विभाजिते ॥ २३ ॥
तद्भागैकेन वृद्धिः स्याद् यश् शु(च्छु)भायादिसंभवम् ।
सकलं चोत्सवादीनां यश् शु(च्छु)भांशावसानकम् ॥ २४ ॥
अंशकं मानमेवात्मकमङ्गुलैर्मानमुच्यते ।
यल्लिङ्गतुङ्गं संग्राह्य चतुर्विंशच्छतान्तकम् ॥ २५ ॥

लिङ्गाङ्गुलमिति प्रोक्तं बेरं तालवशादपि ।
कृत्वा बेराङ्गुलं प्रोक्तं मानाङ्गुलमिहोच्यते ॥ २६ ॥
यवताराष्टमात्रं स्याद् देवानामङ्गुलं भवेत् ।
मध्यं मुनियवाङ्गुल्यं षट्पञ्चाङ्गुलायतम् ॥ २७ ॥
मानाङ्गुलमिति प्रोक्तं देहलब्धाङ्गुलं भवेत् ।
अङ्गुलद्वयमारभ्य जात्यंशम(शं) विनोदयम्(यं स्यात्) ॥ २८ ॥
द्वित्र्यङ्गुलं समारभ्य मध्यं भूताङ्गुला(लमा)रभेत(त) ।
सप्ताङ्गुलं समारभ्य द्विद्व्यङ्गुलविवर्धनात् ॥ २९ ॥
पञ्चविंशच्छतान्तं स्याद् यश शु(च्छु)भायादिसंभवम् ।
नागं नन्दं गुणं चाष्टनववेदगुणस्तथा ॥ ३० ॥
भानुपङ्क्त्यष्टहर्मौ(र्त्तमु)निनन्दत्त्रयं क्रमात् ।
शेषमायामयान्यं च (यं व्ययं योनिश्च) नक्षत्रं वारमंशकम् ॥ ३१ ॥
द(दा)रिद्रं दारनाशं च श्रीकं(करं) विजयाद्भुतम् ।
भुक्ति मु(क्तिर्मु)क्ति च(क्तिश्च) भोगं च अ(गन्तु चा)र्थलाभद्वयावहम् ॥ ३२ ॥
कीर्तिदं पुष्कलं चैव द्वादशायां[शं] च तत्फलम् ।
सिद्धिदं विजयं चैव श्रीकरं चार्थहानिकम् ॥ ३३ ॥
भोगं च शत्रुनाशं च चत्तुमा(रा)यार्थलाभकम् ।
मुदितं सौख्यकं चैव दशधा वेथतत् (व्ययस्य) फलम् ॥ ३४ ॥
आयं सर्वहरं पुण्यं व्ययं सर्वहरं सुखम् ।
आयाधिक्यं व्ययं हीनं सर्वसंपत्क सदा ॥ ३५ ॥
यत्फलं शुभयुक्तं चेदायहीनं त[द्]दूषणम् ।
पूज्यं व्ययं सममेवं तत्र दोषो न विद्यते ॥ ३६ ॥
ध्वजः सिंहो वृषो हस्ति(स्ती) स तेषां शुभयोनयः ।
जन्मद्वयं चतुःषष्टिभिरष्टनन्दशुभत्ततम्(भर्त्तकम्) ॥ ३७ ॥
नामजन्मादिनन्दं च गणनैस्तु विधीयते ।
कर्तृराश्यादिनाश्यं(रभ्य) च सेना(मीन)द्वितीयान्तकम् ॥ ३८ ॥
तृतीये मा(मी)नजत्त्वादौ पूर्ववद् गणनैस्तु वा ।
तस्मात्तृतीयपर्यन्तमृत्तैः सर्वशुभावहम् ॥ ३९ ॥

गुरुशुक्रबुध[श्]चन्द्रमुख्यवारं प्रशस्यते ।
तस्करोधन(नं) षण्डश्च(ण्डं च) प्रेष्यान्यानि शुभांशकम् ॥ ४० ॥
वर्ज्यं षष्ठाष्टमं राशिमन्यत्सर्वं शुभं भवेत् ।
गस्(जः) सर्वशुभं प्रोक्तं मानुषासुरं वर्जयेत् ॥ ४१ ॥
एकनेत्रं द्विनेत्रं वा संयुक्ता सं(क्तांशं) विसर्जयेत् ।
शुभयोगं शुभमेवं मृत्युयोगविनाशनम् ॥ ४२ ॥
यत्र दोषो गुणाधिक्यं तत्र दोषो न विद्यते ।
तेषामधिकगुणं वानं(न्यं) सर्वदोषकरं भवेत् ॥ ४३ ॥
तस्मात्परिहरेद् विद्वान् जनमेवं प्रकल्पयेत् ।
तन्मात्राङ्गुलमानोत्तमात्मार्थं प्र˙˙यम् (योजयेत्) ॥ ४४ ॥
कुर्यादायादि सर्वेषां चोक्तवच्छिल्पिवित्तमः ।
अन्या(न्यो)न्यमन्यतो ग्राह्यं चोक्तवत्तत्र(त्त)वित्तमः ॥ ४५ ॥
ब्रह्माविष्णु[श्च]रुद्राणां बुध(द्ध)स्य ज(जि)नकस्य च ।
अन्यैश्च˙˙व(न्येषां च प्रतिमानामेवं) मानं तु संग्रहम् ॥ ४६ ॥
एवं तु चोत्सवादीनां स्थावरं(र)जङ्गमादिनः(दीनाम्) ॥

इति मानसारे वास्तुशास्त्रे प्रतिमाविधानं नाम चतुःषष्टितमोऽध्यायः ॥

उत्तमदशतालविधानम्

उत्तमं(म)दशतालस्य लक्षणं वक्ष्यतेऽधुना ।
मूर्धादिपादपर्यन्तं तुङ्गमानं प्रशस्यते ॥ १ ॥
चतुर्विंशच्छतं कृत्वा तथैवांशेन मानयेत् ।
उष्णीषात्केशपर्यन्तं चतुर्मात्रं प्रशस्यते ॥ २ ॥
केशान्तादिहन्वन्तं सैकार्कांशं मुखायतम् ।
अर्धांशं गलमानं स्याद् वेदांशं गलतुङ्गकम् ॥ ३ ॥
गलान्ताद्धृदयान्तश्च उ(स्तु चो)दरं नाभिसीमकम् ।
नाभेस्तु मेढ्रसीमान्तं सार्धत्रयोदशांशकम् ॥ ४ ॥
मेढ्रान्तमूरुदीर्घ(दैर्घ्यं) स्यात् सप्तविंशाङ्गुलं भवेत् ।
जानुतुङ्गं युगाङ्गुल्यं जङ्घा चोरुसमायतम् ॥ ५ ॥
पादजानुसमोत्तुङ्गं मुखायामं त्रिधा भवेत् ।
अक्षिसूत्रावसानं च तस्याधो त(स्त)त्पदान्तकम् ॥ ६ ॥
हिक्कासूत्रादधो बाहुदीर्घ(दैर्घ्यं)मृक्षाङ्गुलं भवेत् ।
कूर्परं च द्विमात्रं स्यान्मणिबन्धावसानकम् ॥ ७ ॥
प्रकोष्ठमेकविंशांशं दीर्घं तस्य तलायतम् ।
मध्याङ्गुल्याग्रपर्यन्तं सार्धत्रयोदशांशकम् ॥ ८ ॥
तन्मध्यम(मा)ङ्गुलायामं सार्धं षडङ्गुलं भवेत् ।
शेषं चान्तस्तलायामं पाद(दं) सप्तदशांशकम् ॥ ९ ॥
अङ्गुष्ठात्पार्ष्णिपर्यन्तं तद्दीर्घाङ्गुष्ठ मायतम् ।
सपाद(सार्ध)वेदाङ्गुलं प्रोक्तं तदर्धं विस्तृतं भवेत् ॥ १० ॥
तदर्धं नखविस्तारं तत्पादोनायतं तथा ।
नखं वृत्तायतं चैव चांशं तन्मुखं मांसलम् ॥ ११ ॥

नखं तत्पार्श्वयोश्चैव शेषं तु तत्समाङ्(मांस)लम् ।
यवहीनार्धवेदांशं तर्जनीदीर्घकं भवेत् ॥ १२ ॥
पादहीनं चतुर्भागं मध्यमाङ्गुलमायतम् ।
सयवत्र्यंशकं चैवानामिकायाममिष्यते ॥ १३ ॥
अर्धांशकद्वयाङ्गुल्यं कनिष्ठाङ्गुलदीर्घकम् ।
यवाधिक्यांशकं सार्धं यवहीनांशकं तथा ॥ १४ ॥
यवाधिकं त्रिपादं च त्रिपादं तद्यथाक्रमम् ।
प्रादेशिन्यादि कनिष्ठान्तं विस्तारं तत्प्रशस्यते ॥ १५ ॥
स्वस्वतारार्धविस्तारं नखं प्रागुक्तवद् भवेत् ।
गुल्फाञ्चिं(ञ्चि) मध्यसूत्रं तु तल(ला)ग्रान्तं तलायतम् ॥ १६ ॥
षड्यवाधिकमष्टांशं तत्सूत्रात्पार्ष्णिमूलकम् ।
वेदांशं चायतं तारं यवोपेतशरांशकम् ॥ १७ ॥
पश्चात्पार्ष्णिकपर्यन्तं वह्न्यर्धांशकमायतम् ।
पार्ष्णिमूलं षडंशं स्याद् गुल्फाधो त(धस्त)त्प्रदेशके ॥ १८ ॥
तलमध्यमविस्तारं षडंशं षड्यवाधिकम् ।
अग्रतारं षडंशं तु तद्घनं च त्र्याङ्गुलम् ॥ १९ ॥
पादमध्योच्छ्रयं सार्धवेदमात्रं प्रशस्यते ।
अङ्गुलीनां द्वि(त्रि)पर्व(र्वं) स्याच्छेषं युक्त्या प्रयोजयेत् ॥ २० ॥
सपादभूताङ्गुलं चैव गुल्फतारमिति स्मृतम् ।
सपादवेदाङ्गुलं चोर्ध्वे नालिकाविस्तृतं भवेत् ॥ २१ ॥
जङ्घामध्ये च विस्तारं सार्धपण्मात्रं मानयेत् ।
जङ्घामूलस्य विस्तारं वसुगात्रं प्रशस्यते ॥ २२ ॥
नवाङ्गुलं प्रकर्तव्यं जानुदेशविशालकम् ।
ऊरुमध्यविशालं तु द्वादशाङ्गुलमीरितम् ॥ २३ ॥
सार्धत्रयोदशांशं स्यादूरुमूलविशालकम् ।
विंशांशं च कटितारमूर्ध्वे श्रोणि विशालकम् ॥ २४ ॥
सार्धमष्टादशाङ्गुल्यं मध्योदरविशालकम् ।
षोडशांशं भवेच्चोर्ध्वे हृदयावधितारकम् ॥ २५ ॥

सार्धद्विनवमात्रं स्याद् वक्षस्थलविशालकम् ।
एकविंशाङ्गुलं चोर्ध्वे कक्षयोरन्तरस्थलम् ॥ २६ ॥
द्वाविंशांशकं चोर्ध्वे चत्वारिं(तुर्विं)शार्धमात्रकम् ।
बाहुपर्यन्तविस्तारं बाहुमूलविशालकम् ॥ २७ ॥
नवांशं ग्रीवविस्तारं तत्समं तद् विधीयते ।
मुखविस्तारं भान्वंशं पुरस्तस्मात्प्रदेशके ॥ २८ ॥
केशान्तोपरि माने(भागे) तु शिरो(रस्)तारं दशाङ्गुलम् ।
केशान्तान्नेत्रसूत्रान्तं द्विभागं तद् विभाजिते ॥ २९ ॥
तदेकांशं ललाटोच्चं शेषं दृष्टिप्रदेशकम् ।
दृष्टिभालद्वयोर्मध्ये सुभ्रूस्थानं प्रकल्पयेत् ॥ ३० ॥
भ्रुवायामं शराङ्गुल्यं भ्रुवतारमर्धमात्रकम् ।
तदर्धं मध्यता स्थान्मूलाग्रान्तं(न्त)त्रयं क्रमात् ॥ ३१ ॥
भ्रुवयोरन्तरायान्तं(मं) पादांशं षड्यवांशकम्(यवाधिकम्) ।
नेत्रायामं त्रिमात्रं स्याद् विस्तारं तच्छिवांशकम् ॥ ३२ ॥
नेत्रयोरन्तरं मध्ये द्विमात्रं तत्प्रशस्यते ।
त्रिं(त्र्यं)शैकद्वयपञ्चैव नेत्रमूर्धाग्ररक्षयोः ॥ ३३ ॥
शेषमभ्यन्तराक्षिः स्यात्त्रिभाग(गे) विभाजिते ।
कृष्णमण्डलमेकांशे(शं) शेषं तच्छ्वेतमण्डलम् ॥ ३४ ॥
कृष्णमण्डलसंकाशं ज्योतिर्मण्डलमंशकम् ।
कृष्णमण्डलमध्ये तु ज्योतिर्मण्डलकं विदुः ॥ ३५ ॥
नेत्रमध्ये तथा कृष्णज्योतिरन्तांशकमंशकम् ।
दृष्टिमण्डलमेवोक्तं ज्योतिर्मण्डलमध्यमे ॥ ३६ ॥
ऊर्ध्वाधो वर्मविस्तारं द्व्यङ्गुलार्धं त्रिमात्रकम् ।
मत्स्याकाराक्षिमात्रं स्याद् भ्रुवः(वं) कोदण्डवत्सुधीः ॥ ३७ ॥
श्रोत्रायामं तु वेदांशं नालायाममर्धमधिकम् ।
भ्रूमध्यसमं श्रोत्रमग्रमेवं प्रकल्पयेत् ॥ ३८ ॥
पिप्पल्यायामविस्तारं तदर्ध(र्धं) विस्तृतं भवेत् ।
नालान्तरं त्रिमात्रं स्यात्तदर्धं श्रोत्रवद् घनम् ॥ ३९ ॥

श्रोत्रतारं द्वियं(द्वया)र्धांशं शेषमूह्यं विचक्षणः ।
नेत्रान्तात्कर्णसीमान्तं ह्यन्तरं सप्तमात्रकम् ॥ ४० ॥
ह्यर्धांशं नास्य(सि)विस्तारमग्रमेकाङ्गुलं भवेत् ।
पुटतारार्धमात्रं स्यात्तद्दीर्घ(दैर्घ्य) षड्यवं भवेत् ॥ ४१ ॥
सुषिरं चार्धमात्रं स्यात्तारं पञ्चयवं भवेत् ।
पुष्करोत्सेधमंशं स्याद् विस्तारं तद्द्वयं भवेत् ॥ ४२ ॥
एकांशं द्वयमाधिक्यं नासिमध्यं तु विस्तृतम् ।
तदर्धं मूलविस्तारं तुङ्गमेवं(कं) यथाक्रमम् ॥ ४३ ॥
गोजिमूलं तदग्रान्तं नासितुङ्गं द्वयाङ्गुलम् ।
पुष्करं स्यादधोगोजि दीर्घ(दैर्घ्य) चतुर्यवं भवेत् ॥ ४४ ॥
निम्नं तु यवं चैव विस्तारं त्रियवं तथा ।
तस्मात्तथोत्तरा पालि यवमेवं(कं) विधीयते ॥ ४५ ॥
तस्याधश्चोत्तरोष्ठं च तारं षड्यवं भवेत् ।
आह्रत्वा(असृक् त्व)र्धयवं चैव तद्वायाधा(द्राध)रयुक् [स्यादेव] ॥ ४६ ॥
अधरोष्ठं शिवांशं स्याद् विस्तारं चोन्नतसमम् ।
अस्यायामं चतुर्मात्रमसृक्का(ग)न्तं तु कारयेत् ॥ ४७ ॥
त्रियं(त्रयां)शार्धा(र्धम)धरायामं चार्धं चन्द्रवदाकृति ।
त्रिवक्त्रं(? यवं) चोत्तरा पाली चान्तरैश्चैव संयुतम् ॥ ४८ ॥
द्वयं तत्तद्विस्तारं तत्समं चायतविस्तृतम् ।
अधरोर्ध्वं तु दन्तं च तद् द्वात्रिंशत्तु दन्तकम् ॥ ४९ ॥
अधरस्याधोदेशं चिबुकायाः(कं च) शिवांशकम् ।
शेषं यथान्तरमुत्सेधं हन्वन्तं तत्प्रदेशके ॥ ५० ॥
हन्वन्तं विस्तृतं ज्ञात्वा सार्धवह्न्यङ्गुलं भवेत् ।
हन्वन्तं कर्णबन्धान्तं द्वया(यांर)न्तरं दशाङ्गुलम् ॥ ५१ ॥
हन्वन्तरद्वयांमध्ये निम्नतुङ्गं शिवायतम् ।
हन्वन्ता(न्तमा)यतवृत्तं स्याद् विस्तारार्धसमं भवेत् ॥ ५२ ॥
द्वियवाधिकमंशं च हन्वन्ताद् गोजि तद् भवेत् ।
हन्वन्तं मध्यमूले तु गलं तद् द्वयमात्रकम् ॥ ५३

एवं तु गलमानं स्यात्तदर्धं निर्गमं बुधैः ।
नयनं तत्त्रिपादं च ललाटं नेत्रमानकम् ॥ ५४ ॥
अथवा तत्त्रिपादं च चार्धं वाथ त्रिधा भवेत् ।
संहारं च स्थितिः सृष्टिर्दृष्टिरेवं शिवस्य च ॥ ५५ ॥
नवत्यष्टरामदृष्टिनन्दं ध्यात्वा शिल्पिवित्तमः ।
ग्रीवरामं यथा कृत्वा तस्य मानं न योजयेत् ॥ ५६ ॥
यथा युक्त्या तथा वक्रे कुर्यात्तु तत्प्रदेशकं ।
द्वियवाधिकमष्टांशं बाहुमध्यमविस्तृतम् ॥ ५७ ॥
कूर्परं तद् विशालं स्यात्सप्तमात्रं प्रशस्यते ।
प्रकोष्ठमध्यविस्तारं यवोपेतशरांशकम् ॥ ५८ ॥
मणिबन्धविशालं तु सार्धवह्न्यङ्गुलं भवेत् ।
तत्तले मूलविस्तारं सप्तमात्रं तु कारयेत् ॥ ५९ ॥
तन्मध्यमविशालं तु सार्धषण्मात्रकं भवेत् ।
तलाग्रतारमर्धमाधिक्यं पञ्चाङ्गुलं विधीयते ॥ ६० ॥
बहिः सार्धषडङ्गुल्यं मणिबन्धा[त्] तलायतम् ।
तस्मात्तु चाङ्गुलानां च दीर्घ(दैर्घ्य) युक्त्या तद्बहिर्भवेत् ॥ ६१ ॥
पुरोक्तानां तत्तद्दीर्घ(दैर्घ्य)मङ्गुलीनां तत्तदायतम् ।
सपादोपेतवेदांशं चानामिकाङ्गुलदीर्घकम् ॥ ६२ ॥
प्रादेशिन्यायाम भूतांशं स(च) वेदाङ्गुष्ठकनिष्ठकम् ।
अङ्गुष्ठमूलविस्ता सपादाङ्गुलमेव च ॥ ६३ ॥
तर्जन्यनामिमूलं तु विस्तारं तच्छिवांशकम् ।
मध्यमाङ्गुलिमूले तु विशालं स्यात्त्रियं(यवां)शकम् ॥ ६४ ॥
पड्य तत्कनिष्ठे तु विशालं तस्य मूलकं ।
तत्तद्द्विरष्टभागं तु तदेकांशविहीनकम् ॥ ६५ ॥
शेषाङ्गुल्यग्रविस्तारं विभजेत्त्रियं(त्र्यं)शकम् ।
द्विभागं नखविस्तारं शेषं तु तद् द्विपार्श्वयोः ॥ ६६ ॥
अङ्गुलं(ले) नखविस्तारं चतुर्भागैकमाधिकम् ।
नखायाममिति चाग्रं द्वियवं तदंशकं ॥ ६७ ॥

तर्जन्याद्यङ्गुलादीनां दीर्घ(दैर्घ्यं) वह्न्यंशकं भवेत् ।
पर्वदीर्घ(दैर्घ्यं) तदेकांशं युगला(गा)नां त्रिपर्वकम् ॥ ६८ ॥
अङ्गुष्ठं तु द्विपर्व(र्वं) स्यादायामं त[द्]द्विभागतः ।
तर्जनीमूलपार्श्वे तु श्रेष्ठोर्ध्वे मूलकावनी(ती) ॥ ६९ ॥
तद्द्वयोर्मध्यदीर्घ(दैर्घ्यं) स्यात्त्र्यंशं द्व्यंशं तद्घनम् ।
शेषं तं(तत्) मणिबन्धान्तं दीर्घ(दैर्घ्यं) साङ्घ्रि(र्ध)युगाङ्गुलम् ॥ ७० ॥
तस्या(स्माद)ङ्गुष्ठादधोदेशे सार्धद्व्यङ्गुलं घनम् ।
तद्विशालं गुणांशं स्यात्पार्ष्णितारं युगाङ्गुलम् ॥ ७१ ॥
तद्घनं च त्रियं(त्र्यां)शं स्यादग्रं तु द्वियवांशकम् ।
अन्तस्तलं द्विमात्रं स्याद् विशालं निम्न(चतु)र्यवम् ॥ ७२ ॥
पद्मं त्रिशूलवत् शङ्खं चक्रवत् सूक्ष्मरेखया ।
शेषं युक्त्या तथा हस्ते प्रदेशं कारयेद् बुधः ॥ ७३ ॥
शिरःपृष्ठे विशालं स्यान्नवमात्रं प्रशस्यते ।
कर्णान्तं नासिकाग्रान्तं सार्धत्रयोदशांशकम् ॥ ७४ ॥
हिक्कासूत्रोपरि स्कन्धं गलसन्धि युगांशकम् ।
गलसन्ध्या ककुद्यान्तं पञ्चमात्रं प्रशस्यते ॥ ७५ ॥
तस्मात्कटिसूत्रान्तं सप्तविंशाङ्गुलं भवेत् ।
तस्मात्तु पायुसीमान्तं सार्धत्रयोदशांशकम् ॥ ७६ ॥
पश्चिमे तदेकविंशत्यंशं तत्तदङ्गुलविस्तृतम् ।
सप्ता(प्त)दशाङ्गुलं पश्च(श्चात्) श्रोणिदेशे विशालकम् ॥ ७७ ॥
तदूर्ध्वे मध्यकायं तु विशालं श्रोणिविशालकम् ।
एकविंशाङ्गुलं चैव तदूर्ध्वे च स्तनापरी ॥ ७८ ॥
सप्तविंशाङ्गुलं चैव कक्षयोरन्तरं स्थलम् ।
वंशनिम्नं शिवांशं स्यात्कटिमध्यान्तरायतम् ॥ ७९ ॥
विस्तारं तु द्विमानं स्याद् युक्त्या तत्रैव कारयेत् ।
तस्मात्कुक्षि(क्ष्य)वसानं स्याद् भानुं(न्वं)शं फलकायतम् ॥ ८० ॥
फलका[च]द्वयोर्मध्य [च] अन्तरं वेदमात्रकम् ।
फलकांशे तु स्कन्धसीमान्तं बाणार्धाङ्गुलतम् ॥ ८१ ॥

बृहती सप्तांशकं कक्षान्तरसमायतम् ।
बृहती स्तनसीमान्तं सार्धद्विरष्टमात्रकम् ॥ ८२ ॥
त्रयोदशांशकं चैक कटिसूत्रं तु विस्तृतम् ।
ऊरुमूलं तु निर्गमं च तत्समं तु युगाङ्गुलम् ॥ ८३ ॥
विस्तारं नवांशं स्यात्तत्तत्पिण्डौ सुवृत्तकौ ।
स्तनपीठं द्विमात्रं स्याद् विस्तारं तत्सुवृत्तकम् ॥ ८४ ॥
स्तनपक्षद्वयस्यान्तं तत्समं चोदयं तथा ।
हिक्का च(काया) हृदयं चै(यस्यै)व निम्नकं च यवं स्मृतम् ॥ ८५ ॥
हिक्कात्(या) स्तनान्तं स्यात् हि(द्वि)काया कक्षान्तरं तथा ।
सार्धत्रयोदशांशं स्याद् द्वियवं नाभिनिम्नकम् ॥ ॥ ८६ ॥
नाभिप्रदक्षिणवृत्तं मूलवत्कारयेद् बुधैः ।
नाभ्यधः कटिसीमान्तं कुक्षिदीर्घ(दैर्घ्य) षडङ्गुलम् ॥ ८७ ॥
नाभ्या[द्] वक्त्रसीमान्तं वेदमात्रं प्रशस्यते ।
कटितुङ्गा(ङ्गम)र्धसप्तांशं तस्यान्तं मेढ्रमूलकम् ॥ ८८ ॥
मेढ्रपीठस्य विस्तारं चतुर्मात्रं प्रशस्यते ।
तस्मात्तु लिङ्गदीर्घ(दैर्घ्य) स्याद् द्वादशांशं विधीयते ॥ ८९ ॥
मुष्कायामं द्वयार्धांशं तद्विस्ता तथांशकम् ।
लिङ्गतारं शिवांशं स्यात् शे(च्छे)पं युक्तितो न्यसेत् ॥ ९० ॥
तदेवाधिकहीनं वा शोभार्थं चैकमात्रकम् ।
उक्तमानाङ्गकैः सर्वैः त(र्वैस्त)त्र दोषो न विद्यते ॥ ९१ ॥
तदूर्ध्वेऽधिकहीनं चेत्सर्वदोषसमुद्भवम् ।
तस्मात् परिहरेच्छिल्पी प्रतिमानं तु सर्वदा ॥ ९२ ॥
ब्रह्माविष्णु[श्च]रुद्राणां मानयेन्मानवित्तमः ।
अन्येषां चैव देवानां मानं कुर्याच्छुभावहम् ॥ ९३ ॥
एवं तु चोत्तमं पङ्क्तितालं प्रोक्तं मुनीश्वरैः ॥ ९४ ॥

इति मानसारे वास्तुशास्त्रे प्रतिमानामुत्तमदशतालविधानं नाम पञ्चषष्टितमोऽध्यायः ॥

मध्यमदशतालविधानम्

स्रीमानं(न)दशतालं च(लस्य) लक्षणं वक्ष्यतेऽधुना ।
पादादुष्णीषसीमान्तं सविंशतिशताङ्गुलम् ॥ १ ॥
तदेकाष्टांशकं चैव यवमानमुदीरितम् ।
उष्णीषात्केशपर्यन्तं चतुर्मात्रं शिरोदयम् ॥ २ ॥
तस्याधो नेत्रसूत्रान्तं पञ्चाङ्गुलमिति स्मृतम् ।
पुटान्तं नासिदीर्घ(दैर्घ्य) स्याद् वेदमात्रं प्रशस्यते ॥ ३ ॥
पुटान्ताद्धनुपर्यन्तं सार्ध वह्न्यङ्गुलं भवेत् ।
अर्धांशं गलसन्धिः स्याद् गलोत्तुङ्गं युगाङ्गुलम् ॥ ४ ॥
हिक्कात्(काया) हृदयान्तं च सैकार्कमङ्गुलं भवेत् ।
तस्मान्नाभिसीमान्तं मेढ्रान्तं तत्समं भवेत् ॥ ५ ॥
मेढ्रात्तु चोरुतुङ्गं स्यात्षड्विंशमङ्गुलं भवेत् ।
जानुतुङ्गं चतुर्मात्रं जङ्घा चोरुसमं भवेत् ॥ ६ ॥
पादोत्सेधं युगाङ्गुल्यं पार्ष्ण्याऽङ्गुष्ठावसानकम् ।
तलं षोडशमात्रं स्यादायाममिति कथ्यते ॥ ७ ॥
हित्का(क्का)सूत्रादधो बाहुदीर्घ(दैर्घ्य) षड्विंशदङ्गुलम् ।
कूर्परं च द्विमात्रं स्याद् विंशांशं प्रकोष्ठायतम् ॥ ८ ॥
मध्याङ्गुल्याग्रपर्यन्तं तलं त्रयोदशांशकम् ।
आयामं तत्षडङ्गुल्यं मध्यमाङ्गुलिदीर्घकम् ॥ ९ ॥
शेषं तु तलदीर्घं स्याद् वेदमङ्गुष्ठमायतम् ।
सार्धपञ्चाङ्गुलायामं तर्जन्यनामिकायतम् ॥ १० ॥
कनिष्ठाङ्गुलायतं चैव चतुर्मात्रं प्रशस्यते ।
मुखतारमर्कमात्रं स्यात्कर्णपर्यन्तमेव वा ॥ ११ ॥

तस्याधो मुखविस्तारं कर्णान्तं रुद्रमात्रकम् ।
सप्ताङ्गुलं गलतारं मध्यमूलं तदग्रकम् ॥ १२ ॥
पञ्चा(ञ्च)दशाङ्गुलं प्रोक्तं कक्षयोरन्तरं स्थलम् ।
तस्याधो(धः) स्तनदेशे तु तारं पञ्चदशाङ्गुलम् ॥ १३ ॥
प्रत्येकं स्तनविस्तारमर्धाधिकनवाङ्गुलम् ।
वेदार्धार्धाङ्गुलं तुङ्गमक्षिमध्याङ्गुलं भवेत् ॥ १४ ॥
विस्तारं द्व्यङ्गुलं प्रोक्तं स्तनचूचुकमण्डलम् ।
स्तनान्तं हृदयान्तं स्यात्तारं त्रयोदशाङ्गुलम् ॥ १५ ॥
मध्योदरविशालं स्यादेकादशाङ्गुलं भवेत् ।
तस्याधो नाभिदेशे तु तारं त्रयोदशाङ्गुलम् ॥ १६ ॥
नाभिदेशादधोदेशे तारं पञ्चा(ञ्च)दशाङ्गुलम् ।
तस्याधो(धः) श्रोणिविस्तारं विंशत्यङ्गुलमेव च ॥ १७ ॥
चतुर्विंशाङ्गुलं श्रोण्याद(ऽ)धः कटिविशालकम् ।
त्रयोदशांशं प्रत्येकं चोरुमूलविशालकम् ॥ १८ ॥
ऊरुमध्यविशालं स्याद् द्वादशाङ्गुलमीरितम् ।
नवाङ्गुलं चाग्रविस्तारं समांशं जानुविस्तृतम् ॥ १९ ॥
जङ्घामूलं रसाङ्गुल्यं मध्यतारं शराङ्गुलम् ।
नलकान्तं युगाङ्गुल्यं गुल्फं सार्धयुगाङ्गुलम् ॥ २० ॥
तारं स्यात्तलविस्तारं चतुर्मात्रं प्रशस्यते ।
अग्रतारं शराङ्गुल्यं पार्ष्णितारं युगाङ्गुलम् ॥ २१ ॥
अङ्गुष्ठायाम(मं) वेदांशं तर्जनी तत्समं भवेत् ।
मध्यमाङ्गुलीदीर्घ(दैर्घ्यं) स्यात्सार्धं वह्न्यङ्गुलं भवेत् ॥ २२ ॥
वह्न्यंशमनामिकायामं कनिष्ठं द्विमात्रकम् ।
दीर्घाङ्गुष्ठं च(प्राय) विस्तारं द्व्यङ्गुलेनांशं तर्जनी ॥ २३ ॥
तारं सप्तषट्पञ्चयवमन्याङ्गुलं त्रयम् ।
मध्याङ्गुल्यकनिष्ठान्तं विस्तारं परिकीर्तितम् ॥ २४ ॥
बाहुमूलविशालं च चाग्निं जङ्घाङ्गुलं भवेत् ।
मध्यतारमर्धषण्मात्रमग्रतारं षडङ्गुलम् ॥ २५ ॥

कूर्परं सार्धपञ्चांशं विस्तारं परिकीर्तितम् ।
प्रकोष्ठमूलविशालं तु पञ्चाङ्गुलमिति स्मृतम् ॥ २६ ॥
मध्यं सार्धयुगाङ्गुल्यं तारं चाग्रं युगाङ्गुलम् ।
मणिबन्धविशालं स्याद् वह्न्यङ्गुलमिति स्मृतम् ॥ २७ ॥
तलतारं शराङ्गुल्यं कन्याङ्गुलाङ्गुष्ठविस्तृतम् ।
षड्यवं तर्जनीतारं तत्तुल्यमनामिकाविस्तृतम् ॥ २८ ॥
सार्धपञ्चयवं तारं कनिष्ठाङ्गुलिमूलकं ।
मध्याङ्गुलविस्तारं च मूल(लं) सप्तयवं भवेत् ॥ २९ ॥
कंशान्तं नेत्रसूत्रान्तं द्वयोर्मध्यं भ्रुवः स्थितिः ।
एकांशं नेत्रविस्तारं नेत्रायामं गुणाङ्गुलम् ॥ ३० ॥
पुटबाह्यासानं स्याद् द्व्यङ्गुलं नासिविस्तृतम् ।
मध्यतारं शिवाङ्गुल्यं तदर्धं मूलविस्तृतम् ॥ ३१ ॥
पादोनद्विमात्रं स्यात्कत्तयो(दृचणो)रन्तरं भवेत् ।
भ्रूमूलं च द्वयोर्मध्ये चैकाङ्गुलमुदीरितम् ॥ ३२ ॥
भ्रुवायामं नवाङ्गुल्यं भ्रुवतारं द्विमात्रकम् ।
अक्षा(क्ष्या)यामं त्रिधा चैकं तन्मध्यं कृष्णमण्डलम् ॥ ३३ ॥
चापाकारं भ्रुवाकारं मत्स्याकारमक्षकं तथा ।
पुटतारोदयं चार्धमात्रं युक्त्या प्रयोजयेत् ॥ ३४ ॥
तिलपुष्पाकृतिर्ना(ना)सि पुटं निष्पावबीजवत् ।
कुर्यादास्यायतं वेदमात्रं सृक्कान्तमेव च ॥ ३५ ॥
उत्तरोष्ठविशाले तु यवपञ्चकमेव च ।
अधरोष्ठं षड्यवं स्यादायामं च द्विमात्रकम् ॥ ३६ ॥
कुक्कुटाण्डसमाकारं मुखं युक्त्या प्रकारयेत् ।
भ्रूमध्यसमं कर्ण(र्ण) श्रोत्रतुङ्गं युगाङ्गुलम् ॥ ३७ ॥
तत्समं नाललम्बं स्याद् पत्तमर्धाङ्गुलं भवेत् ।
अश्वत्थपत्रवत्कुर्याद् योनितारं युगाङ्गुलम् ॥ ३८ ॥
दीर्घ(दैर्घ्य) सप्ताङ्गुलं प्रोक्तमूर्ध्वतारायतं तत्समम् ।
शेषं तु चोत्तमपङ्क्तितालवत्कारयेत् सुधीः ॥ ३९ ॥

इति मानसारे वास्तुशास्त्रे स्त्रीमानमध्यमदशतालविधानं नाम षट्षष्टितमोऽध्यायः ॥

प्रलम्बलक्षणम्

सर्वेषां देवदेवीनां ऋजु(शयन)स्थानके चा(का)सने ।
मानसूत्रविधिं सम्यग्लक्षणं वक्ष्यतेऽधुना ॥ १ ॥
बेरायामसमं वापि त्रिपादं चार्धमेव वा ।
आयामं त्रिविधं प्रोक्तं तत्तदूर्ध्वविशालकम् ॥ २ ॥
देव(ह)लब्धाङ्गुलं चैव चतुस्त्रिद्व्यङ्गुलं घनम् ।
एवं प्रलम्बफलका प्र(ल)क्षणं चतुरश्रकम् ॥ ३ ॥
तत्समं चासनं कुर्याद् घनं मानाङ्गुलेन च ।
चतुष्पादं त्रिपादं च द्विपादैकाङ्घ्रिमेव वा ॥ ४ ॥
आसनस्योपरि स्थाप्य मध्य(ध्ये) बेरं विनिक्षिपेत् ।
सपादबेरायतं वाप्यध्यर्धेनाङ्घ्रितुङ्गकम् ॥ ५ ॥
पादतारं यथायुक्त्या कारयेत्तत्तकेन तु ।
फलका चा(मा)सनं चैव मुनि(मान)सूत्रं प्रसारयेत् ॥ ६ ॥
कुर्याद्युक्त्या च पादोर्ध्वे प्रलम्बफलकां न्यसेत् ।
सूत्राग्रे कन्दुकाकारं लौहे पाषाणकेऽथवा ॥ ७ ॥
तन्मध्ये सुषिरं कृत्वा बन्धयेच्छिल्पिवित्तमः ।
फलके योजयेत्सर्वं सूत्रमेवं प्रशस्यते ॥ ८ ॥
पूर्वापरपार्श्वे तु कायमध्ये प्रलम्बयेत् ।
स्थानके चासने वापि पञ्चसूत्रमुदीरितम् ॥ ९ ॥
मुखान्तं द्विद्विमात्रं स्याल्लम्बं सप्तमिति स्मृतम् ।
तत्पृष्ठशिरःपार्श्वे तु वक्त्रान्तं रज्जुं लम्बयेत् ॥ १० ॥
नवसूत्रमिति प्रोक्तमेकादशमि(चे)होच्यते ।
कक्षतारं द्वयो(यं) सूत्रं लम्बयेद् रुद्रसूत्रकम् ॥ ११ ॥

अथवा पृष्ठमध्यं तु सूत्र(त्रं) म(ह)न्वन्त(न्तं) लम्बयेत् ।
चतुर्दिक्षु चतुर्मध्ये पञ्चसूत्रं प्रधानकम् ॥ १२ ॥
अन्यथा पुरतो देशे सर्वं मध्यादि लम्बयेत् ।
पुटपार्श्वौ मुखान्तौ च कु[क्ष]क्षौ [वा] बाहुपार्श्वकौ ॥ १३ ॥
लम्बयेत्सूत्रमित्युक्तमेतदेकादश[स्] तथा ।
परहस्तौ पुटपार्श्वे सूत्रं त्यक्त्वा चतुष्टयम् ॥ १४ ॥
शेषं तु सर्वसूत्रं स्यादासने च प्रकल्पयेत् ।
स्थानके रुद्रसूत्रं स्याल्लम्बयेद्(त्तु) विचक्षणः ॥ १५ ॥
शिखामणिस्(णौ) तु मौल्यग्रे मध्यमे मौलिमध्यमे ।
मौलिमूलं(ले) च पट्टं(ट्टे) च ललाटस्य तु मध्यमे ॥ १६ ॥
भ्रुवयो(वो)र्मध्यमे [च] नासिमध्यमे हनुमध्यमे ।
हिक्काच(या) मध्यमे चैव तथा हृदयमध्यमे ॥ १७ ॥
तस्याधो नाभिमध्ये च मेढ्रमध्यं(ध्ये) तथैव च ।
ऊरुमूलद्वयोर्मध्यं जान्वयो(न्वो)र्मध्यमे तथा ॥ १८ ॥
नलका [च] द्वयोर्मध्ये [च] पार्ष्णियो(ष्ण्यो)र्मध्यमे तथा ।
तलमध्यद्वयोर्मध्यमङ्गुष्ठयोर्मध्यमे तथा ॥ १९ ॥
एवं तु लम्बयेत्कुक्षिनासाग्रे स्पर्शयेद् बुधः ।
सूत्रात् शि(च्छि)खामणि(णिः) स्याद् ह्यन्तरं द्वादशाङ्गुलम् ॥ २० ॥
सूत्रान्मौलिमूलान्तं रसमात्रान्तरं भवेत् ।
सूत्रं ललाटमध्यं तद् ह्यन्तरं ह्यङ्गुलं भवेत् ॥ २१ ॥
हिक्कामध्यं तु सूत्रान्तं ह्यन्तरं तु षडङ्गुलम् ।
तत्सूत्राद्धृदयान्तं च ह्यन्तरं चार्धमात्रकम् ॥ २२ ॥
तत्सूत्रान्नाभिसीमान्तं ह्यन्तरं तु शिवाङ्गुलम् ।
तत्सूत्रान्मेढ्रमूलान्तं ह्यन्तरं तु गुणाङ्गुलम् ॥ २३ ॥
स्थानके चासने वापि स्थानकेषु विशेषतः ।
पार्श्वसूत्रद्वयं काये ह्यन्तरं तदिहोच्यते ॥ २४ ॥
तत्सूत्रादूरुमूलान्तं ह्यन्तरं तद् द्विमात्रकम् ।
सूत्रं च जानुमध्यं तत्सार्धवेदाङ्गुलान्तरम् ॥ २५ ॥

तत्सूत्राज्जङ्घयोर्मध्यं ह्यन्तरं तु षडङ्गुलम् ।
सूत्रान्तं नलकान्तं स्यात्सार्धसप्ताङ्गुलं भवेत् ॥ २६ ॥
समाङ्घ्रि स्थानकं कुर्यात्कायमृज्वायतं भवेत् ।
पादाङ्गुष्ठद्वयोर्मध्ये ह्यन्तरं चाष्टमात्रकम् ॥ २७ ॥
तलमध्यद्वयोर्मध्ये ह्यन्तरं तु षडङ्गुलम् ।
तत्पार्ष्णि[श्च]द्वयोर्मध्यं [च] ह्यन्तरं वेदमात्रकम् ॥ २८ ॥
नलकान्तं(न्त)द्वयोर्मध्ये ह्यन्तरं तु रसाङ्गुलम् ।
जङ्घामध्यं(ध्य)द्वयोर्मध्ये ह्यन्तरं तु शराङ्गुलम् ॥ २९ ॥
जानुमध्यद्वयोर्मध्ये ह्यन्तरं वेदमात्रकम् ।
ऊरुमध्यं(ध्य)द्वयोर्मध्ये ह्यङ्गुलं चान्तरं भवेत् ॥ ३० ॥
ऊरुमूलद्वयोर्मध्ये शिवमात्रान्तरं भवेत् ।
हस्तौ च लम्बनं कुर्यात्तदन्तरमिहोच्यते ॥ ३१ ॥
श्रोण्या[त्] कूर्परं(र)पार्श्वं(र्श्वे) च ह्यन्तरं तु षडङ्गुलम् ।
प्रकोष्ठात्कट्यन्तरं ह्यन्तरं च त्र्यङ्गुलम् ॥ ३२ ॥
अथवा ह्यङ्गुलं वापि मणिबन्ध(न्धं) दशाङ्गुलम् ।
मध्याङ्गुलं च पार्श्वं च ह्यन्तरं दशमात्रकम् ॥ ३३ ॥
एवं तु देवदेवीनां स्थानके चासनेऽपि वा ।
ऊर्ध्वकायसमं कुर्यात्पद्मासनविशालकम् ॥ ३४ ॥
जान्व(नू)र्ध्वात्केशपर्यन्तं तत्समं त्रिभुजाविति ।
मानयेज्जानुबाह्ये तु बाहुबाह्यं तु तत्समम् ॥ ३५ ॥
बाहुजानुद्वयं चैव सव्यापसव्यं मानयेत् ।
मेढ्रान्तं गुल्फस्याग्रान्तं ह्यन्तरं तु षडङ्गुलम् ॥ ३६ ॥
श्रोणिकूर्परपार्श्वे तु चान्तरं तु षडङ्गुलम् ।
प्रकोष्ठाग्रतलं चैव पद्मांसौ [उ]परि विन्यस्येत् ॥ ३७ ॥
अर्धान्तस्यासनं चेत्तु ए(चैक)पादं प्रलम्बयेत् ।
तज्जानुपार्श्वके तस्य ह्य(द्वि)त्र्यङ्गुलोनमेव च ॥ ३८ ॥
तत्सूत्राल्लम्बपादादौ [ह्य]ह्यन्तरं द्वादशाङ्गुलम् ।
सर्वेषां(र्वासां) देवदेवीनामेवं प्रोक्तं तदासनम् ॥ ३९ ॥

पूर्वे च मध्यसूत्रं तु पृष्ठसूत्रं प्रलम्बयेत् ।
तदेव मौल्यग्रमध्ये मौलिमूलस्य मध्यमे ॥ ४० ॥
तत्कृत्वाथ ककुन्मध्ये वंशमध्ये तु लम्बयेत् ।
जघनस्य द्वयोर्मध्ये ऊ(चो)रुद्वयोश्च मध्यमे ॥ ४१ ॥
पृष्ठजानुद्वयोर्मध्ये पाणियो(ष्ण्यो)र्मध्ये [च] लम्बयेत् ।
एवं तु वरसूत्रं स्यात्पार्श्वसूत्रमिहोच्यते ॥ ४२ ॥
कर्णयोः सुषिरमध्ये पार्श्वकायस्य मध्यमे ।
गुल्फस्य मध्यमे चैव पार्श्वसूत्रं प्रलम्बयेत् ॥ ४३ ॥
पिप्पलीबाह्यदेशे तु स्तनचूचुकमध्यमे ।
ऊरुजानु(न्वोर्) यथादेशे तर्जन्यङ्गुलमध्यमे ॥ ४४ ॥
कक्षसूत्रात्कटिपार्श्वेऽपरे सा(चा)ङ्गुलाष्टकम् ।
शक्तीनां कटिदेशे तु लम्बयेत्तु कनिष्ठके ॥ ४५ ॥
बाह्यके मध्यमे वापि कटी च(टि)पुटपार्श्वके [च] ।
एवं तु कार्यसूत्रं स्याल्लम्बयेच्छिल्पिवित्तमः ॥ ४६ ॥
परहस्तपार्श्वयोः सूत्रं मानयेज्जानुपार्श्वकम् ।
सर्वाङ्गं च ऋजुं कुर्यात्पूर्वापर(वरयोर्) योजयेत् ॥ ४७ ॥
ऋज्वाङ्गकभावं सामान्यमिति विद्यते ।
सर्वषां(र्वासां) देवदेवीनां भङ्गमानमिहोच्यते ॥ ४८ ॥
आभङ्गं समभङ्गं च अ(तु चा)तिभङ्गं त्रिधा भवेत् ।
त्रिचतुष्पञ्चमात्रं स्यात्तुङ्गमानमिति क्रमात् ॥ ४९ ॥
उष्णीषमध्यमे चैव ललाटं चै(टस्यै)व मध्यमे ।
नासिकाग्रस्य मध्ये तु हिक्का(या) यथोक्तपार्श्वके ॥ ५० ॥
यथोक्तचूचुकस्यान्तं नाभिपार्श्वे यथोक्तवत् ।
यथोक्तश्चो(क्तो)रुगुल्फस्य [च] पार्श्वसूत्रं प्रलम्बयेत् ॥ ५१ ॥
एवमाभङ्गसूत्रं स्यात् समभङ्गमिहोच्यते ।
उष्णीषात्(षस्य) तु यथापार्श्वे ललाटस्य तु पार्श्वके ॥ ५२ ॥
यक्षत्पुटपार्श्वे तु स्तनचूचुकमध्यमे ।
नाभिश्चोरुस्तथा जङ्घा यथोक्तं गुल्फपार्श्वके ॥ ५३ ॥

एवं तु लम्बयेत्सूत्रं समभङ्गमिति स्मृतम् ।
उष्णीषात्(षस्य) पूर्वपार्श्वे तु यथोक्तं नेत्रमध्यमे ॥ ५४ ॥
स्तनपार्श्वे चोरुमध्ये जानुजङ्घा [च] मध्यतः ।
तद् गुल्फाद्वयोर्द्वयोर्मध्ये ह्यन्तरं तु गुणाङ्गुलम् ॥ ५५ ॥
जानुद्वयोरन्तरं चाष्टमात्रं युक्त्या प्रयोजयेत् ।
ऊरुमूलद्वयोर्मध्यं ह्यन्तरं ह्यर्धमात्रकम् ॥ ५६ ॥
अङ्गुष्ठाग्रं(ग्र)द्वयोर्मध्यं ह्यन्तरं द्वादशाङ्गुलम् ।
आभङ्गान्तरं प्रोक्तं समभङ्गमिहोच्यते ॥ ५७ ॥
तत्पादाङ्गुष्ठद्वयोर्मध्ये ह्यन्तरं षोडशाङ्गुलम् ।
पार्ष्ण्यन्तरं चतुर्मात्रं दशाङ्गुलं जानुकान्तकम् ॥ ५८ ॥
ऊरुमूलद्वयोर्मध्ये ह्यन्तरं त्वङ्गुलं भवेत् ।
एवं तु समभङ्गं स्याददतिभङ्गमिहोच्यते ॥ ५९ ॥
पार्ष्ण्यन्तरं शराङ्गुल्यं तत्पादाङ्गुष्ठयोरग्रके ।
तद्द्वयोर्मध्यमे विंशदङ्गुल्यं ह्यन्तरं भवेत् ॥ ६० ॥
तज्जानुद्वयोर्मध्ये ह्यन्तरं द्वादशाङ्गुलम् ।
ऊरुमूलद्वयोर्मध्ये सार्धह्यङ्गुलकान्तक(र)म् ॥ ६१ ॥
एवमतिभङ्गं स्यादेतानि युक्तितो न्यसेत् ।
एवं त्रिभङ्गसूत्रं तु ह्यन्तरं मानमुच्यते ॥ ६२ ॥
सूत्रात्तु तल्ललाटान्तं ह्यन्तरं च द्विमात्रकम् ।
तत्सूत्राज्जानुकान्तं च ह्यन्तरं तु षडङ्गुलम् ॥ ६३ ॥
तत्सूत्रात् हृ(हृ)दयान्तं च ह्यन्तरं चाङ्गुलं भवेत् ।
तत्सूत्रान्नाभिसीमान्तमध्यर्धाङ्गुलकान्तक(र)म् ॥ ६४ ॥
तत्सूत्रान्मेढ्रसीमान्तं ह्यन्तरं तु गुणांशकम् ।
तत्सूत्रादूरुमध्ये तु ह्यन्तरं च द्विमात्रकम् ॥ ६५ ॥
तत्सूत्राज्जानुकान्तं स्याद् रसमात्रान्तरं भवेत् ।
तत्सूत्रं नलकान्तं स्याद् ह्यन्तरं चाष्टमात्रकम् ॥ ६६ ॥
स्थितपादान्तरे चैव कुर्यात्तु वर्धकिस्तथा ।
नासाग्रे कुक्षिदेशे सूत्रं तु(त्रस्य) स्पर्शनं भवेत् ॥ ६७ ॥

शक्तीनां कुक्षिदेशे तु प(चै)काङ्गुलान्तरं तु वा ।
शक्तीनां पुष्प(पूर्व)हस्तं तु स्तनान्तं कट(टि)काग्रकम् ॥ ६८ ॥

तदङ्गुष्ठावस(सा)नान्तं च ह्यन्तरं चतुरङ्गुलम् ।
तच्छ्रोण्या[त्] कूर्परान्तं तु ह्यन्तरं षडङ्गुलम् ॥ ६९ ॥

अंसादालम्बनं हस्तं ह्यन्तरं पूर्ववद् भवेत् ।
तत्तद् विचिह्नवर्णादिभूषणाद्यैरलङ्कृतम् ॥ ७० ॥

सर्वेषां वास्तुवस्तूनि प्रतिमादि यथोक्तवत् ।
कारयेत्सर्वसम्पत्त्यै भुक्तिमुक्तिफलप्रदम् ॥ ७१ ॥

अज्ञानाद् वास्तुवस्त्वादि विपरीतं चेद् विपत्करम् ।
तस्मात्परिहरेद् विद्वान्यथा पूर्वोक्तं सर्वतः ॥ ७२ ॥

एवं प्रोक्तं वास्तुवा(व)स्त्वादि हर्म्यैः
प्राकाराद्यैर्मण्डपाद्यैश्च शाला[भिः] ।
भूपालाङ्गं भूपतीनां च लिङ्गैर्
देवादीनां कारयेत्संपदा(द)र्थम् ॥ ७३ ॥

इति मानसारे वास्तुशास्त्रे प्रतिमाधिकारे प्रलम्बलक्षणविधानं नाम सप्तषष्टितमोऽध्यायः ॥

मधूच्छिष्टविधानम्

बिम्बानां तु मधूच्छिष्टं(ष्ट)क्रियां सम्यग् वक्ष्यतेऽधुना ।
शैवं पाशुपतं चैव काला(ल)मुखं महाव्रतम् ॥ १ ॥
वामं च भैरभं चैव तन्त्रवत्(न्त्रोक्त)ज्योतिः षट्क्रमात् ।
अगस्त्यः काश्यपश्चैव भृगुगौतमभार्गवाः ॥ २ ॥
गालव इ(श्चे)ति ऋषयः प्रोक्ताः कर्पूराद्यर्चे(दिरच)नार्थकम् ।
तत्तत्तन्त्रवशात्सर्वं कुर्यात् षट् संपदास्पदम् ॥ ३ ॥
तत्तत्तन्त्रविपरीतं चेद् विपत्यं(त्तिं) नित्यमावहेत् ।
अनुक्तं तत्र तन्त्रैस्तु ग्राह्यं दोषो न विद्यते ॥ ४ ॥
विश्वकर्मा च विश्वेच(शः) विश्वसारं(रः) प्रबोधकः ।
वृतश्चैव मयश्चैव त्वष्टा चैव मनुर्नलः ॥ ५ ॥
मानविन्मानकल्पश्च मानसारो बहुश्रुतः ।
प्रष्टा च मानबोधश्च विश्वबोधो ना(न)यश्च तथा ॥ ६ ॥
आदिसारो विशालश्च विश्वकाश्यप ए(श्चै)व च ।
वास्तुबोधो महातन्त्रो वास्तुविद्यापतिस्तथा ॥ ७ ॥
पाराशरीयकश्चैव कालयूपो महाऋषिः(हर्षिश्च) ।
चैत्याख्यः चित्रकः आ(श्चा)वर्यः साधकसारसंहितः ॥ ८ ॥
भानुश्चेन्द्रश्च लोकज्ञः सौराख्यः शिल्पिवित्तमः ।
तदेव(ते एव) ऋषयः प्रोक्ता द्वात्रिंशतिः संख्यया ॥ ९ ॥
तान् गोत्रवशाज्ज्ञात्वा शिल्पि[नः] सर्वत्रयोग्यकम् ।
शुक्लपक्षेऽथवा कृष्णे सर्वमासेषु कारयेत् ॥ १० ॥
शुभयोगे सुनक्षत्रे सुमुहूर्ते सुलग्नके ।
मन्त्रवत्कारयेद् गर्भ(र्त) स्थपतिस्थापकावुभौ ॥ ११ ॥

मधूच्छिष्टं योजयेच्छिल्पी शास्त्रं(स्त्रतः) कारयेत्क्रमात् ।
यथारूपं तथा ध्यात्वा स्थपत्याज्ञैश्च(ज्ञया) वर्धकी(किः) ॥ १२ ॥

यन्मधूच्छिष्टबिम्बस्य पञ्चवर्णैरलङ्कृतम् ।
क्षणिका(क)बेरमेवोक्तं चलं चाप्यचलं तथा ॥ १३ ॥

तस्मात्सर्वप्रयत्नेन तत्रदोषो न विद्यते ।
अच्छैः स्फटिकसंयुक्तं लूतभाजनमेव च ॥ १४ ॥

हस्तेन सर्वबिम्बानां ताम्रपत्रेण योजयेत् ।
अथवा पत्रकानां तु पत्रमूलेन विन्यसेत ॥ १५ ॥

नखास्(ख)सर्वेषु पादौ च संयुक्तं तु मृगे(ताम्रे)ण च ।
अथवा शिखशल्यं स्याद् भूषणं च विशेषतः ॥ १६ ॥

स्फटिकैः रत्नसंयुक्तं जीनपात्रेण विन्यसेत् ।
अमू(आम्र)कद्रुमसर्वेषां युक्त्या वर्ण समाश्रितम् ॥ १७ ॥

दारुकीलैश्च बिम्बानां यत्फ(द् ब)लार्थं तु योजयेत् ।
आद्रवद्रव्य[संयुक्तं त]स्माद् दोषमेवं न विद्यते ॥ १८ ॥

सर्वालङ्कारसंयुक्तं बेरं ग्रामप्रदक्षिणम् ।
यजमानादि संवेष्ट्य सेव्यं तत्रार्चनं भवेत् ॥ १९ ॥

तस्माद् देवतार्थं संग्राह्य चान्यग्रामे विलासयेत् ।
पश्चात्तु शिल्पिशालाश्(लां) च बेरमेवं प्रशस्य(विश्य)ते ॥ २० ॥

मानोन्मानप्रमाणेन शोभयेच्छिल्पि(ल्प)वित्तमः ।
द्वित्र्यङ्गुला(लम)धिकं वाथ मधूच्छिष्टेन लेपयेत् ॥ २१ ॥

तदूर्ध्वं मृत्तिकां लेप्य शोषयेत्तद् विचक्षणैः ।
तत् पिण्डमुत्तापयेद्वा मधूच्छिष्टांद्गमैः पुनः ॥ २२ ॥

कर्तुरिच्छा यथा लोहैर्धृतः(तम्) एतत्प्रविश्यति(शस्यते) ।
पूर्णयेज्जलं संप्रोक्ष्य त्यक्त्वा तदर्धमृत्तिकः(कम्) ॥ २३ ॥

बिम्बं सर्वाङ्गं संशोध्य श्वेतगन्धा(न्धेना)नुलेपयेत् ।
तत्पीठोपरि संस्थाप्य पुष्पमालै(ल्यै)रलङ्कृतम् ॥ २४ ॥

ग्रामं प्रदक्षिणं कुर्यात्सर्वमङ्गलघोषणैः ।
शिल्पिशालां प्रविश्य(शन्ति) कारयेदुक्तवत्क्रमात् ॥ २५ ॥
तस्योपाङ्गविहीनं चेत्पुनः सन्तानकं भवेत् ।
शिरो वा मध्यकाये(यं) वा हीनं चेद् विसृजेत्पुनः ॥ २६ ॥
कर्तृशिल्प्यचलं चित्तं कारयेत्पूर्ववद् भवेत् ।
चलं चित्तं न कुर्याच्चेत्स्थाननाशं धनक्षयम् ॥ २७ ॥
अनेकजन्मकृतं पुण्यं क्षिप्रमेवं विनश्यति ।
तस्मात्सर्वप्रयत्नेन पुतश्(पूतं) च कारयंत्सुधीः ॥ २८ ॥

इति मानसारे वास्तुशास्त्रे मधूच्छिष्टविधानं नाम अष्टषष्टितमोऽध्यायः ॥

अङ्गदूषणविधानम्

आलयाद्यङ्गसर्वेषु हीनाधिक्यं भवेद्यदि ।
राजराष्ट्रादिकर्तॄणां दोषप्राप्तिरिहोच्यते ॥ १ ॥
विस्तारे च समुत्सेधे उ(चो)पाने च मसूरके ।
पादे च प्रस्तरे चैव वेदिकायां गले तथा ॥ २ ॥
शिखरे स्तूपिकायाश्(यां) च नासिकापञ्जरादिभिः(षु) ।
द्वारे च भद्रदेशे च मृणालादिषु देशके ॥ ३ ॥
गर्भगेहे तले सर्वे(र्वे)सोपानादिषु सालके ।
गोपुरैः(रे) मण्डपाद्यैः च(दिषु) चान्तराले त्वलिन्द्र(न्द)के ॥ ४ ॥
प्रच्छादने प्रपाङ्गे च उ(तु चो)पप्रान्ते तथोत्तरे ।
भित्तिदेशे च भागे च सर्वाङ्गे च न दोषयुक् ॥ ५ ॥
तस्मात्तु दोषसंप्राप्तिः शिल्पिदृष्टानि(ष्टिभिर्) वारयेत् ।
विस्तारे न्यूनं तत्मात्तु कर्तृदारिद्र्यमावहेत् ॥ ६ ॥
तद्भूयोधिकमानं चेद् दारानाशो भवेद् ध्रुवम् ।
आदितुङ्गविहीनं चेत्कर्तृव्याधिमतो विदुः ॥ ७ ॥
तदेवाधिकमानं चेच्छत्रुवृद्धिर्न संशयः ।
अन्तर्जन्म बहिर्जन्म निम्नमु(म्रो)न्नतया स्थितम् ॥ ८ ॥
निर्वंशमेव तत्सर्वं कर्तृवंशी भवेद् ध्रुवम् ।
तज्जन्मदेशमार्गे च निम्नोन्नतमथापि ते(वा) ॥ ९ ॥
निर्गमोद्गमने वापि पुत्रनाशमवाप्नुयात् ।
अधिष्ठानोत्तुङ्गहीनं स्यात्स्थाननाशं धनक्षयम् ॥ १० ॥
वप्रादिवर्गसर्वेषु तन्मार्गे निम्नमुन्नतम् ।
कर्तॄणां क्षयरोगः स्यात्तुङ्गेन करणेन च ॥ ११ ॥

पादतुङ्गा(ङ्गम)धिकं हीनं गोत्रनाशं कुलक्षयम् ।
प्रस्तरोत्तुङ्गहीनं चेद् विनश्येत्तत्क्षणादेव ॥ १२ ॥
तदेवाधिकं मानं चेत् प्रमाणं कर्तृनाशनम् ।
वेदिकायां विहीनं चेत् कुर्तुर्दृष्टिर्दीनं व्रजेत् ॥ १३ ॥
तत्कर्णेऽधिकहीनं चेद् भोजनेन विनाशनम् ।
शिखराङ्गा(ङ्गम)धिकं हीनं कर्तुः स्यात्स्फोटनं शिरः(रसः) ॥ १४ ॥
स्तूपिकमधिकं हीनं चेज्जनानां तु द(दा)रिद्रकम् ।
नासिकाङ्गमधिकं हीनं चेत् कर्तृरोगं(गो) भविष्यति ॥ १५ ॥
पञ्जराद्यङ्गं हीनं चेदधिकं श्रीविनाशनम् ।
द्वारे च भद्रदेशे च मानहीनाधिकं तु चेत् ॥ १६ ॥
महारोगं(गो) भवेत्कर्तू राजाराष्ट्रं विनश्यति ।
मृणाल्यधिकहीनं चेत् कुक्षिरोगो भवेद् ध्रुवम् ॥ १७ ॥
जालकाधिकहीनं स्यात् श्री(स्त्री)हीनमर्थनाशनम् ।
शुद्धगर्भगृहमाधिक्यं हीनं चेद् ग्रामनाशनम् ॥ १८ ॥
हर्म्यजन्म समारभ्य सालजन्म(जाल)प्रदेशकम् ।
उत्तमं मानयेन्मानं जालस्योन्नतनिम्नकम् ॥ १९ ॥
समन्ततो निम्नत्वमुन्नतत्वं प्रकारयेत् ।
कृतमज्ञानतो वस्तु सर्वसंपद्विनाशनम् ॥ २० ॥
प्राकारान्तप्रदेशं स्यात्परिवारालयादिकम् ।
सालजन्मसमं चैव धाम्नो(म)जन्मसमं तु वा ॥ २१ ॥
अथवा विपरीतं चेज्जनानां संपदं हरेत् ।
सोपानमधिकं हीनं कर्ता पङ्गुर्भवेद् ध्रुवम् ॥ २२ ॥
सालाङ्गमधिकं हीनं चेच्चौरैरर्थं विनश्यति(ते) ।
गोपुराङ्गमधिकं हीनं सर्वनाशं न संशयः ॥ २३ ॥
मण्डपादि सभाशाला तत्तन्न्यूनाधिकं तु चेत् ।
सर्वसंपद्विनाशाय राजा राष्ट्रं विनश्यति ॥ २४ ॥
अन्तर(रे तु) त्वलिन्द्रं(न्दे) वा हीनाधिक्यं प्रमाणकम् ।
कर्तॄणां परिवारादि पुत्रपौत्रविनाशनम् ॥ २५ ॥

ऊर्ध्वता(त)लस्य चाङ्गेषु मानं हीनाधिकं तु चेत् ।
लोके भवेत्त्वनावृष्टिः स्वयं वृष्ट्या विनश्यति ॥ २६ ॥
प्रपाङ्गमधिकहीनं चेल्लोके दारिद्र(द्र्य)मावहेत् ।
लुपमानमधिकं हीनं सज्जनेन(नश्) च प्रविनश्यति ॥ २७ ॥
अन्तश्चैव बहिश्चैव विपरीतो(तमु)त्तरं तु चेत् ।
विद्यावृद्धिविनाशं स्याद् बन्धुनाशं भवेद् ध्रुवम् ॥ २८ ॥
कुड्याङ्गमधिकहीनं चेद् विस्तारे चोदयेऽपिवा ।
द्विजातिसर्ववर्णानां सर्वनाशकरं भवेत् ॥ २९ ॥
भित्तिश्रोण्यधिकं हीनं स्थाननाशं धनक्षयम् ।
तत्रहीनाधिकं चेत्पादस्थानाङ्घ्रिकाश्रयम् ॥ ३० ॥
सर्वेषां भित्तिमानेषु तत्र दोषो न विद्यते ।
पादस्थानं विना भित्तिं सर्वदोषसमुद्भवम् ॥ ३१ ॥
यत्तद्वास्तु यथा कुर्यात्तत्तदंशाधिकाङ्घ्रिका(कहीना)न् ।
तथाङ्घ्रियो(ङ्घ्र्यो)रन्यथा स्यात्तु पुत्रपौत्रविनाशनम् ॥ ३२ ॥
वक्तवत्स्यादङ्घ्रिकांशं च कुर्यात्तच्छुभदं सदा ।
ऊहापोहादिकीर्तिभ्यां शास्त्रोक्ते तु यदा तथा ॥ ३३ ॥
उहि(ऊहा)हीना चोक्तहीनात्यधि कर्तृ(र्ता) विनश्यति ।
तस्मात्तु शिल्पिविद्वद्भिः परिग्रहो(ह उ)क्तवत्कुरु(क्रियेत) ॥ ३४ ॥
अङ्गहीनाधिकं दोषमेवमुक्तं पुरातनैः ॥ ३५ ॥
प्रासाद(दे) मण्डप(पे) तथावरु(र)णादिदेशो
साङ्गे च गोपुरपदे त्वपरेषु सर्वे[षु] ।
दोषाधिकं यदि भवेत्त्वथवा गुणाधिकम्
तन्मर्त्यदेवनृपतिष्वपि तत्फलं स्यात् ॥ ३६ ॥

इति मानसारे वास्तुशास्त्रे अङ्गदूषणविधानं नाम ऊनसप्ततितमोऽध्यायः ॥

नयनोन्मीलनलक्षणम्

देवानामपि देवीनां भक्तानां नेत्रमोक्षणम् ।
लिङ्गानां लक्षणोद्धारं(नामुद्धारलक्षणं) वस्त्रादीनां यथाक्रमम् ॥ १ ॥
स्थपतिः प्रकृतिः प्रोक्तः स्थापको जीवमिष्यते ।
तस्मात्क्रियारम्भतः सह कुर्यात्तु संसदा ॥ २ ॥
एवं विधाय चान्येन वस्त्रादय(दीनि) कृतान्यपि ।
वस्तोर्वास्तोस्तु हानिः कर्तृनाशं भवेद् ध्रुवम् ॥ ३ ॥
किं सृजेन्नयनोन्मेषमन्धकारानुपत्तये ।
उदिते तु सहस्रांशौ यथा गच्छति समन्ततः ॥ ४ ॥
तथैवमस्तमानादि लोचनस्य जनस्य च ।
अन्तर्बहिश्च रागश्च अ(स्तु चा)र्थनाशं न संशयः ॥ ५ ॥
अकृत्वा नयनोन्मोक्षं चक्षू(क्षु)रोगो भवेद् ध्रुवम् ।
तस्मात्तु नयनोन्मोक्षलक्षणं वक्ष्यतेऽधुना ॥ ६ ॥
हर्म्ये वा मण्डपे वापि स्थपतिस्थापकावुभौ ।
स्थापनात्पूर्वके कुर्यादुक्तवदङ्कुरार्पणम् ॥ ७ ॥
पश्चात्तु सुमुहूर्ते च कुर्यान्नयनमोक्षणम् ।
प्रासादाभिमुखे चैव चोत्तरे वाथ दक्षिणे ॥ ८ ॥
नयनोन्मीलनं(न)यागमण्डपं कल्पयेत्सुधीः ।
नवहस्तं सप्तहस्तं पञ्चहस्तमथापि वा ॥ ९ ॥
चतुरश्रसमाकारं षोडशस्तम्भमेव च ।
द्वादशस्तम्भमेवं वा कूटं वाथ प्रपाङ्गकम् ॥ १० ॥
चतुर्दिक्षु चतुर्द्वारं चतुस्तोरणसंयुतम् ।
तन्मण्डपस्य मध्ये तु वेदिं कुर्यात्तु चोक्तवत् ॥ ११ ॥

तदग्रे चाग्निकुण्डं स्याद् गोमयालेपनं भवेत् ।
विधानध्वजसंयुक्तं नानावस्त्रेण संयुतम् ॥ १२ ॥
पादानां समलङ्कृत्य कदली [तत्]फलैर्युतम्(तं च) ।
परितश्चोर्ध्वदेशे तु रम्भामाल्यैरलङ्कृतम् ॥ १३ ॥
पुष्पमाल्यैरलङ्कृत्य रत्नैःसर्वैरलङ्कृतम् ।
पश्चात्तु शिल्पिभिः(नः) प्राज्ञाः कुर्यात्(र्युः) नयनमोक्षणम् ॥ १४ ॥
वेदिकापश्चिमे वाथ दक्षिणे वाथ नैर्ऋते ।
कल्पयेत्स्थण्डिलं वाथ दारु(नव)पीठमथापि वा ॥ १५ ॥
तदूर्ध्वे स्थापयेद् बिम्बं सकूर्चाद्यैरलङ्कृतम् ।
तत्पूर्वे शुद्धमाल्येन स्थण्डिलं मण्डलं न्यसेत् ॥ १६ ॥
तदूर्ध्वे स्थापयेद्धेमपात्रे नैर्ऋत्य(त्ये) पूरितम् ।
क्षौमेणाच्छादनं कुर्यादन्तः कूर्चैरलङ्कृतम् ॥ १७ ॥
वेदिकोपरि शाल्येन कुर्यान्मण्डलं बुधः ।
पञ्चविंशत्पदं वाथ कल्पयेत्पीठमेव वा ॥ १८ ॥
दर्भैरास्तीर्य पश्चात्तु शुद्धतण्डुलरेखया ।
नानापुष्पैश्च लाजैश्च प्रोक्षयेच्छोभनार्थकम् ॥ १९ ॥
नवकुम्भे(म्भैर्) नवैर्वापि पञ्चविंशति[भि]रेव वा ।
विधिवत्क्षालयेत्सर्वसूत्रैरावेष्टनं भवेत् ॥ २० ॥
शुद्धतोयेन संपूर्य वेदिकोपरि विन्यसेत् ।
मध्ये प्रधानकुम्भः स्यादन्ये क्रमात्समन्ततः ॥ २१ ॥
सर्ववस्त्रैश्च संवेष्ट्य सकूर्चाद्यप्रपल्लवान्(वैः) ।
सविधानफलं(लैश्) चैव पुष्पमाल्यैरलङ्कृतम् ॥ २२ ॥
उपवेद्युपरि स्थाप्य चोक्तवच्चाष्टमङ्गलम् ।
पश्चात्तु शिल्पिभिः प्राज्ञैः पादप्रक्षालनं कुरु(क्रियेत) ॥ २३ ॥
विध्युक्ताचमनं कुर्यात्सकलीकरणं क्रमात् ।
पुण्याहं वाचयित्वा तु प्रोक्षयेत्प्रतिमादिकम् ॥ २४ ॥
ब्रह्मादीनां च देवानां तत्तत्स्वनाममन्त्रकैः ।
प्रणवादिनमोऽन्तेन क्रमादाराधयेत्पुनः ॥ २५ ॥

धूपदीपं ददे(द्या)त्प्राज्ञो मध्यकुम्भस्य मध्यमे ।
आराध्य गन्धपुष्पैश्च भुवनादिपतिं जपेत् ॥ २६ ॥
घृतगुल(ड)शस्यदधि क्षीरान्नं वा निवेदयेत् ।
धूपदीपं ददे(द्या)त्ताम्बुलादि निवेदयेत् ॥ २७ ॥
दर्शयेद्धेनुमुद्रादीन् गीतादीन्(दि)नृत्तघोषणैः ।
तदग्रे स्थपतिः प्राज्ञो होमं कुर्यात्ततः क्रमात् ॥ २८ ॥
समिदाज्यचरुं(रु)लाजप्रत्येकमष्टोत्तरशताहुतिः ।
शुद्धतोयेन सङ्खाया(ङ्ख्या) पञ्चविंशतिरेव वा ॥ २९ ॥
हृल्लेखं बीजमुच्चार्य स्वाहान्तं प्रणवान्तकम् ।
बिम्बं गायत्रि(त्रो)मन्त्रेण पूर्णाहुतिं च कारयेत् ॥ ३० ॥
अग्निकार्यावसाने तु विधिवद् बिम्बमाश्रयेत् ।
पुण्याहं वाचयित्वा तु ब्राह्मणैः सह घोषणैः ॥ ३१ ॥
रत्नशुद्धिं ततः कुर्याद् गन्धपुष्पैरिवार्चयेत् ।
स्थपतिः प्रोक्षयेद् बिम्बं सर्वमङ्गलघोषणैः ॥ ३२ ॥
धूपदीपं दधे(द्या)त् पश्चाद् बिम्बं(म्बाय) गायत्रीमन्त्रतः ।
आराध्य गन्धपुष्पैश्च धेनुमुद्रां प्रदर्शयेत् ॥ ३३ ॥
नववस्त्रेण गोप्याङ्गं बिम्बस्य नेत्रमालिखेत् ।
सर्वान्दक्षिणशास्त्रेण(हस्तेन) स्पर्शयेत्त्वेकचित्तवत् ॥ ३४ ॥
अक्षिरेखां(खा) समालिख्य सव्येऽक्षि कृष्णमण्डलम् ।
ज्योतिर्मण्लकं ध्यात्वा सौरमन्त्रं समुच्चरेत् ॥ ३५ ॥
पश्चात्तु वामनेत्रे तु शशिमन्त्रं समुच्चरेत् ।
ललाटे लोचनं ले(नमालि)ख्य अ(ख्या)ग्निबीजं समुच्चरेत् ॥ ३६ ॥
पश्चात्तु स्वर्णलिप्ये(लेपे)न पयसाज्येन लेपयेत् ।
ततः प्रच्छादनं कुर्याद् वत्सा(स्त्रा)ङ्गकनकैः सह ॥ ३७ ॥
पायसं धनधान्यादिराशि दर्शयेत्पुनः ।
स्थपतिर्वरवेषाढ्यः प्राप्तपञ्चाङ्गभूषणः ॥ ३८ ॥
श्वेतानुलेपनं लिप्य नववस्त्रोत्तरीयवान् ।
स्वर्णयज्ञोपवीतश्च शि(सि)तपुष्पशिवा(वः) शुचिः ॥ ३९ ॥

स्वमूर्तिसव्यं चास्ये [ए]व मूलकुम्भं तथोत्तरे ।
अन्य[त्]कुम्भानि सर्वाणि धारयेत् परिचारकैः ॥ ४० ॥
छत्रचामरसंयुक्तं सर्वमङ्गलघोषणैः ।
हर्म्यप्रदक्षिणं कुर्यात्स्वाध्यायघोषणैः सह ॥ ४१ ॥
तद्बिम्बं च समाश्रित्य सजलेनाभिषेचयेत् ।
अन्येन सर्वकुम्भानां जलेनोपाङ्गादि पूजयेत् ॥ ४२ ॥
एवं कुम्भान्परिक्षिप्य तत्तत्सूत्रं समुच्च(त्स)रेत् ।
नानावस्त्रेण संयुक्तं नानापुष्पैरलङ्कृतम् ॥ ४३ ॥
गन्धानुलेपना(नमा)लिप्य सर्वाभरणभूषितम् ।
धूपदीपं ददे(द्या)त् पश्चान्नृत्तगीतादिघोषणैः ॥ ४४ ॥
मूर्धादिप्राणपर्यन्तं मातृका[चा]क्षरं [च] न्यसेत् ।
पादादि मूर्ध(ऊर्ध्व)पर्यन्तं पर्यायादि सा(चा)क्षरं न्यसेत् ॥ ४५ ॥
अष्टत्रिंशत्कलाः सर्वे(र्वाः) तत्तदङ्गानि विन्यसेत् ।
अङ्गपादैः करैर्वक्त्रं करणानि च विन्यसेत् ॥ ४६ ॥
पश्चात्तु मूलमन्त्रेण समध्यानपरायणम्(णः) ।
आराध्य गन्धपुष्पैश्च धूपदीपं दधे(द्या)त्पुनः ॥ ४७ ॥
पश्चात्तु ताम्बुलादीनि नैवेद्यानि निवेदयेत् ।
ब्राह्मणै(ण)श्चाक्षतैः प्रोक्ष्य कुर्यात्तु स्वस्तिघोषणैः ॥ ४८ ॥
नृत्तगीतादिमुद्रै(द्राभि)श्च दर्शयेच्छिल्पिवित्तमः ।
नयनोन्मीलनं प्रोक्तं पश्चाद् ग्रामप्रदक्षिणम् ॥ ४९ ॥
लक्षणोद्धारमेवोक्तमुक्तवद् रेखया लिखेत् ।
प्रतिमां(मा) लोहजं(जा) प्रोक्तं(क्ता) तथा रत्नं तु विन्यसेत् ॥ ५० ॥
शिलालिङ्गं तु बिम्बानां यत्तत्कर्मावसानके ।
स्थापनात्पूर्वके रत्नं(त्न)विन्यासं कारयेद् बुधः ॥ ५१ ॥
पीठं तस्य च मध्ये तु नवकोष्ठं प्रकल्पयेत् ।
पद्मरागं तु तन्मध्ये वज्रं चेन्द्रवद्(पदे) न्यसेत् ॥ ५२ ॥
प्रवालं चाग्निकोष्ठे तु महानीलं यमे तथा ।
वैदूर्यं न्यसेन्नैर्ऋत्यं मरतकं पश्चिमे तथा ॥ ५३ ॥

वायव्ये पुष्परागं च मौक्तिकं तु कुबेरके ।
इन्द्रनीलं तु ई(चे)शे तु विन्यसेद् विधिवित्तमः ॥ ५४ ॥

स्थपतिः स्थापकश्चोभौ स्थापयेद् बिम्बलिङ्गकम् ।
एवं तु रत्नविन्यासं शेषमङ्गं यथोक्तवत् ॥ ५५ ॥

हृदयकमलमध्ये दीपवत्तत्परं स्यात् ।
कमलजहरिहरादिदेवतानां च सर्वम् ॥ ५६ ॥

विधिमिह सकलरूपं च चक्षुरुन्मीलनं च ।
कृतिमिति र(चा)खिलमुक्तं मानसारं पुरार्यैः ॥ ५७ ॥

पितामहेन्द्रप्रमुखैः समस्तैः
देवैरिदं शास्त्रवरं पुरोदितम् ।
तस्मात्समुद्धृत्य हि मानसारम्
शास्त्रं कृतं लोकहितार्थमेतत् ॥ ५८ ॥

इति मानसारे वास्तुशास्त्रे नयनोन्मीलनलक्षणविधानं नाम सप्ततितमोऽध्यायः ॥

मानसारं सम्पूर्णम् ॥

परिशिष्टम्

(क)

श्रोरुयां मध्यलुपास्सवं लुपासंख्या यथेष्टका
करबोरयहुकामकोष्टविधि वक्ष्ये श्रृणुध्वं तत्प्रभंजना
स्वतंत्रं केवलं चेति द्विविधं परिकीर्तितम्
स्वतंत्रं विरमित्युक्तं परिवारादिभिर्युतम्
परीवाराविहीनं यत् केवलं त्वत् कथ्यते
द्वितीयावरणे चैव तृतीयावरणं तथा
चतुर्थावरणे चैव पंचमावरणे तथा
नदीतीरे तटाके वा पर्वताग्रे मनोरमे
उद्याने वा सभाम्याने गौर्यालयं प्रकल्पयेत्
स्वतत्रं स्था(न)मेवोक्तं मंटपंस्विशाको चरेत्
मंटपस्योत्तरे वापी केवलं कोष्टमाचरेत्
केवलं स्थानमेवोक्तं स्वातंत्रं त्वशमने श्रृणु
श्रीभोगं पत्रकोष्टं च चित्रं श्रीभद्रसुन्दरम्
चित्रकान्तविमानं च गोमुखं लक्ष्मिकांतकं
कौसलं श्रीनिवासं च विजयं पद्मरागकं
कोष्टं सुन्दरधामं च सुभद्रं च सुमंगलं
पार्वतीकामकं चैव गौर्था(र्या)लयमथांत्वराष्टथा
आलयप्रासादा मध्यां तु चतुर्दिक् सूत्रनिर्गमं
तत्सूत्रं शिवसूत्रं स्यात् तत् कर्णं कर्णसूत्रकम्
अष्टदिक् सूत्रपार्श्वं तु उमाकोष्टं प्रकल्पयेत्
तत् सूत्रमर्द्धविकोष्ट स्यान्मध्यसूत्रमध्यांतरं
शिवभागमिति ज्ञेयं तं मानं श्रृणु सुव्रतम्
त्रिचतुःपंचषट्सप्तभागं वै परिकल्पयेत्
लिंगविस्तारमानं यच्छिवभागमितिस्मृतं
अथवान्यप्रकारेण शिवभागं विधीयते
स्वस्तिके लिंगताराद्यं शैव(त्रो)धिक्यत्रिपादकम्

गुणार्धवर्धमानं स्यात् त्रिगुणं समकंटकं
अन्येषां लिंगनायत् शिवभागं विशालकं
शिवभागावसाने तु कोष्टमध्यमसूत्रकं
तद्भागांतर्गतं सूत्रं कर्तृनाशकरं भवेत्
शिवभागाबाह्यसूत्रं यत् सर्वसंपत्समृद्धिदं
तस्मात्सर्वप्रयत्नेन शिवभागावसानके
सूत्रं संकल्पयेद्विद्वान गौरीकोष्टस्य मध्यगं
एवं सूत्रं विनिश्चित्य गौरीगेहं समाचरेत्
प्राक्सूत्राद्दक्षिणे सौम्ये श्रीसौभाग्यविमानकं
सुंदरं वारुणे देशे सूत्रपार्श्वे प्रतिष्ठितं
वायव्ये सूत्रपार्श्वे तु पुत्रकांतविमानकं
कुबेरे सूत्रपार्श्वे तु विमनंगे मुखं स्मृतं
श्रीकांतमीशदिग्भागे कर्णसूत्रस्य पार्श्वके
शक्रपावकयोर्मध्ये कौसलं कोष्टमाचरेत्
अनलांतकयोर्मध्ये श्रीनिवासविमानक
याम्यनैऋतयोर्मध्ये विम(मा)नं विजयाभवं
नैऋतवारुणयोर्मध्ये विम(मा)नं पद्मकांतकं
वारुणानिलयोर्मध्ये कोष्टं सूत्रांतमाचरेत्
कुमारानिलयोर्मध्ये विमानं पद्मकांतकं
..............................सुभद्रकं विमानकं
कुबेरैशानयोर्मध्ये सुमंगलविमानकं
शक्रेशानयोर्मध्ये पार्वतीकांतमाचरेत्
श्रीभोगाद्यष्टकं कोष्टं दिग्विदिक्षु प्रकल्पयेत
कल्पयेदंतरालेषु कौसलाद्यष्टकं ग्रहं
अन्योन्यसंकराच्चेतु तत्धामराक्षसास्पदं
तस्मात्सर्वप्रयत्नेन वर्गवर्गासंकरं

कमणकल्पविद्वान् तल्लक्षणपुरस्सरं
मूलालयसमं वापि त्रिपादं वार्द(र्ध)मेव व
गर्भार्थं तत्समं वापि गोरोयामविशालकं
अथवा हस्तम(मा)नेन गोरोयाम प्रकल्पयेत्
त्रिवेदहस्तमारभ्य तववलयंतरांतकं
विस्तारं च चतुर्मानं मद्दासमं चैकभूमिके
पंचषट्हस्तम(मा)रभ्यारुद्रमनुकरंतकं
मुनिमत्रित्रिकराभ्य कलापकतकाराद्यातित्रयस्त्रि
शावसानकं
विस्तारमेवम(मा)ख्यातं आयामं ततः शृणु
विस्ताराष्टांशमाधिक्यं ब्रह्मगर्भमिति स्मृतं
विस्तारमर्धमाधिक्यं रुद्रगर्भमिति स्मृतं
एवं मायामम(मा)ख्यातं उत्सेधमा(म)धुनोच्यते
त(ता)रे सप्त तु भूतांशो रसभूतयुगं समं
ताराष्टाधिकं तुंगं शांतिकादिवताक्रमं
एवं(व) मुत्सेधामाधिवचं ख्यातं शृणु मंडपामानक
मूलकोष्टसमं तारमायाममत(तो) वक्ष्यते
समंडपं अर्धं वा त्रित्रिपादं वैमुखमंडपम(मा)चरेत्
सार्धदंडद्विदंडं वाभ्यंतरालस्य वेशनं
तत्संख्यहस्तमानेन शंतरलविशालकं
अदि(धि)ष्टानादिवर्गाढ्यं सावकाशावसानकं
भित्तिभेदयुतं वापि तोरणादैर्विचित्रितं
एवं मंडपम(मा ख्यातं मायादोमतवक्ष्यते
आष्टापिरसपाशेन वर्धयेद्भानुनाहुति
आयामे तद्वयास्यापि ननु सप्तरसेन च
शरादिभिः हासयैः दशभिः योनिराप्मिबा-
वाब्धितदनुकूयु
अर्धतेन च ऋक्षस्य न हष्टाप्तरसेन च
तातेन ह्रासयेद्वा रनंतसप्तरकतुर्दिशि
पंचे जनितवारं च चतुष्पंचतडष्टकैः
वर्धनष्टसंख्यञ्च ह्रासयेदंशकस्यह
अयादिवच्चां धनादिवचां व्ययादिवचां धनक्षयं
ध्वजोक्षसिंहहस्तिश्च योनयः शुभ(भ)दा स्मृताः
ध्वभकाकखरोधूमयोनिरस्यशुभावहाः

कर्तुश्च जन्मनक्षत्रं वा तु ऋक्षावसानकं
गणयेच्च जन्मयुगलं केदाष्टऋतुनष्टभं
शुभावहंति नद्येत तु शेपं वस्तु शुभावहं
बुद्(धे) शुक्रेदु(न्दु)वारं च गुरुवारं शुभाप्रदं
तस्करो भुक्तिशक्तिश्च धन्योन्यरपतिक्लवः
निर्हंतिरथनप्रेष्य नवांशानि क्रमेन तु
अथमंतः स्थिरं पंडं वर्जयेत्तु प्रयत्नतः
शुभवारादिभिर्युक्तं युष्य(ग्म ऋक्षादिसप्तभं
रिक्ताख्यामरणं नशं अमृतं सौभाग्यवृद्धिदं
प्रत्यांतं सप्तयोगं स्यान्मंदवरोत्तरादिभिः
भानुवारे विशाखादि शशिवारोजलादिभिः
भौमवारेथविष्टादि बुधावारे तु वैष्णवं
गुरोर्विरातृऋक्षादि सप्तसप्ताक्षिकं भवेत्
एवं परोक्षया हुतं शुभमानं तु संगहेत्
मानविन्याससुत्रं च धरास्तारोपपीठकं
प्रकृतिहोमसूत्रं तु सूत्रकल्पं प्रकल्पयेत्
आयादिशुभसंयुक्तं मानं यत्मानसूत्रकं
षडंगुलं समारभ्य त्रित्रियंगुलवर्धनात्
नष्टमानं प्रकर्तव्यं विन्यासं सूत्रनिर्गमं
ना(न)वांगुलसमारभ्यांगुलांगुलवर्धनात्
पंचवं(विं)शांगुलं यावत् सोपपीठस्य सूत्रकं
तत् सूत्रं प्रहृते तोत्रं त्रिचतुःपंचमात्रकं
होमसूत्रा(त्र)समोपेतं चतुःसूत्रमुदाहृतं
मानविन्याससूत्रं च अधिष्टन तु सूत्रकं
प्रति(कृ)ते होमसूत्रं च सूत्रं पंचकमेव हि
एवं सूत्रक्रमं प्रोक्तं नालिग्रहविधिं शृणु

मानसाराश्व०

विस्तारमष्टधा भज्य रसांगर्भतेहकं
रासांशेवेदभागं स्य(स्या)द्वेटांशैः कुयविस्तृतं
पंचभागेऽग्निभागं तु मुनिभागेंद्रियस्तनि
नवंशे धातुभागस्यात्वंतालोग्रहविशालकं
शेषांशं भक्तिविस्तारं परितः कल्पयेत्तुसा
एवं नालोगृहं प्रोक्तं अन्हिमानत शृणु
गुखभागं तु विस्तारं य(या)गमं गुणधा भवेत्

अथाऽर्यंशविस्तारं ···पंचवस्त्यायतं तु वा
पंचवंस्त्यांद्विशालं स्यादायामं सप्तवंस्त्यकं
विस्तारवेदषड्भागमायतं वा षडष्टकं
अथवा कोष्टविस्तारं कार्शिकांशं विभाजिते
एकांशं कूटविस्तारमायामं तत्समं भवेत्
आयामं कर्णकूटं स्यात् संकोत्वकूटं युगांशकं
द्विभागं कोष्टदीर्घं स्याछेषंमाहंतरं भवेत्
पंक्तिमानक्रमं प्रोक्तं अधिष्टानविधिं शृणु
प्रतिबंधविवृधं च द्विविदं(धं) तदुदाहृतं
एकैकोमष्टधा प्रोक्तं तद्भेदं शृणु सुव्रत
प्रथमं पादबंधस्य द्वितीयं चासकांतकं
शेणिबंद तृतीयं स्याच्चतुर्थं पुष्पपुष्कलं
श्रीकांतं पद्मकं चैव षष्टं चांबुजसुंदरं
सप्तमं सुंदराब्जं च भद्रबंधमथाष्टकं
पत्तबंधाष्टकं चैव प्रतिबंधं ततः शृणु
प्रथमं प्रतिबंधं च श्रीबंधं च द्वितीयकं
व्यालबंधं तृतीयं स्याच्चतुर्थं कुंभकांतकं
पंचमं सर्वतोभद्रं षष्टकं मकरासनं
सप्तमं शंभुबंधं स्यादष्टमं चंद्रवधनं
प्रतिबंधाष्टकं त्वेवमलंकारमथवक्ष्यते
अधिष्टानस्य चोत्सेधं भानुं द्विगुणितांशके
पादबंधमितिप्रोक्तं द्वादशांशे धरातले
उपातोदयं द्विभ(भा)गं स्याज्जगत्युच्चं गुणांशकं
द्व्यंशार्थघटोत्सेधं कंबमर्थंशमेव व
त्रिपट्टस्योममर्थांशप्रत्युत्सेधं गुणांशकं
अर्थांश वाजनोत्सेधं प्रतिबंधमिति स्मृतं
उपानं त्वेक भागेनै तत्वयं पंकजोदयं
कंवमेकेन कर्तव्यं जगत्युच्चं रसांशकं
अंबुजं चैकभागे स्यादगलमेकेन कंपयेत्
तदूर्ध्वं पपद्ममेकांशं युगांशं कुमुदोदयं
पद्ममेकेन कर्त्तव्यं कंपमेकेन कारयेत्
गुणांशं गलमानं तु व्योमांशं कंवरुच्यते
पत्रमेकेन कर्त्तव्यम् द्विभागं वाजनोदयं
ऊर्ध्वपद्म शिवांश स्याद्वेत्रमानं शिवांशकं

अष्टाविंशतिभागं स्यादंबुजं केसरं स्मृतं
तदंचाव्रृत्तकंभाभंशांभवं प्रतिबंधकं
द्विभागं पादुकोत्सेधं पद्ममानं गुणांशकं
कंबमेकेन कर्त्तव्यं जगत्युच्चं रसांशकं
शरांशरेव घटमानं स्यात्कंवमेकेन कारयेत्
रसांशकं धरोत्सेधं एकांशं वाजनं भवेत्
पद्ममेकेन कर्त्तव्यं द्विभागं पट्टिका भवेत्
पद्ममेकेन कर्त्तव्यं कंबमेकेन कारयेत्
श्रेणिबंधमिति प्रोक्तं त्रिंशात् भागोदये कृतं
धरातलोच्चं विभजेत्सप्तादशविभागय
उपानं शिवभागं स्यादब्जमर्था(धां)शमेव व
कंवमर्धेन कर्तव्य जगत्युच्चं युगांशकं
वेदांशं कुमुदोच्चं तु अर्थां(धां)शंकं व मानकं
त्रिपट्टमेकभागं स्यात्प्रत्युत्सेधं युगांशकं
वाजनं त्वर्थभागं स्याच्छ्रीबंधं तदुदाहृतं
धरातलोच्चं विभजेत् त्रयस्त्रिंशतिभागय
द्विभागं पादकोत्सेधं युगांशं पद्ममानकं
एकांशं कंवमित्युक्तं विप्रमानषडांशकं
अर्थांशं पद्ममान तु गलमानं तथा भवेत्
शिवांशं पद्ममानं घटमानं युगांशकं
द्वितीयांशेन च गलं कंवं कंठमानं रसांशकं
उत्तरात्वेकभागेन पद्ममेकेन कल्पयेत्
द्विभागं वाजनोत्सेधं पद्म······· शिवांशक
कंवमेकेन कर्त्तव्यं पुष्पपुष्कलमीरितं
तदंवव्रृत्तकलशं सर्वताभद्रकं भवेत्
चतुर्विंशतिभागं स्यात्धरामानतलायामानकं
पादुकं त्वेकभागेन जगत्युच्चरसांशकं
तत्समं घटमानं च कंवमानं शिवांशकं
वेदांश गलमानं तु शिवांशं कंवमानकं
एकांशं पद्ममानं तु कपोतोच्चं गुणांशकं
कंवमेकेन कर्त्तव्यं पद्ममकांशमानकं
कुमुदोच्चं युगांशेन पद्ममेकेन कारयेत्
पद्ममेकेन कर्त्तव्यं पद्मं तत्समसुच्चयं
कपोतोच्चं द्वयं सार्धं आलिंग्यं त्वर्थभागस्

त्रिपट्टमर्धभागेन प्रयु(त्यु)च्चमेकभागय
अर्धांशवाजनोत्सेधस्कंध्य कांतमुदाहृतं
उपानोच्चं द्विभागेन कंबमेकेन कारयेत्
षडांशकमलेाच्चं तु व्योमांशं गलमानकं
शिवांशं पद्मतुंगं तु भूतांशं तु गलोदयं
पद्ममर्धांशमित्युक्तं कंबमेकेन कारयेत्
कंठतुंग युगांशं तु येागांशं वेत्रमानतुंगकं
तत्सममंबुजोत्सेधं पट्टिकोच्चं गुणांशकं
पद्ममंशेन कर्त्तव्यं कंबमेकेन कारयेत्
अष्टाविंशतिभागेन सुंदरांबुजमोरितं
तदघटं वृत्तरुपं स्यादुरगासनमेवहि
धरातलोच्चसप्तांशे द्विभागं विप्रमानकं
गुणांशं गलमानं तु पट्टांशं पट्टिकोछ्यं
भद्रबंधमितिप्रोक्तं सप्तविंशतिभागय
उपानोच्चं द्विभागेन जगत्युच्चं रसांशकं
षडंग कुमुदोच्चं तु कंवमंशेन कारयेत्
कंठतुंगयुगांशैकं पद्ममंशेन कारयेत्
पद्ममर्थे(र्धे)न कर्तव्यं कपोतोच्चं द्वितोयकं
कंबमंशेन कर्त्तव्यं त्रिपट्टमेकभागय
व्रतिहं तृतियंशेन अर्धांशं वाजनोदयं
सप्तविंशतिभागेन कुंभबंध प्रकोर्तितं
द्वियांशं पादुकोत्सेधमथात्वांशं विप्रमानकं
कंठमेकेन कर्त्तव्यं ऊर्ध्वपद्म शिवांशकं
गुणांशकं घटमानं तु पद्ममानं शिवांशकं
कंबमेकेन कर्त्तव्यं गुणांशं गलमानकं
कंबमेकेन कर्त्तव्यं पद्मं तत्सममुच्यते
कपोतेष्टं गुणांशं स्यादालिंगकेकभागय
पंचविंशतिभागेन कर्त्तव्यं चब्जंधं प्रशस्यते
ततेा वा वृत्तभागं स्याच्चक्रबंधमिति स्मृतं
अंशवार्धं त्रिपादं वा शोभा बाला समन्वितं
न्यूनं वा वधिकं वा पियोत्तु न दोषकं
पादबंधमधिष्टानं दिग्विदिक्षु प्रकल्पयेत्
कल्पयेदष्टरात्री तु प्रतिबंधमसूरकं
अन्योन्यासंकरं चेतु कर्ता मरणमाप्नुयात्

तस्मात् सर्वप्रयत्नेन संकरं न समाचरेत्
पंचप्रकार बाह्ये तु संकरं न च दोषभाक्
वृत्तकुंभसमायुक्तं प्रतिबंधमसूरकं
वचग्मं कुमुदोपेतं बिप्रबंधमिति स्मृतं
बर्गेन संकरं कुर्यादशुभं विपरीतकं
तदा कोष्टादिमानं तु संकरं शुभदं भवेत्
जगतेति प्रमाणं यत् कुभं निव्रं प्रकल्पयेत्
चतुरभागैकभागं वा अर्धं वा कंधनिव्रकं
उत्सेधसमनोव्रं वा द्विगुणं वाजनिव्रकं
तत्रिपादसमावार्धं महावाजननोव्रकं
अधिष्टानक्रमं प्रोक्तं शृणु नालस्य लक्षणं
एकहस्तं समारभ्य त्रिव्यंगुलविवर्धनात्
सप्तमानावसानं यत् तद्बाह्ये तु निर्गमं
तदायामं त्रिधा कृत्वा व्योमांशं मूलविस्तरम्
तच्चतुर्थांशहोनं यत् अग्रतारं प्रकल्पयेत्
अग्रतारसमं वाथ त्रिपादं चाग्र चेादयं
मूलातारोदयं मूलं सिंहवक्त्रेण घट्टितं
विस्तारस्य त्रिभागैकं मध्ये नीव्रं प्रकल्पयेत्
अग्र वर्थे समायुक्तं········अश्वकरसाद्दशं
पत्रपुष्पसमायुक्तं सर्वालंकारसंयुक्तं
भित्तितारंत्रिभागैकमथवाष्टांगुलाक्षिकं
संकल्प्य विधियुक्तेन स्थापयेत्कोष्टमध्यमे
नाललक्षणमेवोक्तं स्तंभायानं विधि शृणु
प्रासादस्यांशमानेन स्तंभमानं प्रकल्पयेत्
कोष्टमानं चतुर्विंशदंकांशं पादविस्मृतं
त्रिचतुःपंचमात्रं वा भित्तिपादस्य विस्तृतं
चतुरंगुलमारभ्यांगुलांगुलवर्धनात्
न······पाद्यांगुलमयात् कलाभूस्यावसानकं
भित्तिमानस्य विस्तारं क्रमेण परिकल्पयेत्
तदग्रांशेनमग्रं तु युगाग्रं ब्रह्मकांतकं
अष्टाश्रं विष्णुकांतं स्यात् षडाश्रं स्कंदकांतकं
आमूलताग्रपर्यंतं मानाग्रं भानुकांतकं
अष्टादिमूलपर्यंतमिन्द्रकांतमिति स्मृतं
सर्वांगवृत्तरुपं यत् इद्रकांतमुदीरितं

चरणाश्रेव……ष्टात्तुकालाक्षं स्तंभशेखरं
चतुरश्रं रसाश्रं यत् स्तंभं कौबेरकांतकं
चतुरश्रमिनाख्याच्यांतंमत्तलिपं वारुणाश्रकं
अश्रस्योपरि वस्वश्रं तलिपं भौमकांतकं
अश्रोपरिष्टयमं तु वज्रकांतमिति स्मृतं
अश्रोर्ध्वे वृत्तरूपं स्या यत् शिवकांतमुदीरितं
चतुरश्रोपरिष्टात् चतुष्यष्टपंशयायुक्
कौशिकस्तंभमाख्यातं अश्रोर्ध्वे वसुकोणकं
शिवछंदेति विख्यातं अश्रं यत्कर्णमानकं
स्तंभमूले प्रकर्त्तव्यं पादतारसमन्वितं
सर्वेषामेव पादानां पादयमं प्रकल्पयेत्
कर्णार्धं वा तदर्थं वा पादतारोदयं कुरु
तत्कर्ण तस्य विस्तारं सर्वालंकारसंयुतं
पादाधारमिदं प्रोक्तं स्तंभमानविभूषितं
पादोद्भेदं तु सप्तांशे एकांशे वेदिकोछ्रयं
वेदिकारहितं वापि सहितं प्रकल्पयेत् वा
पादोदयं तु भूतांशे द्विभागं चोदयेयर्के
चतुःसप्तांशभागांशे वेदांशं बोधिकोदयं
एकांशं कर्णमानं स्यात् द्व्यंशं……पास्यमानकं
रसांशं ताटिकोछ्रयं……………भवेत्
शेषांतमायतं पादं कंठपालोमुखं भवेत्
तत्कंठं घटविस्तारं तत्कंठं फलकायतं
बोधिकोच्चसमं व्यासं मायामं त्रिगुणं तु वा
तदायांशं च वेदांशं छायाकार द्व्यांशकं
मंत्रोच्चं गुणदा भज्यं व्योमांशं प्रस्तरोदयं
कपोतं त्वेकभागं स्यादेकांशं धातुभागिकं
गुणांशमुत्तरोत्सेध एकांशं वाजनोछ्रयं
शेषमंबुजमानं स्यादयं भूतेन शोभितं
एवंप्रस्तरमाख्यातं वेदिकालक्षणं शृणु
गलोत्सेधं तु वेदांशे एकांशं वेदिकोदयं
उत्तरं त्वेकभागेन शेषभागं गलोदयं
अष्टांशे वेदिकोत्सेधं वेदांशं गलमानकं
कंपमेकांशमित्युक्तं द्विभागं पद्मतुंगकं
वाजनं त्वेकभागेन वेदिकां कल्पयेत् बुधः

पादवाह्यसमं मध्यं प्रस्तरस्य विशालकं
रुद्रांशं नंदभागं वा वेदीविस्तारमानकं
एवं विस्तारमाख्यातं गलवेशं ततः शृणु
एक द्वित्रि च दंडैर्वा गलवेशं समाचरेत्
गलविस्तारमानं यत्तत्कोष्टं शीर्षविस्तृतं
शीर्षोच्चे तु……सप्तांशे पत्रमेकेन कल्पयेत्
उदरं वेदभागं स्याद्वक्रमंशेन कल्पयेत्
कपोतनीव्रमेकांशं तत्समं लंबमानकं
गलांतरे तु वेदांशं भूतांशमर्धविस्तरं
गलतारसमं यत्तत्वलिकस्य तु विस्तृतं
त्रिभागैकभागेन छायाब्जं परिकल्पयेत्
स्थूप्युच्चं सप्तधा भज्य बलग्रं त्वेकभागय
…………………………………कल्पयेत्तु विचक्षणः
कुंभमानं गुणांशं स्याद्व्यांशं पालिकोदयं
कुडनलं त्वेकभागेन कल्पयेत्तु विचक्षणः
स्थूपिकोत्सेधमानं यत्स्थूपो कुंभस्य नाहकं
उत्सेधमेवमाख्यातं ……नासिकालक्षणं
गलतारे त्र्यंशं वा पंचांशे शमथापिव
चतुर्भागैकभागं वा महानाह्यं तु विस्तरं
तत्समं वा तदर्धं वा त्रिशिरावाह्यनिर्गमं
ललाटे तु महानासो शीर्षम्यानुकूलवत्
नासिलक्षणमेवोक्तं द्वारमानविधिं शृणु
तलिवोच्चं समायामं दशनंदाष्टधा भजेत्
एकांशं रहितं शेषं द्विरुत्सेधं विधीयते
तच्छेपं……रधा भज्य भुवंगोच्च गुणार्थकं
पतंगोच्चं द्विभागार्धं कल्पयेत्तु विचक्षणः
तदुत्सेधार्धविस्तारं पत्रपुष्पादिशोभितं
द्विवारस्यालक्षणं प्रोक्तं शृणु शांत्यादिगणयकं
शांतिकोत्सेधगणयं तु तिथिभागविभाजिते
अश्विन्यांशमधिष्टानं पतोच्चं पंचभागय
द्वंशमंच……मानं स्याद्व्यंशं गलमानकं
शिखरोच्चं गुणांशं तु स्थूप्युक्तं शशिभागय
शांतिकं त्विति विख्यातं वैष्टिकं तु कलाधिक
अक्ष्यंशकमधिष्टानं सर्वभूतांशमांघ्रिकं

मंचमानं द्विभागं स्यात्तत्समं गलमानकं
सार्धांशं च शिरोत्सेधं शिरमानं शिखांगकं
पौष्टिकं सदनं ह्येव जयदं शृणु सुव्रत
सार्धाक्षांशं च मधिष्टानं पूर्ववत्परिकल्पयेत्
स्मृत्यंशमद्भुतोत्सेधं कलांशं वेधरातलं
पश्चात्यं सार्धषड्भागं मंचमानं द्वयंशकं
द्वयंशं गलमानं तु वेदांशं शिखरोदयं
सार्धांशेन शिखामानं अद्भुतं सदनं स्मृतं
त्रिपादाधिकमक्षांशं मधिष्टानोदयं भवेत्
षडांशं तलिपोच्चं स्यात्पादोनाग्न्यंशमंचकं
द्विपादंशगलोत्सेधं युगांशं शिखरोदयं
सपादांशं शिखामानं एतद्वै सर्वकामदं
अवश्या····प्रकारेण सामान्यं शांतिकादिकैः
षट्त्रिंशं द्विभजेदुच्चमधिष्टानं गुणांशकं
रुद्रांशं तलियोत्सेधं मंचमानं गुणांशकं
अनलांशमुपग्रीवमक्षांशं मंचमानकं
सार्धान्यांशं गलोत्सेधं ससार्धं····शीर्षं भवेत्
शिखामानं गुणांशं स्यात् क्रमेण····वकीर्तितम्
गव्यमे वा समाख्यातं अलंकारं प्रवक्ष्यते
अंघ्रिबंधमधिष्टानं ब्रह्मकान्त्यंघ्रिसंयुतं
आयताग्रशिरोयुक्तं महानासि चतुष्टयं
कलाल्पनासिकोपेतं चतुष्कूटसमन्वितं
अष्टाश्रं शीर्षकंठं गलोत्सेधांतमुत्तमः
शिखापंच ।शखामानं शिखापंचकसंयुतं
.............................श्री भोगमितिविद्यते
स्थावंधधरोवेदं स्कंदकांतांघ्रिसंयुतं
आयताश्रशिरोवेदं चतुर्णासिसमन्वितं
महानासि विन(नि)ष्कांतं दंड व(वा) त्रिदंडकं
महानासिद्वयोर्मध्ये क्षुद्रनासिद्वयान्वितं
मद्रनास्योश्चपार्श्वं तु क्षुद्रनासिविभूषितं
पादप्रत्याल्प नासांद्यांतोरणाद्यैरलंकृतं
एवं लक्षणसंयुक्तं श्रीपद्मं भोगमुच्यते
अंघ्रिबंधमधिष्ठानं सोमकांतांघ्रिसयुतं
शिखरे ऋतुनासाध्यं अल्पनाद्वयांतरे

प्रासादे मंडपे मध्ये तोरणाद्यैर्विचित्रितं
एवं लक्षणसंयुक्तं नाम्ना सुन्दरमुच्यते
पादबंधधरोपेतं वारणस्तंभसंयुतं
महानासिद्वयोपेतमष्टविंशाल्पनासिकं
शिखापंचकसंयुक्तं पत्रकांतविमानकं
कौबेरांघ्रिसमायुक्तं पादबंधमसूरकं
कलाल्पं नासिकोपेतं महान्नासिद्वयोन्नतं
सर्वालंकारसंयुक्तं श्रीमुखं त्विति विद्यते
पादबंधमधिष्टानं श्रीवत्सं स्तंभसंयुतं
आयताश्रशिरोपेतं महानासिद्वयान्वितं
चतुष्कूटसमायुक्तं नागराद्यैश्चितान्वितं
पातं प्रत्याल्पनासाढ्यं पंच(ज)राष्टकसंयुतं
सर्वालंकारसंयुक्तं श्रीकान्तमिति विद्यते
प्रतिबंधधरं युक्तं दारुस्तंभसमन्वितम्
भद्रकूटसमायुक्तं तोरणाद्यैर्विचित्रितं
पंच(ज)राष्टकसंयुक्तं पार्वतीकांतमीरितं
धर्मकांतांघ्रिसंयुक्तं आधारं प्रतिबंधके
त्रयस्त्रिंशाल्पाद्यनासाध्यं(ढ्यं) शिरे ऋतुनासितं
वेदिभद्रसमायुक्तं सुमंगलमिति स्मृतं
चंद्रकांतांघ्रिसंयुक्तं प्रतिबंधमसूरकं
शालायामं त्रिभागैकमुखं भद्रसमन्वितं
पद्मं पद्म च पद्मस्याद्वेदिककंठशीर्षकं
पणमहानासिकोपेतं विंशत्संख्याल्पनासिकं
शिखा(खा)पंचकसंयुक्तं सुभद्रमिति विद्यते
प्रतिबंधयुतापृथ्वी भानुकांतांघ्रिसंयुतं
प्रस्तरोपरि कोष्ठेषु कंठकूटसमन्वितं
वस्वश्रं शीर्षं कंठं गलोत्सेधांतमुन्नतं
वेदिका च सरं कंठं चित्रकांतविमानकं
पंच(ज)राष्टकसंयुक्तं कोष्टं सुंदरमीरितं
चरणं रुद्रकांतं स्यादाधारं प्रतिबंधकं
वेदिभद्रसमायुक्तं कूटहारांतरान्वितं
कंधरं शीर्षकारणं श्रीभद्राकाविमानवत्
एवं लक्षणसंयुक्तं पद्मकांतमिति स्मृतं
आधारं प्रतिबंधं च शिवइचंदांघ्रिसंयुतं

विंशात्पनासिकोपेतं महानासिद्वयान्वितं
नागराभ्युजितं ·········· चतुष्पंचरसं युतं
एवं लक्षणसंयुक्तं विमानं विजयावहं
श्रोभोगाद्यष्टकं दिक्षु विधिना दापयेद् बुधः
पार्वतोकोष्टकांताभ्यामष्टमष्टांतराहुके
कल्पयेदुक्तमार्गेण यथा वित्तानुसारतः
कामकोष्टविधिं प्रोक्तं देवतास्थापनं श्रुणु

देवतास्थापनं

जंभिणी पूर्वदिग्भागे स्तंभिनी न्योदक्षिणा न्यसेत्
मोहिनी पश्चिमे देशे भेदिनी चोत्तरे न्यसेत्
कोणे सिंहवृषौ स्थाप्याथवाद्दषमं न्यसेत्
अथवा पूर्वदेशे तु स्थापयेत्तु विचक्षणः
अथवा पूर्वदेशे तु इंद्राणि चैव विन्यसेत्
रौद्रीं दक्षिणदेशे तु बारुणे वैष्णवीं न्यसेत्
ब्राह्मीमुत्तरदेशे तु स्थापयेत्तु विचक्षणः
देवतास्थापनं प्रोक्तं देविमानमथ श्रुणु
स्तंभोत्सेधं दशांशे तु भूतांशंकंत्यसेादयं
रसांशं श्रेष्ठमानं तु ततो मध्येषु भाजिते
नवधा देविमानं स्यान्नागरं देविमानकं
स्वाधिष्ठानसमं नीचं पादाधिक्य तु मध्यमं
श्रेष्ठश्रेष्ठं मध्यधिकं मानं द्राविडं देविमानकं
नालीग्रहविशालं स्यान्नवभाग विभाजिते
सप्तांशं उत्तमोत्सेधं भूतांशं कन्यसं भवेत्
तयोर्मध्येष्टयामानं वेसरं देविमानकं
द्वारोत्सेधविकारांशे ऊर्ध्वाधोंशद्वयं त्यजेत्
शेषं देविकमान स्यादेतत्सामान्यमेवहि
आयादिशुभसंयुक्तं देविमानं परिग्रहेत्
अंगमानादिकं सर्वं मध्यमं दशतालकं
एवं लक्षणसंयुक्तां देवीं संग्राह्य देशिकाः
ततोंकुरार्पणं कुर्यान्नवमे सप्तमेथवा
पंचमे त्रितये वापि सद्यांकुरमथापि वा
बालां देवीं समभ्यर्च्य प्रतिष्टादिनपूर्वके
शिल्पिकर्मावसाने तु गौरीं संग्राह्य देशिकाः
पादं पूर्वदिग्भागे मंडपे शालिकोपरि

बज्रवस्त्रोणास्तिर्यं कृतस्योर्ध्वे छादयेदूर्ध्ववस्त्रकं
प्राक्यः शिरोमहादेवी गौरीगायत्रयर्चयेत्
वस्त्रेणाछाद्यतां देवीं तन्मूले नैव देशिकाः
तस्य दक्षिणभागे तु स्तंभनं सप्रकल्पयेत्
तस्याः मंडपरक्षार्थं पूर्वादोनि यथाक्रमं
मूलमध्ये कुम्भमध्ये समभ्यर्च्य लोकपालास्त्रकान्
ग्रहान्
हेमरजतपात्रेव तत्र पात्रेथवा बुधः
कांस्यपात्रेथवा मध्ये कल्पयेच्चंदनेन तु
द्विशेतांगुलविस्तारमवेांगुलसमन्वितः
चतुश्रसम युक्तं मध्ये पद्मं समालिखेत्
माणिक्यं कर्णिकामध्ये पूर्वे मरतकं न्यसेत्
प्रवालमग्निदिग्भागे इन्द्रनीलं तु याम्यके
नैर्ऋते पुष्परागं स्याद् वज्रं बरुणदिग्भवेत्
गोमेदं वायुदिग्भागे मौक्तिकं सेामदिक्दले
वैदूर्यमोशदेशे तु बामदेवसमन्वितं
अर्चयेद् गंधपुष्पाद्यैः बामादिशक्तिबीजतः
शुल्धवस्त्रेण संछाद्य त्रिदूर्ध्वे तु विन्यसेत
गिरिसदूर्जमर्ज्ञो ····· लेख्ये ····· मसूचिना
भूरेखां प्रथमं लिख्य नेत्रमंत्रमनुस्मरन्
प्रथमं मधुनालिप्य द्वितीयं सर्पिषा बुधः
तृतीयं पयसा लिप्य चतुर्थं शुल्धबारिणा
पंचमं हिमतोयेन मूलेनैव हि देशिकाः
गंधपुष्पादिमभ्यर्च्य दर्पणं दर्शयेद् बुधः
उत्पलं दर्शयेत्पश्चात्कर्पूरशकलं ततः
क्षीरं च दधिकुंभं च घृतकुंभं च दर्शयेत्
अंजनं कंतुकं चैव सुवस्त्रं केशशोधनं
कंकुमं कृष्णगंधं च शालीभुक्तं तु तंबुलं
तिलमुद्गसमूहं च दर्शयेत्तु विचक्षणः
प्रछन्नपटमावर्जं सवसांग प्रदर्शयेत्
दर्शयेद् ब्रह्मकन्यां च ब्राह्मणानाम् प्रदर्शयेत्
प्राणिनां दर्शयेत् पश्चात् गौरीबीजमनुस्मरन्
ततः संस्नानार्घ्यं देवेशीमाला मंत्रादि सुंदरं
ग्रामं ब्रते क्षणं कृत्वा ग्रमृतं सर्वालंकारसंयुतं

जलशरे प्रपामध्ये विन्यसेद्देशिकोत्तमः
पुण्याहं वाचयेत्तत्र जलापानार्थ(र्थे)कं
स्नापनं कारयेत्तत्र जलक्रीडां समाचरेत्
जलमध्ये समापूर्य गंगादीनां समर्चयेत्
तन्मध्ये शाययेद् गौरीं जप्त्वा ····धमर्पणं
रवेरस्तमनात्पूर्वं गौरीमावाह्य देशिकः
जलतीरे प्रपामध्ये विन्यसेत्स्नपनादिकैः
संस्नाप्य कुंभमावाह्य सर्वालंकारसंयुतं
ग्रामप्रवेशनं कुर्याद्यागमंडपचोत्तरे
विन्यसेचाष्टमृद्गव्यं भस्मबिल्वदलादिभिः
संस्नाप्य शुद्धतोयेन गौरीगायत्रयाबुधः
चित्रवस्त्रैरलंकृत्य गंधपुष्पास्रगादिभिः
ततो मंडपमासाद्य वास्तुहोमं च माचरेत्
पर्यग्निकरणं कृत्वा स्नात्वा संपूज्य मंडपं
ततः संमृज्यदंडाग्रे वेदिकां प्रोक्षयेत्कुरुः
स्थंडिलं कारयेत् चाष्टतारपैश्च शालिका
प्रोक्षयेत् हुतयेनैवं पूजयेत्सिंहासनं ततः
गौरीं संपूज्यादाय मंडपा वायु गोचरेत्
विन्यस्याचितस्याग्रे रक्षासूत्रं जपे क्रमात्
बध्वाप्रतिसरं चैव ग्रावाह्या(ह्य) देवमंडपे
बध्वाप्रतिसरं मंत्रं जपं घोषपुरःसरं
धूपदीपं ततो दत्वा विवृद्धिचार्चनैस्सह
ततो बालालयं गत्वा यात्राहोमं समाचरेत्
कुंभं वा करकं वापि समावाह्य जलेश्वरं
बलबिंबापरि त्यज्य नद्यापि कूपवापिकैः
ततः संपूज्य गंधाद्यैः करकस्थां महेश्वरीं
शिरसा वाहयित्वा तु शंखघोषपुरःसरं
सर्वालंकारसंयुक्तं मुखमंडपमाविशेत्
इंद्रईशानयोर्मध्ये वेदिकोर्ध्वे तु विनस्येत्
आदाय चाष्टकरकान् कूर्चपल्लवसंयुतान्
अथवा चित्रवस्त्रेण होमसंयुक्त धावयेत्
दृष्टदीक्षा च शयनं कर्णिकामध्ये चाधर्यैर्य-
धामुखं
अथवा चित्रवस्त्रेण शयनं कल्पयेत्ततः

ततो गौरीं चर्यायशयतं ··········शाययेद् बुधः
संपूज्य गंधपुष्पाद्यैः गौरीमर्चे तद्देशिकाः
ततो अग्निजयायजन्नं कुर्यात्पूर्वोक्तविधिनार्चनं
सह
समिधाज्याग्नलाजैश्च प्रत्येकं होममाचरेत्
समिधाहृदयमंत्रे शिरसा च घृतं हुनेत्
शिखाया चारुहो दिव्यं विलाजकवचमंत्रतः
गौरीमावाह्य मंत्रेण शिरसा दशवारं हुनेत्सुधीः
शतमर्धं तदर्धं वा द्रव्य प्रतिहुतं चरेत्
द्रव्यांते व्याहृतिं हुत्वा व्याहृत्यंते स्पृशेतुमां
वर्धनी चैव संस्पृश्य जप्त्वा जयाहुति संख्यया
प्रायश्चिता जयाहुतिं हुत्वा शतमंत्रेण देशिकाः
एवं जागरणं रात्रौ प्रभाते स्नानमाचरेत्
सौरादिकलशं न्यस्य तदंते होममाचरेत्
ततो गर्भग्रहं गत्वा स्थलशुद्धिं समाचरेत्
द्वारधारां त्रिधा कृत्वा मध्येष्टां विभाजिते
तदेकांशं त्रिधा कृत्वा कालांशं दक्षिणे न्यसेत्
व्योमांशं वामभागेन जप्त्वा सूत्रं प्रसारयेत्
तत्सूत्रां तत्सूत्रं स्याकृतेमध्यं प्रकल्पयेत्
तत्सूत्रं मध्यमे स्थाप्य गौरीपीठं यथा दृढं
गर्भाष्टाष्टांशके भागे देविके स्थापनं कुरु
पीठं प्रक्षाल्य वस्त्रेण पंचगव्याभिषेचयेत्
पीठं मंत्रेण संपूज्य गंधपुष्पादिना बुधः
वस्त्रेणाच्छादनं कुर्यात्प्रणवेनैव देशिकाः
ततो यागग्रहं गत्वा चास्त्रेणं जुहुयाच्छतं
पादप्रक्षालनं कृत्वा····चम्पविधिना बुधः
परिचारकसंयुक्तं स्वस्तिसूत्रसमन्वितं
ग····शिविके वाथ खेटके वा रथेपि वा
देवीमारोपयेद्विद्वान् वाद्यघोषसमन्वितं
वितानं छत्रसंयुक्तं धूपदीपसमन्वितं
ग्रामप्रदक्षिणं कृत्वा नीत्वा देशसमन्वितं
संपूज्य विधिवद्वारं पुष्पाक्षतसमन्वितं
संपूज्य विधिवद्वारं गर्भगेहं प्रविश्य च व
·························पुण्याहं वाचयेत्ततः

गर्तं संपूज्ययेद्विद्वान् स्थाप्य पूर्वोक्तमार्गतः
स्थापयेत्तमहादेव मूर्त्तंतस्य मंत्रवित्
दृढोकृत्वाष्टबंधके निशक्ती सुनिरोक्षयेत्
स्नापयेद् गंधतैलेन सुगंधामलकादिभिः
पंचगव्यादिकैः स्नाप्य नालै (लि) केरोदकैर्जलैः
संस्नाप्य च महादेवीं नववस्त्रेण वेष्टयेत्
संपूज्य गंधपुष्पाद्यैः प्रणवेनैव देशिकः
पूर्णाहुतिं ततो हुत्वा संग्रहेद् ब्रह्मबंधिनो
शंखध्वनिसमायुक्तं शंखघोषसमन्वितं
छत्रचामरसंयुक्तं सर्वातोद्य समन्वितं
ग्रामप्रदक्षिणं कृत्वा द्वारपूजां समाचरेत्
..........स्थापयेद्विद्वान् पीठापरि वर्धनी
देवीं संपूज्य गंधाद्यैं मंत्रं न्यासं समाचरेत्
शशिनां मूर्ध्नि विन्यस्य वक्त्र स्ना.....गदां न्यसेत्
इष्टधा हृदयं न्यस्य मरीचै गुह्यदेशिकैः
पादांशांगु..........गौरोबोजेन संयुतं
षडांगं न चरेद्विद्वान् मंत्र कन्या समाचरेत्
वर्णपादं च भुवनं तत्वां तत्वेशि संयुतं
कलामात्रांस.....जेन ललाटे विन्यसेत्कुरुः
जीवं न्यासं ततः कृत्वा स्मृदये सोपदेशिकः
वर्धन्याजरमादाय देवां हृन्मध्यम न्यसेत्
तज्जलेनैव संस्नाप्य पायसान्नं निवेदयेत्
स्नापयेत्सर्वकलशैः वेदकुंभपुरःसरं
ततः शुद्धोकं स्नात्वा स्थलशुद्धिं समाचरेत्
मंत्रोदकेन संस्नाप्य मंध न दापयेद्गुरुः
ततो देवीमलंकृत्य वस्त्रपुष्पास्रगादिभिः
नैवेद्यां तं ततो विद्वान् षडसे न समन्वितं
पानीयाचमनं दत्वा नित्याग्निं च प्रकल्पयेत्
कुंडे वा स्थंडिले वापि चूलिमध्ये यथा बुधः
तूष्णीं हुताशनं स्थाप्य दोपयेदिंधनैः सह
प्रणवेनैव संप्रोक्ष्य गौरोमावाह्य पूजयेत्
निरोक्षणादिभि क्षोध्याघ्रोध्याधामंतं देशिकोत्तमः
पुष्पाद्यैर्वाथपात्रैर्वा जुहुयाद्देशिकोत्तमः
प्रत्येकं षोडशं कृत्वा चरुणा च घृतेन च

पूर्णाहुतिं ततो हुत्वा गौरोगायत्र्यार्चयेत्सुधः
तेनैवार्चदेवेशीं मावाह्याग्नि विसर्जयेत्
मूले संपूजयेद्देवीं प्रणम्यानुज्ञया सह
द्विरदो.....वाहनांत वापोठांतं वा बलिं ददेत्
द्विरदं दक्षिणा पार्श्वे तु ज्ञानशक्तिं प्रपूजयेत्
वामपार्श्वे क्रियाशक्तिं ददाग्रे वृषभं यजेत्
श्रीदेवीं अग्निदिग्भावे दक्षिणे सप्तमातरः
मातंगिनोसमोपेतं नैर्ऋते जानुविस्मयं
पश्चिमे तु धरां देवीं वायव्ये मोहिनीं यजेत्
उत्तरे तु शचीं देवीं सावित्रोमीशगोचरेत्
गोपुरद्वारपार्श्वे तु शंख पद्म निधिर्यजेत्
अणि पूर्वदिग्भागे महिमा चाग्नि गोचरेत्
दक्षिणे गरिम देवीं लघिमा नैर्ऋते दिशि
पश्चिमे त्वीशकां देवीं वशित्वा वायु गोचरे
सोमे प्राप्तमहादेवीं प्राकाम्यामोशगोचरे
नैर्ऋते रुंधते यष्ट्वा लघिमा देवता दक्षिणे
ईशे प्राकाम्यामेवा वापि संयोजयेद मृतेश्वरीं
सोमसं गरयोर्मध्ये सुंदरोमर्चयेत्.......
महादेवाग्रके मं .ी कमलास्त्रं समर्चयेत्
अजिनो जृंभिणी रौद्री शांति निद्रा विकारिणी
स्तंभनं च षडेतानि शक्ति योजि विनाधिका
स्तंभिनो कर्णिका मध्ये अंधिनी पूर्वदिक्दले
जृंभिणी दक्षिणे भागे रौद्री वारुणदिक्दले
सोमे श्रिय विकारी च स्तंभिन्यां तं बलिं ददेत्
द्वारादिबलिपीठांतं बलिबेरसमन्वितं
सर्वातोद्य समायुक्तं बलिं दत्वा यथाक्रमं
पादप्रक्षालनं कृत्वा.....लयं प्रविशेद् गुरुः
गीतवाद्यसमोपेतं जयशब्दसमन्वितं
धामप्रदक्षिणं पश्चाद्देवीं विन्यस्य मंडपे
नीराजनं ततः कृत्वा केवलं लोह चिंतयेत्
ततो गौरीं समभ्यर्च्य धूपदीपादिकं ददेत्
तोषयेद्देवदेवेशां प्रणिपत्य क्षमां वदेत्
निर्माल्य धारणीयष्ट्वा रात्रो पूजावसानकैः

एवं प्रत्यहमभ्यर्च्य यथा वित्तानुसारतः
एवं यज्ञायते मर्त्यः संपूर्णागमवाप्नुयात्

इति सूक्ष्मशास्त्रे कामकोष्ठ पटलः ।

इति मध्यार्चनं ॥

अथ वक्ष्ये विशेषेण कामं कोष्टस्य लक्षणम्
योगं भोगं च वीरं च शक्तिबीजमिति त्रिधा
योगं शक्तिसमाभागं पीठाकृति तु रुच्यते
उपानं जगतीश्चैव मूर्मुदांकंपकर्णकं
कंपपट्टो तदूर्ध्वे स्याद्धृतवारि समयुतं
उपानं पादमेवं स्यात् जघांगेतिरुच्यते
कुक्षिं तत्कुमुदं ज्ञेयं बाहुयुग्मं तथैव च
कंठं कंठमिति ज्ञेयं····प्रोक्तं अधरोधरः
पट्टिका महापट्टिका ज्ञेयं धृतवारि शिरस्मृतं
योगशक्तिर्भवेद्देवी मित्युक्तं पूर्वसूरिभिः
भोगशक्ति तथा वक्ष्ये द्विनेत्रं द्विभुजं तु वा
लोहजेन समायुक्तं सर्वाभरणभूषितं
आसनं स्थानकं चैव दक्षिणं स्वस्तिकं पदं
वामपादं स्थितं वापि दक्षिणं कु(कं)चितं भवेत्
मध्यमं दशतालेन मानामानप्रमाणकं
पूजांशं समधामानं मध्यमं प्रविशिष्यते
विधीयते तदर्धं मध्यमं श्रेष्टं प्रायाग्यं प्रविधीयते
तदंतरेष्टभागेन नव शक्ति प्रमाणकं
पूजांशं नाहतारं तथा चैव स्थूला ते(दे)शे विधीयते
आभंगं समभंगं वाप्यतिभंगमिति त्रिधा
क्रमेण नतमानं स्यादग्नि वेदेषु भागिकं
अष्टादशाद्य विंशद्य चतुर्विंशांगुलं त्रिधा
अभंगादि त्रिभंगानां पादांगुष्टांतरं त्रिधा
त्रिवेदं पंचमात्रं स्यात्पार्श्वांतरमुदाहृतं
ललाटं वामपार्श्वे तु त्वानेत्रांतपुटांतकं
अनेा वामे चस्तद्वामे नाभिर्दक्षिणपार्श्वके
वामेरुपार्श्वं वामांघ्रि पार्ष्णिपार्श्वे प्रलंबयेत्
एतदाभंगमित्युक्तं समभंगं विधीयते
मखं पूर्ववदेवोक्तं भ्रूमध्ये नाभिमध्यमे
वामेरुमध्यमे पार्श्वं दक्षिणांघ्री तु गुल्फके

लंबयेत् समभाग स्यात्तिथिभंगं विधीयते
मुखं पूर्ववदित्येवं हृदये दक्षपार्श्वके
नाभिपार्श्वे तु वामेरुमध्यमे द्वारमेवहि
एवं सूत्रत्रयं प्रोक्तं मासनं तु प्रवक्ष्यते
आसने वा महस्तं तु वेदोर्ध्वे स्वस्तिकं भवेत्
वरदं वा तथा दिव्यं कटाकांगे तु कटकं
तेक्षिणे हस्तं वा वरदं वामहापा
प्रसन्नवदनोपेतं सर्वकामार्थ सिद्धिदं
कमलालंवितं वाममध्यपादार्थ(र्ध्व)जानुकं
करंडमकुये(टो)पेतं केशबन्धमथापि वा
प्रसन्नवदनोपेतं सर्वकार्यार्थसिद्धिदं
श्यामां द्विनेत्री द्विभुजां त्रिभंगीं सव्यापसव्यस्थित
कंचितांघ्री
सव्येोत्पलासत्कटकास्तनोश्च महस्तमलंव्यपर-
मेश्वरी च
गोशक्ते व्याख्यातं वीरशक्ति रथवरं चतुर्भुजं-
त्रिनेत्रं च जटा
मकुटमंडितं द्विनेत्रं द्विभुजं वापि स्थानकासन
संयुतं
स्थानकं समपादं स्याद्वैशाखं स्थानमेव व
सुखासनं च कर्त्तव्यं पर्यंकासनमेव च
मंदशतालेन·······मनोमानप्रमाणकं
स्वप्रमाणेन कर्त्तव्यं परिवारसमावृतं
एकहीनं पदे स्थाप्यामथवा मानुषांशके
एकाश्रितममानुष्यां अस्तुते ते च विक्रमं
पूजाभागं समहीनं मध्यमं द्विगुणं भवेत्
पूजांशं त्रिगुणं श्रेष्टं अत्यमे श्रेष्ट वेष्टधा भवेत्
नवधांशं शक्तिमानं त्यजत्यांश वर्जयेाजयेत
तदुत्सेधावत्यक्ति····पादांतं तं भजेत्
पंचषडाधिकं भागैकरोहमुक्तं स्याशुभयादिनि
संभवं
आयनोविद्शुभोपेतं योगराशिगुणं शुभे
तदुच्यते विमानं स्यात्सूत्रं सप्तविधं भवेत्
मध्यं मध्यं पुरो मध्यं पृष्ट मध्यमं च पार्श्वके

पद्ममध्यं द्विबाहु द्वौ सप्तसूत्रं विधीयते
मुशीशकंठमध्ये च वंशकामध्यमे
गुल्फमध्ये क्षयेार्मध्ये मध्यमध्यं विधीयते
शिखामणिं मौलिमध्ये स्यान्मूर्ध्य हृत्संगमूर्ध्वके
नासिकाग्रा स्यात् कंठ स्यात् अंकौ मध्यमध्यमे
कुक्षि नाभेः तथा योनिः पादयोश्च प्रलंबयेत्
स्पर्शांतं श्रोणिनासाग्रं पुरा मध्यं विधीयते
तस्मात्सर्वप्रयत्नेन सममात्रं विधीयते
मौलिमध्यं च पंचार्थे ललाटे कोलकं भवेत्
हतेना····कर्माध्यं च सूत्रं स्याद्यवकोलकमुच्यते
षडार्थं च हृत्काउरो मध्यं च पार्श्वकोलकं
हृदयां षट्पंचैव नाभूरथांतरमध्यमे
सूत्रमात्रार्थकं चैव नाभोमध्यं च षड्यवं
मोकनौ मूलद्विमात्रं स्यान्मध्यमूरुसमाक्रमः
जन्वांते तु षडंगुल्याजघांतं वसुमात्रकं
नालकासार्थ(र्ध)वस्वंशं सूत्रादंगुष्टपूर्वकं
त्वधमात्रसमीपं च पूरसूत्रं प्रशस्यते
पुरसूत्रमिति प्रोक्तं पृष्टसूत्रमथ शृणु
मौलिमूर्ध्नि तु काटोनां ककुद्वंशस्य मध्यमे
वाप्णमध्यं च सूत्रं स्यात् पृष्ठमध्यं विधीयते
मध्ये शिखामणौ मौलि ककुवहांतमध्यमे
श्रोवंजान्वोश्चजंघानां मध्ये गुल्फस्य मध्यमे
लंबितपादमध्ये तु वक्रं वाह्यमथोच्यते
पार्श्वं च पट्टं चाश्वं च स्तानमंडलवाह्यके
मध्ये श्रोणिश्च पादौ च उरु जंघा च मध्यमे
जंघामध्ये कलांगुष्ठ वाह्य स्यात् क्रमवाह्यके
उपामनुपमानं स्यात्प्रवक्ष्यामि श्रोणिकूपर
 पार्श्वके
त्रिवेदा पंचमात्रं स्यादंत रात्रिविधं भवेत्
स्यादरुमूलांतरमेकमात्रं सार्धगुलानां तमु-
 मंतरेरे
जान्वंतजंघानलकांतरं च स्यादष्टषडभागषडं-
 गुलेन
मानंषमं द्वयं चैव मणिबंधावसानकं

अथ पार्श्वसूत्रं च मणिबंधावसानक
द्वयंतरे वेदभागं स्यात्पंचभेदावसानकं
करंडमकुटोपेतं जटामकुटमंडितं
पीतांबरधरं चैव दुकूलांबरमेव च
नास्याथ पंचमात्रं स्याद्व्यस्तनामविधीयते
गुल्फमूर्ध्वे षडंगुल्यं वस्त्रपर्यंतमोच्यते
अभयं सव्यं हस्तं स्यात्स्थानचुचुकसोमकं
सूत्रातलत्यामध्यं तु द्व्यंतरं त्रयोदशांगुलं
वरदं वाव(म)हस्तं स्यात् श्रोणी दुर्बासमायुतं
सूत्रद्व्यंतरहस्तं च त्रयोदशांगुलमिष्यते
अथवा चोर्ध्वे पार्श्वेव वामो रुद्वयम अद्वयं चैव
 कटकं तु विधीयते
बहिरभ्यंतरं वापी सव्यपार्श्वजपाक्षकैः
वामं इचकरैवैव पद्मं त्वल समन्वितं
जत्रोहिकल्को समं चैव त्रिया च सांतांतलिंगे
 चालयांतर्गतो स्यात्
वाह्योसलादिग्विदिमंस मंचैय कटकं कर्तरीदं
डीजापुरं च पद्मं च शंखं चक्रं धरोर्मिव
उ····शक्ति यमज्ञानशक्ति यमक्रियाशक्ति यम च
 सांतलिंगे
चालयांतर्गतो स्यात् वाह्ये सालादिग्विदिश्व-
 ष्टदेशे तन्मध्ये स्थापयेत् कामकोष्टाः ॥

इति पद्मसंहितायां रौरवभेदे कामकोष्ट लक्षण विधिः पटलः ॥

अथातः संप्रवक्ष्यामि कामकोष्टस्य लक्षणं
उद्देशे पूर्वतः कृत्वा पश्चान्निर्देशमानकं
लंबमानोप्यमानाप्या वक्ष्यते स्थानकस्य तु
वाचायूथानातु·········मकुटं वशेभूषणं
न····भुवं भेदं स्यात् स्थानकस्यापदमेव च
समपादं स्थानकं देवो वैशाखस्थानमेव च
तद्व्यासनं प्रोक्तं त्रिविधं देशमुच्यते
मूलप्रासादतारं स्यात्स्तंभोच्चं द्विरग····के
यारताल त्रियं गुल्यां लिंगमानं ततोद्भवत्

प्रासादं तारचातुर्यं अधमं द्व्यंशवं भवेत्
द्यंतराष्टविभागेन बामानाममुदीरितं
पादोच्चं देशभागं स्यात् चतुरंशमधमाधमं
सप्तांशमथोत्कृष्टं द्व्यंतराष्टविभाजिते
नवमानोच्छ्रयां तस्मात्तत्त्रिबिधमुच्यते
उत्कृष्टं मध्यमं होनं सप्तत्रिंशान्मधानिह
द्वारोदयं समं मध्यं कन्यसं पादहोनकं
पादाधिकमथोत्कृष्टं द्व्यंतराष्टविभाजिते
नवन्नोच्छ्रयं वेशं द्वारां तस्य ततोच्चवत्
गर्भगेहप्रमाणं स्यान्नं दांशं नंदमानव
एकहस्तं समारभ्य षट्षडंगुलवर्धनात्
चतुर्हस्तांतमानं स्यात्तत्त्रयोदशमानकं
एकताल समारभ्य त्रियंगुलं च विवर्धनात्
नवतालान्नमूत्यागं मंत्र्यत्रिंशात्प्रमाणकं
सप्तांगुलं समारभ्य द्विद्व्यंगुलबिवर्धनात्
त्र्यास्त्रिंशच्चतांतं वा गुणषष्टिप्रमाणकं
अर्धोच्चंतारनाहं तु अष्टाबिंशाद्विभाजिते
त्रिपंचसप्तनंदरुद्रांशो होनाधिक्यं तु वा पुनः
तत्तातदेतदेकांशं मानं तु त्रयस्त्रिंशत्प्रमाणकं
पूजांशं त्रिगुणं श्रेष्टं द्व्यंतराष्टद्विभाजिते
नवमानोच्छ्रयं तस्मात्तत्त्रिबिधं तथा
नीचानोच मध्यमं श्रेष्टं सप्तविंशात्प्रमाणकं
पुम्राद्या परिचाराण प्रतिमोच्चं तथाधमं
आयादिमानमित्युक्तमानांगुलेनसंमध
नूनं वाप्यधिकं वापि मानांगुलमथामथ
उत्तमा प्रमाण वशताहोनं होनाधिक्यं न
कारयेत्
आयाद्यांशके वृत्यातत्प्रमाणं न तोषकृत
उत्सेधमान स्यात्पाततदूष्णोष""सीमकं
मध्यमं द्व्यंतरालन निर्देशं तु पुरोक्तवत्
योगं भोगं तथा बोरं त्रिविधं वैरमुच्यते
योग स्याद्विभुजं प्रोक्तं देवपार्श्वे सहाशके
भोगं तु द्विभुजं चैव शिवलिंगोच्चसव्यके
स्तनकं चासनं चैव देवी कुर्याद्यतोमतं
वोरं चतुर्भुजाकरं षडष्टादशमेव व
संपातास्थानकं देवीसर्वाङ्कन्त्वागतं तु वा
वैशाखं स्तनकं वाथ लंबमानमथोच्यते
पंच ब्रह्मस्य सूत्रं च कक्षांतर मुखांतं त
नवसूत्रसमायुक्तं पंचसूत्रप्रधानकं
उष्णाशांगुलललाटे च नासाग्रे अनुमध्यमं
हजध्यान्नाभियो अन्यास्थं द्विपादांतरमध्यमे
लम्बये ब्रह्मसूत्रं स्यात् मुखांतास्यात्स्थनक्षकं
मध्ये तारस्यात्पार्श्वे तु अंगुष्टे नव बाह्यके
लंबयेत्कक्षपार्श्वे तु पादांगुल्फस्य मध्यमे
लंबयेत्पृष्टसूत्रं स्यात् त्रिरे मध्यां तथैव च
कुकुन्मध्ये त कुचं च स्वोकृपिडांतमध्यमे
पार्ष्णांतं तु मध्ये तु लम्बयेत्पृष्टसूत्रकं
मौल्यग्रामा न सूत्रांतं द्व्यंतरं सप्तभात्रकं
पंचांगुलं तन्मध्ये ललाटं तु कलांगुलं
स्फुटां तान्नासिकाग्रांतं म एवं कोलकं हनु
तत्सूत्रात् षडंगुलं होककाद्दुरो मध्या
मथागुलां
स्पृशांतं हृदयांत स्यात तत्समं श्रोणिमेव च
योनिमध्या द्व्यांगुल्या उरुमध्यं त्रियंगुलं
जानुमध्यां त्रिलोकं च जंघा मध्येष्टमात्रकं
नलकाष्टांगुलं तस्यात् मानसूत्र प्रसारितं
द्व्यंगुलांगुष्टयोरग्रं सूत्रात्पूर्वे तु निर्गमं
कायमध्यात् पूरोमानं सूत्रमेकादशांगुलं
कायमध्यां चिरपृष्टे सार्थाक्यंत्यहिंगुलं
भवेत्
त्रियंगुलं तु ककुत्पृष्टे उरोमध्यं भागमात्रकं
उरुमध्ये त्रियर्धं च पृष्टजानु त्रिमात्रकं
जंघामध्यं त्रियांगुल्यां नलकाकोलकं भवेत्
पृष्टे पार्ष्णि त्रियंगुल्यां द्व्यपार्श्वे गतबिदुः
कायमध्यात्पुरोबाहुपर्यंतं त्रियंगुलं भवेत्
षडंगुला बहिर्बाहुपर्यंतमंतरं भवेत्
परापराद्व्योर्मध्ये कायमधो तथा मतं
अभयं दक्षिणहस्तं तत्यस्त कठकान्यथा

स्वागत वरदं वापि अधो वा कटकान्वितं
लंाघतोर्वाश्रितं वामं हस्तगापुच्छसंख्यया
अभयं स्यात्करस्याग्रं स्तनचूचुकं धृतं
स्वागतं नाभिमोमांतं वरदं श्रेणितत्समं
अधो वा कटकाग्रं तु कर्यंतं तत्मम तु वा
तत्करो वाश्रितं वापि मोग्रांतं कराग्रहाक
तत्सूत्राद्दक्षिणे हस्ते तलमध्ये त्रयोदश
चतुर्दशांगुलं वापि पंचादशांगुलं भवेत्
तत्सूत्राद्वामपार्श्वे तु द्विसप्तांगुलमेव व
पंचदशांगुलं वापि पोडशागुलमिष्यते
श्रेाणि कूर्पय योनो त्रंद्विस्त्रियंगुलांतरं बहिः
बरहस्त(स्ता)वसानं च उध्र्वकायप्रमाणकं
मध्यमाभ्यंतरं वाह्ये मणिवंधावसानकं
अभ्यंतरमुखं वापि बहिर्मुखमथापिवा
कर्तारियग्रं तु हिक्कायानत्करं जत्रुतत्समं
कायमध्ये पुरोमानं सुत्रांतत्परौ भुजाः
द्वयंतरं पार्श्विहस्तं च नंद सप्तांशदाद्वयं
अंगुलं तु विधिज्ञेयं षतमानं निर्गमं भवेत्
तत्त्वाह्ये व(म)णिवंधांतं द्वयंतरं द्वादशांगुलं
चु(च)तुर्दशांगुलं वापि पंचदशांगुलं भवेत्
पादांगुष्टद्वयोर्मध्ये अष्टांगुलमुदाहृतं
प्रपदं षडंगुलं वापि भागं पार्ष्णांतरं भवेत्
वाह्यांगुलं भवेदिक्षु षणमात्रं नलकांतरं
जंघामध्ये त्रियंगुल्यं जानु द्वयंतर····
द्वयंगुलं मंत्ताकुमध्यं च उरुमुलमथांगुलं
समपादं स्थानकं तं देव। समभ्रस्त्रागतं तु वा
वैधिशाकं स्तनकं प्रोक्तं त्रिभंगांग युतं भवेत्
स्वस्ति····दक्षिणं पादं वामपादं तु कुंचितं
आभं[ग]समभंगं वाप्यधिभंगमिति त्रिधा
त्रिवेदशरमात्रं च क्रमेण ततमाचरेत्
नतमानकं अभयं बरदं पूर्वं कटकमपरोभुजे
मूर्ध्नि मध्यं च तत्प्रोक्तं वामनासापुयंतकं
अभ्यंतं वामपार्श्वे तु हिक्कामध्यार्थमात्रकं
स्तनोस्तनोर्मध्ये········पंचत्र्यंगुलमुदाहृतं

तत्सूत्राद्दक्षिणे नाभिः त्रियंगुल वा विधीयते
तत्सूत्राद्दक्षिणे योगं मध्यमे चतुरंगुलं
तत्सूत्राद्वामजां चांतं त्रियंगुल्या समं भवेत्
अतिभंगं मुखे सूत्रं····स्नात्पंचांगुलं भवेत्
त्रियंगुलं नाभिमध्यां च योनोमध्यं शरांगुलं
जानुमध्यं गुणांगुल्यं स्थितपादस्य मध्यमे
चतुर्भुजाकारसंयुक्तं द्विभुजं पाथमुच्यते
सव्यहस्तं तु कटकमुत्पलोधरसंयुतं
वामप्रलंबितं वापि वरदं कथ्याव लंबितं
तत्सूत्रात् कटके मध्ये निम्ननांतु त्रयोदश
सूत्राल्लंबाकराग्रं तु नोम्नं सा दशांगुलं
द्विभुजं च प्रकर्तव्यं चतुर्भुजाकारसंयुतं
तत्तत्प्रकारकारणो कुत्सनं तु तथोच्यते
पर्यंकासनं वापि अर्धपर्यंकमेव व
वामांघ्रिशाययेद्वेत्यात् पादं प्रलंबयेत्
चतुर्भुजं त्रिनेत्रं च वरदाभयसंयुतं
पाशांकुशधरा देवो पद्मापद्माक्षधारिणी
ऋजुसूत्रात्समायुक्तं पद्मपीठे निषण्णके
शाधितांघ्रिकजान्वंतं उर्ध्वकायार्थं मालकं
सूत्रात् लंवितं जांचांतं वेदम(मा)त्रान् तिलान्
भवेत्
सूत्राल्लंबितपार्ष्ण्यंतं द्वयंतरं सप्तमात्रकं
नवसूत्रां गुवापिनी ब्रमानं····त्रिधा भवेत्
अन्यांगानि च सर्वाणि स्थानकोक्तवदाचरेत्
अथवांत्या(न्या)प्रकारेण वामपादं प्रलंबितं
द्विपादतलमापोतं वापि अभंगं वा त्रिसूत्रकं
दक्षिणे पुष्पहस्तं तु वामहस्तासमोस्थितं
सूत्रापुष्पाधरं हस्तं मध्यनोम्नं त्रिधा भवेत्
नयरुद्रांगुलो वापि तत्त्रयोदशमेव व
स्थोणंतात् मणिवंधांतं द्वयंतरं नवमात्रकं
उरुमूलात्प्रकोष्टांतं द्वयंतरं सप्तमात्रकं
वामहस्तासंतत्वां नोम्नमानं यथाक्रमं
कुंचितांघ्रिकजान्वोर्व्यंदशं द्विधिदशमेव व
सूत्राल्लंबकरां तु नोम्नसाप्ता दशांगुलं····

द्विभुजं च प्रकर्त्तव्यं नाभिसूत्रात्समं भवेत्
नूनत्वामधिकं दत्वा चांगुलं वा त्रियंगुलं
लंवितांघ्रि कपाक्ष्यां तंतस्मात् द्विद्वियंगुलं
स्पृशं तं वा विशेषेण त्रिप्पमानं तु भागय
स्थानकं तत मानं तु तदर्थं चासनं भवेत्
आभंगं तत्रिसूत्रं तु मानसूत्रं पुरोक्तवत्
आसनं तु ततं प्रोक्तं अयुतानं तु मुच्यते
अक्षमालांकुशं चक्रं परशुं पवि(वापि) दक्षिणे
कमंडलुं पाशशंखं चा कष्णं वाथ वामके
आयुधानं मुखं दीर्घं तत्तारं क्रमसंयुतं
चर्तुभुजं प्रकर्त्तव्यं अपरे तत्करे तरे
तद्देवीषड्भुजं चाष्टादशहस्तविशेषतः
षड्भुजाक्षस्यमाला च इक्षुपापाभयेवहि
अब्ज स्यात्पुष्पवाणं च बरदं बामदिकधरः
अक्षमालेाक्षशापां च पाशं चाभयं तथा
बरदं बामपादेषु दशहस्तां प्रकल्पयेत्
पंचवक्त्रां जटामौली त्रिणेत्रं श्वेतवर्णेनि
श्वेतपद्मासनासोनं श्वेतपद्मासनस्थितं
अथवा प्रसाकारेण रक्तां वा रक्तपद्मिनी
जटामौलिसमायुक्तं किरीटमुकुटं तु वा
करंटीकामतुंडं वा केशबंधमथापि वा
मखसार्धं त्रपावांचि द्विमुखं मौलिदीर्धकं
शरघिपरितेा नाहममथा कानि मौलिवत्
मूला ताष्टसप्तांशं मंशेनाग्रस्य तारकं
किरीटं तु जटामौलि तार मूलाग्रसव्यय
करंडिकाग्रमूला स्यात् दक्षयक्ष यतः क्रमात्
त्रिपंचसप्तनंदैर्वा सेाचया च करंडिकाः
चतु····पूमसंयुक्तं चित्रारत्नैर्विभूषितं
जटामकु·· ूषाणां जटांते पुष्पसंयुतं

वामेाध्वें शशिसंयुक्तं सव्ययेनार्कपुष्पयुक्
मौल्यग्रं पुष्पमाल्याभ्यां मुक्ते तामा प्रकल्पयेत्
ललाटपट्टसंयुक्तं वर्णपुष्पं तथामयं
मकुटस्यान्वितं प्रोक्तं वर्णभेदमथेाच्यते
शुत्यशामानिभं बर्णं महेावर्णमथापि वा
श्वेतवर्णामथा वापि निभीरक्तं च संयुतं
देवीवर्णमिति प्रोक्तं भूषणानां तु मुच्यते
नाभ्यासेा वर्णपर्यंतं षट्सप्तांगुलमिष्यते
कल्पेाध्वें पंचवक्त्रं स्यात् वस्त्राल्लंबितक्रमात्
पीतांबरधरं भूष्यात् उरुदामं प्रलंबयेत्
रक्तं वा पादजालाभं पादांगुलीयकं भवेत्
कटकात्रिसंयुक्तं चित्ररत्नबंधमंगुलीयकं
अरंतुग्रीवमंगुल्यां उत्तरीयं प्रलंवयेत्
बाहुपूरिमसंयुक्तं चित्ररत्नविभूषितं
बाहुदामप्रलंबस्य बाहुपुष्पं प्रलंबितं
मकरकुंडलसंयुक्तं सिंहकुंडलमेव व
कर्णमंबूभवेत्कर्णं पुष्पदाम प्रलंबयेत्
रक्तकंचुकसंयुक्तं हे कंचुक····मिष्यते
सर्वाभरणभूष्याणि श्रृंगारवदनान्वितं
प्रत्यंगममितं प्रोक्तं नामभेदमिहेाच्यते
उमयाशिवतेदेवो पद्मापद्माक्षधारिणी
अक्षेाकुंडधारि·······प्रमांशिदेस्यथाक्रमः
शंखचक्रधरादेवो वैष्णवांशी यथाक्रमं
पाशांकुशधरादेवो क(कृ)ष्णंपरशुधारिणी
महादेवीश्वरी प्रोक्तं पंचभेदं तथामतं
त्रिया····वरणं श्रेष्टं द्वितीयां मध्यमं तथा
अंतर्वामधमं विद्यात् स्वस्थानं भवनं क्रमात्
सालाभ्यंतरके वा स्यात् द्वात्रिंशद्देवताक्रमात
वायुमुख्यापदे मध्ये दगीशानापदंत·········

परिशिष्टम्

(ख)

अथ गोपुरलक्षणं कथ्यते

अथ वक्ष्ये विशेषेण गोपुराणां तु लक्षणम् ।
अन्तर्मण्डलासारादि अथ प्रोच्यते क्रमात् ॥
द्वारशोभा द्वारशाला द्वारप्रासादहर्म्यवत्
द्वारगोपुरमित्येते क्रमान्नाम प्रकीर्तिताः ।
एकादि भानुभूम्यान्तं द्वारशोभां प्रकल्पयेत्
त्रिभूमिद्वात्रिंशभूम्यान्तं द्वारशालाद्वितीयके ।
त्रिभूमिर्वा चतुर्दशभूम्यान्तं द्वारप्र(प्रा)सादवत् कुरु
चतुर्भूम्यान्तुहर्म्याणां पञ्चादशवन्तं तु वा ।
पञ्चभूम्यादिमारभ्य षोडशानतलन्तु वा
अथ वा सर्वशालानां यथायुक्ति प्रकल्पयेत ।
त्रिचतुर्हस्तमारभ्य द्विद्विहस्तविवर्धनात्
नवपङ्क्तिकराद्यं तु एकद्वित्रितलं तु वा ।
रुद्रभानुकराभ्यां तु चतुष्पञ्चकुलं तु वा
त्रिपञ्चहस्तां विशान्तं रस सप्ततलं तु वा ।
किं(वि)शान्तं अष्टरुद्रतलं तु वा ॥
त्रिसप्तहस्तचत्वारिंवशमेकादशतलं तु वा
षटवेद हस्तपञ्चाशत् भानुत्र्योदश
सप्तविंशति हस्तादि षष्ठ्यन्तं तु विशेषतः
चतुर्दशतलं वापि पञ्चदशतलं तु वा ।
त्रिंशं हस्ताद्यशीन्यंतं षोडशानांततलं तु वा
यथा विशाला यथा हस्तमानं तु वर्धयेत ।
·········दिनौ हर्म्यमूलस्या विशाले·········
मूलप्र(प्रा)सादविस्तारे सप्ताष्टनवभापि(जि)ते
दशैकादशभागं तु एकांशं रहितं क्रमात्
शोभादिगोपुरान्तानां विपुलं कीर्तितं क्रमात् ॥
विकल्पो भास हर्म्याणां गोपुराणां तु दीर्घकम्

मूनालयविशालं तु चतुष्पञ्चषडंशके
सप्ताष्टांशैकहीनं तु ध्वन्दशोभा·········यं भवेत्
मूलगेहं त्रिभागेकं भागमर्धांशमेव वा
त्रिशंचतुरंशे तु गुणां तु तथैव च
पञ्चभागं तु वेदांशं सान्तेषु प्रथमादिषु
शोभादिगोपुरान्तानां तत्तचान्यात्तयं क्रमात ।
तत्तदंशेवशात् वृद्धिशोभादीनां तु विस्तरम्
अल्पेवं हर्म्यमानं स्यात् हस्तमाने तु पूर्ववत् ।
सपादं सार्धपादनात् द्विगुणात् द्विगुणं तु वा
तन्त्रिभागैकभागं तु द्विभागं तु तथैव च ।
शोभादि गोपुरं तान्तु एवं स्यात् हर्म्यं प्रगृह्यनाम्
तेषु किञ्चिद्विशेषोऽस्ति तद्विशेषं शृणुव्वति
हस्तमानेन विस्तारात गृहीते तु विशेषना ।
हस्तक्षोणप्रवृध्या वा हान्या वा पृथ्यमाचरेत्
आयादिशोभतेभेदं हस्तमानेन कल्पितं ।
अधिष्ठानस्तंभवर्गल पञ्चरं कूटकोष्टकम्
विस्तारायांमतन्मानं मुपरिपरिवर्गितः ।
पादाभ्यन्तरे मध्ये बाह्ये पाद तले तले
त्रिविधं गोपुरमाख्यातं षोडशानां तलं भवेत्
विस्तारायामसमाख्यातं तेषां तुंगमथोच्यते ।
विस्तारे सप्तभागं तु तत्तुंगे वसुभागया
विस्तारसप्तरूपांशे द्वितीयं उच्चायं भवेत् ।
विस्तारे सप्तभागं तु पञ्चांशं तु तृतीयकम्
विस्तारे सप्तभागं तु षडंशं तु त्र्योदश
विस्तारे सप्तभागं तु चतुर्दशांशं तु पञ्चमे
एते गोपुरसप्तांरं षोडशांशं तदुच्चयम् ।

सप्तगोपुरमाख्यातं षोडशानां तलात्मकम्
अंशं पूर्ववदुद्दिष्टा तले तले तु वर्धयेत्
उत्तरादिस्थूपिपर्यन्तं शास्त्रोक्तं तु प्रगृह्यतां
विस्तारामयोर्मध्ये वाकवाह्यमुच्यते ।
विस्तारस्य त्रिभागैकं चतुर्भागैकमेव च
पञ्चभागे द्विभागं वा मालात् वाह्ये तु निर्गमः
सार्धहस्तं समारभ्य षट्षडंगुलवर्धनात्
पञ्चहस्तविधिर्यावत् क्षुद्राणां द्वारविस्मृतं ।
द्वाराणां तु तथा प्रोक्तं हेवमाने तथा········ ।
वारे पञ्चांशसप्तांशे सप्तांशे तु दशांशके
अन्यथं पादहीनं तु द्विगुणं द्विगुणं तु वा
सार्धपादं तु पादं वा द्वारोत्सेधं तु सप्तधा ।
लिंगस्य मध्यमद्वारे मध्यमं तु वदाम्यहम् ।
शिवानि भूतधातुश्च नवांगुल विशेषतः ।
लिंगमध्ये तु वामे तु द्वारमध्यं प्रयोजयेत् ।
तन्मध्ये गोपुरायाथ श्रुपयापार्श्वयोर्मतम् ।
गुणं वक्ष्ये समारभ्य यावदेकोनविंशति
तावत् पक्षिस्तु विस्तारे द्वयमंकं प्रकल्पयेत् ।
यावत् पक्षिस्तु यान्या सेवतेपाय पंडिकया ।
विस्तारे पञ्चभागे तु गुणांशं गर्भगेहकम्
शेषं कुड्यविशालं स्यात् ताराण्डं वा ग्रहस्तथा ।
एवमेकतलं ख्यातं द्वितलं तथोच्यते
विस्तारे सप्तभागं वा आयामे पि तथैव च
गुणांशं गर्भगेहं तु शेषं कुड्यविशालकम् ।
एकांशं कर्णकूटं स्यात् गुणांशं गोष्टदैर्घ्यकम्
हारांतरशिवांशं स्यात् कल्पमेवं तु मेव वा
विस्तारे सप्तभागं स्यात् नवभाग तथायतम्
शालादीर्घं तु पञ्चांशं आयामे तु प्रकल्पयेत्
हारांतरं तु कूटं च एकैकांशे न कारयेत्
कूटान्तरसमायां शेषं हारान्तरंत्विमम् ।
हारान्तरार्धमानेन भद्रं वा भद्रपञ्जरम्
द्वितलं ह्येवमाख्यातं त्रितलं चाधुनोच्यते
नवांशं विभवे(जे)त व्यासं आयामं च तथा भवेत्
गर्भगेह गुणांशं स्यात् शेषांशं ग्रहपिण्डकः

अलिन्द्रांशैकभागेन हारव्यासं शिवांशकम्
कूर्णकूटशिवांशेन शालायामं गुणांशकम्
एकांशं पञ्जरं व्यासं अर्धांशं द्वारयोन्तरम्
कल्पयेवं आदिभूम्यान्तं पूर्ववत् शेषवत् भवेत् ।
त्रितलं ह्येवमाख्यातं चतुर्भूमौप्रथोच्यते
विस्तारे तु दशांशेन गर्भगेह गुणांशकम्
गर्भगेहं तु शेषेण मध्यांशं कुट्यविस्मृतम्
अलिन्दं एकभागेन हाराव्यासं अथा भवेत्
पञ्जरं कर्णकूटं च एकैकांशेन कल्पयेत्
कूटान्तरसमायामं शेषं हारांशपञ्जरम्
शालायामं तु वेदांशं अर्धांशं द्वारयोंतरम्
आदिभूम्येवमाख्यातं उर्ध्वपूर्वमदाचरेत्
विस्तारे तु दशांशे तु भागांशं तु तथायतम्
पूर्वे परे च शाला च पञ्चभागेन कल्पयेत्
शेषं पूर्ववदुद्दिष्टं चतुर्भूमिमिदं परम्
चतुर्भूम्येवमाख्यातं पञ्चभूमिमथोच्यते ।
तारमेकादशांशे तु आयामं च तथैव च
गुणांशं गर्भगेहं तु द्विभागं भित्तिविस्मृ(स्तृ)तम्
अलिन्द्रांशैकभागेन हाराभागेन कल्पयेत्
एकांशं पञ्जरं व्यासं············व्यासं शिवांशकम्
शालादीर्घं तु वेदांशं कल्प्येवं प्रथमं तलम्
तस्योर्ध्वे भूमि व्यासं पूर्ववत् परिकल्पयेत्
तारं एकादशांशं तु तत् दीर्घं तु त्रयोदश
शालायामं तु पञ्चांशं आयामं तु प्रकल्पयेत्
कूटकोष्टादिसर्वमिमां प्रागिवेव प्रकल्पयेत्
पादे धिष्ठानयोत्तुंगं मूलप्रासादमूलवत्
चतुष्पञ्चषडंशं वा सप्ताष्टनवमेव वा
दशैकादशभागं तु कृतैकां शेषपीठकम्
शेषं तु गुणभागं तु कृत्वैकांशं धरातलम्
द्विभागं चरणोत्तुं वा कल्पयेत् कल्पवित्तमा
उपपीठ विभागं तु तुंगं पैशोपपीठकम्
अथवा हस्तमानेन द्वारमानमथोच्यते
तत्तुंगं चतुष्पञ्च षड्सप्ताष्टनवभाधि(जि)ते
दशरुद्रविभागं तु कृत्वैकांशविशेषतः

उपपीठेऽथ शेषं गुणभागं विभागि(जि)ते
अधिष्ठानं तदेकांशं द्विभागं चरणोदयम्
पादबन्धमधिष्ठानं पादान् बाह्यवगातलाम्
मूलवस्तुनिरीक्ष्यैव पादाधिष्ठामञ्चकम्
अथवा द्वारतुंगं तु षडभागं तु विभाधि(जि)ते
गुणांशं चोपपीठं स्यात् एकांशं तु धरातलाम्
द्विभागं चरणायाम् एवमेवं विधीयते
उपपीठ(ठे)श्चतुर्भागं मद्विभागं विधीयते
एकांशं तु मसूरोश्च पादायामद्विभागया
एकांशं प्रस्तरोत्सेधं कल्पयेकल्पवित्तम्
अथवान्यप्रकारेण उपपीठोक्तवत् कुरु ।
शेषतु पूर्ववत् कुर्यात् युक्तायुक्तं द्विजोत्तमा
होमान्तं सोमान्तं वा चरणायामं विधीयते
पादबन्धमधिष्ठानं द्वारशोभादिना कुरु ।
स्थूप्यान्तं उत्तरान्तं च रसविभागं विधीयते
सपादं प्रस्तरोत्सेधं सस्यांशं गलतुंगकम् ।
पाद्येन अश्वि(श्वि)नीभागं तु शिखरं शिखरं शेषं शिखोदकं
एकमेव तलं प्रोक्तं द्वितलं शृणु सुव्रतम् ।

उत्तरादिस्थूपिपर्य्यन्तम्

उत्तरादि शिखान्तं च नवभाग विभाधि(जि)ते
प्रस्तरोत्सेधं सपादांशं तद्वयं चरणोद्वयम् ।
मञ्चमानं शिवांशेन तत् समं कन्धरोदयम्
शिखरं सार्धवक्षांशं त्रिपादं तु शिखोदयम्
द्वितलं ह्येवमाख्यातं त्रितलञ्चाधुनोच्यते ।
स्तूप्यान्तं उत्तरादीनां भानुभागं विभाजिते
प्रस्तरोत्सेधं सपादांशं सार्धद्वयंशांघ्रितुंगकम्
कपोतोच्चं शिवांशेन चरणाया द्विभागया
मञ्चमानं शिवांशेन चैकभागेन कन्धरम्
शिखरोच्चं तु पक्षार्धं शेषभागं शिखोदयम्
त्रितलं ह्येवमाख्यातं चतुर्भूमिमधोच्यते ।
उत्तरादिशिखान्तन्तु द्विनवांशविभाजिते
पादूनद्वयशमंचोच्चं गुणांशं चरणोदयम्
तदर्धं प्रस्तरोत्सेधं सार्धं द्वंशांघ्रितुंगकम्
तदर्धं च मानञ्च द्विभागं चरणोदयम्
तदर्धं प्रस्तरोत्सेधं तत् समं गलमुच्यते
गुणांशं शिखरोत्सेधं शिखामानं शिवांशकम्
चतुर्भूमिसमाख्यातं पञ्चभूमिमधोच्यते ।
शिखान्तं तूत्तरादिश्च त्रयोविंशतिभागया
द्विभागं प्रस्तरोत्सेधं सार्धवन्यांघ्रि तुंगकम् ।
तदर्धं मञ्चमानं तु त्रिभागं चरणोदयम् ।
तस्यार्थं(र्धं) प्रस्तरोत्सेधं चरणस्योर्थं(र्धं)पक्षकं
तदर्थं(र्धं) मञ्चमानं तु पादतुंग द्विभाधि(जि)ते
प्रस्तरोश्चं(च्चं) शिवांशेन कन्धरोच्चं शिवांशकम्
सार्धद्वयंशं शिरस्तुंगं शेषमेके शिखोदयम् ।
पञ्चभूमिसमाख्यातं रसभूमिमधोच्यते
हस्तमादिशुभाख्यातं आयादिशुभसंख्यया
एकादिपञ्चभूम्यान्तं वक्ष्ये संशिल्पशास्त्रतः
त्रिचतुर्हस्तमारभ्य नवपङ्क्ति विस्मृतम्
सप्तादशकराज्ञेयं द्वितलादि विमानकम्
तारे सप्तदशोत्सेधं अन्यर्थं तु त्रिपादकम्
द्विगुणं तु तदुत्सेधं शान्तिकर्म पौष्टिकमानथा
धयदं चाद्भुतं चैव चतुर्थोदयमीरितम्
चतुरं वृत्तमायामं द्व(द्वा)श्रवृत्तं षडश्रकम्
अष्टाश्रमाकृतिरेयोष्टां शिखरेवत् तथैव च ।
समन्त्रिपादमर्थं वा मुखमण्डपमिष्यते
समन्तमण्डपं यस्या शान्तगलकम सवेशकम्
एकहस्तद्विहस्त प्रासादांशांशमेव वा
अन्तलस्य विस्तारं द्विदण्डम् तस्यवेशनम्
युग्मस्तंभसमायुक्तं युक्त्या सर्वांगशोभितम्
सावकाशान्तरालं चैतद्वित्रिहस्तारं तु वा
पार्श्वे सोपानसंयुक्तं हस्त हस्त विभूषितम्
धर्मं कुण्ठ्यार्थकं तत् समं पापादूनवाभि.......
विष्कंभमानकम्
तथुन्नतायातकरेषु हस्तमानाहीनं त्रिपा.......
हानत्रिपादकरंमर्थं मथाविषातम् ।
तत्रैववस्तुनि यथोचितमाकरैध्वै हानिश्चा
वृत्तिकर्मनिन्दामनेकशाजैः

विमानं भवनं हर्म्यं सौधं धामनिकेतनम्
प्रासादं सदनं सद्मगेहमावसथं गृहम् ।
आलयं निलयं वा समस्तिदं वस्तु वास्तुकम्
क्षेत्रमायतनं वेश्म मन्दिरं धिष्ण्यकं पदम् ।
लयं क्षयमागारञ्च तथोदयसितं पुना
स्थानं मिन्यावमुक्तानि पर्यायाख्यानि पण्डितैः ।
गेहं तु भूतंशं त्र्यांशं गर्भगेहकम्
धाम्नभागे तु सप्तांशं युगांशं नातिरोहकम्
बाणांशं नवभागेन रुद्रांशे नवभागं तु
यामे त्रयोदशांशे तु ध्यंशे नवभागं तु
सप्तदशनवांशकम् स्ताराथं तु ते सर्वं
नातिगेहविशालता विस्ताराथं तु ते सर्वं
नातिगेहविशालता—

एकद्वित्रिचतुष्कं च षडंशांशेकभूमिके
पञ्चषट्सप्तभागं तु द्वितलस्य विधीयते ।
सप्ताष्टनवभागं तु दशैकादशभागिकम्
त्रितलस्य विधातव्यं भागमेवं प्रकीर्तितम् ।
त्रिचतुष्कं च षण्मात्रं पादविपर्मिष्यते ।
सपादसार्थ(र्ध)पादून द्विगुणं द्विगुणं तु वा
दारुस्तंभस्य विस्तारं सर्वधाम्ना प्रकीर्तितम्
अथवा पादविष्कंपं पादोत्सेधं वशेन हि
तत्तत् पादादयेयं तु वसुनन्ददशांशकं
एकैकपादविष्कंपमदाडस्यैव वर्तते ।
त्रिभागद्वयमर्थं(र्धं) वा चतुर्भागेन मेव वा
कुड्यस्य स्तंभविस्तारं प्रासादे सार्वदेशके
रसमुनिवसुभागे स्तंभं तुंगशकेन दृढतरमिति
नोक्तं नक्तं चानतं वेदिकायां ।

तदुदयगुणवेदेष्वकशकैरुकं शमर्थं द्वयमुपरि च
बन्धम् शेषाभं गलं स्यात्

चन्द्राश्विन्यै स्थाणु चितांशयुग्मं शवं कुंभे
मूर्ध्निकण्ठे समञ्चे ।

पादे पादाधा(धा)रके अष्टांशतुंगे षड्वर्गा
स्यात् सञ्चितचैक शाक भूमौ ।

त्रिःसप्तांशे प्रस्तरं चोत्तरांगस्तत्वर्धं स्यात्
मातुभागं कलान्तं ।

मालिगान्तयैस्त्विगस्तत् प्रदीक कुर्यात् दूर्ध्वे
वाधन्मनिहर्म्ये ।

अथवा प्रस्तरोत्सेधं दण्डमानेन कारयेत्
दण्डमध्यं त्रिपादाध्वं मुकारं त्रिविधं भवेत्
कपोतोच्चं द्विदण्डार्धं लंबनं अर्धदण्डकञ्च ।
तत्समं निर्गमवापिदण्डं सार्धदण्डकम्
शेषप्रस्तारमानं तु पञ्चभागं विधीयते
आलिंगसमांशेन कुर्यादन्तरितं पुना
प्रत्युत्सेधात् विभागाभ्यां मेकांशवाधनं भवेत्
हर्म्ये ताराष्टभागैकं हीनं वेदिकं विस्तृ(स्तृ)तम्।
वेदितारं चतुर्भागं विस्तृ(स्तृ)तम्
शिखरस्य त्रिभागैकं नासिकाविस्तृ(स्तृ)तं भवेत्
शिखरे पञ्चभागे तु त्र्यंशं फलकविस्तृ(स्तृ)तम्
फलिके पञ्चभागे तु वेदार्धं पद्मविस्तृ(स्तृ)तम्
पद्मरागत्रिभागैकं कुंभसौधवलग्नकम्
वलग्नस्यत्रिभागैकं कुंभस्योपरि कन्धरम्
कन्धरं त्रिगुणं पालितं त्रिभागेन कुड्मलम्
समं त्रिभागमर्धं वा महानासिविनिर्गमम्
तदयसत्रिचतुर्भागं हीनं स्कन्धरतुंगकम्
शक्तिध्वयं(ज)तदूर्ध्वाचं(च्चं)त्रिपादं वा विधीयते
कन्धरोच्चं त्रिभागैकं वेदिकोदयमीरितम्
सार्धदण्डद्विदण्डं वा क्षुद्रनास्या विशालकं
पादोत्सेधे वन्दि नन्दाष्टाभागे द्वारोत्सेधे तत्त-
देकांशहीनं ।

विस्तारं स्यात् तत्तुच्चार्धमानाद्वारं कुर्यात्
हर्म्यमध्ये सुराणाम् ।

योगव्यासपादविष्कंभमानं पादाधिक्यं
पादमर्धं त्रिपादम् ।

बाहुल्यं स्यादुच्चो वेदभागे बाह्ये साध्ये क्षेपण
तु त्रिभागे ।

भित्तिर्व्यासे द्वादशांशे तु बाह्ये पाञ्चांशान्त
द्वारयोगस्य मध्यं तद्गतवान्तं स्तंभमध्ये

तयोश्च मध्याप्रोक्तं भित्तिमध्यं विधिज्ञैः ।
धन्मान्तं वा च गम्यान्तं कैरवान्तं गलान्तकं
वृद्धिकान्ततल पञ्चभेदं सर्वं बुधामास्तु ।
तत्तत् धातिवशात् प्रोक्तं थलद्वारं विधिक्रमात्
धन्मान्तं शूद्रधातोनां धगत् पेश्यं प्रकल्पयेत् ।
कुमुदं क्षत्रियं स्थाप्य कण्ठं विप्रमहोच्यते
पट्टिकां देवसंस्थाप्या सर्वधा तेषु योगिकम्
ध(ज)लद्वारमिदं स्थाप्य बाह्ये नालं प्रयोध(ज)येत
द्वादशांगुलमारभ्य त्रित्र्युंगलविवर्धनात्
चतुर्विंशांगुलायावत् आयाम पञ्चधा भवेत् ।
अस्ता(सता)ष्टांगुलमारभ्य द्विद्वयंगुलविवर्धनात्
तारं षोडशमात्रान्तं पञ्चधा परिकीर्तितम् ।
समं त्रिपादमर्धं वा अर्धचित्रं तु मध्यमे
त्रिचतुष्कं च पञ्चमात्रं तारं तत् समनिम्नकम् ।
मूलात् पञ्चविभागं स्यात् मध्तारं समश्रितम्
कटितं सिंह वक्त्रं स्यात् किञ्चित् मूलानतायतम् ।
एव(क)नालं प्रकर्तव्यम् वामे प्रासादमध्यमे
अन्तःपोठस्य नालस्य समं वा बहिरिष्यते ।
विस्तरायाममुत्सेधं सर्वांगानोचमाक्रमात्
संक्षेपदण्डमुद्दिष्ट अलङ्कारमधो(थो)च्यते ।
यततग्रोवामस्तकवैधयन्तो थ्रोभोगं स्यात् कर्ण-
कूटोपयुक्तम् ।
मध्ये भद्रं थ्रोविशालं तदेव स्व थ्रोचोधिष्टकं
स्वस्तिबन्धाः ।
वेदाश्राभं तत्रुधिरथोकरं स्यात् दवोथ थ्रो-
वृततथ हस्तिपृष्टं हि नाम्ना
अस्रवाश्राभं शीर्षकं स्कन्धकान्तं तत्तत्नाम्ना
तत्तदायामयुक्तिः ।
मध्ये भद्रयुतं मकर्णकूटं च युक्तं तु मस्तके
कोटष्टं कुंभ भद्रनास्यम्
वृत्त वा गलमस्तरेकनाभे तत् केसरं प्रोक्तं
युगर्तावागलं शिरः ।
पञ्चसप्त तु भागे तु त्रिध्यंशे मध्यभद्रकम्
नागरद्राविडं चैव वेसरं च त्रिधा भवेत् ।
चतुरश्रकायंताश्च च नागरं परिकीर्तितम् ।
अष्टाश्रं च षडश्रं च तत्तदायाममेव च
सेाधिद्राविडमित्युक्तं वेसरं तु प्रवक्ष्यते ॥
वृतं वृत्तायतं द्वयश्रं वृत्तं चातिप्रकथ्यते
स्तूप्यन्तं चतुरश्रं वा नागरं वा प्रकीर्तितम्
पादादि स्तूपिपर्यन्तं
थ्रोवास्तुप्रभृति वृत्तायात् वेसरं तमुदाहृतम्
थ्रोवाकप्रभृतिवस्वश्रं विमानं द्राविडं भवेत्
तले तले विमानानां देवादिक्षु न्यसेत् क्रमात्
पूर्वाया द्वारपालौ तु नन्दिकाकौच विन्यसेत्
दक्षिणे दक्षिणामूर्तं पश्चिमेऽच्युतमेव हि ।
अथवा लिंगसंभूतं उत्तरे तु पितामहम्
मण्डपे मध्यमे भद्रे दक्षिणे तु विनायकम्
तत् पूर्वं पश्चिमे वापि नृत्तरूपी विशेषतः ॥
कात्यायंनि च तत्भागे क्षेत्रपालं तथैव च
स्थानकं लासनं युक्तं दिशामूर्तिं न्यसेत् बुधाः
विशेषेण क्रमोपेत रूपाणां वा विधीयते
एवं मूलतलं प्रोक्तं उपर्युपरि वक्ष्यते
पुरन्दरं न्यसेत् पूर्वे सुब्रह्मण्येमधापि वा
दक्षिणे रा(श)रभद्रं च नारसिंह च पश्चिमे
उत्तरे तु विधातारं धनदो वा विशेषतः
एवं द्वितलं विन्यासं त्रितलं नमुरुद्रनाम् ।
तले तले म(भ)टान् सिद्धान् गन्धर्वादिर्मुनो
न्यसेत्
षोडशप्रतिमाश्चैव सर्वन्तपरिकीर्तिताम्
ग्रोवाधस्तात् प्रतेरूर्ध्वे कोणे कोणे वृषान्यसेत्
सर्वेषामपि देवानां तत्तद्वाहनमोरितम्
इन्द्रेगादिभिः युक्तं विमानं संपदां पदम्
कूपेर्माडै स्तोरणैर्मध्यभेदैर्युक्तं सर्वांगशोभं
नानाधिष्ठानांघ्रिवेद्यादियोगम् ।
या(धा)म्नः प्रोक्तं ते तथा नामयोगधर्मशालैः
पञ्जरं तोरणं मध्यभद्रम् ।

मयमते वास्तुशास्त्रे एकभूमिविधानो
नाम एकोनविंशाध्यायः ॥

अथ जीर्णोद्धारणं लक्षणं

अथ वक्ष्ये विशेषेण जीर्णोद्धारणं लक्षणम्
वसिष्ठादिऋषीणां चेश्वरेण प्रचोदितम् ॥
भूलोके तु प्रतिष्ठा स्यात् देवालयः विशेषतः ।
ऋषिभिः पूजितं पूर्वमसुरराक्षसकिन्नरैः ॥
नृपैः नरैश्च विप्रैश्च सेवभिश्च प्रतिष्ठितम् ॥
मरामार्गे वने चैव नदीतीरेषु मध्यमे
जीर्णं पुरातनं बिंबं.........मतिमान्नरः ।
पूर्वस्थानं बिंबभेदा पदभेदमथापि वा ।
स्थानभेदं मूर्तिभेदं गर्भभेदं तथैव च
ग्रामभेदं राज्यभेदं बिंबभेदं यथाक्रमात् ।
जीर्णलिंगस्याग्निभागे वायुनैऋत्यवारुणे
प्रतिष्ठां कारयेद्वस्तुक्रमेण स्थाननाशनम्
कर्तृदोषं महाव्याधिः प्रजानाशं विशेषतः
कलहं सस्यनाशं च विद्यते नात्र संशयः
पूर्वोक्तानां दिशां मन्यादिक्षु कर्तृजयव्रतम् ।
पुत्रपौत्रादिभिर्वृद्धिश्चासां भक्ति प्रजायते
आलये चाग्रे च प्रतिष्ठामृतरिक्षके
दृष्ट्याभावे तु नक्षत्रे पूर्वस्थापनकल्पितम्
बिंबस्यकर्तु वास्तूनां किञ्चितभोगं भविष्यति
आलयं स्थापनं वास्तूनां क्षीणचन्द्रवत्
व्याधयः चोरपीडाश्च पूजाफलं तु निष्फलं
तस्मात् सर्वप्रयत्नेनपूर्वस्थापनमाचरेत्
कर्तृन योजयेत् धीमान् शिल्पस्थापनसंख्यया
पदं च पदभेदं च पदपूर्वसमानकम्
स्थपतिः स्थापनं चैव चलनंगो मूलकम्
उत्तरायणमासे तु पूर्वपक्षे विशेषतः ।
कर्तानुकूलनक्षत्रे बधवैनाशिकं बिना
जीवदृष्टिबलैर्युक्ते शुभदृष्टिसमन्विते ।
तस्मात् सर्वप्रयत्नेनजीर्णोद्धारणमाचरेत्
तस्य व्याधिभयं नास्ति न च शत्रुभयं क्वचित् ।
नृपक्रोधं शिशुद्रोहं गुरुद्रोहं विनश्यति ।
अल्पनाशनं सम्यं सर्वदोषनिवारणम् ॥
अपमृत्युभयं नास्ति सर्वेषां भाग्यवर्धनम्
बाहुपुण्यव्रतं कर्तुं जीर्णोद्धारणम्(सं)भवम् ।
तस्यपुण्यफलं वक्ति शक्तये वसधीश्वराः ॥

इति शिल्पशास्त्रे शतविंशतिः अध्यायः ॥

अथ शंकुस्थापनम्

वक्ष्येहं....परिच्छेदं र्थेयेमति

उत्तरायणमासे तु शुक्लपक्षशुभोष्टये ।
प्रशस्तपक्षनक्षत्रे विमले सूर्यमण्डले ।
ग्रहीतवस्तुमध्ये तु समकृत्वा भुवस्थले ।
नदण्डमालेन समं तु चतुरश्रकम्
तत्र मध्ये स्थापयेच्चंकुतन्मानमधुनोच्यते ॥
ऋपरन्तिमात्रमायामं अग्रमेकांगुलं भवेत्
मूलपञ्चांगुल चासं सुव्यक्तं नीव्रणं वरम् ॥
अष्टादशांगुलं मध्यं कन्यासद्वादशांगुलम्
आयामं सदृशं नाहं मूलेग्रे तु नवांगुलम् ॥
दन्तैश्चन्दने चैव खदिरं कुदरश्शमि ।
शाकं च तिंडुकं चैव शंकुं वृक्षमितिरितम् ॥
अन्यैस्सान्द्रं मैप्रोक्तं तस्याश्रं च त्रवृत्तकम्
शंकुद्विगुणमानेन तन्मध्ये मण्डलं लिखेत् ॥
पूर्वापराह्णयोच्छाया यदितन्मण्डलांततः
बिन्दुद्वयकं सूत्रं पूर्वा परादिभिष्यते ॥
बिन्दुद्वयान्तरं भ्रान्त धवराननवृध्याः
दक्षिणोत्तरगं सूत्रं मेवं सूत्रद्वयं न्यसेत ॥
छायया दक्षिणे वामे नीत्वा सूत्रं प्रयोजयेत् ।
अन्यायां वृषभनीशा अवध्याया अनाल्यहि ।
मेषे च मिथुने सिंहे तुलायां द्वयंगुलं नयेत्
कुलिरे वृश्चिके मत्स्ये शोधयेत् चतुरंगुलम् ॥
धनुःकुम्भे षडंगुल्यं मकरेष्टांगुलं तथा
छाया दक्षिणे वामे नीत्वा सूत्रं प्रसारयेत् ॥
अष्टयष्ट्या यतारज्जु तालके तवकल्कलैः ।
कार्पासपट्टसूत्रैस्तु च दर्भैश्च न्यकल्कलैः ॥
अंगुलाग्रसमास्थूला त्रिवर्तिग्रन्थिवर्धि(जिं)ताः
देवद्विजमहीपानां शेषयोश्च द्विवर्तिका॥

खदिरं खादिरं चैव मधूकं क्षीरिणं तथा
खातशं कुद्रुमैः प्रोक्तं मन्यवासरद्युरुजम् ॥
एकादशांगुलाद्येकविंशो भान्तान्तदैर्घ्यकम्
पूर्वमुष्टिस्तानाहस्स्यात् मूलं सुचिनिभं भवेत् ॥
स्थपतिर्बरवेषाढ्यः प्राङ्मुखोवाप्युदङ्मुखः
दक्षिणे नाष्टलगृह्य ताडयेल्दष्टाभिः क्रमात् ॥
इन्सेके नेत्रेनयनगुणयुगं चाब्धि उद्राक्षमक्षं
नेत्रै कचेानचन्द्रौ नवनयनकं वह्निवेदाब्धिवाणं
षट्पट् सप्ताष्टकाष्टौ मुनिरसरसकं भूतवेदाब्धि
चाक्षं नेत्रं मात्रं च मेषादिषु शकेऽस्मिन्
दिने यच्चयं ध्यात् ।
समाक्ष्यभानुर्गमनं हयराशिं कन्यकां यजेत्
परोक्तांगुलिमात्रयुक्तितः ।
ततस्तुकाष्टमुपगृह्य तद्वशंम्य विस्तृतमविदधोत
वस्तुलम् ।

इति मयदेवसूत्रशास्त्रे शंकुस्थापनं समाप्तम् ॥

श्वेतपूर्णं त्रिभागं स्यात् विभागं चैव गुग्गुलम् ।
भागार्धं लाक्षसंज्ञं स्यात् तदर्धं तु कषायकम् ।
अन्यानि शेषं द्रव्याणि एकैकं तु प्रमाणकम् ।

श्रीगुरवेा नमः

शुक्लांबरधरं विष्णुं उपशान्तये
श्यामां श्रुतिमतिं ध्यात्वा सद्वासोमाल्यभूषणम्
प्रसन्नवदनां पद्मपत्राभनयनत्रयाम् ।
ओं महां वागीश्वराय नमः । श्रीगुरुभ्यो नमः ॥
यावत् प्रासादविस्तारं तत्तत् दण्डमिवोच्यते
कृत्वा चतुष्पदं मूलं प्रासादस्य तु विस्मृ(स्तृ)तम्
चतुरश्रीकृते तेनामुखायामीतेा हयतः ।
पादाधिकं आयान्यर्धं पादूनं तु मयापि वा
द्विगुणं द्विगुणार्थं(र्धं) वा त्रिगुणं वा चतुर्गुणम् ।
मुखायाममितिप्रोक्तं प्राकाराणां विशेषतः ।
मूलहर्म्यसमारभ्य षडष्टादण्डमानतः
दशद्वादशदण्डैर्वा मनुदण्डावसानवम्
षोडशाष्टदशैर्वाथ महापीठं प्रयोजयेत ।
प्राकारद्वारं सर्वेषां कल्पयेत् वृषभालयम्
वृषभस्य परभागे तु कल्पयेत् बलिपीठकम्
गेापुरस्य बहिनापि च अन्तर्वा बलिपीठकम्
प्रासाददण्डमानेन एकं द्वित्रित्रिदण्डकम्
गेापुरात् बलीपीठान्तं च अन्तरं मानयेत् सुधीः
एकद्वित्रिचतुष्पञ्चहस्तं पोठविशालकम् ।
प्रासादार्थे(र्धे) त्रिभागेश्च पञ्चभागं त्रिभागिक
अथवा द्वित्रिभागं स्याः पोठविस्तारमेव च ।
उपानादि स्थूपिपर्यन्तं चाष्टाविंशति भाजयेत्
आधारोच्चनं गुणांशस्स्यात् पादतुंगं षडंगकम्
वृद्धांशं प्रस्तरोचे(च्छे)दं चोर्ध(र्ध्व)पादं शरांशकम्
तदूर्ध्वाद्विपादमश्चोर्ध्वा एकांशं वेदिकोदयम्
तद्वयं कन्धरोच्चेदं वेदांशं शिखरोदयम्
तदूर्ध्वं स्थूपि युग्मांशं तुंगं तु परिकल्पयेत्
एकादिपञ्चभूम्यान्तम् तारोत्सेधस्यलक्षणम् ।
द्वित्रिहस्त समारभ्यां द्वित्रिहस्तविवर्धनात्
द्वित्रिवन्दिकराश्चान्तं षरमाणं चाल्पहर्म्यके ।
एकभूम्यस्य विस्तारं द्वितलस्य करुच्यते
चतुष्पञ्चकराभ्यां च द्वित्रिहस्त विवर्धनात् ।
गर्वत्रयोदशहस्तान्तं पञ्चमानं द्विभूमिके ॥
पञ्चषड्करमारभ्य द्वित्रिहस्तविवर्धनात्
तिथिषोडशहस्तान्तं पञ्चभूम्यां च विस्तरम् ।
पञ्चभूम्यां च विस्तारं हस्तभेदं मिदं परम्
अथवा हस्तदूर्ध्वं तु पादहस्तविवर्धनात्
अर्धत्रिपादहस्तं तु मानमेयं प्रकल्पयेत्
एकादिपञ्चभूम्यान्तं मानं पादादिहस्तयेाः
जातिश्चन्द्रविकल्पं च आभासं चतुर्विधम
जाता च पूर्वहस्तं च त्रिपादश्चन्दसंयुतम्
अर्धहस्तविकल्पं च पादहस्तमपादकम्
एते चतुर्विधं प्रोक्तं हस्तेन द्वे समानकम्
धाम्नविस्तारमेवोक्तं योजयेत् बुधं वरान्
तन्मानं योजयेत् धीमान् आयादी योजयेत् बुधः
आयादिदशविधं प्रोक्तं अथवा षट्विधरुच्यते
आयादिशुद्धितन्मानं सर्वसंपत्समृद्धितम्

तस्मात् सर्वप्रयत्नेन सर्वदोष समाहरेत्
अधिष्ठानोदयेशत्रिविशत् भागविभाजिते
द्विभागं प्रथमोत्सेधं गुणभागं उपानकम्
जातिषडांशकं चोर्ध्वे कुमुदं तु शरांशकम्

अथ गोपुरलक्षणं कथ्यते

॥ श्रोः ॥

अथ वक्ष्ये विशेषेण गोपुराणां तु लक्षणम्
द्वारशोभा द्वारशाला द्वारप्रासादवत् गुरु ।
............वास्तूनां प्रासादमूलफेरकम्
आयादिशुद्धिसम्मार्गोयदायुक्तिशिल्पिबुद्धिमान्
एकादिभानुभूम्यान्तं तु गमात् प्रशस्यते ।
विस्तारे त्रिविधिप्रोक्तं उत्सेधं तदुच्यते
विस्तारापसार्धं यातुन्नं पातुन्नं द्विगुणं तु वा ।
द्विगुणापातमातिथ्यं सार्धत्रिबहुभूमिके अन्त-
राादि शिवां तथा
अन्तरं मण्डशालादि द्वारशोभा प्रकल्पयेत्
मूलप्रासादविस्तारं एकार्धं द्वित्रिभागया ।
तत् संख्या द्वारशोभां तु विस्तारं तत् प्रकल्पयेत्
विस्तारे च विधि प्रोक्तं आयमेकं द्विभागया
विस्तारात् पत्तिनन्दांशां आयमरुद्रांशकं भवेत् ।
द्वारोश्चेतं युगभागं तु एकांशं मे उपपीठकम्
शिवांशं अधिष्ठानकौश्च द्वयांशं चरणोदयम्
शक्तिविंशत्रिभाग विभाषि(जि)ते
द्विभागं प्रथमोश्चेतं गुणभागं उपानकम्
गजगतिषडंशकं श्चोद्धे कुमुद···च शंशकम्
एकांशं वा····श्चोद्धे द्वयंशकं कण्ठकोदयं
एकांशपाशनं श्चोद्धे महापद्मद्वयंशकम्
एकांशं उर्ध्वकंपोश्च अधिष्ठानकमशोहिदं
रसमुनिवसुभागे स्तंभतुंगे तु भाषि(जि)ते
मुनिभागं तु युगं पादतुंगकम्
क्रियांशथलं गोगोश्च दमलंगार प्रभाषते
आलगारतुंगमानं तु एकोन्नविंशतिभागया

युवांशं कलशकं प्रोक्तं लाटि एकांशकं भवेत्
क्रियांशार्धं गलमानं तु बलकावेदार्धकं भवेत्
द्वयांशं वीरकन्धं च युवांशं पोतिका भवेत्
क्रियांशार्धं गलमानं तु बनका वेदार्थकम् भवेत्
द्वयांशं वीरकन्धं च युवांशं पोतिका भवेत्
स्तूपान्तं उत्तरार्धं च भानुभागं विभाषि(जि)ते
प्रस्तरोच्चं सपादांशं सार्धद्वयंशांघ्रि तुंगकम्
कपो(ता)च्चं शिवांशेन चरणायां द्विभागमंच-
मानकम्
शिवांशेन चैकभागेन कन्धरम्
शिखरोच्चं तु पक्षार्धं शेषं भागं शिखरोदयम्
त्रितलं चैवमाख्यातं द्वारशोभा प्रकल्पयेत्
उत्तरादिशिवां तं तु मानं
प्रस्तरोच्चं दशनन्दांशं उत्तरा चतुर्थमातृकम्
पद्मचरांशं च कपोतश्चरसांशकम्
यालं वेदांशकं प्रोक्तं मञ्चमानं विधीयते
पादोच्चं अर्धभागं च अर्धं प्रस्तरगलशिरोषं वा
पादोश्च अष्टभागेद एकांशं वेदिकोदयम्
द्वयांशं चरणोदं च एकांशं प्रस्तरं भवेत्
शिवांशं गलमानं तु द्वयांशं शिरोप भवेत्
स्थूाप एकांशकं प्रोक्तं कल्पयेत् पादतुंगम्
प्रस्तरोश्चेदं दशनन्दांशं उत्तरं''''मेव चादो
पद्म च शंशश्च(।)कपोतकं रसांशश्च यालवेदांशकं
प्रोक्तं मञ्चमानं विधीयते ।
द्विपादोच्चमानं तु युगांशं च विभाषि(जि)ते
अर्धांशवेदिकोच्चं तु एकांशं चरणोदयम्
तदर्धं मञ्चमानं तु तत्समगलमानकम्
आगनं शिवांशश्च तदर्धं स्थूपिकं भवेत्
उर्ध्वपद्मं च पद्मांशं कपोतं षट् पंचकम्
यालं द्वयांशकं चैव प्रस्तरोच्च यथाविधि
गलतुंग युगांशं च एकांशं वेदिकोदयम्
शेषं चक्रीवतुंगं च तुंगमानं विधीयते
शिवरोगद्वयांशार्धं अर्धांशकृतवाटिकम्
एकार्धं शिवरोगं च महापद्मं अर्धंचकं

अथ अशकं स्तूपोच्चं पादांश विभूमिलक्षण क्रमात्
अथ वक्ष्ये विशेषेण पञ्चभूम्यां च लक्षणम् ।
एकादिभानुभूम्यप्टं तुंगमान प्रशस्यते
विस्तारोच्च विधि प्रोक्तं उश्चेतं तस्य उच्यते ।
विस्तारात् सार्ध पादूनं पादून द्विगुणं तु वा
द्विगुणात् पादमातिथ्यं सार्धत्रो वहुभूमिके ।
अंतरं मण्डलं शाला द्वारशोभा प्रकल्पयेत
मूलप्र(प्रा)सादविस्तारं एकार्धद्वित्रिभागया
तच्च संख्या द्वारशोभान्तु विस्तारं तत् प्रकल्पयेत्
विस्तारे च विधिप्रोक्तं आयामेकं द्विभागया
विस्तारपत्तिरुद्रांशं आयामं तु त्रयोदश
द्वारोत्सेधं पञ्चभागं तु द्वयांशं उपपीठकम्
एकांशं अधिष्ठानं कोश्चेतं द्वयांशं चरणादयं
अधिष्ठानोदये शक्ति विंशत्रिभा[ग] विभाषि(जि)ते
द्विभागं प्रथमोत्सेधं गुणभागं उपानकम् ।
जगति षडंशश्चोर्द्धं कुमुदं तु चरांशकम्
एकांशं पाशनं श्चोर्द्ध द्वयांशं कन्धरोद्वयम् ।
एकांशं वाशनं प्रोक्तं महापद्मद्वयांशकम्
एकांशं उर्ध्वकंपोच्चं अधिष्ठानवशात् पितुः ।
पादतुंगगुणांशश्च द्वयांशं चरणोद्वयम्
एकांशं आलगारगोश्चं तु कुण्डं पट्टि च वेदिका
आलंगारतुंगमानं तु एकोनविंशतिभागया
युवांशकल्कं प्रोक्तं ताडि एकांशकं भवेत् ।
क्रियांशार्धगमानं तु फलका वेदार्थकं भवेत्
द्वयांशं वीरकुण्डं च युगांशं पोतिकास्तथा ।
नाना अलंगा(का)रसंयुक्तं कल्पयेत् शिल्पिवित्तमः
स्तूपान्तं उत्तरान्तं त्रयोविंशति भाषि(जि)ते
प्रस्तरोच्चे सार्धवत्यांगतुंगं
तदर्थं(र्धं) मंचमानं तु त्रिभागमचरणोदयम् ।
तस्यार्धं प्रस्तरोश्चेतं चरणस्योर्ध्वपालिकम्
मञ्चमानं तु पादतुंगं द्विभाषि(जि)ते
प्रस्तरोच्चं शिवांशेन कन्धरोच्चशिवांशके
सार्धद्वयांशं शिशिरस्तुंगं शेषमेकशिरोदयम्
यदा(था)युक्तयास्तथा शिल्पिकल्पयेत् पञ्चभूमिके ।
प्रस्तरोश्चेध एकविंशांशं उत्तरापेदमातृकम्
उर्ध्वपद्मं चरांशश्च कपोदं सप्तमातृकम् ।
यालं युवांशकं प्रोक्तं एकांशं वाशनं भवेत् ॥
पातोच्चं त्रिभागेन द्वयांशं चरणोदयम्
प्रस्तरं गलमानं तु शिरोषमञ्चं शिवांशया ।
पादोच्चं युवांशेन एकांशं वेदिकोदयम्
शेषं च त्रिभागन द्विभागं स्तंभमुच्यते
एकांशं.......कल्पयेत् शिल्पिबुद्धिमान
आलंगारतुंगमानं तु रुद्रांशं तु भागया ।
पादोच्चं युवांशेन एकांशं वेदिकोदयम्
शेषमंचत्रिभागेन द्विभागं स्तंभमुच्यते ।
ताडि एकांशकं चैव त्रिंशार्धांगमेव च ।
भलका अर्धवेदांशं वीरकण्ठ द्वयांशकम् ।
नाना अलंगारसंयुक्तं आलंगारं प्रभाष्यते ।
शेषं च एकविंशांशं उत्तरं च शिवांशकम् ।
उर्ध्वपद्मं द्वयां चांशं चा कपोतं प्रियमेव च ।
यालं एकांशकं प्रोक्तं वेदिकायां शिवांशकम् ।
गलं द्वयंशकं चैव तत् समं उत्तरं उर्ध्वपद्मकम् ।
कृतवारिद्वयांशं च वृत्तं च येकवाशनम् ।
शिखरं पञ्चांशकं प्रोक्तं महापद्मं शिवांशकम् ।
प्रस्तरोच्चदशसप्तांशं उत्तरद्वयमेव वा ।
उर्ध्वपद्मं चरांशश्च कपोतं रसांशकम् ।
यालं द्वयांशकं प्रोक्तं कल्पयेत् मंचमानकम्
द्विभागचरणोच्चं तु नन्दभाग विभाषि(जि)ते ।
एकांशवेदिकोत्तुंगं त्रियांशं चरणोदयम् ।
शिवांशं प्रस्तरोच्चेतं एकांशं गलमानकम् ।
द्वयांशं आनलं चैव शिवांशं स्थूपिकोदयम् ।
पादोच्चं त्रिभागेन द्विभागस्तंभमुच्यते
एकांशं आलंगारं उच्चं तु आलंगारं प्रभाष्यते
आलंगारतुंगमानं तु रुद्रांशं तु भागया ।
ताडि एकांशं चैव त्रियंशार्धांगमेव च
भलणा अर्धवेदांशं वीरकन्धद्वयांशकम्

नाना अलंगाकारं संयुक्तं आलंगार प्रभाष्यते
शेषं एकोनभागं तु उत्तरं तु शिवांशकम्
पद्मं च एकार्धं कपोतद्वयमेव च ।
यालं अर्धांशकं चैव तत्त्ववत् समवेदिका भवेत्
गलं द्वयांशकं चैव कृतवारि शिवांशकम्
अर्धांशवर्जवाहं च मानहं चरमेव च
द्वयांशं स्तूपिकं प्रोक्तं कल्पयेत् कर्णकूटकम्
विस्तरोच्चं दशसप्तांशं उत्तरायुमेव च
उर्ध्वपद्म चरांशं च कपोतं रसांशकम्
यालं द्वयांशकं प्रोक्तं मञ्चमानं विधीयते
त्रिपाद मुञ्चमानं तु अष्टभागं विभाषि(जि)ते
एकांशं वेदिकोच्चं तु द्वयांशं चरणोदयम्
एकांशं प्रस्तरोच्चेदं शिवांशागलमानकम्
द्वयांशं शिखरोऽवेतं स्तूपिएकांशकं भवेत्
पद्म चरांशं च कपोतमरसांशकम्
यालं द्वयांशकं प्रोक्तं मंचमानं विधीयते
चतुर्थपादोच्चं तु सप्तभागं विभाषि(जि)ते ।
अर्धांशवेदिकोच्चं तु एकांशं चरणोदयम्
अर्धांशं प्रस्तरं प्रोक्तं गलं एकांशकं भवेत्
शिवांशं शिरोषं चैव स्थूपि अर्धांशकं भवेत्
प्रस्तरोच्च दशासप्तांश उत्तरायुवमेव च
उ(ऊ)र्ध्वपद्म चरांशं च कपोतं रसांशकम् ।
यालं द्वयांशकं प्रोक्तं मञ्चमानं विधीयते
गलतुंग युवांशं च एकांश वेदिकोदयम्
शेषं गलमानं तु गलमानं विधीयते ।
शिखरोच्चं द्वयांशार्धं अर्धांशं कृतवारिकं
एकांशं शिखरोश्चेयं महापद्म च अर्थ(र्ध)कम्
स्थूपि एकांशकं प्रोक्तं कल्पयेत् पञ्चभूमिके ।

अथ आयादिलक्षणं कथ्यते

अथ वक्ष्ये विशेषेण आयादीनां यथाक्रमम् ।
आयादिशुभसंयुक्तं सर्वशास्त्रसमुद्धृतम् ।
आयव्यय च योनिश्च रिक्षं वारं तथैव च ।
अंशं वा तिथिर्लग्नं च आयुर्दशविधं तथा ।

॥ आयामम् ॥

नागवेदरवि आयं एकादिभिः पुनः पुनः

॥ विययम् ॥

नन्दनादमुनि चैव रसभूत चतुर्थकम्
गुणाक्षिमेकनाडिश्च वियोकादि पुनः पुनः
हरिकरध्वधश्वानं गधश्रमोक्ष वायसम्
एकादि अष्टं संख्यायां नवादीनां पुनः पुनः

॥ नक्षत्रम् ॥

एक पुष्प विशाखादि शतभिषिश्च तु मृगैः
पञ्चहस्तरसाष्टर्थे भरणी सप्तसंयतम् ।
अष्टेमखान्नवा जेष्टा प्रोष्ठोत्तरं दशास्तथा ।
एकादश्यां पुनर्वस्वा स्वातिद्वादशमुच्यते
त्रयोदश्यां श्रविष्ठा""रोहिण्यां तु चतुर्दशि ।
पञ्चादशोत्तरं चैव पूर्वापादां तु षोडशः
अश्वसप्तदशं चैव आश्रे अष्टादशं भवेत्
नवोदशेशतालेनाश्रोष्टं विंशतितस्तथा
एकविंशाद्रसंयुक्ता द्वाविंशं नैव चैत्रका ।
त्रयोविंशं तु श्रवणं चतुर्विंशं तु कृत्तिका
पञ्चविंशत् पूर्वफल्गुन्यां मूलं षट्विंशमेव हि
सप्तविंशांतरेवन्यां पुष्यादीनां पुनः पुनः
शशिस्सौम्यश्शक्रभानु कुधोगुरुशनैश्चरः
एकादिसप्तसंख्यायां अष्टादीनां पुनः पुनः ।

॥ अंशम् ॥

तस्करो भुक्तिशक्तिश्च धन्योनरपति क्लिबः
निर्भीति निधनप्रेष्या अंश नव पुनः पुनः

॥ वंशम् ॥

ब्रह्मक्षत्रियो वैश्यो शुद्राणां तु चतुर्विधम्
एकादिचतुपर्थं तमेकादीनां पुनः पुनः

॥ तिथि ॥

नवत्रिभानु षट् पूर्वं पञ्च पञ्च पुनः पुनः

॥ लग्नम् ॥

कर्कटे वृश्चके मीने एकादित्रि पुनः पुनः

आयुर्दोनं तु वक्ष्येहं एक द्वित्रिः चतुः क्रमात्
दिनस्य चतुपञ्चाशत् पदमेवं शतष्टकम्
एकादि चतुपर्यंतं शत क्षुखष्ट संयुतम्
एवं चतुश्चतुर्थादिं वर्धयेत् पुनः पुनः
आयादि आयुरन्येन दशमेवफलं क्रमात्
आयाधिक्यं धनाधिक्यं व्याधिक्यं याधनक्षयं
आयव्ययसमं चैव सर्वदोषसमुद्भवम्
आयामविघयाधिक्य स्वेकं पुत्रसौभाग्यसंपदं
द्वितोयं आयुरामेग्यं तृतीयं बन्धुसंपदाम्
चतुर्थं विजयं प्रोक्तं पञ्चमं शत्रुनाशनम्
षष्टमादाय वृद्धिं च सप्तमं त्रिसुखं भवेत्
अष्टमं कोर्ति विजयं नवमं वस्तुलाभकम्
दशम धनलाभं च एकादश्यां सुखेा भवेत्
द्वादश्यां कार्य्यसिद्धि स्यात् आयादिकफलं भवेत्
व्ययमेकाधिक्यं चैव सर्वदोषसमुद्भवम्
येानीनां च फलं चैव सिंहादोनां शुभं शुभम् ।
सिंहेति विजयं चैव खरं वै चार्थनाशनम् ।
ध्वजेन सर्वसिद्धिं स्यात् श्वा न सर्वं विनाशनम्
हस्तीनां विजयं चैव धूमं मरणसंभवम्
वृषभं धान्यसंप्राप्ति काकदोषसमुद्भवम्
येान्याष्टफलं चैव नक्षत्राणां फलं श्रृणु
कर्तुर्जन्मनक्षत्रं नृपनक्षत्रं संयुतम्
ग्रामरिक्षं च संयुक्तं मूललिंगं तु रिक्षकम्
वेरोदयं नक्षत्रं तन्नक्षत्रसंयुतम्
जातिरिक्षसमायुक्तं यादियन् शुभमानता
त्रिजन्मयुगलं वेत्ता अष्टषट्टनन्दकं भवेत्
शुभावहादिने ह्येतत् त्रिजन्मसर्वसिद्धिदम्
युगलं सर्वार्थसिद्धिं स्यात् वेदरिक्षसुखं त्विदम्
ऋतुभं श्रोपदं ज्ञेयं वसुभं पत्रवर्धनम्
नन्दर्क्षे विजयं प्रोक्तं शुभावहस्तिनालयम्
त्रिवत्प्रत्युत्तरं चैव विधान च विवर्धयेत्
विपत् शत्रुवृद्धिं स्यात् प्रत्युरं पुत्रनाशनम्
धनं च वधनक्षत्रं त्वशुभे लाभं भवेत्
जन्मद्वाविंश नक्षत्रं त्रयोविंशतिरेव वा

रिक्षं वैनाशिकं चैव वर्धयेत् विचक्षणः
पूर्वादिरेवन्यांतं फलवैसप्तविंशति
पुष्यं पुत्रविवर्धं च विशाखाविपरीतकम्
पुष्यादिरेवत्यांतं शतरिक्षसौख्य वा मृगोशत्रु
विनाशनम्
अस्तं आयुः सुवर्जं च आषाढ़े सर्वमे शुभम्
भरणी मरणं चैव मखस्य धनदं भवेत्
ज्येष्ठाम्तो धनं चैव प्रेाष्ठोक्तं विजयं भवेत्
पुनर्वसुपुत्रसम्तानं स्वातिसौभाग्यमेव वा
श्रविष्ट श्रोकरं चैव रोहिण्यश्रोपदं भवेत्
उत्तरं शुभदं चैव वाहणेा मरणं भवेत
अश्वती(नी) विजयं चैव आश्रे(श्ले)षां मरणं
भवेत्
अनुराधा शुभं चैव प्रेाष्टभं पुत्रवर्धनम्
आर्दायां विजयं चैव चित्राचित्रविवर्धनम्
श्रवणे श्रोपदं चैव कृत्तिकाग्निभयं भवेत्
पूर्वफल्गुनिसुखं चैव मूलं तु रेागदं भवेत्
वैाषभं रेागदेा विद्यात् नक्षत्राणां फलानि वै
वारेषु रविवारादि रवि..............
इन्दुश्रोकरमारेाग्यं श्रेयं तत् स्थाननाशनम्
बुधस्य परमसौख्यं धीवे श्रोपुत्रवर्धनम्
सोते रूसिधिं बन्धं च सैाटो क्रोधं भयं भवेत्
अंशमेवाफलं चैव धान्येाधनविवर्धनम्
निधनं चार्धनाशं च शक्ति शक्ति व वर्धयेत्
नृभीति नृभयकुर्यात् भुक्तभाग्यफलं भवेत्
क्लोवः पुत्रविनाशार्थं तस्करा तस्करोदयम्
नरपति राजभाग्यं स्यात् प्रेष्य सर्वार्थसिद्धिदं
अंशनवविधं चैव फलमेवं क्रमेण तु
वंशं चतुर्विधं प्रोक्तं ब्राह्मणादियथाक्रमम्
ब्राह्मणानामष्टभाग्यं
प्रथमं वर्जयेत् धोमान् द्वितोये तु सुखप्रदम् ।
तृतोये सुखमाप्नोति चतुर्थं शत्रुवर्धनम् ।
पञ्चमं पुत्रलाभं च षष्टं चायुःप्रवर्धनम्
सप्तमं सर्वसिद्धिः स्यात् अष्टमं मखं भवेत्

नवमं कलहं चैव दशम्यां जयमेव च ।
एकादश्यां च सुखं चैव द्वादशं पुत्रवर्धनम्
त्रयोदश्यायुरारोग्यं तत् परे धननाशनम्
एवं सर्वफलं चैव सर्वदोषनिवारणम्
चतुर्थं धननाशं च पञ्चमा पुत्रलाभदम ।
मेषे येागं च संपत्ति ऋषभे श्रीपदं भवेत्
मिथुने धान्य सिद्धि स्यात् कर्कटे नाशनं भवेत्
सिंह धनपतिं चैव कन्यायां धान्यसंपदाम्
तुलायां सुखमाप्नोति वृश्चिके धर्मचिन्तयः
धनुज्ञानं च सिद्धि स्यात् मकरे पुत्रवर्धनम्
कुंभे तु धनलाभं च मीने दोषविनाशनम्
.... शनाक्तेन विशेषिताः ....
एकादश्यां षट्विंशांताः आयुनां वर्धयेत् क्रमात्
अधर्मशान्तफलं प्रोक्तं व्यधर्मे दशवल्यजयम्
येान्यांष्टबलं चैव रिक्षं लक्षणफलं भवेत्
पारं सप्तबलं चैव अंशं नवफलं भवेत्
वेदशं बलं वंश तिथि त्रिंशफलं भवेत्
लग्नं शतबलं प्रोक्तं आयूनां सहस्रफलं भवेत्
एवं बलाधिकश्रेष्ठं आयादिशुभदं फलम्
आयव्यय च रिक्षाणां वारं वंशतिथिक्रमात्
त्रियुक्तं वा षष्टकं वा विशुभमेव फलं भवेत्
येान्यामेकद्वियुक्तं वालग्नांशं द्वित्रिकं तु वा
आयूनां तु नव वापि यष्टाशस्तु वा बुधा आयाद्य
आयुरान्ते न दश संख्या शुभावहम्
गणं अश्वोमृगशिरेा हस्ता स्वातिपुष्यपुनर्वसु
मैत्रश्रवणरेवन्या एते देवगणा स्ताः
अश्विनो मृगशीर्ष तु स्वातिशीर्षहस्तं स्वाति-
पुष्यं अनुपं
रोहिणी त्रीणि पूर्वाणि भरण्यार्दस्तदैव च
त्रीणि उत्तराणि विज्ञेया मानुष्या इति कीर्तिताः
रोहिणी पूरं पूराढं
अग्निर्मुखा विशाखाश्च आश्रे शाशन तारका
धनिका चित्रसंयुक्ता ज्येष्ठामूलं तु राक्षसाः
सगणं चोत्तमं विद्यात् मध्यमं दैवमानुषम्

अधमं देवराक्षस्यं मरणं नरराक्षसम्
स्त्रीराक्षसं न कर्तव्यं पुरुष राक्षसम्
बालं कुमारं राजं च वृद्धं च मरणक्रमात्
बालादिपञ्चसंख्या च अष्टवृध्यादिनं व्यधेत्
शेषं पञ्चहरेत् धीमान् बालादिमरणान्तकम्
बाल तु रोगनाशार्थ कुमारं यवनं शुभम्
राजं चाष्टभोगेन वृद्धांतायु विवर्धयेत्
गृहीतं हस्तमारभ्य अष्टवृद्धिदिनं हरेत्
शेषं पञ्चहरेत् धीमान् बालादिमरणान्तकम्
बालं तु रोगनाशार्थं कुमारं यवन शुभम्
राजन्यष्टभोगं ....
मरणं सर्वनाशार्थं राजराष्टं विनाश्यति
जन्मसंपत् क्षेमं प्रत्युरं साध ....
....
द्वादशांगुलमानेन तालं मन्य विधीयते
मध्यमांगुष्टसंयुक्तं तालमानमिति स्मृतम्
....
.... भरख्यामिति कथ्यते ।
कनिष्ठांगुलमानेन वितस्तिरभिधीयते
....
द्वादशांगुलमानेन वितास्तिरभिधीयते

अथवक्ष्ये विशेषेण गोपुराणां लक्षणम्
....
....
....
....
....
....
....
....
....
....
क्रममिति नाम्ना प्रकीर्तिताः ।
प्रासादसम्यक्विस्तारं यत्नदण्डमथोच्यते

प्रासादस्यार्धपादो वा त्रिपाद सम्यक यथा भवेत्
प्रासादस्य समानं च कल्पयेदर्धमण्डपम्
मूलप्रासादमात्रं तु एकार्धं पादमेव वा
तद्द्वयं द्वयमर्धं च त्रिगुणद्वित्रिपादकम्
एवं मानविधिप्रोक्तं महामण्डपमुच्यते ।
महामण्डपसमानं वा एकार्धं द्विगुणं भवेत् ।
एकत्रपादमानं तु द्वयार्धं द्वित्रिपादकम् ।
त्रयसंख्यातिगं मानं कल्पयेत् नर्तमण्डपम्
प्रासादस्य समानं च शोभनं विधिरुच्यते
तेषामुपानसमायुक्तं उत्तरां समसोमकम्
प्राकारं परिवारं च द्वारशोभं च गोपुरम्
एतेषां वर्गभेदं च राजगर्ध्यं विनश्यति
प्रासादस्यैव शालायां सभामण्डपमद्भुतम् ।
सभाभित्तिश्च बाह्येव स्तंभांशं एककूटकम् ।
सभाभित्तिश्चारभ्य पायस्तंभमथापि वा ।
कुड्यमारभ्यकं स्तंभं पञ्चकं परिकल्पयेत्
प्रासादभित्तिमारभ्य सप्तस्तंभं विशेषतः ।
सर्वालंकारसंयुक्तं सभामण्डपनिर्णयम्

॥ ओं तत् सत् ॥

परिशिष्टम्

(ग)

॥ श्रीः ॥

मानववास्तुलक्षणम्

प्रणम्य विश्वस्थपतिं पितामहं
निसर्गसिद्धाखिलशिल्पनैपुणम् ।
मया विविच्यागमसारमोर्यते
समासतो मानववास्तुलक्षणम् ॥ १ ॥

गोमर्त्यैः फलपुष्पदुग्धतरुभिश्चाढ्या समा प्राक्-
प्लवा स्निग्धा धोररवा प्रदक्षिणजलोपेता-
श्चुबीजोद्गमा ।
सम्प्रोक्ता बहुपांसुरक्षयजला तुल्या च शीतोष्णयोः
श्रेष्ठा भूरधमा संयुक्तविपरीता मिश्रिता
मध्यमा ॥ २ ॥

वृतार्धेन्दुनिभा त्रिपञ्चरसकोणा शूलशूर्पा-
कृतिर्मत्स्यानेकपकूर्मपृष्ठकपिलावक्त्रोपमा
मेदिनो ।
भस्माङ्गारतुषास्थिकेशकृमिवल्मोकादिभिः संयुता
वर्ज्या मध्यनता सगर्भकुहरा विस्ना
विदिक्स्थापि च ॥ ३ ॥

विप्रादिकमतः कुशेषुवनदूर्वाकाशयुक्ता भुव-
स्तुल्या तानवितानसिन्धुररसाभ्यंशाधि-
दीर्घा अपि ।
श्वेता पाटलपीतमेचकरुचस्त्वाज्याम्बुगन्धासवा-
मोदाः स्वादुकषायतिक्तकटुकास्वादा-
न्विताश्च स्मृताः ॥ ४ ॥

संकीर्णरूपा वसुधात्र वर्ण-
गन्धै रसैर्वाखिलवर्जनीया ।
एनामनालक्षितवर्णचिह्नां
नक्तं परीक्षेत निमित्ततश्च ॥ ५ ॥

क्ष्मां खात्वामघटं निधाय भृतधान्यं वर्धमानं मुखे
कृत्वासिच्य घृतं दिशासु सितरक्तापीत-
कृष्णा दशाः ।
विप्रादिक्रमतः प्रदीप्य विधिवन्नीते मुहूर्ते ज्वलेद्
वर्तिर्यस्य धरास्य तासु सकलास्विद्धासु
सर्वोचिता ॥ ६ ॥

अब्धारादिसमीकृते क्षितितले संस्थाप्य शङ्कुं समं
तन्मूलाहितसूत्रसंभ्रमणतः संलिख्य वृत्तं भुवि ।
प्रत्यक् प्रागपि वृत्तवर्तिनि ततश्छायाग्रके प्राङ्मुखं
सूत्रं न्यस्य सुसाधयेद्धरिजलेशाशे तत-
श्चेतरे ॥ ७ ॥

साक्षे शङ्कुमिनाङ्गुलं समतले कृत्वा पृथक् कालज-
च्छायाग्रारचितत्रिबिन्दुपरिवृत्त्योत्पाद्य म-
त्स्यद्वयम् ।
तत्सौषुम्नसिरोत्थसूत्रयुगयोगाच्छङ्कुनाभ्यन्तिमं
सूत्रं न्यस्य सुसाधयेद् यमधनेशाशे तत-
श्चेतरे ॥ ८ ॥

भाकर्णनिघ्नापमतोऽवलम्ब-
भक्तं तथा याम्यपलाङ्गुलं च ।
तयोः सदिक्त्वे युतिरन्यथा तु
भेदः प्रभा बाहुसमाह्वयः स्यात् ॥ ९ ॥

शङ्कोरर्कमिताङ्गुलस्य तु भयाच्छाय श्रुतिं भाभुजां
नीत्वा भाभुजविस्तरार्धकवृतिं छायाग्रकेन्द्रां लिखेत् ।
भामूलाद् वृतिपार्श्वयुग्मकलिते रेखे तथा
भाभुजाद्दिग्गा प्राच्यपरा तयोरथ ततोऽन्याश्चेति वा दिक्स्थितिः ॥ १० ॥

प्रागग्रं सूत्रमुर्व्यामृजुतरमभिकल्प्यास्य मूलाग्रगाभ्यां
सूत्राभ्यां मत्स्ययुग्मं यमशशिहरितोः कल्पयित्वात्र सूत्रम् ।
कृत्वा दिक्ष्वङ्कयित्वा सममिह निहितैः सूत्रकैः
कोणमत्स्यान् कृत्वास्फाल्यैषु सूत्रं रचयतु चतुरश्रं पुरः क्षेत्रक्लृप्तौ ॥ ११ ॥

सूत्रे प्रागुदगग्रकं क्षितितले कृत्वा चतुःखण्डिते
खण्डे कल्पयतु द्विजादिवसतिं शार्वेऽथवा नैर्ऋते ।
खण्डेऽस्मिन् सति सम्भवे पुनरपि श्रुत्यंशिते
ब्रह्मसूत्राभ्याशे शुभवास्तुवीथिपदयुक्त्याद्यं पुनश्चोषयेत् ॥ १२ ॥

नन्दद्वन्द्वपुटे नवावृततया मध्येऽस्य बाह्यान्तिमं
वीथ्यः स्युः परितः पिशाचटिविषद्भित्ताधिभूदण्डिनाम् ।
नागाम्ब्वग्नि विनायकद्रुहिणनाम्नां चासु
निन्द्याः स्मृताः पैशाचाग्न्यहिदण्डिनां
गृहविधौ वीथ्यश्चतुर्दिक्ष्वपि ॥ १३ ॥

गोवह्निप्रेतभूताम्बुनागेभधनसंज्ञिताः वीथ्यः
प्रागादिनीचत्वात् क्रमाद् वास्तोः प्रकीर्तिताः ।
अग्निकोणादिगाः पञ्च सामान्येनाशुभाः
स्मृताः ॥ १४ ॥

मध्ये चावरणद्वये शतपदेऽष्टयष्टाश्वियुग्मैकके-
रेकाशोतिपदे पदैर्नवरसाक्षद्वन्द्वचन्द्रै-
रपि ।

क्षेत्रेऽष्टाष्टपदैर्नेत्राब्धिदलयुग्मैरर्धचन्द्राश्विभि-
र्वास्त्वङ्गस्थसुपर्वणां पदविधिस्त्रधा त्रिपञ्चाशताम् ॥ १५ ॥

ईशाद्यं बहिरावृतिस्थपदकेष्वीशानपर्जन्यका-
वैन्द्रोन्द्रौ रविसत्यकौ भृशखहव्याशांस्तथा
पूषणम् ।

भूयो वै वितथं गृहक्षतयमौ गन्धर्वभृङ्गौ मृगं
पित्राख्यान् प्रतिहारपालमपि सुग्रीवं
क्रमात् कल्पयेत् ॥ १६ ॥

भूयः पुष्पादिदन्तं वरुणमसुरशोषाख्यरोगेर-
नागान् मुख्यं भल्लाटमिन्द्वर्गलमदितिदिती
चेति बाह्यावृतिस्थाः ।

ईशाद्यापापवत्सार्यकसवितृसावित्रसंज्ञा वि-
वस्वानिन्द्राख्यश्चेन्द्रजिन्मित्रकशिवशिव-
जिद्भूभृतोऽन्तवृतास्युः ॥ १७ ॥

ब्रह्मामध्यपदेऽथ शर्वसहितः स्कन्दोऽर्यमा
जम्भकः प्रागादौ पिलिपिञ्जकश्च चरकी-
शादौ विदार्याह्वयाः ।

भूयः पूतनिकाथ पापपदपूर्वा राक्षसो बाह्यत-
श्चैतेऽष्टायपदस्थिताश्च परितो देवग्रहाद्याः
क्रमात् ॥ १८ ॥

नाड्यः प्रागुद × × कादश दशकाशीति
कोष्ठे शिवाग्न्यग्राः पञ्च पृथङ्नवोर्मिगु-
णकोष्ठस्थास्तथा रज्जवः ।

मर्माण्यष्टरसाशुगाब्धिगुणसंख्यानेककोष्ठस्थि-
तैः सूत्रैर्योगसमुद्भवानि तु शतं वर्ज्यानि
कुड्यादिषु ॥ १९ ॥

प्राग्वोदक्पदभास्कराशदलमात्रं मर्मसूत्रस्थिते-
नीत्वा विन्यसनेन मर्मपरिपीडा स्तम्भकु-
ड्यादिभिः ।

वास्तुन्यत्र निपीडिते महिषसिंहानेकपानां
शिरो हैमं कूर्मवराहयोश्च निखनेत् तच्छा-
न्तये शान्तिकृत् ॥ २० ॥

क्षेत्रेऽष्टादशसंख्यदण्डविततै विज्ञाय वीथीस्थिति
तत्रैवाथ पुटद्वयैस्त्र्यकरणाद् ज्ञात्वा च
वास्तु स्थितिम् ।

स्थाने तत्र नृणामनुत्तमगुणे दुर्वीथिमर्मोनिते
कुर्याद् धाम नृमात्रतोऽष्टनवदिक्तालश्च
दण्डो भवेत् ॥ २१ ॥

यवोदरैरष्टसंख्यैरङ्गुलं तैस्त्रिभिः पुनः ।
मुष्टिस्तद्द्वितयं तालं पदं स्यादङ्गुलाष्टकम् ॥२२॥

एकं स्याद् यदि दक्षिणं गृहमुभे चेत् तच्च
पाश्चात्यकं ते सौम्यं च गृहत्रिके गृहचतुष्के
प्राच्यमेतानि च ।

प्राच्यां केतु जमेशराजजमिदं चापद्यवाच्यां
तथोदीच्यां ते गजजं च तानि वृषजं
चाहुः प्रतीच्यां गृहम् ॥ २३ ॥

षड्ढस्तादिकवंशमाननिचयेऽष्टघ्ने सदिक्सं-
ख्यके त्र्यंशीकृत्य तदेकैकेन गृहनाहे
कल्पितेऽर्धीकृते ।

वेदघ्ने रविविश्ववासवविकारात्यष्टिसाष्टा-
दशाशाद्वन्द्वेभ्यहृतफलेन विततिस्तन्न्यून-
नाहा ततिः ॥ २४ ॥

पर्यन्ततोऽर्धे स्वचतुर्थहीने
वस्वादिदन्तावधिकैर्विभक्ते ।
यश्चांशकस्तेन चतुर्गुणेन
विस्तारमानं विदधीत धीमान् ॥ २५ ॥

इष्टातानवितानमाननिचये त्रिघ्नेऽष्टभिर्भाजिते
शेषो योनिरिह व्ययो मुनियुजाथायोऽष्ट-
निघ्ने ऽहृते ।

ऋक्षैर्ऋक्षमवाप्तस्त्र तु वयो ज्ञेयं तिथिस्त्रिंशता
वारो भूमिचरैर्निधिप्रगुणिते धर्माहृते वा
व्ययः ॥ २६ ॥

प्रागाद्या ध्वजधूमसिंहसरमागोगर्दभेभद्विजान्
योनीनोजसमान् शुभाशुभकृतोऽथो बाल्य-
कौमारके ।

भूयो यौवनवार्धके च निधनं चाहुर्वयांस्यन्तिमं
नेष्टं ज्ञेयमिहर्क्षवारतिथियोगाद्यं बुधैर्लो-
कतः ॥ २७ ॥

अष्टाविंशतिधाकृते गृहविताने मित्रवृत्राभि-
मातीध्मांशैरखिलं' ततश्च युतविस्तृत्या
गृहाभ्युच्छ्रयः ।

स्तम्भोऽष्टांशततः करद्वयमितोऽध्यायङ्घ्रिवर्धि-
धितश्चाधिष्ठानमथोऽर्धतेऽत्र रसभागादि-
क्षयश्च क्वचित् ॥ २८ ॥

विस्तारेण समं पादमानमित्युच्यते बुधैः ।
विस्तारस्य च द्विगुणं युक्तं वा हीनमेव वा ॥२९॥
षट्सप्ताष्टकदिग्भागैर्युतं वा वियुतं तु वा ।
सपादत्रिकहस्तं तु सर्वेषामपि शोभनम् ॥ ३० ॥
रसाद्यष्टाङ्कदिग्भागैः पादमानात् प्रकल्पयेत् ।
अधिक × × तु त्र्यंशादधिकं त्वपि कुत्र-
चित् ॥ ३१ ॥

अधिष्ठानं द्विधा दृष्टं मञ्चकं गलमञ्चकम् ।
अधिष्ठानस्य मानेन द्वादशांशान् प्रकल्प-
येत् ॥ ३२ ॥

करोतु पादुकं द्वाभ्यां रसांशैर्जगतीं ततः ।
गलं प्रति पृथग् द्वाभ्यामिति स्याद् गल-
मञ्चकम् ॥ ३३ ॥

अथवा पादुकं द्वाभ्यां सप्तभिर्जगतीं ततः ।
पावकांशैः प्रति कुर्यान्मञ्चकं नाम तत्
स्मृतम् ॥ ३४ ॥

विज्ञेयः पादुकस्यात्र स्वांत्रभागेन निर्गमः ।
गलात् प्रतिजगत्योस्तु गलतुर्यांशनिर्गमः ॥३५॥

प्रतेः पादुकतुल्यः स्याद् गलहीने तु निर्गमः ।
अधिष्ठां कल्पयेदेव लघुमार्गेण मन्दिरे ॥ ३६ ॥

भक्ते प्रत्युत्तरान्तर्गतचरणसमुन्मानकेऽष्टाङ्कादिभिस्तेष्वेकांशात्त × × × ततितदुरगांशादिहीनाग्रतानम् ।

द्वारस्तम्भास्तदर्हैर्विहितवतिदलाग्न्यब्धिभागोनतानान् कुड्यस्तम्भांश्च कुड्ये रचयतु चरणाग्रप्रतानोऽत्र दण्डः ॥ ३७ ॥

कार्याः स्युश्चरण × गाटनृपकोणाः सर्वतो वर्तुला विस्तारांत्रगुण × × त्रिगुणविस्तारोन्मिताष्टाश्रकाः ।

मूलोद्भावितकण्ठसूत्रचतुरश्रोर्ध्वांशवृत्ताः पुनः शुण्डोद्भेदवि × × × × रुचिरावारव्धगेहाचिताः ॥ ३८ ॥

पञ्चदण्डां चतुर्दण्डां त्रिदण्डां वा प्रकल्पयेत् ।
दैर्घ्ये × × × कदण्डां तदर्धोच्चां च बोधिकाम् ॥ ३९ ॥

पादव्यासततं ततो दलघनोद्यत्पट्टिकं चोत्तरं चूलीं वाङ्घ्रिघनां तदर्धविततां स्थूणोपरि स्थापयेत् ।

कार्यास्तम लुपाः शरादिनवनेत्रांशाशितेऽङ्घ्र्युच्छ्रये द्विव्यम्भोधिधरांशतो विहितलम्बा स्वाग्रधान्या चिताः ॥ ४० ॥

खण्डोत्तरं चरणविस्मृतितुल्यविस्तारोत्सेधमुत्तममतश्चरणोनतीव्रम् ।

पत्रोत्तरं दलविहीनघनं कनिष्ठं रूपोत्तरं घनततो विपरीततो वा ॥ ४१ ॥

उत्सेधे विशिखांशिते द्वितयतो रूपोत्तरे वाजनं षडभक्तेऽल्पमिलांशतो द्वितयतो वा स्यान्महावाजनम् ।

एतन्निर्गमनं निजांशविहितं न्यस्येदुपर्युत्तरस्यैतत्तोत्रसमुच्छ्रयो च्छ्रयदलांशव्याततां पट्टिकाम् ॥ ४२ ॥

एकाङ्घ्र्यादिदण्डोच्छ्रयमुपरि निधायोत्तरे वाजनं प्राक् तिर्यग्दण्डोच्छ्रिताङ्घ्रामितवितताततुलास्तासु वंशानुवृत्त्या ।

स्वार्धाक्रान्ता ज × × ऽस्तदुपरि सुसमीकृत्य कृत्वानुमार्गं निश्छिद्रं छाद × × चितघनफलकाप्रस्तरेणोर्ध्वभागम् ॥ ४३ ॥

आरूढा × समुपरि वप्रलुपाग्रधनीं
यु × × × × र्विधौ प्रविधाय तस्याम् ।
वा × × × हृतलुपा विनिवेश्य कृत्वा
× × कां सुकलितेऽथ गलं विदध्यात् ॥४४॥

स्तम्भे प्राथमिके नलादिशि वहिष्ठैरंशितेंऽशैः क्रमान्नेत्राग्नित्रिगुणेषु शैलशरनागाङ्कोन्मितैः सम्मिता ।

ग्रीवोत्तानवधाततोऽति तलक्लृप्तौ पूर्वपूर्वाङ्घ्रितः प्रोन्नेया च तदुन्नतिः प्रतितलं स्यात् प्रस्तरप्रक्रिया ॥ ४५ ॥

कुर्यादुत्तरपट्टिकोपरि लुपास्ताः स्वाग्रधान्याचिताः स्वस्वांशाहितकण्ठसूत्रकमिता मध्यादिकण्ठावधि ।

स्तम्भोच्चे शरशैलनन्दनयनैर्भक्ते चतुर्धोत्तरात् तासां स्यादवलम्बनं नयनवह्न्यब्ध्युर्वरांशैः क्रमात् ॥ ४६ ॥

अष्टांशकादिकृशविस्तृतिपावकांशतोवा च नीव्रफलकोत्तरतो लुपानाम् ।
द्वित्र्यङ्गुलादिविततं चतुरश्ररूपकर्तव्यमनुवलयं च निजानुरूपम् ॥४७॥

गेहव्यासगजांशकुड्यमिहिरांशे सप्तबाणांशकान्
कृत्वान्तश्च बाहश्च × [× तसिराविन्य-
स्तयेागान्यथ ।
द्वाराण्यङ्गणगेह × पसिरयामेध्यथमध्यान्
यथादध्यादङ्गुलव × × × गमवयेा-
येानोनि पूर्वादितः ॥ ४८ ॥
कुर्यात् सर्वपुरे × लव × × शरांशिशतेऽङ्घ्र्यु-
च्छ्ये द्वारेात्से × × × × × णरहितं
विस्तोर्णमात्मार्धतः ।
येागा म × × × वेपाददलविस्तीर्णौ स्फुर-
द्राजनौ विस्तार × × नौ भुवङ्गमपत-
ङ्गाख्यौ च मूलाग्रयेाः ॥ ४९ ॥
द्वारोत्सेधनियुक्तशेपचरणोत्सेधे शरांशोकृते
ग्रंशेनाधरपट्टिकां मितघनां सार्धं
नवाङ्कांशिते ।
हीनां वाजनकेन येागविततां शिष्टांशतः पट्टिका
मूर्ध्वेस्थामथ मङ्गलाख्यफलकां युक्त्योर्ध्व-
पट्टस्यूर्ध्वतः ॥ ५० ॥
दण्डाभ्यङ्गमतङ्गजांशबहलं तावघुतद्वादल-
व्यासं मूलशिखायुतं दृढतरं कार्यं कवा-
टद्वयम् ।
कार्या वामकवाटरोपितपराग्भागार्धतोव्रातत-
स्तद्विघ्रप्रतता च सूत्रफलकासूद्यत्स्तनाद्यु-
ज्ज्वला ॥ ५१ ॥
अङ्घ्रिव्यासपदोनिता दलमिता वा सूत्रपट्टो-
ततिर्यद्वा द्वारततोशनाद्बहिरसेध्वंशेन वा
तत्ततिः ।
स्वव्यासेन समं तदङ्घ्रिरहितं वार्धोनितं तद्घनं
साध्योऽङ्गस्त × × ल्यकादिरुचिरा वामा-
ररारोपिता ॥ ५२ ॥
ऊर्ध्वाधरभ्रमरकागलसत्यिपालप्रक्षेपणोव ×
× न्यपि पत्रकाणि ।
तिर्यञ्च्युद × पुलुकार्तवकोमलानि मश्रोमु
× × कतानि कवाटयेाः स्युः ॥ ५३ ॥
आशाहर्पतिस × × दादि × × षष्ठेऽथवा सप्तमे
सूत्रे द्वा × × × × × × तनुसाच्छालासु
सव्यार्धके ।
सिंहोक्ष × × × × निविहितं चाग्न्यादिको-
णालयं मित्रे पश्चिमदक्षिणे पुनरुदक्प्राच्ये
च गेहे मिथः ॥ ५४ ॥
शालाश्चेन्मुख जन्मनामिह चतस्रोऽन्योन्यभिन्ना
दिशास्वन्तस्थध्वजयेानिकाङ्गणसिरानीत-
स्वमध्याः क्रमात् ।
याम्याद्यं नवशैलबाणगुणसंख्यानैः परीत्याङ्गुलै-
रन्योन्याकलितैकयेानिकचतुश्शालं गृहं
भुजुजाम् ॥ ५५ ॥
पर्यन्तं ध्वजमादधीत चतुरश्रं मध्यतश्चाङ्गणं
तत्पार्श्वेऽप्यतिपत्रमानमपरं चाभ्यन्तरं
केतनम् ।
तत्तुर्यश्रयुजोत्थकोणचतुरश्रेपूत्तरान्तर्ध्वजं
युक्त्यातूत्तरविस्तृतिं च जनयेत् तुर्यश्र-
शालाविधौ ॥ ५६ ॥
प्राच्येऽग्न्यादिसमर्चनादिकमुदीचीने कुटुम्बा-
दिकं व्यत्यस्य प्रकरोतु वा द्वयमिदं
याम्येऽतिथिप्रोणनम् ।
पाश्चात्ये धनसंनिधापनमतो द्वन्द्वं विपर्यस्य वा
शेषार्धे तु तयेा × × शयनविद्याभ्यासनार्थं
चरेत् ॥ ५७ ॥
कृत्वा दिङ्नवनागवर्गप × भिन्ने क्षेत्रकेऽन्तर्गतै-
रष्टाङ्काङ्घ्रिपदैर्वि × × × दयुक्तं प्राङ्गणं
मध्यतः ।
शालाः पङ्क्ति × × × क दकजुषस्तद्वाह्यत-
स्तद्बहिर्गेषूलूखलदं × × × दि ×
अल्पङ्क्त्यावृताः कल्पयेत् ॥ ५८ ॥

माहेन्द्रे सति × चरा × × तटाकं कूपमैशानके पर्जन्य × × × × शि × नि वा भुक्तालयं तत्पुरः ।

कार्ता × × × × न नैर्ऋतपदे कुर्वीत धान्यालयं गोशाला × पतौ हरावपि समीरे धाम चौलूखलम् ॥ ५९ ॥

मन्ये ब्रह्मगृहं नृपस्थितिगृहं मित्रे विहारोऽनिले व्यायामोऽर्गलके धनं धनपतौ स्नानादि पर्जन्यके ।

ईशेऽर्चाद्यथ भुक्तिसद्म वरुण नृत्तादि गान्धर्वके शस्त्राद्यं निर्ऋतौ गृहक्षतपदे शय्यागृहं भूभुजाम् ॥ ६० ॥

गारभ्याङ्गणमध्याद् दण्डत्रितयस्य बाह्यतः कुर्यात् ।

कूपतटाकविधानं चतुरादिद्वाशान्तमेवात्र ॥ ६१ ॥

कुर्यादङ्गणतो गमागमकृते क्लृप्ते महाद्वारके द्वारस्तम्भावथ पादुकोत्तरलसन्मूलाग्रक्लृप्तायती ।

रुद्राशाङ्गगजांशविस्तृतनदीद्यद्घनौ स्वायतं स्वाद्यद्योनिवयोऽग्र्यादिसु शुभद्वारारगान्विता ॥ ६२ ॥

कुर्यात् प्राङ्गणत × × गमकृते द्वारं महत् पादुकं हस्तैर्वाङ्गुलकैः प्रकल्पित × मायाद्यग्रदात्तरम् ।

स्वाराभप्रविभक्तरुद्ररशन दभांशविस्तारतत्खण्डोत्पन्नघनाद्वियुग्म × लसन्मङ्गल्यपट्टद्व्यादिकम् ॥ ६३ ॥

दण्डेनावासभूम × × × करेणैव गेहस्य कुर्याद् द्वारादंर्मुष्टिनोल × × × × टप्रस्थवंशोऽङ्गुलैर्वा ।

यावोय × × त्वथ × यवकं त्वङ्गुलं त्वत्रिकं स्यान्मुष्टिर्हि × × नैगदि × मूर्षाभिर्वेदहस्तोऽत्रदण्डः ॥ ६४ ॥

विश्वकर्मणे नमः शुभमस्तु । हरिः ॥

अनुक्रमणिका

इ

झ

ड

त

द

ध

श

ह

NOTES

CRITICAL NOTES

ON

THE MĀNASĀRA

N.B.—The letters A. B. C. D. etc., in capital, represent the manuscripts so indicated.

Where there is no separate mention, A stands for both A and F; B for both B and D; G for both G and H; and I for both I and J.

1, 2, 3, *etc. indicate the lines of the chapter.*

(1), (2), *following* 1, 2, 3, *indicate the first note, the second note, and so on under lines* 1, 2, 3.

CHAPTER I

1. (1) Both I. and D. read लक्षण; the correct reading रक्षण is taken from J.

(2) The more grammatical form लयान् is adopted from A; all other manuscripts read the singular form.

(3) A. पारि, B. रादि for वारि, and D. भावारिवन्पि for भूवारिवह्नि।

2. (1) B. D. सुरैश्वर, A. स्वरेणश्वर for सुरेश्वर।

(2) D. भृङ्गार for भृङ्गाव। (3) A. लीन, B. पिताभ for लोढ।

3. (1) B. D. गङ्गाधरं द्दहिणकं जडवेक्षणद्र।

(2) D. निर्वाणसारदमुक्तै। (3) J. विविलैद्द for र्घाखलैः।

4. (1) A. पस्यपि, F. वस्वपि। (2) B. D. वस्तुरं for वास्तुशास्त्रं।

(3) B. D. ऋषिगणानपि वक्ष्यते।

(4) All othor Mss. except I. read चिह (for चेद) in place of हि, but the meaning of च(=and) is already expressed by ग्रपि preceding it.

As *sandhi* is compulsory in compounds, the more grammatical form would be मानसारर्षिणा।

The second portion of the verse 2 (line 4) presents many difficulties as regards the sense of the comparative use of समस्त and the meanings of the two ग्रपि, if any meanings were intended to be conveyed by these words. समस्त means 'whole', 'complete', 'perfect', and its use in the comparative degree is generally superfluous. But if the first अपि is taken to mean 'although', and the second अपि 'yet', the purport may be 'although it was more than complete yet it was noticed....'; we would, however, prefer to construe the verse thus—मुनीन्द्रैर्यद्वास्तुशास्त्रं (आदौ) प्रोक्तं तद् (वास्तुशास्त्रं) मानसारर्षिणा समस्ततरवस्तु (कृत्वा) लक्ष्यते स्म।

In this construction the second अपि, like the following particle हि, must, of course, be taken to have been used in वाक्यालङ्कार, having no special signification; but the first अपि may mean 'even' (making it 'even' more than complete, *i.e.*, perfect in every possible way).

5. (1) D. चादन।

(2) All Mss. read शिल्प; the emendation is suggested by the name and contents of chapter II.

6. (1) I. J. F. प्रकाराणां; the correct reading is suggested by the name given to chapter III in the colophon.

(2) The form विधिं, being connected with प्रोक्तं in the passive voice, is grammatically untenable; but this mistake is deliberately repeated several times in this chapter; the emendation विधिः is, therefore, not made. The form प्रोक्तं in all other places also in this chapter must be taken as सामान्ये नपुंसकम्।

10. I. रूप for लम्ब, suggested by all other Mss.

13. (1) B. D. प्रस्तार।

(2) The barbarous form कर्मस्य for कर्मणः is apparently due to the analogy of प्रस्तरस्य. This is intentionally left unemended in order to illustrate the ungrammatical style of the Mānasāra, which is elaborately discussed elsewhere, (*Indian Architecture* by the writer, pp. 199—214).

27. The uniformity would require the form तोरणस्य।

29. The discrepancy between the plural form ब्रह्मादीनां and the singular form त्रिमूर्तेः should be noticed. J. reads त्रिमूर्तिः।

31. (1) I. जनि काकै; the emendation जैनिकानां is suggested by the name given in the colophon and opening line of the chapter in question, numbered LV; it is also necessary to make the line symmetrical as well as intelligible, for the word जैनिकाक is meaningless.

(2) I. मैरनि ; the emended form मुनि is suggested by other Mss. as well as the name and contents of the chapter numbered LVII.

32. I. J. भित्ति ; A. F. पक्ष । The emendation भक्त is suggested by the name and contents of the chapter numbered LIX. The mistake of the manuscripts A. F. is inexplicable, but that of I. J. may be due to carelessness of the copyist. The scripts may, of course, suggest an explanation in both cases.

33. The expression तत्तद्वाहन implies the titles of four chapters (LX, LXI, LXII, LXIII), namely, हंसलक्षणम्, गरुडलक्षणम्, वृषभलक्षणम्, and सिंहलक्षणम् ।

34—37. These four lines are based on a hopelessly corrupt manuscript and suggested by the names and contents of the chapters numbered LXIV, LXV, LXVI, LXVII, LXVIII, LXIX. These lines are given within square brackets to indicate that they are not found in the principal manuscripts of the text. No explanation of the loss of these lines in all other Mss. is available, except the possible carelessness of the copyists.

39. (1) मानसारर्षिणा would be the more grammatical form. The very same irregularity is made in line 4 noticed above, and almost for the same reasons it is left unemended.

(2) A. मुनिनाकृतमा, F. मुनीनां ।

40. (1) B. D. वरैरपि । (2) B. D. स्वकृतं ।

Colophon—I. J. B. D. संग्रहाध्याय। The emendation, संग्रहनाम, is suggested by the other Mss. and is necessary in order to make all the colophons uniform.

CHAPTER II

1. I. J. शिल्पीनां। This is due to the confusion between शिल्पि and शिल्पिन, the latter being the correct form.

2. B. D. परशिमधराघोशानब्रह्मज्ञैरवलोककृत्।

4. A. F. J. ब्राह्मरयं।

5. I. करणं for वर्णं; the additional stroke which turns व into क is apparently due to negligence of the copyist.

6. The ungrammatical form नामं (acc. sing.) should be noticed; it is left unemended to illustrate the barbarous Sanskrit of the *Vāstu-śāstra.*

The lines 5—10 are missing in J. The line 10 is missing also in I. But it has been preserved in all other Mss. The sense, however, may be deduced even without this line. It is practically impossible, in such cases, to say whether the most original text was with or without a line like this one.

11. B. D. पूर्वपादे।

12. The genitive use of उत्तरस्य in the sense of locative should be noticed.

One Manu is stated in the *Rāmāyaṇa* (1.5.6) to have been the architect who built the city of Ayodhyā: अयोध्या नाम नगरी तत्रासील्लोकविश्रुता। मनुना मानवेन्द्रेण या पुरी निर्मिता स्वयम्॥

13. B. D. रुकस्य।

16. (1) B. D. मनुरस्य। (2) J. तुर्यतः।

17. I. पुत्रस्थपतिः।

19. I. देव-ऋषेः, cf. I. 4, 39. वर्धकीति (II. 19, 23, 25, 33) and वर्धकिरिति most of the Mss. read the word as वर्धकिः and a few as वर्धकिन।

22. A. F. omit द्य and add सं after इति।

23. I. नाम; J. गुरोर्नाम। For वर्धकीति see note under line 19.

24. B. D. सूत्रधृक्, A. F. सूत्रकृत्।

25. For वर्धकी see note under line 19.

28. (1) I. स्थपतिः शास्त्रसर्वज्ञयाः; the emendation suggested by all other Mss. is unavoidably necessary in order to make the line intelligible (2) A. F. J. सह ।

29. (1) F. दृष्टे, probably better than शास्त्रदृष्टेन, apparently for शास्त्रादेशेन । (2) B. D. वास्तुशास्त्र ।

31. J. तीत्यभि । If नाम is not emended by नाम्ना, it must be preceded by इति धीयते apparently for अभिधीयते ।

32. (1) I. श्रितज्य, A. F. सूत्रज्ञः which is better perhaps, but the sense is implied by the following word रेखाज्ञः । The idea contained in the word श्रुतज्ञः which is taken from J., is also suggested by the expression शास्त्रवित्तमः ।

(2) B. D. शिल्पिशास्त्रविदुत्तमः । A. F. शिल्पिवित्तमः ।

33. I. याश्रितज्ञः ; B. D. स्मृतिज्ञः ।

The emendation follows J. and other Mss.

34. (1) I. कर्म विद्युश्च ; J. कर्म विद्याभ्य ; A.F. कर्म विद्युश्च ।

The emendation कर्मवित्सभ्यः, suggested by all other Mss. renders the expression more or less intelligible.

(2) D. B. वंधार्थया ; F. leaves this word in a lacuna; A. ह(च)पलश्च ।
(3) A. स्युर्दलापरः ।

The second half of this line presents many difficulties. If बन्धु is read with short उ, the following words would be दया (instead of उदय) and पर (instead of अपर, which is meaningless) and the three words बल, बन्धु and दया would imply some of the qualifications required of the carpenter. And there are parallel passages to support the suggestions. स्थपति is stated to be दृढबन्धुः in the *Vāstuvidyā* (I. 15), but not the तक्षक, whose qualifications are thus described :

तक्षणात्स्थूलसूक्ष्माणां तक्षकः स तु कीर्तितः ॥
सूत्रककर्मज्ञो गुणी शक्तः सर्वकर्मस्वतन्त्रकः ।
गुरुभक्तः सदाहृष्टः स्थपत्याद्यनुगः सदा ॥ (Ibid. I. 18,19.)
सुशीलश्चतुरो दक्षो शास्त्रज्ञो लोभवर्जितः ।
क्षमावानस्य(वान् स्याद्) द्विजश्चैव सूत्रधारः स उच्यते ॥ (*Śilpadīpaka*, I. 3).
कर्मान्तिकः स्थपतयः पुरुषा यन्त्रकोविदाः ।
तथा वर्धका(क्या)दयश्चैव मार्गिणो वृक्षतक्षकाः ॥ (*Rāmāyaṇa*, II. 80, 2).

For similar parallel passages from the *Mahābhārata*, *Vāstuvidya*, *Silpadīpaka*, etc., desoribing the qualifications of स्थपति, वर्धकि and सूत्रग्राहिन्, see the writer's *Dictionary* under Sthapati. See also the writer's translation of the Text.

35. This line seems to be quite uncalled for here and has been omitted by all Mss. except I. It does not seem permissible, however, to leave it out of the text. It is, therefore, kept, and by a small emendation, as suggested within brackets, it can be explained in a way.

36. (1) I. J. A. F. लोके, the other reading within brakets is suggested by other Mss. but the general obscurity of the line is not removed thereby. (2) J. कुरु for गुरुम् ।

38. J. विफलं । The construction of this line as well as the preceding three lines, and the one following, is grammatically untenable ; but the general sense of these lines is, however, clear to some extent.

39. For शिल्पीनां see note under line 1 above. मानोपकरण without any case ending is used for मानोपकरणम्, and would illustrate the barbarous nature of the text.

40. (1) A.J. प्रोक्ष्ये, F. प्रोक्ष्यो, B. प्रेक्ष्य । The word उद्वीक्ष्य, when it has been combined with नयन, bearing no case ending, must be taken as an adj. qualifying परमाणु ; it would be meaningless if it be read as a gerund in ल्यप form. It must, therefore, be emended either to वीक्ष्यः or वीक्ष्यम् according to the gender of परमाणु । I. uses it in the masculine and A. F. J. take it in the feminine. It is taken here in the neuter, and it thus conforms to the neuter forms तत् and उदाहृतम्, this necessitates the reading उद्वीक्ष्यं । (2) A. F. J. उदाहृता, I. उदाहृत ।

41. (1) J. षड्गुणितस्तत्र. More than a dozen authorities will be found quoted in the writer's *Dictionary* under Aṅgula; it is always eight times, not six. It is not clear how and wherefrom this reading is taken by this Ms.

(2) A. F. J. स्मृतः, but the other adj. गुणितं has been left in the neuter singular. That such errors are very frequent in the text will be noticed in the following lines also.

42. J. षड्भिर्मिलितनानं तत् यिला, B. D. तापश्चाकजाप, A. F. चांगुलं तत् ।

43. J. B. D. वीक्ष्य; I. रक्ष or रक्षा in this line, and रिष्ट in the following line; *Suprabhedāgama* (XXX. 3) reads रिक्षा; *Vāstuvidyā* (I. 5) has लिक्षा (long); so also the *Matsya-Purāṇa* (258, 18) and the *Siddhānta-śiromaṇi* (p. 52): but the *Bṛihat-Saṁhitā* (58, 12) has लिक्ष (short). But from the reading रिष्टै for लिक्षै, the *Mānasāra* seems to have used the short form लिक्ष; the gender of the word remains uncertain from these uses. In dictionaries it is used in the feminine gender.

44. J. रिष्टै । For parallel passages, see notes under Translation and the writer's *Dictionary* under Aṅgula.

47. A. F. यव व्रीहि; B. D. omit this line.

J. reads lines 42—45 between lines 47 and 48.

48. J. कनियेा; कनिष्ठ must be read in the neuter singular or be compounded with the following words; latter being preferable.

50. (1) I. वितस्तियुक्तं, which would not give the usual meaning; the emendation युग्मं is suggested by J. and other Mss.

(2) अधिकम् for अधिकः is another instance of errors committed by ignorant artists attempting to write Sanskrit. स्मृतम् in the next line also illustrates the point.

51. हस्त is made masculine in this line, and neuter in the next (52).

52. I. गृहम्; the emendation ग्रहः is supported by other Mss. as well as the *Suprabhedāgama*: cf. षड्विंशतिधनुर्मुष्टिः सप्तविंशत् धनु(र्)ग्रहः । (For context and reference see the writer's *Dictionary* under Aṅgula).

53. I. J. रज्जुमेव च कथ्यते for दण्ड: षट्रज्जुमेवच suggested by the other Mss.

Between the lines 53 and 54, all the Mss., except I. and J., include the line यस्मात वितस्तेन मानयेच्छिल्पिवित्तमः; A. घर. B. D. रथ । But the sense of this line seems to be expressed by the line 55; besides span would be too small a measure for houses.

54. In याने and शयने the locative is used either for genitive as in विमानस्य in the next line, or more properly in place of accusative.

57. The expression न मानानां is unintelligible; without the suggested emendation the line would be meaningless.

The apparent meaning would be given by an emendation like च मानानि; but in that case तत् and धनुर्ग्रह must be read in the instrumental. The same meaning can, however, be deduced if we read च सर्वेषां in place of न मानानां।

59. A. F. मालकी, B. D. मूलकः for मालकः।

63. (1) I. दारु for दारितं। (2) B. D. त्रिकांतं for चतुरश्रतः।

64. I. माजीवं for मं दीर्घं।

65. (1) A. F. I. J. मध्याङ्गुल, which does not convey a suitable sense; the emendation gives the apparent meaning and seems necessary.

(2) हस्तं seems a better reading.

68. मूर्ति, without a case ending cannot be used here. It is also grammatically necessary to read प्रोक्ता।

69. J. शाद for शाता, both of which are almost equally obscure.

70. J. शिंशुक, which seems to be a confused reading.

72. (1) J. प्राग्वत् for पार्श्वात्। (2) I. नुग्रह for नाहकम्।

73. B. D. वंहि, F. वर्धि for वर्जितम्।

75. (1) B. D. J. दैवत्यं। (2) The second portion of this line would be too clumsy without the suggested emendation.

79. (1) I. सेा स्तिता for स स्थितः। (2) J. करणकं for रेखुरं।

80. For चत्तु all Mss., except I. J., read वद्वस्तु।

CHAPTER III

1. I. यस्मिन् for second यस्मिन् ।

2. J. प्रोक्तादथ ।

3. I. J. याज्यं for यानं ।

4. (1) I. J. धरात् for धरा; the error seems to be due to a slip of pen of the copyists. (2) J. जातोनि, A. जादोनि. I. जातिहि, the emendation suggested by the other Mss. seems doubtless.

5. J. वस्तूनि for वास्तूनि ।

By some extraordinary and most annoying confusion, which will be seen repeated several times in the text, I. J. read, between lines 6 and 7, first, the lines 15-17 and then lines 30—31. The adjustment is unavoidably necessary, and fortunately it is warranted by the undoubted link of sense, and its correctness is guaranteed by the other Mss.

7. A. प्रभां for प्रपां ।

9. (1) I. अधिकस्य कथं शिल्पि शिल्पिका चारितं तथा ।
J. अधिक-स्यन्दनं शिल्पी शिबिकाचारथं तथा ।

Neither of these readings bears any sense. The emendation is suggested by the other Mss. and is supported by the contents of the 43rd chapter, which deals with the conveyance.

(2) शिल्पि is apparently for शिल्पिन् (vocative).

10. J. सर्वे; सर्वं would certainly give a better meaning.

11. (1) I. च ममबली for मञ्चली ।

(2) A. साल, B. फाल for फलक ।

13. (1) A. त्वयिकारंड राशिभिः ।

(2) धरादिभिः is apparently an adjective to चतुर्विधम् and should be in the nominative singular; as it is, it bears no sense.

14. (1) B. आदित् सा ज्ञायते ।

From the contents of the first line the expression would appear as आदित्यस्य for आदित्यानां । (2) I. J. read महि (without a case ending).

15. Grammatically it is **necessary** to read either गन्ध in the accusative plural or स्पृश् in the instrumental plural, the former being certainly better. रस would be more grammatical than रसा।

16. (1) As the line stands, परीक्ष्य, without any connection with a nominative, is grammatically a bad form.

(2) I. सुभूमौ।

17. B. भूमिः रसेा; the second मसेा is apparently for पभिः or मामिः।

19. I. J. तदुम्बर; J. प्रणव।

21. (1) I. J. विस्तारः। (2) I. J. अष्टा; if the reading विस्तारः be preserved, we must read समाधिक्यः, but this construction does not bear a satisfactory meaning. We would read विस्ताराष्टसमाधिक्यं दैर्घ्यं; compare line 24 below.

J. leaves out the lines 19-21, and B. 19-22.

22. I J. आदिक्त; the emendation is suggested by the other Mss. compare line 20 above.

23. महि is not intended to be read in the neuter because the adjective सम्पत्प्रदा is read in the feminine; but the other adjectives are read in the neuter.

24. (1) I. मादिकायामपितवेत्। (2) A. युक्। It should be noticed that the rules of grammar are outrageously violated in this line.

25. B. वणवध्यरसा।

26. (1) I. पर्श्वे। (2) A. महि for मही. The neuter adjectives qualifying feminine noun in lines 25, 26 as in 21—24, if not in 18—20 and 27-29, should be noticed.

27. J. मायतमाधिकम्।

28. I. रविम् for रसम्।

29. I. यस्तु for वस्तु।

30. This line seems to be out of place here.

34. (1) I. J. विजां for विशां; the mistake seems due to the carelessness of the copyists.

(2) I. शूद्रैः for शूद्राणां seems to have been prompted by the desire of preserving the metre.

(3) B. प्रागुक्तश्चशोभयेत्

CHAPTER IV

1. The contents of the chapter necessitate the emendation; there seems to be a confusion between this line and first line of next chapter.

3. I. J. चाथतं for जायते; the emendation is suggested by the other Mss.

4. (1) I. वनुरङ्ग।
 (2) I. द्विरतं, J. दिरदं।
 (3) I. वीथोारडारतं for साकरदु। B. D. साकार; A. F. सागर।

5. B. D. किंचित्पूर्ण गजादिभिः।

6. I. याव्यै for धान्यै; the emendation is suggested by all other Mss.

8. I. सं ·······स्पना for संस्पर्शना।

9. A. F. J. सेशोकः। अशोक is the usual form.

10. (1) I. J. A. सूत apparently for चूत। (2) A. F. B. D. षट्ट for वृष।
 (3) B. D. समास्थितः। समस्थला seems to be the correct form.

11. The adjectives धवल and others should be read in the feminine.

13. I. J. वर्धनी मानवाङ्गलो; B. D. वर्धनी च स्वश्रमः for प्रदक्षिणाकारा वर्धनैः suggested by the other Mss. In order to preserve the sense of lines 13-14, a reading like the one included here is unavoidably necessary. But the second portion of the line 13 remains more or less doubtful.

14. (1) I. J. अङ्गलो।
 (2) I. हष्टिनोरा; J. नोया; the emendation is suggested by A.F. and the other Mss.

15. (1) I. J. वशोता for रहिता suggested by the other Mss.
 (2) I. J. B. D. निष्ठ for निष्क।

16. (1) A. F. I. J. सूक्ष्मसलिला for सकिसिकता। The difficulty of retaining the former reading is that it does not conform to the context, and it does not preserve the sense. For these reasons we have preferred the reading suggested by the other Mss.

(2) I. वच्चा for वर्जा ।

17. (1) B. D. पृथिवींद्रैश्च शूरैश्च । (2) A. E. वृताः ।

18. I. leaves out this line, but it has been preserved by all other Mss.

(1) A. F. विहिलेकंड, B. D. भिल्लेकभ्य । (2) A. F. B. D. रसंयुता ।

19. (1) B. D. निष्कृषा । (2) J. निजिभुतश्च ।

21. I. G. लाश्च for लाज्य ।

22. I. J. मरडजं, B. D. मरडजैः for मगडज ।

23. (1) B. D. A. इन्द्र, J. क्षत्र, F. दुष् for नृप ।

(2) A. F. सहा, B. D. सभा, I. J. समा । (3) I. J. शै for चै ।

24. (1) I. कर्णक, J. वर्षक, B. D. सुवर्णकलशै for कटक suggested by the other Mss.

(2) तरोर् is apparently for तरुणा । (3) I. द्रित for द्रुम । The more grammatical form would be शालद्रुम ।

25. A. F. कमोपता.

26. (1) A. F. जानांग्रहै, B. D. आपान च for प्रज्ञानानां गृहैः ।

(2) I. J. कारो ग्रहो प्रभा, A. F. वृथा for कारगृहैर्वृता suggested by B. D.

27. I. यदा for पथा suggested by all the other Mss.

28. (1) A. F. गंधं, B. D. तर्कं for गर्त ।

(2) B. D. पंजरयो, A. F. वंमुखोपमं for मुखोपम ।

29. (1) A. F. झषेाप, B. D. उवेाप ।

(2) Before the last expression there is a lacuna which is common to all the Mss., and might be which filled in by a word like सर्वत्र ।

(3) A. F. वृथा, B. D. व्यदा for प्रभा ।

30. कोशेषु seems to be the intended construction.

31. I. J. शील, A. F. B. D. शिव for शाल suggested by the other Mss.

32. I. मक for मर्कट ।

33. B. D. खलं नामानभिपश्चात् कृति च शूर्पलक्षणं ।

34. (1) I. विदाला । (2) I. वचर for खचर; B. D. विद्दोल चरोपमं ।

35. (1) A. F. नीचश्चापि । (2) A. F. तुषारा, B. तुवरा ।

36. A. F. स्यं निर्जेता, I.J. वस्तुरेव स्यानोजिता भवेत् for विधानं तद्देवं स्याद्दूर्जितम् (suggested by B. D.) whereof ऊर्जित is obviously an incorrect form for वर्जित ।

37. A. F. B. D. विद्यं च । It would have been more appropriate if this line could be read before the preceding one.

38. (1) I. J. वास्तोल्ये । (2) B. D. महत् । (3) I. J. च for यः ।

39 B. D. तदुष्कृत्स्य नियात्तस्याद्दिजशकाहरा ; the second half of this line remains more or less obscure.

40. (1) A. F. स्यभि । (2) I. has a laouna for बहु, which is supplied by all other Mss. B. D. न्यभि सादरवस्या स्वर्णं निबद्धुरसबहु ।

41. (1) A. F. विव, B. D. तिव for बीज । (2) A. F. वृत्तैः B. D. वृते for व्रतैः ।

42. (1) B. D. वशोभ्द्रत्वा for संस्कृता । An expression like the one within brackets is missing in all the Mss. Besides, the end of this chapter in all the Mss. is evidently curtailed.

Colophon :—The contents of the chapter necessitate the emendation ; there seems to be a confusion between the titles of this chapter and of the next.

CHAPTER V

1. The contents of the chapter necessitate the emendation; there seems to be a confusion between this line and the first line of the proceeding chapter.

2. A. B. F. तदुक्ता कारणादादि; B. कारिणोदादि।

Between lines 1 and 2 B. reads: जप्ता मंत्रमिदं पश्चात्तक्षणपरिग्रहैः सह।

5. (1) A. F. have प्रोक्ष्या before गच्छंतु। (2) A. F. दांवपि for देवता अपि।

6. B. पृथिवी, A. F. वृत्धि। The singular form of the verbs, it should be noticed, is not strictly grammatical.

7. I. विभोतेत्तुङ्ग, for विहिते कुम्भ, B. has only one word वक्षैश्च, but then adds तक्षणपरिग्रहैः सह।

8. (1) B. वापयेत्, A. नावये, F. नावयेत्। (2) B. शालि, F. सकल for सर्व। (3) A. F. कपितैः।

9. A. F. सस्यात् पक्वफलादोनि निविडानिरवग्रहात्। I. J. पक्वफलाग्निविना, which expression does not seem to give any sense whatever. B. प्रेक्ष्यतत् पल्लवानि निविडनिरग्रहां। पल्लवानि is thus suggested by B. and निविडानि by A. F. B.

10. A. F. सवृषभान् सर्वान् सांश्वापि, I. J. येतान्त्सवृषभान्संवत्सां, which is meaningless. The emendation follows B.

11. B. नासापूर्णे।

12. (1) A. F. संदृष्ट। (2) B. omits this line. A. C. F. read the 2nd *pāda* as ध्वलि भूतलूपितं; I. J. ध्ववषे.... । Neither ध्वलि nor ध्ववषे is known in dictionary as a Sanskrit word. धवले might keep up the metre, but धूलि would bear some sense; but the meaning of this line as well as that of the preceding and the following is obscure. See notes under Translation.

13. (1) B. संप्रशस्य, A. संवृस्थं, F. संवस्तं for the first *pāda* (2) B. वसनैस्सर्वतिर्वैति वत्सरकमात्, A. F. सफनैश्वपतितं सत्यवत्ततः for the second *pāda*.

14. B. गोष्टोक, A. F. गोष्टगे।

15. (1) I. A. F. गोमन्थो रोमदोग्धार, B. रोमदोद्गार खलीकैः।
(2) B. गोष्टकै, A. F. शोष्पदे for गोष्पदैः।

16. B. नवश्रोरससहकांतदेश्च ।
17. B. विये for विषयैः ।
18. B. दित्सतिस्पते, A. C. F. द्विति''''स्विते ।
20. (1) B. रव्यापनं ; A. C. F. खनितं । (2) A. C. F. वास्तु, B. सूपमुध्य ।
(3) A. B. C. F. विधिः ।
21. (1) B. चतुरस्रं । (2) A. B. C. F. तुपरितेा ।
22. (1) B. पदंतु, A. C. F. तः for परितः । (2) B. निक्षिप्य । (3) A. B. C. F. चेाक्रियं, evidently for चेाच्छ्रितम्; I. J. येाश्रयं ।
23. (1) B. पूर्वं for पूजयित्वा । (2) A. C. F. प्रणत्वा । (3) B. कृपवादिकां, A. B. C. रुपचांबिकां ।
24. (1) B. नव for सर्वं । (2) A. C. F. रक्ते for रत्न ।
25. B. पूजयित्वा यथान्यायं सभांतां सुव्रतस्सुधोः ।
26. (1) A. C. F. नियुतं । (2) B. मनः ।
27. (1) B. प्रांचत्व, A. C. F. प्राचीत्वरिद्धिर, I. प्रचि; the emended form प्राची is suggested by J. A. C. F. (2) J. भूले ।

Before line 28, J. I. have प्रथमे मन्त्रि, two words of a line, which are unconnected and not found in any other Ms.]

28. B. ध्यापमंत्रैरक्षतानि वस्त्रयान्यधनैरपि । A. F. त्यत्रं मंत्र इहश्शेाखि विवर्धस्व धान्यैरपि ।
29. (1) A. F. भवते. B. भुवते, I. J. भूयते probably for भूतये; but none gives a suitable sense. (2) B. तुनां for नमः ।
30. (1) B. कृत्वा धूप ।
(2) B. श्रमेत, I. J. कमे, for कमेत् suggested by A. F.
31. B. परोक्ष्यं तु कूपदं परितस्सुधोः; A. C. F. परिक्षेतकूप''''स्थपतिः शुचिः । परोक्ष्येम is an imposible form ; perhaps it was intended to be परोक्षेयं (1st sing. विधिलिङ्), which, however, does not suit the context.
32. (1) B. गृहं तं, A. F. ग्रहन्नं । (2) B. ते for वै ।
33. B. किंचिद् विनाशनम् ।
34. (1) I. J. मुदा, A. F. मृगा for मृदा । (2) B. वर्तते शुभे, A. F. दामतिः for गर्ते पूरिते ।
35 B. घमं च मृदाहीनां चेात्तमं मुचलादिका ।
(1) A. F. हीना । (2) A. F. चेात्तमात्रश्चचाधिका, I. J. चेात्तमातृश्च वा for चेात्तमा च चाधिका suggested by the other Mss.

36 (1) B. प्रेक्ष्य कर्त्तं । (2) A. B. F. चरोजलं for चरोत्तरम् ।

37. (1) B. निभा for समा । (2) B. न्वितयैः ।

Between lines 37 and 38, B. reads इति मानसारे वास्तुशास्त्रे पंचमोऽध्यायः

39. A. B. F. श्वेतं च ।

41. (1) I. J. एकस्या । (2) B. समं कार्यं for वर्णमाङ्कुर्यं ।

42. (1) B. अथेा, A. F. अयेा । (2) B. भिन्न for अति । (3) A. F. B. D. विपरीतं तु, I. J. वरितं, which may be the mistaken form for वर्जितं ।

I. J. leave out the next three lines, which have been preserved by all other Mss.

43. B. वेशनं for येाननं ।

44. B. दुष्ट, दुष्टावर्ज, F. विद्दष्ट ।

45. A. C. F. वमपूरेवं for वज्रहोनं च ।

46. (1) B. भिन्न, A. F. चिह्न for छिन्न । (2) I. J. भद्रं for भग्नदन्तं । |(3) I. J. परिवर्जयेत् for वर्जयेत् ।

48. A. B. F. भावर्त for भाबद्ध ।

49. (1) B. बद्धं । (2) A. F. चाश्रुतकर्णे नमः, I. J. चाश्रि युतेकमाः for the last expression.

50. (1) H. F. अनध्यांतं, I. J. अनस्पान्, neither of these expressions occurs in dictionaries ; B. आसनं । (2) I. J. च लक्षणं for the last expression.

51. B. श्रृंगाकर्पार्थेन्त्रादि वानकं ।

B. omits the next three lines.

52. (1) I. J. पालपट्ट for फालपट्टं sugested by A. C. F. (2) I. कनस्चेा for कनकैश्चा sugested by A. F. J.

53. A. F. अनंगां for अनस्वा or अनस्वान्; both are obscure.

54. (1) I. बन्धकं for बन्धनं suggested by A. C. F. J.

(2) J. वासजम्, A. F. पाम्सनं for वास्मितम् ।

55. (1) B. शिलित्र प्रेक्ष्य for विद्वान्वक्ष्ये । (2) I. J. वद्दद्धिद्वान् ।

56. (1) B. वज्रं च for खादिरं चैव । (2) B. निम्नं । (3) A. F. सकलं ।

57. (1) A. F. सरक्तं । (2) A. F. क्षोरिणं ।

58. (1) A. F. पादत्यर्धं, B. पादाद्यर्धं । (2) J. मेववा for मेव च ।

59. (1) I. स्कंच for स्पश्च । (2) A. F. मुष for मूल । (3) I. A. F. विस्मृ, B. विश्रृ for विस्तृ ।

60. J. किश्चिद्दिक, I. कश्चिच्छिक्कं, A. B. F. किंचिद्वक्रं for किश्चिद्वक्रं ।

61. (1) J. तन्मूलमष्टकं, B. मष्टास्रकं, A. F. मष्टक चार्धं । (2) B. पत्रं ।

62 (1) B. यंतर्, A. F. याम for मूले । (2) B. पूजयेत् ।

63. (1) I. A. F. B. दंड । (2) B. त्रिस्तं, I. त्रिदण्डं । (3) A. B. F. तारं ।

64. A. F. शशां, B. शतां for शरा ।

65. (1) अपास्त for अथवा । (2) A. B. C. F. पाद for सपाद ।

67. (1) B. यर्धं. A. F. ध्यार्धं । (2) I. गुत्या, B. युक्तं for युक्त्या suggested by J.

68. B. विशालस्य for विशेषेण ।

69. I. स्कंच for स्पश्च ।

70. I. उत्से(ध्ये)द्विमात्रं for उत्सेधं द्विभिमात्रं suggested by J.

71. I. अथ कोलैा तत्र तुषैा for अयष्कीलं तत्र कुक्षैा suggested by J.

72. I. प्रशास्यते for प्रकल्पयेत् ।

73. (1) I. स्कंच for स्पश्च । (2) B. रुद्रपाद for मध्यपट्ट ।

74. (1) J. अङ्गुलि । (2) B. मेववा ।

75. (1) B. तु भाग, I. तरंग for युग suggested by J. (2) A. F. स्थाश्च योजयेत् ।

76. B. मध्य द्वयाभ्यद्वैत द्वंय द्वारकं, J. पंश्च द्वयोश्छिद्रेनड्वन बन्धात्वकं, A. F. मध्ध द्वयोश्छिद्रैर्नेध्वन्बंधार्थकं ।

77. (1) I. मस्यो, J. A. F. मध्यो for मध्ये suggested by B. (2) J. B. द्वयेा । (3) I. चा for चापि ।

79. (1) I. अनस्वं, J. अध्व for अनड्वाहेा, A. F. omit this.
(2) B. अलंकृतेा ।

80. (1) B. पञ्चागं । (2) B. भूषयेत् । (3) I. चित्पेश्व for शिल्पी श्वेत suggested by J. A. F., B. शिल्पिरा । (4) I. J. वत् for वान् suggested by B.

81. I. तु वलिवन्धं चयं बुधेा, B. नृचक्र डिंदियं बुधः for तत् बलीवर्दद्वयं बुधः suggested by J. A. C. F.

82. B. परांत for पितामहम् ।

83. I. A. C. F. वाचकम् for वाचनम् suggested by J. स्वस्तिवाचन is the technical and usual form ; see note under the Translation.

85. (1) A. omits the first word, I. F. त्रिमयं for त्रिधा suggested by J. The former word in the latter sense, i. e. to imply three times, is not generally used. B. तेभ्योऽपि दक्षिणं दद्यात् । (2) B. वर्जयेत् ।

Between lines 86 and 87, the lines 22 to 25 of the next chapter are repeated in I. through some confusion.

87. (1) A. F. अधिकरण, B. अवर्षेण । (2) B. स्थपतिभ्यो, which seems to be the proper form.

89. I. leaves out कुर्यात् ।

90. A. C. F. have a lacuna, B. त्तान्य for त्तादि ।

91. A. C. F. रैवकर्षण, B. लयावास्तुणवं for the second *pāda*. It should be noticed that this last line of the chapter does not complete the verse.

Colophon :—I. परिग्रह for संग्रहोनाम । suggested by the other Mrs.

The contents of the chapter necessitate the emendation; there seems to be a confusion between the titles of this chapter and of the preceding one

CHAPTER VI

2. (1) B. J. leave out तु after काले । (2) A. F. शंकुस्थापनमेव वा ।

4. (1) J. यथवा for यथा । (2) I. कृष्णमे, A. F. पक्षमे for पक्षे suggested by J.

(3) I. A. F. शुभमे, B. इत्येवं तु for शुभतमे suggested by J.

5. B. मायाममा for मावास्यां ।

6. (1) J. ह्रन्, B. न्हे; A. F. न्हं for ह्रात् । (2) I. स्मित for स्थित ।

7. (1) I. स्नपनात् for स्थापनात् । (2) B. सर्वधान्यानि निक्षिपेत् for the second half of the line.

8. (1) B. घात्म for घात । (2) B. रस्रं for रश्मं । (3) I. समं तथा for समन्तत:, suggested by J. and other Mss.

9. A. F. विपत: सलिलस्थितं, B. चतुरस्रघनस्तलं ।

10. (1) B. माला । (2) B. शाखे ।

11. J. निन्दुकं, B. तुंम्ललश्चिपं ।

13. (1) A. F. शठत्वावायाम तुस्तं । (2) B. त्रिहस्तं ।

15. (1) B. निवृत्तं । (2) I. J. निर्वृणं । (3) I. चित्र for छत्र suggested by J.

16. B. प्रचक्षते ।

The strict grammar would require the reading शङ्कु ।

17. (1) A. F. नार for तारं । (2) A. C. F. शरांकुशं ।

18. J. वर्णयेत् ।

19. A. J. कन्यासं, F. ग्रन्यास, B. कन्यस्तं द्वादशायामं ।

20. A. F. त्रयं, I. J. त्रिय, B. त्रय; we have kept the last form, though it is not sanctioned by usage as a first member of the compound. In this sense the form like लोकत्रय is generally used.

21. (1) A. F. नाभि, B. नाम । (2) B. नचां ।

B. omits the next four lines 22 to 25.

23. J. तत्त्वज्ञा, I. बिन्दुतसंज्ञा ।

24. A. B. F. मापयेत् ।

25. I. तत: for तकम् suggested by J. and other Mss.

26. Like शास्त्रवित्, शिल्पवित् would be the more usual form.

27. J. पूर्वादि ।

28. B. मतंद्रितः for त्यजेत्ततः ।

The word बिन्दु is usualy masculine; the correct form should, therefore, be बिन्दुम् ।

29—30. I. reads आयत्या after षड्, and it is preceded by आयाम which implies almost the same idea as आयत्या । Though the meaning of the verse is more or less obscure, the reading आधिक्य in place of आयत्या, suggested by J. and other Mss., is preferable.

(1) J. शन अव, A. F. नवम for अप ।

The first portion of line 30 is taken from J. in place of which I. reads तस्यां नवनवच्छायां, which does not seem to be a better reading. The further justification of reading अपच्छाया here lies in the fact that the details of अपच्छाया are described in the lines immediately following.

(2) I. J. प्राचीन, A. F. प्राची for प्राचीं suggested by B.

31. I. अरु, J. अव for अप । (2) J. छाया, B. मासादौ यावच्छाय ।

36. I. A. F. दक्षेचोक्ता, J. दक्षिणोक्ता, B. दक्षेचैका, for दक्षिणे चोक्ता suggested by the other Mss.

37. I. यत्सूत्रं, B. तयाशुद्धं for यच्छुद्धं suggested by J. A. F.

38. I. चोत्तरसेा दिशि for दक्षिणतेा भवेत्, and leaves out the next line, which is necessary.

39. J. reads छायादोत्तरेा, which is apparently a mistake for चेात्तरतेा, due to the carelessness of the copyist.

40. (1) I. यादिमुखे, J. यामि मुखे । (2) Far वामे वामं न्यवेद्यते, B. धावा मान्यवेरके, A. F. प्रत्ययायाम यामन्यमन्यते ।

41. (1) I. A. F. नित्या for नीत्वा suggested by J. B. (2) I. याने for धाम्ना suggested by J.

42. (1) I. अवद्धरयत् for अपच्छायां । (2) I. शिल्पि ।

A. leaves out the next two lines 43, 44.

43. (1) B. F. तीर्थां for नीत्वा । (2) J. तात्तरतेा, I. चेात्तरतन for चेात्तरतेा ।

44. (1) F. इत, B. मान for मीन । (2) I. पुरिक्तो for पुरतो । (3) B. F. मेनवः for मेव च ।

45. (1) I. सामे, B. स्यात्, A. F. सौम्य । (2) J. I. तस्या ।

46. B. प्रक्षासने स्तन्यं ।

47. J. वनि, A. B. C. F. पति for प्रवधि ।

48. (1) B. मानानां । (2) J. A. B. F. दिवसेषु । A. F. have a lacuna for the last word.

49. (1) I. पुरुच धान, B. प्रवताया, A. F. पुष्ट···छाया for यपच्छायां suggested by J. (2) A. F. रोद्यते ।

50. (1) The ungrammatical combination, प्रथमे पङ्क्ते, should be noticed. (2) J. विवर्जयेत्, which form is more usually used to express the sense.

A. F. omit the next 6 lines.

51. (1) I. मध्यदेशे दिनं । (2) J. चान्य, B. चांन्य । (3) I. मङ्गुली ।

52. J. वृषभे प्रथमे पंक्ति चांगुलं च विवर्जयेत्, B. प्रथमे देशके ।

53. (1) I. has a lacuna after चै । (2) B. दशकं । (3) J. त्यज्यछायपङ्क्ता द्वयाङ्गुलम् ।

54. (1) J. दिवसे दशके । (2) B. मं for त्वङ् ।

55. I. has a lacuna after वह्नि ।

56. J. प्रथमे पङ्क्ति चतुरङ्गुलकं त्यजेत् ।

57. J. पङ्क्तिञ्यङ्गुल्यं चान्यपङ्क्ति द्वयाङ्गुलम् ।

59. A. सिंहराशौ निर्दिशंकं whereof F. omits the second word.

60. (1) A. F. वर्जौ for पङ्क्तौ । (2) B. नवां for विना ।

62. A. F. वर्जौ for पङ्क्तौ । For द्वयाङ्गुल compare the form त्रयाङ्गुल under line 20, chapter V. The mistake is often repeated.

64. B. पाद for वेद ।

65. B. मादि दशके वर्जयेत् for प्रथमे पङ्क्तौ दिवसे ।

67. A. F. चांगुलं द्वयङ्गुलं ।

68. A. F. विसर्जयेत्, B. त्यजेत् ।

70. I. J. भवेत् for बुधः suggested by the other Mss.

72. B. कुंभादौ ।

75. B. मध्ये दशदिने चैव ।

In place of lines 58 to 76 J. reads the following :—

अवधि प्रथमे पङ्क्ति द्व्यङ्गुलं च त्यजेत् विदुः ।
मध्ये पङ्क्तिश्चमेकं वा अन्त्यपङ्क्ति विनाङ्गुलम् ।
कन्या च प्रथमे पङ्क्ति वर्जयेत् द्व्यङ्गुलं तथा ।
मध्यपङ्क्तिश्चमेकांशमन्यत्पङ्क्ति द्व्याङ्गुलम ।
तुला प्रथम पङ्क्तिश्च द्व्यङ्गुलं च त्यजेत्बुधः ।
मध्ये पङ्क्ति त्रियङ्गुल्यं चान्त्ये तु चतुरङ्गुलम ।
वृश्चिमे प्रथमे पङ्क्त्या त्यजेद्वा चतुरङ्गुलं ।
मध्ये पश्चाङ्गुलं त्यज्य······जेत् षडङ्गुलम् ।
धनुः प्रथम षडङ्गुल्य मध्ये सप्ताङ्गुलं त्यजेत् ।
अन्त्ये अष्टाङ्गुलं त्यज्य मकरे प्रथमेष्टकम ।
मध्ये सप्ताङ्गुलं त्यज्य चान्त्यपङ्क्तिषडङ्गुलम ।
कुम्भ च प्रथमे चाष्टे मध्यपङ्क्ति शराङ्गुलम ।
अन्त्यपङ्क्तिस्तु वेदांशं मीने च प्रथमे चतु ।
मध्यपङ्क्ति त्र्ययङ्गुल्यं चान्त्यपङ्क्ति द्व्यङ्गुलम ।

77. (1) I. अवश्चादां for अपच्छाया(यां) suggested by J. and other Mss.
(2) I. तन्त तास्ति for तत्र नास्ति suggested by J. and other Mss.

78. (1) A. F. रविकाभ्यां, B. वत्रसां, J. मथराश्यां । (2) A. B. F. J. च for तु । (3) J. वृषहस्तितम् for वृषभस्थितम् ।

79. (1) B. दक्ष विभेद्यकः । (2) I. has a laouna between ऋक्ष and भवेत् and leaves out यदि ।

80. A. F. add शाका after उक्त ; B. omits तत्र ।

I. omits the next three lines, of which the first two (81, 82) have been preserved by J. B. D. A. F., and the last by all these Mss., except J. These lines (81, 82, 83) refer to a further modification of the rules regarding the calculation of shadow; but they have been altogether left out by the *codex architypus* : they are, therefore, included within square brackets to indicate their doubtful validity.

81. A. F. राश्यानितर ।

83. J. omits this line. B. प्रसारयेत् and after this B. adds एवं कृते फलं वास्तु सुखार्थं स्यात् सप्तक्षयः । इति श(शं)कुस्थापनप्राचीन लक्षणं, and then omits the next eight lines.

84. (1) A. F. पेशान्य । (2) J. यथो for यथेा ।

85. J. बिन्धेा for बिन्दो ।

86. (1) J. बिन्वेा for बिन्दो । (2) J. ईशान्य for ईश । (3) J. सृत्येत् for सूत्रयेत् ।

87. J. भार्तिकामस्यकारेण, A. C. F. मुक्तिकामं ठकारेण ।

88. (1) J. प्राचि । (2) J. संमतम्, I. धर्मताम् ।

89. (1) J. भग्नयेत्, A. F भाग्नये । (2) J. प्राचि ।

90. J. वस्तु ।

91. A. F. J. सुखार्थं for सुगाढं ।

92. J. मानमसं, A. F. मानससूत्रादि ।

94. (1) A. F. B. समावर्तं । (2) B. त्रिधा for तृतीया । (3) J. वक्र for वर्तं in both the places.

95. J. पटा ।

96. (1) I. सूत्रेाक, B. सूत्रांत , A. F. सूत्रं त for सूत्रात् suggested by J. (2) J. A. F. मिति, B. हि for होति ।

97. A. समादि, F. मतस्य वि for इन्द्रादि ।

98. J. इन्द्रादि चाग्नि ।

99. (1) A. B. F. J. सैाम्या दिवा । (2) J. युगान्तकम्, which seems better than the last phrase of the line.

100. J. परिस्तरेत् ।

101. A. F. निग्रहे, B. द्विमात्र गृहोवेाऽपि ।

102. I. मनयेत् for मानयेत् ।

103. J. हस्ते माधिकत्वमाम् ।

104. एकं for एवं, which seems to be the correct reading.

105. I. कन्यैः for कर्णैः ।

106. A. F. निष्टम ।

107. A. F. षट्कं, B. वसश्च शत for चतुःशङ्कुं ।

108. A. F. प्रभीर्थकं, B. विष्यंतकं for महार्थकं ।

B. omits the next four lines.

109. A. F. चारिमेदं च मधुकी, J. मेादं (मेादाख्यः is a name of the mango tree ; मेदस् is also the name of a plant).

111. A. F. J. पञ्च apparently for पङ्क्ति meaning ten, but this or the other reading पञ्चति given in the text, does not give any sense; apparently it is intended for पञ्चविंशति ।

112. (1) A. F. J. B. मात्रं for मानं । (2) हवम् for हकम् ।

113. (1) B. वमालाम्र, J. मूलादम्र । (2) A. F. क्षय⋯द्रुमान् ।

114. (1) I. कन्तुभैा for काबुभैा suggested by J. (2) A. F. प्रभेा for कुभेा ।

115. A. F. J. लाक्षि for लेाष्ट्र ।

116. J. संख्याश्च ।

118. (1) B. समंतात्, I. समरं, A. F. समर्चा for समज्या sugested by J. (2) J. वदा for ततः ।

119. I. याङ्गैः, B. सपर्णाद्यैः शतक्ष ।

120. I. प्रभावयेत् for प्रहारयेत् suggested by J.

Colophon :—B. reads सप्तमेा for षष्ठ ।

CHAPTER VII

2. I. has a lacuna in place of पदं। The unusual form नामम् should be noticed ; but this form is not uniformly used : see for instance lines 3, 4.

3. पैशाच is read as पेकच (IX 422) also in tho *mayamata* (VII 1, 8, 23), which appears to be a better reading because पैशाच is the name of one of the several rounds into which a whole plan is fnther subdivided, the others being Daiva and Mānusha, etc.

B. omits the lines 5, 6, and 7.

7. I. reads, in place of this line, षष्ठं षष्ठं षष्ठंशं चे······श्च कथ्यते। The complete line is taken from J. and other Mss.

8. (1) I. सतमा। (2) I. स्त for स्थण्डिलं।

10. (1) I. पदमेकादशोति; compare the *Bṛihat-Saṁhitā*, LIII, 42 f.
(2) A. F. शायिकं, B. परवंशैकमोरितं।

11. B. ग्रासनं मानमोरितं।

12. (1) J. मेक for चैक। (2) J. विंशत्पदं। Here the square of eleven is intended, and it should be $11^2=121$; the emendation follows J.

13. J. चाध्ये, A. B. F. चाधेा, I. चाथेा। The unusual form नामं (see lines 2, 11) should be noticed.

14. The number intended to be expressed in this line is 144, the square of 12. I. J. सपञ्चाशदष्टं for सचत्वारिंशदेवं। The twelfth plot is named देशीय (in the *Mayamata*, VII 3, 11), which is a synonym of देश्य।

16 A. B. F. मेकं for मेवं।

17. B. पदं, A. F. J. दशमिति for शतम्।

19. J. विंशतिका, A. B. F. विंशतिवा for विंशपदा, J.'s reading is better as it avoids the repetition of पद।

20. (1) B. नान सिंहासनं। (2) I. J. षधिषेाडकास्तथा for षष षेाडशा; तथा suggested by the other Mss

21. (1) The compund सताष्ट to express 56 = 7 × 8 should be noticed.

(2) B. पंचाधिकं च। I.J. add at the beginning रामं and omit पद्म।

A. F. omit the lines 22, 23, and read instead the following :—

तथापदं विवेशं स्याच्चैकत्रिंशविधानकम्।
एकषष्टिपदं यत्त नवमं पदसंयुतम्।

23. (1) J. पाद। (2) B. यथा।

24. I. पदं चैव नामकं नाष्टमं भवेत्।

26. (1) J. गणिति। (2) B. तथा for ततः।

27. The reading सूर्यं विशालक is found in the *Mayamata* (VII. 4, 15).

28. B. सेकं। The form पञ्चाष्टम (5 × 8) is compounded like सताष्टक (7 × 8) noted above ; see note under 21.

29. B. सासद्दोतमोरितं।

30. B. विंशतिके के देवागारे।

31. (1) I. रपतो for सुप्रति suggested by J. and supported by later references. (2) J. विधानकैः।

32. (1) B. omits विंशत्। (2) I. क ह्विजानतम्, B. मेतद्विजावनं, J. and the other Mss. तद्विशालकम्।

Both I. and B. have the expression, तद्विशालकम्, for the first word of the next line.

33. I. धिकम् for धिक्यं सप्तति suggested by J.

34. B. विश्वगृह for विप्रगर्भं।

35. I. विंशप सद्मतम्, B. षट्शतम् for विंशत्सषट्शतम् suggested by J.

36. (1) B. विश्वश। The correct form seems to be विश्वेश।

(2) The form नामम् should be noted.

37. I. ना for सं।

38. (1) I. J. कृत। (2) B. संज्ञा, which is much better grammatically than संज्ञात्वा। (3) B. विपुला।

39. J. सतधा।

40. (1) J. B. युक्तं। (2) J. B. तोरिनम् for विप्रकान्तम्।

41. (1) I. अष्टविष्ट। (2) I. reads मासिक apparently for माधिक as in J. which is meant for अधिक।

42. (1) I. J. शोति for शत। (2) I. विंशाल।

43. B. विश्वाविंश for नवविंशत्; the usual form is, however, ऊनत्रिंशत्।

44. I. J. अष्टादश for अष्टशत; the emendation needs no explanation as the number required must be 800; see notes under 12 and 14 above.

45. I. न···सं for तत्र त्रिं suggested by J.

46. J. विधानकम्।

47. I. J. पदं युक्तं नवमं पदसंयुतम्। The improved reading, retained in the text, is suggested by B.

48. (1) J. कात्त for कान्त। (2) J. त्रिंशच्च।

49. I. J. सङ्कभू for सहस्र suggested by the other Mss.

50. The last plan is named इन्द्रकान्त in the *Mayamata* (VII 7, 21, 29), which does not seen to be a better reading. B. adds, between lines 50 and 51, एवत्तो सद्देवस्थापन पदविंन्यास।

51. (1) B. मेवपदं। (2) Notice the form सूत्रम्, which is apparently meant for सूत्रेण।

52. B. सूर्य for सूत्रम्।

53. (1) J. जलेश, B. जलेशस्य, which is more grammatical. (2) I. पर····म, B. पाकरम्, J. पावहम् for क्षयाहर suggested by the other Mss.

54. B. च for वा।

55. (1) I. यदिनाम।
(2) I. दपि for यापि suggested by J. and other Mss.

56. I. पत्रै for पैतृ suggested by J. and other Mss.

57. (1) B. चश्चाष्ट, J. चाद्यष्ट for रेशाचाष्ट। (2) J. सूत्रेषु।

58. (1) B. चैशपदं, I. पद। (2) J. चाग्निश्च, B. मूपमग्नि परस्यतः।
(3) The form स्थाप्य is untenable; it must be either स्थाप्यं or स्थापयित्वा।

59. B. D. omit lines 59 and 60, and have instead the following:—
राक्षसा मारुतपतिः। एवं तु निष्कलं प्रोक्तं देवतानां चतुष्टयः॥ पीठमध्ये तु पृथिवी चतुर्थेदिचतुर्दिशि॥ ईशो शैवजलं सम्यवन्हि··············घनं चैव नैऋतौ॥ एवं तद्दहापूजार्थं विप्रगर्भमिति स्मृतं॥ स्तवस्यात्पूजनार्थं तु महापीठपदे मध्ये ब्राह्मणस्य चतुर्विधा॥

The reading of B. D. is very corrupt. But the above lines supply a clue to a very important passage left out by the other Mss. From the contents of lines 51 to 56, the general description of the thirty-two plans outlined by thirty-two technical names in lines 2 to 50 can be followed. But all the Mss., except B. D., have left out the description of the third plan called पीठ; they do not give a full description of the second plan, called पैशाच, either. This fact may induce one to recover the missing passage from B. D. and retain it in the text, but the passage in B. D. is hopelessly corrupt. In place of these line the *Mayamata* which is a summary of the *Mānasara* reads the following....

अथ पीठ पदे नवभागयुते दिशि दिश्यथ वेदचतुष्टयकम्।
विदुरीशपदाद्युदकं दहनं गगनं पवनं पृथिवी ह्यबहिः ॥ २४॥

60. (1) J. गृह। (2) J. पुजार्थः। (3) It is not clear whether the second half is intended to convey the sense of जनस्य स्नपनार्थकं। See B. D.'s reading under note 59 above.

62. (1) J. देश। (2) शादापवः does not seem to be the name of a god; the next word आर्यक is certainly such a name. In the next two lines (63, 64) six such names are given; and in this line there must be two names to make the number eight. See note under Translation.

63. A. F. विवस्वां।

64. I. भूदनं, A. F. दरं for घरं।

B. D. omit the next four lines, 65 to 68.

65. J. सूत्रैः।

66. J. वमूश, A. F. वमशं।

Between lines 68 and 69, there seem to be some line or lines missing, wherein should be described the location of ब्रह्मन in the plan, उपपीठ, mention of which is made in line 70.

67. I. J. सुग्रीवकं for सुग्रीवकौ suggested by A. F.

68. A. चेापं, F. शेपं, J. पेापं च, I. पेाडश।

69. (1) I. पञ्चमन्यत्पद्। (2) A. F. शत्वेा, I. श्पैशात्तु for चैशात्तु (from the north-east).

70. After the description of the 5th plan, called उपपीठ, we would naturally expect the descriptions of the 6th (उग्रपीठ), 7th (स्थण्डिल), 8th (चण्डित), 9th (परमशायिक) plans, etc. in order. But the descriptions of the 6th and 7th plans seem to be missing.

71. (1) I. स्वर्मे for सर्वे suggested by J. and the other Mss. (2) A. F have got a lacuna for पदेषु ।

73. J. निष्फलं ।

74. It is not quite plain as to why these two plans were preferred by the ancient architects (see note under 154).

75. (1) This line apparently should be read after line 154. See note under 154.

(2) पदस्थितानां सर्वेषां seems to be the proper construction.

78. I. शून्य for शूल, suggested by J. and the other Mss.

79. (1) J. चाष्टै, A. F. चासै । (2) A. F. मानकं for नामकम् ।

81. (1) I. द्युकमान्तं for दुत्तरान्तं, suggested by J. and the other Mss.

(2) I. पश्चमात्पूर्वितान्तिकम् for पूर्वादिपश्चिमान्तकम्, suggested by J. and the other Mss.

82. A. F. कंठ for कर्ण ।

83. I. कण्ठे for कर्णे, suggested by J. and the other Mss.

84. (1) J. यावश्च यापवतश्च । (2) A. F. चापत्यध्यर्य्य बोध्यकातं ।

85. (1) I. न्द्रं for वं in both the places; the suggestion of J., which is retained in the text, is supported by later references. (2) A. F. स्यर्य्य ।

86. (1) I. भाजं च for राजं suggested by J. and supported by later reference.

(3) I. यर्थ, A. F. स्य for यर्घ । (4) A. F. मरा for पराः ।

87. (1) I. यर्यार्थ, A. F. पराः यथ्यार्थ । (2) I. भेागिना for भेागिनः ।

88. I. मध्यमना प्रोक्त ।

89. A. F. न्यपुषा, J. पूर्वनिके for पूषाग्निकेाणके ।

90. (1) J. मृग the other Mrs. मृषश्च, but the correct reading is पिता who is missing, while भृश and मृग are mentioned in their proper places (see lines 102, 105) । (2) I. दैावानिक for दैावारिक ।

91. (1) I. रागं The required reading seems to be वायु and नाग। which are missing from this list of deities, but are included both under the ninth plan (liues 129, 149) and the general description (lines 10, 237); these emendations ar) supported by the *Mayamata* (VII. 36), and the *Silparatna* (VI. 39). (2) A. F. श्यार्धं, I. चार्धार्धं, J. चार्धं।

92. J. चतुष्क।

93. (1) I. जयश्चवत्सौम्ये च, J. मयन्ते तत्परे सौम्ये। (2) A. C. F. रिक्षैक। (3) J. पूरे।

94. (1) A. F. J. विद्धश्चैक। (2) A. F. लदे for पदे।

95. J. गेगैक, A. F. कगैक।

96. A. F. वैवस्वत पदं मुख्य, I. पदद्युम्नाख्य for पदे मुख्य, suggested by J.

97. I. पूर्वदीनक, other Mss. पूर्वादिनवक।

99. I. सत्यपि, J. सत्यपी and the other Mss. समीप। (2) I. J. तस्माद् for तस्य। (3) I. तद्वयं भृशेत् for द्वयं भृशम्।

101. A. F. मध्यमे for पश्चिमे।

102. A. F. J. मृत for मृश।

103. (1) A. F. वरु, J. वण। (2) I. J. स्थिता।

105. (1) चासुरः।

106. J. द्विद्वि पदे for पदे द्विपदे।

107. (1) I. चिरशी for चरकी, suggested by J. and also found in the *Bṛihat-Saṁhitā*, LIII, 83. (2) A. F. J. पावकेा।

108. (1) I. ऋतनैः, J. भूतनैः for पूतना suggested by the *Bṛihat-Saṁhitā*, LIII, 83.

(2) The repetition of बहिः and the use of बाह्ये in the same sense should be noticed.

109. (1) A. F. leave पाप in a lacuna; J. omits कोण प्र।

(2) The contents of the three lines, 107—109, have been condensed in the *Bṛihat-Saṁhitā*, LIII, 83 in one line: चरकी बिदारी नामाथ पूतना राक्षसी चेति।

110. A. F. शाइक।

111. As in the line 107 we should read here विधिः।

112. (1) I. तिस for रस। (2) I. मास्यका; it is read चर्यमा in the *Bṛihat-Saṁhitā*; but in lines 167, 255 of our text it is clearly चार्य (देव)। (3) J. देवस्समर्यक, A. F. मार्यकरस्थितिः।

The *Codex Archetypus* leaves out the next two lines, 113–114, which have been preserved by all other Mss; their presence between 112 and 115 is necessary.

113. A. C. F. बिंब इति कथ्यते।

114. मित्रस्यम् is another grammatically impossible form.

115. (1) I. नच, apparently for नव, in place of रस।

116. I. विशादो, A. F. वीशादो, J. ईशादी।

117. (1) A. F. वर्षे कंठे चाश्रित मारितं; J. शाश्रय।

(2) The form सर्वे must be connected with either पदे or कर्णे (most likely with the latter), both of which are in the loc. sing. सर्व is apparently taken as a noun and the form सर्वे is used for सर्वस्मिन् in the loc sing. This is really a very good illustration of the ungrammatical style of Sanskrit used in the *Vāstuśāstra*.

118. I. A. F. भूतर for भूधर।

119. A. F. पादे चैाथे च, J. तत्पदं for पदे सैाम्ये।

120. (1) A. F. दनंमे for पूर्वे। (2) I. J. सविन्द्रकम्; the emendation, सवित्रकः, suggested by A. C. F., is necessitated by the fact that the deity सवित्र is described in the line immediately following.

121. A. F. पूर्वदेशोवोयं रसामिंदु।

122. A. F. रसा।

125. (1) I. द्विंश, J. द्यंश, A. F. गैद्रं ईशो। (2) I. मय for जय, suggested by J. and the other Mss., and supported by later references.

126. (1) I. ग्रन्तं च ते। (2) A. F. ब्राह्म देशे च।

127. (1) J. इन्द्रं। (2) I. ग्रनिः, J. ग्रग्निं। (3) J. पदानिकें।

128. I. त्येद for त्येक।

130. J. चरिड, A. F. चंद्र।

131. J. चेश, other Mss, for सत्यक।

The following four lines (132-135), left out by the *Codex Archetypus*, appear to be necessary between lines 131 and 136. These are supplied by J.

132. J. जयन्तैव for जयन्तस्य ।

135. J. भ्रंशश्चैक, I. भ्रंशस्यैक ।

137. (1) A. F. पूर्वे । The usual form should be पूष्णः । The sun god पूषन् is well known. (2) I. नो for ग्नि, suggested by J.

A. F. repeat this line.

138. (1) I. भृङ्गराजस्यैव यानस्य पदे चैकस्य पश्चिमे ।

(2) The form विधातस्य in this and the following line will further illustrate the barbarous Sanskrit.

The *Codex Archetypus* leaves out the next three lines, 139-141, which have been preserved by all other Mss. and are necessary here.

143. I. गर्भे for गगन, suggested by J. A. C. F.

144. (1) I. सुग्रीवं च । (2) J. adds तु before चोत्तरे ।

145. A. F. omit this line. I. leaves out the second half of this line, three following lines (146, 147, 148) and the first half of line 149, which it joins with line 145 as its second half.

147. A. C. F. शोषस्यैक । The usual form is शेष ; not शोष, see line 105.

148. A. C. F. शोषस्यैव, apparently for शेषस्यैव ।

149. A. C. F. पूर्वकं ।

150. (1) I. मुख, but मुख्य in line 151 ; the emendation is suggested by J. and the other Mss. (2) J. तु for च ।

151. A. F. चोत्तरे for पूर्वके ।

152. J. सोमेशस्यतु, A. F. सोमवस्यतु ।

153. I. अमिति for अदितेः ।

154. I. अतोमि for अदितो ।

Line 75 (एतत्पदस्थितानां सर्वदेवानां रूपमुच्यते) should be read between lines 154 and 155. The points of great importance to note are :—(i) only the 8th and 9th plans are described in detail and (ii) the *Brihat-Samhitā*, the *Mayamata* and other treatises dealing with the subject have described only these two schemes. An attempt has been made elsewhere to explain the occurrence of these two schemes in detail, both in the *Mānasāra* and the *Bṛihat-Saṁhitā.* (See the writer's *Indian Architecture,* p. 162 and the note under Translation of lines 71—75).

158. (1) I. कुण्डलं for कमण्डलुं । (2) चाष्ट for चाक्ष ।

160. I. मगरडेन ।

161. A. F. पूर्वकम् for रूपकम् ।

163. (1) I. शक्त for रक्त । (2) I. वस्त्रं for वक्त्रं ; वस्त्र is mentioned in the next line.

164. A. B. मण्डु for करण्ड ।

166. A. F. चतुर्मयं for च त्वभयं ।

167. A. F. ध्याश्च for ध्यात्वा ।

168. (1) A. B. F. अपरेषां for परे पाशाङ् । (2) I. श्रुतौ for घृतौ ।

169. A. B. F. आर्यं, I. J. आस्पदं for आर्यवत् ।

171. (1) A. B. F. पाशकरे । (2) The peculiarity of अब्जपाशापरै should be noticed; the sense is, however, clear: in one hand is a lotus and in the other a net.

173. A. B. विभुजं, F. द्विविधं ।

175. I. शाङ्कु for चाङ्कु ।

176. As in line 118 we should read here चापवत्स्यं; see also line 119 above.

177. (1) A. B. F. सबिंदु । (2) शुक् for वत् । (3) According to line 120 above, we should read सवित्र in place of समिन्द्र ।

179. A. B. सार्पेंद्र ।

180. A. D. F. सेंद्र for चेन्द्र ।

181. It seems necessary to read रूप for रौप्य ।

186. A. B. F. वृषारूढां all other Mss. प्रभारूपीं ।

190. (1) I. ईशमुक्तिविधिं for ईशमूर्तिमिति, suggested by the other Mss.

(2) In the previous list of gods (see lines 111-154) शोष्पत is not mentioned; as the name of a deity it sounds very unfamiliar. In

lines 127, 130 we see आदित्य comes between the names ईश and कृशानु। Here आदित्य obviously stands for च शीष्पतम् which appears to be a confused reading for शचीपतिम् implying usually इन्द्र but here आदित्य।

191. (1) F. omits the passage from the second half of this lineto the first half of line 196.

(2) A. B. तथा for रथ।

194. Between 194 and 195 there seems a line missing, which is to contain the name of a deity; compare note (2) under 190 above.

200. I. याच for यम्याच, suggested by A. B.

201. (1) For the four lines, 201-204, A. B. F. have only one line: सर्वाभरणसंयुक्तं रक्तवस्त्रोत्तरीयकम्।

(2) The second half of this line, which is missing from all Mss., may be the passage within sqare bractats as suggested by lines 160, 165, 175, 181, 185, 187, 192, 197, etc.

202. I. J नि…ति for निर्ऋतिं, found in the margin but put under interrogation. Compare note (2) under 201.

203. (1) सव्य is apparently used to imply right, which is, however, not usual.

(2) वरद् is usually a pose of the hand: but here it is used as a प्रहरण or weapon.

206. (1) A. B. F. परं न्यास हसेवतो for the first *pāda*. (2) I. J. भेरस्या or मकरारूढभरण्या।

210. I. देव महारूप for देवं मृगारूढं, suggested by the other Mss.

213. A. B. F. धारिणौं।

214. J. चन्द्रिकां च।

216. J. युक्तमेवं। A. B. F. leave the second half in a lacuna.

A. B. F. omit the lines 217-219.

217. महान्त is a confused reading obviously for जयन्त who comes between पर्जन्य and महेन्द्र (see lines 132, 133, etc.).

220. (1) I. J. प्रवधार other Mss, प्रवधारौ। (2) The dual in the first half line may be explained by taking हस्तौ as understood. But in the second half line it would be better to read वस्त्रोत्तरीयकम्।

221. A. B. F. भृशं च ।

222. (1) A. B. F. नोलवर्णांत । (2) J. तक्षकं for मन्तरिक्षं ।

225. I. वस्त्रं for वर्णं, suggested by J. and the other Mss.

227. I. J. द्रमृद्वतै, A. B. F. चमुधृत for समुद्धृतौ । The correct reading and of the first *pada* appears, on the analogy of line 223, to be गदां शूलं च शक्तिं च ।

229. A. B. F. वल्यकं for गन्धर्वं ।

230. (1) I. भूष, J. मृष, A. B. वृष for मृशा ।
(2) The *Codex Archetypus* leaves out the last word in a lacuna

231. (1) A. F. दारिं, J. दैवारीं । (2) B. पर्जन्यं for सुग्रीवं ।

Between lines 231 and 232, I. repeats the first half of line 230.

232. (1) A. F. पुष्पनरा । (2) B. दंत धृतं वृ । (3) A. B. F. पाशैा धृतं ।

234. J. शेष; B. omits शेषस्य ।

235. (1) I. गैारं for रोगं, suggested by J. and the other Mss.
(2) B. पंचशरोपमं for कृशरूपं ।

A. F. omit the second half of this line.

237. I. J. नननाह, A. F. च ननाद, B. सन नाग for भुजङ्गाननं नागस्य ।

238. B. पाशांकुशधरैा हस्तै for the first *pāda*.

A. C. F. J. omit the three lines, 239—241.

239. B. भुजमुख्य ।

241. B. धरैा for धृतैा ।

242. A. F. वर्णं च शेषं for भक्षाटं मेषवक्त्रं च । This शेष should be read in place of जय in the second *pada*, on the analogy of lines 233, 230 228, 224 etc.

244. I. J. केटक ।

246. (1) B. प्रतिरे, I. इतितेा, J. उदितं । (2) J. वस्त्रं for वर्णं ।

247. B. पवेगराक्, J. पदेनरान्, A. F. प्रदेनरात् ।

248. (1) J. चरक । (2) A. F. वेदरी, I. वदारी । (3) A. B. F. वर्णगा ।

249. (1) B. पूतनू । (2) I. निर्लि for नोला ।

251. (1) I. वर्णःस्त्र for वस्त्र । (2) J. विललेाचनी, B. वलि, A. C. F. कपि ।

252. (1) I. केाश for केश । (2) J. विकर्ण । (3) A. C. F. पैशा, B. शेार्चति for चैशादिक । (4) A. C. F. दिक, B. दिव ।

253. (1) A. C. F. द्वेत, B. देात ; the expression उध्वेत or उद्वेत or उद्दोत is not found in dictionaries.

(2) The ungrammatical form देवतान् should be noticed.

254. B. omits this line. G. कान वा, A. F. कस्प च for काय च ।

255. (1) I. तूर्यं for मार्यं, suggested by J. and other Mss.

(2) I. प्रादमं for प्रागुदङ्मुं; the emendation is suggested by J

(3) I. पितु for विदुः ।

257. J. omits this line.

258. B. प्रसादितं । It should be noticed that सव्यहस्त is already mentioned in line 256.

260. I. विवस्वतो ।

261. A. F. भूतस्य ।

263. B. वर्श, I. J. वर्म for मर्म suggested by A. F. The contents of this line are apparently expressed in the following two lines of the *Mayamata* (VII. 49, 54) :

षड्वंशमेकदयं चतुर्मर्मं चतुःसिरम् ।

वस्तुमध्ये तु मर्माणि ब्रह्मा हृदयमुच्यते ।

265. A. B. F. J. कुटिलाकृतिः ।

267. A. F. वीठयेत्, B. सिद्धयेत् for पोडयेत् ।

268. I. कर्तुरामे, A. F. J. कर्तुराद्दे for कर्ता चैव, suggested by B.

269. I. तस्माशिल्पिभिः ।

271. (1) A. F. मनेात्, B. महाराजान्, I. मनान्; the correct reading is apparently यमरान् । (2) A. B. F. भुक्ति ।

Colophon :—B. अष्टमोध्यायः ।

CHAPTER VIII

1. I. शास्त्रण क्षिप्यते, the emendation follows J. and the other Mss. ; संक्षेपतः would perhaps be still better.

3. I. देवानां वद विन्यसे for देवानां पदं विन्यसेत्, suggested by J. A. B.

4. (1) I. पत्र for पद, suggested by J. (2) I. माघि, B. शायि for शाघि ।

5. A. B. F. J. ब्रह्मादीनां च देवानां ।

7. I. बुद्धः स्यात्पूर्ववच्चोत्तरेऽपिच for वल्यर्थं रात्रौ द्रव्यान् समाहरेत ।

I. reads lines 8-32 of this chapter VIII between lines 287-312 of chapter IX, and lines 287-312 of chapter IX between lines 7-33 of chapter VIII.

8. (1) I. दिश्याग्विशौ for द्रव्यानेकै । (2) I. J. कन्यका, the emendation follows A. C. F.

9. A. B. स्वर्णादिभिर् ।

11. (1) I. द्रव्यंहि, the emendation is suggested by A. B. F. J. (2) I. समं for सव्य ।

13. I. बलिन् ।

14. A. C. F. नामैश्च ।

19. J. विशेषार्घ्यं, A. C. F. विशेषार्घ्यं ।

20. (1) B. सूप for धूप । (2) J. दीपं, A. F. मध्यं for दुग्धं । (3) I. चाज्यं for मध्वाज्यं, suggested by the other Mss. (4) B. A. J. सेादनम् ।

21. (1) I. J. ब्राह्मणे । (2) A. B. F. J. लायजा ।

22. (1) The reading भार्यया in the *Codex Architypus* is apparently due to the copyist's negligence. (2) I. A. F. पक्षं for भक्ष्यं, suggested by J. and B. (3) J. तिलमाषान्न ।

23. J. पूर्वादि पत्रके, A. F. दि····क्रमे, B. च मिश्रके ; in the margin of the *Codex Architypus*, the reading मित्रके, (for मिश्राय), is inserted and this is therequired reading here.

25. J. सपुष्पं ।

26. J. मही for बलिं ।

27. (1) J. has a lacuna in place of गन्धेा । (2) J. B. मास्करे । (3) J. सत्य का । A. B. F. omit this half line except the expression मधुरमेव च ।

28. (1) B. J. भृशस्येा, A. प्रशस्तेा । it should be भृश,, because मृश is mentioned in lne 35. (2) B. शतभेा for ततेाबलिम् ।

29. (1) A. B. F. पूर्ण for चूर्ण । (2) I. माहा for माषा । (3) A. F. इश्या ज्या, B. दुग्धं स्यात्, J. मध्वाज्या''''स्युतु for the second *pāda*. (4) सागर is apparently a corrupt reading for तगर (see Mayamata VIII-6).

30. (1) I. शुद्धाक्षरं तयेा वन्दे परमानन्द; the emendation is suggested by the other Mss. (2) A. F. पुप्पके ।

31. (1) A. F. विदधे, B. विधमे, J. वियते । (2) J. has a lacuna in place of the second *pāda*. (3) A. B. F. राक्षसस्य तु, the other Mss. रक्षसस्यं तु ।

32. (1) A. सामान्यं, B. क्षैमान्नं, F. क्षामान्यं, J. ''''न्तु । (2) A. B. F. J. कृसरं for चान्तकरस्य ।

33. For this line the *Codex Architypus* has the following—देवगन्धर्वस्य बलं भवेत्; the emendation follows the other Mss.; A. B. F. भवेत् for क्षिपेत् ।

34. (1) B. वारंमुषं for पारावारभ्रष । (2) मिष्यते ।

35. (1) मुदगेादनं । (2) I. मूस, J. मृष for सृश ।

36. A. F. कंडेा, B. जंवेा for पिण्डो ।

37. I. J. सुग्रीवेा मेादन ।

38. (1) B. पुष्पकैश्च । (2) I. पायसाध्यं, J. पायसाद्यं ।

B. पायसंजे तु वारुणो, the emendation is suggested by A. F.

39. A. B. F. J. शेष्यस्य, B. पुष्पेश्च । The more appropriate form is शेष, see VII. 147, 148, etc.

40. (1) A. B. F. J. शुक्ल for शुष्क । (2) I. द्वानिद्रोदन्त, B. द्ध्योदन, the emendation follows A. F. J.

41. (1) A. F. I. J. नागैश्चैव, the emendation follows the other Mss. (2) I. चूर्णाभि, B. पूर्ण विमुख्यकैः, the emendation is suggested by J.

42. (1) गुलेादधि''''लाटे, the emendation is suggested by J.

(2) J. शकावरः, B. रशाधरा, A. F. शशावरः for शलाधराः; this is another obscure expression. Apparently it should be the name of a deity

(?शशधर) but the order of deities given under chapter VII, 150-152, does not include any deity between भल्लाट and मृग।

43. (1) B. मृगस्य। (2) A. B. C. F. J. देवन्दद्यात्।

(3) देवान्तर apparantly refers to those deities included between मृग and उदित (see chapter VII. 152 154).

44. (1) F. पक्षं, B. पक्कं for पुष्पं। (2) I. J. पदं, the other Mss. फलं, suggested by A. F.

45. (1) A. B. F. दध्योदनं चैवमाज्यं। (2) B. तथा for भवेत्। (3) J. मत्स्यैः, A. B. F. सेव्यं।

46. (1) J. सविन्द्रेलकधान्य, B. सपिंद्रलं च धान्यं च, A. F. सपिंद्रोलयधान्यं च स ईन्द्रेभ्य सतोयकं। (2) J. न्द्रेन्धक, B. गेडकोदकं the other Mss. कर्ततोयकम्।

47. (1) B. वृन्द्रेन, A. F. J. बलिन्द्रे। (2) A. F. J. अस्मे, B. हस्ते for फल।

48. I. माप for मांसं, suggested by J. and the other Mss.

49. I. गुलोमकसेा for कुमुदं मुद्गो, suggested by J. and the other Mss.

50. (1) J. ग्राप, B. ग्र ग्रपवद्। (2) J. मिदं for बलिं। (3) B. नवथा for नपदा।

51. (1) I. शंखश्च, B. शुष्कस्य मांसस्य; on the margin of the *Codex Architypus* are put under interrogation ग्रजशावस्य and छागमांस। (2) A. F. शव, B. शल for मृग।

52. (1) I. वाप for पाप। (2) A. B. F. J. स्यति for स्मृतम्।

53. (1) J. भूतं for पूतनायै, and षष्ठ व for पिष्टं वि। (2) I. कफ for लव।

54. (1) I. वर for चर, the ungrammatical form चरगिये for चरक्यै should be noticed. (2) I. मृत्सा for मुद्गसा।

55. (1) A. C. F. गंध, J. गम्य for ग्राभ्ययेत्।

(2) I. रक्षि, J. वृक्षरक्ष for रक्षणार्थकम्।

57. I. स्थितस्सदा, J. leaves out सदा।

58. (1) I. सु for स्य, suggested by J. and the other Mss. (2) A. F. शुक्लसन्ना for सुप्रसन्ना।

59. B. उजलदेवता, J. दैवतानि for ग्रन्याश्च देवताः।

60. A. F. तपस्तोयं, B. स्वपतिस्तु।

61. (1) B. तदसुरानं। (2) I. भूतेापेत।

62. (1) I. कृशं for चकृत्वा । (2) A. F. सन्मचालयं, B. पद्मशालयं, J. सदुचालयम् ; this is apparently a confused expression for समुच्चयम् ।

63. (1) J. तथा for तदा । (2) J. भूत for भूमिः ।

64. B. J. समारभेत ।

65. (1) A. मेार्ग्यं, F. मांर्ग्यं, B. मार्गें for मार्गं । (2) F. वलि ।

66. (1) I. शाहि for शान्ति । (2) A. कुकुभर्निभितु, F. ककुभ्भर्तृभिः, B. कर्तातृभि, I. भवतिरत्रभर्तृ for कर्तृभक्ति ।

Colophon:—B. नवमेा ।

CHAPTER IX

1. I. संक्षिप्यतः, the emendation follows all the other Mss.

2. I. पद्मकः ।

3. (1) I. चैक for चैव । (2) I. कामुखं for कार्मुकं, suggested by all the other Mss. and supported by later references.

4. It should be noticed that ग्राम is used as neuter, although the word is generally masculine.

7. A. B. C. F. J. विन्यासं ।

9. (1) I. नवये for नार्पये । (2) A. F. विधिवद्बुधः ।

The next 24 lines (10-33) are left out by A. F. J.

14. (1) B. शुभायाति । (2) यः seems to be a corrupt reading for यतः

15. I. वानप्रस्थाधिकं, the emendation follows B.

16. (1) B. विंश for त्रिंश । (2) B. दण्डा for दण्डेन ।

17. I. शताभं for शतान्तं ।

18. दैर्घ्यं would be more grammatical.

26. B. चतुरस्रयुतंवप्र तद्वत्वात्तंत्रिसप्तशत विस्तृतं ।

28. B. तद्दंडायाम ।

The following 20 lines (29-48) are missing in all the Mss. except B. Their inclusion in the text is absolutely necessary, as they contain the measures of the villages called नन्द्यावर्त, पद्मक, स्वस्तिक and प्रस्तर ।

29. B. नंदावर्त ग्राम ग्राम, I. J. and the other Mss. नन्द्यावर्त····दण्डादौ ।

30. B. षष्टग्रदिनं ।

32. The passage under the square brackets is left out in lacuna in the *Codex Architypus* and the other Mss.; but can be restored from line 32 of Chapter X.

35. It is difficult to say whether this line was originally meant to be written in prose or verse.

37. B. सैक for पक ; there need be no doubt about the correctness of the emendation : if the measure begins at 100 rods and the increment be by 2 rods it cannot end at 1001 rods.

38. परम does not indicate any cardinal number ; it might have been used in the sense of 'mostly.'

40. B. प चारि । Compare the note 35 above.

47. B. त्रिंशति ।

49-51. B. leaves out the lines 49 and 50, and then, apparently for line 51, reads दश दण्डेन वृद्धि(द्धिः) स्यात् तस्यायाममिहोच्यते । The second half of this line, it should be noticed, is identical with the second half of line 51, while the first half will go better with line 48.

54. (1) I. J. त्रिंशतिर्दण्डमारभ्य ।

(2) If the increment be by 3, it cannot end at 100 (line 55).

55. B. परकल्पयेत् ।

56. B. तस्मात्त्रित्रि ।

57. I. दण्डांगितमुखं प्रोक्तमिन्द्रा मेव । The emendation is suggested by the other Mss.

58. (1) A. B. F. देशेतु for प्रदेशान्तं । (2) रायम for रायाम ।

59. (1) A. B. F. omit the second half of this line.

(2) J. तदनन्तरं ।

60. F. दशाशत ।

62. I. J. परिघा ; the correct reading, परिखा, retained in the text, is supplied by A. F.

63. B. वालंति, J. छायादि for मायादि ।

64. (1) J. नन्दायमासमूठे, A. F. नंदायमासरूपे च जायते, I. नानायसमुहे; the emended form is supported by later references. For detailed explanation see the writer's *Dictionary* under Shaḍ-varga.

(2) J. मायथे ।

(3) J. पविस्तरे, B. वास्तुतः for विस्तरे ।

The next three lines are left out by J.

65. I. नकारयेत्, the emendation is suggested by A. B. F.

67. (1) B. वानि, A. F. वेद्या for व्यय ।

(2) I. B. येागं for येानिं, suggested by A. F. and supported later references.

68. A. F. J. र्हान्यायामष्टाशष्टकम्, B हत्वायामं विशालकं, I. महान्याय विशिष्टकम् ।

69. (1) I. विद्धि for वर्धिते । (2) J. ष्टक्षं, A. F. वोक्ष्य, B. रुक्षं for ऋक्षं ।

70. I. विर्धयेत् ।

71. A. गुणानां च ।

72. (1) A. F. दद्यात् वृद्धिं, B. नंदमिति । (2) I. हत्वा ।

73. A. F. नवगर्भे ।

74. I. गुणषड्वर्गभूर्यातु एवं for the first half of the line; the correct reading is suggested by J. and the other Mss.

75. (1) A. F. जयं for भायं । (2) B. स्वर्गगतेन हि, A. F. सर्वगते हनो ।

76. J. घिकं, A. B. F. दिकं for धिक्यं ।

77. A. F. भायाधीनि ।

78. A. F. कटऋक्षकं ।

79. A. F. युग्मं च for युग्मायुग्माद्य ।

80. (1) A. F. परिव्यायस्यधे for पर्यायस्यार्थे । (2) A. F. J. गणनैः स ।

81. A. F. सिता ।

82. I. येागभयं युक्तश, J. येागचयं यत्तु for शुभयेागं, suggested by the other Mss.

83. A. F. यत्त for युक्तं ।

84. I. स्वातिक्रान्तं ।

85. I. दण्डं for गरुडं ।

86. (1) I अथवास्या । (2) I. विसर्जयेत् ।

87. (1) I. अस्यधा for अन्यथा । (2) I. स्यात्तिथिवारं ।

88. (1) I. अष्टदं राज्यवर्जं । (2) J. अन्येपु ।

89. (1) I. शासु, A. F. चासु for वासु । (2) I. मान्नुन्यं for मानुष्यं, suggested by J. and the other Mss. (3) J. गणं, A. F. गणैः for second गणे ।

90. (1) I. वाराङ्क, all other Mss. वारान्तं । (2) J. त्रिगुणी ।

91. A. F. मनयं for नयनं ।

92. I. J. द्विक्षेत्रकम् ।

93. (1) J. तृतीयाब्ड । (2) A. B. नन्दार्के ।

(3) A. F. सप्रयेत् for षट्क्रमात् । (4) I. J.·······धिः for सुधीः, suggested by the other Mss.

94. I. वस्थायि for विन्यास ।

95. (1) J. समा for सम । (2) A. F. तालं for तारं ।

96. (1) I. वप्रं for वक्त्रं in both the places.

(2) J. वर्मायतं, B. वदा for वक्त्रायतम् । A. F. omit this line. Compare the line 108 below.

97. (1) A. F. एतद्वयं त्रयं, J. एतद्वित्रितयं, B. वितस्तिद्वित्रयं ।

(2) त्रितय for त्रि or त्रय seems a peculiar expression in the text.

(3) B. रत्न for रथ्याम् ।

98. A. F. नीथी, B. विधिना ।

99. B. कपोतस्य for वीथीं कृत्वा ।

101. (1) I. विधा for वृता suggested by J. (2) A. F. विधि समवेता for the second *pāda*.

(3) B. मध्यानद्यावृधानद्यास्यामदेव विधीयते ।

102. (1) J. तत्रथ्याठि, B. तत्र शांति, A. थ्याहिनवान्त for तत्समं तुवा ।

103. I. ग्रस्या for रथ्या, suggested by J. and the other Mss.

104. (1) A. F. मूखा, B. मुख्य । (2) I. विधि for वीथी ।

105. I. J. त्रिचतुः for तच्चतुः, suggested by A. B. F.

106. I. J. तथायत for तदायतम्, suggested by A. F.

B. omits the second *pāda*.

107. (1) D. I. परिघा ।

(2) A. F. परि for परिखा ।

108. A. B. F. चतुर्दशी ।

109. (1) I. ·····न्तु for विष्णुत्रिस्थयन्तु, suggested by J. and the other Mss.

(2) I. पश्चम for पश्चिम ।

110. I. वरुणेश्च, B. वरुणीच, A. F. वारुणेव, the emendation is suggested by J.

111. (1) J. वातु, A. F. वापि, B. पीठं for चापि । (2) I. मूर्तां ।

(3) I. B. यथेष्टकं, A. F. स्थाप्टकं ।

113. I. J. हर्म्यका, B. हर्म्यक, the emendation follows A. F.

115. I. संख्यां च for संघं वा, suggested by J. and supported by later references; see lines 116, 117, 119, etc.

116. J. चाष्ट।

118. I. चामर for चाश्रम, suggested by J. and the other Mss.

119. (1) I. संख्या for संघ। (2) B. D. जतीनां for यतीनां।

121. (1) I. दक्षिणा for दीक्षिता, suggested by J. and the other Mss.
(2) A. F. रंतुकं, B. आकरं for नगरं तु।

122. A. F. गार्हस्थ।

123. (1) A. F. विकारि। There is no such word as विकरि or विकारि in the dictionary; विकर means sickness, which is inappropriate here. There is a word निकर (but not निकरि) which means a collection and which might have been badly written as विकर, न and व looking almost the same.

(2) I. कूर्म for कोष्ठ, suggested by J. and supported by later references. B. omits lines 123—125.

124. I. अन्यासां, all other Mss. अन्येषां।

128. I. मण्डल for मण्डप, suggested by J. and the other Mss. and supported by the contents of the next line (129).

129. A. F. I. J. शिवेाथवा।

130. I. पापषण्डाश्रमं, the emendation follows J. and the other Mss.

131. I. योधं संध्य, B. J. योग्यं for योगिनां संघैः suggested by the other Mss.

132. I. रथ्यावती for वा परितः, suggested by J. and the other Mss. रथ्यावती would not go well with सर्वतोभद्रम् (line 126).

133. B omits द्वि।

135. A. F. चैव शावेतं, B. चैश्च शत, J. चे शान्तवेत् for चेशान्तराले।

136. B. तत्तर्द्वाविंध, I. J. तद्वि(? द्वि)तीय, the other Mss. तत्तद्वीथी।

137. A. F. पर्ण for कर्ण।

138. (1) B. कोणे for कर्णे। (2) I. मध्यं for मठं। (3) I. मण्टपं, but मण्डपं in line 139.

139. (1) I. सद्द for सत्र। (2) A. F. लाया for शाला।

(3) B. अन्नपंक्तिय, A. F. I. आग्नेयं नीयमण्डपम्, the emendation is suggested by J.

140. (1) I. अन्यथाममालयं, the emendation is suggested by J. (2) B. तु ततेा, I. J. दिशिताे ।

141. (1) B. अंते मध्ये, A. F. अंतरीय for अन्तरध्ये । (2) B. षकोणे ।
This line is left out by J.

142. I. परिघा ।

143. I. द्वारे पथारेन मृत, B. द्वारं नवद्वारोक, the emendation is suggested by J.

144. I. पापक्षयं, J. रथ्यालये for महारथ्यामालयं, which is supported by the contents of the following lines, 145, 146, etc.

146. (1) A. F. J. वह्नि for चाग्नि । (2) A. F. J. B. रायता for गोपाल ।
(3) The peculiar form इन्द्रे चाग्नि should be noticed.

147. B. गोपानां, A. F. गोशालां ।

148. (1) I. वस्त्रंमकरालयं, the emendation follows J. (2) B. श्रीकरणालयं भवेत्, which forms the 2nd half of line 152.
B. omits the lines 149 to 152.

149. (1) I. तृचिका, J. सूचका for सूचिक ।
(2) I. गम्य for हर्म्यं ।
(3) I. कू....च, A. F. कर्म चकारयेत् for चर्मकरालयम्, suggested by J.

150 (1) I. वारुण । (2) कर्मक मकरालयं, the emendation follows J.

152. A. F. J. सैाम्यावायुतपस्वोनां मध्ये श्रीकारणालयं, A. F. श्रोकद ।
The expressoin सैाम्येवायु is exactly like इन्द्रे चाग्नि, see note 146 above.

153. I. J. अ....न्ता for अम्बष्ठका, suggested by the other Mss.

154. The peculiar expression वल्कलैः कर्मणा should be noticed. The sense, however, seems to be clear as suggested by the emended form within brackets.

155. J. त्रैलोक for तैलेाप, suggested by J. and the other Mss.

156. (1) A. F. प्रागुदग्भागे for तद्बाह्ये । (2) A. F. रोप''''दिशो ।

157. (1) I. J. वैष्णवाश्वल, the emendation is suggested by the other Mss.

(2) I. भात्रयं for भालयं, suggested by J. and the other Mss.

158. B. has a lacuna for the first half line.

159. (1) I. विना for जना, suggested by J. and the other Mss.

(2) I. ग्रामान् बाह्य ।

160. The *Codex Architypus* has left out this line, but it has been preserved by all the other Mss. and is necessary here.

161. B. J. तथा, A. F. तटा for ततः ।

Between lines 162 and 163, B. adds इति सर्वतोभद्रग्रामविन्यासलक्षणं ।

163. B. अथ नंद्यावर्तग्रामविन्यासलक्षणमुच्यते ।

164. J. मार्गेण for मानेन ।

165. (1) The more usual form is विस्तारसमम् । (2) I. आयांशकम् for आयाधिकम्, suggested by J. and the other Mss.

166. (1) I. चण्डक । (2). I. पदंसस्य for पदन्यासं ।

168. A. F. नदीनद for नन्दनन्द ।

169. (1) I. पि ···· ते for मित्य, suggested by J. (2) B. माधिक, A. F. विचते for मित्यपि ।

(3) For समायामम्, see note 165 above.

170. I. विप्राणां, J. ब्राह्मणं for ब्राह्मणः; the central square is generally reserved for ब्रह्मन् ; the emendation is, therefore, suggested by J.

171. (1) I. परितः बाह्ये गदैर्विद्ध for the first *pāda* ; the emendation is suggested by J. and the other Mss.

(2) A. F. दशायतं, the other Mss. दशांशकम्, but it should be द्वादशांशकम् ।

172. I. मानदं for मानदं; the emendation is suggested by J. and the other Mss.

174. I. J. परमाधिक, B. साधिक for परमशाधिक ।

175. (1) B दंडं for पदं । (2) A. F. दैविकं ; but दैवकं in 171 above.

177. (1) J. तत्तद्विभंशक । (2) A. F. B. तल for पदम् ।

178. I. वप्रमाणस्यैव मात्रकम्, J. च ब्रह्मणस्यैक भागिकम् प्रमाण; the emendation is suggested by J. and supported by the other Mss.

179. (1) A. B. F. दैविक, compare 171, 175. (2) I. मानुषे for मानुषं ।

180. I. पम्पैस्यह for पदं पैशाचम, suggested by J. and the other Mss.

181. I. विधा for यथा, suggested by J. and the other Mss.

182. A. B. F. J. पदे ।

183. (1) I. प्राचुर्योत्तरंरा सन्दं । (2) I. B. वत्ये for राभ्या (3) A. F. नै for नि । (4) I. ग्रायन for ग्रायत ।

184. (1) I. J. दक्षिणावधि, the emended form वोथो is suggested by lines 183, 185, 186. (2) I. पश्चिमायादि, B. दक्षिणायत for पश्चिमायत ।

185. (1) A. F. विधि, J. वोथि, I. वधि for वोथो । (2) I. उत्तरावधियादि ।

186. (1) I. उद्भ्राधि पृथिव्याय । (2) J. वोथि, A. F. B. विधि for वोथो ।

187. I. नन्द्यावर्त विधिम्, A. F. नन्दया वतावधो, B. नन्दया प्रदावोति ।

188 J. ग्रथवा, A. F. यथा for ग्रपि वा ।

B. omits the second half of this line.

J. omits the next three lines.

A. F. have a lacuna for lines 189-191.

189. I.···यस्य, B. विधिस्य for वोथीनां, suggested by the other Mss.

190. (1) I. पायोश्र्वयोश्च, A. B. वायोर् for पार्श्वयोः । (2) द्विविधं, may be for द्विवीथ्योः । (3) I. पक्षोद्धृतं for पक्षयुक्तं

191. (1) B. प्रतिविधं for एवं । (2) I. एवंमार्थविधिं for बाह्यवोथो ।

193. (1) A. B. F. सर्वैर्वा । (2) B. विधि सर्वं, J. वीथि वीथि, A. F. वोथिथि, I. विधि for वोथी पूर्वाद् ।

194. I. मार्गयोः for मार्ग suggested by J.

195. A. F. त्रितीय्यमश्वं, B. तिर्यग्गतं, J. त्रियविधं for बहिर्गतं ।

196. (1) I. युक्त for युक्ता suggested by A. B. F. J.

(2) B. omits the second half of this line.

197. (1) I. विधोनां, A. B. विधिना, J. and others Mss. वीथोनां, the required reading should be वीथ्यः ।

(2) A. F. कुकरो, B. वृकरो for कर्करो ।

198. A. F. रुद्र, B. क्षेत्रे for क्षुद्र ।

199 (1) I. विथी, A. B. F. विधिना for वोथोनां । (2) A. F. I. विस्मृति for विस्तृतिः suggested by J.

200. (1) I. दं for दण्डं । (2) J. नद for नन्द । (3) J. पङ्क्ति च पत्रोपु ।

B. omits this line

201. (1) I. केचिदुद्ध्या, B. केचिद्धल्या, J. केचिद्रग्या for केचिद्दृथ्या ।

(2) B. विशालानां षष्टिकांत ।

202. (1) J. वीथीनां for तत् यद्वीथिनन्द ।

(2) A. B. F. विधिना for वीथीनां ।

A. F. J. omit the next two lines (203 and 204).

203. B. महारथ्यसमंमध्ये विधिविस्तारमिष्यते ।

I. महामध्यविधिर्विस्ताराद्विधिरिष्यते ।

204. B. मध्यांध्यान समं for मध्यं समं तु मध्ये ।

B. omits the next 4 lines (205—208).

205. (1) I. अर्धांशेन for अष्टांश, suggested by J. and the other Mss.

(2) J. पञ्चा for त्रिपादं । (3) I. च for वा ।

206. (1) I. अर्धेषां for अन्यासां, suggested by J. (2) J. विधानां, A. B. F. विधिना for वीथीनां । (3) I. च for वा ।

207. I. सर्वो त्रिभागं, J. and other Mss. समं वा त्रिपादं ।

210. I. च शेतम् for पञ्चाशत्, suggested by J. and the other Mss.

211. (1) J. संघायाचा the other Mss वप्रसंख्या । (2) B. शतांतक for सहस्रकं ।

213. J. देव मनुष पैशाचे ।

214. (1) J. मङ्गल, the other Mss. महालय ; compare अग्रहार in line 216.

(2) A. B. F. J. चत्तु for यस्तु । (3) I. वक्त for वास्तु, suggested by J. and the other Mss.

215. (1) J. येाग्यं च for एवं चेत् । (2) I. वक्तम् for पुरम्, suggested by J. and the other Mss.

216. (1) J. द्विजाद्यो, A. F. द्विजातीनां, I. शूद्रादिकं for वैश्य शूद्रादीनां, suggested by the other Mss. (2) B. गृहारंभं प्रशस्यते ।

217. (1) I. देवमानात्समानान्तं (which is obscure), A F. एदं मर्त्यापदे प्रांत, B. देवमर्त्यवद्देवातत् for the first *pāda*.

The reading given in the text is suggested by J. and is supported by the other Mss.

(2) B. शुभावहं for गृहान्वितम् ।

218. I. यदूग्राम, J. यदूग्राम्य for यद्राज, suggested by A. B. F. and supported by line 225 below.

219. A. F. दोका, J. जिकालयं ।

220. J. पैशाचैक । (2) I. वा चतुः षड···वा, the missing portion is supplied by J.

221. J. वाथ for वा तथा ।

223. (1) J. चक्रवर्ती, A. F. चक्र वृत्ति । (2) J. स्याद्धर्म्यमेवं प्रकल्पयेत् ।

224. This has been left out by the *Codex Architypus* but preserved by all the other Mss. and seems necessary here.

225. I. येाथ, A. धैात, B. वायेाथ for येाधक ।

226. (1) B. शास्त्रे for देशे । (2) A. F. शोकर्णा, I. श्रीकाराणां, B. वारणानां for श्रीकराणां, suggested by J. and supported by several previous and later references.

227. (1) A. B. F. J. वा for च; and (2) सेाष्टक apparently for शेाषक; see chapter VII, 105, 147, 148; VIII. 39, etc.

228. (1) I. वमाद्य for वामात्य, suggested by J. (2) J. वाश्रय for वालय ।

229. (1) A. F. I. सुग्रीवेा । (2) B. J. वा for च ।

230. A. F. J. राक्षसा for रक्षका ।

231. A. F. जकाभ्याद्विरालयम्, J. दिकालयम् ।

232. B. नृप for नृत्त ।

The next four lines are lost in J.

233. I. चापि व····म for वा नरे वाऽपि, suggested by the other Mss. But this latter expression does-not give the suitable sense, as नर has not been described as a quarter in chapter VII. नाग seems to be the required form, but it is given in the next line.

234. (1) I. A. F. ग्रथवा, B. धवा । (2) A. F. रेत for नेत्र ।

Between lines 234 and 235, the *Codex Architypus* repeats the lines 236 and 237.

235. I. क ···· सा, A. F. have also a lacuna, for which कश्चयासक is given by the other Mss. But this term is not found in dictionaries.

236. I. ग्रतिथ, B. ग्रादितश्चादित, for ग्रदितिश्चोदित, suggested by the other Mss.

237. (1) A. F. ईशंकी । (2) I. लक्षितालयं, B. दावक्ष्ये तदालयं for the last expression, suggested by J., but the more usual form should be रक्षक ।

238. A. B. F. J. क्षणिकार for कर्णिकार ।

239. (1) I. मृशो च for भृशो वा, suggested by J. and supported by previous references. (2) B. आह्वय न, A. F. आभूयत्म for आह्वयक्रम। (3) I. हस्ति for हर्म्ये, suggested by A. B. F. J.

240. I. द्विया for द्वितीया, suggested by J. and the other Mss.

243 (1) J. वाथ for वास। (2) I. रिपादिकम, J. रिकादिच, A.B. रवाटिका for रिकादीनां च suggested by the other Mss.

244. J. आलये, A. F. आलय।

245. (1) I. वाथवा for वायवे, suggested by J. (2) I. नकारा, A. F. राजका, J. रजकारा for रजकस्या, suggested by B.

A. F. J. omit the next three lines (246—248).

247. B. सचिकार, which seems to be the better reading.

248. I. एक for एवं।

249. I. J. राश्च for रस्य, suggested by A. B.

250. (1) I. चास्मि for चाग्नि, suggested by J. and the other Mss.
(2) A. F. B. वेकटीरा for पेटिकारा।

251. I. शस्त्रं कङ्करढा for शस्त्रकर्मकरा, suggested by J. and the other Mss.

252. (1) I. चर्मकारश्च। (2) I. यत् for last वा suggested by J.

254. A. B. F. J. देवहर्म्या।

255. (1) I. आलयादि for आर्यादिषु, suggested by J. and the other Mss.

(2) J. देशो, B. मुखं for दिशि।

256 I. इप्टादा for इष्टदिग्, suggested by J. and the other Mss.

259. (1) J. श्रीकरं। (2) A. F. वाथपं, B. माधवं, I. वासव for वामन, suggested by J.

263. I. नृपालयं for नृसिंहालयं, suggested by J. and the other Mss.

265. (1) I. चित्रे चित्र for मित्रे च त्रि, suggested by J. and the other Mss and supported by the context (cf. 267). (2) J. I. स्थानक।

266. I. वायनं for शयनं, suggested by J. and the other Mss. and supported by later references (cf. 267).

267. B मूलतः, J. भूतल for मूलक।

271. (1) A. F. J. जयेापि वा, B. जलेपि वा। (2) J. इन्द्र जयेापि वा for इन्द्र जयेषु च।

272. A. F. साविन्द्रश्च सविन्द्रके, B. D. सावित्रश्च सहस्रके। There is a confusion in the reading of this phrase also in the *Codex Architypus*, see chapter VII.

274. I. तर्पणं तु पराङ् for तु पराङ्, suggested by J. and the other Mss.

277. (1) A. स्वीकर्षं, B. तंत्र संकर्षणो। (2) A. F. द्वारो, B. द्वारे, for द्वारि।

278. I. राज्ञामा for वाजिना, suggested by J. and the other Mss. and supported by the context.

279. A. F. वैनाथका, B. वैनिलयं भवेत्।

280. (1) I. दश, J. and other Mss. भृश, but it should be भृङ्ग।

(2) For भार्गकार another reading is गर्भकार।

281. (1) I. वधि, A. F. वादि for वाज्थ। (2) J. विदुः for भवेत्।

283. I. भूप for भुव, suggested by J. and the other Mss.

284. I. गेहे for ग्रङ्गे, suggested by J. and the other Mss.

285. (1) I. दुर्गाथा for दुर्गाया, suggested by J. and is supported by the next line. (2) I. विमा for चा, suggested by J.

287. I. कोशावसानन्तौ तद्द्र्यास्समाहरेत्। The emendation is suggested by J. and the other Mss.

I. reads here the lines 8-32 of chapter VIII. See note 7, chapter VIII.

288. I. श्पशानके for श्मशानकम्, suggested by J. and the other Mss.

290. A. B. F. I. विप्र for वप्र, suggested by J. and supported by many previous and later references.

291. (1) I. परितेात्यु, J. परितैर्युत for परिखायुक्त। (2) I. परितेाय, A. F., परिताप, J. परिताव for परिता। (3) A. B. F. वेदके for वेदिकैः।

293. I. स्वकृति for स्वाकृति, suggested by A. B. F. J.

294. I. J. leave out च।

295. (1) I. चतु for पितु, suggested by J. and the other Mss.

(2) I, J. वायैा for वायेाः, suggested by A. B.

296. A B. F. J. पूर्वपश्चिमतद्द्वारो ऋजु, I. पूर्वं तत्पश्चिमद्वारं। The emendation is suggested by the following line (297).

297. B. मध्यंदेशे, A. F. J., मध्यदेश, I. तत्र शेषं for तत्र देशे।

298. J. रसं, probably misread for रतः in place of रकं।

299. (1) B. सूत्रं तु, J. सूत्रातु for सूत्रान्त। (2) A. F. J. हस्तद्वारस्य।

300. (1) B. विस्तारौ for द्वारौ। (2) A. F. J. दयोक्त for तथोक्त।

301. (1) I. वत् for तत्, suggested by J. and the other Mss. (2) I. प्रत्यग्घस्त।

303. (1) J. चार for द्वार। (2) A. B. F. J. पिवा for अपि।

304. (1) J. चतुरध्याग्रात्। (2) A. F. J. चारं for द्वारं।

305. I. गृह for महा, suggested by J. and the other Mss.

306. (1) I. नाभेर् for नागे, suggested by J. and the other Mss. (2) I. वाथ अ........ for वाथादिति, suggested by J. and the other Mss. (3) I. दकता for दितेा suggested by J. and the other Mss.

307. (1) I. वाच for वान्त, suggested by J. and the other Mss. (2) I. पूर्वे for पूषे, suggested by J. and supported by previous references. (3) I. विथ for वित suggested by J. and supported by previous references and the other Mss.

308. (1) I. सूत्रेवा for सुग्रीवे, suggested by J. and supported by previous references and the other Mss.

309. (1) I. एवा, J. एव for एवम्।

Between lines 209 and 210, I. repeats the lines 207-209.

310. (1) I. वा....भजटे for वाथ भल्लाटे, suggested by J. A. B. F. (2) I. चेादितेापि वा for the last expression suggested by J. A. B. F.

311. (1) B. omits सत्यके। (2) I. has a lacuna for वाथभृ।

313. (1) I. बाह्मणेा for ब्रह्मणं, suggested by J. and the other Mss. (2) I. देवे for देशे, suggested by J. and the other Mss. (3) I. म...पं for मण्डपं, suggested by J. and the other Mss.

314. (1) I. भतरेद्वा for भूधरे चा, suggested by J. and supported by previous references and the other Mss. (2) A. F. महास्थानं।

315. (1) A. F. J. चस्डितं वर्तं for नन्द्यावर्तम्। (2) A. F. तत्र, B. तत्रैवं तु तन्त्र।

316. I. पद्मार्थं for पद्मारव्यं, suggested by J. and the other Mss. and supported by line 2 of this chapter.

317. (1) I. माथ for माय, suggested by J. and the other Mss.

(2) I. सुवक्र, B. सप्तकं for सुवृत्त, suggested by J. and the other Mss.

319. (1) I. चि for च, suggested by J. and the other Mss. and supported by previous references.

(2) I. स्थजलं for स्थण्डिलं, suggested by J. and the other Mss. and supported by previous references.

320. (1) I. शूश्र, B. शूषको J. and the other Mss. शूल ।

(2) I. ग्रति राज्ये, A. F., ग्रद्रिज्य, J. ग्रतिरज्य ।

(3) B. वा ग्रन्नप्राकारयेत् , J. चनरालन, A. F. चानरालन्न, I. नसवन्तं

321. (1) A. B. F. J. थतथा for सर्वदा । (2) I. मण्डलं for मण्डपं । (3) B. च for वा ।

322. (1) I. बहि, J. तद्बहिः ।

(2) J. वीथ्ये, A. F. leave वी in a laouna, for रथ्ये ।

(3) I. पर्वेरपक्ष for पक्षैरावर्त, suggested by J. and the other Mss.

323. (1) B. त्रिचतुः ।

(2) I. सप्तः । It should be noticed that वीथिका is in feminine singular nominative while its adjectives are in neuter singular.

324. (1) I. विधिं, J. वीथ्यं, B. त्रिधि ; A. F. omit this word. (2) A. B. J. चारं for द्वार ।

326. (1) I. स्वस्तिकारस्य, A. F. J. स्वस्तिकाकार for स्वस्तिकस्यापि suggested by J.

327. (1) I. शायिनम्, B. शायिकम् for शाधिकम्, suggested by J. and the other Mss. and supported by previous references.

328. I. ग्रध्यागत for रथ्या तत्, suggested by J. and the other Mss. and supported by the context.

329. I. तस्यतं, B. तत् स्यात् for तस्यास्तः, suggested by J. and the other Mss.

330. J. तन्मध्ये कर्करीकृतम् in place of the second half of this line.

331. I. पूजयन्मध्य for पूर्वमध्ये तु, suggested by J. and the other Mss. F. omits the next three lines (332—334).

332. (1) A. B. F. J. विथि for वीथी। (2) I. J. द्विधिं for द्वयं, suggested by A. B. F. and suited to the context. (3) J. प्राङ्मुखायतवीथिका, which is the second half of the next line (333).

333. J. वास्तुमध्ये तु वीथिका which is the second half of the preceding line (see 330 above).

334. (1) J. प्रागादि चाग्नि। (2) A. F. दीशान।

336. B. पश्चिमद्वार।

337. (1) I. प्रर्थाग्रात् for रथ्याग्रात्, suggested by A. B. and more suited to the context.

(2) I. प्रावृत्ता for प्रावृता, suggested by J. and the other Mss.

(3) J. तथा for ततः।

338. (1) J. तत् for एवं तु। (2) I. विथि for वीथी, suggested by J. and the other Mss.

339. I. विथि चयेा for वीथि द्वयेा, suggested by J. and the other Mss.

341. (1) J. मध्य मध्यान्तं for मध्य रथ्यान्तं। (2) A. F. कंठा for कर्णा।

342 J. मध्यात् सेा, A. F. मध्ये सेा ; मध्यसोमा is another reading.

343. (1) B. ततस्त । (2) I. उदिता, B. दीर्घमा for गता, suggested by J. A. F.

344. I. ब्रह्मेन्द्रालयमेवैश्वमैध्यम for the first *pāda*, suggested by J. and the other Mss. and supported by the following lines.

345. (1) I. दिग्वा for दीर्घा, suggested by J. and the other Mss.

(2) A. B. F. I. विथि for वीथि।

346. (1) B. याम्यं च। (2) J. वारुणान्तं।

347. (1) I. दिग्वाचा विथि for दीर्घा च वीथि, suggested by J. and the other Mss.

349. I. मध्या for रथ्यं, suggested by J. and the other Mss.

350. (1) I. J. वीथिश्च पक्षं। (2) I. रथे for रथ्ये।

351. J. omits the next three lines (352—354). I. क्षत्र for क्षुद्र, suggested by A. B. and suited to the sense.

352. I. च for द्वि, suggested by A. F.

353. B. वप्रस्य, A. F. विप्रं सं।

354. I. द्वारमेषां for दिक्षुद्वारं तेषां, suggested by J. and the other Mss. and suited to the sense and context.

355. I. J. विधं for महा, suggested by the other Mss., seems to suit the context better (compare line 358).

356. A. F. भूवै, B भृशे, J. भ्रंशे for भृशे।

357. (1) B. चेाषेा for शेाषे। (2) I. ददिश्चेत for चादि तिश्चेादि, suggested by J. and the other Mss.

The use of too many particles (for the sake of metre) should be noticed.

360. (1) I. द्वार for द्वय, suggested by J. and the other Mss.

(2) I. युक्ता·····र for युक्तं द्वारा, suggested by J. and the other Mss.

361. I. श्चे·····दिर्गत, A. F. वेष्ट दिग्गत·····, J. I. श्चेष्टं दोर्घंच।

362. (1) A. F. यर्थयत्रादिकैः, B. वीर्यप्रजाधिकैः। (2) A. F. J. रटैः, B. रथैः for नटैः। (3) A. F. J. श्वाग्युभयतन्त्रके, B. चाप्यं जज्ञिके for the last expression.

364. I. स्वस्तिका का।

365 I. स्वानोय for स्थानोय।

366. B. येाग्यकं for वेश्यकम।

367. I. ग्रार्यमभि च, J. दिभिश्च, B. ग्रायादिभि for ग्रार्यादेा च।

368. A. F. सर्व भूमनां, B. सर्वभूभुजां, J. चस भूमवा for सर्वभूमिकम्।

369. (1) J. गमे for यमे। (2) J. वा for च।

370. (1) J. वा for च। (2) I. मथे for जये, suggested by J. and the other Mss.

371. (1) I. ग्रधिराज्यस्य। (2) I. तन्त्रे for मित्रे, suggested by J. and the other Mss. (3) I मेवच for एवच।

372. A. F. स्वागते वा पी, B. स्वस्ति चा, J. स्वस्वदेवा च for संग्रामे चापि।

373. I. इन्द्र, A. F. चन्द्रे for चेन्द्र, suggested by J. and the other Mss.

375. B. वत्सेथवा for the last expression.

376. A. F. चन्द्र for चेन्द्र।

379. A. F. विश्चितः apparently for विपश्चितः in place of विश्वतः।

The lines 380-383 are lost in J.

382. A. F. स्थानादिषु for स्थानीयादि चतुष्ठये ।

384. (1) I. त्सव······दत्स, A. F. सपदावस्था, J. स्सापदावत्साते for the first *pāda* suggested by previous references. (2) A. F. J. चैशेवावि, B शैवादि, for चैशेवापि ।

386. (1) I. बेाधं दृघं । (2) उपदेशे वा for वायुपदेचैव, suggested by J. and the other Mss. and suited to the sense and context. (3) A. F. जला, B जना for जिना ।

387. A. F. विघाते वा, B. तथैवापि, J. पिघाते वा for वितथे वा ।

388. (1) I. पादे for पार्श्वे, suggested by J. and the other Mss. and suited to the sense. (2) B. द्विवरालयं for भैरवालयम् ।

389. (1) J. विदि ग्वापि, A. F. विदि श्चापि, B. विदिग्मागे । (2) पतिवालयम्, for गणयालयम् ।

390. I. सुग्रोवामे for सुग्रोवस्य suggested by J. and the other Mss.

392. (1) I. उपदेशेवा for तु पदेवापि, suggested by J. and the other Mss. and suited to the sense and context. (2) I. पाशश, A. F. भारती for भास्कर, suggested by J. and the other Mss.

Between lines 393 and 394, the *Codex Architypus* repeats lines 360—362.

393. (1) A. F. सैारके for सैाम्यके । (2) J. वाथा for वाऽपि । (3) I. चनेश for भुवनेश, suggested by J. and the other Mss.

394. A. J. तत् पदे पदे ।

395. A. F. साघनं for सदनं ।

The following two lines, 396—397, seem to be out of place here; compare 350 above.

396. (1) I. B. विधि for वीथि । (2) I. स्यादूबाह्ये विपाभाक्क्षणात्, which is apparently a corrupt form of the end of the next line lost in the *Codex Architypus.* The emendation is suggested by J. A. B. F.

397. This line is lost in I. but preserved in J. A. B. F.

398. (1) I. वतां for गतान्, suggested by J. and the other Mss. (2) I. रागे for रङ्गे, suggested by J. and the other Mss. (3) I. श्चरम्, J. शेाभयम् for च्छया ।

400. (1) A. F. J. प्रविष्टे तु, B. प्रतिष्टातु। (2) च for तु।

401 J. नगराद्।

402. B. पदेचैव चेाकस्थापनमुच्यते for the second *pāda*.

A. F. omit the lines 403—407.

403. This line appears at first sight to refer to some authorities but here पाञ्चरात्र seems to refer to विष्णु, and not to the architectural treatise of that name, (see the writer's *Diotionary*, page 763).

404. J. जैनता, B. जङ्गे सुगता for जैनं गता।

Compare this line with 386. There seems to have been a confusion somewhere.

407. J. स्वयं for सर्वेषु।

408. I. नगरस्याद्बहिश्चैतत् for नगरस्य बहिश्चेादक्, suggested by J. and the other Mss. and suited to the sense and context.

412. I. लेाकनाथ, A. F. नायकं for लेाकनाथं suggested by J.

413. (1) A. F. उत्तरग। (2) I. स्वेाक for चेाक। (3) I. माग्वं for मण्डपं।

414. I. तत्तत्प्रत्येकतत्पदैः for युक्त्या च शिल्पिवित्तमः, suggested by J. and the other Mss.; but J. reads तं in place of च।

415. I. विस्तारं सलक्षं for the first *pāda* suggested by J. and the other Mss.

420. A. F. पैशाचपदे।

421. J. प्रधोष्टके, A. F. पृथिवीपूषे for प्रविदिष्टकं।

422. A. F. वेचक, B. पिचक।

425. A. F. माधामा for तन्मध्येचे।

426. B. चैव for चैक।

427. A. F. leave दिक्ष in a lacuna.

433. I. पदविन्यास for पदं न्यस्य, suggested by J. and the other Mss.

434. I. वप्रता for दावृता, suggested by J. and the other Mss.

435. (1) A. B F. प्रविष्टे, I. J. प्रतिष्ठे for प्रदेशे।

(2) I. प्राग्वदश्चायते, A. F. प्रागुदश्चायने for प्रागुदग्वायते suggested by I and the other Mss.

436. (1) I. रथ्यं for रथ्या, suggested by J. and the other Mss.

(2) A. F. पंच वयं, B. तत्रं देवालयं for अष्टमं च वन्ध्यं।

437. I. मानं for मार्गं, suggested by J. and the other Mss.

438. (1) I. कोणं for कोष्ठं, suggested by J. and supported by the following lines (339, 342, etc.). (2) B. सप्तकाष्टाभिः ।

440. B. षष्टाष्टक ।

441. I. प्रदेशके J. and the other Mss. प्रकोष्ठके ।

443. I. J. तद्दे for तु दे, suggested by the other Mss. and seems more suited to the sense.

444. I. भूपके for पूर्ववत्, suggested by J. and the other Mss.

446. (1) A. B. F. तत् पैशाचपदेसर्वं कर्मोपजीविनां तथा । (2) J. सर्वकार्योपजीविनां, which seems better suited here.

447. (1) A. F. J. रथ्यां । (2) J. यथा सर्वं । (3) J. क्रयविक्रयवर्त्मं च, A. B. सत्म, B. सद्म for वर्त्म ।

448. (1) B. यव पक्षं । (2) J. A. F. रादि, B. हरादेव for महारा द (ज) ।

449. I. परिखा ।

450. B. वशां शेषां, अवशान is the more usual form.

451. I. चतुर्भित्त्यष्टकं ; but भित्ति does not seem intended here, only the doors being described. The reading in our text is supplied by A. F. J.

452. I. तमैः for तमः, suggested by J. and the other Mss.

A. reads here इति मानसारे वास्तुशास्त्रे नवमोऽध्यायः; B. simply द्वादशोऽध्यायः ।

A. F. add between lines 452 and 453 the two lines :— ईशानात् पूर्व हस्त स्या अधिकैकांगुलिं न्यसेत् । यावद्भित्तेस्तु प्रामाण्यं तावदाहुश्च शिल्पिनः ।

453. A. F. ग्रामश्च स्वामुखं ।

454. I. यादि अधिकं वा भयापि वा for याममायाधिकमथापि वा, suggested by J. and the other Mss. and supported by the sense and context.

455. (1) I. वास for वाथ, suggested by J. and the other Mss. and more suited here. (2) I. अधिकं for स्वर्वद, suggested by J. and the other Mss. and supported by line 457.

457. (1) B. पृथुरोमस्य, J. प्रथोवेामं, (2) A. F. संखं ।

458. J. तंच, A. B. F. तच्च ।

459. (1) I. सिद्धिः for सन्धिः, suggested by J. and the other Mss.

(2) J. दग्गतंत for अन्तर्गतस्तथा ।

460. A. F. J. पिवा, B. तथा for पि च ।

462. (1) I. तत्तयेार्विधि for तद्द्वोयावीथि, suggested by J. and the other Mss.

(2) A. F. J. B. वप्रयुक् for वत्पृथक् ।

463. B. I. J. विधि for वोथिः ।

464. A. B. F. J. सर्व ।

465. I. प्राज्ञो चा, A. F. J. प्राज्ञोः चेा for प्राज्ञश्चेा ।

In the *Codex Architypus* the following twelve lines (466—477) are read after the line 509. This is due to some confusion.

470. A. B. F. J. ईशे for तद्देशे ।

471. I. प्रद्यापि for रथ्यावि, suggested by J. and the other Mss. and suited to the sense.

472. I. दुर्मुखेश्वरं for पराङ्मुखे, suggested by J. A. B. F. and seems suited here.

B. adds between 472 and 473: इति मानसारे वास्तुशास्त्रे कार्मुकविधानं नाम त्रयोदशोऽध्यायः ॥

477. (1) A. B. F. J. omit वोथिः ।

(2) I. सपक्ष for द्विपक्ष, suggested by J. A. B. F and more suited to the sense.

B. omits the lines 480—482.

481. I. विडः for वीथिं, suggested by J. and the other Mss.

A. F. omit the lines 481—482.

483. I. रुद्रसंख्या for शूद्रसंघः, suggested by J. A. B. F. and supported by the lines 484, 485.

484. I. संप for संघ । (2) I. त्कोलकोकमुदोरितं, which is a corrupt form of the second half of line 485 omitted by the *Codex Architypus* but preserved in all other Mss.

Between 486 and 487, F. adds: अभिन्नमानलिंगस्य पूजामाहुर्मनोपिणः । भिन्नमानेन पूजायां कनिनाशं प्रशस्यते ॥

487. (1) B. ईशान्ये for आग्नेये । (2) J. विप्र for नृप ।

488. (1) I. J., वायौ, B. वायौ च for वायव्ये, suggested by A. F.

(2) I. चेदूदश for चेदीश suggestsd by J. and B.

489. J. तत्तत् and omits चैव ।

490. A. धिष्ण्यं for विष्णु ।

491. A. B. F. वश्मयेत्, J. वर्णयेत् for वद्भवेत । It should be noticed that the use of two finite verbs is redundant.

492. I. J. ग्रामे, A. F. ग्रामं ।

493. (1) I. पिर for विर, suggested by J. and the other Mss.
(2) I. कान्त, J. कन्न for कं न, suggested by the other Mss.

494. I. संपश्चनाशनम् for the last expression suggested by J. and the other Mss.

495. B. शिल्पिः ।

496. I. दिग्दे for दिग्धे, suggested by J. and the other Mss.

497. (1) I. J. रक्षिता for वक्ष्यते । A. B. F.
(2) I. विस्तार, J. and the other Mss. विन्यासं ।
(3) I. शास्त्रे, A. B. F. J. शास्त्र ।

498. A. F. चेात्स वात्मकम्, B. चेात्स वादिषु ।

499. A. F. विशिष्यते इष्यते ।

500. (1) B. पुराणं । (2) I. J. चाल the other Mss. कार ।

501. B. लक्षणम् for निर्णयम् ।

502. I. प्रदक्षिणे for प्रदक्षिण, suggested by J. and the other Mss.

504. (1) A. F. मार्ग, I. J. माग for मार्गा suggested by B.
(2) A. F. यथा, B. यदा for वास्तु ।

505. I. ब्रह्मवादिक for कुर्यात् ब्रह्मक, suggested by J. and the other Mss.

507. A. F. भिन्नं for हीनं ।

508. (1) I. नवविस्तार, B. सफलं स्थान for नवलिस्थान, suggested by J. and the other Mss.
(2) A. B. F. तत् for वास्तु ।

509. (1) I. पणव for प्रवण suggested by B. J. (2) I. यथेष्टद्वारसंयुतम् (which is the first half of line 468) for सर्वदोषसमुद्भवम् ; B. भवत् । The emendation is suggested by J. and the other Mss. The line as in the *Codex Architypus* is unsuited here, and it is apparently due to some confusion. See note under 465.

511. I. सान्त for चान्त, suggested by J. and the other Mss.

512. A. B. F. J. तथा for अथ । यथा may give a better sense.

513. I. तस्य प्रति, B. तस्मादेवासुरा for तस्यावृत्त, suggested by A. B. F. J.

514. I. दिव्यश्चावे for दोन स्यक्ता चे, suggested by J. and the other Mss.

515 A. B. F. J. पुराखिकं ।

516. (1) A. F. पार्पेक्षकारांत, I. पापे for पार्श्वे, suggested by J. and the other Mss. (2) J. पक्षाकारा for क्षत्रकाया ।

517 B. दक्षिणं हर्म्यं वेश्मनेा ।

518 (1) A. F. संग्रामे, B. सग्रमेवं, J. सद्ग्रामे । (2) A. F. B. प्रभू, J. प्रभु for प्रस्तु । (3) I. वारं for द्वारं, suggested by J.

519. I. विधि for वोथि, suggested by J. and the other Mss.

520. (1) I. अन्तस्स्वांतब्दहिः, J. अन्तस्थितिर्बहि ।

(2) B. पश्चात् for पार्श्वे ।

521 I. अंशस्यात् ।

522. (1) I. मस्य for मध्य, suggested by J. and the other Mss.

(2) I. सूत्र स्याद्वा for सुत्रस्य वा, suggested by J. and the other Mss., supported by later references, and a large number of quotations gathered together from different works under 'Dvāra' in the writer's *Dictionary*.

524. A. B. F. J. आदीनि for आदिषु ।

525. (1) I. मृचं for वृद्धिः, suggested by J. and the other Mss. and supported by line 527.

(2) J. सम्पदापदम् ।

526. B. नासं for न्यूनं ।

527. A. F. नांन, B. न वि, J. न त्र for मानं न ।

528. J. कालं च ।

529. (1) I. वोथो नामपि वयेा(द्वयेा)र्देशे for वोथोनां पार्श्वयेार्देशे, suggested by J. and the other Mss. and seems to be more expressive.

(2) A. B. F. वैदिका for वोथिका ।

530 J. तलान्तं ।

531. A. B. F. नदो निम्नेा, J. नदीमेनां for निम्नोन्नतं and omits तु तत् ।

532. B. प्रभूणमालयं सर्वं अधिकानाथमेव त्र ।

533. (1) A. F. दक्षिणा for क्षीण । (2) I. चक्र for चैक, suggested by J. and the other Mss. and supported by the sense and later references.

535. (1) I. ग्रन्यकादि, A. B. F J. कन्यकानि for कन्यकादि, suggested by the other Mss. । (2) B. धनं कुर्यात् भूमह, A. F. वरतं संगृहं शालविग्रहदासि for the second *pāda*.

536. (1) A. F. वर्यं, B. कार्यं, J. वार्यं for वरद । (2) I. हस्तिनेा बहूत् for हस्तता वभृत् । (3) A. F. बहूलं for वभृत ।

537. (1) I. रोगाद्यावद्रत्न for लेाभात्कुर्यादुक्त, suggested by J. and the other Mss. (2) I. राजा for होनं, suggested by J. and the other Mss. and supported by the required sense. (3) A. F. पतेपसा, B. प्रतित्य J. पतेत्सा for पतेत्स ।

538. (1) I. मावं for जालं, suggested by J. and the other Mss. and more suited to the context. (2) I. रस्यद्य for श्वयं काम्य । (3) I. लमन्ते, B. लमेत्, A. F. लमत ।

Colophon :—A. F. I. J. दशमेा, B. चतुर्दशेा for नवमेा ।

CHAPTER X

1. (1) A. F. ग्रापदोनां, B. श्रोपतोनां, J. नृपतोनां for भूपतोनां। (2) J. सूत्र मल्ल। (3) I ग्राह्या for ग्राह्य, suggested by J. and supported by later references.

2. (1) I. मध्ये for वक्ष्ये, suggested by J. and the other Mss.
(2) B. J. च for तु।

3. B. विंश for second शत।

4. (1) I. क्रिय for त्रय suggested by J. and the other Mss.
(2) I. द्या for नं स्या। (3) A. F. विंश, B. दश for शत।

5. I. शतैक for शतत्रय, suggested by J. and the other Mss.

7. A. F. J. परिकीर्तिता।

8. I. त्रि for द्वि, suggested by J. and the other Mss. and supported by later references.

9. I. ग्रष्टग्राहा for मल्लग्राह्या, suggested by J. and the other Mss. and supported by later references.

11. I. कृतं for शतं।

12. A. F. साहारि, J. संहार्य, I, संहारि for सहस्र; compare line 7 above.

13. B. I. J. प्रभाकार for प्राहारक, suggested by later references ; see chapters XLI and XLII.

14. A. F. J. दश for second शत।

A. omits the lines 15 and 16.

16. B. F. ग्रष्टाष्टे।

17. I. सहस्रद्वि for सहस्रं च, suggested by J. and the other Mss.

18. I. सहस्रद्वि; J. सहस्रं च, the emendation follows lines 16 and 17.

19. A. F. J. त्रिदयं, B. द्वयं नादं च for त्रिशतं नन्दं।

20. A. F. मंडलेश्वर देशके, B. मण्डलैः परिवर्तयेत्। The repetition of विस्तार should be noticed ; in the reading of A. F. there is no repetition.

21. (1) I. ग्रन्द for ग्रष्ट, suggested by J. and the other Mss.
(2) A. B. F. J. शतं for ग्रन्तं। (3) A. F. कृतिः, B. ततः, J. ततिः for सुधोः।

22. (1) A. F. J. पट्टघरैः । (2) B. विशालतमे for विशालता ।

24. (1) I. वप्रं, B. पृथिव्या for वृद्धया, suggested by J. and the other Mss. and suited to the sense. (2) A. F. पार्ष्णैं, B. प्राप्ति, J. पार्ष्णैा for पार्ष्णि ।

25. (1) I. षट् कृतं । (2) B. शतं नेत्र for दण्डान्तं ।

A. F. omits the lines 26, 27.

26. J. षष्टी च, I. and other Mss. चतुष्टय ।

27. B. has an additional शतं after the first word.

28. A. F. चैवं for एवं ।

30. I. चक्रूवमेा for चक्रवर्ते, suggested by J. and the other Mss.

32. (1) I. ग्रदायतं यावत्परेा for ग्रर्धाधिकं वाश्थ पादु, suggested by J. and the other Mss. and supported by the sense, see line 33.

(2) B. omits ग्रर्धं ।

33. (1) A. B. F. तथा for तदा । (2) A. B. F. J. नागर for नगर । (3) I. विस्मृ for विस्तृ, suggested by J. and the other Mss.

34. B. दंडादि for दण्डदण्ड ।

35. J. adds च after ग्रायाम ।

36. (1) I. कय्राट for खर्वट, suggested by J. and supported by the other Mss. and later references. (2) A. F. ग्राम्येा ।

37. I. सर्वेष्टान्न for सर्वेषां न, suggested by J. anl the other Mss.

39. I. खर्वाट ।

40. (1) J. I. पट्टणं, B. पट्टकं for पत्तनं, suggested by A. F. and supported by later references (see line 66). (2) I. बहिनेा for वाहिनेा, suggested by J. and the other Mss.

41. (1) A. F. संसित्धिं, J. संव्रोडं, B. संविदं । (2) A. B. F. तथा, J. केासमम् for ततः ।

42. I. पुष्टं for दुर्गं, suggested by J. and the other Mss. and supported by later references.

43. (1) B. नगरादेर्नसंग्राह्य for the first *pāda*. (2) J. सप्त for प्रेाक्त ।

45. (1) B. रुद्रे राजगृहं यत्र for the first *pāda*. (2) I. दुर्गमिष्यते for कृतमिष्यते, suggested by A. B. F. J.

46. A. F. तत्र मतेन, B. नत्रगते, J. तत्रागते for तत्रागते ।

48. I. J. गेापुरे च for गेापुरैश्च, suggested by the other Mss.

50. I. J. वक्षि for वणिग्, suggested by the other Mss. and more suited to the context.

52. I. यद्देवं तत्र चारकैः for यद्देतं तन्त्रपारगैः, suggested by J. and the other Mss., but A. F. have तत्र for तन्त्र ।

53. A F. नारजं for नानाजन च ।

54. (1) B. वेश्याराविण, A. F. रावण । (2) संयुतम् for संमितम् would be a better reading.

55 A. F. सक्त, B. सत्त for सत ।

57. I. प्रोक्तेष्विन्द्रा for प्रान्ते शूद्रा, suggested by J. and the other Mss.; इन्द्रालय, neither as a temple or anything else, would suit the context.

58. (1) I. प्राद्यत for प्रावृत (that which surrounds, hence meaning प्राकार or enclosure) suggested by J. and the other Mss. (2) A F. वेदमुक्तं ।

59. I. पूर्विके for पर्वतैः, suggested by J. and the other Mss.

60. B. प्राकार for प्रचार ।

61. J. I. मध्य for मर्त्य which as suggested by the other Mss., seems an improvement.

62. (1) A. F. वप्राहाय for वप्राभाव । (2) A. F. स्यदे, B. स्वदे for स्वते ।

(3) I. कुब्जाकरम् for कुब्जकम्, sugguested by A. B. F. J. and supported by previous references.

65. I. रथ्यैर्दिवा, B. वसोत्तरैः for रत्नैर्द्वीपा, suggested by J. and the other Mss.

67. (1) I. भूम्यं च for भूम्यन्ने, suggested by J. and the other Mss.
(2) I. विद्या for युद्ध ।

68. (1) A. F. पृतनाभिवृतानाभिः । (2) B. नामयुतानां च सुराणां च पृत for the second *pāda*.

69. (1) I. वतद्धितं for तच्छिबिरं, suggested by J. and the other Mss.
(2) B. तत्व, A. F. तत्र for तन्त्र ।

70. B. भूसुराणां च for भूपहर्म्येण ।

71. (1) A. F. वृक्ष for रक्ष । (2) B. रक्षाकरैर्युक ।

72. For सम्मित see line 54.

73. (1) A. F. रक्षः, B. रक्षा । (2) A. F. सनृ, B. संनृ ।

75. A. F. समुद्र तदितं, B. समुदं तुदसं ।

77. (1) A. F. प्रदेशे तु for प्रतितटे । (2) B. द्रोणके, A. F. द्रोणैर्युक्तं श्चैव for the second *pāda*.

79. I. J. दुर्लभ for क्षुद्रक, suggested by A. B. F. and seems more suited to the sense.

80. A. F. नास्यात् प्राश्रयाद, B. नरस्यादावाश्रयाद्ध for नास्वादमग्रहार in I. J.; the emendation within brackets is suggested by B. A. F.

81. J. I. वर्धकं वप्रमीरितम् for the second *pāda*; the emendation is suggested by B. and supported by the contents (see line 41 above).

82. A. F. कोष्टकम् for कोलक ।

83. (1) I. वर्णोन्यान्य for वर्णान्तर । (2) B. युक्तं तु स्ववृतम् for जनैर्वृतम् ।

84. A. F. नियतं, I. निर्गमं (which is apparently a copyist's mistake, see line 42), for निगमं ।

85. A. F. तल, B. भूषा for तोर ।

86. (1) B. मंठप for मन्दिर । (2) I. J. स्कन्धावार समन्वितम् for स्कन्धावार-मुदाहृतम्, suggested by line 42 above.

87. A. F. गृहं तस्योदिकोदिकः, B. गृहतश्चरिरेरितः ।

88. I. हित्य प्रं, B. भृत्यार्थं for हित्यर्थं ।

89. (1) A. B. F. सप्ताशति for सर्वाननि । (2) A. F. दुर्गादि, B. दुर्गाति for दुर्गाणि ।

90. A. B. F. रण for वन ।

92. (1) I. मृत for वृत, suggested by J. and the other Mss. (2) B. सर्वं for second पर्व । (3) A. B. F. समोपगे for समोपके ।

94. I. न for तल, suggested by J. and the other Mss. The वनदुग is defined as खजनोदकं स्तम्बगहनं वनदुर्गं in the *Artha-śāstra* (see the writer's *Dictionary*, page 259). In this line पर्जन्य may mean उदक, अन्तर may stand for गहन and गगन for ख ।

97. B. दुर्गमैः for कन्दरैः ।

98. I. नृपतिः सर्वत for नृपतिस्तिष्ठेत्त, suggested by J. and the other Mss.

99. (1) A. F. पाना for वना, and द्वरकम् for दूषकम् । (2) B. नवमेक-जलाभासात् पमान्य विदूरकम् ।

100. (1) I. संल for सङ्कुलं। (2) A. नानाग्निग्रामं; B. omits this.

(3) A. F. गण, B. रण, I. J. गृह, for रथ suggested by line 91.

101. A. F. प्रेतमृहैरपो, B. वेद्रन्व for प्रेतादिभैरवैः।

102. (1) A. F. प्रवृष्टोभि, B. प्रवर्षं for शिलावर्षं। (2) I. रोपोक्यं पेश for शालेाक्य वेश, suggested by J. and the other Mss. (3) B. ह्विरयेाग्यं वेश्मनिर्गमैः।

103. A. F. सामकै, B. समारंभैः for सामर्थ्यैः। (2) J. कृतन्तन्, A. F. कुतंत्र for कृतान्तं।

104. I. मित्र for मिश्र, suggested by J. and the other Mss. B. संचारैस्सह-विस्तृतं for the second *pāda*.

Between lines 104 and 105, lines 109—111 are repeated in the *Codex Architypus.*

105. A. F. तत्रासीत, B. तत्राशित, J. तत्राविस्तृत for तत्रास्थितं।

106. B. omits this line. परिघैः(खैः) is another ungrammatical form, the confusion being apparently due to analogy.

107. I. दुर्गके, B. दुर्गम, A. F. निर्गमे for निर्गम, suggested by J.

108. (1) I. हस्ति for हस्त, suggested by J. and the other Mss. (2) I. खो, B. का for केा, suggested by J. and the other Mss. (3) I. J. च्छ्रस्म् for च्छ्रितम्।

109. तदर्थं is the reading in another place, where the line is repeated; see note under 104.

110. (1) I. A. F. नगरीणां, B. नगराणां।

(2) We must read either नगराणां or सर्वासां; the former seems more suitable.

111. A. F. I. J. दिगतायतम् for उत्तरसमन्वितम्, suggested by the reading of the line elsewhere and seems more suitable, see note under 104.

112. (1) I. परकन्यं for एकरथ्यां। (2) A. B. चैकैक।

(3) A. F. वर्धयेत्, B. एकवीधि विवर्धयेत्, I. विधि।

B. omits the lines 113—115.

113. I. विधि for वीथि।

114. A. F. युक्त for अनुक्त।

115. (1) A. F. J. वास्तु, I. वस्तु। (2) J. वानियं, A. F. वस्त्रनियं, I. वान।

Colophon:—I. J. A. F. एकादशेा, B. पंचदशेा।

CHAPTER XI

1. All Mss. have अथ preceding the first line whereof A. F. omit शास्त्रे and make अथ as a part of the line. It should be noticed that this is one of the badly preserved chapters.

2. (1) B. चतुरस्त्र । I. (2) J. and the other Mss. तदा for तत् ।

3. (1) B. ताश्र for तं वा suggested by J. (2) A. F. द्यश्र, J. द्याश्र । (3) for the last *pāda* B. शतृणांश तथैव च, J. येात्कम् ।

5. (1) A. B. F. उत्तमं for उक्तं हि । (2) A. B. F. एकाने, J. omits this. (3) I. J. add क्रमतः between lines 5 and 6.

6. (1) I. द्वि for त्रि suggested by J. and the other Mss. (2) A. F. करखे, B. कर for करं ।

(3) J. वृध्या, B. क्रमेण च ।

7. (1) दशैकादश is the required reading in place of दशनव । (2) B. तारमेव तत् ।

8. B. क्षुद्रमाने, A. F. J. क्षुद्रविमाने ।

B. divides the following 4 lines quite indifferently.

9. A. F. वृध्यात्, B. वृध्या वा, I. वृद्धितं, J. मध्यात् । (2) I. कथिताः, B. omits this.

10. B. वदति for वक्ष्ये; A. F. omit this word here but read it at the beginning of the next line.

11. (1) I. सप्त for द्विसप्त suggested by J. and the other Mss. (2) I. क्रिय for त्रय suggested by J. and the other Mss.

12. A. F. नंद्रे करतलं, B. तथेात्कतलं for the first *pāda*.

13. (1) A. F. विशालंच, B. लत, J. लन्त, I. लान्त । (2) A. F. चेापना, B. चापनाये for सेापान । (3) A. F. स्त्रपी, B. स्थूपि, I. सूति for स्तूपि, suggested by J.

15. I. चतुरश्रं for चतुरंशं suggested by J. and the other Mss.

16. (1) A. B. F. हर्म्ये । (2) A. F. omit इदम् । (3) B. उक्तम्, I. J. उत्तमम् ।

17. (1) A. F. विशालद(लाद)धिकम्, J. विशालार्थं चाधिकम् । (2) J. हर्म्यक, B. हर्म्यंम ।

18. A. F. तटि, B. J. तति for तत्र । The emendations within round brackets are suggested by the second *pādas* of lines 19 and 23, chapter XXXV.

19. (1) I. उत्सेतधस्य मानं यद्धीनाधिका वाधिका त्रियः ।

(2) A. F. J. वाधितः, B. वादितः ।

(3) The emendation within round brackets is suggested by the first *pāda* of line 19, chapter XXXV.

20. I. नानापञ्चाविधानं स्यात् for the second *pāda* suggested by J. and the other Mss.

21. (1) A. F. पौष्णिकमध्यममानं, B. पौष्टिकमानं । (2) I. पार्ष्णिकहर्म्यं च हीने for the second *pāda* suggested by J. and the other Mss: this is obviously a confused reading for जयदं read as जायते by B. in the next lines. Compare line 24, chapter XXXV.

22. (1) I. द्वयत, B. जायते for द्विगुणं suggested by J. and the other Mss.

(2) A. F. चमाहुत कर्मेत्थितम, I. चाद्भुतं मर्कयुतम् for the second *pāda* suggested by J. and the other Mss.

23. I. कराविकोदेयं for कराधिकोदय suggested by J. and the other Mss.

25. (1) B. त्रिदश नवदांतंशाकरां तकं पञ्चदश विपुलं । (2) J. कमदेशकरमारभ्य तं च for the first *pāda*. (3) A. F. विकारं तं for करान्तं च ।

26. (1) I. द्विद्वितलं for द्वितलं हर्म्यं suggested by J. and the other Mss.
(2) B. उदोरितं ।

27. I. रथ for रस suggested by J. and the other Mss.

28. (1) B. हस्तेन तं for दशहस्तान्तं । (2) A, F. B. omit चेति ।

29. J. करविधिं for करालयं (रान्तं) ।

30. (1) I. द्विद्वितल for द्वितलहर्म्ये suggested by J. and the other Mss.
(2) I. मुचैरिति for मुख्यै रेतत् suggested by J. and the other Mss.
B. D. omit lines 30—39.

31. A F. पौष्णकं जयंतं चात् for the second *pāda*.

32. (1) A. F. द्वैहस्ते विवर्धने प्रोक्तं हतं for the whole line. (2) I. कमता ।

33. A. F. विपुलान् for विपुलात् ।

34. 1. सैकर, A. F. ससु for वसु suggested by J. and the other Mss.

35. (1) I. J. सप्रकार for सप्तदश suggested by the other Mss.

(2) I. विंश कथितः for पञ्चधा कथितम् suggested by J. and the other Mss.

36. (1) A. F. J. ग्राहैा for ग्रारभ्य। (2) J. शत for second दश, A. F. omit this.

37. (1) A. F. J. द्वौहस्ते विवर्धने प्रोक्तं for the first *pāda.*

(2) I. विपुलमे च तत्तत् for the second *pāda* suggested by J. and the other Mss.

(3) A. F. विशाल for विपुल।

41. I. J. त्रिधा, A. F. तिथैा for तिथि suggested by the other Mss. and supported by the context.

42. J. स्थल, A. F. स्थूल for स्तल।

43. A. F. त्रिगुणविधमुत्सेधं तत् for the second *pāda*

44. J. प्रोक्तम् for पूर्ववत् ।

45. (1) A. F. omit दश। (2) A. F. स्तिथैा, J. तिथैा for तिथि।

(3) I. हन्तम् for हस्तम्।

46. J. विंशस्त्वेक।

47. I. J. चेत् for चेति suggested by A. F.

48. (I) For पैाष्टिक there is पारिषेक on the margin of the *codex architypus.* (2) A. F. च स्थले।

50. A. F. पंचति, I. पादे for पङ्क्ति suggested by J.

51. It should be noticed that विंशतिः, विंशः and विंशत् are indifferently read in lines 50, 51.

52. (1) A. F. J. एवं च। (2) A. F. थले for तले।

53. A. F. J. ग्रादौ चैक।

54. (1). षडाधिक seems to be misread for शताधिक। (2) I. पश्चांशहस्त, the emendation is made with J. and the other Mss.

55. A. F. जनयति कत्रितयं।

58. (1) A. F. एतं। (2) A. F. पैाष्ठि, पारिषेक is written on the margin.

59. (1) A. F. मुद्रितं, which is the last expression of the preceding line read at the beginning of this line. (2) A. F. दैा सैक for दावेक।

60. A. F. पतं मर्मे ।

61. (1) J. वृत्थं for दयम्, A. F. omit this word. (2) A. F. वैष्णीक ।

62. (1) I हनुहस्तासेक for मनुहस्तन्वेक suggested by J. and the other Mss. (2) वृद्धेन is apparently for वर्धनेन । (3) A. F. एकादशी ।

64. I. द्विगुक्तमुदिम् for the second *pāda*.

65. I. द्वैक for चैक suggested by J. and the other Mss.

66. A. F. संभवनमिद, A. F. रसतल जयतमितं for विपुलं पञ्चकमिति ।

67. This line is very clumsy. The ideas, however, intended to be expressed by this line are the intermediate type of the six-storeyed buildings and the height called जयद, compare lines 63, 70 ; also 60-61, etc.

68. (1) I. अष्टादश for षोडश suggested by J. and the other Mss. (2) I. प for चै । (3) I. विस्तार for हस्त suggested by J. and the other Mss.

71. Both in I. and J, the lines 71—88 occur after line 87.

75. Both for the sake of metre and meaning which is warranted by the context, the expression मध्यम must be supplied ; I. J. have समुद्दिष्टम् after क्षुद्र ।

76. A. F. जयता चाहु for जयदं चाद्भुतम् ।

82. A. F. षट्तल ।

84. A F. सतत्रिंशार्ध ।

85. The plural form of कर in this place is peculiar.

88. I. J. रिंशद्वया ।

91. A. F. पव दश शत ।

93. I. J. हस्तादि सन्तु for the first *pāda*.

94. I. राभ्याच for राभ्य चतुश्च ।

96. (1) J. हस्ते for हर्म्ये । (2) I. adds तल before विपुल ।

97. (1) I. स्तप for स्तूपि, A. F. स्थूपि ।

98. I. हस्तपर्यंतं for हस्तान्तम् ।

99. (1) I. त्रिंशाधिक for पञ्च । (2) A. F. शराद्विक for चत्वारिंशत । (3) A. F. J. हस्तान्तम् for हस्तपर्यन्तम् ।

100. (1) A. F. हस्तादिकाष्ट, I. J. पञ्चाकाष्टापश्च ।

101. I. J. तल for दश ।

104. A. F. मध्येकरं पादं दविकल्पमाहासं for the second *pāda*.

105. A. F. मधमुत् for पूर्ववत् ।

106. I. तन्त्रि, A. F. वितन्त्र विततष्टैः ।

107. A passive verb like the one within brackets must be supplied in order to make the use विधिज्ञैः in the preceding line and पूर्वकादि here possible, even if the metre of this line be ignored.

108. (2) J. त्रिगुणात् for द्विगुण । (3) I. वधोधि, J. यार्धाधिक्य, A. F. बाध्याधिक ।

109. (1) J. शान्तद्वांशं, A. F. सांताध्यायं सक । (2) A. F. श्रीपाद for त्रिपाद ।

110. (1) I. पार्ष्णि for पैष्टि । (2) I. द्वि for वि ।

111. (1) A. F. क्रिया (त्रिया) for त्र्यंश । (2) I. J. द्वात्रिंशमाधिकं, A. F. त्रिंशकमाधिक्यं बाधा ।

112. A. F. पतासां ।

The lines 113 to 121 are lost in J.

113. A. B. पुरैरे ।

118. A. F. शिरान्तं, I. J. शालान्तं ।

119. A. F. स्थलान्तं शिवान्तं वा for the second *pāda*.

120. B. चाद्यो for ग्रन्थो ।

121. (1) I. J. add कान्तं before स्यात् and read तुङ्ग without a विभक्ति । (2) A. F. चैतत् महतं गोपुरे चोत्तरांतं 1 (2) A. F. हस्त ।

122. A. F. भूमाक्ष्यते ।

123. (1) I. adds क्षुद्र after प्रारभ्य । (2) A. F द्विद्वि for द्वित्रि ।

124. I. नवम्यन्तं ।

The lines 125 to 128 are lost in J.

125. A. F. पूर्ववत्को; the usual form in such places is the one suggested within brackets.

126. (1) A. F. जातिहस्ते । (3) A. F. कादिशर ।

128. I. प्रभाकरस्य for पाहारकस्य ।

129. I परभाकशाला ।

130. (1) I. दन्त for घण्ट । (2) J. तलान्तात् । (3) I. नगे for नरे ।

131. I. A. F. त्रितलं, J. भूतलं for त्रितलादि न ।

132. (1) I. न्तका for द्यर्का, A. F. J. दर्का ।

136. (1) B. गणिकानां for गभस्तिकादीनां, A. F. J. omit this word. (2) A. F. युध, B. चोदपानां च प्रग्रायि ।

137. (1) A. F. धारणानां for शराणां ।

(2) B. चैक तु प ।

138. J. जोवोनां । (2) I. चैव for चैक ।

139 (1) I. ताला for शाला । (2) I. जे for मेकं ।

140. I. सौम्यकान्त for हर्म्यैकाद्य ।

141. (1) All other. Mss. except the *codex architypus* omit the last two words of line 141 as well as the line 142 and first two words of line 143.

(2) J. कुर्यात्तत्तद्भवनमूर्थाङ्गं वाथमुण्डिकाराममम् ।

144. J. मर्थाङ्गं वाथ मुण्डिकाराममम्, B. मंगंमुदिताकारम्,

A. F. मध्यांगं वायुमुंडिताकारं ।

145. I. J. तुङ्गमण्डपं for भूमिलम्बं ।

Colophon :—

(1) I. J. A. F. द्वादशो, B. पंचदशो ।

(2) F. notices here that "in the original there is one more 11th chapter treating on different subjects".

CHAPTER XII

1. (1) A. F. प्रजात्यर्णे, B. द्विजातेत्यादि । (2) A. B. F. वर्णके for वक्ष्यते ।

2. I. गर्भिण्याख्यमिहा ।

5. (1) I. गर्भा सन्तु । (2) A. F. द्वारं for विन्यास ।

6. A. F. गर्भपट्ट, B. गर्भवर, J. गर्भगृह ।

7. I. शुक्ति for इष्ट ।

8. संसृत्य in the sense of 'removing' is obriously the intended reading in place of संपूर्य which means 'to fill up with' B. J. तस्यांतत् ।

9. A. I. नद्यादि for नद्यद्रि ।

10. (1) B. खर्वदावन । (2) I. मृद्ग । (3) A. F. हस्तस्थलमिदस्तथा ।

12. (1) I. समुश्चैव । (2) B. दंश for दश, but only seven are actually mentioned, not ten.

13. A. F. वसकंदं, B. विसुरकं for पीनकं तं ।

14. I. कंत for कन्द ।

15. A. F. काकाल्या, B. काकलेा, J. काकेाले, I. कामुल्येद्यं ।

16. I. दव for अष्ट ।

17. I. शाल्मी for शालिमो ।

18. (1) A. F. कोद्र, B. कोडपं । (2) I. J. कुर्याद्वामे for कङ्गुयाम्ये ।

19. A. F. I. प्राग्दिशि for प्रत्यग्वि, the west is apparently meant (see line 17, where east is mentioned).

20. A. F. कुलं ।

22. I. नमानं for तन्नमानं supplied by J. and the other Mss.

23. B. तदेाद्यान ।

24. (1) I. तदूद्वगा । (2) B. षद्पञ्च ।

30. I. J. तत्रपादं for तत्त्रिपादं supplied by A. F.

31. B. भित्तिरान्त ।

32. (1) A. F. श्ययेा, B. त्रियमं । (2) B. सत for सर्वं ।

33. (1) A. B. F. तदुच्चं त्रिभागैकं । (2) A. F. धानं, B. तानं for विधानं ।

36. A. B. F. वहिः स्वन्त ।

38. (1) I. J. भितिघ्नं for भित्त्युच्छ्रं घनं, B. भिन्नं ।
(2) I. J. वर्गं वग्न वग्नयेत् ।

39. (1) I. J. **पीठ** for उपपीठ । (2) A. B. F. **कमान्य** ।

40. I. J. केत्वावटे, A. F. हेत्ववटे for हं च तदा ।

41. I. J. वेध्य, A. F. वर्जे for चार्चे ।

42. B. संकली ।

43. A. F. गन्ना, B. गर्तें गर्भे for गच्छेत् ।

44. (1) A. F. मन्त्रं, B. मन्त्राः । (2) A. F. I. द्विगर्तस्य ।

Between lines 44 and 45 B adds 4 lines which have been left out **by all** other Mss. and are very corrupt :

पतन्मन्त्र समुच्चार्य सहितं गवयोषणैः ।
पश्चात्तु स्थण्डिलं कुर्या शुद्धशालि सुरक्षितैः ॥
अभि अर्के पर्यन्य मंडुकं पाद तत् परमासनं ।
गर्भप्रस्तरणं कुर्यालाजपुष्पैश्च शोभितं ॥

48. A. B. F. स्थंडिलेापहि ।

50. A. F. कलशं, B. कलशोपरि, I. J. कलशाङ्गुल ।

51. I. J. मुच्च for कूर्च ।

52. A. F. स्थपतिं ।

54. I. J. साक्ष for चाक्ष ।

57. B. विंशत् ।

58. (1) I. J. आद्यो for आर्यो, B. हरि आर्यादि । (2) I. J. स्थां च for स्वांश्च I. (3) I. J. भूतरते वतः for भूधरदेवताः ।

59. I. J. सचमुच्चरन्, B. मादि विस्वांतकं बुधः ।

B. Omits the lines 60—63.

60. A. F. omit the first *pāda* which I. J. have left in a lacuna. A. F. divides the next three lines differently and A. leaves the first *pāda* of the line 62 in a lacuna which F. has omitted altogether.

62. (1) A. F. अतिपन्यस for the first word. (2) A. F. वाथवत्यरमासनं । The usual form is परमशायिक (see VII, 10).

63. (1) A. F. read second *pāda* of this line as that of the next line and *vice versa*.

(2) Between 63 and 64 I. J. repeat the line 67 and A. F. read the lines 63—65.

(3) A. F. पयेा वेध्यडा, B. वेक्ष्य for प्रस्तरणं कृत्वा ।

64. (1) A. F. ज्यालघुजलपुष्पेणकं बुधैः ।
(2) The expression within brackets is an unwanted repetition.

65. A. F. व्याहत्य तोयं बहिं च, B. व्याहृत्यं तु ततो बहि ।

66. A. F. पश्चाश्वभ्र, B. पंचत् स्वभ्रस्य चांतरे ।

67. A. F. पयो वेष्टग्र, B. वेष्ट्य ।

69. (1) I. J. च्छका...............त, for तु जाग्रतः, B. त् वर्तनं ।
(2) Strict grammar usually needs 6th case ending in स्थपति।

70. I. J. युत...............मदम्, B. D. रूपमन्त्रतः, A. F. इच युदान्ततः ।

71. I. J. मण्डपानां, A. F. मण्डपांत प्रवेश्यतु, B. विश्वत, for विश्वतस्तु ।

72. B. संकली ।

73. I. J. भाजनं, A. F. भाजनात्, B. भोजयेत् ।
In the *Mayamata* (XII.22) the line is read thus :
पोत्वा शुद्धं पयो रात्रावुपोष्याधिवसेत्ततः ।

75. I. J. दर्पदम् for दर्पण, but the correct form is given in line 77.

76. B. चायते क्रमः for चायसेन तु ।

77. A. F. नरतेन तूं, B. तजतेन तं ।

78. A. F. शाल्यादि विन्यसेत् क्रमात, B. शल्याद्वि द्विसेत् क्रमात् ।
I. J. चतुः शाल्यादि विन्यस्य क्रमा··· ।

79. (1) A. F. घत्ते for जाति। (2) B. हं, A. F. हिंकुल ।

80. (1) B. हिंतालं यान्यशेवापि । (2) I. J. स्थला for शिला, B. मणेशिला ।

82. A. B. F. राजावर्तं ।

83. (1) A. F. शोष्वेक, B. चोपेतुकैकं विनस्य । (2) A. F. मुख्य वेगां जलं क्षिपेत्, B. रेचां चपं, the emended reading within brackets is suggested by *Mayamata* (XII. 27).

84. (1) B. अदितौ प्रंथिकं ण्यस्य, A. F. आदिते गंडकन्यस्य । (2) अदितौ seems to be the reading as suggested by B, because अदिति is the name of a distinct quarter. (3) B. पदम, A. F. पद्म ।

85. (1) I. J. चास्य obviously for चार्य । (2) A. F. B. सावित्रे ।

86. (1) I.J. सूतम, A. B. F. वज्र for वज्रम् । (2) I. J. केठके for कोष्ठके ।

87. A. B. F. omit this line.

88. I. J. दु A. B. F. मही, for भू ।

89. (1) I. पक for पव । (2) I. J. वासेष्टे A. भासेषु for वासेषु, B. मुक्तारभत् सुहे शेषं ।

90. A. F. कांतेश, B. तंस । चक is suggested by the line 136; the emendation is necessitated by the fact that Agni is mentioned in the next line.

91. (1) B. सहस्य मुमकाष्ठके । (2) I. J. निह, A. B. सह । (3) श्रयन्त looks like जयन्त, but the latter is mentioned in line 79, besides the term herein must imply a material.

92. B. पूर्वे for दूर्वा ।

93. B. चैत for चैक । (2) A. B. F. बुचा ।

94. A. B. F. मूल for मृणाल, the emendation within brackets is suggested by the fact that the eight deities beginning with Mahendra are missing from the list of forty-five deities who are intended to be named in lines 79- 98 (see Chapter VII and note under line 154).

95. जयन्त, already mentioned in line 79, is apparently for पर्जन्य । (1) I. J. नन्दन for चन्दन । (2) I. J. सान्तरिक्ष । (3) I. J. क···स्त for अगुरुं त ।

96. (1) I. J. विधत्ते, the other Mss. वितथे । (2) B. मृगनाभि । वितथ already mentioned in line 80 and मृग along with महेन्द्र in line 95 are apparently for पूषण् and मृश who are missing from the list (see note under 94).

97. (1) I. J. चे for वे च । (2) I. J. लवंक for लवङ्ग । (3) I. J. रोगे, A. B. भृङ्ग । (4) A. F. पलाल, B. पलय । (5) A. F. भवेत् । For the emendation within first brackets see notes under 94, 95, 96 ; सुग्रीव is already mentioned in line 82.

98. (1) A. F. तत् कोलकं । (2) नाग is the required reading.

A. F. omit the next three lines 99-101.

99. B. घंटामंदकमेवच । The emendation within brackets is suggested by *Mayamata* (XII. 33).

100. (1) B. चापं । (2) B. पाश ।

101. B. सावर्णेन ।

102. (1) A. B. F. इन्द्राद्यष्ट । (2) B. दिग्भागे for कोष्ठेषु । (3) A. F. दिं, B. दीन् ।

103. A. B. F. निश्चलम् for निष्फलम् ।

104. (1) B. भाजनस्यमाश्च । (2) A. F. श्रेष्ठं for ताम्रेण । (3) B. परिवेष for वरवेष ।

106. B. घंटादि ।

107. (1) A. B. F. सह घोषैश्च ।

108. (1) A. F. भाजनाय स्वमसाद्व, B. भाजनाधनमंतैश्च । (2) I. J मशैल, the other Mss. भूशैल ।

109. (1) B. भूर्ध्नि, A. F. मूर्ये, I. J. मनन्तस्यमूर्ति । (2) I. J. तरा for धरा । The line is better read in *Mayamata* (XII, 40):

ससागरं सशैलेन्द्रमनन्तस्थोपरिस्थितम् ।

111. I. J. पूरयेत्स for पूरजयेच्च, A. F. पूजयेत्तु ।

112. (1) A. F. सृष्टितं, B. न्यष्टकं, for स्पष्टिं (स्रष्टारं) । (2) A. B. F. ध्यान्यं for ध्यानं ।

113. (2) I. J. कारं for धारं । (2) I. J. प''''मनाक, A. B. पतिं जपेत् ।

115. B. चन्द्रकोलं, A. F. चेन्द्र केालं । The reading कोलं seems to be suggested also by the line 125.

116. A. B. विस्तारं तद्विधा ।

117. I. J. दश्च for दग्र, B. तथाग्र ।

120. B. कृष्णं ।

121. (1) I. J. स्वसनद्रा for स्थानकं चा । (2) B. एवतं for एतत्तु । (3) A. J. प्रतिमं, B. प्रतिमा ।

122. (1) B. कोलतारसमाद्यर्धं, A. F. समर्धभ्य । (2) A. F. चाफलका, I. J. तोम्रतारसमार्यद्ध, B. वलकारयेत् ।

123. (1) B. चतुरस्रं । (2) B. युग्मनां for जलाश्मना ।

124. (1) I. J. हलका । (2) B. I. J. भेाजन for भाजन ।

126. (1) B. परितैरष्टकोणेषु, A. F. स्विष्टकान्यस्य । (2) I. J. ष्टका । (3) A. सरत्नै, B. सत्त्यै भेषजै for सहस्रै ।

127. (1) B. समं, A. F. स्वमपी for पुष्प । (2) I. J. वस्त्रं च for वस्त्रैश्च ।

128. (1) A. F. चर्मादि । (2) I. J. व, B. च for वा । (3) A. F. देशिवे (के) for दक्षिणे ।

129. A. F. तयेावान, B. न देाषेा न for तथेापान ।

130. A. B. F. प्रस्तरे वा प्रतोरथैः for विस्तरे प्रकरैः ।

131. A. B. F. गर्ते गर्भं for the first expression.
132. A. B. F. नात्युच्चं नातिनीचं च for the first *pāda* ।
133. I. J. भूतलये गर्भं च for रुद्रालये गर्भम suggested by B.
134. (1) B. धिष्ण यत्र । (2) I. J. चिन्तं for चिन्हं ।
135. A. F. चिन्हं च (1) B. चिन्हं हि ।

136. The reading हैमेन for भैमेन as given in *Mayamata* (XII-46) seems better in view of the fact that silver and such other things are mentioned in the following lines; see also line 159.

137. (1) B. स्वास्ये for रौपयेष । (2) I. J. शं, B. शंकरू for शङ्क । (3) I. J न्तु for तु ।

138. (1) A. F. गदासोने स, B. गदासोसेन । (2) A. F. वायसो च, B. चायसेन ।

139. (1) I. J. दिङ् for प्राङ् । (2) I.J. तार्क्षि for तार्क्ष्यं ।

The expression ब्रह्मगर्भम् between lines 140, 141 is not found in any other Mss. except I. J.

144. B. हेमं च ।

146. I. J. तान्यस्य for वा ततो suggested by A. F. B. The required expression seems to be कमण्डुलं वा ततो ।

147. A. F. तीक्ष्ण विन्यं, B. तीक्ष्ण वन्हिं for कृष्णवर्णं ।
148. B. चरगर्भमिहोच्यते, then adds द्विजातीनां च वर्णानां प्रतिमंत्र स्वरूपकम् ।
151. I. J. तद्विनानि च, A. F. तविन्नाचे.... for तत्तचिन्हानि ।
152. A. F. वेद for देव, which is an instance of gross carlessness.
155. A. F. चित्रं च, B. छत्रंय कुंडदंडं च कुंदल द्वं द्वं for the first expression.

156. I. J. चतुर्दश for चतुर्दिशि suggested by the other Mss.
158. (1) A. F. गज । (2) I. J. चित्रं for छत्रं ।
159. B. हेम्नाच निर्मितं सर्वं which is apparently the better reading.
160. I. J. यामस्य for य मध्य ।
161. B. मार्गवः for मार्गवत् ।

162. A. F. B. निवर्णं शूद्र विन्यसेत; this reading, corrupted though, supplies the missing reference to the foundations of the buildings for the Śūdras who are more distinctly referred to in line 164. The

Mayamata also has similarly slighted the Vaiśyas and the Śūdras showing its south Indian origin (XII. 77, 82):

राजद्वारे भवेद्गर्भमन्येषां तु यथार्हकम् ।
बीजं हिरण्मयं च शूद्रगर्भं वैश्ये च सम्मतम् ॥

163. A. F. चैन्द्र, B. रुद्र ।

164. (1) I. J. विशाल for विशां । (2) A. B. F. रुद्राणां for शूद्राणां ।

166. The expression within brackets is not found in any other Mss. except I. J.

167. (1) A. B. ग्रामादि । (2) I. J. नरादीनां ।

168. B. कोटादीनां च for कोलादि ।

169. B. सदापिक for चरवास्तु, A. F. शरावास तथापि वा ।

173. B. विदानति, A. F. वितति, I J. विधादिति for विवर्धनात् ।

A. F. omit lines 178 and 179.

177. I. J. चायसं for च वायसा ।

178 B. पपु साध्यविष्टयाम्येवं नृत्यकृंतेनैत्रृंतौ ।

179. B. मायसं, A. F. मालयम् for चायसम् ।

180. (1) A. F. राकासंतु, B. राजन्येतु for the first expression. (2) B. राजतं, A. F, रजता । (3 A. F मैझुके, B. भाशकं for the last expression.

182. (1) B. तल for ग्राम । (2) I. J. जल वेश्मस्य, other Mss. वेशस्य ।

183. (1) I. J मुच्यते for मध्ये, suggested by A B. (2) A. B. F. नंतं for गर्भं । (3) B. तरांजलिं, A. F. नरांजली ।

184. B. मत्स्य कूर्मौतु राजतौ for the second *pāda* ।

185. B. I. J. विधासेतु for विन्यसेत्तु ।

186. B. मध्य स्वर्णं कुलिंदं च, A. F. मध्यस्वर्णं कुलीरं च for the first *pāda*.

187. (1) A. B F. भूमम्यन्तं, I. न्तु न्तं । (2) B. द्वादशं ततः, A. F. *pāda* द्वादशाश्नति ।

A. B. F. read this line between lines 4 and 5.

188. I. J. प्रथमेषु for प्रथमे ।

191. I. J. पादेानमाधि for पादमाधिक्यम् ।

192. I. J. माय for याम ।

194. A. F. चेष्टकैस्तथा, B. चेष्टकास्तया।

This line is more expressly read in *Mayamata* (XII, 103):

शैले शिलामयी प्रोक्ता चैष्टके चेष्टकाः शुभा।

197. I. J. पाश्चन्तु, the other Mss. पश्चात्तु।

198. I. J. वाम, A. योग, B. ग्राम for the first वाथ। (2) B. वायन्ये चाथ।

199. B. (1) हर्म्येषु सर्वेषां। (2) I. J. सत्मै for सद्मैः, A. F. सत्रैः।

201. B. स्कंधांतं च for गलान्तकम्।

202. A. B. F. द्वापि for चापि।

203. (1) I. J. श्चा for वच्चे। (2) B. चादि रत्नानि च्चोषधिरक्तं।

205. I. J. प्रतिष्ठदेशकालं for प्रागिष्टके शकारं।

(2) I. J. तुष्टि for तुष।

206. (1) I. J. सकरस्य चेा सकारं स्यादु। (2) A. F. ब, B. ह।

207. I. J. त्सा for चा।

208. B. दोर्घ for पश्चिम।

209. I. J. चोक्तमिन्द्र for चोत्तरं चेन्द्र, suggested by B.

210. I. J. चाष्ट for चैाष, B. चैाथरत्नानि।

211. I. J. कं चेा for कश्चो।

212. (1) B. वे, A. F वेश for शिले। (2) A. B. F. लिङ्गानि।

(3) B. तान गृह्यशिनः, A. F. संगृही शिल्पना।

213. A B. पुंदेवता for पुरुषं, which is apparently the better reading.

215. (1) गर्भान्त for गर्भम। (2) I. J. गर्भं, B. गर्भं च।

217. (1) A. F. I. J. यस्तु, B. यस्मिन्। (2) A. B. F. संगृहोत्वागमेात्क वत्, B. गमेाभवेत्, I. J. स्वगृहेत्वासमेाक्तवन्।

Colophon.—A. I. J. त्रयोदशेा, B. षेाडशेा।

CHAPTER XIII

2. I. J. चेा संश्रु for चेापपीठं हि संश्रि।

3. A. F. पदे, B. यदि for तत।

4. (1) A. F. तंशे, B दंशे for मांशेन। (2) A. B. चैक।

5. A. B. F. कान्तकम्।

6. A. B. F. भेदमुदीतम्।

7. I. J. मिथ्या for मध्य।

8. A. F. गैकांश।

9. F. विभाग for द्विभागं।

10. B. षेाडशं वापि शांतिकादीन्र पुरेान्नतं, A F पिशाचादि। शरेान्नतं, I. J. रिन्तिकादि शिरेान्नतम्; the correct expression (within brackets) is suggested by the fact that the height is always divided into five kinds technically called शान्तिक, पैाष्टिक, जयद, सर्वकामिक and अद्भुत; see also lines 13 and 15.

13. A. B. F. पंचाथे for पञ्चधा।

16. (1) B. हर्म्यमिति for the first expression. (2) B. विधा। (3) I. J. न्दिशिरेा हतम् for दि शिरेान्नतम् B.-शरेान्नतम्।

17. A. B. F. पदाध्याधिकमेववा।

18. A. B. F. वा for च।

19. The emendations within brackets are suggested by the line 34, etc.

22. I. J. का for कार्के, B. व त्रयेादश।

27. J. I. वास्तु for हस्त।

30. I. J. मराडपा for दराडमा।

31. B. दराडे, A. F. तत्वं साध्य द्विगुणदंडं वा। (2) B. दराडकमेववा।

35. A. F. I. J. गराड for गराय।

37. A. F. एकेान, B. एकेान्नतं परित्यत्क।

40. I. J. द्वादशां, A. B. द्वयांश।

A. F. omit the next two lines 41—42.

41. B. मध्येतु for मर्धेन ।

42. B. मध्येन for अर्धेन ।

43. B. पाद for भाग ।

44. I. J. अंशं for अजं ।

46. B. भाजिनं for वाजनं ।

47. A. F. B. चार्ध for सार्ध ।

48. A. B. F. नं भुजमेवच ।

49. (1) A. F. कंठ for कम्प । (2) B. मध्ये for मर्धं । (3) I. J. र्ध्वेनेश for र्ध्वांशेन ।

50. (1) B. कंपरं for कन्धरं । (2) A. B. F. मध्येन ।

51. I. J. द्विशान्त for द्वंशंत । (2) A. B. F. मध्येन for मर्धेन ।

52. The expression within brackets after line 52 is not found in any other Mss. except I. J.

53. I. J. त्यां षोडशा for त्यंशंषडा ।

54. (1) A. B. F. त्रयांशंच । (2) I. J. वाधि for वांश ।

55. (1) I. J. साक्ष for चाक्ष suggested by A. B. F. (2) B. कं न for कम्प ।

56. A. F. नवमांशकम् for the last expression ।

57. I. J. चोर्ध्वे श्चो, B. सेा, A. F. गेा ।

58. B. चार्धं for चांशं ।

59. (1) B. किंचित् for केचित् । (2) I. J. पोठं for पीठोच्चं स्यात्. A. F. च्छिंशत् ।

61. I. J. सार्धकं for चार्धकं suggested by B. and the other Mss.

62. B. कन्दरम् ।

63. A. F. कंपमर्थं तदजं, B. कपभव्जं तथाचोर्ध्वं क्षेपणं कंपमानकं ।

The next 54 lines are lost in B.

64. (1) A. F. चार्धं । (2) A .F. कंठं for कन्धरं ।

65. (1) A. F. उपमांशेन । (2) I. J. मथेापत्यं for चार्धेा पद्मं ।

66. B. द्वंशं for अर्धांशं ।

69. A. F. चार्धां for सार्धं ।

70. (1) A. F. ततः for अथवा । (2) I. J. सार्धांशं for एकांशाधिकं, but in order to make the total number 32, it is necessary to make this moulding one part as suggested by B.

71. A. F. मध्य for अर्धं ।

72. A. F. मध्येन for अर्धेन ।

73. A. F. मध्यं for अर्धं ।

74. A. F. द्वि द्वि for द्वि ।

75. I. J. स्तारांशं, the other Mss. सप्तांशं ।

77. I. J. स्त्रियंशं च सा, B. त्रितयांसं(शं) च ।

78. For reasons given under 70, शिवांश for सार्धांश must be read to indicate one.

80. A. F. मध्येन for मर्धेन ।

81. (1) A. F. मध्यं for मर्धं । (2) A. F. कंठं for कर्णं ।

82. (1) F. विभागं for द्विभागं । (2) A. F. दवेा for दल । (3) A. F. क्षेपणार्थे ।

83. (1) A. F. कंठ for कर्णं । (2) I. J. र्ध्वं for र्धं ।

84. I. J. तन्मध्ये for तदूर्ध्वें । (2) A. F. चार्धं for सार्धं । (3) A. F. कंठ for कर्णं ।

85. (1) I. J. मर्धं, B. चार्धं । (2) I. J. वार्धं, B. श्चार्धं । (3) A. F. चेार्थंके ।

86. A. F. चार्थं ।

87. A. F. चार्धांशं ।

88. (1) I. J. त्य....for प्रतिभद्र । (2) I. J. पाद्दै....स्तु for पादतस्तु ।

89. I. J. णां कम् for णामासनान्वितम् ।

The expression within brackets between lines 89, 90 is found only in I. J.

90. A. F. त्रिभागेन for त्रिंशतिभागेन ।

91. I. J. महांशकम् for महाम्बुज ।

92. A. F. कंठहक्चार्धं, I. J. कम्यक....त्सार्धकम्यं ।

94. A. F. कंठमप्टां ।

95. (1) A. F. omit स्यात् and, in its place, read चार्धं ।
(2) A. F. गेापानकत्रि ।

96. (1) I. J. वास for वाज । (2) A. F. संमितम् ।

98. A. F. सार्धं for सार्धश्यंशं ।

99. A. F. क्षेपणार्धांशकं कंठंकंपमध्यं ।

100. B. द्वंशन्तु for द्वयं तु ।

101. A. F. मत्यांशे चेा for the first expression.

102. A. F. मध्यं for मर्धं ।
103. A. F. चैव''''चार्धं ।
106. A. F. मध्येन for मर्धेन ।
107. I. J. नपरि for नान्तरि ।
108. A. F. मध्यं मर्धं ।
109. A. F. मध्यं for मर्धं ।
111. A. F. ताध्यर्ध, I. J. तार्धार्धं for स्यात्तत्समं ।
112. A. F. कंठं for कर्णे ।
114. A. F. read second *pāda* as प्रतिवाजः समीरितं ।

The next four lines lost both in I. and J. are necessary here.

115. B. चातुर्वि, चाब्जं कृत्वे ।
117. B. षष्ठांश, तदूर्ध्वकं ।
118. B. मर्धांग for कम्पमर्धं ।
119. (1) I. J. प''''त्, A नव, B. पदमं । (2) I. J. धां for यां ।
120. A. F. पतियुतं, B. प्रतियुतं for the last expression.
121. (1) A. F. नांतरे कंठे, B. चोत्तरे कर्णे । (2) I. J. उ for चो ।
122. B. सोपान for गोपान ।
123. (1) I. J. द्विं for द्वयं, B. ध्वं । (2) B. डुतां च, A. F. have a lacuna before वाजनं ।

The expression within brackets between lines 124, 125 is found only in I. and J.

125. For उमापति suggested by B., I. J. read उमाय ।
126. A. F. यत्रयेदेवमुक्तानि, B. यत्रय, I. J. येक्षयेदेव मुक्तादि ।
127. (1) A. F. हेवादि, B. देतानि । (2) B. निर्गमनभिहेा, A. F. न्त्रिर्गमह योर्ध्वते ।
128. A. F. चेाप for उप ।
130. (1) B. तत्रिपादा । (2) A. B. F. तुवा for ततः ।
132. B. माननं for मानेन ।
133. (1) A. B. F. दण्डसमं वाथ, I. J. दण्डयाधिकं । (2) A. B. F. मेववा ।
134. This line, lost in I. J., is necessary here.
A. F. त्रिपादाधि मेववा ।
137. I. J. वार्ध, B. चार्थ for सार्धं ।
138. B. मुच्यते, A. F. मोक्ष्यते ।

140. I. J. द्विगुणो ।

141. I. J. दण्डमानेन for हस्तमानेन, which has been described in 133.

143. A. F. वार्धनिर्गमं ।

145. (1) A. F. B. भाग for भागपादादि । (2) B. मुदूनो for मूर्ध्वे । (3) A. F. वशां, B. विशां for वशात् ।

146. A. F. पद्मजात्येन, B. तत्र ।

148. B. मंदीन, A. F. नादीनि कंपयेत् ।

149. (1) B रत्न । (2) I. J. रक्तैरादय for पत्राद्यै suggested by the other Mss.

150. I. J. अन्येरूपमल for अन्यैर्युक्तं स्वलं ।

151. A. F. कोशेषां मकरे, B. कर्णेषां मकरैः प्रकरं कृतं ।

F. omits the next three lines.

152. (1) A. F. तरै, B. तरे, व्याघ्र । (2) I. J. सिहा for सिंहा ।

153. A. F. अश्वे भद्रेण, B. त्रिभद्रश्रेणे ।

154. B. न्यान्यान्युक्तानि सर्वेषां ।

Colophon :—I. A. चतुर्दशो, B. सप्तदशो for त्रयोदशो ।

CHAPTER XIV

2. A. F. त्रिंशदं, B. द्विशतं, I. J. त्रयोदशं for त्रिंशत् ।
3. B. कुंदिमदारशोन्नतं for the second *pāda*.
4. I. J. स्तन्त for णां तु ।
7. A. B. F. चैक for पक ।
8. A. B. F. कुर्यान्मसुरकोन्नतं for the second *pāda*.
9. B. जन्मादीनां तु वासानां for the first *pāda*.
10. B. हस्ताश पत्रकं for the second *pāda*.
12. (1) A. F. कंठ, B. कर्काट for कर्ण । (2) B. कूपं for कम्पं ।
13. B. शिवांशं for गुणांशं ।
14. I. J. दङ्गं for दंशं ।
17. A. B. F. त्रित्रवांशोच्चं, I. J. वाक्षनवां········ ।
18. B. हर्म्यं for कुर्यात् ।
19. I. J. द्विं for द्वयं ।
20. (1) A. F. प्रशस्यो for वप्रस्य । (2) B. वप्रतुंगं च विशकं for the second *pāda*.
21. I. J. युक्त, B. युक्त्या तु, युग्म seems to be another possible reading.
22. (1) B. विंशदं for चतुर्विधं । (2) B बद्धं मसू ।

The expression within brakets between lines 22, 23 is found only in I. and J.

23 B. साष्टांश, A. F. चाष्टा । (2) B. कृति for कृते ।
24. B. त्रयांशकम् for सप्तांशं ।
26. (1) I. J. द्विं for द्वयं । (2) B. त्रिपदं पद्दिके दवंशे for the second *pāda*.
27. I. J. कृत्ये for कृत्वा ।
28 (1) B. वर्धे for वाजनं, A. F. omit this in lacunæ. (2) I. थेा for धेा ।
29. I. थेा for धेा, B. र्धे ।
31. A. F. कममेकं ततोकंठं, B. कंपमधं तदाकर्णं ।
33. A. F. ततेा, B. तथेा ।

The lines 35 and 36, lost in I. J., are necessary here.

B. omits lines 35—37.

38. B. कन्धरं for कम्पनं ।

The expression within brackets between lines 43, 44 is found only in I. and J.

45. I. J. द्विं द्वयं, B. स्यात् द्वयंतु for सार्धं ।

46. B. सार्धांशं for सतांशं ।

47. B. मर्धकं for मंशकं ।

49. (1) I. J. गन्धम for गजैर । (2) A. F. गजैश्चैवतु ।

50. B. शदंशकं for the first expression

51. I. J. प for चै ।

52. I. J. वि for द्वि । (2) A. F. पट्टं वा, B. omits the second *pāda.*

53. I. मै for पैः ।

54. B. दिकं for धिकं ।

55. A. F. वस्येांध्वें, B. वत् सार्धें, I. J. सेाध्वें for वक्षोर्ध्वे ।

57. (1) A. F. कंठ for कर्ण । (2) B. मूर्ध्नि for मूर्ध्वे ।

59 (1) B. पूर्वांक्तवत् । (2) B. कंपमंशं शराशकं, A. F. कंपमंशांतरांशकं ।

60. I. द्विं for द्वयं ।

61. A. B. F. प्रतिश्चैवांश ।

62. I. वर्ण for वक्र ।

63. (1) I. तै for तैति । (2) I. J. मालयाम, B. मालयानां ।

64. (1) B. सेाम्यं for कमं । (2) For तं, B. तच् ।

The expression within brackets between lines 64. 65 is found only in I. and J.

68. A. F. कंठं for कर्ण । (2) A. F. तथांकुशं ।

69. A. F. द्रवंशं, B. त्रिकंपं for त्रयांशं ।

70. (1) A. F. कंठाक्षं, B. कर्णाक्षं for कर्णान्तं । (2) A. F. कंपमांशाब्ज ।

71. B. omits this line but adds, between 71 and 72, the following fifty two lines which are hopelessly corrupt :—

द्वंमब्जं स्याद्वंशश्च द्वंशं चेापरि पट्टिका ।
तदूर्ध्वे चार्धपद्मार्धं कंपकर्ण दशांशकम् ।
अर्धांशं कंवामंशेन चाधेापद्मं च कारयेत् ।
तदूर्ध्वे कंपमर्धांशं चांशं चेापरि कंदरं ।
........शकं चेार्ध्वे क्षेपणादूर्ध्वकांबुजं ।
मंशवेाच्च त्रियेाशस्यादालिंगं चार्धभागिकम् ।

एकं चांतरितं चोर्ध्वे चार्धांशं प्रतिवाजनं ।
अथवा चोपपीठोच्चं तद्देवांशादिकं तत्तुहर्म्यांशकं कंममध्येनकारयेत् ।
तत्समं कंदरं प्रोक्तं कंपमर्धे तथाजवं ।
तदूर्ध्वे च द्विभागेतु वस्त्रं कुंभं प्रकारयेत ।
दशमर्धांश कंप……………यं ।
उत्तरं चार्धकंपं स्यात्तदूर्ध्वेर्धे सरोरुहं ।
कपोतोच्चं त्रियंशं च चालिंगं चार्धकं भवेत् ।
अंशेसंतरितं चोर्ध्वे सार्धांश प्रतिवाजनं ।
तदंशेनांशमाधिक्यं जन्मांश……………
……द्वेकंपमर्धेनपद्मोत्सेदं गुणांशकं ।
कंपमर्धं तथाकर्णं कंपमर्धं तथांबुजं ।
त्रिभागं रत्नपट्टं स्यात् दलाक्षेपणार्धकं ।
कंपमंशं तदूर्ध्वे च दक्षिणं चैकमंबुजं ।
क्षेपणं चार्धकं चैव कर्णमेक दशांशकं ।
अध(थ)वार्धार्धं कंपंच अंबुजैश्चाक्षचोर्ध्वके ।
कपोत चार्धजरांशं भागसार्धशांतरितं तथा ।
एकभागं प्रतिं चैव सार्धांशं चोर्ध्ववाजनं ।
प्रति……द्रमितिप्रोक्तं पादतैस्तु चतुर्विधं ।
देवभूसुरभूपानां हर्म्याणामासनान्वितं ।
तुंगे त्रिंशतिभागेन जन्मतुंग गुणांशकं ।
अर्धेन कंप(म)र्धेतु ऋणांशेन महांब(बु)जं ।
अर्धकर्णद्वकुचां ………कंपं तथांबुजं ।
कपोत साध्वयुग्मांशं प्रतिवाजनसंयुतं ।
कर्णमष्टांशकं चैवचोत्तरं चैव(क)भागिकं ।
तदूर्ध्वे दक्षिणं चार्धं पद्मगेपानकं त्रिभिः ।
श(शे)षमादिशांतरितं प्रतिवाजनयुतं…………चैकभागिकं ।
कंपमर्धं तथांबुजं स्यात् कंतोर्ध्वत्रियंशकं ।
अर्धमर्धांशकं चैव चार्धमर्धं यथाक्रमं ।
पादालिंगांतवितं चैव प्रतिवाजनसंमितं ।
सद्वात्रिंशतकं तं(तु)गं द्वयंशे सोपानमोरितं ।
कंप……नतसोर्ध्व सार्धत्रिंश महांबुजं ।
क्षुद्राब्जं चार्धकंपार्धं द्वयंशेनांतरितोपरि ।

कंपमर्धं तथापद्मं पट्टिकोच्चं द्व्यांशकं ।
पद्मकंपमर्धतथाकंपं विभागेन तु तुंगकं ।
विशां ....त्तरूर्ध्वे कंपमर्धं तथांबुजं ।
कपोतार्धार्धभागं स्यात्तत्समं प्रतिवाजनं ।
तत्कर्धेतरिकं कर्णं त्रियंशं चोत्तरांशकं ।
कंपं पद्मं तथा पद्मं कपोतोच्चं गुणांशकं ।
शेषं.....................................गांतरितं ।
प्रतिवाजन संमितं ।
येन त्रिंशदंशंतु तुंगं कृत्वा विशेषतः ।
द्व्यंशगा(गो)पानसंयुक्तं चोर्ध्वेयुक्त्या स्वलंकृतं ।
द्विभागं जन्मतुंगं स्यात् पद्मोच्चं तत्समंभवे(त्) ।
कंमेकेन कर्त्तव्यं शेषं प्रागुक्तवन्नयेत् ।
अथवाचिनवांशोथ न कंपयुक् ।
........पूर्वोक्ततुंगमानेन पद्मकेतु विशेषतः ।

72. B. पद्मके for पट्टके ।

73. (1) I. द्विंशं । (2) I. ऊ for चो ।

74. I. दनागे, A. F. दानांगे दकाङ्के ।

75. A. F. पद्देर्विशेषेतु । (2) A. F. पुष्पेरत्नै, B. पुष्पदंते, I. J. पुष्परक्तैः ।

76. B. पट्टिकामृत्वकंपाशंद for the first *pāda*.

77. (1) B. त्रियंशं । (2) B. षट्वक्त्राकृतिमेवच for the second *pāda*.

80. A. F. नवाधिकशतां..............तदा, B. नवादेकादशांशंतु दत्ता, I. J. दशांशं, the correct reading is suggested by the other Mss. and the line 65.

81. (1) I. J. जन्मान्तं for जन्मतुंगं । (2) A. B. F. omit तद् । (3) A. F. सार्धवेदां, B. स्यात् धांशं ।

83. (1) I. J. चार्धपद्मं । (2) A. F. वेदांशं for पकांशं, B. leaves this in lacunæ.

84. (1) A. F. मर्धं, B. मर्धं for मध्यर्धं । (2) B. तथायापि for तथा कम्पं । (3) A. F. कंठ for कर्णं ।

86. I. J. ऊ for चो ।

88. (1) B. तेषां for शेषं । (2) A. B. F. कुर्याद्देवजन्म ।

90. (1) A. B. F. किंचद्वं । (2) I. J. शेषं for देयं ।

93. A. B. F. भूमिके ।

96. (1) B. A. F. एकांशं । (2) A. F. तेन, B. जन for केन।

97. (1) B. सह for महा । (2) A. F. कंठ for कर्णे । (3) B. महांबुजं ।

A. F. omit the next 26 lines (98—123).

101. B. पाषाणांतरेतथा for the last expression ।

102. B. पूर्वे for ऊर्ध्वे ।

103. (1) B. समा for समाधिक्यं । (2) B. माम्रचय for पद्म ।

104. (1) B. जन्मनेापरि । (2) B. वाचैः.................दिकं for the second *pāda*.

105. B. जेातुसेदेा for जस्याधेा ।

106. (1) B. तु for तन । (2) I. वर्ण for वज्र ।

107. B. कारकं for नामकम् ।

108. (1) B. चक्र पत्रं च । (2) I. तथेाश्यकम् for च येाग्यकम् ।

111. B. कंम(प)मेकेन ।

112. (1) B. पद्मंश । (2) B. चंशेा for श्यंशं ।

113. I. अंश for चांश ।

B. omits the next 6 lines.

120. I. वर्ण for वज्र ।

121. B. उच्चबंध मञ्चबन्ध ।

122. B. तत्र for तत् and has a lacuna for हर्म्याणां ।

The expression within brackets between lines 122, 123 is not found in B.

123. B. शेषं षडंशकम् for the last expression ।

125. B. एकैकं पंचवप्रेाच्चं for the first expression ।

126. B. has lacunæ for the second *pāda*.

Between lines 126 and 127, A. F. add one line which looks like a repetition of the line 126 : कंपमंशकमेकांशं कंधरं च द्विभागिकं ।

127. A. F. कंपक द्वयांभ्यां, B. कपतद्‍वाह्ये ।

129. I. अत्यर्धांशं, B. अर्धधांशं ।

131. I. चेत्तत्तदंशं, B. स्यात्ततसमं चाम्र for the second *pāda*

136. A. F. कंठ for कर्णे ।

A. F. omit the next 4 lines.

137. B. प्रतिं चैकाशत ।

138. (1) B. omits first *pāda* in lacunæ. (2) B. त्रिपट्टि ।

140. B. पट्टकाचेार्ध्वकारवे for the first *pāda*.

The expression within brackets between lines 143, 144 is found only in I. J.

144. (1) B. अधिष्टानदशामंगं for the first *pāda*. (2) A. B. F. मध्यार्धे ।

145. (1) B. अर्धार्धा । (2) B. मानांशं for भूतांशं ।

146. I. omits चाब्जं ।

147. B. लिंगंच ।

148. I. द्विशें, B. द्वंशे ।

149. B. द्वाविंशदं ।

150. A. F. मध्यर्धं ।

151. (1) B. प्रोक्तं तत् for the first two words. (2) I. मांशांशकं for मं चाब्जकं ।

153. B. चैक for चाक्ष ।

155. A. F. I. शेश, B. शेन for मंशमंशं ।

157. A. F. मध्येन for मध्येन ।

161. B. अन्यशं for वन्ह्यंशं ।

162. I. द्विविं for द्वं ।

164. I. J. ऊर्ध्वंशेन ।

167. A. F. B. मिति for मुदीरितम् ।

168. (1) I. देवानामंशनालयेत्, A. F. देवानांशंभुनालयेत्, B. देवोनां शम्भुरालयेत् । (2) I. सिद्धयै, B. पत्यै for आलये ।

The expression within brackets between lines 169, 170 is found only in I and J.

170. A. F. तलांगुकं for कलांशकम् ।

173. I. अथा for अधो ।

174. B. कोपमं for कम्पम् ।

176. I. द्विं for द्वं ।

178. (1) A. F. तत्र, B. मेत for तुङ्गं । (2) B. इष्टाशं for पञ्चांशं ।

180. (1) I. मेतेन for मेकेन । (2) I. द्विं for द्वं । (3) B. read 2nd *pāda* as कंपमेकेन ऊर्ध्वकं ।

184. (1) I. द्विं for द्वं । (2) A. F. कंठ for कर्णे ।

185. (1) I. द्विं for द्वं । (2) B. चोर्ध्वं । (3) A. B. F. प्रति for प्रतिं

186. (1) B. च स्यात् for चांशं शेषं । (2) I. वर्णे for वज्र ।

187. A. B. F. त्रियंशकं ।

190. I. ऊर्ध्वे for तदूर्ध्वे ।

192. A. F. चैवकांत्वा, B. चैकातं शाततं तथा for the second *pāda*.

194. B. omits this line.

The phrase within brackets between lines 194, 195 is found only in I. and J.

197. (1) A. F. कंठ for कर्णे। (2) B. मंगं गुणान्वितम् for the last expression.

B. omits lines 198—102.

199. I. चाथेा for चाधेा।

200. (1) A. F. कंठ for कर्णे। (2) B. मेकेन for मेकांश।

202. A. F. तदूर्ध्वं।

203. A. F. रेकां, B. रेखां for मेकां।

204. A. F. कंठैः for कर्णे।

205. A. F. सेांश, B. तस्योच्चांश विस्तारं for the second *pāda*.

206. A. F. त्रिभागेन for तद्भागेन।

212. B. चार्धं for सार्धं।

213. (1) B. चार्धं for सार्धं। (2) B. स्यात् for त्तु।

214. B. चार्धं for सार्धं।

215. A. F. तत्तत्, B. तंतत्रत् for तंतत्।

216. B. प्रतिरेसांशं।

217. (1) I. द्विं for द्व्यं। (2) A. F. तत्तत् for तत्समं। (3) A. F. तेाच्चयं, B. केादयं· I. J. पद्मतेाच्चयम् for the last expression.

219. I. एकांशेार्ध्वक, B. एकांशं चेार्ध्वकं।

220. I. गे for के, B. omits this and adds तं after युग्मं।

221. (1) I. सार्धं for चार्धं suggested by B. and the other Mss (2) पद्मं स्यात्।

222. B. पद्म तं(तुं)गं।

223. I. अथेा for अधेा।

224. I. सार्धं for चार्धं, suggested by B. and the other Mss.

225. A. F. अर्धांशक, B. अद्यर्धांशक, सार्धार्धांशं for the first expression.

226. A. F. तुगे, B. चांगं।

227. I. विभाग for द्विभागं।

230. I. दूर्ध्वे पद्मांशमंशकम् for त्तदूर्ध्वे पद्ममंशकम्।

231. A. F. चेार्ध्वपद्मं, B. पद्मतुङ्गं for ऊर्ध्वपद्मं।

232. I. दूर्ध्वे पद्मांशमंशकम् for तदूर्ध्वे पद्ममंशकम्, see note under 230 ; the confusion is the same.

233. A. F. कंप for पद्म ।

236. (1) A. F. गृहा, B. ग्रामा for ग्राहा । (2) A. F. नस्यादि, B. स्यासादि for नासादि ।

237. B. एतं चतुर्विधं ज्ञात्वा ।

238. (1) A. B. F. वाध for विधिं । (2) A. B. F. धारया for धाराय ।

239. (1) B. कमल for कलश । (2) A. F. देवां भूपति मालयेत्, B. देवभूसुर मालयम्, I. J. देवान् भूपतिरायतम् for the second *pāda*.

The expression within brackets between lines 239, 240 is found only in I. and J.

240. (1) B. तुंग for बन्ध । (2) A. B. F. ने चैकविं ।

241. (1) I. द्विं for द्व्यं । (2) A. F. मध्येन for मर्धेन ।

242. A. F. तत्तदूर्ध्वेन ।

243. I. पद्मार्धार्ध, A. F.....र्धेश, B. पद्मार्धं चार्धे ।

245. B. पद्मामर्धेन ।

246. (1) B. युग्मां for युगां । (2) A. F. कंठ, B. तत्र for कर्ण । (3) A. B. F. खार्धा ।

248. The expression within brackets between lines 248, 249 is found only in I. and J.

249. A. B. F. तद्देवं ।

250. (1) I. तदर्धेन । (2) B. अंशं for अर्धं ।

252. A. F. मध्येन for मर्धेन ।

253. I. ध्वं सशोभितम् for र्धं सरोरुहम् ।

254. (1) A. F. मध्येन for मर्धेन । (2) A. F. कंठ for कर्ण ।

255. A. F. मध्यन for मर्धेन ।

257. (1) A. F. चाश्वि, B. चास्थि । (2) I. श्वं for चा । (3) B. बाह्ये कंपं सपद्मकं ।

258. A. F. द्वश्र, B. ध्वस्र पट्ट ।

259. A. F. मितिहा, B. मिहचा ।

The expression within brackets between lines 259, 260 is found only in I. and J.

260. (1) B. सार्धं । (2) I. द्विं for द्व्यं ।

261. A. F. नहाम्बुजं, B. महाचोच्चं ।

262. (1) A. F. कंपकंठेन । (2) I. J. क्षुद्रकर्णेन कारयेत् for the second *pāda* suggested by the other Mss.

263. (1) A. F. कंठ for कर्ण । (2) A. F. मध्येन for मर्धेन ।

265. A. F. मध्येन for मर्धेन ।

266. (1) A. F. कंठ कर्ण for the first expression. (2) A. F. मध्येन for मर्धेन ।

267. B. गुणांशकं for कलांशकं ।

268. (1) A. F. मध्येन for मर्धेन । (2) I. द्विं for द्वयं ।

270. (1) B. तदूर्ध्वं स्यर्शके । (2) I. द्विं for द्वयं । (3) A. B. F. चालि for मालि ।

273. (1) A. F. कंठ for कर्णं । (2) B. धृक् ।

Between 273 and 274 F. repeats the lines 259—262.

274. (1) I. J. कपेाते । (2) A. F. चावि for चाश्व ।

275. (1) B. omits this line. (2) The peculiar expression द्विभागांश is apparently due to the desire to keep up the metre.

276. (1) B. व्यामाच्चं । (2) I. द्विं for द्वयं ।

277. (1) I. अर्धार्धाङ्गु for अध्यर्धांशं न suggested by A. (2) B. अद्यर्धं गलं ।

278. A. B. F. सार्धं द्वयंशं, I. J. सार्धविंश ।

279. (1) I. द्विं for द्वयं, B. ध्वंशकेन । (2) A. F. प्रकृति, B. प्रतिं for प्रतिमं ।

280. B. पवं तु तद्विधा ।

The expression within brackets between lines 280, 281 is found only in I. and J.

281. A.B.F. रत्न for रत्नबन्ध ।

In the following 15 lines the *codex architypus* always reads रक्त in place of रत्न suggested by the other Mss. which appears to be a better reading.

282. A. F. अध्य, I. J. अत्यर्धांशं ।

283. (1) A. वाधेा चांशं, B. द्वयेाश्चांतं, F. वापेाचांशं । (2) I. तदूर्ध्वेर्ध्वेनशासनम् ।

284. A. F. मध्येन, B. अर्धेब्जं, बन्धांशं अर्धेन ।

285. A. F. मध्येन for मर्धेन ।

287. A. F. कुम्भं for कम्पं ।

288. (1) A. F. omits स्वर्ग and adds च after न । (2) A. F. reads the second *pāda* as त्रिमध्येन कारयेत् ।

289. (1) A. F., for first *pāda*, तदूर्ध्वेर्धेन कंप स्यात् । (2) B. शिवांशक ।

291. (1) A. F. कंठ for कर्ण । (2) B. has an additional word द्वयंशं after कर्ण ।

292. (1) I नांशं for नाब्जं । (2) I द्वयो द्वाश, another reading द्वयोश्चांशं, A. F. वाधौ चांशं ।

293. I. सार्धं for चार्धं ।

294. B. व्याधिगभादि for व्यालरूपादि ।

The expression within brackets between lines 296, 297 is found only in I. and J.

B. omits the lines 296—299.

297. (1) A. F. वाजनं तस्या । (2) A. F. तिर्यतकं for तदंशकं ।

299. (1) I. अर्धं for अब्जं । (2) A. F. कांशं for कम्पं ।

300. (1) B. तु कर्णांशं for निम्नकम्पं । (2) I. ऊर्ध्वकेन, B. ऊर्ध्वनच ।

302. B. क्षेपणांशं ।

303. B. कपोतांशं ।

304. B. पद्मं तु रत्न for the first expression.

The expression within brackets between lines 304, 305 is found only in I. and J.

305. (1) I द्विंशत्वं for द्वयंशकं । (2) A. F. द्वयंशकाब्जं । (3) B. जन्त्रनेा ।

306. I. द्वि for द्वयं ।

308. (1) I. अत्य for अध्य । (2) B. प्रति ।

A. F. omit the lines 310-314.

311. B. तथांशकम् for शिवांशकम् ।

313. B. ग्रामादि for ग्राहादि ।

Between lines 313 and 314 B. adds एतत्तु प्रतिबंधं स्यादवमुसुरभूपतेः ।

315. (1) B. स्वर्ग । (2) A. F. मध्येन for मर्धेन ।

316. I. द्वि for द्वयं, B., for first *pāda*, अंबुजं चोर्ध्वपद्मं तु ।

318. A. F. कंठ for कर्ण ।

319. B. पंकजं चैव चोर्ध्वं for the first *pāda*.

321. (1) B. प्रतौ । (2) I. J. चोर्ध्वं for चार्धं ।

322 A. F. मध्येन for मधन ।

323. (1) A. F. मध्येन for मर्धेन । (2) B. omits the second *pāda*.

324. B. पतत्तु for पकं तत् । (2) B. विविधं ।

327. (1) I. and J. omit this line which seems to be necessary in order to make up the total of 26 parts.

(2) B. द्वतंशकेर्गल संयुतं for the second *pāda*.

329. A. F. कंपमेकं तदूर्ध्वे तु for the second *pāda*.

330. I. J. omit this line which for reason stated under 327 is necessary here.

331. I. J. पकनार्गलमेवच for द्वतंशकैर्गलमेव च ।

334. A. F. तेावाश्वपट्टिकां, B. व क्षुद्रपट्टिकां ।

335. (3) A. F. कंठ । (2) B. द्वयांशोर्ध्वे ।

Between lines 335 and 336, I. and J. read in a confused form the line 346 : पतच्चतुर्विधं प्रेाक्तं कुक्षिवन्धमुदोरितम् कम्पवधं चतुर्विधम् । B. adds कंपमेकेन तत् सर्वतत्समं । निम्नकं भवेत् । These additions are out of place and have been left out by all the other Mss.

337. B. मेकं for मीशं ।

340. B. सर्वालंकार संयुतं for the second *pāda*.

341. B. चैककं पद्म for चांशकम्पं ।

344. B. मष्टांशमेववा, I. J. मष्टाश्रमेवेच ।

345. A. F. पट्टाभद्रंवा पद्मपट्टिक, B. समंवाभद्रपट्टंवा पद्मपट्टं तथैवचा ।

The expression within brackets between lines 346, 347 is found only in I. and J.

347. (1) B. पत षट् for षट् पट् । (2) A. F. जन्मादि, B. जन्मादीन् ।

348. I. J. तुङ्ग for जन्म ।

351. I. चेाध्र्वेन, B. चर्ध्वं ।

352. (1) I. श्जैश्च for श्जेाच्च । (2) I. सा for चा । (3) B. भाजनांशकम् ।

353. (1) I. सा for चा । (2) I. सां, B. कां for चां ।

354. (1) I. श्च for न्त । (2) I. J. चेार्ध्वे for चांशं ।

355. I. J. वाजनान्तांशं for वाजनं चांशं ।

357. B. त्रयां ।

358. (1) B. प्रति for प्रतिमेक । (2) A. B. F. चैकेन ।

The expression within brackets between lines 358, 359 is found only in I. and J.

359. A. B. F. तत्रि for तत्र ।

360. A. B. F. चद्विधा for चतुर्विधं ।

श्रीकान्त is stated to be of four kinds but actually there is only one kind described.

361. I. त्रियं for त्र्यंशं ।

362. A. F. प्रतिशं, B. श्रीद्यंशतत्, I. J. अष्टाविंशं for चाष्टांशं ।

363. I. कारयेत् for कन्धरं त ।

364. B. has one more second *pāda* :—कपोताब्जं त्रयांशकम् ।

365. I. J. repeat the lines 365—367 owing to some confusion

368. A. B. F. पद्मस्मे for क्षेपणम् ।

369. A. F. कन्धरेाच्च ।

371. A. F. तदूर्ध्वे प्रतिं चैकेन, B. ऊर्ध्वे चालिंगमंगं च ।

372. (1) I. J. पद्मकान्त for श्रीकान्त ।

(2) A. B. F. न्यसेत् for भवेत् ।

The expression within brackets between lines 372, 373 is found only in I. and J.

373. A. B. F. अंगानां, अंशानां ।

374. A. B. F. रूपेष्म for द्रव्येण ।

375. I. समं for समुद्र ।

377. B. यथाकामं न for यथाशोभं तु ।

378. B. उप for उपान ।

379. B. विधांशी for विधानां ।

Between lines 379 and 380, A. B. F. have 3 lines, (of which the first *pāda* of the second line and the second *pāda* of the third line make the line 380) :—

पद्मतुंगं द्वयांतं स्यात् यथाशोभतु निगमं ।
वप्रोच्चं तु समं वापि त्रिपादं निर्गमं भवेत् ।
वप्रनिर्गमिनां तंचयावत् कुमुदनिर्गमं ।

381. A. F. चाग्र, B. चारू for निर्गमं ।

382. A. F. पट्टकोपान ।

A. B. F. repeat the lines 382—383.

384. (1) B. शोभाद् for यथाशोमं । (2) A. F. चयुतेा, B. युक्तिेा for सहित ।

The expression within brackets between lines 384, 385 is found only in I. and J.

386. (1) I. द्विंशं for द्विदण्डं । (2) I. दंश for दण्ड ।

388. I. चतुष्क वा for सार्ध चतुर्दण्डकं वा ।

389. I. नवधाहस्तकम्, A. F. नवलांशमाकम् for मथवा हस्तमानतः ।

390. I. द्वि for त्रि ।

392. A. B. F. बहिः for तत् ।

393. A. F. ष्वभि, B. ष्टेष्टुमामकानि ।

395. (1) B. प्रकुर्वीत विनिर्गमानि विशेषतश्चैव तु ।
(2) A. F. चार्य for वर्य ।

396. A. F. भक्तं, B. मद्रं for भर्तुः ।

398. A. F. नितथ नृसिंहेष्वपि, B. यथाकृपाद सेस्मनि ।

399. (1) B. यथेष्टधेा । (2) I. थेाद बेादे for यतेष्वध ।

402. A. F. पीनेप, B. विनेाप for पीठोप ।

403. A. F. एवंकृते सत्यकृतेापिभित्तेा, B. एवं कृ सवृकुन भत्री ।

404. (1) A. B. F. सिध्यं for सिश्च । (2) I. लक्ष्मीष्विव, A. F.....स्विह, for लक्ष्यसह ।

406. (1) I. कृत, the other Mss. सह । (2) B. मसुरयेतंम्रितं ।

407. B. लेाकेतुसराहकृष्ण विकर्तनैव श्रोकरं चत् प्रै ।

408. A. F. त्वाश्रीकरं, I. J. चक्रश्रीधरः ।

411. (1) I. ष्विव for रिह । (2) B. लक्ष्याविहरंति मुक्ति ।

412. I. सुखाकृतोरन्, F. सुखं च कृषीरत, A सुखं तुष्वितरत् for करं मुखं च suggested by B.

Colophon. A. J. पञ्च दश, B. चतुर्दशेा ।

CHAPTER XV

2. I. आयादीन(न) ।

3. A. B. F. J. पादं ।

4. I. साल पपु मसूरकम् for the second *pāda*, B. स्त्रवियस्त्रंभमात्तथा स्लोत्तम्भमद्घ्रिकम् ।

5. (1) B. प्रोक्तं स्थानं स्वराणां च, A. F. स्थाणु चक्र, J. स्थूणं ।
(2) B. चेहप्रमाण, A. F. मय, A. F. J. मारण । (3) I. गा for भा ।
(4) I. J. कम्प for कम्भ ।

6. A. F. धारिण, B. दारुणा for धारणं ।

7. I. उत्तरायेाप for चेात्तराधेा व, B. उत्तरांतेा ।

8. I. जमादा उ for जन्मादेा चेा, B. जन्मादि चेा ।

10. B. द्विगुण सार्धपादेान द्विगुणं च विशालकम् ।
B. omits the next 4 lines.

11. I. घ्र for ङ्घ्रि ।

12. A. F. J. सार्धहस्तसमा ।

13. A. F. विंशा, I. J. चतुर्थांशा ।

17. (1) B. आदित्यरंध्रपर्जन्य गरुडं चाष्टकं भवेत् ।
(2) A. F. पङ्क्तस्य, J. पत्यंश ।

18. (1) I. पादेान, A. F. J. भागेन, B. J. भागे ।
(2) I. मग्रतः, A. F. माश्रितः ।

19. J. तदाकार ।

Between the lines 20 and 21, the line 23 is found repeated only in I. It is not obviously necessary here, and is not therefore included in the text.

23. I. श्राश्र for चाग्र ।

24. B. मूलमुष्टस्तथैवच, A. F. वेदाग्र ।

25. I. मूले मध्ये । (2) J. च मग्रं ।

26. (1) A. F. समश्रे, B. समस्रं, (2) I. कर्त for कर्ण, B. कंठ मानाग्रकांतकं ।

27. B. मध्यमं कांतं ।

28. B. मध्याग्रं स्याद्यधोपादा चाग्रशानकप्रांतकम् ।

29. J. पादा चाग्राश्रस्य समान्तरा ।

30. (1) A. F. कंठ; in the Mayamata (XV. 25) it is read as चित्र-खण्डम् । (2) A. B. F. J. लये न्यसेत् ।

31. (1) B. चाग्रकं for चासनं । (2) A. F. पापकं for पादुकं ।

32. (1) A. F. पत्र, B. तत्र for चित्र । (2) A. F. चाग्रान्ते ।

33. A. F. पादुकांतस्य, B. दलकांतं स्यात्, J. पालिकान्त ।

35. (1) I. पत्राणि for पत्रादि । (2) A. F. रक्त, J. रक्ते for रत्न ।

36. (1) A. B. F. मध्याश्रे । (2) A. F. कुग्मलं, B. कुग्मलः ।

37. (1) A. F. J. काग्रे for पग्रं । (2) I. अग्राथेा, B. चाग्रतेा ।
(3) A. F. कुग्म, B. कुग्म for कुड्म ।

39. (1) B. पिनाभसं । (2) कंभा, A. F. कंठ, J. B. कर्ण for कम्भ ।

45. (1) B. कमेण वा । (2) I. च for वा ।

46. This line is missing in I. only, but is necessary here.

47. I. वा स्मृतं for विस्तृतं suggested by the other Mss.

49. (1) A. F. कंठेा । (2) I. विस्ताराग्र, J. विस्ताराङ्घ्रि, the other Mss. विस्तारार्धं ।

53. I. च for वा ।

54. A. F. कियेात्कठं चेार्ध्वकंठ, B. तथाकुंडंचेार्ध्वकर्णं, I. J. कर्णे ।

55. A. F. ताटिकास्यं, B. तादिकास्या, I. J. नाटिकाख्यं ।

57. I. चाथेा for चाधेा ।

58. I. गैारिकम्, B. हलंकया, J. हारिका for हारिकम् ।

59. (1) A. F. अधेाभूदं । (2) A. F. तथेा, B तदेा, I. मथेा for मधेा ।

60. J. तादि for ताटि ।

61. (1) I. अथेा for अधेा । (2) A. B. F. द्विरव for वेारव ।

62. A. F. यास्यं घुर्घूरपुष्टाभं, I. J. पुष्पान्तं ।

63. J. चार्ध for सार्धं ।

66. I. त्त for च ।

68. A. F. अथ, B. अथवा, I. J. रथकुम्भं ।

71. A. B. F. J. तन्मूले, I. चेार्ध्वमूले ।

Between the lines 71 and 72, I. J. add कुम्भस्तम्भम् which has been left out by all the other Mss ; but as there is given no such heading in case of other pillars this one is also not included in the text.

72. A. F. कुश for कुम्भ

73. This line is left out by I. only, but has been preserved by all other Mss. Its inclusion in the text is also suggested by line 33.

75. I. स्यादर्धं वास्यार्धं दण्डकम् for स्यात्तदर्धं चास्य तुङ्गकम् ।

77. B. द्वयेन दंडं for the last expression.

78. B. विस्तृतं for विस्तृतं ।

79. I. अथेा for अधेा ।

80. A. F. देदाष्टं ।

81. A. F. B. कांडकं, J. कन्यकम् for कर्णकम् ।

Between the lines 81 and 82, J. adds तद्विस्तारं त्रिदण्डंस्यात्त दण्ड ।

83. I. अथेा for अधेा ।

84. I. J. कुम्भवारम् ।

85. I. J. जन्म for ऋजु ।

86. I. श्चोत्तरादश्च, J. श्येात्तरादींश्च, B. रान्तं, A. F. दिंच ।

87. (1) I. केाष्टपाच्यन्तमूर्ध्वे । (2) J. पञ्चरादिभिः ।

90. नासिकाशिखर as a single moulding is suggested by line 96.

91. (1) A. B. F. तुगं । (2) I. J. अयेाः for श्रये ।

92. I. रन्ध्रं च for रन्ध्राष्ट ।

94. I. एक for चैक ।

96. A. B. F. स्थूपि ।

99. I. एकेन for एकेान ।

100. (1) I. J. वि for द्वि । (2) J. चैक for एक ।

101. B. has two lines here तदूर्ध्वेच द्विभागं स्यात्‌ द्वयं नासितुंगकास्तूपि तुगं स्याद्राजनं चैकभागिकं, of these the first *pāda* of the first and the second *pāda* of the second line make the line 101.

102. J. लिङ्ग for आलिङ्ग ।

103. (1) I. समं for समन्तरितं suggested by J. and the other Mss. (2) I. र्ध्वद्विं for र्ध्वं द्वगं ।

104. B. चार्धं for चांशं ।

105. A. F. द्वैकांशं, B. चैकांशं ।

109. I. व apparently for वा, the other Mss. तत् ।

B. omits the next two lines.

113. (1) B. त्रिभागं for द्विभागं । (2) A. B. F. वलि for गल । (3) B. वित्सेदं ।

114. For मध्यकोष्ठोत्तरं तत् A. मध्ये कोष्ठोत्तरांतं, B. मध्यकोष्ठांतमंशं स्यात्। क्षुद्रपादेन वांशकं। द्विभागं चोत्तरोत् भूषितः।

115. (1) I. रं for रे। (2) I. सा for चा। (3) J. ते for तम्।

116. (1) B. सप्तांशं। (2) 1. पेटि for वेदि। (3) A. F. वंजन for वाजन।

117. J. चतुर्भागे।

118. B. समं नासीत्।

119. A. F. नासि।

B. leaves the next three lines in lacunæ.

120. A. F. नास्यु।

121. (1) I. बंहूनास्यां च, the other Mss. वक्त्रनास्योश्च। (2) A. F. शिखरश्च।

123. A. F. J. मध्ये, B. मध्यकुक्षिं।

124. (1) B. शिरस्युपरि। (2) A. F. शिकांतं, B. रौद्रं।

125. (1) B. व्यालभावनि for वलभी। (2) I. च for वा।

126. B. पद्मौ for पट्टो।

127. I. J. पङ्कं, A. B. पद्मं।

128. A. F. कुम्भ, B. रुम्भ for कुड्म।

129. A. B. F. स्थूपि।

130. A. B. F. वल्कादि for वह्नादि।

132. I. घौस्त for द्वैत, B. त्तत्त।

134. (1) A. B. F. मूल। (2) I. J. एक, A. B. चैक।

135. (1) I. J. पूर्ववन्त for पूर्ववत्। (2) I. J. उ for चेा।

136. A. F. ममको यत्र, B. मकरैः पतिभूषितम्।

137. I. J. तच्चिरम् for तच्छिरः।

138. A. F. किंबरी, B. कबरी वस्त्र।

139. I. J. कोश्च for कोष्ठं च।

140. I. J. पादात् for त्रिपाद।

142. (1) A. F. फलद्यांतकतारं, B. तलकोद्यांतरांतं।
(2) A. B. F. कारडैक।

144. (1) A. F. चध्यर्ध, B. वावध्यं and omits कभ, I. J. ग्रर्धार्धं।
(2) I. J. विस्तृ for विस्तृ।

145. (1) A. F. तटि, B. ताट, I. J. तादि। (2) I. J. वर्षे for वस्त्र।

147. I. J. उत्सेधोर्ध्वोर्ध्वे, A. F. उत्सेधोत्धेन for स्यादुत्सेधं चोर्ध्वे।

149. A. J. मध्य, B. मन्य for मधो।

150. A. F. कंठ for कर्ण, B. कर्णभेदन।

151 I. J. भृश्वाकृतः for वज्राकृति suggested by the other Mss.

154. A. F. कंठ for कर्ण।

155. I. J. कोच्यं for केच।

159. (1) B. मध्यमासन for the first expression. (2) A. F. सर्पाभं। (3) A. F. संपद्, B. संपलवघा।

160. (1) I. J. भं for चां। (2) B. बोधिका for हरिता।

161. I. J. चिरो for शिर, B. नं तच्छि।

163. (1) I. J. कन्द for कद। (2) I. ङ्गं for भं। (3) I. J. भग्नि, the other Mss. चाग्र।

164. A. F. सभं, B. समुद् for सम।

166. (1) A. B. F. कत्रिभागेन। (2) A. F. कंठ for the second कर्ण।

167. (1) I. J. रक्तै for रत्नै। (2) A. F. पात्रादौंश्रवि, B. पुष्परत्नैश्च।

168. A. F. बोंधि, B. चोदित for बोधक।

169. A. F. पीठंपदा, B. पीठसदा।

170. (1) B. J. पद्मं च। (2) I. J. रक्तै for रत्नै।

171. A. B. F. दगिड।

173. A. F. J. षट्चाष्ट, I. साष्ट for षट्समाष्ट।

174. I. कर्णे, J. कासडे for कसठे suggested by the other Mss.

The next three lines are lost in J.

176. I. कर्ण, B. कागडो for कसठ suggested by the other Mss.

178. B. कथिता संख्या for हारिकांशं।

180. (1) A. B. F. J. मूला। (2) A. F. वति, B. वलिं।

182. J. कर्णे, I. B. A. कासडे for कसठे।

183. (1) A. मृदुगंध्याढनं, F. मृद, B. मृदंगवादनं, J. मृङ्गन्यादनं।
(2) B. पंचधूनक।

184. I. रूपैर्वा, रूपंच।

186. I. सन्धि, J. सेध। (2) I. दधो for तदधो।

187. (1) I. तथो for तदधो। (2) I. क्षं च द्विं for क्षश्च द्वतं।

188 I. भं for चां, J. कम्पभागेनपद्मकम् for the second *pāda*.

189. (1) J. कुम्भोधश्चोर्ध्वभागे। (2) J. वढे, A. F. पदे, B. घटिप्रातादि।

190. (1) A. F. तानि, B. तादि । (2) I. वर्षे for वश्च ।

191. (1) I. कुड्य, A. F. J कुम । (2) I. काम्बुकम्, J काङ्घ्रिके ।
(2) B. प्राच्यमद्राकृतिन्यसेत् for the second *pāda*.

192. J. दि for नि ।

B. repeats here 52 lines noticed under note 71, Chapter XIV.

193. (1) B. गृहेा for भुवेा, J. गुरोहारि । (2) J. मंशकं for मश्चं ।
(2) I. वेा for चेा । (3) A. B. F. केपि ।

195. (1) A. B. F. omit the first two words. (2) A. B. F. शिरः ।

197. B. तत्तु for कतु ।

198. I. J. शङ्कुरस्त्रि, B. द्वरंशके त्रिया ।

199. A. F. पंचांगं ।

200. A. B. F. J. वरुणाग्र, B. भरग्रह ।

The expression within brackets between the lines 200 and 201 is found only in I and J.

202. B. तमालकालिकोत्सेधं for the first *pāda*.

204. A. F. मध्यं, B. भूतं for मर्धं ।

205. A. F. मध्येन for मर्धेन ।

207. I. J. and the other Mss. कर्ष, A. F. कंठ which is more suited here.

208. (1) I. J. पश्चान्तप, B. पश्चं च । (2) I. J. र्धैक, B. र्धांशे ।

211. A. F. मध्येन for मर्धेन ।

214. A. F. मध्ये, A. F. कंठ for कर्ष and मध्य for मर्ध throughout; these will no more be noticed.

215. I. J. च द्विं for र्धं द्वरं ।

218. (1) B. त्रिभागं for द्विभागं । (2) A. B. F. मध्येर्धं, I. J. मत्यर्धं ।

221. A. B. मस्येार्ध्वर्धेन, I. J. मर्धार्ध्वार्धेन ।

222. A. F. स्या, B. स्यान्न ।

223. (1) I. J. रक्त for रत्न । (2) I. J. निवयं, the other Mss. निष्पं ।

225. This is omitted by A. B. F.; it looks like repetition of the line 222.

227. (1) A. B. F. add तत् at the beginning. (2) A. F. यत्र, B. रत्न ।

228. I. तत्र पादं for तत्रिपाद ।

229. I. J. चान्तरालं च, B. चान्तराले तु for the last expression.

231. (1) This line is lost in J. (2) A. B. F. भक्ति । (3) B. कुल्ये तु for कुढे च ।

The expression within brackets between the lines 232 and 233 is found only in I. and J.

233. (1) I. J. तस्तलं सुस्तम्भ, B. F. D. सं । (2) I. श्रो for दोर्भि । (3) I. J. थो for ञ ।

234. A. B. F. चार्धे, D. श्रीपादं चार्थमेववा (? पनमा) ।

235. A. F. J. मा, J. न्मा, D. इम्मदण्डेनमनवेत् ।

236. I. and J. read this line after the line 237 but as suggested by the other Mss. it is more suited here ; D. omits this line.

237. (1) F. वालि for पालि । (2) I. त्य for द्य । (3) A. F. उप, B. मु, D. मूल ।

239. (1) B. उक्तपादादि, D. उत्त । (2) I. मूलदण्डेन ।

240. I. and J. do not contain this line but without it the next line would be unconnected. A. F. उपपादां मूलपादांत मुपदण्डं समंतकं, B. सपाद, समां, D. पादामूलपादान्कं(किं) उपदण्डस्पमात्रकं ।

241. (1) A. F. द्विदण्ड । (2) I. वाथिवांशकम्, B. बाथवान्तरम् ।

242. I. रूप for द्वित्रि, J. द्वित्र्युप, B. D. त्रित्यापाद ।

243. (1) J. कान्त for क्रम । (2) I. मूल for मूले suggested by the other Mss. (3) D. पद्मसादूधितं ।

244. (1) D. वेदोत्रमिद । (2) I. विभाव्या for ब्रह्म । (3) I. J. मोरि for मितिस्मृ ।

245. This line lost in I. is obviously necessary here.

(1) B. D. चोपपाद । (2) A. F. J. सपदाव्यक्तमोरितम्, B. D. सादाकान्तमिति स्मृतम् ।

246. D. omits this line.

247. (1) I. भन्तेा for भण्टेा । (2) I. कान्तमुदोरितम्, J. B. A. कान्तिमिति स्मृतम् ।

248. I. पालका, it seems to have been meant for फलका ।

The expression within brackets between the lines 250 and 251 is found only in I. and J.

251. J. त्तद्वाग for द्वारेाश्च, B. पंचोत्कंदाग, D. पारतुतदा ।

252. I. उत्तर for चोत्तर ।

253. (1) माघाद्ये for माघादौ । (2) A. B. F. J. नकुर्याद्दारु ।

256 I. वट्ट, J. ढक्क, B. कुधारकनविन्नादीन ।

257. I. रात्र पुस्त्वादिरदि for रात्रावुपोष्याधि ।

258. (1) I. सुमहूर्तायां for तु समुत्थाय । (2) J. कर्तुं: ।

259. (1) B. मार्गेषु । (2) I. has a lacunæ for पश्येत्तु शकुना ।

260. (1) A. B. F. सन्मुखे, I. सुमुखे। (2) B. मांडं काष्ठतृणांगा नि बलिं क्षिपेत् ।

Between the lines 260 and 261, B. reads lines 424—433.

261. I. सङ्क for सङ्घ ।

262. A. B. F. छत्र, the other Mss. चक्र ।

263. (1) B. परौ for बलिं । (2) I. पूर्वेवटवृक्ष, J. घटं च, B. खटं च A. F पटं च शिखलं ।

264. A. B. F. J. वस्त्रधृक् रजकं, I. वस्तुधृग्रजतं ।

265. I. J. दर्पयास्यं रसमुखे दृष्ट्वा, A. F. दर्पधान्याठ्य for धनधान्यं समृद्धिं च ।

266. (1) A. B. F. केशं नासहीनं, I. J. केशन्तसहिता ।
(2) B. तिलभांडवरं तथा ।

267. (1) I. J. ध्वजं, B. द्विज; according to a Bengali proverb, one single Brahmin and a hornless cow are each an inauspicious sight.
(2) I. नृत्त for रक्त, B. दिक्पालान् रक्तवाससः ।

268. (1) B. रोगी । (2) A. F. ··· ध्यंगंद्वयं, B. नाड्यांगरवकं ।

269. (1) B. मार्गं संमूखतां, I. J. अभार्गे संमुखं । (2) B. भवति for स्मृतम् ।
(3) A. B. F. ध्रुवं ।

270. I. त··········क for नर्तकं व्यानक, A. F. नर्दकं, B. नष्टकै व्यासक ।

271. A. F. भरयासुसुरं नामे, B. चरंडासुस्वरं ।

272. (1) I. मसू for मयू । (2) I. also has दिव्यपुञ्जं ।

273. A. F. पक्षी, B. पर्कि, J. पक्षि ।

274. (1) A. F. वेधं, B. पोतं for बोधं । (2) B. फणिनां ।

275. B. वामात् दक्षिणा ।

277. I. ग्रन्य for ग्रन्थ, B. ग्रंडिनं ।

278. (1) I. हरिणी । (2) I. शिशु for शरां ।

279. (1) J. वक्रं for वर्णं । (2) रक्तं वानं च सूनकम् for रक्त श्वानं च शूकरम्, A. F. J. पादं च सूकरम् ।

282. (1) I. व····द्य for वक्ष्यामि । (2) I. J. सीम्नं for सोम्नि, B. कामलिमापु भेत्तु चेत् for the second *pāda*.

283. (1) J. हत्वा, A. F. हुत्वा for स्थित्वा । (2) I. जनात्, A. B. F. द्विजा ।
(3) I. भावे for गच्छे ।

287. I. तद्दि for तदि ।

289. (1) I. निर्ज्येर्यते, J. नदेतत्त, A. F. निशोदेत, B. निवेवितश्चाया शृखुद्धं ।
(2) A. F. J. नं सुरान, B. ने स्वरान, I. ना स्वरात् for the last expression.

290. (1) A. F. श्वेता क्षोरं । (2) I. दूगत for स्वगम् ।

291. I. दुस्तरेयं for दुःस्वरेथ ।

292. Apparently there is a confusion in the reading of the hues 292, 293, the idea seems to be clear : three directions, south, east and north are intended to be placed in order of merits.

(1) J. दक्षिणेतु । (2) I. adds स्वरं before चैव, J. प्राक् ।

293. (1) All Mss. begin with प्राक् which is unnecessary here.
(2) I. दु for तू । (3) A. F. समं, B. शमागुरुतरस्वरम् for the last expression.

294. (1) I. जनवभक्षिवत् for जानिबलिं क्षिपेत् ।
(2) B. यदि श्रुतं ततरामकंडुष्वन्नमनुजायेाग्यं ।

From the line 295 down to the end of the chapter, divisions of lines are distinctly of three kinds :—

I. and J. each forming a separate group and A. B. F. forming another group. Of these three divisions last one is the right one owing to sequence and sense which has been followed in the text.

According to this order I. reads between 294 and 995 the lines 367–397, and then repeats 415—422, then reads 329—366, 296—327, 399-440. And J. reads between 221 and 222 the lines 367—397, and between 327 and 328 the lines 329—366, 327—397 and 415—422.

294. (1) I. होमान्तं, A. B F. होमार्थे । (2) A. F. तंत्रवत्, B. कुर्वित प्रवाशे चार्थवत् सुधीः ।

296. (1) I. वरकं, A. F. J. चरकं. B. नेगरं for चरगों । (2) A. F. वितारिं, B. द्विदारं, I. विदैार्शव for विदारैा ।

The four demonesses intended are चरगो, पूतना, विदारी and पापराक्षसी, see chapter VIII, 52—54.

297. (1) A. F. मंगं गाश्चाभंश्य, B. भंगहंगं च भ्रष्टांगं गश्यात् हूंद्राढनैशान कांतकं, I. J. गणाख्यां निद्रान् ।

299. (1) A. F. स्वरमा for रकेन । (2) B. स्तुतिं चैव सदा जपेत्, I. J. तक्षकस्य जमाक्षिपेत् ।

300. (1) I. J. मुखं, A. F. मृगं, B. मृतं । (2) A. F. चामितिं चोदितं, B. चादितिश्चादिति ।

301. (1) I. J. विधनं, B. विरदः for वितथं । (2) I. भूषण for पूषण ।

302 B. भूत, I. मन्तं for मन्नं suggested by J. and the other Mss.

303. (1) I. J. हलानि for फलानि । (2) I. अन्तं for अन्नं ।

304. I. दत्वा for दद्यात् suggested by J. and the other Mss.

305. (1) F. J. शुद्धं । (2) I. कुर्या for पश्चा ।

307. (1) I. इचहा for छेदन । (2) A. F. पते, B. पतिं ।

308. A. F. कर्तनं, B. वनरक्षके ।

309. J. ब्रह्मात्मन, I. बाह्यार्थं ।

310. (1) A. B. F. तृणयर्थं for कुर्यात् । (2) J. न पूज्यं वरदेवतः, J. वनदेवता ।

311. (1) I. खेा चेा for खश्चेा । (2) J. वा for च ।

312. A. F. केकरात्, B. केकृतान, I. J. कैकराद् ।

313. I. चिंत्यम, the other Mss. च्छिद्य चा ।

315. (1) I. J. जन, B. अन्यत्र, A. अनंत, F. अन्तः । (2) A. F. जतृवंति द्विधा-यदि, B. चितवर्णविठं यदि for the second *pāda*.

316. (1) I. नव for तु सु suggested by the other Mss. (2) A. F. add स्त्री जाया between छायं and वृक्ष ।

317. B. सुमना for समना ।

319. (1) I. स्निग्धं for स्थूलं suggested by the other Mss. (2) I. वत् for युक् ।

320. (1) I. उ for चेा ।

321. (1) I. दृष्टान्तं, the other Mss. दुष्पन्नं । (2) I. चावरं, the other Mss. छायायानं ।

322. (1) I. ञ्चेत्यः, J. ञ्छेष्ठ्यः । (2) The female trees are not clearly stated.

323. I. उतपद्यं न, J. चेात्पत्य न्य ।

324. I. प्राग्भागे गमनं गलं for प्राग्दिग्भागेन च मङ्गलम् ।

325. (1) I. दक्षिणे for पश्चिमे ; the idea of south is contained in चाम्य । (2) I. निपत्ति ।

326. A. F. ईशाने, B. यीशेन, at the beginning of a word B. writes यो for ई ।

328. (1) J. गच्छ for गतमि । (2) A. F. नित्व, B. सित्व ।

329. A. F. मंगकरंजरं for the last expression.

330. A. F. च''''न्य ध्वानेव, B. चान्ये द्वारेत्व ।

331. I. याति वते तरुः for यदि पतेत्तरुः, B. जोयतंतितः ।

Between the lines 331 and 332 B. adds :—कालासित्वमंगलं छिन्न वृक्षमयतंतिचेत् ।

332. I. य''''म, the other Mss. ग्रशुभ ।

333. I. वृत्त for वृक्षा ।

334. (1) I. तत्राऽ, J. तत्रतो । (2) I. न्यस्ति for नास्ति ।

335. A. F. समुद्दिष्ट्य ।

336. A. F. पश्यन्न प्रहार, J. पशूनद्रहार, B. पशुशांतितध्वोमः, I. पश्चात्प्राहार-होमं ।

337. I. शाघां कृतं यान्तु, the other Mss. शान्तौ कृतायान्तु ।

339. I. संश्रितम्, J. सग्रहम् ।

340. I. कंशयः, the other Mss. सर्वशः ।

341. I. पदं नितचक्रमिति विरचितम्, J. पतन्ति तभुक्तमिति चिह्नं लिखेत्ततः । In I.'s reading a word or two are missing without which both sense and metre are incomplete. The reading in the text is supplied by the other Mss.

344 I. हत्वा माहिषं, J. हयित्वा महिषों ।

345. I. कर्पणैस्तु for कर्पयेत्तु ।

346. B. ग्रवतरेत्ततः ।

348. J. क्षीरिणं, the other Mss. क्षीरिणो ।

349. (1) A. F. शाखां, B. शाखः, J. शाकां । (2) I. J. वृत्तं for वृक्षं । (3) I. शमशापं for शमोशाखं । (4) J. तदा ।

350. (1) A. F. धारिणं, B. दारिणं । (2) A. F. शैत, B. चित्त for शत ।

351. (1) A. F. कुदर, B. स्वंदं, J. कुतर for कतरं। (2) B. कुकमालं। (3) A. F. काश्चं, J. काचन्द। (4) B. नामकम्।
352. (1) I. द्रांच, J. द्राक्षाच्छाखा च। (2) I. स्वपि for स्वपि।
353. (1) A. B. F. नारिकेलं। (2) A. F. दार्नी for मैानी।
354. (1) I. चाम्रकं। (2) A. F. किशरि, B. किंशशि।
356. B. मृदुवृक्षैश्चनोयतः for the second *pāda*.
358. I. J. चन्यैश्च for चन्यानि suggested by B.
359. A. B. F. भावादेक।
360. A. B. F. विज्ञाय चाग्रे, the other Mss. शतश्चाग्रे।
361. B. भूस्वर्गस्य for the first expression.

The expression within brackets between lines 361 and 362 is found only in I. and J.

362. I. लयं च for लयादि।
365. I. J. रज्जु for ऋजु।
366. I. पाथन क्षयात् for पादं तथाश्रयम्, A. F. तथात्रिकं, B. यद्वा शुद्धं तदाश्रयम्।
367. B. देवादिशालार्थे for यत्रदेशविशालार्थे।
368. I. J. पुरुयमासं for पुण्यमासं, A. F. पुष्यं।
369. I श्रष्ठचर्कीकं for श्वो च कार्तिकं।
370. I. सुभिक्षे शोभने for शुक्लपक्षे शुभे।
371. (1) I. स्कंदमावाहनं। (2) A. F. भावुके, B. नकुर्याच्चैवमासने, J. नकुर्या च्चंपमाद्वके।
373. I. स्नान कुर्या"", J. स्तम्भं कुर्यात्यापि सर्वशः।
374. I. मध्य for मध्ये।
375. (1) B. पादाश्रितन्यदावेशो वस्तनश्चं चलं तथा। (2) A. F. वस्तुनं च।
376. (1) A. F. तार, B. दान for धार। (2) I. त्र्यर्थवि, B. धं द्वि।
377. (1) A. B. F. धनं for घनं। (2) I. J. B. विस्मृ for विस्तृ। (3) A. B. F. I. छा for चा।
378. (1) I. धार, J. धारादारू। (2) I. क्रममून्यसेत् for the last expression suggested by the other Mss.
379. I. J. चाचमनं सर्वन्धरं, A. B. चाश्मनमयं चाधारं, B. चात्मन।

381. (1) I. तुमुरक्त for स्याद्रत्न। (2) A. F. तेा पठं, B. भावद् for the last expression.

382. I. दान्तं शिखां for दांभिमुखे।

383. J. प्रवेशे for प्रदेशे।

384. (1) B. स्खदपं for चखितं। (2) I. कुर्या for वोहग।

385. I. यश्र for यग्र।

386. (1) For कुम्भं, J. लम्ब। (2) For भि, J. दि।

387. I. कपटान्तं करख्यादि, A. F. J. कर्पटांतः करख्यादि, B. कर्पटंतु शिरोषादि

389. J. शाल्यैः।

390. I. यमतः for यग्रकम्।

391. J. कल्पनम्।

392. I. मा for चा।

393. B. पल्लवान् कृत्वा, A. F. दर्या नव for the first expression.

394. I. भानि चा भवेत् for हादि चावहेत्, A. F. हानि चावहे।

395. B. स्नपयेद्बुधं।

396. (1) I. नन्दना for चन्दनं वापि। (2) I. पद्म for पुण्ड्र।

397. B. सपवित्रंकरं for the first expression.

399. I. पूजयापि for पूजयेत्तु।

400. I. देहाक, the other Mss. देश्याव।

402. I. रक्तस्यव for रत्न धिया।

403. I. ग्रर्प, other Mss. ग्रर्च।

405. I. शिल्पं संस्थाप्य, J. शिल्पो संप्राप्य, B. शिल्पिन प्राप्य।

406. (1) A. F. गैरिका प्लुत, B. गैरिकावृत। (2) B. शत, A. F. ततः।

407. J. सूची।

409. (1) A. B. F. J. हेमा for हिमा। (2) J. तं for तत्, thus making स्तम्भ masculine.

410. I. यथेा शि for ततेा धि।

413. J. देशके।

414. I. स्यानि for ह्य च।

415. (1) A. F. वदनं चाधरं, B. वदानं च दारु, J. मानं च धारं, I. पूर्वमाधारं, and पूवदनं धारं, where the same line is repeated owing to a confusion.

(2) I. J. A. F. प्रेाक्ष्य, B. प्रेाक्ष्यश।

416. (1) B. चाहत्यटतेा, A. F. च.................त्यावटतः, J. चामत्या परितत्, J. न्यावृत्त्यावटतत् and चानृसापटता क्षयेत् for क्षिपेत् ।

(2) I. क्षयेत् in this place, but the correct reading is given in another place where the line is repeated.

417. (1) I. मिन्द्र and चैन्द्रे in both J. and I. in another place.

419. The expression पुष्पराग must have been meant for पद्मराग, because first it is read somewhat differently but not clearly in another place where the line is repeated, secondly this expression is clearly mentioned in the next line.

420. J. चेन्द्र for मिन्द्र ।

423. (1) I. दु for चे । (2) A. F. तथैशके, B. त्वदेशके ।

424. (1) I. स्तंभतस्त्रिभिः for स्थपतिः कर्तृभिः ।

427. I. मन्त्रा, J. तत्रा ।

428. (1) A. F. ददेत्, B. तथा । (2) J. विंशेषतः ।

430. B. च्यामेश्च, A. F. वास्तं तद्यायच ।

433. B. J. पिवा for वापि ।

434. A. B. F. पद्ममंठपकादिना for the last expression.

435. (1) A. F. I. मां, for ष्ठां । (2) I. ए for चैं ।

436. B. ब्रह्मविष्णु ।

440. (1) I. त्तुमङ्गतः for दुक्तमार्गतः ।

(2) A. F. स्व स्व सद्मशिविराविसर्जयेत् ।
B. सद्म कर्पितान् । विसृजंन् ।

Colophon :—A. J. षोडशा, B. एकोनविंशा for पञ्चदशा ।

CHAPTER XVI

2. I. मखिडतम् for माधिकम् suggested by J. and the other Mss.

7. A. B. F. श्रध्यार्धरत्रि, J. श्रर्धतारत्रि, I. श्रर्धारक्षिक for the first expression suggested by the other Mss. and the obvious sense.

8. B. J. भूपानां ।

9. I. सदूमेमाति वशादूभ्रमात्, A. F. सम्येजान वशात् क्रमात्, B. सङ्कोर्णानां ततः परम् ।

Between the lines 12 and 13 B. adds one line :—

उत्तरादि प्रदेशान्तं सर्वेषां जातिभेदतः ।

15. I. चांशमेवच, B. द्वयमेवहि, J. गद्तंशमेवच for the last expression.

16. A. B. F. J. second *pāda* युक्त्यातत्प्रस्तरोदयम्, which is identical to the second *pāda* of the line 13.

17. B. reads this line twice in the same place.

B. omits the lines 19-21.

21. A. F. रोचाय ।

22. A. F. विंशात्तु, B. विश्रांतं, I. J. चैव(क)विंशं, but the total gives 31 parts.

23. (1) A F. उत्तरं सर्धव न्यस्य तद्धामवाजनं भवेत्, B. उत्तरं सद विस्पृश्यं श्रंशतः शकं चैववा, I. J. पितरं साप । (2) I. J. वासनम् ।

24. (1) I. J. read this line twice in the same place ; except the expressions चखडांश and वन्धाश which occur alternately.

(2) A. F. बाह्यांशं ।

25. I. क्रियांश, J. त्रियंश ।

26. I. सार्धं for चार्ध्वं ।

28. I. चान्त, A. F. चैव कध्यंता ।

29. J. चार्धांशं ।

30. (1) A. F. रोच्चे, B. रोच्च । (2) B. नवांशकम् ।

32. (1) J. संमानेा, B. यन्मनेा, F. धर्म्या, A.····धर्म्यो, I. यमेना ।

(2) B. चेत्तमं ।

33. I. omits this line but it has been preserved by all the other Mss. and is necessary here.

34. I. भिं for भी, B. भिः ।

36. A. F. वाजनात्तु, B. क्षत्रियाणां ।

41. A. F. मुखात्तु, B. वत्यांतु ।

42. (1) B. वतं for प्रतिं । (2) J. वा for च ।

43. A. F. omit lines 43 and 44.

44. I. मश्चि, J. मखिड for पखिड ।

45. I. युकम्, A F. J. श्रकम् for द्वयांशकम् ।

46. (1) B. नेत्र for वेत्रं ।

(2) B. वटमुत्तरमुष्टिका for the second *pāda*.

47. I. J. इककं, B. त्रिकं, B. first *pāda*, पंचट्टकंपमंत्रादिः ।

48. (1) J. जयन्तं, A. F. जयतिः । (2) I. वांचकः, J. वाचका ।

49. A. F. लुवा, B. उपचेापान ।

50. A. वायंत, F. वायवा for वाचकाः ।

51. A. F. मादलेा, B. स्यादाभैद्दंत ।

52. B. द्वारिण for धारणं ।

53. A. F. कांक, B. कांग for कान्त ।

54. (1) B. मल्लिका । (2) J. गुलिका for कुलिका ।

56. A. F. माधेयं, B. मादिनं for माधारं ।

57. (1) I. कं for तं । (2) I. J. मूर्धकं, B. मुदरं ।

59. J. पूर्वकं शङ्कु, B. पूर्ववंशक, A. F.....पूवंशक ।

61. I. नदाक B. नन्दाका, J. तदा, A. अनदाकाज ।

62. I. न्धं चांशेनेार्ध्वार्धेन, J. न्धेा चमंशेनेार्ध्येर्ध for the second *pāda*.

63. J. मृणालिकेा ।

66. A. F. वर्त B. पुष्पावर्ती, I. J. पुष्पवत्त ।

67. A. F. द्वयंश, J. वंश ।

68. I. अत्यर्थं, B. अद्यर्थे ।

69. (1) I. व for च, B. मध्यमागेन ।

(2) I. म.....स्तपे.....for महायाजन ।

70. I. अथेा for अधेा ।

71. (1) I. जंगार्थ, the other Mss. तुङ्गार्घ । (2) J. चैव for चैत । (3) J. वा for the final च ।

F. omits the lines 72—74

77. I. रथ्यो for रेा suggested by J. and the other Mss.

79. J. पार्श्वे for ऊर्ध्वे ।

80. J. तुङ्ग for ंशा, A. B. F. तुंगमंश ।

81. A. F. मध्येन for मर्धेन ।

82. (1) I. अत्यर्थ for अध्यर्ध । (2) A. F. J. कल्पयेत् for कारयेत् ।

83. This line omitted by I. only is necessary here.

84. I. ग्रह, J. गृह, which has never before mentioned as a moulding; it should be ग्रीव as suggested by the other Mss.

85. (1) I. वा for final च ।

(2) A. F. has always मध्य for मर्ध and this will not be noticed any longer.

88. J. गेापानस्य ।

89. J. गुलिक for कुलिक ।

91. (1) A. F. कपेाते । (2) I. नाट्य, A. F. नाट्यस्य, B. नाद्यंग क्षुद्रनासि ।

93. (1) A. B. F. कुकरै for मकरै । (2) I. J. वर्ग for वत्र ।

95. A. F. नासि for नासं ।

96. (1) अन्धावादवि, J. अधोपाद व, B. अधोपाननसान । (2) A. B. F. स्यात for न्यस्य ।

97. (1) A. F. क्षुद्रनासि, B. क्षुद्रानास्ति, I. क्षुद्रनाभि ।

(2) B. मंध्रिकं, A. F. मध्यम for मर्धकम् ।

98. (1) I. षडाविकं । (2) I. J. द्व्यंशांशं, A. F. विंशांशं, B. तद् ।

99. J. न्तदूर्ध्वा for मूर्ध्वे ध्रं ।

100. I. J. त्·······the other Mss. द्वाजनं ।

101. (1) I. J. तु for द्वि । (2) I. J. मंशा वा ।

102. I. J. उत्तुङ्ग for चांशेन, B. omits this line.

103. (1) A. F. युग्मां । (2) A. F. नाठि, B. वाज for पट्टि ।

104. I. अष्टेा for अर्धे ।

106. I. J. समेवां, A. F. मेवं for मं तु ।

108. (1) J. तत्पादे । (2) J. श्चैव ।
(3) A. F. वाघे for घधेा ।

109. (1) B. धांग, J. धंश for धं च । (2) B. पादाद् ।

111. J. गणं चैव ।

112. (1) B. नयिर्वानरकामेना । (2) A. F. दिना, B. यानां ।

114. A. F. ग्रत्य, B. ग्रभ्य, J. ग्रन्यान्तरालयाः ।

117. B. चांग for शांश ।

118. (1) J. देतत्कपोतं for त्तत्तुङ्गप्रोक्तं । (2) A. B. F. दिकं for धिकं ।

119. J. भागिकम् for भेदकम् ।

120. I. पश्चादीनि for प्रच्छादन ।

121. I. पश्चाद्दा for प्रच्छाद ।

122. A. F. तत्र, B. चंद्र for रान्त ।

123. (1) J. वात for स्यात्त । (2) A. B. F. रांतकं ।

124. (1) A. F. दन, B. दनं । (2) I. श···येत् for शाययेत्, A. F. शाथयेत्, B. चालयेत् ।

125. (1) J. दीर्श्व for दीर्घं । (2) I. ध्वंपरि for परि । (3) I. त्तकाः for न्तिकाम् ।

127. A. F. J. दण्डकं स्यात् for the last expression.

128. (1) B. वीणा । (2) I. ह्लक्षणं for पाषाणं । (3) A. F. फलकं ।

129. I. हेह for ह्वेव ।

130. (1) A. F. J. द्वादशा । (2) A. F. निशेत् for न्यसेत् ।

135. J. सानतः for सानकम् ।

137. (1) I. J. पकपट्टि । (2) All Mss. except I. J. तथा योजयेत् ।

138. A. F. मालां for तौलि ।
B. omits the lines 138—141.

139. I. लुवा for लुपा ।

140. A. F. second *pāda* इष्टदार्धंतु कारयेत्. I. J. and other Mss. वृषभाद्वन्तुरालये ।

142. I. तार्वा, J. दार्व, A. F. चा ।

143. I. J. गेहे प्रोक्तं मम, A. B. गर्भ गेहे, the other Mss. तु चात्मना हर्म्ये ।

145. (1) J. दूर्ध्वे । (2) J. प्रस्तार ।

146. A. F. B. omit सङ्गं and have (A. F.) त्वत्, B. वन्वहः for the last expression.

147. (1) I. J. दम for दघः । (2) I तद्वृक्त्रो, J. मध्यवृत्तो, B. वृत्तांतरेा ।

148. A. F. इक्षुदंड ।

149. A. F. मतुल्लं, B. ननतुलां ।

150. A. F. तुला प्रक्षा, B. तुलायां क्ष ।

151. (1) I. J. अयेा for अधेा । (2) I. मैलक्ष ।

153. A. F. कुड्मल्लं, B. कश्मलं ।

154. I. J. बिल्व for फुल्ल ।

155. I. मू for चेा ।

156. I. J. अथ for अधेा ।

158. I. पोनकर्णो, J. वीरकाण्डेा ।

159. A. B. F. नाटकाद्यैः ।

162. B. महाशाल्लिं ।

169. I. ध्वें for ध्वांलं ।

B. omits the lines 171—174.

172. I. J. सस्तंभे ।

173. (1) I. वास for वाज । (2) A. B. F. मुक्ति for मुष्टि ।

174. (1) I. J. वास for वाज । (2) A. B. F. यदू यथा ।

175. A. B. F. J. श्रेणिकां ।

176. (1) I. J. तन् for षण् । (2) J. दण्डहार, B. पादांतर ।

177. J. दण्डस्य यु ।

B. omits the lines 178—180.

181. B. प्रांतरांतरम् ।

182. (1) J. यद्य, B. यत्रभित्ति । (2) For प्रस्तरं स्यादत्तदंतरं, I. J. प्रस्तीर्याच्च तथोत्तरम्, which is almost identical to the second *pāda* of line 184.

183. A. F. चाष्ट for काष्ठ ।

184. (1) A. F. श्यस्थं, B. I. धान्तं for ध्यान्तः । (2) B. तं तु सर्वतः ।

B. omits the lines 185 and 186.

185. A. F. द्वंल ।

187. I. कर्यां for काङ्क्षिच, J. गुत्तरा ।

188. I. वंत for वान्त ।

190. J. omits this line.

191. J. शेषं for वंशे ।

192. (1) A. F. तुल्यैः, B. कुर्यात । (2) A. F. J. द्वादशा ।
194. (1) I. राद्यं for रान्तं । (2) A. F. ताले, B. तुल्ये for तलैः ।
195. A. B. F. लम्बहस्तंचेद् ।
197. I. शिला, A. F. J. शिले, B. शिलायां जे ।
200. A. F. क्रिया, B. क्रियांगुलवशा ।
201. (1) I. रन्ध्रं for रौत्यं । (2) A. F. कर्तुं, J. कर्म ।
202. B. चोर्ध्वभूर्ध्वे च रंगकं ।
203. B. वलक्षा ।
204. A. B. F. द्विजाते तु ।

Colophon.—A. I. अष्टदशा, B. षोडशा ।

CHAPTER XVII

1. A. F. संधिकर्मविधं वक्ष्ये शास्त्रे संक्षिप्यतेऽधुना ।

Between lines 1 and 2, I. adds three lines noted below, the last one of which is incomplete. These are quite foreign here and seem to belong to a previous chapter. They have been left out by all other Mss.

हर्म्यान्तरस्य चाधारं पतत्पार्य(त्पर्याय)मीरितम् ।
पूर्वांशकमानेन चोत्तरोच्चं गुणांशकम् ।
तदूर्ध्वं कम्पमेकेन तत्समं····भमोदयम् ॥

C. omits the first 19 lines of this chapter.

2. I. नन्दकाराब्ज for हर्म्याणां दारु ।

4. All Mss. except I. J. read बन्धयेत् ।

5. I. ग्राह्यं, J. गृह्य for संग्राह्य ।

7. Mayamata (XVII.3) reads मल्लोलम् ।

8. (1) A. F. वल्या, J. पल्या for वेणु ।
   (2) B. पूर्वं, A. F. पर्वत; I. J. पर्वतन् ।
   (3) Mayamata (XVII.3) reads पूकपर्व ।

9. (1) B. सर्व for पर्व ।
   (2) I. J. चै ···· पु ।
   (3) The दण्डिक is suggested by line 18 and Mayamata (XVII.3)

10. I. पक for पत ।

11. A. F. मल्या, B. मल ।

14. I. पर्वत for पर्वक supplied by J. and the other Mss.

15. A. F. पूर्ब, B. पूर्य, I. J. पूक for पूग ।

17. J. सन्धिश्चेष्ट ।

18. A. F. वहिः for बहु ।

19. A. F. कुंध, B. कुल्या for कुड्य ।

20. A. B. F. चैक for पकैक ।

21. I. J. याध for यश्चो ।

22. I. J. सार्या for स्याद ।

23. B. omits this line.

25. A. B. F. I. पतिवा, obviously meant for पतिना which is ungrammatical, the correct form being पत्या।

27. A. F. नेागृहं प्रेाक्ष्य, B. बाम दक्षिणा.... for the last expression.

28. (1) B. leaves this in lacunæ except the last letter षः।
(2) A. F. महद्दोषं निनये।

29. A. B. F. दिशं। The usual form is पश्येत्।

30. A. B. F. द्रव्यं for द्विव्यं।

31. I. J. A. F. दारुखि, B. दारुणा।

32. (1) I. J. दारु स A. F. दारुं तु। (2) B. leaves the last word in lacunæ.

34. (1) A. F. संप्रांते, B. omits the first *pāda*.
(2) I. त्वाथवाधिच for त्वथापिवा।

36. A. B. F. तदग्रं।

37. B. leaves the second *pāda* in lacunæ.

38. C. leaves in lacunæ the lines 38—41.
A. F. तदग्र पूर्वदक्षिण पश्चिमतेा।

39. (1) I. J. पृथ for प्रत्य। (2) B: द्वारेा।

40. (1) B. येा द्वारं। (2) I. अग्रं, J. चाग्रे।

42. (1) C. leaves the first *pāda* in lacunæ and of the second *pāda* has only गम्या त; B. leaves the second *pāda* in lacunæ.
(2) A. कुस्येा, B. कृतस्येा, F. कुड्यस्येा for कड्यो।
(3) A. F. मूलांतं बहिरग्रकं।

43. (1) Both B. and C. leave the first *pāda* in lacunæ.
(2) A. F. नं त्वं तरग्रं।

44. (1) C. leaves the whole line in lacunæ.
(2) A. B. F. मूलं चायं चाधेा मुखं।

46. I. J. गृह संप्राप्य वश्यते, B. गृहान्तं संप्रशक्ष्य(स्य)ते, A. F. गृहा स्सं प्रवक्ष्यश्चते।

47. Both B. and C. leave the second *pāda* in lacunæ.

48. (1) B. leaves the whole line in lacunæ.
(2) I. J. दिशिं, A. F. दिशं, C. दिशो।
(3) A. C. F. चांतः चेार्ध्वं।

49 (1) B. C. सचेद्य, A. F. सछेद्यं, I. J. सश्चेतः। (2) I. J. ज्ना for ग्दा।

50. I. J. दक्षतरो, B. प्रादिचैयं दक्षिणांतरं ।

51. I. ङ्ना for ग्दा । (2) चाग्रेाथे चेा for चाग्राधश्चेा ।

52. A. F. प्रांचद्वा, B. प्राग्वदादा, C. प्रास्वदा ।

53. I. भद्रे भागानिन्; C. leaves this in lacunæ.
Except the first two words B. leaves the whole line in lacunæ.

54. A. F. J. येाग्येन for येागं ।

55. I. द्विं शयितं।

56. I. शयित्रं for शयितं ।

58. I. गोशं for ग्दिशि ।

59. (1) F. omits the lines 59—62, B. leaves this in lacunæ.
(2) I. अधरात् पूर्वं for भाचाराधेय ।

60. I. स्वाग्निकं for स्वस्तिकं ।

61. (1) J. शयित । (2) J. दक्षे ।

62. (1) J. दारेाः । (2) I. पर्वके for पूर्वके ।

63. I. काहे for कोणे ।

64. (1) I. शत for क शयितं । (2) I. मेग्र उ for म्येग्रमु ।

66. A. F. J. दार्वेाग, J. दार्वाग्र ।

67. J. दारुं प्रागुत्तराग्रकम् ।

73. The lines 73 and 74 are omitted by A. F. C. J.

75. I. चाग्रं स, J. दारुं सु ।

78. A. F. C. J. युगाग्रे । B. omits this line.

80. (1) A. B. C. F. छिद्रयुक्तं तथा दारुं चाधेयं, I. चित्र । (2) I. ग्रग्रेगं, J. त्वाधे ।

81. (1) I. वस्तु, A. C. F. वास्तु । (2) I. वन्तदारुणम् for वृतदारुणा ।

83. I. J. वर्णे for वत्र ।

86. I. J. नमेव परित्यजेत् for नाद्वैपरीत्यं चेत् suggested by all other Mss. and obviously a better reading.

87. I. रुंच for दारु ।

88. A. B. C. F. J. तद्दारेाः ।

89. A. F. संत्यस्यं, B. संतर्यं, C. सत्ताख्यं ।

90. B. A. पञ्चैव for वच्चैव ।

92. (1) I. J. दारु for तार । (2) A. F. have always कंठ for कर्ण ।

93. I. ग्रथेा कर्णस्य मध्वच द्विभिमेषंयुद्धं येजयेत्, J. युद्धेन ।

The reading as included in the text has been suggested by all other Mss. but the meter would demand the reading मध्ये छिद्रमधः कर्णे ।

98. (1) A. F. B. C. विस्तृतार्धे, J. विस्तरान्त । (2) A. B. C. F. I. विस्मृ for विस्तृ ।

99. A. B. F. पार्श्व, for प्राग ।

Between 99 and 100, B. reads the line 103.

Between the lines 101 and 102, C. adds त्रिकर्णमग्रमुलेतु येाजयत् ।

103. J. पतत्सु for पतत्स्व ।

104. (1) J. तद्देत् । (2) J. त्रित्रिचूलि; I. सत्रिचूलि ।

105. A. F. बालार्धे कल, B. वार्धे कीलक ।

C. leaves the lines 105—107 in lacunæ.

106. I. J. वर्णे for वत्र ।

107. I. चतुरश्रं च, J. चतुरश्शूलं तु ।

108. (1) A. F. J. युक्, B. येत् । (2) J. सन्धि पट्टक । (3) C. leaves in lacunæ the whole line except the last word.

109. (1) C. तत्र for दन्त । (2) I. सश्च for सन्धिश्च ।

110. (1) I. धिं चां for धिश्चां । (2) J. डु, A. F. यु, B. युक्तं ।

(3) J. यथायुक्ति which seems better, because the idea of शक्ति is implied in बल ।

111. C. पदेात् for यथेात् ।

116. (1) I. J. मासि for माधि । (2) J. मूले ।

117. (1) A. B. C. F. द्वं, B. शैः, C. शं । (2) A. F. C. मनां, B. त्थसं ।

118. (1) I. चाद्यं for चार्धं । (2) J. कुठचचेात्तरम् ।

119. I. J. वर्णयेत् ।

121. I. पुरतेाक्तं स for पूर्वोक्त सन्धि ।

The remaining portion of this chapter except the last verse is lost in J.

123. I. J. कुड्म for कुट्य ।

124. I. विधिः, A. सुधेाः, B. बुधं for the last expression.

125. B. मेवच for the last च ।

126. B. शिला for शिखा ।

127. I. सन्ध्यये, A. B. C. F. सन्ध्या, B. C. देा, A. F. सयेा ।

128. I. जल for कील ।

B. omits the lines 128—129.

129. I. समिदन्तं, A. F. B. समदतांशं, ।

C. omits the next eight lines.

132. (1) A. B. F. मध्यं स्यात् for सन्धिमध्यस्य । (2) A. F. पातुकन्यं कतत्

137. A. F. मूलाग्रं, B. omits this.

138. (1) B. आदौ दंडस्य । (2) A. F. यछेद्य, B. वतसे ।

139. A. F. षट्शिखे, B. षड्विद्या परिकीर्तिता ।

141. (1) A. F. पूर्वपश्चिम, B. पूर्वचिभिः ।
(2) I. नीलं तु for कीलकं ।

142. (1) B. कुश । (2) A. B. F. यथायुक्ति, for यथा शक्ति ।

143. A. F. पेतृ, B. पात्रि for पेत्र ।

144. A. B. F. मध्ये for मध्य ।

145. A. F. प्राख, for घ्राख; B. सकराग्नि ।

146. A. B. F. यथा युक्ति, I. यथा शक्ति ।

147. A. B. C. F. दारूपं ।

149. B. वप्रा, C. विज्ञा, for वज्रा ।

150. I. साधि, other Mss. शधि ।

151. (1) A. F. C. शैतेपु, B. शैलेषु ।
(2) I. श्र for चा ।

153. A. F. राण्युप, B. नकुशराग्निये, C. कुट्टराढ्यं ।

154. C. दार्वार्धात् समंश्चे ।

156. A. B. C. F. संधिः, I. J. विधिः ।

158. I. परितापि apparently to mean विपरीतं ।

159. B. परिघा for शिखा ।

160. A. B. F. मानस्यांत ; C. omits the first *pāda* in lacunae.

161. I. विना for शिखा ।

162. (1) I. तृना for तृणां । (2) B. श्रोत्र for शोक ।

167. B. तेषां तु, I. J. तेषां न ।

168. I. तञ्जले for जलेश ।

170. I. चेशे, the other Mss. चेते ।

171. I. सन्धेा for सन्ध्यु ।

172. I. पदं तच्च for पुष्पदन्त, C. महेन्द्रस्य ।

173. This line has been lost in all the Mss. except A. F.

175. (1) I. तद्दण्डते तद्विघाते, the other Mss. दण्डतं यद्विघाते ।
(2) I. श्रायाम तेा, the other Mss. आयामके ।

176. (1) I. कर्मद्वयं for कर्णद्वयोर् । (2) A. F. वस्तुतं, B. दस्तूयं, C. वास्तु या ।

179. I. ज्ञानत्वात् for ज्ञात्वा ।

182. A. C. F. नरंब्रकं, B. नरेंद्रकं for मुक्तरं ।

183. (1) A. B. C. F. कोलेन for मूलेन । (2) I. समकामवि, B. A. C. धर्मकामार्थ ।

184. B. अर्धसंधिः, C. युद्ध ।

F. omits the lines 185—187.

188. A. B. C. F. युद्धाभावं ।

189. A. F. second *pāda*, नूतनैरेव संयुजेत् ।

A. F. omit the next three lines.

191. B. C. पूर्वोक्तं ।

193. संयुजेत् is not the usual form.

194. I. नूतनेन च न युज्यते for पुराणं नूतनेन च ।

197. (1) B. दंतपदेास for दण्डपादेन । (2) C. युद्ध स्यात् ।

(3) A. F. B. दालया for कुलया ।

198. A. F. B. C. तुलादिमूर्ध्वं for कुलादिमूल । (2) A B. C. F. यथायुक्ति ।

199. B. विनाशोक्तं for विनाचोक्तं ।

200. A. F. नशिखा, B. शिखावा, C. सशिखा ।

201. A. B. C. F. दर्धशक्ति ।

203. A. F. C. च स्थलेथवा, B. चनकृतेथवा for वास्तमेव च ।

205. J. वास्तु for वास्तु ।

207. I. चय for बहिः ।

208. (1) I. आत्मना विजय for चार्थनाशजन ।

(2) I. दह for वह ।

210. A. F. संमतस्थितवाजनमांतकैः, B. मार्गतैः, I. अथवतस्थिन ।

211. I. शिखनै ।

215. A. F. नचधरं रहिधरं, B. नचदरंरहितं, C. नववरंरहिदर, I. J. नवधरंगधरं ।

216. I. J. कर्मविधित, C. A. B. F. कर्मविहीन ।

217. (1) I. या for धन, C. मनु । (2) रक्त विना ।

220. I. पि for प्य ।

Colophon:—A. I. अष्टादशो, B. एकविंशो, C. F. J. सप्तदशो ।

CHAPTER XVIII

3. I. नव for रवि suggested by the other Mss. and supported by the contents.

4. (1) A. भित्य which seems to be for भित्ति in place of भक्ति।

(2) I. reads स्थूपि for स्तूपि throughout the chapter; it will not be noticed any longer.

8. (1) I. हस्त for हस्ति। (2) A. F. J. समहेन, for स्तम्भेन।

9. (1) A. F. करो, C. कलो for करं। (2) B. C. यदा for यथा। (3) A. B. C. F. हर्म्यंतु, J. हर्म्यान्तु for शास्त्रं तु। (4) I. reads this line over again with the exception of हर्म्यं in place of शास्त्रं; but it has not been thus repeated by any other Mss. and appears to be unnecessary

10. (1) I. J. एवं for एक। (2) I. J. समाने for विमाने।

11. I. हर्म्याद्द्विहर्म्या for भक्त्याद्विभक्त्या।

12. (1) J. हर्म्य for क्षुद्र। (2) I. मलं for तलं।

13. I. क्षुद्र for मध्य।

15. I. हर्म्यं for भक्त्या।

The lines 16—19 are lost in I. but preserved by all other Mss. and are necessary here.

20. I. प·······न्ध्यगादृमा for एकपङ्क्त्यार्कभा।

21. I. भ्रन्त for भ्रष्ट।

22. (1) I. नव, A. F. B. J. नद। (2) I. पञ्च for पङ्क्ति। (3) I. मध्यमेतत्र्।

23. (1) I. वदि for पङ्क्ति। (2) I. गं स्यादृभा for शार्कभा। (3) I. श्रेष्ठं चतुस्थले।

24. (1) I. वन्द्या for पङ्क्त्या। (2) B. पद्म, C सम, for सद्म।

26. (1) A. F. पत्यंश, B. चेतत्सेव, C. दशांशकं।

C. omits the next four lines.

28. I. विंश for ईश।

31. J. पुल्य for पूष।

32 (1) B. सप्तां for सैका । (2) A. F. कांग्रं for कांशं । (3) A. F. मुनिवंशं, B. द्वरंशं, C. ख्याति । (4) I. J. निधि for तिथि suggested by the other Mss. and the context.

34. (1) J. भागिकं, I. चाधिकं for काधिकं । (2) I. च for दश ।

41. B. रेष्ट, I. रोष्ट for राष्ट ।

45. I. पञ्चां for पङ्क्त्यं ।

46. I. एवं for ह्येवं ।

47. J. दिद्वि, A. B. F. द्विने, C. युग्म ।

48. A. F. C. विशालेतु चैकहस्तं तथैव च ।

A. F. omit the next four lines.

49. J. विभागके for विमानके ।

51. I. वमेवं स्याच्के for श्च भागं च श्रे ।

52. I. त्यांशं, J. द्वग (ह्य) शं ।

54. I. वं च तं चै for वतलं ह्य ।

56. B. चतुर्विंशति भागिकम्, I. J. and other Mss. चतुष्पञ्चषडंशकम् ।

57. A. F. J. मध्यं, C. मध्ये ।

59. I. कम्पं च पञ्च, J. पत्नी, the other Mss. पञ्चषट् सप्ताशकम् obviously for पञ्चविंशतिकांशकम् ।

63. A. F. सप्त, C. साम्ये, for सम apparently to mean मध्य as in line 57.

66. (1) J. मध्यं । (2) J. and the other Mss. विशालके ।

67. This line is lost in J.

73. A. F. B. भाग स्यादष्ट ।

79. J. विशालकम् ।

80. J. द्वात्रिंशदंशकं ।

81. I. भूरि for भूमिः

87. I. भूमिं च ।

91. In the second half of this line a reference to षडश्र and अष्टाश्र as stated in line 97 should have been made but this is unaccountably missing.

92. I. कर्णय for कात्रय, A. F. यत्र, J. कार ।

93. B. नगरं; C. omits this.

95. I. युक्ताथेा, J. वृत्ताधेा, B. second *pāda*, मेतद्भागं यथाक्रमं ।

96. A. F. द्विश्रंगं, C. यंशूकं, J. यंश्रकं, I. विश्रकं ।

98. (1) I. चापि for वापि । (2) I. थेा for धेा ।

101. I. द्विश्र for द्व्यश्र ।

103. I. रश्मि, B. रत्नि ।

104. I. चतुर्थक for चतुर्विध ।

105. A. B. C. F. दुक्त मान्त ।

106. A. F. अधि, B. अत, C. अद for अथ ।

107. I. तु for चैक ।

111. I. शानां for शैकां । (2) I. लोकृतम्, J. लान्तकम् ।

115. (1) J. कुम्भोर्ध्वे चा for ऊर्ध्वे च सा । (2) A. F. C. J. दलिकं पद्मं ।

F. omits the lines 117 and 118 and the lines 117—120 are lost in J.

120. A. F. आयतं, B. आसृत, C. आहतं for आवृत ।

Between the lines 122 and 123, I. adds a corrupt line which belongs to the preceding chapter : दारुमूलनताग्रं च संयेागं दारुसर्वशः ।

125. I. कृतम् for वत्सबलङ्कृतम् ।

126. A. F. J. शिरा । (2) I. पदमांशं for बहुशं ।

127. I. B. विस्मृत for विस्तृत ।

129. I. B. C. विस्मृत for विस्तृत ।

130. I. J. दारं for तारं ।

131. (1) I. धारं for तारं ।
(2) B. omits त्रिधा ।

Between 132 and 133, I. reads the line 136.

133. (1) I. विमृति apparently for बिहृति । (2) I. थेात for धस्त ।

134. (1) J. चाधः for च तथा, । (2) A. F. तस्यच, B. वश्यतः, I. पद्म तस्य या ।

136. I. नेष्टके ।

141. The lines 141—167 are suited better between lines 339 and 840.

142. J. तस्यायामं तुवा ।

143. I. गलेाच्चात्यर्ध ।

146. I. त्रिंशाश, J. वीश, B. C. धी ।

151. I. विधूला, J. विधृता A. F. विस्तृद्वति, विस्मृतात्रि ।

152. I. दैश्व मुक्तितः for द्वैर्ध्यमुकम् ।

153 (1) I. कोलतार for कोलाधार । (2) I. विहत for विस्तृत।

156. I. खिस्ता, J. खी रवा ।

159. A. F. J. होनादि for भिन्नानि ।

160. I. ष्टाङ्क for ष्टक ।

162. J. मूलाग्र स ।

163. (1) A. अनु, B. असूशे, C. तनु, F. भानु ।
(2) I. पूर्नाकृतिं, J. पूर्व्येकृशं । (3) I. परिता for वनिता ।

164. I. द्रु for चे ।

167. (1) A. F. पहि, I. येहि for पथा । (2) I. प्रोक्तं for प्रोक्ता ।

168. I. नेच, C. नाच, J. नेत्र ।

169. I. तस्यांशं for तदर्धं ।

170. A. F. C. तल्लुपासनं, J. तल्पविमानकम् for तल्पवासनम् ।

171 I. व्रणाख्यान्त, C. पणिख्यातं for मृणालान्तं ।

174. (1) वियत् in place of व्ययं appears to be the better reading because all the names are synonyms for the sky; the correct reading is given in line 182. (2) B. जाति, C. जानि, J. चेति for ज्योति ।

175. (1) I. प्रस्तरं, J. पुष्करं (लं); see 188. (2) J. लुपा (singular) ।

177. I. चेाष्ट, J. चेार्वि ।

180. A. F. मर्त्ये स्तनेाप्य, B. मध्येष्वन्येषु, C. मत्येस्तत्मवय ।

181. (1) I. विस्त: ग्मतेा, A. B. C. F. रं ना । (2) A. F. अबलं, B. C. अबरं।

182. I. स्तता वियत्, A. F. नद्दतेा विधत्, C. नाट्यतेा रियेत्, J. नामतेापियत् ।

183. I. सुतं जेात for स्तृतं ज्योतिः ।

185. I. न for तद् ।

186. I. तु उन्नते for चानन्ते, J. नन्दमें, A. F. नन्तमे, B. नवमे ।

188. (1) I. हिंशे for द्वंशे । (2) I. पुष्कर ।

189. The other readings are तुङ्ग्यासान्तं and तुङ्गाद्वयासान्त, compare the line 199.

190. This is lost in J. See note under 232.

191. I. मेतत्तु महि··· for मुक्तमेतन्महो ।

192. I. लुपमिति for ज्या चेति ; see line 177. C. omits lines 193—196.

193. I. कन्धरं स्त्वया, A. F. काश्यपः, B. कश्यपिः ।

Between the lines 193 and 194, I. repeats the line 191 which is not necessary here.

195. I. चोर्व्यं for चार्वी ।

197. I. द्विं for द्वयं, B. संध्यांश, C. षड्भाग ।

200. A. F. वारे, B. चारे for पारे ।

201. I. तु··· for कूटनीयैः, B. कुडेनी ; C. omits this word.

203. A. C. F. हस्तौ, B. हस्ते ।

204. I. J. द्रव्य for मध्य ।

205. I. J. ···न for क्रमात्सोपान ।

209. I. J. तु पक, B. त्वेक ।

210. The form intended is apparently कुन्द, not छाया ।

211. A. F. सावशं, C. सावशः, B. सवसा for सावरम् ।

212. (1) I. J. लुठिपाकर्णवि for द्वानलुपेनैव । (2) I. J. द्रुतः, B. द्रान्तकं ।

213. A. B. F. र्म्यमि, C. र्म्येरि, I. J. हर्म्यैरिदं ।

The next five lines are lost in J.

214. I. न्तम for न्तं भू ।

216. I. ल्य for ष्ट ।

220. I. J. श्रेष्ठं for श्रेणीं ।

222. I. J. मध्येद्रि च नया for मध्यादि चान्यथा, which is also not grammatical.

225. (1) J. त्रिपादं । (2) J. चार्धार्धं ।

226. (1) I. J. त्व for मा । (2) The other Mss. विस्तारात्तस्य ।

227. A. B. C. F. यथाशोभं ।

228. I. मात्रं वा ।

229. (1) A. F. J. वाथ for पाद । (2) I. J. सार्धं for चार्धं ।

232. I. J. त्रिव for त्र्यय ।

Between the lines 232 and 233, J. reads 148—190

234. I. J. अथेा for अधः ।

235. (1) A. C. F. कर्णोत्कर्णा, B. कन्ठात, I. J. कन्या। (2) A. B. C. F. नीत्वा सूत्रं।

236. I. J. थेा for घेा।

237. (1) A. F. विस्वा, B. स्थित्वा, C. चित्वा for चत्वा। (2) A. F. J. चित्र, C. चुव for सूत्रा।

238. I. चन्द्रमये for चन्द्रं यथे suggested by J. and the other Mss.

239. B. वाजमानास्त, I. J. वासनान्त।

240. A. F. J. छिद्रसूत्रादधेा, I. चित्र सूत्रं तथा।

241. (1) I. तच्चित्रे, A. B. C. F. J. तच्छिद्रे। (2) A. F. J. धारात्तु, I. तारं। (3) A. B. C. F. J. वित्तमः, I. नमम्। (4) वित्तम is an impossible form, obviously it stands for शिल्पवित्तमः।

242. (1) J. श्रेाख्यां। (2) I. मधु for मध्य। (3) I. कम् for का।

After this F. reads अथकामकेाष्ठविधिः and A. F. करवोरबहु, कामकेाष्ठविधिं वक्ष्ये शृणुध्वं तत् प्रभंजना। Here A. F. leave मानसार and take up another different Ms. called पद्मसंहिता।

In addition to this F. contains a portion of another Mss. This portion deals with *gopura* or gate-houses.

243. (1) B. करेविरवसापूर्वं, C. करेवोरेविराबाहुं। (2) I. पुटान्तं for पुटाभं।
244. I. कर्णायां च, J. कर्णच्छाया।
246. C. J. बाहुल।
247. I. J. दलेा भवेत्।
248. I. बभ्रूपाकर्णकण्ठेषु, J. and the other Mss. बहुवाहु लुपाकर्णेषु।
249. (1) B. C. कूठा for कटका। (2) J. omits तु and reads प्रयेाजयेन्।
251. B. जषा, C. यषा।
252. B. ममलेा, C. मामला।
253. (1) I. अ, J. चा। (2) J. तथा for तदा।
255. C. हर्म्येतं।
257. I. रुद्र for शूद्र।
258. (1) I. रुद्र, J. मस्य for मध्य। (2) I. एतकं for एतत्।
259. I. देवता for तुण्डवदा।

260. I. चाङ्ग for वाज।
261. I. तेच for देव।
262. I. J. लिजुवश्रं for ऋजुवक्त्रं, B. ऋणवदब्जंतु वामनः।
263. I. J. छिद्र (first one) for चित्रं।
264. I. J. यथा (second one) for तथा।
265. B. शेखरे भूधरे तथा, C. नासिका पंजरान्वितं, I. J. शिखरेः।
266. (1) C. omits this line and remaining portion of this chapter. (2) B. वलकौं for फलका। (3) B. वासम. J. वयसि, I. वायसि।
267. B. मृत्परोष्ठि।
268. (1) I. J. गुलोदयस्य सं for गुडोदकसुधा।
(2) J. यथा युल्क्या।
270. B. कुरु चेा।
271. B. खरेर्ध, J. वालार्थ for बलार्थं।
272. (1) I. युल्क्यान्य, J. उक्तान्य।
(2) I. J. पत्तो हि B. वर्य नि।
273. (1) B. तस्यधा। (2) I. संपदां प।
274. (1) J. कं प्रतिं, B. कतुं प्रति। (2) I. J. वलार्ध for बलार्थं।
275. I. स्या''''J. स्यात् लक्षणं।
276. B. पादौ for चादौ।
278. B. तत्तु विभागं भवेत् for the second *pāda*.
283. B. शेषं तु मौलिकान्तं, I. J. शेषान्तं लिङ्गकान्तं।
284. (1) B. प्रस्तरं। (2) I. J. B. न्येषां शेषं।
285. (1) B. नालिकोलंबनं चैव।
(2) I. J. चेकलम्बनं, B. तदद्वयं तुवा।
286. (1) B. पंचद्वयंश। (2) I. त्तद्वं for दध्ं।

The next three lines are missing in I. but they have been preserved by all other Mss. and appear to be suitable here.

287. B. कुक्ष्यां तु नद्ध।
288. J. श्रत for स्पद पत्र युत्।
291. B. तस्यान्तर्गतमश्वाधिन्।
292. I. दा, B द्वंदो for द्रुम।
295. B. ग्रवत्यविवि। ग्राह appears to the correct reading, compare lines 302, 313.

296. I. व्यक्त, B. वृत्त ।

297. B. गजस्येात्रकृतिः शोत्रा कुंडंधारंतभास्ववत, I. J. गजश्रोत्रादिगच्छन्तश्रोत्र गगडं ।

298. (1) I. वेद for पादं । (2) I. कम् for वत् ।

301. J. पुच्छा, B. मुच्चं for पार्श्वादि ।

302. I. ग्रहमेव, B. ग्राममेवा ।

304. B. केात्तुंगदेशके ।

305. (1) B. पत्रयुक् । (2) I मत्स्या for मध्यां, B. मध्ये ।

306. (1) B. तदा । (2) B. कृत्वा कृति दृशेत्, J. दृष्टाकृतिं दृशा ।

The lines 308 –312 are lost in J.

308. B. भाषडं प्रादरंध्रयुक् ।

309. (1) B. विश्रुते for पार्श्वके । (2) B. चार्धकेा भुजकेायुतं ।

310. B. घठेाद्दलं ।

311. B. कवरी ।

312. B. स्यादश्रतिं श्रांतकंत्रयुक् ।

313. B. पत्रादि for पुच्छादि ।

314. B. ग्रामास्वाना, J. ग्रामश्वाना ।

315. (1) I. J. केमत् for केशां । (2) B. चतुष्पा ।

318. I. रवा, J. व for भू ।

319. J. देवं ।

324. B. मुखचंद्रास्यं ।

325. B. गीतस्यतु ततेा ।

326. B. मध्येाप ।

B. reads between 326 and 327 the line 331 and omits the lines 327—330, 334, 335, 336, and 337.

327. I. वायतं, J. वाथ ।

330. I. स्मयनं, J. नीडानां ।

333. (1) J. कृते for first कूटे । (2) B. कूटे for the last expression.

334. (1) J. कमा, B. कमा for भ्रमा । (2) B. देशके ।

335. (1) I. स्त्रोल for स्थूल । (2) J. ग्रास्यं ।

337. B. सर्वेषां, other Mss. द्विजानां ।

338. (1) I. वै for सै, B. सयिकाकाकर्तिं । (2) B.युग्मं ।

339. B. चोत्कदेककं पिल्वकं पिल्यदिक् फलं। श्री॥

340. Both B. J. omit लक्षणं and have विधिना which is more suited to the context. See note under line 141.

341. I. शै for चैश, B. बेात्तुंगं चेशकाविवा।

342. B. युगमंडपकं चैव।

344. (1) B. J. स्थण्डिलं for च स्थलं। (2) B. मंडं च, J. स्थण्डिलं, I. मण्डपं।

347. I. सकलं for सकलो।

351. (1) I. र for रि, B. पेत्तु चतुष्टकां।

354. B. सूत्राणि नववस्त्राणि सत्कुशाद्रं।

355. (1) J. सापि, B. स्थपति दानसं।
(2) J. घटान्, B. तुष्ठमुपं, I. कलिकं।

356. I. J. लेाभै, B. लेाहै।

357. B. नववृतचार्चेंदाचार्यं।

359. B. कुम्भं।

361. B. नृत्य।

362. (1) I. सा for चा। (2) I. शतं for शक्तोः।

363. I. प्रयेाजयेत्, J. दिचार्चयेत्।

367. I. न्मेखा ह्यर्चमाचर्य for ल्लेखाबोजमुच्चार्य।

370. I. सा for चा।

371. (1) I. तुका for ष्टकान्, B. मुतेंष्टकान्। (2) J. सुधोन्।

372. (1) I. J. द्रु, B. वे। (2) B. रष्ठकं।

373. (1) B पागर्भं। (2) B. कृत्स्ववक्त्रेणलेखयेत्।

Between 374 and 375, J. reads the line 378.

375. I. ग्रो for श्रो, B. ग्रोवं।

377. (1) J. स for वै। (2) I. तुलमहा for तुलिकया।

378. (1) J. विसृज्या, B. विसृता, I. वस्त्रमा। (2) B. तत्सर्वं।

380. I. पुष्पगन्धै।

382. I. मूलं for कूर्चं, B. मूर्चं।

383. The use of the form आरुरोह is not idiomatic here.

384. J. रेयच, B. लवेवा, I. नेवच, for the last expression.

385. (1) I. रत्नकत्त। (2) J. प्रागुक्तवदर्चयेत्।

387. B. तत्त्रिकोतदर्धेतु मध्ये।

389. (1) I. भ्रत्रप्रविंनस्य, J. पृष्पं विन्यस्य, पृष्पराग is mentioned later. The intended form is perhaps प्रवाल। (2) I. स्यादु for स्य चेा।

(3) B. omits lines 389—391.

390. I. नाभं for रागं।

393. B. गेामेधकं।

395. I. रक्तं for रत्नं।

396. (1) B. सर्वेवेषाढयेा। (2) B. प्रासवांश्चां।

(3) J. भूषणैः।

400. B. पतद्धोपरि।

401. B. चतुराष्टाकान्।

402. (1) J. दिचकाशकारादिन्, B. दीशानकांतेषु।

(2) I. कवि, J. कमान्।

403. (1) I. क्कु, J. कूलकु for कूमूलकु।

(2) J. चालयन्ती, B. मालयन् त्रिः।

404. B. जलेनाभि, I. J. जलेश्यभि।

405. B. चतुरष्टकान्।

408. I. वेाष for पेाड।

409. (1) I. मूर्ध्नस्तु, B. मूर्ध्नि तु। (2) I. पान for पादः।

410. (1) B. नमस्तु कंतराजादि। (2) I. राज्यं for ग्रामं।

411. B. वेहु विस्तृतं।

413. J. कुर्यात् which is more idiomatic than कुरु।

414. (1) B. यजामान गृहज्ञे त्वते भक्तिश्यमुक्तिर्भवेन् कुर्वन्त्ययजमानगृहं। (2) I. J. नृपयते for नृपालये।

(2) I. मूतेा for मुक्तिं।

415. B. यस्मात् कुर्याद्धंनंदारानुत्पत्तयेतत्र च पीडान वंहेते, I. J. चत्साकुर्वन्तो-मारद।

417. (1) B. गुरूयुतश्च सद्‌गुरुः शिल्पिकादिशः।

(2) J. नादि for नान्दि।

(3) B. गजवाहन।

418. (1) I. स्य for सह। (2) B. सविताग्रहं

Colophon :—I. एकेानविंशेा, J. ग्रष्टाविंशेा

B. द्वाविंशेा, for ग्रष्टादशेाध्यायः।

CHAPTER XIX

1. (1) J. भैाम for भूमि ।

(2) C. omits the first 70 lines of this chapter.

2. (1) J. ज्योति for जाति । (2) I. छद for छन्दं suggested by references and all other Mss.

3. I. हर्म्ये for हर्म्यं suggested by the other Mss.

4. (1) I. चन्द्रचाद for छन्दं त्रिपाद । (2) I. विल्पस्य for विकल्पं स्यात् ।

6. (1) I. एतदायाकि, J. दायादि ।

(2) I.·····················द्धं स्ता for द्धयं स्था ।

8. I. J. तद्पी for तदुदी ।

9. (1) B. परिणाहेापिदे । (2) I. J. यानं for मानं ।

11. B. J. शयने ।

12. (1) B. J. यथा for यस्य । (2) B. J. बिम्ब, I. बहु ।

15. (1) B. दिष्टस्याद्वतिकाकृति ।

(2) I. ताद्योति for तेति प्र ।

16. (1) I. J. पुंबेरं तत् पुमंसापि वनितालयमेव वा । The reading adopted in the text is supplied by all other Mss. and is necessitated by the fact that the sense of I. J's. reading is expressed in the next line.

(2) B. वनिते ।

17. B. पुंचितं तत् पुमांसापि for the second *pāda*.

18. I. भक्ति, B. शक्ति, J. भित्ति ।

19. (1) I. कस्यपा for कन्यसा । (2) B. कात for कम् ।

20 (1) J. आहत्य, B. आवृष्ट्य I. आगम्य । (2) B. J. गस्य, I. तस्य, compare XXVII, 35—39, XXIX, 36—37, etc.

21. (1) I. साष्ट for चाष्ट । (2) I. J. एक for चैक

23. I. तत्समं, J. तद्द्वयं ।

24. (1) B. तदंड for तदर्धं । (2) B. वर्गषट्पदमोरितम् ।

25. B मेना for होनं ।

26. (1) I. भागमे, J. मागिके । (2) J. द्विशालिकम् for विशालकम् ।

28. I. नाडी for नासि suggested by the other Mss.

29. I. सार्धं for चार्धं suggested by the other Mss.

30. I. नाडी for नासि, suggested by the other Mss. B. नाश विनाशे तु चतुस्रं च विभासिते ।

31. Between the lines 31 and 32, I. repeats the lines 17—19 except the last *pāda* of 19 which runs as follows : कन्यसादि त्रियं त्रियम् ।

32. B. स्थितस्यादुपमालांतं ।

34. J. फलिका, B द्वरं शंतत् पलकांतकं ।

35. I. सान्तरं, the other Mss. चान्तर ।

36. (1) B. नासिकासनं । (2) J. फिंवरी ।

37. B. नासिकातत् for the first expression.

38. (1) B. नूतादि for भूतादि । (2) B. J. पत्र for चित्र ।

39. B. omits this line.

40. (1) J. अग्राङ्गं, B. अत्रा(ग्रा)णां, I. आग्राणं
(2) B. पुष्टिदामै ।

41. (1) B. J. लभते for लम्बने ।
(2) B. करादितत्समंकृत्वा लभते भद्रसंयुतं ।

42. (1) B. वलकी for पालिके । (2) B. श्रेणी । (3) I. प्रोक्त for वृत्त ।

43. (1) J. युक्ता । (2) I. J. वर्षे for वश्च ।

45. B रादि विनिर्गमम्. J. वर्गकम्, I. वन्दिकम् for the last expression.

46. (1) J. तद्वा । (2) B. क्रिया for श्रिया ।

47. (1) I. पूर्णार्द्रं for कुर्यात्सु । (2) I. नास्य for नासि suggested by references and the other Mss. J. नाडी ।

49. B. एकांश कर्णकूटं स्यात् सपादांशमटिष्टा(धिष्ठा)नां ।

50. I. चाश्विन्यादि, J. न्यांशे, B. चाशिन्यांशं गलोदकं ।

51. B. सखोदयं for the last expression.

53. B. पूर्वदेवंतु ।

54. I. हर्म्ये तु for हर्म्यस्य ।

55. B. मध्य for मध्ये ।

56. B. दंडं वा for दण्डेन ।

57. (1) I. शाखा, the other Mss. शाला । (2) B. हारकवंचरं ।

59. (1) I. मध्य, J. ध्यर्ध ।
(2) B. त्रितय, I. ब कं for ध्यंशकं ।

65. J. चोर्ध्वे ।

67. (1) J. कारं for तारं । (2) B. जतुर्नागं मध्यष्टं । (3) J. मध्ये ।

68. (1) B. युक्तिकाष्टा । (2) B. स्वंजनान्वितां ।

71. B. अत्यर्धंश, C. अध्यर्द्धंशं for the first expression.

74. (1) I. ध्वें वि for ध्वें द्वि suggested by the sense and the other Mss (2) I. J. अन्तर for चान्तरं ।

77. This line is missing in I. J. It is, however, necessary here in order to make the total of ten parts into which the whole height is divided (see line 75), and it has been preserved by the other Mss.

The lines 78, 79 are lost in J.

78. (1) I. शर for शिर suggested by the sense and the other Mss. (2) B. भाग for भागे । (3) B. चोर्ध्वं, C. चोर्ध्वे ।

80. C. मानु for मनु ।

82. (1) B. युगलं, C. युग्मांशं । (2) The Mss. other than I. ग्रीव for अङ्घ्रि ।

83. I. कान्वितम्, J. कांशकम् for the last expression.

84. The lines 84—98 are missing in I. Lines 88—98 are lost also in J. Again C. omits lines 90—93. Thus the 14 lines, 84--98, are found in a way in all the differrent groups of Mss. They have been, therefore, included in the text. It is, however, difficult to explain how these lines, like many others, have been lost in I.

85. J. विभागेन ।

87. J. युगांश for षोडशांशं ।

88. B. F. पात्यंशं for युगांशकम ।

89. C. चोर्ध्वं ।
C. omits the next four lines.

94. (1) B. F. C. षट्भागोर्ध्वे । (2) B. F. तरं for तले ।

95. B. F. हर्म्ये for पूर्वे ।

96. B. F. पांशकं for पादतुङ्गं ।

97. B. F. तत्सरंगंधोरोदयः for the second *pāda*.

98. (1) B. F. केखरेा for शिखरें । (2) C. शिखेर for शिरेा ।

99. (1) B. पादद्वयेा । (2) B. C. वेदिका for वेदिकम् ।

104. B. C. omits the first *pāda.*

105. (1) I. शिव for ग्रीव । (2) B. शिवांशकं for the last expression.

106. I. कञ्च for कर्ण ।

108. (1) I. समलयं, C. समयं, B. पद्मगं । (2) I. सा for चा । (3) C. हिष्णकं, I. J. सधिकम् for the last expression.

109. C. राधतनं, B. रालयकं for रायतनं ।

111. (1) I. मकारं वा for मागारं च । suggested by the other Mss. (2) गृह is once more mentioned in line 10.

112. (1) I. नीलयं । (2) B. नालि, C. त्मालि, J. स्थान for तल । (3) I. स्थापनं for स्थानं suggested by the other Mss.

113. B. C. द्वरंशकं for चांशकं ।

115. (1) I. J. शस्तां for सप्तां suggested by the other Mss. (2) B. C. नालि ।

The next 4 lines are lost in J.

116. (1) The first *pāda* is identical to the last *pāda* of the preceding line and seems to be an unnecessary repetition.

(2) B. C. नवाशं । (3) B. विस्तृ, I. has always स्मृ for स्तृ ।

118. B. C. नेकार्क ।

119. B. omits this line.

121. B. C. कुड्म ।

The lines 122—124 are read continuously without any division.

122. (1) B. आदादल भूधर, C. अदाल भूरिशोष्ठ । (2) I. विमात्र, B. मन्तः ।

123. (1) C. विदं, B. विदम् । (2) I. C. आशाप, B. अशेष ।

124. (1) I. C. मा, B. ना । (2) B. विद्धिमान, C. विमामिद । (3) B. मशक्नु मानमाद्यं । (4) I. मागतरानां, B. मानतलानां । (5) B. गृहांतरं ।

126. (1) J. पञ्चांगं । (2) B. भानुसप्तांश ।

127. I. वारथा for द्वारपाद suggested by the other Mss.

129. C. मंगुलांतां, B. गृहांतं ।

130. B. योग्यकं ।

133. I. J. प…न, B. पङ्कसं ।

137. I. कस्य for कन्य uggested by the sense and the other Mss.

139. B. मध्यमांगुलेन for the first expression.

141. I. लं भवेत् for लान्तकम् ।

142. I. हर्म्ये for मध्यमं ।

144. B. तत्रि for the first expression.

145. B. J. मालये, C. मूलयेत्, I. रालयेत् ।

147. B. एतत्माद्यु, C. यत्नुपाद for the first expression.

148. (1) B. चै, C. शै, I. J. त्रियंशोक । (2) B. C. पादस्य तत्र, पादस्यकं ।

150. B. C. कपाटं च for the first expression.

151. (1) I. J. समंतत् for सामन्त । (2) I. J. द्वि for दो ।

Between 151 and 152, B. repeats the lines 156—157 : सृष्टिदोष ममावहेत् । तस्मात्परिहरेक्लिप्य श्चांतस्तंभं प्रयोजयेत् ।

152. (1) I. येान्यं, J. येाग्यं । (2) B. C. मध्याल्य ।

153. B. खातनं, C. वद्धनं घाटनं ।

154. (1) B. omits this line. (2) I. सर्वसंस्कार, J. सर्वालङ्कार ।

156. I. रभेत् for वहेत् ।

157. I. सान्त for चान्त ।

158. B. जना, C. जत्मा for जन्मा ।

160. B. मसूनांशं धनार्थें प्रणारशिखा ।

I. J. प्रलङ्कारमसूराणां सन्दनार्थमृणालकम् । C. मसूमानां स्थानं स्यादानार्थे विप्रनालिका । The reading of the *codex architypus* is obviously a confused form.

162. (1) I. प्रथा for प्रष्ट, suggested by the other Mss. B. प्रद्रि, C. प्रद्र ।

163. (1) B. C. दारू, I. J. रुचितं which seems to be a misreading for रचितं or रुचिरं । (2) I. कत्थि for कीर्ति ।

164. (1) B. स्यार्कि शुष्क, C. स्यात्केषु ।
(2) I. J. वितस्त्यात् स्तूपिहस्तान्तं ।

165. (1) B. मध्ये । (2) B. C. दैवस्य for देशस्य ।

167. (1) J. तत् for तु ।
(2) B. C. द्विगुणांतकं for the last expression.

168. (1) I. चोत्तरे for चोत्तमे suggested by the sense and the other Mss. (2) B. C. तत्तत् । (3) B. यथोचितं ।

169. B. नस्येा, C. नलेा, J. नालेा for नालोदयं ।

170. I. अथेर for अधेा ।

171. (1) C. J. नालमूल, I. नलमूलं । (2) I. सभाजिते for विभाजिते ।

172. C. I. J. त्रियं for त्रयां ।

173. (1) B. कुड्म, C. कुग्म for कुड्म । (2) I. सद्म for पद्म ।

175. (1) B. C. दार वा for धराय वा । (2) B वाद, C. पाद for वाथ । (3) B. C. दार for तार ।

176. I. एवं च for एक द्वि suggested by the sense and the other Mss.

177. C. विस्तारं च्छेदं ।

178. (1) J. पञ्च for पाद । (2) I. म for चा ।

179. B. C. सिंहवक्त्रं, I. J. सवक्त्रं ।

180. (1) B. रभानं, C. रंभमा for रम्भानालं । (2) B. प्रमसूनामं, C. J. प्रसूनामं, I. प्रभूनागं ।

181. C. शिव for शिखा ।

182. I. कर्ण for कर्णकूटं suggested by the other Mss.

183. B. श्रीविश्वा, C. ग्रीवशाला for श्रीविशाल ।

184. (1) I. तदाष्टाश्रं शिरोषं च for तदष्टाश्रं शीर्षं स्यात् suggested by the other Mss.

(2) I. स्वसि for स्वस्ति suggested by reference and the other Mss.

186. I. तद्वेश्म for तद्वृग्रश्रा suggested by the other Mss.

189. I. नास्याङ्गं ।

191. (1) I. B. व for वा । (2) B. J. मितोरितं for प्रकीर्तितम् ।

192. B. चंन्द्र for भद्रं ।

193. I. J. विदिके ।

194. (1) C. पृंता for श्रान्ता । (2) C. रास्यं for राढ्यं ।

B. मुखमंडपहराप्रांतं तु नासिकं वज्रराढ्यं ।

195. (1) B. C. पादार्धं for कुर्यात्सर्वं । (2) B. C. add at the end वा ।

197. I. त्यत् for कुड्य suggested by all other Mss.

198. I. कन्यसात्रिविधं ।

200. B. दंडमदंडय, C. मंटपद्वय ।

201. I. alone omits दण्डं which is necessary here.

202. I. adds दास before हर्म्यं which is quite unconnected here but appears to be in place of दण्ड which has been left out at the end of the preceding line.

204. I. पकाल्य, B. चैकादय ।

205. (1) B. त्रिवातु, C. त्रिवादि, I. J. पादत्रि for त्रिपाद suggested by the other Mss. (2) C, प्रासाद कथितं, B. द्वार्यमर्धाधिकं ।

206. I. स्यात्स्या for वा चा ।

207. (1) B. C. J. सहित स्तंभ ।

(2) I. मुक्तमेव for युक्तमेववा ।

208. I. adds नासिका, before युक्त्या ।

209. I. भक्त्या for हस्त्या, suggested by J. and the other Mss.

210. I. adds युत before मानेन ।

212. (1) J. युग्म, B. यत्, C. पते, I. तत्सम ।

(2) C. मूलवत् ।

213. (1) I. र for रम्य । (2) J. सलंकृतं, C. रमलंकृतं ।

214. C. J. खण्ड, B. कृत for कर्णे ।

B. adds between lines 214 and 215 the following 32 lines which are not found in any of the other Mss. and appear to belong to some other chapter (IX or X) :—

तृतीयं त्रिभागेन पानीयं जलं निक्षिपेत् ।
छत्रं च चामराकारं जयंतं च पथे तथा ।
तंडुलं मंडपं याम्ये पावके पवनालयम् ।
गृहक्षते धान्यशाला ईशस्याभागमंडपं ।
गंधर्वश्च मृगराजश्च मृगे च स्थापनालयं ।
पूर्वे च वितते चैव चालये परिचारकान्
सेामे च लाटमुख्ये च कल्पयेत्कोशमंडपं ।
पुष्पदंते सुराला च शस्त्रमंडप संयुतम् ।
वारुणे चासुरावापि वस्त्रनिक्षे[प] मंडपं ।
नागे वाथ मृगेवापि देवभूषणमंडपं ।
अदितेा चेादितावापि शयनार्थं च मंडपं ।
आस्थानमंडपं चैव देवदिक्षु विदिक्षु च ।
अनलानिलकोणे तु वालत्यालयमेव च ।
सत्यके चांतरिक्षेपि वाद्यानामालयं भवेत् ।
शोषे च वितते वापि नाटकारालयं भवेत् ।
गृहाक्षतं मृगां चांतं गणिकानालयं तथा ।

नैऋत्ये वारुणांते च गणिकस्यालयं भवेत् ।
वारुणाद्वार पर्यंतं आरामकारकालयं ।
वायुकोणादि सीमांतं नित्यकर्मकरालयं ।
सामादिसेन पर्यंतं गंधर्वालयमेव च ।
ईशादि चंद्रपर्यंतं संगीतार्थं च मंडपं ।
तद्बाह्ये तत्प्रदेशे वा गोशालां परिकल्पयेत् ।
ईशस्थाने तु रूपं स्यात्तटाकं परिकल्पयेत् ।
चतुष्कोणे तपस्विनां सत्रावासादिकं भवेत् ।
समीपे वीरभद्राणां ग्र(गृ)हश्रेणोश्च कल्पयेत् ।
मह(हा)व(म)र्यादि देशे तु वणा(र्णा)नां वासयोग्यकम् ।
पश्चिमे विवृषे संस्यं दक्षिणे क्षत्रियस्य च ।
उत्तरे वैश्यसंम्ब(द्म)स्य पूर्वे तु शूद्रसद्मकं ।
तद्बाह्ये सर्वजातीनां आलयं कल्पयेत्सुधीः ।
द्वारस्य वामभागे तु गजाश्वानिजालयं ।
उदितश्चेककोणे वा कल्पयेत् दृढमंडपं ।
वायुकोणे तु बाह्ये वा पुष्पोद्यानं तु कल्पयेत् ।

215. (1) B. C. अंतरालस्य मंचोर्ध्वे । (2) B. शालापंजरं, I. नामाजल(जालं) J. नामान्तरालं ।

216. I. reads द्वार twice, one next to other.

219. (1) B. सन्धि for नन्दि । (2) C. कोला ।
(3) B. चोत्तरद्वारे देवान्यस्त, C. चोत्तवद्वारन्यस्य ।

220. J. मण्डपस्य ।

221. The expression स्थानदुर्गयुक् is apparently in place of स्थानकदुर्गयुक्तम् ।

222. J. व्यालनं, B. व्याख्यानं, C. व्या for व्यान ।

223. I. J. गेय, B. येाय, C. omits this.
B. omits the next 4 lines.

225 (1) C. नामोश्वर । (2) I. सानकं for स्थानक ।
(3) I. वो for स्था । (4) I. क्वापि for द्वापि ।

228. (1) C. कोष्टेध । (2) C. कमलजं ।

230. I. J. वायस······ for वाधसर्वदा ।

231. B. अष्टादश ।

232. I. तं देशेकोणे, B. देशे तु ।
233. J. C. मुक्ष, B. पक्ष for मूर्ध्वं ।
234. B. C. देवान्य, J. देवान्यू for देवान् पुराण ।
235. (1) B. C. J. एतत् for एवं । (2) B. वाहनमेाक्षमंस्य, C. विनेाक्षमस्य ।
236. (1) B. C. तत्तद्वाहन । (2) I. तलोपेतमं । (3) J. एमंतं ।
237. B. मानेनदिग्देव, J. मानस्थानेदिति ।
238. B. नवतितं, C. नवतितलं, J. नवनीत for वनिताम् ।
C. omits the next 3 lines.
239. B. देशे महत् ।
240. (1) B. अतिवां for हरिं वा । (2) B. चतुष्ठाणो ।
241. (1) B. चाम्नं । (2) I. लिया, B. लिम्रा for दया suggested by the other Mss.
242. (1) I. पैात्रि, J. B. पेात्रो । (2) I. J. चतुरेषु ।
243. I. प्रतिमां for प्रतिष्ठां, suggested by the other Mss.
244. (1) C. हिमदाम्न ।
(2) J. मध्यतं, C. मध्युतं, B. मुच्यतं ।
247. (1) I. चमथ for चाथ । (2) J. and the other Mss. पश्चिमे ।
248. (1) B. कोठं च, C. omits this word.
(2) B. मिनार्थेन, C. दग्धेातले ।
C. omits the next 3 lines.
249. B. second *pāda*: श्रीमाधवं नरहरिं प्रदक्षिणे च ।
250. For अथवान्य, J. अवाक, B. तिवा ।
251. I. अग्निरूढं for अनिरुद्धं suggested by the sense and the other Mss.
252. I. वैाद्धनोजन for वैाद्धादिजिन suggested by the sense and the other Mss.
254. B. ममराग्नि, C. ······ नेनद्विवा, J. तद्वराग्नि, I. तद्विधान्यतम् ।
257. I. वत्कुर्याद्धर्म्यं, J. बद्धर्म्यं कुर्यात् ।
258. (1) I. कुर्याद, J. रूदया ।
(2) I. माराथं for राथं, B. हचिराथं, C. leaves this in a lacuna.
259. J. C. नेाप for सेाप ।
261. B. का धार, C. का दार ।
Colophon :—I. विंशेा, B. त्रयेाविंशेा for एकेानविंशेा ।

CHAPTER XX

2. B. C. भक्तैश्च for हर्म्यं वा ।

4. (1) J. याघ, C. यधा. B. यथवारा for the first expression.
(2) I. यादे for पाद् ।

5. I. C. बद्धां, J. बन्द्धां, B. द्वयर्धा for बन्ध्यां ।

9. C. बद्ध, B. चंद्र, the other Mss. बन्ध ।

13. B. ग्रीवतुं, C. श्रिय तुं for शिखरोच्चं ।
B. omits the next 4 lines.

15. (1) C. J. विनांशेन for विमानांशे । (2) C. विदस्तकं, J. द्विदन्तिकम् for वितस्तिकम् ।

18. (1) I. द्वाराधे for द्विरष्ट । (2) I. J. यत्यधांश ।
J. omits the next four lines, 19—22.

21. B. C. चार्ध्वं for वेार्ध्वं ।

23. J. सपादांश, C. सप्तदांशं ।

24. (1) B. चतुर्था, C. चतुर्द्धं ।
(2) I. शिखरेा, J. शिखरे, B. शिखरादिषु ।

25. (1) I. सार्धं, J. चार्धं । (2) B. सेापानादि for गेापानादि ।

27. (1) B. चतुर्धांशां । (2) C. J. ह्रे तु । (3) वै, J. चैकां ।

28. I. अभिं, J. अश्विना; counting in any way the total exceeds the number, eleven, mentioned in line 27.

31. B. प्रस्तरं चांबरांशकं ।
B. omits the next four lines, 32-35.

35. C. चाघ for चाम्ब ।

36. I. वनं, J. घनं ।

38. I. एकां, J. चार्धां ।

1. B. तथांघ्रि, C. तयेांघ्रे, I. J. श्रियंघ्रे ।

43. B. स्यात्पष्टवं ।

44. I. दस्ड, J. and the other Mss. गस्य implying गस्यमान ।

45. (1) All Mss. विस्मृ for विस्तृ । (2) J. सर्वे for बाह्ये ।

48. J. चतुर्हस्तं समारभ्य ।

50. I. हस्ताङ्ग for षट्कर, B. पंचाष्टहस्त ।

51. I. ममुहस्वा for मनुहस्ता ।

52. The distinction between क्षुद्र and अल्प is very subtle if it is at all intended here, but both the words are deliberately included in all the Mss. and in other places also.

53. B. C. लार्थं, G. लाङ्गं ।

55. I. वायु for वाथ suggested by the other Mss.

57. I. हर्म्य for हर्म्ये suggested by the other Mss.

58. (1) B. खंड for कर्ण । (2) C. कुलं for कृति । (3) I. सा for चा ।

61. I. वा शालाहारासपञ्जरम्. J. and the other Mss. स्यादूर्ध्वपादविशालकम् which seems more suitable here.

62. I. मट for कूट suggested by J. and the other Mss

64. B. निंविडैरपि, C. निस ।

B. adds here नानापंजरसंयुक्तं ।

66. (1) B. C. सोपान for गोपान । (2) B. C. नासै ।

68. (1) I. ऊर्ध्वं प्रस्तान्तरं for तदूर्ध्वंप्रस्तरान्तः suggested by the other Mss.

69. (1) J. and the other Mss. मध्यं तु । (2) J. नासिकम् ।

71. I. मारा, J. मारं, C. हारं, B. मायः प्रकातितः ।

73. I. J. सार्धं for चार्धं suggested by the other Mss

75. B. C. नासै for नास्यैः ।

78. I. सप्ताष्टकं तु, J. सप्ताष्टद्वि ।

84. B. J. स्तल, C. स्थल ।

85. C. J. नं सोप, I. J. नमुय ।

86. I. वर्हे, J. B. वर्ग ।

87. I. विमानान्तं स for विमानान्तस्य ।

89. I. सान्त, the other Mss. चान्त ।

90. B. खंड for कर्ण ।

91. J. दक्षिणस्यांध्व, B. C. दक्षिणं स्यात् हर्म्यमेवं for the first *pāda*.

92. I. सत्मकम् for सद्मके suggested by the other Mss.
93. I. पार्ष्टिकान्त, the other Mss. पैार्ष्टिकान्तक।
94. I. सत्म for सद्म supplied by the other Mss.
95. B. नरहर्म्येषु।
97. I. न क्षीण for दक्षिणा suggested by the other Mss.
98. I. प्रोक्तमु, B. C. J. चोक्तं चा।
C. omits the remaining portion of this chapter.
99. I. नादीनि, J. रादि च for नागरादैा च suggested by the other Mss
100. (1) B. वेद्यादि for देवादि। (2) I. पूजयेत् for पूर्ववत्। (3) B. बुधः।
101. J. कर्णहर्म्यप्रवेशके for the second *pāda*.
The lines 102—104 are missing in J.
102. B. स्याद्युक्तं तत्र।
104. (1) B. आरोप्य, I. and the other Mss. आरोग्य।
(2) B. खंडहर्म्यप्रदेशकं।
105. B. देवतां।
107. B. वेदाभवं तु शाग्राभं जाग्रं···· ।
108. (1) I. भा द्व for भं द्वग, B. हत्वाग्रेद्वग्रं तत्र।
(2) I तमे, J. तथै।
109. I. तद्व for तच्छि suggested by the other Mss.
110. (1) I. उक्ता for उक्तं। (2) J. and the other Mss. द्विभूमैा, I. विभूष्यम्।
111. (1) B. मैाहर for हारा। (2) I. द्विं for द्वरं। (3) I. J. कांशलिदं।
Colophon :—I. एकविंशो, B. चतुर्विंशो, for विंशा।

CHAPTER XXI

2. **B.** चार्धांशं for सार्धांशेन ।
4. J. शाद्धोनं; B. omits this word.
5. (1) J. तत् for तु । (2) B. पादेन ।
6. (1) I. कोपादं, J. गो····नं ।
(2) I. तुङ्गं सार्धं, J. वेदिकोदयम् ।
C. omits the lines 6, 7 and 8.
7. (1) J. कर्णं, B. दंडांघ्रि for कम्पं ।
(2) B. J. तुङ्गद्वयं शिरः ।
9. B. खंड for कर्णे ।
10. (1) B. भक्तेषां, J. भक्तौषां, I. दर्म्येषां ।
(2) B. एष, J. युक्तं ।
(3) I. J. वर्णे for वस्त्र ।
11. J. क्षुद्रादि ।
14. (1) J. मं मञ्चंमश्चो, B. नमेमेवा, I. समवेतश्चोर्ध्वेध्वे ।
(2) I. ध्वेंाध्वें न B. चेार्ध्वमूध्वें । (3) B. प्रयाजायेत ।
17. J. ध्वेंघ्रि, B. ध्वांशं ।
24. B. C. चेापपीठकम् ।
26. C. प्रस्तरेात्सेधे ।
29. (1) I. कान्तं, J. कार्धं । (2) B. सिरेा ।
30. B. वंशिकालतयं for सुखालयं ।
32. I. एवं for एत्तत्तु suggested by the other Mss.
34. J. सर्वाङ्गानां ।
37. (1) J. omits तत् । (2) J. भक्त्यांघ्रि ।
C. omits the lines 38, 39.
39. B. युग्मं for युक्तं ।

42. J. चेाध्वंमश्रकम् for the last expression.

47. J. तद्वयं for तत्समं ।

50. J. वकांश, C. वाकांश, B. वार्धांश ।

52. (1) B. ह्रदेभागं । (2) B. सप्तविंशमिति for कैलासमोरितम् ।

53. (1) I. यारोप्यं, B. यारोग्यं for याह्य suggested by J and the other Mss.

(2) I. सार्धहर्म्यंतु ।

54. J. त्रितलं ।

57. B. हरालं for कूटानां ।

B. omits the lines 59—61, 63, and C. omits 57—59 and 17.

60. C. त्रिदंडेनभद्रनिर्गममोरितं, I. leaves out द्वि which seems necessary.

61. (1) I. भारा for हारा । (2) C. वा for च । (3) C. मध्ये for मध्य ।

62. (1) C. कूलं for कूटः । (2) C. कूष्टकं । (3) B. reads here the second *pāda* of the line 64.

63. J. शेाभितम् for the last word and seems better.

C. omits the remaining portion of the chapter.

65. I. निद्रे for नीडे suggested by the other Mss.

66. J. नाल for गल ।

67. I. कुर्यात् सर्वा and leaves out देवताः supplied by the other Mss.

68. J. देवतादि for देवानां ।

70. B. सशिलांतं च पुरोक्तानां ।

71. B. शिर for शिखा ।

72. B. सलंकृता ।

73. (1) I. दिश, J. दिवि । (2) B. चाष्टाय ।

74. I. B. जयादि, the other Mss. जिनादि ।

Colophon:—I. द्वा, B. पंच for एकविंशो ।

CHAPTER XXII

1. (1) The reading विधानं च is suggested by the first line of chap. XXI. The chap. XIX—XXX are alike and their colophons are identical, but the opening lines in chap. XX, XXIV, and XXIX are different and loosely composed ; the first line of chap. XIX also shows bad composition, but therein the word विधि occurs. In conformity with the colophons the opening lines in chap. XIX, XX, XXIV and XXIX as in the other chapters should contain the word विधानम् ।

(2) C. omits the first 12 lines of this chapter.

2. B. भक्तं, I. J. मित्ती ।

3. B. वाद्धगा· J. शं चामत्य for मध्यर्ध ।

4. J. तद्वयं चार्ध्वपादकम् ।

The lines 5—7 are lost in J.

5. B. सत्रिभागद्विभागं स्यादूर्ध्वे ।

B. omits the next nine lines, 9—17.

9. I. गल for शिरः suggested by the sense and the other Mss.

10. I. मूलदं for मूलतः ।

11. I. काह for कान्त ।

14. B. दूर्ध्वे कारकाशकं ।

16. B. प्रस्तरोच्चदयं पादादूर्ध्वं for प्रस्तरोह्यधं पादेनं ।

17. (1) B. द्विभागं for त्रिभागं । (2) I. कान्तकम् for कोम्नतम् suggested by all other Mss.

19. (1) B. अंशं च for द्वयांशं । (2) B. मूलं ।

20. I. मावृतालहै for चावृतालिन्द suggested by J. and the other Mss.

22. I. वद्यभ्य for वर्गोढं, B. वर्गोणां प्रोक्तं ।

23. (1) B. मुखार्येन, C. यथवाविस्मृतार्द्धेन for the first expression
(2) B. C. प्राकारावृतिरावृतं for the last expression.

The lines 25 to first half of 28 are lost in J.

The lines 25 to 77 are lost in B. and C.

35. J. युग्मांशं for युगांशं।

37. I. कुटिमल्यं शाला for कुट्टिमं चांशं suggested by J. and the other Mss.

38. J. पादोर्ध्वे for त्रिपादुर्ध्वे।

44. I. अंशेन for चांशेन suggested by J. and the other Mss.

48. J. शिरोन्तकम् for स्यान्तदूर्ध्वे।

49. J. मञ्चोर्ध्वं च ऊर्ध्वमञ्चं।

51. I. द्विंशेन for द्वयंशेन suggested by J. and the other Mss.

52. J. द्वंश for त्वर्धं।

55. J. तथा for भवेत्।

57. J. वेदिकान्तकम्, I. वेदिकं तथा।

59. (1) I. अङ्गे for तुङ्गे suggested by J. and the other Mss.
(2) I. मत्य for चात्य suggested by J. and the other Mss.

60. J. रुद्रभूत्, रुद्रेण is the more usual form.

61. J. द्वयंशार्धो for द्वयंशा।

71. (1) J. उक्त for युक्तं। (2) I. अंशेन वृत for वेदांशावृत, suggested by J.

73. J. त्रिवर्ग।

74. I. भाग for हार suggested by J. and use in several other places.

75. I. मूले, J. मुल।

76. (1) I. द्विंशं for द्वयंशं suggested by J. (2) J. आवृत्य, I. आशित्य।

77. (1) I. चिस्तृत, J. विस्मृत। (2) I. प्राकृतिः; the correct reading is suggested by J. which is included in the text.
(2) The next four lines are lost in J.

79. B. C. द्वंद्व obviously for अलिन्द।

80. (1) I. विस्मृत for विस्तृत suggested by B. C. (2) I. द्विंशेन for द्वयंशेन suggested by B. C.

81. B. भागार्ये तेन्नि, C. भागयमं।

83. (1) I. लिङ्गं, J. लिन्दं।
(2) B. reads always खंडहर्म्ये for कर्णहर्म्ये।

85. J. द्वित्रिभागेन for द्विभागेन तु ।

86. C. हारान, B. हाराप पंकजं ।

87. I. हर्म्ये for मध्ये suggested by J. and the other Mss.

89. B. नासावरासनं, C. वासारनानानं for the last expression.

91. (1) I. सष्टधा for चाष्टधा suggested by the sense and the other Mss. (2) B. मुत्थितं, C. मंडितं, J. मुदितम् for ईरितम् ।

93. I. अन्यान्यनु for अन्येषाम् suggested by B.

95. (1) I. निद्रे र for नोडेश्च suggested by J. and the other Mss.
(2) B. वोम, C. दॊम for दीप्ट । (3) B. C. J. पद for पाद ।

96. (1) I. वासकैः, J. वायको, C. वाढकै for वातायनैः suggested by B.

97. I. स्त, C. B. स्थ for स्म ।

98. (1) B. C. मध्यम for मन्यम । (2) I. गैरिके for भामके suggested by B

99. I. J. C. जन for जिन suggested by the sense and the other Mss.

100. (1) I. दक्षा for दक्षिणा ।
(2) B. J. मुर्ति तत्वादि, C. तत् आदि, I. मूर्तिनां ।

101. J. दैवता, C. दैवैतान for देवानाम् ।

102. J. नृसिंह for मूर्ति ।

103. I. चैका for एका ।

104. I. देशा for देशे, C. देशापति तत् ह्यु, B. देशात्पतित्वं ।

105. I. समान for धामानं suggested by J. and the other Mss.

Colophon :—I त्रयो; B षड् for द्वाविंशा suggested by C. and J.

CHAPTER XXIII

This chapter is lost in C.

3. B. गृह्यं for गृहं ।

4. (1) I. सात्य, B. चाध्य । (2) B. J. मसूकम् ।

5. I. त्य, J. ध्य, B. चंद्राग पादमध्यं स्यातदर्धं ।

Between the lines 5 and 6, B. J. add one line :—

अप्यर्धांशांत्रितुङ्गं स्यात्पादांशं प्रस्तरोदयम् ।

6. J. पादमश्चोर्ध्वमश्रं, B. चार्धं सार्धांशं च ।

7. B. तु for षड्त्रि ।

8. I. पादांशं for पादांशकं suggested by J. and the other Mss.

10. (1) B. मध्यस्तं for मस्तकं । (2) J. हर्म्ये, I. चार्धं ।

12. (1) I. पारावत for पैरावत् । (2) B. तन् स्कन्धोच्चं च ।

13. B. विशृता for विस्तृत ।

14. B. चतुर्दिक् त्रितलं, I. J. चतुर्दिक्षु तलं ।

16. I. त्रिपालेन for त्रिपादेन suggested by J. ; B. त्रिभागेन ।

18. B. J. वृश्चिकान्त ।

19. B. दिक्पाल for दिक्स्वालयं ।

20. (1) B. तस्मात्तुमूल । (2) J. हर्म्यके for देशके ।

23. (1) B. मध्ये च चतुरं संपत् द्वितलं भवेन् । (2) J. स्तम्भ apparently for स्तंभ in place of तल ।

B. omits the lines 24 to 29.

25. J. मूला for मैाला ।

26. J. for the second *pāda*, शेषं प्रागुक्त वर्ध(ख)येत् ।

29. (1) I विशदु for विशत्यु suggested by J. (2) J. adds मिति before यम । (3) I, तत्प्रकान्तं for यमकान्तमेव suggesed by J. and the other Mss.

31. This line has been omitted by J; this is the repetition of line 28; but it again comes in after the line 32.

32. I. adds पञ्चविंशान at the beginning, which is out place.

33. I. पत for चतु suggested by J. This is a repetition of the lines 28, 31.

34. B. omits the second *pāda*.

35. B. तलं for समं ।

38. (1) I. तं for नव suggested by J. and the other Mss.

(2) I. शिशालके for विशालकम् suggested by J. and other Mss.

42. J. षष्ठैक, B. पंचकोष्ठारमोच ।

44. J. पतद्दश, B. एकद्वंशमितं, I. पञ्च for षष्ट suggested by the contents.

45. (1) B. शोकरादि । (2) I. एक for चैक suggested by J.; B. चैकारं

46. B. J. तु for च ।

48. I. राधा, J. राध्या ।

49. I. नानारंगामश्चि भान्विन्द्रयुक्ता, J. नानागारं गान्वितालिन्द्रयुक्तं ।

50. B. पूर्वोक्तनायुक्त तद्वारं पतत् ।

Colophon:—I. चतुर्विंशो, B. सप्त, for त्रयोविंशो supplied by J.

CHAPTER XXIV

This chapter is lost in C.

2. (1) I. विस्तारोत्सेधगै……इत्र, J. हर्म्यश्च, B. विस्तारं च विभागं च ।
(2) B. बुद्ध for पूर्वतत् ।

3. (1) B. चाष्टभागं for सप्ताधिकं । (2) J. सप्तु, B. सप्तमंत्रये ।

5. B. second *pāda*, सार्धवेदांशकांघ्रिकं ।
B. omits the next two lines, 6 and 7.

7. I. घ्रिमंश for शकङ्घ्रि suggested by J. and the other Mss.

8. (1) J. omits this line. (2) B. काधिकम् for मङ्घ्रिकम् ।

9. B. omits the second *pāda* of this line and the first *pāda* of 12 and lines 10, 11.

14. J. कन्धर, B. कारदि, for कान्तार ।

15. B. पतघो for दिक् ।

17. (1) J. omits lines 17—20.
(2) B. प्रथ पूर्वेतने मर्वे for the first *pāda*. (3) I. त्त for त्स suggested by B. and the other Mss.

18. B. कमलाख ।

21. B. omits lines 21—23.
I. पश्च for मश्च suggested by J. and the other Mss.

27. I. साम्ना for नाम्ना suggested by J. and the other Mss.

29. B. हाराज्ञमंजिरं ।

31. I. कूटादि for कुटं suggested by J. and required by the metre.

32. D. J. द्विभागे तु for विभागं च ।

34. B. त्रिभागं मध्यभागिकं for the second *pāda*.

35. (1) B. नाशि । (2) I. ग्रर्धे for चार्धे suggested by J. and the other Mss.

36. (1) B. त्रिवायुक्तो । (2) J. चोर्ध्वेचोर्ध्व, B. चार्योर्धकल ।
(3) J. त्रितलात् । (4) I. चमलङ्कृतम्, J. प्रयोजयेत् for न्यसेत् supplied by the other Mss.

39. B. शाला वा, J. शाला ।

40. B. कपालेतु for कपोतान्तं ।

41. (1) J. रोच । (2) I. क्षुद्रकपोत, J. कर्करोकृत, B. कुकलीकृत ।

42. J. वंश, B. सवंश, I. विंशा ।

44. I. युक्त for यत्त suggested by J.; B. यलता परिकल्पयेत् ।

45. J. मूलं स्यावृर्तालिन्द्रकम्, B. मूलस्यद्रुति लिंगकं, I. J. मूलं स्यावृताकम् ।

46. (1) J. एक for चैक suggested by J. (2) I. लिङ्ग, J. लिन्द्र for लिन्द ।

47. (1) B. दूतरे for पट्टतलं । (2) I. प्रत्या, J. युक्त्या, B. कुर्याच्च ।

48. B, देवानां पादकोष्ठके ।

49. (1) J. शिवश्चेन्द्र । (2) I. कर्ण for कुरु suggested by J., B. ब्रह्मा विष्णुः शिवश्चंद्रकादयः महसंकुरं हर्म्यं पूर्ववत्परिकल्पयेत् ।

Colophon:—I. पञ्च, B. षट for चतुर्विंशो suggested by J.

CHAPTER XXV

2. भागं in place of मानं would make the line as in other chapters, preceding and succeeding.

3. C. विमांनांत, B. विमानं च ।

4. B. भागेागेानं च, C. वाखविष्णुषढंशं ।

7. B. C. सभागेार्धं ।

8. I. ध्वं द्वादशांशं for पादेाच्चं सपादांशं suggested by J. and the other Mss.

B. and J. omit the next two lines.

9. C. वेदिशेाच्चं द्वि ।

C. omits the lines 12—14.

12. (1) I. ग्रत्य for ग्रध्य suggested by J.; B. ग्रत्यर्थं । (2) J. चेाच्चं तु ।

15. B. C. J. भक्ति, I. भित्ति ।

16. B. भागितः, C. भागक for भागता ।

17. I. omits the second *pāda* of this line and the first *pāda* of the next, which are necessary here.

19. (1) I. शेषंत्र for शेषांश त्रा suggested by all other Mss. (2) B. C ग्रन्तरालकं, I. J. ग्रन्तरालके ।

20. (1) I. तुद्वि, J. द्वित्रि, C. तु वि, B. च त्रि । (2) J. विशाकम्, I. विशालता ।

21. I. पाद for पार्श्वे suggested by J. and the other Mss.

22. I. लिङ्ग, J. लिन्द्र for ग्रलिन्द ।

23. C. शरे for the first तले ।

27. J. द्वार for धार ।

28. I. ···जा for पञ्जरा supplied by J. and the other Mss.

29. I. गारा for गारं suggested by J., C. भारं, B. केाष्ठमधिगारं प्र ।

30. B. C. J. प्रकथ्यते for the last word.

31. I. omits this line, which has been preserved by all other Mss. and is required here by the context.

32. विधानकम् for विधान के suggested by J. and the other Mss.
C. omits the next three lines.

33. (1) I. कोष्ठा for कोष्ठं suggested by the other Mss. (2) I. J. लिङ्ग for लिन्द ।

35. I. omits the second *pāda* of this line and the first *pāda* of the next, which are necessary here and have been preserved by the other Mss.

38. I. B. C. सयुक्तं, for सताङ्ग suggested by J.

39. I. J. वर्षे for वस्त्र ।

40. C. तु विन्यसेत् for विमानके ।

Colophon: (1) I. षट्विंशो, B. पकोन for पञ्चविंशो suggested by J. and the context.

(2) I. adds समाप्तः at the end.

CHAPTER XXVI

The *codex-architypus* opens the chapter with the heading अष्टतल-विमा(धा)नम् । This fact would justify the assumption that originally all the chapters bore the headings.

3. (1) B. omits this line.
   (2) C. J. भक्ति, I. भित्ति ।

4. I. सूपा for भूका, and सूप for भूप, B. मूत, C. मृगांतं ; the readings included in the text are suggested by J.

5. (1) I. J. जनस्थ तूतप, B. कान्तश्च तप । (2) I. J. नका for सत्य suggested by later reference and the other Mss.

8. B. स्याद्वांतरमिवांशकम्, C. स्यद्वारांतहिशवांतकं ।

9. B. विमानंतु, C. द्विभागेननांतु for the first expression.

11. B. काष्टेहा द्विरष्टधा, C. कोष्टिहारा चतुष्टता ।

12. B. प्रोक्तं तथा ।

14. (1) I. पार्श्वयेा, B. तयेा, J. द्वयेा, C. तुयेादेव । (2) I. विर्वि for द्विद्वि । (3) I. व for र्धे । (4) J. शालयुक् ।

15. (1) B. पक मूल । (2) J. यत्तला for मूलतला । (3) C. leaves second *pāda* in lacunæ.

16. B. कूटशाला प्रयेाजयेत् for the second *pāda*.

B. F. omit here the remaining portion of the chapter except the last 15 lines, but read them later.

18. C. शाले ।

19. (1) C. omits this line. (2) B. अर्धशाला for अनुशाला ।

20. (1) J. पतत् for शेषं । (2) J. मुव for भूका ।

21. (1) I. J. अ for त्रा । (2) B. भाषा for भूमि ।

23. (1) C. J. द्विभागं । (2) I. J. भारा for हारा, B. द्वारा ।

24. B. द्वि for त्रि ।

25. C omits the second *pāda.*

26. (1) J. रसांशेन for शरांशेन । (2) C. omits the second *pāda.*

30. C. सप्तांशकं for सप्ताष्टकं ।

34. C. J. तले, for तलं ।

35. (1) B. द्वादशां तस्य for द्वाविंशांशकं तारे । (2) B. कान्ता J. कन्ता, I. कान्तरे for कं तारे suggested by the other Mss.

37. C. leaves the second *pāda* in lacunæ.

38. C. मध्ये मध्ये द्विभागिकं for the second *pāda.*

40. (1) J. शालया, C. तश्चामायन यदि वास्ते तु ।
(2) C. समावृतम् for सभद्रकम् ।

41. I. J. वर्ण for वस्त्र ।

42. C. तस्माद्देवि विशेषता for the second *pāda.*

43. C. शेषं पूर्ववदाचरेत् for the second *pāda.*

45. (1) J. चानुशालैश्च, C. शानु, B. चतुः ।
(2) C. समप्रभं for सभद्रकम् ।

46. C.शोग्नशोल्यिमरीत के for the second *pāda.*

47. I. श्रेष्ठ तलं क्षुद्रतले, J. श्रेष्ठे न्वष्ट, C. omits the first *pāda.*

48. I. साङ्ग for चाङ्ग suggested by J. and the other Mss.

49. Between पञ्च and हर्म्ये, one phrase supplied by the other Mss. is evidently lost in I. for which J. has सै.......... and C. शैकाश्च, B. सैकांशं ।

50. C. अधारं चाष्टहोरेण तदर्द्ध वशभित्वदं ।

51. J. कांघ्रि for मङ्घ्रि ।

52. C. सार्द्धवादिंचते चोर्ध्वे मंच B. ऊर्ध्वमंचं त्रिपादं स्यात् ।

54. (1) I. चि for द्वय suggested by J., C. द्वयांशं । (2) C. भरणोदयम् ।

55. (1) C. द्विदंडं । (2) J. द्वया, C. त्वदेर्द्धकं ।

56. (1) I. द्विं, J. द्वयं । (2) J. पादांधिकांघ्रिकम्, I. पादांघ्रिकांसिकम् ।
(3) C. leaves the second *pāda* in lacunæ.

57. C. द्विभादं स्यात् त्रिपादमधमांशकं, B. स्यात्द्विपादं ।

58. (1) C. leaves the first *pāda* in lacunæ. (2) B. येनाशं for एकांशं ।

59. (1) J. भागं for वेदिं । (2) C. जल for गल ।

60. (1) B. C. बद्धांशकं for सपादं चांशकं। (2) I. देाष, J. शेष, C. शिरस्त्सेधं निमेादयं।

62. C. पूर्वेार्ध्वभागमूले तु for the first *pāda*.

64. C. omits the second *pāda*.

65. B. दांपत्य, C. कुर्यातस्तुव, I. J. ग्रावर्त्यलिङ्गकम् for the last expression.

66. I. ऊर्ध्वं for चेार्ध्वं suggested by J., B. चेार्ध्वमूर्ध्वं, C. षडांशेन चूर्ध्वे स्यान्मंडलांशकं।

67. C. चित्रशालादि।

68. J. नीड for तल।

69. I. omits this line which is included in all other Mss. and it is suggested by the fact that without this line the chapter would have ended at half-*śloka* (verse).

70. J. शाला कूट केाष्ठेतु भूषितम् for the second *pāda*.

71. C. leaves the first *pāda* in lacunæ.

The four lines 71—74 are lost in J.

72. (1) B. कुट्टांग for कूटाङ्गम्। (2) C. leaves the first *pāda* in lacunæ.

73. C. क्रमे for क्रिया।

75. B. वेारादि, C. केसरादि for वेसरादीन्।

Colophon :—I. सप्त for षड्विंशेा suggested by J., B. त्रिंशेा।

CHAPTER XXVII

The correct heading is supplied here by the *codex-architypus*; compare the opening note under Chapter XXVI.

2. I. J. वर्णे for वज्र ।

C. omits the lines 3—5.

3. B. रोपणं चंडि for भूषणं तथा ।

6. I. अन्तरान्तकम् for अन्तरालकम् suggested by J., चांतकं तथा, C. शांतवांशकं ।

8. C. omits the first *pāda* in lacunæ.

9. (1) I. J. वर्णे for वज्र । (2) C. leaves the first *pāda* in lacunæ.
B. leaves out the lines 10—14.

11. J. क्षुद्र for भद्र ।

12. I. कर्मित for कीर्तित suggested by J. and the other Mss.

13. C. विशाले for द्वरंशेन ।

15. (1) I. उक्त for अल्प suggested by J. and the other Mss.
(2) C. leaves out the first *pāda* in lacunæ.

16. B. C. विशालकम् for गुणांशकम् ।

17. B. omits this line.

20. (1) I. लां तु for लान्तु suggested by J. and the other Mss.
(2) I. साप्ट, J. and the other Mss. चाप्ट ।

22. I. C. विप्रत for विवृत suggested by J. and preceding reference

24. B. C. हारां for नराणां ।

25. C. संमुखं for संयुतम् ।

26. I. J. वर्णे for वज्र ।

27. (1) B. C. विंशतिक । (2) B. विशालकं, C. दिवांशकं for युगांशकम ।

28. J. तन्मध्य for मध्यमं ।

30. (1) I. B. विभाग, J. द्विभाग । (2) I. B. सपञ्जरम्, C. समुन्नतं for समन्वितम् ।

31. (1) I . adds, अथवा at the beginning, but omits कूट of कूटशाले suggested by J., C. शालयंचैव । (2) C. J. भद्रकम्, and omits शरांश ।

34. (1) I. द्विंश, J. द्व्यंश । (2) B. वर्त्य, C. कपत्ति for वक्ष्ये ।

36. J. हर्म्ये चाष्टेतले ।

38. (1) C. omits the first *pāda*. (2) B. ततं भवेत्, C. तलोत्तावत for the last expression

41. B. खंड for कर्ण ।

42. J. शा for कू । (2) B. शालकं for शालानां ।

44. I. निद्धै, C. निर्दै for नीडै suggested by J.

Colophon :—I. अष्टाविंश, B. एकत्रिंश for सप्तविंशो suggested by J. and the contents, C. leaves out the last expression (from नवतल) ।

CHAPTER XXVIII

C. omits this chapter.

1. J. विधानस्य ।

3. (1) I. भुवनं for भवनं । (2) B omits the second *pāda* and the two lines following

5. J. एभिः for एवं ।

7. (1) I. हर्म्ये for हर्म्यं suggested by J. and the other Mss.
   (2) J. प्रोक्त, B. पूर्वो for पुरोक्त ।

9. J. त्वष्टा, I. अष्टा ।

10. J. शांशं च शालमा, B. शमंतुलां for शकं तु शालभम् ।

11. J. भागेा हरः, I. भागेन हराः ।

13. J. एतत्तु for एवं तु ।

14. J. भारं for हारा ।

15. I. सान्त for चान्त suggested by J. and line 3 ; B. चांतरितं कांत ।

16. (1) I. चेकं, J. द्वरैकं । (2) I तह, J. कहा, B. पेाष्ठिका for सेाष्ठिक suggested by the other Mss.

17. B. एन्ना, I. शाला ये, B शाले ।

20. (1) I. जना for जन्मा suggested by J. and preceding references.
   (2) B. गंडं for गण्यं ।

23. I. भूकान्तं भूतकान्तं for भूतं suggested by J. and the other Mss.

24. B. वातु for वेदांशकं
   The lines 26—29 are lost in J.

26. (1) I मापिक, C. मधिक । (2) B. वाध्र वद्र्धांशं ।

29. B. मंध्रिवंध्रो च for the first expression.

33. The second शिखर must be replaced by शिखा because शिखर in all cases is surmounted by शिखा ।

34. B. पूर्ववच्चोर्ध्वेतलसर्वं, for the first *pāda*.

35. (1) I. सान्त for चान्त suggested by J. and the other Mss.

(2) I. आवृति for आवृत suggested by J. and the other Mss.

(3) I. अलिङ्ग, J. अलिन्द्र for अलिन्द।

36. J. पोठं for पीठे।

39. B. प्रस्तरान्नतं for the second *pāda*.

40. (1) I. शत for दश suggested by J. and the other Mss. and the contents.

(2) J. पत्र for अत्र, B. omits this word.

(3) J. नासिका, B. नाशिकं।

Colophon:—I. एकोनत्रिंशोऽ, B. द्वात्रिंशोऽ for अष्टाविंशोऽ suggested by J. and the contents.

CHAPTER XXIX

C. omits this chapter.

2. (1) J. ईशञ्चेश । (2) B. शका for चका ।

3. B. चक्रमध्यस्य for चङ्कमाद्वर्यं ।

6. J हारायाश्च ।

7. B. चंद्र for भद्र ।

9. I. तदेवा for तदेव ।

12. I. शर for दश suggested by the sense and J. and the other Mss.

13. J. हारं for हारा ।

19. I. J. एक for चैक suggested by the other Mss. (2) B. त्रिंशत्त्रिभाजिते।

20. B. स्यात्तद्वारं च द्वि ।

21 J. चतुःशाला for चातुशाला ।

22. B. तत्रि, I. J. कूर्म ।

24. B. खंडबन्धु ।

26. B. नैष्ठिक for सैष्ठिक ।

27. B. हारयत् for हारयेाः ।

28. I. J. हारांशपञ्जरम् for हारं सपञ्जरम्, suggested by the other Mss.

30. (1) B. तु for the first त्रि । (2) B. मध्येन भद्रकं ।

31. I. adds विशालं च between शाला and त्रि, which is not necessary for the sense and would break the metre.

34. B. वृद्धियं for संयुक्तं ।

36. B. दंड for गवाक्ष in both the places.

38. (1) B. एकाधाराच for एकादशांश । (2) J. भूम्यो, B. भूम्यां for तल ।

39. I. सूरको for मसूरेा suggested by J. and the other Mss.

41. B. दंडं चैका for गवाक्षमेका ।

42. (1) B. तताक्षयर्धतले । (2) B. खंड for कर्ण

43. (1) I. भागांश for भागद्धि suggested by J. (2) I. लिङ्ग, J. लिन्द्र for अलिन्द ।

(2) B. घनभागं वा for the first *pāda*.

46. B. हारांतरे तु कूटं स्यात् ग्रीवायां चोक्तदेवताः ।

49. I. गणेत्यादि for गणाधिप suggested by B. and the other Mss.

Colophon :—I. त्रिंशो, B. त्रयस्त्रिंशो for नवविंशो suggested by J. and the contents.

CHAPTER XXX

1. (1) I. विधानस्य for विधानंच as in J. and the other Mss.
(2) C. omits the first 21 lines.

3. B. यन्मनेारम्य ।

4. (1) I. J. विमाने for विधाने suggested by B. and the other Mss.
(2) I. भित्ति for भक्ति suggested by J. and the other Mss. (3) J. संयुतम् for संग्रहम् ।

5. (1) B पंचार्धं for पाश्चालं । (2) B. मध्यकांतारविंदकं for the second *pāda*.

6. I. पङ्क्हर्म्या....धारकम्, J. पङ्क्हर्म्यधरान्त, B. हर्म्योद्दरांतकं for वंशकं मागधंतथा, as given in lines 32, 34.

8. (1) I. नव for रवि suggested by the other Mss. and the contents. (2) B. तु चाष्ट, I. J. चार्धवेद which is impossible in consideration of the following line ; cf. also 11.

9. B. J. प्रागुक्तवन्नयेत् for the last expression.

10. The *codex-architypus* omits this line, but in its place repeats the line 14 ; it is, however, necessary here and has been included in all other Mss. and is also suggested by the contents.

14. (1) I. के for कम् suggested by J. and also I. (see note 10 above) ;
(2) B. त्रिभक्तं च द्विभागिकम् ।

15. (1) B. J. षडंश । (2) J. तद्द्वयंशं for तस्याङ्गं ।

16. (1) 1. ता, B. तु for का suggested by J and line 5. (2) I. J. काराङ्गसा for लङ्कारसं suggested by the other Mss.

17 B. त्रिंश for त्रिदश ।

18. J. हार, B. हारा for the second शाला ।

19. (1) I. द्विं for द्वयं suggested by J. (2) J. पञ्जरं । (3) I. सान्त for चान्त, (B. पंचमशाला), suggested by J.

21. B. च क्षुद्रहा', I. भारः for हार ।
22. I कूटनव for कुटानां च suggested by J. and the other Mss.
23. I. मत्र; J. भद्र ।
27. I. प्रागुक्त for भागंतु suggested by J.
28. C. पूर्व for भूत ।
30. C. leaves the second *pāda* in lacunæ.
31. (1) J. हारं । (2) I. एक for चैक suggested by J. and the other Mss.
32. (1) B. वक्त्र for वंश । (2) C. leaves the first *pāda* in lacunæ. (3) Both I. and J. read वंश as पङ्क in line 6 above, see note thereunder.
33. I. वम for वा suggested by J. and the other Mss.
34. J. कूटं ।
36. J. अन्वितम् for अन्वितः ।

One line between 36 and 37 describing the Gurjaka or Sphūrjaka type is apparently missing.

37. J. भागिकम् for अधिकम् ।
38. J. भागानस्य लक्ष for भागन युगांशं ।
40. I. प्रागुदक्रिय for प्राग्वदुच्क्रय suggested by J. and the other Mss.
41. I. चाष्टादश for द्वादश suggested by J. and the other Mss. and the contents.
42. I. लिङ्गं, J. लिन्द्रं for लिन्द ।
44. I. ऊर्ध्वे for ऊर्ध्वोर्ध्वं, C अर्धे ।
47. I. एकांशात्यर्ध, J. एकात्यर्ध ।
48. (1) B. C. J. तु for च । (2) I. चा लिङ्ग । (3) J. कूटस्यलिन्द्र ।
50. I. एक for चैक suggested by J. and the other Mss.
52. J. चोर्ध्व for भूमिने ।
54. I. तम for सम suggested by J. and the other Mss.
55. (1) J. मांशं for माङ्ग । (2) J. महा for क्षुद्र ।
58. I. J. द्विक्रक्षे, B. विधिक्षेत, C. विदिक्षु ।
59. B. हर्म्ये च, C. रलह हारा च ।
61. J. हारा, B. मार्ग, C. हारमध्ये तु क्षुद्रशाला ।
62. C. त्रित्रि, compare line 45.

63. (1) I. एक for चैक suggested by J and the other Mss. (2) B. वर्धनात् । (3) C. omits this.

69. I. वर्षें, J. शालै ।

70. (1) I. B. C. कूटं, J. कूटानां । (2) I. भारा, for हारा, B. C. हर्म्यं ।

72. Between नाना and वेदिका, B. adds सु, I. ना, सत्, C. omits this.

73. (1) I. पा....दीनां for पालिकादीनां suggested by J., C. परिकादीनां ।
(2) I. क्षै for क्षे suggested by J. and the other Mss.

74. (1) The lines, 74 to 82 are omitted here but found latter in B. F.
(2) C. B. (स) फलकापालिका ।

76. C. दिक्षिति पोष्टके for the last expression.

77. (1) I. दे for द्दे suggested by J. and the other Mss. (2) I. J. वर्षे for वस्र ।

79. J. मात्राश्च, B. मात्तं for मात्रं ।

80. (1) C. नादयेत्, B. नाभयेत् for नारद । (2) I. गोचरान् for घोषकान् suggested by B. J.; C. हर्श्रीशिवासता ।

81. I. सालिचा for सालेक्या suggested by J. and references elsewhere; C. शालेप्या ।

82. C. B. देवता for सर्वशः ।

83. I. च येा for तले चेा suggested by J., C. omits the second *pāda.*

84. J. मानं च for मानानां, C. omits the first *pāda.*

86. I. सावरेा प्रावरेा, J. आरोह्य चा, B. आरोहावरोहा ।

88. I. पूर्वत for पर्वत suggested by J.; B. सर्वत्र ।

90. I. विधा for द्विया suggested by J. and the other Mss.

91. B. चाचलं for सचलं ।

92. I. श्च for श्चैवा, suggested by J. and the other Mss.; B. दारुभिश्च चलं ।

94. B. omits this line.

95. I. आरोप्य, J. आरोह्य; in line 86 (see note) this word is variously read, but in all cases to mean a staircase for ascending.

97. C. omits this line.

98. (1) B. आरोग्य । (2) B. प्रतिदर्शन गर्हितं ।

100. (1) C. भद्र for पृष्ठ । (2) C. दक्ष for पक्ष । (3) J. पार्श्वयेाः ।

102 (1) C. कमुखे। (2) I. omits न suggested by J. Compare lines 98, 99; B. omits. मुख।

103. B. भद्रहीनं तु संत्यजेत्।

104. (1) I. पूर्वं for पूर्वके suggested by J. and the other Mss.
(2) C. omits this line.

105. I. भद्रं, C. भद्र for भद्रे suggested by J. and the other Mss.

106. I. omits तन्त्र which is necessary and is suggested by J. and the other Mss., C. नर्त्तभिः।

107. I. मुह्यताम्, J. मूह्यताम्, C. मोह्यताम्।

110. J. मेह, C. महि for गेह।

112. I. omits तत् before पूर्वं, suggested by J. and the other Mss

113. I. दुर्गं, J. धारे for द्वारे।

114. (1) C. हीना for विना। (2) I. अलिङ्ग, J. अलिन्द्र for अलिन्द।

115. Between lines 114 and 115, I. has सोपानम् as a heading which obviously is out of place.

116. B. J. C. मण्डितम् for समुतम्।

118. (1) I. च for समा suggested by J. See also lines 86, 95.
(2) C. omits this line.
B. मारोहं।
(3) B omits the lines 118—121

122. (1) I. श्रेष्ठ, J. चेष्ट। (2) I. कुल, J. कुड्य।

124. (1) B. चलितं प्रोक्तं। (2) C. स्तूप्पा।
(3) C. omits the second *pāda*.

125. C. omits the first *pāda*.

128. C. पलमेकं तदायति, I. J. फलमेवं तदा चदि।

130. I. omits 130 132 which are suggested by the line 129 and included in all other Mss. and are necessary here.

132. Between 132 and 133, J adds a superfluous line—
नवधाविस्तृतं प्रोक्तं षट्षडङ्गुलवर्धनात्।

133. (1) I. पतद पत, J. पतत्त्व। (2) I. विस्तारान्तं for विस्तारं suggested by J. and the other Mss.

134. (1) I. त्र्यंश वद्वक्तं for स्तूपिपर्यन्तं suggested by J. and the other Mss
(2) C. omits the first *pāda*.

135. I. ह्रतामृमु, J. ह्रतामृमु; see line 107.
136. I. दीय for दीर्घ suggested by J. and the other Mss.
137. I. कृत्वा, J. स्येाक for कुर्यात् suggested by the other Mss.
138. (1) J. omits ततः। (2) C. तद्वयं तथा for the last expression.
139. I. J. वर्षे for वक्र ।
140. J. द्वय for त्रय ।
141. I. श्च, C. तांश, B. तुसका for च्छ suggested by J.
142. J. पट्टादि, I पट्टादि for पट्टमद्रि suggested by the other Mss.
144. (1) J. पार्श्वके for पादके ।
(2) C. omits the remaining portion of this chapter except the last four lines and remarks :— अस्मिन्स्थले पत्रमेकं न्यूनं ।
146. (1) I. पादेाना for पादेान suggested by J., B. पदून। (2) B. J. द्वि for त्रि ।
(3) B. णांतरं for ततः ।
147. B. J. छिद्र, I. चित्र ।
148. I. वा for च suggested by J. for the last word.
150. B. अष्टादशांगुलं चैव ।
151. I. J. त्वं for तु ।
152. I. ड्या for ड, J. षड्द्वर ।
155. B. J. हस्त for हस्ति ।
156. (1) B. हेमहस्त । (2) J. अङ्गुलेन । (3) I. J. लीन, B. लस ।
157. (1) J. चाग्र, B. चैक । (2) B. ग्रेत क्षयेत ।
158. (1) B. हस्तहस्तगदारं, for the first *pāda*. (2) I. रथारायु, J. रागयुक्तं B. द्वारयुक्तं ।
159. (1) J. पञ्चमादूर्ध्वं । (2) I. न सिंहेन नैऋत्तम् for सिंहाननैर्युतम्, suggested by J. and the other Mss.
160. (1) I. अग्रयेा for अग्राघेा suggested by J. and the other Mss.
(2) B. द्वारपादं for धारपट्टं ।
(3) J. मानयेत, B. वमयेत for मानकम् ।
161. (1) I. अग्र for आधारं suggested by J. and the other Mss.
(2) I कम् for तिः suggested by J., B. तद्वयं पट्टिकाकृतिः ।
163. B. omits. न ।
165. I. शेान्मान, J. शैर्मान, B. विभूषशेान्मदः यथा प्रशस्यते ।

166. J. भर्तृ, B. भर्तृणां, I. भद्र ।

167. J. मुक्तैकान्तं, B. मुक्तवमानं कुर्याद्धुते ।

168. B. चायधि, J. चायादोन for मायादि ।

169. B. घशानिवः, J. वशादिभिः, I. वसानहि ।

171. I. वीर for वीथ suggested by J. (2) J. तदा for विदुः ।

172. J. चांशै for अंशै ।

173. (1) B. आसनं चित ।

(2) I. तिथिस्वर्गकमि for तिथ्यन्तं षड्ग्रहा suggested by J., B. तदयुतं षट्टुमि ।

175. J. ज्योति for जाति ।

176. B. एतदश्चैश्च for the first expression.

177. (1) I. दंशस्तत्त्त् for द्वादशान्तं suggested by J. and references elsewhere. (2) J. न्यसेत् for न्ययेत् ।

178. (1) B. तु दायमित । (2) I. सवित for सांश्वत suggested by J. and references.

179. (1) I. द्यात्सव, J. द्वगाद्व, B. पर्जन्ययं ।
B omits the lines 179-180.

180. I. एवं द्वित्रियवृद्धिः स्यात्क्षपयेष्टा for एकद्वित्रिय वृध्यात् क्षपयेत्वष्टा suggested by J. and referances.

182 I. वाश्चि for चापि suggested by J.

183. (1) I. अष्ट, J. षट । (2) I. द्विः स्यात्स, J. ध्यातु स ।

184. B. शेषं तु द्वारसंयुक्तं चार्कपादादिग् पादयुक् ।

185. (1) B. J. वेदान्तु । (2) B. J. नन्द ।

186. (1) B. रन्ध्रेषु । 2) J. दांतु, B. दंतयें, I. द्वातु ।

187. (1) B. शिष्यादि । (2) B. स्यात् तस्कारादिनवांशकम् which is evidently the second *pāda* of the next line, of which the first *pāda* is lost in B.

189. (1) I. वायादि for मायादि suggested by J. (2) I. तिवि for तिथि suggested by J. and the other Mss.

190. (1) J. omits वर्गं and adds विना after शुद्धिः ।
(2) B. भवेत् for त्यजेत् ।

192. (1) J. omits व्ययं and adds हियत after शुभं ।

193. (1) B. दिकं तु । (2) I. J. क .... क्रियानां, B. C. ग्रहाणां, B. क्षयाणां ।

Colophon :—(1) I. एकत्रिंशो, B. चतुस्त्रिंशो for त्रिंशो suggested by J. (2) I. विमान for द्वादशतल ।

CHAPTER XXXI

The first 13 lines of this chapter are, by some inexplicable confusion, found between lines 534 and 535, of Chapter XXXIII in the *Codex architypus*. In place of these lines the *Codex architypus* opens the chapter with the following two lines the first of which might have been very suitable as the first line of chapter XXXII, and the second represents a confused form of the lines 14 and 15 of the present chapter which are missing in it: परिवारविमानानां लक्षणं वक्ष्यते क्रमात् । स्थण्डिले पद विन्यस्य चादि भूमिविशालके ।

Except the last 15 lines, the whole of this chapter is lost in B.

(1) J. वल्यर्थं, C. बल्यर्द्धं । (2) C. J. ल(र)क्षणार्थकम्, I. राक्षसार्थकम् ।

3. (1) I. काम्यादि, for जात्यादि suggested by J. and the other Mss. (2) C. देह भेद ।

5. (1) I. जातिच्छन्दाभसा, J. छन्दादिसर्वेशालानां । (2) C omits the first *pāda*.

6. (1) I. जातिना for जातीनां suggested by J. and the other Mss. (2) C. बादीनां चादिशाला ।

8. (1) I. समाकन्धर, J. C. समदण्डेन । (2) For साला, J. C. शाला ।

9. (1) C. शब्दादि for छन्दादि ।

10. I. leaves, in a lacuna, the second *pāda* which is supplied by J. and other Mss.

11. (1) I. जातिजालं for आदिशालां suggested by J. C. (2) J. C. तथा for ततः ।

12. (1) J. C. भारा for हारा । (2) I. मध for मध्य suggested by reference and the other Mss. (3) J. C. त्रितीयक ।

13. (1) J. C. चतुर्थां, I. चतुर्धा । (2) I. omits तन् which has been retained by the other Mss. (3) I. मयाधिकम्, C. वितु मरिथाकम् ।

14. (1) C. पंच । (2) C. साला । (3) I. मर्यादि, J. मध्यादि ।

The lines 14 and 15 are missing in I, but they have been preserved by the other Mss. and appear to be required.

16. J. C. पादविन्यास, the correct form is suggested by chapter VII.

17. (1) C. omits the lines 17—19. (2) I. स्तलं पदं, J. स्तण्डिलं पाद. the correct form is suggested by chapter VII.

18. (1) I. मण्डि for चण्डि suggested by J. and chapter VII.

19. (1) J. कुर्यात्मध्यादि च । (2) I. मर्यादि च for the last expression suggested by the other Mss.

20. (1) J. मध्यादि, C. मायादि, I. मर्यादि(दा) । (2) J. पाद, C. पति । (3) I. मस्व for मोश्व suggested by J. and chapter VII.

21. I. हर्म्या for हर्म्य suggested by J. C.

22. J. पेचक कूल, C. येचकमोल ।

23. (1) B. प्रथमांतु महापीठे । (2) I. मण्डि for चण्डि suggested by B. C. J. and chapter VII.

24. I. गतश्शाला for ततःशाला suggested by J.; C. B. ननश्शाला ।

27. (1) C. चंद्र for छन्द । (2) C. second *pada* प्रथमापंचमांतं स्यात् which is the first *pāda* of the next line.

29. I. तम् for ताः suggested by J.

30. C. मध्यंगुल ।

31. I. सप्त, J. सपाद, C. सप्तपादहस्ता ।

32. (1) C. माहस । (2) C. हर्म्यभेदं ।

33. I. वृक्ष for त्रित्रि suggested b· ıı other Ms.s.

34. C. omits the first *pāda*.

35. I. साल, J. साला ।

37. J. हस्तेभ्यादि, C. हस्तेभ्येाति, for हस्तेनादि ।

38. J. प्रत्येकं, C. तद्दिकं, I. अर्धकं ।

39. I. सालांघ्रि for शालांघ्र suggested by J. and the other Mss.

40. J. वर्धयेन्मुख्यमानके ।

41. C. omits the first *pāda*.

42. (1) I. वाह्यं तु सालं, J. वाह्यात्तु साल । (2) C. कर्द्दा; J. कुर्यौ ।

43. C. कुर्यात्मध्या ।

44. (1) J. पोठं चां, (2) J. पादे for पादं ।

45. J. सालां ।

46. (1) C. वतमानं । (2) J. स्तायामूतत्, C. येद्विस्तूरायतत ।

47. I. हांहि for भागि suggested by J. and the other Mss.

48. (1) J. omits lines 48—50. (2) C. विपुलान्तकम् ।

50. C. पंचशाला मुखा ।

52. C. omits the first *pāda*.

53. (1) I. कुह्य for कुड्य suggested by J. and the other Mss. (2) C. यामकं, J. मामतम् ।

58. J. मध्यादि for मर्यादि

61. C. चाहत, J. वावृत ।

63. J. पादेन ।

64. (1) J. कुड्यान्तः । (2) C. परिवाराद्यं ।

65. For स्याद, J. स्यद ।

66. C. omits this line and the first *pāda* of the next lines.

67. (1) I. यज्ञा for वज्रा suggested by J. and the other Mss. (2) I. J चित्र for छत्र suggested by the other Mss.

69. I वाध्याना for वर्गाढ्य suggested by J. and the other Mss.

70. C. प्रस्तार ।

71. (1) I, शाले for शले suggested by the sense and the other Mss. (2) C, द्वारे वां ।

72. (1) I शुक्ल, J शुद्ध । (2) I. omits मिश्रं which has been supplied by the other Mss.

73. C. omits the first *pāda*

78. I. द्वारं द for द्वारम् suggested by J. and the other Mss. and the context.

80. J. महाद् ।

82. C. omits the remaining portion of this chapter with this remark—अस्मिन्स्थले पत्रमेकं न्यूनं ।

83. Compare line 91; the sixth and the seventh courts are mentioned in connection with the royal palaces (see chapters XL); in this chapter the details of only five courts are given, the sixth and seventh courts seem to be referred to in lines 83 and 84.

86. (1) J. द्विपङ्क्ति। (2) J. चान्तर for विवर्धन।

88. The lines 88—91 are lost in J.

91. B. गृहहैंकार।

92. B. सकुड्यकं for सभित्तिकम्।

93. I. साङ्गुलं for संकुलं suggested by J. and the other Mss.

94. (1) B. एतद्वि।

(2) I. सालानि for सालमानानि suggested by J. and the other Mss.

95. I. मे for चै suggested by J. and the other Mss.

96. I. भ्रमात् for क्रमात् suggested by J. and the other Mss.

98. (1) I. लविधा for लावसा suggested by J. and the other Mss.

99. (1) B. दंत शालाञ्ज, J. साला। (2) I. स्रग्वा, J. स्रावा, B. स्यावार्धं।

(3) B. निम्नगं, for निर्गमम्।

100. B. यथेष्टादिक्।

102. J. युगकरा।

103. B. महदर्धाध पंचवर्णां कुर्यात्।

104. (1) I. कथ for कथित suggested by J. and the sense (2) I. त्या, J. न्यता।

Colophon :—I. द्वा, B. पद्द for एक suggested by J. and the context.

CHAPTER XXXII

The first 13 lines of this chapter are missing in C.

1. J. प्राकारान्तः ।
3. (1) I. साष्ट, J. चाष्ट । (2) I. सान्त, J. चान्त, B. चतुर ।
5. J. चान्त, B. नातरुहके for the last expression.
6. B. J. वा for च in both the places.
7. J. वा for च ।
10. B. चार्यम for चार्यक ।
15. (1) B. हर्म्यार्थं, J. हर्म्यैकं । (2) J. न्द्रे for तु ।
    (3) B. शुभं for गुहं ।
17. (1) J. दिवः । (2) B., second *pāda*, चंडशालायमेववा ।
19. I. याथ for वाथ suggested by J. and the other Mss.
21. B. तन्मध्ये for पश्चिमे ।
22. (1) I. प्रत्येकं for प्रत्यङ् suggested by J. and the other Mss. (2) I. एक, J. चैक ।
    (3) C. पाधि for पादे, B. चैदेश्वरा ।
23. (1) C. J. मस्येात्तरे for पश्चिमेा ।
    (2) I. साच for चाश्विनो suggested by all other Mss.
25. (1) I. म''''रुत्या, B. मनेाजस्या, J. मनेान्मन्या, C. मनेावैर्या ।
26. I. शंस्यादा for शस्य चा suggested by B. C.
28. J. पट्टुकं, B. वारकं, C. वयत्तं for वटुक ।
31. I. क्रु for क suggested J., C. परिवारालयं ।
33. (1) C. J. पर्यके, B. तत्सखं for सत्यके । (2) I. नदि for नन्दि, suggested by the other Mss. J. नादि ।
34. (1) C. J. भृशे चा, B. भृंगिं च ।
    (2) B. मर्ये चा, C. सार्द्धसांत

35 (1) J. पचन, B. पवन for च धन ।

(2) I. चेन्द्रितम् for चेन्दिराम् suggested by all other Mss.

(3) B., second *pāda*, पूनस्थानेन चंद्रिका ।

(4) C. ग्नयेपश्चिमेस्थानं पूर्ववत्स्थाने तु सेांचिट्ने ।

36. I. मुनेशं, B. जलेशं, J. ज्वरेशं. C. स्वरेशं ।

37. B. J. यमे for याम्ये ।

38. (1) C. नैऋत्यांश्चान्य । (2) I. अग्यत्रेश for चर्पणवेश्म suggested by J. and the other Mss.

39. (1) I. ऋपे for मृगे suggested by J. and reference.

40. C. पतेश्चैव for पदे चैव ।

41. J. त्वेक for त्रिमूर्त्ति ।

43. I. omits the lines 43, 44, which are included in all other Mss. and appear to be necessary.

44. B., second *pāda*, राक्षसानुग्रहेश्वरं ।

45. (1) I. मण्डप for भूषणा suggested by J. and the other Mss.

(2) B., first *pāda*, त्रिपुरांतक मूर्ति स्यात् ।

46. (1) J. पुस्तकावासनं, B. पुंस आराधनं, C. पुस्त वाराधनं, I. व्यस्तकाराधनं ।

48. B. सारस्य वदे for नागस्य च पदे ।

49. J. मुचस्य for मुख्य ।

50. I., second *pāda*, रुद्रभूते(मूर्ते)स्तथालयं which is the second *pāda* of the last of the following four lines lost in I., for भल्लाटस्यपदे पि च suggested by J. and all other Mss. Between 50 and 55, the following 4 lines, omitted by I. have seen included by all other Mss. and appear to be required here.

51. J. मनेा(न)मन्या ।

53. (1) C. अतिका, B. प्रदितैा । (2) B. थानक, C. थानक for दानव ।

55. (1) B. स्थापयेत् । (2) I. भेाग, J. तेाय । (3) I. J. स्थानं for मण्डपं suggested by the other Mss.

56. I. omits this line which has been preserved by all other Mss.

57. J. वा for च ।

58. (1) I. द्वारो for चेशे suggested by J. and the other Mss. (2) B. वासुपतं, C. वाशुभदं for पाशुपतं ।

59. B. स्यात् शालायां ।

60. (1) I. omits this line which is included in all other Mss.

(2) J. वा for स्यात् suggested by B., C. कुर्यात् ।

61. (1) I omits the first two words which have been supplied by the other Mss.

(2) B. सत्रिभागेन, C. सप्तभागे ।

62. (1) B. omits this line.

(2) I. भूशे for भृशे suggested by J and the other Mss., C. येशे । (3) I. वाधि for वाथ suggested by J. and the other Mss. (4) J. भक्ति for भक्त ।

64. I. ...स्नपना for वाध्ये पाचके पचना, suggested by all other Mss., B. पवना ।

65. I. धान्य (for the second time) for याग suggested by all cther Mss.

66. (1) I. वा for च suggested by J. and the other Mss. (2 I. कान्व, J. काल, B. काना ।

67. (1) I. विद्धे for वितथे suggested by J. and references. (2) I. मा, J. चा for चै ।

69. I. सूकरेा obviously for मृगे which was not apparently understood by the other Mss. and hence are the various reading. J. सुकाठेा B. सुराला, C. पुकलेा ।

70. (1) For वापि, J. चापि । (2) B. वस्र, C. वस्त । (3) C. विक्षेप ।

72. I. अज्जं for अर्थं suggested by J. and the other Mss.

73. C. omits this line.

76. J. पवना, I. वानर perhaps for वा नरा ।

77. C. शूद्रा for श्रद्धा ।

78. B. वास्तोरालय ।

79. I. शक्यके वा ना for सत्यके चा suggested by all other Mss. and references.

80. C. omits lines 80—82.

81. मृगांतं च for गृहक्षते ।

82. B. गणकस्या which means astrologers, but there appears to be no special need for them within the precincts of a temple.

83. B. मारा for कारका. C. तमारालयरालयं ।

86. (1) I. मन्त्र, J. चेन्द्र for रेन्द्र । (2) I. संहित, J. संगोत ।

87. C. omits lines 87—90.

88. (1) B. रूपं for कूपं । (2) B. कटक for तटाकं ।

91. (1) I. विप्रा for वर्णा, which is mentioned in the next line, B. वर्णा, J. वर्य्या । (2) I. वान्त for योग्य suggested all other Mss.

92. (1) Between lines 91 and 92, J. repeats the line 94.

(2) I ष्टपरायलम् for क्षत्रियस्य च suggested by the sense and all other Mss.

93. (1) I. leaves this line in a lacuna except the last word.

(2) J. reads शूद्र in place of वैश्य and वर्म्म for सद्म ।

95. I. चैस्तुला for देस्तथा suggested by J. and the other Mss.

96. (1) I. दृति चेशै for उदिते suggested by J., C. व्यधिके ।

(2) C. शैव, B. श्चेक for चेश । (3) for दर्थ, J. दृढ ।

97. (I) I. leaves the first *pāda* in a lacuna.

(2) I. भागन्तु for घानन्तु suggested by all other Mss.

98. I. अन्वय for आलय suggested by J. and all other Mss.

100. For स्थापयेत्, J. वास्तवो ।

101. (1) I. दद्य for दण्ड । (2) I. व for चै suggested by J. and other the Mss.

102. (1) Lines 102—126 are missing in B. D.

(2) J. चान्तरं for सान्तरं ।

104. C. प्रासादाध्यंतु भागैकं ।

106. I. चार for अर्धांधि suggested by J. and the other Mss.

107. (1) I. तु पेाग for तुङ्ग suggested by J, C. leaves the second *pāda* in a lacuna.

109. I. विप्रे for वप्रे suggested by J. and the other Mss.

110. I. पश्च for पद्म suggested by J. and the other Mss.

111. J. कर्णिकां, I. कर्णकं । The former reading is also suggested by the *Kāmikāgama* (chap. LIV 40): वाताहतचलच्चारू लतावत् कर्णिकाक्रिया ॥

113. (1) J. वृत्तं for तुङ्ग । (2) I. J. वर्ण for वत्र suggested by the other Mss and the sense

116. J. विस्तृतम् for विस्तरम् ।

117. (1) I.········करिकर्णे, J. उपाब्जकर्णिका, C. पुपाब्जकंठकां ।
(2) I. omits तत् ।

119. C. यन्मने ।

121. C. द्वारशालां for द्वारदेवान ।

122. (1) I. वसना, J. चण्डरा which is also suggested by the next line. (2) C. वामेप्रि(प्र)चंडसंयुतं, which is the first *pāda* of the next line.

123. C. omits the second *pāda*.

127. C. दियत्, B. दिनोपदं for दिवस्पति ।

128 (1) B. पश्चिमांतकं । (2) C. द्वारपालकं, B. द्वारमुच्यते, for द्वारपश्चके ।

129. (1).············ वहितः for द्वाराणामुदितं suggested by J. and the other Mss. (2) C. निशतं for मुदितं ।

130. C शालां तथा ।

133. I. omits this line, but it has been included in all other Mss. and is necessary here.

134. (1) B. तदेव for यथैव । (2) B. भृंगे C. चेरा and leaves in a lacuna the preceding portion of the line, I. J. मृगैः which does not give any sense here; it seems a misreading for मृगाणाम् ।

135. B. omits lines 135—138.

137. I. J. leave, in a lacuna, उत्तरे धनदं चैव ईशान्ये suggested by the other Mss.

138. (1) J. वान्ये for याम्ये । (2) C. कुर्यांपाद पिधावत्र ।

141. (1) I. दासोनामन्यत् for ता मङ्घैः suggested by J. the and other Mss.
(2) I. कर्मङ्ग, for किञ्चिद्धि suggested by J. and the other Mss.

143. (1) J. च for तु । (2) I. मो for चै suggested by J. and the other Mss. (3) B वसनपि शुदर्शनम् ।

B. omits the remaining portion of this chapter and repeats here sixteen lines from the chapter XIII on उपपोठ ।

147. (1) J. ज्जयन्तीं for जयन्तकं ।
(2) C. omits the line except वनंतं च जयंतथा ।

148. (1) J. वि, C. द्वा for ज । (2) J. पैानिका, C. धात्रका for पैात्रिका ।

150. C. leaves the first *pāda* in a lacuna.

151 C. समं भवेत् सहैव च ।

152. (1) I. नवतारान्, J. चावतारान; of this line C. has only सवातार दशालये ।

153. C. डिक्पालाना ।

154. C. चेात्कद्देशे यतेपवत् for the last expression.

155. C. leaves the first *pāda* in a lacuna.

156. (1) I. जनि, C. जन for जिन suggested by J. and usage. (2) I. कर्षये for मार्गवत् suggested by J. and the other Mss.

157. C. omits the second *pāda*.

158. C. दिर्गनि for तीर्थानि ।

164. (1) I. जन for जिन । (2) I. सर्म for सर्व suggested by J. and the other Mss.

165. (1) C. परिचारकं । (2) I. कुर्मन्ति for कुर्वंति suggested by J. and the other Mss.

166. (1) J. मश्रुतेत्वपि ।

(2) C. पूर्ववत्कममश्चेश्चत्रिदोनाकृश्चरत्रसंभवंते ।

167. C. J. विष्णुराद्दा ।

169. C. वस्यतेसेन for the last expression.

170. I. सर्म, C. पर्व for सर्व suggested by J. and the other Mss.

Colophon :—I त्रयस्त्रिंशा for द्वात्रिंशा suggested by J. and the context.

CHAPTER XXXIII

1. The first 354 lines are missing in B.

3. C. तेततल क्षात्रशवंश्येा and omits the rest of this line.

4. I. leaves in a lacuna येाग्यमानं यत् which is supplied by all other Mss.

5. C. omits the second *pāda*.

6. I. यज्ञान J. and the other Mss. यज्ञानात् ।

8. (1) I. शेष for शाला suggested by J. and references. (2) C. omits the second *pāda*.

9. C. परियार्दिके for मर्याधिके ।

10. C. मध्ये for कुक्ष्ये ।

11. I. शाश्वा for नां द्वा suggested by J. and the other Mss.

12. C. करांशेश्चैका, J. कारन्त ।

14 C. रश्मि for रत्नि ।

15. I. J. द्विशाल for विशालं suggested by the other Mss. and the sense.

16. C. omits this line.

17. (1) I. चार for द्वार suggested by J. and the other Mss. (2) C. वेधविधू for विदुः ।

19. (1) C. omits the second *pāda*. (2) I. विशालके for विशालता suggested by J. and the other Mss.

20. J. नव for पकादशं ।

22. C. मरात्यर्द्ध for तदाघ ।

23. (1) C. omits lines 23—25.

(2) I. यमते सर्मे , J. दायते सर्वे ।

25. J. द्विगुण for त्रिगुण ।

26. I. द्य, for रभ्यद्रि suggested by J. and the other Mss.

27. I. J. पञ्चादश for पञ्चदश suggested by C.

28. I. वर्धनात् J वर्धयेत् C. वर्धना ।

29. (1) C. षष्टिहस्तावसानं, I. साष्टहस्तरसांशं ।
(2) J. दायत् C. दाधान, for दायामा

30. Lines 30--34, which are suggested by the context and have been preserved by all other Mss. are missing in I.

31. C. omits the first *pāda*.

35. I. यक, J. चेक ।

36. C. शोभान for शोभादि and भक्ति for भित्ति ।

37. I. नाशं for शरांशं suggested by J. and the sense, C. शवांशं ।

38. C. J. भाग for नन्द

39. I नत्रभूमिरिकाले, for एवं तु द्वारशाले suggested by all other Mss. and the sense.

40. C. पञ्चधा for पङ्क्ति ।

42. C. नन्द दशांशं ।

43. C. leaves the first *pāda* in a lacuna.

44. (1) I. वन्दि, वङक्ति for suggested by J. C. पदं । (2) I. समानं C. त्रिभाग J. सभागं ।

47. C. जनपादेाग्रं for जन्मदादाग्र ।

48. (1) I. विशांशं for विशालं suggested by J. and the other Mss. (2) C. तथाष्टकम्, I. J. तथेादयम् ।

49. C. पादूननं द्विगुणं मानुपेऽपिवा, a suggestion on the margin :--
मध्यमे (द्वारप्रसादे), J. मानुषं ।

51. C. अधिकेन for होनेन ।

54. J. हि for वा ।

56. C. ऊर्ध्वपोठं, I. J. उपपोठं ।

61. C. second *pāda*, सर्वेषु गोपुरांतक ।

74. (1) I. परि for गति suggested by J. and supported by the sense. (2) C. हस्तद्वारं तु वर्द्धना for the second *pāda*.

75. (1) I. J. साष्ट । (2) I. नवांश for नवान्त suggested by J. and the other Mss.

77. J. C. विशेषतः, I. यथोक्ततः ।

81. (1) I. न्तु for न्तं suggested by J. and the other Mss. (2) C. विन्मेार्ध्वं for जन्मेार्ध्वं ।

82. C. omits the first *pāda*.

91. I. सप्तमा for सप्तका suggested by J. and the other Mss.

93. C. द्वारं तु तुंगविस्तृतं ।

94. (1) I. शोभचमे for शोभकेचे suggested by J. and the other Mss. (2) I. चित्रि for द्विती suggested by J. and the other Mss.

95. C. द्वितलं चेक for त्रितलं चैव ।

96. I. पञ्च च for पञ्चक suggested by the other Mss.

97. (1) C. हस्यैतां for महता देशे suggested by the other Mss. (2) C. करान्वितं for तलान्वितम् ।

98. I. एकद्वित्रिचतुभूमैा for एकत्रिपञ्चभूमादेा suggested by the context, J. and the other Mss.

99. (1) C. त्रिविंशं for त्रिविधं । (2) I. leaves in a lacuna सीम which has been supplied by all other Mss.

101. (1) C. द्विद्वियाम for द्विद्विभूमि । (2) J. reads here the second *pāda* of the line 104 and omits the lines 102, 103, 104.

102. C. द्वितलां पंचत्रयांतं त्रित्रिविधं त्रितले कमात् ।

104. C. अन्यसा for कन्यसं ।

106. (1) C. अष्टादश for सप्तदशं । (2) J. भूमिकम् ।

107. For स्यादधिकं च, J. स्याद् हीनाधिक्यं ।

109. I. म्यं स्यात् for म्येस्य suggested by J. and the other Mss. and the Sense.

111. (1) I. वह्निः करादिति for बत्कारयेत्सुधोः suggested by J. and the other Mss.

116. (1) I. पादादधेत् for पादेादये suggested by the other Mss.
(2) I. पादपादरागं, J. धातुपङ्क्तिभाग, C. वापिद्रतिभाग ।

117. C. एके भाग, J. नव भागं प्रकल्पयेत् for वेदभागं मसूरकम् ।

118. J. reads here line 129 and omits lines 118--128.

119. C. त्रिभागिकं for विचक्षणः ।

124. C. पंचभाग for षड्भाग ।

125. C. omits the first *pādas* of lines 125, 126.

127. C. दयेचैक for दयं चैव ।

129. J. वस्तु for वसु ।

130. I. गेन्द्र for गे तु suggested by J. and the other Mss.

131. I. द्विं for द्वरं suggested by J. and the other Mss.

132. I. वक्षेक for वा द्वार suggested by J. and the other Mss.

133. J. श्वभा for दूभा ।

137. J. प्रस्तरादिक्रम्, C. प्रस्तरोदयम्, I. प्रस्तराधिकम् ।

138. (1) I. शिखांशं for शिखान्तं । (2) C. मानेन द्वितलानामथोच्यते ।

141. C. रार्ध्वं, I. J. रोर्ध्वं ।

142. J. पकम् for पवम् ।

146. (1) C. J. रोच्चं, I. रोर्ध्वं । (2) C. मंशो for मंशोन । (3) I. च for वा suggested by J. and the other Mss.

147. (1) J. विंश for सप्त । (2) J. वा for च ।

149. (1) J. पक्रोन, C. पकेन I. पेक्येन । (2) I. च for वा suggested by J. and the other Mss.

150. C. मंचं च पूर्वोर्ध्वं ।

156. J. च्चैक for चैव ।

158. (1) C. मूर्ध्नि for चोर्ध्वं । (2) C., second *pāda*, तदर्धंप्रस्तरोदयं ।

159. C शिवा for शिरः ।

160. (1) I. शिरो for शिखो suggested by J. and references. (2) C. शेषां for तेषां ।

161. I. गुह्य for गह्य suggested by J. and the other Mss. and references.

163. I. पूर्वेचमेव, J. पूर्ववच्चैक, C. पूर्वपश्चिम ।

166 (1) J. तेषां for शेषं । (2) C. leaves the second *pāda* in a lacuna and remarks अस्मिन्स्थले पत्रमेकं न्यूनं and the remaining lines except the last 100 are missing in C.

167. J. समंवाम for ऊर्ध्वपाद ।

168. J. चोर्ध्व for ऊर्ध्वं ।

170. I. सप्तम for सप्तका suggested by J. and the other Mss.

171. I. सेा for चेा suggested by J. and the other Mss.

174. J. शिखा for शिखेा ।

176. I. मात्रं तत् for मानं यत् suggested by J. and the other Mss.

177. J. वेदिकादि ।

178. (1) J. चतु for द्वित्रि । (2) J. मात्र for नेत्र in सप्तनेत्र ।

180. J. द्विभागं for षड्भाग ।

181. J. वाथप, I. वा पाद्, the other Mss. वाथ ।

183. J. प्रस्तार for प्रस्तर ।

185. I. च ऊ for स्याच्चेा suggested by J. and the other Mss.

186. J. सार्धं च, I. पादेार्ध्वं ।

188. J. शिर for second गल ।

190. J. ललाट for द्वितलं ।

197. J. मानं चेा for मानेन ।

201. J. त्रिभागं शिर for द्विभागं शिखर ।

202. I. प for चै suggested by J. and the other Mss.

206. I. नये for न्यसे suggested by J. and the other Mss.

208. J. जन्मादि for विस्तार ।

209. J. त्रयेा for त्रिधेा ।

210. J. अर्धान्त for सार्धं तु ।

215. I. त्यपित्र for स्तूपि suggested by J. and the other Mss.

217. I. तं च for तच्च suggested by J. and the other Mss.

218. I. कान्त···for कांशं त suggested by J. and the other Mss

224. I. द्वे, J. and the other Mss. स्व ।

225. (1) I. दोर्घाङ्ग्रेव for तीयाङ्ग्रोच । (2) I. सिद्ध for सार्धं । (3) I. घती for प्रति । All these are suggested by J. and other Mss.

226. (1) I. मञ्च for पञ्च । (2) I. द्रामं for वामं suggested by J. and the other Mss.

227. J. अन्य for अन्तिम ।

230. J. च तद्त्रिभक्तं for तद्विभजेत्तु ।

231. (1) I. तदर्धं, J. and the other Mss. तदंशो । (2) J. द्वितीयकम्, I. द्वितीयके ।

232. (1) I. शिवान्त for शिवांशान्तं suggested by the sense and the other Mss. (2) J. चोर्ध्वं for तदूर्ध्वें ।

234. J. omits lines 234, 235.

237. I. कासेा for कान्तेा suggested by J. and the other Mss

238. J. भागिकैः ।

245. J. वर्धयेत् for भवेत् ।

249. (1) I. काड्त्रि for कांश suggested by J. and the other Mss.

254. I. वन्द्यं for पङ्क्त्यं suggested by J. and the other Mss.

261. (1) I. त्रितलात् for त्रितले suggested by J. and the other Mss.
(2) I. तुङ्गादि for वत्तुङ्गं suggested by J. and the other Mss

262. For सार्धांशं, J. सार्धभाग ।

263. J. दीर्घं for तुङ्गं ।

264. I. द्विंशद्वि for द्व्यांश suggested by J. and the other Mss.

265. J. कं जंवामश्चा, I. जमया मभा for द्व्यंशका जङ्घा suggested by the other Mss.

266. (1) I. द्वां for धां suggested by J. and the other Mss. and supported by usual proportion. (2) I. त्यु for द्यु suggested by J. and the other Mss. (3) I. ऊर्ध्वे for चेार्ध्वें suggested by the other Mss.

267. I. तुल्या for तुल्य suggested by the other Mss.

268. I. प्रागुक्तवत्तदष्टं, J. and the other Mss. पूर्ववदुद्दिष्टं ।

270. (1) I. गेा for गं चेा suggested by J. and the other Mss.
(2) I. द्विं for द्व्यं suggested by J. and the other Mss.

272. J. वन्ध्यां for द्विंशकं । The intended measure must be less than four and greater than three as implied by lines 271 and 273.

274. I. पादेन for पादेान ।

279. J. and the other Mss. सत्रि, I. ग्रीव ।

285. I. सार्धं for स suggested by J. and the other Mss.

292. J. संयुतम् ।

299. J. तु for च ।

300. I. धातांशं apparently for धात्वंशं, J. भूतांशं ।

301. I. एकाद्या for एकमावृत suggested by J. and the other Mss.

306. I. सान्तरालं for चान्तरालं suggested by the other Mss.

310. (1) I. भत्तिकाभिक्तिमेकांशं for the first *pāda* suggested by the other Mss. (2) I. चन्द्रकम्, J. लिन्द्रकम् for लिन्दकम् suggested by the other Mss., and the sense.

312. I. हार for द्वार suggested by the other Mss. and references.

314. J. बाह्यावृत ।

316. (1) मुख is apparently for मुख्य which is called महा in line 322, and is suggested by line 314. (2) J. शेषेणं for शेषं तु ।

317. I. विधीयते, J. रिहेाच्यते ।

319. I. वृथा, J. पृथु ।

322. I. त्रियं, J. त्रयां but it must be पञ्च as suggested by lines 311, 312.

323. I. सान्तराल for चान्तराल suggested by the other Mss.

326. J. देशके for देशेषु ।

329. J. भित्ति for हर्म्यं ।

331. (1) J. भित्ति for भक्ति । (2) I. त्र्यु for द्रु suggested by J. and the other Mss.

332. I. चित्र for द्वित्रि suggested by J. and the other Mss., and the sense.

334. I. एवं for शेषं suggested by J. and the other Mss. and the sense.

336. J. गेहवत् for गर्भगेहके ।

337. I. हार्म्यार्थं for भित्त्यर्थं suggested by J. and the other Mss.

338. I. तत्र for भद्र suggested by J. and the other Mss.

339. I. क्यं for ङ्त्यं suggested by J. and the other Mss. and the sense

340. J. केाष्ठे for केाष्ठं ।

344. (1) I. सान्त for चान्त suggested by the other Mss. (2) J. त्वन्तु for मध्य ।

346. I. द्वारम for द्वयेार suggested by J. and the other Mss.

347. J. सेकं, I. एवं obiviously for एकं ।

348. I. ब्रा for बाह्या suggested by J. and the other Mss.

351. I. मध्ये for मध्य, suggested by all other Mss.

355. B. वद्या, J. वत्त्वा for वदा ।

356 (1) B. अष्टस्याद्यर्धकं, J. हाक । (2) J. हस्तु ।

357. I. संयुक्तं for सोमान्तं suggested by J. and the other Mss. and the sense.

358. B. संधिमधेा, J. मधेा for चायमिदं ।

360. B. नालि for नाल ।

361. B. बाह्यं शतांशेन ।

363. (1) I. ग्रन्तस्था for स्त्व suggested by J. and the other Mss.
(2) B. ग्रजसलिंदके़ा ।

364. (1) For तद्भुवा, B. तद्ग्रोवा । (2) B. नालकांत्रि सकान्तके for the last expression.

365. I J. विमुह्यताम् for विचक्षणः suggested by the other Mss and the preceeding references.

367. B. लिखित ह्विललाटे वा for the first *pāda*.

368. I. चप्र for वप्र suggested by J. and the other Mss.

369. I. रान्तकः for कम् suggested by J. and the other Mss.

370. (1) J. रेकेान । (2) B. omits this line.

371. B वंद, J. पाद for भाग ।

372. (1) I. ग्रख J. and the other Mss. मुख । (2) J. तेालं, B. लालं for तैालि ।

373. J. पदवासायते, B. पठ, for पादं ।

374. B. यंत्रिकं for जयन्तिकं ।

378. (1) B. चायसे for चायतं । (2) B. दिकं for थिकं ।

379. B. ह्वित्रि for भित्ति ।

383. I. J. वारं for द्वारं suggested by B. and the other Mss.

384. (1) I. पादेम for भागेन, B. suggested by J. and the other Mss.
(2) B. leaves this in a lacuna.

386. B. चतुः पञ्च तु ।

387. J. भागं तु for भागेन ।

393. B. शेषं तत् for शेषांशं ।

395. (1) J. मध्ये for मध्य । (2) I. भूतांशे, B. J. भूतांशं ।

396. I. पङ्क्तिभागद्वयंतथा, (this belongs to a later line omitted by I). J. ग्रथवांशाधिकायतम्, B. यथा पार्श्वं दिगायतं ।

397. The lines 397—400 are missing only in I. They have been preserved by all the other Mss. and appear to be necessary.

402. I. J. चया for तथा suggested by B.

403. I. परितश्शेषं ।

412. I. स्तृतम् for स्मृता (which is more grammatical) suggested by the other Mss.

413. B. भागार्धं for भागे तु ।

414. B. नालि for नालं ।

416. B. मध्यभद्रांशं for एकांशं ।

422. I. अत्यर्थं, J. अध्वर्धं, B. मध्य obviously for अध्यर्धे ।

425. I. J. अन्तराष्ट, B. अन्तराल ।

427. B. मध्ये मध्योर्ध्वं भद्रं चतुर्भागं ।

429. B. कर्णादधिकमायामं for the first *pāda*.

430. B. omits lines 430—433.

433. J. देवभागं तदायामं ।

436. J. omits lines 436—438.

437. B. प्रस्तरं भागं for विस्तारं सप्तभागं ।

438. B. तु नासिकं for च नालिका ।

439. I. श्चां for श्चां suggested by J. and the other Mss.

440. (1) I. तु for द्वि suggested by J. and other Mss. (2) I. अन्तरालयोः for चान्तरालकम् suggested by J. and the other Mss.

441. (1) J. मध्यमे for मध्य । (2) कोष्ठं is apparently for भद्रं as implied by line 440. (3) I. त्रि·······हारं, J. त्र्यंशं हारा, B. अंश भागं ।

443. B. adds शालायां before कोष्ठ ।

444. I. वास्य, J. and the other Mss. बाह्य ।

446. I. कोष्ठके for कोष्टकम् suggested by J. and the other Mss.

449. (1) B. आ·स्य for हारस्य । (2) I.·······अनु for अनुशाला त्रि suggested by J. and tho other Mss.

450. I. ययेहारं, B. येाश्चहारा for द्वयोर्हारं suggested by J. and the other Mss.

453. B. शेषं तु नालिकं for the last expression.

454. J. मूल्हां for मुद्यं ।

458. B. चतुर्थस्यायतं for चतुर्दशायतं ।

459. J. तदायामे, B. तथाष्टांशं ।

460. I. स्राष्ट for चाष्ट suggested by J. and the other Mss. and the context.

461. I. कालि for नालि suggested by reference and all other Mss.

462. (1) B. पंचांश for तद्बाह्ये । (2) J. दि भानकम्, B. कूटं तन्मध्यमानकं for परितश्चांशं ।

464. J. वापि for वाथ ।

467. J. अनुयुक्, B. अनुयेत् for चानुशालकम् ।

468. B. वाह्यर्धं for अध्यर्धं ।

469. (1) B. अष्ट for कोष्ठ । (2) J. शरांश for रसांश ।

475. B. शायतं च चतुर्दशायतं तथा ।

476. (1) I. यदा for पश्चा suggested by J. and the other Mss. (2) B तथा for तदा ।

478. I. भाविकम् for भूतभागिकम् suggested by J. and the other Mss.

479. (1) J. भागिके for भागिकम् । (2) B. omits this line.

480. I. द्विं for द्वयं suggested by J. and the other Mss.

484. (1) B. पादं for भागं । (2) B. खंड for कर्णे ।

485. B. चार्धं for चाथ ।

486. B. तथैव च, I. J. सहैव च ।

488. (1) B. तले for शाले । (2) B. कार्यगोपुरे ।

489. I. J. गोपुरं त्रितलं न्यासं, B. तथा त्रितलविन्यासं ।

490. J. मेकैक for चैकैक ।

492. I. स, J. वि, for द्वि suggested by B.

493. B. तत्समभागं कृतं ।

494. (1) J. omits the lines 494—495.
(2) B. तद्द्वित्रि for तद्बहिः । (3) खंड for कर्णे ।

495. (1) B. तस्मादथा । (2) B. देशे, I. J. देशो ।

497. B. शलाष्टकं ।

498. (1) B., second *pāda*, विन्यासं पूर्ववद्भवेत् which belongs to line 502.

499. (1) B. omits line 499—502.
(2) I. आसम् for आयामम् suggested by the other Mss.

500. J. षोडशान्तं ।

502. J. तदायाम for आयाममिति ।

503. I. J. द्वाविं, B. स्याद्विंशत् ।

504. B. पंक्ति विंशांशं च ।

505. B. भक्तोक्तं for त्रिवर्गकम् ।

506. B. मध्यभद्रकं for वार्धभद्रकम् ।

508. (1) I. तत्साल········ for चान्तरालं च suggested by J. and the other Mss.

(2) J., second *pāda*, कर्णकूटं विशालकम् ।

509. I. मध्यकाला for मध्यशाला suggested by J. and the other Mss., B. अंतरालं ।

511. B. द्विद्वि for द्विभागं ।

514. I. सान्त, B. शान्त, for चान्त suggested by J. and the other Mss.

515. J. लता for तल ।

516. (1) Before this line C. notices, अस्मिन्स्थले पत्रद्वयं न्यूनं ।

(2) B. C. J. खण्ड for कर्ण ।

519. I. भद्र for पक्ष suggested by J. and the other Mss., भद्रशाला is already mentioned in line 518.

520. (1) I. निला for नोडा suggested by J. and the other Mss.

(2) I. वा सा for वापि चा suggested by the other Mss. and the sense.

521. B. प्रति, C. प्रती, J. पेात ।

523. B. C. ललाटे for शालातटे ।

525. I. नवांशांशभ, J. रंभ for रंभ्भं ।

526. B. तस्मादादा, J. तस्माद्दा ।

527. I. एतद्भू for वेदभू suggested by J. and the other Mss., and the sense.

529. For भक्तितः, J. भागतः ।

531. (1) B. C. J. खण्ड for कर्ण । (2) B. वर्णकारकम्, C. कांत्रतंवर्ग ।

534. I. नां च········पूर्वो for नानां चतुर्भूम्यु suggested by J. and the other Mss.

535. B. C. J. मांशं for प्रवेशं ।

536. B. पुषरेवच, C. प्रतिरेववा ।

537. I. J. सालं शेषं बिदक्षिकम्, B. सावशेषं प्रभद्रकं, C. सावंशेशं शवेदिकं ।

538. I. ग्रीवसु for तद्ग्रीव suggested by B. C., J. त्रियंशं ग्रीव ।

544. J. तद्द्विभागत्रिभागं ।

546. J. पञ्चभागैक ।

550. (1) I. महा for मध्य suggested by J. and the other Mss., and line 549. (2) J. फलि for मौलि ।

552. J. स्तूपिकानां सुवृत्तकैः, B. स्तूपिपिकं नासुवृत्तकं । C. notices here अस्मिन् स्थले पत्रमेकं न्यूनं and omits the next 34 lines.

554. (1) I. J. भोग B. C. भोगाख्य । (2) I. जयत्तम्. J. जयान्तकम्, B. जयं तथा ।

555. (1) I. नासार्कं, B. नाशार्के । (2) I. त्रि, J. श्रो, B. श्री ।

556. B. विशुकांतमितिस्मृतं for the second *pāda*.

557. (1) I. उग्र for इन्द्र suggested by J. and the other Mss. (2) I. काय for कथ्य suggested by J. and the other Mss.

558. B. omits विना and reads in its place नाशिकां ।

559. I. स्कन्धरान्तं for स्कन्दकान्तं suggested by J. and the other Mss.

560. I. नत्र for तत्र suggested by J. and the other Mss.

561. (1) B. श्रोकरं for शिखरं । (2) B. करि, I. ककरि, J. कर्केरी ।

566. B. सर्वस्य for the first word.

568. I. वातायमानं for वातायनानां suggested by all the other Mss., and the sense.

569. B. वास्तुनां for the last word.

570. B. अवाता for the first word.

571. (1) B. कृतं संतु, J. कृतोनां for the first word.

(2) I. हेष्यते, J. शोष्यते for होष्यते suggested by the other Mss. and the sense.

572. B. सालकं for जालकं ।

573. I. कं विचारयेत्, J. कवदाचरेत् ।

574. B. पादिद्वयं युक्तग for the first expression.

575. B. स्थापकानां for जालकानां ।

579. (1) The न at the beginning before कुर्यात् has been left out by J. (2) B. J. पट्टिकयामध्ये । (3) B. J. चैाव सर्वं ।

581. J. गवाहीनं, B. कुपापानं ।

582. (1) B. वल्कि । (2) I. गमाक्षं for गवाक्षं suggested by the other Mss.

584. (1) I J. न्धत्र for न्धं स suggested by thè other Mss.

585. (1) I. कूपं for रूपं । (2) B. मल्यापि ।

587. (1) B. मेवं for मेकं । (2) I. त्रिधा, J. थवा ।

588. (1) I. नभावबास्तुनाभावात्, B. नागत्रेदाष्टभागं वा, J. नागं स्यात्, C. नागं वा । The first expression must imply the figure sixty-four (c.f. lines 586, 589, and Chapter VII).

593. B. J. ग्रीव for ग्रीवे ।

595. J. देशिकः, C. देशिके ।

600. J. विदितं, B. C. विस्तृत, I. विहतं ।

Colophon :—C. एकषष्टितमेा, B. षट्त्रिंशेा, I. चतुस्त्रिंशेा, for त्रयस्त्रिंशेा suggested b" J. and the context.

CHAPTER XXXIV

1. I. J. मण्टप, sometimes the usual form मण्डप, which without further reference, is adopted in the text.

3. J. भित्र for भित्ति।

4. I. J. प्रभा for प्रपा suggested by the other Mss. and the sense.

10. (1) I. J. C. भक्त्या, B. भिङ्या। (2) I भक्ति, J. भित्ति।

12. (1) I. J. C. भक्ति, B. C. भित्ति।

15. (1) B. मंशं, C. वर्ग for वंश। (2) I. प्रभान्त for प्रपाङ्ग suggested by J. and the other Mss.

16. C. पद्पादस्य, B. पूतिदारुश्च for घातपाद।

17. (1) C. स्निग्धै for ग्रन्थैः। (2) B. C. हेमान्त।

18. B. द्रुमोत्तमं, द्रमोक्तवत्, I. J. कमोत्तरम्।

19. I. प्रात for प्रपा suggested by all the other Mss. and references and sense.

21. (1) C. यथाबाला, I. तथालाभ।

(2) I. दुस्तम्भे, J. and the other Mss. द्रुमै।

(3) B. वशं तत्, C. द्वादशेवत्।

22. B. मानयेत्, C. पातयेत् for घातयेत्।

23. B. C. वेणुभिः I. J. वेदर्भिः।

24. I. वंशकश्चोर्ध्वं तत् कुर्यात्तद्विचक्षणः (which apparently belongs to line 28) for तिर्यग्वंशं चोर्ध्वं तद्दोर्घवंशक्रम् suggested by J. and the other Mss.

25. I. omits lines 25—28 which have been preserved by all the other Mss., and are required there.

28. B. C. प्रपांगं च प्रपाश्चैतत् प्रपाकुर्याद्विचक्षणः, J. प्रवालं वै तत्।

29. I. J. पृथगेववा, C. प्रथमेववा, B. पृथुगेहके।

30. I. प्रमा for प्रपा suggested by all the other Mss. See note 19 above.

35. I. वस्त्वन्तर, J. and the other Mss. बाह्याभ्यन्तर।

40. (1) I. मग्निकार्यार्थे for तथा च स्नान, B. C. चास्थान। (2) I. omits lines 36 and 37 (to the latter of which belongs the sense of अग्निकार्यार्थे) which are required here and have been preserved of by all the other Mss.

46. (1) J. स्थापन, C. स्थपन, B. तपसेार्थं, for स्नपनार्थे।

Between 46 and 47, C. adds the following lines :—

अथवा तन्मुखे कुर्यादेकद्वित्रि च मंडपं।
स्नपनं प्रतिमांगानां गीतनृत्तादि मंडपं।
मंडद्वय वं चेतग्र मंडपतं मुखे।
आदै चाद्यै यजनार्थं स्यात् प्रतिमामंडपं बुधः।

48. (1) B. I. प्रतिमाकारं, J. प्रतिमागार, C. प्रतिमानं च। (2) J. स्थापन, C. स्नस, B. नव, I. स्नपन।

49. I. J. ततत्तत्तोर्थी, C. कुर्यास्त्वस्तु गीतार्थं, B. तथानृत्यार्थं।

50. C. मागारंतस्नार्थकं, B. मारं चांच सार्थकं, J. सायक, I. माकारं चाद्यै-स्नार्थकम्।

52. B. प्रतिकार प्रतिमाङ्गानां।

54. I. तौव्यस्य for आदै चा suggested by J. and the other Mss.

55. B. तत्रैकं for तत्रैव।

56. (1) I. नष्टरन्ध्रं, B. चाष्टनन्द।
(2) J. द्विभागि, C. विभक्ति।

57. (1) J. भक्ति (2) C. leaves in a lacuna the second *pāda* and omits line 58, with this remark :—अस्मिन् स्थले पत्रत्रयं न्यूनं।

58. I. पद्य for पङ्क्त्य suggested by J. and the other Mss.

62. J. भक्ति for भित्ति।

64. J. मण्डपान्तं च।

67. (1) I. omits lines 67—68 which have been preserved by all the other Mss. and appear to be necessary. (2) B. चाप for सेाप।

68. (1) B. विनेाप for पीनेाप। (2) B. निरर्थकं for त्रिवर्गकम्।

69. (1) J. हर्म्यस्य । (2) I. स्याचतेा for स्वामिनेा, B. समानेा ।

70. B प्रस्तरांत त्रयं सप्त प्रासाद गं समेादयं ।

71. I. मा for चा, B. मादि for चाधि ।

74. भित्ति must be amended by भक्ति on the analogy of lines 77, 80 (भाग), 82, 84, 93, 102, etc.

75. B. शेषार्धं for षेाडश ।

76. J. श्चैक for मेक ।

78. (1) I. B. भद्रकम्, J. निर्गमम् ।

79. J. omits the second half of line 79 and also the lines 80—82.

80. B. द्वारपाद ।

87. I. युक्तं वा, J. युतं वापि ।

91. For द्वेकभागेननिर्गमम्, B. द्वेकपादं परित्यजेत् ।

92. (1) B. omits lines 92—94. (2) Lines 92—102 are missing in I. which have been preserved by J. and the other Mss., and appear to be necessary here.

95. B. नन्दाष्टयाद ।

100. चतुर्भाग is obviously for चतुर्द्वार, compare lines 96, 106, etc.

104. J. चैक for मेक ।

107. B. J. नवेा, I. नमेा ।

111. B. हीनाद्रि for हीनाधि । (2) B. नादिक् for दीर्घं ।

113. B. षष्ठ for चाष्ट ।

116. J. यथेष्टदोषा, B. यदष्टद्वार, I यथादिद्वार ।

119. B. भित्ति for बहिः ।

121. C. कान्वितं for कायतम् ।

126. B. C. J. omit द्वरंशे ।

129. B. द्वादश मंडपं ।

130. I. J. चान्द्र for चान्तर suggested by the other Mss. and the sense.

131. (1) I. मास for वास suggested by J. and the other Mss., also by reference. (2) B चंतं, C. चेाष्ट for चेष्ट । (3) I. दिङ्त, J. दिग्गत, B. C. निर्गत ।

132. C. उकदत, I. J. B. उत्तर ।

134. B. C. J. तस्यां तत्द्वरंश मंडपं for the second *pāda.*

135. B. C. J. omit this line.

136. B. तस्यतत्रैव, C. तस्मं इचक for the first expression.

137. J. reads the lines 137—141 in order of 37, 141, 139, 140, 138.

143. B. मध्यकर्णं, C. मध्यांकर्णं ।

144. B C. मंडपं for लिङ्गं ।

145 (1) I. द्वैवांशंशं, J. द्विनेवांशां ।

(2) B. कर्णमायतं, C. गणायतं, J. कणालयम्, for कर्णायतम् ।

147. I. दीर्घतत्र for दीर्घं च suggested by J. and the other Mss.

149. J. मापिकिठा for मण्डपाकारं ।

150. B. C. J. भद्रैः, I. पत्रैः ।

152. (1) I. हिमषा, C. J हिमजा, B. मेरुज ।

(2) I. तथेानिष्ठ .... J. तन्त्रेानिषद्जं, B. ततेानिषध....जं, C. तयानियतमं for ततेानिषद्जं suggested by the other Mss.

153. विजय should be evidently amended by विन्ध्यज as suggested by the *Amarakosha* (IV. 638-639):

हिमवान्निषधेा विन्ध्येा माल्यवान् पारियात्रकः ।
गन्धमादनमन्ये च हेमकूटादयेा नगाः ॥

154. (1) C. परियात्रकं ।

(2) I. मानकम् J. मादनम्, C. माबवं ।

155. (1) I. कास्या for मञ्जया । (2) I. J. सतमम् ।

157. (1) For एकादश चतुरंशं, J. एकाशं चतुरश्रं ।

(2) I. स्यात् प्रथना, J. स्यादायता ।

160. J. कार्चन for कार्जन ।

161. C. omits this and the next 30 lines.

162. B. omits lines 162—165.

166. B. येागादि for यागादि ।

167. J. भक्ति, B. भित्ति for भोग ।

168. (1) B. चार, J. वां for चाङ् । (2) B. मंशेन वृत ।

170. (1) I एकादश, J. एकांश । (2) J. वारं for first द्वार ।

171. B. वृत्त for भद्र ।

174. B. शिखाद्य for सिचाख्य ।

175. B. पञ्चभागेन योजयेत् for the second *pāda*.

176. (1) B. omits the lines 196—198.
(2) J. वांशेन for चांशेन ।

178. I. निर्गमे, J. निर्गमश्चै ।

180. (1) I. J. ताङ्कखे for यङ्कखे । (2) I. चन्द्रमा, J. प्रपा and the other Mss. पद्माख्य which is already mentioned in line 173; hence is the necessity for emendation.

181. I. पचान्तं for पञ्चांश suggested by the other Mss.

183. Except the last word, B. leaves this line in a lacuna.

185. (1) B. भारहीनं for भागाधिकं । (2) I. पच for पि द्वि suggested by J. and the other Mss.

186. I. तद्वि, J. and the Mss. मूले च ।

187. B. दृष्ट निर्गम for इष्टत्रिगर ।

190. (1) भद्र is the name of a pavilion that has been mentioned in line 184. (2) I. संयुक्तं, J. मित्युक्तं । (3) I. वाह्य, J. धान्य ।

192. J. रकम् for अङ्गणम् ।

193. I. वसपं, J. and the other Mss. मण्डपं ।

194. I. याम्येसूत्राइत्र यामेव ··· for आयामे मध्यसूत्रात्तु वामे suggested by J. and the other Mss.

195. I. कूटं वा, J. कूटाङ्ग ।

196. (1) B. ग्रीवा for शिवा । (2) I. यान्य, J. and the other Mss. धान्य ।

199. I. एकविंश for चैकद्वयंश suggested by J. and the other Mss.

200. C. द्वार, B. भाग for वार ।

201. C. वाय, B. पाद for वाधि ।

202. J. भ्रव, C. भद्र, I. भूपत्निन्द्रकम् ।

203. B. C. J. कुर्यात्तु भागेन मानं for the first *pāda*.

204. I. भवे, J. नृत्त, B. उक्त, C. तत ।

205. I. द्वे वाधं for चेष्टदिग्वासं suggested by J. and the other Mss.

208. I. J. वेदाश्यं for वेदाश्रं suggested by the other Mss. and the sense.

212. B. J. कुड्यं मध्ये for पार्श्वयोर्मध्ये, C. leaves this in a lacuna.

213. J. पृष्ठस्यतरस्तुवा, B. वृष्ठतस्तुवा, C. पृष्ठतं तुवा।

214. I. पञ्च for पार्श्वै suggested by J and the other Mss.

215. J. त्रि for द्वि।

218. I. J. त्लि for न्वि suggested by the other Mss. and the sense.

223. B. C. J. विस्तारायामचोक्तवत्, I. विस्तारं चोक्तवत्।

224. (1) I. नटाना for नाटकादि, J. नन्दना, B. नायेका।

(2) J. प्रपाख्येवं, I. प्रच्छाख्येवं for प्रच्छादनं suggested by the other Mss. and the sense. (3) I. प्रभा, J. प्रपा।

225. (1) I. द्विभागे, J. द्विपागै। (2) B. कर्णकूटविशालकम् for the second *pāda*.

227. I. (second) भद्र, J. पार्श्वं।

229. Lines 229—232 are missing in all the Mss. except I.

233. For हस्तिकम्, B. भागिकम्, C. J. भित्तिकम्।

234. I. पञ्चांशे तु for the first expression suggested by J. and the other Mss., and the sense.

236. I. च, J. द्वि।

237. (1) I. तत् वृथा for तत् प्रपा suggested by J. and the other Mss.

241. B. सपदष्टांग विस्तृतं for the second *pāda*.

244. (1) B. तत्समायाम, C. तत्पादायाम। (2) J. वा for च।

245. I. वात्सवार्धं for चात्सवार्थं suggested by J. and the other Mss.

246. B. कुर्यादारंभके, C. दारामके।

247. I. षडंशं तत्, J. and the other Mss. षट्षडंशं तु।

250. (1) I. न, J. द्वि। (2) I. वेदिकम्, J. वेदिका।

251. J. वारुणं for दर्माख्यं।

252. (1) J. एकादशैक। (2) C. पत्रं for आयतं।

253. (1) J. omits lines 253—258. (2) B. C. गर्भाख्यं for परितस्तथा।

256. (1) I. शेष for चेष्ट, suggested by J. and the other Mss. (2) B. भाग for द्वार।

257. I. द्दशा for दश्वा suggested by J. and the other Mss.

259. I. श्चाष्टमं for त्तद्वयं suggested by J. and the other Mss.

261. (1) I. J. श्वार । (2) I. दुष्टदिकृगर्भ for चेष्टदिग्गत, J. निर्गत, C. चेष्ट टक दिर्गत ।

262. I. सब्यैवोसन, J. गोसंघैर्वास ।

266. C. बल्लूरिका, B. मल्लुका, I. मसूरिक for मसूरक suggested by references.

267. This is omitted by all the other Mss. except I.

270. (1) Lines 270--299, and 302—4 are missing here in B., but the lines 270—299, and 302—2, are found later.

(2) I. तत्सम, J. तद्भद्र ।

271. I. चन्द्र, J. and the other Mss. द्वरंश ।

273. C. तत्सगाधिका ।

276. B. त्यक्त्वा for मुक्त्वा ।

277. B. C. J. शेषस्तथाङ्कणम्, I. शेषाङ्कणम् for the last expression suggested by the obvious sense and the other Mss.

278. I J. भ्रम, B. भद्र ।

284. I. स्तथा, J. तुवा ।

285. I. कुर्यात्सन्त, J. दन्तर, B. सदर्ध ।

286. J. बल्लूका, B. बलुतिका, C. बलुरका । (2) I. पि, J. वृत for पि । (3) C. द्वित्रि ।

287. J. श्चैक for मेक ।

288. I. वव, J. भ्रम, B. भव ।

289. C. पंचशङ्गां, B. पंचगं for पञ्चांशं ।

290. I. बहि देशेतुप्रभां, J. बहिर्देशे प्रपां, B. बहिद्वारे ।

291. I. मूलिका, J. मालिका, B. नालिका ।

292. C. तत्तद्वारणसंयुक्तं, B. मत्तवारण संयुक्तं ।

293. B. कर्णं ककर, compare line 305 where the reading is कर्करी which seems to bear some sense.

294. J. ममला, C. माल्या, B. मालिका, I. जयाला, for मालिका suggested by reference.

295. C. जङ्के प्रह्ये, B. जाल पुष्पे ।

299. J. मध्याङ्कणं, I. मध्यकर्णं ।

301. C. चादा, J. चानार्दा, B. शांतार्थं, I. चतुर्दा for चान्तर, compare line 285.

304. I. पर्वं, J. भ्रम, B. भूम ।

305. I. कुच···ष्क, J. and the other Mss. तच्चतुष्कर्णे ।

307. C. परितेा for पुरतः ।

309. B. C. विस्तारं for संयुक्तं ।

313. B. C. तदायतं for तदंशक ।

316. J. माल्याहुत, B. मालिकाभूमिरोतम् ।

317. C. देवैभ्यांलेाकनं, B. देवेभ्येा लेाकसंयेाग्यं, I. J. देवेाहयालेाकनायेाग्यं ।

319. C. ड्रेक for चैक ।

321. B. दिकायतम् for घिकाघतम् ।

322. B. C. पाश्वैक ।

323. (1) B. संवेतं, C. सत्मे तु for संज्ञे तु । (2) B. C. J. यजनार्थमुदो, I. यजमानार्थमो ।

327. I. वांश, B. नास, C. वान्वि, J. वास ।

329. B. C. द्विभि for त्रिभक्ति ।

331. (1) I. प्रति, J. and the other Mss. पृष्ठे । (2) I. J. मितम् B. C. युतम् ।

332. J. निम्नग for निर्गम ।

333. I. भक्ति, J. भित्ति, ।

334. I. त्व, J. तु ।

335. I. घनाधिप, J. धनाढ्यं, B. धनधान्य, C. धनधानाढ्य ।

336. J. मध्यकर्णांतं, C. मध्येन करणयुक्त, B. omits सं ।

337. (1) C. J. omit त of the opening word. (2) B. भादि: I. माघि, J. भागाधि ।

338. B. केाशरला, C, कोचराला, J. मंशमारला, I. मंशमात्मदि येागतः ।

342. (1) I. भ्रमरांशेन, B. भुवरांशेन, C. गृवारंमनु, I. भूरङ्गेन ।

343. I. यान्यागस्थनास्यकम्, J. and the other Mss. धान्यागारमथनामकम् ।

(2) C repeats here the lines 342—345.

345. (1) C. त्रिक द्वरंशके ।

346. I. प्रभा, J. प्रपा ।

349. I. त्तु मेनार्थ for च मैमार्थ suggested by J. and the other Mss.

351. I. भागद्विभागेन J. भागेयुगांशेन, C. भागायतं ।

352. I. C. द्वि, J. द्वित्रि ।

354. (1) J. सुभूषणाख्यं विप्राणां ।

(2) I. विनाय for पुंसवनार्थं suggested by J. and the other Mss.

357. J omits lines 357—359.

358. (1) I. क्रि for त्र suggested by J. and the other Mss., and the sense. (2) I. च शोमनाया, J. and the other Mss. चोपनयना ।

359. I. वे .... दांश, J. वेदाष्टांश ।

360. I. मूलाश्र, J. मूलाग्र । (2) B. C. त्रि for द्वि ।

362. B. पारकं, C. कारयेत्, I. वारकम् for द्वारकम् suggested by J. and the other Mss.

365. B. कुल्यं वा, C. कुल्याह ।

367. I. तद्वि, C. द्वित, J. भूतद्वि suggested by the sense and the other Mss.

370. J. द्वि, for the first न ।

371. J. श्रै क for मेक ।

372. I. द्वादशांशं for द्वारं suggested by J. and the other Mss., and the sense.

374. (1) C. मंडपांगं च । (2) I. J. देवतासुर for देवभूसुर suggested by the sense and the other Mss.

375. I. J. तन्त्रफले for तलद्वारे suggested by other Mss.

376. I. दायामविस्तारदेवन्तु, J. द्वयाधिकायामं विस्तारं ।

377. I. त्वा, J. वा, B. C. च ।

378 B. खलूपिका, C. खलूरितं, J. खलूरिका, I. खलूरकम् ।

379. B omits lines 379—381.

380. C. हल्प । In line 374 the name is again हर्म्ये ।

382. C. रस for षड् ।

384. I. मरुतद्विंशेन, J. परितेाह्वयं ।

385. (1) B. चलत, C. चांप्रत for चावृत । (2) I. C. भूवरा, B. भूपरा, J. भूवृता । (3) I. भुवरालिन्द्र ।

386. I. कल्पे for कर्णे suggested by the other Mss., and the sense.

387. I. मेकद्वित्रि, J. चैकद्वित्रै ।

388. I. मसुकाल्य for शृङ्गाराख्य suggested by the other Mss., and the sense.

393. I. मांसं, J. वांसं ।

394. I. J. C. वार, B. पाद ।

397. I. द्विंशेतत्र च, J. and the other Mss. द्वंगशैकं तत्र ।

400. I. तथा, J. तदायतम् । ललाटे is apparently for ललाटमण्डपं, because in all the previous instances the measure of the area is followed by the measure of the pavilion; compare lines 406, 409, 414 and 499 where the reading is चूलिहर्म्यं ।

401. J. चाग्रे, I. वाग्रे ।

(2) B. omits the next 27 lines.

404. C. काग्रे for वाग्रे ।

405. I. तददष्टा, J. षडष्ट ।

407. B. C. भागांकर्ण, I. J. भागांशकं ।

408. I. J. वार for द्वार ।

409. This is omitted by C.

410. J. भूगतं, C. सूत्रकं for प्रागतं ।

411. J. क्रम, I. तु ।

417. I. ....कम, J. निम्नलिन्द्रकम्. C. मंडपागांत लिन्द्रकम् ।

418. I. J. चरं for द्वारं suggested by the other Mss., and the sense. (2) C. विस्तारे चायतायतम्. I. J. विस्तारं चाथ दैर्ध्यतम् ।

419. J. तद्वि भागन ।

421. (1) I. आयामं for कुर्यात् suggested by the other Mss., and the sense. (2) J. भूवरि, I. ध्रुवलिन्द्रकम् ।

422. C. J. खण्ड for कर्ण ।

423. C. देवनाराम, I. J. देवतारं for देवारामं suggested by the other Mss.

424. I. यत्.... J. यजनार्थ ।

425. (1) I. शुभ, J. हुत । (2) C. J. मण्डपयोग्यकम् ।

426. C. नाटकाहितम् ।

427. C. तदेलर्क for पूर्ववत्क्रमात ।

428. C. omits त्रि ।

429. I. मेक for चैक suggested by the other Mss.

430. I. मर्त्यं for मह्य suggested by the other Mss.

432. I. पद्यां for पङ्क्त्यं suggested by the sense and the other Mss.

433. I. वेदकम्, J. वेदिका ।

434. (1) I. त्कोण, J. द्रद्रोण, B. पक । (2) I. अन्यास for अभ्यास suggested by J. and the other Mss.

435. I. सर्वं for पञ्च suggested by J. and the other Mss. and the sense.

436. J. नाय for न यु ।

437. B. C. युगांशेन, I. J. ते युग्मांशे ।

439. J. अष्टका for अष्टाष्ट ।

440. I. द्वित्रि for त्रिवृ suggested by J. and the other Mss.

442. (1) B. omits this line.

(2) J. श्रद्वयां, I. श्चावृतां for द्वयां suggested by the other Mss.

(3) I. मध्यमं for मण्डपं suggested by J. and the other Mss.

444. I. लिङ्ग, J. लिन्द्र for लिन्द ।

445. I. त्रंतु, J. त्रात्तु । (2) I. वामेन for वामे तु suggested by J. and the other Mss.

446. This is omitted by all the other Mss. except I.

448. For कोष्ठं, J. कूटं ।

449. B. जन, J. जलं ।

458. J. भ्रम, C. श्रव, I. भव ।

465. I. मण्डपा, J. मध्यमा ।

466. B. C. पुरतः for पुरश्च ।

467. (1) I. कणेष्ट for कर्णेषु suggested by the sense and the other Mss.

(2) I. repeats the lines 463—464 between 467 and 468; this repetition does not seem to have any bearing here.

468. For विधानं विविधाननम्, J. वातायनं वा विधायकम् ।

474. B. मंण्डपं, C. तत्समं for षड्भागं ।

477. I. वनात् for वशात् suggested by J. and the other Mss., and the sense.

478. B. त्रिरूपार्धं, C. श्रोरूपाख्यं, J. I. श्रोरूपार्थं ।

479. I. वेदा for देवा suggested by J. and the other Mss.

487. (1) J. तुल्या for तुला । (2) I. न्तु for र्थं suggested by J. and the other Mss.

490. J. विस्तारादे, C. विस्ताराष्टक ।

492. (1) I. हर्म्याङ्ग for मण्डप suggested by J. and the other Mss.

(2) I. पञ्चाङ्गरङ्गकम् for the second *pāda* suggested by the other Mss.

494. Between lines 494—5, J. repeats lines 491—492.

495. (1) I. तद्वि, J. and the other Mss. द्वित्रि । (2) J. भ्रमरा, B. भूपरा, C. भुव वरा, I. भूवावृतलिन्द्रकम् ।

496. (1) I. दिक् for दिक्षु suggested by the other Mss. (2) I. J. द्वारण, B. वारण, C. वारांकणं, भवेत् ।

497. I. मस्तिनास्ति for हस्तिहस्त suggested by J., and the other Mss.

499. J. चूलो, B. भूत, I. चूल ।

501. I. प्रसाद, B. प्रासाद, J. प्रपादि ।

502. I. प्रभां for प्रपा suggested by the other Mss. and reference.

503. I. J. नाटकाविस्तरं पञ्च, C. नाटकं वा प्रस्तरं स्यात् ।

505. (1) I. संयु, J. कैयुं । (2) I. प्रभा for प्रपा, see note 502 above.

506. (1) B. C. J. प्रमुखे, I. प्राङ्मुखे। (2) I. कले for कर्ण suggested by the other Mss. and the sense.

509. B. J. वत्सराक्षरा, C. वत्स्यादपराक्षरा, I. तत्स्वराक्षरा।

512. I. हस्त for वास suggested by J. and the other Mss., and reference.

514. (1) I. omits lines 514—516, which have been preserved by all other Mss. and are required here.

(2) B. C. वार, J. वारं।

518. I. नवांशं for न वासं suggested by J. and the other Mss.

520. I. चाष्टनिर्ग for चेष्टदिग्ग suggested by J. and the other Mss.

521. (1) I. ष्टद्वयं, B. C. द्वयष्टां, J. द्वादशा। (2) B. C. वाटकं for वारकम्।

522. (1) I. J. द्वित्रि, B. C. द्विभागेन तु। (2) I. वांशं for वासं suggested by J. and the other Mss; compare note 518.

524. B. C. J. विस्तारायामं, I. विस्तारमायतं।

525. (1) I. कर्ता for कैकां। (2) C. मंडपं अलिन्दकम्।

529. (1) B. मानकं, C. तारकं, J. सवारकं for वारकम्।

532. I ····स्वात्तु, J. and the other Mss. सूत्रं तु।

533. I. ख्रिविशाल, B. त्रिविशाल, J. श्रीबिशाल।

534. B. पंच for यतः।

536. (1) समा for वासमा suggested by J. and the other Mss. (2) I. मुदी, J. मी।

537. B. पृष्ट वारं च, C. पारं च।

538. (1) I. J. वीर, C. पीर। (2) I. हरितः for परितः suggested by the other Mss.

539. I. र्मास for वंसं suggested by J. and the other Mss.

541. (1) I. J. पकं for पवं suggested by J. and the other Mss.
(2) I. J. नामस्य, B. मानं स्यात्। (3) I. J. पञ्चसा for पचना, B. पंचमा। Compare line 545, वैश्य seems to be a misreading for ब्राह्मण, who is not mentioned at all.

542. C. J. दीर्घे तु for दीर्घेषु।

543. C. अन्यत् क्षत्रिय, I. J. अन्यक्षुद्रं।

546. (1) I. J. श्चि for चि, B. वि।

(2) B. मिष्ट दिग्गत, C. दोर्घगत।

547. B. J. जाति, I. भनि ।

550. For मामा, J. चाभा ।

551. I. J. युक्तं for हक्ता suggested by the sense, and the other Mss.

553. B. C. J. तद्देव for त्रिवक्रं ।

554. I. मालिकं.........for षण्मुखं मैालकं suggested by J. and the other Mss., and the sense.

556. J. C. सर्वे for सवं ।

557. (1) C. सर्वाश्रं, I. J. समग्रं वायुधायामं for समश्रं वायनायामं suggested by the other Mss. and the sense. (2) B. C. यथा for युग्म । (3) C. भित्तिकामं ।

560. B. C. मध्ये, I. J. मुख्ये ।

561. B. सर्वेषां for सर्वाङ्गं ।

563. (1) B. J. यथागारं ।

(2) C, द्विगुणाद्यर्द्धदायतं, I. J. द्विगुणात्येर्थकायरतम् ।

565. I. खर्पट for खर्वट suggested by the other Mss. and reference. (see chap. X),

567. I. भर्गन्तु for मार्गेषु suggested by J., and the other Mss.

568. I. प्रभाङ्गं for प्रपाङ्गं suggested by the other Mss. and reference

571. I. तुस्त्रं क्षित्रेविशाशुद्रकं, J. शूद्रैविशाश्चाक्त ।

575. I. J. चोक्तद्विप्रजात्यादिचोक्तं ।

576. B. J. सर्वथा, I. सर्वदा । (2) B. J. मोयात ।

Colophon :—I. पञ्चत्रि, B. एकोनचत्वारि, C. leaves this in a lacuna, for चतुस्त्रिंशो, suggested by J. and the context.

CHAPTER XXXV

1. H. भूपती for भूसुर ।
2. I. सर्मयामवि, for सर्वासामपि suggested by all other Mss.
3. (1) G. दंडका । (2) C. प्रस्तरं for स्वस्तिकं । (3) H. वर्धमानश्च षड्विधं ।
4. I. C. वर्तं for वर्धं suggested by the other Mss.
5. B. सर्वेभ्यः for समारभ्य ।
6. C. omits lines 7—10
8. I. त्रिरांशं for करान्तं, J. करान्तं ।
10. B. नव for सप्त ।
11. (1) C. द्विहस्तारं for करान्तं, । (2) B. पाद्यर्थं, C. पादार्थं, H. पार्थं G. पादाव्यर्थ, J. पादाध्यर्थं for सप्तधा ।
12. I. J. C. त्यार्धा for. हस्ता suggested by B. G. H.
13. This line is missing in all Mss. except G. H.; obviously it is necessary here.
14. I. C. स्तिकर्मेणलिङ्ग for स्वस्तिकं मौलिकं suggested by the other Mss.
16. I. C. त पदा for च तप suggested by the other Mss.
18. I. C. यन्तं, B. C. H. द्यर्थं, J. द्यर्धं ।
19. (1) I. वापिका, J. वोथिका, H. वाका, B. वेदिका, G. वाचिका ।
20. (1) H. वावधि for वा समाधिश्च्यं । (2) G. शालायांच for शालायामं ।
21. C., the first *pāda*, and H. the second *pāda*, leave in lacunæ.
24. I. चेादयम् for the last word supplied by the other Mss.
25. B. omits lines 25—29.
26. I. भिति, J. भक्ति, G. H. भित्ति, C. विस्तारद्विगुणेान्नतम् ।
27. (1) C. G. H. अादिभूमे, I. J. अदिभूति ।
    (2) I. पादादि J. पादादोन । (3) J. omits षट् । (4) G. वषत् for षट् ।
28. J. दशांशं ।

29. (1) B. मत्यंत, G. भत्यर्द्धं, H. मर्घं, I. J. भत्यर्घं obviously for मध्यर्धं ।
(2) I. मूर्ध्वें, J. चार्धें । (3) C omits the last word.

30. I. C. leave the first *pāda* in a lacuna, which has been preserved by all other Mss.

31. (1) I. मत्स्यक for मस्तक suggested by all other Mss. and the sense. (2) C. शिरि for शिखा, and omits the second *pāda* and then notices अस्मिन्स्थले पत्रमेकं न्यूनं, but refers to it later.

32. C. omits वैश्य ।

34. C. येाधानां, G. H. वैाद्धानां, I. J. सेाधानां ।

36. (1) B. omits lines 36—153.
(2) I. जात्य दु for जात्यादि suggested by the other Mss.

37. C. G. H. चूल for चूलि ।

40. I. शालायत् for शालायाः suggested by the other Mss.

41. I leaves here the second *pāda* in a lacuna, which has been preserved by all other Mss.

42. I., for the first *pāda*, the second *pāda* of the preceding line.

43. I. वेदा for देवा suggested by J. and the other Mss.

44. (1) I. G. H. शालायां, J. शालायाः । (2) I. leaves the second *pāda* in a lacuna, which has been preserved by all other Mss.

45. I. द्विजात्यादिति सर्वेषां for शालायामे तु वासं च, J. भेत मासं, C. नामेकं वासं ।

46. I. यं स्यामेादद्वारमभिस्मृतम. J. शालायां सव्यवासं प्रकल्पयेत्, C. सर्वेषां सव्यंतुपांसं, G. सव्ये ।

47. I. omits lines 47—49, and J. omits lines 47—48. These are necessary here : the description of the दण्डकशाला is given here, which would have been otherwise missing. This passage has been preserved by all other Mss.

50. I. स्थपति for स्वस्तिक suggested by the sense and the other Mss.

51. I. मनान्तु, J. मन्ये तु ।

53. C. च विना, I. J. चैकनाशनम् ।

54. C. leaves this line in lacunæ.

55. G. H. मेालिकं तदुदो, J. I. मैालिकान्तमुदो ।

56 I. वृत्ते उ for प्रत्यगु suggested by the other Mss.

57. (1) C. G. H. अज्ञानेन, I. J. आग्नेयेन। (2) I. भांगश्च सर्वतोदयम् for येागश्चेत्सर्वदेाषकम् suggested by the other Mss.

58. J. G. H. च, I. वा।

59. J. अध्यक्षणं, C. अध्यक्षकानां तु सर्वं, I. G. अत्यक्षाण , H. अस्ययाबातु।

60. G. H. त्रियान्तकम्, C. त्रिशान्तकम्, I. J. क्रियान्तकम्।

61. I. मोरितम्, J. and the other Mss. चाक्तवत्।

62. I. संयेाग्यन्तु, J. and the other Mss. संयुक्तं तत्।

65. I. मेवमुक्तानि पण्डितैः, (which is the second *pāda* of line 69 omitted by I.), for संयेाग्यं वर्द्धमानकम् suggested by all other Mss.

I. omits the next four lines which are obviously necessary and have been preserved by all other Mss.

66. J. परित्याय च, G. H. ……पर्य च, for the last expression.

68. G. H. शूर्पकं, C. पूर्वकं for दीपकं।

69. G. H. चतुर्मुखे।

72. (1) C. G. H. अनसन्धि obviously for असन्धि, I. J. अनुसन्धि। (2) I. सन्धि च for सन्धिश्च द्वि suggested by J. and the other Mss.

73. I. द्विशालं for द्विसन्धिः suggested by the sense and the other Mss., G. H. द्विद्वि सन्धिः।

74. I. षट्द्वि सप्तविशालाच for षट्सन्धिः सप्तशालाश्च suggested by the other Mss. and the sense.

75. C. भूपानां, G. H. भूमनाम् for भूमिकम्।

76. I. अधिराज, J. अधिराज, G. H. आदिराज।

77. C. वक्तकादि for the first expression.

79. J. दण्डकादि चतुष्टयम्, I. दण्डकास्वस्तिकान्तम्।

84. I. अतश्च, J. अथ च।

86. I. दण्डका, J. दण्डकं।

89. I. विस्तारमे J. विस्तारे चै, C. G. H. द्वेक।

90. (1) G. H. दृष्टदिग्गतभागं for the first *pāda*; C. omits this line.

93. I. चेष्टकादि, for वेदिकाद्यै suggested by J. and the other Mss.

94. J. वतिका, C. पतिका, G. यामिका, H.पट्टिका for प्राकारा suggested by the other Mss.

96. (1) I तद्....स्येा for लनाटे द्वितयस्येा suggested by J. and the other Mss.
(2) I. गस्य, J. and the other Mss. स्वरिड त ।

97. (1) I. J. पण्ड, C. पिण्डलाशाल्यकं । (2) I. जनाष्टकम् for the last expression.

100. (1) C. G. H. मुख्य for मूलं । (2) I. J. वार for द्वार, C. पार ।

101. I. J. विनेत्रे obviously for द्विनेत्रा ।

107. For यथामूलंतु, J. द्वांशमूलाग्र ।

108. (1) वासनं द्वि for वासं तद्दंश suggested by the other Mss.

109. I द्विंशमेकसमा, J. and the other Mss. वंशाग्रे रङ्गसं ।

110. C. J. G. H. प्रतिस्थाणेा ।

111. (1) G. H. मध्यात्तु । (2) C. omits the second *pāda*.

112. I. अर्थे for अर्थेन, G. H. चायते तेन ।

113. C. वासमेक ।

116. C. द्विचतु for द्विचतुर्भाग ।

117. (1) C. G. H. मुख्य for मुख । (2) C. G. H. द्विचतुर्भागतदायतम् for the last expression.

120. (1) G. H. omit चैक । (2) C. द्विद्वि for द्वि ।

122 I. स्तम्भान्, J. स्तम्भं ।

123. I. J. मार, C. H. वार, G. पार, and द्वार in the other Mss.

124. I. जमा for जात्य suggested by the other Mss.

127. C. G. H. द्विवासं for वा वासं ।

130. C. तत्परितः कुड्यसंयुक्तं स्याद्विवातायनतुवा ।

133. C. चतुर्दिक्षु समायुक्तं for the first *pāda*.

134. C. G. H खण्ड for कर्ण ।

135. (1) I. शालकूटा, J. कूटशाला । (2) I. भूषण, J. भूषित ।

137. C. G. द्विभागं, I. J. त्रिभागं ।

140. I. जनागकम् for जनाहकम् suggested by the sense and the other Mss

141. I. C. द्विंशं, J. G. द्वंशं, H. वंशं ।

142. C. G. H. द्विचतुर्भागेन ।

143. I. स्या द्विद्विभागेन नैरृते for स्याच्चतुर्भागेन योजयेत् suggested by the sense and the other Mss

144. C. इचैकैक ।

145. I. J. leave, in a lacuna दण्डकं स which has been preserved by the other Mss.

149. I. ह्या........द्वा for ह्यावृतांशेन द्वा preserved by the other Mss., J. वृतं लिन्द्रं ।

151. (1) I. एतन्तु, J. एनन्तु । (2) I. J. मण्डपं for दण्डकं ।

155. B. C. द्विभागं for भागं ।

156. I. G. पुनः for बुधः suggested by the sense and the other Mss.

157. I. त्तद्वि, J. द्विद्वि ।

158. I........दिवस्त्रिय for निवासत्रय suggested by J. and the other Mss.

163. C. H. मंडपानां for दण्डकानां ।

165. (1) H. omits ष्टांशेन प । (2) G leaves this line in lacunæ.

166. (1) I. J. मुखे, I. B. मुख्ये । (2) I. तत्समंवृष, for समं पृष्ठ ।

167. G. वशात्, I. वसात् ।

170. I. गुणांशके for गुणांशकम् ।

172. (1) I. मपि, J. मेक ।
(2) B. राज्यानु, C. तत्र राख्यानुवर्तते, G. राज्ञा(श्या)नुवर्जिते, H. राख्यानुवर्जते ।

173. (1) B. गृहिणोनां, C. गृहीत, G. ग्रहग्रह, H. गृहग्रह ।

174. I. पूर्वस्य, J. पूर्वदिक् ।

177. B. J. ग्राह, C. ग्रहा, G. leaves this in a lacuna.

178. J. न कुर्यात्, I. कुर्यात्; the sense demands a negative particle.

179. I. J. द्वि, for दु ।

184. I. च, J. श्च ।

186. (1) B. मजु, C. G. H. ऋजु for दिक्षु ।
(2) For चतुर्भागेन येाजयेत्, J. शयितेष्वपि, C. वास्तु वृषभांशयुतेष्वपि ।

187. For यन्माने, J. यन्मासे ।

190. J. पुरुषं for शयनं ।

191. I. J. युग्मम् for यतम्, C, लयं ।

192. I. तत्पथ, B. तत् पठद्विशि, G. प्रांसद्विच्छिरं, C. पथिश्चिर, H. पृथ्वोच्छिर ।

194. I. J. वाराह, B. तारं वि ।

195. B. G. H. मेष्ट for मेषु । (2) B. पादेात्सेदांश, for पादाद् वेदांश चेार्ध्वके ।

196. B. C. G. H. मेढ्र for कुक्षि ।

198. J. वेदांशं, for वेदान्तं ।

209. I. वा स्यात् for वा सं ।

210. (1) I. वंशानाश्चा, J. विशालाश्चा । (2) J. मध्ये for देशे ।

211. (1) I. J.............श्चां for श्चावृतां supplied by the other Mss. (2) I. J. भूपवलोन्द्रकम् for the last expression suggested by the sense and the other Mss.

212. (1) I. J. द्विं for द्व्यं, B. त्रिं । (2) G. कण्ठे तु for कर्णेषु ।

213. I. J. द्विं for द्व्यं ।

214. I. J. वृत for प्रति suggested by the sense and the other Mss., B. पृष्ठ, G. पृथु ।

216. I. तेत्वपि वीक्षणम् for त्येतु विचक्षणः suggested by J. and the other Mss.

218. For द्वादशांश, J. दशभाग ।

220. For त्रिभागेनैव, B. G. H. द्विभागेन ।

221. B. वाससा for वासनान ।

227. I. द्वय.........यम्, J. श्चद्वयंत्रिकम्, B. G. H. द्वयेा द्वयेाः ।

228. I. J मेकद्विं, J. चैकद्वयं ।

229. (1) I. वर्ग for वक्त्रं suggested by the sense and the other Mss. (2) I. रमेकद्विं, J. रं चैकद्व्यं ।

230. I. मङ्कणे, J. कोणे ।

231. I. J. देवं पूर्वोक्त, for त् पूर्वोक्तानां तु suggested by the sense and the other Mss.

232. I. विंशदायतेष्वपि for तस्माद् द्व्यंशाधिकायतं suggested by the other Mss.

233. For भागे, J. पार्श्वे ।

235. I. सर्वं for शेषं suggested by J. and the other Mss.

236. (1) I. J. मत्यं for मध्यां suggested by the other Mss.

239. (1) G. H. omit lines 239—240.

240. For कारं, B. C. तारं ।

241. J. शालायाः ।

243. For वृतां, G. व्रतां ।

247 B. G. H. खंड for कर्णे ।

249. I. वक्ष्यते चतुरालयम्, (which is the last part of line 252) for देवतानां च योग्यकम् suggested by the other Mss.

250 I. omits lines 250—252 which have been preserved by all other Mss. and do not appear to be out of place.

251. J. न कुर्यात् ।

253. J. G. दशके ।

255. I. तद्या for नन्द्या suggested by reference and the other Mss.

256. I. दमा for कमा suggested by the sense and the other Mss.

257. I. सेचैव for णायामं suggested by J and the other Mss.

258. For तु, J. च ।

259. (1) I. पञ्चमे for पश्चिमे । (2) I. दिव्यं for दीर्घ suggested by the other Mss. (3) I. द्विव for तद्व suggested by the other Mss.

263. I. मा for चा suggested by J. and the other Mss.

264. For तत्, J. वं ।

265. I. J. B. C. H. वार, G. पर, for द्वार ।

266. For द्वियेागं, J द्वयैकं ।

277. J. omits lines 277—279.

280. I. दृष्टेदीर्घो for चेष्टदिक् चा suggested by J. and the other Mss.

283. I. J. विन्यस्य for विन्यासं suggested by the other Mss.

284. B. C. omit lines 284—288.

288. G. भित्या, A. मंत्त्या ।

289. (1) I. त्तु for भ्रम suggested by J. and the other Mss.
(2) G. repeats the lines 290—291.

292. J. मोशके for मशके ।

293. (1) B. C. H. J. प्रच्छा, I. पश्चा । (2) B. H. C. समच्छा ।

295. B. G. खंड for कर्णे ।

298. (1) G. देवे दशांशकं for the first expression । (2) C. विस्तृतांकर्णामतं for the second *pada*.

302. G. समारभ्य ।

309. (1) I. तमा for तः शा suggested by the sense and the other Mss. (2) J. भागतः for the last word.

313. B. C. G. H. चैव, I. J. चैशं।

318. B. C. J. G. H. दंडकं for मण्डपं।

321. Between this and the next line I. adds तत् पृष्ठे त्र परितो मण्डपं मध्यमाङ्गणम् which is apparently a confused form of the line 165 and is uncalled for here, it, then, repeats the line 323.

325. I. वर्गस्य सा for वर्गाढ्यं चा suggested by J. and the other Mss.

326. B. omits this line.

327. C. लतैः, G. पतै, I. J. तल्लैः।

333. J. कूटशाला for पञ्चभूमि।

334. I. दूभूमिकं भवेत् for तु त्रिभूमिकम् suggested by the other Mss., J. त्रिांत्र।

337. (1) B. चैक, I. J. चैव। (2) J. प्रधान for प्रासाद।

339. B. C. G. H. द्विभागैक।

342. B. C. G. H. J. खण्ड for कर्ण।

354. C. I. भवं for भवेत् suggested by J. and the other Mss.

358. I. शेषां for षोड suggested by J. and the other Mss.

359. I. भद्रकम्, J. लिन्द्रकम्।

B. omits lines 362—365.

362. I. मध्ये पूर्वे तु for मध्यसूत्रात्तु suggested by J. and the other Mss.

363. I. वृत्तमान, J. वर्धमान।

366. I. द्वि, J. त्रि।

370. I. पश्चमे for पश्चिमे suggested by the sense and the other Mss.

372. (1) I. नैऋत्ये नवभूमिकम्, which is the second *pāda* of line 375, for सर्वालङ्कारसंयुतम् suggested by the other Mss.

373. Lines 373—376 are missing in I. but they have been preserved by all other Mss. and are required by the context and the sense.

379. I. प्रत्यङ्गतम् for प्राक्प्रत्यगगत suggested by the other Mss.

381. I. स्नम for सोपरि suggested by J. and the other Mss.

382. (1) B. J. द्वारोपमे।

[illegible] चेत्, J. च।

388. I. गृह, J. कूट ।

389. J. द्वारे च तत् ।

391. For विविधं, J. विविधा

392. I. J. ग्रारोहन्तु, other Mss. ग्राहह्मार्थं obviously for ग्रारोहणार्थं ।

394. I. प्रोक्तं मानमेनं for वर्धमानमुक्तं suggested by J. and the other Mss.

395. (1) I. ग्रायामं for ग्रायादि suggested by reference and the other Mss.

(2) I. adds नगरलक्षणम् which is the title of chapter IX but is unsuitable here.

396. (1) I. J. चाथ for चायं suggested by the other Mss. (2) I. स्वास्त for स्वास्तु suggested by the other Mss.

398. I. J. ग्मध्य for द्रव्यं suggested by other Mss., G. ग्मध्यविमानोक्तं ।

400. (1) I. कम्बरी, G. किस्वरी ।

401. I. तारा for मानं suggested by the sense and the other Mss.

Colophon :—I. षट्, B. चत्वा, C. omits this, for पञ्चत्रिंशो suggested J. and the context.

CHAPTER XXXVI

2. (1) I. विन्यस्या, J. विन्यासं । (2) C. शापनं for स्थानं ।
3. G. खर्वटे for खेटके ।
4. I. नदीचाश्च, J. नद्याद्रि च ।
5. G. J. तेषांतु, I. शेषन्तु ।
6. I. चतुर्द for द्वित्रिद suggested by J and the other Mss.
8. (1) C. मथा, I. J. मध्य । (2) I. पादु J. पादेा ।
9. (1) G. H. omit lines 9—11.
   (2) J. रमा, B. C. तथा ।
10. J. omits this line.
14. C. शाधिक for शायिक ।
16. G. I. विवस्व ।
17. B. omits the lines 17—24.
18. J. विवस्वति, C. G. H. श्रावण स्त्रोपदं ।
19. J. C. जन्ते for जाते ।
20. C. श्रवाद्य for श्रापाद्य ।
21. I. दि, J. द्य, C. दिक्षु ।
22. J. याये for यमे । C. omits this line.
26. J. B. उदिते for उत्तरे ।
27. For कूप, J. वास ।
30. (1) B. omits lines 30—31.
    (2) C. G. H. त्रयाणां, I. J. पितृणां ।
31. C. गृहीतो, G. ग्रहणं, H. गृहण for गृहिणो ।
32. C. मृषे, G. मूषे, J. मृगे, I. मेषे ।
34. G. येाग्यकम् ।
35. I. चास्वरे नान्ते, J. चासुरे नागे, B. चानले ।

38. I. स्वरे for सुरे suggested by J. and the other Mss.

42. G. ऋषालयं for चरणालयं ।

43. I. omits this line but it has been preserved by all other Mss. and its inclusion is suggested by the ending of the chapter in a complete verse.

45. For चतुर्था, other Mss. चानुच॰ ।

46. (1) J. omits lines 46—49.

(2) I. पृष्ठे for पूर्वे suggested by chapter VII.

50. I. दृश्चेन्द्रं च राजेन्द्रं for इन्द्रेचेन्द्रराजे च suggested by J. and the other Mss.

51. I. मन्य for कन्य suggested by J. and the other Mss.

52. G. H. J. त्रे, I. न्द्रे in both the places.

55. B. C. G. H. मन्ये for मन्त्ये ।

60. I. द्वारं स for द्वारस्य suggested by the other Mss.

61. (1) J. परिहारार्थं । (2) I. सेाधक for येाधक suggested by the other Mss. (3) C. G. J. तदा for तथा ।

63. I. च न्द्रहष्टानास्यत्, J. च दष्टवा नाद्यात, B कृष्यासद्वां, C. कृष्वानात्तंध्वां, G. कृष्वानाध्वां, H. कृष्वाननडात् ।

64. For दिनादो, J. प्रतिथी !

65. B. omits this line.

69. I. कर्णित, J. कर्णन, other Mss. कंटन ।

71. (1) I. चस्वरे, J. चासुरे । (2) I. स्मृत, J. स्थित ।

72. B. तेादाय, C. J. डेालाय, G. H. सेामया for सेापाय(न) ।

74. (1) J. नृत्तदाङ्गना । (2) B. I. येाग्यार्थ, J. येाग्यं तु ।

75. I. कूटाद्या, J. कुक्कुटा ।

76. I. मेषस्यान्तं, J. मेषावासं ।

77. वार्धं is obviously for तुर्यं as suggested by the context.

79. C. नेात्व, H. नित्यारागपद, G. नतारांतं पद ।

81. J. स्नान ।

83. (1) J. चैव वर्णानां for सर्वेषां । (2) I. leaves the second *pāda* in a acuna. (3) J. पक्षयेत्क्रमात्, for मुख्यं वा कल्पयेत् सुधीः suggested by the other Mss.

84. (1) Compare चेापवास in line 92. (2) B. शेतवन. C. चेदना, G. H. वेदना for घनार्थाय ।

(3) J. omits lines 84—85.

86. (1) B. ग्रंतः, C. ग्रनंत for ग्रन्यत् ।

(2) I. J. यक्ष्म····त् for पक्षालयक्रमात् supplied by the other Mss.

87. B. मालाभ्यंत, C. मालाद्याद्य, G. H. मालास्यादि for मालयार्थं ।

88. I. क्रिया, J. कुरु ।

90. J. वापि for द्वारं ।

92. सेापवास is suggested by line 84.

93. I. कत्रगेषाण for कर्तुर्धिष्णा suggested by J. and the other Mss.

94. (1) I. शि····, J. सेाम । (2) J. विशाल, B. विहाय, for विहार ।

95. H. मय, G. धय for ह्रय ।

96. (1) I. leaves in a lacuna ग्रन्यद्विलं ।

Colophon :—B. omits it altogether. C. has a laouna for the number, I. सप्त, J. षडिं व for षट्त्रिंशेा suggested by the context.

CHAPTER XXXVII

1. (1) B. D. omit this chapter.
   (2) C. नराणां, I. J. गृहाणां ।

2. I. क्रियतात् गृहम् for क्रिययान्वितम् suggested by the other Mss.

9. For तत्र, J. चन्द । (2) I. समग्र, J. समाश्र ।

10. C. G. H. J. संयुक्तं for युक्तं वा ।

11. J. and the other Mss. यथासर्वे for विधानानां ।

12. I. क्रीत, J. कृत ।

13. C. G. H. I. गृहे च ।

14. J. चाङ्कुरार्पणमेव च ।

21. I. तथा, J. ततः ।

23. C. G. H. J. प्रक्षालनं कुरु for प्रक्षालनक्रिया ।

24. I. विधिवत् चमनं '

31. (1) C. omits lines 31—32.
   (2) J. ब्रह्मादीन् नवकुम्भैश्च ।

33. I. पूरयेत्, J. पूजयेत् ।

36. (1) I. भक्ति, J. भर्तृ । I. (2) गृहिणी for गृह suggested by J. an the other Mss.

38. J. आयुधा for आयुता ।

40. J. omits lines 40—42.

43. C. बुधः, I. J. सह ।

45. I. संस्थानिलय, G. H. शस्यादीन, J. संस्थान्तां ।

47. I. प्रदिश, J. प्राग्दिशि ।

48. I. आज्यादिलाचरुम् for आज्यचरुं तिलम् suggested by J. and th other Mss.

53. G. H. omit it, C. has most of it in lacunæ.

57. C. G. H. विधान for वितान ।

59. I. लेपतः, J. लेपनं ।

64. J. भृत्या for प्रोत्या ।

66. I. ग्रायान्तं चवा, J. चान्तं तलावा, G. H. चांतं तदालया, C. पूरतं तस्मिन स्थ(स्थि)त्वा चरेत ।

67. I. लक्ष्मीशते ।

69. I. प्रास्रायामि for प्रार्थयामि suggested by the sense and the other Mss.

71. I. पश्चात् for दद्यात् suggested by J. and the other Mss.

73. C. तत्तत for तत्र ।

74. I. स्तपत्या च स्तन, J. स्वपत्न्या च चाम्र ।

75. (1) I. J.····नाना for नानाभू supplied by the other Mss. (2) I. चरा for चम्परा suggested by the other Mss.

77. J. omits lines 77—80.

83. (1) I. लक्षण for भूषण suggested by J. and the other Mss. (2) J. स्वयततः for स्वहस्ततः ।

84. J. प्रत्यग, C. प्राध्यं, for प्रातयान । G. H. omit this line.

85. I. उक्तं, J. उक्ता, C. उक्तांश्च ।

86. G. H. गुरुप्रत चतुर विछाद्य ।

87. (1) C. J. रम्यै । (2) C. G. H. वस्त्रादीन ।

(2) I. इन्द्रभिद्रे, J. दुन्दुभिभें ।

88. G. H. नानास्त्र ।

89. I. वत्रितावश्यपतिवर, J. गच्छन्ति तावत्स्वपुरि परिसरं ।

Colophon :—I. ग्रष्ट, J. सप्तत्रिंशो, C. leaves this in a lacuna.

CHAPTER XXXVIII

1. B. D. omit this chapter.

10. (1) Lines 10—13 are missing in the *codex architypus* but they have been preserved by all other Mss. and appear to be necessary.

(2) G. H. J. दधै, C. दधे for देशे।

17. For सूत्रस्य, J. सूत्रं स्यात्।

18. I. वारथ for वाथ suggested by J. and the other Mss.

21. I. सूत्रं तु, G. H. सूत्तातु, compare line 17.

22. (1) C. J. विदधे obviously for वितथे। (2) I. वाचके for पावके suggested by reference and the other Mss.

24. I. तदा for तथा suggested by the other Mss.

25. (1) G. H. omit lines 25—27.

(2) C. सूत्रां तु।

26. C. सुवीरस्य।

27. I. मथा for पदे suggested by the sense and the other Mss.

28. G. H. सत्युपद्वार, C. तशत्युपद्वार।

29. (1) C. omits lines 29—30.

(2) J. देशे for शाले।

30. I. सूत्रं तुद्वा, J. सूत्रातु वा।

34. G. H. मुख्य, for मुखे।

35. J. केचित्तु।

36. I. जागर for जालक suggested by the context, the sense and the other Mss.

38. I. थें, J. घेा।

39. C. G. H. ज्वालकं for द्वारं।

40. J. omits this line.

42. I. वेशके for चेशके suggested by the context, the sense and the other Mss.

45. I. चालं for द्वारं suggested by J. and the other Mss.

54. I. द्वारं हर्म्य मध्यमे भू for कुर्याद् द्वारं हर्म्यमध्ये suggested by J. and the other Mss.

Colophon :—I. एकोन चत्वारिंशो for अष्टत्रिंशो suggested by J. and the context. This colophon, unlike others, excludes the expression विधानं (after द्वारस्थान), for the sake of uniformity it has been, however, included in our text.

CHAPTER XXXIX

1. B. D. omit the first six lines of this chapter.

4. J. मानं, for मानात् ।

10. H. त्रिव्यंगुल ।

14. On the margin of the *codex architypus* there is a reading वश for इह ।

19. B. D. omit lines 19—21.

25. I. कराष्टं for करान्तं suggested by J. and the other Mss.

30. C. omits lines 30—33.

34. (1) B. C. G. H. पकं for पक । (2) I. हास for चाभास suggested by reference and all other Mss.

38. G. शुद्धिं for प्रवाह ।

39. I वाह्वादोन for चायादि suggested by reference and J. and the other Mss.

44. I. J. विना, for होन suggested by sense and the other Mss.

45. J. मध्यमे तद्वत् तद्वत्मध्य ।

47. I. ·······न्ताधिकम्, J. शान्तिकादिकम्, B. शान्तिकारकं, C. शान्तिकायतं ।

48. I. चायुक्तं for चायुष्यं suggested by the sense and all other Mss.

51. J. omits कं, B. has for it न, C. दं, G. व, H. दं ।

55. I. द्वार for दारु suggested by the context, the sense, and the other Mss.

57. I. मध्यमे, J. मध्यमम् ।

59. J. बहुलम् for बहलम् ।

61. (1) I. वन for घनं suggested by the sense and the other Mss. (2) J. द्वारयेागस्य मध्यमम् for the second *pāda*.

62. J. omts this line and line 58

65. (1 C. द्वंशंन, I. J. वंशंन । (2) I. बन्धनम्, J. पद्मकम् ।

67. I. **षशि**, for **षष** suggested by J. and the other Mss.

69. (1) B. **पद्ममर्धेन**, C. **मध्येन** । (2) I. सा(चा)न्त्तं **चेन**, J. **चाघ्यधन** ।

72. J. **भुवांश** ।

73. I. J. **द्वारांशं**, the other Mss. **द्वारस्य** ।

74. (1) J. **भूषणांङ्कं** । (2) I. **त्स्व**, J. **त्वथ** ।

78. J. **द्वारोर्ध्वे उमादेवी तत्तद्भागे सरस्वती** ।

79. B. C. G. H. **चार्चनादंति**, J. **मध्यदेशे तु अधिराजोपरि न्यसेत** ।

90. I. J. **त्रि** for तत् suggested by the other Mss. and the sense.

91. B. C. G. H. दार्वे ।

94. I. त्रद्दो, J. त्रदेा for **तत्र** suggested by the other Mss. and the sense.

96. Between lines 96 and 97 H. repeats lines 87—95.

99. J. **अयोग्यं** ।

102. (1) J. and the other Mss. विहीनकं ।

(2) Between lines 102 and 103 C. adds:

त्रिचतुष्पंचषस्मात्र मूलं शूलैादयं ततिः which appears to be a combination of lines 104 and 106.

103. B. C. G. H. I. शिखं तारं, J. शिखान्तं स्यात ।

104. I. J. रुचा, the other Mss. कुचं ।

107. I. वेदा कमारभ्य पर्यशं, J. कुमाराष्टपङ्क्त्यंशं ।

110. J. समं वामे ।

111. (1) B. **आयुधं** वा, C. **अष्टदंडं** । (2) I. J. त्रिदा for त्रिधा suggested by the other Mss. and the sense.

(2) B. J. कृति, I. कृत ।

113. I. J. पट्टिकां तु, G. H. पट्टिकानां तु ।

117. (1) B. C. चतुर्दा । (2) J. ततिः, I. तथा ।

118. I. **अङ्गुलं भवेत्** for **अङ्गुलोन्नतम्** suggested by the other Mss. and the sense.

121. J. **कोलायामं** ।

122. After this line C. notices **अस्मिन्स्थले पत्रमेकं न्यूनं** and omits lines 123—148.

123. J. पृथे, B. H. यथा, G. वृत्थे for पदे ।

126. J. G. यन्तुयत् ।

127. (1) I. तथा यथा suggested by the other Mss. (2) I. वत्तजि for युञ्जी suggested by J. and the other Mss.

128. (1) I. वार for द्वार suggested by the other Mss. (2) J. परा, B. G. वरा, for भू पुरा ।

130. I. J. अन्तरद्वारं तु, the other Mss. अन्तद्वारस्य वामे तु ।

132. J. G. युक्तितः, I. युग्मतः ।

133. J. and the other Mss. छिद्रं तस्योर्ध्वतः कीलं ।

134. I. ससर्वन्तु for सव्या सव्यं तु suggested by J. and the other Mss.

138. I. चार for द्वार suggested by the other Mss.

139. (1) I. भूप, J. and the other Mss. द्विज ।
(2) Both G. and H. omit the remaining portion of this chapter.

140. J. मध्ये for मध्य ।

148. I. साष्ट for चाष्ट suggested by the other Mss.

149. J. पट्टिको for प्रस्तरो ।

150. I. चयां for द्वयां suggested by the other Mss.

151. J. शिरोदयम् for the last expression.

154. (1) B. C. षड्वर्गकं । (2) I. J. एकाद्यै·······क for चैकाद्य द्वैचक suggested by the other Mss.

157. I. अज्ञानं for अज्ञानाद् suggested by the sense and the other Mss.

160. I. तुधर्म, J. द्वर्म्य, B. द्वर्म, C. यत्तत् चोर्ध्वं हर्म्यं तु देशे ।

161. I. J. पदं सा for पदास्पदं suggested by the other Mss.

Colophon :—I. चत्वारिंशो, B. चतुश्चत्वा, G. H. अष्टत्रिंशो for एकोनचत्वारिंशो suggested by J. and the context.

CHAPTER XL

2. C. omits lines 2—5.

3. I. द्वरंश for द्विशत suggested by the other Mss. and the sense, G. दश।

6. I. ग्रथ for ग्रर्ध suggested by the other Mss. and the sense.

8. B. C. G. H. शत, I. दश।

12. I. विस्तारमा, J. विस्तारादा।

13. G. चतुः for शत।

14. (1) C. H. G. षष्ट्याधिकं, B. नंदाधिक यथा।

(2) J. दण्डं समारभेत्।

15. I. कर्णसन्ततथा for कन्यसा नवधा suggested by J. and the other Mss.

20. I .J. विस्तारार्धार्धयेत्, G. विस्ताराधार्धयत्, H. रार्धार्धयत् for विस्तारं वर्धयेत्।

J. omits lines 20—22.

21. I. शतान्तं स्यात्कन्यसादि त्रयं त्रयं which belongs to line 25, for रभ्य द्विद्विदण्डेन वधनात् suggested by the other Mss.

24. I. सप्तादशान्तु for सप्तशत suggested by the other Mss.

25. This line is missing in the *codex architypus* but it has been preserved by all other Mss. and is required by the context.

26. I. लम दीर्घ····वं for लयतारं दीर्घं as suggested by the other Mss., J. लयतं।

28. (1) I. J. हस्त apparently for सप्त as suggested by the other Mss. and the context.

(2) I. समा for शता।

29. (1) B. omits lines 29—30.

(2) J. मेववशात, for एवं तु षड्भाक्, C. G. H. omit भाक्।

32. (1) I. प्राकारस्य च, J. प्रहरत्तस्य, B. प्रतहस्तस्य, C. प्रासादस्य for प्राहारकस्य, as suggested by the other Mss. and reference.

(2) I. कन्यसाति for कन्यसादि suggested by the sense and the other Mss.

34 I. पञ्चांशं for पञ्चाशद् suggested by the other Mss. and the context.

35. I. सप्तमं चा for सप्ततिश्चा suggested by J. and the other Mss.

37. (1) I. J. मस्यगृहस्य for मस्त्रप्राहस्य suggested by the other Mss. (2) I. J. आयामस्य for पायामं तु suggested by the other Mss.

38. (1) J. दण्डान्तं for सालान्तं । (2) I. चन्द्रवर्तें for चक्रवर्तिनः suggested by the other Mss.

39. C. J. प्राकारं, I. प्रकारं ।

41. I. omits this line which has been preserved by the other Mss. and is required by the context.

42. B. G. H. एकाधिकं । (2) B. दस्त्रादि, C. प्रद्वारतं, G. H. मश्चापिहिस्मृत ।

43. (1) I. J. प्राकारादास्य गृहाख्यां for प्राहारकास्त्रप्राख्याख्यां suggested by the other Mss. (2) I. J. तद्व for कद्व as suggested by the sense and the other Mss.

44. (1) I. अधः for अन्तः suggested by the sense and the other Mss.
(2) I. द्वित्र for द्विती suggested by the other Mss. and the sense.

45. I. J. सैककां न्त्व for सैकार्कांशं तु suggested by the other Mss.

47. I त्रिधा for त्रया suggested by the other Mss.

49. I. मानं चेत सान्त, J. मानान्ते चान्तः ।

50. I. चो, J. तु चेा ।

52. (1) I. याहिः for बहिः । (2) I. बहिं for भित्तिः, J. हिंत्रि ।

54 I. J. उत्तुङ्गप्राण for उक्तप्रमाण suggested by the other Mss. and the sense.

59. B. C. G. H. तत्पादाधिक, I. J. पादांशक ।

61. I. नवोन्तकम् for तथोन्नतम् suggested by J. and the other Mss.

62. J. चाष्टांश ।

63. I. मूलग्रोंभिधं for मूलाग्रान्तं क्षयं suggested by the other Mss.

64. I. J. भस्तेन्त, G. H. हस्तेन दंतर, C. हस्तेनवामं येा भित्तिकल्पनं ।

65. (1) I. दितिं for वृत्तं suggested by the other Mss. (2) B. वज्रंका ।

67. (1) B. दंडांतरं । (2) B. H. कारं for शेषं (1st)।

69. (1) I. B. वेादक, J. वेाधक, C. वाथम । (2) I. मण्डपा, J. वृत वा ।

70. I. माचारादिति, J. मनुचरादि, B. ग्रनुज्ञादीनिकारकं ।

71. After this line C. has five fragmentary lines of a previous chapter (गृहमान) and then notices—ग्रस्मिन्स्थले षट्पत्रं न्यूनं, and omits the rest of this chapter.

72. I. परशेाधिपर for परमशाधिकपदं suggested by the other Mss. and reference. J. leaves this in a lacuna.

74. B. G. H. महिष्या for ग्रभोष्टादि । (2) G. द्विज ।

75. (1) for इन्द्रे च, J. मित्रे । (2) I. हर्म्यके for हर्म्यकम् suggested by the other Mss.

76. (1) G. H. omit lines 76—77.
(2) I. ग्रास्य for ग्रार्यं suggested by J. and the other Mss.

77. I. ग्रधिराज्य for ग्रधिराज, suggested by J. and the other Mss.

78. I. भूतये, J. भूसुरैश्च for भूचरे suggested by the other Mss.

79. I. पमे इन्द्र for इन्द्रे इन्द्रजय suggested by the other Mss. and previous references.

81. I. इन्द्रे इन्द्र for रुद्रे रुद्र suggested by J. and the other Mss. and reference.

86. I. J. प्राकारमस्य गृहस्या for प्राहारकाश्चग्राहयेाश्चा suggested by the other Mss., G. H. गृहारामाखग्राह ।

87. (1) J. omits lines 87—89.
(2) G. स्थानीयानि, H. स्तानि B. स्थानीयादे ।
(3) G. H. चतुष्टयेत्, B. चतुष्टयम् ।

88. B. G. H. एवं तु चाल्यं कृत्वा for the first *pāda*.

90. B. J मूलस्य, I. मूलं च ।

91. J. वापि for चापि ।

92. I. J. यामे for याम्ये suggested by the other Mss.

94. B. वस्त्र, G. H. वक्षवस्तु ।

95. B. मूलेवास्त्रधरा, G. H. मुहूर्तवस्त्रधरा।

96. (1) I. रङ्गे for रत्न suggested by the other Mss. (2) I. मनन्दि, J. हर्म्यादि for हेमादि suggested by the other Mss.

100. B. चानले, I. J. मानिले।

101. I. हस्येंतु कुजको, J. सौम्ये तु कुञ्जरा for सौम्ये कञ्चुकीरा(किनः) suggested by the other Mss.

102. I. वायवेण, J. वायव्येन।

103. G. मञ्जना।

104. I. .... शुद्धि for शुद्ध्यर्थं suggested by J. and the other Mss.

106. (1) I विवते for वितथे suggested by reference and the other Mss

(2) I. दास्यायामा J. दासदास्या for दासदास्या suggested by the other Mss.

108. (1) G. H. omit lines 108—109.

(2) I. वासस, J. वा अथ चालयम्।

109. The reading कर्णिकार is suggested by chapter IX. 38, and the sense.

110. I. लितश्वादि, J. गजमश्वादि।

111. I. J. रक्षावा for रक्षका suggested by the other Mss.

113. J. भृङ्गे वा for भृशे या suggested by the other Mss.

119. I. नाग्यस्य वामके याम्ये, J. नाग वा वायव्ये बाह्ये for the first *pāda* suggested by the other Mss.

120. I. G. H. कृत्वा, J. कुर्यात्।

123. For हर्म्ये, J. सौम्ये।

124. For लयमेव च, J. रालयं भवेत्।

126. B. शास्त्रा, I. J. शास्ता।

127. I. वेदि, J. वेणु, G. वैध, H. धनुः for धेनु suggested by the other Mss.

128. (1) I. सार्ध for सत्य suggested by the other Mss. (2) I. चानर for वानर suggested by the other Mss.

130. For याम्या, J. यमा।

133. G. पक्षि, I. J. मल्ल।

134. I J. वाथ चेतसा for वायवे तथा suggested by the other Mss.

135. I. विघाद for विपदा suggested by the other Mss.

136. B. कर, G. H. कूल for कम्प ।

145. (1) For बाहये, J. पार्श्वे । (2) I. व्याघ्रा, J. व्याघ्रका, B. व्यापका ।

146. I. .... किता, J. and the other Mss. देवादीन किराता ।

147. I. तत्रये विधि तस्यांशे, J. तृतीये वितथे चांशे. B. द्वितीये ।

148. I. leaves in a lacuna न्धि विग्रह ।

149. I. मंवानन्ते, B. J. सप्तावरणे ।

150. I. वादमय for वाहनम् suggested by the other Mss.

152. I. वियते for विद्यते suggested by the other Mss.

154. I. पुरमान्वितम् for गोपुरपुरकान्वितम् suggested by the other Mss.

155. B. प्रभुचित्तोपशांतये ।

156. B. G. H. J. कुर्याद्दोषो न विद्यते for the second *pāda*.

157. G. आश्रित for आवृत ।

158. (1) B. हस्तेश for हस्तेन । (2) G. H. मुनोरेन्द्र करणे, B. रंध्रा कणं कृत्वा ।

159. (1) B.G. H. त्रिधैक । (2) B. वेष, G. H. वेना I. J. वेन ।

Colophon :—(1) I. गृह for हर्म्य suggested by the other Mss.

(2) I. नामैक चत्वारिंशो, J. नामचत्वारिंशो, B. पंचचत्वारिंश, G. H. नवत्रिंशो ।

CHAPTER XLI

2. J. यथोत्था, B. C. आदित्यान्य, G. H. अधिक्याकाय ।

3. I. शास्त्रार्थमन्त्रा for शस्त्रास्त्रमन्त्रसर्वा suggested by J. and the other Mss.

6. (1) I. रम्या, J. रथा, B. रधनु, C. रत्थानु, G. रर्थानु, H. अधानु ।
   (2) I. पाज्य, J. पार्श्व, C. पार्जे, G. H. पर्ज्ञानु ।
   (3) B. राजसु, C. राज्यं तु, I J. राज्यात् ।

7. (1) I. कोशार्थं, J. and the other Mss. कोशाढ्य ।

8. (1) I. पतिश्चै, J. भृतां चै ।
   (2) J. गुणाः, I. गुणं ।

9. J. राजा यस्य च नास्ति वै, the other Mss. नरजायस्य नास्ति वै ।

10. J. पञ्चरङ्गानि ।

11. (1) B. C. J. H. लक्षार्थं, I. रक्षार्थं तत्राधिपतिः, see line 14. (2) I. सप्ताशत, J. शतपञ्च the appropriateness of which is suggested by line 14.

12. I. J. स्तोत्र for अस्त्र suggested by the other Mss. and reference.

13. (1) For तं मरोश, J. तानि च ।
   (2) For निषदन्ता, G. H. वदन्ति, J. B. षट्दंतायलयस्तथा, C. षडंतं वशमेवच ।

14. I. पति, J. पश्चैव ।

15. G. H. स्यानामध्येा, B. तार । C. omits this line.

17. B. सर्व, C. सार्धलक्षद्वयं तत्र, I. J. लक्षण ।

18. I. दे for मे, C. चतुष्टयं ।
   C. omits lines 19 and 20.

19. (1) I. स्नांश, J. स्नाश्वं ।
   (2) I. भुजां, J. गजां ।

20. (1) I. धिरास्सर्वे, J. भिरासेव्येा ।
   (2) I. व्याप्ट, J. व्यश्च ।

23. I. वाराङ्गनम्, J. वाराङ्गनाः ।

28. (1) I. कर, J. काव्यः for कः suggested by the other Mss.
(2) I. शं च for शश्च suggested by J. and the other Mss.

29. (1) I. J. यश्येा द्विपादायज्ञ, G. H. एकोनवा ह्योपादाता । (2) compare तन्त्राधिपति (lines 11, 14) in connection with the inferior kings मस्त्रग्राह and माहारक and तन्त्र alone (lines 17, 21, 23, 26; 31, 34, 39) in connection with पट्टभाज् मण्डलेश, पट्टधृक् and पार्थिक as also in connection with the kings superior to the latter, uamely नरेन्द्र, अधिराज and चक्रवर्तिन् ।

30. (1) B. आयुधादि । (2) J. वहिनश्च, B. बहुनाश्चा, C. बभूनश्चा ।

31. (1) I. न for the first च suggested by J. and the other Mss.
(2) C. नवलक्ष for दशान्तथा ।

32. (1) I. र्थ, J. र्था । (2) I. प, J. श्चै ।

33--36. The reading तन्त्राधियाः for the second pada is suggested by line 29. J.नरेन्द्रे च द्वि, I. नरेन्द्रवन्द्य ।

37. I. J. सदशी for सदृशः suggested by the other Mss. and the sense.

39. I. तन्द्रादि for तन्त्रादि suggested by the other Mss. and the sense.

40. I. शङ्कं, I. J. पद्म ।

41. (1) I. परमा for परार्धा suggested by J. and the other Mss.
(2) तन्त्राधियाः is suggested by line 29.

42. I. (1) सप्तद्वि for सप्ताब्धि suggested by J. and the other Mss.
(2) I. त्रि for क्रमेण suggested by J. and the other Mss.

45. (1) J. शास्त्रादौ·········for समशास्त्रादि ।
(2) I.·········धीर, J. स्थिरेाधर्म ।

46. I. धनाद्या, J. धनाढ्यः ।

47. (1) I. न्य, J. र्ज्या ।

48. (1) J. सत्य for सर्वज्ञः । (2) I. नर, J. द्विज । (3) I. शक्र, G. H. द्विज, J. गुरु । (4) I. सुरैः, J. सुधी ।

49. B. नीति for कीर्ति ।

50. For साम्राज्य, J. साम्यादि ।

51. I. दुद्य, J. सक्षुद्रभूमामृताम् ।

Colophon :—(1) I. B. C. H. J. राजलक्षण for राजाङ्ग as suggested by the opening line.

(2) I. द्विचत्वा, B. G. H. षड्, C. omits this, J. एकचत्वारिंशो ।

CHAPTER XLII

3. (1) I. अधः for अथ suggested by the other Mss. । (2) I. मध्ये for मण्डले suggested by the other Mss. and the reference.

4. I. प्राकारक for प्राहारक suggested by the other Mss.

5. I. ग्रहस्य तच्चे, J. and the other Mss. ग्राहस्ततश्चै ।

6. C. बलवान्, I. J. दोषवान् ।

7. (1) J. खण्ड, B. घंटा, G. H. पणामा, C. वर्षे, I. बन्धं ।

(2) I. श्रितैा, J. स्थिताः ।

8. (1) J. न्यायविचा । (2) B. कीलं च, G. H. किश्च for किञ्चिन् ।

9. (1) I. J. कीर्तिमश्रमतां for कीर्तिमान् श्रीमतां suggested by the other Mss.

(2) G. श्रेयतां, H. श्रेमयतां, B. C. ग्रामतां for श्रीमतां ।

(3) I. रक्षकम्, J. वालकः perhaps for पालक ।

11. I. येदक्षिणी, J. यैद्रुहिणी apparently for त्रयेण as suggested by line 14.

13. I. जातिराज्ञ for चाधिराज suggested by the other Mss. and previous references.

15. J. B. शेापि, I. शेषादि ।

16. I. पतेविन्ध्य for एतैर्वन्ध ।

(2) I. J. स्थितंन्तमः for अरिन्दमः suggested by the other Mss. and the sense.

17. I. स्वीकृत्य चेापयुतेनरेन्द्रः for मुक्तो चेातसवरतेा नरेन्द्रः suggested by the other Mss.

18. I. रे for श्चै, and श्रि for ष्ठि suggested by the other Mss.

19. (1) I. बलाद्यप्रतिज्ञानि for बलाधिपतिज्ञानो suggested by the other Mss.

(2) J. कामक्रोध, B. C. G. H. कालेनक्रोध ।

21. I. चाधि for आर्य suggested by the other Mss.

22. I. स्वामिकात्यैरके for म्यमात्यैरपो suggested by J. and the other Mss.

23. J. भ्योन्यायवर्जितः, G. H. न्याभिवर्ज्जनाः, B. जात्यादिवर्जितः, for भरमेपि वर्जितम् ।

24. (1) I. विशिष्टेन for विशिष्टोसैा suggested by the other Mss. (2) I. धरोयवा for धराख्यया suggested by the other Mss.

25. (1) I. धर्मार्थपतिस्या for अर्थमण्डलस्या suggested by the other Mss. and the sense.

(2) I. संश्रितम् for संश्रितः suggested by the other Mss.

27. (1) For धिपतिः श्रोमाने, J. र्धाधिप शूरश्चै ।

(2) I. श्रितम् for स्थितः suggested by the other Mss.

31. (1) G. omits lines 31—34.

(2) J. B. C. H. स्वयंजन for सज्जन । (3) C. धना for रक्षा । (4) J. निकेरे, B. मंडले ।

32. I. प्राका for प्राहा suggested by the context and the other Mss.

35. (1) J. B. C. G. H. लाढ्य for लानां । (2) I. श्रोत्र for सेात्र suggested by the other Mss.

(3) C. notices here—अस्मिन्स्थले पट्टपत्रं न्यूनं, but continues the chapter to the end except the line 36.

36. (1) I. अधिराज्यं च । (2) J. नरेन्द्रं वा । (3) अविचारक (without distinction) does not suit the context, because in chap. XLIX these first five classes of kings are stated to put on different kinds of crowns.

37. I. कक्ष for कस्य suggested by the other Mss.

41. (1) I. leaves in a lacuna सनिर्यूहं suggested by J. and the other Mss., C. सनिर्व्यूहं ।

(2) C. G. H. कल्पवृक्षसतेारणं, I. J. सूर्यकल्पस्य तेारणम् ।

44. I. प्रासादक for प्राहारकस्य suggested by the other Mss.

46. (1) I. नृप····, J. निर्बाध । (2) J. भूपालेभ्यो ।

48. (1) G. H. omit lines 48—50.

(2) B. C. J. प्रासनानां, I. प्रासन ।

49. C. वन, B. सर्व for नव ।

51. B. C. G. H. J. येाग्यता for येाग्यकम् ।

52. I. J. वर्धिते, G. H. C. वक्ष्यते ।

53. I. सहस्राश्वश्च, J मुक्ताचस्राग्व ।

54. I. J. नृपतेः शेा for नृपतेश्चो suggested by the other Mss.

55. I. न्वुद्दु for जान suggested by the other Mss.

56. (1) J. पतेपु । (2) I. सेवकम्, J. सेवकाः ।

57. (1) I. राजन्यो for राजेासैा suggested by the other Mss. (2) I. दुर्जनं तामसदासदा for दुर्जनानां च नाशकः, G. H J सतासदा, C. शतसदा ।

58. B. C G. H. J. कृपालुः, I. कृत्वा ।

59. (1) I. अथयदंशकैकान्तं शङ्करं. J. आदाय दशकैकांशंकरं । (2) J. रक्ष्यति ।

60. (1) J. omits lines 60—62.

(2) B. ग्रहेत् ।

61. (1) For नां जनं, G. H. C. न जनान् । (2) G. H. C. दश for द्विशि ।

63. (1) I. अति for अर्थे suggested by the other Mss. (2) B. अपि विप्रेभ्यो ।

(3) B. गृहेत, C. ग्रहन्, G. गृहि, J. गृहोः, H. ग्रहो, I. गृहीत् ।

64. I. J. मद्य, the other Mss. मर्थ ।

65. C. चेात्तनित्या ।

66. (1) C. भूयस्त्व । (2) G. H. कोर्ति for किञ्चित् ।

68. I. J. निर्म for नित्य suggested by the other Mss.

69. I. दैव for देश suggested by the other Mss.

70. (1) I. इति for नोति suggested by the other Mss. (2) I. मत् for वन् suggested by the other Mss.

(3) B. ततेान्यपि, C. करोत्यपि, I. J. चतुरान्यपि ।

71. (1) I. ज्ञोथवि, J. ज्ञश्चोप, B. परावरज्ञः ।

(2) J. वाभभिः कर्मभिद्दढः, C. G. H. वामन कर्मभिः द्दढ, B. पादेानधर्मभृतद्दढः, I. वामनङ्कमभिद्दढम् ।

72. I. अस्त्रग्राह्य for अस्त्रग्राहः suggested by the other Mss. and reference.

73. (1) I''''परान for यथापराध suggested by the other Mss.
(2) I. दश्डानांहि for हिंसां नाभि suggested by the other Mss.

75. I. स्वजनास्व for स्वे स्वे जन suggested by the other Mss.

76. I. स्वस्ति for स्वोकृत्य suggested by the other Mss.

77. I. स्याथ for न्याय suggested by the other Mss.

79. I. J. चमित्रं for चरित्रं suggested by the other Mss.

81. I. पत for पठ suggested by the other Mss.

82. (1) I. सतिनखवि, J सतु निखिल ।
(2) I. पट्टा, J. पादा । (3) J. विन्दः, B. C G. H. विंदुः ।

Colophon :—I त्रि, B. सप्त, C. omits this, G. H. एक, J. द्विचत्वारिंशो ।

CHAPTER XLIII

6. J. B. C. G. H. वितस्त्यर्धेन ।

7. J. omits lines 7—9.

8. B. श्रय for चक्र ।

12. I. शकेधुना for भंशकेन तु suggested by the other Mss.

13. I. (1) त्रिमात्रासेा for त्रिमात्रादेा and (2) अङ्गुलाद्दकम् for षङ्गुलान्तकम् suggested by the other Mss.

14. I. नाभि, B. C. J. मध्यस्य, J. नाल ।

15. (1) B. C. G. H. J. छिद्रं, I. चक्रं ।

(2) B. C. G. H. J. कृतिं ह्येव, I. कृतोमेव ।

20. (1) I. मिस्ता for हस्ता suggested by the other Mss. (2) I. सशिख-क्षायकं for क्षायतं suggested by the other Mss.

23. I. omits lines 23, 24 which have been preserved by the other Mss. and appear to be necessary.

25. (1) I. दशा for विंशा suggested by the other Mss. (2) I. साक्षी, J. चक्रो, B. C. G. H. चाक्षो ।

26. (1) B. C. G. H. शिखाच्छिद्र । (2) I. प्रयेाजयेत् for श्रायतं तथ suggested by the other Mss.

27. (1) I. शाला, J. शाक, G. H. J. शाखा, C. शारैा ।

(2) J. सारं च । (3) I. जितम् for:र्जुनम् suggested by the other Mss.

30. I. तारा for दारु suggested by the other Mss.

34. I. चित्रं for छिद्रं suggested by the other Mss.

35. I. अक्षोच्चारितमानं, G. H. अक्षोपरि तथा तारं, J. C. धारं ।

37. (1) G. H. धारं, C. हारं, I. विस्तारं भारं, on the margin विस्ताराधारं ।

39. I. यतास्ये च for यतं ह्येवं suggested by the other Mss.

41. (1) I. द्रुमारस्य, for सुभार, C. हार, G. H. धार ।

42. (1) G. H. omit lines 42, 43.

(2) Between lines 42 and 43, J. B. C. add one line which is identical to line 40 above.

45. (1) B. D. omit lines 45—49.

(2) I. C. यान for धारं suggested by the other Mss.

48. J. C. G. H. तुवा for तथा ।

51. For धार्थ, J. धन ।

52. I. चित्रं for छिद्रं suggested by line 53, and the other Mss.

53. (1) I. यं, B. J. यः, C. थः । (2) I. जन for जित ।

56. For तथा, J. तुवा ।

57. I. J. सेापपीठ for चेापपीठ suggested by the other Mss.

58. G. H. त्रयान्वितं ।

61. (1) J. गरिसंख्यैः, C. गणिकं वै, G. H. गणिक सर्वैः for रसिकरर्णाणकैः ।

62. I. मधि for मथ suggested by the other Mss.

67. G. H. चेाध, J. चान्य for चान्त ।

69. I. J. निर्गुणं for निर्गमं suggested by the other Mss.

71. B. J स्थलं for तलं ।

72. C. G. omit lines 72—73, H. omits lines 72—76.

73. The expression पकादश must be replaced by पञ्चधा च as suggested by the proportion and also by lines 79, 81, 83, 85, etc.

74. पञ्चादश is obviously for पञ्च, compare note under line 73.

76. I. वितस्त्यासार्धं, J. स्त्येकं स ।

78. (1) I. धस्त्व for हस्तं suggested by the other Mss. (2) I. चक, J. च्छय ।

80. त्रयस्त्रिंश is obviously for नवत्रिंश as suggested by the proportion.

81. B. C. तत्स्थलेान्नत for तलेान्नत ।

83. I. उच्चयं for उच्छ्रयं suggested by the other Mss.

86. B. omits lines 86—89.

87. I.·····या. for पञ्चधा supplied by the other Mss.

91. I. धमेकादेानि for धं चैकादि suggested by the other Mss.

93. I. युक्त्या, for युग्मा suggested by the other Mss.

96. J. तलमानं, B. तलमांतं ।

98. (1) B. चेाप for सेाप ।

(2) I. मधूपकम् for मसूरकम् suggested by the other Mss.

100. I. गय्यो for कर्णा suggested by the sense and the other Mss.

101. I. सर्वे तु for सर्वेषां suggested by J. and the other Mss.

102. I. धर for रथा suggested by the other Mss.

103. B. त्रियंगुल for त्रिमात्र ।

105. B. रथातारे, G. रथापारे ।

106. G. विस्तारं सार्धं ।

110. (1) For पक्षे, J. वक्रे । (2) I वक्रा for वक्त्राणां suggested by the other Mss.

111. J. चायुनादि, B. वायुनां तु ।

112. I. मञ्च for मञ्ज suggested by reference and the other Mss.

114. (1) G. H. omit lines 114—118.

(2) B. वृरदभद्रकं, C. वृषतश्चावतं ।

(3) B. C. निलाख्य ।

115. (1) I. माना, नामा । (2) For चाश्र, J. शाश्र ।

116. I. नमस्थं, for नमस्थान् suggested by the other Mss.

117. (1) I. J. राता for वाता suggested by reference and the other Mss.

(2) I. भागि, for भद्र suggested by reference and the other Mss

121. I. श्रन्ता for श्रे चा suggested by the other Mss.

126. I. विदुः for बुधाः suggested by J. and the other Mss.

127. (1) I. पूर्वोक्तं तत्र for पूर्वोक्तभद्र suggested by the other Mss. (2) I. J. नरथे, B. ारदर्भे, C. साररथा, G. H. रेथेा ।

128. I. ....र्वे for वर्धनं supplied by J. and the other Mss.

129. For मानेन, J. मानानि ।

130. I. नीलेा for निम्येा suggested by the other Mss. also by line 134.

132. I. भेाग्यं for येाग्यं suggested by the sense and the other Mss.

133. (1) C. श्रन्यार्थं, G. अर्थरार्थं, H. अरार्थं for अर्धरथं which does not bear any connected sense here; the intended expression may be either अध्वर (sky air)or अध्वन् (road, drive).

(2) C. देवदोप, for वेदपाद । (3) B. omits this line.

135. J. वर्त्मके, C. चक्रमुच्यते ।

136. (1) I. तत्स for षट्स suggested by the other Mss. (2) I. J. नरचक्रं for दशचक्रं suggested by the context and the other Mss.

137. (1) B. C. त्वेकवेादि चक्रद्वयमेवना ।

(2) I. कृत्वार्थ for मखार्थ suggested by the other Mss.

139. I. पाद for यदि suggested by J. and the other Mss.

140. I. J. स्यादेकानश्चेति for स्या चैकनवश्चेति suggested by the other Mss.

142. I. पश्चादेकादि ।

146. For वेदोनमां, other Mss. देवीनां ।

149. I. युक्त्या for युक्ति suggested by J. and the other Mss.

150. I. शेषं वि ...., J. शेषमागम, B. मानगतेा, C. भानगतेा, G. H. मागमनेाक्त ।

155. I. थ प णाम्ब, for थाभरण प suggested by J. and the other Mss.

159. (1) J. चरथ्य for रथस्य । (2) I. दे वि भूवंर, J. तेा विभुवांर ।

160. I. J. भावनसम्यक्भिवज्ञयाम्, G. H. भावनसत्यभिज्ञा ।

161. I. न्ददल स्वनताल तथार्य, J. दंल निस्वनताल धार्य for the last expression suggested by the other Mss.

162. I. मगने, J. मगने for गगने suggested by the other Mss.

163. (1) I. ....नि, J. पानि, G. H. धारि ।

(2) G. वर्णितम्, H. मंडितम् पण्डितैः ।

165. J. भूपतिं, C. G. H. नृपतीन्, B. नृत्यगीतप्रभृतीन् for युत ।

169. B. युग्मं, G. युगं for युत ।

Colophon:—I. चतुश्चत्वा, B. अष्ट–, G. चत्वा, for त्रिचत्वारिंशेा suggested also by J and the context.

CHAPTER XLIV

10. I. पादम for पाद suggested by the sense and the other Mss.

11. J. repeats here the second *pāda* of line 8.

13. I. सान्तराल, the other Mss. चान्तराल ।

14. G. H. ह्रयं त्रिकम् ।

17. I. ताखं, J. तालं ।

18. C. दिग्विदिग्वं, G. H. दिश्वदिश्वं for दीर्घदीर्घ ।

25. (1) B. तिया for क्रिया । (2) G. H. omit this line and the following.

26. I. भवन्तु for एवं तु suggested by the sense and the other Mss

29. J. कन्दर for कान्तर ।

30. I. स for च suggested by the sense and the other Mss.

31. (1) J. and G. omit the lines 31—33.
(2) I. रघर for रायामं suggested by the other Mss.

38. The lines 38—41 are lost in J.

42. I. J. कुर्याद्यैः for कुर्यादे suggested by the other Mss.

43. B. C. J. श्रोबन्धं, G. श्रोवान्तं, H. ग्रोषतं, I. श्रिबन्धं ।

44. I. J. जात्यधिकं for जात्यार्हकं suggested by the other Mss.

45. J. बन्धो, G. H. भूसुरे ।

48. J. omit the lines 48—50.

51. (1) I. J. H. वेधा, B. वेश्मादि, C. वेश्रादि, G. वेष्टा च ।
(2) B. कुश्म, C. कुग्म, G. H. कुड्म ।

54. I. शाखा for शं चा suggested by the other Mss.

59. I. वाद for पाद suggested by the other Mss.

62. (1) B. चेार्धाधेा, C. चेार्ध्वेता, G. H. चाल्पमे । (2) J. मध्य for पद्म ।

64. I. omits the three lines 64—66 and reads here the second *pāda* of line 66; they have been preserved by the other Mss. and appear to be necessary here.

66. B. C. G. H. सिंहपादं, I. पादसिंह ।

68. (1) I. J. चयः for चयः suggested by the other Mss. (2) I. वेाज, the other Mss. वेश ।

71. (1) I. नांभ्र, J. दि चा । 1(2) I. नांश for नाथे suggested by the other Mss.

75. (1) I. लक्षि for क्षोरि, suggested by the other Mss.
(2) B. सिघुकं, G. तिन्तु, H. किन्तु ।

79. (1) B. C. G. H. चेात्तं विहय ।
(2) B. C. G. H. शिल्पिनेाककम्, I. J. शिक्ष्यनुक्तम् ।

80. I. नयनं, J. नरशयनं । Addition of a word like मान्दोल is suggested by the context and the metre.

81. I. भानि for हानि suggested by the other Mss.

83. (1) J. रूपमपि । I(2) I. केसर, J. केसरि ।

84. I. वक्षो for शाखो suggested by the other Mss.

Colophon :—I. पञ्चचत्वारिंश, G. H. J. त्रि, B. पकेानपञ्चाश for चतुश्चत्वारिंशेा suggested by the context.

CHAPTER XLV

4. I. केच for कस्य suggested by the sense and the other Mss.

9. (1) I. स्यस्य च, the other Mss. स्यार्चना । (2) महोत्सव should be the fourth type as suggested by lines 10 and 27, etc.

15. I. J. नवपद्मं for नवमं पद्मं suggested by the other Mss.

21. I. सप्ता, J. पञ्चा ।

23. I. विशालकम् for चासने suggested by the other Mss.

31. G. H. चासने for विस्तारे ।

34. I. J. G. H. सैक, C. पक, B. चैक ।

37. J. नायतं चापि for नाधिकं वापि ।

47. I. चात्मानं वासतेात्सुकं, B. श्वा ।

50. G. H. second *pāda*, कन्यसादीनिपूर्ववत् which is the second *pāda* of the line 53, and the lines 51—52 are omitted by G. H.

55. I omits lines 55—57 which have been preserved by the other Mss. and are suggested by the context.

58. I. J. दीनि for दि न suggested by the other Mss.

61. I मात्राभं for मात्रान्तं suggested by the other Mss.

62. I. J. शिल्पिनेा for शिखरेा suggested by the other Mss.

66. I. चङ्गुल for मङ्गल suggested by reference and the other Mss.

71. (1) J. रंशे, for रङ्गे । (2) I. श्टङ्गायादि, J. शुमायादि, B. वायाति ।

72. C. I. येानियः for येानयः suggested by the other Mss. J. leaves this in a lacuna.

74. I. यादि for यामि suggested by the other Mss.

77. I. मथा J. मिति ।

78. (1) C. I. J. सप्तके, B. सप्तैक, G. H. सपूतांग्य ।
(2) B. चट्टइदेशे, G. इते शेषं, H. इदते शेषं ।

79. I. बेाध्या for बुध्या suggested by the other Mss.

80. B. C. G. H. शुभम्, I. सुखम् ।

81. I. वृधं for व्ययं suggested by the context and the other Mss.

84. I. शुभायश्चिह, G. H. शुभायानीह, B. शुभायादि, C. शुभयेानि ।

93. (1) J. बेाच for येाग । (2) B. G. H. येा गलविना, C. येागच पिनाक घातये । (3) G. H. कपेातधृक् ।

94. G. H. यथासनयेाग्यके ।

96. I. नं स्यात्तदर्धं for नस्येादया suggested by the other Mss.

102. J. चार्धं for सार्धं ।

104. I. कम्प for र्घर्धेन suggested by J. B. C. G. H.

105. (1) B. दीर्घपद्मकं, C. omits this line.

(2) Here C. omits the remaining part of the chapter with the remark :—अस्मिन्स्थले पत्रद्वयं न्यूनं but again takes it up, compare note 136.

107. (1) B. पूर्वांशे, H. घांशेन for चांशेन ।

108. H. J. पद्मंशेन for कम्पमर्धेन ।

109. I. भागेन for भागे तु suggested by the other Mss.

111. I. पद for युत suggested by the sense and the other Mss.

113. I. कबरो for ककम्बरो suggested by the other Mss. (2) G. H. वृत्तवक्र ।

114. (1) J. G. H. पल्लव, B. वल्कन, I. वह्लव ।

118. B. omits the lines 118—122.

119. J. omits मंशं ।

120. I. आलयं for आसनं suggested by the context and the other Mss.

122. J. omits the lines 122, 123 and 126.

127. I. पद्म, J. पत्र ।

134. I. J. हर्म्य for भज्य suggested by the other Mss. and the sense.

135. J. omits पद्म and adds भवेत् at the end.

136. C. I. वि for द्वि suggested by the other Mss.

137. I. J. हर्म्य for भज्य, compare note 134.

144. J. वाजनम् G. H. वेशनम्, I. वेत्रकम् ।

145. C. omits the 30 lines, 145—174.

146. I. मध्ये, for मर्धे suggested by the other Mss.

149. J. पद्म for वेाध्व ।

155. (1) G. H. वेार्ध्वनवृत्त, apparently for वेशान, compare line 144.
(2) B. C. लेंद्रकं ।

156. J. omits the lines 156—158.

158. G. H. read here the second *pāda* of line 161 and omit the next 3 lines.

168. I. चार्ध्ववृत्ति for चांशं वृत्तं suggested by the other Mss.

174. I. नाह for नां च suggested by the other Mss.

175. I. चाध्र apparently for चग्र, compare line 177.

177. C. I. J. चाश्र, B. H. G. चाग्र ।

179. J. I. जनेापरिदेशे, other Mss. जन्मनेापरि ।

118. I. प्राहाश, J. प्रहार for प्राहारक suggested by reference and the other Mss.

184. (1) J. षडशं, I. वस्वंशं । (2) I. सतगांशकम्, J. सतांशकं घटम्, B. पुटं G. बटम्, H. बत्वं ।

186. (1) I. चाप्ट, J. चत्रि । (2) J. द्यां, G. H. यथां for द्वयां ।

192. (1) B. C. G. H. चतुराग्रामयुक्तानां सर्वेषां सर्वमासनं, I. श्रासनयेाग्यकम् ।
(2) J. मानयेाम्यकम् ।

194. (1) I. मांशाधि for मासनादि suggested by the other Mss.
(2) I. J. नन्यमु, for नां तान्मु suggested by the other Mss.

196. I. तश्चेद्वि, J. ते चि ।

201. I. J. त्सर्व, for तु सिद्द suggested by the other Mss.

203. G. H. उक्त for उक्त ।

205. I. चत्त for चष्ट suggested by the other Mss.

206. (1) I. J. त्वमथ, B. हाथ, G. H. त्रय ।
(2) I. J. रायतम् for रासनम् suggested by the other Mss.

108. I. भज for विज suggested by reference and the other Mss.

109. I. B. भूपति, the other Mss भूमि ।

110. I. omits the lines 110, 111 ; but they have been included by all other Mss. and appear to be necessary here.

Colophon :—G. H. J. चतुश्च, B. एकपाञ्चाशत्तमेा, I. पञ्चत्वारिंशेा ।

CHAPTER XLVI

1. I. भूपानार्थं तु, J. भूषणार्थं च, apparently for गृहादीनां। (2) B. C. G. H. च।

2. I. च विधाना for विधानश्च।

5. I. omits the lines 5—7 which have been included by J. and the other Mss. and appear to be necessary here.

8. J. च for the last वा।

9. (1) I. भंङ्ग for भंगे suggested by the other Mss. (2) I. चाग्र, J. चाङ्घ्रि।

10. I. साष्ट, J. चाष्ट।

12. I. पक्र for पीठ suggested by the other **Mss.**

13. I. धिकतेा, J. दधिकेा।

16. The passages from the line 16 to the end of the work, are practically lost in J. They are so injured that they cannot be compared. (Ramraz most probably referred to this "J" Ms. only.

20. B. C. G. H. बहलं, I. द्रवङ्गुलं।

24. B. C. G. H. त्रिचतुः।

25. C. पाद, G. H. मध्यतेारणं।

28. I. चग्र for चङ्घ्रि suggested by the other Mss.

31. G. H. त्रियश्रं for त्रियुग्मं।

32. I. J. जना, G. जेान, H. जिन, C. दिना, B. तिन, apparently for त्रिधा to mean त्रिभुज as detailed in line 36.

34. I. असेा for आदेा suggested by the other Mss.

36. I. नित्यात्, the other Mss. नीत्वा।

37. I. पूर्णं च रक्तं for पुष्पं च रत्नं suggested by the other Mss.

45. B. किंचित्सुराणेकं, C. कंपं शिवान, G. H. किंबुरिराननं for the last expression.

47. (1) G. H. omit lines 47—49. (2) B. ग्राह, I. गृहा ।

48. B. C. तोरणांशं तोरणाद्यं ।

49. I. धारूणम् for धारिणम् suggested by the other Mss.

53. (1) I. कंवर for किम्बरी suggested by the first word and the other Mss. (2) B. C. G. H. पत्रादि for पत्रादि ।

55. B. मकरे हस्तपुष्प, G. पुच्छ, H. पंत्र for पुष्प ।

56. B. C. G. H. किंबरी किन्नर ।

58. B. C. G. H. तारणगै:, I. काराङ्गुलै: ।

59. C. G. H. पार्श्वेष्वधोद्वयोः ।

63. I. कृतं मध्ये कमला कुर्यन्तु वारणम्, C. तुतन्मध्ये मूलं कुर्यात्त तोरणम्, G. H. वारणम् । The addition of word like तोरणस्य is suggested by the context and the metre.

65. B. दायिका, C. G. H. तार्टिका ।

Colophon :—G. H. पकपञ्चाश, B. पञ्चाश ।

CHAPTER XLVII

4. I. B. प्रभा for प्रपा suggested by reference and the other Mss.
9. I. B. प्रभा for प्रपा suggested by reference and the other Mss.
11. I. B. पञ्च for मञ्च suggested by the context and the other Mss.
12. B. omits this line.
14. I. धान्य for दारु suggested by the other Mss. and line 31.
16. I. षड्भ्रि, C. G. H. षश्र, B. षग्र ।
17. B. C. G. H. त्र्यांशेम्, 1. त्रिशेन ।
22. G. H. वेदिचिन्हं ।
26. (1) B. C. G. H. एवं प्रोक्तं for the first words. (2) B. प्रभा, C. प्रपा, G. H. पाद ।
27. I......... चै for काम्यै supplied by the other Mss.
28 (1) I दावै, the other Mss. भूतै apparently for भूपतेः । (2) Owing to some curious confusion I. reads between this and the next line 14 lines (40—53) of the chapter XLIX.
29. I. जय for जन suggested by the other Mss.
31. I. वृडा for प्रपा suggested by the other Mss.
32. G. B. वरलेाह, H. वरवेलाहा ।
33. I. ····व for तरं चाथ suggested by the other Mss , B. तलसत्पद ।
35. (1) I. यमष्ठ····न for यथिष्ठानि suggested by the other Mss
(2) I. राभिः for राशि suggested by the other Mss., H. G रादि ।
37. I. त्वभिकातर्केचित् for न्यधिकानि चेत् suggested by the other Mss.
38. B. (in a previous place) निकृतांतानि ।
Colophon :—B. द्विपञ्चाशः, G. H. C. षट्चत्वारिंशो ।

CHAPTER XLVIII

3. G. H. वृक्षोदयं तारं, B. वृक्षं यदुत्तारं ।
6. G. H. देाहांगुल, B. द्वंगुल, for देवाङ्गुल ।
8. B. G. H. देकांगुलं, I. कांशा ।
10. Between 10 and 11, I repeats the lines 9—10.
16. G घोनाश्र for होनाग्र ।
19. B G. H. व्यालाननं भावं for व्यालान्तरं भावे ।
26. G. त्रयोदश for एकादश ।
27. B. C. G. H. एकत्रिंश for नवविंश ।
32. I. सान्त, other Mss. चाष्ट ।
36. I. विशालकम्, G. H. विशालता ।
37. I. देवमानं for देवतानां suggested by the other Mss.
44. G. च्छिन्न, I. चिन्ह ।
45. (1) C. भूम for भ्रम । (2) I. शून for चूल suggested by the other Mss. (3) I. मण्डपम् for मण्डलम् suggested by the other Mss.
46. I. ....समं, the other Mss. समग्रं ।
52. I. ध्वर्षे for वर्षे (on the margin), B. C. बलवान् यैावनानि च ।
53. H. सूतन्दाकृतिम्, G. नवा कृतिम्, B. C. सूतकाकृतं ।
55. I. सर्वास, B. सर्वस्य, G. H. सर्वं श्यामनिभं भवेत् ।
56. B. C. भ्रमरैरभिसंयुक्तं सर्वशालादिकेतने, I. भ्रामरोमभिरायुक्तं ।
58. I. वश्य for पश्य suggested by the other Mss., C. देवा ।
65. I. पवच for पञ्चव suggested by the other Mss.
67. G. H. श्रमयेत् ।

68. (1) B. omits the remaining portion of this chapter. (2) I. प्रभा for प्रपा suggested by the other Mss.

69. (1) G. H. मकरचिन्हक तोरणार्थम् , I. मकरतोरणराजताङ्कम् ।

(2) C. omits the remaining portion of the chapter with the remark—अस्मिन्स्थलेपत्रमेकं न्यूनं ।

71. I. स्य for स्म suggested by the other Mss.

75. G. राजैः, H. राजे, I. राजः ।

Colophon :—G. H. C. स्मृत ।

CHAPTER XLIX

The title of the chapter is suggested by line 12; the colophon indicates to the concluding and the subordinate item of the chapter.

1. B. C. altogether omit the introductory lines, 1—11 (which are quite unusually placed at the beginning of the chapter instead of at the end).

3. Compare शिल्पाचार्यमुपाचरेत् in line 11.

4. G. कर्तृवर्य, H. कर्तृपर्यू ।

6. G. पते तत् ।

7. I. सेाक्ष, the other Mss. चेाक ।

8. (1) G. काम्यदं, H. सिद्धिदं । (2) G. H. संपदेश्च ।

10. (1) I. नन्तु for नस्त्व suggested by the other Mss., B. चित्तं । (2) G. H. विनाशनम्, I. विवर्धनम् ।

11. H. शिल्पाचारमुपाचरेत् ।

14. (1) B. कुंडलालकं, G. H. कन्दलं, C. क्रदलं, I. कुण्डलं, for कुन्तलं suggested by reference and the other Mss. (2) I. चून, the other Mss. चूड ।

15. I. आधार, the other Mss. आकार ।

18. I. नारायणांश for नारायणस्य suggested by the other Mss.

19. B. G. H. अन्यथा for कन्यसा ।

20. I. omits the lines 20--23 which have been preserved by the other Mss. and are required here.

25. I, पत्रवल्यादिभूपादि for चक्रवर्त्यादिभूपस्य suggested by the other Mss.

29. I. मभिषिच्य for महिष्याश्च suggested by the other Mss.

34. B. C. G. H. वक्ता for वक्रयामं ।

36. G. H. चालपा पादेान; C. चालवः, B. चापादान, I. चाल, for चार्धं suggested by the sense and the other Mss.

37. G. H. किन्नरायक्ष, I. गणेशाद्य ।

42. B. देशके, C. केशिके, G. H. देशिके ।

43. B. ताराधं, I. मूलाकार ।

46. भूप is apparently a misreading for भौम, i.e., सार्वभौम as suggested by the lines 47, 48, 49.

48. (1) I. वंश for द्वरंश as suggested by the other Mss.

(2) After this line 48, C. deals with सिंहासनलक्षणं and ends the chapter with तोरणविधान ।

55. पट्टस्त्र is apparently for पट्टस्य as suggested by lines 56, 57, 58, 59.

57. (1) B. G. तुंगारं, H. तुंगारे । (2) B. शके, G. H. श्वरे ।

60. B. सर्वमान for सर्वानाश्चमिति ।

61. (1) I. दशपर्णे, B. J. H. दशवर्षे, may we read दशार्षे which would retain the metre. (2) I. हेमाद्या, B. G. H. हेमाभ्यां ।

62. I. निष्क्रिया, B. निष्कं च ।

68. I. त्रयसमं त्रयम्, B. त्रयं तथा ।

74. B. 1st *pāda*, चत्वारिंशत्रिष्कमारभ्य ।

77. B. C. H. त्रिशतं, I. त्रिंश (in both the places).

81. B. त्रियोदिनं, G. त्रयोदकं, H. त्रियो ।

83. B. omits the lines 81—83.

88. (1) धवल is apparently for कुन्तल which would be otherwise left out of the plans of the crown, compare lines 89—91. (2) B. त्रिपुरा, G. H. त्रिपुषा, I. J. त्रिपुरुप, apparently for त्रिपुट ।

89. (1) वेणु is apparently for मौलि which would be otherwise left out of the plans of the crowns, compare lines 88, 90—91. (2) I. काण्डन्तु शिखि, G. H. करण्डं शंख ।

90. G. H. पालिकाकृतिः, B. वादिका कृतिः ।

91. (1) B. G. H. कंशाग्रं । (2) I. तालि for दल ।

92. I. omits the lines 93—95 which have been preserved by all other Mss. and are necessary here.

93. तदर्धं is apparently for तु दश, otherwise the 26 parts mentioned in line 92 cannot be made up.

95. नव must be for पक as the total demands.

17

96. (1) I. अपुरित नि, the other Mss. पार्श्वपुलिं न। (2) तुङ्ग is apparently for तुण्ड।

97. G. H. त्रिवेदिकम्।

98. G. H. त्रिवेदिकम्।

99. B. omits the next 4 lines.

102. G. H. अधोवेत्रादयोदेशे, I. अथ चैकोदयेदेश।

106. B. G. H. पुरिभं च द्विपाश्वेंतु।

110. B. मकरांतकं, C. मकरात्मकरात्मकं, G. मकरात्मरान्तकं, H. मकरात्म।

114. I. धामै for दामैः as suggested by the other Mss.

118. (1) I ष्क for ष्पु as suggested by the other Mss. (2) C. चतुर्य्यादि।

119. C. समं युतं।

120. (1) I. पृष्टस्याथ च, G. H. शिरःपृष्ठस्य। (2) I. रः श for रश्च suggested by the other Mss.

121. I. श्श for श्च suggested by the other Mss.

124. B. C. G. H. जूटोर्ध्वं।

127. C. omits the lines 125—127.

134. (1) B. पिनाक। (2) B. स्तुति, C. स्तुतिना, G. H. विना कुश्चितिना।

141. I. च कर्ष, B. C. G. H. चकेण।

146. B. C. G. H., second *pāda*, कुर्यात्तद्दलपट्टकं।

147. B. omits the lines 147—149 and also 154—157.

155. I. गल, the Mss. फाल।

164. I. omits the lines 165, 166. They are identical with the lines 65—66, but are necessary here and have been retained by other Mss.

172. (1) B. C. I. दि for चि। (2) I. G. H जय for जल suggested by other Mss.

175. I. न्तुयो, the other Mss. दधि।

177. Compare line 184 where स्थपति and गुरु more distinctly refer to one and same person; compare lines 190—191.

195. I. माङ्गं, other Mss. मात्रं।

197. B. श्रीराजनाविधिं।

200. Owing to some inexplicable confusion or carelessness, of the copyists lines 213—231 are included between lines 200 and 201 in all the Mss. There displacement has been suggested by the context and is beyond doubt.

203. I. मुखेन्द्र for मुखेन्दु suggested by the other Mss.

204. B. भासुरयच्च तत्रं ।

205. G. H. विश्व for तश्च ।

206. I. leaves in a lacuna रूपाङ्ग which has been supplied by the other Mss.

210. B. C. G. H. ध्वज संबाध ।

219. I. वोरं for वीर्यं suggested by the sense and the other Mss.

220. I. ग्रन्त for ग्रत्र and सान्त for चात्र suggested by the sense and the other Mss.

225. B. रैप्या, I. रूप्य ।

Colophon :—B. सप्तपंचाश, G. ग्रष्टचत्वा, H. षट्चत्वा ।

CHAPTER L

C. omits this chapter.

1. I. G. H. र्थन्तु for नान्तु ।

6. B. omits this line.

10. I. कुत्र for चित्र suggested by the other Mss.

13. I. मित्र for मिश्र suggested by the other Mss.

14. I. सपूरिमम्, the other Mss. सुपूरितम् ।

15. B. मूलावलंगनं ।

16. B. बंधावलंवकं for the first expression.

22. (1) I. भारं for हारं suggested by the other Mss. (2) B. G. H. दुपार (3) B. कंप for ग्रोव ।

23. I. G. H. दाम, B. वाम ।

24. B. मूला, I. माला ।

25. (1) B. वाह्ये वा मध्यतुंगे तु for the first *pāda*. (2) G. H. omit this line.

27. I. प्रस्थ, the other Mss. प्रान्ते ।

29. I. त्स्यादामेढ़, G. H. B. त्तस्माद्दामं ।

30. G. H. नोलश्च for नोर्ध्वं ।

32. I. G. H. वोरं for चोरं suggested by the other Mss.

33. B. पद्जानु for पादजाल ।

34. I. द्विभाव for विहाय suggested by the other Mss., G. H. विभाव ।

40. B. G. H. कटकं विना, I. कटकस्वना ।

41. I. ममुत्को for गुहफस्यो suggested by the other Mss.

47. (1) I. पत्रोमभिषि for पर्योमञ्जूष suggested by the other Mss., B. कर्षे ।

(2) I. मखडोला for दोलायतः। suggested by the other Miss., H. leaves this word in a lacuna.

48. I. सा for च suggested by the other Mss.

50. G. H. बिठा for विडा ।

51. I. राय for मराल suggested by the other Mss.

53. G. H. कुजरोयस्य, B. खंजरोटस्य ।

55. I. गदायारै for गेाघारस्य as suggested by a subsequent line.

59. B. नवदंडं समारभ्य ।

60. B. दिव, G. दीर्घ for दीप ।

61. B. नवेात्, G. H. नलेात् for पक ।

66 (1) I. हलो for फलि suggested by the other Mss., B परिकान्तं ।
(2) I. न्तद्वदा for तद्घटा, suggested by the other Mss., B भुटा ।

69. I वांस्या for वृंध्या suggested by the other Mss.

70. G. H. लेन, B. लयि ।

77. B. चित्रघटांघ्रि ।

79. G. H. क वरी, B. त वारि ।

83. B. G. H. युक्तगा for युग्मा ।

93. B. ऋज्जु, G. H. रज्जु ।

95. I. सा for चा suggested by the other Mss.

96. I. पर्युं, G. H. प्रागु ।

97. I. वजन, G. H. व्याजेन, B. यजनं, for व्यजन suggested by reference and the other Mss.

100. I. तथैवत, G. H. B. एकं वाथ ।

101. B. कुशान्वितम् for the last word.

102. I. भरि for हरि suggested by the other Mss.

107. B. वजन, G. H. व्याजन ।

114. (1) B. दर्पणस्य विशालकं, G. दर्पणं मध्ये बाह्यके । (2) I. H. दर्पणं मध्ये रेखाभिरावृतम् which is a portion of line 118.

After line 114, I. and also G. H. omit the following four lines, which appear in B. only and seem to be quite in place. I. G. H. seem to have confused the second *pāda* of 114 with that of the line 118.

119. I. वंल्येभै, G. बिंलैहै, H. ब्यांलैहै ।
B. चाह्रर्षरोहै ।

121. B. G. H. सदृशं, I. सर्वेश । (2) B. वेदभिः, G. H. देवहि for मेव हि ।

122. I शिल for कोल suggested by the other Mss.
123. I. शं for तु, B. शांशं च ।
124. B. G. H. यथाबाल ।
125. I. B. ङ्क्ं स for ङ्कस्य ।
129. B. G. H. त्रिचतु for विशाले तु ।
132. G. H. वर्षजूषं च ल, B. पर्षभूषल ल ।
133. I. चत्रिमा for चतुर्मा suggested by the other Mss.
135. I. वर्ष for पर्ष suggested by the other Mss.
136. (1) G. H. omit lines 136—138.
(2) I. अत्य, B. अद्य, for अध्य suggested by the other Mss.
139. I. दारुसस्यानन for दारुजस्य मानं suggested by the other Mss.
B. दारुजस्यमानं, G. दारुतस्य घनं, H. दारुधस्याघनं ।
140. G. H. अंशेन विधानकं, B अंशेन ललामकं ।
145. B. वाताकार, G. H. वज्राकार, for वर्षाकार ।
149. I. तद्वदन्तेन, G. H. द्विद्विहस्तेन, B. तद्विहस्तेन ।
153. I. तत्त्रिकं, G. H. B. त्रिकरं ।
154. G. H. विंशं द्वयेापेतं for the second *pāda*.
156. I. कान्म for कार्कम suggested by the other Mss.
159. G. H. धातपाद, B. मातापादा for पादपार्द ।
160. G. H. बलार्च्चनं, B. बलाचलं for द्विवलयं ।
163. I. B. पादेानं, first one, for मेवं च suggested by the other Mss.
165. B. दर्पणं, I. पर्वणं ।
166. (1) B. परणं for वारणं । (2) G. H. omit this line.
168. (1) B. अगेले, G. गनी, H. गह्वो । (2) I. न्नृत्य for नृरज्जु suggested by the other Mss., B. धाज्ज्यभुज ।
175. I. दृभू, G. H. B. रव्यभू ।
179. G. H. जीवा, B. सिंहा ।
181. (1) B. omits lines 181—182.
(2) G. H. शांशांस ।
182. G. H. जिह्वाग्र ।
187. I. हारम for तोरणा suggested by the other Mss.
188. G. H. समं पत्र, I. नवं ।

190. B. चार्यं चोर्ध्वंस्य चतुश्चितोष्टकांतकं, I. तत्र समं चास्य चाष्टं वा ततत्रै-रष्टकोत्तरे, G. चास्यचोष्टं स्यचतुःछिद्राष्ठकान्तरे, H. छिद्रोढ।

191. I. हाय for चाय suggested by the other Mss.

193. I. लेाअनं for लेाहजं suggested by the other Mss.

194. B. पुत्रौ, G. H. फद्रौ for पत्रैः।

197. B. omits lines 197—199.

201. G. H. पीठवृत्तुला, B. द्विदंडं दंडनाघवं।

204. I. त्रित्रि for त्रि suggested by the other Mss.; G. H. omit this line.

209. G. कण, H. खंड for कर्ण।

213. G. विशालं स्यात, H. विलाल for विडालस्य।

215. B. G. H. कोनत्रतं चैव। (2) B. G. H. शरांतकं for the last word.

216. B. हेमं तत्, G. हेमात्, H. होमाग्र।

218. B. G. H. पंचविंशां।

220. I. समादा for समग्रं चापि suggested by the other Mss.

226. I. करा for मराल suggested by the other Mss.

234. I. तुनालम्बि for कुलालस्य suggested by the other Mss.

238. G. H. कुंजरोधस्य।

239. G. H. समग्रं for समाश्रं।

245. I. वस्त्र for वत्तं suggested by the other Mss.

246. (1) I. शकट for चटक suggested by the other Mss. (2) I. रिवेा B. रेखेा, for रस्य suggested by the other Mss., G. H. स्यात् तित्तिरी चोत्कवत्।

248. I. पूर्वं नवविधं, G. H. B. पूर्ववत्सवधा।

249. G. H. गैाधारे B. आधारे।

253. G. H. समग्रं तत् समाश्रं।

257. I. युगान्तं, G. H. B. युगांशं।

258. I. leaves, in a lacuna चैकांशं supplied by the other Mss.

262. I. leaves, in a lacuna, निर्गमं शूलेतिर्यक supplied by the other Mss.

266. (1) I. घेास्य for घश्च। suggested by the other Mss. (2) I. प....for समुद्र supplied by the other Mss.

268. I. चतुरङ्गं for चतुरश्रं suggested by the other Mss.

269. B. चक्रकृति, I. चित्रा क्रांत ।

272. B. G. H. द्वित्रिवेद, द्वित्रिये ।

276. Second *pāda*, B. ऊर्ध्वदेशेन चूलिका, G. H. चोर्ध्वेद्वरांशेन चूलिका, I. चैकभाजनम् ।

281. B. G. H. परितस्तु लुपायुक्तं खंडहर्म्यादिमंडितम्, I. पुरोकमुपयुक्त्या च, G. H. दंडितम् ।

282. G. H. पंचदशा ।

290. B. G. H. येाग्यकं, I. भेाग्यकम ।

291. B. मुद्रिका, H. G. मुद्रका ।

296. (1) B. घंटा च for कर्णा च । G. H. leave this phrase in a lacuna.
(2) B. माल, G. H. फाल ।

297. B. चार्ध, G. चार्थ, H. चार्त, I. सार्ध ।

298. (1) B. G. H. तत्स्वर्ध । (2) G. H. परितस्तु सेव्यं ।

301. G. H. मालिका for चूलिका ।

302. B. पूरिमादिरवेशकेजु, G. H. पूरयन्तभिरर्पितचूडकम् ।

303. (1) B. H. शक्र, G. पूर्व, I. चक्र । (2) B. G. H. दिव्यालकै ।

304. I. नग for निक suggested by the other Mss.

305. G. H. सुमुखाः for गणपतेः ।

306. (1) G. H. वर्णं परं । (2) B. मित्तिकं, G. H. मित्यकं, for the last word.

308. B. तस्मैरपि ।

Colophon :—(1) B अष्टपञ्चाश, G. H. नवचत्वारिंशं, I. पञ्चाश । (2) G. H. इत्यादि मानसारः समाप्तः ।

CHAPTER LI

G. H. omit this and all the remaining chapters.

C. omits this chapter.

3. I. दार्वे for दारुजे suggested by the other Mss.
4. I. चोक्तव्यादि, B. चोत्तमादि ।
5. B. कीर्तितः for निर्मितः ।
6. I. शङ्क, B. शर्के ।
8. (1) B. चित्रासं for second चित्राङ्ग । (2) I. साङ्गं, B. सं च ।
9. I. सर्वद्रव्य, B. सर्वाङ्गं दृश्य ।
10. I. द्रव्य for दृश्य suggested by the other Mss.
12. I. वित्येव, the other Mss. भित्तिश्च ।
13. (1) I. चोक्तं for च्चोत्तमं suggested by the other Mss. (2) I. मण्डप, B. मध्यम ।
16. B. दीर्घरेणैव for दीर्श्वरेणैव ।
17. B. चिरमुच्यते स्थावरं मूलस्य जंगमं चोत्तमं भवेत् ।
18. Between the two *pādas* of this line, I. adds एवं तु द्रव्यबेरैश्च ।
20. B. वैशाखं वैणवं, I. वैघासं वैष्णवं ।
23. I. लम्ब····ना for लम्बासने supplied by the other Mss.
24. B. एतत् for एक ।
29. I. चिरं बेरं धनं, B. पीताम्बरधरं ।
31. B. कुंतिका for कुण्डिका । (2) B. च वामं for वामे ।
32. B. स्नुक्स्रुवंद्वादिनां वापि, I. स्रक् स्रुप ।
37. B. नालिका ।

38. B. त्रिदयं च बल for नोव्यं चलन ।

41. I. वीरे, B. चोर ।

44. I. च्छान्तांवद्भुतः, B. तृशास्त्रविद्बुधः ।

49. B. चोर्व्यामाश्रितमेववा, I. दुर्वासक्तमेव च ।

51. I. सर्वे, B. सव्ये ।

52. B. अधरे for अपरे ।

53. The second *pāda* is left in a lacuna in I, which has been preserved by the other Mss.

56. I. रत्नो, B. रत्नको ।

59. B. नलकां तलकांतं, I. तालकान्तं ।

61. I. भव, B. द्रुन ।

63. B. थोभूमो, I. त्रिभूमिं ।

67. (1) B. निव्या for नोव्या । (2) B. रत्न for रक्त ।

68. (1) B. पक्षं तु for वक्षस्तु । (2) I. कपाल on the margin for साल ।

69. B. करकोटि, I. करीति ।

70. B. पुत्रकोदन for पत्रोदरं ।

72. B. मूलादिवामै ।

73. B. शंभ्र for लम्ब, I. मकर on the margin.

74. B. प्रच्या for प्राचा ।

75. B. कटक for दृढ्ङ ।

77. (1) B. चक्र for चार्के । (2) I. रागं गङ्गा for नागं गङ्गा suggested by the other Mss.

78. B. पुष्पं for पुष्करं ।

79. B. च पोत for चान्वित ।

85. I. सर्वाङ्ग for सर्वेषां suggested by the other Mss.

91. B. दशकालं स्यात् त्रयं तु ।

92. B. सकलांगकैः, I. सस्तुलाङ्गकैः ।

93. (1) B. स्थावरजंगमकं । (2) I. leaves the second *pāda* of this line in a lacuna.

94. B. भिरत्त्वांमं मुनीश्चरै(श्वरैः) ।

Colophon :—I. मार्गणयोगनाम for त्रिभूर्तिलक्षणविधाननाम suggested by the other Mss. B. अष्ट ।

CHAPTER LII

C. omits the first 100 lines of this chapter with the remark अस्मिन्स्थले पत्रानि नवानि न्यूनानि ।

2. B. कलामुख महाव्रतं, I. महाव्रृतं ।

3. I. वामान, the other Mss. वाहनं, apparently for वाम ।

4. B. वर्धमानं शिवादिकं ।

10. I. नां च for नामपि suggested by the other Mss.

11. Between lines 11 and 12, I. adds first *pāda* of line 16 which is not required here.

13. I. यज, the other Mss. जंघ ।

14. B. एवं तु षट्विधं ।

16. (1) B., first *pāda*, दहनं दहभागे तु ।

(2) Between 16 and 17 the following line is added by G. H. B. दुत्तमान्तं स्यात् प्रत्येकं द्विद्विमात्रकम् ।

17. I. कन्यसा for केचित्त suggested by the other Mss.

18. I. स्प, B. G. H. स्यात् ।

19. I. त्रित्रि, B. G. H. तत्ति ।

20. B., second *pāda*, पादमध्य समं भवेत् ।

25. साष्टादश is apparently for चैकाशोति, compare line 18.

27. B. omits lines 27 and 28—31.

33. B. स्यश्चत्रिंशांनुलतुंगकं ।

42. B. लिंगं for तुङ्गं ।

43. B. अर्धत्रिपाद ।

44. (1) I. हस्ताङ्गं for हस्तान्त । suggested by the other Mss (2) B. नववालिंगपूर्ववत् ।

(2) B. omits the next four lines.

56. B. ऊनविंशा for the first word.

57. B. षट्त्रिंशसप्तमात्रं तु for the first *pāda*.

62. B. तत्र तुंगे तु for तुङ्गमाने तु ।

64. B. बुधः for विदुः ।

65. B. स्तावलिंगानां for स्थाप्य लिङ्गं वा ।

66. B. अर्धहस्ताधेमान, I. अथ हस्तादयेा ।

69. B. शभपूर्वं न कारयेत् for the second *pāda*.

71. (1) B. omits this line. (2) I. कै for एकैक ।

72. B. बहूनां for बहुधा ।

78. B. नगरं for नागरं ।

79. I. काम, B. तार ।

80. B. omits lines 80—84.

85. I. मद्य, B. पङ्क्त्य ।

91. I. पञ्च for अष्ट suggested by the other Mss.

92. I. कार for तार suggested by the other Mss.

94. B. त्रिधा for स्मृतम् ।

95. I. सूत्र for त्रित्रि suggested by the other Mss.

96. B. नारदादिभिः, I. भागरागिभिः ।

98. B. तत्र पंचैक for चतुष्पञ्च ।

100. B. द्व्यंश मत्रिंश, I. द्व्यंदंशं ।

101. (1) B. कृत्वाराजार्धाधिकं तद्दशांशं ।

(2) I. कृत्वैरकमात्त ।

103. I. वेस्यरन्ती for वेसरादो suggested by the other Mss.

104. (1) B. इतिह लिंगोदयं सर्वभागं ब्रह्मविनोदयं ।

(2) B. omits the next four lines.

109. शिवाङ्क in place of शिवाधिक is suggested by the metre and the reference.

113. B. omits the second *pāda* and also the next four lines.

114. I. कृतमज for कमलजहरि suggested by the other Mss.

118. B. तुंगमष्टांशकं युगांशकैः ।

120. B. शिरोन्नतम्, I. शतोन्नतम् ।

122. I. भद्र, B. रुद्र ।

123. B. सूत्र for रुद्र ।

124. I. श्राम्रं, B. श्राग्रं ।

125. (1) I. चाष्टाग्रामं, B. साष्टाग्रं । (2) B. मध्यभागके ।

126. B. चांगके for चाग्रके ।

127. चतुः is obviously for एक as suggested by lines 129, 132.

129. B. लिगानि मूलके । The addition of मध्य is suggested by both the metre and the context, compare lines 124—126.

132. B. विशाले for शिवांशे ।

133. B. दाषेाड ।

134. B. स्तावसानं ।

135. B. मुक्तानि तत्त्वैः ।

136. B. पंचषट् and omit विस्तृते, I. पञ्चपञ्च ।

139. धिरा is apparently for धारा, compare the preceding and the succeeding lines.

140. B. वर्तितंतुमिव ।

141. (1) B. बुधादभुतार्थश्च वृषाकृतिस्तथा । (2) त्रिपुरुष is apparently for त्रिपुरघ which is an epithet of शिव ।

143. B. कषेतः for वषेतः ।

144. B. पूजायां शततुंग ।

146. B. क्ष्म्यारयशेषं for कृत्वांशेन ।

148. B. त्वैकार्धभाग, I. leaves in a lacuna र्धभागं ।

151. B. तस्यार्ध्वपार्श्वभूमयैत्व ष्टकांतकं ।

152. B. कुर्याद्रेखा द्विकांतं तु ।

156. B. लिंग यद्दारुणाग्रे ।

159. B. द्वर्धहस्तात् ।

160. B प्रागुकवत्सरे, I. प्रागुक्तवन्यस्तले ।

162. B. omits lines 162—164.

169. I. स्व, B. ण, C. स्य ।
172. C. देववदोक्तवत्, B. देवयदुक्तवन् ।
173. I. धारनीला B. दर शिव, C द्वारे नील ।
174. I. चोक्तं, B. चेन्न ।
178. B. द्वारमिति, C. दारुमिति for धारमिति ।
185. B. C. कर्परानुचरैः for कर्तारन्तु ।
186. (1) I. मागश्चैवो, B. मार्गके चो । (2) B. पश्यते for पार्श्वं तु ।
187. After this line C. omits 141 lines, with this remark :—
अस्मिन्स्थले पत्रचतुष्टयं न्यूनं ।
188. B. रससारोह्य ।
189. (1) B. पारावारिटका ।
(2) B.अनुलापविशिनां ।
190. B. वर्जयेत्सा, I. वर्णयेत् ।
193. I. अश्रं, B. अग्रं

198. (1) B. शिला सर्वे स्त्रीपुंशिला । (2) I. सूत्रं for सर्वाः suggested by the other Mss.

199. B. शिला स्वर्ण for षण्ड ।
200. B. first *pāda*, भागतं च शिलासत्वे ।
202. B. चां दिक्षुपरं भवेत् ।
205. I. काशि, the other Mss. कीर्ति ।
208. B. वहराग्रत्यग्रं स्यान्नपुंसकमुदाहृतं ।

209. (1) B. कांस कार्दा । (2) I. श्री for स्त्री suggested by the other Mss.

210. B. राजबंधादो for the first expression.
211. B. नोचोनोच, I. नोध्मनी ।
212. B. दालिर्दा for तालध्वनि ।
213. (1) B. निषार्धा for महिषध्वनि । (2) I. वृक्षः may be for वृद्धा ।
214. (1) B. क्षाधोनि । (2) B. यवनास, I. यावना ।
215. I. उन्छा apparently for शालो ।
223. B. स्वर्णरेखां च ।
224. (1) B., second *pāda*, शेषमर्हगता(तो)क्तवत्, मर्यभवनमिति स्मृतम् ।

225. I. omits lines 225—227 which have been preserved by the other Mss. and fit in well.

228. I. मद्भुतमिति B. स्वयम्भुरिति।

231. B. omits lines 231—232.

235. (1) B. सूत्रयुक्तं। (2) I. स्वस्तिका, B. सशिखा।

236. B. शर्कराकारं प्राक्षाकारं तु।

237. B. नद्रीतुरं, I. नगर्दभं।

240. B. मानुषं सुकुसुवाकृतिः।

242. I. अत्रि for भद्रि suggested by the other Mss. and the context.

243. B. एवं ताराधर्वलिं(गः) स्यात् शेषमानं तथाक्तवत्।

244. Compare line 267.

246. B., second *pāda*, नाहपीठविशालवत् शालकम्।

251. B. अतिकल्पं नलिंगयुक् दैव्यं स्वायम्भुरुच्यते।

252. B. तत्र स्वयम्भुलिंगे तु विरूपं च विशेषतः, I. मन्त्रवयूरम्भुलिङ्गे तु नररूपं चेत्।

253. B. मम्यक् सूत्रे च सं, I. सम्यगुक्तजनं।

254. I. लिन्द्र, B. लिङ्ग।

256. I. यावत्येा, B. सैावर्ण।

257. B. लिंगे तद्व्रावर्त for the first *pāda*.

258. B. नाभेरूजगायते।

259. B. वक्रं, I. वर्त।

260. B. निजाकृति, I. निशाकृति।

261. I. न्दोष्ठ, B. दोसि।

264. I. स्वात्मा, B. आत्मा।

265. B. नवस्त्रेपु त्र रत्नेषु।

266. B. शेषमान गतोक्तवत्।

268. B. कलिनाग्न परित्यज्य किंचिलंघं।

271. B. घटितं चैकभागं स्यात्, I. कलितश्चोक्त्य।

272. B. नंदर्दुरं सूक्ष्मषट्वजं। युशिलाभवेत्, I. second *pāda* ....वकि शिलाभवेत्।

274. I. वि for वत suggested by the other Mss.

276. B. युक्तं हि।

278. B. घतं नावं for तन नाहं।

279. B. पतेन for यवेन ।
281. B. भूनां, I. भुना ।
282. B. शुद्धपीठेा ।
283. B. मानं वियुक्तं च न कुर्यात, I. मानेन युक्तं चेत् ।
284. I. तत्रं भर्य स, B. तत्रिभिर्यव ।
286. B. त्रयं त्रयं ।
288. I. श्शुभायादि for यथाभागादि suggested by the other Mss..
290. B. omits lines 290–293.
297. B. प्राणालोतारमेव च ।
298. B., second *pāda*, खातादाशिका ।
300. I. संशये तु for स्वयम्भुव suggested by the other Mss. and the context.
304. (1) I. चेार्ध्वंगोर्वाधः, B. चार्ध्वधेाबुद्धो । (2) I. पट्टसंमसरोरुदेा, B. पट्टजन्म सरुहं ।
305. B. द्वेक for चैक ।
306. I. र्धनां for द्वयां suggested by the other Mss.
308. B. यमधेा, I. यथेा ।
309. (1) B. सर्वांगाधिक । (2) I. थमो, B. यन्म । (3) B. मानयेत् ।
310. B. रेाछ्यं for रेादयं ।
311. I. वद्भवेत्, B. वर्जयेत् ।
312. (1) B. पोठमध्ये तु कर्तव्यं; रन्ध्र for गन्ध is suggested by the reading in line 317. (2) B. नाभस्य ।
313. B. द्वयंशं तत्पातयेत् ।
314. B. चैकारूषाधिके, I. leaves लिङ्ग in a lacuna.
315. I. स्वात्मा, B. चात्मा ।
317. B. पदर्थनं for परितेा रन्ध्रे ।
322. B. स्वर्णं चैव प्रपीठं ।
323. B. वज्रलिंगेषु ।
326. B. अथवा रत्नपोठं वा पीठमानं तु लिंगके ।
327. B. वज्रादीनां च रत्नै(त्नै)श्च लिंगादीनां विशेषतः ।
328. B. पवज्रं for पककर्णं ।
329. I. निर्मिति, B. न्यन्यानि ।

330. B., second *pāda*, चैकलिंगे प्रकल्पयेत् ।

331. In place of this line B. has the three following lines :

मध्यद्रत्नैश्च यल्लिंगानां वत्साग्ये नैवनामकं ।
नवरत्नैश्च संयुक्तं लिंगं यद्दत्तलिंगकं ॥
स्वर्णेन रचिते लिंगे पीठंरत्नादि योजयेत् ।

334. (1) Before this line C. notices यस्मिन्स्थले पत्रचतुष्टयं न्यूनं and omits the preceding part of this chapter.

(2) B. C. बाह्यं for नाह । (3) The second *pāda*, B. शिष्यस्ताधाभवेत्, C. स्यदा भवेत् ।

336. I. पूजलिङ्गायां, B. लिङ्गपूजायां ।

341. B. मुक्तवल्लाचनं विदुः, C. वल्लामनं घृनं ।

342. B. सवाशां तु for प्रशस्तमिह, C. omits this word.

344. B. वोंगुडै, C. गुलै ।

345. (1) C. पाद for वाथ (2) I. विष्ठे, B. पृष्ठे ।

346. (2) B. तक्षणोका, C. क्षणिका । (1) I. रजे for रचेत् suggested by the other Mss.

350. I. मानन्य for मानं च suggested by the other Mss.

351. I. बद्धाद्य for बंधाष्ट suggested by the other Mss.

352. (1) I. साष्ट for चाष्ट । (2) C. तुंगै, I. omits this word.

(3) I. नन्दहान्या for भिविंहन्यात् suggested by the other Mss.

360. B. C. रशुभं for रूपं ।

364. I. वृद्धिमं for वृद्धिः suggested by the other Mss.

369. I. दारूवत् for दारिद्रावहं suggested by the other Mss.

371. I. जमाद्रश्चेद, B. जन्मद्दग्वेद, C. हक्भेद ।

372. (1) I. दक्षाभैाशैारी, B. क्षाभैामं गैारी ।

(2) I. कृतियं भुक्, B. कृतं न्यभुक्, C. कृतिमंश् (3) B. हृधिं, C. रिदी ।

373. B. भूषं शुद्धं घोरं चाधनं वेष्पमेव च ॥

I. प्रपश्चखडवोरं चाथनश्चप्रक्षिमेव नन्दशेषं भुक्ति which appears to be a confused mixture of the following lines.

C. भूपे । चंद्रविरां चंदनं प्रेष्याममेव ।

374. (1) B. भूवधं न्यंदिरं, C. भूपंदं न्यंवोरं ।

(2) B. C. omit भुक्ति । (3) B. मुक्तिं, C. मुक्ता ।

375. I. राभ्या for राद्या suggested by the other Mss.

Colophon :—B. पकोनषष्ठितमेा, C. leaves this in a lacuna.

CHAPTER LIII

7. I............न्तेमा for पीठन्तम्मा supplied by the other Mst.

10. B. C. परिणाहस्य, I. पुर्वनाहस्य ।

12. I. संभवं, B. संग्रहं ।

13. B. C. मन्यस्तु ।

15. B. C. तदेकांशाधिकविष्णुमानपीठोदयं भवेत्, B. उयोदिते, I. omits अधिकं ।

16. (1) B. C. पूजांशं स्यात्त्वधोदेशे for the first *pāda*.

(2) B. वैष्णवांशेत्त्वजाश्रितं, C. वांशत्पजाश्रीकं ।

25. I. शेषस्तु, B. तु शेषं स्यात ।

26. B. कृत, C. घृत, I. घृत apparently for वृत, as suggested by line 298 of chapter LII.

27. घृत for वृत, see note under line 26.

30. C. प्रथमेश्च ।

33. B., second *pāda*, लिंगपीठं च विस्तृतं ।

36. B. ड्यंगं, C. ड्यंशं च वृत्तकं वा ।

37. I. सासा...........र्धे, B. तस्याधो चार्धार्धे, C. कुंभस्य च परितश्चाधो ।

38. C. कार्धेन, B. विकाराग्न for कार्धेन ।

39. I. leaves in a lacuna पूर्ववत्पीठं श्रीविशाल which has been supplied by the other Mss.

43. I. ....शं, B. यस्तुतुङ्गवशावेशं, C. यत्तुंगस्यवशादेशं ।

44. I. तारादिभोमं, B. C. तारादिनिर्गमं ।

47. I. वेघरे (in both the places) for वेसरे suggested by reference and the other Mss., B. वेनरे ।

48. B. C. दारा, I. धारा in both the places, see also line 55, the intended word seems to be यन्त्र, compare chapter XLIII 123-124.

49. I. लिङ्गके may be for पीठकम् ।

50. B. तत्तद्यच्छिखरा, C. तस्यदश्चिता, I. शिराकारं ।

52. B. C. लीङ्गादीनि ।

54. B. उत्तरे च न्यासदं for the first expression.

55. B. C. दारा for धारा । Compare note under line 48 above.

58. (1) B. C. तारा for तार । (2) B. C. गेहम्, I. देहम् ।

59. (1) C. देहं for गेह । (2) B. C. त्रिधैक ।

(2) I. कुर्य, the other Mss. कुड्य ।

60. I. पिवशात्त for पीठविशाल suggested by the other Mss.

Colophon :—B. C. षष्टितमा ।

CHAPTER LIV

1. B. चिन्हं, C. हृत, I. चित्र ।

6. C. भूषणो, I. भूषणम् ।

9 I. भ्रमकर for भ्रमरकं suggested by the other Mss.

10. (1) B. omits lines 10—14.

(2) C. मौल्यानां for मौक्त्येन ।

14. C. पैार, the other Mss. चूड ।

15. I. मौल्त, the other Mss. मौक्तिक ।

16 (1) B. निष्पं, C. निर्यं, for नीवीं । (2) B. पट्टियुत्क्यपि ।

17. B. पादजालं पादजंघा, C. पादजालांगुजांगागं ।

19 I. कोत्तर्यं, B. कोत्तरीय, C. कोर्त्तियं ।

20. B. C. नव्यसंदेशं ।

21. I. राक्ष for चाक्ष ।

29. C. महस्य पार्श्वे तु for पितामहं सव्यपार्श्वे ।

30 (1) I. रक्त, B. रत्न । (2) B. omits the second *pāda* and also the four lines following.

33. (1) C. कर्णौ मकुट ।

(2) By some confusion I. repeats here lines 31—33.

38. For तश्चेा, B. तस्येा ।

42. I. B. तुङ्गकोण स्थि C. दपाङ्गकोणे स्थि ।

43. C. द्विजमं, I. leaves the second *pāda* in a lacuna which has been supplied by the other Mss.

47. I. चा ···for अथवा supplied by the other Mss.

48. B. omits lines 48—81.

50. (1) C. कुचतनै। (2) I. केकैः, C. रत्नैः।

(3) Before line 51, C. adds the following 51 lines which apparently belong to a chapter dealing with the illustrations of the *tāla* measures.

उष्णीषात् पादपर्यंतं हारांतर शतांशकम्।
उष्णीषं तु चतुर्मात्रं नेत्रांतं तु युगांगुलं।
पुटांतं वेदमात्रं स्यात् मात्राणा मेढ्राग्रं तु सोमकं।
तत्समं भागानुभागं स्यात् मूरुदीर्घं मुखद्वयं।
जानुकंठ समा कुर्यात् जंघा च चोरुतुल्यकं।
पादजानु समोच्चं स्यात् देवमुक्तंगमानयेत्।
अंगुष्ठात् पार्ष्णिपर्यंतं तलंशो (षो) उशमात्रकं।
चतुर्विंशतिमात्रं स्यात् ⋯⋯ सोमकं ⋯⋯ स्यते।
कूर्परं च द्विमात्रं स्यात् प्रकोष्ठमष्टादशांगुलं।
मध्यांगुलाग्रसीमांतं तलं द्वादशमात्रकं।
रुद्रांशं मुखतारं स्यात् गलतारं युगद्वयं।
वत्समं बाहुमूलं स्यात् जानुविस्तारं तत्समं।
बाहुपर्यंतविस्तारं षड्त्रिंशांगुलं तथा।
कुक्षियोरंतरं वापि विंशमात्रं प्रशस्यते।
मध्योदरतारं च पंचादशांगुलं भवेत्।
श्रोणिदेशविशालं स्यात् सप्तादशांगुलं भवेत्।
नवाधिक्यं दशांगुल्यं कटिदेशे विशालकं।
ऊरुमूलविशालं स्यात् द्वादशांगुलमिष्यते।
वृरुमध्ये विशालं तु सार्द्धपंक्तंगुलं भवेत्।
जंघामूलविशालं तु सार्धसप्तांगुलं तथा।
जिह्वामध्य षडंगुल्यं विस्तारं तु युगांगुलं।
नलकां गुल्फविस्तारं सत्रिपादाब्धिमात्रकं।
सार्धवेदांगुलं पार्ष्णिविस्तारं परिकोर्त्तितं।
षड्यवाधिकपंचांशं प्रपादं विस्तारं भवेत्।
तलाग्रातारं शरांगुल्यां वेदांशांगुष्ठदीर्घकं।
द्विमात्रं तस्य विस्तारं तारार्धमं नखविस्तृतं।
तर्जन्यंगुष्ठ तत्तुल्यं दीर्घं विस्तारमंशकं।
त्र्यंगुल्यं सार्धपक्षांशं मध्यंगुल्यं च त्र(? त्र्य)ये पादै।

मध्यमादि कनिष्ठांतं दोर्घमेव प्रस(श)स्यते ।
विस्तारं सप्तषट्पंच यवमानमुदोरितं ।
तदर्धं च तदर्धं च नखविस्तारमुच्यते ।
बाहुमध्यविशाले तु सप्तांशं कूर्परं तथा ।
वेदांगुल्यं प्रकोष्ठं च मणिबंध त्र्ययंशकं ।
त्रियंशं सार्द्धं पक्षांशं षडंशं तलमूलां चा ।
तलाग्रांतर युगांगुलं ।
तलदोर्घ षडंगुल्यं शेषांशं मध्यमांगुलं ।
सार्द्धपंचांगुलं दीर्घं तर्जन्यनामिकाद्वयो ।
सार्धपंक्त्यंगुलां दीर्घं कनिष्ठये तत्म(द)थापि वा ।
यंशं षड्यवं सप्तषड्यवं चतुर्यवं क्रमात् ।
अंगुष्ठादि कनिष्ठांतं विस्तारं परिकीर्त्तितं ।
स्थूलमूलं कृशाग्रं तु दुक्तमानेन योज्ययेत् ।
अग्रे त्रिद्विभागेन नखतारं प्रशस्यते ।
तच्चतुर्भागमाधिक्यं नखताया(र)मुदाहृतं ।
ए(ये)कद्वित्रियवं वापि नखाग्रं कारयेत् सुधो ।
अंगुष्ठेव च द्विपर्वं स्यात् त्रिपंचांचान्यदंगुलैः ।
ज्ञानरेखादि रेखैश्च कुर्यात्तु तलमध्यमे ।
केशांता दक्षिणे सूत्रांतं भू(भ्रु)वोर्मध्येभूवखिति ।
अक्षायामद्वयंगुलं तदर्धं तस्य विस्ति(स्तृ)तं ।
भू(भ्रु)वायाम युगांगुल्यं द्वयविस्तार भागिकं ।
द्व्यंगुलं पुटपर्यंतं नासिका विस्ति(स्तृ)तं भवेत् ।
तदर्धं मध्यविस्तारं तदर्धं स्यात्........तदमांगुलं ।

51. (1) चन्द्रवीर is apparently for छन्नवीर, see chapter L. lines 35—36
(2) C. स्यात् स्वर्णरत्नो, I. वर्णरक्त ।

52. C. केयूरकटकटकं स्वर्णवर्णं पूरमसंयुतं ।

55. C. कुर्याग्र व्यचलं भवेत् ।

59. C. मालादि संभूष्या मूलादि संहत्या ।

60. C. हस्ते च दिंडिकं ।

66. C. कुर्यात्त द्वाराधयेत् ।

71. C. लंबरं ।

75. I. मन्दिरा, C. मिन्दिराः ।

81. C. मानयोर्दश।
86. I. परिदं for वरदं suggested by the other Mss.
87 B. C. गोपाला, I. गोवाला।
89. (1) B. दीर्घतीक्ष्णो, C. दीर्घकर्षे।
(2) I. महोदरो, the other Mss. मनोहरा।
90. B. चोक्षश्रृंगोद्भवाभवेत्।
C. चाक्षश्रींगो····भवेत्।
I. श्चो·······शोद्भवाभवः।
91. B. मध्यं कांचोललं भवेत्, C. omits this.
92. (1) I. विशानबाहय च ग्रोव, B. विशालास्य सुग्रोव। (2) B. हुंद, C. तुगख्य for तुबड।
(3) I. स्थि for स्मि suggested by the other Mss.
93. B इंदु for वृत।
94. (1) C. omits the lines 94—97.
(2) I. ग्या for ग्रो suggested by the other Mss.
98. B. कांसरोय, I. कांत्तयं।
103. B. C. स्थाणे for स्थाने।
104. B. C. दंतिलंतुकरा, I. वामदन्तिकरा भवेत्।
107. I. दंश for दङ्क suggested by the other Mss.
110. I. वाद्यते for वक्ष्यते suggested by the other Mss.
113. I. भवत् for भय suggested by the other Mss.
116. (1) B. कंचिद्द्धनिहस्तुंगं।
(2) C. notices here यस्मिन्स्थले पत्रमेकं न्यूनं, and omits the next 35 lines.
117. B. मटकतान्वित।
119. I. पृष्ठे देवी, the other Mss. पृष्ठे वंदि।
121. B. हस्ताग्रे।
122. B. वाल्मिनाभयं।
127. B. मणाचो for माहेन्द्रो।
134. B. प्राक्वक्त्रास्या· I. पोत्रवर्ती (वक्त्रो) स्यात।
135. B. किरोटं मकुटं तथा।
136 B. भैरवो बर्मरालका।

137. B. मरुकं ।
139. B. चिन्हभृधृत्य ।
142. S. सत्यवाहमकरोपरि, I. दामपरे ।
143. (1) B. धरं पार्श्वे, I. परापार्श्वे । (2) B. कंचुकौ, I. कुचाभेा ।
148. B. भयांडजौ ।
149. I. संरक्त, B. संयुक्त ।
150. B. C. omit lines 150—151.
163. B. चैय, C. सर्वे for सव्ये ।
171. B. C. चार्थकंचुल ।
173. For भद्र, B. C. पद्म ।
174. B. स्थानकं देवीमांप्रकारजुभावहेत् ।
C. नके देवी समांशे रुजभावये ।
I. समाकौ कजु भावयेत् ।
175. C. त्रिनेत्रा ।
181. I. मूर्ध for मूर्ध्नि suggested by the other Mss.
183. I. ध्वंस for ध्वाधेा suggested by the other Mss.
188. B. C. मानके ।
189. B. भद्रयेा, C. भंगनद्रये ।
190. B. पुटे सव्यक चक्षु, C. पुटासस्य कुचाग्र, I. पुटासव्यकसाक्ष ।
192. B. निष्ठोक्रुरुतासने च, C. श्रेष्ठकुरुमानसेन च···· ।

Colophon :—B. एकषष्टितमेा, C. leaves this in a lacuna.

CHAPTER LV

1. (1) I. सुगजर्दाधिनकध्यानं for सुगतजैनकादोनां, B. जनकध्यानां C. स्तातिकं धून ।

(2) B. मानपूर्वकं, I. पूर्वना(मा)नकम् ।

2. (1) I. सादिष्ठा for धुना मा suggested by the other Mss., B. चापिमा, जातिमा ।

(2) C. omits the next four lines.

3. I. विमानं च for मानंचापि suggested by the other Mss. and the context.

4. Lines 4—6 which are suggested by reference and supplied by the other Mss. are missing in I.

7. (1) C. यत् for तत् । (2) I. कं मानमु for मुन्मानमु suggested by the other Mss.

8. C. न्तरेनेाप, I. अवान्तरेाप ।

10. I. च हितेाच्यते, B. चाभियेा, C. चाभिहेा ।

11. I. माद् for मानं suggested by the other Mss.

12. Lines 12—14 which are suggested by reference and supplied qy the other Mss. are missing in I.

13. (1) C. वस्तु for हस्त । (2) B. तार for ताल ।

22. B. C. देवं तु, I. पकन्तु ।

25. I. न्यसम्, C. न्यकम् ।

30. B. C. वरं for समं ।

34. B. चेात्सेदेा(? घ)दय ।

38. B. कांशादिकं तु स्यात्, C.—धिकांतं ।

39. I. अयमानमु, B. C. देवन्तुवेा ।

40. (1) B. omits lines 40—43.

(2) C. बेरं स्यात् for the last word.

41. I. हर for हन्व suggested by the other Mss.

42. C. स्यादेवं तु चेात्सवेा for the first *pāda*.

47. B. चाध्यायार्थं च, C. चाधाद्यर्धासि ।

50. I. जुङ्गदावामे यस्तुभारादि for जङ्गमा दोनां शुभायादि, suggested by the other Mss. C. शुभायादान ।

51. B. जाहंशं च, C. जात्यहांजांसंचास्यात् ।

53. (1) I. गतं, B. C. ततः । (2) I. म, B. C. चा ।

55. (1) I. मङ्कुरं for मङ्गुलं suggested by the other Mss. (2) B. होनं, C. ह्रोवं, fc चैवं ।

58. C. तदंनाहं, B. ततन्मानं ।

60. I. दलं for ङ्गुलं suggested by the other Mss.

61. B. omits this line.

64. I. दुगोहलश्चा for हेहलब्धा suggested by the other Mss.

68. (1) I. त्रयेास्त्रिंशाङ्गुलान्तं, but by following the rules as given in lines 64, 66, the reading should be as in the text which has been taken from the other Mss.

(2) B. C. न्मात्रांगुलेन ।

69. (1) C. चायात्यंश, for जात्यंशकं । (2) B. C. विवर्धयेत् for विवर्जयेत् ।

70. I. मुत्त, B. C. चाक ।

72. C. मुंडाकारं for मुण्डतारं ।

74. I. leaves in a lacuna ऋजुकारं which has been supplied by the other Mss.

76. B. C. परात्मकं ।

79. C. adds भवेत् at the end ।

80. (1) B. सगजेन्द्र । (2) B. C. परैस्सह ।

81. C., second *pāda* देवांगैसहसेवितै, I. सह्नैस्सहदेवते ।
B. सदिक ।

82. I. मन्यत्रा, the other Mss. वर्त्या ।

84. B. चामरोधृत, C. चामारोत्रित, I. चामरैाक्षत ।

85. C. यत्रि त्रियांत, B. छत्रयांत ।

87. B. जिनां च हपाश्वके, C. दोनं च हतपार्श्वकं ।

88. C. B. पंचवर्ण, I. पञ्चपरमेष्टी ।

89. C. जनदंवांगमानयेत् ।

92. C. सर्व, I. सम ।

94. (1) I. शिर for जिन suggested by the other Mss.

(2) B. कुर्याच्छेषं यतांकवन् ।

C. येवं च जिनदेवोरं चननित्ययुक्त विशेषमार्गतोस(क)वः(वत्) ।

Colophon :—B. C. द्विषष्टितमेा ।

CHAPTER LVI

2. (1) B. दृष्येास्वांज, D. रजि, C. देवेारं चिरं ।
(2) B. D. बेाद्धदेवेा, बेाद्धस्य, I. स्थानकं ।

4. (1) I. ग्रत्वर्थ for ग्रश्वत्थ suggested by the other Mss. (2) I. नया for तथा ।

5. D. वरुण for वर्षे ।

6. I. तुङ्गधेाणं on the margin under interrogation.

8. B. C. लाघवेादर, D. लाङ्घवेाधर ।

10. B. मैात्तिकं, D. मैाथिकं for मैालिकम् ।

13. B. C. वीरं, D. वीरनाम, I. सार्धकं च सदना ।

14. I. leaves in a lacuna स्थावरं जं which has been supplied by the other Mss.

15. (1) I. सार्धद्वि for चार्धं चि suggested by the other Mss.
(2) D. चित्रभूषमथा ।

16. (1) B. C. पर्वं, D. पट्टे वा चित्रिकें, I. पीठे ।
(2) B. D. किटि च, C. कटि, I. कीर्ति च apparently for मृत्तिका compare Chap. L. 2-4. (2) B. कर्करा, D. कुकरा, for शर्करा ।

17. I. leaves in a lacuna कारये which is supplied by the other Mss.

18. I. ग्रङ्गमयन् for the last word suggested by the other Mss.

Colophon :—B. D. त्रिषष्टितमेा, C. leaves this in a lacuna.

CHAPTER LVII

6. B. C. दशतालेन।

9. B. पिंगलं चैव, C. पिङ्गलवर्णं for पीतवर्णकम्।

10. B. omits lines 10—11.

12. I. मौलिनाम् for मुनोनाम suggested by the context and the other Mss.

13. B. कुंबिकारं भवेत्कुक्षि एवं संपूर्णशोभितम्।
C. कुब्जाकारं बृहत् कुंच वपु संपूर्णं।

14. C. मन्यत्सामान्य, B. मंत्यत्वामान्यसे।हषं।

15. I. मौली for मुनी, B. C. मौनि, see note 12.

16. C. कमंडलुं for पुस्तकम्।

17. I. मौलिनाम्।

21. After this line C. omits 34 lines with the remark पस्मिन्स्थ पत्रमेकं न्यूनम्।

22. (1) I. leaves in a lacuna भूतां which has been supplied by the other Mss.

(2) श्रुर is apparently for श्रोणि as suggested by the context.

23. B. स्यात् जंघादि घोर।

24. B., first *pāda*, पादं जानुसमुच्चं स्यात्, I. प्रावतारं शरांशं which is a confusion with lines 20 and 28.

25. I. स्कोप्परं साधु, C. कूर्परं चार्धं, B. सार्धं।

30. I. तद्विशाह for न्तं विशालं suggested by the other Mss.

31. B. मध्यगत for मध्योदर।

32. B. कंदारं for कटितारं suggested by the other Mss.

34. B. नलतालं।

35. B. बहिरग्रे, I. बाहुग्रोव (रग्र, on the margin).

36. B. करांगुलं for करां(लां)शकम् ।

37. B. अर्धांशं for ऽर्धांशं ।

38. B. कल्यांगुलं च for the first expression.

41. (1) B. तस्मात्समार्धं for the first expression.

(2) I. पद्यं, for पङ्क्त्यं suggested by the other Mss.

43. I. सान्यमंशांश कान्तं स्या, for सार्धदशांशं तस्मा suggested by the other Mss.

48. (1) I. श्रीव for ग्रीव suggested by the other Mss.

(2) B. omits the next four lines.

52. I. यताल for अष्टताल suggested by the context and the other Mss.

55. B. द्वादशांगुलं ।

57. B. त्र्यंगुलांशकं for the last expression.

Colophon :—(1) B. C. ऋषि । (2) B. चतुःषष्टितमेा, C. leaves this in a lacuna.

CHAPTER LVIII

7. B. C. भारगाः ।

8. (1) B. येाग्याश्च । (2) B. देवगुरुमाननार्थकं, I. देवाङ्गुल्यासनार्थकम् ।

9. This line is missing in I., but it is preserved by the other Mss. and appears to suit the context.

10. I. दारुणम्, B. धारिणः, C. विग्रहधारिणां ।

12. B. णं सुस्थिरं, C. णस्यास्थितं ।

13. I. चेार्वी, B. C. चेार्व्या ।

18. (1) I. वैष्णवं, the other Mss. वैणवं । (2) B. स्थानु, C. स्तान for स्थान ।

19. B. वदारैश्च, C. धरैश्चैव ।

20. (1) B. चरणपशुसमानं, C. चरणांबरणं पादं. I. चरणगमनपादं ।

(2) B. C. नराभं, I. कायान्तराभं ।

23. (1) B. हरितकिरणवीणा, C. हरिदकरणंवीण ।

(2) B. C. कन्यसस्यैापरूपकम् ।

Colophon :—B. पंचषष्टितमेा, C. leaves this in a lacuna.

CHAPTER LIX

1. C. सम्यक for सर्वं ।

2. B. तद्वशान्मानगुद्यते, C. तद्विशालात्मानगृह्यते, I. द्वादशमान ।

3. B. I. omit lines 3—6 which are supplied by the other Mss. and are required here.

7. I. ध्यान, B. C. ज्ञान ।

13. After this line C. omits the next 45 lines with the remark अस्मिन्स्थले पत्रमेकं न्यूनं ।

14. B. लानोत्तरशतांशकं ।

15. B. omits lines 15—18.

16. I. देव for वेद suggested by the context.

19. (1) B. तत्समं भानुभागं । (2) I. पैरु for चेरु suggested by the other Mss.

20. (1) B. जानुकर्ष(र्षं)समं कुर्यात् जंघा च चोरुतुल्यकं, I. कर्षं च । (2) I. ङ्गतुकम् for तुल्यकम् suggested by the other Mss. (2) I. तुङ्गकम्.

21. I. देव for पव suggested by the other Mss.

28. (1) I. पाशु for बाहु suggested by the other Mss. (2) I. शांशाङ्गुलं for शाङ्गुलकं suggested by the other Mss.

30. B. मध्ये धरातारं च द्विमात्रं तत्र ।

31. B. त्रिसप्तदशां ।

32. Between 32 and 33 B adds one line :—

उपमूलविशालं तु द्वादशांगुलमिष्यते ।

33. B. सार्धपंचा ।

36. (1) I. कुल्प for गुल्प suggested by the other Mss. (2) I. अज्ञ for अङ्घ्रि।

38. B. षट्भागिकं च, I. षटद्वयाधिक ।

40. B. द्विपत्नं तस्य for द्विमात्रं तत्र ।

42. B. अंगुल्यं for the first word.

43. B. माधिक for मादिक ।

45. I. नव for नख suggested by the other Mss.

48. B. च कलाग्रं for चाग्रं तारं ।

50. B. नाभिकादयं for नाभिकाद्वयं ।

51. (1) B. साधमह्यं for सार्धवहग । (2) I. कनयेाः for कनिष्ठयोः suggested by the other Mss.

52. B., second *pāda*, सद्यवं तु यथाक्रमं ।

54. B. वृत्त for उक्त ।

55. B. ग्रंग्रि द्वित्रि for ग्रग्रे च त्रित्रि ।

56. B. तच्चतु for त्रिचतु ।

62. I. भ्रुवा for कर्णा suggested by the other Mss.

64. Between lines 64 and 65, I. adds इति उत्तमं नवतलं समाप्तम् ।

65. I. तद्वि for सद्वि suggested by the other Mss.

66. B. पंक्तितालकम्, I. पादतालवत् ।

70. I. न्तं ह for न्ताद्ध suggested by the other Mss.

71. I. त्यर्थं for ध्यर्धं suggested by the other Mss.

72. (1) I. कर्णं हृदयमानं, B. कर्णात हृदयान्तं ।
(2) I. नाम, B. नाभि ।

73. I. वा, B. वार्ध, C. सार्धं ।

74. B. मेट्रयायूरू, C. मेट्रादि ऊरु ।

77. I. हत्का for हिक्का suggested by the other Mss.

78. I. कोबरं for कूर्परं suggested by the other Mss.

79. I. भागां, B. भान्वं, C. पंक्तिशकं तथा ।

81. (1) B. C. वाहुजानुश्च ततसमं ।
(2) I. मतश्चैसम् for च तत्समम् suggested by the other Mss.

83. B. C. कक्षांतरमुदा, I. कन्धरं ।

90. C. बेदमंगुष्ठ, I. ग्रङ्गुल ।

92. I. त्सम्, B. C. त्वि ।

93. B. C. स्यानुस्य तु ।

94. I. omits the second *pāda* of this line and the first *pāda* of the next, which are required by the context and preserved by the other Mss.

96. (1) I. मध्या for मध्याङ्गुला suggested by the other Mss.
(2) I. समातृकम् for ग्रपमात्रं suggested by the other Mss.

98. The presence of व before द्र makes it certain that the correct reading should be वन्द्रङ्गुलं

99. I. शुभ for युग suggested by the other Mss.

Colophon :—B. पंचषष्टि ।

CHAPTER LX

1. I. leaves in a lacuna वाहनानां supplied by the other Mss.

2. I. भास for हंस suggested by the context and the other Mss.

4. I. विचित्रां for द्वित्रयां suggested by the other Mss.

6. I. उक्तवन् for उत्तम suggested by the context and the other Mss.

7. (1) C. षडंशेन। (2) I. नलेा for गलेा suggested by the other Mss.

11. C. युगांशकं for द्वयांशकम्।

13. B. C. ग्रोवं स्यात्, I. ग्रोवस्थ।

14. C. स्यात् दुत्तारं for उरःस्थानं। (2) B. omits the second *pāda* and the three following lines.

15. C. तदुत्तारात् पुच्छमूलात्, I. तदुरात्।

17. C. तद्विस्तार।

18. I. वन for घन suggested by the other Mss.

21. B. सवृत्त, C. omits स, I. सवृत्तकम्।

22. I. अत्यर्थां for अध्यर्धा suggested by the other Mss.

24. I. वरदेा, the other Mss. पुरतेा।

25. (1) I. द्विद्वि, B. चद्वि। (2) B. I. अयां, C. अयामं।

28. I. कन्यसादङ्गुलात्तान्तदर्थान्यङ्गुलानि च, B. C. अध्यंधाङ्गुलतारं तदर्धमन्याङ्गुलानि च।

29. (1) I. भास्या, B. C. अस्य for आस्या। (2) I. च for त्रि suggested by the other Mss.

33. I. लम्बबम for लं घनम् suggested by the other Mss.

36. I. वस्त्र for वर्षे suggested by the other Mss.

38. (1) B. शक्तीनां for मूर्तीनां। (2) B. देालयानं च, C. डेालायते........।
I. डेालावान्नव।

39. B. पत्र युक्तं, I. वस्त्र।

42. I. स्वभृत्वम् for संभूषम् suggested by the other Mss.

46. I. ···ज्यम् for मूल्यम् suggested by the other Mss.

Colophon :—B. षष्टिषष्टितमेा, C. leaves this in a lacuna, I. वाहनविधानं नाम।

CHAPTER LXI

4. I. खं वा for खार्धा suggested by the other Mss.

6. C. चैकांगुलं for चैकाशं ।

9. (1) B. I. omit lines 9—10, I. omits also lines 11—12, but the context requires these four lines which have been preserved in C.

(2) C. द्विं द्विंगुल ।

10. C. त्रयोविंशश्चतांतंश्चतं ।

11. C. ध्वज तारायतौ for the first expression suggested by the context.

12. C. वठ for पीठ ।

13. B. C. पादोनं ।

18. B., first *pāda*, कुर्यात् षट् चतुरायामं ।

21. B. C., first *pāda*, केचिन्मूलबेरे चेत् ।

22. B. विस्तृत for विश्वतः ।

25. I. कुसु for षड्वर्गं suggested by the other Mss. and the context.

26 C. has both आदित्यं च and आद्यंश्च, I. आदित्यं च, B. आद्यं चायतस्तथा ।

28. (1) I. सिंह for हंसं suggested by the other Mss. and the context.

(2) For सिंहके, B. तुङ्गके, C. तुंगमेव च ।

29. B. द्वादशं लक्ष्मेव च, C. द्वादशाक्ष ।

30. (1) B. प्रियंवेशैश्च, C. व्ययवेश्चैव ।

(2) B. स्यात् दत्वा दर्धमेव च, C. स्यातर्धत्वा च तदर्केपि वा ।

31. C. स्यात् वृद्धेत ।

33. B. C. गृहे for ग्रहेष ।

34. (1) C. आकाशं for अंशं । (2) B. C. चतुर्विंश्या, I. विंशं, for वृद्धिः suggested by reference.

36. B. चोक्तं सर्वव्यापादिकं ।

37. I. येाति for येानिः suggested by the context and the other Mss.

39. B. विप्रवृतिव गेाहाना, C. विपत् प्रत्यरयेागानि ।

40. B. C. शैार्यं for सैार्यं । (2) B. कांगाभवारश्च ।

41. (1) B. धनचंडं, C. शनिष्सातपचंडं ।
(2) C. प्रेषांशादि, B. पृठांशादीनि ।

43. B. ऋज्जु, C. रूज्जुर, I. ज्वर ।

44. (1) B. द्वयमधगुण, C. मथ ।
(2) B. चतुष्कस्वर्गबधनेश, C. चतुष्पट् बंधुकेशा............ ।

45. B. C. गलमुदरगुह्यस्थानं जान्वंध्रितकं तत्, C. स्थानु ।

47. B. C. अथशुभतुलपदाय पंचदशांशं, C. अदतला ।

49. (1) B. C. द्वि(गु)णबाह्वायतं कूर्पराक्षं, I. चास्या केापराक्ष्मा ।
(2) B. C. र्येष्ठिपंक्तितालंतलांतं।।
(3) B. C. सर्वतज्ञैः for प्रमुखकरैः ।

50. C. वदन, C. वदसि, for नव ।

52. I. हृतविहृत for हृदयविस्तृतं suggested by the other Mss.

53. I. उर for उदर suggested by the other Mss.

54. I. पद्यांशपेारू for पक्षयं शचेारू suggested by the other Mss.

55. B. C. र्वक्रं for वृत्तं ।

56. B. C. नत्र देजनस for तत्र जैनन ।

57. B. C. विषु for विस्तृत ।

61. B. वरभिमानं शिल्पि, I. नर............शिल्पि ।

63. B. मध्यमाग्रां. I. माश्रि ।

65. B. विस्तृतं for प्रसृत ।

66. I. युव for युग suggested by the other Mss.

68. B. स्मायते, I. स्वायते ।

69. B. स्फटमितिमतिबेंवूभ्र सदकृतार, I. पुठमिति............वेन्द्रैश्चन्द्रिकातारदीर्घा ।

78. B. पत्रायामं for the first word.

80. B. शक्त्या तत् श्रेात्र ।

81. B. तदेव for तथैव ।

82. B. सव, I. पूर्वं ।

83. B. धुक्ति तालेाकवत् , I. वद्भिः ।

84. B. वावं, I. हावं ।

85. B. बाहूपक्षौ चंगु कंचुकेन, I. leaves in a lacuna the whole line except the last word, which has been supplied by the other Mss.

86. B. नास्तिका शुकतुंडपदाग्रे, I. सिकांशुकांशुकदश्डपदाक्रमम् ।

87. B. हंसकास्यदंष्ट्रतत् कुर्यात्, I. हासिकास्य.........दंष्ट्रवक्रयुक्

89. B. वर्णातितुंडग्रपि, I. वर्ण.......तुरुड ।

90. B. षण्पक्षिवत्, I. मनेपि च ।

92. B. वस्त्र for वर्ण ।

95. B. हंसकोहुरतत् ।

98. B. मार्दनसमं श्वेतं वर्णा ।

100. B. तन्महापद्मयवं, I. तं महापद्मयेव ।

101. I. सूत्रे for धूम्र suggested by the other Mss.

102. B. गुणोक ।

103. B. वासंगि वक्रसूत्रं, I. वर्ण.......सुनोयज्ञसूत्रम्

105. B. कटि च, I. तार्क्ष्कस्तत्।

106. B. केचित्रश्रिया ।

108. B. omits lines 108—110.

113. I. द्विपात् किञ्चिन्नता, B. द्विपादौ कुञ्चितौ ।

117. I. ग्रपिचरण, B. ग्रभिचारादि ।

118. B. संपदास्थानकं कुर्या (च्) छत्रचामरभूषितं ।

119. B. कृष्णवर्णं च वक्षे कंचुकिपूर्वनिम्न ।

120. B. वपुषं तु, I. नभूषणं तु ।

121. B. शीर्षे सिंहं च वक्रं च, I. शोर्षं च पत्रैश्च ।

122. B. ग्रंभिषकाराद्रे तु ।

123. B. वर्णं तु पुच्छाग्रं, I. तदुच्चाग्रं ।

124. B. घनमंशं for the first expression.

125. B. सर्वेषां पूर्ववत् साग्निवर्ण ।

126. I. ग्रन्यग्र, the other Mss. ग्राम ।

129. I. शङ्कु for त्रु suggested by the other Mss.

130. B. संग्रहः काव्यं चेत्यंतोराकोश वारयेत्, I. सङगृह्यकार्यं ।

131. Lines 131—133 are missing in I., but they have been included in other Mss. and seem to suit the context.

134. B. त्रिंशद्यंशमग्रपक्ष, I. सत्यंशाग्रहपक्षयथोक्तं ।

135. I. दुके, the other Mss. दूर्ध्वे ।
136. I. तद्दग्रे········मूलतारांश for तद्ददग्रे मूलतारं शरांशं suggested by B.
138. I. वाह्या, the other Mss. वाह्ये ।
142. C. पक्कं for पीतं ।
144. C. बंधावत्‌ककॅग ।
145. C. पक्षया for पक्षैः ।
147. I. यथाशया for न संशयः suggested by the other Mss.
Colophon :—B. सप्तषष्टि, C. leaves this in a lacuna.

CHAPTER LXII

B. omits this chapter.

1. I. लक्ष्यते, C. वक्ष्यते ।
2. C. शिवालयाभिमुखे, I. वायोरभिमुखम् ।
3. I. चारेा, C. द्वारेा ।
4. C. त्रिपादं for त्रिभागं ।
5. C. त्रिविभागं for द्विभागं ।
6. I. बन्ध, C. वर्ध ।
11. C. बाह्यान्यः ।
13. C. त्रिभागं for त्रिपादं ।
15. I. सानाकं, C. स्थानकं स्तानामश्चैयनं ।
16. (1) C. दार्वाभास, I. दारुर्वा । (2) C. कट्ठ, I. कट ।
17. C. जघनं for घनं ।
19. C. गलेात्कांतं ।
22. (1) C. षडंशं for षडङ्गुलं । (2) I. चेाग्र, C. चेारू ।
23. C. घुरेात्सेधं ।
27. (1) I. फाल, C. ग्रीव । (2) C. मूल for मुख ।
28. C. त्रिमात्रकम् for द्वयाङ्गुलम् ।
29. I. चत्य, C. तद ।
32. (1) C. द्दग for मृग । (2) I. भाग for भाल ।

(2) After this line C. notices अस्मिन्स्थले पत्रत्रयं न्यूनं and omits some of the remaining portion of this chapter.

38. C. सुषिर ।
39. After this line C. notices again, अस्मिन् स्थले पत्रत्रयं न्यूनं ।
63. After श्वेतवर्ण I. adds on the margin हिमवद् वृषभं बाल ।

Colophon :—I. द्विषष्टितमेा which is the correct number of the chapter.

CHAPTER LXIII

This chapter is missing in C.

B. has omitted this chapter.

45. I. देवानां .... कल्पयेत् । The missing word appears to be देवानां च ।—

Colophon :—I. त्रिषष्टितमेा which is the correct number as suggested by the context.

CHAPTER LXIV

This chapter is omitted by all other Mss except the *codex archilypus.*

4. सार्धे does not give any sense, it must be for चार्धे ।
5. वंश after द्वार is obviously for वशात् ।
6. मानाव is apparently for माननव, compare line 36.
7. वशामूलं is apparently for वशात् मूल ।
9. सिद्धि is apparently for धर्म ।
10. भोगमानं is apparently for भोगमोक्षार्थे ।
32. विधृत is obviously for विस्तृत ।
33. विस्तारे..........मेववा, the missing letters are obvious.
35. दश is apparently for नव as suggested by the context.
61. अष्टहमैनि for अष्टर्क्षमुनि as suggested by reference.
62. आयामयोन्यं च for आयं व्ययं योनिश्च as suggested by reference.
63. श्रो.......कं for श्रीकरं, compare the line 66.
68. वेधतत्फलम् for व्ययस्य फलम् as suggested by the context.
76. सेना is obviously for मौन ।
77. मान is apparently for मौन ।
82. ....गस्सर्व, the missing letter ज is obvious.
88. प्र.......यम् apparently for प्रयोजयेत् ।
91. बुधस्य जनकस्य for बुद्धस्य जिनकस्य as suggested by the context.
92. अन्यैश्च............................व मानं, the missing words are apparently प्रतिमानामेवं ।

Colophon :—I. चतुःषष्टितमो which is the correct number.

CHAPTER LXV

1. The first fourteen lines are missing in C.

4. I. leaves this line in a lacuna except the last word, but the other Mss. have preserved the whole line as included in the text.

5. B. केशांतं कादि ।

7. I. leaves in a lacuna the first *pāda* of this line, and the second *pāda* of the next line, which have been supplied by the other Mss.

10. I. तुल्यं for तुङ्गं suggested by the other Mss.

11. I. leaves in a lacuna this line which has been supplied by the other Mss.

12. B. धेाद्भुढान्तकं for the last words.

13. B. ह्क्षा for ऋक्षा ।

14. I. leaves the last word in a lacuna, which has been supplied by the other Mss

15. I. leaves the first *pāda* in a lacuna, which has been supplied by the other Mss.

19. I. leaves the first word in a lacuna, which has been supplied by the other Mss.

20. The metre suggests that सपाद may be replaced by सार्धे ।

23. B. C. समांसलम्, I. समाङ्गुलम् ।

24. (1) C. I. नार्थं for नार्धं suggested by the other Mss.
    (2) I. दोपिकं for दोर्घकं suggested by the other Mss.

26. I. यवव for सयव suggested by the other Mss.

28. I. वया for second यव suggested by the other Mss.

31. I. तालांश for तारार्धं suggested by the other Mss.

33. C. कांतक for मूलक ।

38. I. पश्च······for घनश्च suggested by the other Mss.

40. All the Mss. have द्विपर्व, but it should be **त्रिपर्व, Compare** पर्वद्वयमङ्गुष्ठः शेषाङ्गुलयस्त्रिभिस्त्रिभिः कार्याः (*Brihat Saṁhitā*, LVIII, 28), also पर्वदीर्घं तदेकांशं युगलानां त्रिपर्वकम् (M. LXV, 136—137).

42. This line is missing in I. but it has been preserved by the other Mss. and appears to be necessary here.

43. I. ' for च suggested by B. C. and the next line.

44. (1) I. घम्बा for जङ्घा suggested by the other Mss. (2) B. omits this line.

56. (1) I. हन्वंशं for भान्वंशं suggested by the other Mss.
(2) B. पुरतस्तत्, C. पुरस्तात् ।

60. I. र्वोलत for भालद्व, C. फालद्व, B. भालद्व ।

61. I. धुरा for शरा suggested by the other Mss.

64. I. स्वनि for नेत्र suggested by the other Mss.

66. (1) B. त्रियंशेकद्वयं चैव, C. मंशैकं द्वियं चैव ।
(2) B. C. नेत्रमूलाग्ररक्तयेाः ।

67. B. वक्षं, C. मंक्षं for मक्षि ।

68. B. C. omit this line.

69. (1) B. C. मेकांशं for संकाशं । (2) B. विंशकं, C. मध्यमे for मंशकम् ।

70. (1) B. C. लकं विदुः, I. वन् विदुः ।
(2) C. omits the next three lines.

71. B. इष्टांश for मन्तरांश ।

73. I. C. र्ध्वयेा for र्ध्वाधेा suggested by the other Mss.

74. I. मादि for मक्षि suggested by the other Mss.

75. I. मत्रिमा for मर्त्रमा suggested by the other Mss.

78. B. C. तत् for वत् ।

81. (1) I. र्धाङ्ग for र्धांशं suggested by the other Mss. (2) B. नास्ति, C. नाल, for नास्यं(स्त) ।

82. I. लक्षणं for पञ्चवं suggested by the other Mss.

85. I. मङ्ग, B. C. मध्य ।

86. C. मेकं, I. मेवं ।

88. I. भेाजि for गेाजि suggested by the other Mss.

90. C. तु चेात्तरा, B. त्तधेातार ।

91. I. तस्याधेा, B. C. तस्माधेा चेा ।

92. In the *codex achitypus* lines 92—128 are included between lines 54 and 55. The correct order as suggested by the context has been preserved in the other Mss. and included in the text.

(1) C. यासु, B. यस्तु, I. याहृत्वार्धे । (2) तदूवा(? धा)याधारयुक् ।

94. I. माप्वा, C. यस्या, B. यार्या ।

96. B. रैश्वर्य for इचैव ।

100. B. C. शेषं हन्वं तमुत्सेधं हन्वंतद्विप्रदेशके, I. शेषं येाश्चान्तरेात्सेधं त्वं च न्वत-प्रदेशके ।

The form included in the text has been suggested by the other Mss.

101. Lines 101—102 are missing in I., but they have been preserved by the other Mss. and are required here.

103. B. हन्वंतरद्वयेाः ।

105. (1) B. C. द्वयमाधिक for the first words. (2) I. हनेात्केाजमिमं for हन्वन्ताद् गेाजितत् suggested by the other Mss.

108. (1) I. याने, B. नयने । (2) C. नेत्रतत्रित्रिपंचांशं ।

111. B. घष्टि for यष्ट, C. leaves this word in a lacuna.

112. (1) B. भूतकामा, भवे कृत्वा, C. भूवरेामभवत् कृत्वा, I. ग्रीवरेामात कृतस्यत्वात ।
(2) C. मानं त येाजयेत् ।

114. B. C. द्वयमाधिक for the first word.

115. B. केालकं for कूर्परं ।

119. I. नवमध्य for तन्मध्यम suggested by the other Mss.

120. I. ततार्धम् ताराधं, B. तलादग्रतारार्धमाधिक्यं ।

121. I. leaves in a lacuna the second *pāda* of this line and the first *pāda* of the next line, which have been supplied by the other Mss.

123. B. पुरेाक्तांशं षड्ंगुल्यं अंगुलीनां तथायतं ।
I. पुरेाक्तानां तत्तदीर्घाङ्गुलीनां तद्दीर्घाङ्गुलिस्तदायतम् ।
C. पूरेाक्तांततलादीर्घादंगुलांतं तदायतं ।

124. (1) I. त्रांशं for दांशं suggested by the context, B. C. पंचांशं ।
(2) I. मनाल्हादा for चानामिका suggested by the other Mss.

125. I. वृत for भूत suggested by the other Mss.

128. C. यवांशकं, B. स्याच्च त्र्यंशकं ।

129. I. अधिष्ठा, B. तदंश, C. षड्यवं ।

130. B. कृत्यारेश्वांश, C. कृत्वे ।

133. B. C. मांसलं, I. अङ्गुलं ।

136. (1) I. B. सर्वं for पर्वं suggested by the other Mss. (2) B. C. अंगुलीनां for युगलानां ।

138. (1) I वनो, C. यति । (2) B. मूलकं पतिः ।

139. B. चतुर्घनं for मध्यदोर्घं ।

141. I. तस्योष्ठेा च, B. तस्याङ्गुष्ठाद, C. चङ्गुष्ठपाद ।

149. I. भित्या for हिक्का suggested by the other Mss.

150. B. ककुद्धं तत्, C. कुकुवंध्वं ।

151. B. C. कार्दसीमांतं for सूत्रान्तं ।

152. I. तद्विपान for त्तु पायु suggested by the other Mss.

154. I. पञ्च, B. C. पश्चात्

157. B. C. वक्षयेा for कक्षयेा ।

158. I. सन्ध्यंतु भारयेत् for मध्यान्तरायतम् suggested by B. C.

160. (1) B. C. कक्षा । (2) C. भान्वंशं, I. हत्वंशं ।

162. B. वाणेार्ध्वांश, C. पैारम्यंश ।

163. C. कक्षांतरं, I. कक्षतारं ।

165. C. पार्श्वं for सूत्रं ।

169. (1) I. B. omit this line which is required here and has been supplied by C. (2) B. omits also lines 170-171.

170. (1) C. हिक्काच्च । (2) C. निम्नकद्वयविक्षितं ।

171. C. स्तनान्तात् for हिक्कात् ।

172. I. leaves the second *pāda* in a lacuna, which has been supplied by the other Mss.

173. B.C. वर्त for वृत्त ।

175. C. वत्र (? वक्र) for वस्त्र ।

179. B. C. द्वयर्धां ।

181. C. शेाभार्ध्वं ।

183. (1) I. च्चैव for चेत् suggested by the other Mss. (2) I. leaves in a lacuna the first *pāda* which has been supplied by B. C.

184. (1) B. प्रतिमांगं, C. प्रतिमांगुलं ।
(2) B. सर्वधा (? था), C. सर्वशः ।

186. I. C. अन्यार्जनादि, B. अन्येषां चैव ।

187. I. वन्दितालः for पंक्तितालं suggested by the context and the other Mss.

Colophon :—B. सप्तषष्टि for पञ्चषष्टितमेा, C. leaves this in a lacuna.

CHAPTER LXVI

5. I. तद्द्वयोर्नेत्र for तस्याधो नेत्र suggested by the other Mss.

6. This line is missing in I., but it has been preserved by the other Mss. and is required here.

10. I. ञ, B. C. तुना for नाभि ।

11. B. षट्त्रिंश for षड्विंश ।

16. C. प्रकोष्टकायतं, I. ग्मुखायतम् ।

18. I. कध्यमाङ्गुलि for मध्यमाङ्गुलि suggested by the other Mss.

19. I. तद्दीर्घं स्याद् द्वादशाङ्गुष्ठम् for the second *pāda* suggested by the ther Mss.

C. शेषं तु तदीर्घं स्यात् वेदांशांगुष्ठकायतं ।

21. B. C. वेदमात्र ।

25. B. कक्षयेा, I. कुक्षियेाः ।

28. I. देवनाम for वेदार्धार्धा suggested by B. C.

33. I. देशे तद्देश, and in another place नाभिप्रदेशान्तर, for नाभिदेशा द्घादशे suggested by the other Mss.

37. (1) I. उर्ध्व for ऊरु suggested by the other Mss. (2) I. मध्य, B. C. मध्ये ।

38. I. सप्त for सप्तांश suggested by the other Mss.

40. B. नलकांतं, (as well as I. in another place), I. नलकातारं ।

41. B. रसम(मा)त्रं, C. शरमात्रं for चतुर्मात्रं ।

42. The second *pāda* of this line and also the next two lines are missing in I., but they have been preserved by the other Mss. and are required here.

49. B. C. जिह्वा for जङ्घा ।

53. C. त्रार्थं, B. चाग्र and also I. in another place, for सार्धं suggested by the other Mss. the context.

55. (1) I. कन्यं (मन्य) for कन्या । (2) B. चांगुष्ठस्य च ।

56. I. तम्रुतीमामिव स्मृतम् for the second *pāda* supplied by the other Mss.

61. B. C. वसानं, I. वाधेान्तं also वसान्तं ।

62. (1) B. omits this line.

(2) Between this and the next line I. repeats in order (*a*) the last four lines of the preceding chapter, (*b*) the colophon of the present chapter, and (*c*) the first 62 lines of the present chapter.

65. B. C. भ्रुवताराधमात्रकं ।

67. For क्षकं, B. मृगं, C. मधृत्तथा ।

69. B. C. निष्पाप ।

75. I. मध्या for मर्धा suggested by the other Mss.

77. I. नारायतत् समम् for the second *pāda* suggested by the other Mss.

Colophon :—B. षष्टिषष्टि, C. omits this ; I. has this chapter in *two* places : in one place (on page 520 of the Ms.) it has the right one षट्षष्टितमेा, but in another (on page 524) सप्तषष्टि ; thus the chapter 67 is missing, if there were any such chapter, which, however, is not found in any other Mss. and in the index of I. either. Besides the context does not require such a chapter.

CHAPTER LXVII

1. B. ऋज्जु, I. रज्जु; the idea of the recumbent posture is apparently intended here for which the usual term is शयन।

5. I. देवलब्धा, B. C. देहलब्धा।

6. C. लक्षणं, I. प्रक्षणं।

10. C. समवरायतं वापि चाध्य।

12. I. मुनि, B. C. मान।

17. Between this and the next line I. repeats the first *pāda* of line 26.

19. (1) C. मुखातैा, B. मुखांतादि।
(2) B. द्विसूत्रं for द्विद्विमात्रं।

20. (1) C. तत ब्रह्मश्र(स्य)पार्श्वं, B. तत् पुकृष्टचिरं पार्श्वं।
(2) B. रज्जु, C. ऋज्जु।

23. B. मन्यंन, C. मत्यनु।

26. B. C. चाक्षयेा।

28. C. पुट, I. पुटैा।

42. C. सूत्रल्ललाटमध्यांतं।

44. I. चाग्र for चार्धं suggested by the other Mss.

47. After this line C. notices अस्मिन्स्थले पंचपत्रं न्यूनं and omits the remaining portion of this chapter and also the first 50 lines of the next chapter.

48. B. सूड़ेा(श्रेा)दधायकाये, I. सूत्रोदयं for सूत्रद्वयं suggested by the other Mss.

49. I. द्वारं for द्वयन्तरं suggested by the other Mss.

51. I. जघनं, B. जङ्घयेाः।

53. I. रवायतम् for भुज्वायतं suggested by the other Mss.

57. (1) B. बल for नल। (2) B. षडंगुलं for रसाङ्गुलम्।

61. B. शिर for शिव।

64. I. प्रकोष्ठन्तु कटान्तं च, B. प्रकोष्ठात् कठिरन्तरं च।

68. B. पूर्वकाय for ऊर्ध्वकाय ।

69. B. भुजामणो for त्रिभुजाविति ।

71. B. जानुवाह्य, I. कन्वौ द्वयोश्चैव for the first *pāda* suggested by the other Mss.

72. B. स्याक्षांतं, I. साक्षान्तं ।

74. B. चांगस्योपरि, I. पश्चासैापरि ।

75. (1) B. अर्धांगाद्यासनं चैतत् ।

(2) B. omits the next four lines.

81. B. वत्कुकादि ककुन्मध्ये ।

83. B. पश्वयेाः, I. पाणियेाः apparently for पाष्णियाः ।

87. I. नांतु for बाह्य suggested by B.

89. B. चौरं चांगुलकान्तकं for the second *pāda*.

91. B. निर्गमेा for कटि च ।

93. B. हनु for जानु ।

94. B. सर्वांगं च ऋजु कुर्यात् पूर्वापरयोन्नयेत्, I. जजुवत् ।

95. B. ऋज्वंशं शरशोभावं नुरदाप्यमिति विद्यते, I. रज्वङ्गरजेाभावं ।

97. B. आभंगं समभागं च अधिभाग ।

101. B. यदुक्त यथेाक्त ।

106. I. स्तना for तथा suggested by the other Mss. and line 105.

111. I. मन्त्रं for मात्रं suggested by the other Mss. and the context.

117. B. द्वादशांगुलं ।

118. B. omits lines 118—121.

124. B. रेान्मान for the last word.

128. I. मत्य for मध्य suggested by B.

131. B. reads this line twice.

134. B., for second *pāda*, सूत्रं स्यात्वर्शनं भवेत् ।

135. D. द्वेका for चैका ।

137. B. वदंगुष्ठातुस्तनांतं च ।

1:59. B. अंसध्या, I. अन्यथा ।

140. B. तत्तुचिन्हित ।

141. B. वस्तुवास्तूान, I. वास्तुशास्त्रान ।

143. I. वस्तुवस्त्वादेान् for वास्तुवस्त्वादि suggested by the other Mss.

Colophou :—(1) B. प्रालंब । (2) B. I. अष्टषष्टि for सप्तषष्टितमेा as suggested by the context.

CHAPTER LXVIII

1. C. omits the first 50 lines.
2. B. लाम्यकं च for कालामुखं ।
3. (1) B. वामं च, I. वामनं । (2) B. तत्रविज्योतिषक्रमात् ।
5. (1) I. गालवेति, B. गर्गादि । (2) I. द्विचेना, B. द्वचेना ।
6. B. तत्सं for षट्‌ ।
7. I. परित्यं, B. विपरीतं ।
8. I. गृह्यं, B. ग्राह्यं ।
9. (1) B. भवेश्चेच for विश्वेश । (2) B. प्रचादकः for प्रबोधकः ।
10. (1) B. वृधं for वृत । (2) B. त्वष्टा चैव मर्गलाः ।
11. B. श्रृतः for श्रुतः ।
12. B. पृष्टचामान संचोध्वै य विश्वबादुयनांचः ।
    I. (1) मानबोधाय, (2) विश्वबोधाय नाय च ।
13. B. अथशाला for आदिसारः ।
15. B. कालशूर्प for कालयूप ।
16. I. चित्रकावर्य साधकम् सारसंहितः ।
    (1) B. चित्रका मर्त्यं । (2) B. स्सारसंहतः ।
17. B. सैासख्यः for सैाराख्यः ।
19. (1) B. कादिगोत्रवशाज्जातः for the first *pāda*. (2) B. सर्वत्र योग्यतां ।
    I. तानि गोत्रवशज्ञाय शिल्पिसर्वयोग्यकम् ।
22. B. omits कारयेत् गर्धे ।
23. (1) B. शोधयेत् for योजयेत् । (2) B. शास्त्रे वतारयेत् ।
25. B. पिंडस्य for बिम्बस्य ।
26. I. न च for तथा suggested by the other Mss.
27. I. विनुद्यते on the margin.
28. B. लूरमाजन for लूतभाजन ।
29. I. उभैस् सर्वनखानांतु, B. हस्तेन सर्वसंख्यानां ।
30. B. पक्षिकानां ।

31. B. सम्नरेण, the other Mss. मृगेण obviously for ताम्रेण, compare line 29.

32. B. शंख शल्या, I. शिखशल्यं ।

33. B. जोर्णपत्रेण for जीनपात्रेण ।

34. (1) B अभ्रकट्टम । (2) B. वर्षेनमिश्रके ।

35. B. यद्वलार्धं, I. यत्फलार्थं ।

36. B. आद्रवद्रवतं कथ्यं तस्य दोषा ।

I. आद्रवद्रूष्य..............स्माद् ।

37. B. चिर for बेरं ।

38. B. संधोपैः for संवेक्ष्य ।

39. B. देवार्थि for देवतार्थे ।

40. I. बेरमेवं प्रशस्यते, B. चिरमेवं प्रविश्यते ।

43. I. मूलिका for मृत्तिका suggested by the other Mss. (2) I. शेष, B. शोष ।

44. B. तत्पिडं स्थापयेचीतं ।

I. अन्तपायेदुवा ।

45. B., for second *pāda*, वृत्तयेत प्रविन्यसेत् ।

46. B. त्यक्ता स्यादग्धमृत्तिका, C. कृाद्दत्भुक्तिमुक्तिता ।

51. I. स्सत्ता, C. मन्धा, B. कृत्या ।

52. I. एवं एनं च, C. B. येवा हीनं चेत् ।

53. (1) I. सन्ध्या, B. C. शिल्प्या ।

(2) B. चलं चीतं, C. वलिचित्रं ।

55. C. पापं प्रवरेव for पुण्यं क्षिप्रमेवं ।

Colophon:—I. B. एकोनसप्तति for अष्टषष्टितमेा as suggested by the context, C. leaves this in a lacuna.

CHAPTER LXIX

2. I. तमि for तिरि suggested by the other Mss.
6. B. C. मृणाल्यादि ।
9. (1) I. पञ्चा, for प्रच्छा suggested by the other Mss. (2) I. प्रभा for प्रपा suggested by the other Mss. (3) B. C. सुपा for उप ।
10. I. नदोषयुक्, C. यथोक्तवत्, B. दोषयुक् ।
11. B. दुष्टा, C. दृष्टा ।
12. I. तस्यातु तु for तस्मात्तु suggested by the other Mss.
13. I. येाग, B. C. धिक ।
18. (1) I. मज्ञा for तज्ञ suggested by the other Mss.
    (2) I. मथा, B. C. तया ।
22. (1) B. C. स्यात् तुंगे, I. रोगस्याङ्गेन ।
    (2) B. वरखेन च, C. कथेनु च ।
24. I. द्विचक्षणः for तक्षणादेव suggested by the other Mss.
25. I. प्रभूणां, B. प्रमाणं, C. प्रभूषणा ।
26. C. कत्तृ कदुक्ष्णोततां वजेत् ।
    B. कर्तृहस्तकृत वजेत ।
27. (1) C. तत्करोधिक । (2) C. भेागे तेन for भेाजनेन ।
30. (1) I. नाधिकाङ्गा, for नासिका suggested by the other Mss
    (2) B. वस्त्ररोगं, C. वार्त्ते रेागं ।
31. I. पञ्चश for पञ्चर suggested by B., C. पंच ।
35. (1) B. कालकांगाधिक, C. जालकांगा ।
    (2) I. दुग्र for तृथी suggested by the other Mss.
36. B. C. चेद्दारु for चेद्ग्राम ।
37. (1) B. हर्म्यजाल । (2) B. साजल, C. काल ।
40. (1) I.……… तव for कृतम् supplied by the other Mss.
    (2) C. वास्तु ।

41. C. प्रदेशं स्यात्, I. प्रदेशस्य for the first expression suggested by the other Mss.

42. C. जालकं जंम for सालजन्म ।

45. B. सारेांगा for सालाङ्ग ।

52. C. इष्ट्या for वृष्ट्या ।

53. I. धावहे for मावहेत् suggested by the other Mss.

54. (1) I. सज्जनेन for सज्जनः ।

(2) B. स्फूर्जदेापं (? षं), C. स्सूजयेा ।

55. B. त्वंगं तु for त्तरं तु ।

57. (1) I. कुड्यत्य for कुड्याङ्ग suggested by the other Mss.

(2) B. रेात्सेधे for विस्तारे । (3) I. हि for पि suggested by the other Mss.

59. (1) I. श्रेाग्या B. C. श्रेाख्या । (2) B. leaves the first *pāda* in a lacuna

61. B. C. भक्ति for भित्ति ।

63. B. धिकयेाक्रियां, C. धिकंतकं ।

64. B. अग्राग्रयेा for अङ्घ्र्यो ।

65. B. भ संपदः for शुभदं ।

66. B. पूहाहा नादिकर्तव्यं शास्त्रवंतक्षयंवथा ।

C. शुभाभेाभावितव्रतस्यात् शास्त्रदेाषविदं तथा ।

68. B. परिहृत्येाक्त ।

70. B. C. वरणादि for the first expression.

72. C. कुणाधि for गुणादि ।

73. B. C. omit तत् ।

Colophon :—(1) I. भूषण for दूषण suggested by the other Mss.

(2) I. B. सप्तति for ऊनसप्ततितमेा, C. leaves this in a lacuna.

CHAPTER LXX

4. I. क्रियानां भवेतो for क्रियारम्भतः suggested by the other Mss.

6. (1) I. स्वाहा, B. स्त्वाहा, for हानि suggested by the other Mss.
(2) C. omits lines 6—14.

7. B. नवश्रान्न, I. प्रसून for नयमोन्मेष suggested by the context and the other Mss.

9. B. लोकस्य for लोचनस्य ।

16. B. C. प्रासादादि ।

20. I. वृषा for प्रपा suggested by the other Mss.

26. B. C. दर्भमाल्यै ।

27. (1) I. रक्त for रत्नैः suggested by the other Mss. (2) B. omits this line.

30. दारु appears to be for नव, compare line 36.

33. B. वच for नैर्ऋत्य ।

34. C. कुर्यादर्भैकं चै ।

35. C. कृतं, I. विदु for बुधः, suggested by B.

42. B. स्यादन्यकुंभान्वमं तथा ।
I. मध्येन कुम्भैः स्यादन्यैः ।
C. स्यादतैकं भसमं तथा ।

44. C. सवितान, B. संपदान ।

46. I. पूजां, B. C. प्राज्ञैः ।

47. B. क्रमात्, I. C. कू(कु)ढ ।

53. I. स्याज्यादि, B. C. स(? श)स्यादधि ।

54. I. ताम्बुलं वा, B. C. ताम्बुलादि ।

57. After line 56 owing to some great confusion the *codex architypus* follows the following order :—(1) 99—112, (2) 85—98, (3) 72—84,

(4) 58—71, (5) 113—118. In this order the incongruity is too obvious. The proper order followed in our text has been supplied by the other Mss.

58. B. तदर्धं तंतु संख्या वाप, C. तदर्धाहुति ।

61. I. विधिवत्……………मन्त्रयेत् for बिम्बमाश्रयेत् suggested by B. C.

68. (1) C. सर्वांग दीक्षं शास्त्रै for the first *pāda*.

(2) B. चिंतवत्, C. चित्रवत् ।

72. (1) I. लक्षण for ललाटे, suggested by B., C. लीलाक्षि लोचनालिख्य ।

(2) I. समुच्चरन् for the last word suggested by the sense and the other Mss.

73. (1) B. पश्चाद् वर्णादि लिखेत, this reading will fit in a line between lines 88, 89.

(2) C. स्वर्णदीपेन पायशेन ।

74. (1) I. leaves the second *pāda* in a lacuna, which has been supplied by B. C.

(2) C. कन्यके सह ।

75. (1) C. राशि तु पार्श्वयेद् बुधः ।

(2) B. leaves the second *pāda* in a lacuna.

78. (1) Excepting the first word I. leaves this line in a lacuna, which has been supplied by B.

(2) C. omits lines 78—84.

79. I. leaves the first word in a lacuna, which has been supplied by B.

81. I. यत्र for छत्र suggested by B.

84. (1) B. अन्येषु सर्वबिंबेषु, I. अन्यैश्च सर्वकुम्भेषु ।

(2) B. केनोपा ।

85. (1) B. C. पूजायाश्चार्धतोये च तत्तत्तन् मूलसूत्रकम् ।

(2) I. समुच्चरन् for the last word suggested by the sense and the other Mss.

86. B. नववस्त्रेण ।

89. (1) For प्राण, B. C. पाद । (2) B. श्यामादि चाक्षा ।

90. B., for second *pāda*, बृधि विचाक्षरान् न्यसेन् ।

93. B. समाध्यान ।

96. B. क्षत्रियैः for the first word.

99. I. तदर्धो……द्वार for लक्षणोद्धार suggested by B. C.

101. (1) B. C. बिंबं तु लिङ्गानां ।

(2) B. एतत्कर्मा, C. यंतः कर्मा ।

105. C. पद्दे for तथा ।

106. I. स्याय for न्यसेत् suggested by B. C.

107. I. पैत्तलिकं सेाम, rest of the second *pāda* is missing; it is supplied by B. C.

109. B. लिंगबिंबके ।

113. I. adds ललाट as the first word of the line, which is uncalled for and has been left out by the other Mss.

116. B. C. परं for वरं ।

118. C. हिताय वै यथाक्रमात् ।

Colophon :—I. B. एकसप्तति for सप्ततितमः suggested by C. and the context.